中國國家圖書館編

國家圖書館藏敦煌遺書

第九十五册　北敦〇七〇〇一號——北敦〇七一三七號

北京圖書館出版社

圖書在版編目(CIP)數據

國家圖書館藏敦煌遺書·第九十五册/中國國家圖書館編;任繼愈主編.—北京:北京圖書館出版社,2008.5
ISBN 978-7-5013-3247-2

Ⅰ.國…　Ⅱ.①中…②任…　Ⅲ.敦煌學-文獻　Ⅳ.K870.6

中國版本圖書館 CIP 數據核字(2008)第 030813 號

書　　名　國家圖書館藏敦煌遺書·第九十五册
著　　者　中國國家圖書館編　任繼愈主編
責任編輯　徐　蜀　孫　彦
封面設計　李　瓘

出　　版　北京圖書館出版社　(100034　北京西城區文津街7號)
發　　行　010-66139745　66151313　66175620　66126153
66174391(傳真)　66126156(門市部)
E-mail　cbs@nlc.gov.cn(投稿)　btsfxb@nlc.gov.cn(郵購)
Website　www.nlcpress.com
經　　銷　新華書店
印　　刷　北京文津閣印務有限責任公司

開　　本　八開
印　　張　54.25
版　　次　2008年5月第1版第1次印刷
印　　數　1-250册(套)

書　　號　ISBN 978-7-5013-3247-2/K·1474
定　　價　990.00圓

目錄

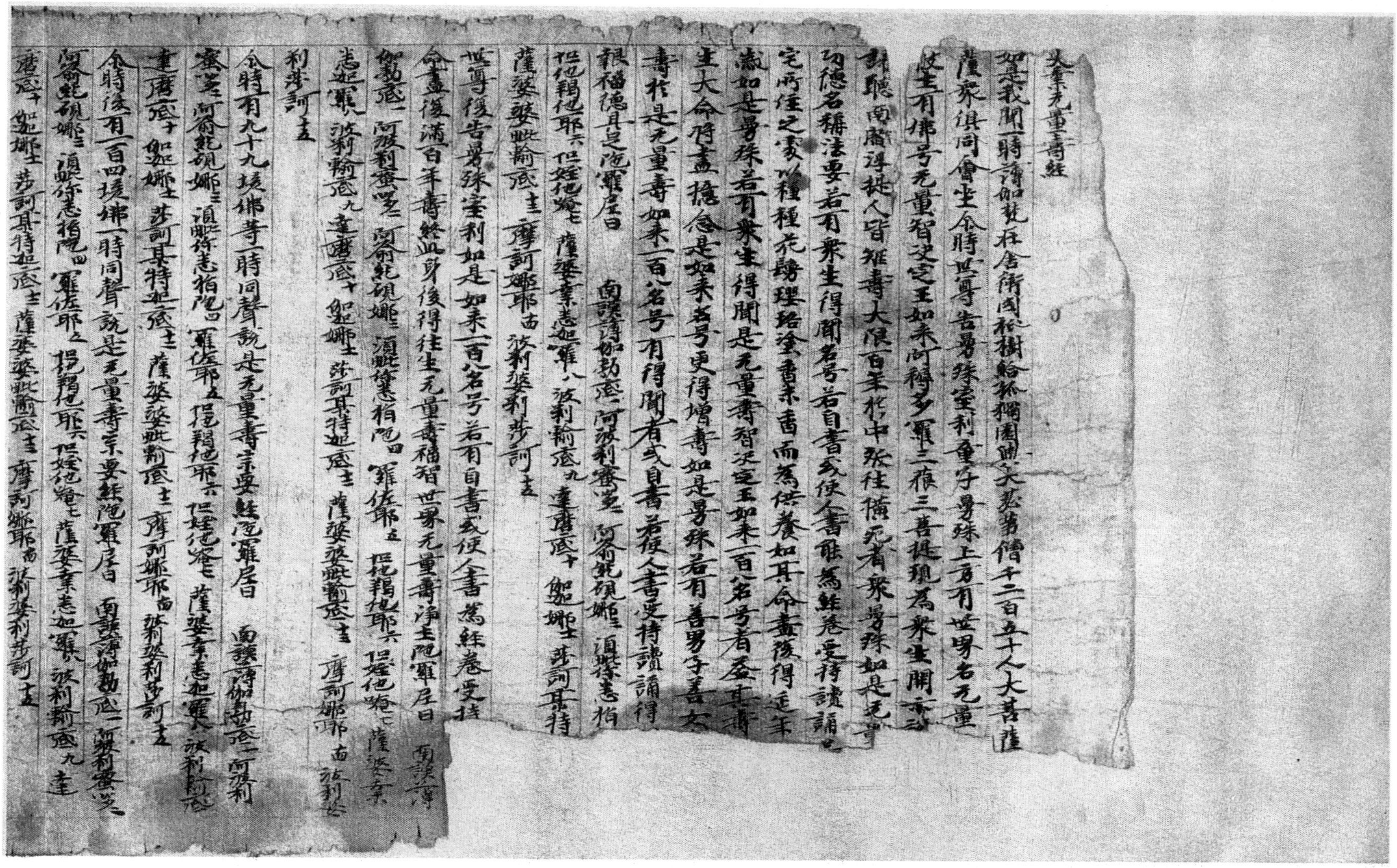

BD07001 號　無量壽宗要經　　（3–1）

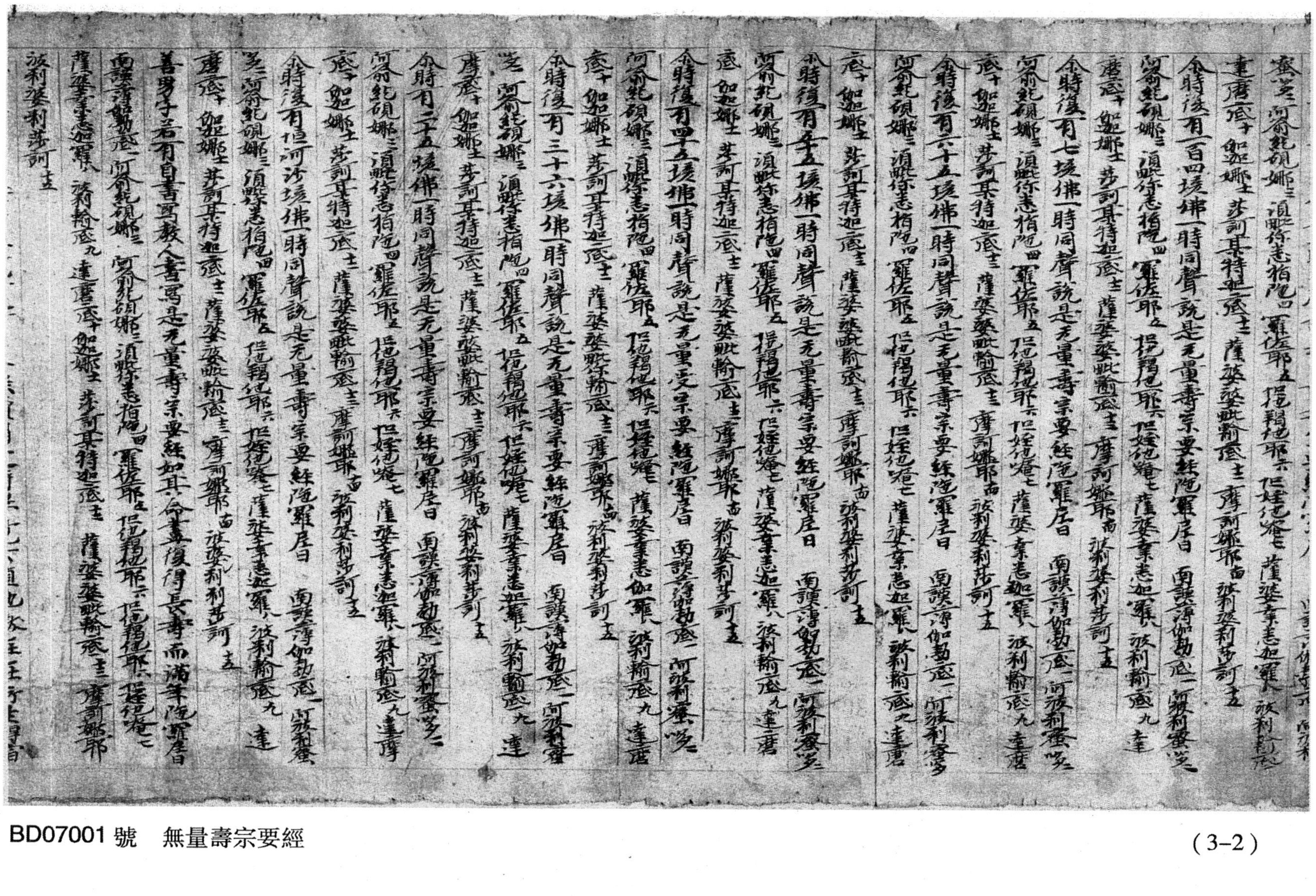

BD07001 號　無量壽宗要經　　（3–2）

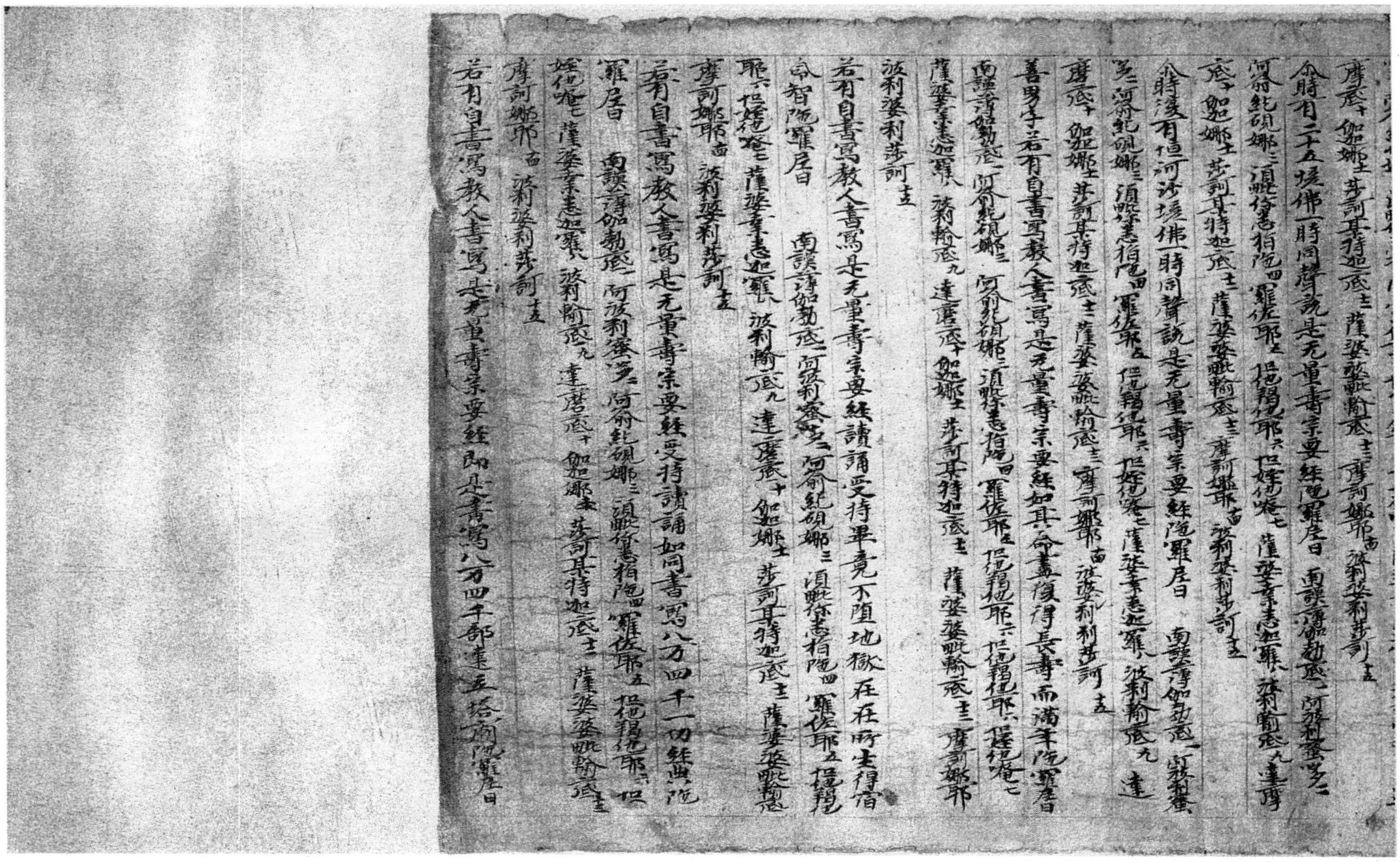

摩底十一伽娜十二莎訶娑皤毗輸底十三摩訶娜耶十四波利婆利莎訶十五
爾時有二十五殑伽佛一時同聲說是无量壽宗要經陁羅尼曰　南謨薄伽勃底一阿波利蜜多
阿喻紇硯娜二須毗你悉指陀四囉佐耶五怛他羯他耶六怛姪他七唵八薩婆桑悉迦囉九波利輸底十達磨
底十一伽伽娜十二莎訶娑莫伽底十三薩婆婆毗輸底十三摩訶娜耶十四波利婆利莎訶十五
爾時復有恒河沙殑伽佛一時同聲說是无量壽宗要經陁羅尼曰　南謨薄伽勃底一阿波利蜜
多二阿喻紇硯娜三須毗你悉指陀四囉佐耶五怛他羯他耶六怛姪他七唵八薩婆桑悉迦囉九波利輸底十達
磨底十一伽伽娜十二莎訶娑莫伽底十三薩婆婆毗輸底十三摩訶娜耶十四波利婆利莎訶十五
善男子若有自書寫教人書寫是无量壽宗要經如其命盡復得長壽而滿年陁羅尼曰
南謨薄伽勃底一阿波利蜜多二阿喻紇硯娜三須毗你悉指陀四囉佐耶五怛他羯他耶六怛姪他七
唵八薩婆桑悉迦囉九波利輸底十達磨底十一伽伽娜十二莎訶娑莫伽底十三薩婆婆毗輸底十三摩訶娜耶
波利婆利莎訶十五
若有自書寫教人書寫是无量壽宗要經讀誦受持畢竟不墮地獄在在所生得宿
命智陁羅尼曰　南謨薄伽勃底一阿波利蜜多二阿喻紇硯娜三須毗你悉指陀四囉佐耶五怛他羯他
耶六怛姪他七唵八薩婆桑悉迦囉九波利輸底十達磨底十一伽伽娜十二莎訶娑莫伽底十三薩婆婆毗輸底
摩訶娜耶十四波利婆利莎訶十五
若有自書寫教人書寫是无量壽宗要經受持讀誦如同書寫八万四千一切經典陁
羅尼曰　南謨薄伽勃底一阿波利蜜多二阿喻紇硯娜三須毗你悉指陀四囉佐耶五怛他羯他耶六怛
姪他七唵八薩婆桑悉迦囉九波利輸底十達磨底十一伽伽娜十二莎訶娑莫伽底十三薩婆婆毗輸底
摩訶娜耶十四波利婆利莎訶十五
若有自書寫教人書寫是无量壽宗要經即是書寫八万四千部建立塔廟陁羅尼曰

BD07001 號　無量壽宗要經　（3–3）

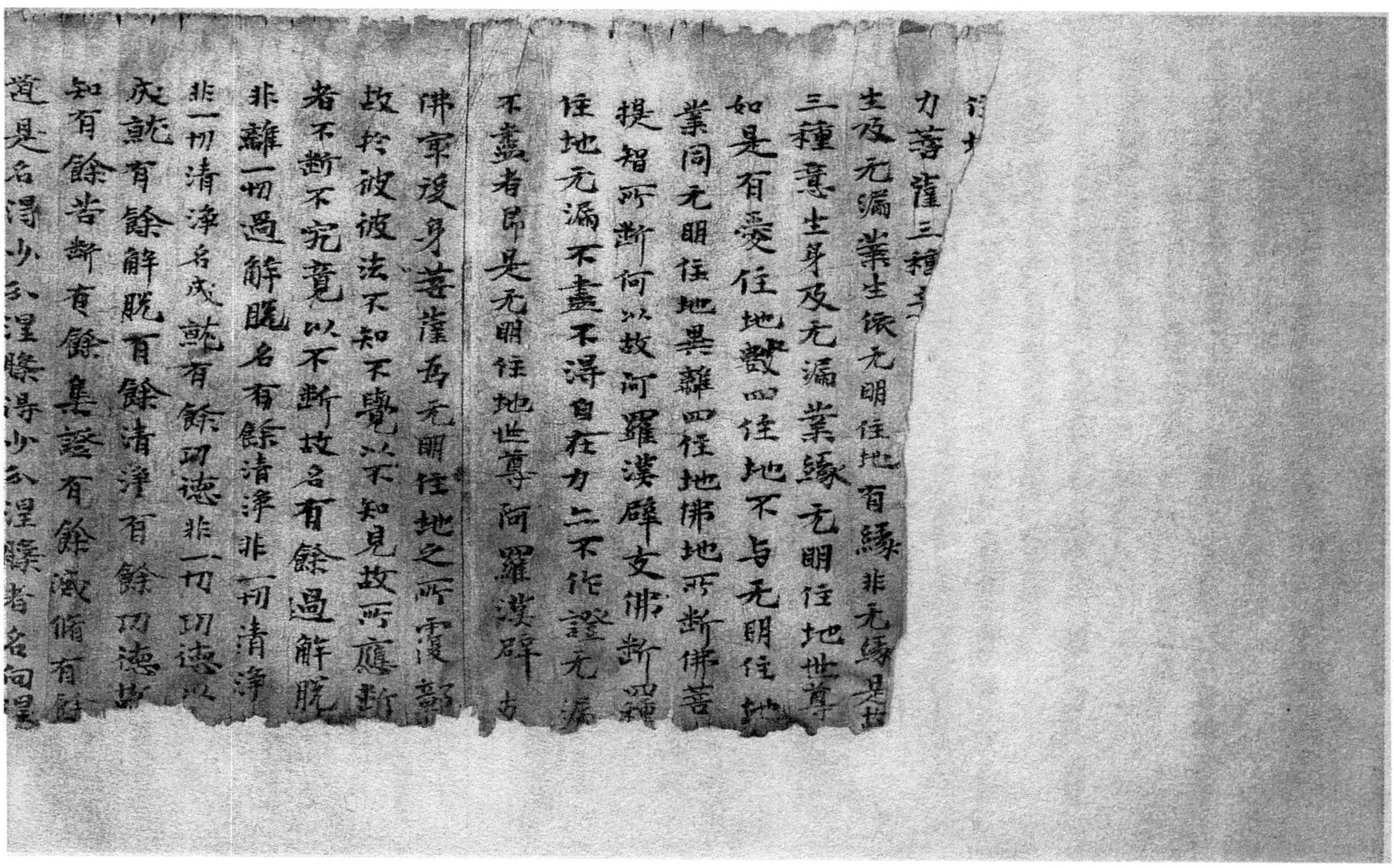

力菩薩三種意
生及无漏業生依无明住地有緣非无緣是故
三種意生身及无漏業緣无明住地世尊
如是有愛住地數四住地不与无明住地
業同无明住地異離四住地佛地所斷佛菩
提智所斷何以故阿羅漢辟支佛斷四種
住地无漏不盡不得自在力亦不作證无漏
不盡者即是无明住地世尊阿羅漢辟支
佛最後身菩薩為无明住地之所覆障
故於彼彼法不知不覺以不知見故所應斷
者不斷不究竟以不斷故名有餘過解脫
非離一切過解脫名有餘清淨非一切清淨
非一切清淨名成就有餘功德非一切功德以
成就有餘解脫有餘清淨有餘功德故
知有餘苦斷有餘集證有餘滅脩有餘
道是名得少分涅槃得少分涅槃者名向涅

BD07002 號　勝鬘師子吼一乘大方便方廣經　（2–1）

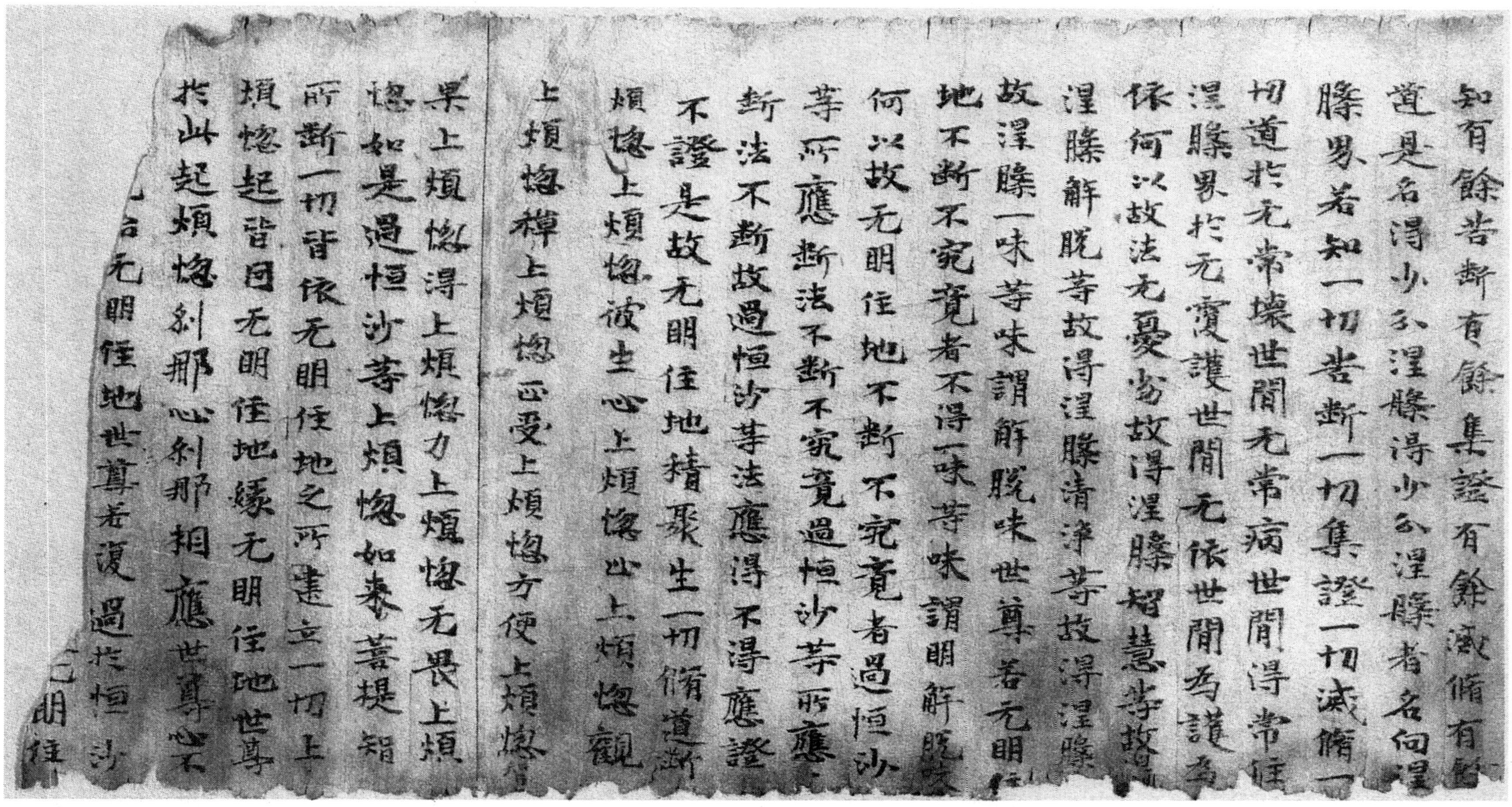
知有餘苦斷有餘集證有餘滅脩有餘
道是名得少分涅槃得少分涅槃者名向涅
槃界若知一切苦斷一切集證一切滅脩一
切道於无常壞世間无常病世間得常住
涅槃界於无覆護世間无依世間為護為
依何以故法无憂劣故得涅槃智慧等故
涅槃解脫等故得涅槃清淨等故得涅槃
故涅槃一味等味謂解脫味世尊若无明住
地不斷不究竟者不得一味等味謂明解脫
何以故无明住地不斷不究竟者過恒沙
等所應斷法不斷不究竟過恒沙等所應
斷法不斷故過恒沙等法應得不得應證
不證是故无明住地積聚生一切脩道斷
煩惱上煩惱彼生心上煩惱止上煩惱觀
上煩惱禪上煩惱正受上煩惱方便上煩惱
果上煩惱得上煩惱力上煩惱无畏上煩
惱如是過恒沙等上煩惱如來菩提智
所斷一切皆依无明住地之所建立一切上
煩惱起皆因无明住地緣无明住地世尊
於此起煩惱剎那心剎那相應世尊心不
…无明住地世尊若復過於恒沙
…明住

BD07002號　勝鬘師子吼一乘大方便方廣經　（2–2）

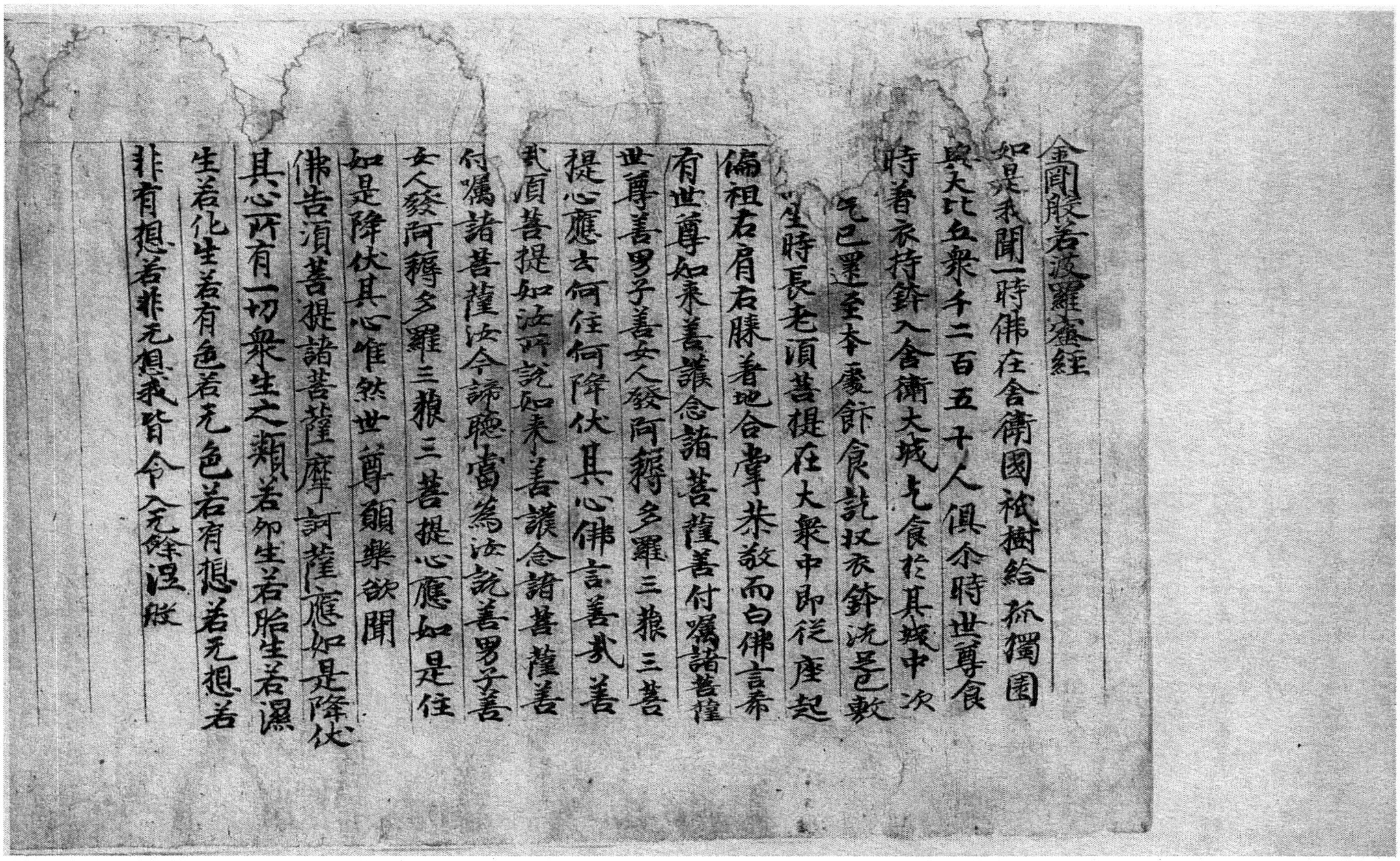
金剛般若波羅蜜經
如是我聞一時佛在舍衛國祇樹給孤獨園
與大比丘衆千二百五十人俱尒時世尊食
時著衣持鉢入舍衛大城乞食於其城中次
第乞已還至本處飯食訖收衣鉢洗足已敷
座而坐時長老須菩提在大衆中即從座起
偏袒右肩右膝著地合掌恭敬而白佛言希
有世尊如來善護念諸菩薩善付囑諸菩薩
世尊善男子善女人發阿耨多羅三藐三菩
提心應云何住云何降伏其心佛言善哉善
哉須菩提如汝所說如來善護念諸菩薩善
付囑諸菩薩汝今諦聽當為汝說善男子善
女人發阿耨多羅三藐三菩提心應如是住
如是降伏其心唯然世尊願樂欲聞
佛告須菩提諸菩薩摩訶薩應如是降伏
其心所有一切衆生之類若卵生若胎生若濕
生若化生若有色若无色若有想若无想若
非有想非无想我皆令入无餘涅槃

BD07003號　金剛般若波羅蜜經（兌廢稿）　（2–1）

哉須菩提如汝所說如來善護念諸菩薩善
付囑諸菩薩汝今諦聽當為汝說善男子善
女人發阿耨多羅三藐三菩提心應如是住
如是降伏其心唯然世尊願樂欲聞
佛告須菩提諸菩薩摩訶薩應如是降伏
其心所有一切衆生之類若卵生若胎生若濕
生若化生若有色若无色若有想若无想若
非有想若非无想我皆令入无餘涅槃

BD07003號　金剛般若波羅蜜經（兌廢稿）　（2–2）

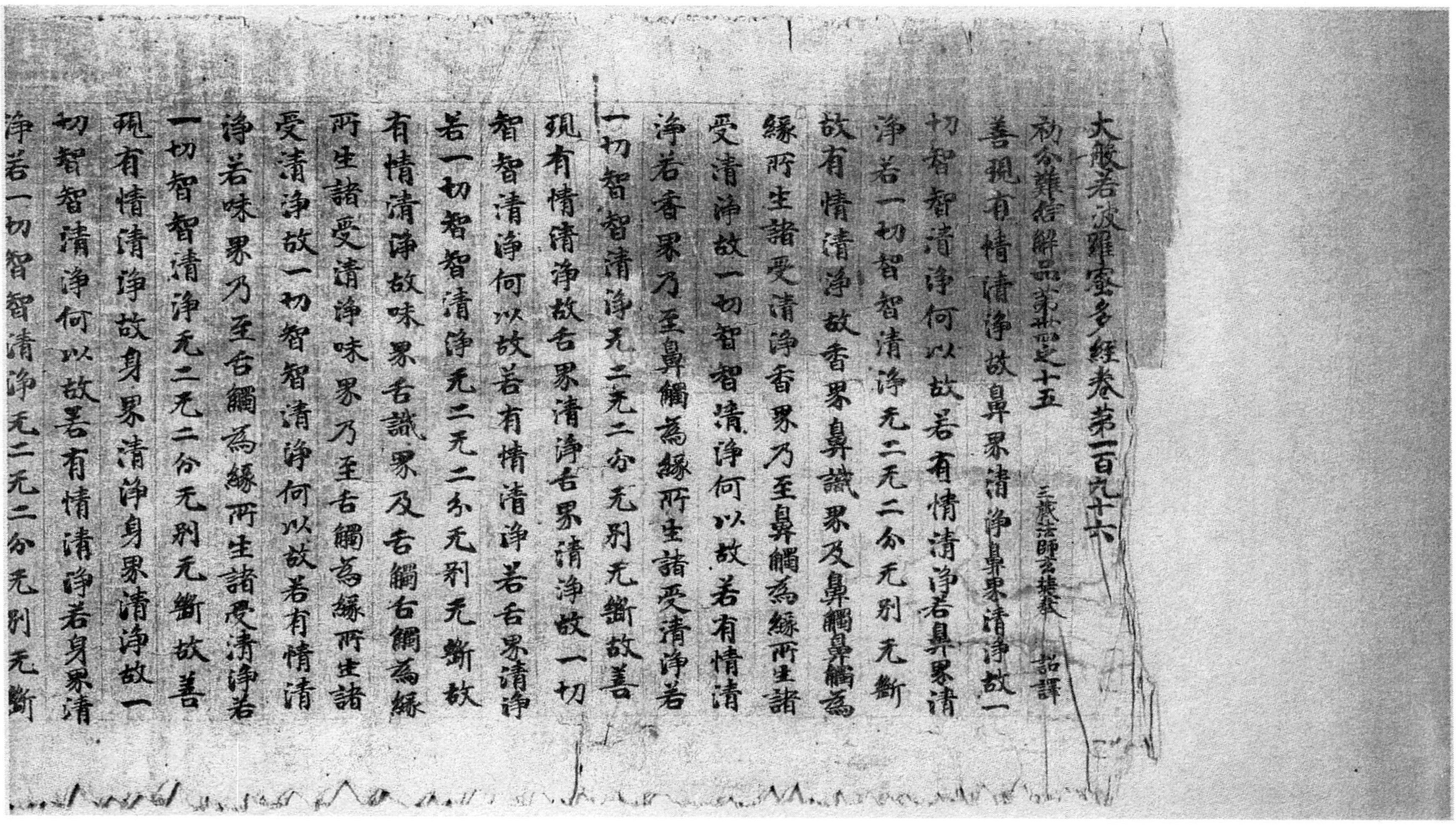

大般若波羅蜜多經卷第一百九十六
初分難信解品第卅四之十五　三藏法師玄奘奉　詔譯
善現有情清淨故鼻界清淨鼻界清淨故一
切智智清淨何以故若有情清淨若鼻界清
淨若一切智智清淨无二无二分无別无斷
故有情清淨故香界鼻識界及鼻觸鼻觸為
緣所生諸受清淨香界乃至鼻觸為緣所生諸
受清淨故一切智智清淨何以故若有情清
淨若香界乃至鼻觸為緣所生諸受清淨若
一切智智清淨无二无二分无別无斷故善
現有情清淨故舌界清淨舌界清淨故一切
智智清淨何以故若有情清淨若舌界清淨
若一切智智清淨无二无二分无別无斷故
有情清淨故味界舌識界及舌觸舌觸為緣
所生諸受清淨味界乃至舌觸為緣所生諸
受清淨故一切智智清淨何以故若有情清
淨若味界乃至舌觸為緣所生諸受清淨若
一切智智清淨无二无二分无別无斷故善
現有情清淨故身界清淨身界清淨故一
切智智清淨何以故若有情清淨若身界清
淨若一切智智清淨无二无二分无別无斷

BD07004號　大般若波羅蜜多經卷一九六　（2–1）

淨若香界乃至鼻觸爲緣所生諸受清淨若
一切智智清淨无二无二分无別无斷故善
現有情清淨故舌界清淨舌界清淨故一切
智智清淨何以故若有情清淨若舌界清淨
若一切智智清淨无二无二分无別无斷故
有情清淨故味界舌識界及舌觸舌觸爲緣
所生諸受清淨味界乃至舌觸爲緣所生諸
受清淨故一切智智清淨何以故若有情清
淨若味界乃至舌觸爲緣所生諸受清淨若
一切智智清淨无二无二分无別无斷故善
現有情清淨故身界清淨身界清淨故一
切智智清淨何以故若有情清淨若身界清
淨若一切智智清淨无二无二分无別无斷
故有情清淨故觸界身識界及身觸身觸爲
緣所生諸受清淨觸界乃至身觸爲緣所生
諸受清淨故一切智智清淨何以故若有情
清淨若觸界乃至身觸爲緣所生諸受清淨
若一切智智清淨无二无二分无別无斷故
意界清淨故一

BD07004 號　大般若波羅蜜多經卷一九六　（2–2）

皆共合掌 聽受佛語 其佛當壽 十二小劫
正法住世 二十小劫 像法亦住 二十小劫
尒時世尊復告諸比丘衆我今語汝是大迦
旃延於當來世以諸供具供養奉事八千億
佛恭敬尊重諸佛滅後各起塔廟高千由旬
縱廣正等五百由旬皆以金銀琉璃車𤦲馬瑙
真珠玫瑰七寶合成衆華瓔珞塗香末香燒
香繒蓋幢幡供養塔廟過是已後當復供
養二万億佛亦復如是供養是諸佛已具菩薩
道當得作佛号曰閻浮那提金光如來應供
正遍知明行足善逝世間解無上士調御丈
夫天人師佛世尊其土平正頗梨爲地寶樹
莊嚴黃金爲繩以界道側妙華覆地周遍清
淨見者歡喜無四惡道地獄餓鬼畜生阿脩
羅道多有天人諸聲聞衆及諸菩薩無量万
億莊嚴其國佛壽十二小劫正法住世二十
小劫像法亦住二十小劫尒時世尊欲重宣
此義而說偈言

BD07005 號　妙法蓮華經卷三　（2–1）

香繒蓋幢幡供養塔廟過是已後當復供
養二万億佛亦復如是供養是諸佛已具菩薩
道當得作佛号曰閻浮那提金光如來應供
正遍知明行足善逝世間解無上士調御丈
夫天人師佛世尊其土平正頗梨為地寶樹
莊嚴黃金為繩以界道側妙華覆地周遍清
淨見者歡喜無四惡道地獄餓鬼畜生阿脩
羅道多有天人諸聲聞衆及諸菩薩無量万
億莊嚴其國佛壽十二小劫正法住世二十
小劫像法亦住二十小劫尒時世尊欲重宣
此義而說偈言
諸比丘衆 皆一心聽 如我所說 真實無異
是迦旃延 當以種種 妙好供具 供養諸佛
諸佛滅後 起七寶塔 亦以華香 供養舍利
其最後身 得佛智慧 成等正覺 國土清淨
度脫無量 万億衆生 皆為十方 之所供養
佛之光明 無能勝者 其佛号曰 閻浮金光

BD07005 號　妙法蓮華經卷三　（2–2）

路荼
其所觀礼讀
羅蜜多供養恭敬
甘讚念尒時佛告天帝
善女人等若見如是
蜜多所安置處有妙光明或
香馥如天樂音當知尒時天
國諸天龍等来至其所
彼所書寫甚深般若波羅蜜多供養
尊重讚歎合掌右繞歡喜讚念復次
是善男子善女人等脩淨妙行嚴潔其處
心供養如是般若波羅蜜多當知尒時有大
神力威德熾盛諸天龍等来至其所觀礼讀
誦彼所書寫甚深般若波羅蜜多供養恭敬
尊重讚歎合掌右繞歡喜讚念
如是大神力威德熾盛諸能等来至其
處此中所有邪神惡鬼驚怖退散无敢住者
由此因緣是善男子善女人等心便廣大所
脩善業倍復增長一切所為无有障礙是
故應如是若此般若波羅蜜多隨所在處周
帀除去諸不淨物掃拭塗治香水散灑

BD07006 號　大般若波羅蜜多經卷一二七　（3–1）

處此中所有邪神惡鬼驚怖退散无敢住者
由此因緣是善男子善女人等心便廣大所
脩善業倍復增長一切所為无有障礙是
故憍尸迦若此般若波羅蜜多隨所在處周
帀除去諸不淨物掃拭塗治香水散灑敷設
寶座而安置之燒香散花張施幰蓋寶幢
幡鐸間飾其中衣服瓔珞金銀寶器
伎樂燈明无量雜綵莊嚴其處若能如是供
養般若波羅蜜多便有无量具大神力威德
熾盛諸天龍等來至其處觀禮讀誦彼所書
寫甚深般若波羅蜜多供養恭敬尊重讚
歎合掌右繞歡喜讓念
復次憍尸迦是善男子善女人等若能如是
供養般若波羅蜜多身心無倦身樂心安身
輕心輕身調柔心調柔身安隱心安
般若波羅蜜多夜寢息時无諸惡夢唯見
夢謂見如來應正等覺身真金色具三十二
大丈夫相八十隨好圓滿莊嚴放大光明普
照一切聲聞菩薩前後圍繞身處眾中聞佛
為說布施波羅蜜多淨戒波羅蜜多安忍波
羅蜜多精進波羅蜜多靜慮波羅蜜多般若
波羅蜜多相應之法聞佛為說內空外
外空空空大空勝義空有為空无為空畢竟空无
空无際空散空无變異空本性空自相空共
相空一切法空不可得空无性空自性空无
性自性空相應之法聞佛為說真如法界法
性不虛妄性不變異性平等性離生性法定

BD07006號　大般若波羅蜜多經卷一二七　（3–2）

復次憍尸迦是善男子善女人等若能如是
供養般若波羅蜜多身心無倦身樂心安身
輕心輕身調柔心調柔身安隱心安
般若波羅蜜多夜寢息時无諸惡夢唯見
夢謂見如來應正等覺身真金色具三十二
大丈夫相八十隨好圓滿莊嚴放大光明普
照一切聲聞菩薩前後圍繞身處眾中聞佛
為說布施波羅蜜多淨戒波羅蜜多安忍波
羅蜜多精進波羅蜜多靜慮波羅蜜多般若
波羅蜜多相應之法聞佛為說內空外
外空空空大空勝義空有為空无為空畢竟空无
空无際空散空无變異空本性空自相空共
相空一切法空不可得空无性空自性空无
性自性空相應之法聞佛為說真如法界法
性不虛妄性不變異性平等性離生性法定
法住實際虛空界不思議界相應之法聞佛

BD07006號　大般若波羅蜜多經卷一二七　（3–3）

恒作愚夫行　无明闇覆心　隨順不善友
或因諸戲樂　或復懷憂惱　為貪瞋所纏
親近不善人　及由慳嫉意　貧窮行諂誑
雖不樂衆過　由有怖畏故　及不得自在
或為躁動心　或因瞋恚恨　及以飢渴惱
由飲食衣服　及貪愛女人　煩惱火所燒
於佛法僧衆　不生恭敬心　作如是衆罪
於獨覺菩薩　亦无恭敬心　作如是衆罪
无知謗正法　不孝於父母　作如是衆罪
由愚癡憍慢　及以貪瞋力　作如是衆
我於十方界　供養无數佛　當願拔衆
願一切有情　皆令住十地　福智圓
我為諸衆生　皆行百千劫　以大智
我為諸含識　演說甚深經　最勝金
若人百千劫　造諸極重罪　暫時能
依此金光明　作如是懺悔　由斯能速
勝定百千種　不思議總持　根力覺道支　修習常无倦
我當至十地　具足珍寶處　圓滿佛功德　濟度生死流
我於諸佛海　甚深功德藏　妙智難思議　皆令得具足
唯願十方佛　觀察護念我　皆以大悲心　哀受我懺悔
我於多劫中　所造諸惡業　由斯生苦惱　哀愍願消除
我造諸惡業　常生憂怖心　於四威儀中　曾无歡樂想

BD07007 號　金光明最勝王經卷二　（5–1）

唯願十方佛　觀察護念我　皆以大悲心　哀受我懺悔
我於多劫中　所造諸惡業　由斯生苦惱　哀愍願消除
我造諸惡業　常生憂怖心　於四威儀中　曾无歡樂想
諸佛具大悲　能除衆生怖　願受我懺悔　令得離憂苦
我有煩惱障　及以諸報業　願以大悲水　洗濯令清淨
我先作諸罪　及現造惡業　至心皆發露　咸願得蠲除
未來諸惡業　防護令不起　設令有違者　終不敢覆藏
身三語四種　意業復有三　繫縛諸有情　无始恒相續
由斯三種行　造作十惡業　如是衆多罪　我今皆懺悔
我造諸惡業　苦報當自受　今於諸佛前　至誠皆懺悔
於此贍部洲　及他方世界　所有諸善業　今我皆隨喜
願離十惡業　修行十善道　安住十地中　常見十方佛
我以身語意　所修福智業　願以此善根　速成无上慧
我今親對十力前　發露多衆苦難事
凡愚迷惑三有難　恒造極重惡業難
我所積集欲邪難　常起貪愛流轉難
於此世間耽著難　一切愚夫煩惱難
狂心散動顛倒難　及以親近惡友難
於生死中貪染難　瞋癡闇鈍造罪難
生八無暇惡處難　未曾積集功德難
我今皆於最勝前　懺悔无邊罪惡業
我今歸依諸善逝　我禮德海无上尊
如大金山照十方　唯願慈悲哀攝受
身色金光淨无垢　目如清淨紺琉璃
吉祥威德名稱尊　大悲慧日除衆闇
佛日光明常普遍　善淨无垢離諸塵
牟尼月照極清淨　能除衆生煩惱熱
三十二相遍莊嚴　八十隨好皆圓滿

BD07007 號　金光明最勝王經卷二　（5–2）

吉祥威德名稱尊 大悲慧日除衆闇
佛日光明常普遍 善淨无垢離諸塵
牟尼月照極清淨 能除衆生煩惱熱
三十二相遍莊嚴 八十隨好皆圓滿
福德難思无與等 如日流光照世間
色如瑠璃淨无垢 猶如滿月處虛空
妙頗梨網映金軀 種種光明以嚴飾
於生死苦暴流內 老病憂愁水所漂
如是苦海難堪忍 佛日舒光令永竭
我今稽首一切智 三千世界希有尊
光明晃耀紫金身 種種妙好皆嚴飾
如大海水量難知 大地微塵不可數
如妙高山巨難量 亦如虛空无有際
佛功德亦如是 一切有情不能知
无量劫諦思惟 無有能知德海岸
盡此大地諸山岳 如微塵能筭知
毛端渧海尚可量 之功德无能數
一切有情皆共讚 世尊名稱諸功德
清淨相好妙莊嚴 不可稱量知分齊
之所有衆善業 願得速成无上尊
說正法利群生 悉令解脫於衆苦
大力魔軍衆 當轉无上正法輪
劫數難思議 充足衆生甘露味
過去諸最勝 六波羅蜜皆圓滿
貪欲及瞋癡 降伏煩惱除衆苦
我常得宿命智 能憶過去百千生
憶念牟尼尊 得聞諸佛甚深法
以斯諸善業 奉事无邊最勝尊

BD07007號　金光明最勝王經卷二　（5–3）

貪欲及瞋癡 降伏煩惱除衆苦
我常得宿命智 能憶過去百千生
憶念牟尼尊 得聞諸佛甚深法
以斯諸善業 奉事无邊最勝尊
切不善因 恒得修行真妙法
界諸衆生 悉皆離苦得安樂
諸根不具足 令彼身相皆圓滿
衆生遭病苦 身形羸瘦无所依
病苦得消除 諸根色力皆充滿
王法當刑戮 衆苦逼迫生憂惱
如斯極苦時 無有歸依能救護
受鞭杖枷鎖繫 種種苦具切其身
千憂惱時 逼迫身心无暫樂
得免於繫縛 及以鞭杖苦楚事
形者得命全 衆苦皆令永除盡
衆生飢渴逼 令得種種殊勝味
得覩顏者聞 跛者能行瘂能語
衆生雅寶藏 倉庫盈溢无所乏
得受上妙樂 无一衆生受苦惱
人天皆樂見 容儀溫雅甚端嚴
現受无量樂 受用豐饒福德具
彼衆生念伎樂 衆妙音聲皆現前
即現清涼池 金色蓮花泛其上
衆生心所念 飲食衣服及牀敷
寶妙瑠璃 瓔珞莊嚴皆具足
衆生聞惡響 亦復不見有相違
容貌悉端嚴 各各慈心相愛樂
資生諸樂具 隨心念時皆滿足
珍財无悋惜 分布施與諸衆生

BD07007號　金光明最勝王經卷二　（5–4）

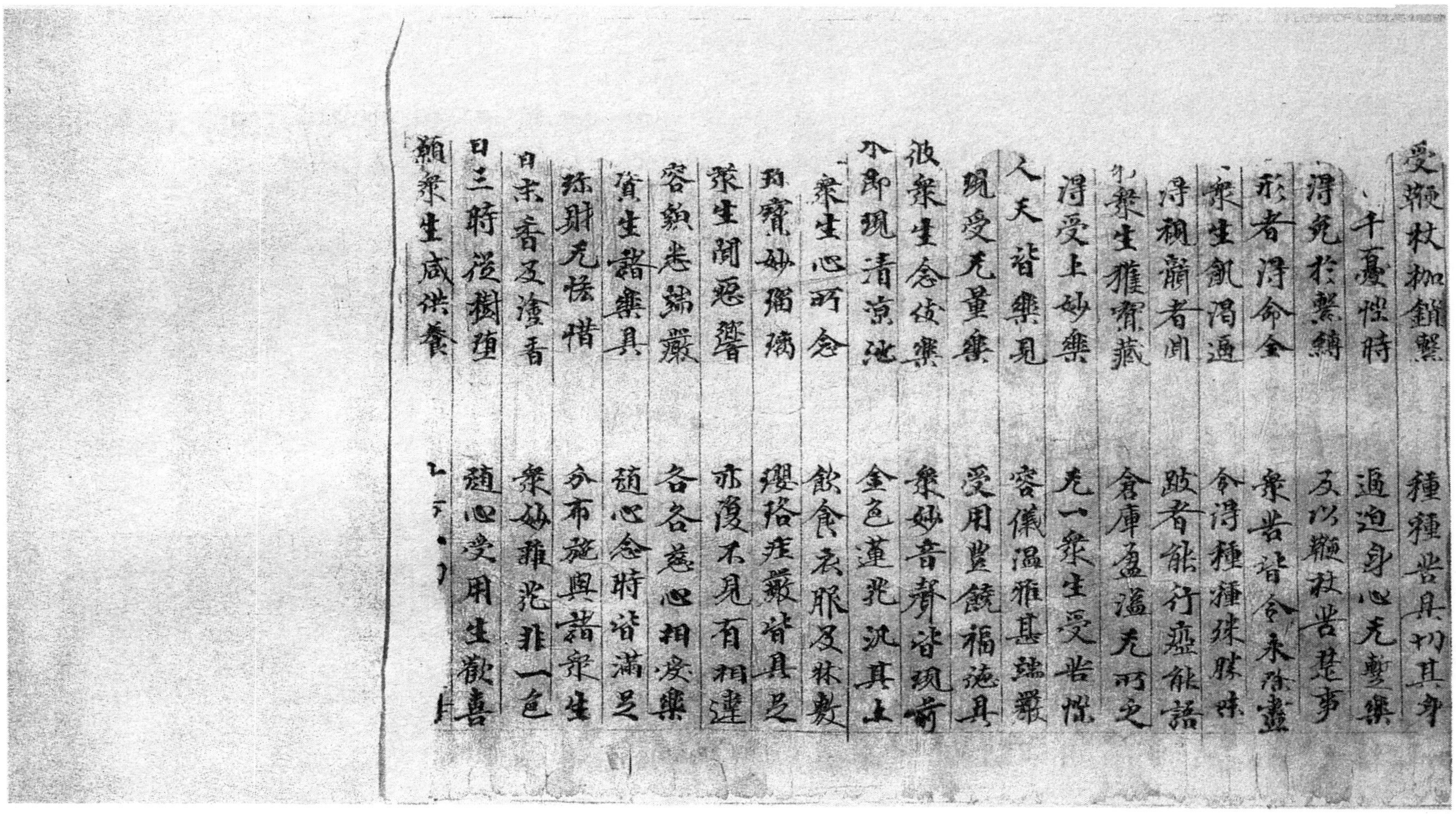

受鞭杖枷鎖繫　種種苦具切其身
千憂惱時　逼迫身心無暫樂
得免於繫縛　及以鞭杖苦楚事
形者得命全　眾苦皆令永除盡
眾生飢渴逼　令得種種殊勝味
得覩聾者聞　跛者能行瘂能語
眾生獲寶藏　倉庫盈溢無所乏
得受上妙樂　無一眾生受苦惱
人天皆樂見　容儀溫雅甚端嚴
現受無量樂　受用豐饒福德具
彼眾生念彼樂　眾妙音聲皆現前
即現清涼池　金色蓮花泛其上
眾生心所念　飲食衣服及牀敷
寶妙瓔珞　瓔珞莊嚴皆具足
眾生聞惡響　亦復不見有相違
容貌悉端嚴　各各慈心相愛樂
資生諸樂具　隨心念時皆滿足
珍財無悋惜　分布施與諸眾生
末香及塗香　眾妙雜花非一色
日三時從樹墮　隨心受用生歡喜
願眾生咸供養

BD07007 號　金光明最勝王經卷二　（5–5）

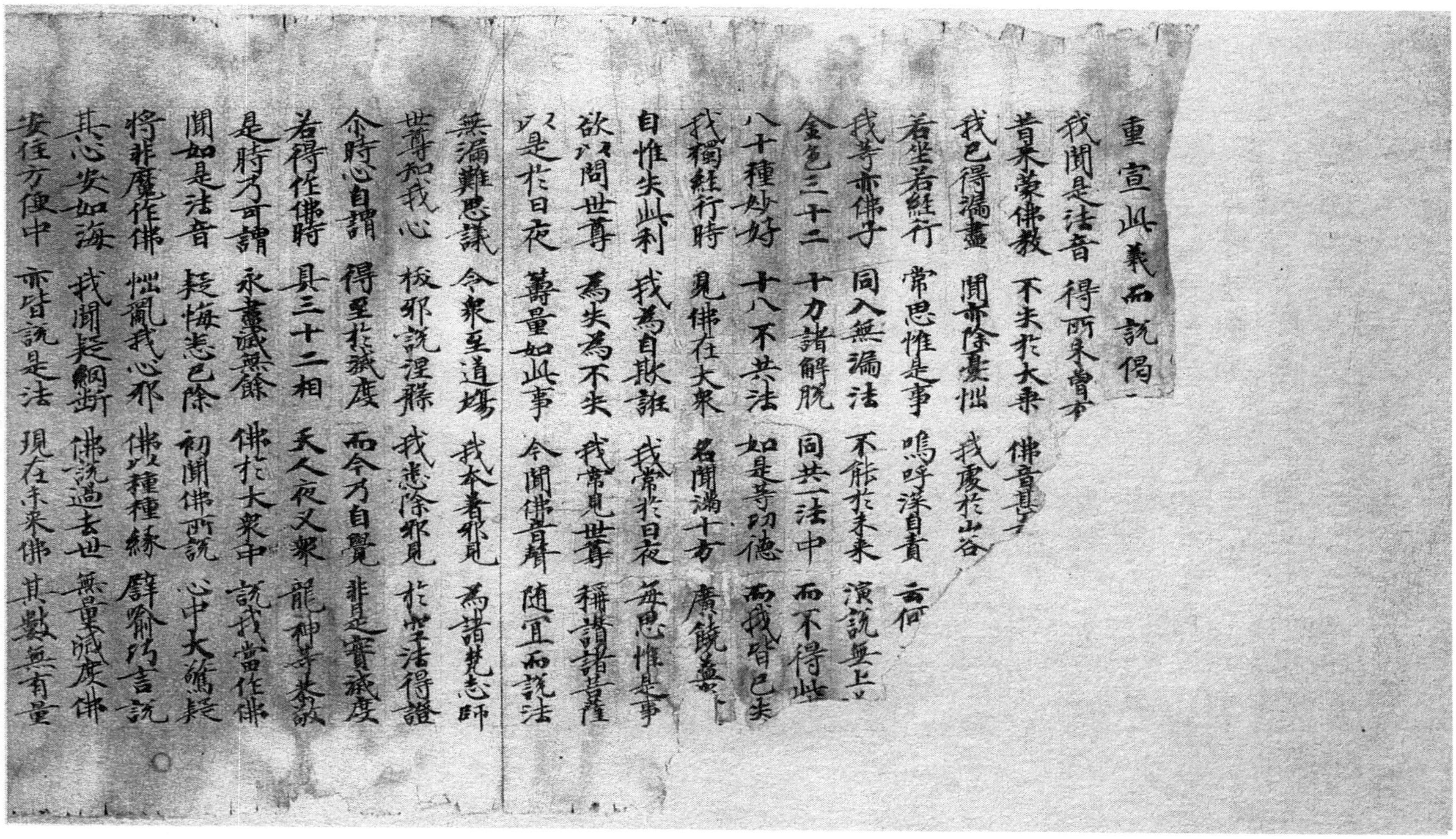

重宣此義而說偈言
我聞是法音　得所未曾有
昔來蒙佛教　不失於大乘　佛音甚希有
我已得漏盡　聞亦除憂惱　我處於山谷
若坐若經行　常思惟是事　嗚呼深自責　云何
我等亦佛子　同入無漏法　不能於未來　演說無上道
金色三十二　十力諸解脫　同共一法中　而不得此事
八十種妙好　十八不共法　如是等功德　而我皆已失
我獨經行時　見佛在大眾　名聞滿十方　廣饒益眾生
自惟失此利　我為自欺誑　我常於日夜　每思惟是事
欲以問世尊　為失為不失　我常見世尊　稱讚諸菩薩
以是於日夜　籌量如此事　今聞佛音聲　隨宜而說法
無漏難思議　令眾至道場　我本著邪見　為諸梵志師
世尊知我心　拔邪說涅槃　我悉除邪見　於空法得證
爾時心自謂　得至於滅度　而今乃自覺　非是實滅度
若得作佛時　具三十二相　天人夜叉眾　龍神等恭敬
是時乃可謂　永盡滅無餘　佛於大眾中　說我當作佛
聞如是法音　疑悔悉已除　初聞佛所說　心中大驚疑
將非魔作佛　惱亂我心耶　佛以種種緣　譬喻巧言說
其心安如海　我聞疑網斷　佛說過去世　無量滅度佛
安住方便中　亦皆說是法　現在未來佛　其數無有量

BD07008 號　妙法蓮華經卷二　（3–1）

聞如是法音疑悔悉已除初聞佛所說心中大驚疑
將非魔作佛惱亂我心耶佛以種種緣譬喻巧言說
其心安如海我聞疑網斷佛說過去世無量滅度佛
安住方便中亦皆說是法現在未來佛其數無有量
亦以諸方便演說如是法如今者世尊從生及出家
得道轉法輪亦以方便說世尊說實道波旬無此事
以是我定知非是魔作佛我墮疑網故謂是魔所為
聞佛柔軟音深遠甚微妙演暢清淨法我心大歡喜
疑悔永已盡安住實智中我定當作佛為天人所敬
轉無上法輪教化諸菩薩
尒時佛告舍利弗吾今於天人沙門婆羅門
等大衆中說我昔曾於二萬億佛所為無上
道故常教化汝汝亦長夜隨我受學我以方
便引導汝故生我法中舍利弗我昔教汝志
願佛道汝今悉忘而便自謂已得滅度我今
還欲令汝憶念本願所行道故為諸聲聞說
是大乘經名妙法蓮華教菩薩法佛所護念
舍利弗汝於未來世過無量無邊不可思議
劫供養若干千万億佛奉持正法具足菩薩
所行之道當得作佛号曰華光如來應供正
遍知明行足善逝世間解無上士調御丈夫
天人師佛世尊國名離垢其土平正清淨嚴
飾安隱豐樂天人熾盛瑠璃為地有八交道
黃金為繩以界其側其傍各有七寶行樹常
有華菓華光如來亦以三乘教化衆生舍利
弗彼佛出時雖非惡世以本願故說三乘法

BD07008 號　妙法蓮華經卷二　（3–2）

舍利弗汝於未來世過無量無邊不可思議
劫供養若干千万億佛奉持正法具足菩薩
所行之道當得作佛号曰華光如來應供正
遍知明行足善逝世間解無上士調御丈夫
天人師佛世尊國名離垢其土平正清淨嚴
飾安隱豐樂天人熾盛瑠璃為地有八交道
黃金為繩以界其側其傍各有七寶行樹常
有華菓華光如來亦以三乘教化衆生舍利
弗彼佛出時雖非惡世以本願故說三乘法
其劫名大寶莊嚴何故名曰大寶莊嚴其國
中以菩薩為大寶故彼諸菩薩無量無邊不
可思議筭數譬喻所不能及非佛智力無能
知者若欲行時寶華承足此諸菩薩非初發
意皆久植德本於無量百千万億佛所淨脩
梵行恒為諸佛之所稱歎常脩佛慧具大神
通善知一切諸法之門質直無偽志念堅固
如是菩薩充滿其國舍利弗華光佛壽十二
小劫除為王子未作佛時其國人民壽八小
劫華光如來過十二小劫授堅滿菩薩阿耨
多羅三藐三菩提記告諸比丘是堅滿菩薩

BD07008 號　妙法蓮華經卷二　（3–3）

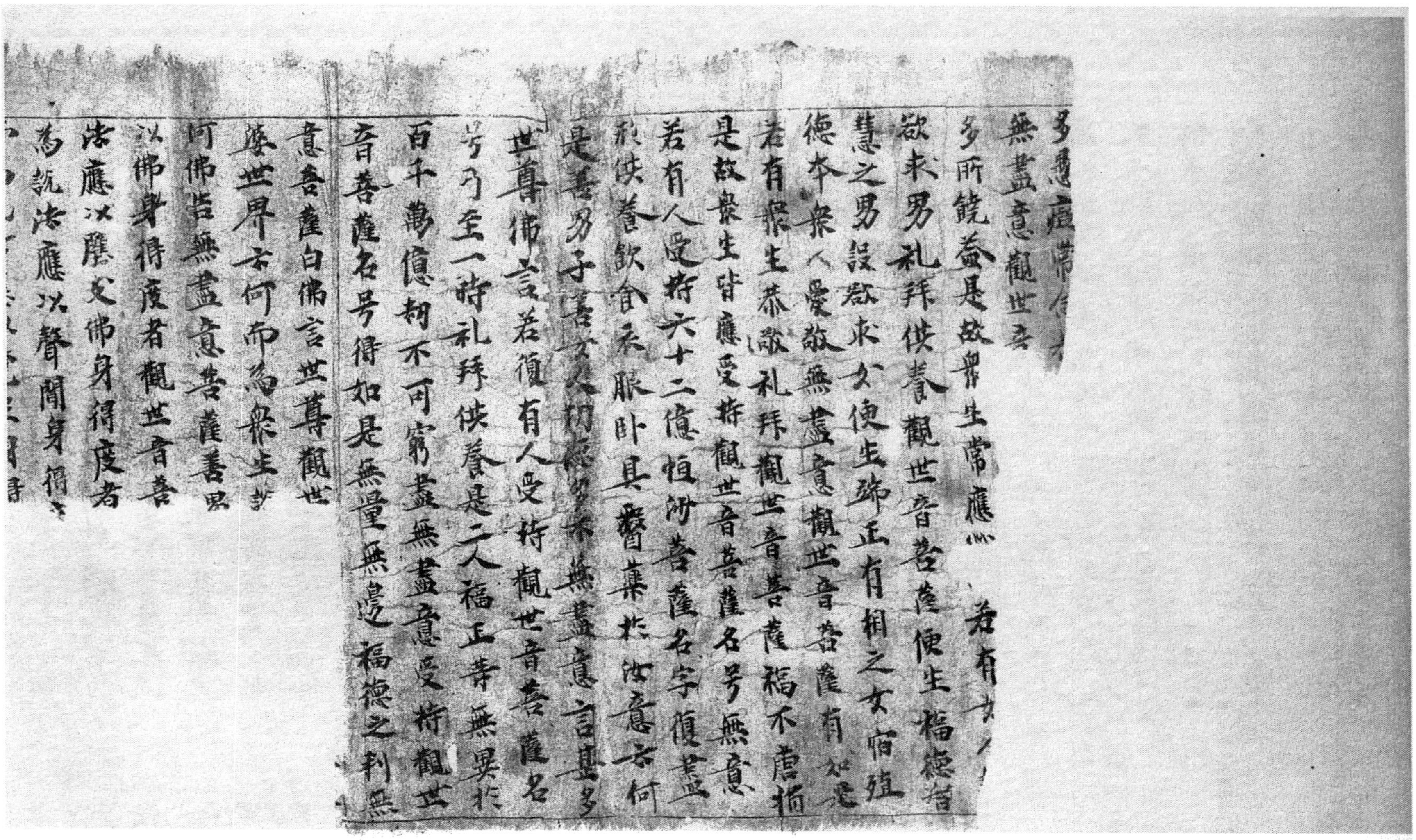

BD07009 號　觀世音經　　（5–1）

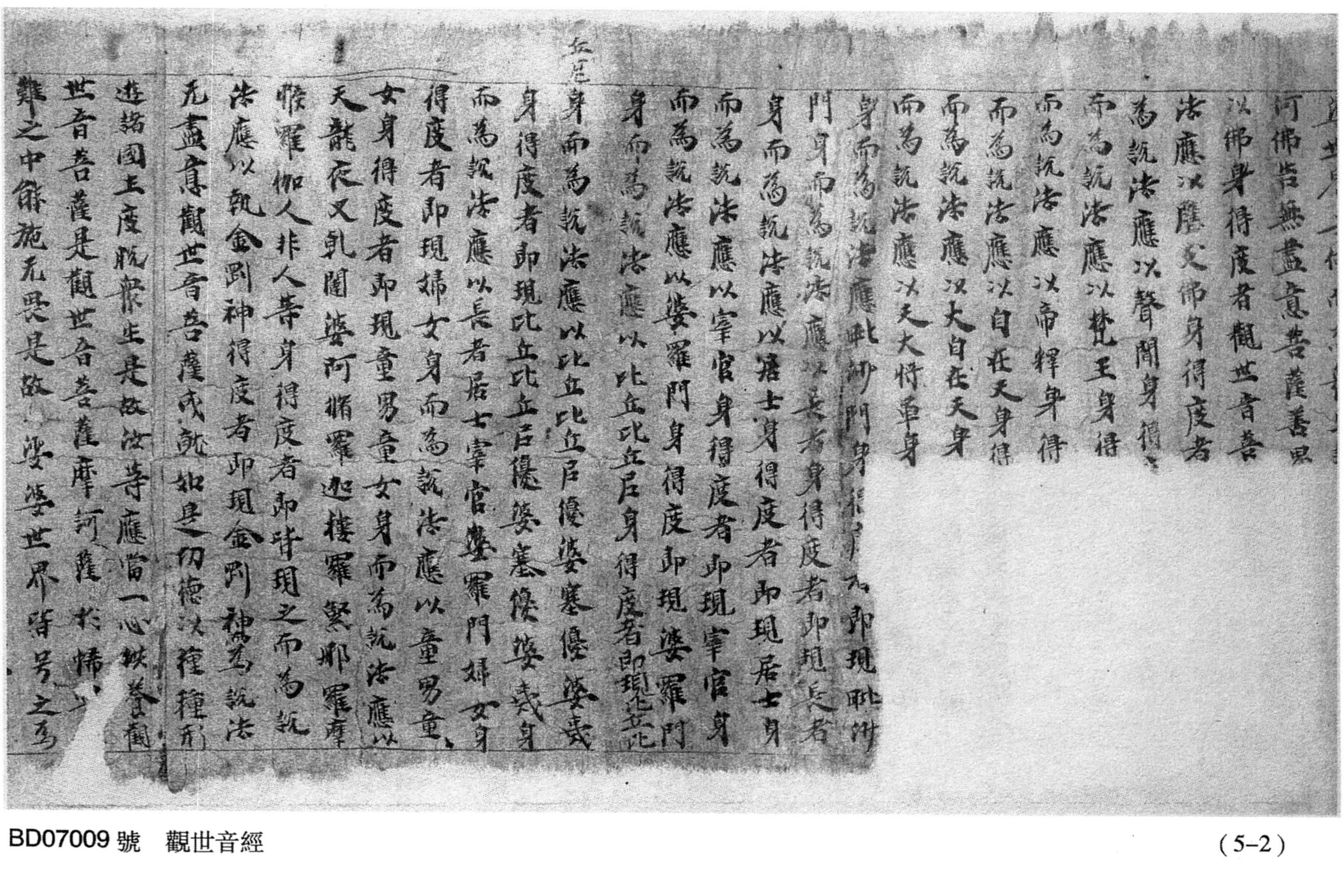

BD07009 號　觀世音經　　（5–2）

遊諸國土度脫衆生是故汝等應當一心供養觀
世音菩薩是觀世音菩薩摩訶薩於怖畏急
難之中能施无畏是故此娑婆世界皆号之為
施无畏者无盡意菩薩白佛言世尊我今當供
養觀世音菩薩即解頸衆寶珠瓔珞價直百千
兩金而以與之作是言仁者受此法施珎寶瓔珞
時觀世音菩薩不肯受之無盡意復白觀世
音菩薩言仁者愍我等故受此瓔珞尒時佛告
觀世音菩薩當愍此无盡意菩薩及四衆天
龍夜叉乾闥婆阿脩羅迦樓羅緊那羅摩
睺羅伽人非人等故受是瓔珞即時觀世音菩
薩愍諸四衆及於天龍夜叉人非人等受其瓔珞
分作二分一分奉釋迦牟尼佛一分奉多寶佛
塔无盡意觀世音菩薩有如是自在神力
遊於娑婆世界尒時无盡意菩薩以偈問曰
世尊妙相具　我今重問彼　佛子何因緣　名為觀世音
具足妙相尊　偈答无盡意　汝聽觀音行　善應諸方所
弘誓深如海　歷劫不思議　侍多千億佛　發大清淨願
我為汝略說　聞名及見身　心念不空過　能滅諸有苦
假使興害意　推落大火坑　念彼觀音力　火坑變成池
或漂流巨海　龍魚諸鬼難　念彼觀音力　波浪不能沒
或在須弥峯　為人所推墮　念彼觀音力　如日虛空住
或被惡人逐　墮落金剛山　念彼觀音力　不能損一毛
或值怨賊繞　各執刀加害　念彼觀音力　咸即起慈心
或遭王難苦　臨刑欲壽終　念彼觀音力　刀尋段段壞

BD07009號　觀世音經　（5-3）

或被惡人逐　墮落金剛山　念彼觀音力　不能損一毛
或值怨賊繞　各執刀加害　念彼觀音力　咸即起慈心
或遭王難苦　臨刑欲壽終　念彼觀音力　刀尋段段壞
或囚禁枷鎖　手足被杻械　念彼觀音力　釋然得解脫
呪詛諸毒藥　所欲害身者　念彼觀音力　還著於本人
或遇惡羅剎　毒龍諸鬼等　念彼觀音力　時悉不敢害
若惡獸圍繞　利牙爪可怖　念彼觀音力　疾走无邊方
蚖蛇及蝮蝎　氣毒煙火燃　念彼觀音力　尋聲自迴去
雲雷鼓掣電　降雹澍大雨　念彼觀音力　應時得消散
衆生被困厄　无量苦逼身　觀音妙智力　能救世間苦
具足神通力　廣修智方便　十方諸國土　无剎不現身
種種諸惡趣　地獄鬼畜生　生老病死苦　以漸悉令滅
真觀清淨觀　廣大智慧觀　悲觀及慈觀　常願常瞻仰
无垢清淨光　慧日破諸闇　能伏災風火　普明照世間
悲體戒雷震　慈意妙大雲　澍甘露法雨　滅除煩惱焰
諍訟經官處　怖畏軍陣中　念彼觀音力　衆怨悉退散
妙音觀世音　梵音海潮音　勝彼世間音　是故須常念
念念勿生疑　觀世音淨聖　於苦惱死厄　能為作依怙
具一切功德　慈眼視衆生　福聚海无量　是故應頂礼
尒時持地菩薩即從座起前白佛言世尊若有衆
生聞是觀世音菩薩品自在之業普門示現神
通力者當知是人功德不少佛說是普門品
時衆中八万四千衆生皆發无等等阿耨
多羅三藐三菩提心

BD07009號　觀世音經　（5-4）

BD07009 號　觀世音經　　（5–5）

BD07009 號背　雜寫　　（3–1）

BD07009號背　雜寫　（3–2）

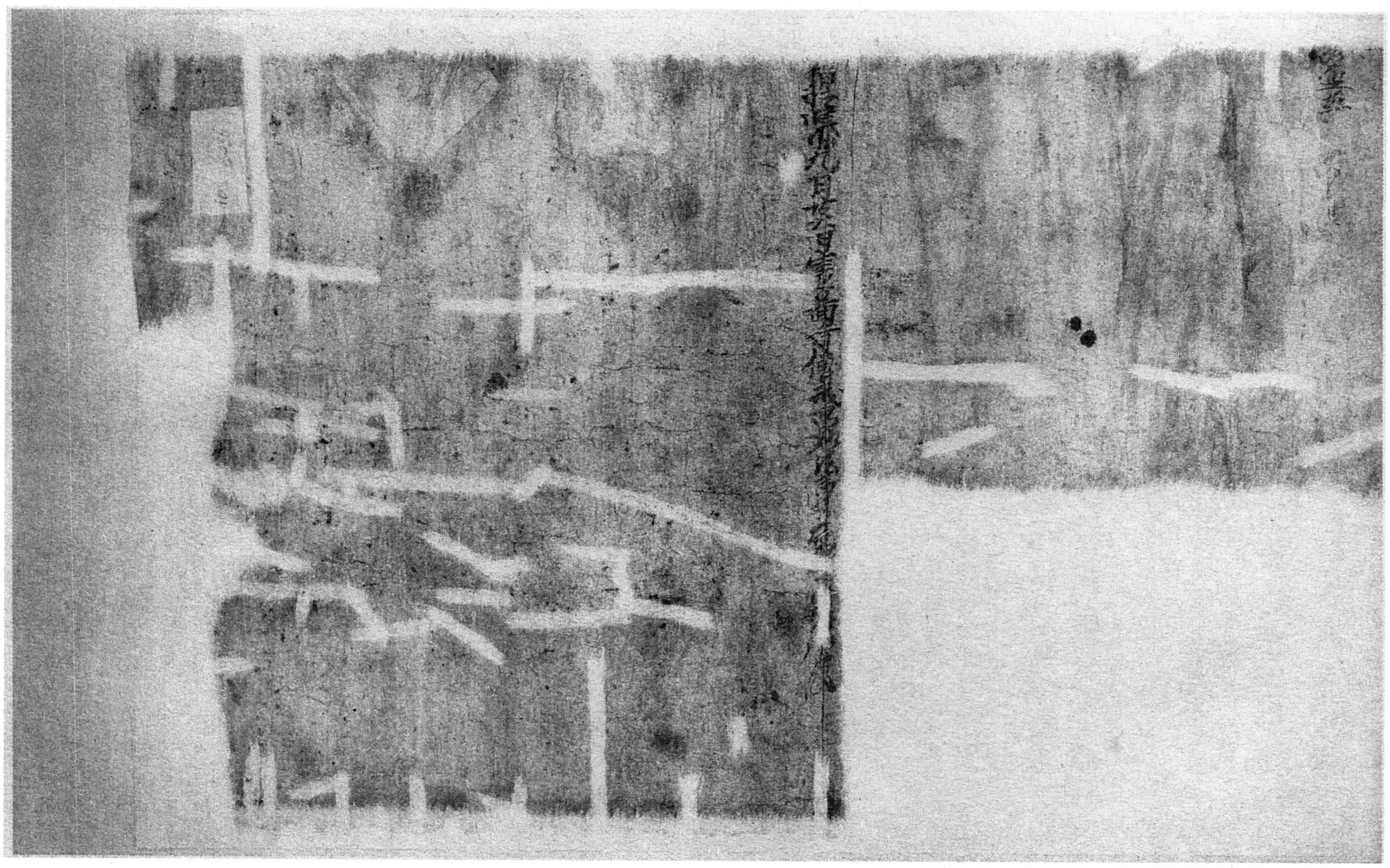

BD07009號背　雜寫　（3–3）

……諦聽當為……
善男子善女人發阿耨多羅三藐三菩提
心應如是住如是降伏其心唯然世尊願樂欲聞
佛告須菩提諸菩薩摩訶薩應如是降伏其
心所有一切眾生之類若卵生若胎生若濕生
若化生若有色若無色若有想若無想若非
有想若非無想我皆令入無餘涅槃而滅
度之如是滅度無量無數無邊眾生實無眾
生得滅度者何以故須菩提若菩薩有我
相人相眾生相壽者相即非菩薩
復次須菩提菩薩於法應無所住行於布施
所謂不住色布施不住聲香味觸法布施須
菩提菩薩應如是布施不住於相何以故若
菩薩不住相布施其福德不可思量須菩
提於意云何東方虛空可思量不不也世
尊須菩提南西北方四維上下虛空可思量
不不也世尊須菩提菩薩無住相布施福
德亦復如是不可思量須菩提菩薩但應如

BD07010 號　金剛般若波羅蜜經　（3–1）

提於意云何東方虛空可思量不不也世
尊須菩提南西北方四維上下虛空可思量
不不也世尊須菩提菩薩無住相布施福
德亦復如是不可思量須菩提菩薩但應如
所教住須菩提於意云何可以身相見如來
不不也世尊不可以身相得見如來何以故如
來所說身相即非身相佛告須菩提凡所有
相皆是虛妄若見諸相非相則見如來
須菩提白佛言世尊頗有眾生得聞如是言說
章句生實信不佛告須菩提莫作是說如來
滅後後五百歲有持戒修福者於此章句
能生信心以此為實當知是人不於一佛二佛三
五佛而種善根已於無量千萬佛所種諸善
根聞是章句乃至一念生淨信者須菩提如
來悉知悉見是諸眾生得如是無量福德何
以故是諸眾生無復我相人相眾生相壽者
相無法相亦無非法相何以故是諸眾生若心
取相則為著我人眾生壽者若取法相即著
我人眾生壽者何以故若取非法相即著我人
眾生壽者是故不應取法不應取非法以是
義故如來常說汝等比丘知我說法如筏喻
者法尚應捨何況非法
須菩提於意云何如來得阿耨多羅三藐三
菩提耶如來有所說法耶須菩提言如我解
佛所說義無有定法名阿耨多羅三菩提亦

BD07010 號　金剛般若波羅蜜經　（3–2）

須菩提於意云何如来得阿耨多羅三藐三
菩提耶如来有所說法耶須菩提言如我解
佛所說義無有定法名阿耨多羅三藐三菩提亦
無有定法如来可說何以故如来所說法
皆不可取不可說非法非非法所以者何一
切賢聖皆以無為法而有差別
須菩提於意云何若人滿三千大千世界七
寶以用布施是人所得福德寧為多不須
菩提言甚多世尊何以故是福德即非福德性
是故如来說福德多若復有人於此經中受
持乃至四句偈等為他人說其福勝彼何以故
須菩提一切諸佛及諸佛阿耨多羅三藐三
菩提法皆從此經出須菩提所謂佛法者
即非佛法
須菩提於意云何須陁洹能作是念我得須
陁洹果不須菩提言不也世尊何以故須陁
洹名為入流而無所入不入色聲香味觸法是
名須陁洹須菩提於意云何斯陁含能作是
念我得斯陁含果不須菩提言不也世尊
何以故斯陁含名一往来而實無往来是
名斯陁含須菩提於意云何阿那含能作
是念我得阿那含果不須菩提言不也世尊
何以故阿那含名為不来而實無来而實
無来是故名阿那含須菩提於意云何阿羅

BD07010 號　金剛般若波羅蜜經　（3–3）

漢能作是念我得阿羅漢道不須菩提言不
也世尊何以故實無有法名阿羅漢世尊若
阿羅漢作是念我得阿羅漢道即為著我人
衆生壽者世尊佛說我得無諍三昧人中最
為第一是第一離欲阿羅漢我不作是念我
是離欲阿羅漢世尊我若作是念我得阿羅
漢道世尊則不說須菩提是樂阿蘭那行者
以須菩提實無所行而名須菩提是樂阿蘭那行
佛告須菩提於意云何如来昔在然燈佛所
於法有所得不不也世尊如来昔在然燈佛所
於法實無所得須菩提於意云何菩薩莊
嚴佛土不不也世尊何以故莊嚴佛土者則非
莊嚴是名莊嚴是故須菩提諸菩薩摩訶薩
應如是生清淨心不應住色生心不應住聲
香味觸法生心應無所住而生其心須菩提
譬如有人身如須弥山王於意云何是身為
大不須菩提言甚大世尊何以故佛說非身
是名大身
須菩提如恒河中所有沙數如是沙等恒河
於意云何是諸恒河沙寧為多不須菩提言
甚多世尊但諸恒河尚多無數何況其沙須
菩提我今實言告汝若有善男子善女人

BD07011 號　金剛般若波羅蜜經　（3–1）

須菩提如恒河中所有沙數如是沙等恒河
於意云何是諸恒河沙寧為多不須菩提言
甚多世尊但諸恒河尚多無數何況其沙須
菩提我今實言告汝若有善男子善女人
以七寶滿尒所恒河沙數三千大千世界以用
布施得福多不須菩提言甚多世尊佛告須
菩提若有善男子善女人於此經中乃至受
持四句偈等為他人說而此福德勝前福德
復次須菩提隨說是經乃至四句偈等當知
此處一切世間天人阿脩羅皆應供養如佛
塔廟何況有人盡能受持讀誦須菩提當知
是人成就最上第一希有之法若是經典所
在之處則為有佛若尊重弟子
尒時須菩提白佛言世尊當何名此經我等
云何奉持佛告須菩提是經名為金剛般若
波羅蜜以是名字汝當奉持所以者何須菩
提佛說般若波羅蜜則非般若波羅蜜須菩
提於意云何如來有所說法不須菩提白佛
言世尊如來無所說須菩提於意云何三千
大千世界所有微塵是為多不須菩提言
甚多世尊須菩提諸微塵如來說非微塵是
名微塵如來說世界非世界是名世界須菩
提於意云何可以三十二相見如來不不也世
尊何以故如來說三十二相即是非相是名
三十二相須菩提若有善男子善女人以恒

BD07011號　金剛般若波羅蜜經　　（3–2）

是人成就最上第一希有之法若是經典所
在之處則為有佛若尊重弟子
尒時須菩提白佛言世尊當何名此經我等
云何奉持佛告須菩提是經名為金剛般若
波羅蜜以是名字汝當奉持所以者何須菩
提佛說般若波羅蜜則非般若波羅蜜須菩
提於意云何如來有所說法不須菩提白佛
言世尊如來無所說須菩提於意云何三千
大千世界所有微塵是為多不須菩提言
甚多世尊須菩提諸微塵如來說非微塵是
名微塵如來說世界非世界是名世界須菩
提於意云何可以三十二相見如來不不也世
尊何以故如來說三十二相即是非相是名
三十二相須菩提若有善男子善女人以恒
河沙等身命布施若復有人於此經中乃至
受持四句偈等為他人說其福甚多
尒時須菩提聞說是經深解義趣涕淚悲泣
而白佛言希有世尊佛說如是甚深經典我

BD07011號　金剛般若波羅蜜經　　（3–3）

是菩薩摩訶薩於色想退轉故名不退轉於
受想行識想退轉故名不退轉善現是菩薩
摩訶薩於眼處想退轉故名不退轉於耳鼻
舌身意處想退轉故名不退轉善現是菩薩
摩訶薩於色處想退轉故名不退轉於聲香味
觸法處想退轉故名不退轉善現是菩薩摩訶
薩於眼界想退轉故名不退轉於耳鼻舌身
意界想退轉故名不退轉善現是菩薩摩訶
薩於色界想退轉故名不退轉於聲香味觸
法界想退轉故名不退轉善現是菩薩摩訶
薩於眼識界想退轉故名不退轉於耳鼻舌
身意識界想退轉故名不退轉善現是菩薩摩
訶薩於眼觸想退轉故名不退轉於耳鼻舌身
意觸想退轉故名不退轉善現是菩薩摩訶
薩於眼觸為緣所生諸受想退轉故名不退
轉於耳鼻舌身意觸為緣所生諸受想退
轉故名不退轉善現是菩薩摩訶薩於地界
想退轉故名不退轉於水火風空識界想退
轉故名不退轉善現是菩薩摩訶薩於無明
受取有生老死想退轉故名不退轉善現是
菩薩摩訶薩於貪想退轉故名不退轉於瞋
想癡想諸惡見想退轉故名不退轉

BD07012號　大般若波羅蜜多經卷三二六　　（2–1）

意界想退轉故名不退轉善現是菩薩摩訶
薩於色界想退轉故名不退轉於聲香味觸
法界想退轉故名不退轉善現是菩薩摩訶
薩於眼識界想退轉故名不退轉於耳鼻舌
身意識界想退轉故名不退轉善現是菩薩摩
訶薩於眼觸想退轉故名不退轉於耳鼻舌身
意觸想退轉故名不退轉善現是菩薩摩訶
薩於眼觸為緣所生諸受想退轉故名不退
轉於耳鼻舌身意觸為緣所生諸受想退
轉故名不退轉善現是菩薩摩訶薩於地界
想退轉故名不退轉於水火風空識界想退
轉故名不退轉善現是菩薩摩訶薩於無明
受取有生老死想退轉故名不退轉善現是
菩薩摩訶薩於貪想退轉故名不退轉於瞋
想癡想諸惡見想退轉故名不退轉

大般若波羅蜜多經卷第三百廿六

BD07012號　大般若波羅蜜多經卷三二六　　（2–2）

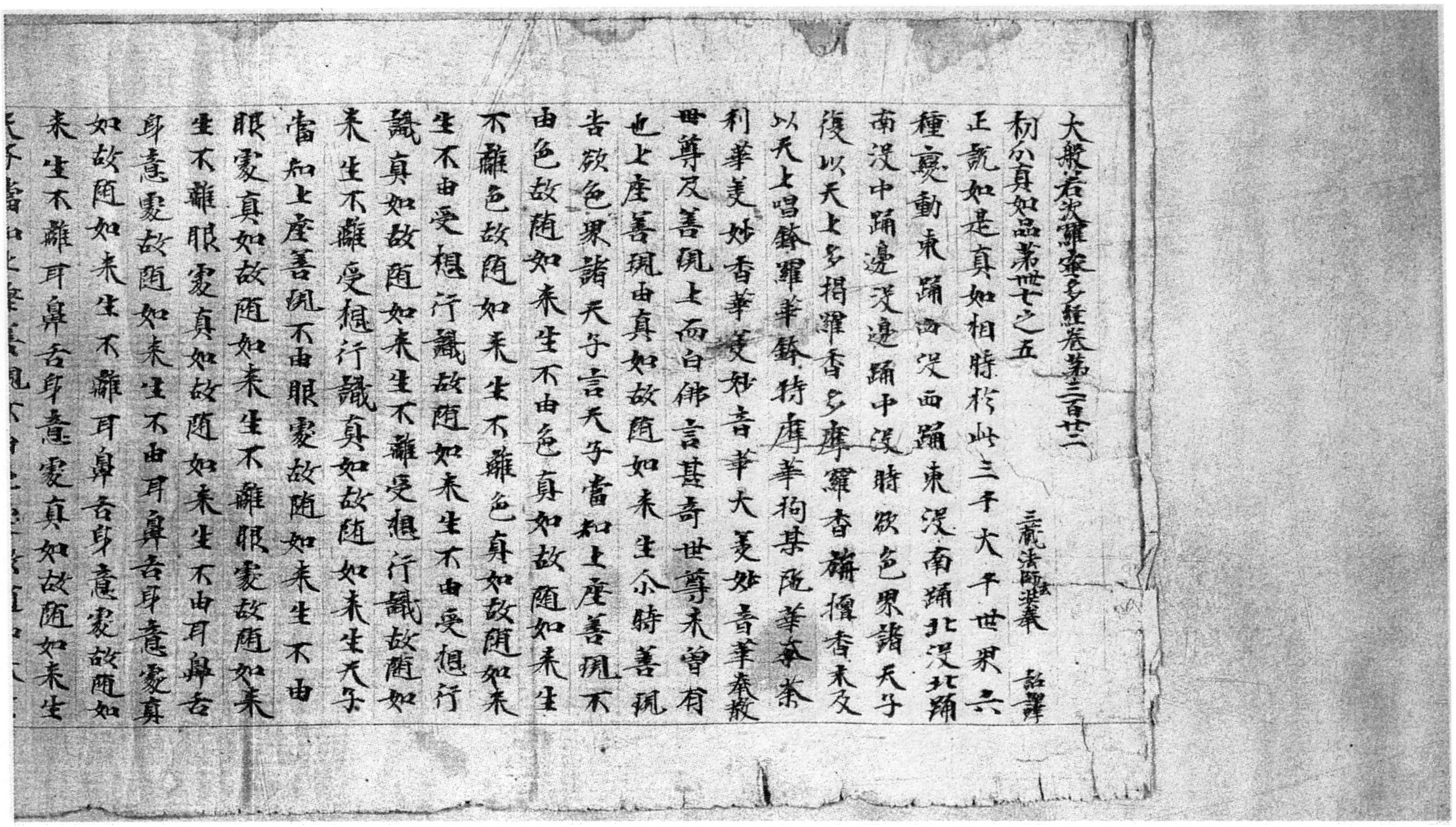
大般若波羅蜜多經卷第三百廿二　三藏法師玄奘奉　詔譯
初分真如品第廿七之五
正說如是真如相時於此三千大千世界六
種變動東踊西沒西踊東沒南踊北沒北踊
南沒中踊邊沒邊踊中沒時欲色界諸天子
復以天上多揭羅香多摩羅香旃檀香末及
以天上嗢鉢羅華鉢特摩華拘某陁華奔荼
利華美妙香華美妙音華大美妙音華奉散
世尊及善現上而白佛言甚奇世尊未曾有
也上座善現由真如故隨如來生尒時善現
告欲色界諸天子言天子當知上座善現不
由色故隨如來生不由色真如故隨如來生
不離色故隨如來生不離色真如故隨如來
生不由受想行識故隨如來生不由受想行
識真如故隨如來生不離受想行識故隨如
來生不離受想行識真如故隨如來生天子
當知上座善現不由眼處故隨如來生不由
眼處真如故隨如來生不離眼處故隨如來
生不離眼處真如故隨如來生不由耳鼻舌
身意處故隨如來生不由耳鼻舌身意處真
如故隨如來生不離耳鼻舌身意處故隨如
來生不離耳鼻舌身意處真如故隨如來生
天子當知上座…

BD07013 號　大般若波羅蜜多經卷三二二　　（2–1）

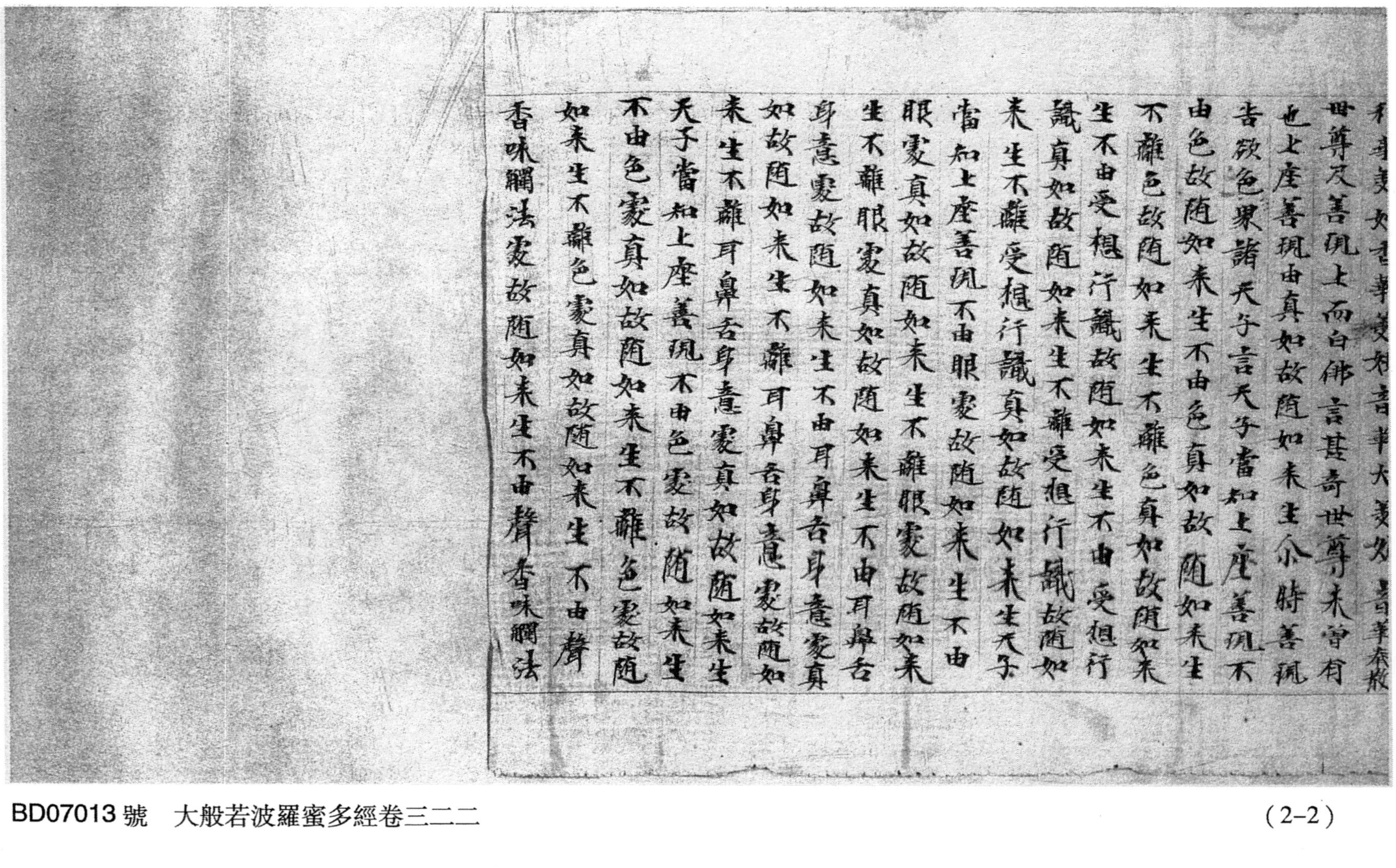
利華美妙香華美妙音華大美妙音華奉散
世尊及善現上而白佛言甚奇世尊未曾有
也上座善現由真如故隨如來生尒時善現
告欲色界諸天子言天子當知上座善現不
由色故隨如來生不由色真如故隨如來生
不離色故隨如來生不離色真如故隨如來
生不由受想行識故隨如來生不由受想行
識真如故隨如來生不離受想行識故隨如
來生不離受想行識真如故隨如來生天子
當知上座善現不由眼處故隨如來生不由
眼處真如故隨如來生不離眼處故隨如來
生不離眼處真如故隨如來生不由耳鼻舌
身意處故隨如來生不由耳鼻舌身意處真
如故隨如來生不離耳鼻舌身意處故隨如
來生不離耳鼻舌身意處真如故隨如來生
天子當知上座善現不由色處故隨如來生
不由色處真如故隨如來生不離色處故隨
如來生不離色處真如故隨如來生不由聲
香味觸法處故隨如來生不由聲香味觸法

BD07013 號　大般若波羅蜜多經卷三二二　　（2–2）

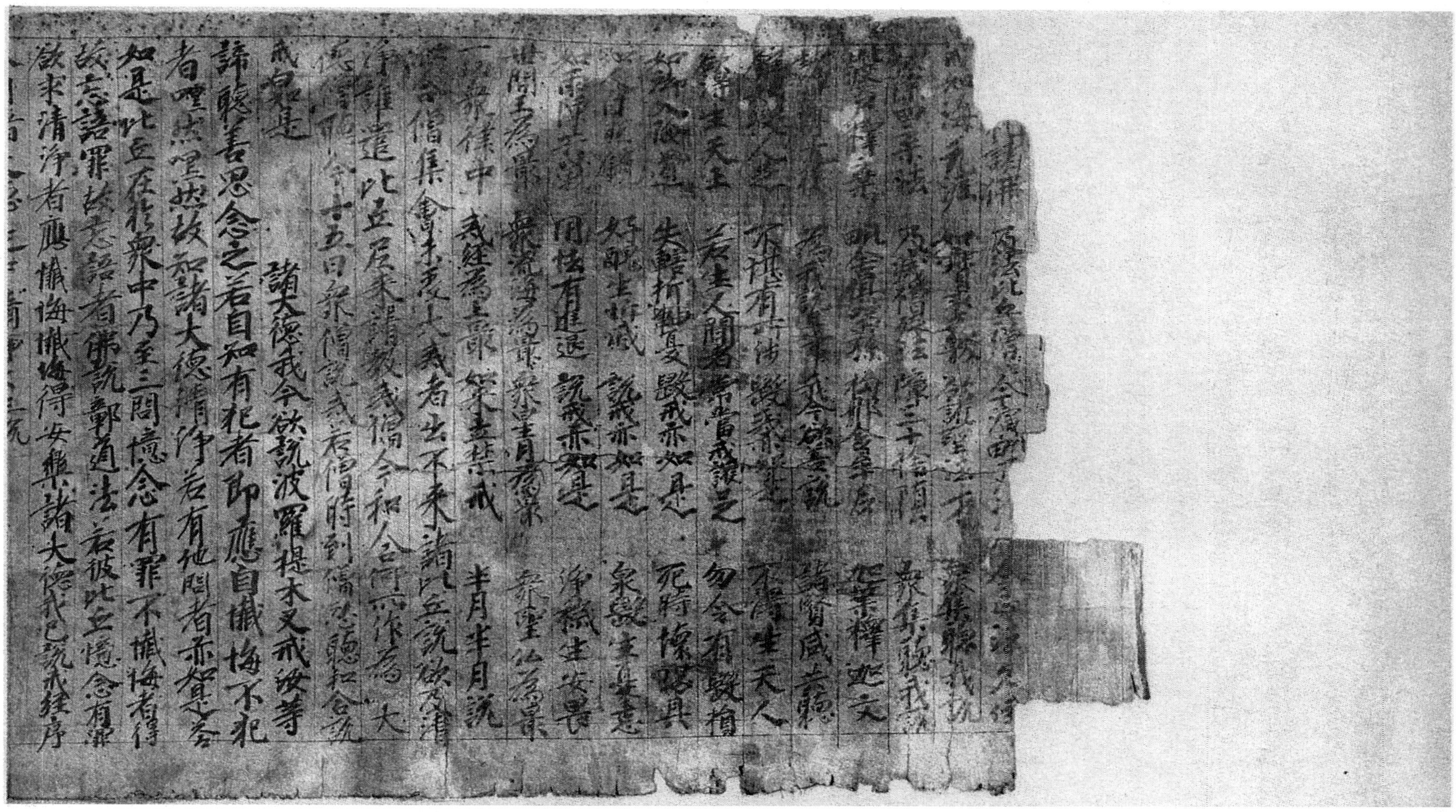
[illegible]
一切衆律中　戒經爲上最　衆生上禁戒　半月半月說
和合僧集會　未受大戒者出　不來諸比丘說欲及清
淨誰遣比丘尼來請教戒　僧今和合何所作爲　大
德僧聽　今十五日衆僧說戒　若僧時到僧忍聽和合說
戒白如是　諸大德我今欲說波羅提木叉戒汝等
諦聽善思念之　若自知有犯者即應自懺悔　不犯
者嘿然　嘿然故知諸大德清淨　若有他問者亦如是答
如是比丘在於衆中乃至三問憶念有罪不懺悔者得
故妄語罪　故妄語者佛說鄣道法　若彼比丘憶念有罪
欲求清淨者應懺悔　懺悔得安樂　諸大德我已說戒經序
[illegible]

BD07014 號　四分律比丘戒本　（5–1）

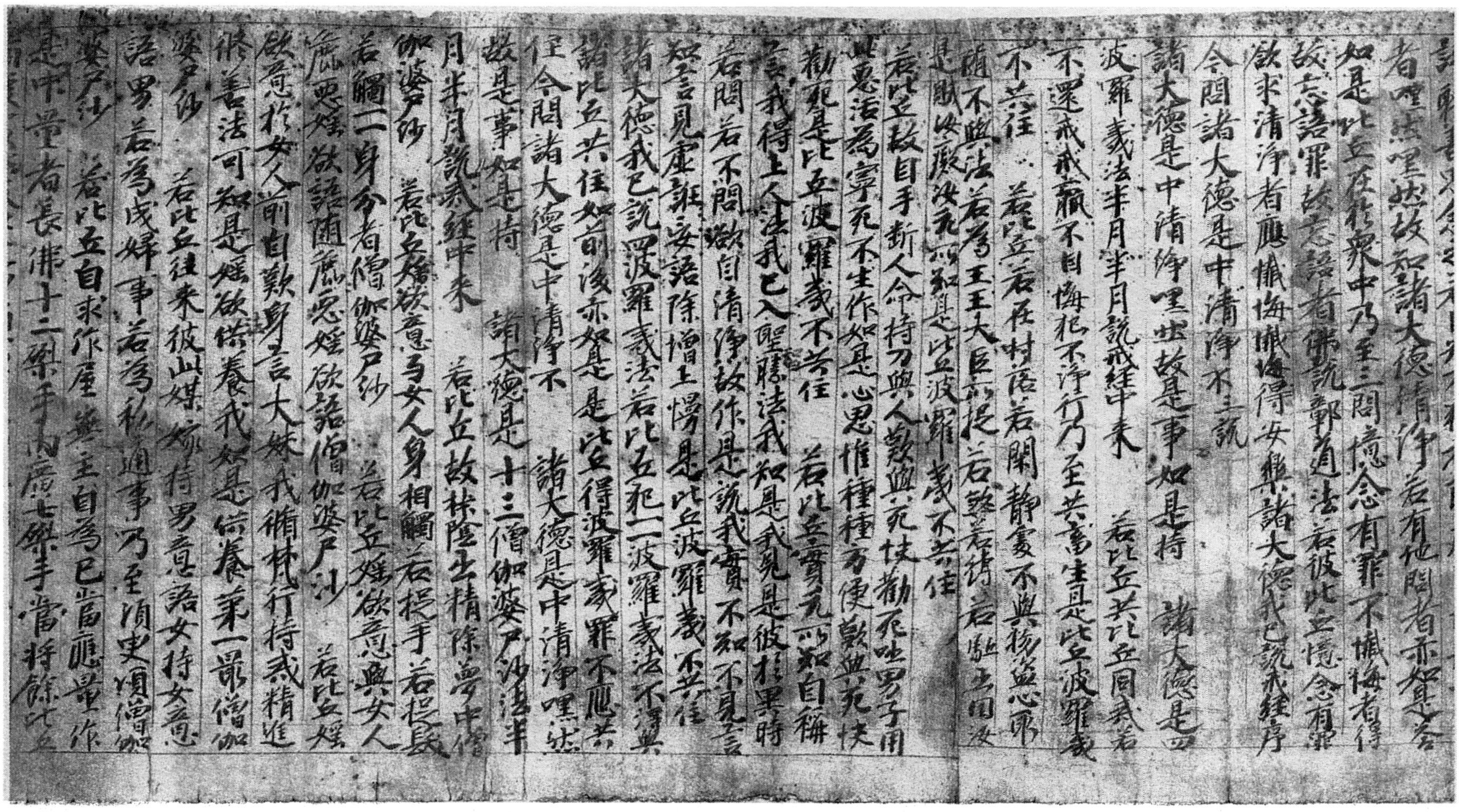
[illegible]
者嘿然嘿然故知諸大德清淨若有他問者亦如是答
如是比丘在於衆中乃至三問憶念有罪不懺悔者得
故妄語罪故妄語者佛說鄣道法若彼比丘憶念有罪
欲求清淨者應懺悔懺悔得安樂諸大德我已說戒經序
今問諸大德是中清淨不　三說
諸大德是中清淨嘿然故是事如是持　諸大德是四
波羅夷法半月半月說戒經中來　若比丘共比丘同戒若
不還戒戒羸不自悔犯不淨行乃至共畜生是比丘波羅夷
不共住　若比丘若在村落若閑靜處不與盜心取
隨不與取法若爲王王大臣所捉若殺若縛若驅出國汝
是賊汝癡汝無所知是比丘波羅夷不共住
若比丘故自手斷人命持刀與人歎譽死快勸死咄男子用
此惡活爲寧死不生作如是心思惟種種方便歎譽死快
勸死是比丘波羅夷不共住　若比丘實無所知自稱
言我得上人法我已入聖智勝法我知是我見是彼於異時
若問若不問欲自清淨故作是說我實不知不見言
知言見虛誑妄語除增上慢是比丘波羅夷不共住
諸大德我已說四波羅夷法若比丘犯一一波羅夷法不得與
諸比丘共住如前後亦如是是比丘得波羅夷罪不應共
住今問諸大德是中清淨不　諸大德是中清淨嘿然
故是事如是持　諸大德是十三僧伽婆尸沙法半
月半月說戒經中來　若比丘故弄陰出精除夢中僧
伽婆尸沙　若比丘婬欲意與女人身相觸若捉手若捉髮
若觸一一身分者僧伽婆尸沙　若比丘婬欲意與女人
麁惡婬欲語隨所說麁惡婬欲語僧伽婆尸沙　若比丘婬
欲意於女人前自歎身言大妹我修梵行持戒精進
修善法可持是婬欲法供養我如是供養第一最僧伽
婆尸沙　若比丘往來彼此媒嫁持男意語女持女意
語男若爲成婦事若爲私通事乃至須臾頃僧伽
婆尸沙　若比丘自求作屋無主自爲己當應量作
是中量者長佛十二搩手内廣七搩手當將餘比丘
[illegible]

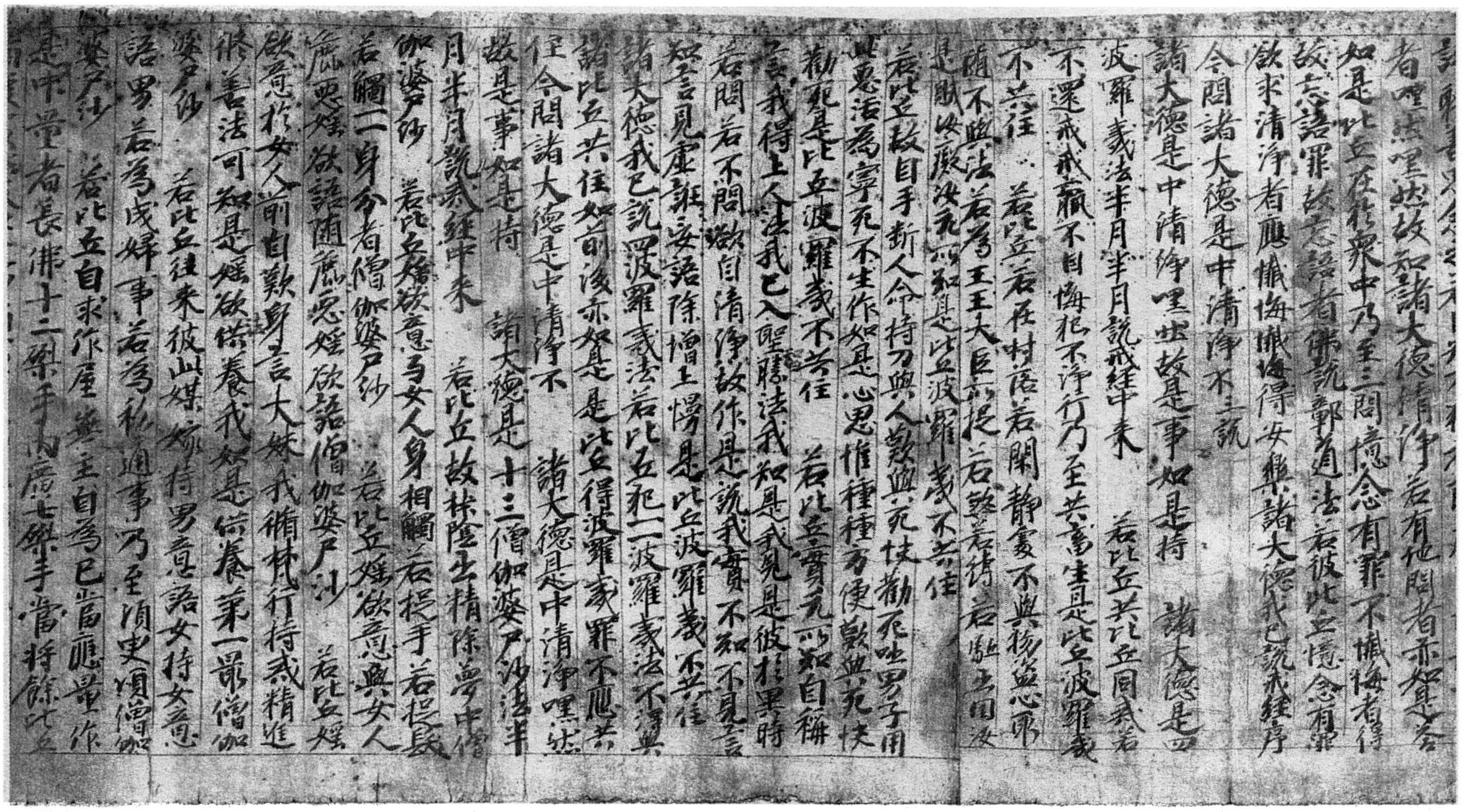

BD07014 號　四分律比丘戒本　（5–2）

婆尸沙　若比丘往來彼此媒嫁持男意語女持女意
語男若為成婦事若為私通事乃至須臾頃僧伽
婆尸沙　若比丘自求作屋無主自為已當應量作
是中量者長佛十二搩手內廣七搩手當將餘比丘
指授處彼比丘當指示處无難處无妨處若比丘
有難處妨處自求作屋无主自為已不將餘比丘指授
處若過量作者僧伽婆尸沙　若比丘欲作大房有
主為已作當將餘比丘往指授處彼比丘應指授處
无難處无妨處若比丘有難處妨處作大房有主為
已作不將餘比丘指授處僧伽婆尸沙　若
若比丘瞋恚所覆故非波羅夷比丘以无根波羅夷法
謗欲壞彼清淨行彼於異時若問若不問知此事无根說
我瞋恚故作是語者僧伽婆尸沙　若
比丘以瞋恚故於異分事中取片非波羅夷比丘以无
根波羅夷法謗欲壞彼清淨行彼於異時若問若不問知
是異分事中取片是比丘自言我瞋恚故作是語作是
語者僧伽婆尸沙　若比丘欲壞和合僧方便壞和
合僧法堅持不捨彼比丘應諫是比丘言大德莫壞
和合僧莫方便壞和合僧莫受壞僧法堅持不捨大
德應與僧和合歡喜不諍同一師學如水乳合於佛
法中有增益安樂住是比丘如是諫時堅持不捨彼比丘
應三諫捨此事故乃至三諫捨者善不捨者僧伽婆
尸沙　若比丘有伴黨若一若二若三乃至无數彼比丘
語是比丘言大德莫諫此比丘此比丘是法語比丘律語比丘此
比丘所說我等喜樂此比丘所說我等忍可彼比丘言大德
莫作是語言此比丘是法語比丘律語比丘此比丘所說我等
喜樂此比丘所說我等忍可然此比丘非法語比丘律語比丘
大德莫欲破壞和合僧汝等當樂欲和合僧大德與僧
和合歡喜不諍同一師學如水乳合於佛法中有增益
安樂住是比丘如是諫時堅持不捨彼比丘應三諫捨

BD07014 號　四分律比丘戒本　（5-3）

喜樂此比丘所說我等忍可然此比丘非法語比丘律語比丘
大德莫欲破壞和合僧汝等當樂欲和合僧大德與僧
和合歡喜不諍同一師學如水乳合於佛法中有增益
安樂住是比丘如是諫時堅持不捨彼比丘應三諫捨
此事故乃至三諫捨者善不捨者僧伽婆尸沙
若比丘依聚落若城邑住污他家行惡行污他家亦見
亦聞行惡行亦見亦聞諸比丘當語是比丘言大
德汙他家行惡行亦見亦聞行惡行亦見亦聞大德汝汙
他家行惡行今可遠此聚落去不須住此是比丘語彼比丘
言大德諸比丘有愛有恚有怖有癡有如是同罪比丘
有驅者有不驅者諸比丘報言大德莫作是語言
僧有愛有恚有怖有癡有如是同罪比丘有驅者有
有不驅者而諸比丘不愛不恚不怖不癡大德汙他家
行惡行汙他家亦見亦聞行惡行亦行見聞是比丘如是諫時
堅持不捨彼比丘應再三諫捨此事故乃至三諫捨者
善不捨者僧伽婆尸沙　若比丘惡性不受人語於戒
法中諸比丘如法諫已自身不受諫語言諸大德且
莫向我說若好若惡我亦不向諸大德說若好若惡
諸大德且止莫諫我彼比丘諫是比丘言大德莫自身
不受諫語大德自身當受諫語大德如法諫諸比
丘諸比丘亦如法諫大德如是佛弟子眾得增益展
轉相諫展轉相教展轉懺悔是比丘如是諫時
堅持不捨彼比丘應三諫捨此事故乃至三諫
捨者善不捨者僧伽婆尸沙
諸大德我已說十三僧伽婆尸沙法九初犯四乃至
三諫　若比丘犯一一法知而覆藏應強與波利婆
沙行波利婆沙竟增上與六夜摩那埵行摩那埵
已餘有出罪法應二十人僧中出是比丘罪若少一人不
滿二十衆出是比丘罪是比丘罪不得除諸比丘亦可呵

BD07014 號　四分律比丘戒本　（5-4）

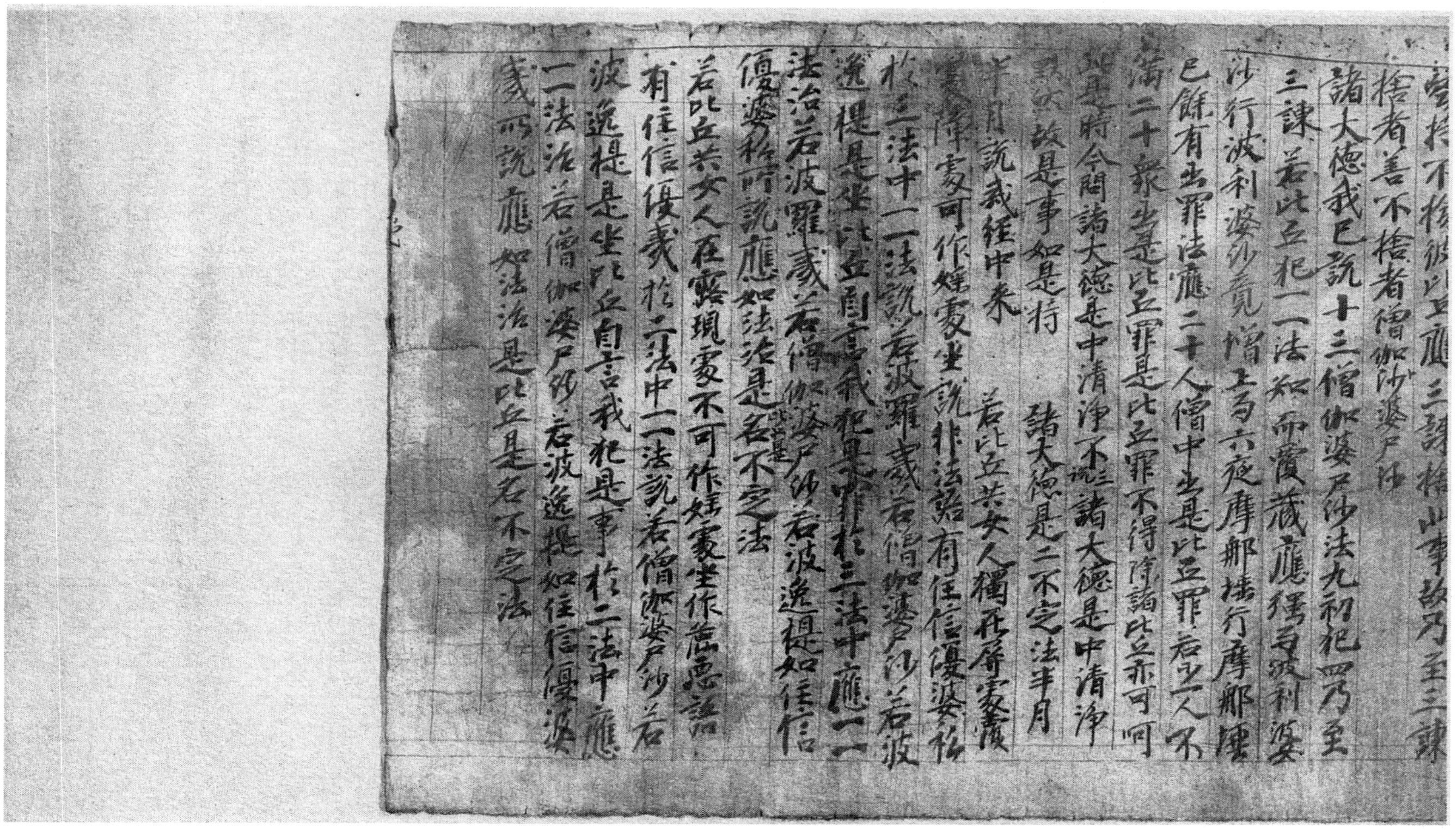
當持不捨彼比丘應三諫捨此事故乃至三諫
捨者善不捨者僧伽婆尸沙
諸大德我已說十三僧伽婆尸沙法九初犯四乃至
三諫若比丘犯一一法知而覆藏應強與波利婆
沙行波利婆沙竟增上與六夜摩那埵行摩那埵
已餘有出罪法應二十人僧中出是比丘罪若少一人不
滿二十衆出是比丘罪是比丘罪不得除諸比丘亦可呵
此是時今問諸大德是中清淨不（三說）諸大德是中清淨
默然故是事如是持　諸大德是二不定法半月
半月說戒經中來　若比丘共女人獨在屏處覆
處障處可作婬處坐說非法語有住信優婆私
於三法中一一法說若波羅夷若僧伽婆尸沙若波
逸提是坐比丘自言我犯是事於三法中應一一
法治若波羅夷若僧伽婆尸沙若波逸提如住信
優婆私所說應如法治是比丘是名不定法
若比丘共女人在露現處不可作婬處坐作麁惡語
有住信優婆私於二法中一一法說若僧伽婆尸沙若
波逸提是坐比丘自言我犯是事於二法中應
一一法治若僧伽婆尸沙若波逸提如住信優婆
私所說應如法治是比丘是名不定法

BD07014 號　四分律比丘戒本　　（5–5）

諸大德是二不定法半月半月
一戒說戒

BD07014 號背　雜寫　　（3–1）

BD07014 號背　雜寫　　（3–2）

BD07014 號背　雜寫　　（3–3）

若有自書寫教人書寫是无量壽宗要經受持讀誦設有重罪猶如須彌盡
南无薄伽勃底阿波唎蜜多阿喻紇硯娜須毗你悉指陀囉佐耶怛他羯他耶怛
迦囉 波唎輸底 達磨底 伽伽娜 莎訶某持迦底 薩婆婆毗輸底 摩訶娜耶 波唎婆囇 莎訶
若有自書寫教人書寫是无量壽宗要經受持讀誦若魔子之眷屬夜叉羅剎不得其便
終无枉死陀羅尼曰 南无薄伽勃底阿波唎蜜多阿喻紇硯娜須毗你悉指陀囉佐
耶怛他羯他耶怛姪他唵 薩婆桑悉迦囉 波唎輸底 達磨底 伽伽娜 莎訶某持迦底 薩婆
婆毗輸底 摩訶娜耶 波唎婆囇 莎訶 若有自書寫教人書寫是无量壽宗要經受持
讀誦當命終時有九十九姟佛現其人前千佛授手能遊一切佛剎莫於此經生疑惑陀羅尼曰
南无薄伽勃底阿波唎蜜多阿喻紇硯娜須毗你悉指陀囉佐耶怛他羯他耶怛姪他唵 薩婆桑悉迦
囉 波唎輸底 達磨底 伽伽娜 莎訶某持迦底 薩婆婆毗輸底 摩訶娜耶 波唎婆囇 莎訶
若有自書寫教人書寫是无量壽宗要經受持讀誦常得四天隨其衛護陀羅尼曰 南无薄伽勃底
阿波唎蜜多阿喻紇硯娜須毗你悉指陀囉佐耶怛他羯他耶怛姪他唵 薩婆桑悉迦囉 波唎輸底
達磨底 伽伽娜 莎訶某持迦底 薩婆婆毗輸底 摩訶娜耶 波唎婆囇 莎訶
若有自書寫教人書寫是无量壽宗要經受持讀誦當得往生西方極樂世界阿彌陀淨土陀羅尼曰
南无薄伽勃底阿波唎蜜多阿喻紇硯娜須毗你悉指陀囉佐耶怛他羯他耶怛姪他唵 薩婆桑悉
迦囉 波唎輸底 達磨底 伽伽娜 莎訶某持迦底 薩婆婆毗輸底 摩訶娜耶 波唎婆囇 莎訶
若有方所自書寫使人書寫是无量壽經典之處則為是塔皆應恭敬作禮若是畜生或為鳥獸
得聞是經如是等類皆當不久得成一切種智陀羅尼曰 南无薄伽勃底阿波唎蜜多阿喻
紇硯娜須毗你悉指陀囉佐耶怛他羯他耶怛姪他唵 薩婆桑悉迦囉 波唎輸底 達磨底
伽伽娜 莎訶某持迦底 薩婆婆毗輸底 摩訶娜耶 波唎婆囇 莎訶
若有於是无量壽經自書寫若使人書寫畢竟不受女人之身陀羅尼曰 南无薄伽勃底阿波
唎蜜多阿喻紇硯娜須毗你悉指陀囉佐耶怛他羯他耶怛姪他唵 薩婆桑悉迦囉 波唎輸底
達磨底 伽伽娜 莎訶某持迦底 薩婆婆毗輸底 摩訶娜耶 波唎婆囇 莎訶
若有能於是經少分惠施者等於三千大千世界滿中七寶布施陀羅尼曰 南无薄伽勃底阿波唎
蜜多阿喻紇硯娜須毗你悉指陀囉佐耶怛他羯他耶怛姪他唵 薩婆桑悉迦囉 波唎輸底
達磨底 伽伽娜 莎訶某持迦底 薩婆婆毗輸底 摩訶娜耶 波唎婆囇 莎訶

BD07015 號　無量壽宗要經　（3–1）

達磨底 伽伽娜 莎訶某持迦底 薩婆婆毗輸底 摩訶娜耶 波唎婆囇 莎訶
若有能於是經少分惠施者等於三千大千世界滿中七寶布施陀羅尼曰 南无薄伽勃底阿波唎
蜜多阿喻紇硯娜須毗你悉指陀囉佐耶怛他羯他耶怛姪他唵 薩婆桑悉迦囉 波唎輸底
達磨底 伽伽娜 莎訶某持迦底 薩婆婆毗輸底 摩訶娜耶 波唎婆囇 莎訶
若有能供養是經者則是供養一切諸經等无有異陀羅尼曰 南无薄伽勃底阿波唎蜜多
阿喻紇硯娜須毗你悉指陀囉佐耶怛他羯他耶怛姪他唵 薩婆桑悉迦囉 波唎輸底 達磨底
伽伽娜 莎訶某持迦底 薩婆婆毗輸底 摩訶娜耶 波唎婆囇 莎訶
如毗婆尸佛尸棄佛毗舍浮佛俱留孫佛俱那含牟尼佛迦葉佛釋迦牟尼佛若有人以七寶供
養如是七佛其福有限書寫受持讀誦是无量壽經典所生功德不可限量陀羅尼曰 南无
薄伽勃底阿波唎蜜多阿喻紇硯娜須毗你悉指陀囉佐耶怛他羯他耶怛姪他唵 薩婆桑悉
迦囉 波唎輸底 達磨底 伽伽娜 莎訶某持迦底 薩婆婆毗輸底 摩訶娜耶 波唎婆囇 莎訶
若有七寶等於須彌以用布施其福上能知其限量是无量壽經典其福不可知數陀羅尼曰
南无薄伽勃底阿波唎蜜多阿喻紇硯娜須毗你悉指陀囉佐耶怛他羯他耶怛姪他唵 薩
婆桑悉迦囉 波唎輸底 達磨底 伽伽娜 莎訶某持迦底 薩婆婆毗輸底 摩訶娜
耶 波唎婆囇 莎訶
如是四大海水可知滴數是无量壽經典所生果報不可較量陀羅尼曰 南无薄伽勃底
阿波唎蜜多阿喻紇硯娜須毗你悉指陀囉佐耶怛他羯他耶怛姪他唵 薩婆桑悉迦囉 波唎
輸底 達磨底 伽伽娜 莎訶某持迦底 薩婆婆毗輸底 摩訶娜耶 波唎婆囇 莎訶
若有自書寫使人書寫是无量壽經典又能護持供養即如恭敬供養一切十方佛土如來无
有別異陀羅尼曰 南无薄伽勃底阿波唎蜜多阿喻紇硯娜須毗你悉指陀
囉佐耶怛他羯他耶怛姪他唵 薩婆桑悉迦囉 波唎輸底 達磨底 伽伽娜 莎訶某
持迦底 薩婆婆毗輸底 摩訶娜耶 波唎婆囇 莎訶
布施力能成正覺　悟布施力人師子　布施力能聲普聞　慈悲階漸最能入
持戒力能成正覺　悟持戒力人師子　持戒力能聲普聞　慈悲階漸最能入
忍辱力能成正覺　悟忍辱力人師子　忍辱力能聲普聞　慈悲階漸最能入
精進力能成正覺　悟精進力人師子　精進力能聲普聞　慈悲階漸最能入
禪定力能成正覺　悟禪定力人師子　禪定力能聲普聞　慈悲階漸最能入
智惠力能成正覺　悟智惠力人師子　智惠力能聲普聞　慈悲階漸最能入
尒時如來說是經已一切世間天人阿脩羅揵闥婆等聞佛所說皆大
歡喜信受奉行

BD07015 號　無量壽宗要經　（3–2）

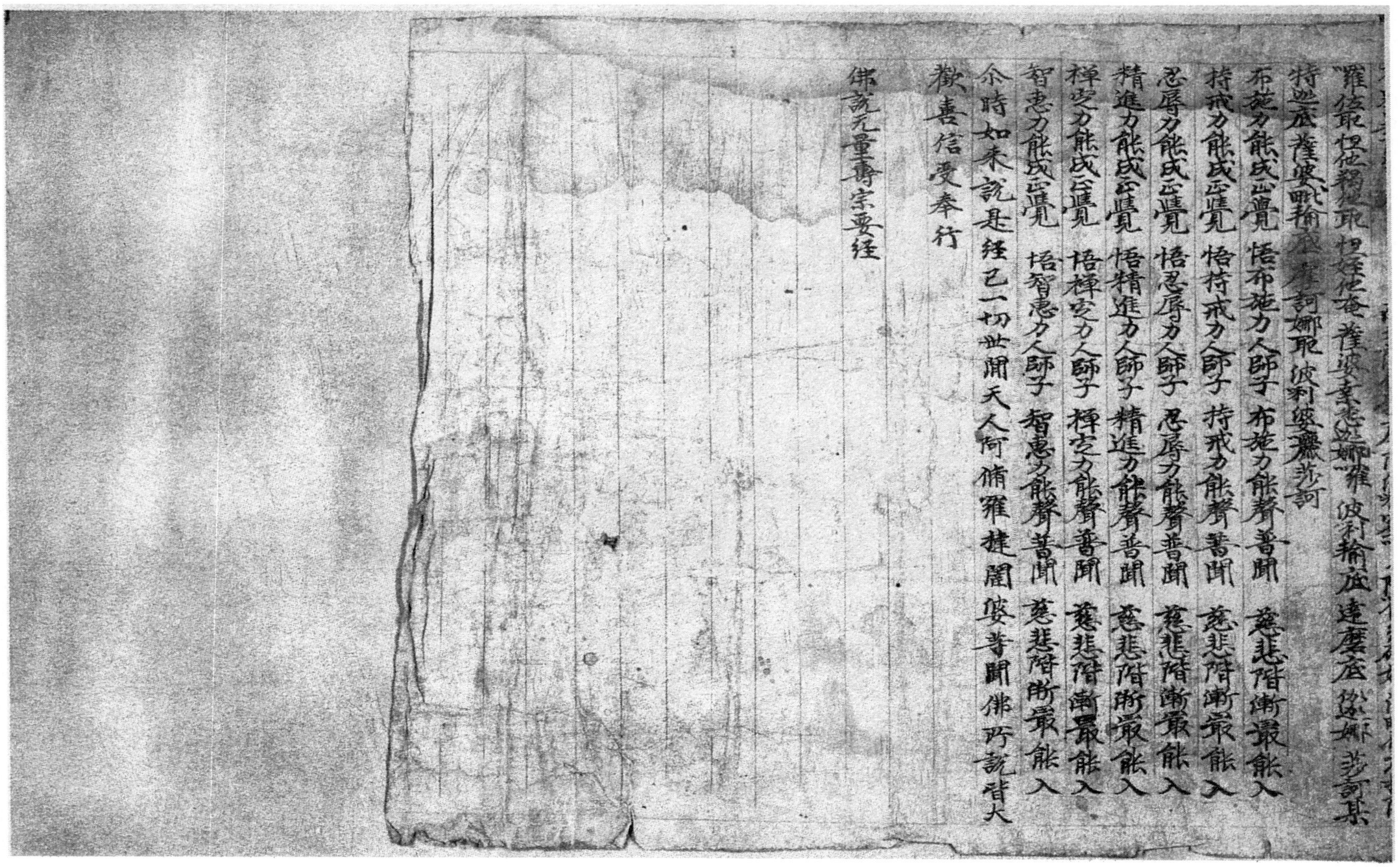
囉儜取怛他揭多耶 怛姪他唵 薩婆桑悉迦囉 波利輸底 達摩底 伽迦娜 莎訶某
持迦底 薩婆毗輸底 摩訶娜耶 波利婆囉莎訶
布施力能成正覺 悟布施力人師子 布施力能聲普聞 慈悲階衛最能入
持戒力能成正覺 悟持戒力人師子 持戒力能聲普聞 慈悲階衛最能入
忍辱力能成正覺 悟忍辱力人師子 忍辱力能聲普聞 慈悲階衛最能入
精進力能成正覺 悟精進力人師子 精進力能聲普聞 慈悲階衛最能入
禪定力能成正覺 悟禪定力人師子 禪定力能聲普聞 慈悲階衛最能入
智慧力能成正覺 悟智慧力人師子 智慧力能聲普聞 慈悲階衛最能入
尒時如來說是經已一切世間天人阿脩羅揵闥婆等聞佛所說皆大
歡喜信受奉行
佛說无量壽宗要經

BD07015 號　無量壽宗要經　　（3–3）

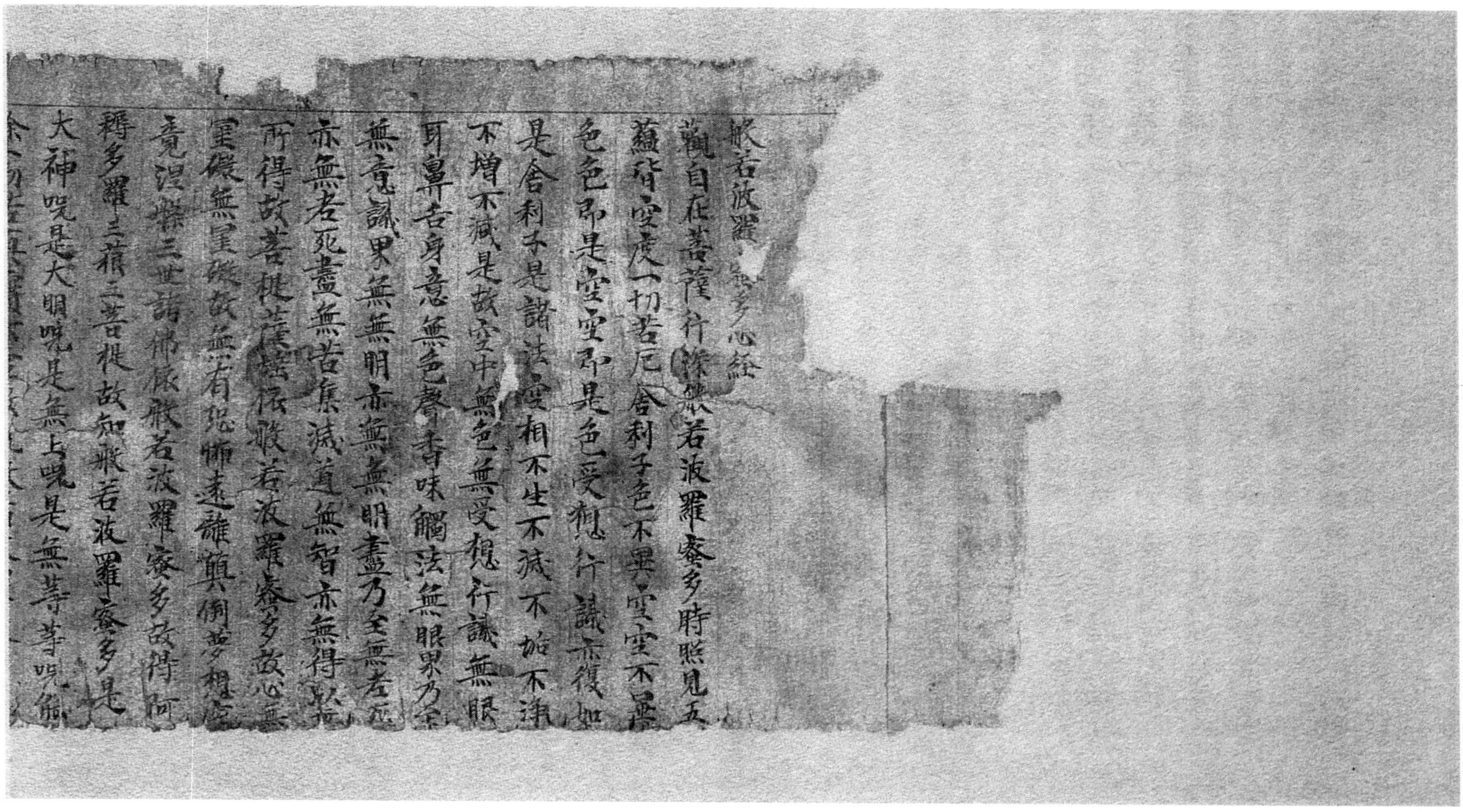
般若波羅蜜多心經
觀自在菩薩行深般若波羅蜜多時照見五
蘊皆空度一切苦厄舍利子色不異空空不異
色色即是空空即是色受想行識亦復如
是舍利子是諸法空相不生不滅不垢不淨
不增不減是故空中無色無受想行識無眼
耳鼻舌身意無色聲香味觸法無眼界乃至
無意識界無無明亦無無明盡乃至無老死
亦無老死盡無苦集滅道無智亦無得以無
所得故菩提薩埵依般若波羅蜜多故心無
罣礙無罣礙故無有恐怖遠離顛倒夢想究
竟涅槃三世諸佛依般若波羅蜜多故得阿
耨多羅三藐三菩提故知般若波羅蜜多是
大神咒是大明咒是無上咒是無等等咒能

BD07016 號 1　般若波羅蜜多心經　　（3–1）

罣礙無罣礙故無有恐怖遠離顛倒夢想究
竟涅槃三世諸佛依般若波羅蜜多故得阿
耨多羅三藐三菩提故知般若波羅蜜多是
大神呪是大明呪是無上呪是無等等呪能
除一切苦真實不虛故說般若波羅蜜多呪
即說呪曰
揭諦揭諦 波羅揭諦 波羅僧揭諦 菩提薩婆訶
般若波羅蜜多心經

般若波羅蜜多心經
觀自在菩薩行深般若波羅蜜多時照見五
蘊皆空度一切苦厄舍利子色不異空空不異
色色即是空空即是色受想行識亦復如
是舍利子是諸法空相不生不滅不垢不淨
不增不減是故空中無色無受想行識無眼
耳鼻舌身意無色聲香味觸法無眼界乃至
無意識界無無明亦無無明盡乃至無老死
亦無老死盡無苦集滅道無智亦無得以無

BD07016 號 1　般若波羅蜜多心經　（3–2）
BD07016 號 2　般若波羅蜜多心經

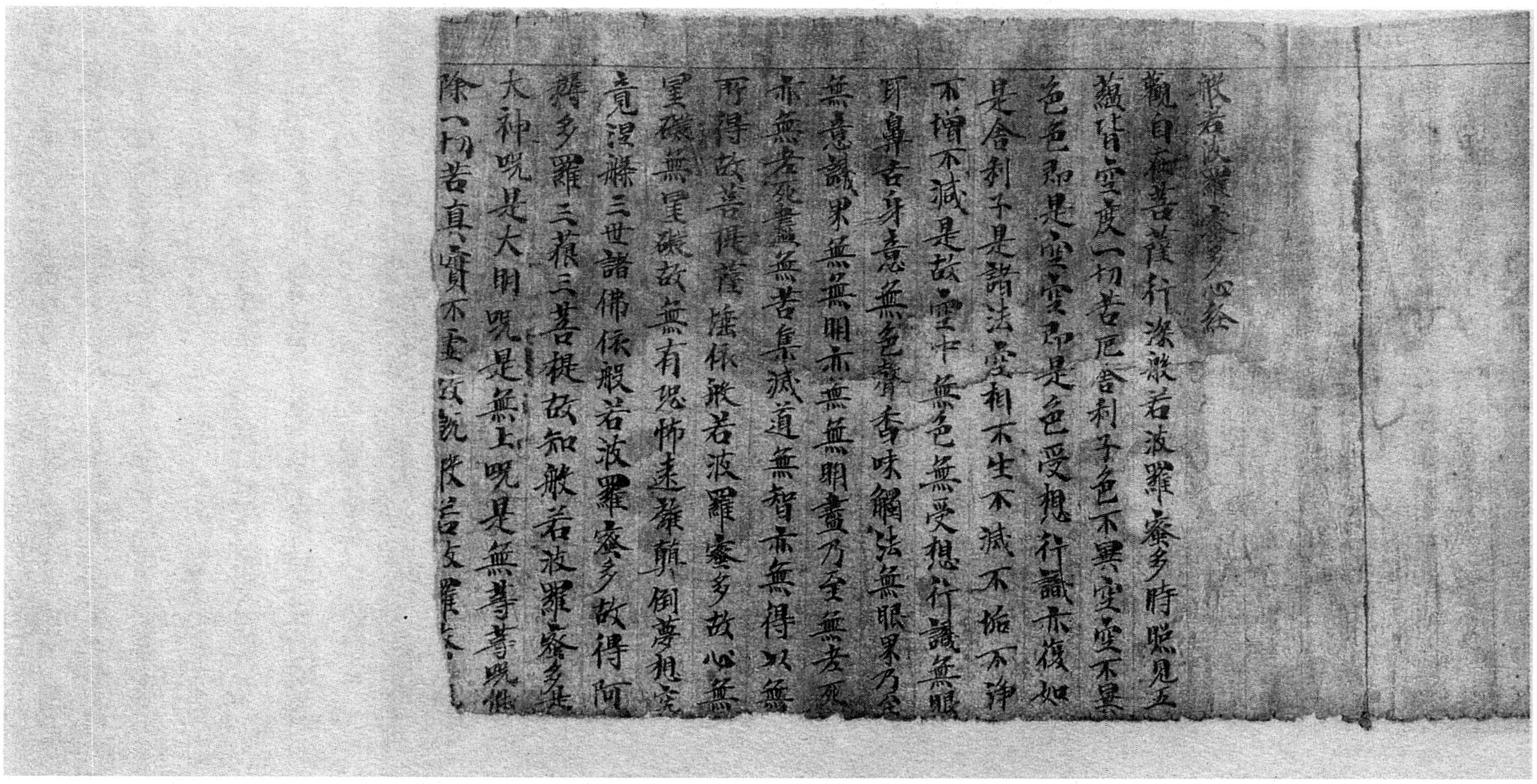
般若波羅蜜多心經
觀自在菩薩行深般若波羅蜜多時照見五
蘊皆空度一切苦厄舍利子色不異空空不異
色色即是空空即是色受想行識亦復如
是舍利子是諸法空相不生不滅不垢不淨
不增不減是故空中無色無受想行識無眼
耳鼻舌身意無色聲香味觸法無眼界乃至
無意識界無無明亦無無明盡乃至無老死
亦無老死盡無苦集滅道無智亦無得以無
所得故菩提薩埵依般若波羅蜜多故心無
罣礙無罣礙故無有恐怖遠離顛倒夢想究
竟涅槃三世諸佛依般若波羅蜜多故得阿
耨多羅三藐三菩提故知般若波羅蜜多是
大神呪是大明呪是無上呪是無等等呪能
除一切苦真實不虛故說般若波羅

BD07016 號 2　般若波羅蜜多心經　（3–3）

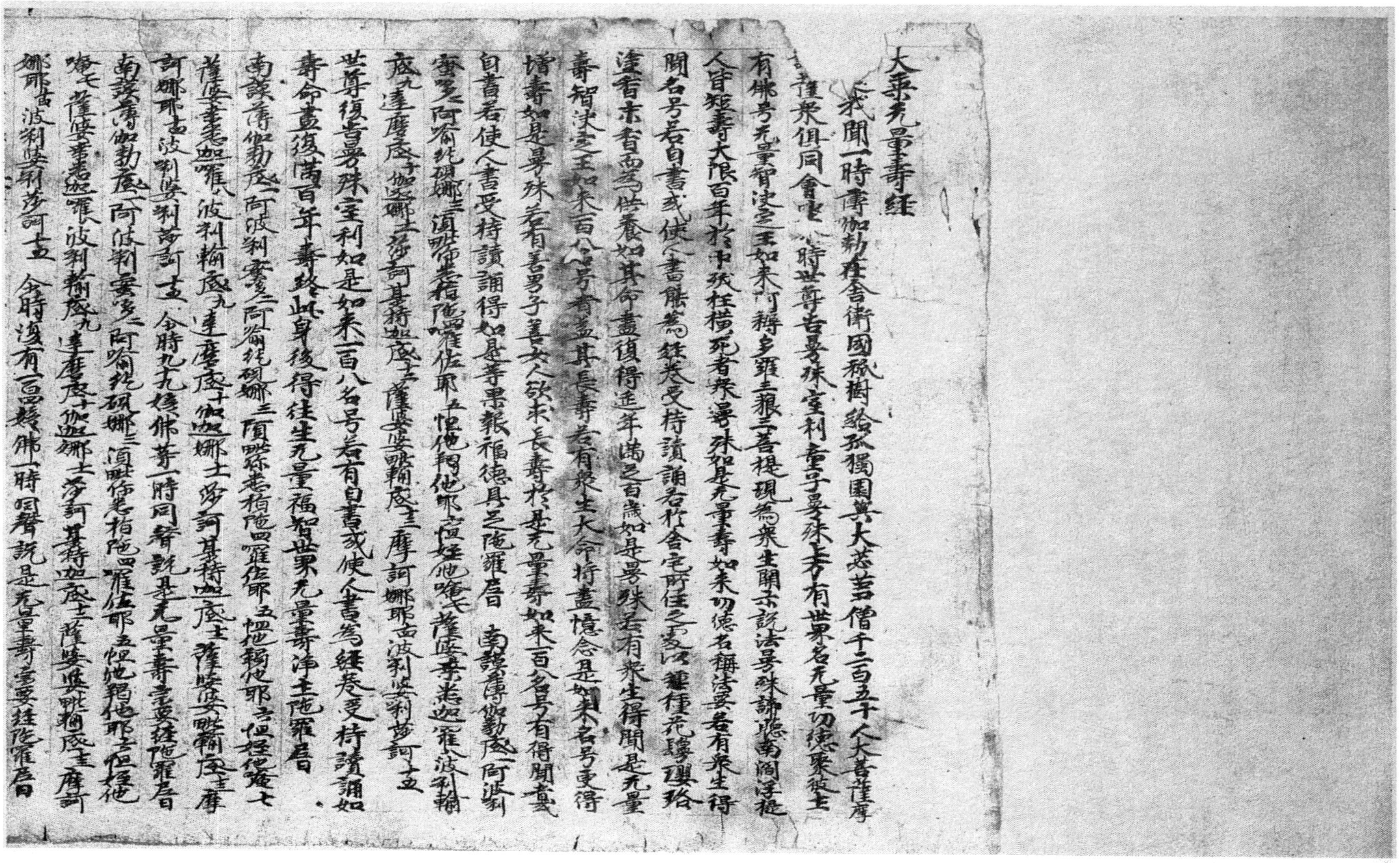

BD07017號　無量壽宗要經　（2–1）

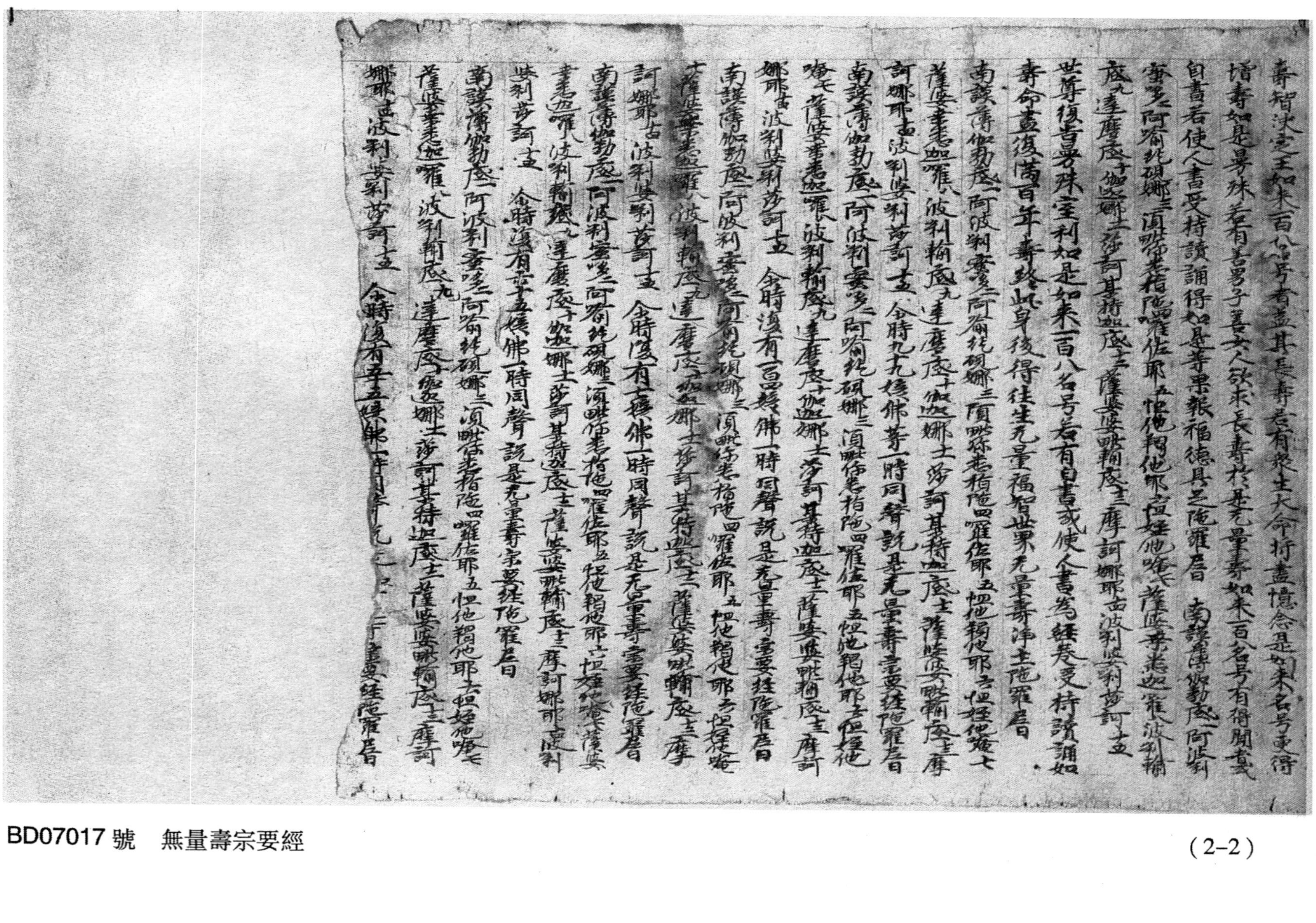

BD07017號　無量壽宗要經　（2–2）

生為方便無
智智偱習布施淨戒
安忍精進靜慮般若波羅蜜多慶喜意界意
界性空何以故以意界性空與布施淨戒
安忍精進靜慮般若波羅蜜多無二無二分
故世尊云何以法界意識界及意觸意觸為
所生諸受無二為方便無生為方便無所
得為方便迴向一切智智偱習布施淨戒安
忍精進靜慮般若波羅蜜多慶喜法界意識
界及意觸意觸為緣所生諸受法界意識界及
意觸意觸為緣所生諸受性空何以故以法界
意識界及意觸意觸為緣所生諸受性空
與布施淨戒安忍精進靜慮般若波羅蜜多
無二無二分故慶喜由此故說以意界等無
二為方便無生為方便無所得為方便迴向
一切智智偱習布施淨戒安忍精進靜慮般
若波羅蜜多
世尊云何以眼界無二為方便無生為方便
無所得為方便迴向一切智智安住內空外
空內外空空空大空勝義空有為空無為空

BD07018號　大般若波羅蜜多經卷一一三　（2–1）

界[illegible]
意觸意觸為緣所生諸受性空何以故以法界
意識界及意觸意觸為緣所生諸受性空
與布施淨戒安忍精進靜慮般若波羅蜜多
無二無二分故慶喜由此故說以意界等無
二為方便無生為方便無所得為方便迴向
一切智智偱習布施淨戒安忍精進靜慮般
若波羅蜜多
世尊云何以眼界無二為方便無生為方便
無所得為方便迴向一切智智安住內空外
空內外空空空大空勝義空有為空無為空
畢竟空無際空散空無變異空本性空自相
空共相空一切法空不可得空無性空自性
空無性自性空慶喜眼界眼界性空何以故
以眼界性空與彼內空乃至無性自性空無
二無二分故世尊云何以色界眼識界及眼
觸眼觸為緣所生諸受無二為方便無生為
方便無所得為方便迴向一切智智安住內
空外空內外空空[illegible]

BD07018號　大般若波羅蜜多經卷一一三　（2–2）

楚撻驅使惡言加謗或破戒破於
勸他人捨於八正受行不法或
賦任如是等罪今悉懺
或裸形輕衣在經像前不
或著屐履入僧伽藍塔堂房行佛
地乘車乘馬排突寺舍如是等於三寶間
所起罪障无量无邊今日至到向十方佛尊
法聖衆皆悉懺悔
願弟子等承是懺悔佛法僧間所有障生
生世世常值三寶尊仰恭敬无有厭足天繒
妙綵寶蓋瓔珞高百千伎樂
須常以供養若未成佛光往者
門著入涅槃願我常得獻寶淩供於僧中
脩六和敬得自在力興隆三寶上紹佛道下
化衆生 禮一拜
如上所說已懺悔於三寶間輕重諸罪其
餘諸惡今當次第更復懺悔經中佛說有
二種健兒一者自不作罪二者作已能悔又云
有二種白法能為衆生滅

BD07019 號　佛名經（十六卷本）卷五　（4–1）

如上所說已懺悔於三寶間輕重諸罪其
餘諸惡今當次第更復懺悔經中佛說有
二種健兒一者自不作罪二者作已能悔又云
有二種白法能為衆生滅
者愧慙者自不作惡愧者不令他作有慙愧者可
與諸禽獸不相異也是故弟子今日慙愧歸
依佛
南无東方寶嚴佛　南无南方栴檀德佛
南无西方梵音王佛　南无北方寶智作佛
南无北方寶智作佛　南无東南方師子相佛
南无西南方寶蓋佛　南无
南无東北方摩尼清淨佛　南无下方寶香勝王佛
南无上方大名稱佛
如是十方盡虛空界一切三寶
弟子等无始以來至於今日或信耶到見掌
鈍衆生解奏魑魅魍魎鬼神欲希延年終不
能得妄言見鬼假稱神語如是等罪今日慙
愧皆悉懺悔
又復无始以來至於今日或行動𢘆言自
高自在或恃種姓輕傲一切以貴輕賤用強
陵弱或飲酒鬪乱不避親疎惛醉終日不
識尊卑如是等罪今悉懺悔
或貪嗜飲食无有期度或食生鱠或噉五
辛薰穢經像排突清衆縱心肆意不知限

BD07019 號　佛名經（十六卷本）卷五　（4–2）

識尊卑如是等罪今悉懺悔
或貪嗜飲食无有期度或食生膾或噉五
辛薰穢經像排突清衆縱心肆意不知限
極疏遠善人押近惡友如是等罪今悉懺
悔
或貢高憍慢假偃蹇自用塗屋坦實不識人
情自是非他希望僥倖如是等罪今悉懺
悔或橫財无讓不廉不恥屠肉沽酒欺誑自
活或出入息利計時賣日積聚慨慨貪求
无猒受人供養不慚不愧或无戒德空納
信施如是等罪今悉懺悔
或捶奴僕婢驅使僮吏不聞飢渴不聞寒
暑或發撤橋梁杜絕行路如是等罪今悉
懺悔或放逸自恣无記散亂擲蒱圍碁羣會
屯聚飲食酒肉更相僥賤无趣談話論說
天下從年竟歲空喪天日初中後夜禪誦
不脩懈怠墮懶尸卧終日於六念處心不脩
理見他勝事便生嫉妬心懷惨毒備起煩惱
致使諸惡蘊風吹罪薪大熾然无有休息三
業微善一切俱焚善法既盡為一闡提墮
大地獄无有出期是故弟子等今日至到
稽顙向十方一切三寶懺悔上來所有衆
罪若輕若重若麁若細若自作若教他作
若隨喜作若以勢力逼迫今作如是乃至讃

BD07019號　佛名經（十六卷本）卷五　（4–3）

暑或發撤橋梁杜絕行路如是等罪今悉
懺悔或放逸自恣无記散亂擲蒱圍碁羣會
屯聚飲食酒肉更相僥賤无趣談話論說
天下從年竟歲空喪天日初中後夜禪誦
不脩懈怠墮懶尸卧終日於六念處心不脩
理見他勝事便生嫉妬心懷惨毒備起煩惱
致使諸惡蘊風吹罪薪大熾然无有休息三
業微善一切俱焚善法既盡為一闡提墮
大地獄无有出期是故弟子等今日至到
稽顙向十方一切三寶懺悔上來所有衆
罪若輕若重若麁若細若自作若教他作
若隨喜作若以勢力逼迫今作如是乃至讃
歎行惡法者今日至誠發露懺悔皆悉
消滅
願弟子等承是懺悔一切諸惡所生功德生
生世世慈和忠孝謙卑忍辱知廉識恥先
意問訊脩良貞謹清潔義讓遠離惡友

BD07019號　佛名經（十六卷本）卷五　（4–4）

謂無盡無滅海印出妙功德陁羅尼無盡無
滅通達衆生意行言語陁羅尼无盡無滅日
圓无垢相光陁羅尼无盡无滅滿月相光陁
羅尼无盡无滅能伏諸惑演功德流陁羅尼
無盡無滅破金剛山陁羅尼無盡[illegible]說不
可說義因緣藏陁羅尼无盡無滅通達實語
法則音聲陁羅尼无盡无滅虛空无垢心行
印陁羅尼无盡无滅无邊佛身皆能顯現陁
羅尼无盡无滅
善男子如是等无盡无滅諸陁羅尼門得成
就故是菩薩摩訶薩能於十方一切佛土化
作佛身演說无上種種正法於法真如不動
不住不來不去善能成熟一切衆生善根亦
不見一衆生可成熟者雖說種種諸法於言
詞中不動不住不去不來能於生滅證无生
滅以何因緣說諸行法无有去來由一切法
體无異故說是法時三万億菩薩摩訶薩
得无生法忍无量諸菩薩不退菩提心无量无
邊苾芻苾芻尼得法眼淨无量衆生發菩
薩心爾時世尊而說頌曰
勝法能逆生死流　甚深微妙難得見

BD07020號　金光明最勝王經卷四　（2–1）

體无異故說是法時三万億菩薩摩訶薩
得无生法忍无量諸菩薩不退菩提心无量无
邊苾芻苾芻尼得法眼淨无量衆生發菩
薩心爾時世尊而說頌曰
勝法能逆生死流　甚深微妙難得見
有情盲冥貪欲覆　由不見故受諸苦
爾時大衆俱從座起頂禮佛足而白佛言世
尊若所在處講讀誦此金光明最勝王經
我等大衆皆悉往彼爲作聽衆是說法師令
得利益安樂无障身意泰然我等皆當盡
心供養亦令聽衆安隱快樂所住國土无諸怨
賊恐怖厄難飢饉之苦人民熾盛此說法處
道場之地一切諸天人非人等一切衆生不應
履踐及以汙穢何以故說法之處即是制底
當以香花繒綵幡蓋而爲供養我等常爲
守護令離衰損佛告大衆善男子汝等應
當精勤修習此妙經典是則正法久住於世

金光明最勝王經卷第四

枳　姜里
從未

BD07020號　金光明最勝王經卷四　（2–2）

如彼菩薩摩訶薩所取相不慈氏菩薩荅
善現言彼菩薩摩訶薩如是事起隨喜迴
向心實无如是所緣事可得如彼菩薩摩訶
薩所取相時具壽善現謂慈氏菩薩言若无
所緣事如所取相者彼菩薩摩訶薩隨喜迴
向心以取相為方便善緣十方无量无數无
邊世一一世界无量无數无邊諸佛已涅槃
者從初發心乃至法滅所有善根及弟子
等所有善根一切合集現前隨喜迴向无上
正等菩提如是所起隨喜迴向時非顛倒如
於无常謂常於苦謂樂於我謂我於不淨
謂淨是想心見顛倒此於无相而取於相亦
應如是如所緣事實无所有隨喜迴向心亦
如是諸善根等亦如是无上菩提亦如是布
施等六波羅蜜多廣說乃至一切相智亦如
是若如所緣事實无所有隨喜迴向心廣說
乃至一切相智亦如是者何等是所緣何等
是事何等是隨喜迴向心廣說乃至何等是
一切相智而彼菩薩摩訶薩緣如是事起隨
喜心迴向无上正等菩提時慈氏菩薩報具
壽善現言若菩薩摩訶薩久學六種波羅蜜
多已曾供養无量諸佛久發大願多植善根

BD07021 號　大般若波羅蜜多經卷五〇四　　（2–1）

者從初發心乃至法滅所有善根及弟子
等所有善根一切合集現前隨喜迴向无上
正等菩提如是所起隨喜迴向時非顛倒如
於无常謂常於苦謂樂於我謂我於不淨
謂淨是想心見顛倒此於无相而取於相亦
應如是如所緣事實无所有隨喜迴向心亦
如是諸善根等亦如是无上菩提亦如是布
施等六波羅蜜多廣說乃至一切相智亦如
是若如所緣事實无所有隨喜迴向心廣說
乃至一切相智亦如是者何等是所緣何等
是事何等是隨喜迴向心廣說乃至何等是
一切相智而彼菩薩摩訶薩緣如是事起隨
喜心迴向无上正等菩提時慈氏菩薩報具
壽善現言若菩薩摩訶薩久學六種波羅蜜
多已曾供養无量諸佛久發大願多植善根
為多善友之所攝受善學諸法自相皆空是
菩薩摩訶薩於所緣事及隨喜迴向心諸善
根等无上菩薩諸佛世尊并一切法皆不取
相而能發起隨喜之心迴向无上正等菩提
如是所起隨喜迴向以非二非不二為方便
非有相非无相為方便非有所得非无所得
為方便非染非淨為方便非生非滅為方便

BD07021 號　大般若波羅蜜多經卷五〇四　　（2–2）

了義諸菩薩萬
一名中印度那蘭陀大道場經於灌
阿難白佛言世尊如來雖說第二義
世間解結之人若不知其所結之元我
終不能解世尊我及會中有學聲聞亦復
如是從无始際與諸无明俱滅俱生雖得如
是多聞善根名為出家猶隔日瘧唯願大慈
哀愍淪溺今日身心云何是結從何名解亦
令未來苦難衆生得免輪迴不落三有作是
語已普及大衆五體投地雨淚翹誠佇佛如
來无上開示
爾時世尊憐愍阿難及諸會中諸有學者亦
為未來一切衆生為出世因作將來眼以閻
浮檀紫光金手摩阿難頂即時十方普佛
世界六種振動微塵如來住世界者各有寶光
從其頂出其光同時於彼世界來祇陀林灌
如來頂是諸大衆得未曾有於是阿難及諸
大衆俱聞十方微塵如來異口同音告阿難
言善哉阿難汝欲識知俱生无明使汝輪轉
生死結根唯汝六根更无他物汝復欲知无上
菩提令汝速登安樂解脫寂靜妙常亦汝
六根更非他物阿難雖聞如是法音心猶未

BD07022 號　大佛頂如來密因修證了義諸菩薩萬行首楞嚴經卷五　（3–1）

如來頂是諸大衆得未曾有於是阿難及諸
大衆俱聞十方微塵如來異口同音告阿難
言善哉阿難汝欲識知俱生无明使汝輪轉
生死結根唯汝六根更无他物汝復欲知无上
菩提令汝速登安樂解脫寂靜妙常亦汝
六根更非他物阿難雖聞如是法音心猶未
明稽首白佛云何令我生死輪迴安樂妙常
同是六根更非他物佛告阿難根塵同源縛
脫无二識性虛妄猶如空花阿難由塵發知
因根有相相見无性同於交蘆是故汝今知
見立知即无明本知見无見斯即涅槃无漏
真淨云何是中更容他物爾時世尊欲重宣
此義而說偈言
真性有為空　緣生故如幻　无為无起滅　不實如空花
言妄顯諸真　妄真同二妄　猶非真非真　云何見所見
中間无實性　是故若交蘆　結解同所因　聖凡无二路
汝觀交中性　空有二俱非　迷晦即无明　發明便解脫
解結因次第　六解一亦亡　根選擇圓通　入流成正覺
陀那微細識　習氣成暴流　真非真恐迷　我常不開演
自心取自心　非幻成幻法　不取无非幻　非幻尚不生
幻法云何立　是名妙蓮花　金剛王寶覺　如幻三摩提
彈指超无學　此阿毗達磨　十方薄伽梵　一路涅槃門
於是阿難及諸大衆聞佛如來无上慈誨祇
夜伽陀雜糅精瑩妙理清徹心目開明歎未
曾有阿難合掌頂禮白佛我今聞佛无遮大
悲性淨妙常真實法句心猶未達六解一亡

BD07022 號　大佛頂如來密因修證了義諸菩薩萬行首楞嚴經卷五　（3–2）

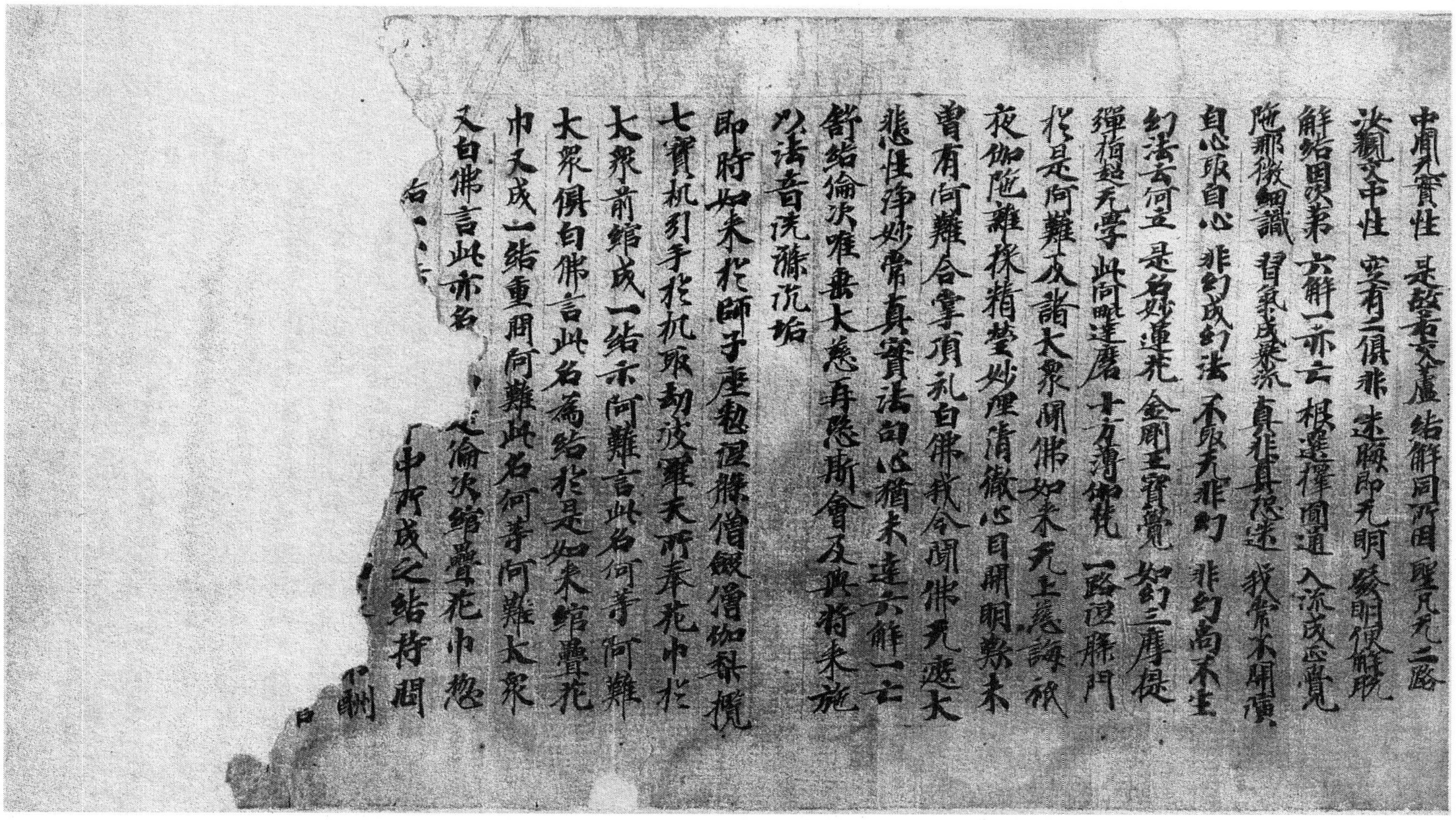

中間无實性 是故若交蘆 結解同所因 聖凡无二路
汝觀交中性 空有二俱非 迷晦即无明 發明便解脫
解結因次第 六解一亦亡 根選擇圓通 入流成正覺
陀那微細識 習氣成暴流 真非真恐迷 我常不開演
自心取自心 非幻成幻法 不取无非幻 非幻尚不生
幻法云何立 是名妙蓮花 金剛王寶覺 如幻三摩提
彈指超无學 此阿毗達磨 十方薄伽梵 一路涅槃門
於是阿難及諸大眾聞佛如來无上慈誨祇
夜伽陀雜糅精瑩妙理清徹心目開明歎未
曾有阿難合掌頂禮白佛我今聞佛无遮大
悲性淨妙常真實法句心猶未達六解一亡
舒結倫次惟垂大慈再愍斯會及與將來施
以法音洗滌沉垢
即時如來於師子座整涅槃僧斂僧伽棃攬
七寶机引手於机取劫波羅天所奉花巾於
大眾前綰成一結示阿難言此名何等阿難
大眾俱白佛言此名為結於是如來綰疊花
巾又成一結重問阿難此名何等阿難大眾
又白佛言此亦名
如是倫次綰疊花巾總
中所成之結持問

BD07022號　大佛頂如來密因修證了義諸菩薩萬行首楞嚴經卷五　（3–3）

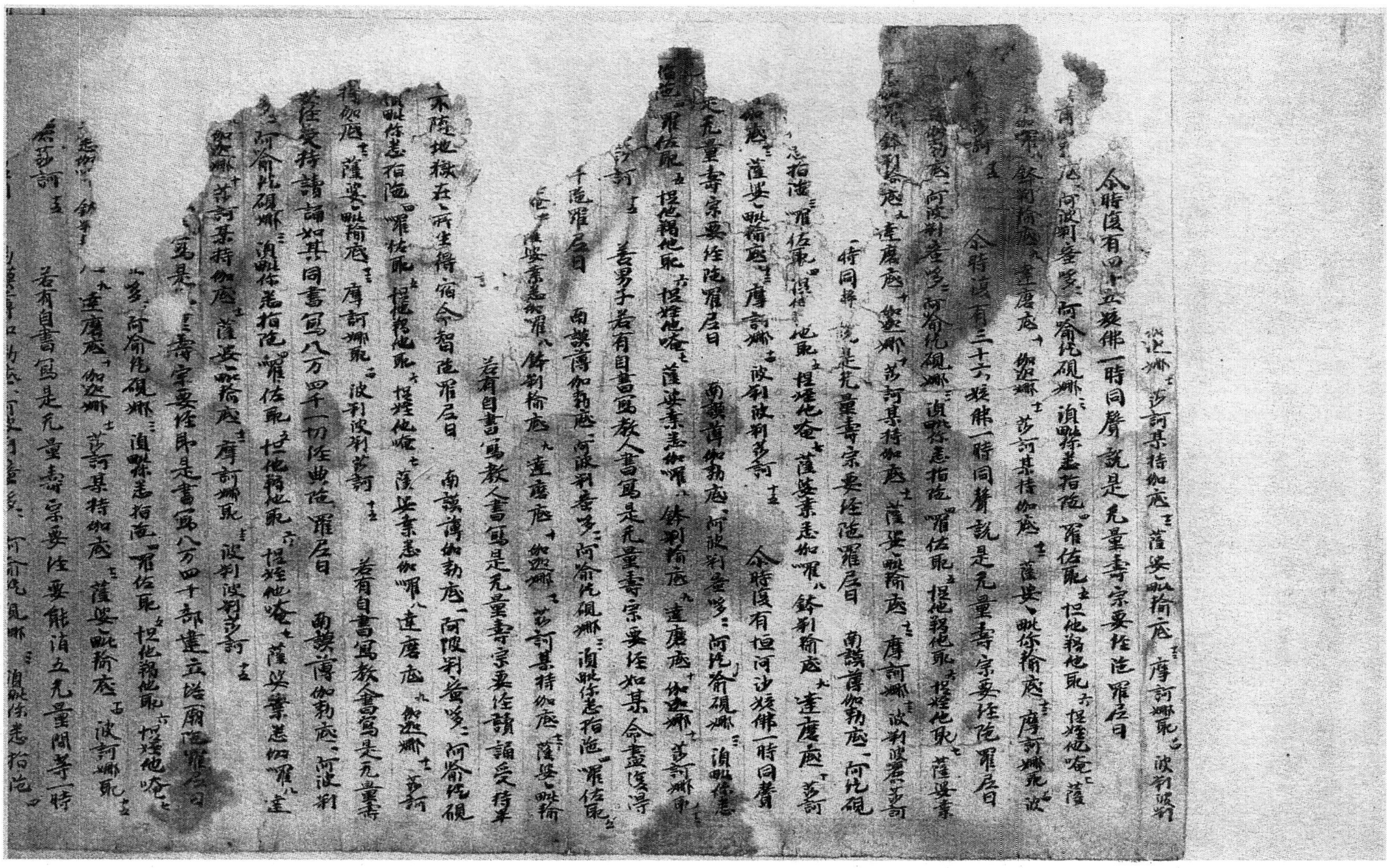

BD07023號　無量壽宗要經　（4–1）

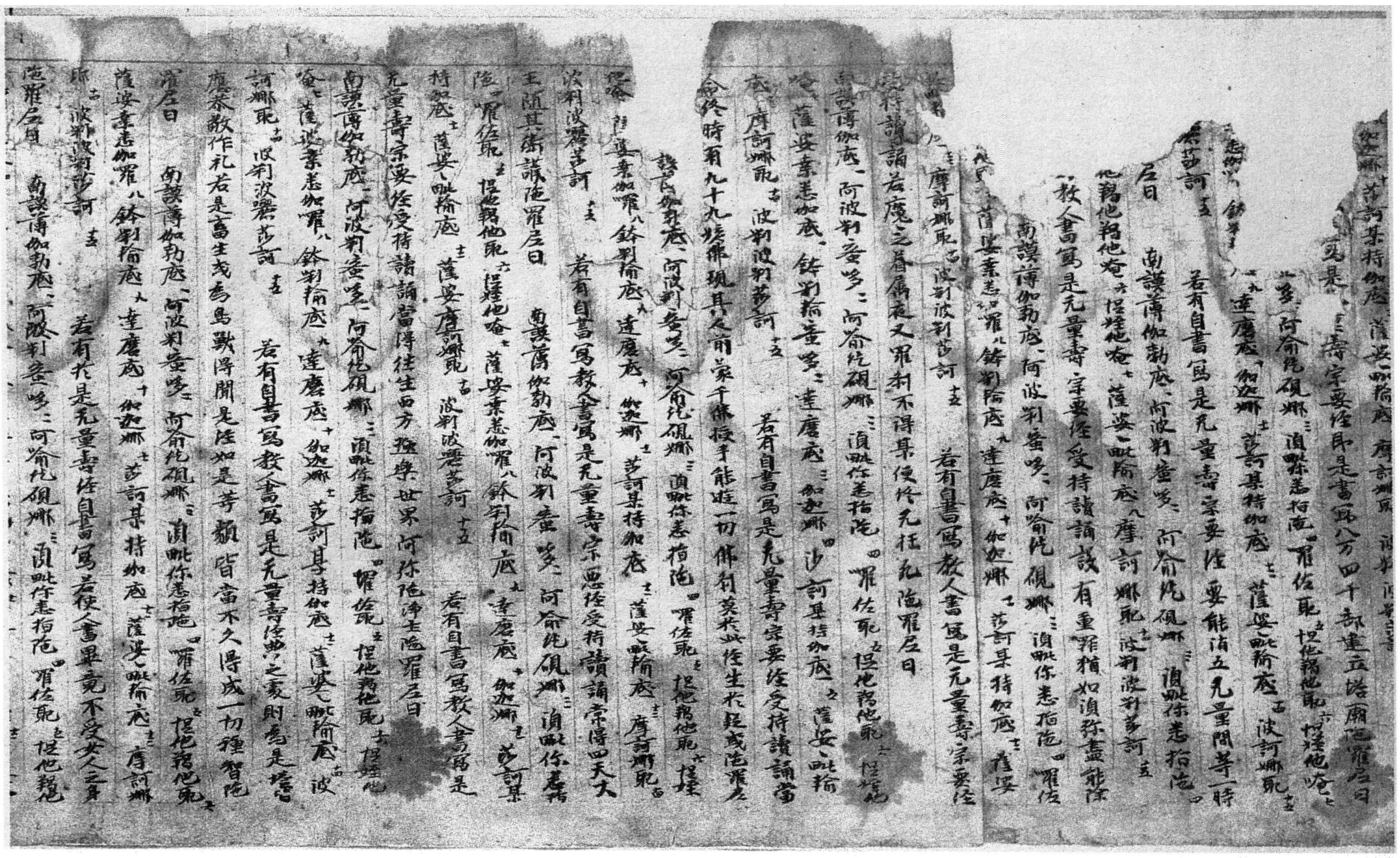
伽迦娜十一莎訶某持伽底十二薩婆毗輸底十三摩訶娜耶……
……是……壽宗要經即是書寫八万四千部建立塔廟陁羅尼曰
……多二阿俞紇硯娜三須毗你甚指陁四羅佐耶五怛他羯他耶六怛姪他唵七
……九達磨底十伽迦娜十一莎訶某持伽底十二薩婆毗輸底十三波訶娜耶十四
……莎訶十五　若有自書寫是无量壽宗要經能消五无間等一時
尼曰　南謨薄伽勃底一阿波唎蜜哆二阿俞紇硯娜三須毗你甚指陁四
他羯他羯他唵六怛姪他唵七薩婆毗輸底八摩訶娜耶九波唎波唎莎訶十五
教人書寫是无量壽宗要經受持讀誦設有重罪猶如須彌盡能除
南謨薄伽勃底一阿波唎蜜哆二阿俞紇硯娜三須毗你甚指陁四羅佐
……薩婆桒悉伽羅八鉢唎輸底九達磨底十伽迦娜十一莎訶某持伽底十二薩婆
……摩訶娜耶十四波唎波唎莎訶十五　若有自書寫教人書寫是无量壽宗要經
受持讀誦若魔之眷屬夜叉羅刹不得其便終无枉死陁羅尼曰
南謨薄伽勃底一阿波唎蜜哆二阿俞紇硯娜三須毗你甚指陁四羅佐耶五怛他羯他耶六怛姪他
唵七薩婆桒悉伽底八鉢唎輸底九達磨底十伽迦娜十一莎訶某持伽底十二薩婆毗輸
底十三摩訶娜耶十四波唎波唎莎訶十五　若有自書寫是无量壽宗要經受持讀誦當
命終時有九十九姟佛現其人前來千佛授手能從一切佛剎莫於此經生於疑惑陁羅尼
……勃底一阿波唎蜜哆二阿俞紇硯娜三須毗你甚指陁四羅佐耶五怛他羯他耶六怛姪
他唵七薩婆桒悉伽羅八鉢唎輸底九達磨底十伽迦娜十一莎訶某持伽底十二薩婆毗輸底十三摩訶娜耶十四
波唎波羅莎訶十五　若有自書寫教人書寫是无量壽宗要經受持讀誦當得四天大
王隨其衛護陁羅尼曰　南謨薄伽勃底一阿波唎蜜哆二阿俞紇硯娜三須毗你甚指
陁四羅佐耶五怛他羯他耶六怛姪他唵七薩婆桒悉伽羅八鉢唎輸底九達磨底十伽迦娜十一莎訶某
持伽底十二薩婆毗輸底十三摩訶娜耶十四波唎波唎莎訶十五　若有自書寫教人書寫是
无量壽宗要經受持讀誦當得往生西方極樂世界阿彌陁淨土陁羅尼曰
南謨薄伽勃底一阿波唎蜜哆二阿俞紇硯娜三須毗你甚指陁四羅佐耶五怛他羯他耶六怛姪
他唵七薩婆桒悉伽羅八鉢唎輸底九達磨底十伽迦娜十一莎訶某持伽底十二薩婆毗輸底十三波
訶娜耶十四波唎波唎莎訶十五　若有自書寫教人書寫是无量壽經之處則爲是塔
廟恭敬作礼若是畜生或爲鳥獸得聞是經如是等類皆當不久得成一切種智陁
羅尼曰　南謨薄伽勃底一阿波唎蜜哆二阿俞紇硯娜三須毗你甚指陁四羅佐耶五怛他羯他耶六
怛姪他唵七薩婆桒悉伽羅八鉢唎輸底九達磨底十伽迦娜十一莎訶某持伽底十二薩婆毗輸底十三摩訶娜
耶十四波唎波唎莎訶十五　若有於是无量壽經自書寫若使人書畢竟不受女人之身
陁羅尼曰　南謨薄伽勃底一阿波唎蜜哆二阿俞紇硯娜三須毗你甚指陁四羅佐耶五怛他羯他

BD07023 號　無量壽宗要經　（4–2）

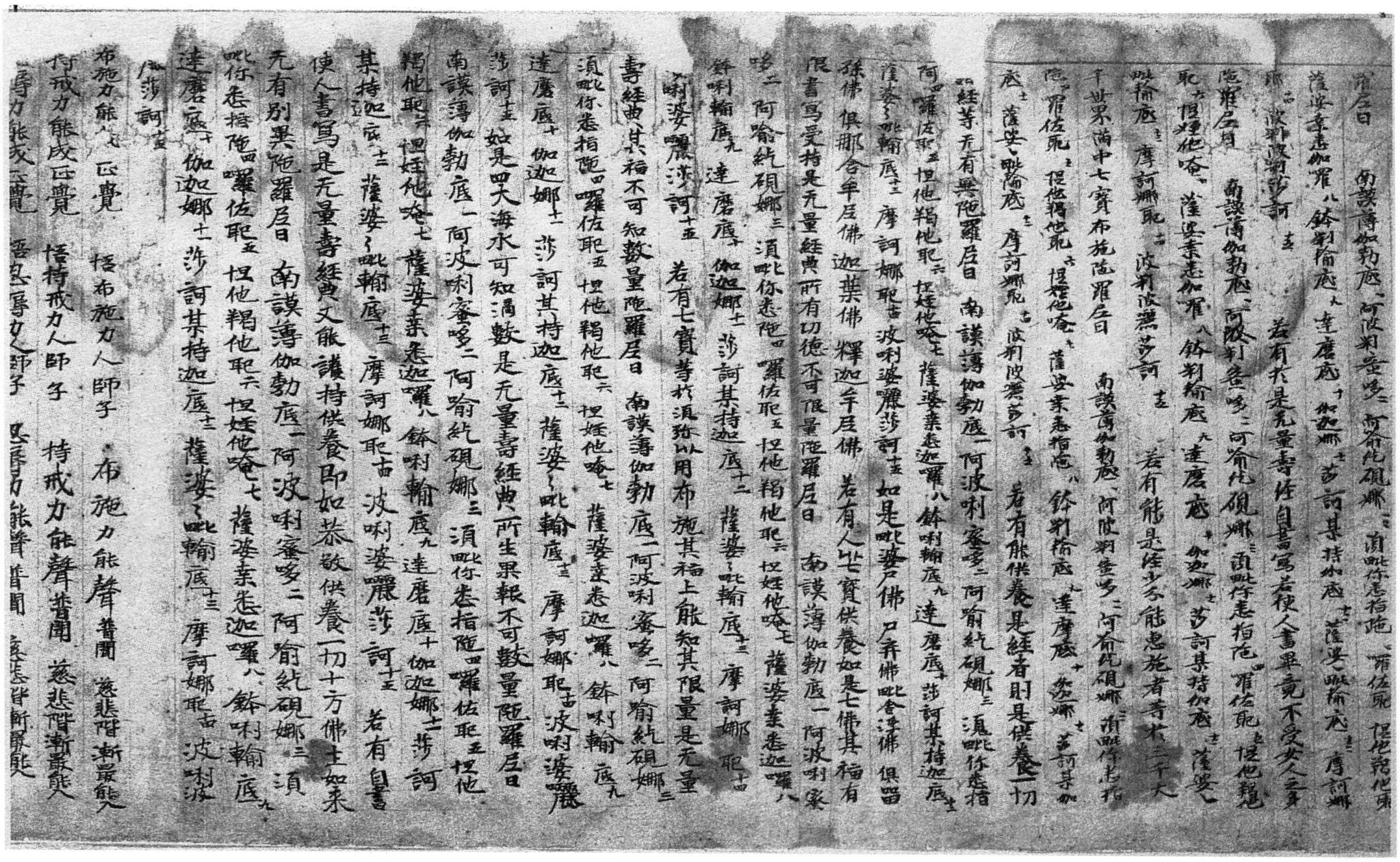
羅尼曰　南謨薄伽勃底一阿波唎蜜哆二阿俞紇硯娜三須毗你甚指陁四羅佐耶五怛他羯他耶六
薩婆桒悉伽羅八鉢唎輸底九達磨底十伽迦娜十一莎訶某持伽底十二薩婆毗輸底十三摩訶娜
耶十四波唎波唎莎訶十五　若有於是无量壽經自書寫若使人書畢竟不受女人之身
陁羅尼曰　南謨薄伽勃底一阿波唎蜜哆二阿俞紇硯娜三須毗你甚指陁四羅佐耶五怛他羯他
耶六怛姪他唵七薩婆桒悉伽羅八鉢唎輸底九達磨底十伽迦娜十一莎訶某持伽底十二薩婆
毗輸底十三摩訶娜耶十四波唎波唎莎訶十五　若有能於是經少分能惠施者當於三千大
千世界滿中七寶布施陁羅尼曰　南謨薄伽勃底一阿波唎蜜哆二阿俞紇硯娜三須毗你甚指
陁四羅佐耶五怛他羯他耶六怛姪他唵七薩婆桒悉指陁八鉢唎輸底九達磨底十伽迦娜十一莎訶某伽
底十二薩婆毗輸底十三摩訶娜耶十四波唎波唎莎訶十五　若有能供養是經者則是供養一切
如經等无有異陁羅尼曰　南謨薄伽勃底一阿波唎蜜哆二阿喻紇硯娜三須毗你甚指
陁四囉佐耶五怛他羯他耶六怛姪他唵七薩婆桒悉迦囉八鉢唎輸底九達磨底十莎訶某持迦底十二
薩婆毗輸底十三摩訶娜耶十四波唎婆囉莎訶十五　如是毗婆尸佛尸棄佛毗舍浮佛俱留
孫佛俱那含牟尼佛迦葉佛釋迦牟尼佛　若有人以七寶供養如是七佛其福有
限書寫受持是无量經典所有功德不可限量陁羅尼曰　南謨薄伽勃底一阿波唎蜜
哆二阿喻紇硯娜三須毗你悉陁四囉佐耶五怛他羯他耶六怛姪他唵七薩婆桒悉迦囉八
鉢唎輸底九達磨底十伽迦娜十一莎訶某持迦底十二薩婆毗輸底十三摩訶娜耶十四
波唎婆囉莎訶十五　若有七寶等於須彌以用布施其福上能知其限量是无量
壽經典其福不可知數量陁羅尼曰　南謨薄伽勃底一阿波唎蜜哆二阿喻紇硯娜三
須毗你悉指陁四囉佐耶五怛他羯他耶六怛姪他唵七薩婆桒悉迦囉八鉢唎輸底九
達磨底十伽迦娜十一莎訶某持迦底十二薩婆毗輸底十三摩訶娜耶十四波唎婆囉
莎訶十五　如是四大海水可知渧數是无量壽經典所生果報不可數量陁羅尼曰
南謨薄伽勃底一阿波唎蜜哆二阿喻紇硯娜三須毗你悉指陁四囉佐耶五怛他
羯他耶六怛姪他唵七薩婆桒悉迦囉八鉢唎輸底九達磨底十伽迦娜十一莎訶
某持迦底十二薩婆毗輸底十三摩訶娜耶十四波唎婆囉莎訶十五　若有自書
使人書寫是无量壽經典又能讃持供養即如恭敬供養一切十方佛土如來
无有別異陁羅尼曰　南謨薄伽勃底一阿波唎蜜哆二阿喻紇硯娜三須
毗你悉指陁四囉佐耶五怛他羯他耶六怛姪他唵七薩婆桒悉迦囉八鉢唎輸底九
達磨底十伽迦娜十一莎訶某持迦底十二薩婆毗輸底十三摩訶娜耶十四波唎婆
囉莎訶十五
布施力能成正覺　悟布施力人師子　布施力能聲普聞　慈悲階漸最能入
持戒力能成正覺　悟持戒力人師子　持戒力能聲普聞　慈悲階漸最能入
忍辱力能成正覺　悟忍辱力人師子　忍辱力能聲普聞　慈悲階漸最能入

BD07023 號　無量壽宗要經　（4–3）

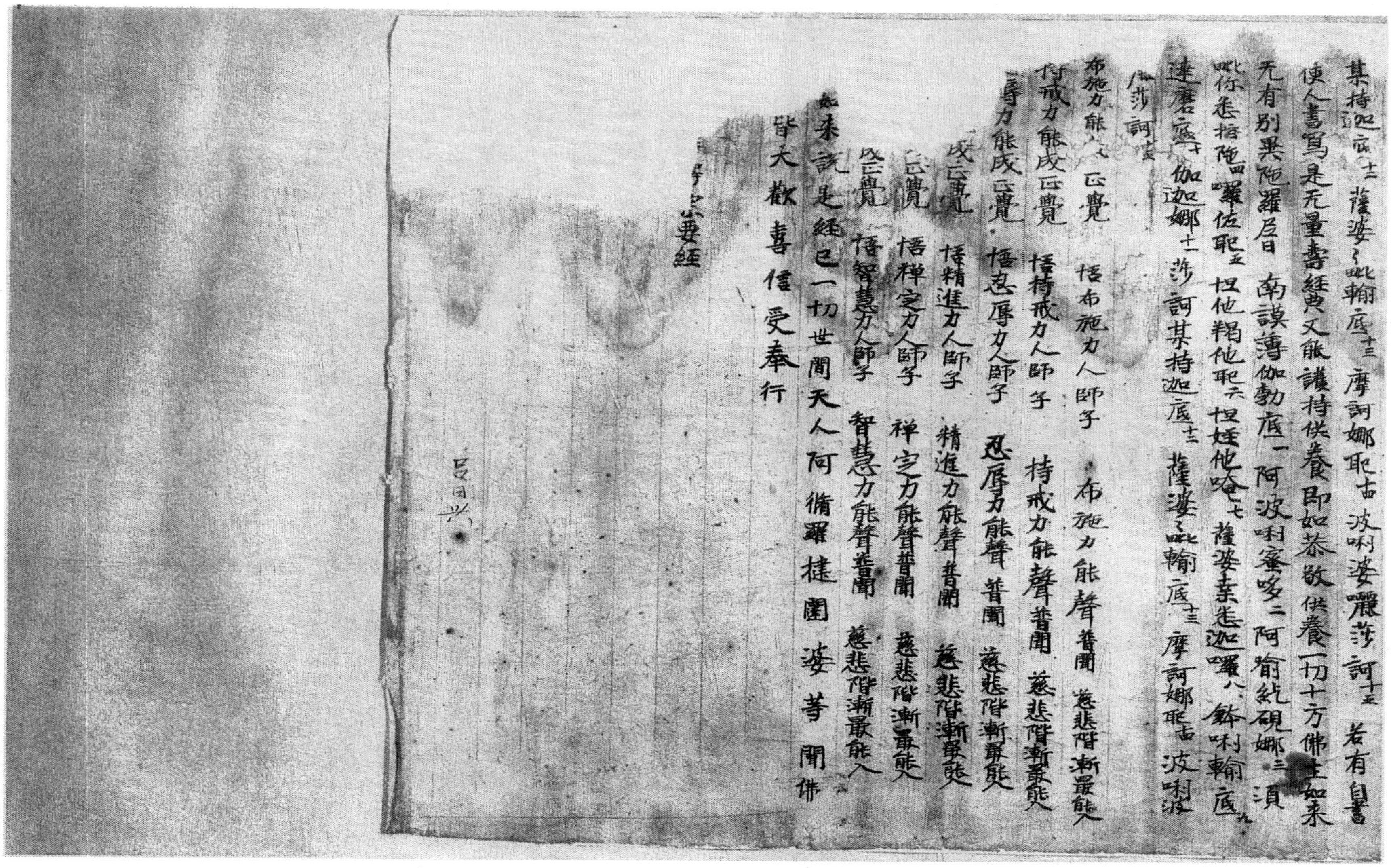
某持迦底十二　薩婆ㄡ毗輸底十三　摩訶娜耶十四　波唎婆囉莎訶十五　若有自書
使人書寫是无量壽經典又能讓持供養即如恭敬供養一切十方佛土如來
无有別異陁羅尼曰　南謨薄伽勃底一　阿波唎蜜哆二　阿喻紇硯娜三　須
毗你悉指陁四　囉佐耶五　怛他羯他耶六　怛姪他唵七　薩婆桑悉迦囉八　缽唎輸底九
達磨底十　伽迦娜十一　莎訶某持迦底十二　薩婆ㄡ毗輸底十三　摩訶娜耶十四　波唎波
唎莎訶十五
布施力能成正覺　悟布施力人師子　布施力能聲普聞　慈悲階漸最能入
持戒力能成正覺　悟持戒力人師子　持戒力能聲普聞　慈悲階漸最能入
忍辱力能成正覺　悟忍辱力人師子　忍辱力能聲普聞　慈悲階漸最能入
精進力能成正覺　悟精進力人師子　精進力能聲普聞　慈悲階漸最能入
禪定力能成正覺　悟禪定力人師子　禪定力能聲普聞　慈悲階漸最能入
智慧力能成正覺　悟智慧力人師子　智慧力能聲普聞　慈悲階漸最能入
如來說是經已一切世間天人阿脩羅揵闥婆等聞佛
皆大歡喜信受奉行
无量壽宗要經

BD07023 號　無量壽宗要經　（4–4）

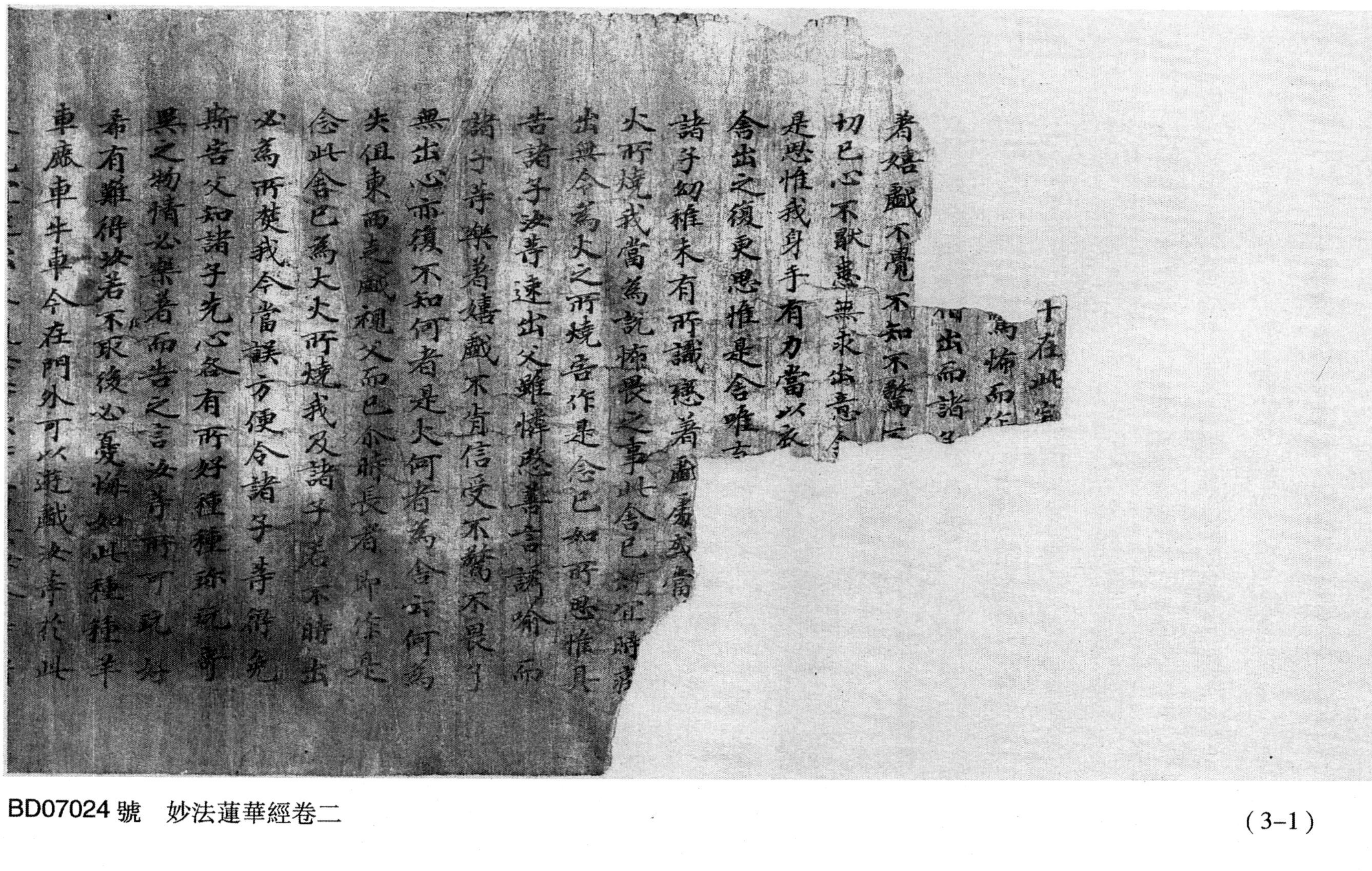
十在此宅
焉怖而作
門出而諸子
著嬉戲不覺不知不驚
切已心不厭患無求出意舍
是思惟我身手有力當以衣
舍出之復更思惟是舍唯有
諸子幼稚未有所識戀著戲處或當
火所燒我當為說怖畏之事此舍已燒宜時疾
出無令為火之所燒害作是念已如所思惟具
告諸子汝等速出父雖憐愍善言誘喻而
諸子等樂著嬉戲不肯信受不驚不畏了
無出心亦復不知何者是火何者為舍云何為
失但東西走戲視父而已爾時長者即作是
念此舍已為大火所燒我及諸子若不時出
必為所焚我今當設方便令諸子等得免
斯害父知諸子先心各有所好種種珍玩奇
異之物情必樂著而告之言汝等所可玩好
希有難得汝若不取後必憂悔如此種種羊
車鹿車牛車今在門外可以遊戲汝等於此

BD07024 號　妙法蓮華經卷二　（3–1）

斯害父知諸子先心各有所好種種珎玩奇
異之物情必樂著而告之言汝等所可玩好
希有難得汝若不取後必憂悔如此種種羊
車鹿車牛車今在門外可以遊戲汝等於此
火宅宜速出来隨汝所欲皆當與汝尒時諸
子聞父所說珎玩之物適其願故心各勇鋭
互相推排競共馳走争出火宅是時長者
見諸子等安隱得出皆於四衢道中露地而
坐無復障礙其心泰然歡喜踊躍時諸子等各
白父言父先所許玩好之具羊車鹿車牛車
願時賜與舍利弗尒時長者各賜諸子等
一大車其車高廣衆寳莊校周帀欄楯四面
懸鈴又於其上張設幰蓋亦以珎奇雜寳而嚴
飾之寳繩交絡垂諸華瓔重敷綩綖安置丹
枕駕以白牛膚色充潔形體姝好有大筋力
行步平正其疾如風又多僕從而侍衛之所
以者何是大長者財富無量種種庫藏悉皆
充溢而作是念我財物無極不應以下劣小
車與諸子等今此幼童皆是吾子愛無偏黨
我有如是七寳大車其數無量應當等心各
各與之不宜差別所以者何以我此物周給一
國猶尚不匱何況諸子是時諸子各乘大
車得未曾有非本所望舍利弗於汝意云何
是長者等與諸子珎寳大車寧有虚妄不
舍利弗言不也世尊是長者但令諸子得免

BD07024號　妙法蓮華經卷二　（3–2）

飾之寳繩交絡垂諸華瓔重敷綩綖安置丹
枕駕以白牛膚色充潔形體姝好有大筋力
行步平正其疾如風又多僕從而侍衛之所
以者何是大長者財富無量種種庫藏悉皆
充溢而作是念我財物無極不應以下劣小
車與諸子等今此幼童皆是吾子愛無偏黨
我有如是七寳大車其數無量應當等心各
各與之不宜差別所以者何以我此物周給一
國猶尚不匱何況諸子是時諸子各乘大
車得未曾有非本所望舍利弗於汝意云何
是長者等與諸子珎寳大車寧有虚妄不
舍利弗言不也世尊是長者但令諸子得免
火難全其軀命非為虚妄何以故若全身命便
為已得玩好之具況復方便於彼火宅而拔
濟之世尊若是長者乃至不與最小一車猶不虚
妄何以故是長者先作是意我以方便令子
得出以是因緣無虚妄也何況長者自

BD07024號　妙法蓮華經卷二　（3–3）

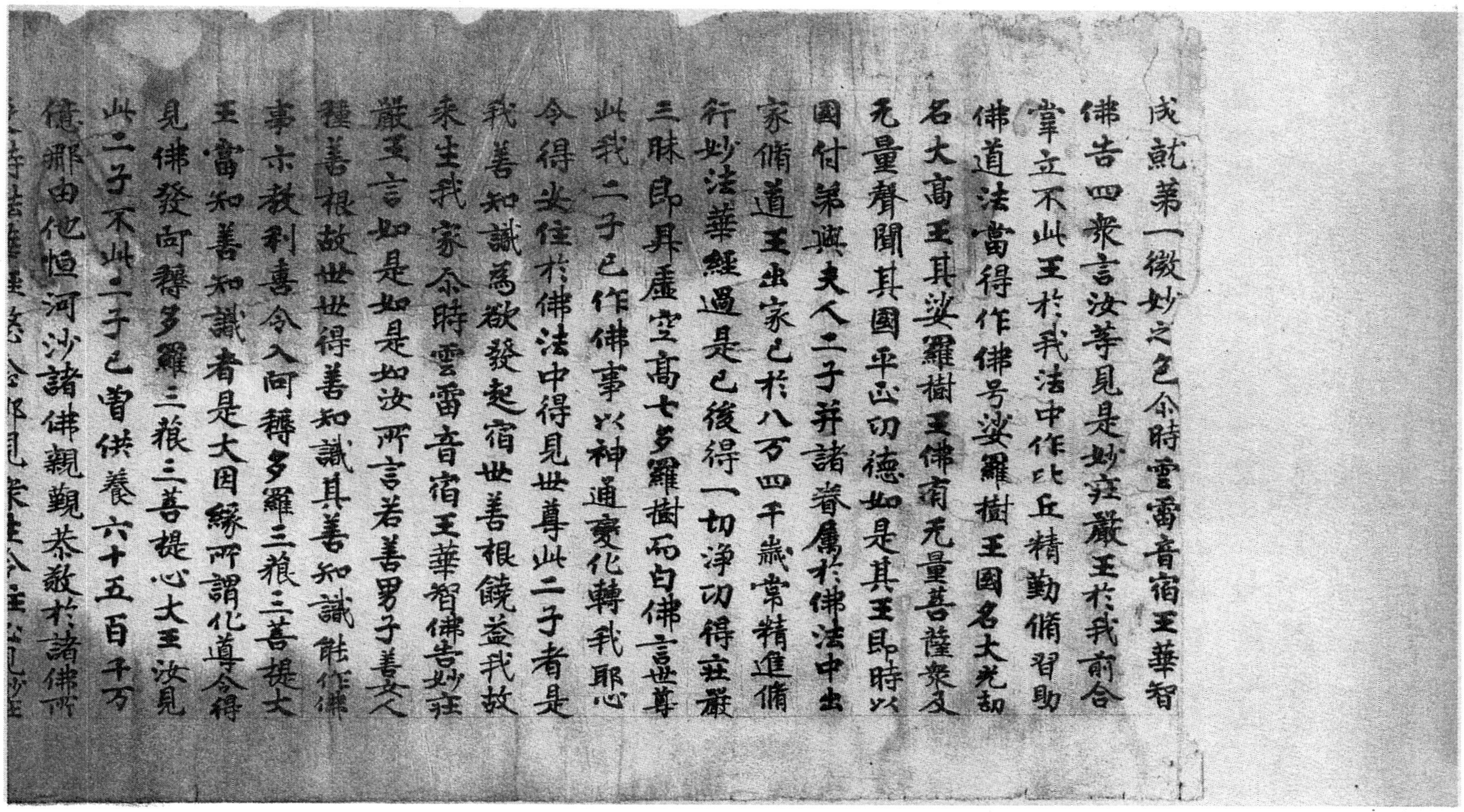
成就第一微妙之色尒時雲雷音宿王華智
佛告四衆言汝等見是妙莊嚴王於我前合
掌立不此王於我法中作比丘精勤脩習助
佛道法當得作佛号娑羅樹王國名大光劫
名大高王其娑羅樹王佛有无量菩薩衆及
无量聲聞其國平正功德如是其王即時以
國付弟與夫人二子并諸眷屬於佛法中出
家脩道王出家已於八万四千歲常精進脩
行妙法華經過是已後得一切淨功德莊嚴
三昧即昇虛空高七多羅樹而白佛言世尊
此我二子已作佛事以神通變化轉我耶心
令得安住於佛法中得見世尊此二子者是
我善知識爲欲發起宿世善根饒益我故
來生我家尒時雲雷音宿王華智佛告妙莊
嚴王言如是如是如汝所言若善男子善女人
種善根故世世得善知識其善知識能作佛
事示教利喜令入阿耨多羅三藐三菩提大
王當知善知識者是大因緣所謂化導令得
見佛發阿耨多羅三藐三菩提心大王汝見
此二子不此二子已曾供養六十五百千万
億那由他恒河沙諸佛親覲恭敬於諸佛所
受持法華經愍念耶見衆生令住正見妙莊

BD07025號　妙法蓮華經卷七　（2–1）

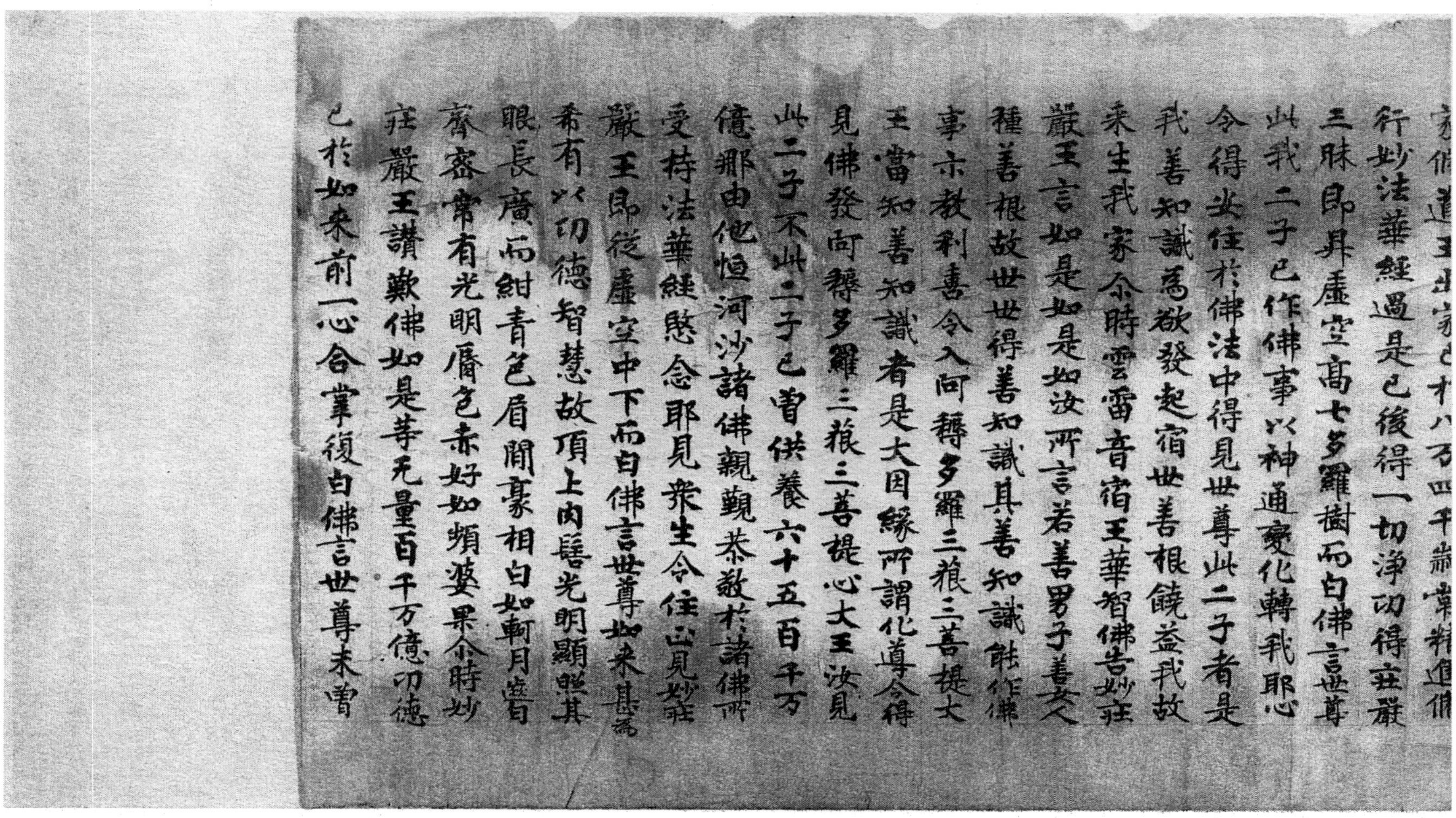
家脩道王出家已於八万四千歲常精進脩
行妙法華經過是已後得一切淨功德莊嚴
三昧即昇虛空高七多羅樹而白佛言世尊
此我二子已作佛事以神通變化轉我耶心
令得安住於佛法中得見世尊此二子者是
我善知識爲欲發起宿世善根饒益我故
來生我家尒時雲雷音宿王華智佛告妙莊
嚴王言如是如是如汝所言若善男子善女人
種善根故世世得善知識其善知識能作佛
事示教利喜令入阿耨多羅三藐三菩提大
王當知善知識者是大因緣所謂化導令得
見佛發阿耨多羅三藐三菩提心大王汝見
此二子不此二子已曾供養六十五百千万
億那由他恒河沙諸佛親覲恭敬於諸佛所
受持法華經愍念耶見衆生令住正見妙莊
嚴王即從虛空中下而白佛言世尊如來甚希
希有以功德智慧故頂上肉髻光明顯照其
眼長廣而紺青色眉間毫相白如珂月齒白
齊密常有光明脣色赤好如頻婆果尒時妙
莊嚴王讚歎佛如是等无量百千万億功德
已於如來前一心合掌復白佛言世尊未曾

BD07025號　妙法蓮華經卷七　（2–2）

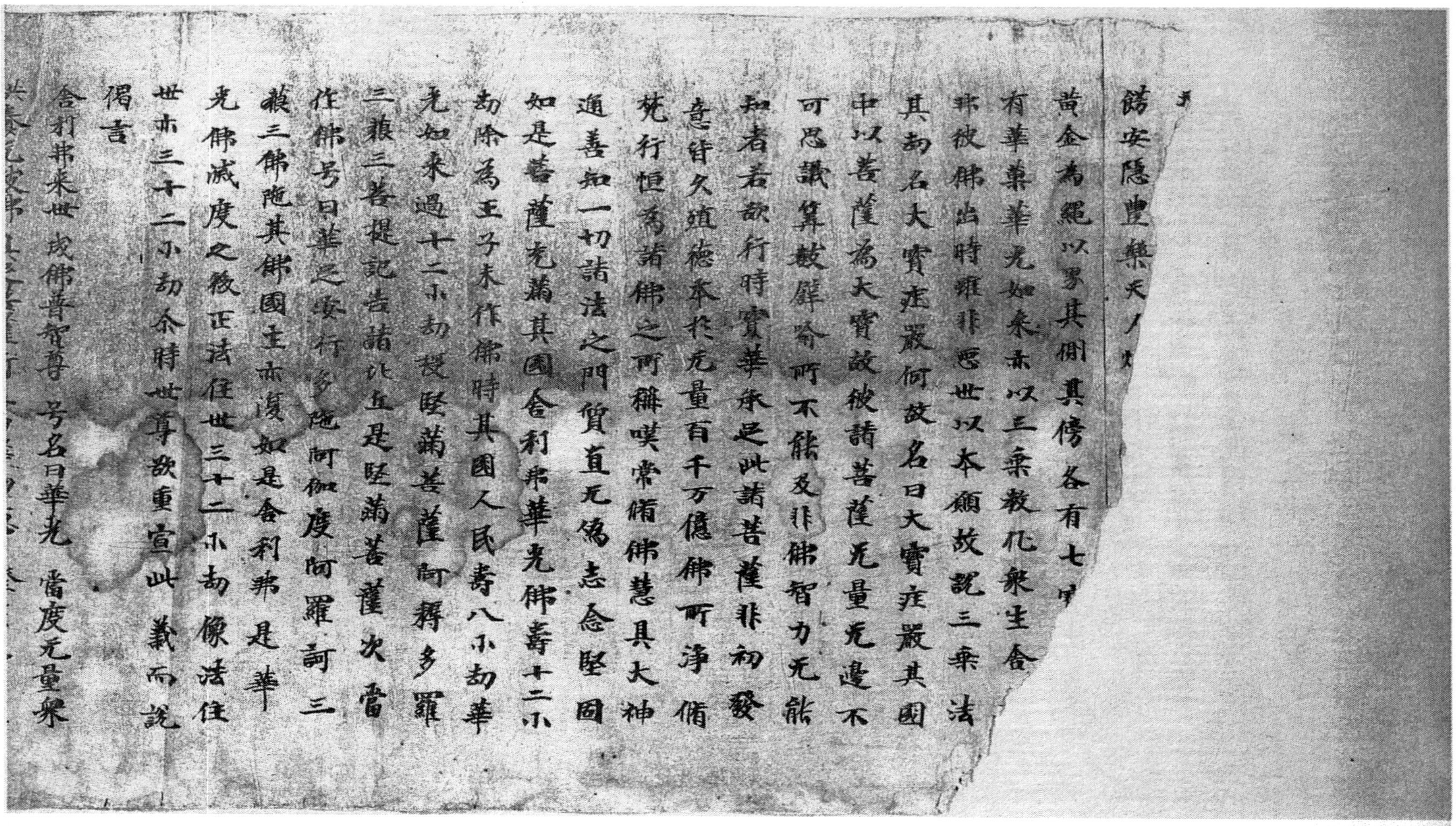

鋪安隱豐樂天人熾
黃金為繩以界其側其傍各有七
有華菓華光如來亦以三乘教化衆生舍
利弗彼佛出時雖非惡世以本願故說三乘法
其劫名大寶莊嚴何故名曰大寶莊嚴其國
中以菩薩為大寶故彼諸菩薩无量无邊不
可思議算數譬喻所不能及非佛智力无能
知者若欲行時寶華承足此諸菩薩非初發
意皆久殖德本於无量百千万億佛所淨脩
梵行恒為諸佛之所稱歎常脩佛慧具大神
通善知一切諸法之門質直无偽志念堅固
如是菩薩充滿其國舍利弗華光佛壽十二小
劫除為王子未作佛時其國人民壽八小劫華
光如來過十二小劫授堅滿菩薩阿耨多羅
三藐三菩提記告諸比丘是堅滿菩薩次當
作佛号曰華足安行多陁阿伽度阿羅訶三
藐三佛陁其佛國土亦復如是舍利弗是華
光佛滅度之後正法住世三十二小劫像法住
世亦三十二小劫尒時世尊欲重宣此義而說
偈言
舍利弗來世　成佛普智尊　号名曰華光　當度无量衆

BD07026號　妙法蓮華經卷二　（2–1）

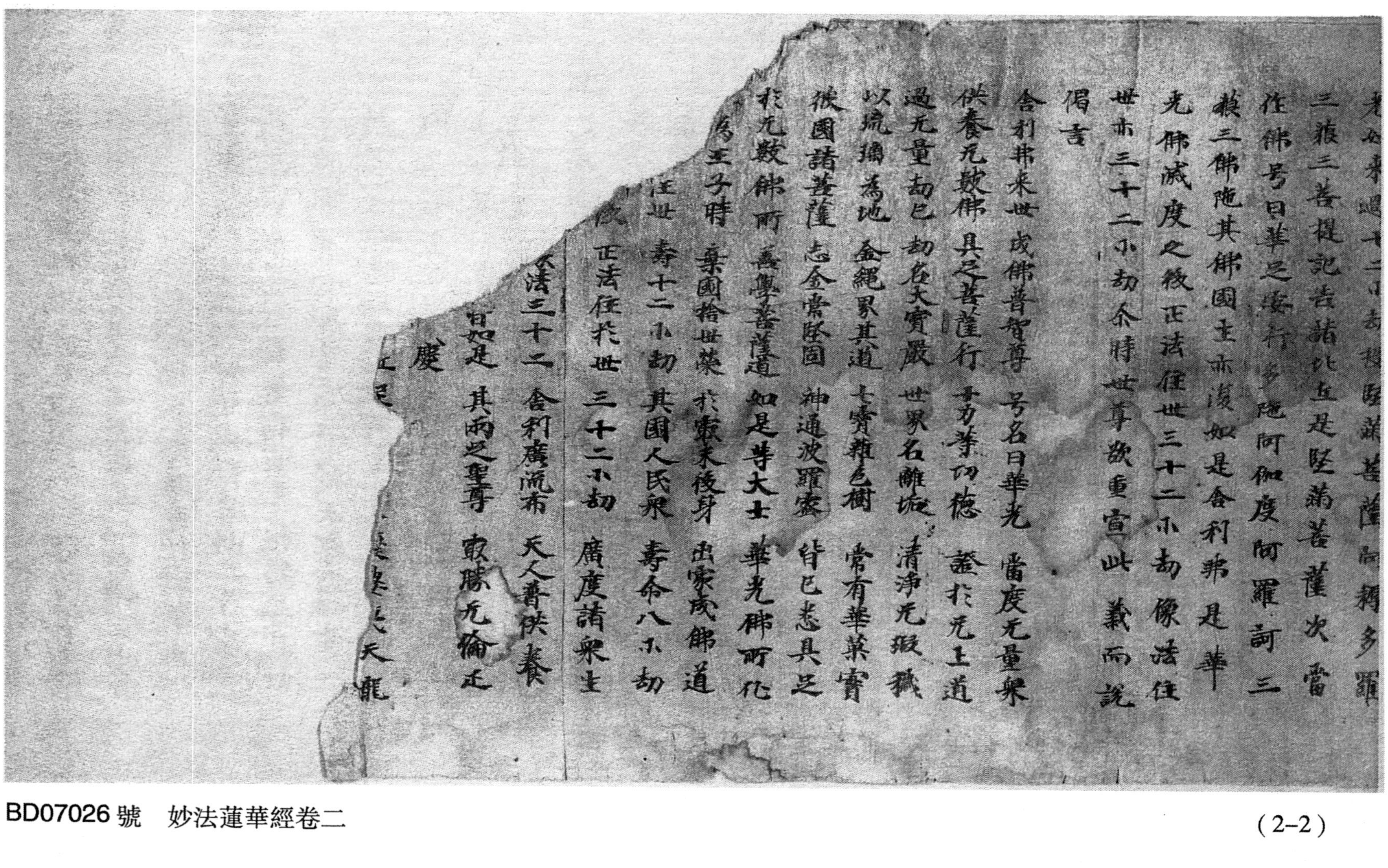

光如來過十二小劫授堅滿菩薩阿耨多羅
三藐三菩提記告諸比丘是堅滿菩薩次當
作佛号曰華足安行多陁阿伽度阿羅訶三
藐三佛陁其佛國土亦復如是舍利弗是華
光佛滅度之後正法住世三十二小劫像法住
世亦三十二小劫尒時世尊欲重宣此義而說
偈言
舍利弗來世　成佛普智尊　号名曰華光　當度无量衆
供養无數佛　具足菩薩行　十力等功德　證於无上道
過无量劫已　劫名大寶嚴　世界名離垢　清淨无瑕穢
以琉璃為地　金繩界其道　七寶雜色樹　常有華菓實
彼國諸菩薩　志念常堅固　神通波羅蜜　皆已悉具足
於无數佛所　善學菩薩道　如是等大士　華光佛所化
為王子時　棄國捨世榮　於最末後身　出家成佛道
住世　壽十二小劫　其國人民衆　壽命八小劫
滅　正法住於世　三十二小劫　廣度諸衆生
盡　像法三十二　舍利廣流布　天人普供養
皆如是　其兩足聖尊　最勝无倫匹
慶
天龍

BD07026號　妙法蓮華經卷二　（2–2）

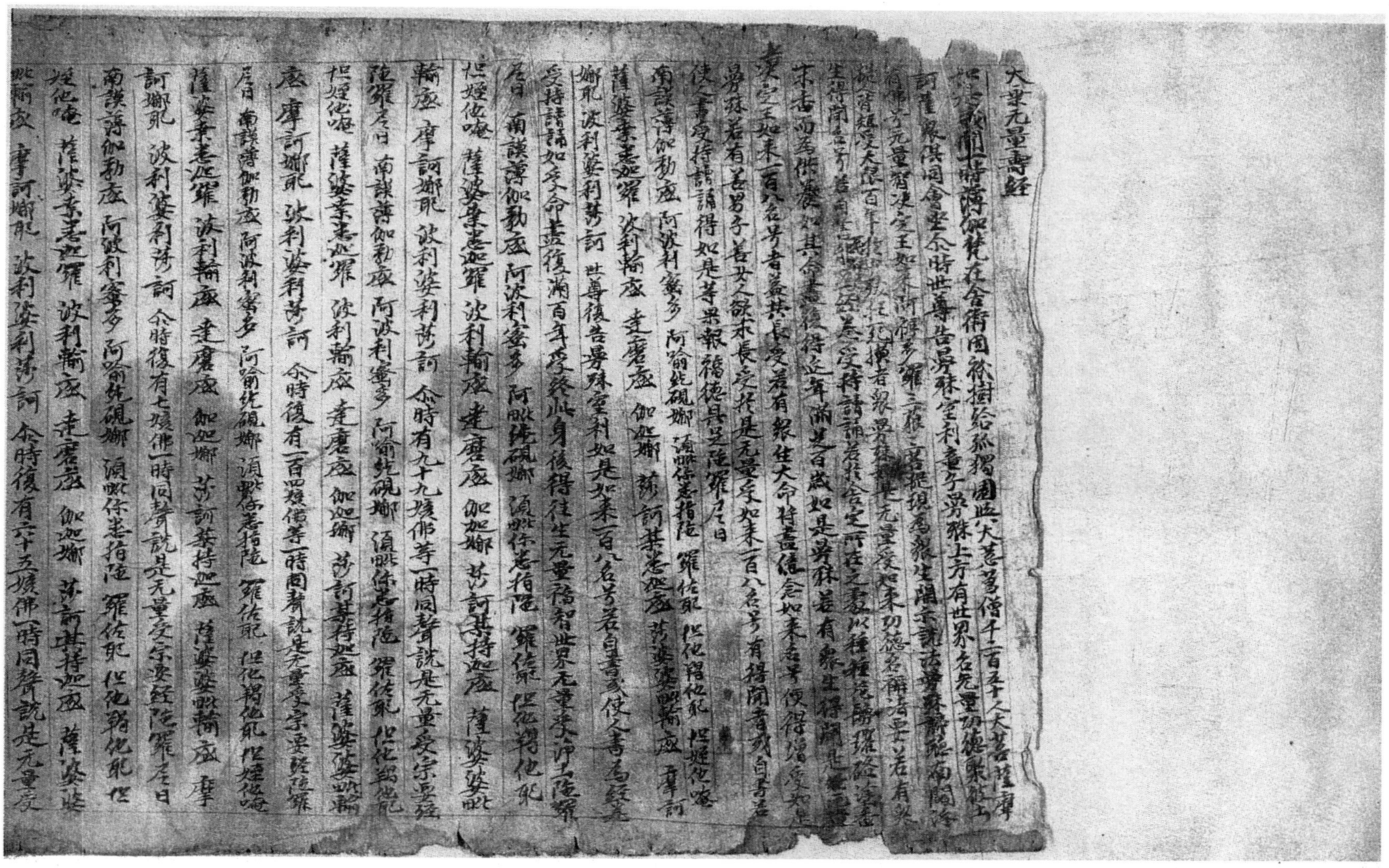

BD07027 號　無量壽宗要經

（2–1）

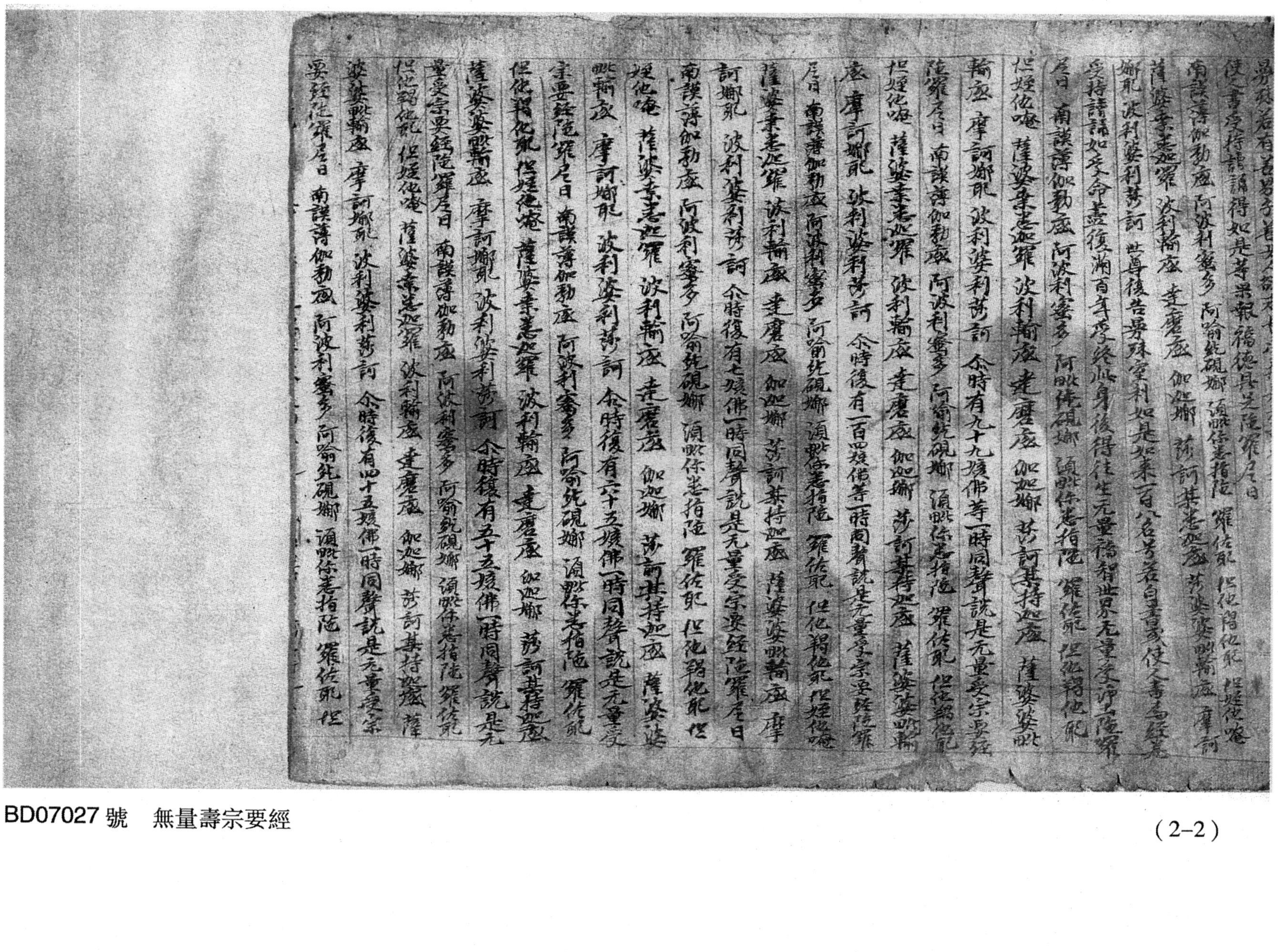

BD07027 號　無量壽宗要經

（2–2）

大乘无量壽經
如是我聞一時薄伽梵在舍衛國祇樹給孤
獨園與大苾蒭僧千二百五十人大菩薩摩
訶衆俱同會坐尒時世尊告曼殊室利童子
曼殊上方有世界名无量功德聚彼土有佛
号无量智决定王如來阿羅訶三藐三菩
提現爲衆生開示說法曼殊諦聽南閻浮提
人皆短壽大限百年於中殀枉横死者衆曼
殊如是无量壽如來功德名稱法要若有衆
生得聞名号若自書或使人書能爲經卷受
持讀誦若於舍宅所住之處以種種花鬘瓔
珞塗香末香而爲供養如其命盡復得延年
滿足百歲如是曼殊若有衆生得聞是无
量壽智决定王如來一百八名号者益其長壽
若有衆生大命將盡憶念是如來名号更得
增壽如是曼殊若有善男子善女人欲求長
壽於是无量壽如來一百八名号有得聞者

BD07028號　無量壽宗要經（兌廢稿）　（2–1）

兌

人皆短壽大限百年於中殀枉横死者衆曼
殊如是无量壽如來功德名稱法要若有衆
生得聞名号若自書或使人書能爲經卷受
持讀誦若於舍宅所住之處以種種花鬘瓔
珞塗香末香而爲供養如其命盡復得延年
滿足百歲如是曼殊若有衆生得聞是无
量壽智决定王如來一百八名号者益其長壽
若有衆生大命將盡憶念是如來名号更得
增壽如是曼殊若有善男子善女人欲求長
壽於是无量壽如來一百八名号有得聞者
或自書或使人書受持讀誦如是其果報福德具足陀羅尼曰
南謨薄伽勃底一阿波唎蜜多二阿喻紇硯娜三
須毗你悉指陀四囉佐耶五怛他羯他耶六怛姪他唵七
薩婆桒塞迦囉八波唎輸底九達磨底十伽迦娜十一
莎訶某持迦底十二莎婆婆毗輸底十三摩訶娜耶十四
波唎婆唎莎訶十五
世尊復告曼殊室利如是如來一百八名号若
有自書或使人書爲經卷受持讀誦如壽命盡
復滿百年壽終此身後得往生无量福智
世界无量壽淨土陀羅尼曰

BD07028號　無量壽宗要經（兌廢稿）　（2–2）

BD07028 號背　勘記、雜寫　（1–1）

BD07029 號　大般涅槃經（北本）卷五　（2–1）

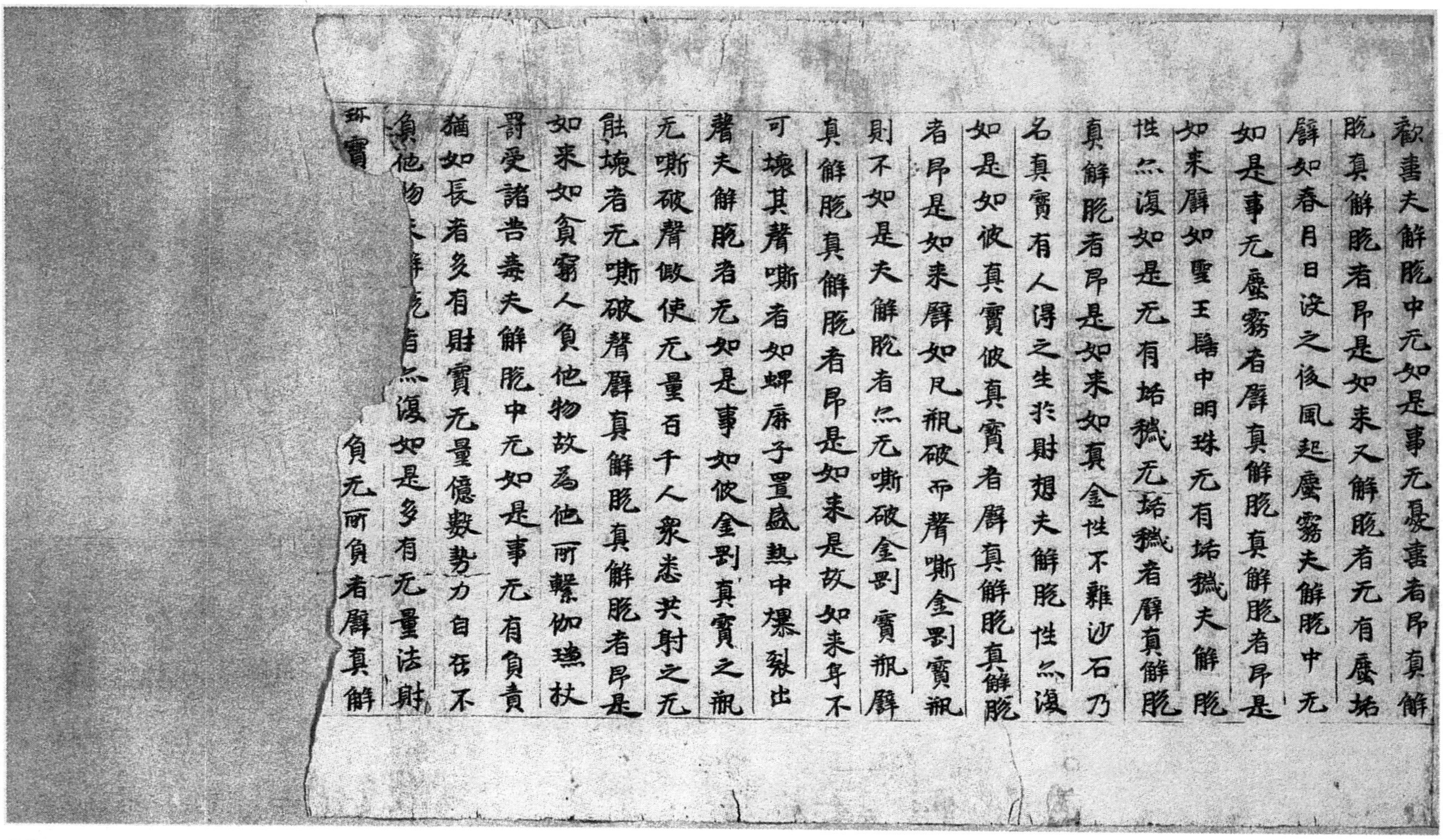

歡喜夫解脫中无如是事无憂喜者即真解
脫真解脫者即是如来又解脫者无有塵垢
譬如春月日沒之後風起塵霧夫解脫中无
如是事无塵霧者譬真解脫真解脫者即是
如来譬如聖王髻中明珠无有垢穢夫解脫
性亦復如是无有垢穢无垢穢者譬真解脫
真解脫者即是如来如真金性不雜沙石乃
名真實有人得之生於財想夫解脫性亦復
如是如彼真實彼真實者譬真解脫真解脫
者即是如来譬如瓦瓶破而聲嘶金剛寶瓶
則不如是夫解脫者亦无嘶破金剛寶瓶譬
真解脫真解脫者即是如来是故如来身不
可壞其聲嘶者如蜱麻子置盛熱中爆裂出
聲夫解脫者无如是事如彼金剛真實之瓶
无嘶破聲假使无量百千人衆悉共射之无
能壞者无嘶破聲譬真解脫真解脫者即是
如来如貧窮人負他物故為他所繫伽瑣杖
罸受諸苦毒夫解脫中无如是事无有負責
猶如長者多有財寶无量億數勢力自在不
負他物夫解脫者亦復如是多有无量法財
珍寶……負无所負者譬真解

BD07029 號　大般涅槃經（北本）卷五

（2–2）

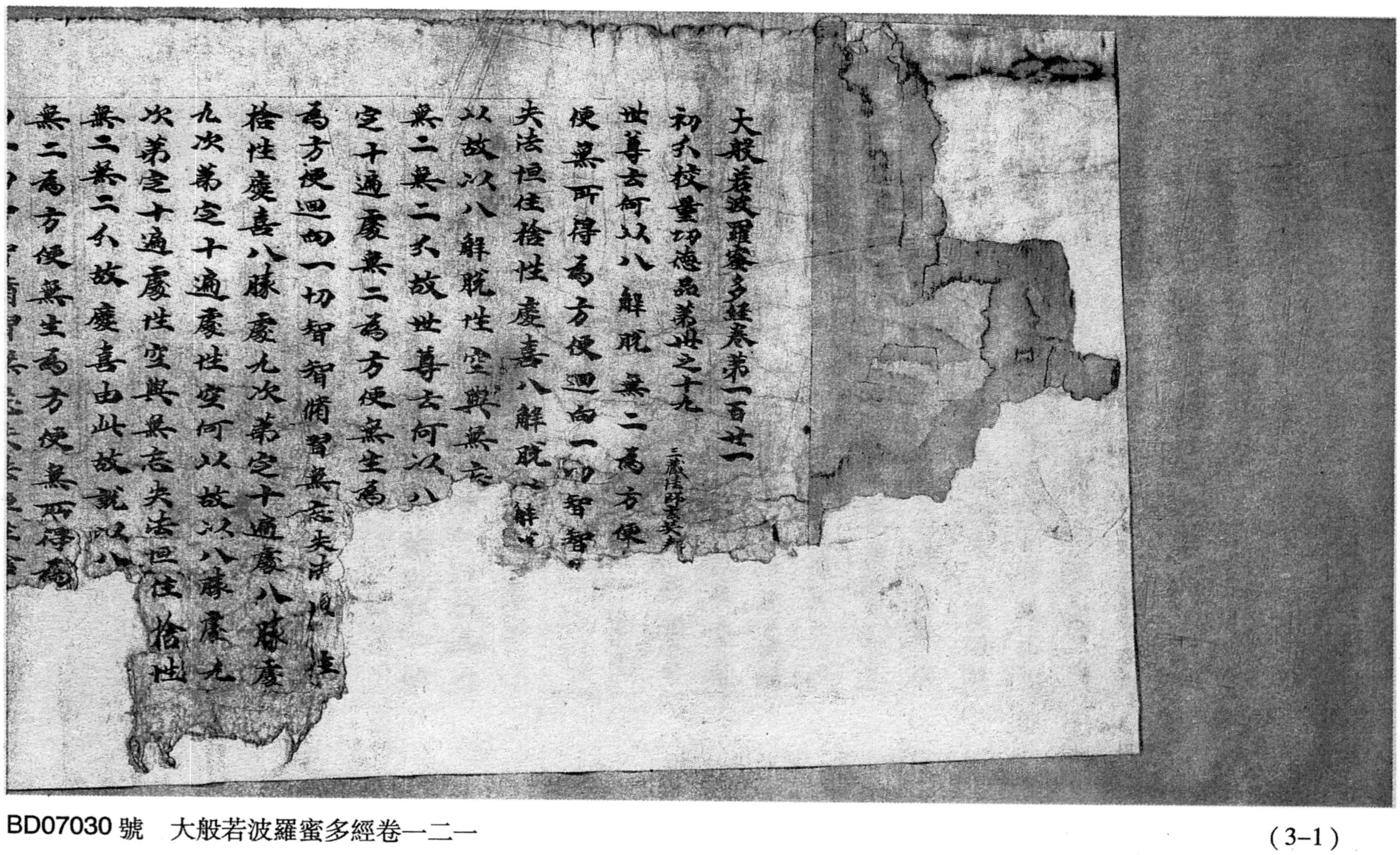

大般若波羅蜜多經卷第一百廿一
初分校量功德品第卅之十九　三藏法師玄奘奉詔譯
世尊云何以八解脫無二為方便
便無所得為方便迴向一切智智
失法恒住捨性慶喜八解脫……
以故以八解脫性空與無忘
無二無二分故世尊云何以八
空十遍處無二為方便無生為
為方便迴向一切智智脩習無忘失法恒住捨性
捨性慶喜八勝處九次第定十遍處八勝處
九次第定十遍處性空何以故以八勝處九
次第定十遍處性空與無忘失法恒住捨性
無二無二分故慶喜由此故說以八
無二為方便無生為方便無所得為

BD07030 號　大般若波羅蜜多經卷一二一

（3–1）

相性處喜八勝處九次第定十遍處八勝處
九次第定十遍處性空何以故以八勝處九
次第定十遍處性空與無忘失法恒住捨性
無二無二分故慶喜由此故說以八
無二為方便無生為方便無所得為
向一切智智脩習無忘失法恒住捨
云何以八解脫無二為方便無生為方
所得為方便迴向一切智智脩習一切
相智一切相智慶喜八解脫八解脫性空何
以故以八解脫性空與一切智道相智一切
相智無二無二分故世尊云何以八勝處九
次第定十遍處無二為方便無生為方便無
所得為方便迴向一切智智脩習一切智道
相智一切相智慶喜八勝處九次第定十遍
處八勝處九次第定十遍處性空何以故以
八勝處九次第定十遍處性空與一切智道
相智一切相智無二無二分故慶喜由此故說
以八解脫等無二為方便無生為方便無所
得為方便迴向一切智智脩習一切智道相
智一切相智世尊云何以八解脫無二為方
便無生為方便無所得為方便迴向一切智
智脩習一切陀羅尼門一切三摩地門慶喜
八解脫八解脫性空何以故以八解脫性空
與一切陀羅尼門一切三摩地門無二無
二分故世尊云何以八勝處九次第定十遍
處無二為方便無生為方便無所得為方便
迴向一切智智脩習一切陀羅尼門一切三

BD07030號　大般若波羅蜜多經卷一二一　（3–2）

與一切陀羅尼門一切三摩地門無二無
二分故世尊云何以八勝處九次第定十遍
處無二為方便無生為方便無所得為方便
迴向一切智智脩習一切陀羅尼門一切三
摩地門慶喜八勝處九次第定十遍處八勝
處九次第定十遍處性空何以故以八勝處
九次第定十遍處性空與一切陀羅尼門一
切三摩地門無二無二分故慶喜由此故說
以八解脫等無二為方便無生為方便無所
得為方便迴向一切智智脩習一切陀羅尼
門一切三摩地門世尊云何以八解脫無二
為方便無生為方便無所得為方便迴向一
切智智脩習菩薩摩訶薩行慶喜八解脫八
解脫性空何以故以八解脫性空與菩薩
摩訶薩行無二無二分故世尊云何以八勝
處九次第定十遍處無二為方便無生為方
便無所得為方便迴向一切智智脩習菩薩
摩訶薩行慶喜八勝處九次第定十遍處八
勝處九次第定十遍處性空何以故以八勝
處九次第定十遍處性空與菩薩摩訶薩
行無二無二分故慶喜由此故說以八解脫
等無二為方便無生為方便無所得為方便

BD07030號　大般若波羅蜜多經卷一二一　（3–3）

今聞佛音聲　隨宜而說法　无漏難思議　令衆至道場
我本著邪見　為諸梵志師　世尊知我心　拔邪說涅槃
我悉除邪見　於空法得證　尒時心自謂　得至於滅度
而今乃自覺　非是實滅度
若得作佛時　具三十二相　天人夜叉衆　龍神等恭敬
是時乃可謂　永盡滅无餘
佛於大衆中　說我當作佛　聞如是法音　疑悔悉已除
初聞佛所說　心中大驚疑　將非魔作佛　惱亂我心耶
佛以種種緣　譬喻巧言說　其心安如海　我聞疑網斷
佛說過去世　无量滅度佛　安住方便中　亦皆說是法
現在未來佛　其數无有量　亦以諸方便　演說如是法
如今者世尊　從生及出家　得道轉法輪　亦以方便說
世尊說實道　波旬无此事　以是我定知　非是魔作佛
我墮疑網故　謂是魔所為
聞佛柔軟音　深遠甚微妙　演暢清淨法　我心大歡喜
疑悔永已盡　安住實智中
我定當作佛　為天人所敬　轉无上法輪　教化諸菩薩
尒時佛告舍利弗吾今於天人沙門婆羅門
等大衆中說我昔曾於二万億佛所為无上

BD07031號　妙法蓮華經卷二

（2–1）

初聞佛所說　心中大驚疑　將非魔作佛　惱亂我心耶
佛以種種緣　譬喻巧言說　其心安如海　我聞疑網斷
佛說過去世　无量滅度佛　安住方便中　亦皆說是法
現在未來佛　其數无有量　亦以諸方便　演說如是法
如今者世尊　從生及出家　得道轉法輪　亦以方便說
世尊說實道　波旬无此事　以是我定知　非是魔作佛
我墮疑網故　謂是魔所為
聞佛柔軟音　深遠甚微妙　演暢清淨法　我心大歡喜
疑悔永已盡　安住實智中
我定當作佛　為天人所敬　轉无上法輪　教化諸菩薩
尒時佛告舍利弗吾今於天人沙門婆羅門
等大衆中說我昔曾於二万億佛所為无上
道故常教化汝汝亦長夜隨我受學我以方
便引導汝故生我法中舍利弗我昔教汝志
願佛道汝今悉忘而便自謂已得滅度我今
還欲令汝憶念本願所行道故為諸聲聞說
是大乘經名妙法蓮華教菩薩法佛所護念
舍利弗汝於未來世過无量无邊不可思議
劫供養若干千万億佛奉持正法具足菩薩

BD07031號　妙法蓮華經卷二

（2–2）

BD07032 號　無量壽宗要經　（3–1）

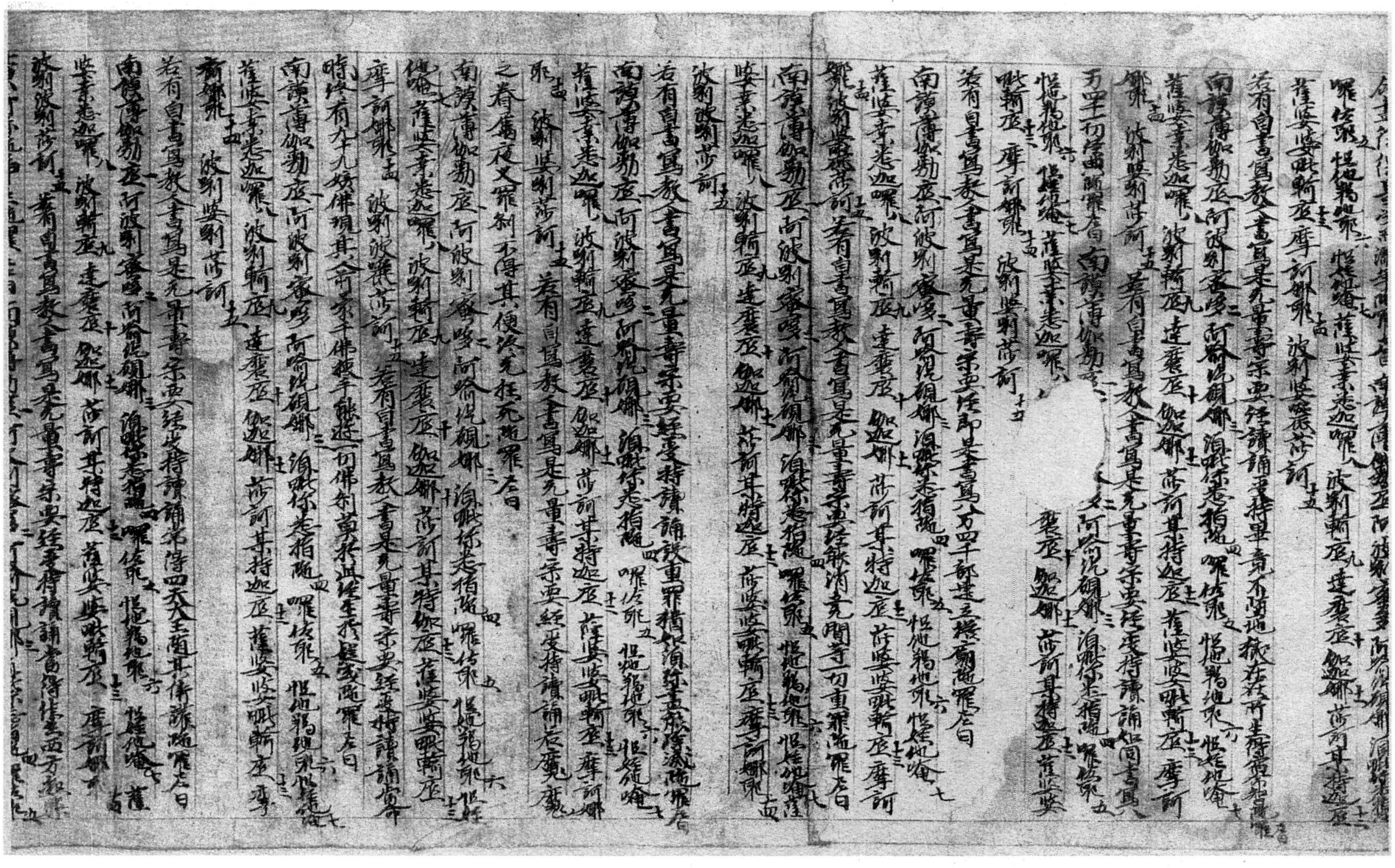

BD07032 號　無量壽宗要經　（3–2）

之眷屬夜叉羅刹不得其便終无枉死陁羅尼曰
南謨薄伽勃底一 阿波唎蜜哆二 阿喻紇硯娜三 須毗你悉指陀四 囉佐耶五 怛他羯他耶六 怛姪他
唵七 薩婆桑悉迦囉八 波唎輸底九 達摩底十 伽伽那十一 莎訶某特伽底十二 薩婆婆毗輸底十三
摩訶那耶十四 波唎波嚩莎訶十五 若有自書寫教人書寫是无量壽宗要經受持讀誦當來
時復有九十九姟佛現其今前一家千佛授手能遊一切佛刹莫於此經生於疑惑陁羅尼曰
南謨薄伽勃底一 阿波唎蜜哆二 阿喻紇硯娜三 須毗你悉指陀四 囉佐耶五 怛他羯他耶六 怛姪他七
唵 薩婆桑悉迦囉八 波唎輸底九 達摩底十 伽迦那十一 莎訶某特迦底十二 薩婆婆毗輸底十三 摩
訶那耶十四 波唎婆唎莎訶十五
若有自書寫教人書寫是无量壽宗要經受持讀誦常得四天大王隨其衛護陁羅尼曰
南謨薄伽勃底一 阿波唎蜜哆二 阿喻紇硯娜三 須毗你悉指陀四 囉佐耶五 怛他羯他耶六 怛姪他七 唵薩
婆桑悉迦囉八 波唎輸底九 達摩底十 伽伽那十一 莎訶某特迦底十二 薩婆婆毗輸底十三 摩訶那耶十四
波唎波唎莎訶十五 若有自書寫教人書寫是无量壽宗要經受持讀誦當得往生西方極樂
世界阿彌陁淨土陁羅尼曰 南謨薄伽勃底一 阿波唎蜜哆二 阿喻紇硯娜三 須毗你悉指陀四 囉佐耶五
怛他羯他耶六 怛姪他七 唵 薩婆桑悉迦囉八 波唎輸底九 達摩底十 伽伽那十一 莎訶某特迦底十二 薩婆婆
毗輸底十三 摩訶那耶十四 波唎婆唎莎訶十五
若有方所自書寫教人書寫是无量壽宗要經之處則為是塔皆應恭敬作禮若是畜生者及
鳥獸得聞是經於是等類皆當不久得成一切種智陁羅尼曰
南謨薄伽勃底一 阿波唎蜜哆二 阿喻紇硯娜三 須毗你悉指陀四 囉佐耶五 怛他羯他耶六 怛姪他七 唵薩
婆桑悉迦囉八 波唎輸底九 達摩底十 伽迦那十一 莎訶某特迦底十二 薩婆婆毗輸底十三 摩訶那耶十四
波唎波唎莎訶十五 若有於是无量壽經自書寫教人書寫畢竟不受女人之身陁羅尼曰
南謨薄伽勃底一 阿波唎蜜哆二 阿喻紇硯娜三 須毗你悉指陀四 囉佐耶五 怛他羯他耶六 怛姪他
唵七 薩婆桑悉迦囉八 波唎輸底九 達摩底十 伽伽那十一 莎訶某特迦底十二 薩婆婆毗輸底十三
摩訶那耶十四 波唎婆唎莎訶十五
若有能於是經少分布施者是人於三千大千世界滿中七寶布施陁羅尼曰

BD07032 號　無量壽宗要經　　（3–3）

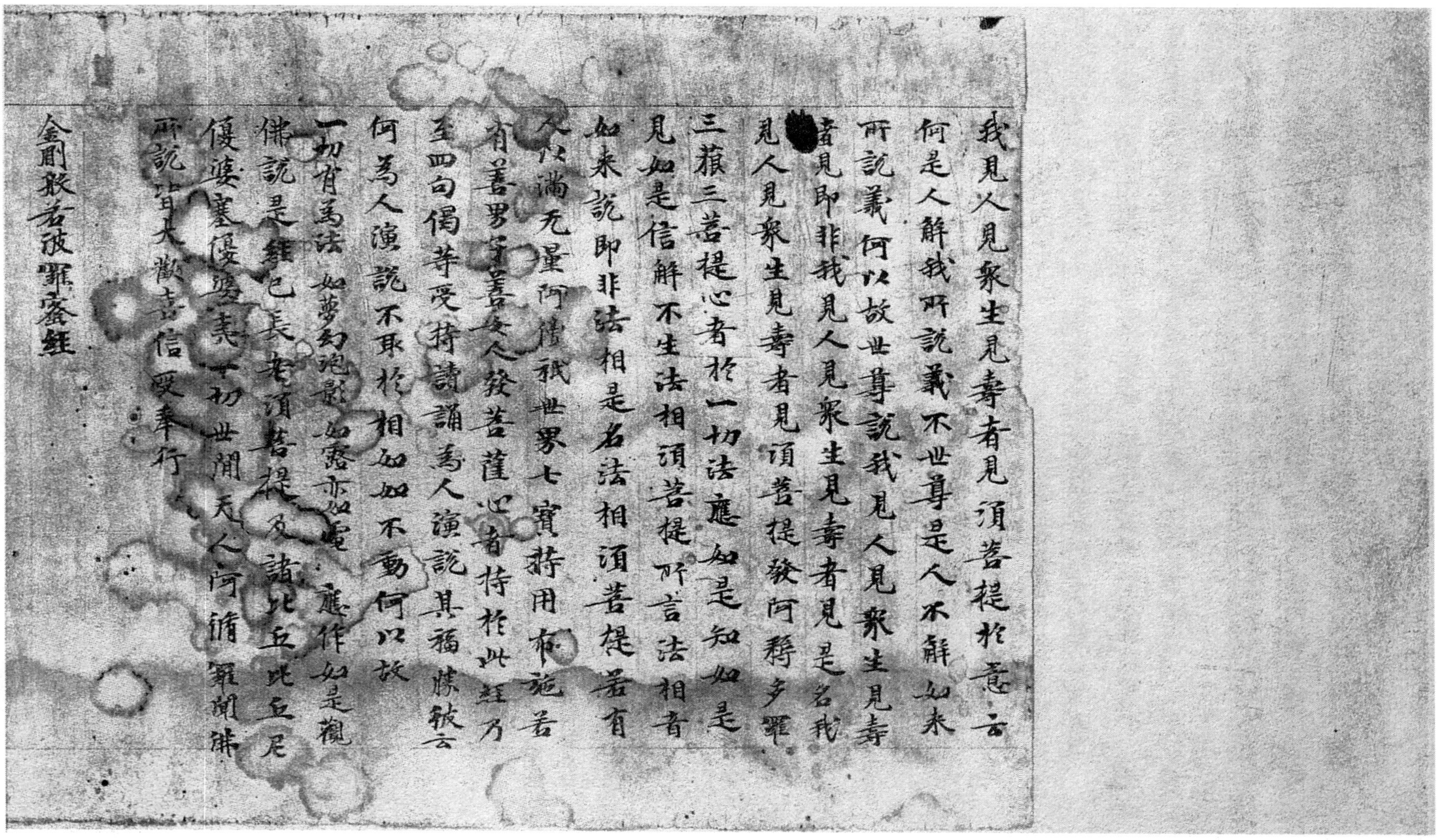

我見人見衆生見壽者見須菩提於意云
何是人解我所說義不世尊是人不解如來
所說義何以故世尊說我見人見衆生見壽
者見即非我見人見衆生見壽者見是名我
見人見衆生見壽者見須菩提發阿耨多羅
三藐三菩提心者於一切法應如是知如是
見如是信解不生法相須菩提所言法相者
如來說即非法相是名法相須菩提若有
人以滿无量阿僧祇世界七寶持用布施若
有善男子善女人發菩薩心者持於此經乃
至四句偈等受持讀誦為人演說其福勝彼云
何為人演說不取於相如如不動何以故
一切有為法　如夢幻泡影　如露亦如電　應作如是觀
佛說是經已長老須菩提及諸比丘比丘尼
優婆塞優婆夷一切世間天人阿脩羅聞佛
所說皆大歡喜信受奉行
金剛般若波羅蜜經

BD07033 號　金剛般若波羅蜜經　　（2–1）

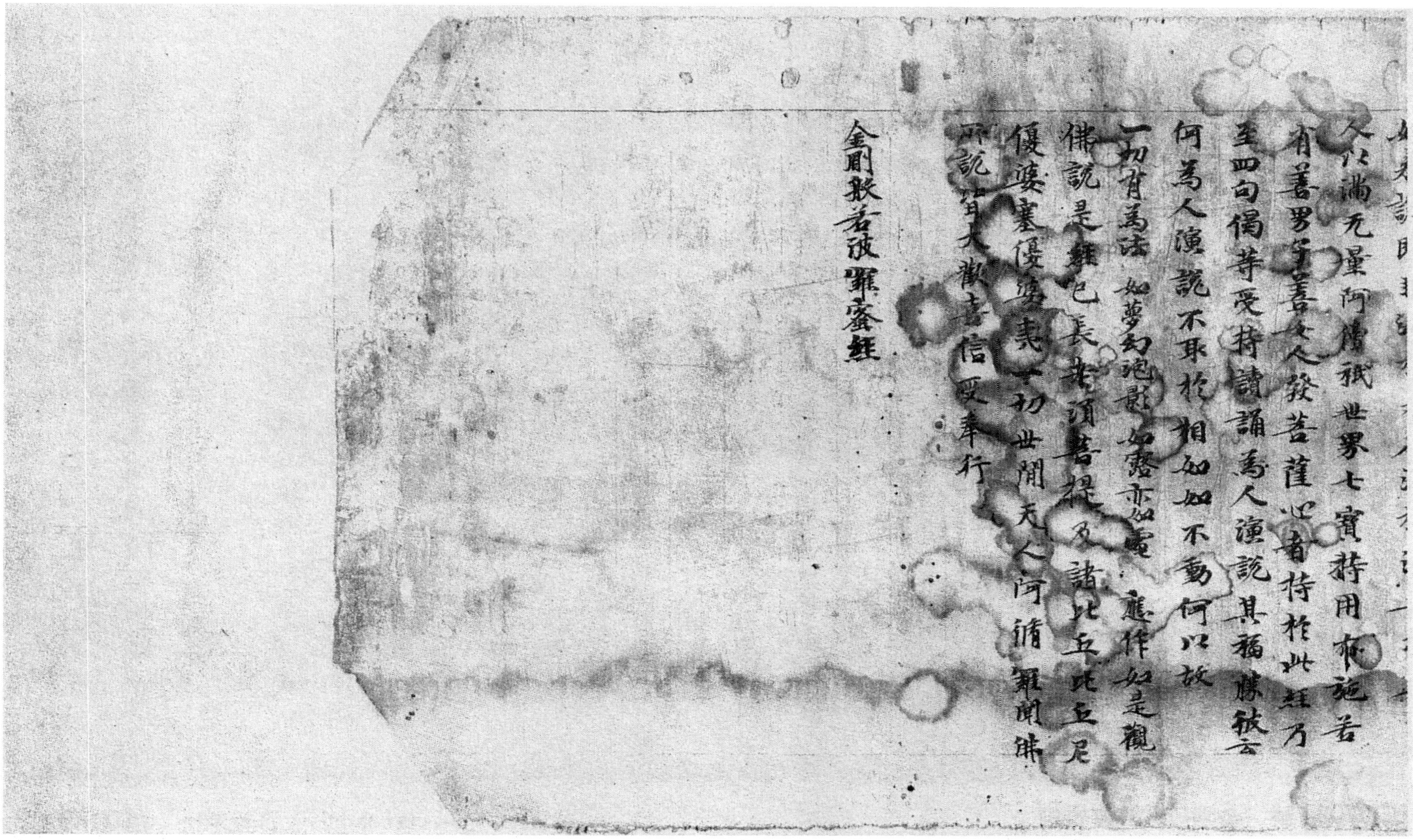

人以滿无量阿僧祇世界七寶持用布施若
有善男子善女人發菩薩心者持於此經乃
至四句偈等受持讀誦為人演說其福勝彼云
何為人演說不取於相如如不動何以故
一切有為法　如夢幻泡影　如露亦如電　應作如是觀
佛說是經已長老須菩提及諸比丘比丘尼
優婆塞優婆夷一切世間天人阿脩羅聞佛
所說皆大歡喜信受奉行
金剛般若波羅蜜經

BD07033 號　金剛般若波羅蜜經　（2–2）

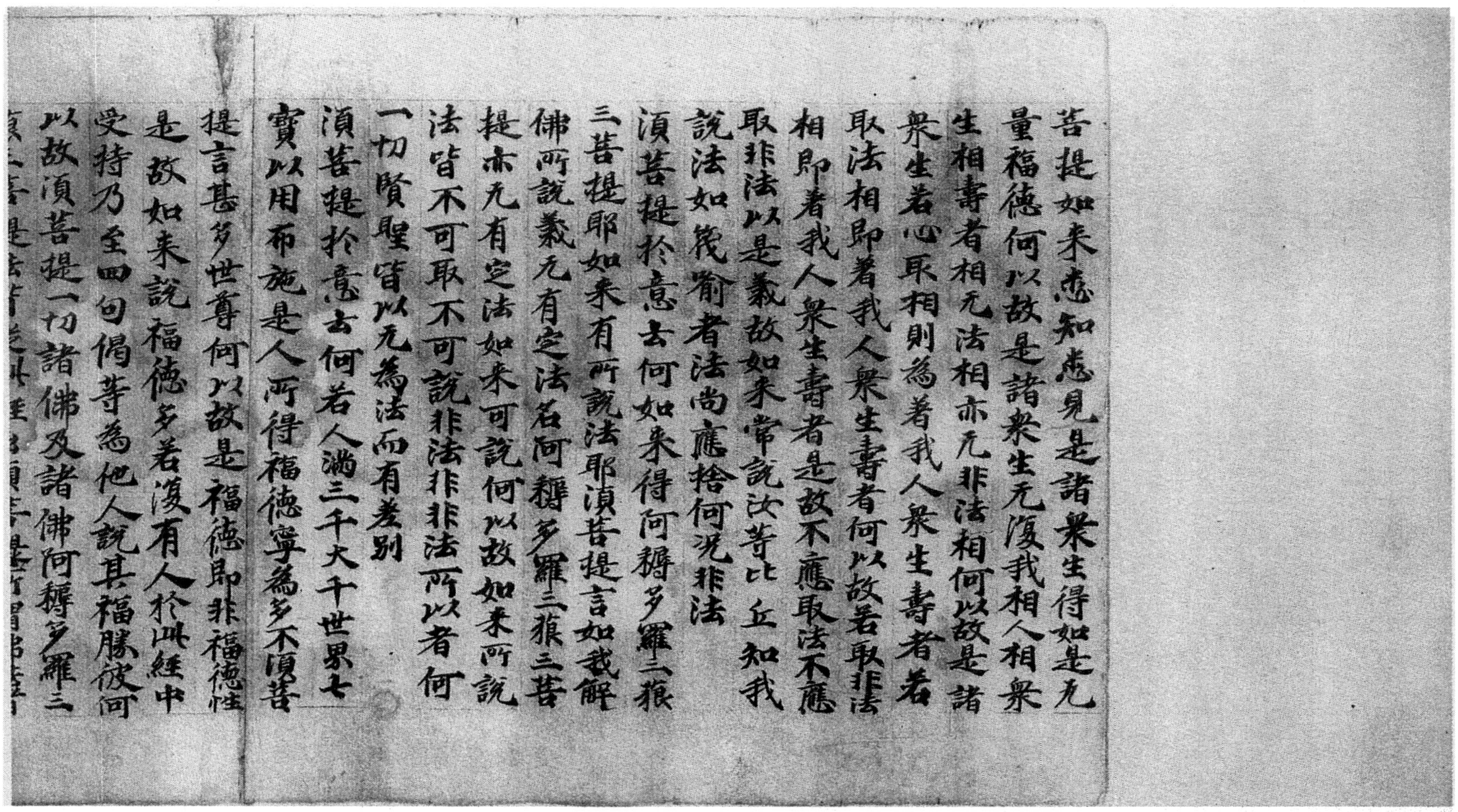

菩提如來悉知悉見是諸衆生得如是无
量福德何以故是諸衆生无復我相人相衆
生相壽者相无法相亦无非法相何以故是諸
衆生若心取相則為著我人衆生壽者若
取法相即著我人衆生壽者何以故若取非法
相即著我人衆生壽者是故不應取法不應
取非法以是義故如來常說汝等比丘知我
說法如筏喻者法尚應捨何况非法
須菩提於意云何如來得阿耨多羅三藐
三菩提耶如來有所說法耶須菩提言如我解
佛所說義无有定法名阿耨多羅三藐三菩
提亦无有定法如來可說何以故如來所說
法皆不可取不可說非法非非法所以者何
一切賢聖皆以无為法而有差別
須菩提於意云何若人滿三千大千世界七
寶以用布施是人所得福德寧為多不須菩
提言甚多世尊何以故是福德即非福德性
是故如來說福德多若復有人於此經中
受持乃至四句偈等為他人說其福勝彼何
以故須菩提一切諸佛及諸佛阿耨多羅三

BD07034 號　金剛般若波羅蜜經　（3–1）

是故如來說福徳多若復有人於此經中
受持乃至四句偈等為他人說其福勝彼何
以故須菩提一切諸佛及諸佛阿耨多羅三
藐三菩提法皆從此經出須菩提所謂佛法者
即非佛法
須菩提於意云何須陁洹能作是念我得須
陁洹果不須菩提言不也世尊何以故須陁
洹名為入流而无所入不入色聲香味觸法
是名須陁洹須菩提於意云何斯陁含能作
是念我得斯陁含果不須菩提言不也世尊
何以故斯陁含名一往來而實无往來是名
斯陁含須菩提於意云何阿那含能作是念
我得阿那含果不須菩提言不也世尊何以
故阿那含名為不來而實无來是故名阿那
含須菩提於意云何阿羅漢能作是念我得
阿羅漢道不須菩提言不也世尊何以故實
无有法名阿羅漢世尊若阿羅漢作是念我
得阿羅漢道即為著我人衆生壽者世尊佛
說我得无諍三昧人中冣為第一是第一
離欲阿羅漢我不作是念我是離欲阿羅漢
世尊我若作是念我得阿羅漢道世尊則不說
須菩提是樂阿蘭那行者以須菩提實无所
行而名須菩提是樂阿蘭那行
佛告須菩提於意云何如來昔在然燈佛所
於法有所得不世尊如來在然燈佛所於法
實无所得須菩提於意云何菩薩莊嚴佛土
不不也世尊何以故莊嚴佛土者則非莊嚴

BD07034號　金剛般若波羅蜜經　（3–2）

何以故斯陁含名一往來而實无往來是名
斯陁含須菩提於意云何阿那含能作是念
我得阿那含果不須菩提言不也世尊何以
故阿那含名為不來而實无來是故名阿那
含須菩提於意云何阿羅漢能作是念我得
阿羅漢道不須菩提言不也世尊何以故實
无有法名阿羅漢世尊若阿羅漢作是念我
得阿羅漢道即為著我人衆生壽者世尊佛
說我得无諍三昧人中冣為第一是第一
離欲阿羅漢我不作是念我是離欲阿羅漢
世尊我若作是念我得阿羅漢道世尊則不說
須菩提是樂阿蘭那行者以須菩提實无所
行而名須菩提是樂阿蘭那行
佛告須菩提於意云何如來昔在然燈佛所
於法有所得不世尊如來在然燈佛所於法
實无所得須菩提於意云何菩薩莊嚴佛土
不不也世尊何以故莊嚴佛土者則非莊嚴

BD07034號　金剛般若波羅蜜經　（3–3）

比丘除睡眠　盡苦更不造　降心服於藥　護心勿復調
（比丘除睡眠盡苦更不造者觀行比丘除去）睡眠陰蓋之患盡諸苦際更不造新是故說
曰比丘除睡眠盡苦更不造也降心服於藥
護心勿調者常當擁護心所願必剋則能及
聖備无漏行斯由降心去穢所致也行不放
逸不娆於人復是行者深要之業是故說曰
降心服於藥護心勿復調也
衆生恚所誤　盡受地獄苦　降心則致樂　護心勿復調
衆生心所誤盡受地獄苦者迷誤為心所使
種地獄根栽經歷无數億千萬劫屠割剝裂
受苦无量是故說曰衆生心所誤盡受地獄
苦降心則致樂護心勿復調也
護心勿復調　心為衆妙門　護而不漏失　便在泥洹門
心正則道存取者有高下衆生愚惑不別真
僞是以墜墮不至于道惑者意迷謂道在空
乃不自覺心為道本虛无寂漠法之極尊衆
行究竟永離三有不處三界度衆苦惱畢壽
不生是故說曰護心勿復調心為衆妙門護
而不漏失便在泥洹徑也
出曜經沙門品第廿二

BD07035號　出曜經（二十卷本）卷一九　（2–1）

受苦无量是故說曰衆生心所誤盡受地獄
苦降心則致樂護心勿復調也
護心勿復調　心為衆妙門　護而不漏失　便在泥洹門
心正則道存取者有高下衆生愚惑不別真
僞是以墜墮不至于道惑者意迷謂道在空
乃不自覺心為道本虛无寂漠法之極尊衆
行究竟永離三有不處三界度衆苦惱畢壽
不生是故說曰護心勿復調心為衆妙門護
而不漏失便在泥洹徑也
出曜經沙門品第廿二
比丘乞求　以得无積　天人所譽　生淨无穢
比丘乞求以得无積者乞食比丘恒作是念
我今所求素者自足而已不留遺餘計為財
貨謀有遺餘尋施與人不留遺長如佛律禁
所說父母年邁老病著牀及同學比丘久抱
重患不堪行來聽使乞索不問多少養老
病是故說曰比丘乞食以得无積也天人所
譽生淨无穢者比丘執行少欲知足到時乞

BD07035號　出曜經（二十卷本）卷一九　（2–2）

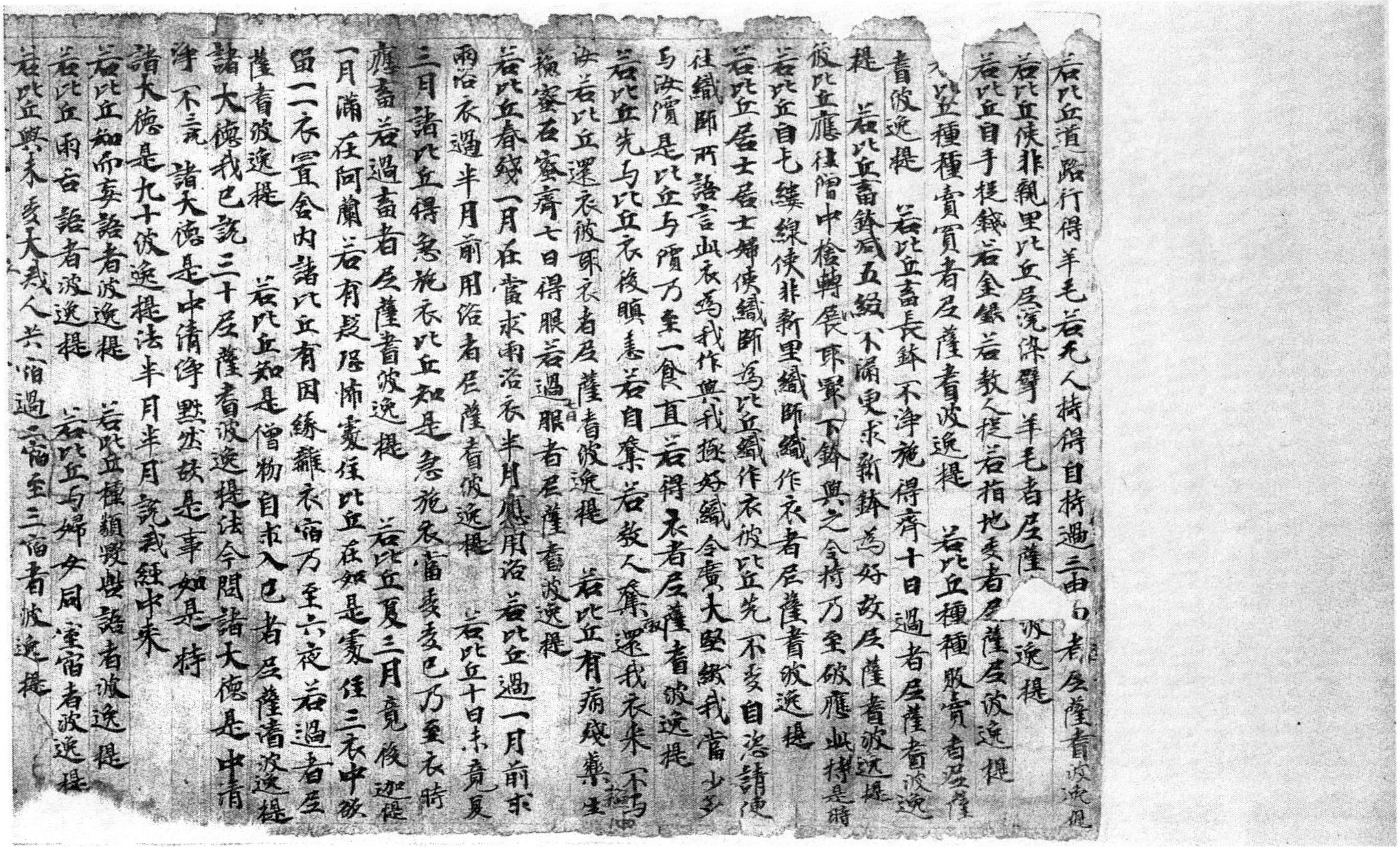

若比丘道路行得羊毛若无人持得自持過三由旬者尼薩耆波逸提
若比丘使非親里比丘尼浣染擘羊毛者尼薩耆波逸提
若比丘自手捉錢若金銀若教人捉若指地受者尼薩耆波逸提
若比丘種種賣買者尼薩耆波逸提　若比丘種種販賣者尼薩耆
波逸提　若比丘畜長鉢不淨施得齊十日過者尼薩耆波逸
提　若比丘畜鉢減五綴不漏更求新鉢為好故尼薩耆波逸提
彼比丘應往僧中捨展轉取最下鉢與之令持乃至破應此持是時
若比丘自乞縷線使非親里織師織作衣者尼薩耆波逸提
若比丘居士居士婦使織師為比丘織作衣彼比丘先不受自恣請便
往織師所語言此衣為我作與我極好織令廣大堅緻我當少多
与汝價是比丘与價乃至一食直若得衣者尼薩耆波逸提
若比丘先与比丘衣後瞋恚若自奪若教人奪還我衣來不与汝
若比丘還衣彼取衣者尼薩耆波逸提　若比丘有病殘藥
酥蜜石蜜齊七日得服若過服者尼薩耆波逸提
若比丘春殘一月在當求雨浴衣半月應用浴　若比丘過一月前求
雨浴衣過半月前用浴者尼薩耆波逸提　若比丘十日未竟夏
三月諸比丘得急施衣比丘知是急施衣當受受已乃至衣時
應畜若過畜者尼薩耆波逸提　若比丘夏三月竟後迦提
一月滿在阿蘭若有疑恐怖處住比丘在如是處住三衣中欲
留一一衣置舍內諸比丘有因緣離衣宿乃至六夜若過者尼
薩耆波逸提　若比丘知是僧物自求入己者尼薩耆波逸提
諸大德我已說三十尼薩耆波逸提法今問諸大德是中清
淨不（三說）諸大德是中清淨默然故是事如是持
諸大德是九十波逸提法半月半月說戒經中來
若比丘知而妄語者波逸提　若比丘種類毀呰語者波逸提
若比丘兩舌語者波逸提　若比丘与婦女同室宿者波逸提
若比丘與未受大戒人共宿過二宿至三宿者波逸提

BD07036 號　四分律比丘戒本　　　　（2–1）

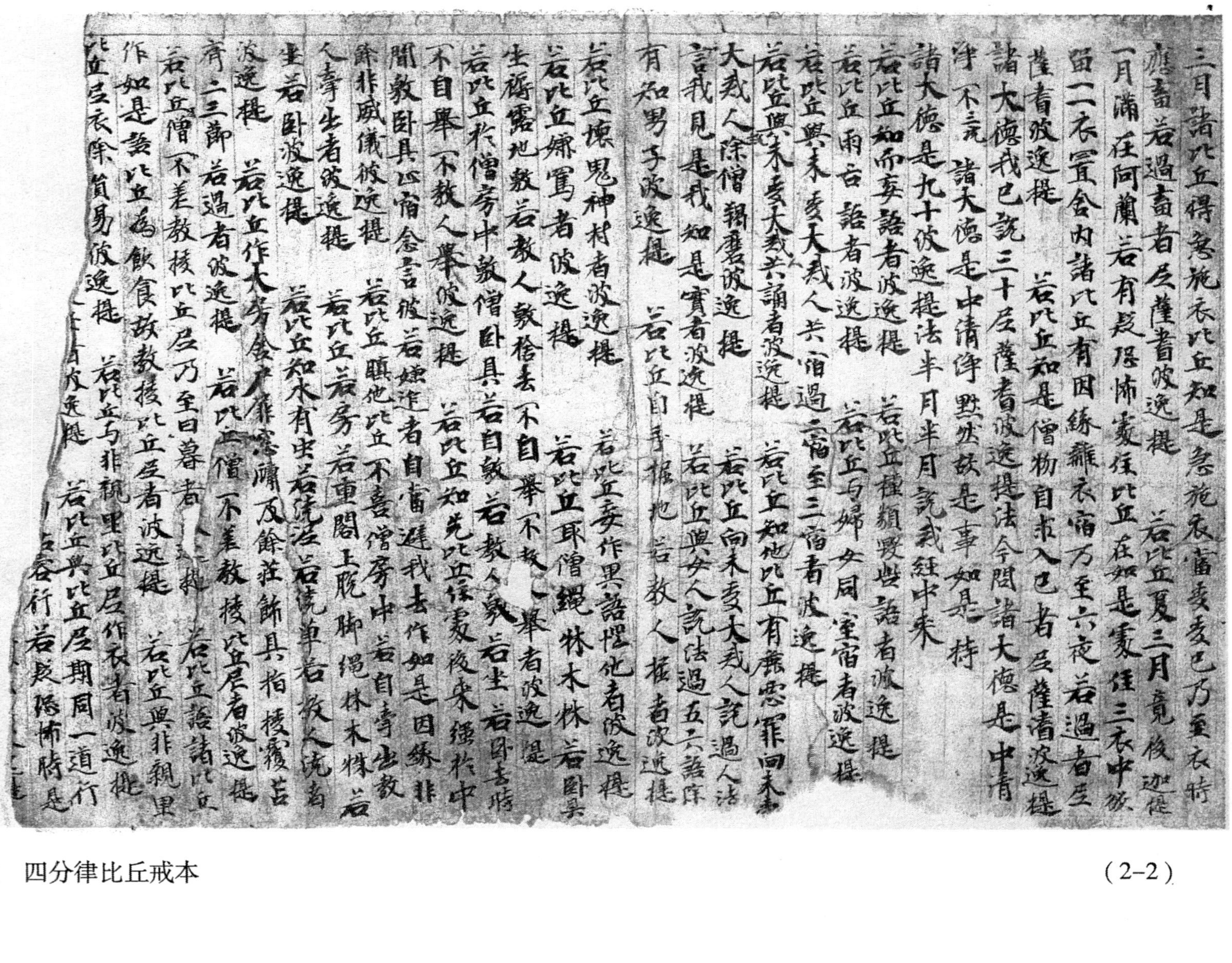

三月諸比丘得急施衣比丘知是急施衣當受受已乃至衣時
應畜若過畜者尼薩耆波逸提　若比丘夏三月竟後迦提
一月滿在阿蘭若有疑恐怖處住比丘在如是處住三衣中欲
留一一衣置舍內諸比丘有因緣離衣宿乃至六夜若過者尼
薩耆波逸提　若比丘知是僧物自求入己者尼薩耆波逸提
諸大德我已說三十尼薩耆波逸提法今問諸大德是中清
淨不（三說）諸大德是中清淨默然故是事如是持
諸大德是九十波逸提法半月半月說戒經中來
若比丘知而妄語者波逸提　若比丘種類毀呰語者波逸提
若比丘兩舌語者波逸提　若比丘与婦女同室宿者波逸提
若比丘與未受大戒人共宿過二宿至三宿者波逸提
若比丘與未受大戒人共誦者波逸提　若比丘知他比丘有麁惡罪向未受
大戒人說除僧羯磨波逸提　若比丘向未受大戒人說過人法
言我見是我知是實者波逸提　若比丘與女人說法過五六語除
有知男子波逸提　若比丘自手掘地若教人掘者波逸提
若比丘壞鬼神村者波逸提　若比丘妄作異語惱他者波逸提
若比丘嫌罵者波逸提　若比丘取僧繩床木床若臥具
坐褥露地敷若教人敷捨去不自舉不教人舉者波逸提
若比丘於僧房中敷僧臥具若自敷若教人敷若坐若臥去時
不自舉不教人舉波逸提　若比丘知先比丘住處後來強於中
間敷臥具止宿念言彼若嫌迮者自當避我去作如是因緣非
餘非威儀波逸提　若比丘瞋他比丘不喜僧房中若自牽出教
人牽出者波逸提　若比丘若房若重閣上脫腳繩床木床若
坐若臥波逸提　若比丘知水有虫若自澆泥若教人澆者
波逸提　若比丘作大房戶扉窗牖及餘莊飾具指授覆苫
齊二三節若過者波逸提　若比丘僧不差教授比丘尼
若比丘僧差教授比丘尼乃至日暮者波逸提
若比丘語諸比丘作如是語諸比丘為飲食故教授比丘尼者波逸提
若比丘與非親里比丘尼衣除貿易波逸提
若比丘與非親里比丘尼作衣者波逸提
若比丘與比丘尼期同一道行……

BD07036 號　四分律比丘戒本　　　　（2–2）

BD07036 號背　雜寫　　（2–1）

BD07036 號背　千字文　　（2–2）

知…
我為汝略說 聞…
假使興害意 推落大火坑 念…
或漂流巨海 龍魚諸鬼難 念彼…
或在須彌峯 為人所推墮 念彼…
或被惡人逐 墮落金剛山 念彼…
或值怨賊遶 各執刀加害 念彼觀…
或遭王難苦 臨刑欲壽終 念彼觀音…
或囚禁枷鎖 手足被杻械 念彼觀音力
呪詛諸毒藥 所欲害身者 念彼觀音力
或遇惡羅剎 毒龍諸鬼等 念彼觀音力 時…
若惡獸圍遶 利牙爪可怖 念彼觀音力 疾…
蚖蛇及蝮蝎 氣毒煙火燃 念彼觀音力 …
雲雷鼓掣電 降雹澍大雨 念彼觀音力 應…
眾生被困厄 無量苦逼身 觀音妙智力 能
具足神通力 廣修智方便 十方諸國土 無剎不現身
種種諸惡趣 地獄鬼畜生 生老病死苦 以漸悉令滅
真觀清淨觀 廣大智慧觀 悲觀及慈觀 常願常瞻仰
無垢清淨光 慧日破諸闇 能伏災風火 普明照世間
悲體戒雷震 慈意妙大雲 澍甘露法雨 滅除煩惱焰
諍訟經官處 怖畏軍陣中 念彼觀音力 眾怨悉退散
妙音觀世音 梵音海潮音 勝彼世間音 …

BD07037號　觀世音經　　（2–1）

蚖蛇及蝮蝎 氣毒煙火燃 念彼觀音力 …
雲雷鼓掣電 降雹澍大雨 念彼觀音力 應…
眾生被困厄 無量苦逼身 觀音妙智力 能…
具足神通力 廣修智方便 十方諸國土 無剎不現身
種種諸惡趣 地獄鬼畜生 生老病死苦 以漸悉令滅
真觀清淨觀 廣大智慧觀 悲觀及慈觀 常願常瞻仰
無垢清淨光 慧日破諸闇 能伏災風火 普明照世間
悲體戒雷震 慈意妙大雲 澍甘露法雨 滅除煩惱焰
諍訟經官處 怖畏軍陣中 念彼觀音力 眾怨悉退散
妙音觀世音 梵音海潮音 勝彼世間音 是故須常念
念念勿生疑 觀世音淨聖 於苦惱死厄 能為作依怙
具一切功德 慈眼視眾生 福聚海無量 是故應頂禮
爾時持地菩薩即從座起前白佛言 世尊 若
有眾生聞是觀世音菩薩品自在之業普門
示現神通力者當知是人功德不少 佛說是
普門品時眾中八萬四千眾生皆發無等等阿
耨多羅三藐三菩提心
觀音經

BD07037號　觀世音經　　（2–2）

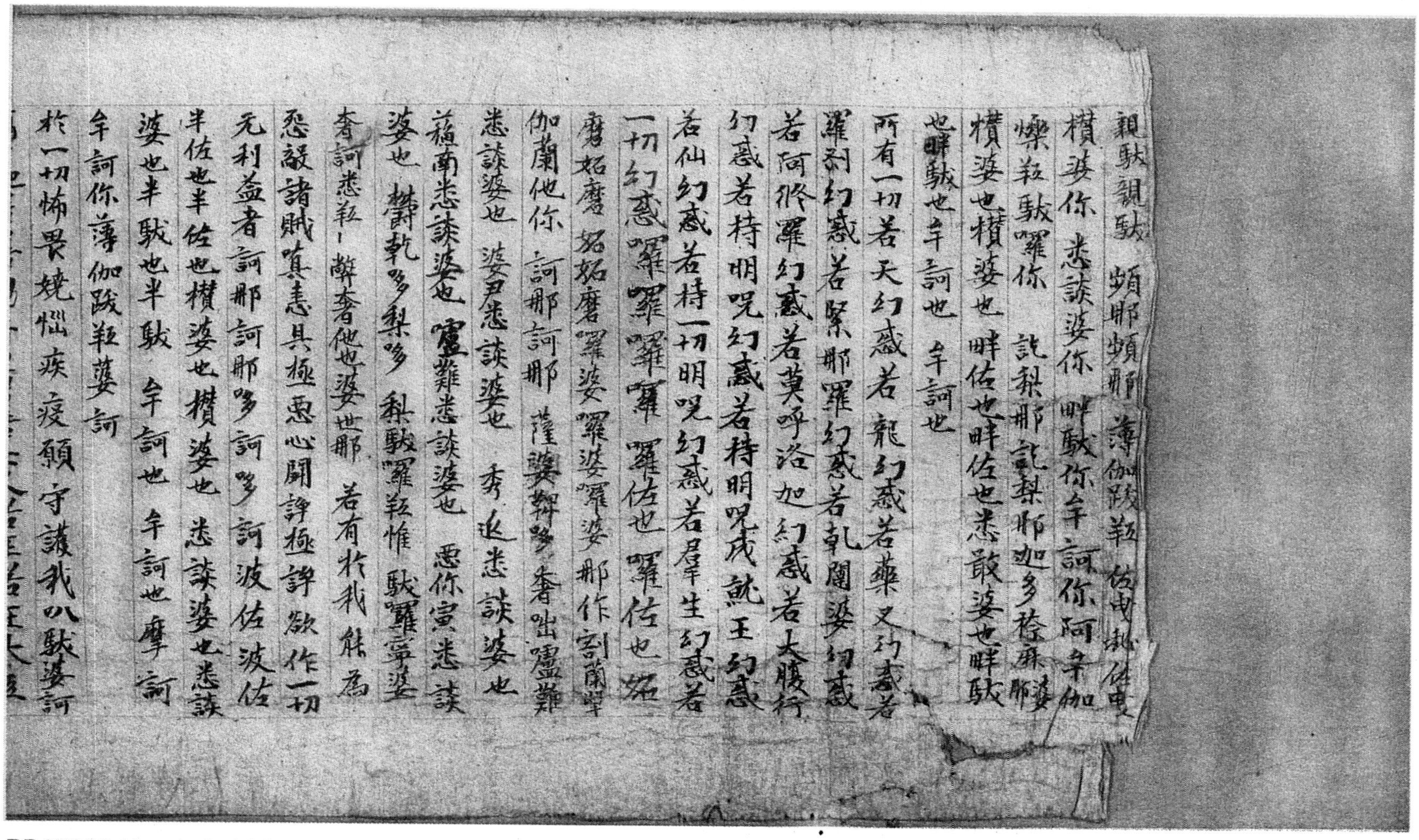

親馱親馱　頻耶頻耶　薄伽跋鞊　佐由椒佐由
櫕婆你　悉誅婆你　畔馱你牟訶你阿牟伽
爍鞊馱囉你　訖梨耶訖梨耶迦多稔麻耶婆
櫕婆也櫕婆也　畔佐也畔佐也悉敵婆也畔馱
也畔馱也牟訶也　牟訶也
所有一切若天幻惑若龍幻惑若藥叉幻惑若
羅刹幻惑若緊那羅幻惑若乾闥婆幻惑
若阿修羅幻惑若莫呼洛迦幻惑若大腹行
幻惑若持明呪幻惑若持明呪成就王幻惑
若仙幻惑若持一切明呪幻惑若羣生幻惑若
一切幻惑囉囉囉囉　囉佐也囉佐也　茗
磨茗磨　茗茗磨囉婆囉婆囉婆耶作割蘭擘
伽蘭他你　訶耶訶耶　薩嬰舞多奢咄盧難
悉誅婆也　婆尸悉誅婆也　秀返悉誅婆也
薀南悉誅婆也　盧難悉誅婆也　惡你寅悉誅
婆也　舞執多梨多　梨馱囉鞊惟馱羅寧婆
奢訶悉鞊　舞奢他也婆世耶　若有於我能為
怨敵諸賊嗔恚具極惡心鬪諍極諍欲作一切
无利益者訶耶訶耶多訶多訶波佐波佐
半佐也半佐也櫕婆也櫕婆也　悉誅婆也悉誅
婆也半馱也半馱　牟訶也　牟訶也　摩訶
牟訶你薄伽跋鞊莎訶
於一切怖畏嬈惱疾疫願守護我八馱莎訶

BD07038號　金有陀羅尼經　（3–1）

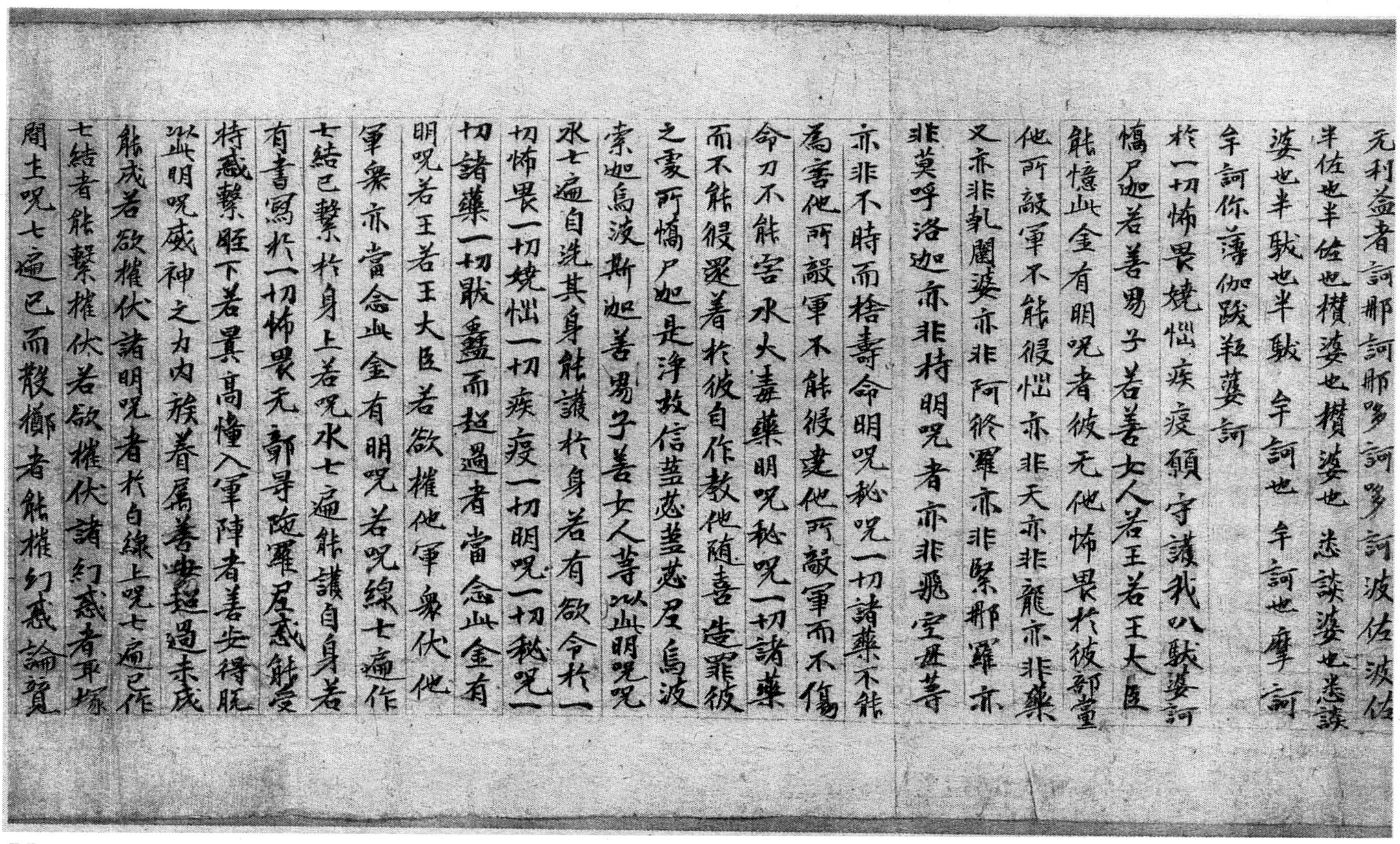

无利益者訶耶訶耶多訶多訶波佐波佐
半佐也半佐也櫕婆也櫕婆也　悉誅婆也悉誅
婆也半馱也半馱　牟訶也　牟訶也　摩訶
牟訶你薄伽跋鞊莎訶
於一切怖畏嬈惱疾疫願守護我八馱莎訶
憍尸迦若善男子若善女人若王若王大臣
能憶此金有明呪者彼无他怖畏於彼部黨
他所敵軍不能得惱亦非天亦非龍亦非藥
叉亦非乾闥婆亦非阿修羅亦非緊那羅亦
非莫呼洛迦亦非持明呪者亦非飛空眾等
亦非不時而捨壽命明呪秘呪一切諸藥不能
為害他所敵軍不能得建他所敵軍而不傷
命刀不能害水火毒藥明呪秘呪一切諸藥
而不能得還著於彼自作教他隨喜造罪彼
之處所憍尸迦是淨故信苾芻苾芻尼烏波
索迦烏波斯迦善男子善女人等以此明呪呪
水七遍自洗其身能護於身若有欲令於一
切怖畏一切嬈惱一切疾疫一切明呪一切秘呪一
切諸藥一切厭蠱而超過者當念此金有
明呪若王若王大臣若欲權他軍眾伏他
軍眾亦當念此金有明呪若呪線七遍作
七結已繫於身上若呪水七遍能護自身若
有書寫於一切怖畏无郭尋隨羅尼惑能受
持惑繫脛下若異高幢入軍陣者善安得脫
此明呪威神之力內族眷屬善安超過未成
能成若欲權伏諸明呪者於白線上呪七遍已作
七結者能繫權伏若欲權伏諸幻惑者取塚
間土呪七遍已而散擲者能權幻惑論覓

BD07038號　金有陀羅尼經　（3–2）

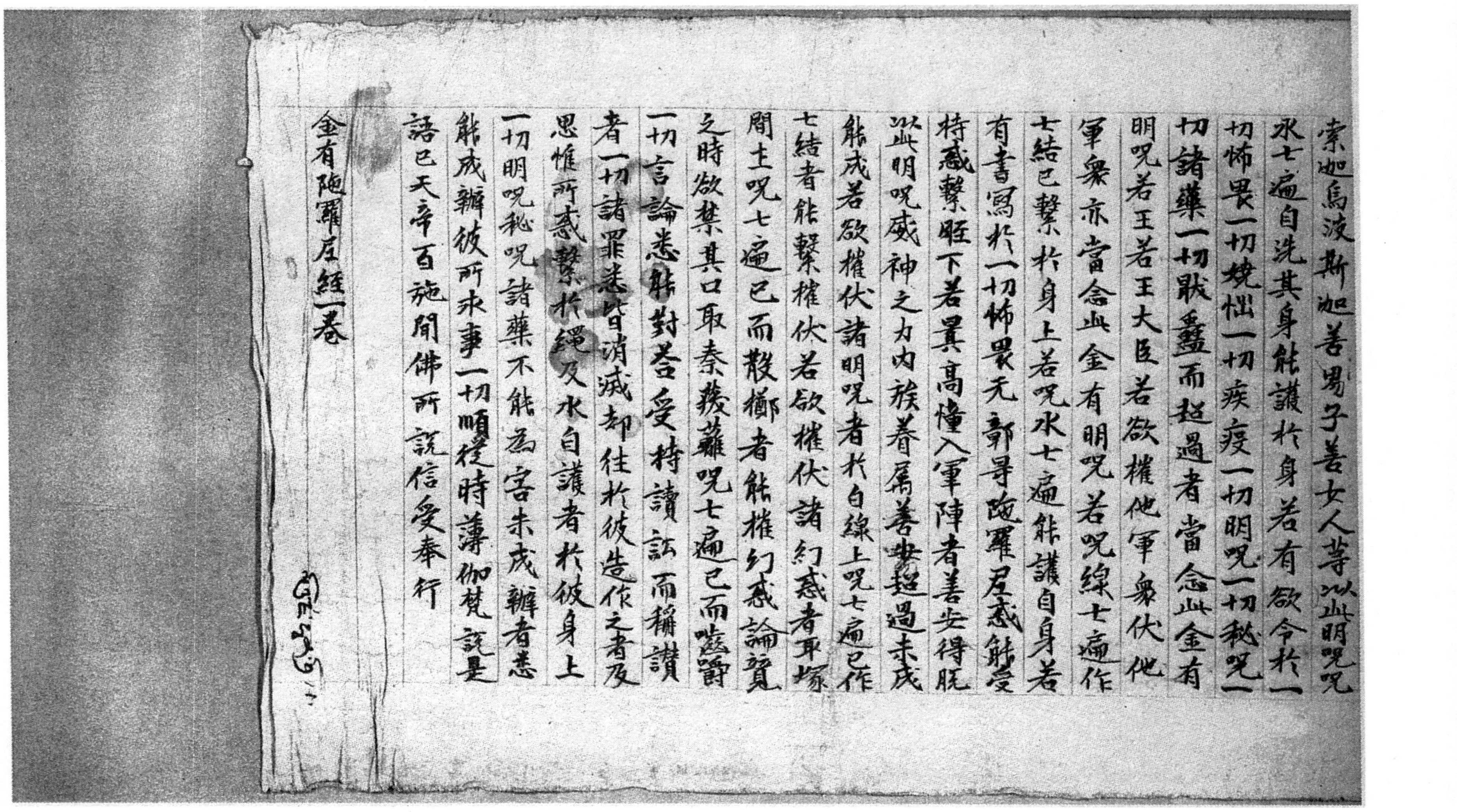

索迦烏波斯迦善男子善女人等以此明呪呪
水七遍自洗其身能護於身若有欲令於一
切怖畏一切燒惱一切疾疫一切明呪一切秘呪一
切諸藥一切厭蠱而超過者當念此金有
明呪若王若王大臣若欲摧他軍象伏他
軍象亦當念此金有明呪若呪線七遍作
七結已繫於身上若呪水七遍能護自身若
有書寫於一切怖畏无鄣导陁羅尼惑能受
持惑繫脛下若置高幢入軍陣者善安得脫
以此明呪威神之力內族眷屬善安超過未戌
能戌若欲摧伏諸明呪者於白線上呪七遍已作
七結者能繫摧伏若欲摧伏諸幻惑者取塚
閒土呪七遍已而散擲者能摧幻惑論貿
之時欲禁其口取秦藙蘿呪七遍已而嚙嚼
一切言論悉能對荅受持讀誦而稱讚
者一切諸罪悉皆消滅却往於彼造作之者及
思惟所惑繫於繩及水自護者於彼身上
一切明呪秘呪諸藥不能為害未戌辦者悉
能成辦彼所求事一切順從時薄伽梵說是
語已天帝百施聞佛所說信受奉行
金有陁羅尼經一卷

BD07038 號　觀世音經　　（3–3）

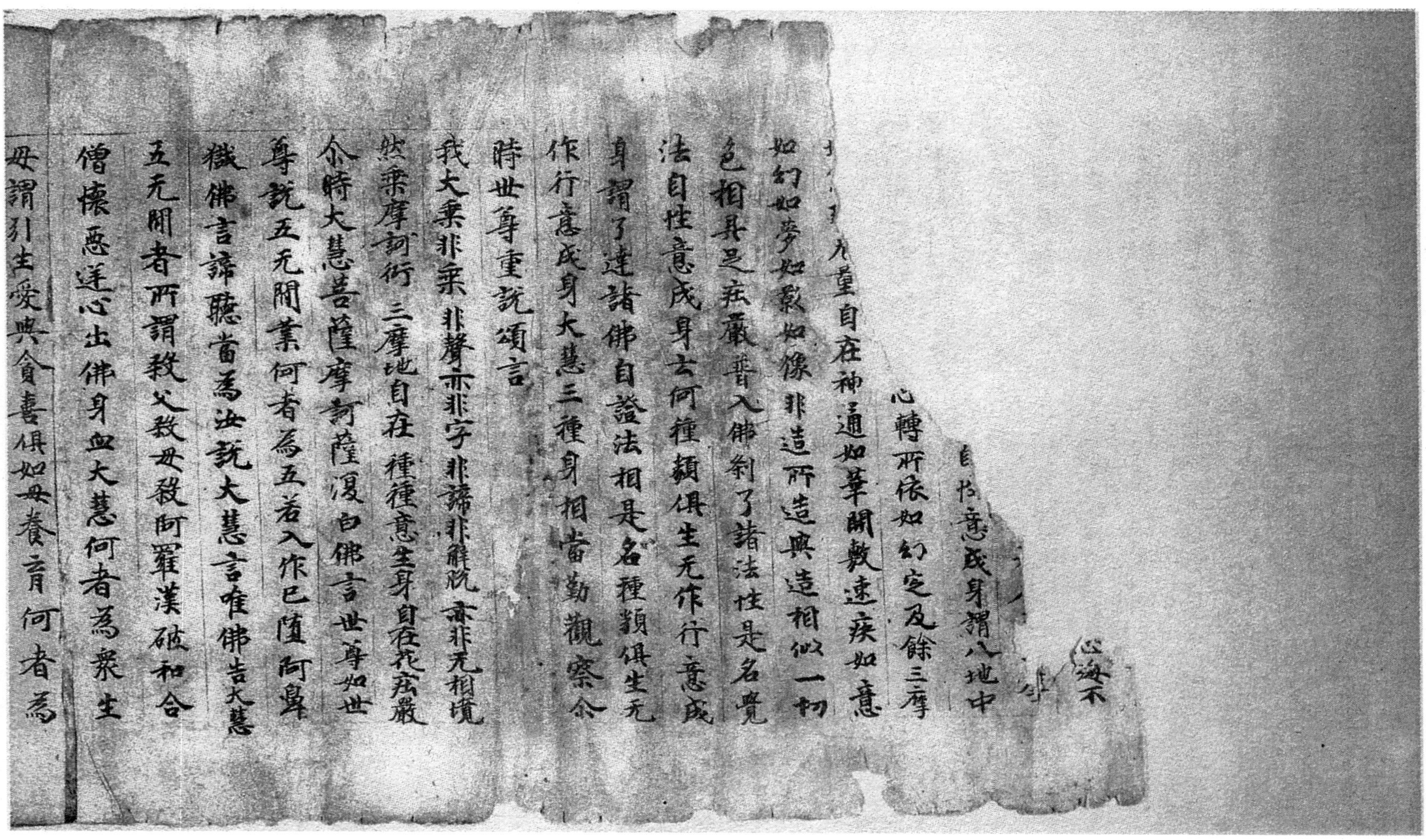

心海不
自於意成身謂八地中
心轉所依如幻定及餘三摩
……童自在神通如華開敷速疾如意
如幻如夢如影如像非造所造與造相似一切
色相具足莊嚴普入佛剎了諸法性是名覺
法自性意成身云何種類俱生无作行意成
身謂了達諸佛自證法相是名種類俱生无
作行意成身大慧三種身相當勤觀察尒
時世尊重說頌言
我大乘非乘　非聲亦非字　非諦非解脫　亦非无相境
然乘摩訶衍　三摩地自在　種種意生身　自在花莊嚴
尒時大慧菩薩摩訶薩復白佛言世尊如世
尊說五无間業何者為五若人作已墮阿鼻
獄佛言諦聽當為汝說大慧言唯佛告大慧
五无間者所謂殺父殺母殺阿羅漢破和合
僧懷惡逆心出佛身血大慧何者為眾生
母謂引生愛與貪喜俱如母養育何者為

BD07039 號　大乘入楞伽經卷四　　（3–1）

尊說五无間業何者爲五若入作已墮阿鼻
獄佛言諦聽當爲汝說大慧言唯佛告大慧
五无間者所謂殺父殺母殺阿羅漢破和合
僧懷惡逆心出佛身血大慧何者爲衆生
母謂引生愛與貪喜俱如母養育何者爲
父所謂无明令生六處聚落中故斷二根本
名殺父母云何殺阿羅漢謂隨眠爲怨如鼠
毒發究竟斷彼是故說名殺阿羅漢云何破
和合僧謂諸蘊異相和合積聚究竟斷彼名
爲破僧云何惡心出佛身血謂八識身妄生思
覺見自心外自相共相以三解脫无漏惡心究
竟斷彼八識身佛名爲惡心出佛身血大是
爲內五无間若有作者无間即得現證實法
復次大慧今爲汝說外五无間令汝及餘菩
薩聞是義已於未來世不生疑惑云何外五
无間謂餘教中所說无間若有作者於三
解脫不能現證唯除如來諸大菩薩及大
聲聞見其有造无間業者爲欲勸發令其
改過以神通力示同其事尋即悔除證於解脫
此皆化現非是實造若有實造无間業者終无
現身而得解脫唯除覺了自心所現身資所
住離我我所分別執見惑於來世餘處受生
遇善知識離分別過方證解脫尒時世尊重
說偈言

BD07039 號　大乘入楞伽經卷四

（3–2）

薩聞是義已於未來世不生疑惑云何外五
无間謂餘教中所說无間若有作者於三
解脫不能現證唯除如來諸大菩薩及大
聲聞見其有造无間業者爲欲勸發令其
改過以神通力示同其事尋即悔除證於解脫
此皆化現非是實造若有實造无間業者終无
現身而得解脫唯除覺了自心所現身資所
住離我我所分別執見惑於來世餘處受生
遇善知識離分別過方證解脫尒時世尊重
說偈言
貪愛名爲母 无明則是父 識了於境界 此則名爲佛
隨眠阿羅漢 蘊聚和合僧 斷彼无餘間 是名无間業
尒時大慧菩薩摩訶薩復白佛言世尊願爲
我說諸佛體性佛言大慧覺二无我除二種
障離二種死斷二煩惱是佛體性大慧聲聞
緣覺得此法已亦名爲佛我以是義但說一

BD07039 號　大乘入楞伽經卷四

（3–3）

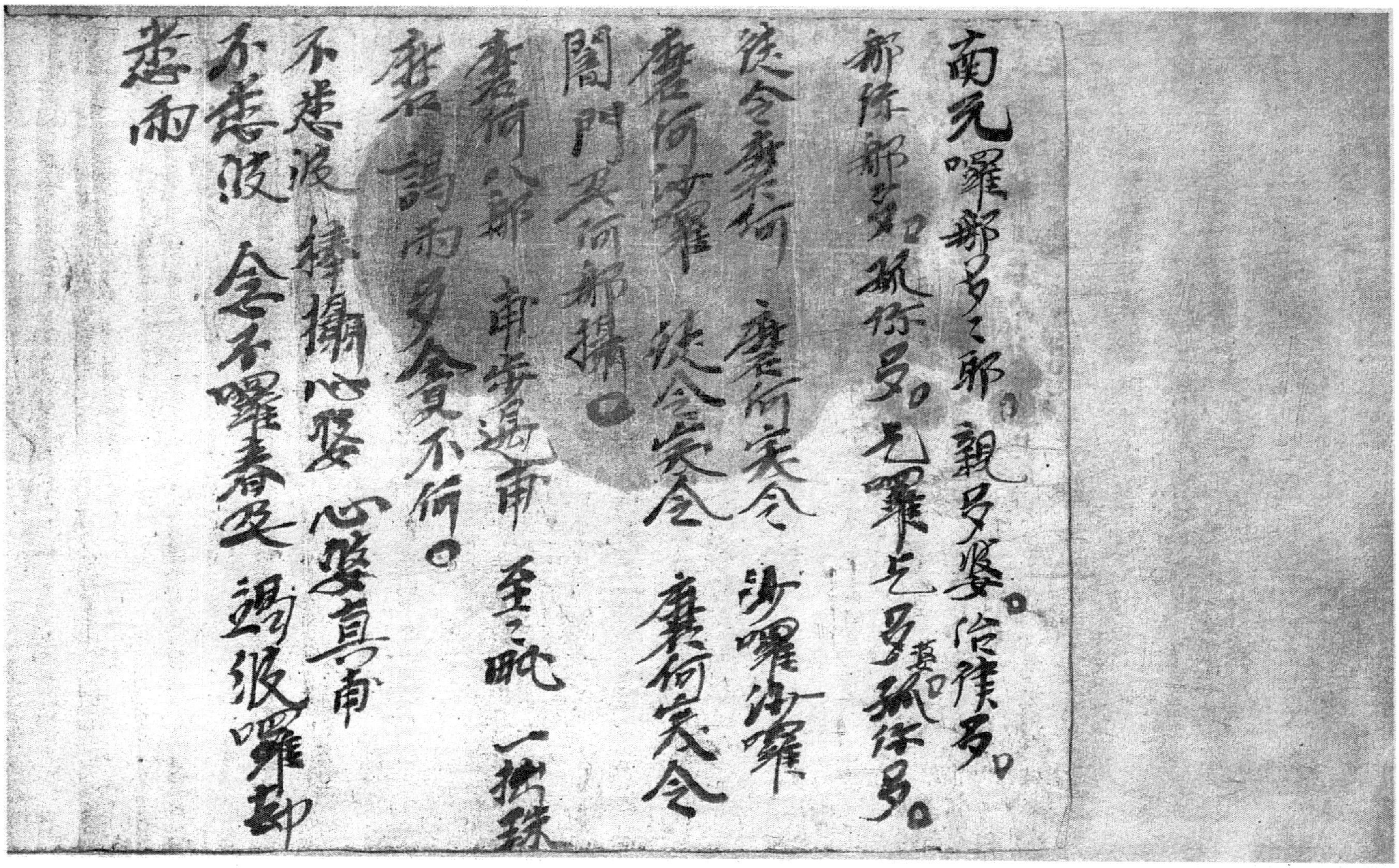

BD07040 號　佛教咒語（擬）

（2–1）

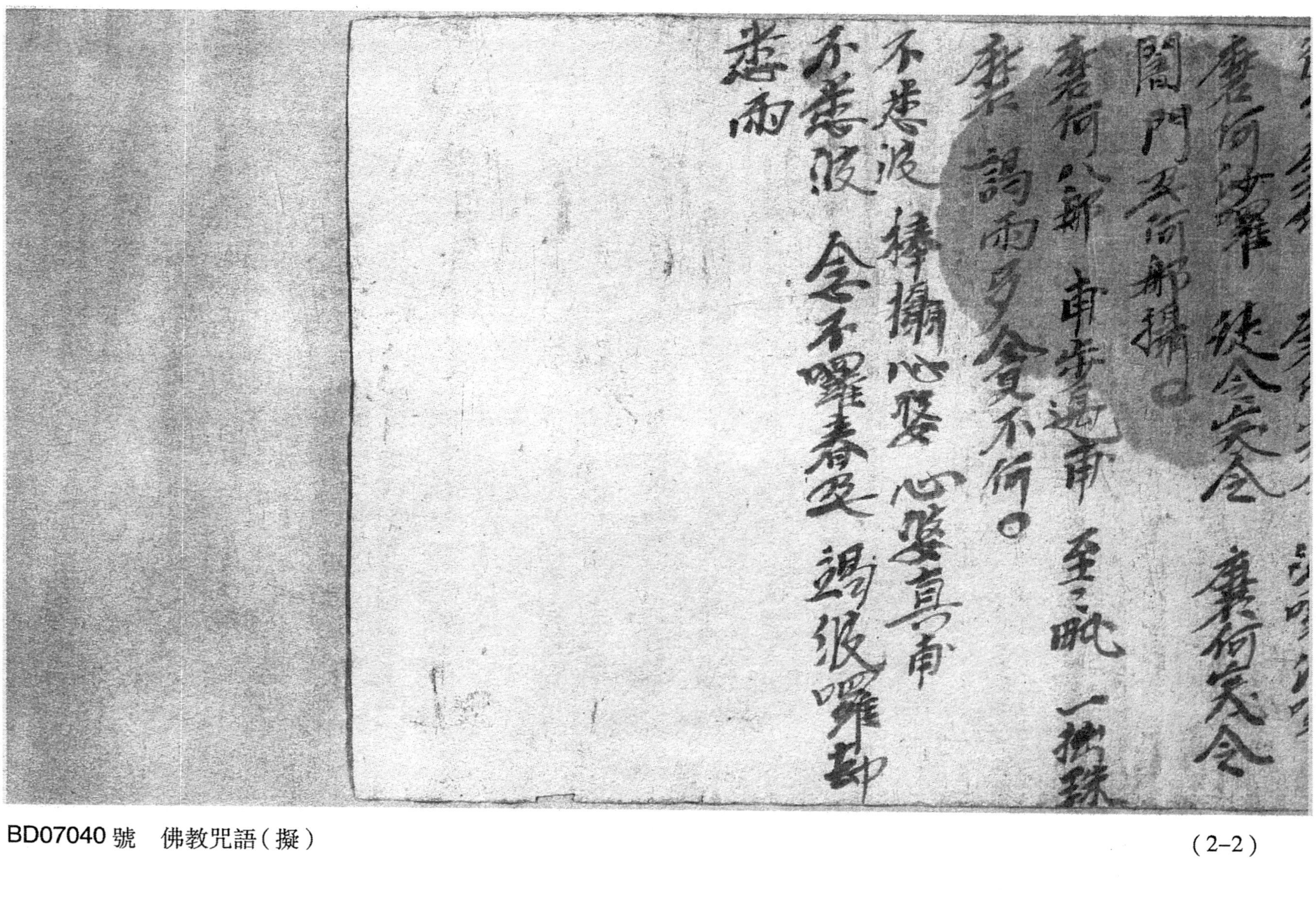

BD07040 號　佛教咒語（擬）

（2–2）

无盡意菩薩白佛言世尊觀世音菩薩云何
遊此娑婆世界云何而▯▯生說法方便之力
其事云何佛告无盡意▯薩善男子若有
國土衆生應以佛身▯▯觀世音菩薩即
現佛身而為說法應以▯▯佛身得度者即
現辟支佛身而為說法應以聲聞身得度者
即現聲聞身而為說法應以梵王身得度者
即現梵王身而為說法應以帝釋身得度者
即現帝釋身而為說法應以自在天身得度
者即現自在天身而為說法應以大自在天
身得度者即現大自在天身而為說法應以
天大將軍身得度者即現天大將軍身而為
說法應以毗沙門身得度者即現毗沙門身
而為說法應以小王身得度者即現小王身
而為說法應以長者身得度者即現長者身
而為說法應以居士身得度者即現居士身
而為說法應以宰官身得度者即現宰官身
而為說法應以婆羅門身得度者即現婆羅
門身而為說法應以比丘比丘尼優婆塞優婆
夷身得度者即現比丘比丘尼優婆塞優婆
夷身而為說法應以長者居士宰官婆羅門

BD07041 號　觀世音經　（4–1）

而為說法應以宰官身得度者即現宰官身
而為說法應以婆羅門身得度者即現婆羅
門身而為說法應以比丘比丘尼優婆塞優婆
夷身得度者即現比丘比丘尼優婆塞優婆
夷身而為說法應以長者居士宰官婆羅門
婦女身得度者即現婦女身而為說法應以
童男童女身得度者即現童男童女身而為
說法應以天龍夜叉乾闥婆阿脩羅迦樓羅
緊那羅摩睺羅伽人非人等身得度者即皆
現之而為說法應以執金剛神得度者即現
執金剛神而為說法无盡意是觀世音菩薩
成就如是功德以種種形遊諸國土度脫
衆生是故汝等應當一心供養觀世音菩薩是
觀世音菩薩摩訶薩於怖畏急難之中能
施无畏是故此娑婆世界皆号之為施无畏
者无盡意菩薩白佛言世尊我今當供養觀
世音菩薩即解頸衆寶珠瓔珞價直百千
兩金而以與之作是言仁者受此法施珎寶瓔
珞時觀世音菩薩不肯受之无盡意復白觀世
音菩薩言仁者愍我等故受此瓔珞
尒時佛告觀世音菩薩當愍此无盡意菩薩
及四衆天龍夜叉乾闥婆阿脩羅迦樓羅緊那
羅摩睺羅伽人非人等故受是瓔珞即時觀
世音菩薩愍諸四衆及於天龍人非人等受其
瓔珞分作二分一分奉釋迦牟尼佛一分奉
多寶佛塔无盡意觀世音菩薩有如是自在
神力遊於娑婆世界尒時无盡意菩薩以偈

BD07041 號　觀世音經　（4–2）

瓔珞分作二分一分奉釋迦牟尼佛一分奉
多寶佛塔无盡意觀世音菩薩有如是自在
神力遊於娑婆世界尒時无盡意菩薩以偈
問曰
世尊妙相具　我今重問彼　佛子何因緣　名為觀世音
具足妙相尊　偈答无盡意　汝聽觀音行　善應諸方所
弘誓深如海　歷劫不思議　侍多千億佛　發大清淨願
我為汝略說　聞名及見身　心念不空過　能滅諸有苦
假使興害意　推落大火坑　念彼觀音力　火坑變成池
或漂流巨海　龍魚諸鬼難　念彼觀音力　波浪不能沒
或在須彌峯　為人所推墮　念彼觀音力　如日虛空住
或被惡人逐　墮落金剛山　念彼觀音力　不能損一毛
或值怨賊繞　各執刀加害　念彼觀音力　咸即起慈心
或遭王難苦　臨刑欲壽終　念彼觀音力　刀尋段段壞
或囚禁枷鎖　手足被杻械　念彼觀音力　釋然得解脫
呪詛諸毒藥　所欲害身者　念彼觀音力　還著於本人
或遇惡羅剎　毒龍諸鬼等　念彼觀音力　時悉不敢害
若惡獸圍遶　利牙爪可怖　念彼觀音力　疾走无邊方
蚖蛇及蝮蝎　氣毒煙火然　念彼觀音力　尋聲自迴去
雲雷鼓掣電　降雹澍大雨　念彼觀音力　應時得消散
眾生被困厄　无量苦逼身　觀音妙智力　能救世間苦
具足神通力　廣修智方便　十方諸國土　无剎不現身
種種諸惡趣　地獄鬼畜生　生老病死苦　以漸悉令滅
真觀清淨觀　廣大智慧觀　悲觀及慈觀　常願常瞻仰
无垢清淨光　慧日破諸闇　能伏災風火　普明照世間
悲體戒雷震　慈意妙大雲　澍甘露法雨　滅除煩惱焰
諍訟經官處　怖畏軍陣中　念彼觀音力　眾怨悉退散
妙音觀世音　梵音海潮音　勝彼世間音　是故須常念

BD07041 號　觀世音經　（4–3）

或遇惡羅剎　毒龍諸鬼等　念彼觀音力　時悉不敢害
若惡獸圍遶　利牙爪可怖　念彼觀音力　疾走无邊方
蚖蛇及蝮蝎　氣毒煙火然　念彼觀音力　尋聲自迴去
雲雷鼓掣電　降雹澍大雨　念彼觀音力　應時得消散
眾生被困厄　无量苦逼身　觀音妙智力　能救世間苦
具足神通力　廣修智方便　十方諸國土　无剎不現身
種種諸惡趣　地獄鬼畜生　生老病死苦　以漸悉令滅
真觀清淨觀　廣大智慧觀　悲觀及慈觀　常願常瞻仰
无垢清淨光　慧日破諸闇　能伏災風火　普明照世間
悲體戒雷震　慈意妙大雲　澍甘露法雨　滅除煩惱焰
諍訟經官處　怖畏軍陣中　念彼觀音力　眾怨悉退散
妙音觀世音　梵音海潮音　勝彼世間音　是故須常念
念念勿生疑　觀世音淨聖　於苦惱死厄　能為作依怙
具一切功德　慈眼視眾生　福聚海无量　是故應頂禮
尒時持地菩薩即從座起前白佛言世尊若
有眾生聞是觀世音菩薩品自在之業普門
示現神通力者當知是人功德不少佛說是
普門品時眾中八万四千眾生皆發无等等阿
耨多羅三藐三菩提心

觀世音經

BD07041 號　觀世音經　（4–4）

受持讀誦則爲女
是人皆得成就无量无邊功德
須菩提若有善男子善女人初日分以恒
河沙等身布施中日分復以恒河沙等身布施
後日分亦以恒河沙等身布施如是无量百千
万億劫以身布施若復有人聞此經典信心不逆
其福勝彼何况書寫受持讀誦爲人解說
須菩提以要言之是經有不可思議不可稱
量无邊功德如來爲發大乘者說爲發最上
乘者說若有人能受持讀誦廣爲人說如來
悉知是人悉見是人皆得成就不可量不可
稱无有邊不可思議功德如是人等則爲荷
擔如來阿耨多羅三藐三菩提何以故須菩
提若樂小法者著我見人見衆生見壽者見
則於此經不能聽受讀誦爲人解說須菩提
在在處處若有此經一切世間天人阿脩羅所
應供養當知此處則爲是塔皆應恭敬作
禮圍遶以諸華香而散其處
復次須菩提若善男子善女人受持讀誦此經
若爲人輕賤是人先世罪業應墮惡道以今
世人輕賤故先世罪則爲消滅當得阿耨
多羅三藐三菩提須菩提我念過去无量阿

BD07042號　金剛般若波羅蜜經　（3–1）

復次須菩提若善男子善女人受持讀誦此經
若爲人輕賤是人先世罪業應墮惡道以今
世人輕賤故先世罪則爲消滅當得阿耨
多羅三藐三菩提須菩提我念過去无量阿
僧祇劫於然燈佛前得值八百四千万億那
由他諸佛悉皆供養承事无空過者若復有
人於後末世能受持讀誦此經所得功德於
我所供養諸佛功德百分不及一千万億分
乃至算數譬喻所不能及須菩提若善男子
善女人於後末世有受持讀誦此經所得功
德我若具說者或有人聞心則狂亂狐疑不
信須菩提當知是經義不可思議果報亦不
可思議尒時須菩提白佛言世尊善男子善女人發
阿耨多羅三藐三菩提心云何應住云何降伏
其心佛告須菩提善男子善女人發阿耨多
羅三藐三菩提者當生如是心我應滅度一
切衆生滅度一切衆生已而无有一衆生實
滅度者何以故若菩薩有我相人相衆生
相壽者相則非菩薩所以者何須菩提實无
有法發阿耨多羅三藐三菩提者
須菩提於意云何如來於然燈佛有法得阿
耨多羅三藐三菩提不不也世尊如我解佛
所說義佛於然燈佛所无有法得阿耨多羅
三藐三菩提佛言如是如是須菩提實无有
法如來得阿耨多羅三藐三菩提須菩提
若有法如來得阿耨多羅三藐三菩提者然燈
佛則不與我授記汝於來世當得作佛号釋

BD07042號　金剛般若波羅蜜經　（3–2）

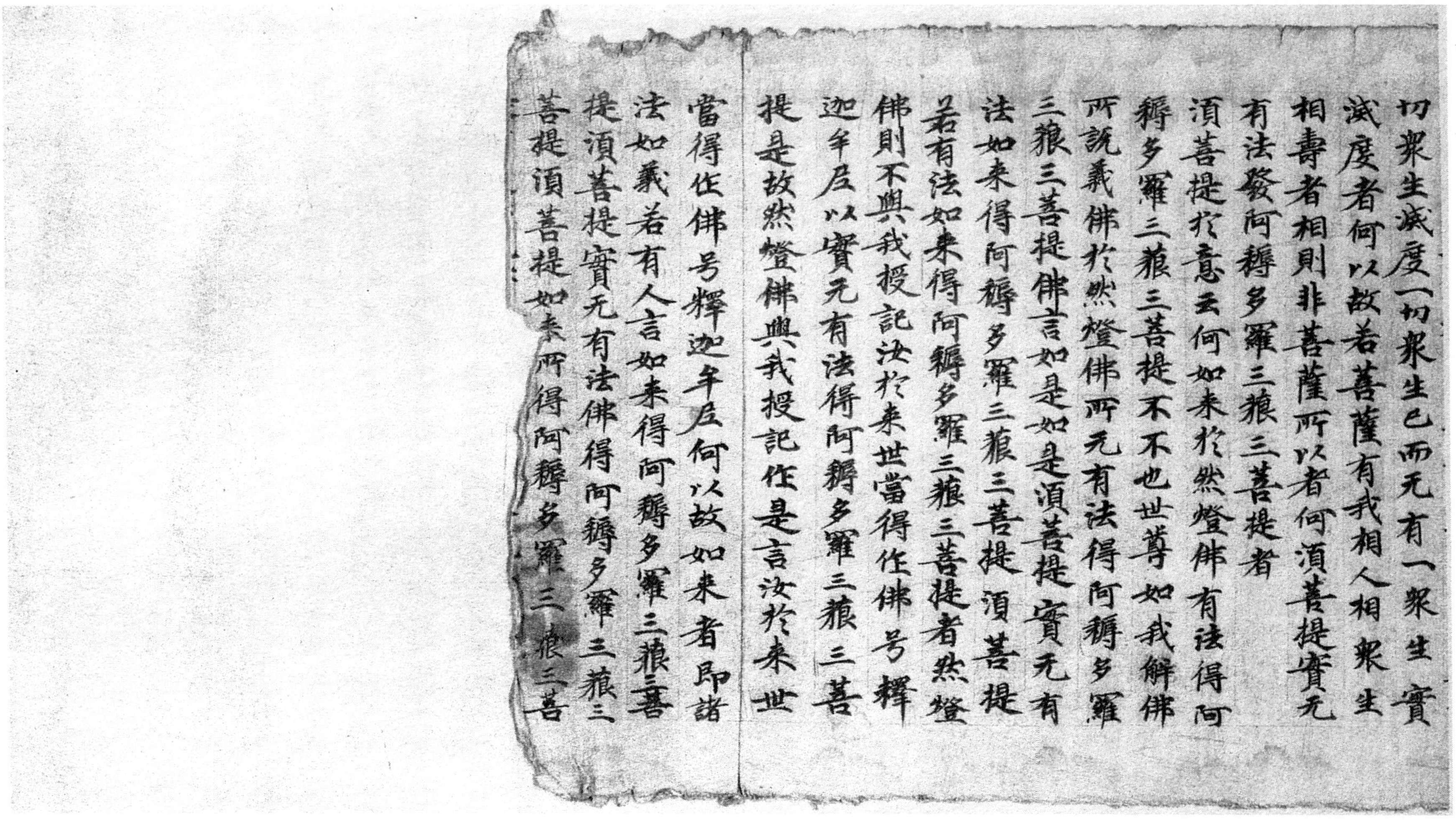

切衆生滅度一切衆生已而无有一衆生實
滅度者何以故若菩薩有我相人相衆生
相壽者相則非菩薩所以者何須菩提實无
有法發阿耨多羅三藐三菩提者
須菩提於意云何如來於然燈佛有法得阿
耨多羅三藐三菩提不不也世尊如我解佛
所說義佛於然燈佛所无有法得阿耨多羅
三藐三菩提佛言如是如是須菩提實无有
法如來得阿耨多羅三藐三菩提須菩提
若有法如來得阿耨多羅三藐三菩提者然燈
佛則不與我授記汝於來世當得作佛号釋
迦牟尼以實无有法得阿耨多羅三藐三菩
提是故然燈佛與我授記作是言汝於來世
當得作佛号釋迦牟尼何以故如來者即諸
法如義若有人言如來得阿耨多羅三藐三菩
提須菩提實无有法佛得阿耨多羅三藐三
菩提須菩提如來所得阿耨多羅三藐三菩

BD07042 號　金剛般若波羅蜜經　　（3–3）

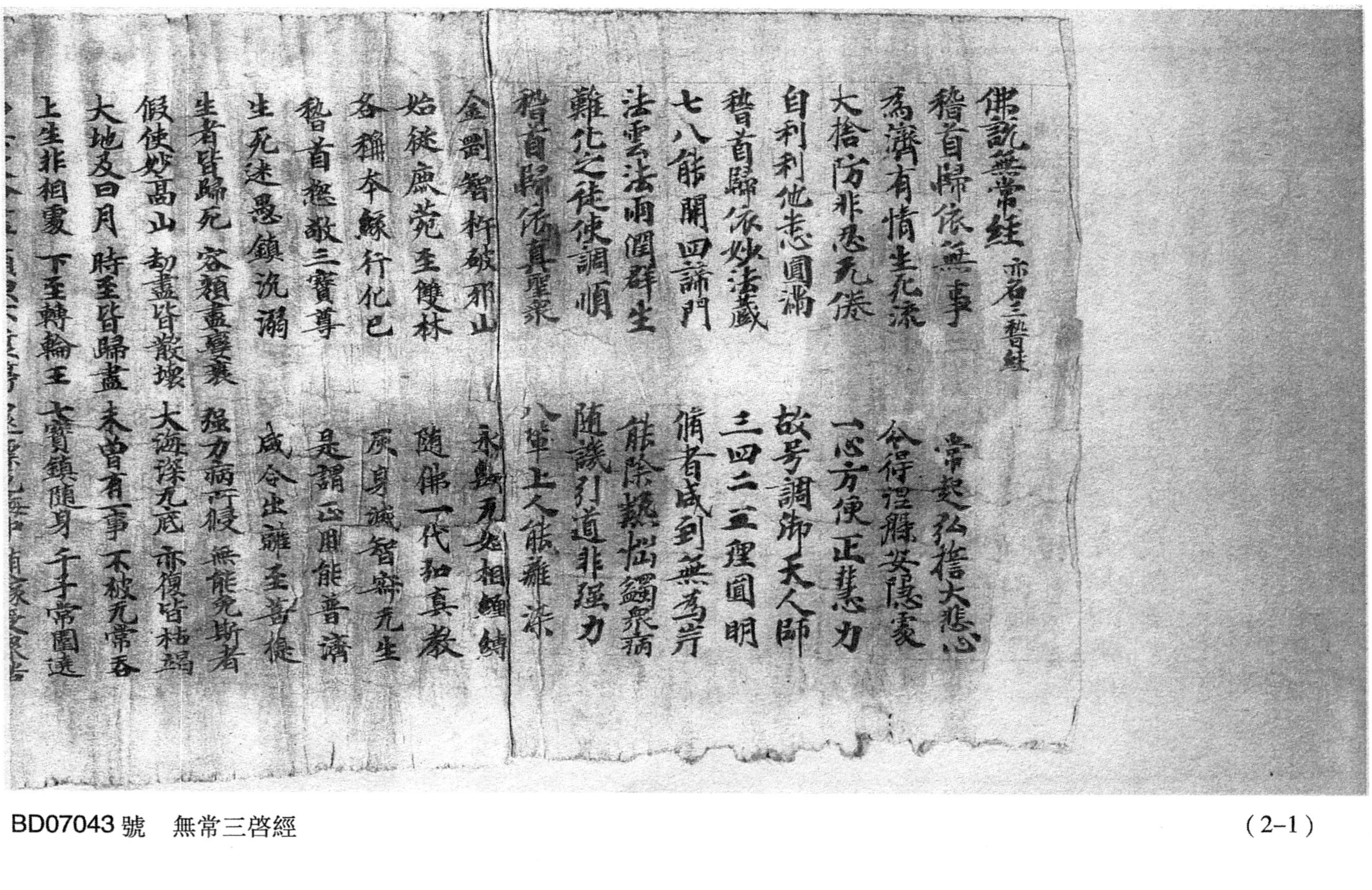

佛說無常經　亦名三啓經
稽首歸依無上士　常起弘誓大悲心
為濟有情生死流　令得涅槃安隱處
大捨防非忍无倦　一心方便正慧力
自利利他悉圓滿　故号調御天人師
稽首歸依妙法藏　三四二五理圓明
七八能開四諦門　修者咸到無為岸
法雲法雨潤群生　能除熱惱蠲衆病
難化之徒使調順　隨機引導非強力
稽首歸依真聖衆　八輩上人能離染
金剛智杵破邪山　永斷无始相纏縛
始從鹿苑至雙林　隨佛一代弘真教
各稱本緣行化已　灰身滅智寂无生
稽首摠敬三寶尊　是謂正因能普濟
生死迷愚鎮沉溺　咸令出離至菩提
生者皆歸死　容顏盡變衰　強力病所侵　無能免斯者
假使妙高山　劫盡皆散壞　大海深无底　亦復皆枯竭
大地及日月　時至皆歸盡　未曾有一事　不被无常吞
上生非想處　下至轉輪王　七寶鎮隨身　千子常圍遶

BD07043 號　無常三啓經　　（2–1）

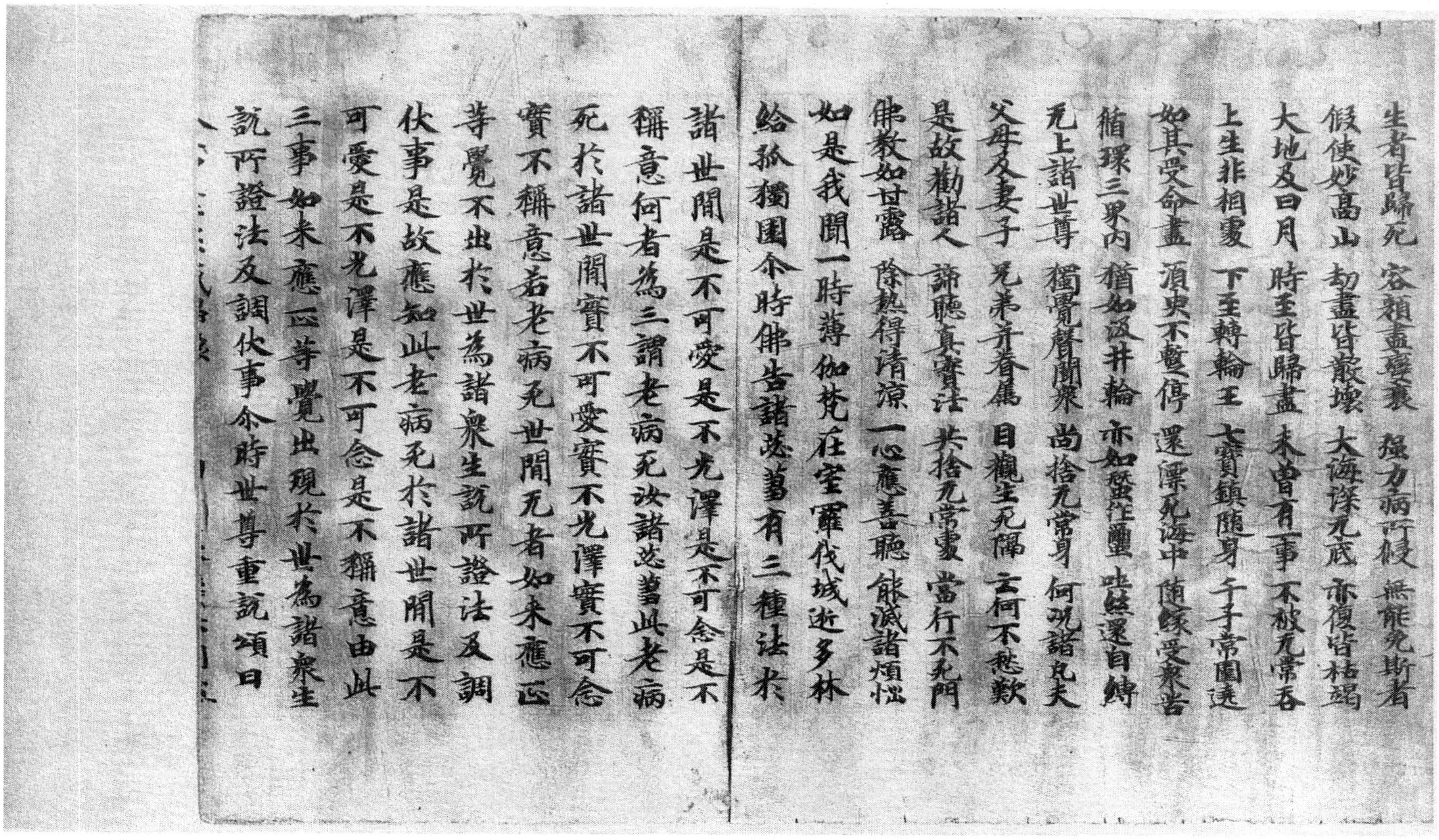
生者皆歸死 容顏盡變衰 強力病所侵 無能免斯者
假使妙高山 劫盡皆散壞 大海深无底 亦復皆枯竭
大地及日月 時至皆歸盡 未曾有一事 不被无常吞
上至非想處 下至轉輪王 七寶鎮隨身 千子常圍遶
如其受命盡 須臾不暫停 還漂死海中 隨緣受衆苦
循環三界內 猶如汲井輪 亦如蠶作繭 吐絲還自縛
无上諸世尊 獨覺聲聞衆 尚捨无常身 何況諸凡夫
父母及妻子 兄弟并眷屬 目觀生死隔 云何不愁歎
是故勸諸人 諦聽真實法 共捨无常處 當行不死門
佛教如甘露 除熱得清涼 一心應善聽 能滅諸煩惱
如是我聞一時薄伽梵在室羅伐城逝多林
給孤獨園尒時佛告諸苾芻有三種法於
諸世間是不可愛是不光澤是不可念是不
稱意何者為三謂老病死汝諸苾芻此老病
死於諸世間實不可愛實不光澤實不可念
實不稱意若老病死世間无者如來應正
等覺不出於世為諸衆生說所證法及調
伏事是故應知此老病死於諸世間是不
可愛是不光澤是不可念是不稱意由此
三事如來應正等覺出現於世為諸衆生
說所證法及調伏事尒時世尊重說頌曰

BD07043號　無常三啓經　（2–2）

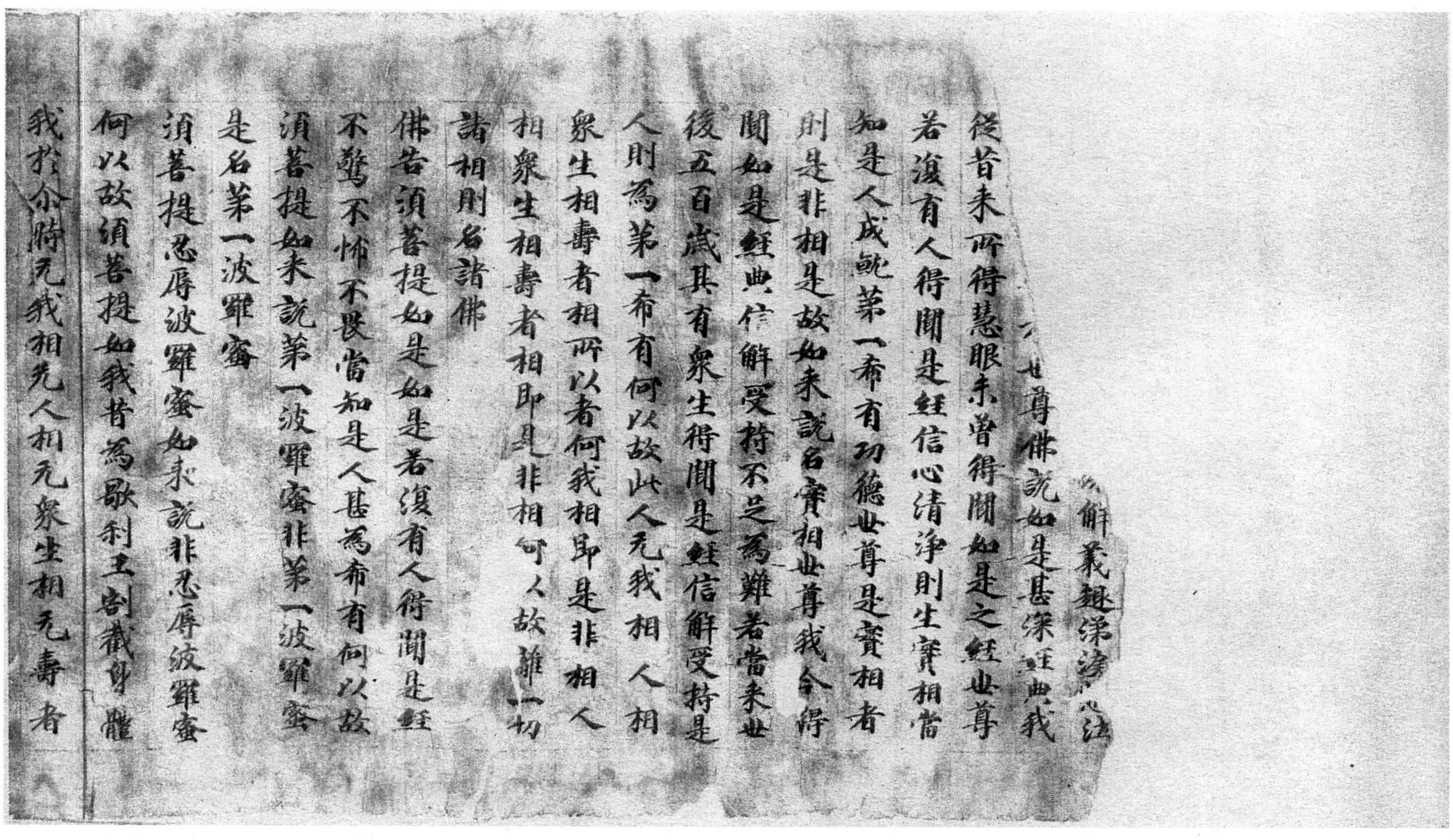
解義趣涕淚悲泣
世尊佛說如是甚深經典我
從昔來所得慧眼未曾得聞如是之經世尊
若復有人得聞是經信心清淨則生實相當
知是人成就第一希有功德世尊是實相者
則是非相是故如來說名實相世尊我今得
聞如是經典信解受持不足為難若當來世
後五百歲其有衆生得聞是經信解受持是
人則為第一希有何以故此人无我相人相
衆生相壽者相所以者何我相即是非相人
相衆生相壽者相即是非相何以故離一切
諸相則名諸佛
佛告須菩提如是如是若復有人得聞是經
不驚不怖不畏當知是人甚為希有何以故
須菩提如來說第一波羅蜜非第一波羅蜜
是名第一波羅蜜
須菩提忍辱波羅蜜如來說非忍辱波羅蜜
何以故須菩提如我昔為歌利王割截身體
我於尒時无我相无人相无衆生相无壽者

BD07044號　金剛般若波羅蜜經　（6–1）

是名第一波羅蜜
須菩提忍辱波羅蜜如來說非忍辱波羅蜜
何以故須菩提如我昔為歌利王割截身體
我於尒時无我相无人相无眾生相无壽者
相何以故我於往昔節節支解時[illegible]
人相眾生相壽者相應生瞋恨須菩[illegible]
過去於五百世作忍辱仙人於尒所世无我
相无人相无眾生相无壽者相是故須菩提
菩薩應離一切相發阿耨多羅三藐三菩提
心不應住色生心不應住聲香味觸法生心
應生无所住心若心有住則為非住是
說菩薩心不應住色布施須菩提菩薩[illegible]
益一切眾生應如是布施如來說一切諸相即
是非相又說一切眾生則非眾生須菩提如
來是真語者實語者如語者不誑語者不
異語者須菩提如來所得法此法无實无虛
須菩提若菩薩心住於法而行布施如人入
闇則无所見若菩薩心不住法而行布施如
人有目日光明照見種種色須菩提當來之
世若有善男子善女人能於此經受持讀誦
則為如來以佛智慧悉知是人悉見是人皆
得成就无量无邊功德
須菩提若有善男子善女人初日分以恒河
沙等身布施中日分復以恒河沙等身布施
後日分亦以恒河沙等身布施如是无量百千

BD07044 號　金剛般若波羅蜜經

（6–2）

則為如來以佛智慧悉知是人悉見是人皆
得成就无量无邊功德
須菩提若有善男子善女人初日分以恒河
沙等身布施中日分復以恒河沙等身布施
後日分亦以恒河沙等身布施如是无量百千
萬億劫以身布施若復有人聞此經典信
心不逆其福勝彼何況書寫受持讀誦為人
解說須菩提以要言之是經有不可思議不
可稱量无邊功德如來為發大乘者說為發
最上乘者說若有人能受持讀誦廣為人說
如來悉知是人悉見是人皆得成就不可量不
可稱无有邊不可思議功德如是人等則
為荷擔如來阿耨多羅三藐三菩提何以故
須菩提若樂小法者著我見人見眾生見壽
者見則於此經不能聽受讀誦為人解說須
菩提在在處處若有此經一切世間天人阿
脩羅所應供養當知此處則為是塔皆應
恭敬作礼圍繞以諸華香而散其處
復次須菩提善男子善女人受持讀誦此經若
為人輕賤是人先世罪業應墮惡道以今世
人輕賤故先世罪業則為消滅當得阿耨
多羅三藐三菩提須菩提我念過去无量
阿僧祇劫於然燈佛前得值八百四千萬億那
由他諸佛悉皆供養承事无空過者若復有
人於後末世能受持讀誦此經所得功德於
我所供養諸佛功德百分不及一千萬億分
乃至筭數譬喻所不能及須菩提若善男子

BD07044 號　金剛般若波羅蜜經

（6–3）

由他諸佛悉皆供養承事无空過者若復有
人於後末世能受持讀誦此經所得功德於
我所供養諸佛功德百分不及一千萬億分
乃至筭數譬喻所不能及須菩提若善男子
善女人於後末世有受持讀誦此經所得功
德我若具說者或有人聞心則狂亂狐疑不
信須菩提當知是經義不可思議果報亦不
可思議
尒時須菩提白佛言世尊善男子善女人發
阿耨多羅三藐三菩提心云何應住云何降
伏其心佛告須菩提善男子善女人發阿耨
多羅三藐三菩提者當生如是心我應滅度
一切衆生滅度一切衆生已而无有一衆生
實滅度者何以故若菩薩有我相人相衆生
相壽者相則非菩薩所以者何須菩提實无
有法發阿耨多羅三藐三菩提者須菩提於
意云何如来於然燈佛所有法得阿耨多羅三
藐三菩提不不也世尊如我解佛所說義佛
於然燈佛所无有法得阿耨多羅三藐三
菩提佛言如是如是須菩提實无有法如来
得阿耨多羅三藐三菩提須菩提若有法如
来得阿耨多羅三藐三菩提者然燈佛則不
與我受記汝於来世當得作佛号釋迦牟尼
以實无有法得阿耨多羅三藐三菩提是故
然燈佛與我受記作是言汝於来世當得作
佛号釋迦牟尼何以故如来者即諸法如義
若有人言如来得阿耨多羅三藐三菩提須

BD07044號　金剛般若波羅蜜經　（6–4）

以實无有法得阿耨多羅三藐三菩提是故
然燈佛與我受記作是言汝於来世當得作
佛号釋迦牟尼何以故如来者即諸法如義
若有人言如来得阿耨多羅三藐三菩提須
菩提實无有法佛得阿耨多羅三藐三菩提
須菩提如来所得阿耨多羅三藐三菩提於
是中无實无虛是故如来說一切法皆是佛
法須菩提所言一切法者即非一切法是故
名一切法須菩提譬如人身長大須菩提言
世尊如来說人身長大則為非大身是名大
身須菩提菩薩亦如是若作是言我當滅度
无量衆生則不名菩薩何以故須菩提實无
有法名為菩薩是故佛說一切法无我无人
无衆生无壽者須菩提若菩薩作是言我當
莊嚴佛土是不名菩薩何以故如来說莊嚴
佛土者即非莊嚴是名莊嚴須菩提若菩薩
通達无我法者如来說名真是菩薩
須菩提於意云何如来有肉眼不如是世尊如
来有肉眼須菩提於意云何如来有天眼
不如是世尊如来有天眼須菩提於意云何
如来有慧眼不如是世尊如来有慧眼須菩
提於意云何如来有法眼不如是世尊如来有
法眼須菩提於意云何如来有佛眼不如是
世尊如来有佛眼須菩提於意云何恒河中
所有沙佛說是沙不如是世尊如来說是沙
須菩提於意云何如一恒河中所有沙有如

BD07044號　金剛般若波羅蜜經　（6–5）

法眼須菩提於意云何如來有佛眼不如是
世尊如來有佛眼須菩提於意云何恒河中
所有沙佛說是沙不如是世尊如來說是沙
須菩提於意云何如一恒河中所有沙有如
是等恒河是諸恒河所有沙數佛世界如
是寧為多不甚多世尊佛告須菩提尒所國
土中所有衆生若干種心如來悉知何以故
如來說諸心皆為非心是名為心所以者何
須菩提過去心不可得現在心不可得未來
心不可得須菩提於意云何若有人滿三千
大千世界七寶以用布施是人以是因緣得福
多不如是世尊此人以是因緣得福甚多須
菩提若福德有實如來不說得福德多以
福德无故如來說得福德多
須菩提於意云何佛可以具足色身見不不
也世尊如來不應以具足色身見何以故如來說
具足色身即非具足色身是名具足色身須
菩提於意云何如來可以具足諸相見不不
也世尊如來不應以具足諸相見何以故如
來說諸相具足即非具足是名諸相具足須

BD07044號　金剛般若波羅蜜經　（6–6）

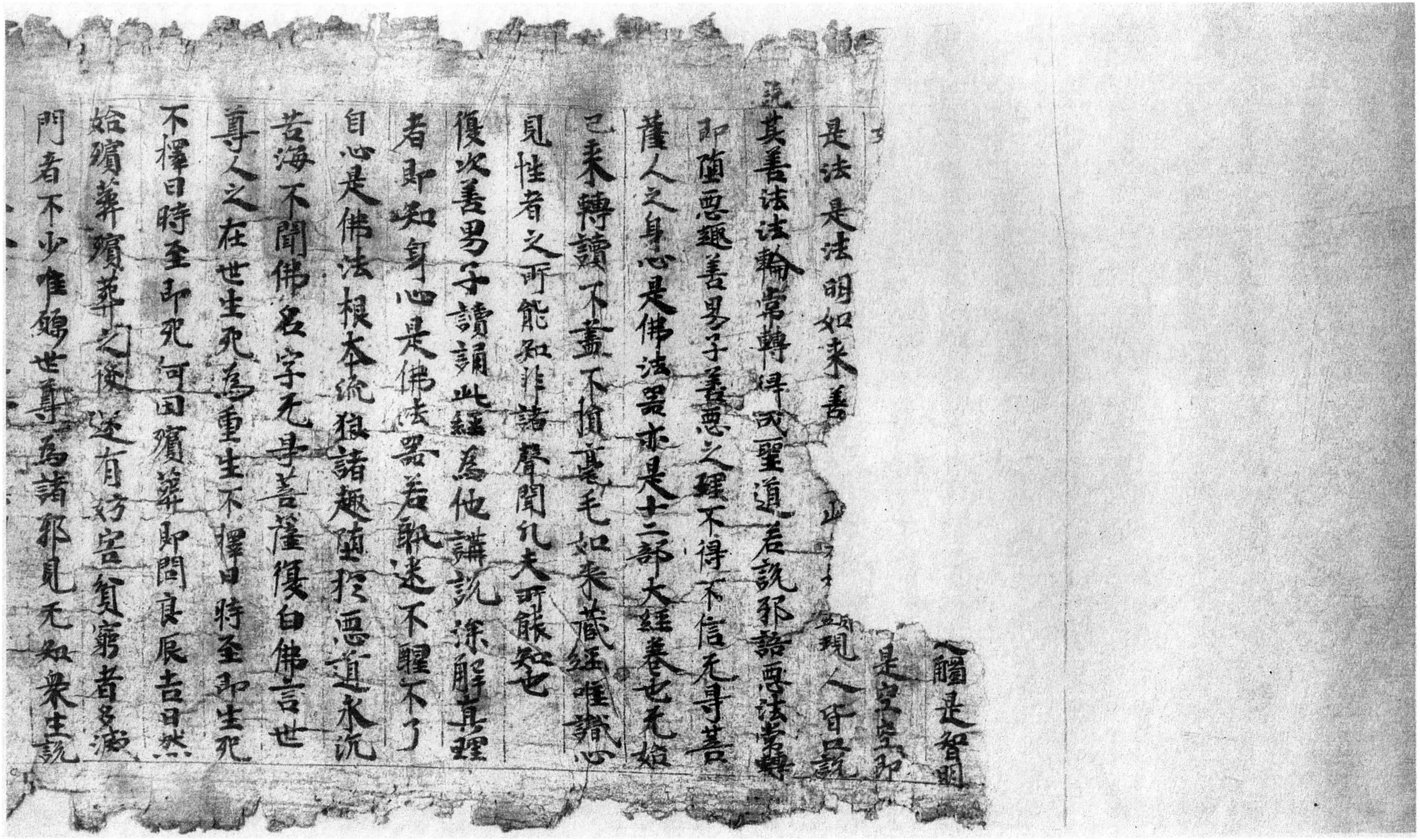

八體是智明

是空空即

現人皆口說

是法是法明如來善

語其善法法輪常轉得成聖道若說邪語惡法常轉

即墮惡趣善男子善惡之理不得不信无尋菩

薩人之身心是佛法器亦是十二部大經卷也无始

已來轉讀不盡不損毫毛如來藏經唯識心

見性者之所能知非諸聲聞凡夫所能知也

復次善男子讀誦此經為他講說深解真理

者即知身心是佛法器若醉迷不醒不了

自心是佛法根本流狼諸趣墮於惡道永沉

苦海不聞佛名字无尋菩薩復白佛言世

尊人之在世生死為重生不擇日時至即生死

不擇日時至即死何因殯葬即問良辰吉日然

始殯葬殯葬之後還有妨害貧窮者多滅

門者不少唯願世尊為諸邪見无知衆生說

BD07045號　天地八陽神咒經　（7–1）

尊人之在世生死為重生不擇日時至即生死
不擇日時至即死何因殯葬即問良辰吉日然
始殯葬殯葬之後返有妨害貧窮者多滅
門者不少唯願世尊為諸邪見无知眾生說
其因緣令得正道除其顛倒
佛言善哉善哉善男子汝實能問於眾
生生死之事殯葬之法汝等諦聽當為汝說智
慧之理大道之法〻〻廣〻清日月廣長明時年
善善美實无有異善男子人王菩薩甚大
慈悲愍念眾生皆如赤子下為人主作人父母
順於俗人教於俗法造作曆日頒下天下令
知時節為有平滿成收開除之字執危破殺
之文愚人依字信用无不免於凶禍又使邪
師厭鎮說是道非謾求邪神拜餓鬼卻招殃禍自
受苦如斯人輩返天時逆地理背日月之光明
常投闇室違正道之廣路恒尋邪徑顛倒之
甚也
復次善男子生時讀此經三遍兒則易生甚大
吉利聰明利智福德具足而无中夭死時讀經
三遍一无妨害得福无量善男子日日好日月
月好月年年好年實无間隔但辦即須殯
葬殯葬之日讀此經七遍甚大吉利獲福无
量門榮人貴延年益壽命終之日並得成聖
善男子殯葬之地不問東西南北安穩之處

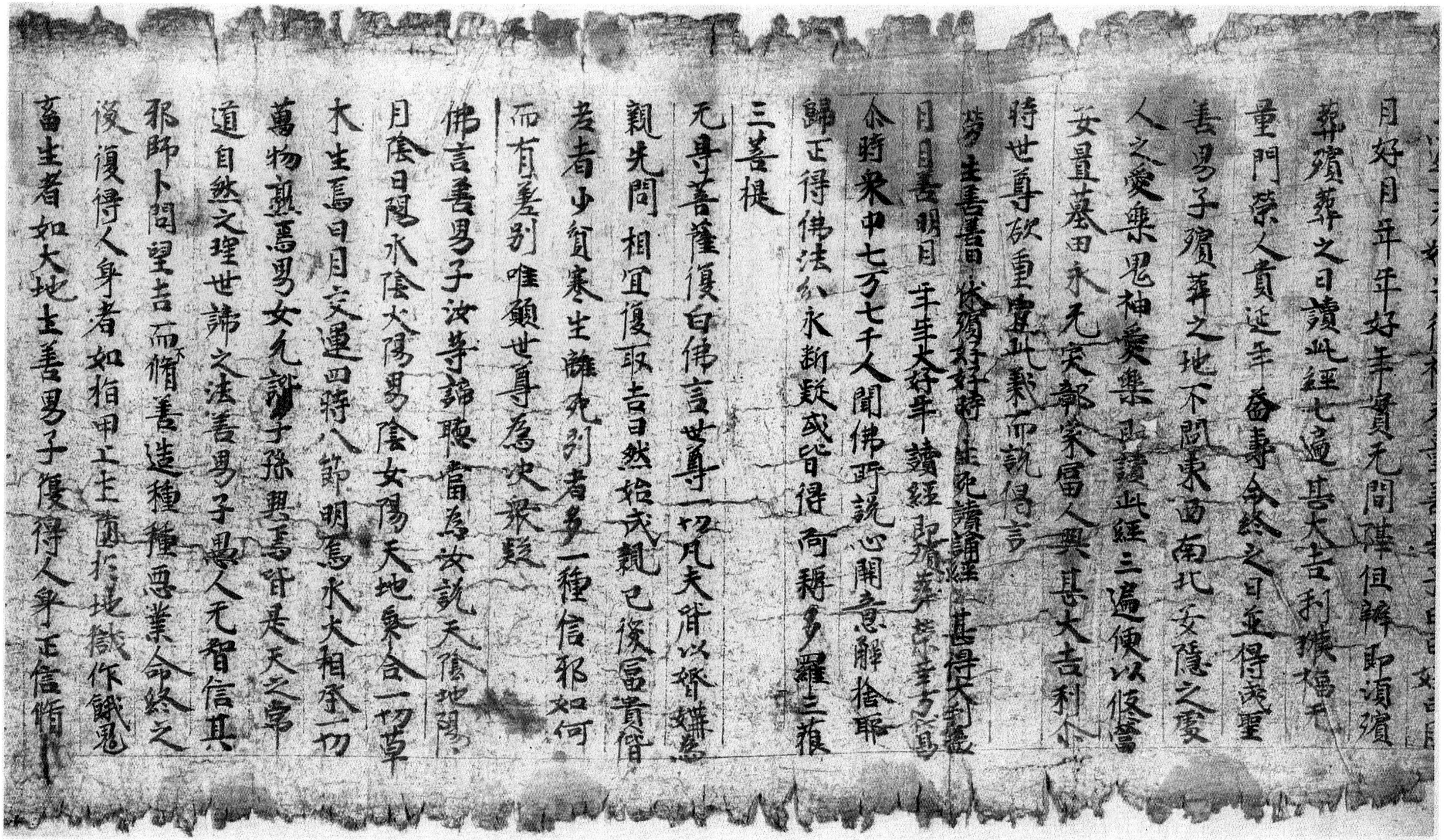
月好月年年年好年實无問隔但辦即須殯
葬殯葬之日讀此經七遍甚大吉利獲福无
量門榮人貴延年益壽命終之日並得成聖
善男子殯葬之地不問東西南北安隱之處
人之愛樂鬼神愛樂即讀此經三遍便以修營
安置墓田永无災鄣家富人興甚大吉利尒
時世尊欲重宣此義而說偈言
營生善善日　殯葬好好時　生死讀誦經　甚得大吉利
月月善明月　年年大好年　讀經即殯葬　榮華萬代昌
尒時衆中七万七千人聞佛所說心開意解捨邪
歸正得佛法分永斷疑惑皆得阿耨多羅三藐
三菩提
无导菩薩復白佛言世尊一切凡夫皆以婚姻爲
親先問相宜後取吉日然始成親已後富貴偕
老者少貧寒生離死別者多一種信邪如何
而有差別唯願世尊爲決衆疑
佛言善男子汝等諦聽當爲汝說天陰地陽
月陰日陽水陰火陽男陰女陽天地氣合一切草
木生焉日月交運四時八節明焉水火相承一切
萬物熟焉男女允諧子孫興焉皆是天之常
道自然之理世諦之法善男子愚人无智信其
邪師卜問望吉而不脩善造種種惡業命終之
後復得人身者如指甲上土墮於地獄作餓鬼
畜生者如大地土善男子復得人身正信脩

BD07045號　天地八陽神咒經　（7–3）

邪師卜問望吉而脩善造種種惡業命終之
後復得人身者如指甲上土墮於地獄作餓鬼
畜生者如大地土善男子復得人身正信脩
善者如指甲上土信邪造惡業者如大地土善
男子若結婚親莫問水火相尅胎胞相壓年
者相命即知福德多少以為眷屬呼迎之日讀
此經三遍即以成礼此乃善善相因明明相屬門高
人貴子孫興盛聰明利智少年多藝孝敬相承
甚大吉利而无中夭福德具足皆成佛道
時有八菩薩承佛威神得大揔持常處人間和光
同塵破邪立正度四生處八解脫其名曰
跋陁和菩薩漏盡和　羅隣那竭菩薩漏盡和
憍日兜菩薩漏盡和　須弥深菩薩漏盡和
那羅達菩薩漏盡和　因坻達菩薩漏盡和
和輪調菩薩漏盡和　无緣觀菩薩漏盡和
是八菩薩俱白佛言世尊我等於諸佛所受得
陁羅尼神呪而今說之擁護持讀誦八陽經者
永无恐怖使一切不善之物不得侵損讀經法師即
於佛前而說呪曰
阿佉尼　尼佉尼　阿比羅　曼隸　曼多隸
世尊若有不善者欲來惱法師聞我說此呪頭破
作七分如阿梨樹枝
是時无邊身菩薩白佛言世尊云何名為八陽經
惟願世尊為諸聽衆解說其義令得悟解速
達心本入佛知見永斷疑悔
佛言善哉善哉善男子汝等諦聽吾今為汝分別解說

作七分如何梨樹枝
是時无邊身菩薩白佛言世尊云何名爲八陽經
惟願世尊爲諸聽衆解說其義令得惺悟速
達心本入佛知見永斷疑悔
佛言善哉善哉善男子汝等諦聽吾今爲汝解說
八陽之經八者分別也陽者明解也明解大乘无爲
之理了能分別八識因緣空无所得又云八識爲
經陽明爲緯經緯相投以成經教故名八陽經八識
者眼是色識耳是聲識鼻是香識舌是味識身
是觸識意是分別識含藏識阿賴耶識是名八識
明了分別八識根源空无所有即知兩眼是光明天
光明天中即現日月光明世尊兩耳是聲聞天聲聞
天中即現无量聲如來兩鼻是佛香天佛香天中即
現香積如來口舌是法味天法味天中即現法喜如來
身是盧舍那天盧舍那天中即成就盧舍那佛盧舍
那鏡像盧舍那光明佛意是无分別天无分別
天中即現不動如來大光明佛心是法界天法界
天中即現空王如來含藏識天演出阿那含經大
涅槃經阿賴耶識天演出大智度論經瑜伽論
經善男子佛即是法法即是佛合爲一相即
現大通智勝如來
佛說此經時一切大地六種震動光照天地无有邊
際浩浩蕩蕩不可名一切幽冥皆悉明
朗一切地獄並皆消滅一切罪人俱得離苦
皆發无上菩提心

BD07045號　天地八陽神咒經　（7–5）

除諸闇蕩蕩而无所名一切幽冥皆悉明
朗一切地獄並皆消滅一切罪人俱得離苦
皆發无上菩提心
尒時衆中八万八千菩薩一時成佛号曰虛
空藏如來應正等覺劫名圓滿國号无邊
一切人民无有彼此並證无諍三昧六万六千
比丘比丘尼優婆塞優婆夷得大揔持入不
二法門无量天龍夜叉乹闥婆阿脩羅迦樓
羅緊那羅摩睺羅伽人非人等得法眼淨
復次善男子若復有人得官登位之日及
新入宅之日即讀此經三遍甚大吉利獲福无
量善男子若讀此經一遍者如讀一切經一遍
能寫一卷者如寫一切經一部其功德不可稱
不可量无有邊際如斯人等即成聖道
復次无邊身菩薩摩訶薩若有衆生不
信正法常生耶見忽聞此經即生誹謗言非
說是人現世得白癩病惡瘡膿血遍體交流
腥臊臭穢人皆憎嫉命終之日即墮阿鼻无
間地獄上火徹下下火徹上鐵叉遍身穴五藏
洋銅灌口筋骨爛壞一日一夜万死万生受大
苦痛无有休息謗斯經故獲罪如是佛
為罪人而說偈言
身是自然身　五體自然體　長乃自然長　老乃自然老

洋銅灌口筋骨爛壞一日一夜万死万生受大
苦痛无有休息謗斯經故獲罪如是佛
為罪人而說偈言
身是自然身　五體自然體　長乃自然長　老乃自然老
生則自然生　死則自然死　求長不得長　求短不得短
苦樂汝自當　邪正由汝已　欲作有為功　讀經莫問師
千千万万代　得道轉法輪
佛說此經已一切聽眾得未曾有心明意淨歡
喜踴躍皆見諸相非相入佛知見悟佛知見
无入无悟无知无見不得一法即涅槃樂
佛說八陽神咒經一卷

BD07045號　天地八陽神咒經　（7–7）

BD07045號背　雜寫　　（1-1）

敘國所
以者何得與如是諸上善人俱會一處舍利
弗不可以少善根福德因緣得生彼國
舍利弗若有善男子善女人聞說阿弥陁佛
執持名号若一日若二日若三日若四日若
五日若六日若七日一心不亂其人臨命終
時阿弥陁佛與諸聖衆現在其前是人終時
心不顛倒即得往生阿弥陁佛極樂國土舍
利弗我見是利故說此言若有衆生聞是說
者應當發願生彼國土
舍利弗如我今者讚歎阿弥陁佛不可思議
功德東方亦有阿閦鞞佛須弥相佛大須弥
佛須弥光佛妙音佛如是等恒河沙數諸佛
各於其國出廣長舌相遍覆三千大千世界
說誠實言汝等衆生當信是稱讚不可思
議功德一切諸佛所護念經
舍利弗南方世界有日月燈佛名聞光佛
大焰肩佛須弥燈佛无量精進佛如是等恒
河沙數諸佛各於其國出廣長舌相遍覆三
千大千世界說誠實言汝等衆生當信是稱
讚不可思議功德一切諸佛所護念經

BD07046號 1　阿彌陀經　（4–1）

舍利弗南方世界有日月燈佛名聞光佛
大焰肩佛須弥燈佛无量精進佛如是等恒
河沙數諸佛各於其國出廣長舌相遍覆三
千大千世界說誠實言汝等衆生當信是稱
讚不可思議功德一切諸佛所護念經
舍利弗西方世界有无量壽佛无量相佛无
量幢佛大光佛大明佛寶相佛淨光佛如是
等恒河沙數諸佛各於其國出廣長舌相遍
覆三千大千世界說誠實言汝等衆生當信
是稱讚不可思議功德一切諸佛所護念經
舍利弗北方世界有焰肩佛最勝音佛難阻
佛日生佛網明佛如是等恒河沙數諸佛各
於其國出廣長舌相遍覆三千大千世界說
誠實言汝等衆生當信是稱讚不可思議功
德一切諸佛所護念經
舍利弗下方世界有師子佛名聞佛名光佛
達摩佛法幢佛持法佛如是等恒河沙數諸
佛各於其國出廣長舌相遍覆三千大千世
界說誠實言汝等衆生當信是稱讚不可思
議功德一切諸佛所護念經
舍利弗上方世界有梵音佛宿王佛香上佛香
光佛大焰肩佛雜色寶華嚴身佛娑羅樹
王佛寶華德佛見一切義佛如須弥山王佛
如是等恒河沙數諸佛各於其國出廣長舌
相遍覆三千大千世界說誠實言汝等衆生
當信是稱讚不可思議功德一切諸佛所護念

BD07046號 1　阿彌陀經　（4–2）

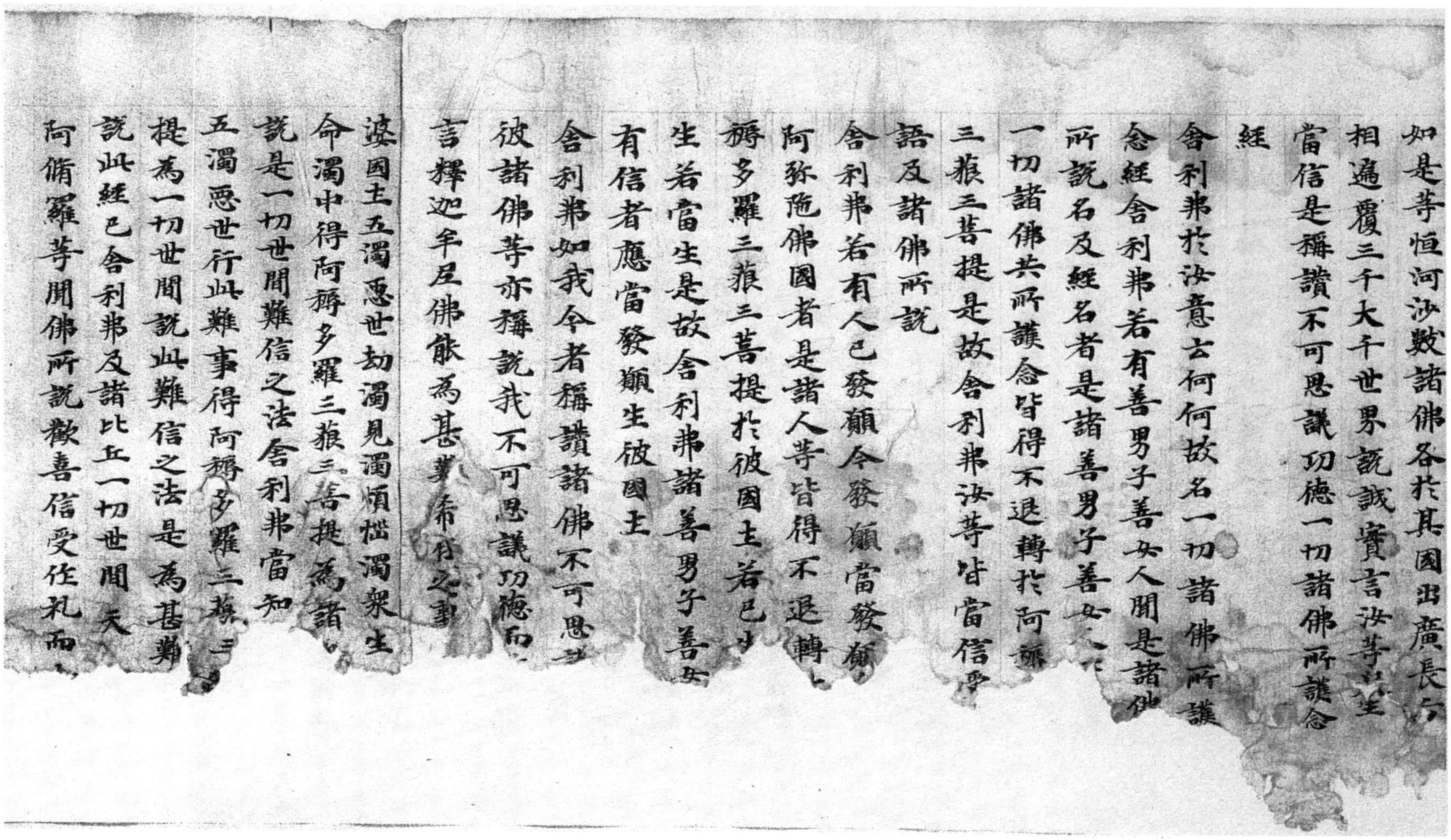

如是等恒河沙數諸佛各於其國出廣長舌
相遍覆三千大千世界說誠實言汝等衆生
當信是稱讚不可思議功德一切諸佛所護念
經
舍利弗於汝意云何何故名一切諸佛所護
念經舍利弗若有善男子善女人聞是諸佛
所說名及經名者是諸善男子善女人皆
一切諸佛共所護念皆得不退轉於阿耨
三藐三菩提是故舍利弗汝等皆當信受
語及諸佛所說
舍利弗若有人已發願今發願當發願
阿弥陁佛國者是諸人等皆得不退轉
耨多羅三藐三菩提於彼國土若已生
生若當生是故舍利弗諸善男子善女
有信者應當發願生彼國土
舍利弗如我今者稱讚諸佛不可思議
彼諸佛等亦稱說我不可思議功德而
言釋迦牟尼佛能為甚難希有之事
婆國土五濁惡世劫濁見濁煩惱濁衆生
命濁中得阿耨多羅三藐三菩提為諸
說是一切世間難信之法舍利弗當知
五濁惡世行此難事得阿耨多羅三藐三
提為一切世間說此難信之法是為甚難
說此經已舍利弗及諸比丘一切世間天
阿脩羅等聞佛所說歡喜信受作礼而

BD07046 號 1　阿彌陀經

（4–3）

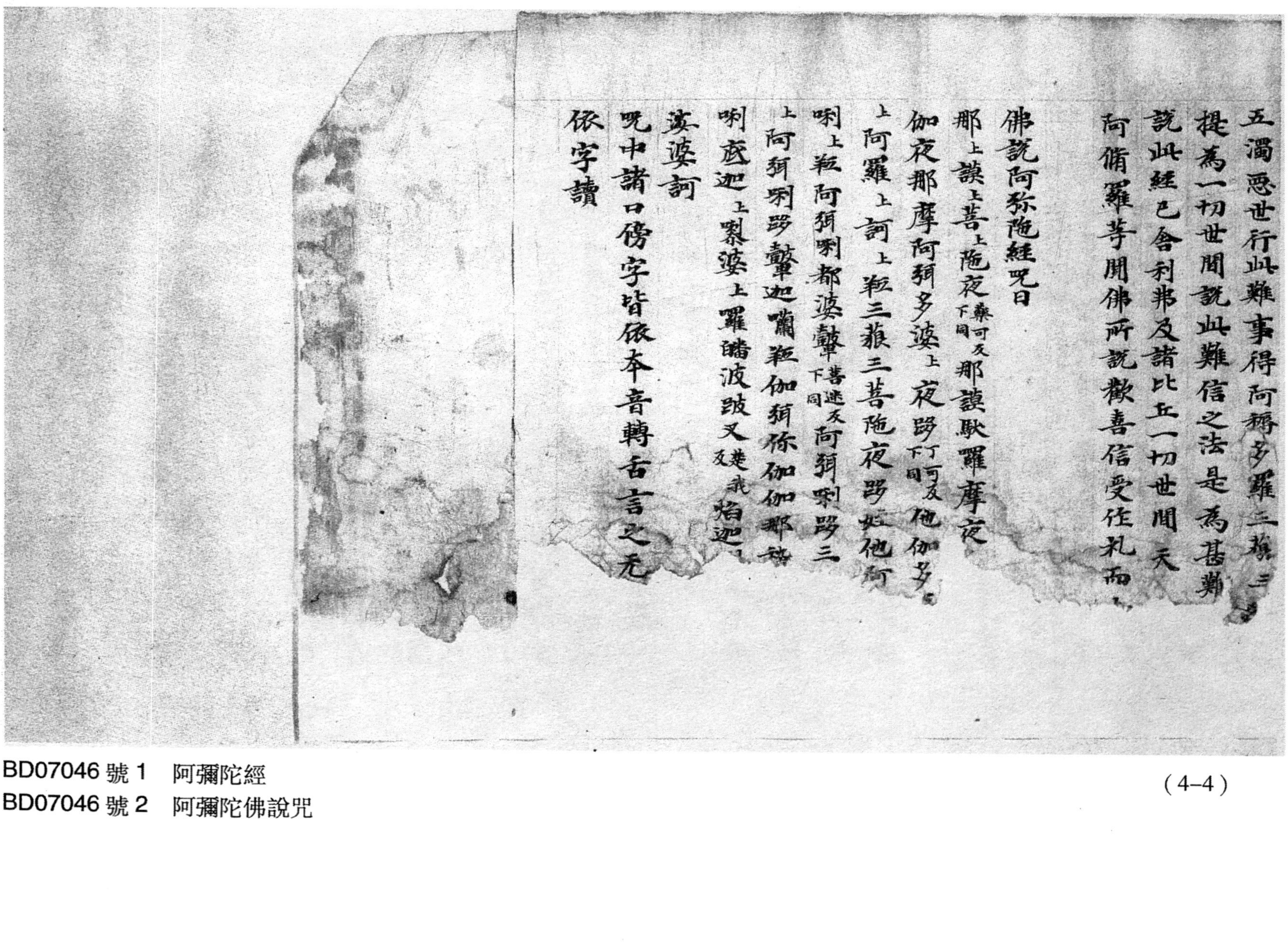

五濁惡世行此難事得阿耨多羅三藐三
提為一切世間說此難信之法是為甚難
說此經已舍利弗及諸比丘一切世間天
阿脩羅等聞佛所說歡喜信受作礼而

佛說阿弥陁經咒曰
那上謨上菩上陁夜(暴可反下同)那謨馱羅摩夜
伽夜那摩阿彌多婆上夜哆(丁可反下同)他伽多
上阿羅上訶上藐三藐三菩陁夜哆地他阿
唎上藐阿彌唎都婆韗(善迷反下同)阿彌唎哆三
上阿彌唎哆韗迦嘯藐伽彌旅伽伽那枳
唎底迦上縈婆上羅鐇波跋叉(楚我反)焰迦
娑婆訶
咒中諸口傍字皆依本音轉舌言之无
依字讀

BD07046 號 1　阿彌陀經
BD07046 號 2　阿彌陀佛說咒

（4–4）

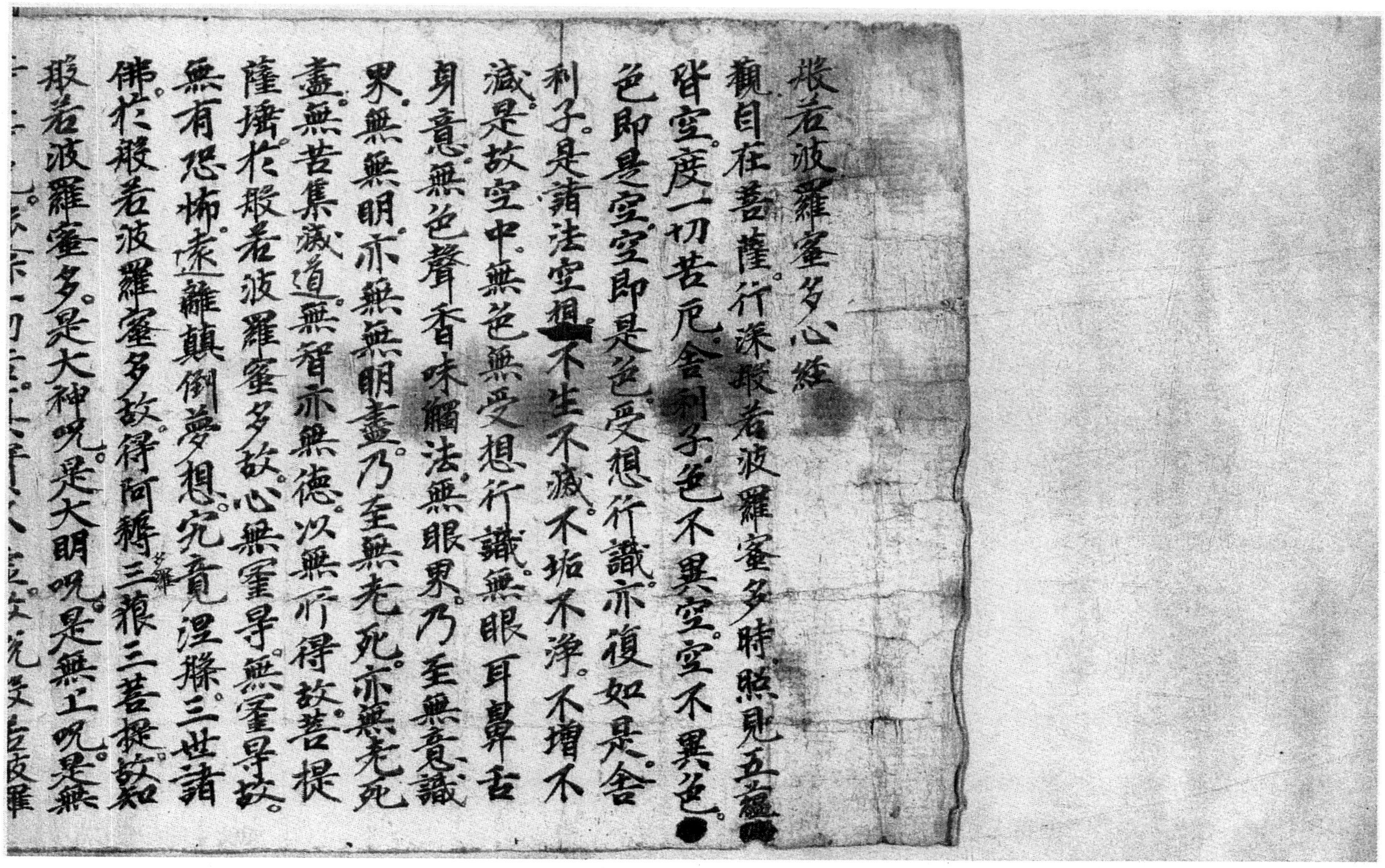

般若波羅蜜多心經
觀自在菩薩行深般若波羅蜜多時照見五蘊
皆空度一切苦厄舍利子色不異空空不異色
色即是空空即是色受想行識亦復如是舍
利子是諸法空相不生不滅不垢不淨不增不
減是故空中無色無受想行識無眼耳鼻舌
身意無色聲香味觸法無眼界乃至無意識
界無無明亦無無明盡乃至無老死亦無老死
盡無苦集滅道無智亦無德以無所得故菩提
薩埵於般若波羅蜜多故心無罣㝵無罣㝵故
無有恐怖遠離顛倒夢想究竟涅槃三世諸
佛於般若波羅蜜多故得阿耨多羅三藐三菩提故知
般若波羅蜜多是大神呪是大明呪是無上呪是無

BD07047 號　般若波羅蜜多心經　（2–1）

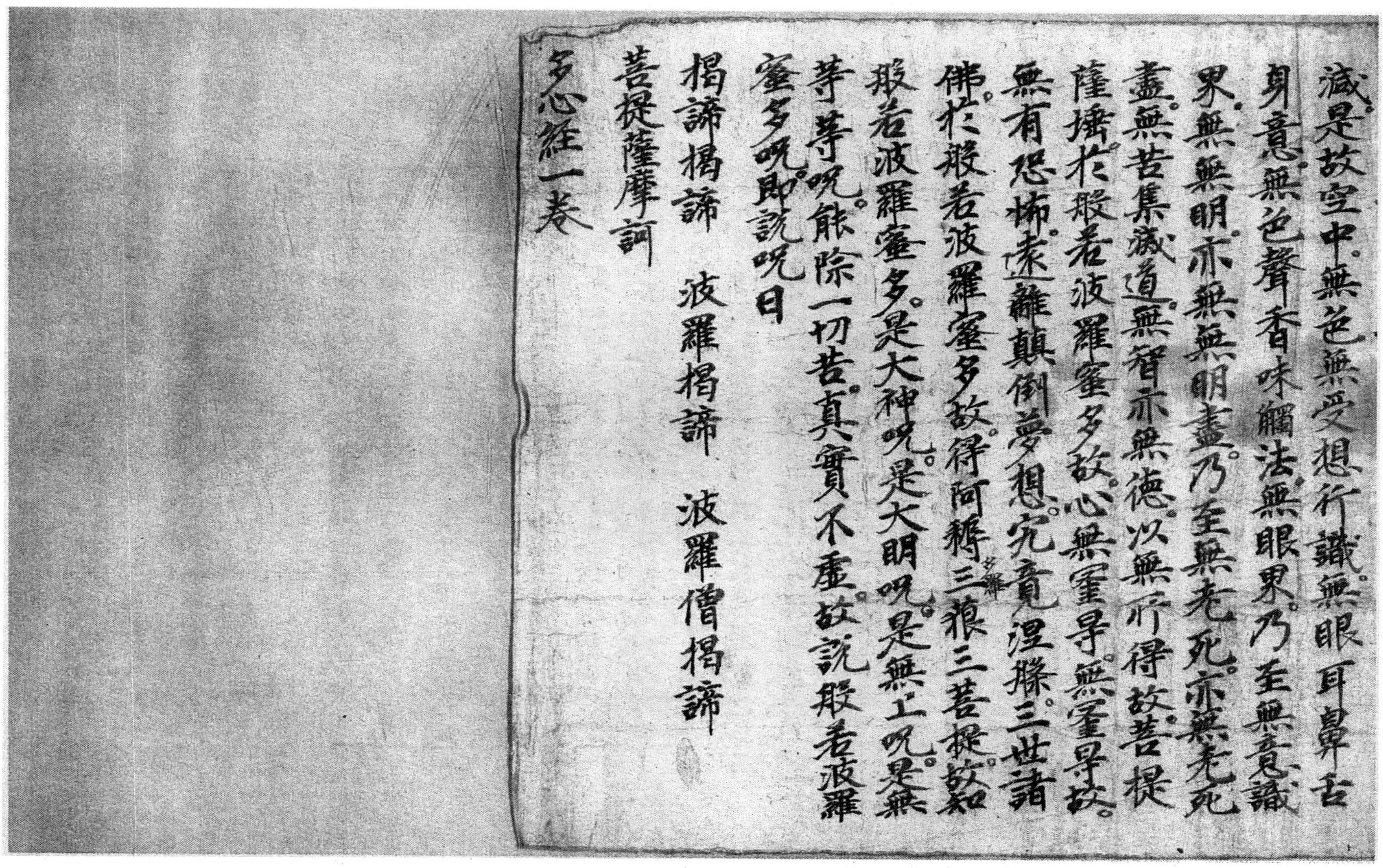

減是故空中無色無受想行識無眼耳鼻舌
身意無色聲香味觸法無眼界乃至無意識
界無無明亦無無明盡乃至無老死亦無老死
盡無苦集滅道無智亦無德以無所得故菩提
薩埵於般若波羅蜜多故心無罣㝵無罣㝵故
無有恐怖遠離顛倒夢想究竟涅槃三世諸
佛於般若波羅蜜多故得阿耨多羅三藐三菩提故知
般若波羅蜜多是大神呪是大明呪是無上呪是無
等等呪能除一切苦真實不虛故說般若波羅
蜜多呪即說呪曰
揭諦揭諦　波羅揭諦　波羅僧揭諦
菩提薩摩訶
多心經一卷

BD07047 號　般若波羅蜜多心經　（2–2）

畏苦惱逼

一切衆生所有功德勸令隨喜發菩提願

不可爲比勸除惡行罵辱之業一切功德皆

願成就所在生中勸請供養尊重讚歎一切

三寶勸請衆生淨修福行成滿菩提不可

爲比是故當知勸請一切世界三世三寶勸

請滿足六波羅蜜勸請轉於无上法輪勸請

住世經无量劫演說无量甚深妙法功德甚

深无能比者

尒時天帝釋及恒河女神无量梵王四大天衆

從座而起偏袒右肩右膝著地合掌頂礼白

佛言世尊我等皆得聞是金光明冣勝王

經今悉受持讀誦通利爲他廣說依此法住

何以故世尊我等欲求阿耨多羅三藐三菩

提隨順此義種種勝相如法行故尒時梵王

及天帝釋等於說法處皆以種種曼陁羅

花而散佛上三千大千世界地皆大動一切天

鼓及諸音樂不鼓自鳴放金色光遍滿世界

出妙音聲時天帝釋白佛言世尊此等皆是

BD07048號　金光明最勝王經卷三

（2–1）

深无能比者

尒時天帝釋及恒河女神无量梵王四大天衆

從座而起偏袒右肩右膝著地合掌頂礼白

佛言世尊我等皆得聞是金光明冣勝王

經今悉受持讀誦通利爲他廣說依此法住

何以故世尊我等欲求阿耨多羅三藐三菩

提隨順此義種種勝相如法行故尒時梵王

及天帝釋等於說法處皆以種種曼陁羅

花而散佛上三千大千世界地皆大動一切天

鼓及諸音樂不鼓自鳴放金色光遍滿世界

出妙音聲時天帝釋白佛言世尊此等皆是

金光明經威神之力慈悲普救種種利益種

種增長菩薩善根滅諸業障佛言如是如是

如汝所說何以故善男子我念往昔過无量

百千阿僧祇劫有佛名寶王大光照如來應

正遍知出現於世住世六百八十億劫尒時

寶王大光照如來爲欲度脫人天釋梵沙門

婆羅門一切衆生令安樂故當出現時初

BD07048號　金光明最勝王經卷三

（2–2）

得解脫无盡意觀世音
之力巍巍如是
若有衆生多於婬欲常念恭
得離欲若多瞋恚常念
便得離癡无盡意觀世
威神力多所饒益是故衆
若有女人設欲求男礼拜供養
便生福德智慧之男設欲求
相之女宿殖德本衆人愛敬
菩薩有如是力若有衆生
菩薩福不唐捐是故衆生皆
菩薩名号无盡意若有人受持
沙菩薩名字復盡形供養飲
醫藥於汝意云何是善男子
不无盡意言甚多世尊佛言
觀世音菩薩名号乃至一時礼
福正等无異於百千万億劫不
意受持觀世音菩薩名号得如是无量无邊
福德之利

BD07049 號　觀世音經　（5–1）

觀世音菩薩名号乃至一時礼
福正等无異於百千万億劫不
意受持觀世音菩薩名号得如是无量无邊
福德之利
无盡意菩薩白佛言世尊觀世音菩薩云何
遊此娑婆世界云何而為衆生說法方便之力
其事云何佛告无盡意菩薩善男子若有
國土衆生應以佛身得度者觀世音菩薩即
現佛身而為說法應以辟支佛身得度者即現
辟支佛身而為說法應以聲聞身得度者即
現聲聞身而為說法應以梵王身得度者即
現梵王身而為說法應以帝釋身得度者即
現帝釋身而為說法應以自在天身得度者
現自在天身而為說法應以大自在天身得
度者即現大自在天身而為說法應以天大
將軍身得度者即現天大將軍身而為
說法應以毗沙門身得度者即現毗沙門身
而為說法應以小王身得度者即現小王身
而為說法應以長者身得度者即現長者身
而為說法應以居士身得度者現居士身
而為說法應以宰官身得度者即現宰官身
而為說法應以婆羅門身得度者即現婆羅
門身而為說法應以比丘比丘尼優婆塞優婆
夷身得度者即現比丘比丘尼優婆塞優婆
夷身而為說法應以長者居士宰官婆羅
門婦女身得度者即現婦女身而為說法

BD07049 號　觀世音經　（5–2）

門身而為說法應以比丘比丘尼優婆塞優婆
夷身得度者即現比丘比丘尼優婆塞優婆
夷身而為說法應以長者居士宰官婆羅
門婦女身得者即現婦女身而為說法 應
以童男童女身得度者即現童男童女身而
為說法應以天龍夜叉乾闥婆阿脩羅迦樓
羅緊那羅摩睺羅伽人非人等身得度者即
皆現之而為說法應以執金剛神得度者即
現執金剛神而為說法无盡意是觀世音菩薩
成就如是功德以種種形遊諸國土度脫衆生
是故汝等應當一心供養觀世音菩薩 是
觀世音菩薩摩訶薩於怖畏急難之中能施
无畏是故此娑婆世界皆号之為施无畏者
尒時无盡意菩薩白佛言世尊我今當供養
觀世音菩薩即解頸衆寶珠瓔珞價直百
千兩金而以與之作是言仁者受此法施珎寶瓔
珞時觀世音菩薩不肯受之无盡意復白
觀世音菩薩言仁者愍我等故受此瓔珞尒
時佛告觀世音菩薩當愍此无盡意菩薩及
四衆天龍夜叉乾闥婆阿脩羅迦樓羅緊那
羅摩睺羅伽人非人等故受是瓔珞即時觀世
音菩薩愍諸四衆及於天龍人非人等 受
其瓔珞分作二分一分奉釋迦牟尼佛一分奉
多寶佛塔无盡意觀世音菩薩有如是自
在神力遊於娑婆世界尒時无盡意菩薩以

BD07049 號　觀世音經　（5-3）

音菩薩愍諸四衆及於天龍人非人等 受
其瓔珞分作二分一分奉釋迦牟尼佛一分奉
多寶佛塔无盡意觀世音菩薩有如是自
在神力遊於娑婆世界尒時无盡意菩薩以
偈問曰
世尊妙相具 我今重問彼 佛子何因緣 名為觀音
具足妙相尊 偈荅无盡意 汝聽觀音行 善應諸方所
弘誓深如海 歷劫不思議 侍多千億佛 發大清淨願
我為汝略說 聞名及見身 心念不空過 能滅諸有苦
假使興害意 推落大火坑 念彼觀音力 火坑變成池
或漂流巨海 龍魚諸鬼難 念彼觀音力 波浪不能沒
或在須弥峯 為人所推墮 念彼觀音力 如日虛空住
或被惡人逐 墮落金剛山 念彼觀音力 不能損一毛
或值怨賊繞 各執刀加害 念彼觀音力 咸即起慈心
或遭王難苦 臨刑欲壽終 念彼觀音力 刀尋段段壞
或囚禁枷鎖 手足被杻械 念彼觀音力 釋然得解脫
呪詛諸毒藥 所欲害身者 念彼觀音力 還著於本人
或遇惡羅刹 毒龍諸鬼等 念彼觀音力 時悉不敢害
若惡獸圍遶 利牙爪可怖 念彼觀音力 疾走无邊方
蚖蛇及蝮蝎 氣毒煙火然 念彼觀音力 尋聲自迴去
雲雷鼓掣電 降雹澍大雨 念彼觀音力 應時得消散
衆生被困厄 无量苦逼身 觀音妙智力 能救世間苦
具足神通力 廣脩智方便 十方諸國土 无刹不現身
種種諸惡趣 地獄鬼畜生 生老病死苦 以漸悉令滅
真觀清淨觀 廣大智慧觀 悲觀及慈觀 常願常瞻仰
无垢清淨光 慧日破諸闇 能伏災風火 普明照世間
悲體戒雷震 慈意妙大雲 澍甘露法雨 滅除煩惱焰

BD07049 號　觀世音經　（5-4）

衆生被困厄　无量苦逼身　觀音妙智力　能救世間苦
具足神通力　廣脩智方便　十方諸國土　无刹不現身
種種諸惡趣　地獄鬼畜生　生老病死苦　以漸悉令滅
真觀清淨觀　廣大智慧觀　悲觀及慈觀　常願常瞻仰
无垢清淨光　慧日破諸闇　能伏灾風火　普明照世間
悲體戒雷震　慈意妙大雲　澍甘露法雨　滅除煩惱炎
諍訟經官處　怖畏軍陣中　念彼觀音力　衆怨悉退散
妙音觀世音　梵音海潮音　勝彼世間音　是故須常念
念念勿生疑　觀世音淨聖　於苦惱死厄　能為作依怙
具一切功德　慈眼視衆生　福聚海无量　是故應頂禮
尒時持地菩薩即從坐起前白佛言世尊若
有衆生聞是觀世音菩薩品自在之業普門
示現神通力者當知是人功德不少佛說是
普門品時衆中八万四千衆生皆發无等等
阿耨多羅三藐三菩提心

妙法蓮華經陁羅尼品第廿六

BD07049號　觀世音經　（5–5）

佛說八陽神呪經
聞如是一時佛在毗耶達摩城寮廓宅
中十方相隨四衆圍遶尒時无礙菩薩在
大衆中即從座起合掌向佛白佛言世尊
此閻浮提衆生遞代相生无始已來相續
不斷有識者少无知者多長壽者少殀
命者多富貴者少貧賤者多智慧者少愚
癡者多溫柔者少剛強者多念佛者少
永神者多正直者少由謟者多清慎者少
濁濫者多敬使世俗淺薄官法荼毒賦役
煩重百姓窮苦所求難得良由信邪倒
見獲如是苦唯願世尊為諸邪見衆生
說其正見之法令得悟解免於衆苦佛言
善哉善哉无礙菩薩汝大慈悲為諸邪見
衆生問於如來說其正見之法不可思議汝
等諦聽善思念之吾當為汝分別演說天地

見獲如是告唯願世尊爲諸邪見衆生
説其正見之法令得悟解免於衆苦佛言
善哉善哉无㝵菩薩汝大慈悲爲諸邪見
衆生問於如來説其正見之法不可思議汝
等諦聽善思念之吾當爲汝分別演説天地
八陽之經此經過去諸佛已説未來諸佛當説
現在之佛今説夫天地之間爲人最勝最貴
於一切万物人者真也正也心无虚妄身行正
真左爲正右爲真常行正真故名爲人是
知人能弘道道以潤身依道於人皆成聖
道
佛告无㝵菩薩一切衆生既得人身不能脩福
背真向僞造種種惡業命將欲終必沉苦海
受種種罪苦若聞此經信心不逆即得解脫
諸罪之難出於苦海善神加護无諸鄣㝵
年益壽而无横夭以信力故獲如斯福
復次无㝵菩薩若有男子女人信邪倒見即
被邪魔外道魑魅魍魎鳥鳴百怪是諸惡鬼
競來惱亂與其横病腫惡疰受其痛苦无
有休息皆悉遇善知識爲讀八陽經三遍
是諸惡鬼皆悉消滅病即除愈身強力足
讀經功德獲如斯福若有衆生多於婬欲瞋
恚愚癡慳貪嫉妬若見此經信敬供養即
讀三遍愚癡等惡並皆除滅慈悲喜捨得
佛法分
復次无㝵菩薩若有善男子善女人等興有

皆直向爲造種種惡業[illegible]
受種種罪苦若聞此經信心不逆即得解脫
諸罪之難出於苦海善神加護无諸鄣㝵延
年益壽而无横夭以信力故獲如斯福
復次无㝵菩薩若有男子女人信邪倒見即
被邪魔外道魑魅魍魎鳥鳴百怪是諸惡鬼
競來惱亂興其横病腫惡疰受其痛苦无
有休息皆悉遇善知識爲讀八陽經三遍
是諸惡鬼皆悉消滅病即除愈身強力足
讀經功德獲如斯福若有衆生多於婬欲瞋
恚愚癡慳貪嫉妒若見此經信敬供養即
讀三遍愚癡等惡並皆除滅慈悲喜捨得
佛法分
復次无㝵菩薩若有善男子善女人等興有
爲法先讀此經三遍築墻動土安立家宅南
堂北堂東序西序廚舍客屋門戶井竈

日遊月
軍大殺

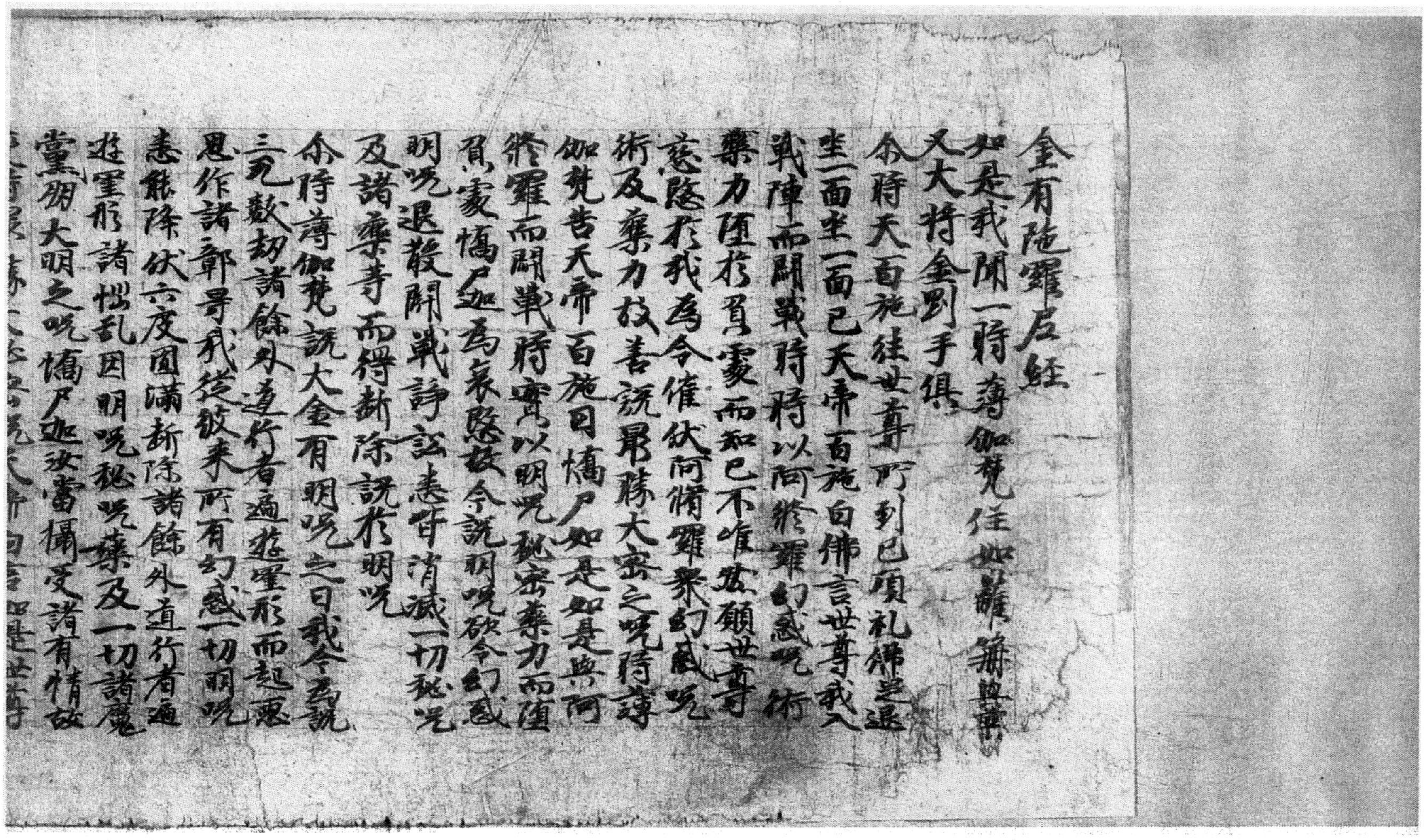
金有陀羅尼經
如是我聞一時薄伽梵住如羅[illegible]
又大將金剛手俱
尒時天百施往世尊所到已頂礼佛足退
坐一面坐一面已天帝百施白佛言世尊我入
戰陣而闘戰時時以阿修羅幻惑呪術
藥力堕於負處而知已不唯宏願世尊
慈愍於我為令催伏阿脩羅衆幻惑呪
術及藥力故善說最勝大密之呪時薄
伽梵告天帝百施曰憍尸迦如是如是與阿
修羅而闘戰時[illegible]以明呪秘密藥力而墮
負處憍尸迦為哀愍故今說明呪欲令幻惑
明呪退散闘戰諍訟悉皆消滅一切秘呪
及諸藥等而得斷除說於明呪
尒時薄伽梵說大金有明呪之曰我今為說
三无數劫諸餘外道行者遍遊墨形而起惡
思作諸鄣㝵我從彼来所有幻惑一切明呪
悉能降伏六度圓滿斷除諸餘外道行者遍
遊墨形諸惱乱因明呪秘呪藥及一切諸魔
黨朋大明之呪憍尸迦汝當攝受諸有情故

BD07051 號　金有陀羅尼經　（3–1）

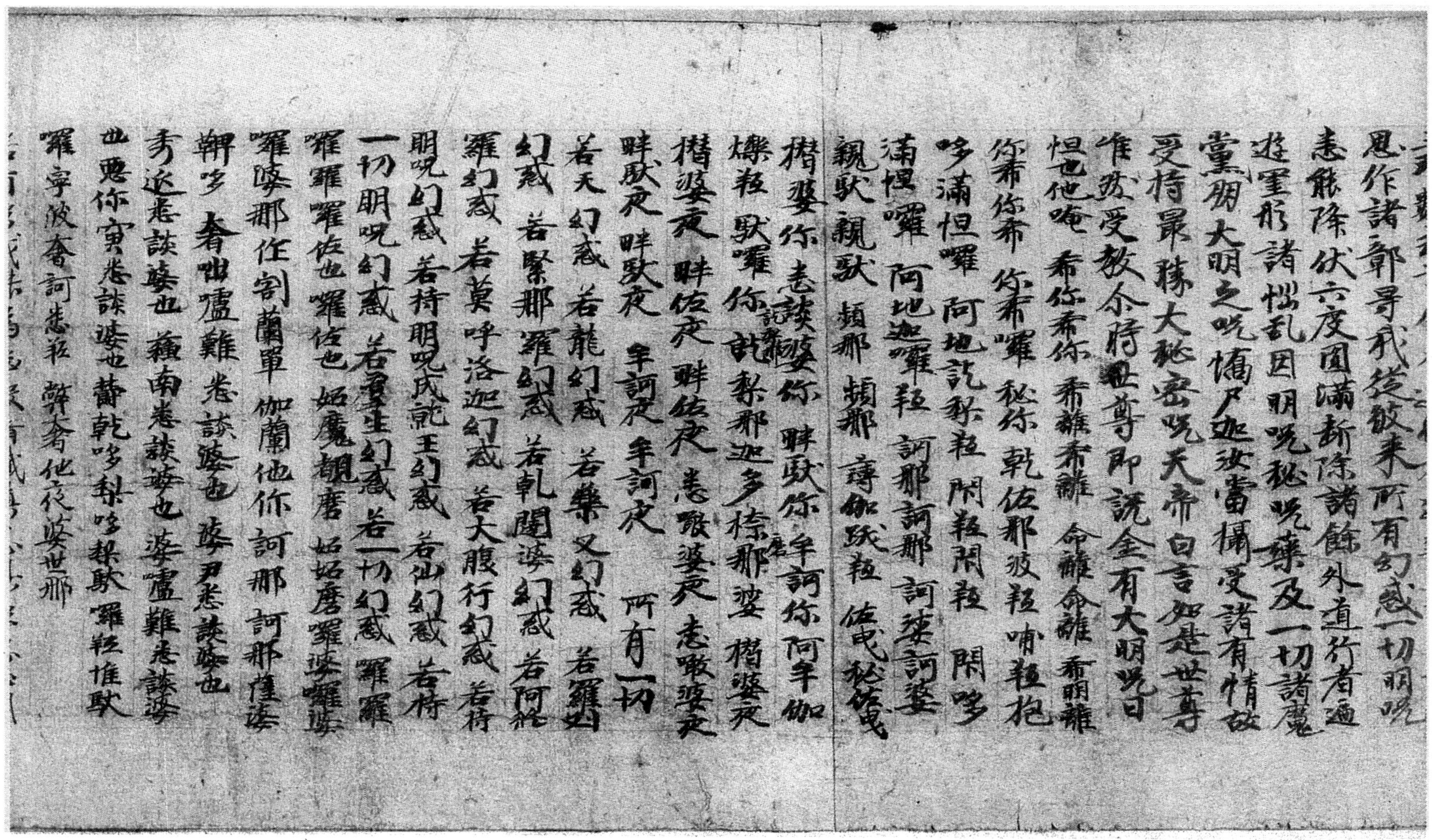
思作諸鄣㝵我從彼来所有幻惑一切明呪
悉能降伏六度圓滿斷除諸餘外道行者遍
遊墨形諸惱乱因明呪秘呪藥及一切諸魔
黨朋大明之呪憍尸迦汝當攝受諸有情故
受持最勝大秘密呪天帝白言如是世尊
唯然受教尒時世尊即說金有大明呪曰
怛他他唵 希你希你 希離希離 命離命離 希明離
你希你希 你希囉 秘你 乾佐耶 披粒 哺粒 抱
哆滿怛囉 阿地說黎粒 閉粒閉粒 閉哆
滿怛囉 阿地迦囉粒 訶耶訶耶 訶婆訶婆
親馱親馱 頻耶 頻耶 薄伽跃粒 佐弖秘佐弖
褚婆你 悉談婆你 畔馱你 牟訶你 阿牟伽
爍粒 馱囉你 說黎耶迦多 棕耶婆 褚婆夜
褚婆夜 畔佐夜 畔佐夜 悉喉婆夜 悉喉婆夜
畔馱夜 畔馱夜 牟訶夜 牟訶夜 所有一切
若天幻惑 若龍幻惑 若藥叉幻惑 若羅刹
幻惑 若緊那羅幻惑 若乾闥婆幻惑 若阿修
羅幻惑 若莫呼洛迦幻惑 若大腹行幻惑 若持
明呪幻惑 若持明呪成就王幻惑 若仙幻惑 若持
一切明呪幻惑 若衆生幻惑 若一切幻惑 羅羅
囉羅羅 羅佐也 囉佐也 娑魔覩磨 娑娑磨 囉娑囉娑
囉娑耶 佉剳蘭單 伽蘭他你 訶耶 訶耶 撞娑
鞞哆 奢咄嚧難 卷談婆也 婆尹悉談婆也
秀逆悉談婆也 蘇南卷談婆也 婆嚧難卷談婆
也惡你 寅卷談婆也 薺乾哆梨哆 梨馱 羅粒 堆馱
囉寧彼奢訶悉粒 弊奢他夜 婆世耶

BD07051 號　金有陀羅尼經　（3–2）

一切明呪幻惑 若衆生幻惑 若一切幻惑 羅羅
羅羅羅佐也羅佐也 姤魔覩磨 姤姤磨羅婆囉婆
羅婆那 作割蘭單 伽蘭他你訶那 訶那摩婆
鞞多 奢咄盧難 卷詸婆也 婆尹悉詸婆也
秀迷悉詸婆也 藴南卷詸婆也 婆盧難卷詸婆
也悪你寅卷詸婆也 薺乾哆梨哆梨馱 羅粒推馱
羅寧波奢訶悉粒 弊奢他夜婆世那
若有於我能為惡諸賊真恚具極惡心闘
諍極諍欲作一切無利益者 訶那訶那 多
訶 多訶 波佐 波佐 半佐夜半佐夜 擯婆也 擯婆
夜 悉詸婆也 悉詸婆也 半馱夜 半馱夜 摩訶夜
摩訶夜 磨訶摩訶你 薄伽跋羅 莎訶
於一切怖畏燒燃疾疫願守護我 蘇馱莎訶
憍尸迦 若善男子善女人若王若王大臣能憶
念金有明呪者彼无他怖畏於彼部黨他所職
軍不能侵擾 亦非天亦非龍亦非藥叉亦非乾
闥婆亦非阿修羅亦非緊那羅亦非莫呼洛
迦亦非持明呪者亦非飛空母等亦不非時
而捨壽命明呪術呪一切諸藥不能為害他所職軍
不能侵逵他所職軍而不傷命刀不能害水火毒藥明

BD07051號　金有陀羅尼經　　（3–3）

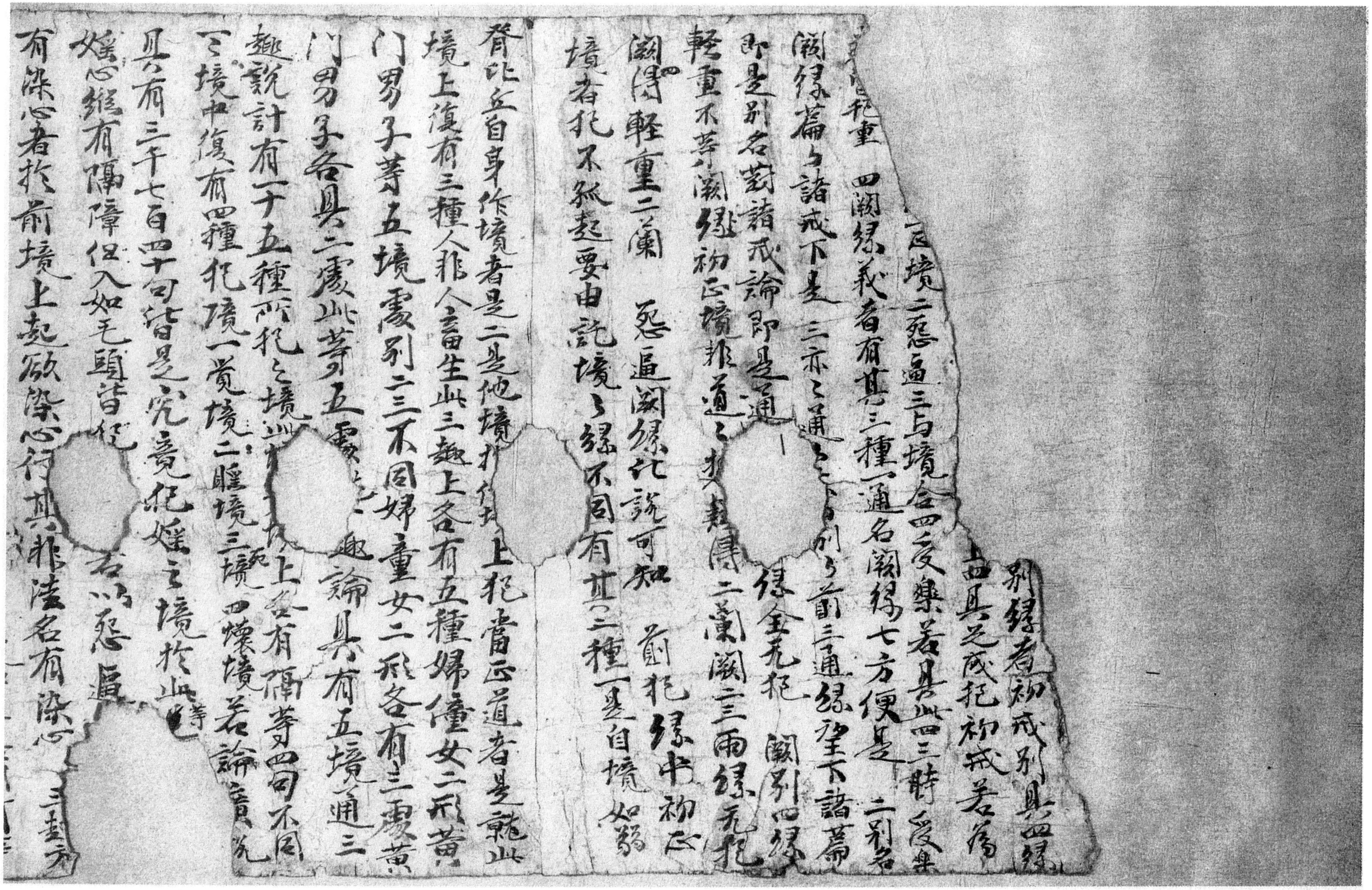

BD07052號　釋僧戒初篇四波羅夷義決　　（4–1）

BD07052號 釋僧戒初篇四波羅夷義決

（4–2）

毋石女道師子大乘等膺捺□行婬欲不犯或被他逼
〻行婬无犯　又言不犯者有二　一白睡眠无所覺知
二惡逼所惱　三時无樂不犯　又最初未制戒前　癡狂心乱
痛惱所纏无犯
第二盜戒四義者　一制戒意　二釋名字　三具緣義　四闕緣義
初制意者　通意如前　別意者　凡盜資財天之命　多本非
此不傷人情　寶重之意者處□家所為　應撥已資物令
乃非理很奪損惱不輕　過中之重　是故聖制　二釋名者通
名如前　非理別名者損財名之為盜　不与而取名之曰盜　是
所妨之過　戒是能治之行　能所通□曰盜戒　三具緣者通緣
如上　別緣具五　一是有主物　二有主想　三明重物　四明有盜心
五物離本處　此五具足　結成重罪　四闕緣義者　通闕如前　別
闕者　若闕義初緣得三蘭　闕□□容有九蘭　闕第三緣
重物作輕物之蘭　闕第四緣　无盜心全无罪　闕第五緣
得輕重二蘭　前具緣成犯中略標盜相義略有三種　一
三寶物　二人物　三非畜物　初三寶復有二種　一約自護　二約
他護　次人物者亦約護主結罪　復非畜物中亦多二種　一者人非　二者
畜生　准論盜境須具五有主六歷六天三寶　三趣等物有主守
護　非理致損　斯成犯法　若无主物　已物或緣差轉想始等
非有盜心　前非盜境　并不結犯　唯有本心方便　令條犯緣次第
并就初緣中盜佛物者　若盜佛像塔中幡蓋舍利珠瓔花
隨供養之具　若非護主計直成重　如□護主望新施主不望佛邊
无盜罪　非佛於物无我所心　故但得蘭　福邊結罪　罪同非人物攝
故薩婆多云　佛塔中鳥死及得餘物　但供塔用　餘用犯盜
……用得罪　盜天神衆衣神

□□□□□□□□□重罪　四□緣義者通論女□□
闕者若闕義初緣得三蘭　問□容有九蘭　闕第三緣
重物作輕物之蘭　闕第四緣无盜心全无罪　闕第五緣
得輕重二蘭　前具六緣成犯中略標盜之相義略有三種一
三寶物二人物三非畜物初三寶□後有二種一約自護二約
他護　次人物者若約護主結罪後非畜物中亦二種一者人非二者
畜生　沉論盜境須具是有主六塵六大三寶　三趣等物有主守
護非理致損斯成犯法若无主物□亡物或緣差轉想疑等
雖有盜心前非盜境並不結犯唯有本心方便今依犯緣次第
辨乾初緣中盜佛物者若盜佛像塔中幡蓋舍利珠瓔珞
隨供養之具於誰主封直成重如□護主望斷施主之望佛邊
无盜罪佛於物无我所心故但得蘭　福邊結罪非罪同非人物攝
故薩婆多云佛塔中鳥死反得餘物但供塔用餘用犯盜
塔上掃土淨地棄之不得惡用得罪　盜天神像衣神
中物得蘭
念
□佛像舍利諸供養具菩薩作淨心供養自於
是師作如是意无犯　　盜法物者若盜
□五犯重　盜經物計直犯重　不得口吹
經如燒父母得重　十誦借經拒而不与全主
□□□舍利□□□□

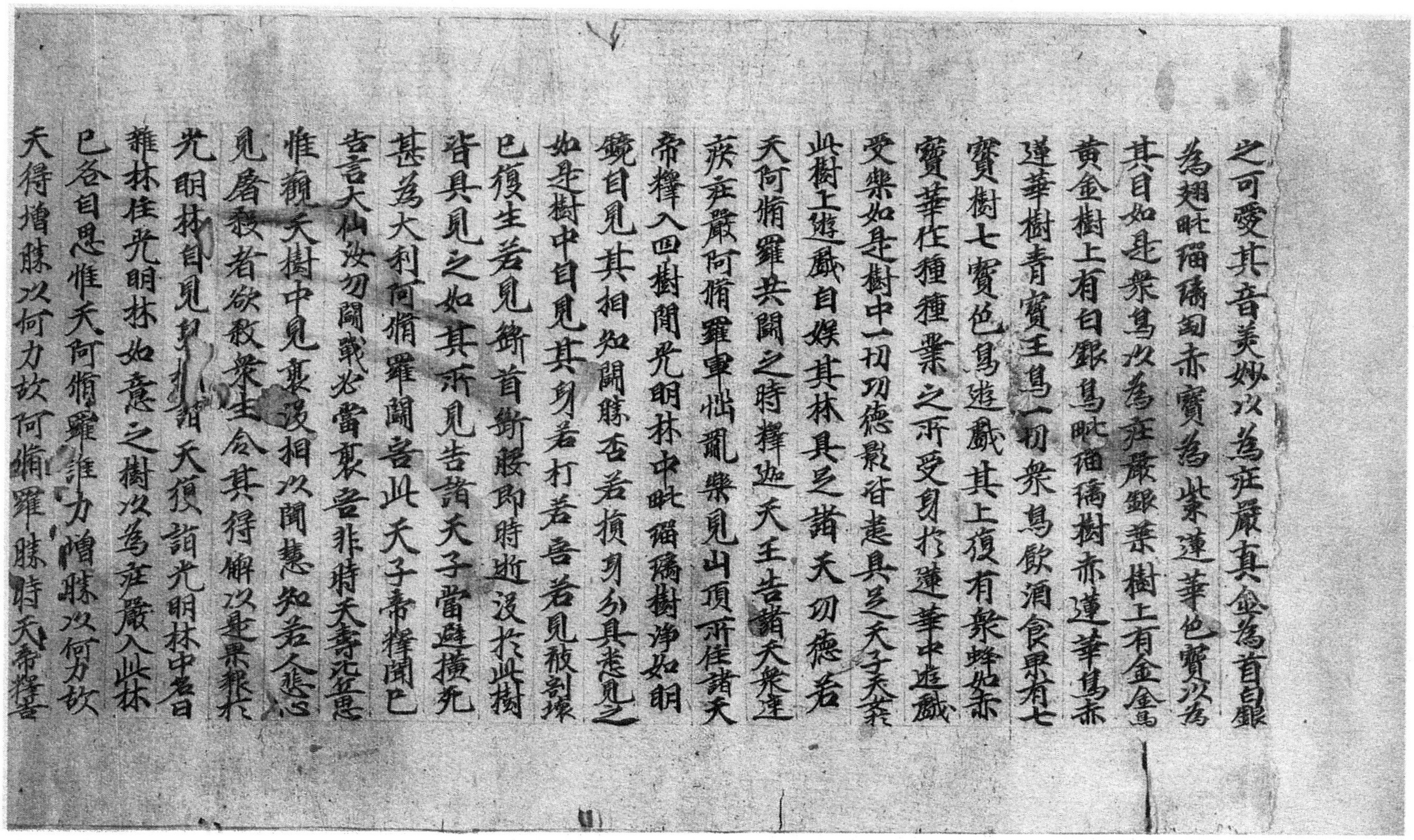

之可愛其音美妙以為莊嚴真金為首白銀
為翅毗瑠璃匋赤寶為紫蓮華色寶以為
其目如是衆鳥以為莊嚴銀葉樹上有金金鳥
黃金樹上有白銀鳥毗瑠璃樹赤蓮華鳥赤
蓮華樹青寶王鳥一切衆鳥飲酒食果有七
寶樹七寶色鳥遊戲其上復有衆蜂如赤
寶華住種種業之所受身於蓮華中遊戲
受樂如是樹中一切功德歡皆悉具足天子天衆
此樹上遊戲自娛其林具足諸天功德若
天阿脩羅共鬬之時釋迦天王告諸天衆速
疾莊嚴阿脩羅軍惱亂衆見山頂所住諸天
帝釋入四樹間光明林中毗瑠璃樹淨如明
鏡自見其相知鬬勝負若損身分具悉見之
如是樹中自見其身若打若害若見被割壞
已復生若見斷首斷腰即時遊沒於此樹
皆具見之如其所見告諸天子當避損失
甚為大利阿脩羅鬬害此天子帝釋聞已
告言大仙汝勿鬬戰必當衰害非時天壽死亡患
惟賴天樹中見衰沒相以聞慧知若人悲心
見屠殺者欲救衆生令其得解以是果報於
光明林自見身相天復詣光明林中名曰
雜林住光明林如意之樹以為莊嚴入此林
已各自思惟天阿脩羅誰力增勝以何力故
天得增勝以何力故阿脩羅勝時天帝釋善

BD07053號　正法念處經（兌廢稿）卷二七　（2–1）

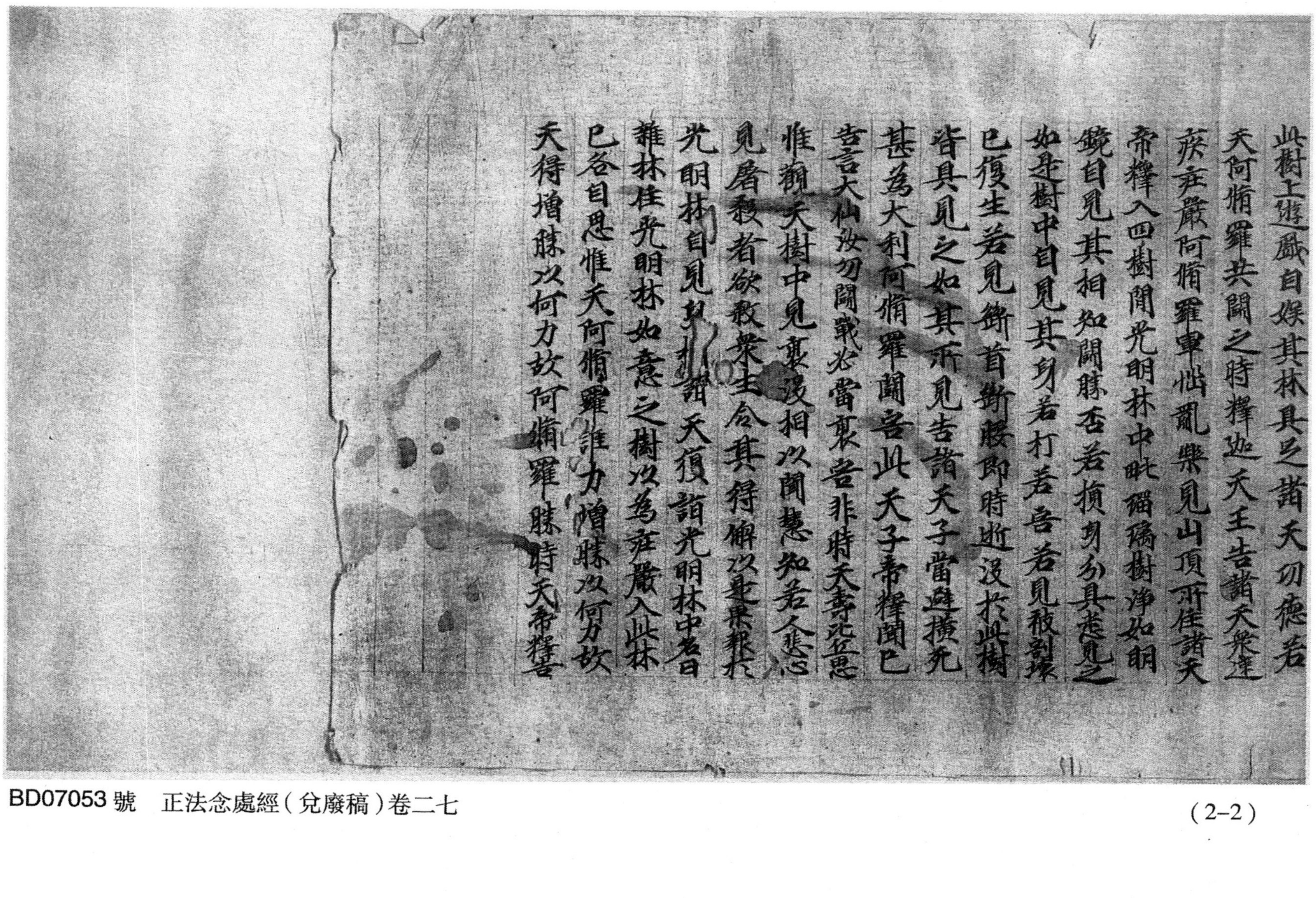

此樹上遊戲自娛其林具足諸天功德若
天阿脩羅共鬬之時釋迦天王告諸天衆速
疾莊嚴阿脩羅軍惱亂衆見山頂所住諸天
帝釋入四樹間光明林中毗瑠璃樹淨如明
鏡自見其相知鬬勝負若損身分具悉見之
如是樹中自見其身若打若害若見被割壞
已復生若見斷首斷腰即時遊沒於此樹
皆具見之如其所見告諸天子當避損失
甚為大利阿脩羅鬬害此天子帝釋聞已
告言大仙汝勿鬬戰必當衰害非時天壽死亡患
惟賴天樹中見衰沒相以聞慧知若人悲心
見屠殺者欲救衆生令其得解以是果報於
光明林自見身相天復詣光明林中名曰
雜林住光明林如意之樹以為莊嚴入此林
已各自思惟天阿脩羅誰力增勝以何力故
天得增勝以何力故阿脩羅勝時天帝釋善

BD07053號　正法念處經（兌廢稿）卷二七　（2–2）

弟六袟
惠辯

BD07053號背　勘記　　（1–1）

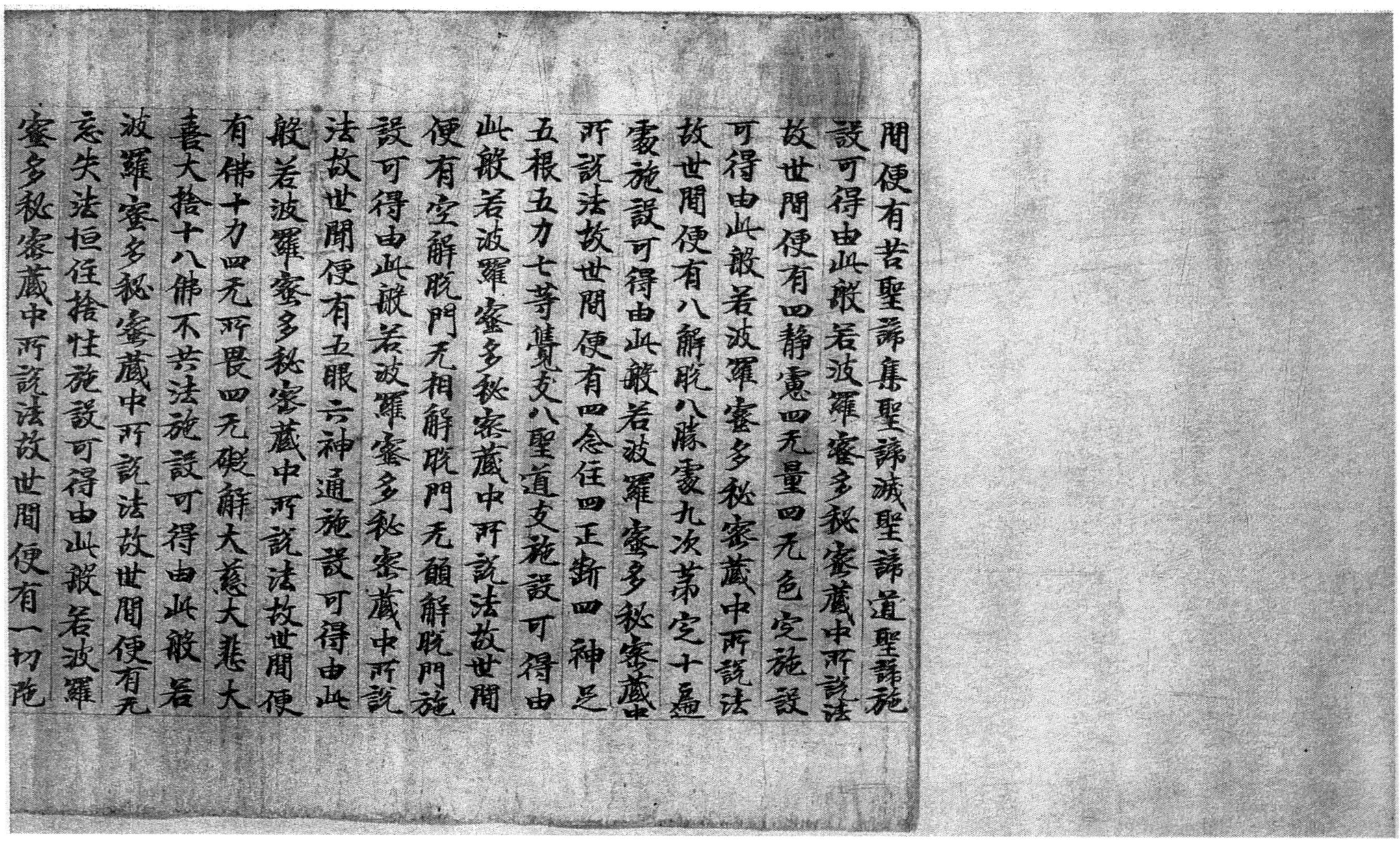
間便有苦聖諦集聖諦滅聖諦道聖諦施
設可得由此般若波羅蜜多秘密藏中所說法
故世間便有四静慮四无量四无色定施設
可得由此般若波羅蜜多秘密藏中所說法
故世間便有八解脫八勝處九次苐定十遍
處施設可得由此般若波羅蜜多秘密藏中
所說法故世間便有四念住四正斷四神足
五根五力七等覺支八聖道支施設可得由
此般若波羅蜜多秘密藏中所說法故世間
便有空解脫門无相解脫門无願解脫門施
設可得由此般若波羅蜜多秘密藏中所說
法故世間便有五眼六神通施設可得由此
般若波羅蜜多秘密藏中所說法故世間便
有佛十力四无所畏四无礙解大慈大悲大
喜大捨十八佛不共法施設可得由此般若
波羅蜜多秘密藏中所說法故世間便有无
忘失法恒住捨性施設可得由此般若波羅
蜜多秘密藏中所說法故世間便有一切陁

BD07054號　大般若波羅蜜多經卷一三三　　（2–1）

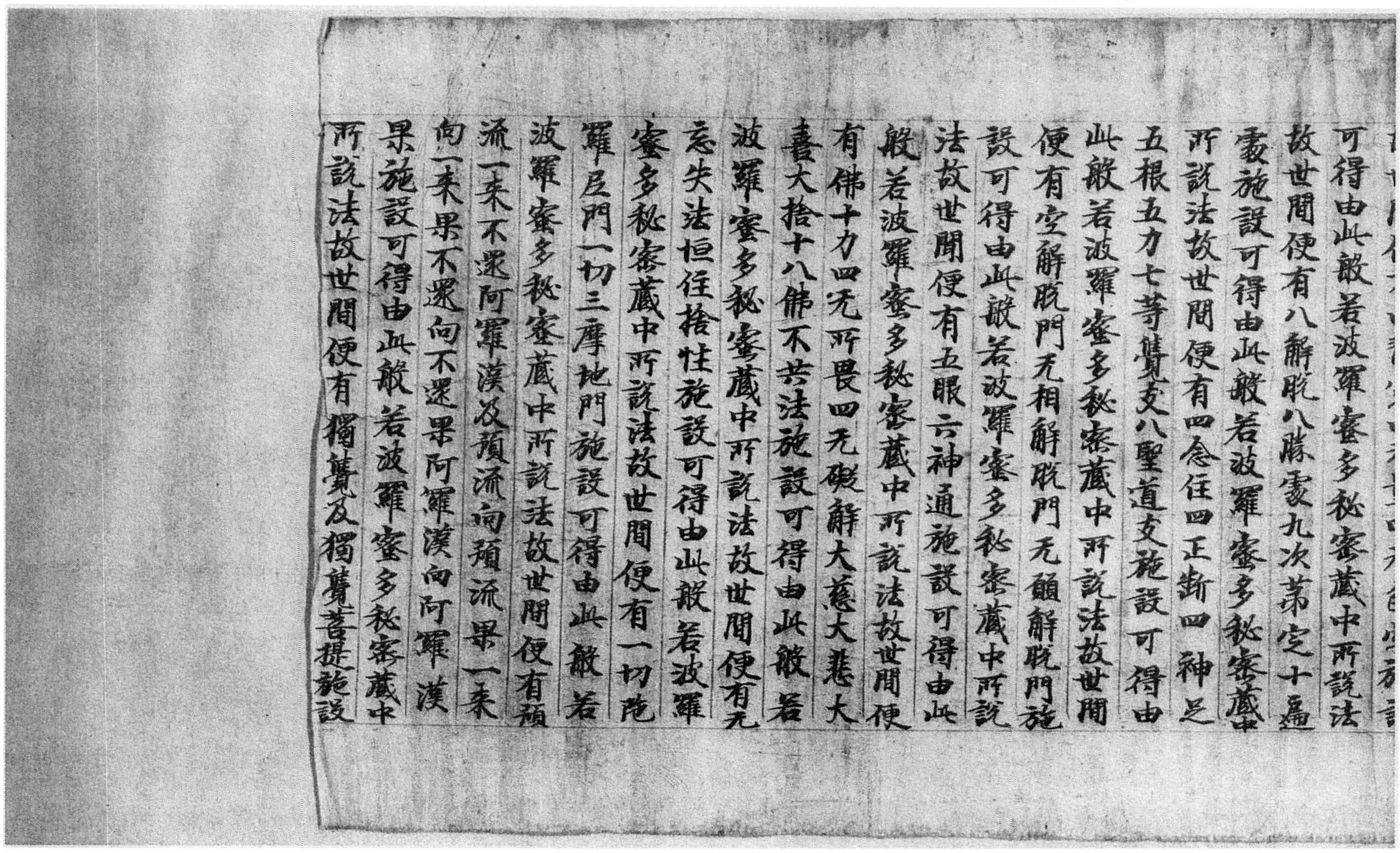

可得由此般若波羅蜜多秘密藏中所說法
故世間便有八解脫八勝處九次第定十遍
處施設可得由此般若波羅蜜多秘密藏中
所說法故世間便有四念住四正斷四神足
五根五力七等覺支八聖道支施設可得由
此般若波羅蜜多秘密藏中所說法故世間
便有空解脫門无相解脫門无願解脫門施
設可得由此般若波羅蜜多秘密藏中所說
法故世間便有五眼六神通施設可得由此
般若波羅蜜多秘密藏中所說法故世間便
有佛十力四无所畏四无礙解大慈大悲大
喜大捨十八佛不共法施設可得由此般若
波羅蜜多秘密藏中所說法故世間便有无
忘失法恒住捨性施設可得由此般若波羅
蜜多秘密藏中所說法故世間便有一切陀
羅尼門一切三摩地門施設可得由此般若
波羅蜜多秘密藏中所說法故世間便有預
流一來不還阿羅漢及預流向預流果一來
向一來果不還向不還果阿羅漢向阿羅漢
果施設可得由此般若波羅蜜多秘密藏中
所說法故世間便有獨覺及獨覺菩提施設

BD07054 號　大般若波羅蜜多經卷一三三　（2–2）

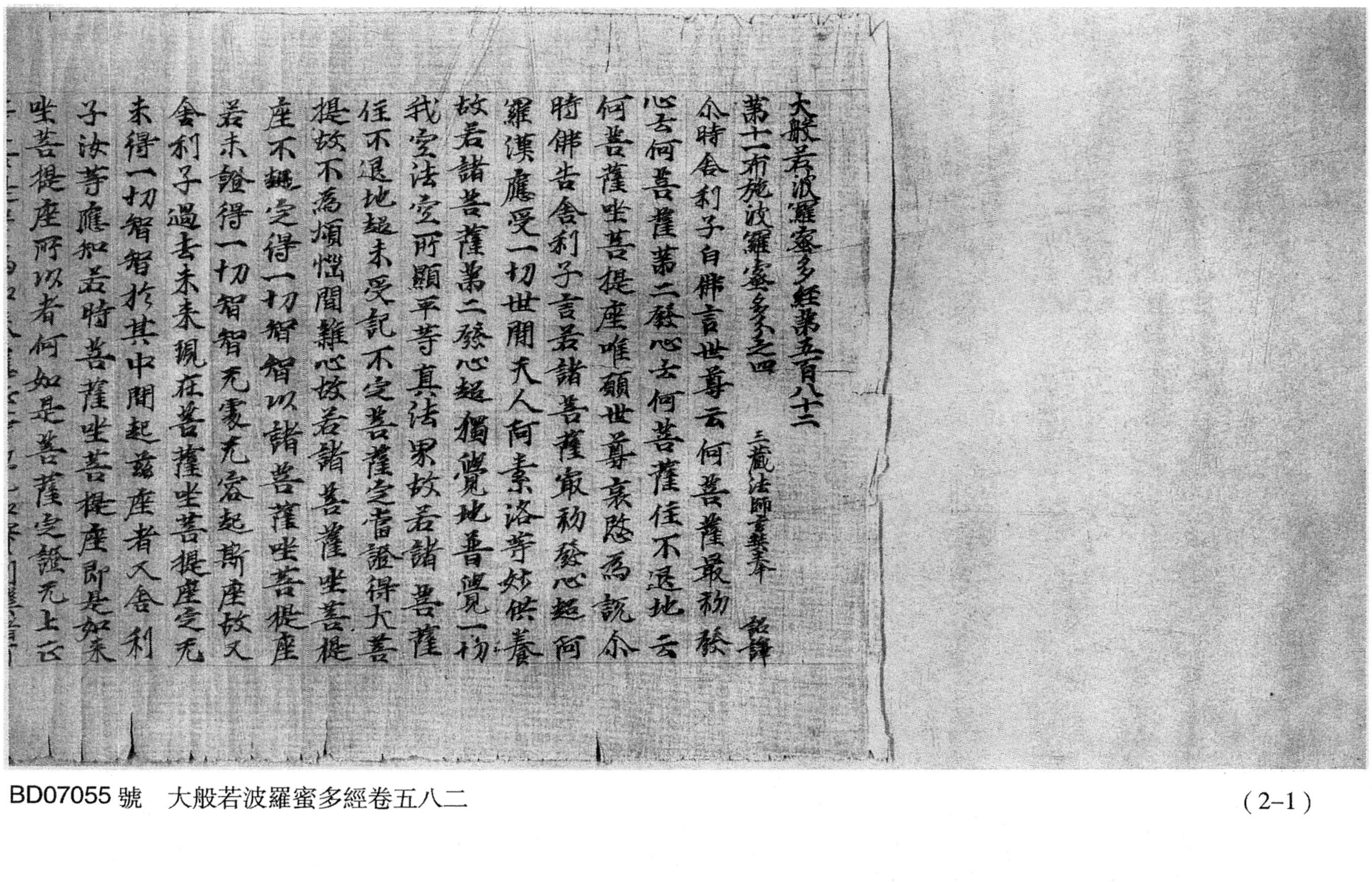

大般若波羅蜜多經卷第五百八十二　三藏法師玄奘奉　詔譯
第十一布施波羅蜜多分之四
尒時舍利子白佛言世尊云何菩薩最初發
心云何菩薩第二發心云何菩薩住不退地云
何菩薩坐菩提座唯願世尊哀愍為說尒
時佛告舍利子言若諸菩薩最初發心超阿
羅漢應受一切世間天人阿素洛等妙供養
故若諸菩薩第二發心超獨覺地普覺一切
我空法空所顯平等真法界故若諸菩薩
住不退地超未受記不定菩薩定當證得大菩
提故不為煩惱間雜心故若諸菩薩坐菩提
座不離定得一切智智以諸菩薩坐菩提座
若未證得一切智智无處无容起斯座故又
舍利子過去未來現在菩薩坐菩提座定无
未得一切智智於其中間起茲座者又舍利
子汝等應知若時菩薩坐菩提座即是如來
坐菩提座所以者何如是菩薩定證无上正

BD07055 號　大般若波羅蜜多經卷五八二　（2–1）

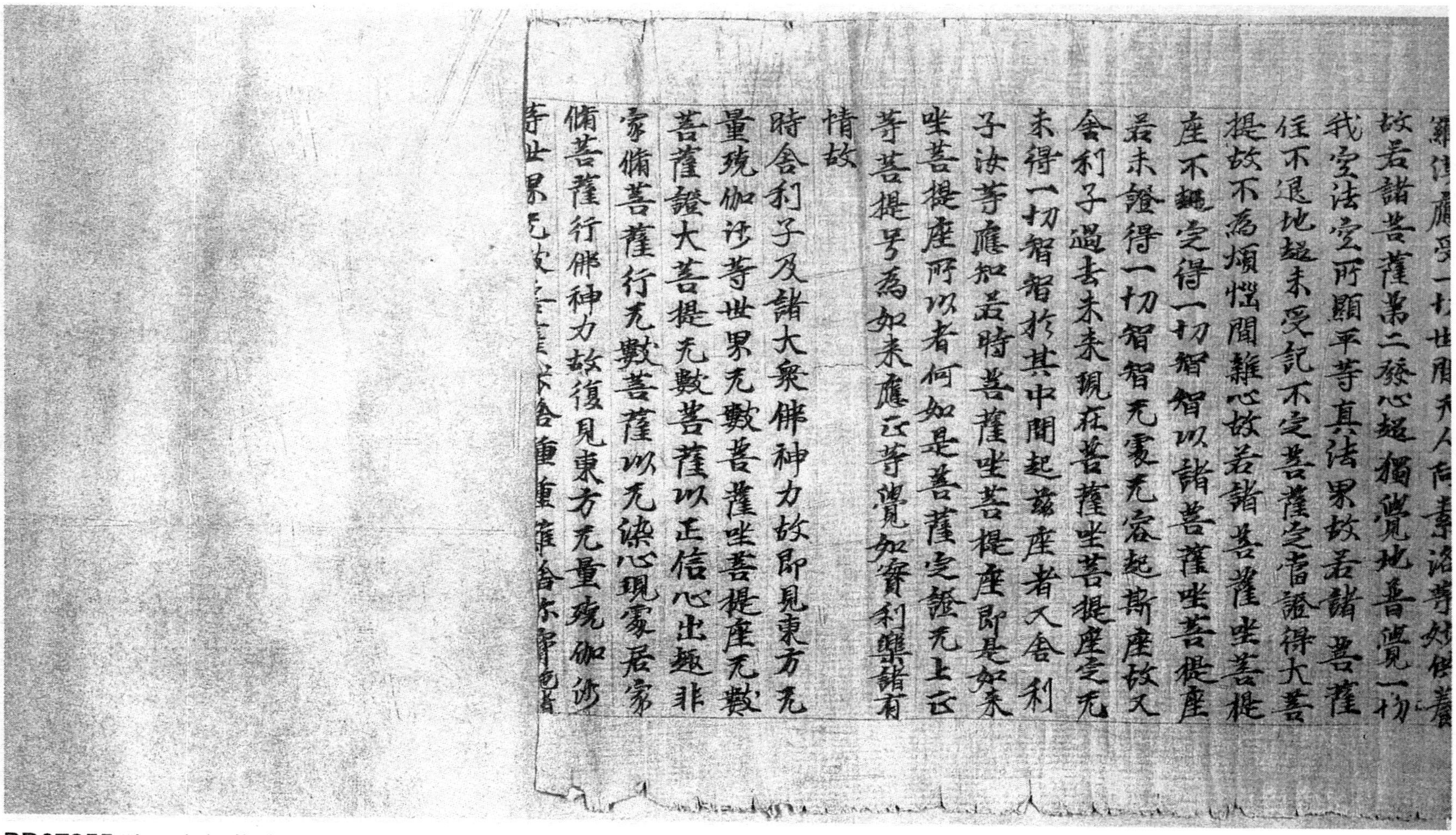
羅漢應受一切世間天人阿素洛等妙供養
故若諸菩薩第二發心趣獨覺地普覺一切
我空法空所顯平等真法界故若諸菩薩
住不退地越未受記不定菩薩定當證得大菩
提故不為煩惱間雜心故若諸菩薩坐菩提
座不退定得一切智智以諸菩薩坐菩提座
若未證得一切智智无處无容起斯座故又
舍利子過去未來現在菩薩坐菩提座定无
未得一切智智於其中間起茲座者又舍利
子汝等應知若時菩薩坐菩提座即是如來
坐菩提座所以者何如是菩薩定證无上正
等菩提号為如來應正等覺如實利樂諸有
情故
時舍利子及諸大衆佛神力故即見東方无
量殑伽沙等世界无數菩薩坐菩提座无數
菩薩證大菩提无數菩薩以正信心出趣非
家備菩薩行无數菩薩以无染心現處居家
備菩薩行佛神力故復見東方无量殑伽沙
等世界无

BD07055 號　大般若波羅蜜多經卷五八二

（2–2）

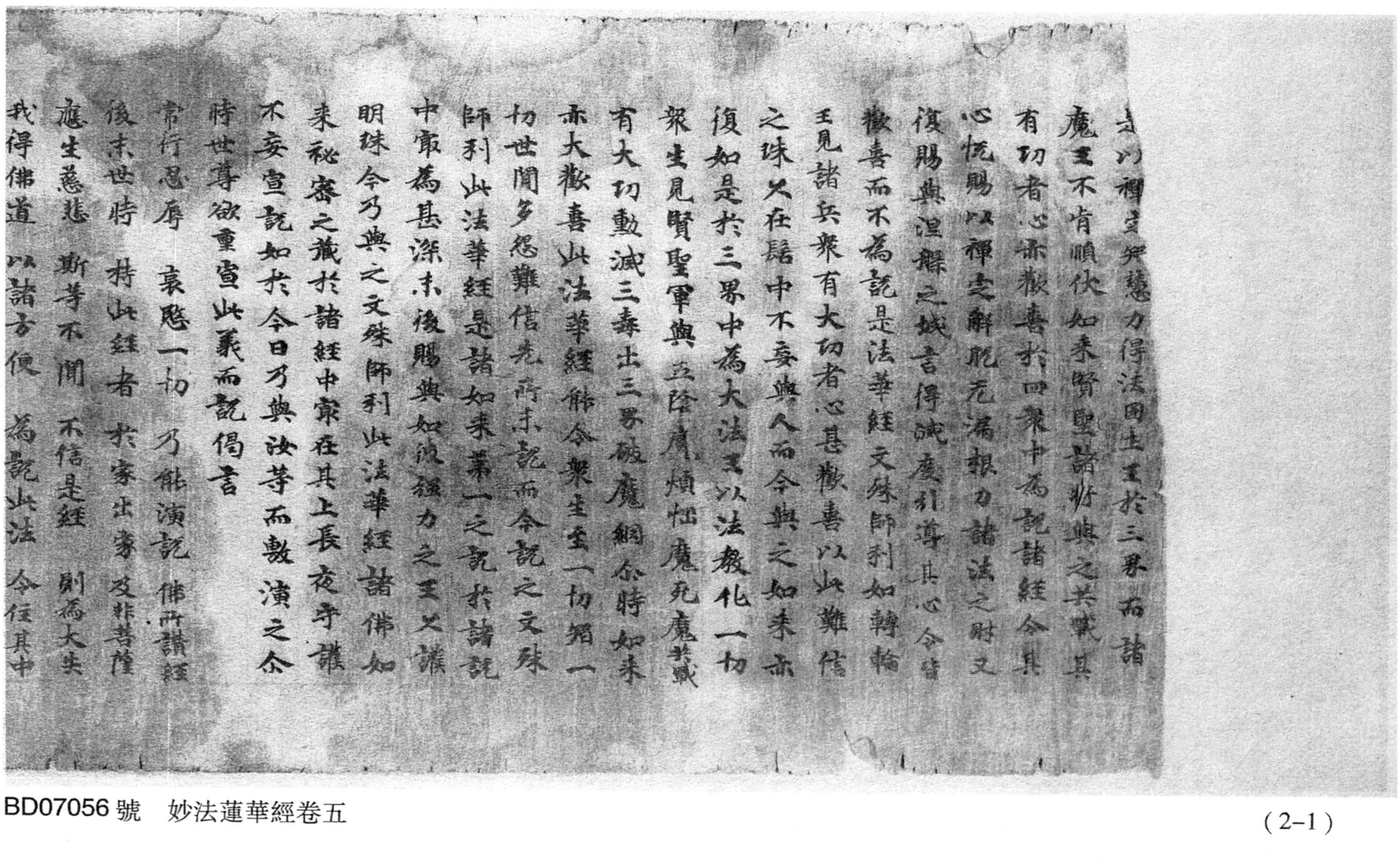
以禪定智慧力得法國土王於三界而諸
魔王不肯順伏如來賢聖諸將與之共戰其
有功者心亦歡喜於四衆中為說諸經令其
心悅賜以禪定解脫无漏根力諸法之財又
復賜與涅槃之城言得滅度引導其心令皆
歡喜而不為說是法華經文殊師利如轉輪
王見諸兵衆有大功者心甚歡喜以此難信
之珠久在髻中不妄與人而今與之如來亦
復如是於三界中為大法王以法教化一切
衆生見賢聖軍與五陰魔煩惱魔死魔共戰
有大功勳滅三毒出三界破魔網尒時如來
亦大歡喜此法華經能令衆生至一切智一
切世間多怨難信先所未說而今說之文殊
師利此法華經是諸如來第一之說於諸說
中最為甚深末後賜與如彼強力之王久護
明珠今乃與之文殊師利此法華經諸佛如
來祕密之藏於諸經中最在其上長夜守護
不妄宣說始於今日乃與汝等而敷演之尒
時世尊欲重宣此義而說偈言
常行忍辱　哀愍一切　乃能演說　佛所讚經
後末世時　持此經者　於家出家　及非菩薩
應生慈悲　斯等不聞　不信是經　則為大失
我得佛道　以諸方便　為說此法　令住其中

BD07056 號　妙法蓮華經卷五

（2–1）

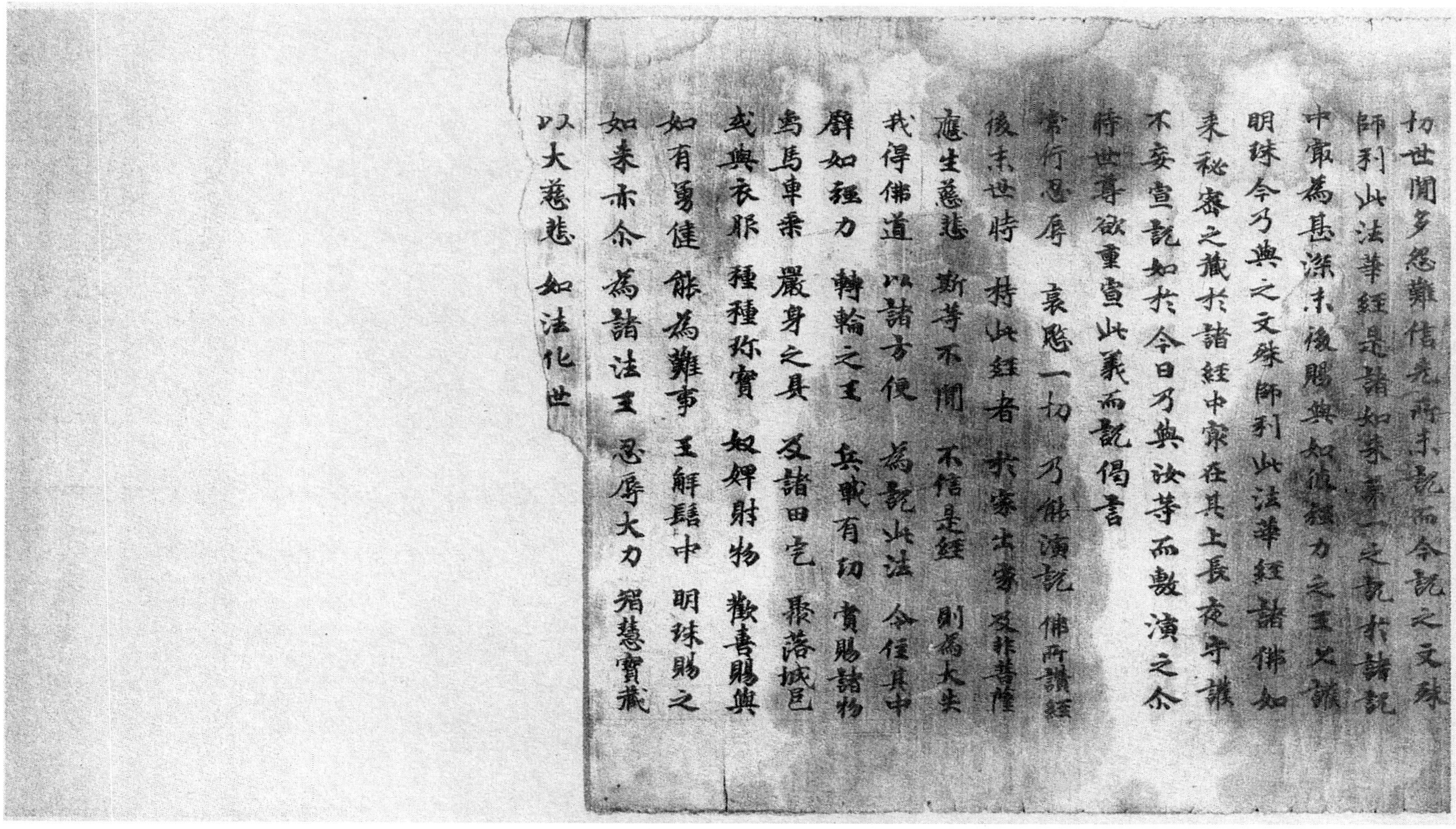

切世間多怨難信先所未說而今說之文殊
師利此法華經是諸如來第一之說於諸說
中最為甚深末後賜與如彼強力之王久護
明珠今乃與之文殊師利此法華經諸佛如
來秘密之藏於諸經中最在其上長夜守護
不妄宣說始於今日乃與汝等而敷演之尒
時世尊欲重宣此義而說偈言
常行忍辱　哀愍一切　乃能演說　佛所讚經
後末世時　持此經者　於家出家　及非菩薩
應生慈悲　斯等不聞　不信是經　則為大失
我得佛道　以諸方便　為說此法　令住其中
譬如強力　轉輪之王　兵戰有功　賞賜諸物
象馬車乘　嚴身之具　及諸田宅　聚落城邑
或與衣服　種種珍寶　奴婢財物　歡喜賜與
如有勇健　能為難事　王解髻中　明珠賜之
如來亦尒　為諸法王　忍辱大力　智慧寶藏
以大慈悲　如法化世

BD07056 號　妙法蓮華經卷五　　（2–2）

弟五

BD07056 號背　勘記　　（1–1）

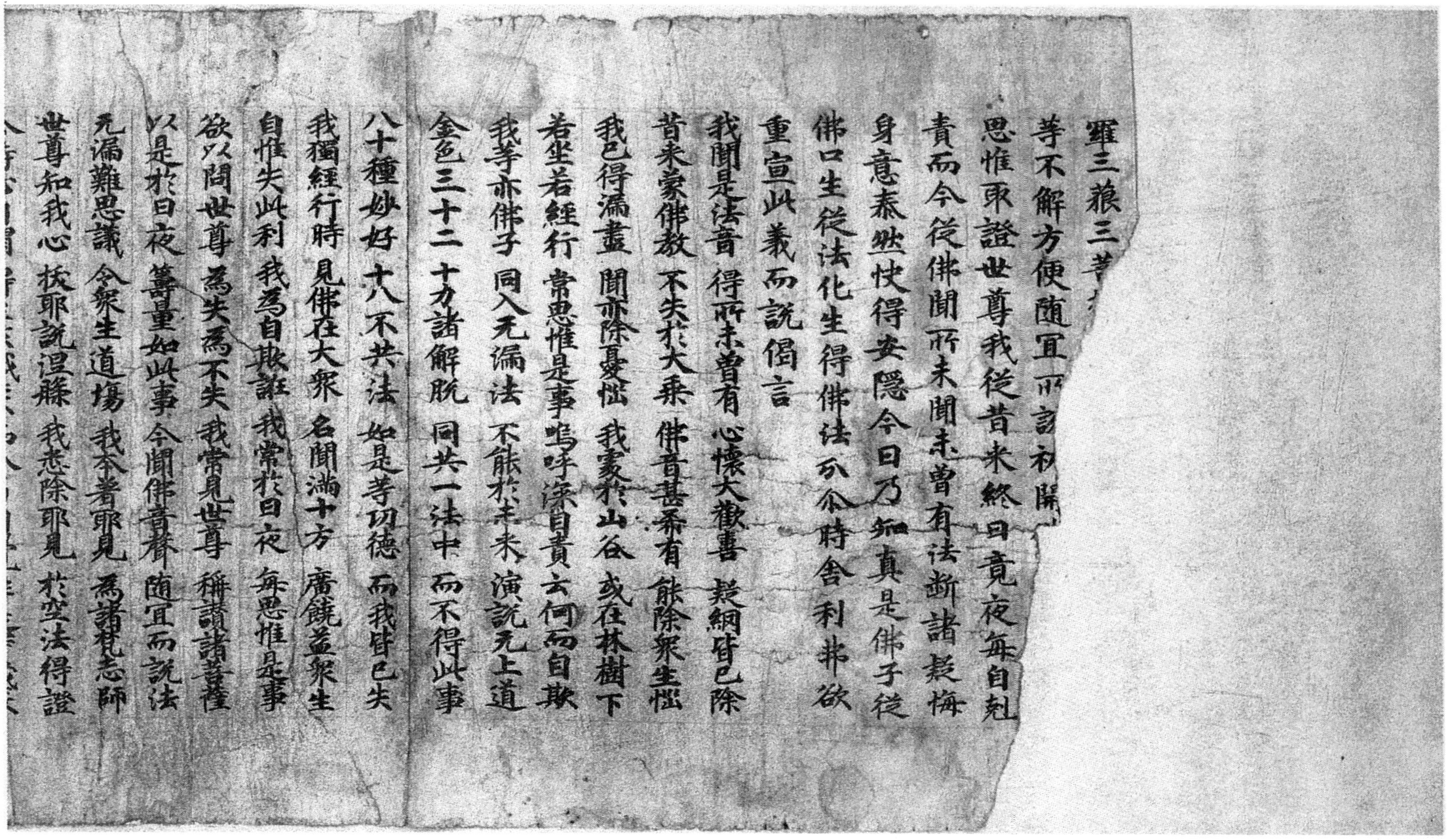

羅三藐三菩
等不解方便隨宜所說初聞
思惟取證世尊我從昔來終日竟夜每自尅
責而今從佛聞所未聞未曾有法斷諸疑悔
身意泰然快得安隱今日乃知真是佛子從
佛口生從法化生得佛法分尒時舍利弗欲
重宣此義而說偈言
我聞是法音　得所未曾有　心懷大歡喜　疑網皆已除
昔來蒙佛教　不失於大乘　佛音甚希有　能除衆生惱
我已得漏盡　聞亦除憂惱　我處於山谷　或在林樹下
若坐若經行　常思惟是事　嗚呼深自責　云何而自欺
我等亦佛子　同入无漏法　不能於未來　演說无上道
金色三十二　十力諸解脫　同共一法中　而不得此事
八十種妙好　十八不共法　如是等功德　而我皆已失
我獨經行時　見佛在大衆　名聞滿十方　廣饒益衆生
自惟失此利　我為自欺誑　我常於日夜　每思惟是事
欲以問世尊　為失為不失　我常見世尊　稱讚諸菩薩
以是於日夜　籌量如此事　今聞佛音聲　隨宜而說法
无漏難思議　令衆至道場　我本著邪見　為諸梵志師
世尊知我心　拔邪說涅槃　我悉除邪見　於空法得證

BD07057號　妙法蓮華經卷二

（2–1）

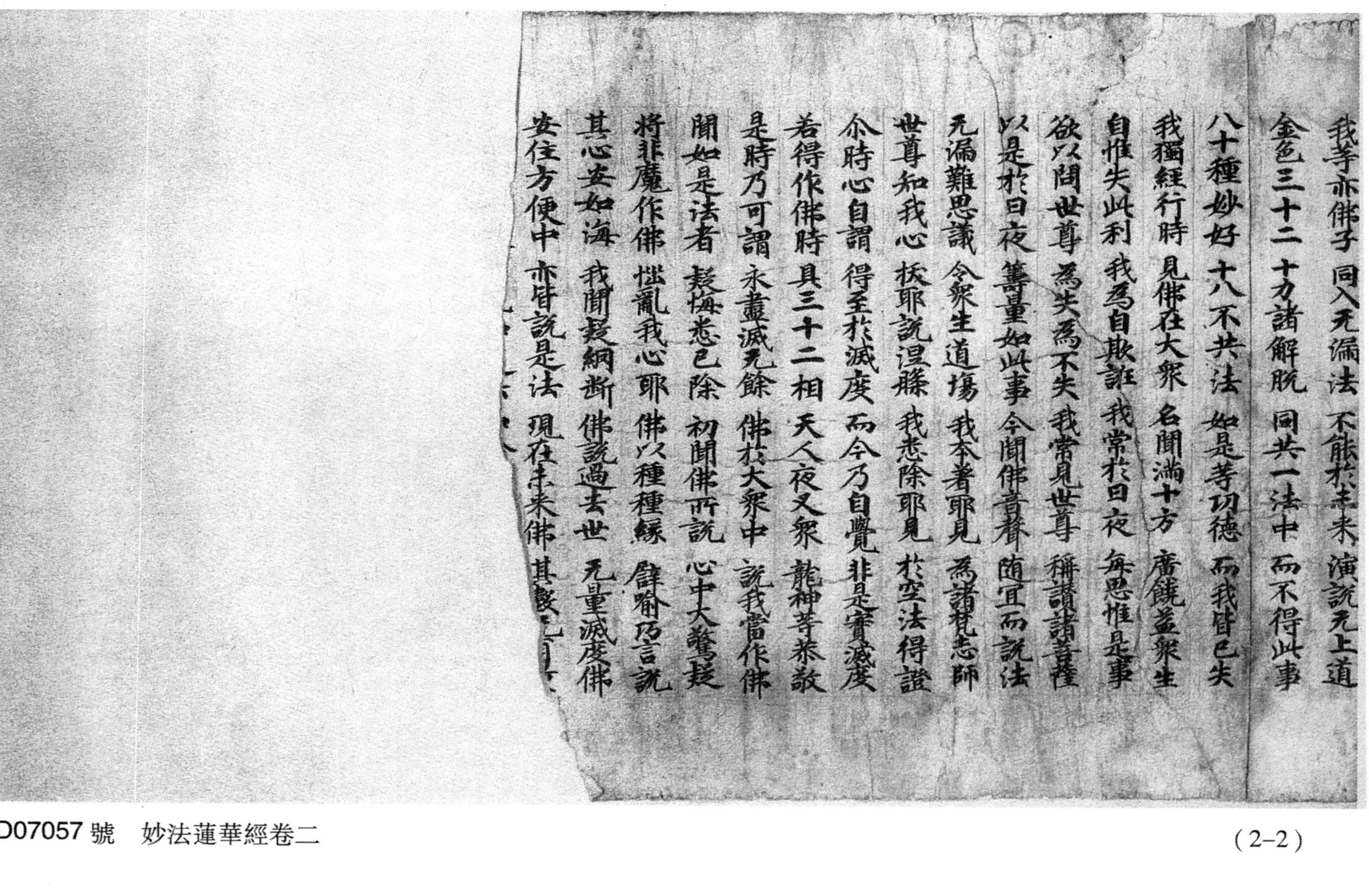

我等亦佛子　同入无漏法　不能於未來　演說无上道
金色三十二　十力諸解脫　同共一法中　而不得此事
八十種妙好　十八不共法　如是等功德　而我皆已失
我獨經行時　見佛在大衆　名聞滿十方　廣饒益衆生
自惟失此利　我為自欺誑　我常於日夜　每思惟是事
欲以問世尊　為失為不失　我常見世尊　稱讚諸菩薩
以是於日夜　籌量如此事　今聞佛音聲　隨宜而說法
无漏難思議　令衆至道場　我本著邪見　為諸梵志師
世尊知我心　拔邪說涅槃　我悉除邪見　於空法得證
尒時心自謂　得至於滅度　而今乃自覺　非是實滅度
若得作佛時　具三十二相　天人夜叉衆　龍神等恭敬
是時乃可謂　永盡滅无餘　佛於大衆中　說我當作佛
聞如是法音　疑悔悉已除　初聞佛所說　心中大驚疑
将非魔作佛　惱亂我心耶　佛以種種緣　譬喻巧言說
其心安如海　我聞疑網斷　佛說過去世　无量滅度佛
安住方便中　亦皆說是法　現在未來佛　其數

BD07057號　妙法蓮華經卷二

（2–2）

尒時千二百阿羅漢心自在者作是
歡喜得未曾有若世尊各見授記
子者不亦快乎佛知此等心之所念
迦葉是千二百阿羅漢我今當現前
受阿耨多羅三藐三菩提記於此衆中
弟子憍陳如比丘當供養六万二千億
後得成為佛号曰普明如來應供正遍知
行足善逝世間解无上士調御丈夫天人師
佛世尊其五百阿羅漢優樓頻螺迦葉伽耶
迦葉那提迦葉迦留陁夷優陁夷阿㝹樓馱
離婆多劫賓那薄拘羅周陁莎伽陁等皆當
得阿耨多羅三藐三菩提盡同一号名曰普
明尒時世尊欲重宣此義而說偈言
憍陳如比丘　當見无量佛　過阿僧祇劫　乃成等正覺
常放大光明　具足諸神通　名聞遍十方　一切之所敬
常說无上道　故号為普明　其國土清淨　菩薩皆勇猛
咸昇妙樓閣　遊諸十方國　以无上供具　奉獻於諸佛
作是供養已　心懷大歡喜　須臾還本國　有如是神力
佛壽六万劫　正法住倍壽　像法復倍是　法滅天人憂
其五百比丘　次第當作佛　同号曰普明　轉次而授記
我滅度之後　某甲當作佛　其所化世間　亦如我今日
國土之嚴淨　及諸神通力　菩薩聲聞衆　正法及像法
壽命劫多少　皆如上所說　迦葉汝已知　五百自在者
餘諸聲聞衆　亦當復如是　其不在此會　汝當為宣說

BD07058 號　妙法蓮華經卷四

（4–1）

佛壽六万劫　正法住倍壽　像法復倍是　法滅天人憂
其五百比丘　次第當作佛　同号曰普明　轉次而授記
我滅度之後　某甲當作佛　其所化世間　亦如我今日
國土之嚴淨　及諸神通力　菩薩聲聞衆　正法及像法
壽命劫多少　皆如上所說　迦葉汝已知　五百自在者
餘諸聲聞衆　亦當復如是　其不在此會　汝當為宣說
尒時五百阿羅漢於佛前得受記已歡喜踊
躍即從座起到於佛前頭面礼足悔過自責
世尊我等常作是念自謂已得究竟滅度今
乃知之如无智者所以者何我等應得如來
智慧而便自以小智為足世尊譬如有人
親友家醉酒而卧是時親友官事當行以
價寶珠繫其衣裏與之而去其人醉卧都
覺知起已遊行到於他國為衣食故勤力
索甚大艱難若少有所得便以為足於後
友會遇見之而作是言咄哉丈夫何為衣
乃至如是我昔欲令汝得安樂五欲自恣
某年日月以无價寶珠繫汝衣裏今故
而汝不知勤苦憂惱以求自活甚為癡也
今可以此寶貿易所須常可如意无所乏
佛亦如是為菩薩時教化我等令發一切
心而尋廢忘不知不覺既得阿羅漢道自
滅度資生艱難得少為足一切智願猶在
失今者世尊覺悟我等作如是言諸比
等所得非究竟滅我久令汝等種佛善
方便故示涅槃相而汝謂為實得滅度
我今乃知實是菩薩得受阿耨多羅三
菩提記以是因緣甚大歡喜得未曾有
阿若憍陳如等欲重宣此義而說偈言
我等聞无上　安隱授記聲　歡喜未曾有　礼无

BD07058 號　妙法蓮華經卷四

（4–2）

方便故示涅槃相而汝謂為實得滅度
我今乃知實是菩薩得受阿耨多羅三
菩提記以是因緣甚大歡喜得未曾有
阿若憍陳如等欲重宣此義而說偈言
我等聞无上　安隱授記聲　歡喜未曾有　礼无…
今於世尊前　自悔諸過咎　於无量佛寶　得少
如无智愚人　便自以為足　譬如貧窮人　往至
其家甚大富　具設諸餚饍　以无價寶珠　繫著
嘿與而捨去　時卧不覺知　是人既已起　遊行
求衣食自濟　資生甚艱難　得少便為足　更不
不覺内衣裏　有无價寶珠　與珠之親友　後見
苦切責之已　示以所繫珠　貧人見此珠　其心
富有諸財物　五欲而自恣　我等亦如是　世尊
常愍見教化　令種无上願　我等无智故　不覺
得少涅槃分　自足不求餘　今佛覺悟我　言
得佛无上慧　尒乃為真滅　我今從佛聞　授記
及轉次受决　身心遍歡喜
妙法蓮華經授學无學人記品第九
尒時阿難羅睺羅而作是念我等每
設得受記不亦快乎即從座起到於
面礼足俱白佛言世尊我等於此
唯有如来我等所歸又我等為一切
人阿脩羅所見知識阿難常為侍者
藏羅睺羅是佛之子若佛見授阿
藐三菩提記者我願既滿衆望亦
无學聲聞弟子二千人皆從座起偏
到於佛前一心合掌瞻仰世尊如阿難
羅所願住立一面尒時佛告阿難汝於来
當得作佛号山海慧自在通王如来應供正

BD07058號　妙法蓮華經卷四　（4–3）

得佛无上慧　尒乃為真滅　我今從佛聞　授
及轉次受决　身心遍歡喜
妙法蓮華經授學无學人記品第九
尒時阿難羅睺羅而作是念我等每
設得受記不亦快乎即從座起到於
面礼足俱白佛言世尊我等於此
唯有如来我等所歸又我等為一切
人阿脩羅所見知識阿難常為侍者
藏羅睺羅是佛之子若佛見授阿
藐三菩提記者我願既滿衆望亦
无學聲聞弟子二千人皆從座起偏
到於佛前一心合掌瞻仰世尊如阿難
羅所願住立一面尒時佛告阿難汝於来
當得作佛号山海慧自在通王如来應供正
遍知明行足善逝世間解无上士調御丈夫
天人師佛世尊當供養六十二億諸佛護持
法藏然後得阿耨多羅三藐三菩提教化二
十千万億恒河沙諸菩薩等令成阿耨多羅
三藐三菩提國名常立勝
為地劫名妙音遍滿

BD07058號　妙法蓮華經卷四　（4–4）

益有情現入胎藏於中具足無邊勝事是爲
菩薩摩訶薩應圓滿入胎具足云何菩薩摩
訶薩應圓滿出生具足善現若菩薩摩訶薩
於出胎時示現種種希有勝事令諸有情見
者歡喜獲大利樂是爲菩薩摩訶薩應圓滿
出生具足云何菩薩摩訶薩應圓滿家族具
足善現若菩薩摩訶薩或生剎帝利大族姓
家或生婆羅門大族姓家父母真淨是爲菩
薩摩訶薩應圓滿家族具足云何菩薩摩訶
薩應圓滿種姓具足善現若菩薩摩訶薩常
在過去諸菩薩摩訶薩種姓中生是爲菩薩
摩訶薩應圓滿種姓具足云何菩薩摩訶薩
應圓滿眷屬具足善現若菩薩摩訶薩純以無
量無數菩薩摩訶薩衆而爲眷屬是爲菩
薩摩訶薩應圓滿眷屬具足云何菩薩摩訶
薩應圓滿生身具足善現若菩薩摩訶薩於
初生時其身具足一切相好放大光明遍照
無邊諸佛世界亦令彼界六種變動有情遇
者無不蒙益是爲菩薩摩訶薩應圓滿生身
具足云何菩薩摩訶薩應圓滿出家具足善
現若菩薩摩訶薩於出家時無量無數百千

BD07059 號　大般若波羅蜜多經卷四一六　（2–1）

薩摩訶薩應圓滿家族具足云何菩薩摩訶
薩應圓滿種姓具足善現若菩薩摩訶薩常
在過去諸菩薩摩訶薩種姓中生是爲菩薩
摩訶薩應圓滿種姓具足云何菩薩摩訶薩
應圓滿眷屬具足善現若菩薩摩訶薩純以無
量無數菩薩摩訶薩衆而爲眷屬是爲菩
薩摩訶薩應圓滿眷屬具足云何菩薩摩訶
薩應圓滿生身具足善現若菩薩摩訶薩於
初生時其身具足一切相好放大光明遍照
無邊諸佛世界亦令彼界六種變動有情遇
者無不蒙益是爲菩薩摩訶薩應圓滿生身
具足云何菩薩摩訶薩應圓滿出家具足善
現若菩薩摩訶薩於出家時無量無數百千
俱胝那庾多衆前後圍繞尊重讚歎往詣
道場剃除鬚髮服三法衣受持應器引導無量
無邊有情令乘三乘而趣圓寂是爲菩薩摩
訶薩應圓滿出家具足云何菩薩摩訶薩應
圓滿莊嚴菩提樹具足善現若菩薩摩訶薩
殊勝善根廣大願力感得如是大菩提樹吠
瑠璃寶以爲其莖真金爲根枝葉花菓皆以

BD07059 號　大般若波羅蜜多經卷四一六　（2–2）

至十八佛不共法皆不可得彼我無我
可得所以者何此中尚無佛十力等
況有彼我與無我汝若能脩如是安忍
安忍波羅蜜多復作是言汝善男子應脩
忍波羅蜜多不應觀佛十力若淨若不淨不
應觀四無所畏四無礙解大慈大悲大喜大
捨十八佛不共法若淨若不淨何以故佛十
力佛十力自性空四無所畏四無礙解大慈
大悲大喜大捨十八佛不共法四無所畏乃
至十八佛不共法自性空是佛十力自性即
非自性是四無所畏乃至十八佛不共法自
性亦非自性若非自性即是安忍波羅蜜多
於此安忍波羅蜜多佛十力不可得彼淨不
淨亦不可得四無所畏乃至十八佛不共法
皆不可得彼淨不淨亦不可得所以者何此
中尚無佛十力等可得何況有彼淨與不淨
汝若能脩如是安忍是脩安忍波羅蜜多憍
尸迦是善男子善女人等作此等說是為宣
說真正安忍波羅蜜多
復次憍尸迦若善男子善女人等為發無上
菩提心者宣說安忍波羅蜜多作如是言汝

BD07060號　大般若波羅蜜多經卷一五八

（3–1）

汝若能脩如是安忍是脩安忍波羅蜜多憍
尸迦是善男子善女人等作此等說是為宣
說真正安忍波羅蜜多
復次憍尸迦若善男子善女人等為發無上
菩提心者宣說安忍波羅蜜多作如是言汝
善男子應脩安忍波羅蜜多不應觀無忘失
法若常若無常不應觀恒住捨性若常若無
常何以故無忘失法無忘失法自性空恒住
捨性恒住捨性自性空是無忘失法自性即
非自性是恒住捨性自性亦非自性若非自
性即是安忍波羅蜜多於此安忍波羅蜜多
無忘失法不可得彼常無常亦不可得恒住
捨性不可得彼常無常亦不可得所以者何
此中尚無無忘失法等可得何況有彼常與
無常汝若能脩如是安忍是脩安忍波羅蜜
多復作是言汝善男子應脩安忍波羅蜜多
不應觀無忘失法若集若不集不應觀恒住捨
性若集若不集何以故無忘失法無忘失法自
性空恒住捨性恒住捨性自性空是無忘失
法自性即非自性是恒住捨性自性亦非自
性若非自性即是安忍波羅蜜多於此安忍
波羅蜜多無忘失法不可得彼集不集亦不
可得恒住捨性不可得彼集與不集亦不可得
所以者何此中尚無無忘失法等可得何況
有彼集與不集汝若能脩如是安忍是脩安
忍波羅蜜多復作是言汝善男子應脩安忍
波羅蜜多不應觀無忘失法若我若無我不

BD07060號　大般若波羅蜜多經卷一五八

（3–2）

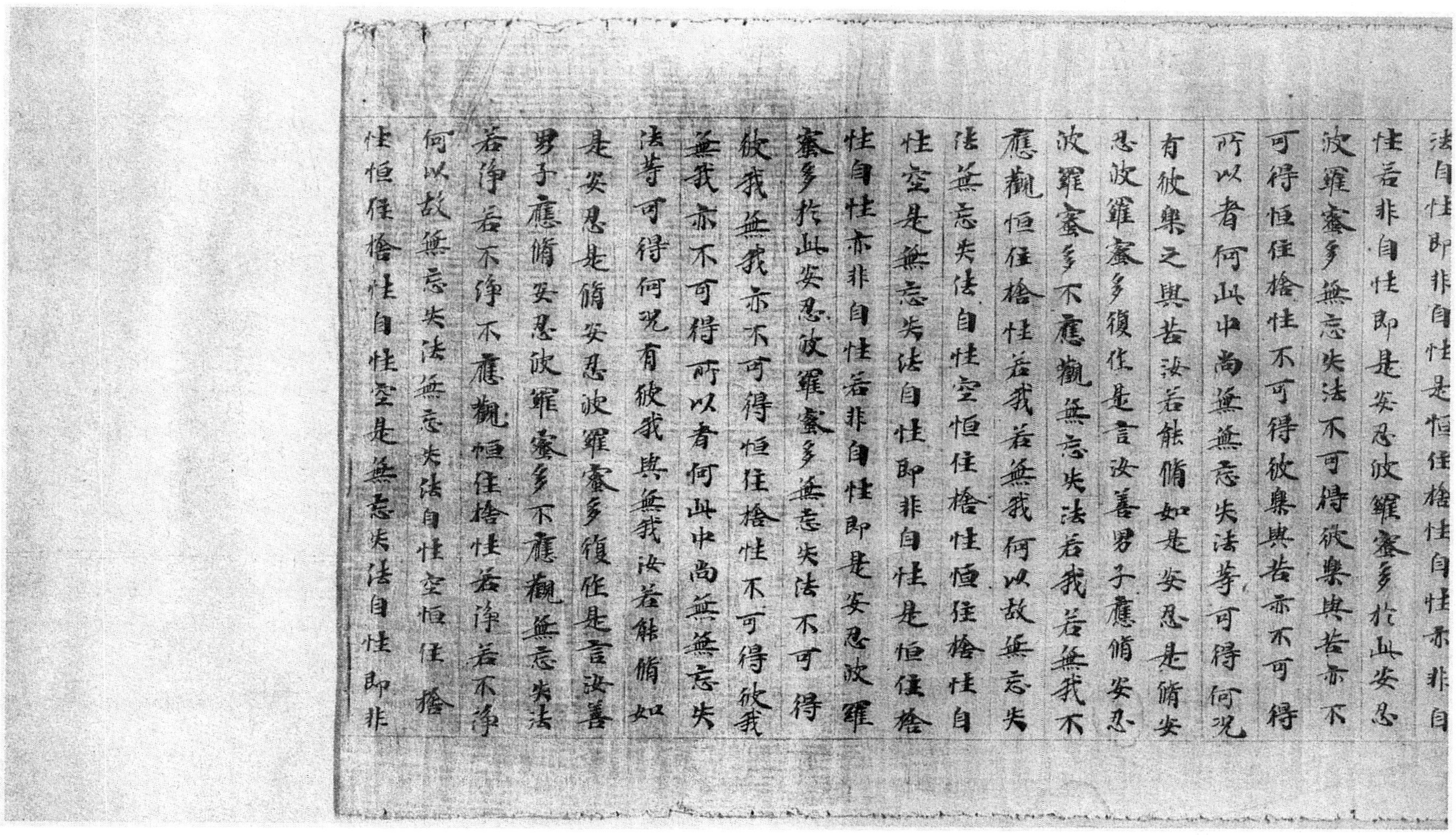
法自性即非自性是恒住捨性自性亦非自
性若非自性即是安忍波羅蜜多於此安忍
波羅蜜多無忘失法不可得彼集與苦亦不
可得恒住捨性不可得彼集與苦亦不可得
所以者何此中尚無無忘失法等可得何况
有彼集之與苦汝若能修如是安忍是修安
忍波羅蜜多復作是言汝善男子應修安忍
波羅蜜多不應觀無忘失法若我若無我不
應觀恒住捨性若我若無我何以故無忘失
法無忘失法自性空恒住捨性恒住捨性自
性空是無忘失法自性即非自性是恒住捨
性自性亦非自性若非自性即是安忍波羅
蜜多於此安忍波羅蜜多無忘失法不可得
彼我無我亦不可得恒住捨性不可得彼我
無我亦不可得所以者何此中尚無無忘失
法等可得何况有彼我與無我汝若能修如
是安忍是修安忍波羅蜜多復作是言汝善
男子應修安忍波羅蜜多不應觀無忘失法
若淨若不淨不應觀恒住捨性若淨若不淨
何以故無忘失法無忘失法自性空恒住捨
性恒住捨性自性空是無忘失法自性即非

BD07060 號　大般若波羅蜜多經卷一五八　　（3–3）

BD07060 號背　勘記　　（1–1）

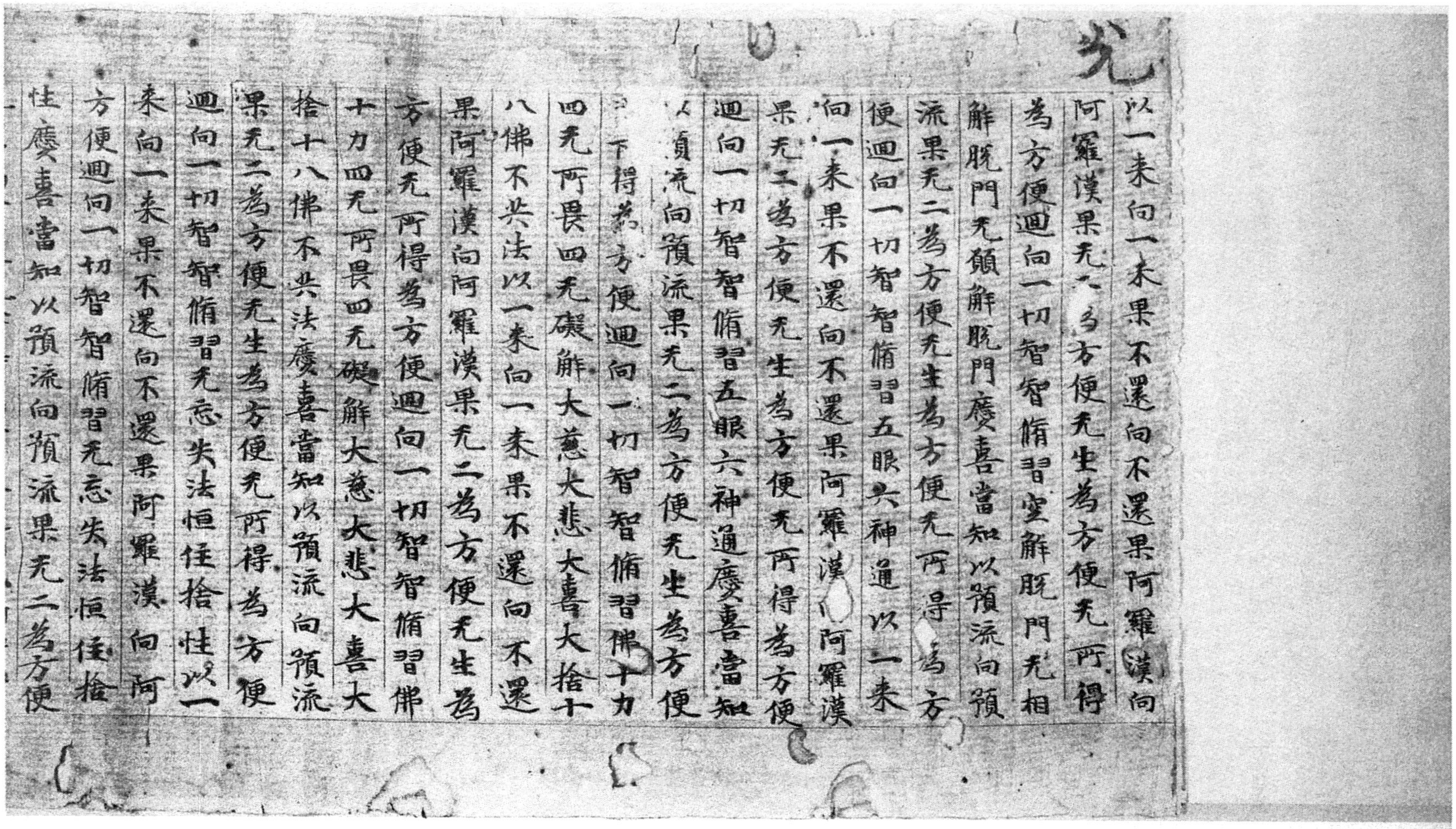
兑
以一來向一來果不還向不還果阿羅漢向
阿羅漢果无二為方便无生為方便无所得
為方便迴向一切智智脩習空解脫門无相
解脫門无願解脫門慶喜當知以預流向預
流果无二為方便无生為方便无所得為方
便迴向一切智智脩習五眼六神通以一來
向一來果不還向不還果阿羅漢向阿羅漢
果无二為方便无生為方便无所得為方便
迴向一切智智脩習五眼六神通慶喜當知
以預流向預流果无二為方便无生為方便
下得為方便迴向一切智智脩習佛十力
四无所畏四无礙解大慈大悲大喜大捨十
八佛不共法以一來向一來果不還向不還
果阿羅漢向阿羅漢果无二為方便无生為
方便无所得為方便迴向一切智智脩習佛
十力四无所畏四无礙解大慈大悲大喜大
捨十八佛不共法慶喜當知以預流向預流
果无二為方便无生為方便无所得為方便
迴向一切智智脩習无忘失法恒住捨性以一
來向一來果不還向不還果阿羅漢向阿
方便迴向一切智智脩習无忘失法恒住捨
性慶喜當知以預流向預流果无二為方便

BD07061 號　大般若波羅蜜多經（兑廢稿）卷一一一　（2–1）

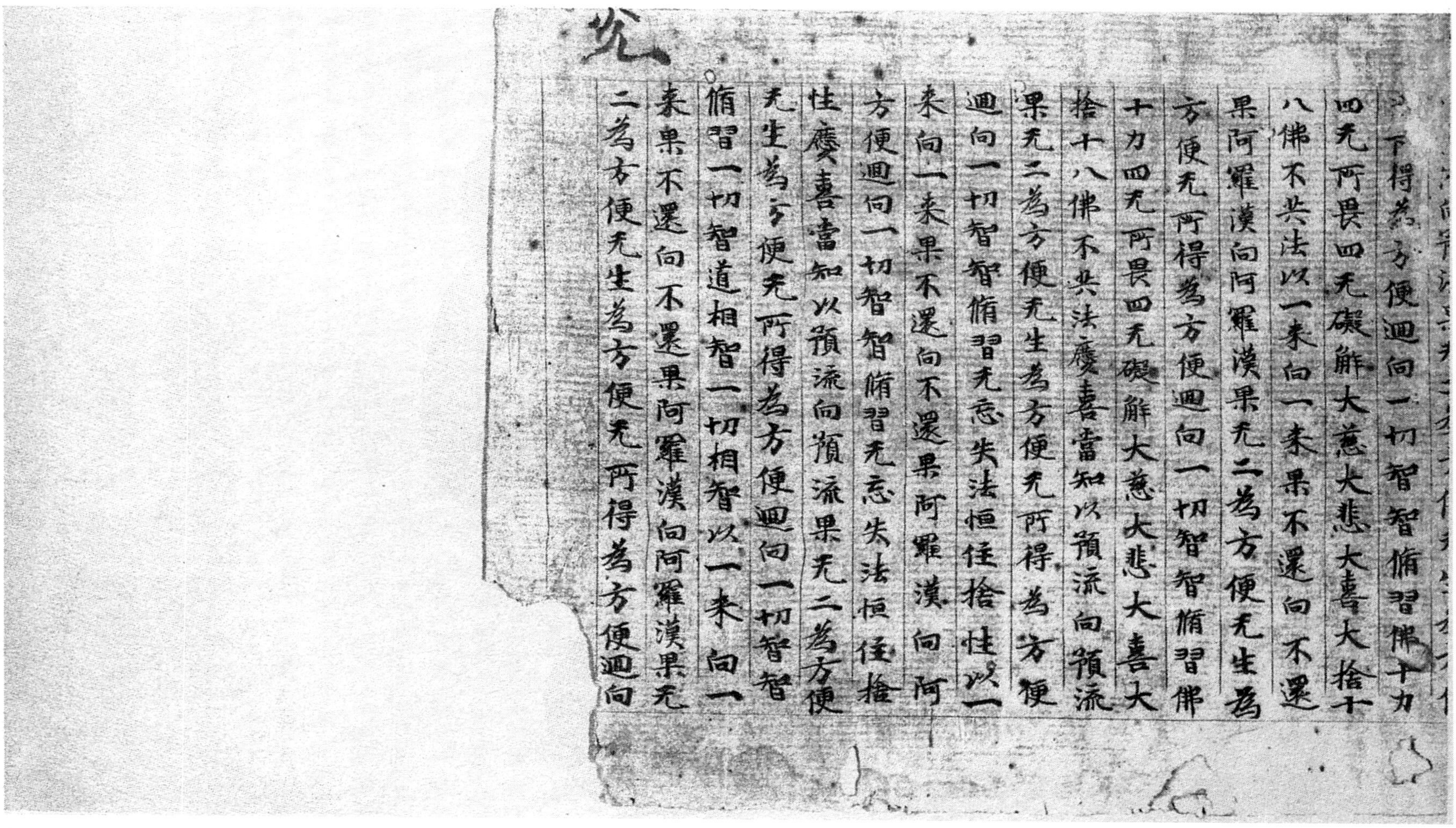
兑
下得為方便迴向一切智智脩習佛十力
四无所畏四无礙解大慈大悲大喜大捨十
八佛不共法以一來向一來果不還向不還
果阿羅漢向阿羅漢果无二為方便无生為
方便无所得為方便迴向一切智智脩習佛
十力四无所畏四无礙解大慈大悲大喜大
捨十八佛不共法慶喜當知以預流向預流
果无二為方便无生為方便无所得為方便
迴向一切智智脩習无忘失法恒住捨性以一
來向一來果不還向不還果阿羅漢向阿
方便迴向一切智智脩習无忘失法恒住捨
性慶喜當知以預流向預流果无二為方便
无生為方便无所得為方便迴向一切智智
脩習一切智道相智一切相智以一來向一
來果不還向不還果阿羅漢向阿羅漢果无
二為方便无生為方便无所得為方便迴向

BD07061 號　大般若波羅蜜多經（兑廢稿）卷一一一　（2–2）

德一切諸佛所護念經
舍利弗下方世界有師子佛名聞佛名光佛
達摩佛法幢佛持法佛如是等恒河沙數諸
佛各於其國出廣長舌相遍覆三千大千世
界說誠實言汝等衆生當信是稱讚不可思
議功德一切諸佛所護念經
舍利弗上方世界有梵音佛宿王佛香上佛
香光佛大焰肩佛雜色寶華嚴身佛娑羅樹
王佛寶華德佛見一切義佛如須弥山佛如
是等恒河沙數諸佛各於其國出廣長舌相
遍覆三千大千世界說誠實言汝等衆生當
信是稱讚不可思議功德一切諸佛所護念經
舍利弗於汝意云何何故名一切諸佛所護念經
舍利弗若有善男子善女人聞是諸佛所
說名及經名者是諸善男子善女人皆為一
切諸佛共所護念皆得不退轉於阿耨多羅
三藐三菩提是故舍利弗汝等皆當信受我
語及諸佛所說舍利弗若有人已發願今發

BD07062號　阿彌陀經　（2–1）

遍覆三千大千世界說誠實言汝等衆生當
信是稱讚不可思議功德一切諸佛所護念經
舍利弗於汝意云何何故名一切諸佛所護念經
舍利弗若有善男子善女人聞是諸佛所
說名及經名者是諸善男子善女人皆為一
切諸佛共所護念皆得不退轉於阿耨多羅
三藐三菩提是故舍利弗汝等皆當信受我
語及諸佛所說舍利弗若有人已發願今發
願當發願欲生阿弥陀佛國者是諸人等皆
得不退轉於阿耨多羅三藐三菩提於彼國
土若已生若今生若當生是故舍利弗諸善
男子善女人若有信者應當發願生彼國土
舍利弗如我今者稱讚諸佛不可思議功德
彼諸佛等亦稱說我不可思議功德而作是
言釋迦牟尼佛能為甚難希有之事能於娑
婆國土五濁惡世劫濁見濁煩惱濁衆生濁
命濁中得阿耨多羅三藐三菩提為諸衆生
說是一切世間難信之法舍利弗當知我於

BD07062號　阿彌陀經　（2–2）

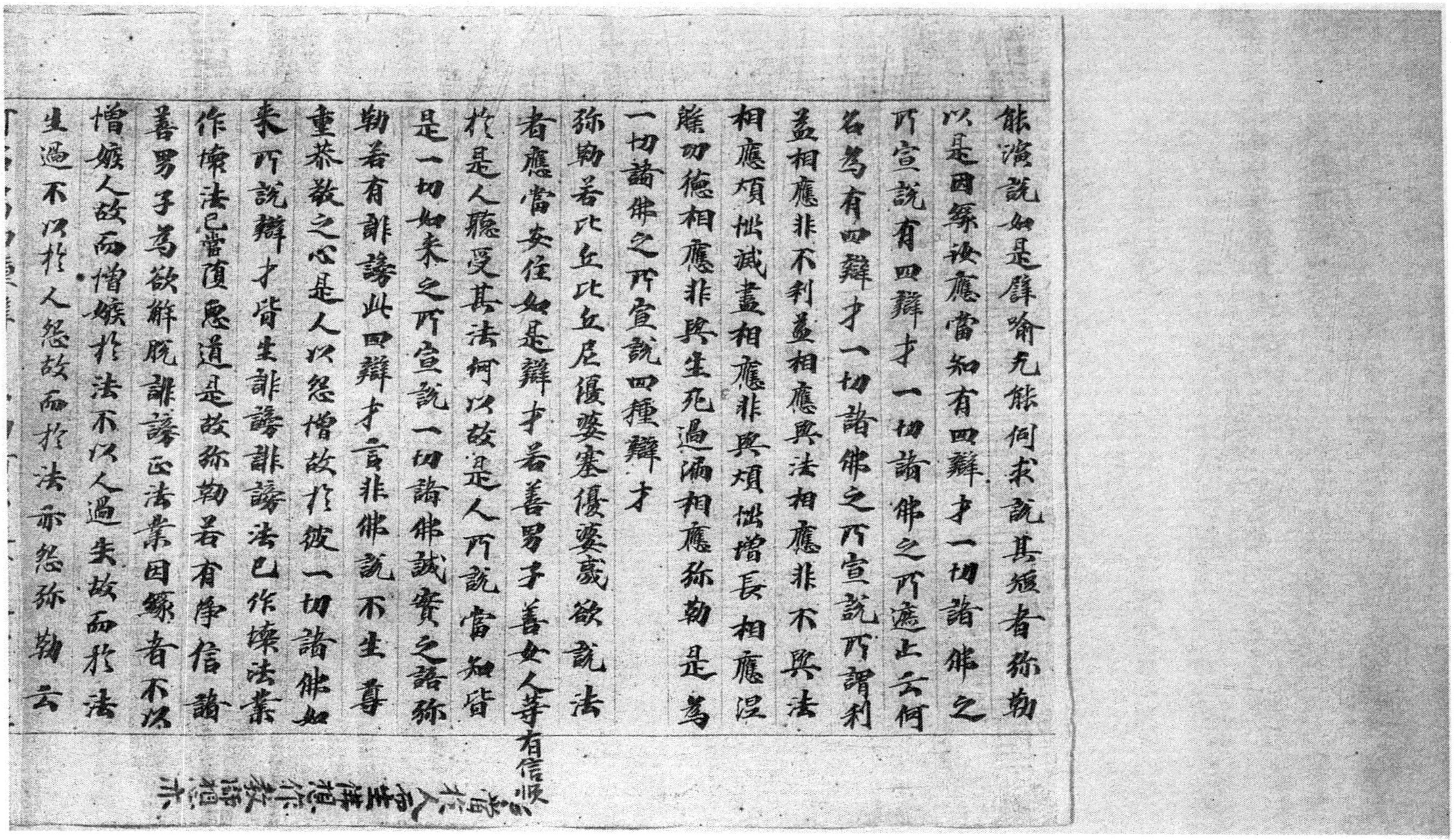

能演說如是譬喻无能何求說其短者彌勒
以是因緣汝應當知有四辯才一切諸佛之
所宣說有四辯才一切諸佛之所遮止云何
名為有四辯才一切諸佛之所宣說所謂利
益相應非不利益相應與法相應非不與法
相應煩惱滅盡相應非與煩惱增長相應涅
槃功德相應非與生死過漏相應彌勒是為
一切諸佛之所宣說四種辯才
彌勒若比丘比丘尼優婆塞優婆夷欲說法
者應當安住如是辯才若善男子善女人等有信順者當於人生佛想作教師想亦
於是人聽受其法何以故是人所說當知皆
是一切如來之所宣說一切諸佛誠實之語彌
勒若有誹謗此四辯才言非佛說不生尊
重恭敬之心是人以怨憎故於彼一切諸佛如
來所說辯才皆生誹謗誹謗法已作壞法業
作壞法已當墮惡道是故彌勒若有淨信諸
善男子為欲解脫誹謗正法業因緣者不以
憎嫉人故而憎嫉於法不以人過失故而於法
生過不以於人怨故而於法亦怨彌勒云

BD07063號　大寶積經卷九一　（2–1）

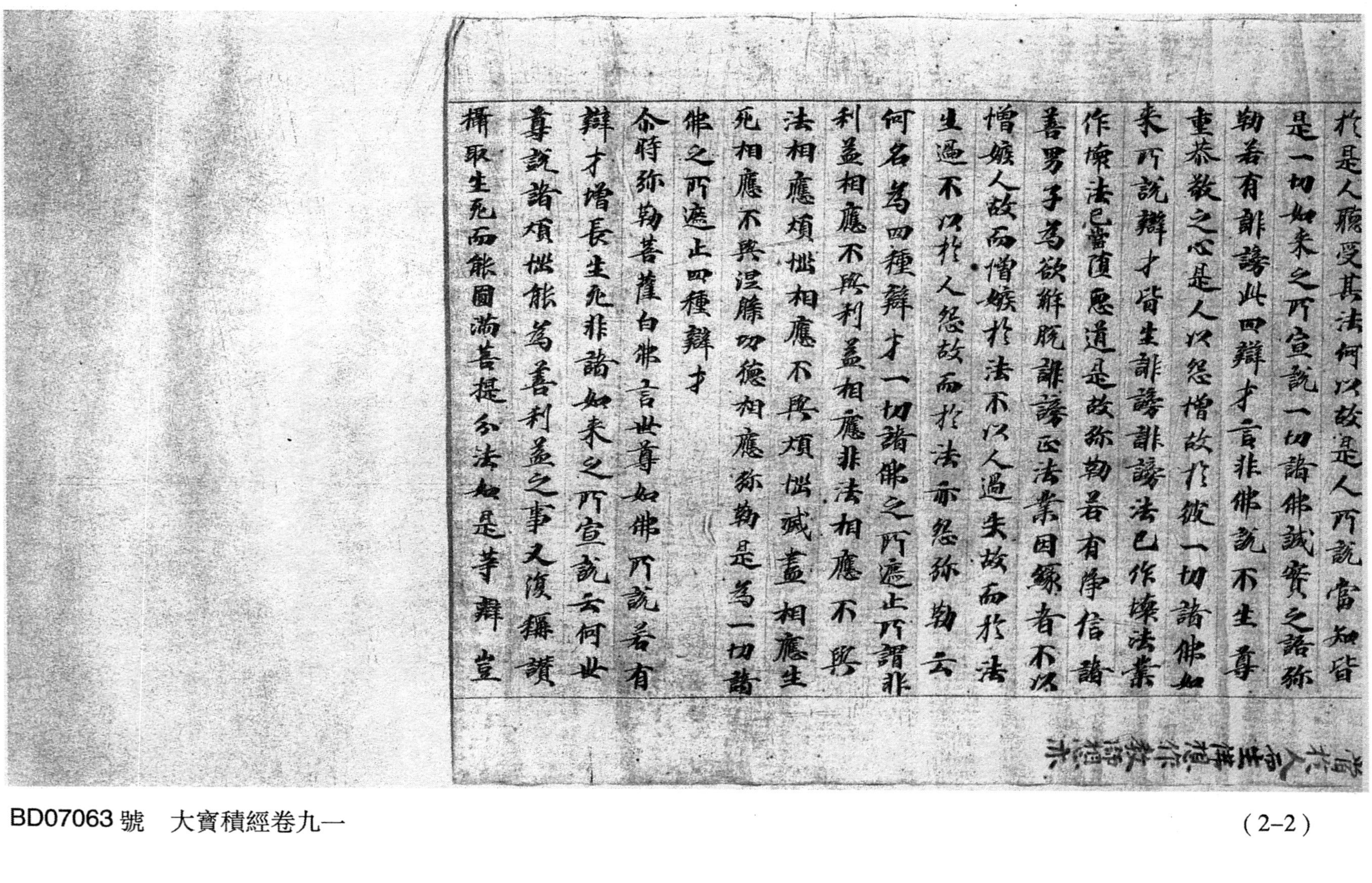

於是人聽受其法何以故是人所說當知皆
是一切如來之所宣說一切諸佛誠實之語彌
勒若有誹謗此四辯才言非佛說不生尊
重恭敬之心是人以怨憎故於彼一切諸佛如
來所說辯才皆生誹謗誹謗法已作壞法業
作壞法已當墮惡道是故彌勒若有淨信諸
善男子為欲解脫誹謗正法業因緣者不以
憎嫉人故而憎嫉於法不以人過失故而於法
生過不以於人怨故而於法亦怨彌勒云
何名為四種辯才一切諸佛之所遮止所謂非
利益相應不與利益相應非法相應不與
法相應煩惱相應不與煩惱滅盡相應生
死相應不與涅槃功德相應彌勒是為一切諸
佛之所遮止四種辯才
爾時彌勒菩薩白佛言世尊如佛所說若有
辯才增長生死非諸如來之所宣說云何世
尊說諸煩惱能為善利益之事又復稱讚
攝取生死而能圓滿菩提分法如是等辯宣

BD07063號　大寶積經卷九一　（2–2）

婆夷身得度者即現[illegible]
婆夷身而為說法應以長者居士宰官婆羅
門婦女身得度者即現婦女身而為說法應
以童男童女身得度者即現童男童女身而
為說法應以天龍夜叉乾闥婆阿脩羅迦樓
羅緊那羅摩睺羅伽人非人等身得度者即
皆現之而為說法應以執金剛神得度者即
現執金剛神而為說法无盡意是觀世音菩
薩成就如是功德以種種形遊諸國土度脫
眾生是故汝等應當一心供養觀世音菩薩是
觀世音菩薩摩訶薩於怖畏急難之中能施
无畏是故此娑婆世界皆号之為施无畏者
无盡意菩薩白佛言世尊我今當供養觀世
音菩薩即解頸眾寶珠瓔珞價直百千兩金
而以與之作是言仁者受此法施珎寶瓔珞
時觀世音菩薩不肯受之无盡意復白觀世
音菩薩言仁者愍我等故受此瓔珞尒時佛
告觀世音菩薩當愍此无盡意菩薩及四眾

BD07064號　觀世音經　（3–1）

而以與之作是言仁者受此法施珎寶瓔珞
時觀世音菩薩不肯受之无盡意復白觀世
音菩薩言仁者愍我等故受此瓔珞尒時佛
告觀世音菩薩當愍此无盡意菩薩及四眾
天龍夜叉乾闥婆阿脩羅迦樓羅緊那羅摩
睺羅伽人非人等故受是瓔珞即時觀世音
菩薩愍諸四眾及於天龍人非人等受其瓔
珞分作二分一分奉釋迦牟尼佛一分奉多
寶佛塔无盡意觀世音菩薩有如是自在神
力遊於娑婆世界尒時無意菩薩以偈問曰
世尊妙相具　我今重問彼　佛子何因緣　名為觀世音
具足妙相尊　偈答無盡意　汝聽觀音行　善應諸方所
弘誓深如海　歷劫不思議　侍多千億佛　發大清淨願
我為汝略說　聞名及見身　心念不空過　能滅諸有苦
假使興害意　推落大火坑　念彼觀音力　火坑變成池
或漂流巨海　龍魚諸鬼難　念彼觀音力　波浪不能沒
或在須弥峯　為人所推墮　念彼觀音力　如日虛空住
或被惡人逐　墮落金剛山　念彼觀音力　不能損一毛
或值怨賊遶　各執刀加害　念彼觀音力　咸即起慈心
或遭王難苦　臨刑欲壽終　念彼觀音力　刀尋段段壞
或囚禁枷鎖　手足被杻械　念彼觀音力　釋然得解脫
呪咀諸毒藥　所欲害身者　念彼觀音力　還著於本人
或遇惡羅剎　毒龍諸鬼等　念彼觀音力　時悉不敢害
若惡獸圍遶　利牙爪可怖　念彼觀音力　疾走無邊方
蚖虵及蝮蝎　氣毒煙火然　念彼觀音力　尋聲自迴去

BD07064號　觀世音經　（3–2）

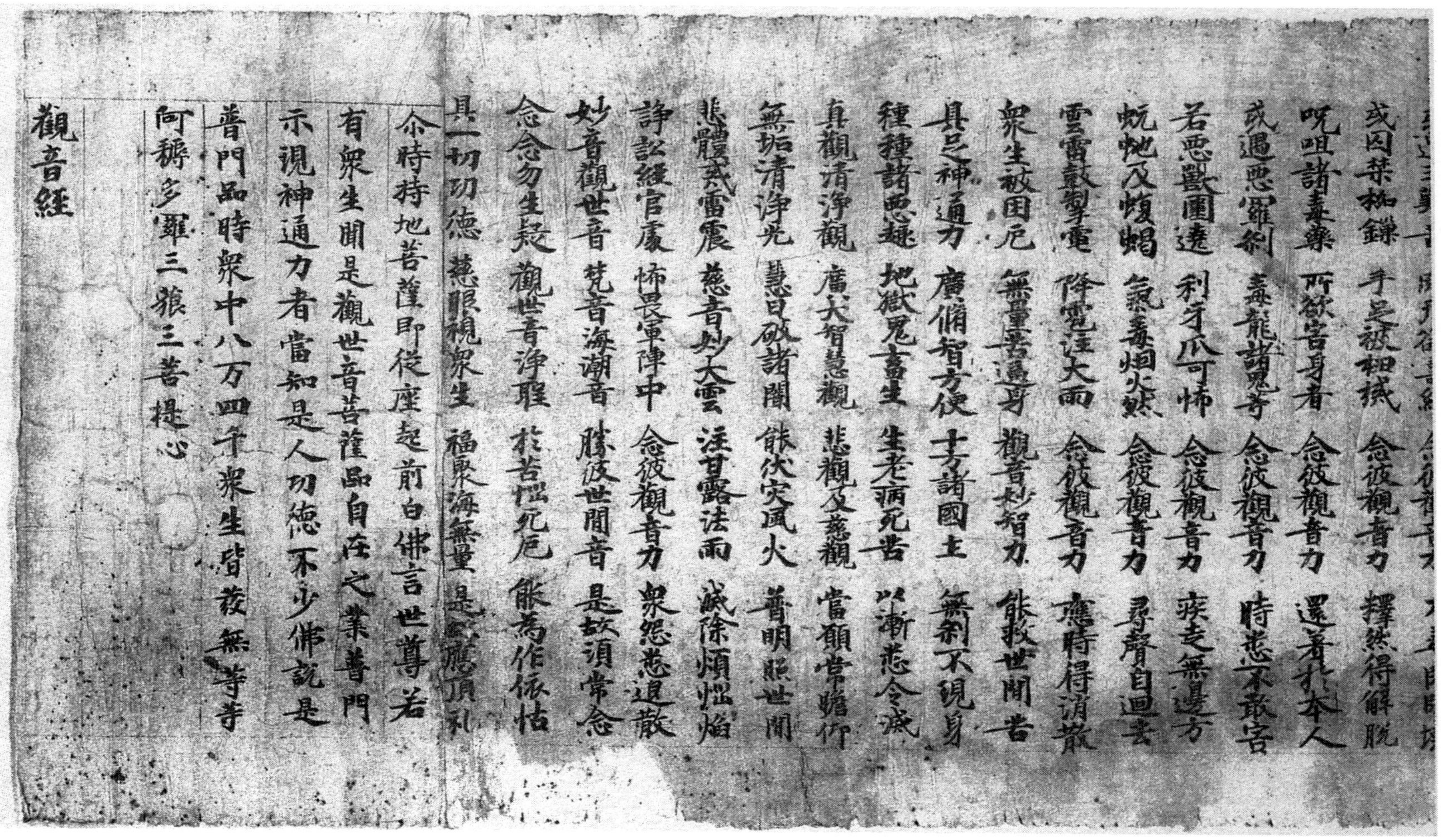

或囚禁枷鎖　手足被杻械　念彼觀音力　釋然得解脫
呪咀諸毒藥　所欲害身者　念彼觀音力　還著於本人
或遇惡羅刹　毒龍諸鬼等　念彼觀音力　時悉不敢害
若惡獸圍遶　利牙爪可怖　念彼觀音力　疾走無邊方
蚖蛇及蝮蝎　氣毒烟火然　念彼觀音力　尋聲自迴去
雲雷鼓掣電　降雹澍大雨　念彼觀音力　應時得消散
衆生被困厄　無量苦逼身　觀音妙智力　能救世間苦
具足神通力　廣脩智方便　十方諸國土　無刹不現身
種種諸惡趣　地獄鬼畜生　生老病死苦　以漸悉令滅
真觀清淨觀　廣大智慧觀　悲觀及慈觀　常願常瞻仰
無垢清淨光　慧日破諸闇　能伏災風火　普明照世間
悲體戒雷震　慈意妙大雲　澍甘露法雨　滅除煩惱焰
諍訟經官處　怖畏軍陣中　念彼觀音力　衆怨悉退散
妙音觀世音　梵音海潮音　勝彼世間音　是故須常念
念念勿生疑　觀世音淨聖　於苦惱死厄　能為作依怙
具一切功德　慈眼視衆生　福聚海無量　是故應頂礼
尒時持地菩薩即從座起前白佛言世尊若
有衆生聞是觀世音菩薩品自在之業普門
示現神通力者當知是人功德不少佛說是
普門品時衆中八万四千衆生皆發無等等
阿耨多羅三藐三菩提心
觀音經

BD07064號　觀世音經　　（3–3）

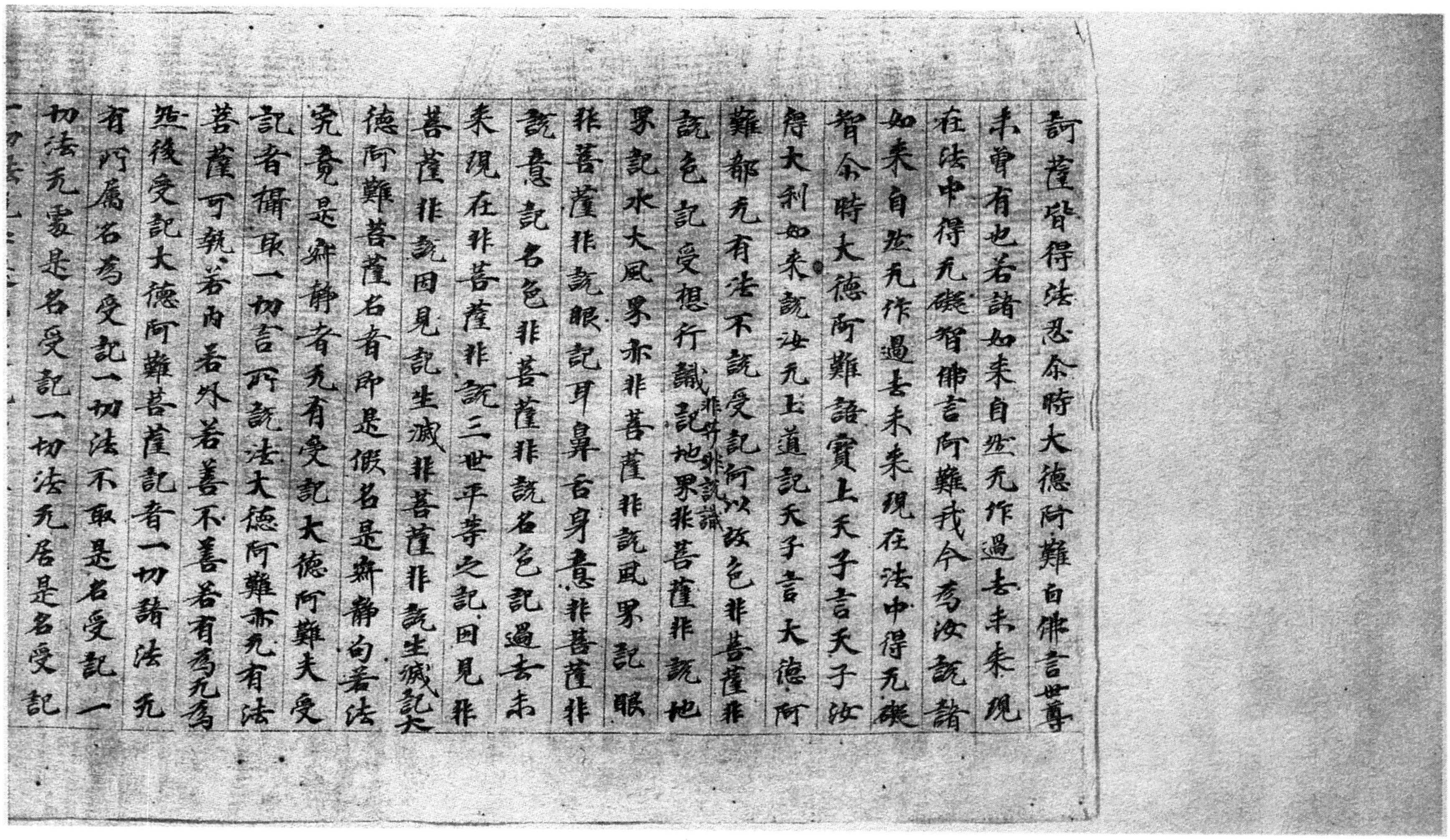

訶薩皆得法忍尒時大德阿難白佛言世尊
未曾有也若諸如來自然无作過去未來現
在法中得无礙智佛言阿難我今為汝說諸
如來自然无作過去未來現在法中得无礙
智尒時大德阿難語寶上天子言天子汝
得大利如來說汝无上道記天子言大德阿
難都无有法不說受記何以故色非菩薩非
說色記受想行識非菩薩非說識記地界非菩薩非說地
界記水大風界亦非菩薩非說風界記眼
非菩薩非說眼記耳鼻舌身意非菩薩非
說意記名色非菩薩非說名色記過去未
來現在非菩薩非說三世平等之記因見非
菩薩非說因見記生滅非菩薩非說生滅記大
德阿難菩薩名者即是假名是寂靜句著法
究竟是寂靜者无有受記大德阿難夫受
記者攝取一切言所說法大德阿難亦无有法
菩薩可執著内著外著善不善著有為无為
然後受記大德阿難菩薩記者一切諸法无
有所屬名為受記一切法不取是名受記一
切法无處是名受記一切法无居是名受記

BD07065號　大寶積經卷二七　　（2–1）

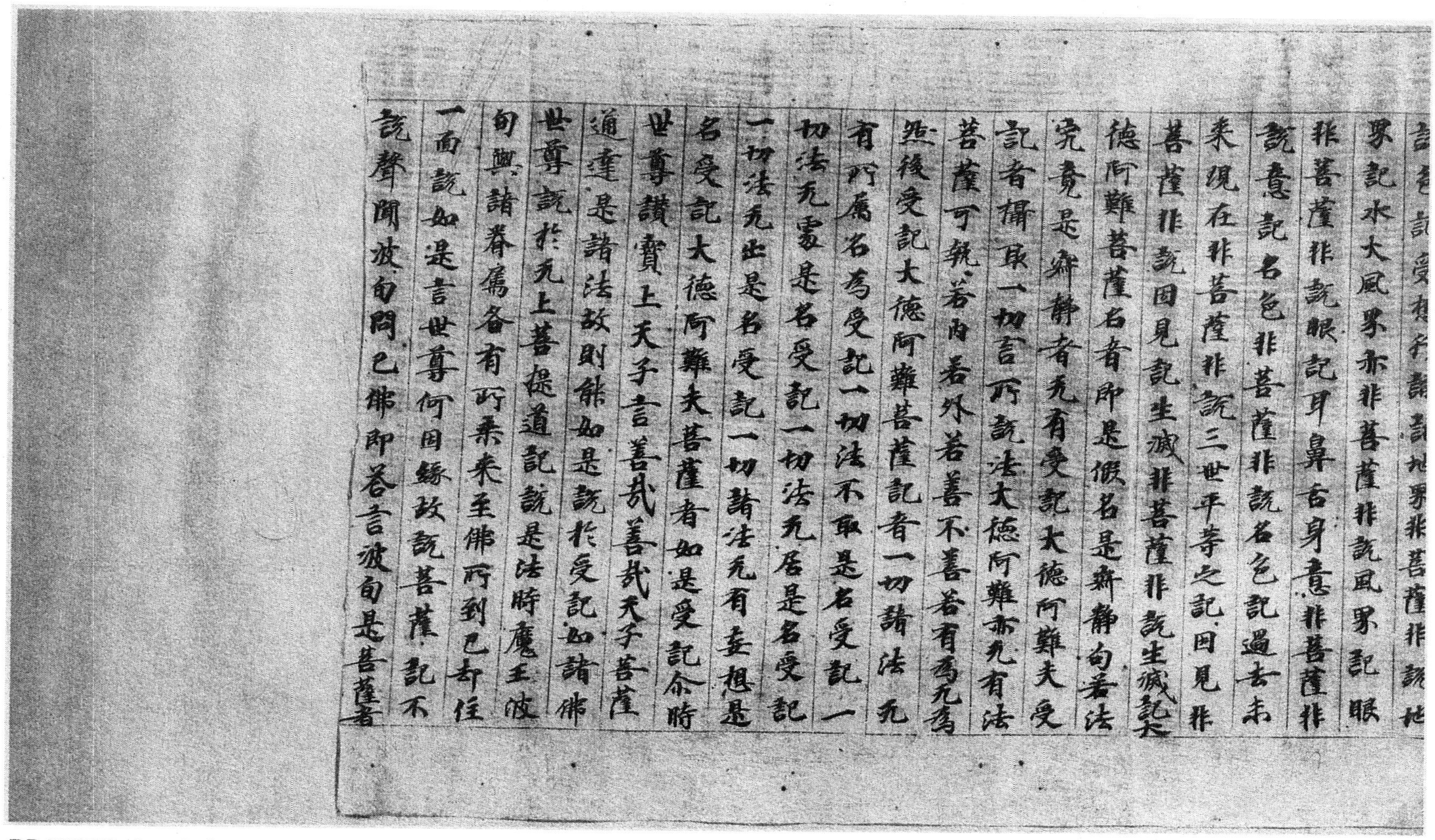
說色說受想行識說地界非菩薩非說地
界記水大風界亦非菩薩非說風界記眼
非菩薩非說眼記耳鼻舌身意非菩薩非
說意記名色非菩薩非說名色記過去未
來現在非菩薩非說三世平等之記因見非
菩薩非說因見記生滅非菩薩非說生滅記大
德阿難菩薩名者即是假名是寂靜句善法
究竟是寂靜者无有受記大德阿難夫受
記者攝取一切言所說法大德阿難亦无有法
菩薩可執若內若外若善不善若有為无為
然後受記大德阿難菩薩記者一切諸法无
有所屬名為受記一切法不取是名受記一
切法无處是名受記一切法无居是名受記
一切法无出是名受記一切諸法无有妄想是
名受記大德阿難夫菩薩者如是受記爾時
世尊讚寶上天子言善哉善哉天子菩薩
通達是諸法故則能如是說於受記如諸佛
世尊說於无上菩提道記說是法時魔王波
旬與諸眷屬各有所乘來至佛所到已却住
一面說如是言世尊何因緣故說菩薩記不
說聲聞波旬問已佛即答言波旬是菩薩者

BD07065 號　大寶積經卷二七

（2–2）

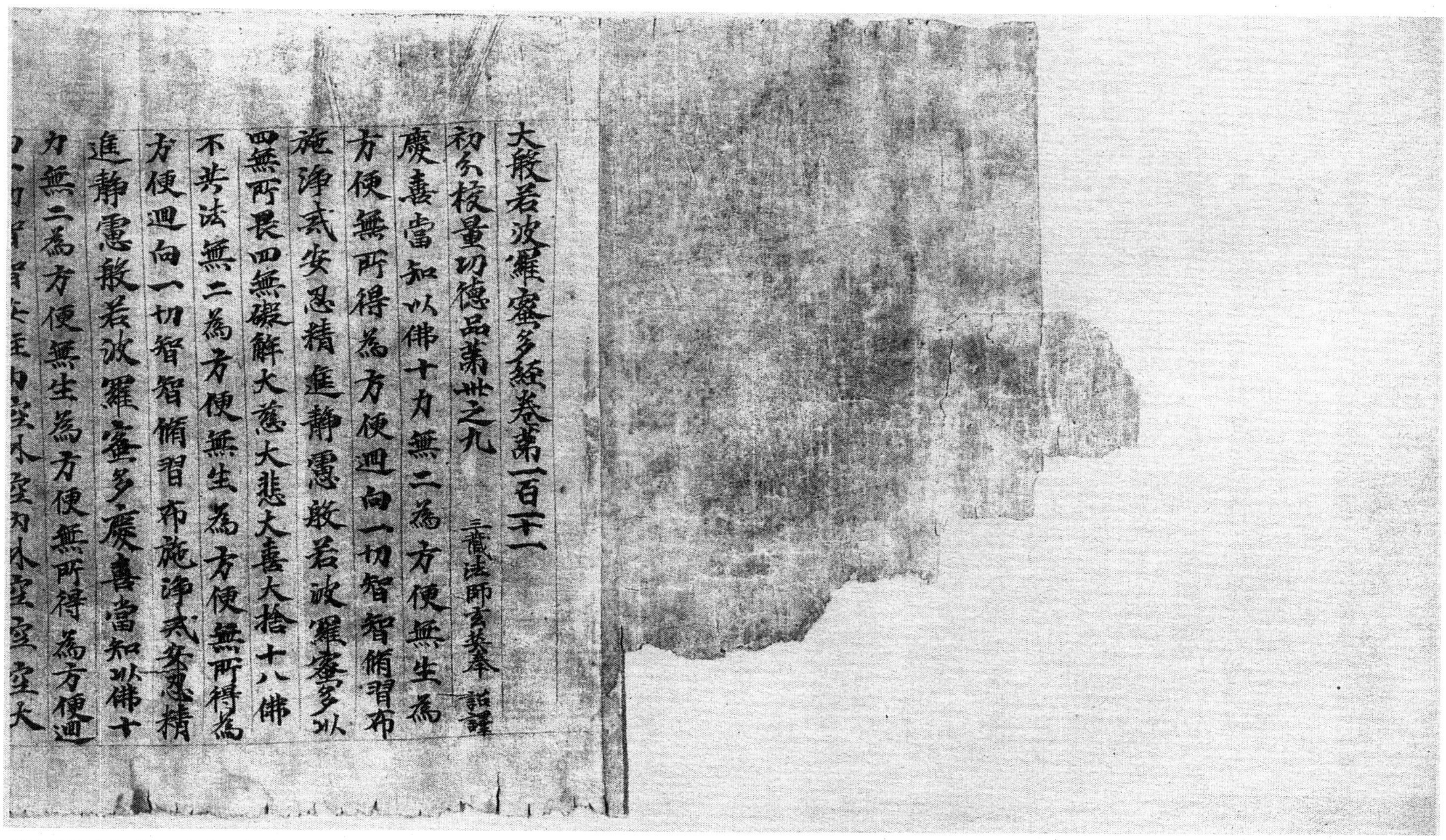
大般若波羅蜜多經卷第一百一十一
初分校量功德品第卅之九　三藏法師玄奘奉　詔譯
慶喜當知以佛十力無二為方便無生為
方便無所得為方便迴向一切智智脩習布
施淨戒安忍精進靜慮般若波羅蜜多以
四無所畏四無礙解大慈大悲大喜大捨十八佛
不共法無二為方便無生為方便無所得為
方便迴向一切智智脩習布施淨戒安忍精
進靜慮般若波羅蜜多慶喜當知以佛十
力無二為方便無生為方便無所得為方便迴
向一切智智安住內空外空內外空空空大

BD07066 號　大般若波羅蜜多經卷一一一

（2–1）

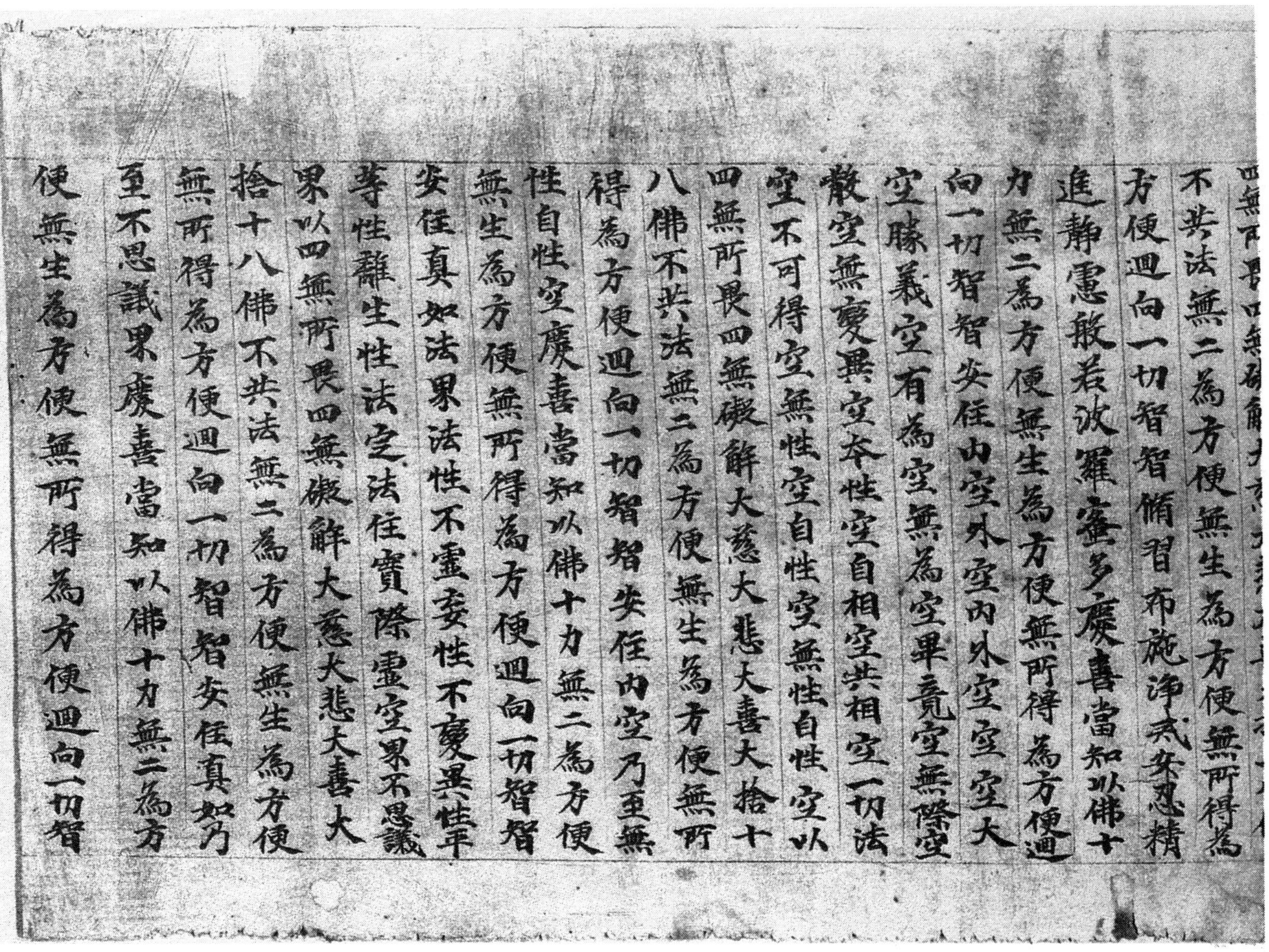
四無所畏四無礙解
不共法無二為方便無生為方便無所得為
方便迴向一切智智脩習布施淨戒安忍精
進靜慮般若波羅蜜多慶喜當知以佛十
力無二為方便無生為方便無所得為方便迴
向一切智智安住内空外空内外空空空大
空勝義空有為空無為空畢竟空無際空
散空無變異空本性空自相空共相空一切法
空不可得空無性空自性空無性自性空以
四無所畏四無礙解大慈大悲大喜大捨十
八佛不共法無二為方便無生為方便無所
得為方便迴向一切智智安住内空乃至無
性自性空慶喜當知以佛十力無二為方便
無生為方便無所得為方便迴向一切智智
安住真如法界法性不虛妄性不變異性平
等性離生性法定法住實際虛空界不思議
界以四無所畏四無礙解大慈大悲大喜大
捨十八佛不共法無二為方便無生為方便
無所得為方便迴向一切智智安住真如乃
至不思議界慶喜當知以佛十力無二為方
便無生為方便無所得為方便迴向一切智

BD07066號　大般若波羅蜜多經卷一一一　(2–2)

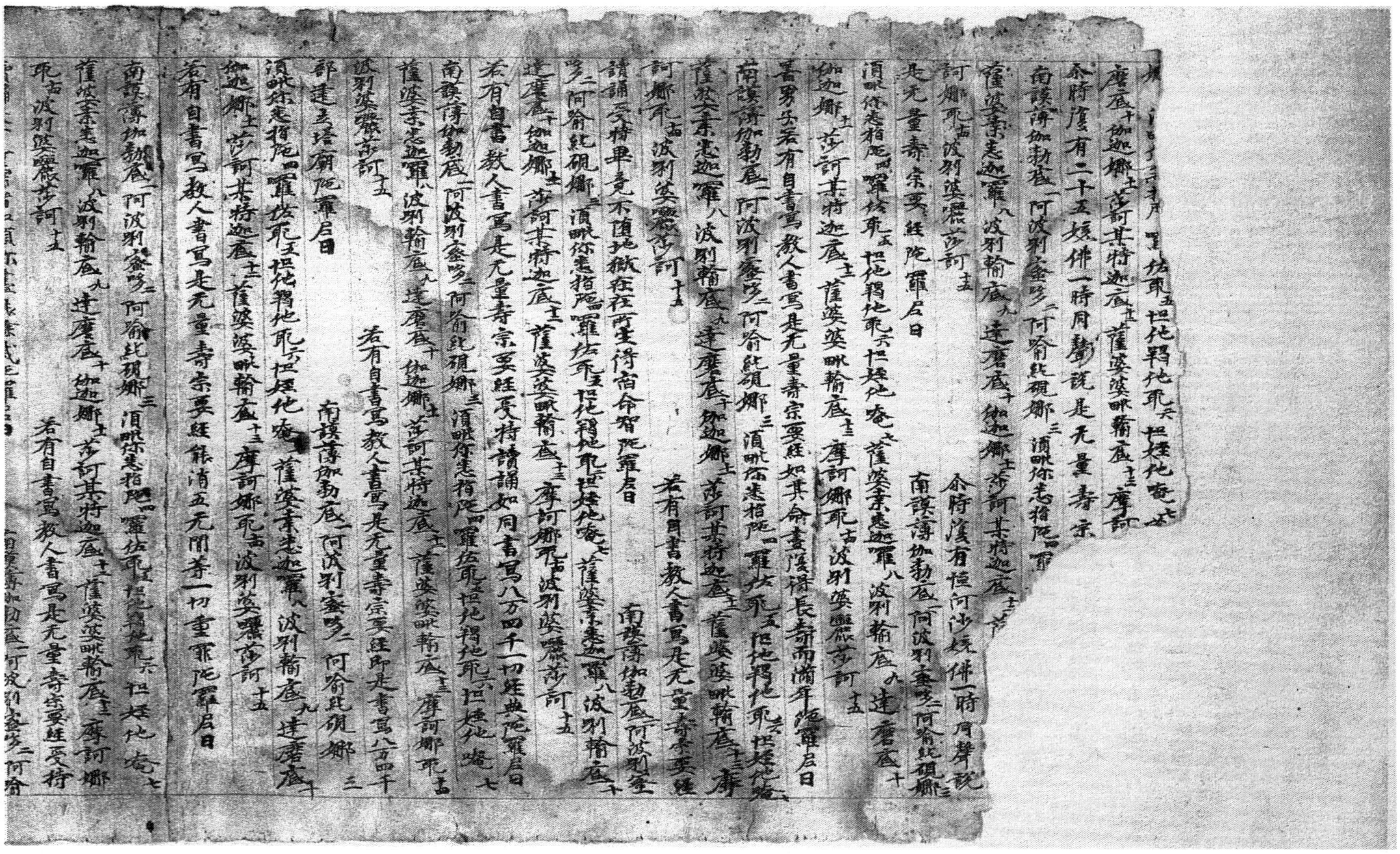

BD07067號　無量壽宗要經　(4–1)

南謨薄伽勃底一阿波唎蜜多二阿瑜紇硯娜三須毗你悉指陁四囉佐耶五怛他羯他耶六怛姪他唵七
薩婆桑塞迦囉八波唎輸底九達磨底十伽迦娜十一莎訶某特迦底十二薩婆婆毗輸底十三摩訶娜
耶十四波唎婆囉莎訶十五　若有自書寫教人書寫是无量壽宗要經受持
讀誦設有重罪猶如須弥盡能除滅陁羅尼曰　南謨薄伽勃底一阿波唎蜜多二阿瑜
紇硯娜三須毗你悉指陁四囉佐耶五怛他羯他耶六怛姪他唵七薩婆桑塞迦囉八波唎輸底九達磨
底十伽迦娜十一莎訶某特迦底十二薩婆婆毗輸底十三摩訶娜耶十四波唎婆囉莎訶十五
若有自書寫教人書寫是无量壽宗要經受持讀誦若魔之眷屬夜叉羅剎不得其便終
无枉死陁羅尼曰　南謨薄伽勃底一阿波唎蜜多二阿瑜紇硯娜三
須毗你悉指陁四囉佐耶五怛他羯他耶六怛姪他唵七薩婆桑塞迦囉八波唎輸底九達磨底十
伽迦娜十一莎訶某特迦底十二薩婆婆毗輸底十三摩訶娜耶十四波唎婆囉莎訶十五
若有自書教人書寫是无量壽宗要經受持讀誦當命終時有九十九殑伽佛現其人前來千
佛授手能遊一切佛剎莫於此經生於疑惑陁羅尼曰
南謨薄伽勃底一阿波唎蜜多二阿瑜紇硯娜三須毗你悉指陁四囉佐耶五怛他羯他耶六怛姪他唵七
薩婆桑塞迦囉八波唎輸底九達磨底十伽迦娜十一莎訶某特迦底十二薩婆婆毗輸底十三摩訶娜
耶十四波唎婆囉莎訶十五　若有自書寫教人書寫是无量壽宗要經受持讀
誦者得四大天王隨其衛護陁羅尼曰　南謨薄伽勃底一阿波唎蜜多二阿瑜紇
硯娜三須毗你悉指陁四囉佐耶五怛他羯他耶六怛姪他唵七薩婆桑塞迦囉八波唎輸底九達磨
底十伽迦娜十一莎訶某特迦底十二薩婆婆毗輸底十三摩訶娜耶十四波唎婆囉莎訶十五
若有自書教人書寫是无量壽宗要經受持讀誦當得往生西方極樂世界阿弥陁
淨土陁羅尼曰　南謨薄伽勃底一阿波唎蜜多二阿瑜紇硯娜三
須毗你悉指陁四囉佐耶五怛他羯他耶六怛姪他唵七薩婆桑塞迦囉八波唎輸底九達磨底十
伽迦娜十一莎訶某特迦底十二薩婆婆毗輸底十三摩訶娜耶十四波唎婆囉莎訶十五
若有方所自書寫使人書寫是无量壽經典之處則為是塔皆應恭敬作礼若是畜生或為鳥
獸得聞是經如是等類皆當不久得成一切種智陁羅尼曰
南謨薄伽勃底一阿波唎蜜多二阿瑜紇硯娜三須毗你悉指陁四囉佐耶五怛他羯他耶六怛姪他唵七
薩婆桑塞迦囉八波唎輸底九達磨底十伽迦娜十一莎訶某特迦底十二薩婆婆毗輸底十三摩
訶娜耶十四波唎婆囉莎訶十五　若有於是无量壽經自書寫若使
人書畢竟不受女人之身陁羅尼曰　南謨薄伽勃底一阿波唎蜜多二
阿瑜紇硯娜三須毗你悉指陁四囉佐耶五怛他羯他耶六怛姪他唵七薩婆桑塞迦囉八波唎輸底九
達磨底十伽迦娜十一莎訶某特迦底十二薩婆婆毗輸底十三摩訶娜耶十四波唎婆囉莎訶十五
若有能於是經少分能惠施者等於三千大千世界滿中七寶布施陁羅尼曰
南謨薄伽勃底一阿波唎蜜多二阿瑜紇硯娜三須毗你悉指陁四囉佐耶五怛他羯他耶六怛姪他唵七

BD07067 號　無量壽宗要經　（4–2）

阿瑜紇硯娜三須毗你悉指陁四囉佐耶五怛他羯他耶六怛姪他唵七薩婆桑塞迦囉八波唎輸底九
達磨底十伽迦娜十一莎訶某特迦底十二薩婆婆毗輸底十三摩訶娜耶十四波唎婆囉莎訶十五
若有能於是經少分能惠施者等於三千大千世界滿中七寶布施陁羅尼曰
南謨薄伽勃底一阿波唎蜜多二阿瑜紇硯娜三須毗你悉指陁四囉佐耶五怛他羯他耶六怛姪他唵七
薩婆桑塞迦囉八波唎輸底九達磨底十伽迦娜十一莎訶某特迦底十二薩婆婆毗輸底十三摩訶娜
耶十四波唎婆囉莎訶十五　若有能供養是經者則是供養
一切諸經等无有異陁羅尼曰　南謨薄伽勃底一阿波唎蜜多二阿瑜紇硯
娜三須毗你悉指陁四囉佐耶五怛他羯他耶六怛姪他唵七薩婆桑塞迦囉八波唎輸底九達磨底十
伽迦娜十一莎訶某特迦底十二薩婆婆毗輸底十三摩訶娜耶十四波唎婆囉莎訶十五
如是毗婆尸佛尸棄佛毗舍浮佛俱留孫佛俱那含牟尼佛迦葉佛釋迦牟尼佛
若有人以七寶供養如是七佛其福有限書寫受持是无量壽經典所有功德不可
限量陁羅尼曰　南謨薄伽勃底一阿波唎蜜多二阿瑜紇硯娜三
須毗你悉指陁四囉佐耶五怛他羯他耶六怛姪他唵七薩婆桑塞迦囉八波唎輸底九達磨底十
伽迦娜十一莎訶某特迦底十二薩婆婆毗輸底十三摩訶娜耶十四波唎婆囉莎訶十五
若有七寶等於須弥以用布施其福上能知其限量是无量壽經典其福不可知數
陁羅尼曰　南謨薄伽勃底一阿波唎蜜多二阿瑜紇硯娜三
須毗你悉指陁四囉佐耶五怛他羯他耶六怛姪他唵七薩婆桑塞迦囉八波唎輸底九達磨底十
伽迦娜十一莎訶某特迦底十二薩婆婆毗輸底十三摩訶娜耶十四波唎婆囉莎訶十五
如四大海水可知滴數是无量壽經典所生果報不可數量陁羅尼曰
南謨薄伽勃底一阿波唎蜜多二阿瑜紇硯娜三須毗你悉指陁四囉佐耶五怛他羯他耶六怛姪他
唵七薩婆桑塞迦囉八波唎輸底九達磨底十伽迦娜十一莎訶某特迦底十二薩婆婆毗輸
底十三摩訶娜耶十四波唎婆囉莎訶十五　若有自書使人書寫是
无量壽經典又能讀持供養即如恭敬供養一切十方佛土如來无有別異陁羅尼曰
南謨薄伽勃底一阿波唎蜜多二阿瑜紇硯娜三須毗你悉指陁四囉佐耶五怛他羯他耶六怛姪他
唵七薩婆桑塞迦囉八波唎輸底九達磨底十伽迦娜十一莎訶某特迦底十二薩婆婆毗輸
底十三摩訶娜耶十四波唎婆囉莎訶十五
布施力能成正覺　悟布施力人師子　布施力能聲聞　慈悲階漸最能入
持戒力能成正覺　悟持戒力人師子　持戒力能聲聞　慈悲階漸最能入
忍辱力能成正覺　悟忍辱力人師子　忍辱力能聲聞　慈悲階漸最能入
精進力能成正覺　悟精進力人師子　精進力能聲聞　慈悲階漸最能入
禪定力能成正覺　悟禪定力人師子　禪定力能聲聞　慈悲階漸最能入
智慧力能成正覺　悟智慧力人師子　智慧力能聲聞　慈悲階漸最能入
佛說是經已一切世間天人阿脩羅揵闥婆等聞佛所說皆大歡喜信受奉行

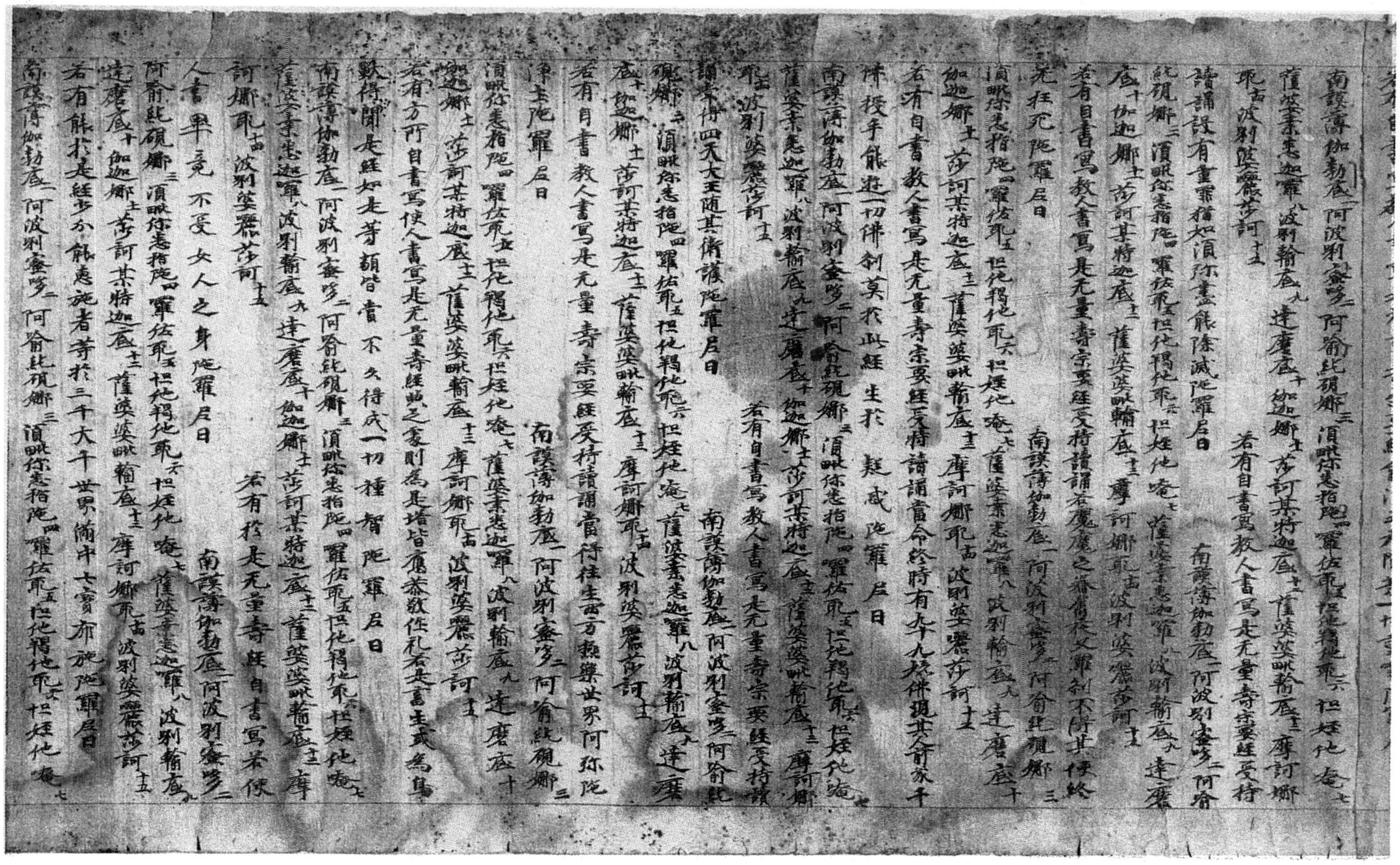

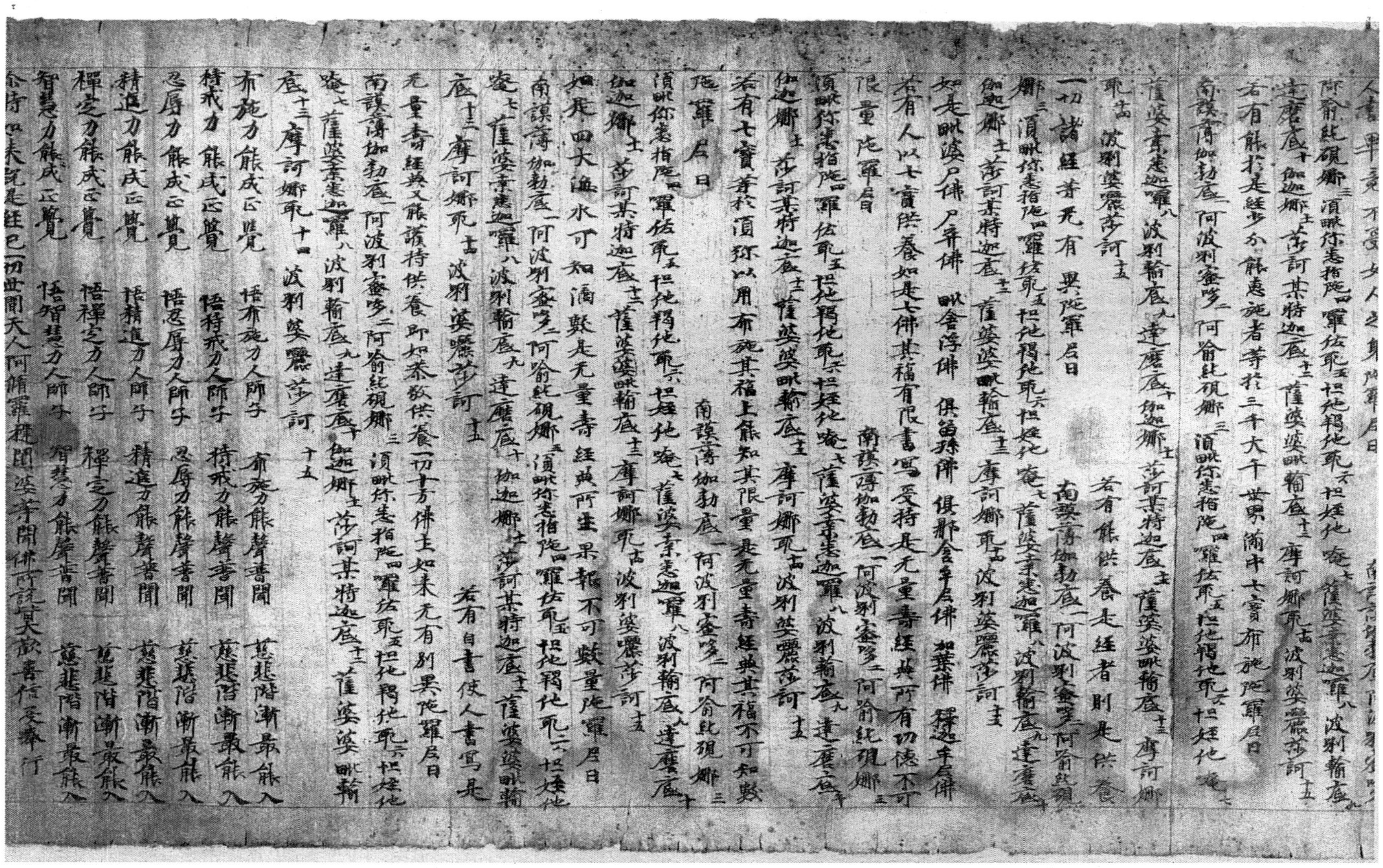

BD07067 號　無量壽宗要經　（4–3）

須毗你悉指陀四囉佉祢五怛他羯他耶六怛姪他唵七薩婆桑悉迦囉八波唎輸底九達磨底十

伽迦娜十一莎訶某特迦底十二薩婆婆毗輸底十三摩訶娜耶十四波唎婆囇莎訶十五

若有七寶等於須彌以用布施其福上能知其限量是无量壽經典其福不可知數

陁羅尼曰　南謨薄伽勃底一阿波唎蜜哆二阿喻紇硯娜三

須毗你悉指陀四囉佉祢五怛他羯他耶六怛姪他唵七薩婆桑悉迦囉八波唎輸底九達磨底十

伽迦娜十一莎訶某特迦底十二薩婆婆毗輸底十三摩訶娜耶十四波唎婆囇莎訶十五

如是四大海水可知滴數是无量壽經典所生果報不可數量陁羅尼曰

南謨薄伽勃底一阿波唎蜜哆二阿喻紇硯娜三須毗你悉指陀四囉佉祢五怛他羯他耶六怛姪他

唵七薩婆桑悉迦囉八波唎輸底九達磨底十伽迦娜十一莎訶某特迦底十二薩婆婆毗輸

底十三摩訶娜耶十四波唎婆囇莎訶十五　若有自書使人書寫是

无量壽經典又能讀持供養即如恭敬供養一切十方佛土如来无有別異陁羅尼曰

南謨薄伽勃底一阿波唎蜜哆二阿喻紇硯娜三須毗你悉指陀四囉佉祢五怛他羯他耶六怛姪他

唵七薩婆桑悉迦囉八波唎輸底九達磨底十伽迦娜十一莎訶某特迦底十二薩婆婆毗輸

底十三摩訶娜耶十四波唎婆囇莎訶十五

布施力能成正覺　悟布施力人師子　布施力能聲普聞　慈悲階漸最能入

持戒力能成正覺　悟持戒力人師子　持戒力能聲普聞　慈悲階漸最能入

忍辱力能成正覺　悟忍辱力人師子　忍辱力能聲普聞　慈悲階漸最能入

精進力能成正覺　悟精進力人師子　精進力能聲普聞　慈悲階漸最能入

禪定力能成正覺　悟禪定力人師子　禪定力能聲普聞　慈悲階漸最能入

智慧力能成正覺　悟智慧力人師子　智慧力能聲普聞　慈悲階漸最能入

尒時如来說是經已一切世間天人阿脩羅揵闥婆等聞佛所說皆大歡喜信受奉行

佛說无量壽宗要經

張略廣寫

BD07067號　無量壽宗要經　（4–4）

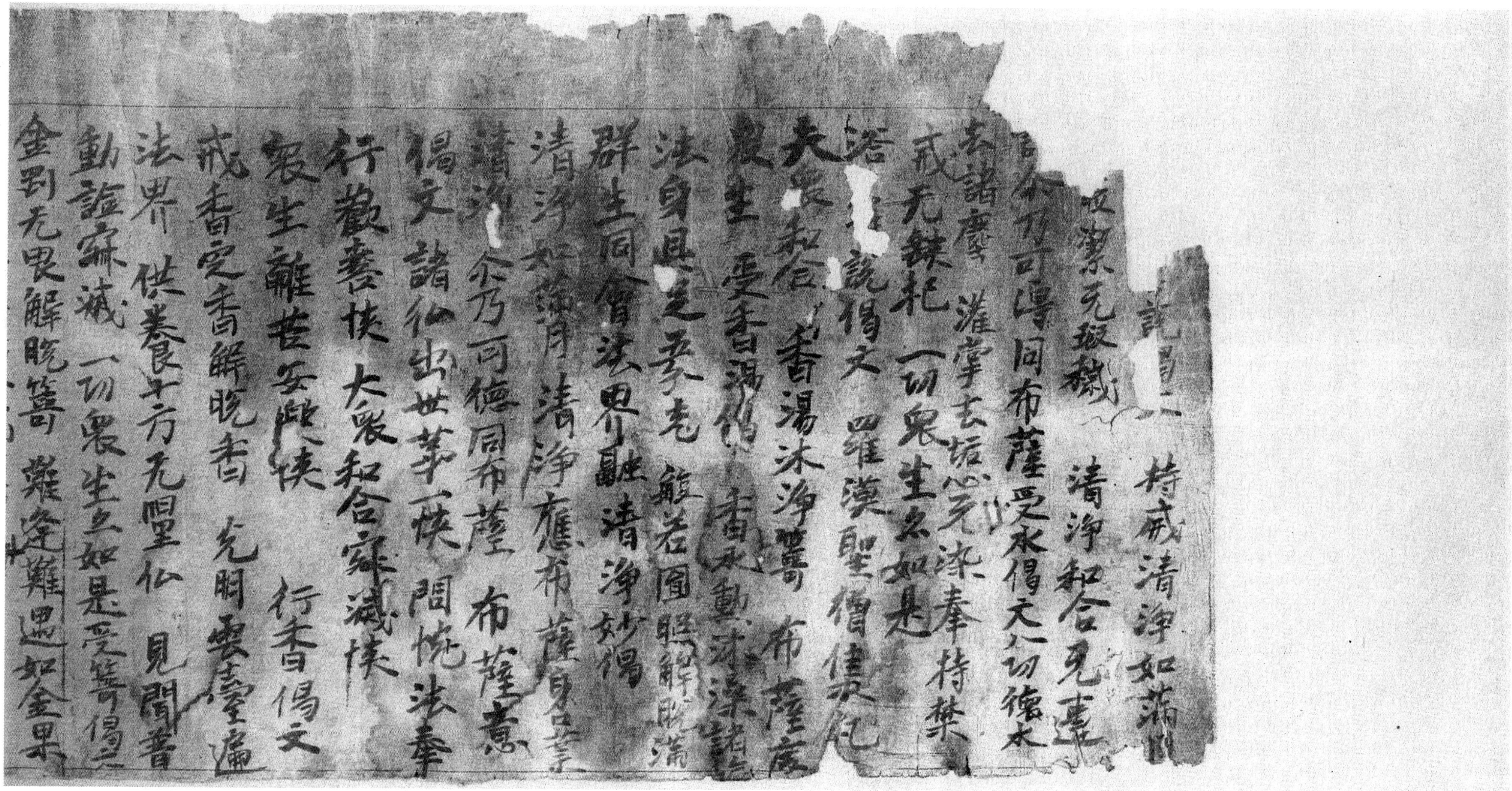

BD07068 號 1　沙洲敦煌縣金光明寺僧伽藍巳年十二月十五日布薩文（擬）　（5–1）

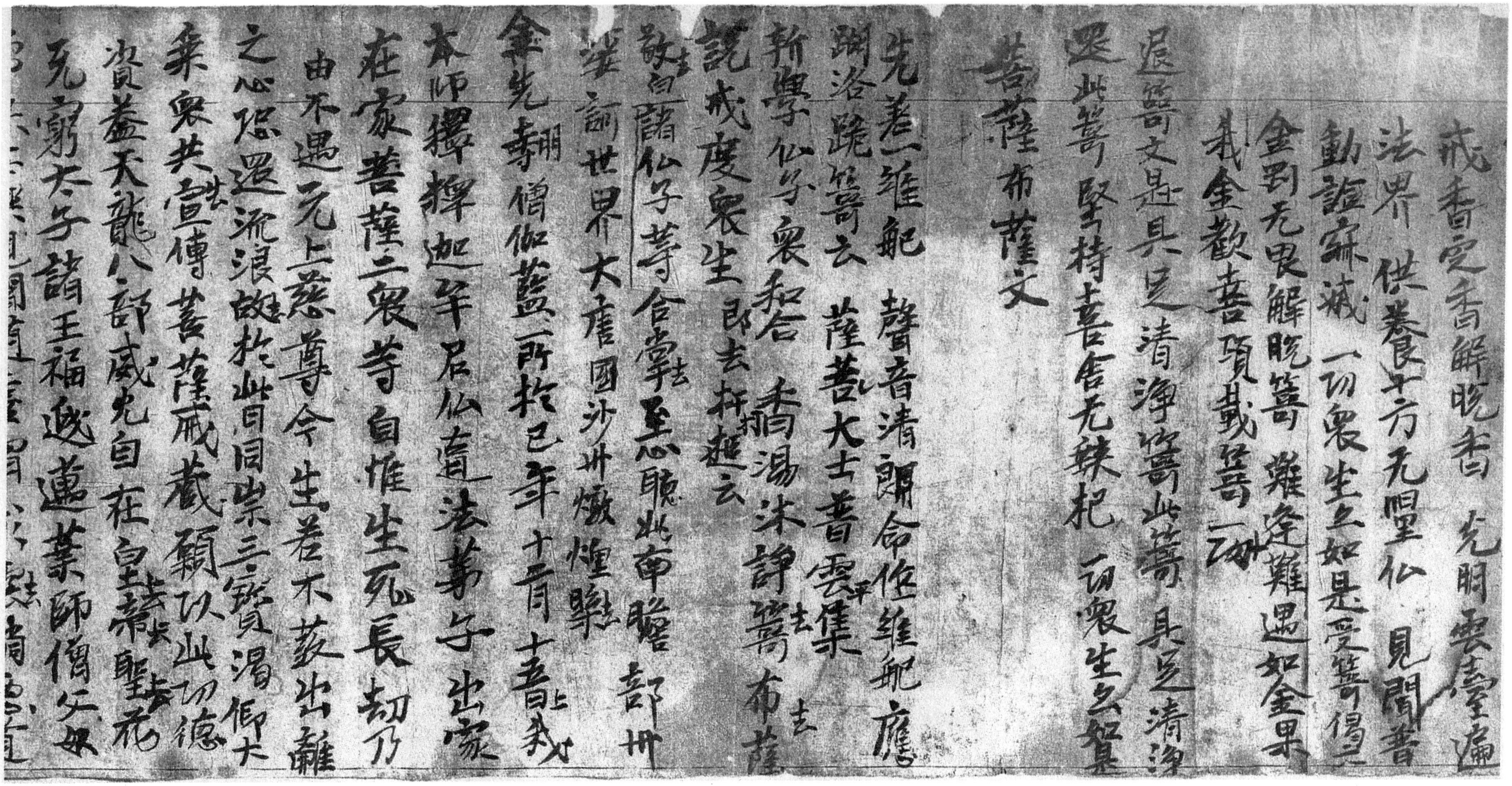
戒香定香解脫香　光明雲臺遍
法界　供養十方无量佛　見聞普
動證寂滅　一切衆生亦如是　受籌偈
金剛无畏解脫籌　難逢難遇如金果
我今歡喜頂戴受　一切
還籌文具足清淨　捉籌此籌具足清淨
還此籌堅持喜舍无缺犯　一切衆生亦如是
菩薩布薩文
先差一維那　聲音清朗令作維那應
踟洛跪籌云　薩善大士普雲集
新學佛子衆和合　香湯沐浴籌布薩
說戒度衆生　即去抖擻云
敬白諸佛子等合掌至心聽此南贍部州
娑訶世界大唐國沙州敦煌縣
金光明寺僧伽藍一所於巳年十二月十五日
本師釋迦牟尼佛遺法弟子出家
在家菩薩二衆等自惟生死長劫乃
由不遇无上慈尊今生若不發出離
之心恐還流浪故於此日同崇三寶渴仰大
乘衆共宣傳菩薩戒藏願以此功德
資益天龍八部威光自在皇帝聖化
无窮太子諸王福延遐業師僧父母

BD07068號1　沙洲敦煌縣金光明寺僧伽藍巳年十二月十五日布薩文（擬）　（5-2）

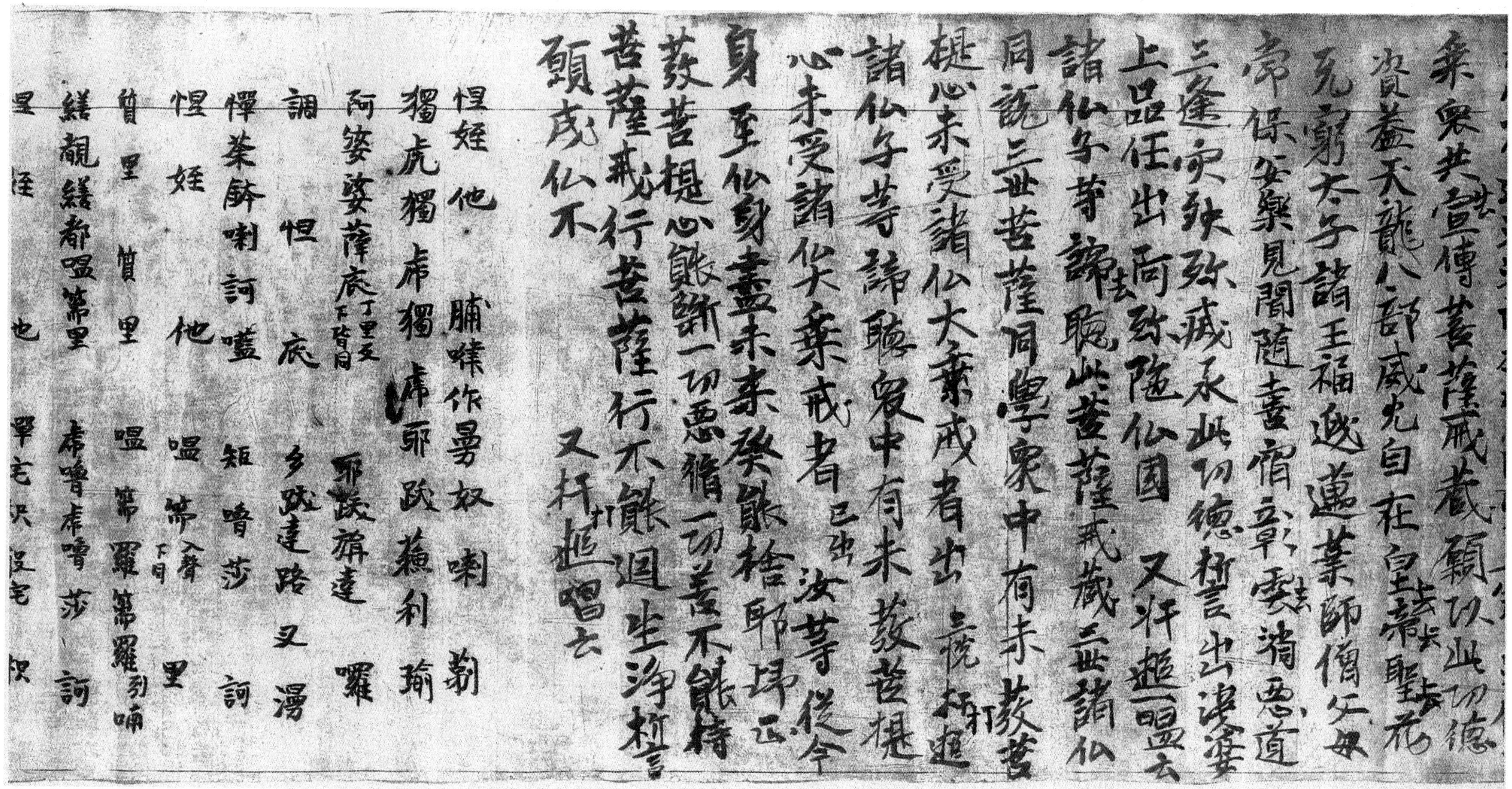

BD07068 號 1　沙洲敦煌縣金光明寺僧伽藍巳年十二月十五日布薩文（擬）　（5–3）

BD07068 號 2　金光明最勝王經咒語鈔（擬）

怛姪他 喓 篅入聲下同里
質里質里 喓篅羅篅羅剌喃
繕覩繕都喓篅里 虎嚕虎嚕莎訶
怛姪他 悍宅枳般宅枳
羯喇檄高喇檄 雞由哩悍檄里莎訶
怛姪他 室喇室喇
陁須你陁須你 陁哩陁哩你
室喇室喇你 毗舍羅波世汶始娜
畔陁須帝莎訶
怛姪他 訶哩訶哩你
遮哩遮哩你 羯喇摩剌你
僧羯喇摩剌你 三婆山你瞻跋作
卷䭲婆你讃漢你 碎闍步陛莎訶
怛姪他 毗徒哩毗徒哩
摩哩你迦里迦里 毗度漢底
嚕嚕嚕嚕 主嚕主嚕
杜嚕婆杜嚕婆 梏梏設者婆哩瀃
莎入卷底薩婆薩埵喃 卷句都 濕
曷怛囉鉢陁你莎訶
怛姪他 句訶句訶剌嚕
句訶句訶句訶嚕 鞞陸枳鞞陸枳
阿蜜栗多嚕漢你 勃里山你
鞞嚕勅枳婆嚕代底 鞞提四枳
頻陁鞞哩你 阿蜜哩底枳
薄虎主愈 薄虎主愈莎訶
怛姪他 室喇室喇室喇你

BD07068號2　金光明最勝王經咒語鈔（擬）　（5–4）

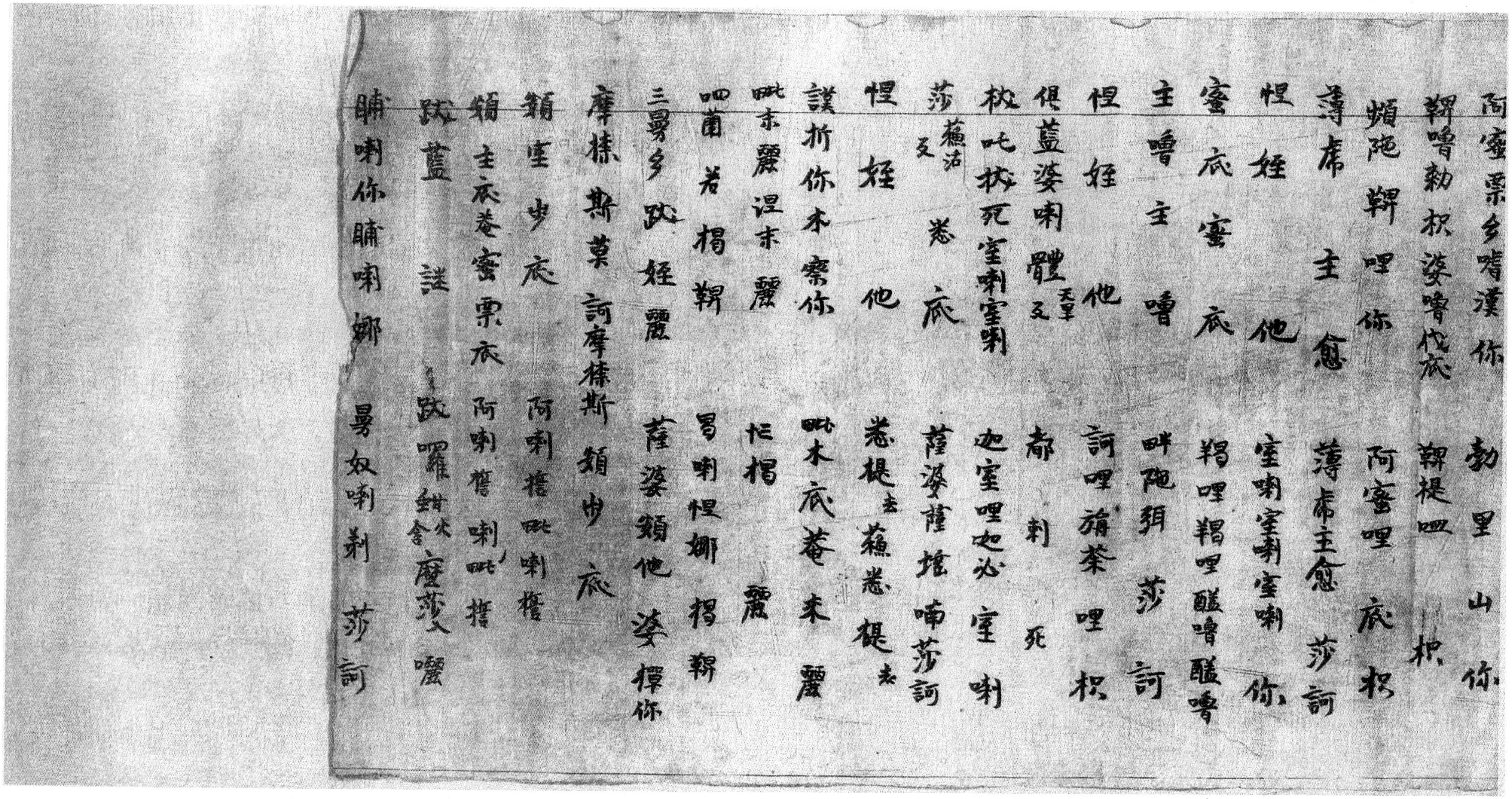

BD07068 號 2　金光明最勝王經咒語鈔（擬）　　（5–5）

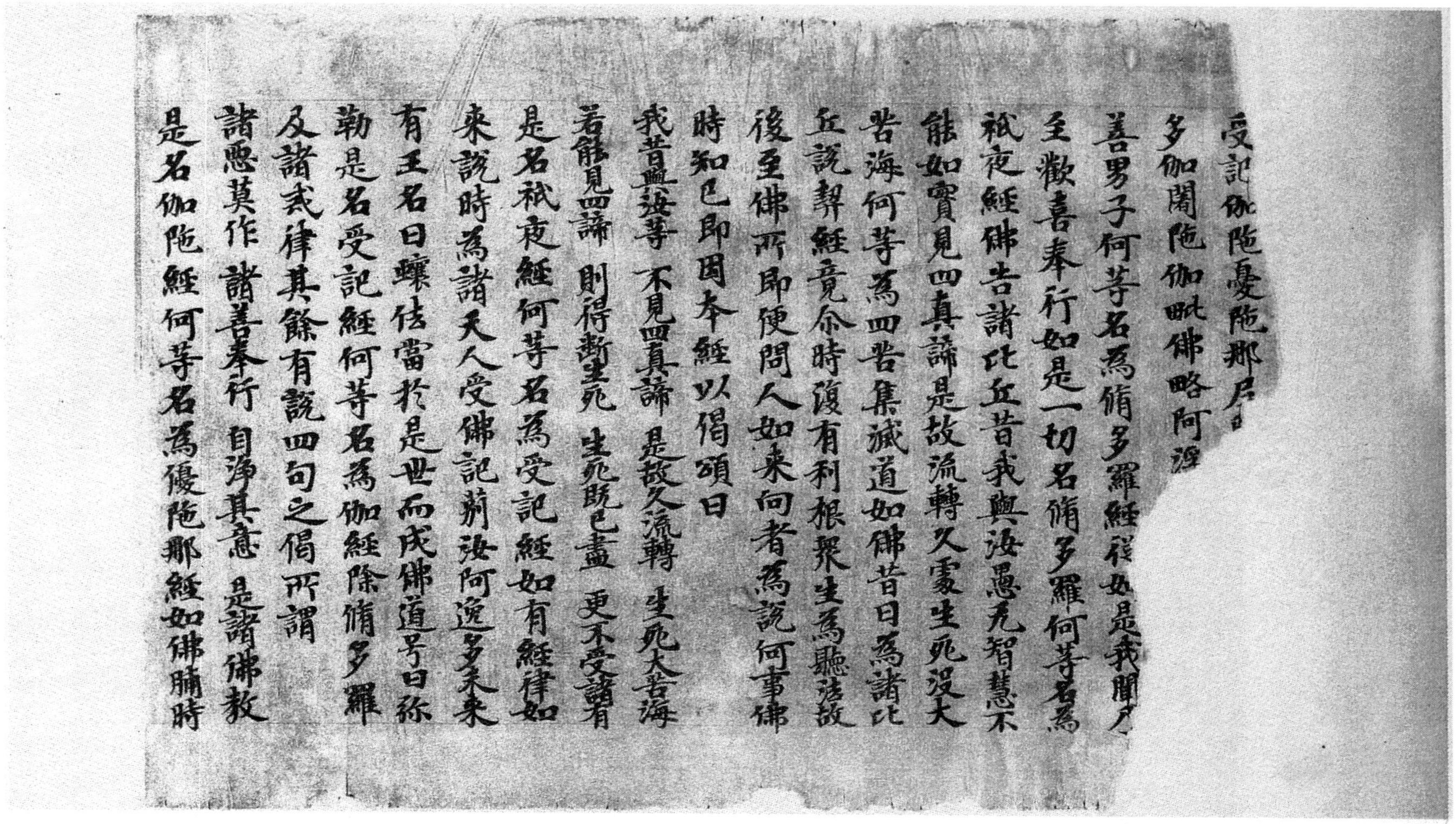

受記伽陀憂陀那尼
多伽闍陀伽毗佛略阿浮
善男子何等名為脩多羅經從如是我聞乃
至歡喜奉行如是一切名脩多羅何等名為
祇夜經佛告諸比丘昔我與汝愚无智慧不
能如實見四真諦是故流轉久處生死沒大
苦海何等為四苦集滅道如佛昔日為諸比
丘說契經竟尒時復有利根衆生為聽法故
後至佛所即便問人如來向者為說何事佛
時知已即因本經以偈頌曰
我昔與汝等　不見四真諦　是故久流轉　生死大苦海
若能見四諦　則得斷生死　生死既已盡　更不受諸有
是名祇夜經何等名為受記經如有經律如
來說時為諸天人受佛記莂汝阿逸多未來
有王名曰蠰佉當於是世而成佛道号曰彌
勒是名受記經何等名為伽陀經除脩多羅
及諸戒律其餘有說四句之偈所謂
諸惡莫作　諸善奉行　自淨其意　是諸佛教
是名伽陀經何等名為優陀那經如佛晡時

BD07069 號　大般涅槃經（北本）卷一五　　（1–1）

BD07069 號背　勘記、雜寫　　（1–1）

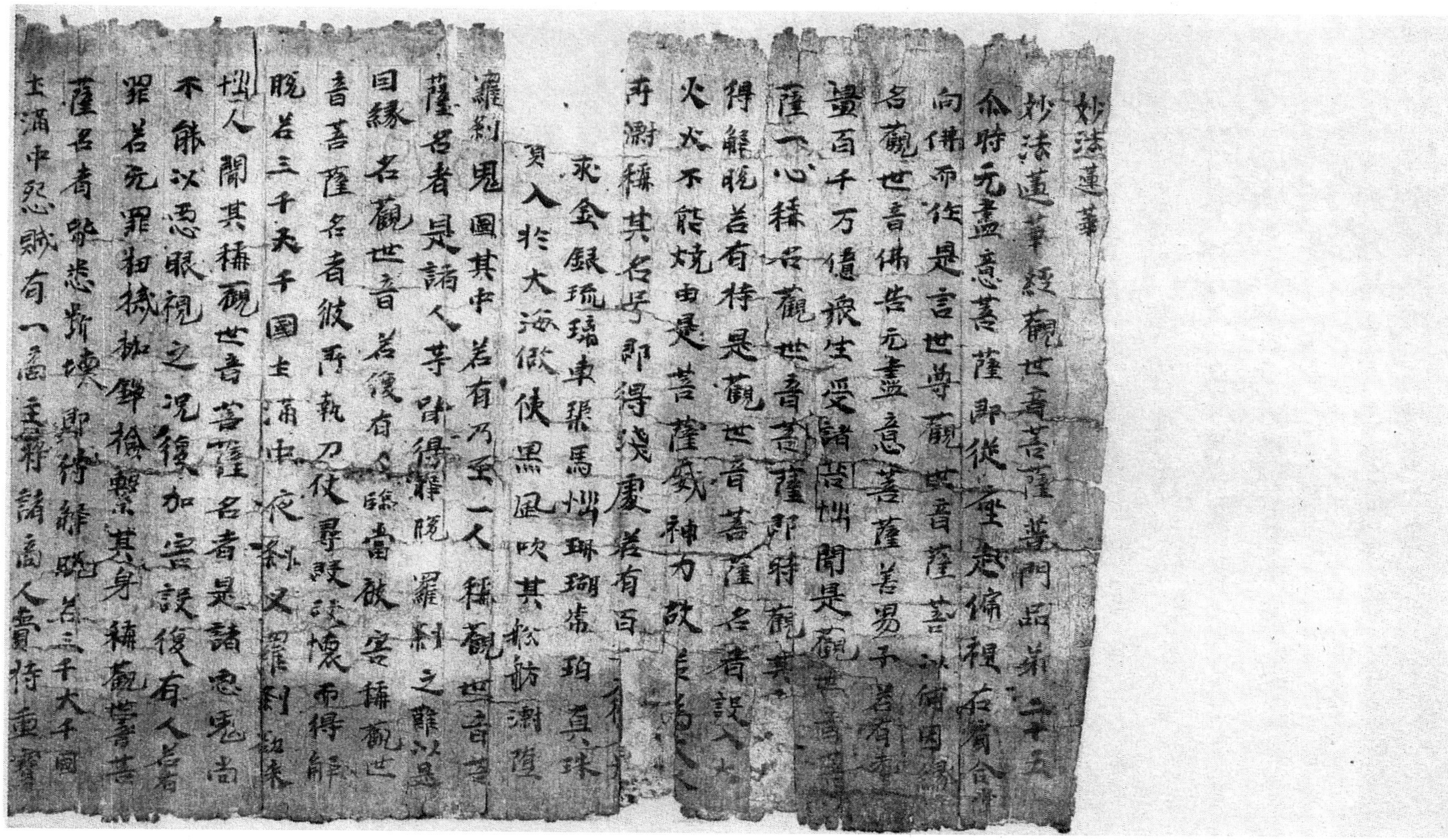
妙法蓮華經觀世音菩薩普門品第二十五
尒時无盡意菩薩即從座起偏袒右肩合掌
向佛而作是言世尊觀世音菩薩以何因緣
名觀世音佛告无盡意菩薩善男子若有无
量百千万億衆生受諸苦惱聞是觀世音菩
薩一心稱名觀世音菩薩即時觀其音聲
得解脫若有持是觀世音菩薩名者設入大
火火不能燒由是菩薩威神力故若爲大水
所漂稱其名号即得淺處若有百千
求金銀琉璃車渠馬瑙珊瑚琥珀真珠
寶入於大海假使黑風吹其船舫飄墮
羅剎鬼國其中若有乃至一人稱觀世音菩
薩名者是諸人等皆得解脫羅剎之難以是
因緣名觀世音若復有人臨當被害稱觀世
音菩薩名者彼所執刀杖尋段段壞而得解
脫若三千大千國土滿中夜叉羅剎欲來
惱人聞其稱觀世音菩薩名者是諸惡鬼尚
不能以惡眼視之況復加害設復有人若有
罪若无罪杻械枷鎖檢繫其身稱觀世音菩
薩名者皆悉斷壞即得解脫若三千大千國
土滿中怨賊有一商主將諸商人齎持重寶

BD07070號　觀世音經　（6–1）

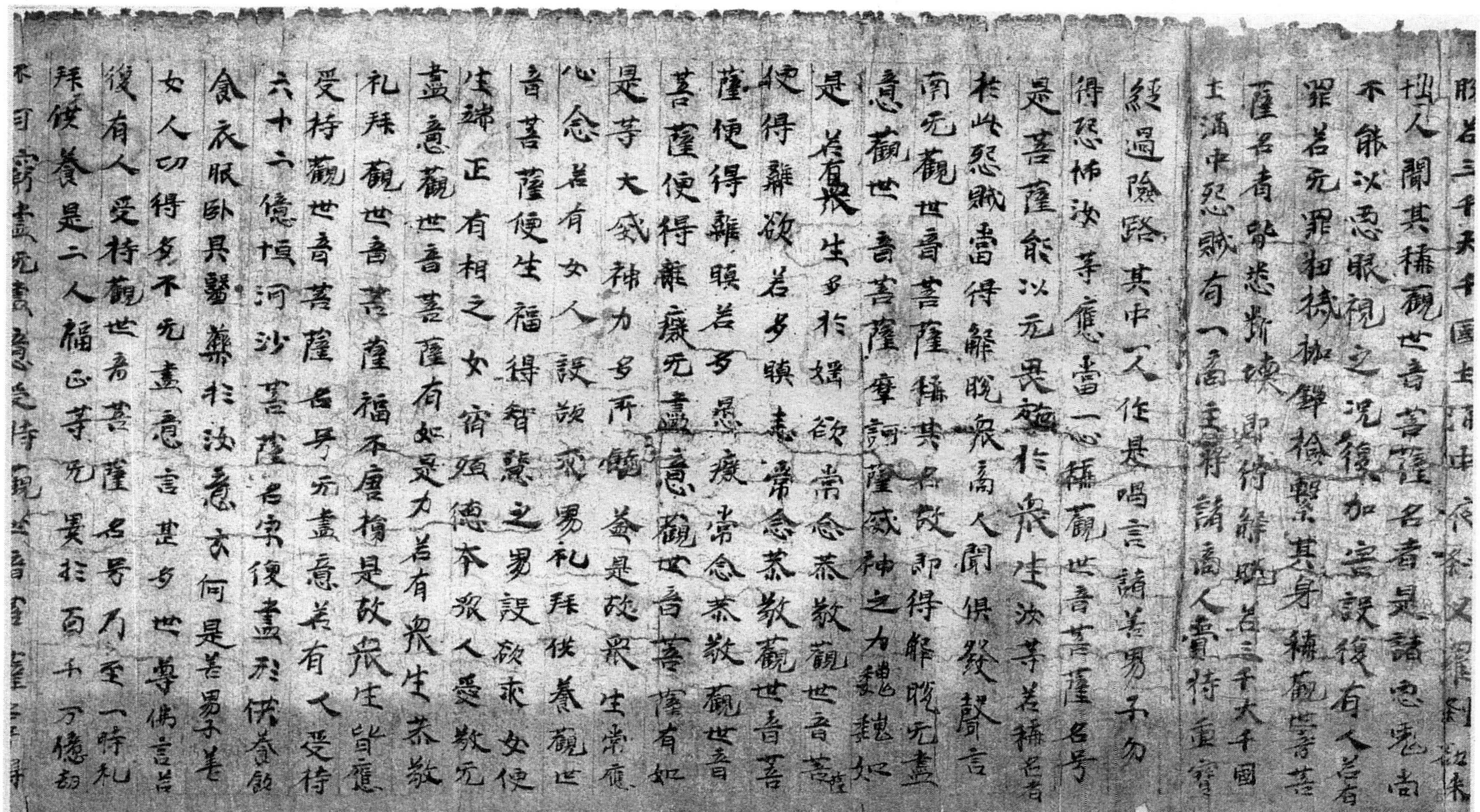
脫若三千大千國土滿中夜叉羅剎欲來
惱人聞其稱觀世音菩薩名者是諸惡鬼尚
不能以惡眼視之況復加害設復有人若有
罪若无罪杻械枷鎖檢繫其身稱觀世音菩
薩名者皆悉斷壞即得解脫若三千大千國
土滿中怨賊有一商主將諸商人齎持重寶
經過嶮路其中一人作是唱言諸善男子勿
得恐怖汝等應當一心稱觀世音菩薩名号
是菩薩能以无畏施於衆生汝等若稱名者
於此怨賊當得解脫衆商人聞俱發聲言
南无觀世音菩薩稱其名故即得解脫无盡
意觀世音菩薩摩訶薩威神之力巍巍如
是若有衆生多於婬欲常念恭敬觀世音菩薩
便得離欲若多瞋恚常念恭敬觀世音菩
薩便得離瞋若多愚癡常念恭敬觀世音
菩薩便得離癡无盡意觀世音菩薩有如
是等大威神力多所饒益是故衆生常應
心念若有女人設欲求男禮拜供養觀世
音菩薩便生福德智慧之男設欲求女便
生端正有相之女宿殖德本衆人愛敬无
盡意觀世音菩薩有如是力若有衆生恭敬
礼拜觀世音菩薩福不唐捐是故衆生皆應
受持觀世音菩薩名号无盡意若有人受持
六十二億恒河沙菩薩名字復盡形供養飲
食衣服卧具醫藥於汝意云何是善男子善
女人功德多不无盡意言甚多世尊佛言若
復有人受持觀世音菩薩名号乃至一時礼
拜供養是二人福正等无異於百千万億劫
不可窮盡无盡意受持觀世音菩薩名

BD07070號　觀世音經　（6–2）

女人切得多不无盡意言甚多世尊佛言若
復有人受持觀世音菩薩名号乃至一時礼
拜供養是二人福正等无異於百千万億劫
不可窮盡无盡意受持觀世音菩薩名号得
如是无量无邊福得之利无盡意菩薩白佛言世
世尊觀世音菩薩云何遊此娑婆世界云何
而為衆生說法便方之力其事云何佛告无
盡意菩薩善男子若有國土衆生
應以佛身得度者觀世音菩薩即現佛身而
為說法應以辟支佛身得度者即現辟支佛
身而為說法應以聲聞身得度者即聲現聞
身而為說法應以梵王身得度者即現梵王
身而為說法應以帝釋身得度者即現帝釋
身而為說法應以自在天身得度者即現自
在天身而為說法應以大自在天身得度者
即現大自在天身而為說法應以天大將軍
身得度者即現天大將軍身而為說法應以
毗沙門身得度者即現毗沙門身而為說法
應以小王身得度者即現小王身而為說法
應以長者身得度者即現長者身而為說法
應以居士身得度者即現居士身而為說法
應以宰官身得度者即現宰官身而為說法
應以婆羅門身得度者即現婆羅門身而
說法應以比丘比丘尼優婆塞優婆夷身得
度者即現比丘比丘尼優婆塞優婆夷身而
為說法應以長者居士宰官婆羅門婦女身得
度者即現婦女身而為說法應以童男童女
身得度者即現童男童女身而為說法應
[illegible]

BD07070 號　觀世音經

（6–3）

說法應以比丘比丘尼優婆塞優婆夷身得
度者即現比丘比丘尼優婆塞優婆夷身而
為說法應以長者居士宰官婆羅門婦女身得
度者即現婦女身而為說法應以童男童女
身得度者即現童男童女身而為說法應
以天龍夜叉乾闥婆阿脩羅迦樓羅緊那羅
摩睺羅伽人非人等身得度者即皆現之而
為說法應以執金剛神得度者即現執金剛
神而為說法无盡意是觀世音菩薩成就如
是功德以種種形遊諸國土度脫衆生是故
汝等應當一心供養觀世音菩薩是觀世音
菩薩摩訶薩於怖畏急難之中能施无畏是
故此娑婆世界皆号之為施无畏者无盡意
菩薩白佛言世尊我今當供養觀世音菩薩
即解頸衆寶珠瓔珞價直百千兩金而以與
之作是言仁者受此法施珍寶瓔珞時觀世音
菩薩不肯受之无盡意復白觀世音菩薩言
仁者愍我等故受此瓔珞尒時佛告觀世音
菩薩當愍此无盡意菩薩及四衆天龍夜叉乾
闥婆阿脩羅迦樓羅緊那羅摩睺羅伽人非
人等故受是瓔珞分作二分一分奉釋迦牟尼
佛一分奉多寶佛塔无盡意觀世音菩薩有
如是自在神力遊於娑婆世界尒時无盡意
菩薩以偈問曰　世尊妙相具　我今重問彼
佛子何因緣　名為觀世音　具足妙相尊　偈答无盡意
汝聽觀音行　善應諸方所　弘誓深如海　歷劫不思議
侍多千億佛　發大清淨願　我為汝略說　聞名及現身
心念不空過　能滅諸有苦　假使興害意　推落大火坑
[illegible]

BD07070 號　觀世音經

（6–4）

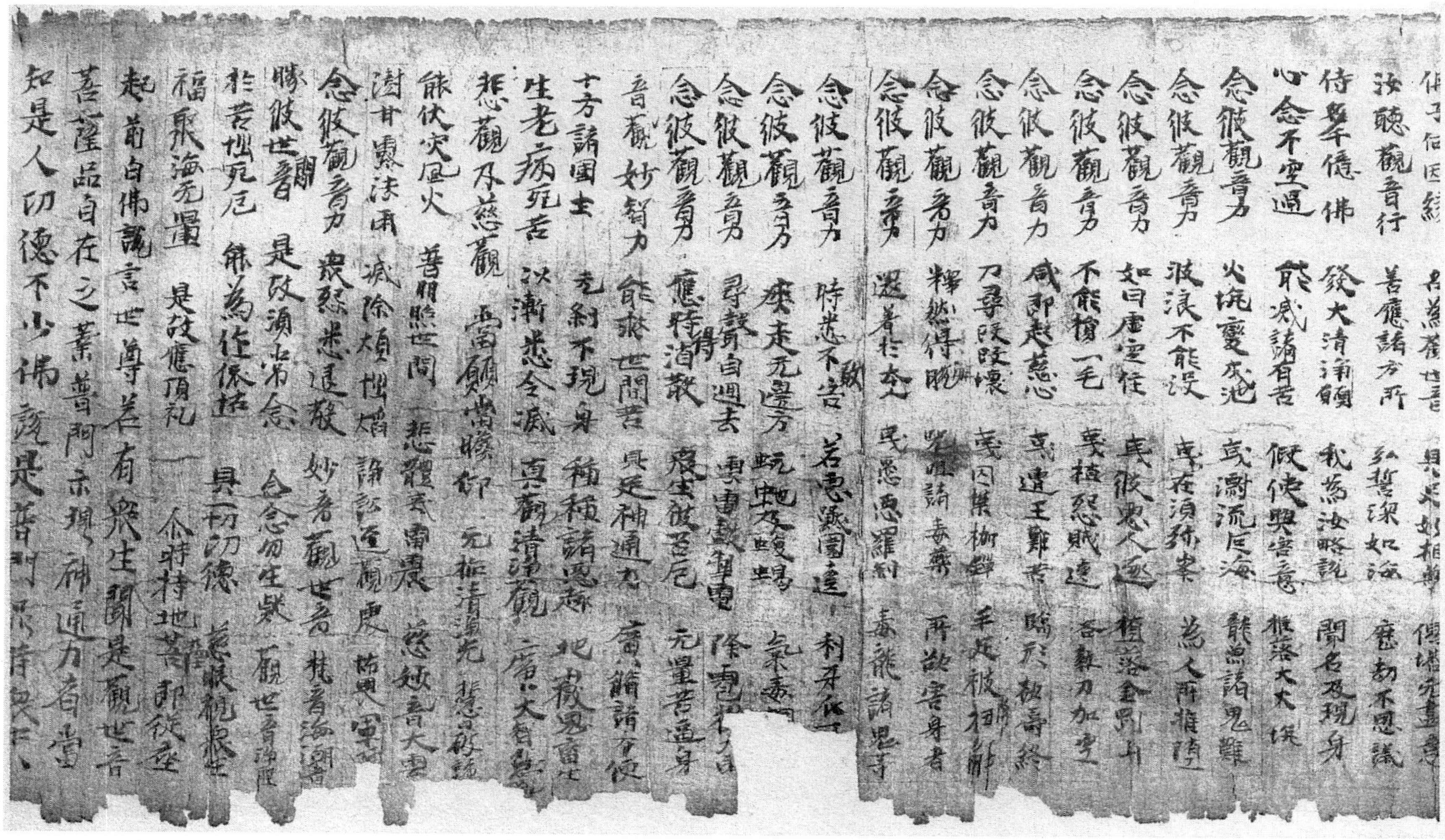
佛子何因緣 名爲觀世音 具足妙相尊 偈答無盡意
汝聽觀音行 善應諸方所 弘誓深如海 歷劫不思議
侍多千億佛 發大清淨願 我爲汝略說 聞名及見身
心念不空過 能滅諸有苦 假使興害意 推落大火坑
念彼觀音力 火坑變成池 或漂流巨海 龍魚諸鬼難
念彼觀音力 波浪不能沒 或在須彌峯 爲人所推墮
念彼觀音力 如日虛空住 或被惡人逐 墮落金剛山
念彼觀音力 不能損一毛 或值怨賊繞 各執刀加害
念彼觀音力 咸即起慈心 或遭王難苦 臨刑欲壽終
念彼觀音力 刀尋段段壞 或囚禁枷鎖 手足被杻械
念彼觀音力 釋然得解脫 咒詛諸毒藥 所欲害身者
念彼觀音力 還著於本人 或遇惡羅剎 毒龍諸鬼等
念彼觀音力 時悉不敢害 若惡獸圍遶 利牙爪可怖
念彼觀音力 疾走無邊方 蚖蛇及蝮蠍 氣毒煙火燃
念彼觀音力 尋聲自迴去 雲雷鼓掣電 降雹澍大雨
念彼觀音力 應時得消散 衆生被困厄 無量苦逼身
觀音妙智力 能救世間苦 具足神通力 廣修智方便
十方諸國土 無剎不現身 種種諸惡趣 地獄鬼畜生
生老病死苦 以漸悉令滅 真觀清淨觀 廣大智慧觀
悲觀及慈觀 常願常瞻仰 無垢清淨光 慧日破諸闇
能伏災風火 普明照世間 悲體戒雷震 慈意妙大雲
澍甘露法雨 滅除煩惱焰 諍訟經官處 怖畏軍陣中
念彼觀音力 衆怨悉退散 妙音觀世音 梵音海潮音
勝彼世間音 是故須常念 念念勿生疑 觀世音淨聖
於苦惱死厄 能爲作依怙 具一切功德 慈眼視衆生
福聚海無量 是故應頂禮 爾時持地菩薩即從座
起前白佛言 世尊 若有衆生聞是觀世音
菩薩品自在之業 普門示現神通力者 當
知是人功德不少 佛說是普門品時 衆中八

BD07070號　觀世音經　（6–5）

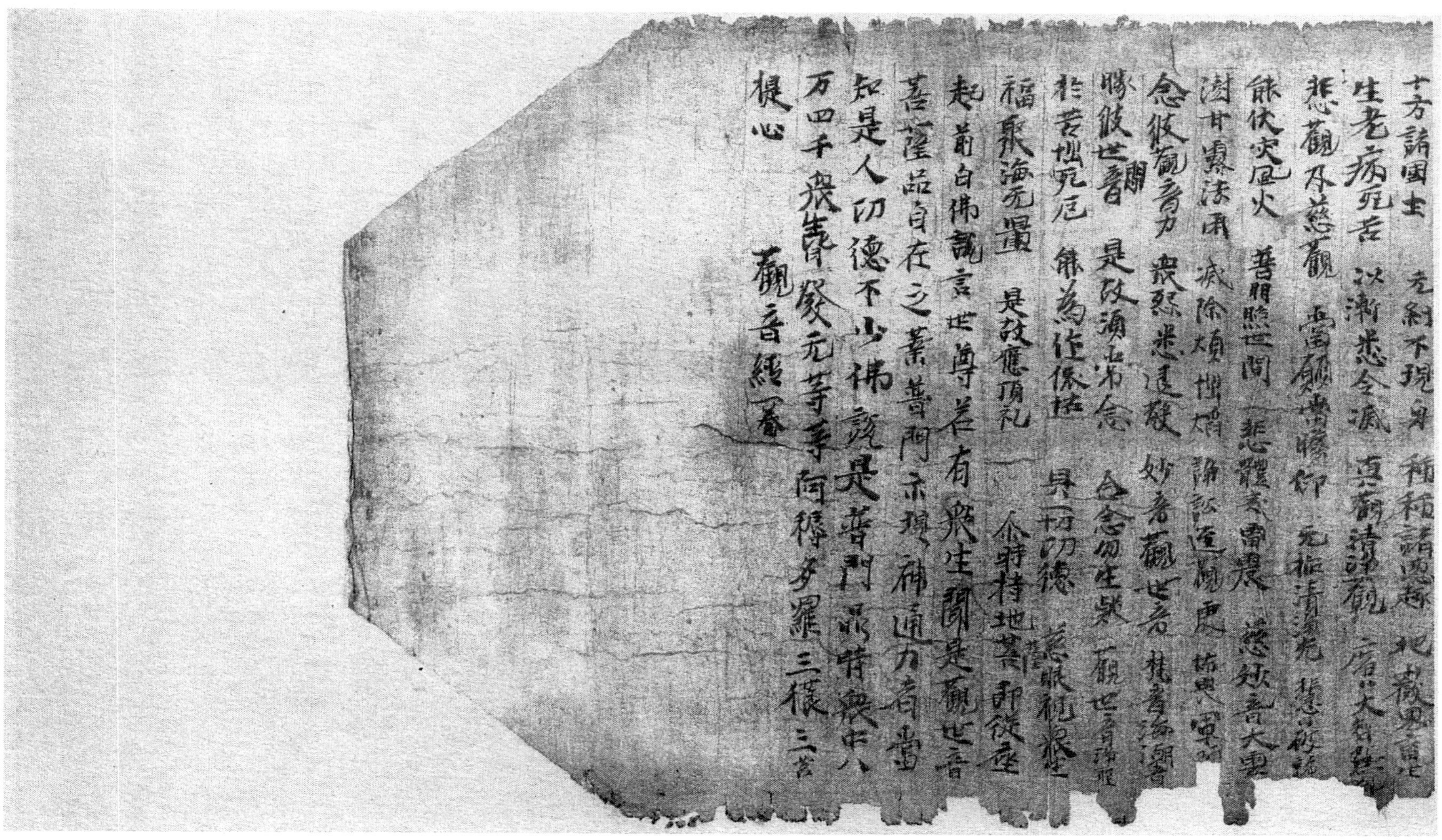
十方諸國土 無剎不現身 種種諸惡趣 地獄鬼畜生
生老病死苦 以漸悉令滅 真觀清淨觀 廣大智慧觀
悲觀及慈觀 常願常瞻仰 無垢清淨光 慧日破諸闇
能伏災風火 普明照世間 悲體戒雷震 慈意妙大雲
澍甘露法雨 滅除煩惱焰 諍訟經官處 怖畏軍陣中
念彼觀音力 衆怨悉退散 妙音觀世音 梵音海潮音
勝彼世間音 是故須常念 念念勿生疑 觀世音淨聖
於苦惱死厄 能爲作依怙 具一切功德 慈眼視衆生
福聚海無量 是故應頂禮 爾時持地菩薩即從座
起前白佛言 世尊 若有衆生聞是觀世音
菩薩品自在之業 普門示現神通力者 當
知是人功德不少 佛說是普門品時 衆中八
万四千衆生皆發無等等阿耨多羅三藐三菩
提心
觀音經一卷

BD07070號　觀世音經　（6–6）

因等无量諸天大衆俱
爾時佛告長老舍利弗從是西方過十万億
佛土有世界名曰極樂其土有佛号阿弥陀
今現在說法舍利弗彼土何故名爲極樂其國
衆生无有衆苦但受諸樂故名極樂又舍利
弗極樂國土七重欄楯七重羅網七重行樹
皆是四寶周帀圍繞是故彼國名曰極樂又
舍利弗極樂國土有七寶池八功德水充滿
其中池底純以金沙布地四邊階道金銀琉璃
頗梨合成上有樓閣亦以金銀瑠璃頗梨車
璖赤珠馬瑙而嚴飾之池中蓮華大如車輪
青色青光黃色黃光赤色赤光白色白光微
妙香潔舍利弗極樂國土成就如是功德莊嚴
又舍利弗彼佛國土常作天樂黃金爲地晝夜
六時而雨曼陀羅華其國衆生常以清旦各
以衣裓盛衆妙華供養他方十万億佛即以食
時還到本國飯食經行舍利弗極樂國土成
就如是功德莊嚴

BD07071 號 1　阿彌陀經　（6–1）

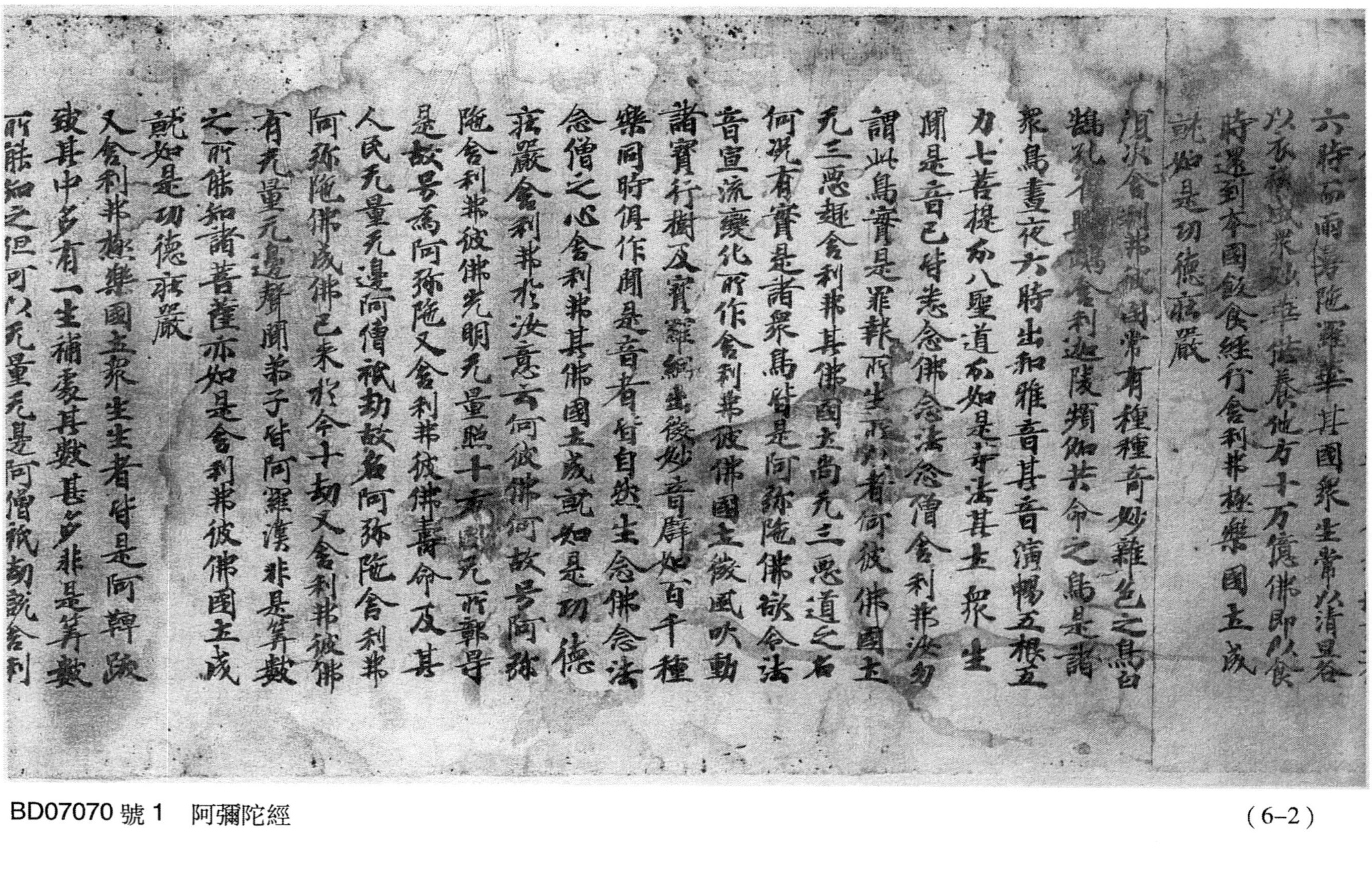
六時而雨曼陀羅華其國衆生常以清旦各
以衣裓盛衆妙華供養他方十万億佛即以食
時還到本國飯食經行舍利弗極樂國土成
就如是功德莊嚴
復次舍利弗彼國常有種種奇妙雜色之鳥白
鵠孔雀鸚鵡舍利迦陵頻伽共命之鳥是諸
衆鳥晝夜六時出和雅音其音演暢五根五
力七菩提分八聖道分如是等法其土衆生
聞是音已皆悉念佛念法念僧舍利弗汝勿
謂此鳥實是罪報所生所以者何彼佛國土
无三惡趣舍利弗其佛國土尚无三惡道之名
何況有實是諸衆鳥皆是阿弥陀佛欲令法
音宣流變化所作舍利弗彼佛國土微風吹動
諸寶行樹及寶羅網出微妙音譬如百千種
樂同時俱作聞是音者皆自然生念佛念法
念僧之心舍利弗其佛國土成就如是功德
莊嚴舍利弗於汝意云何彼佛何故号阿弥
陁舍利弗彼佛光明无量照十方國无所鄣㝵
是故号爲阿弥陁又舍利弗彼佛壽命及其
人民无量无邊阿僧祇劫故名阿弥陁舍利弗
阿弥陁佛成佛已來於今十劫又舍利弗彼佛
有无量无邊聲聞弟子皆阿羅漢非是筭數
之所能知諸菩薩亦如是舍利弗彼佛國土成
就如是功德莊嚴
又舍利弗極樂國土衆生生者皆是阿鞞跋
致其中多有一生補處其數甚多非是筭數
所能知之但可以无量无邊阿僧祇劫說舍利

BD07070 號 1　阿彌陀經　（6–2）

衆所能知諸菩薩亦如是舍利弗彼佛國土成
就如是功德莊嚴
又舍利弗極樂國土衆生生者皆是阿鞞䟦
致其中多有一生補處其數甚多非是算數
所能知之但可以无量无邊阿僧祇劫說舍利
弗衆生聞者應當發願願生彼國所以者何
得與如是諸上善人俱會一處舍利弗不可以
少善根福德因緣得生彼國舍利弗若有
善男子善女人聞說阿弥陁佛執持名号若
一日若二日若三日若四日若五日若六日若
七日一心不亂其人臨命終時阿弥陁佛與
諸聖衆現在其前是人終時心不顛倒即
得往生阿弥陁佛極樂國土舍利弗我見是
利故說此言若有衆生聞是說者應當發
願生彼國土
舍利弗如我今者讚嘆阿弥陁佛不可思議功
德東方亦有阿閦鞞佛須弥相佛大須弥佛
須弥光佛妙音佛如是等恒河沙數諸佛各
於其國出廣長舌相遍覆三千大千世界說
誠實言汝等衆生當信是稱讚不可思議
功德一切諸佛所護念經
舍利弗南方世界有日月燈佛名聞光佛大
焰肩佛須弥燈佛无量精進佛如是等恒河
沙數諸佛各於其國出廣長舌相遍覆三千
大千世界說誠實言汝等衆生當信是稱讚
不可思議功德一切諸佛所護念經
舍利弗西方世界有无量壽佛无量相佛无

BD07071 號 1　阿彌陀經　（6–3）

沙數諸佛各於其國出廣長舌相遍覆三千
大千世界說誠實言汝等衆生當信是稱讚
不可思議功德一切諸佛所護念經
舍利弗西方世界有无量壽佛无量相佛无
量幢佛大光佛大明佛寶相佛淨光佛如是
等恒河沙數諸佛各於其國出廣長舌相遍
覆三千大千世界說誠實言汝等衆生當信
是稱讚不可思議功德一切諸佛所護念經
舍利弗北方世界有焰肩佛最勝音佛難沮佛
日生佛網明佛如是等恒沙數諸佛各於其
國出廣長舌相遍覆三千大千世界說誠實
言汝等衆生當信是稱讚不可思議功德
一切諸佛所護念經
舍利弗下方世界有師子佛名聞佛名光佛
達摩佛法幢佛持法佛如是等恒河沙數諸
佛各於其國出廣長舌相遍覆三千大千世
界說誠實言汝等衆生當信是稱讚不可思
議功德一切諸佛所護念經
舍利弗上方世界有梵音佛宿王佛香上佛
香光佛大焰肩佛雜色寶華嚴身佛娑羅樹
王佛寶華德佛見一切義佛如須弥山佛如
是等恒河沙數諸佛各於其國出廣長舌相
遍覆三千大千世界說誠實言汝等衆生當
信是稱讚不可思議功德一切諸佛所護念經
舍利弗於汝意云何何故名一切諸佛所護念
經舍利弗若有善男子善女人聞是諸佛所
說名及經名者是諸善男子善女人皆為一切

BD07070 號 1　阿彌陀經　（6–4）

信是稱讚不可思議功德一切諸佛所護念經
舍利弗於汝意云何何故名一切諸佛所護念
經舍利弗若有善男子善女人聞是諸佛所
說名及經名者是諸善男子善女人皆為一切
諸佛共所護念皆得不退轉於阿耨多羅三
藐三菩提是故舍利弗汝等皆當信受我語
及諸佛所說舍利弗若有人已發願今發願
當發願欲生阿弥陀佛國者是諸人等皆得
不退轉於阿耨多羅三藐三菩提於彼國土
若已生若今生若當生是故舍利弗諸善
男子善女人若有信者應當發願生彼國土
舍利弗如我今者稱讚諸佛不可思議功德
彼諸佛等亦稱我不可思議功德而作是
言釋迦牟尼佛能為甚難希有之事能於娑
婆國土五濁惡世劫濁見濁煩惱濁衆生濁命
濁中得阿耨多羅三藐三菩提為諸衆生說
是一切世間難信之法舍利弗當知我於五
濁惡世行此難事得阿耨多羅三藐三菩提
為一切世間說此難信之法是為甚難佛
說此經已舍利弗及諸比丘一切世間天人
阿脩羅等聞佛所說歡喜信受
阿弥陀佛說呪曰
那上謨上菩上陁夜 槃可反下同 那謨馱囉摩夜那
謨僧伽夜那摩阿彌多婆上夜跢 丁可反下同 他伽多
夜阿上阿囉上訶上羝上三藐三菩陁夜跢姪他
阿上彌唎上羝阿彌唎都婆鞞 菩迷反下同 阿彌唎
跢三婆鞞上阿彌唎跢鞞迦蘭羝伽彌你

BD07071 號 1　阿彌陀經　（6–5）

濁惡世行此難事得阿耨多羅三藐三菩提
為一切世間說此難信之法是為甚難佛
說此經已舍利弗及諸比丘一切世間天人
阿脩羅等聞佛所說歡喜信受
阿弥陀佛說呪曰
那上謨上菩上陁夜 槃可反下同 那謨馱囉摩夜那
謨僧伽夜那摩阿彌多婆上夜跢 丁可反下同 他伽多
夜阿上阿囉上訶上羝上三藐三菩陁夜跢姪他
阿上彌唎上羝阿彌唎都婆鞞 菩迷反下同 阿彌唎
跢三婆鞞上阿彌唎跢鞞迦蘭羝伽彌你
伽伽那稽 居移反 剎底迦上黎娑上囉皤波皷叉
反 甚我熖迦黎柰 一切惡業盡 娑婆訶
呪中諸口傍字皆依本音轉舌言之无口者
依字讀

BD07070 號 1　阿彌陀經　（6–6）
BD07070 號 2　阿彌陀佛說呪

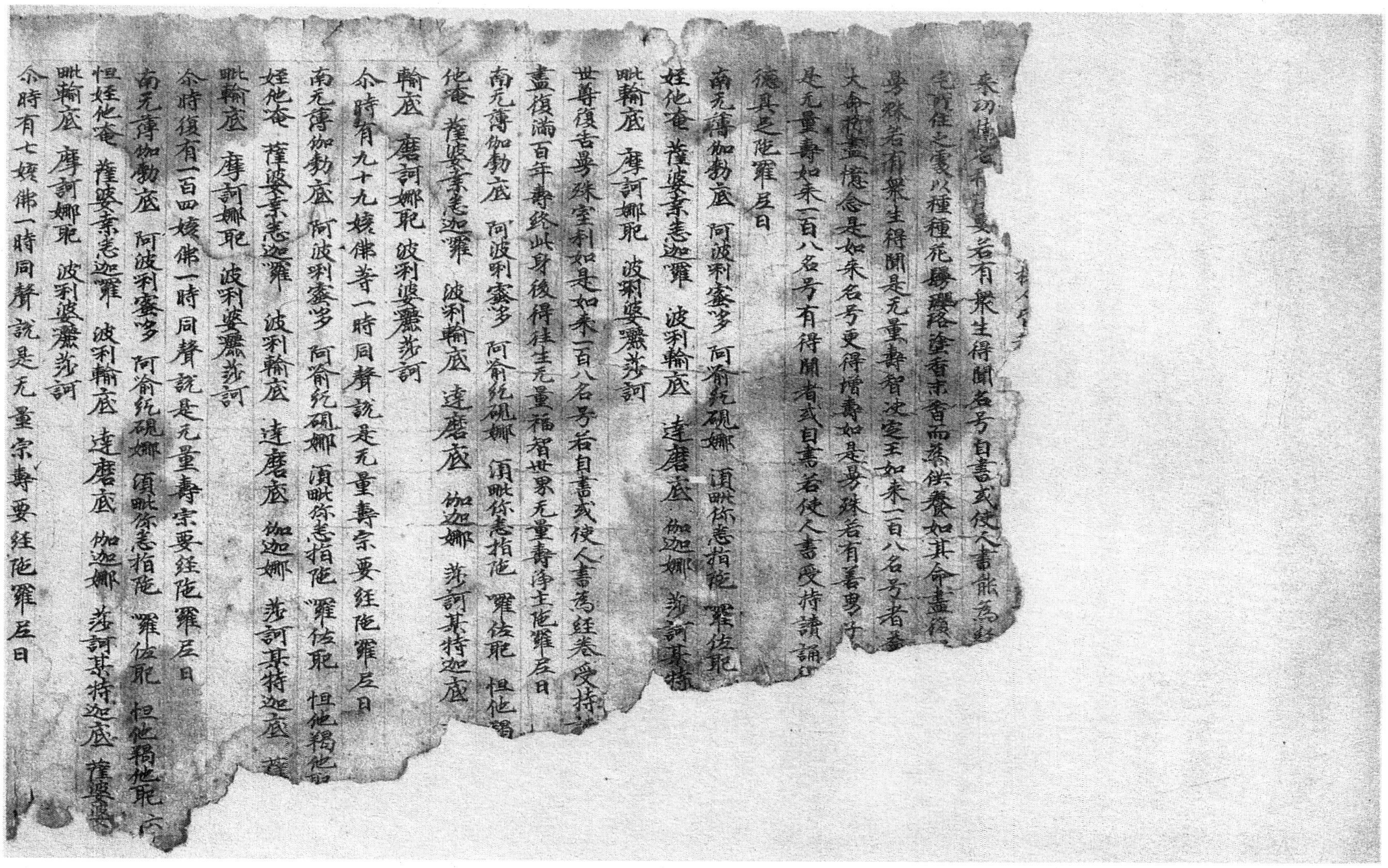

BD07072 號　無量壽宗要經　　（5–1）

BD07072 號　無量壽宗要經　　（5–2）

南无薄伽勃底 阿波唎蜜多 阿俞纥硯娜 須毗你悉指陁 囉佐耶 怛他羯他耶 六
怛姪他唵 薩婆桑悉迦羅 波唎輸底 達磨底 伽迦娜 莎訶某持迦底 薩婆
婆毗輸底 摩訶娜耶 波唎婆灑莎訶
善男子若有自書寫教人書寫是无量壽宗要經如其命盡復得長壽而滿百年陁羅尼曰
南无薄伽勃底 阿波唎蜜多 阿俞纥硯娜 須毗你悉指陁 囉佐耶 怛他羯他耶 怛
姪他唵 薩婆桑悉迦羅 波唎輸底 達磨底 伽迦娜 莎訶某持迦底 薩婆婆毗
輸底 摩訶娜耶 波唎婆灑莎訶
若有自書寫教人書寫是无量壽宗要經讀誦受持畢竟不墮地獄在在所生
得宿命智陁羅尼曰
南无薄伽勃底 阿波唎蜜多 阿俞纥硯娜 須毗你悉指陁 囉佐耶 怛他羯他耶 怛
姪他唵 薩婆桑悉迦羅 波唎輸底 達磨底 伽迦娜 莎訶某持迦底 薩婆婆
毗輸底 摩訶娜耶 波唎婆灑莎訶
若有自書寫教人書寫是无量壽宗要經受持讀誦如同書寫八万四千一切經典陁羅尼曰
南无薄伽勃底 阿波唎蜜多 阿俞纥硯娜 須毗你悉指陁 囉佐耶 怛他羯他耶 六
怛姪他唵 薩婆桑悉迦羅 波唎輸底 達磨底 伽迦娜 莎訶某持迦底 薩
婆婆毗輸底 摩訶娜耶 波唎婆灑莎訶
若有自書寫教人書寫是无量壽宗要經即是書寫八万四千部經建立塔廟陁羅尼曰
南无薄伽勃底 阿波唎蜜多 阿俞纥硯娜 須毗你悉指陁 囉佐耶 怛他羯他耶 怛
姪他唵 薩婆桑悉迦羅 波唎輸底 達磨底 伽迦娜 莎訶某持迦底 薩婆婆
毗輸底 摩訶娜耶 波唎婆灑莎訶
若有自書寫教人書寫是无量壽宗要經能消五无間等一切重罪陁羅尼曰
南无薄伽勃底 阿波唎蜜多 阿俞纥硯娜 須毗你悉指陁 囉佐耶 怛他羯他耶 怛
姪他唵 薩婆桑悉迦羅 波唎輸底 達磨底 伽迦娜 莎訶某持迦底 薩婆婆
毗輸底 摩訶娜耶 波唎婆灑莎訶
若有自書寫教人書寫是无量壽宗要經受持讀誦設有重罪猶如須弥盡能除滅陁羅尼曰
南无薄伽勃底 阿波唎蜜多 阿俞纥硯娜 須毗你悉指陁 囉佐耶 怛他羯他耶 怛
姪他唵 薩婆桑悉迦羅 波唎輸底 達磨底 伽迦娜 莎訶某持迦底 薩婆婆
毗輸底 摩訶娜耶 波唎婆灑莎訶
若有自書寫教人書寫是无量壽宗要經受持讀誦若魔子之眷屬夜叉羅
剎不得其便終无枉死陁羅尼曰
南无薄伽勃底 阿波唎蜜多 阿俞纥硯娜 須毗你悉指陁 囉佐耶 怛他羯他耶 怛姪他

BD07072號 無量壽宗要經

(5–3)

南无薄伽勃底 阿波唎蜜多 阿俞纥硯娜 須毗你悉指陁 囉佐耶 怛他羯他耶 七
姪他唵 薩婆桑悉迦羅 波唎輸底 達磨底 伽迦娜 莎訶某持迦底 薩婆婆
毗輸底 摩訶娜耶 波唎婆灑莎訶
若有自書寫教人書寫是无量壽宗要經受持讀誦若魔子之眷屬夜叉羅
剎不得其便終无枉死陁羅尼曰
南无薄伽勃底 阿波唎蜜多 阿俞纥硯娜 須毗你悉指陁 囉佐耶 怛他羯他耶 怛姪他
唵 薩婆桑悉迦羅 波唎輸底 達磨底 伽迦娜 莎訶某持迦底 薩婆婆毗輸底
摩訶娜耶 波唎婆灑莎訶
若有自書教人書寫是无量壽宗要經受持讀誦當命終時有九十九姟佛現其人前蒙
千佛授手能遊一切佛剎莫於此經生於疑惑陁羅尼曰
南无薄伽勃底 阿波唎蜜多 阿俞纥硯娜 須毗你悉指陁 囉佐耶 怛他羯他耶 怛姪
他唵 薩婆桑悉迦羅 波唎輸底 達磨底 伽迦娜 莎訶某持迦底 薩婆婆毗輸
底 摩訶娜耶 波唎婆灑莎訶
若有自書寫教人書寫是无量壽宗要經受持讀誦常得四天王隨其衛護陁羅尼曰
南无薄伽勃底 阿波唎蜜多 阿俞纥硯娜 須毗你悉指陁 囉佐耶 怛他羯他耶 怛姪他
唵 薩婆桑悉迦羅 波輸唎底 達磨底 伽迦娜 莎訶某持迦底 薩婆婆毗輸底 摩
訶娜耶 波唎婆灑莎訶
若有自書寫教人書寫是无量壽宗要經受持讀誦當得往生西方極樂世界阿弥陁淨土陁羅尼曰
南无薄伽勃底 阿波唎蜜多 阿俞纥硯娜 須毗你悉指陁 囉佐耶 怛他羯他耶 怛姪他
唵 薩婆桑悉迦羅 波唎輸底 達磨底 伽迦娜 莎訶某持迦底 薩婆婆毗輸底
摩訶娜耶 波唎婆灑莎訶
若有方所自書寫使人書寫是无量壽經典之處則為是塔皆應恭敬作礼若是畜生或為
鳥獸得聞是經如是等類皆當不久得成一切種智陁羅尼曰
南无薄伽勃底 阿波唎蜜多 阿俞纥硯娜 須毗你悉指陁 囉佐耶 怛他羯他耶 怛姪
他唵 薩婆桑悉迦羅 波唎輸底 達磨底 伽迦娜 莎訶某持迦底 薩婆婆毗輸
底 摩訶娜耶 波唎婆灑莎訶
若有於是无量壽宗要經自書寫若使人書畢竟不受女人之身陁羅尼曰
南无薄伽勃底 阿波唎蜜多 阿俞纥硯娜 須毗你悉指陁 囉佐耶 怛他羯他耶 怛姪
他唵 薩婆桑悉迦羅 波唎輸底 達磨底 伽迦娜 莎訶某持迦底 薩婆婆毗輸底
摩訶娜耶 波唎婆灑莎訶
若有能於是經少分能惠施者等於三千大千世界滿中七寶布施陁羅尼曰

BD07072號 無量壽宗要經

(5–4)

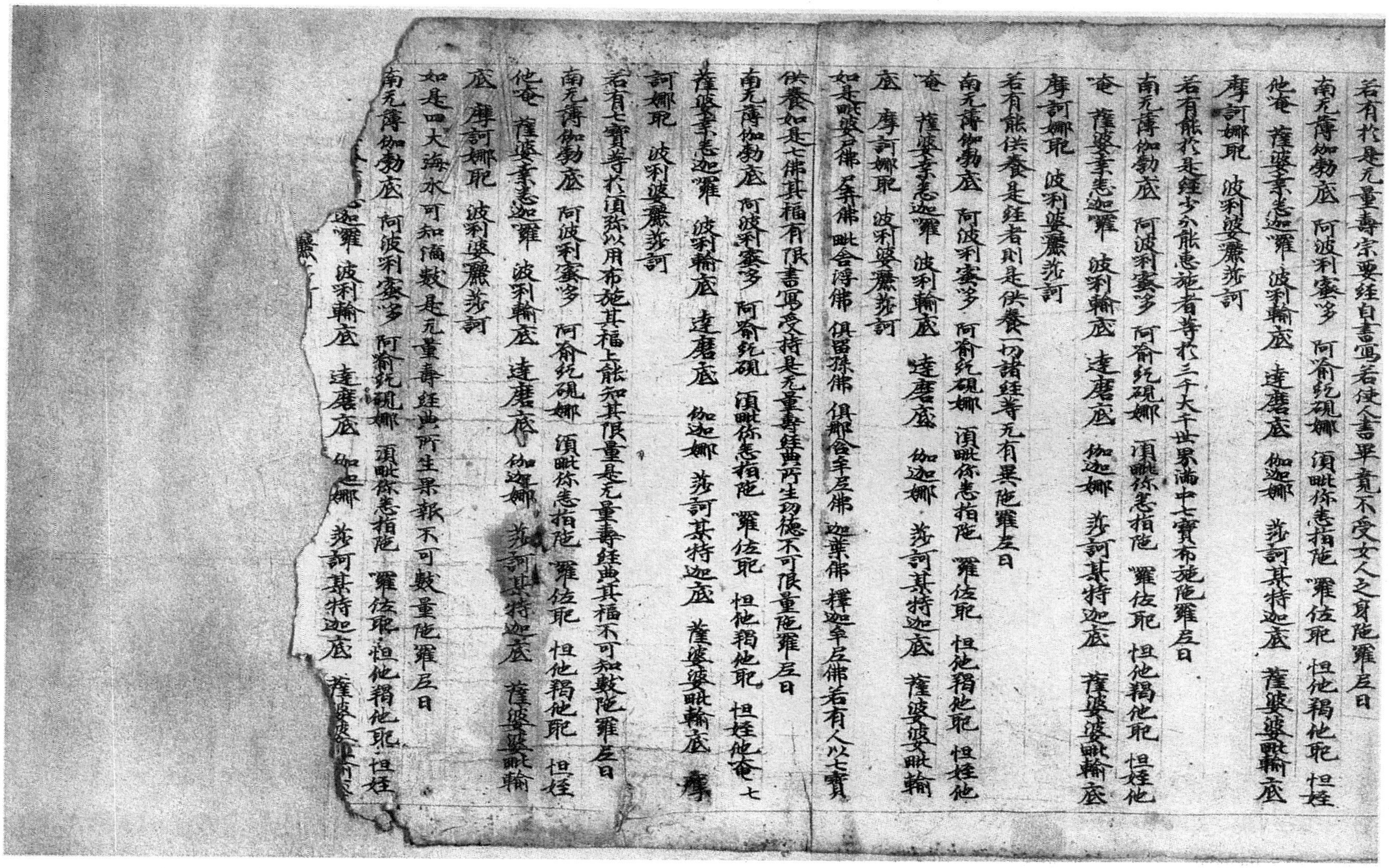
若有於是无量壽宗要经自書寫若使人書畢竟不受女人之身陁羅尼日
南无薄伽勃底 阿波唎蜜多 阿喩紇硯娜 須毗你志指陁 囉佐耶 怛他羯他耶 怛姪
他奄 薩婆桑悉迦囉 波唎輸底 達磨底 伽迦娜 莎訶某特迦底 薩婆婆毗輸底
摩訶娜耶 波唎婆𤄷莎訶
若有能於是经少分能恵施者等於三千大千世界滿中七寶布施陁羅尼日
南无薄伽勃底 阿波唎蜜多 阿喩紇硯娜 須毗你志指陁 囉佐耶 怛他羯他耶 怛姪他
奄 薩婆桑悉迦囉 波唎輸底 達磨底 伽迦娜 莎訶某特迦底 薩婆波毗輸底
摩訶娜耶 波唎婆𤄷莎訶
若有能供養是经者則是供養一切諸经等无有異陁羅尼日
南无薄伽勃底 阿波唎蜜多 阿喩紇硯娜 須毗你志指陁 囉佐耶 怛他羯他耶 怛姪他
奄 薩婆桑悉迦囉 波唎輸底 達磨底 伽迦娜 莎訶某特迦底 薩婆婆毗輸
底 摩訶娜耶 波唎婆𤄷莎訶
如是毗婆尸佛 尸弃佛 毗舍浮佛 俱留孫佛 俱那含牟尼佛 迦葉佛 釋迦牟尼佛 若有人以七寶
供養如是七佛其福有限書寫受持是无量壽经典所生功德不可限量陁羅尼日
南无薄伽勃底 阿波唎蜜多 阿喩紇硯 須毗你志指陁 囉佐耶 怛他羯他耶 怛姪他奄 七
薩婆桑悉迦囉 波唎輸底 達磨底 伽迦娜 莎訶某特迦底 薩婆婆毗輸底 摩
訶娜耶 波唎婆𤄷莎訶
若有七寶等於須弥以用布施其福上能知其限量是无量壽经典其福不可知數陁羅尼日
南无薄伽勃底 阿波唎蜜多 阿喩紇硯娜 須毗你志指陁 囉佐耶 怛他羯他耶 怛姪
他奄 薩婆桑悉迦囉 波唎輸底 達磨底 伽迦娜 莎訶某特迦底 薩婆婆毗輸
底 摩訶娜耶 波唎婆𤄷莎訶
如是四大海水可知滴數是无量壽经典所生果報不可數量陁羅尼日
南无薄伽勃底 阿波唎蜜多 阿喩紇硯娜 須毗你志指陁 囉佐耶 怛他羯他耶 怛姪
迦囉 波唎輸底 達磨底 伽迦娜 莎訶某特迦底 薩婆波

BD07072 號　無量壽宗要經　（5–5）

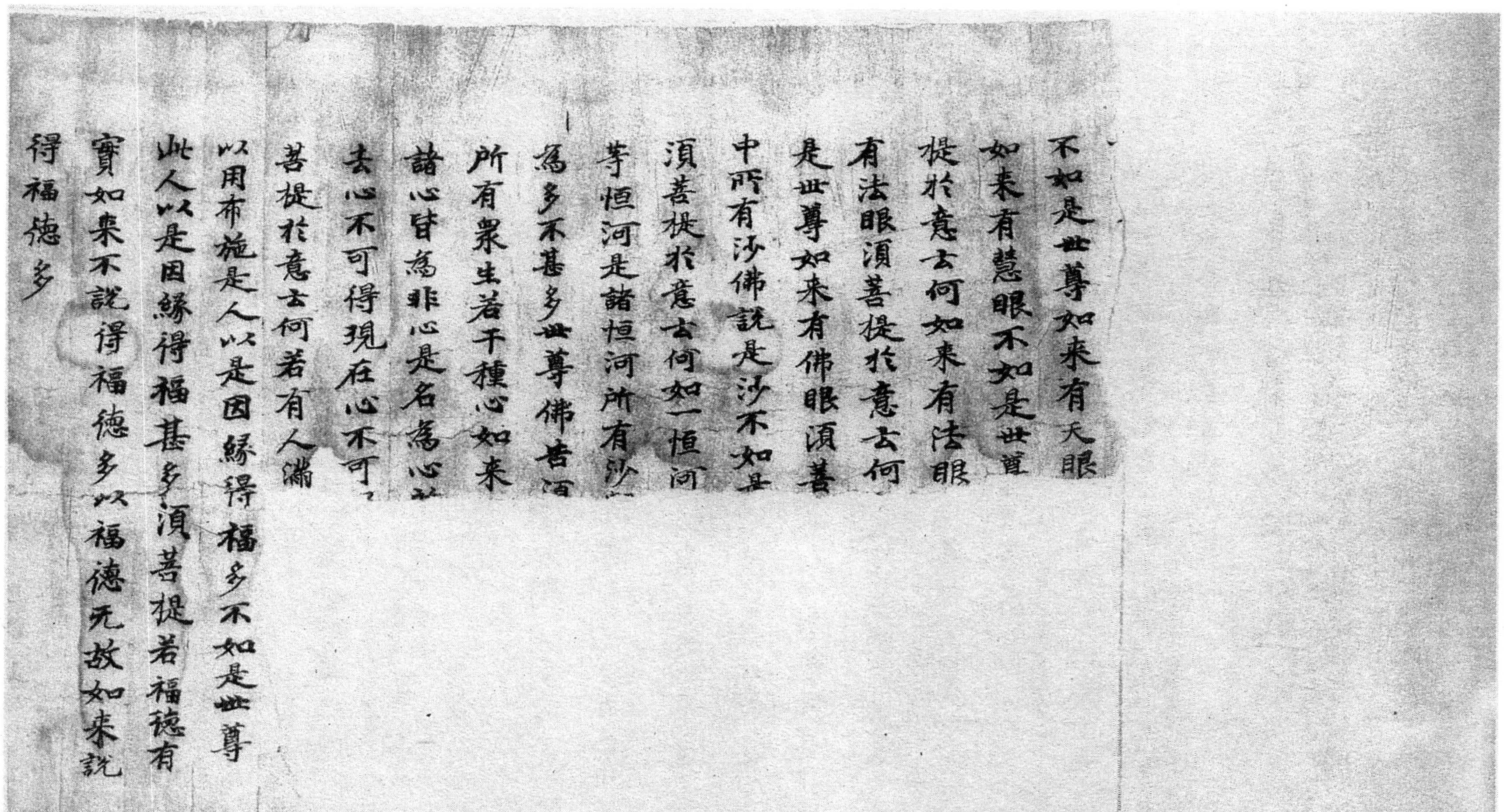
不如是世尊如来有天眼
如来有慧眼不如是世尊
提於意云何如来有法眼
有法眼須菩提於意云何
是世尊如来有佛眼須菩
中所有沙佛說是沙不如是
須菩提於意云何如一恒河
等恒河是諸恒河所有沙
為多不甚多世尊佛告須
所有衆生若干種心如来
諸心皆為非心是名為心
去心不可得現在心不可
菩提於意云何若有人滿
以用布施是人以是因緣得福多不如是世尊
此人以是因緣得福甚多須菩提若福德有
實如来不說得福德多以福德无故如来說
得福德多

BD07073 號　金剛般若波羅蜜經　（5–1）

以用布施是人以是因緣得福多不如是世尊
此人以是因緣得福甚多須菩提若福德有
實如來不說得福德多以福德无故如來說
得福德多
須菩提於意云何佛可以具足色身見不不
也世尊如來不應以色身見何以故如來說
具足色身即非具足色身是名具足色身
須菩提於意云何如來可以具足諸相見不
不也世尊如來不應以具足諸相見何以故如
來說諸相具足即非具足是名諸相具足須
菩提汝勿謂如來作是念我當有所說法
莫作是念何以故若人言如來有所說法即
為謗佛不能解我所說故須菩提說法者
无法可說是名說法須菩提白佛言世尊佛
得阿耨多羅三藐三菩提為无所得耶如是
如是須菩提我於阿耨多羅三藐三菩提乃
至无有少法可得是名阿耨多羅三藐三菩
提復次須菩提是法平等无有高下是名阿
耨多羅三藐三菩提以无我无人无衆生无壽
者修一切善法則得阿耨多羅三藐三菩提
須菩提所言善法者如來說非善法是名
善法須菩提若三千大千世界中所有諸須

BD07073號　金剛般若波羅蜜經　（5–2）

耨多羅三藐三菩提以无我无人无衆生无壽
者修一切善法則得阿耨多羅三藐三菩提
須菩提所言善法者如來說非善法是名
善法須菩提若三千大千世界中所有諸須
弥山王如是等七寶聚有人持用布施若人以
此般若波羅蜜經乃至四句偈等受持為他
人說於前福德百分不及一百千万億分乃
至筭數譬喻所不能及
須菩提於意云何汝等勿謂如來作是
念我當度衆生須菩提莫作是念何以故
實无有衆生如來度者若有衆生如來度
者如來則有我人衆生壽者須菩提如來說
有我者則非有我而凡夫之人以為有我須
菩提凡夫者如來說則非凡夫須菩提於意云
何可以三十二相觀如來不須菩提言如是如是
以三十二相觀如來佛言須菩提若以三十二
相觀如來者轉輪聖王則是如來須菩提白
佛言世尊如我解佛所說義不應以三十二相
觀如來尒時世尊而說偈言
若以色見我　以音聲求我　是人行耶道　不能見如來
須菩提汝若作是念如來不以具足相故得阿
耨多羅三藐三菩提須菩提莫作是念如來
不以具足相故得阿耨多羅三藐三菩提須

BD07073號　金剛般若波羅蜜經　（5–3）

須菩提汝若作是念如来不以具足相故得阿
耨多羅三藐三菩提須菩提莫作是念如来
不以具足相故得阿耨多羅三藐三菩提須
菩提汝若作是念發阿耨多羅三藐三菩提
者說諸法斷滅莫作是念何以故發阿耨多
羅三藐三菩提者於法不說斷滅相須菩提
若菩薩以滿恒河沙等世界七寶布施若
復有人知一切法无我得成於忍此菩薩勝前
菩薩所得功德須菩提以諸菩薩不受福德
故須菩提白佛言世尊云何菩薩不受福德
須菩提菩薩所作福德不應貪着是故說不
受福德須菩提若有人言如来若来若去若
坐若卧是人不解我所說義何以故如来者
无所從来亦无所去故名如来須菩提若善
男子善女人以三千大千世界碎為微塵於
意云何是微塵衆寧為多不甚多世尊何以
故若是微塵衆實有者佛則不說是微塵衆
所以者何佛說微塵衆則非微塵衆是名
微塵衆世尊如来所說三千大千世界則非世
界是名世界何以故若世界實有者則是
一合相如来說一合相則非一合相是名一合
相須菩提一合相者則是不可說但凡夫之

BD07073號　金剛般若波羅蜜經　（5–4）

意云何是微塵衆寧為多不甚多世尊何以
故若是微塵衆實有者佛則不說是微塵衆
所以者何佛說微塵衆則非微塵衆是名
微塵衆世尊如来所說三千大千世界則非世
界是名世界何以故若世界實有者則是
一合相如来說一合相則非一合相是名一合
相須菩提一合相者則是不可說但凡夫之
人貪着其事須菩提若人言佛說我見人
見衆生見壽者見須菩提於意云何是人
解我所說義不世尊是人不解如来所說義
何以故世尊說我見人見衆生見壽者見即
非我見人見衆生見壽者見是名我見人
見衆生見壽者見須菩提發阿耨多羅三藐
三菩提心者於一切法應如是知如是見如是信
法相者如来說即

BD07073號　金剛般若波羅蜜經　（5–5）

身得度者即現大自
天大将軍身得度者即現天大将軍身而爲
説法應以毗沙門身得度者即現毗沙門身
而爲説法應以小王身得度者即現小王身
而爲説法應以長者身得度者即現長者身
而爲説法應以居士身得度者即現居士身
而爲説法應以宰官身得度者即現宰官身
而爲説法應以婆羅門身得度者即現婆羅
門身而爲説法應以比丘比丘尼優婆塞優
婆夷身得度者即現比丘比丘尼優婆塞優
婆夷身而爲説法應以長者居士宰官婆羅
門婦女身得度者即現婦女身而爲説法應
以童男童女身得度者即現童男童女身而
爲説法應以天龍夜叉乹闥婆阿脩羅迦樓
羅緊那羅摩睺羅伽人非人等身得度者即
皆現之而爲説法應以執金剛神得度者即
現金剛神而爲説法无盡意是觀世音菩薩
成就如是功徳以種種形遊諸國土度脱衆
生是故汝等應當一心供養觀世音菩薩是
觀世音菩薩摩訶薩於怖畏急難之中能施
无畏是故此娑婆世界皆号之爲施无畏者

BD07074號　妙法蓮華經卷七　（2–1）

以童男童女身得度者即現童男童女身而
爲説法應以天龍夜叉乹闥婆阿脩羅迦樓
羅緊那羅摩睺羅伽人非人等身得度者即
皆現之而爲説法應以執金剛神得度者即
現金剛神而爲説法无盡意是觀世音菩薩
成就如是功徳以種種形遊諸國土度脱衆
生是故汝等應當一心供養觀世音菩薩是
觀世音菩薩摩訶薩於怖畏急難之中能施
无畏是故此娑婆世界皆号之爲施无畏者
无盡意菩薩白佛言世尊我今當供養觀世
音菩薩即解頸衆寶珠瓔珞價直百千兩金
而以與之作是言仁者受此法施珎寶瓔珞時
觀世音菩薩不肯受之无盡意復白觀世
音菩薩言仁者愍我等故受此瓔珞尒時佛
告觀世音菩薩當愍此无盡意菩薩及四衆
天龍夜叉乹闥婆阿脩羅迦樓羅緊那羅摩
睺羅伽人非人等故受是瓔珞即時觀世音

BD07074號　妙法蓮華經卷七　（2–2）

過久久往来生死中然後還依止般若波羅
蜜若值善知識常随逐親近故得阿耨多羅
三藐三菩提是人於是身若不即悔當墮二
地若阿羅漢地若辟支佛地須菩提辟如比丘
四重禁法若犯一事非沙門非釋子是人現身
不得四沙門果須菩提是者空名字菩薩心亦
如是輕抂毀蔑餘人故當知是罪重於比丘
四禁須菩提置是重罪其罪過於五逆以受
是名字故生高心輕抂毀蔑餘人若生是心
當知其罪甚重如是名字等微細魔事菩薩
當覺知復次須菩提菩薩在空閑山澤曠遠
之處魔来到菩薩所讚歎遠離法作是言善
男子汝所行者是佛所稱譽遠離法須菩提
我不讚是遠離所謂但在空閑山澤曠遠之
處名為遠離須菩提言世尊若空閑山澤曠
野之處非遠離法者云何更有異遠離佛告
須菩提若菩薩摩訶薩遠離聲聞辟支佛心住
空閑山澤曠遠之處是佛所許遠離法須菩
提如是遠離法菩薩摩訶薩應所脩行晝夜

BD07075號　摩訶般若波羅蜜經卷一八　（2–1）

是名字故生高心輕抂毀蔑餘人若生是心
當知其罪甚重如是名字等微細魔事菩薩
當覺知復次須菩提菩薩在空閑山澤曠遠
之處魔来到菩薩所讚歎遠離法作是言善
男子汝所行者是佛所稱譽遠離法須菩提
我不讚是遠離所謂但在空閑山澤曠遠之
處名為遠離須菩提言世尊若空閑山澤曠
野之處非遠離法者云何更有異遠離佛告
須菩提若菩薩摩訶薩遠離聲聞辟支佛心住
空閑山澤曠遠之處是佛所許遠離法須菩
提如是遠離法菩薩摩訶薩應所脩行晝夜
行是遠離法是名遠離行菩薩須菩提若惡魔
所說遠離法空閑山澤曠遠之處是菩薩心在
憒鬧所謂不遠聲聞辟支佛心不懃脩般若
波羅蜜是菩薩摩訶薩不能具足一切種智是
菩薩行惡魔所說遠離法心不清淨而輕餘菩
薩城傍心淨无聲聞辟支佛憒鬧心亦无諸餘
雜惡心具足禪定解脫智慧神通者是離般
若波羅蜜无方便菩薩摩訶薩雖在絕曠百
由旬外禽獸鬼神羅刹所住之處若一歲百

BD07075號　摩訶般若波羅蜜經卷一八　（2–2）

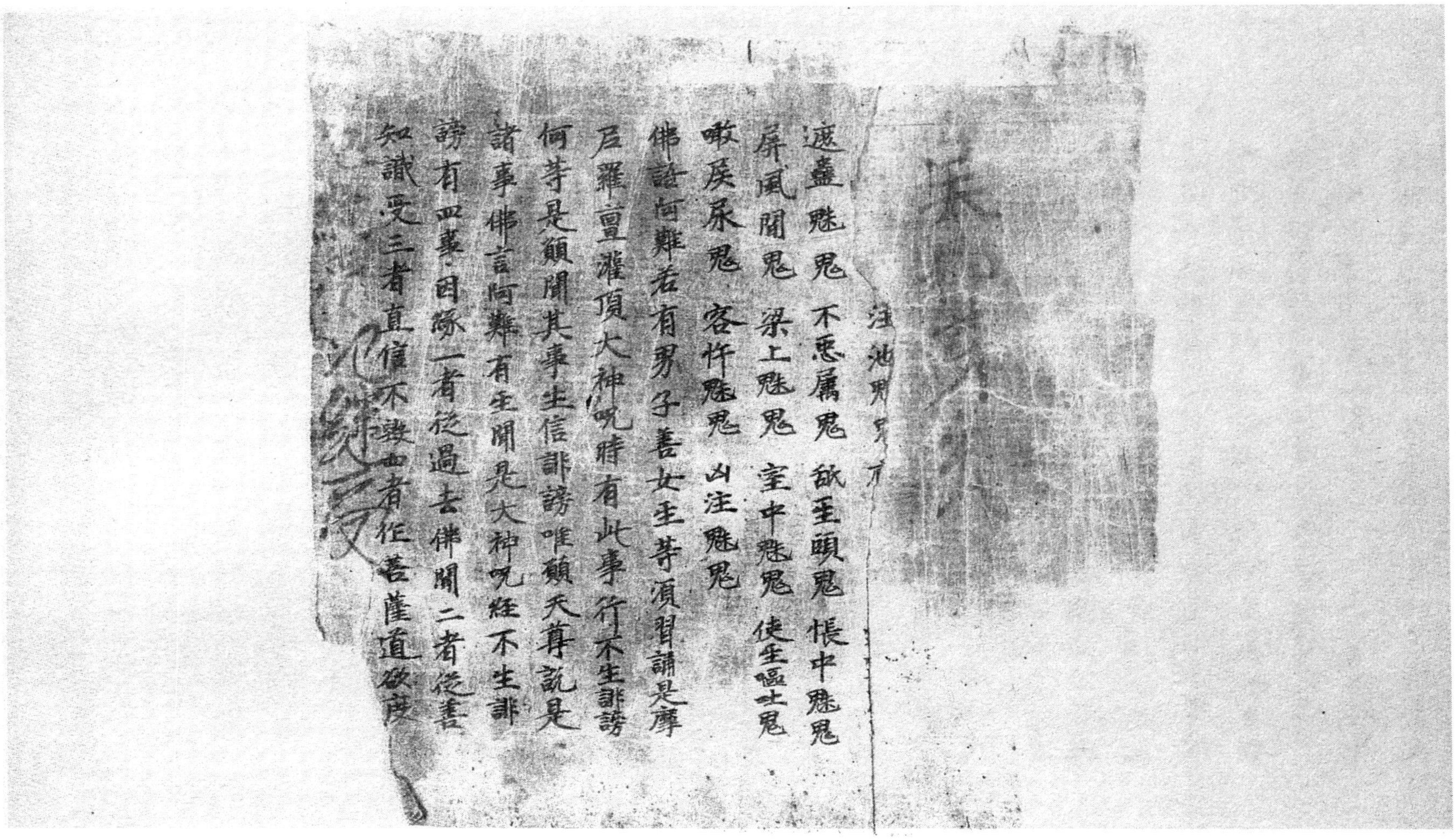
遮蟲魅鬼 不惡厲鬼 瓾垔頭鬼 帳中魅鬼
屏風間鬼 梁上魅鬼 室中魅鬼 使生嘔吐鬼
嗽疾尿鬼 客忤魅鬼 凶注魅鬼
佛語阿難若有男子善女人等須習誦是摩
尼羅亶灌頂大神呪時有此事行不生誹謗
何等是顛聞其事生信誹謗唯願天尊說是
諸事佛言阿難有生聞是大神呪經不生誹
謗有四事因緣一者從過去佛聞二者從善
知識受三者直信不疑四者作菩薩道欲度

BD07076 號 A　灌頂摩尼羅亶大神咒經（兑廢稿）　（1–1）

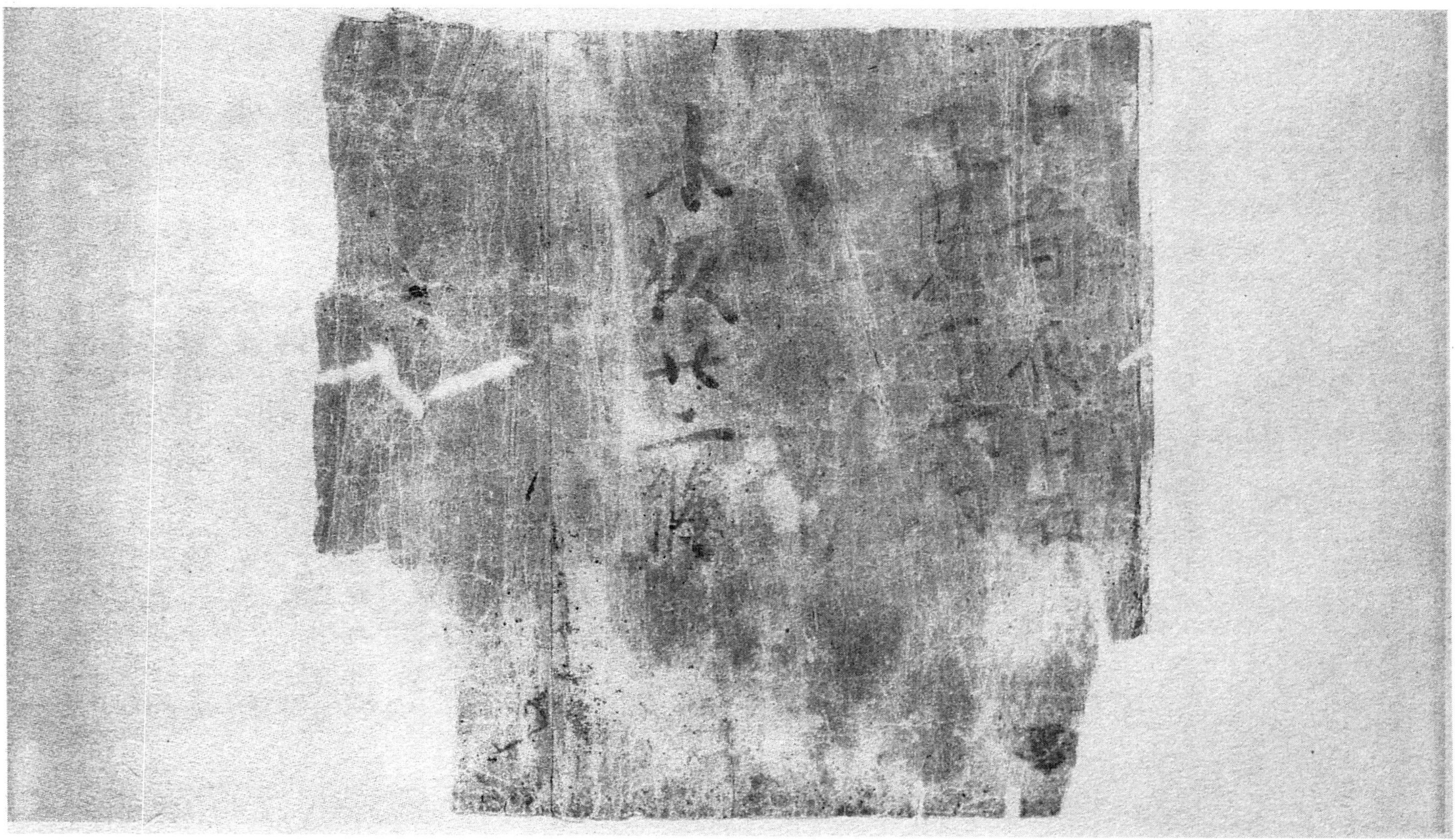

BD07076 號 A 背　乙丑年六月十五日夜月食條記（擬）　（1–1）

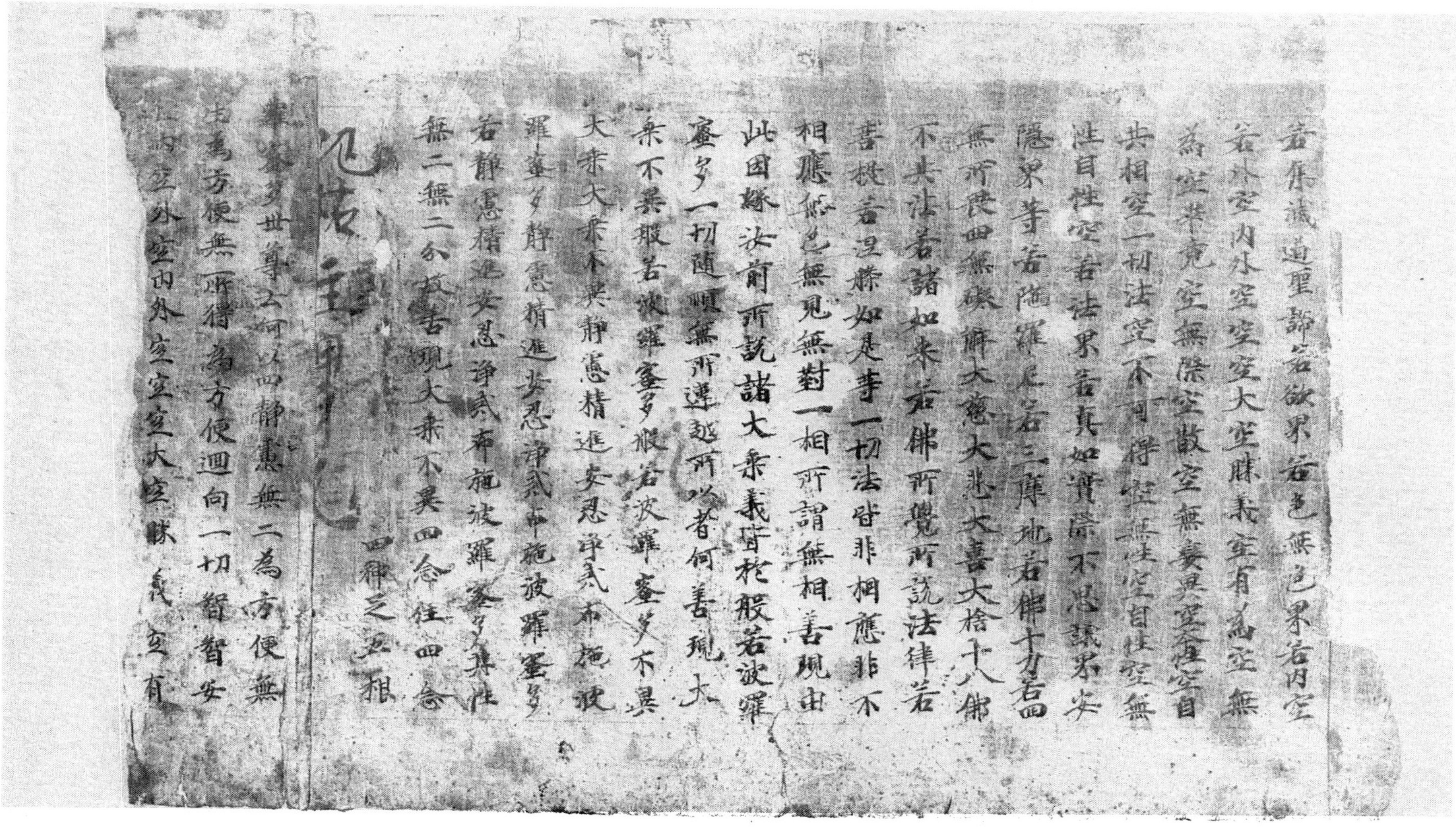

菩集滅道聖諦若欲界若色無色界若内空
若外空内外空空空大空勝義空有為空無
為空畢竟空無際空散空無變異空本性空自
共相空一切法空不可得空無性空自性空無
性自性空若法界若真如實際不思議界安
隱界等若陀羅尼若三摩地若佛十力若四
無所畏四無礙解大慈大悲大喜大捨十八佛
不共法若諸如來若佛所覺所說法律若
菩提若涅槃如是等一切法皆非相應非不
相應無色無見無對一相所謂無相善現由
此因緣汝前所說諸大乘義皆於般若波羅
蜜多一切隨順無所違越所以者何善現大
乘不異般若波羅蜜多般若波羅蜜多不異
大乘大乘不異靜慮精進安忍淨戒布施波
羅蜜多靜慮精進安忍淨戒布施波羅蜜多
若靜慮精進安忍淨戒布施波羅蜜多與性
無二無二分故若現大乘不異四念住四念
四神足五根

羅蜜多世尊云何以四靜慮無二為方便無
生為方便無所得為方便迴向一切智智安
住内空外空内外空空空大空勝義空有

BD07076 號 B1　大般若波羅蜜多經(兌廢稿)卷四二〇　(1–1)
BD07076 號 B2　大般若波羅蜜多經(兌廢稿)卷一二〇

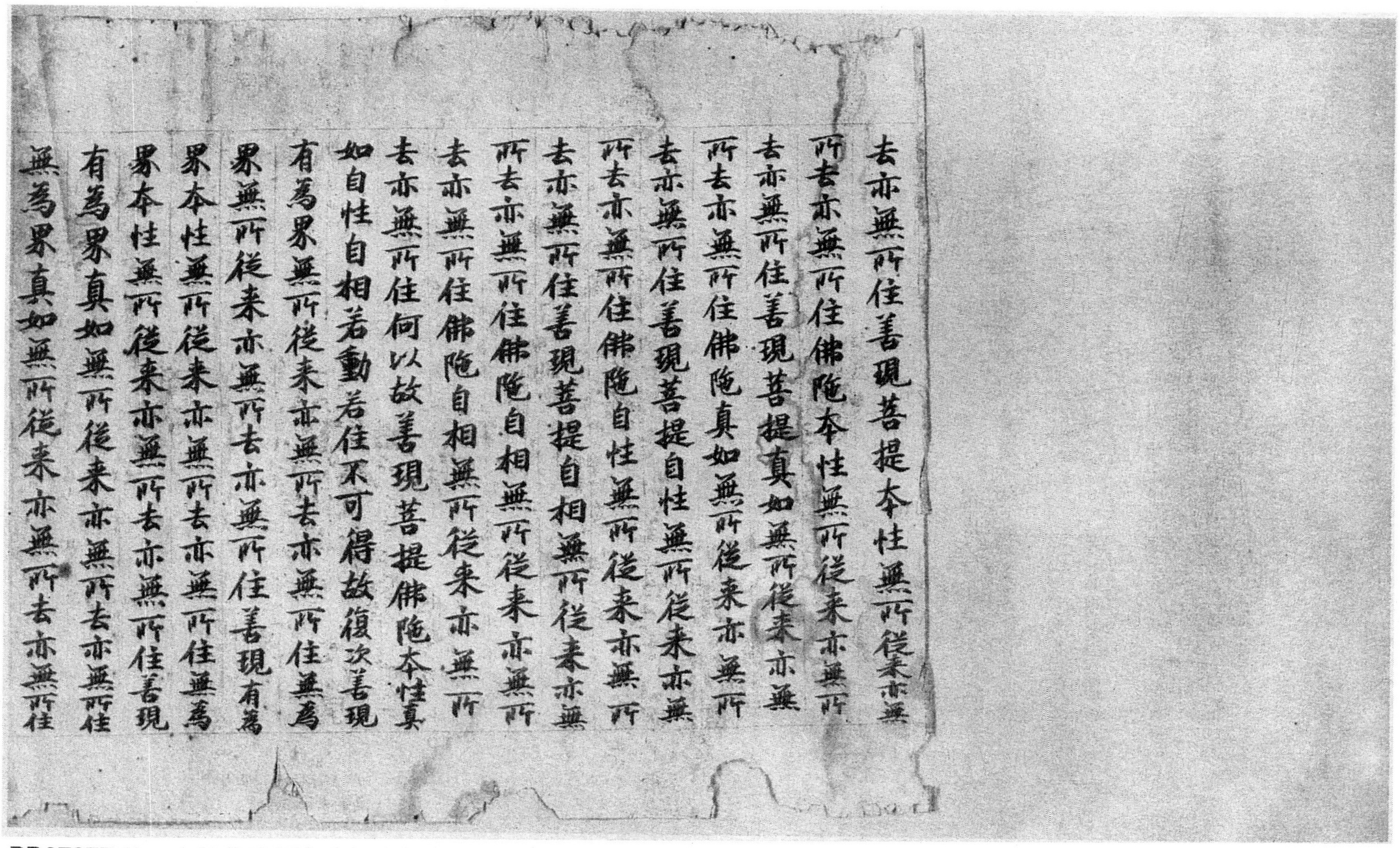

去亦無所住善現菩提本性無所從來亦無
所去亦無所住佛隨本性無所從來亦無所
去亦無所住善現菩提真如無所從來亦無
所去亦無所住佛隨真如無所從來亦無所
去亦無所住善現菩提自性無所從來亦無
所去亦無所住佛隨自性無所從來亦無所
去亦無所住善現菩提自相無所從來亦無
所去亦無所住佛隨自相無所從來亦無所
去亦無所住佛隨自相無所從來亦無所
去亦無所住何以故善現菩提佛隨本性真
如自性自相若動若住不可得故復次善現
有為界無所從來亦無所去亦無所住無為
界無所從來亦無所去亦無所住善現有為
界本性無所從來亦無所去亦無所住無為
界本性無所從來亦無所去亦無所住善現
有為界真如無所從來亦無所去亦無所住
無為界真如無所從來亦無所去亦無所住

BD07077 號　大般若波羅蜜多經(兌廢稿)卷四一九　(2–1)

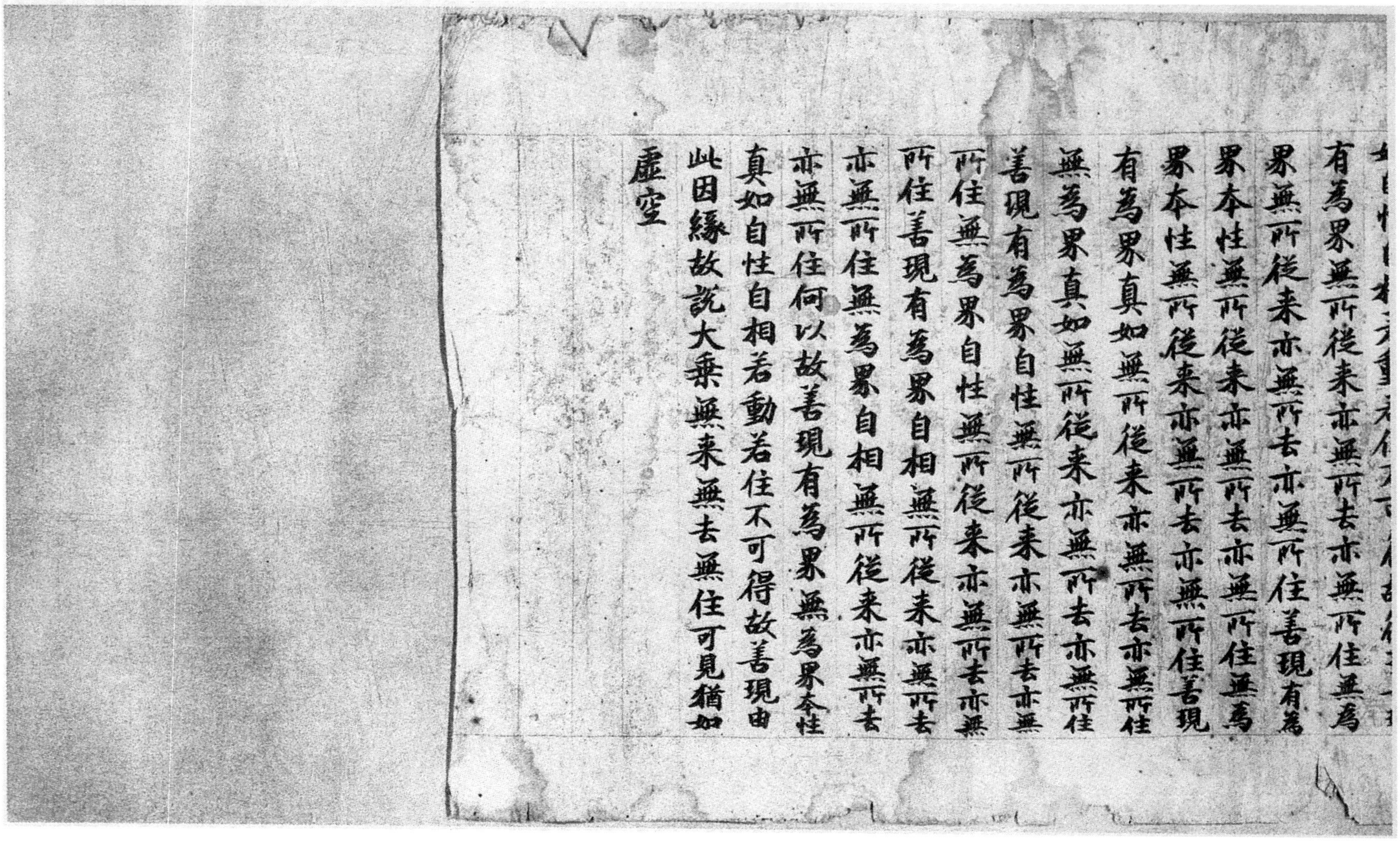

有爲界無所從來亦無所去亦無所住無爲
界無所從來亦無所去亦無所住善現有爲
界本性無所從來亦無所去亦無所住無爲
界本性無所從來亦無所去亦無所住善現
有爲界真如無所從來亦無所去亦無所住
無爲界真如無所從來亦無所去亦無所住
善現有爲界自性無所從來亦無所去亦無
所住無爲界自性無所從來亦無所去亦無
所住善現有爲界自相無所從來亦無所去
亦無所住無爲界自相無所從來亦無所去
亦無所住何以故善現有爲界無爲界本性
真如自性自相若動若住不可得故善現由
此因緣故說大乘無來無去無住可見猶如
虛空

BD07077 號　大般若波羅蜜多經（兌廢稿）卷四一九　（2–2）

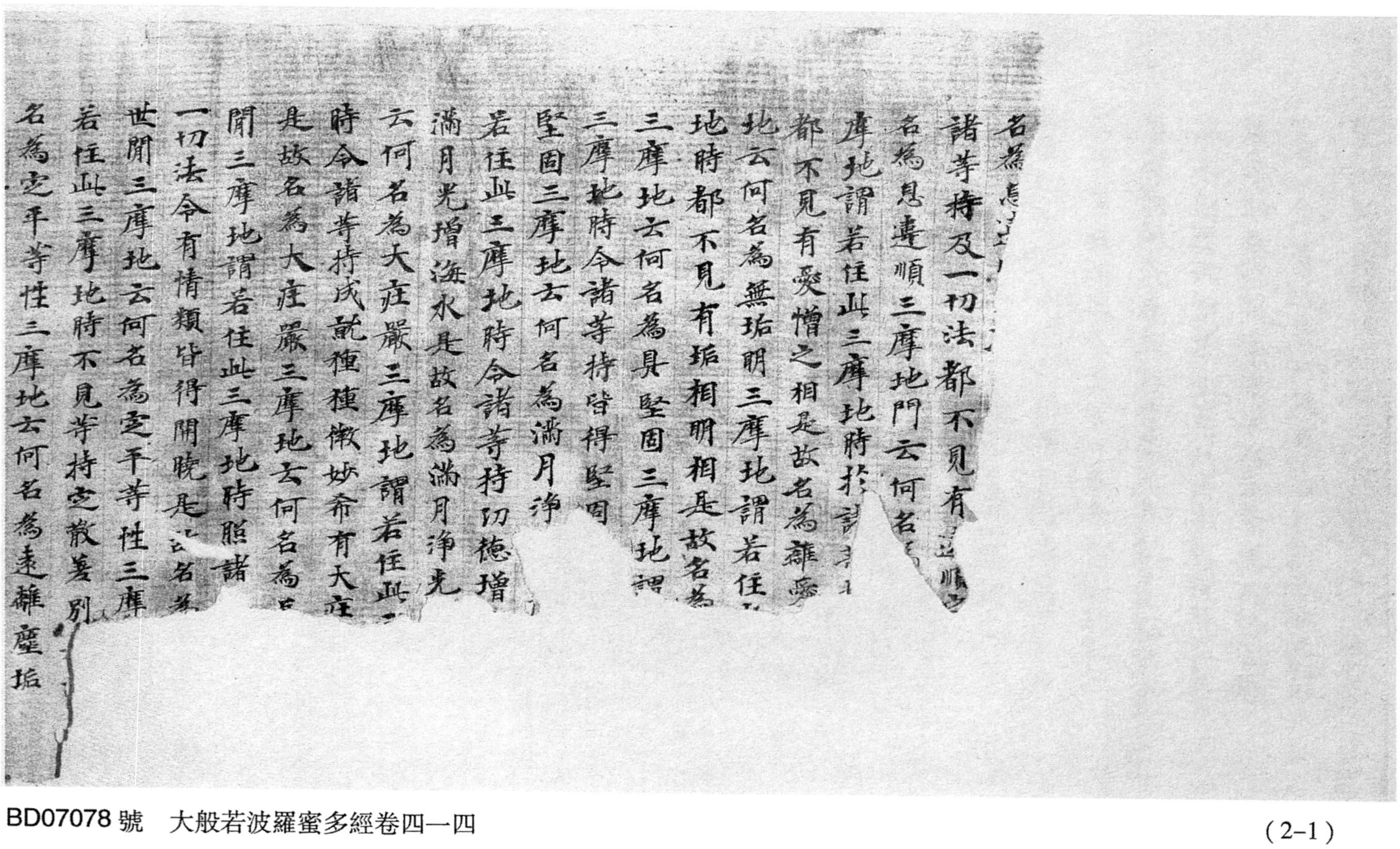

名爲息
諸等持及一切法都不見有
名爲息違順三摩地門云何名
摩地謂若住此三摩地時於
都不見有愛憎之相是故名爲離愛
地云何名爲無垢明三摩地謂若住
地時都不見有垢相明相是故名爲
三摩地云何名爲具堅固三摩地謂
三摩地時令諸等持皆得堅固
堅固三摩地云何名爲滿月淨
若住此三摩地時令諸等持功德增
滿月光增海水是故名爲滿月淨光
云何名爲大莊嚴三摩地謂若住此
時令諸等持成就種種微妙希有大莊
是故名爲大莊嚴三摩地云何名爲
間三摩地謂若住此三摩地時照諸
一切法令有情類皆得開曉是故名
世間三摩地云何名爲定平等性三摩
若住此三摩地時不見等持定散差別
名爲定平等性三摩地云何名爲遠離塵垢

BD07078 號　大般若波羅蜜多經卷四一四　（2–1）

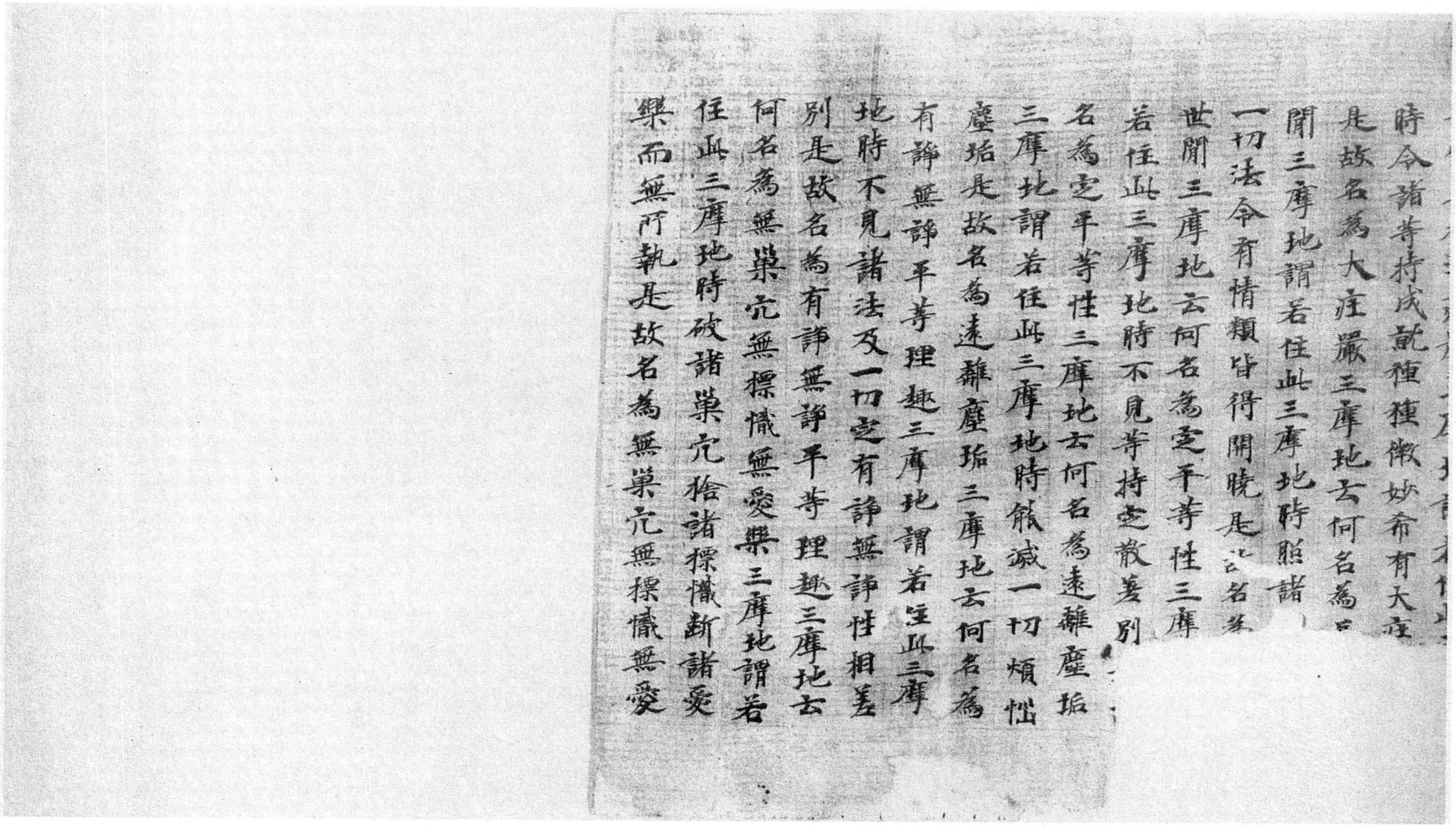
時令諸等持成就種種微妙希有大莊
是故名為大莊嚴三摩地云何名為
聞三摩地謂若住此三摩地時照諸
一切法令有情類皆得開曉是故名為
世間三摩地云何名為定平等性三摩
若住此三摩地時不見等持定散差別
名為定平等性三摩地云何名為遠離塵垢
三摩地謂若住此三摩地時能滅一切煩惱
塵垢是故名為遠離塵垢三摩地云何名為
有諍無諍平等理趣三摩地謂若住此三摩
地時不見諸法及一切定有諍無諍性相差
別是故名為有諍無諍平等理趣三摩地云
何名為無巢穴無標幟無愛樂三摩地謂若
住此三摩地時破諸巢穴捨諸標幟斷諸愛
樂而無所執是故名為無巢穴無標幟無愛

BD07078 號　大般若波羅蜜多經卷四一四　（2–2）

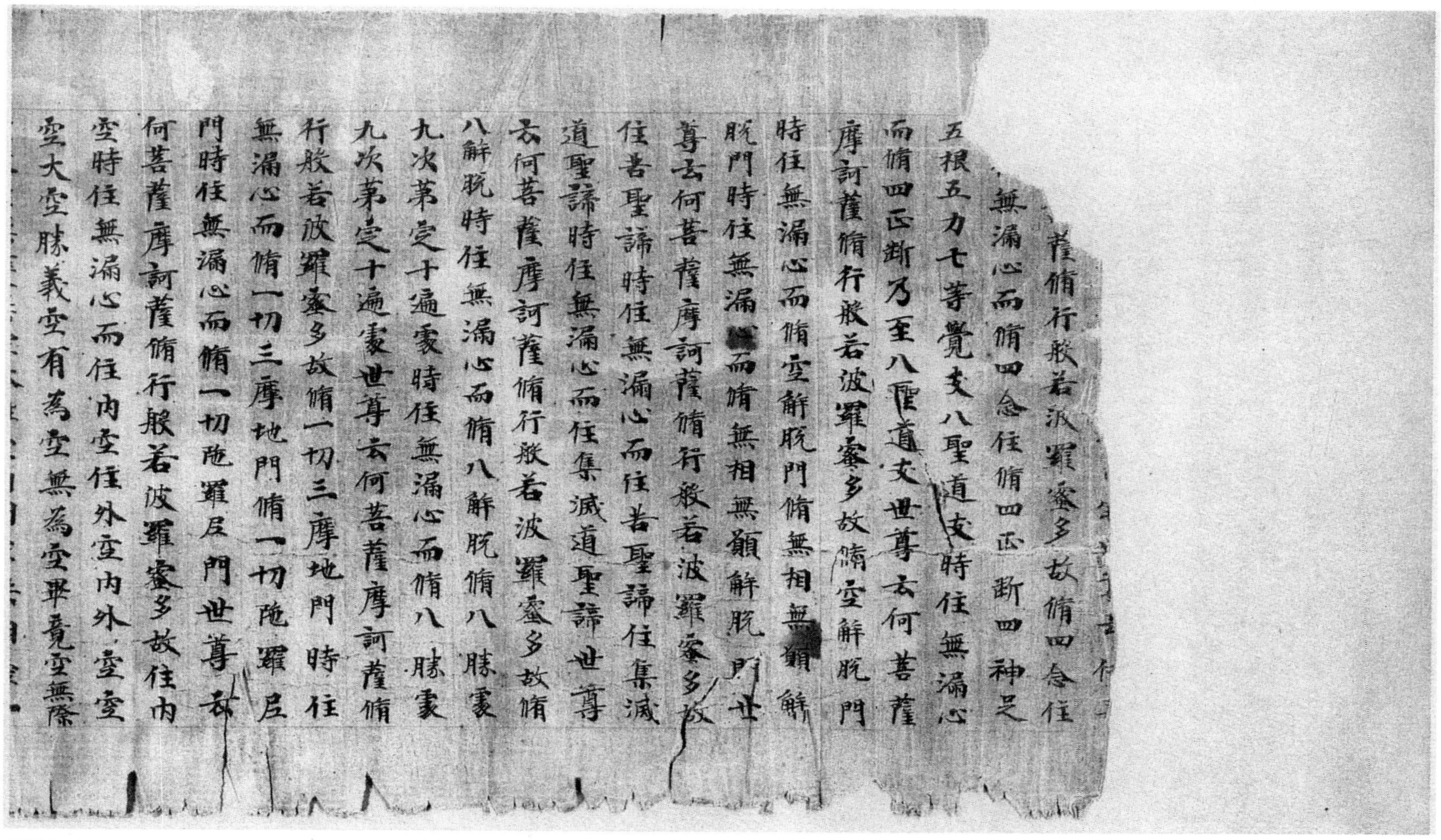
薩修行般若波羅蜜多故修四念住
無漏心而修四念住修四正斷四神足
五根五力七等覺支八聖道支時住無漏心
而修四正斷乃至八聖道支世尊云何菩薩
摩訶薩修行般若波羅蜜多故修空解脫門
時住無漏心而修空解脫門修無相無願解
脫門時住無漏心而修無相無願解脫門世
尊云何菩薩摩訶薩修行般若波羅蜜多故
住苦聖諦時住無漏心而住苦聖諦住集滅
道聖諦時住無漏心而住集滅道聖諦世尊
云何菩薩摩訶薩修行般若波羅蜜多故修
八解脫時住無漏心而修八解脫修八勝處
九次第定十遍處時住無漏心而修八勝處
九次第定十遍處世尊云何菩薩摩訶薩修
行般若波羅蜜多故修一切三摩地門時住
無漏心而修一切三摩地門修一切陀羅尼
門時住無漏心而修一切陀羅尼門世尊云
何菩薩摩訶薩修行般若波羅蜜多故住內
空時住無漏心而住內空住外空內外空空
空大空勝義空有為空無為空畢竟空無際

BD07079 號　大般若波羅蜜多經卷三七六　（2–1）

門時住無漏心而脩一切陁羅尼門世尊云
何菩薩摩訶薩脩行般若波羅蜜多故住內
空時住無漏心而住內空住外空內外空空
空大空勝義空有為空無為空畢竟空無際
空散空無變異空本性空自相空共相空一
切法空不可得空無性空自性空無性自性
空時住無漏心而住外空乃至無性自性空
世尊云何菩薩摩訶薩脩行般若波羅蜜多
故住真如時住無漏心而住真如住法界法
性不虛妄性不變異性平等性離生性法
法住實際虛空界不思議界時住無漏心
住法界乃至不思議界世尊云何菩薩摩
薩脩行般若波羅蜜多故脩五眼時住無漏
心而脩五眼脩六神通時住無漏心而脩六
神通世尊云何菩薩摩訶薩脩行般若波羅
蜜多故脩佛十力時住無漏心而脩佛十力
脩四無所畏四無礙解十八佛不共法時住無

BD07079 號　大般若波羅蜜多經卷三七六　（2–2）

大般若波羅蜜多經卷第三百五十八
初分多問不二品第六十一之八　　三藏法師玄奘奉　詔譯
世尊云何布施波羅蜜多實際相云何淨戒
安忍精進靜慮般若波羅蜜多實際相諸菩
薩摩訶薩如實了知而於中學於一切法如
實了知略廣之相善現無布施波羅蜜多際
是名布施波羅蜜多實際相無淨戒乃至般
若波羅蜜多際是名淨戒乃至般若波羅蜜
多實際相諸菩薩摩訶薩如實了知當於中
學於一切法如實了知略廣之相世尊云何
內空實際相云何外空內外空空空大空勝
義空有為空無為空畢竟空無際空散空無
變異空本性空自相空共相空一切法空不
可得空無性空自性空無性自性空實際相
諸菩薩摩訶薩如實了知而於中學於一切
法如實了知略廣之相善現無內空際是名
內空實際相無外空乃至無性自性空際是
名外空乃至無性自性空實際相諸菩薩摩
訶薩如實了知當於中學於一切法如實

BD07080 號　大般若波羅蜜多經卷三五八　（2–1）

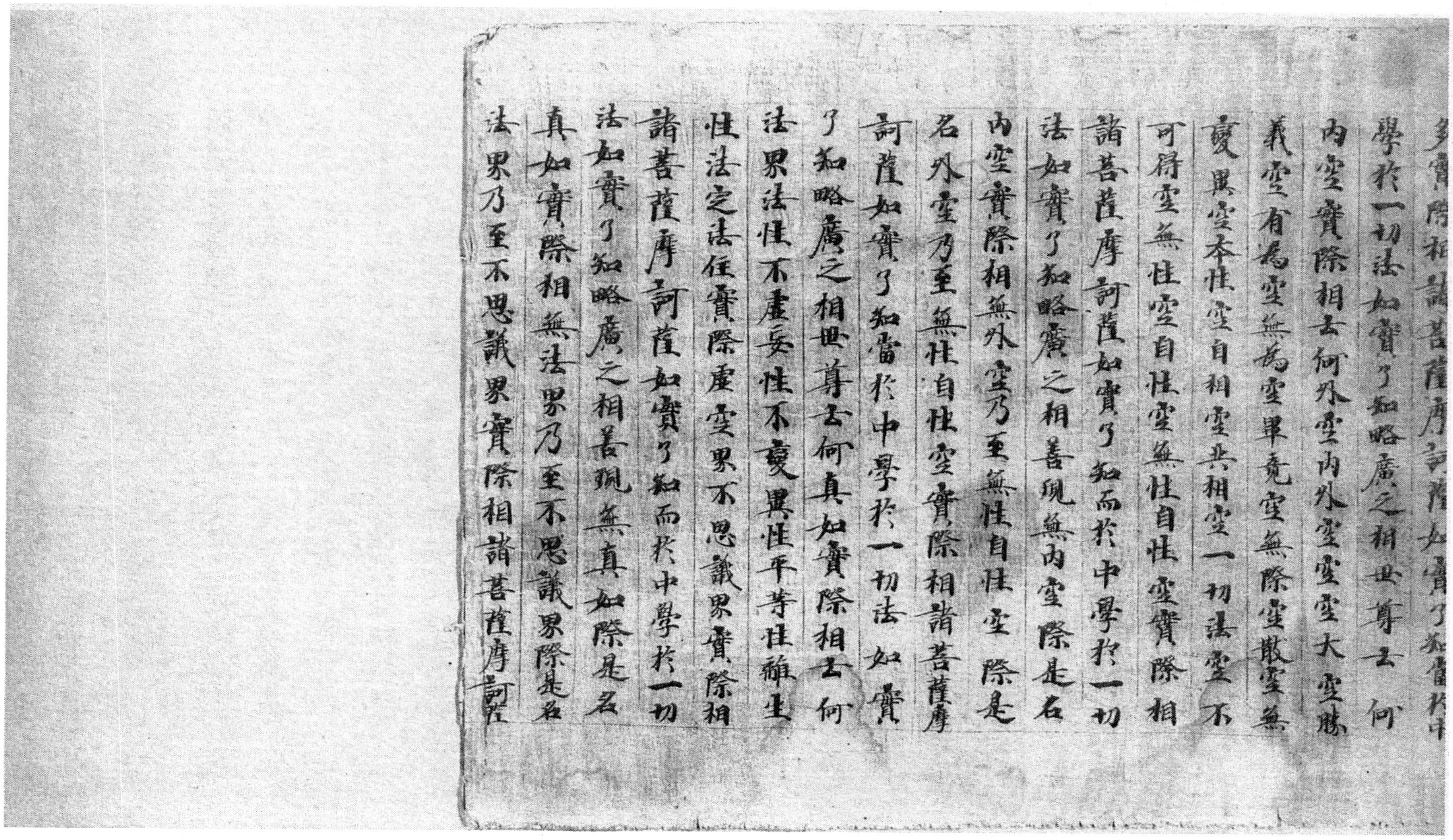
多實際相諸菩薩摩訶薩如實了知當於中
學於一切法如實了知略廣之相世尊云何
內空實際相云何外空內外空空空大空勝
義空有為空無為空畢竟空無際空散空無
變異空本性空自相空共相空一切法空不
可得空無性空自性空無性自性空實際相
諸菩薩摩訶薩如實了知而於中學於一切
法如實了知略廣之相善現無內空實際是名
內空實際相無外空乃至無性自性空實際是
名外空乃至無性自性空實際相諸菩薩摩
訶薩如實了知當於中學於一切法如實
了知略廣之相世尊云何真如實際相云何
法界法性不虛妄性不變異性平等性離生
性法定法住實際虛空界不思議界實際相
諸菩薩摩訶薩如實了知而於中學於一切
法如實了知略廣之相善現無真如實際是名
真如實際相無法界乃至不思議界實際是名
法界乃至不思議界實際相諸菩薩摩訶薩

BD07080號　大般若波羅蜜多經卷三五八　（2–2）

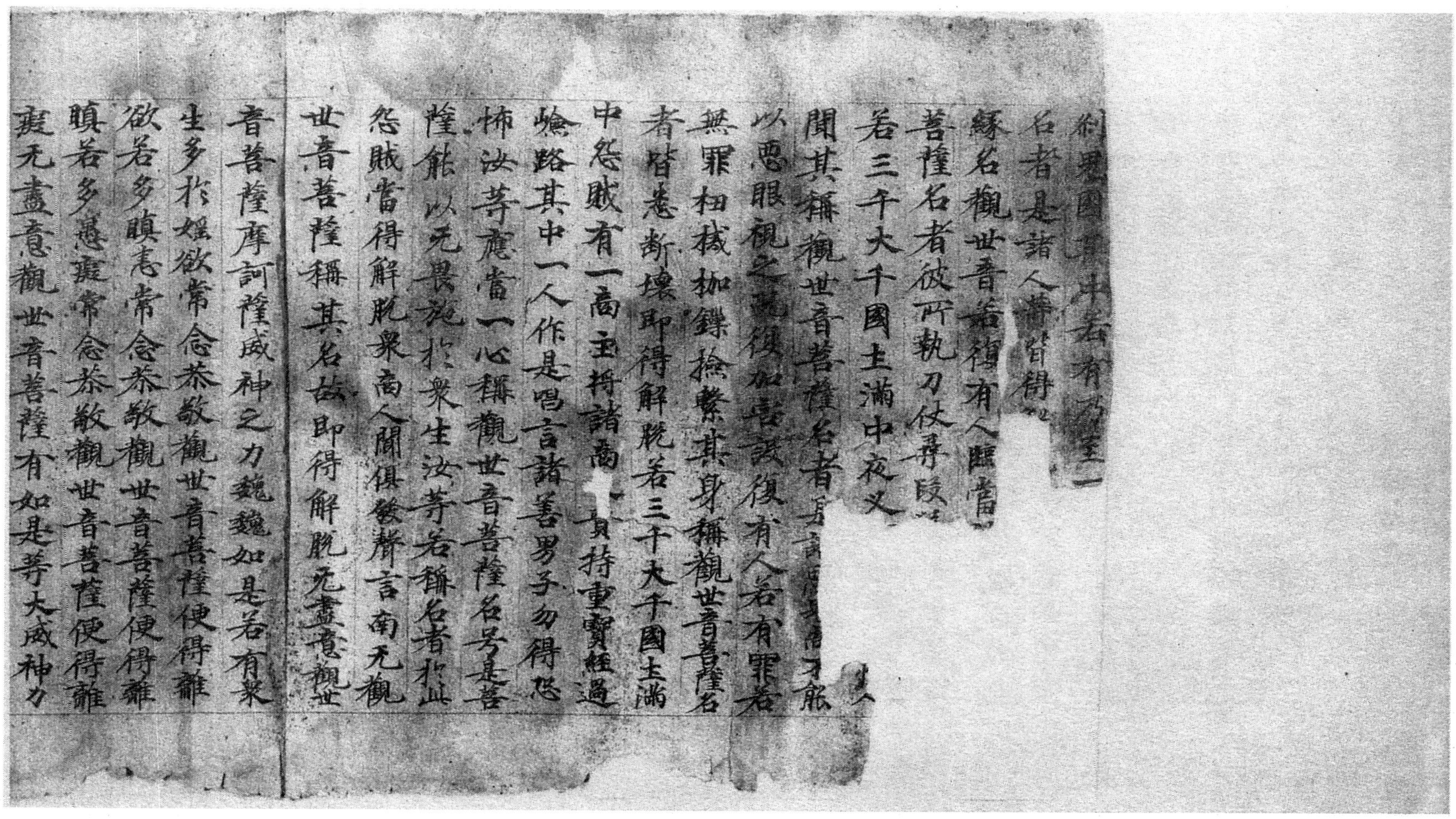
刹鬼國其中若有乃至一人稱觀世音菩薩
名者是諸人等皆得解脫羅刹之難以是因
緣名觀世音若復有人臨當被害稱觀世音
菩薩名者彼所執刀杖尋段段壞而得解脫
若三千大千國土滿中夜叉羅刹欲來惱人
聞其稱觀世音菩薩名者是諸惡鬼尚不能
以惡眼視之況復加害設復有人若有罪若
無罪杻械枷鎖檢繫其身稱觀世音菩薩名
者皆悉斷壞即得解脫若三千大千國土滿
中怨賊有一商主將諸商人齎持重寶經過
嶮路其中一人作是唱言諸善男子勿得恐
怖汝等應當一心稱觀世音菩薩名號是菩
薩能以无畏施於眾生汝等若稱名者於此
怨賊當得解脫眾商人聞俱發聲言南无觀
世音菩薩稱其名故即得解脫无盡意觀世
音菩薩摩訶薩威神之力巍巍如是若有眾
生多於婬欲常念恭敬觀世音菩薩便得離
欲若多瞋恚常念恭敬觀世音菩薩便得離
瞋若多愚癡常念恭敬觀世音菩薩便得離
癡无盡意觀世音菩薩有如是等大威神力

BD07081號　妙法蓮華經卷七　（4–1）

音菩薩摩訶薩威神之力巍巍如是若有衆
生多於婬欲常念恭敬觀世音菩薩便得離
欲若多瞋恚常念恭敬觀世音菩薩便得離
瞋若多愚癡常念恭敬觀世音菩薩便得離
癡无盡意觀世音菩薩有如是等大威神力
多所饒益是故衆生常應心念若有女人設
欲求男礼拜供養觀世音菩薩便生福德智
慧之男設欲求女便生端正有相之女宿殖
德本衆人愛敬无盡意觀世音菩薩有如是
力若有衆生恭敬礼拜觀世音菩薩福不唐
捐是故衆生皆應受持觀世音菩薩名号无
盡意若有人受持六十二億恒河沙菩薩名
字復盡形供養飲食衣服卧具醫藥於汝
意云何是善男子善女人功德多不无盡意言
甚多世尊佛言若復有人受持觀世音菩薩
名号乃至一時礼拜供養是二人福正等无
異於百千万億劫不可窮盡无盡意受持觀
世音菩薩名号得如是无量无邊福德之利
无盡意菩薩白佛言世尊觀世音菩薩云何
遊此娑婆世界云何而為衆生說法方便之
力其事云何佛告无盡意菩薩善男子若有
國土衆生應以佛身得度者觀世音菩薩即
現佛身而為說法應以辟支佛身得度者即
現辟支佛身而為說法應以聲聞身得度者
即現聲聞身而為說法應以梵王身得度者
即現梵王身而為說法應以帝釋身得度者

BD07081號　妙法蓮華經卷七　　（4–2）

現佛身而為說法應以辟支佛身得度者即
現辟支佛身而為說法應以聲聞身得度者
即現聲聞身而為說法應以梵王身得度者
即現梵王身而為說法應以帝釋身得度者
即現帝釋身而為說法應以自在天身得度
者即現自在天身而為說法應以大自在天身
得度者即現大自在天身而為說法應以
天大將軍身得度者即現天大將軍身而為
說法應以毗沙門身得度者即現毗沙門身
而為說法應以小王身得度者即現小王身而
為說法應以長者身得度者即現長者身
而為說法應以居士身得度者即現居士身
而為說法應以宰官身得度者即現宰官身
而為說法應以婆羅門身得度者即現婆羅
門身而為說法應以比丘比丘尼優婆塞優
婆夷身得度者即現比丘比丘尼優婆塞優
婆夷身而為說法應以長者居士宰官婆羅
門婦女身得度者即現婦女身而為說法應
以童男童女身得度者即現童男童女身而
為說法應以天龍夜叉乾闥婆阿脩羅迦樓
羅緊那羅摩睺羅伽人非人等身得度者即
皆現之而為說法應以執金剛神得度者即
現執金剛神而為說法无盡意是觀世
薩成就如是功德以種種形遊諸土
是故汝等應當一心供養觀世音
世音菩薩摩訶薩於怖畏急難

BD07081號　妙法蓮華經卷七　　（4–3）

而為說法應以宰官身得度者即現宰官身
而為說法應以婆羅門身得度者即現婆羅
門身而為說法應以比丘比丘尼優婆塞優
婆夷身得度者即現比丘比丘尼優婆塞優
婆夷身而為說法應以長者居士宰官婆羅
門婦女身得度者即現婦女身而為說法應
以童男童女身得度者即現童男童女身而
為說法應以天龍夜叉乾闥婆阿脩羅迦樓
羅緊那羅摩睺羅伽人非人等身得度者即
皆現之而為說法應以執金剛神得度者即
現執金剛神而為說法无盡意是觀世
薩成就如是功德以種種形遊諸土
是故汝等應當一心供養觀世音
世音菩薩摩訶薩於怖畏急難

BD07081號　妙法蓮華經卷七　（4–4）

小乘三科

問三寶有幾種 荅有三種 一一躰三寶 法身躰有妙覺以
為仏寶 法身躰有妙軌以為法寶 法身躰有離違諍以為僧寶
二別相三寶 丈六化身以為仏寶 所說言教以為法寶 大乘十
信已下小乘初果已上以為僧寶 三住持三寶 泥龕塑像以為仏寶
紙素竹帛以為法寶 凡夫比丘以為僧寶 是名三種三寶 又問
四諦有幾種有二種 一者小乘有作四諦 生死果為苦諦 煩惱
業為集諦 寂滅為滅諦 戒定慧為道諦 甚是戒防非止惡
為戒 甚是定繫心一境名為定 甚是惠 了別之義名為惠 二大乘
無作四諦小乘中不合假釋 又問衆生幾物成身 荅九物成身
何名九物 荅四大五蘊是名九物 問四大有幾種有二種 一者內
二者外 何名外四大 荅地水火風是名外四大 何名內四大 荅內有骨
肉堅硬以為地大 血髓津潤以為水大 遍體溫暖以為火大 出息
入息以為風大 又問何名空色二大 內有體趣溫暖妄想感得為內火大
色空大者虛空通 識大者了別心 因內感外 因得內四大感得外四

業為集諦　寂滅為滅諦　戒定恵為道諦　甚是戒　防非止惡名
為戒　甚是定　繫心一境名為定　甚是恵　了別之義名為恵　二大乘
無作四諦　小乘中不合假釋　又問衆生幾物成身　答九物成身
何名九物　答四大五蘊是名九物　問四大有幾種　有二種　一者内
二者外　何名外四大　答地水火風是名外四大　何名内四大　答内有骨
肉堅硬以為地大　血髓津潤以為水大　遍體温暖以為火大　出息
入息以為風大　又問何名空色二大　内有體趣温暖妄想感得為内火大
答空大者虚空通　識大者了別心　因内感外　因得内四大感得外四
大　内有骨肉堅硬妄想感得為内地大　外有血體津潤妄想感得為外水
大　内有體趣温暖妄想感得為内火大　外有出息入息妄想感得
為外風大　何名五蘊　答色受想行識是名五蘊　何名色蘊
答形為尋色蘊　何名受蘊　答領納為受蘊　何名想蘊　[illegible]

類自起邪執亦常教他令起邪執於非三寶
起三寶想於三寶中謂非三寶毀謗正法讚
歎邪法由是因緣身壞命終墮諸惡趣受種
種苦是諸菩薩摩訶薩衆各住自土證得無
上正等菩提見彼有情輪迴生死受無量苦
以神通力方便化導令捨惡見住正見中從
惡趣出生於善趣復以種種神通方便化導
令住正定聚中畢竟不復墮諸惡趣復令脩
習殊勝善根令終得生嚴淨佛土受用淨土
大乘法樂如是善現此諸菩薩摩訶薩衆
皆能如是嚴淨佛土由所居土極清淨故生彼
有情於一切法不起虛妄分別猶豫謂此是
善法此是非善法此是有記法此是無記法
此是世間法此是出世間法此是有漏法此
是無漏法此是有為法此是無為法諸如是
等分別猶豫畢竟不生由是因緣彼有情類
定得無上正等菩提轉妙法輪度有情衆善
現當知是為菩薩摩訶薩嚴淨佛土功德之

BD07083號　大般若波羅蜜多經卷五三六　（2–1）

令住正定聚中畢竟不復墮諸惡趣復令脩
習殊勝善根令終得生嚴淨佛土受用淨土
大乘法樂如是善現此諸菩薩摩訶薩衆
皆能如是嚴淨佛土由所居土極清淨故生彼
有情於一切法不起虛妄分別猶豫謂此是
善法此是非善法此是有記法此是無記法
此是世間法此是出世間法此是有漏法此
是無漏法此是有為法此是無為法諸如是
等分別猶豫畢竟不生由是因緣彼有情類
定得無上正等菩提轉妙法輪度有情衆善
現當知是為菩薩摩訶薩嚴淨佛土功德之
相利益安樂一切有情
第三分宣化品第卅一
爾時善現便白佛言是菩薩摩訶薩為住定
聚不定聚耶佛告善現是菩薩摩訶薩皆住

BD07083號　大般若波羅蜜多經卷五三六　（2–2）

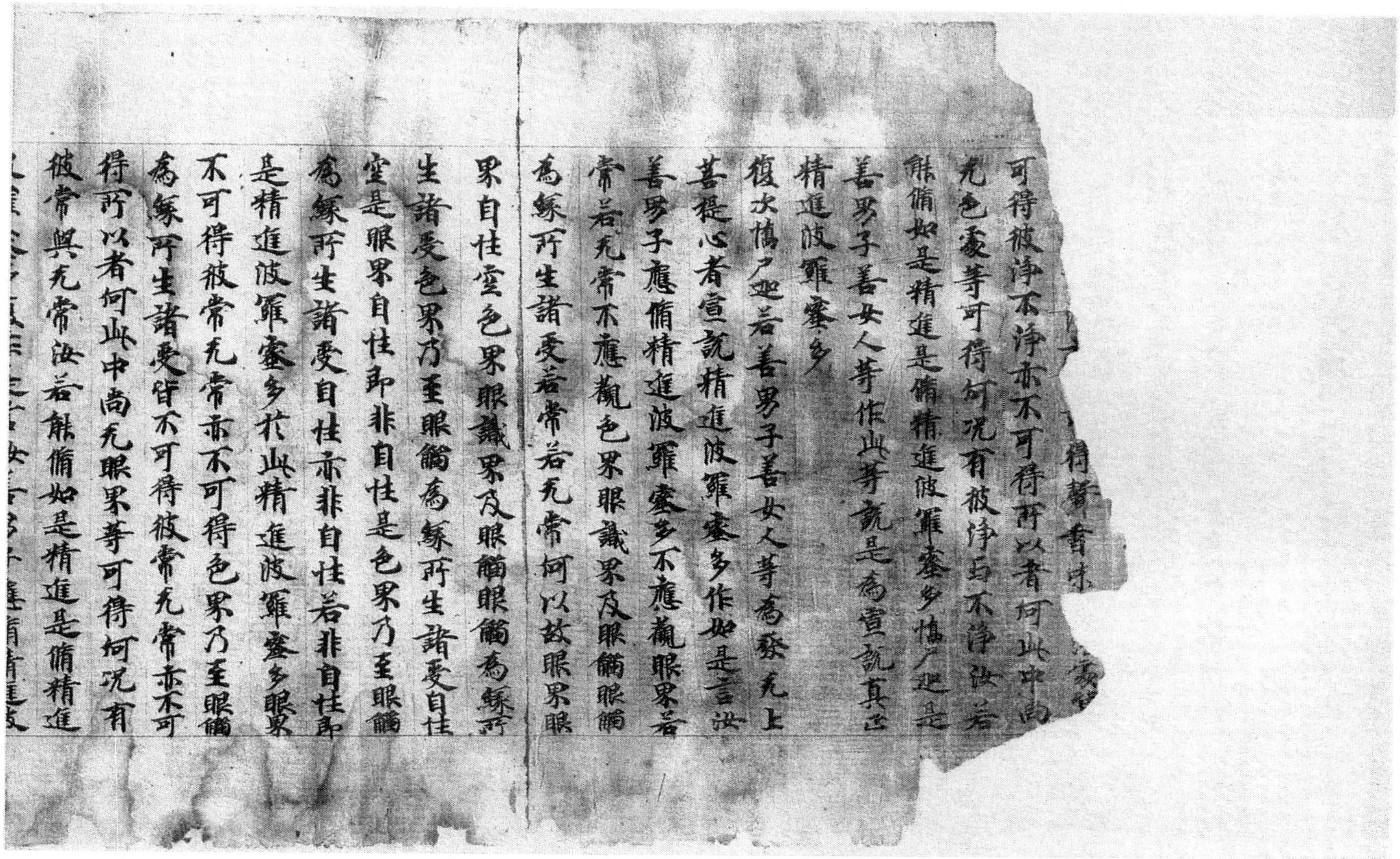
可得彼淨不淨亦不可得所以者何此中尚
无色處等可得何況有彼淨與不淨汝若
能脩如是精進是脩精進波羅蜜多憍尸迦是
善男子善女人等作此等說是爲宣說真正
精進波羅蜜多
復次憍尸迦若善男子善女人等爲發无上
菩提心者宣說精進波羅蜜多作如是言汝
善男子應脩精進波羅蜜多不應觀眼界若
常若无常不應觀色界眼識界及眼觸眼觸
爲緣所生諸受若常若无常何以故眼界眼
界自性空色界眼識界及眼觸眼觸爲緣所
生諸受色界乃至眼觸爲緣所生諸受自性
空是眼界自性即非自性是色界乃至眼觸
爲緣所生諸受自性亦非自性若非自性即
是精進波羅蜜多於此精進波羅蜜多眼界
不可得彼常无常亦不可得色界乃至眼觸
爲緣所生諸受皆不可得彼常无常亦不可
得所以者何此中尚无眼界等可得何況有
彼常與无常汝若能脩如是精進是脩精進

BD07084號　大般若波羅蜜多經卷一五二　（2–1）

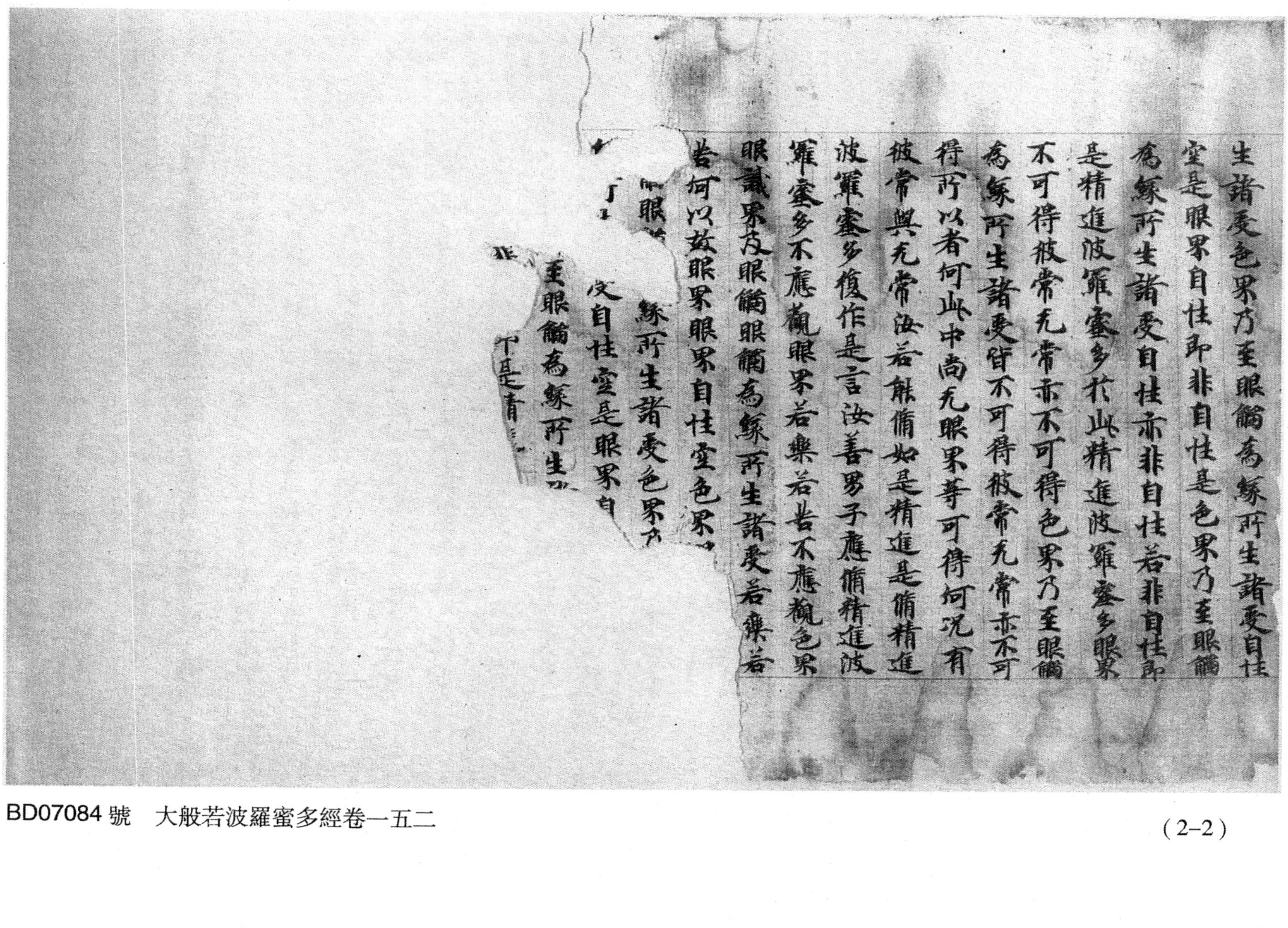
生諸受色界乃至眼觸爲緣所生諸受自性
空是眼界自性即非自性是色界乃至眼觸
爲緣所生諸受自性亦非自性若非自性即
是精進波羅蜜多於此精進波羅蜜多眼界
不可得彼常无常亦不可得色界乃至眼觸
爲緣所生諸受皆不可得彼常无常亦不可
得所以者何此中尚无眼界等可得何況有
彼常與无常汝若能脩如是精進是脩精進
波羅蜜多復作是言汝善男子應脩精進波
羅蜜多不應觀眼界若樂若苦不應觀色界
眼識界及眼觸眼觸爲緣所生諸受若樂若
苦何以故眼界眼界自性空色界……
緣所生諸受色界乃……
及自性空是眼界自……
至眼觸爲緣所生……
下是精……

BD07084號　大般若波羅蜜多經卷一五二　（2–2）

相汝及諸菩薩當勤脩學尒時世尊重說
頌言
宗趣與言說 自證及教法 若能善覺見 不隨他妄解
如愚所分別 非是真實相 彼豈不求度 无法而可得
觀察諸有為 生滅等相續 增長於二見 顛倒无所知
涅槃離心意 唯此一法實 觀世悉虛妄 如幻夢芭蕉
无有貪恚癡 亦復无有人 從愛生諸蘊 如夢之所見
尒時大慧菩薩摩訶薩復白佛言世尊願
為我說虛妄分別相此虛妄分別何而生是
何而生因何而生誰之所生何故名為虛妄
分別佛言大慧善哉善哉汝為哀愍世間天
人而問此義多所利益多所安樂諦聽諦聽
善思念之當為汝說大慧言唯佛言大慧一
切衆生於種種境不能了達自心所現計能
所取虛妄執著起諸分別墮有无見增長外

BD07085 號　大乘入楞伽經卷四　（2–1）

分別佛言大慧善哉善哉汝為哀愍世間天
人而問此義多所利益多所安樂諦聽諦聽
善思念之當為汝說大慧言唯佛言大慧一
切衆生於種種境不能了達自心所現計能
所取虛妄執著起諸分別墮有无見增長外
道妄見習氣心心所法相應起時執有外義
種種可得計著於我及以我所是故名為虛
妄分別大慧白言若如是者外種種義性離
有无起諸見相世尊第一義諦亦復如是離
諸根量宗因譬喻世尊何故於種種義言起
分別第一義中不言起耶將无世尊所言乖
理一處言起一不言故世尊又說虛妄分別
墮有无見譬如幻事種種非實分別亦尒有
无相離云何而說墮二見耶此說豈不墮
於世見佛言大慧分別不生不滅何以故不
起有无分別相故所見外法皆无有故了唯

BD07085 號　大乘入楞伽經卷四　（2–2）

弘誓願種植无量殊勝善根奉事
邊諸佛於甚深法久生信解於其深
行已熟依行故今如來應正等覺委信此衆
无所猜疑所說法門皆悉明了无所覆惜
為說法要慶喜當知今此衆會堅固清淨
无如瓦礫鹹鹵等者已曾供養多百千佛於
諸佛法堅固安住慶喜當知如瓦礫者即是愚
夫異生增語於甚深法无容納義鹹鹵等者當
知顯示諸增上慢有情增語不能生長甚深
行故慶喜當知今此衆會離增上慢廣大
善根之所集起是深法器
復次慶喜譬如无熱大池龍王有因緣故生
大歡喜於自宮中受五欲樂以歡喜故後於
自宮降澍大雨具八功德時彼諸子各往自宮
亦復歡娛受五欲樂和合遊戲降大甘雨如
是如來應正等覺為諸衆會降大法雨時

BD07086號　大般若波羅蜜多經卷五九四

（2–1）

夫異生增語於甚深法无容納義鹹鹵等者當
知顯示諸增上慢有情增語不能生長甚深
行故慶喜當知今此衆會離增上慢廣大
善根之所集起是深法器
復次慶喜譬如无熱大池龍王有因緣故生
大歡喜於自宮中受五欲樂以歡喜故後於
自宮降澍大雨具八功德時彼諸子各往自宮
亦復歡娛受五欲樂和合遊戲降大甘雨如
是如來應正等覺為諸衆會降大法雨時
有无量長子菩薩摩訶薩衆聞已結集或即
於此堪忍界中對自如來應正等覺為諸衆
會雨大法雨或往彼彼自佛土中對諸如來
應正等覺各於自衆雨大法雨復次慶喜如
海龍王有時歡悅於自宮内降澍大雨宮中
所有舊住諸龍隨所降澍皆歡喜受於此大
雨善知分齊彼諸龍子亦各歡悅堪受父王
所降大雨所以者何有餘龍等於所降雨不
知分齊亦復不能歡喜忍受如是如來應正
等覺處大衆會雨深法寶有佛長子大菩
薩衆久植
戌訖

BD07086號　大般若波羅蜜多經卷五九四

（2–2）

五百九十四　六十袟四

BD07086號背　勘記

（1–1）

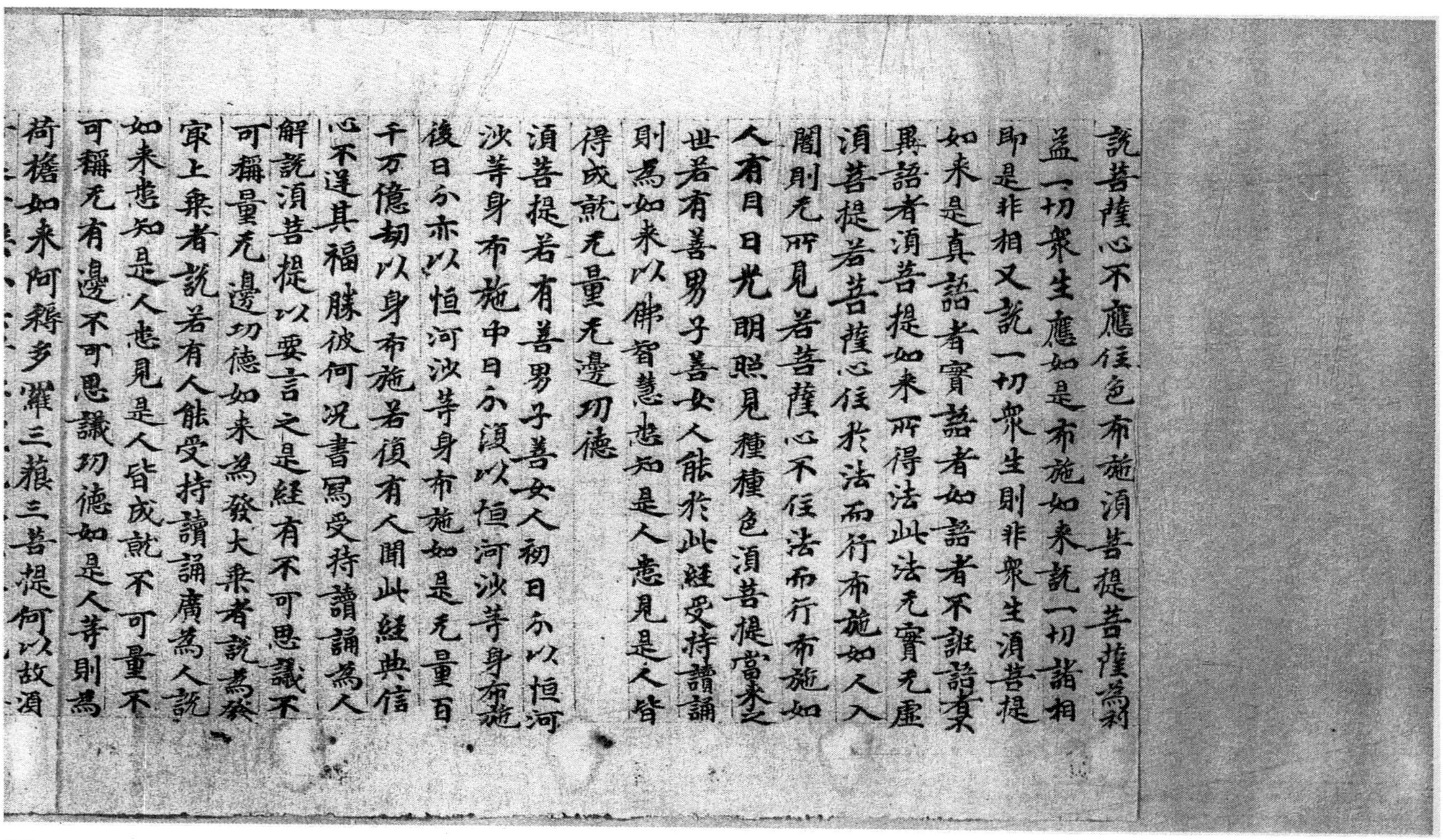

說菩薩心不應住色布施須菩提菩薩為利
益一切衆生應如是布施如來說一切諸相
即是非相又說一切衆生則非衆生須菩提
如來是真語者實語者如語者不誑語者不
異語者須菩提如來所得法此法无實无虛
須菩提若菩薩心住於法而行布施如人入
闇則无所見若菩薩心不住法而行布施如
人有目日光明照見種種色須菩提當來之
世若有善男子善女人能於此經受持讀誦
則為如來以佛智慧悉知是人悉見是人皆
得成就无量无邊功德
須菩提若有善男子善女人初日分以恒河
沙等身布施中日分復以恒河沙等身布施
後日分亦以恒河沙等身布施如是无量百
千万億劫以身布施若復有人聞此經典信
心不逆其福勝彼何況書寫受持讀誦為人
解說須菩提以要言之是經有不可思議不
可稱量无邊功德如來為發大乘者說為發
最上乘者說若有人能受持讀誦廣為人說
如來悉知是人悉見是人皆成就不可量不
可稱无有邊不可思議功德如是人等則為
荷擔如來阿耨多羅三藐三菩提何以故須

BD07087號　金剛般若波羅蜜經

（4–1）

寂上乘者說若有人能受持讀誦廣為人說
如來悉知是人悉見是人皆成就不可量不
可稱无有邊不可思議功德如是人等則為
荷擔如來阿耨多羅三藐三菩提何以故須
菩提若樂小法者著我見人見衆生見壽者
見則於此經不能聽受讀誦為人解說須菩
提在在處處若有此經一切世間天人阿脩
羅所應供養當知此處則為是塔皆應恭敬
作禮圍繞以諸華香而散其處
復次須菩提善男子善女人受持讀誦此經
若為人輕賤是人先世罪業應墮惡道以今
世人輕賤故先世罪業則為消滅當得阿耨
多羅三藐三菩提須菩提我念過去无量阿
僧祇劫於然燈佛前得值八百四千万億那
由他諸佛悉皆供養承事无空過者若復有
人於後末世能受持讀誦此經所得功德於
我所供養諸佛功德百分不及一千万億分
乃至筭數譬喻所不能及須菩提若善男子
善女人於後末世有受持讀誦此經所得功
德我若具說者或有人聞心則狂亂狐疑不
信須菩提當知是經義不可思議果報亦不
可思議
尒時須菩提白佛言世尊善男子善女人發
阿耨多羅三藐三菩提心云何應住云何降
伏其心佛告須菩提善男子善女人發阿耨
多羅三藐三菩提者當生如是心我應滅度
一切衆生滅度一切衆生已而无有一衆生

BD07087號　金剛般若波羅蜜經　（4–2）

阿耨多羅三藐三菩提心云何應住云何降
伏其心佛告須菩提善男子善女人發阿耨
多羅三藐三菩提者當生如是心我應滅度
一切衆生滅度一切衆生已而无有一衆生
實滅度者何以故若菩薩有我相人相衆生
相壽者相則非菩薩所以者何須菩提實无
有法發阿耨多羅三藐三菩提者須菩提於
意云何如來於然燈佛所有法得阿耨多羅
三藐三菩提不不也世尊如我解佛所說義
佛於然燈佛所无有法得阿耨多羅三藐三
菩提佛言如是如是須菩提實无有法如來
得阿耨多羅三藐三菩提須菩提若有法如
來得阿耨多羅三藐三菩提者然燈佛則不
與我受記汝於來世當得作佛号釋迦牟尼
以實无有法得阿耨多羅三藐三菩提是故
然燈佛與我受記作是言汝於來世當得作
佛号釋迦牟尼何以故如來者即諸法如義
若有人言如來得阿耨多羅三藐三菩提須
菩提實无有法佛得阿耨多羅三藐三菩提
須菩提如來所得阿耨多羅三藐三菩提於
是中无實无虛是故如來說一切法皆是佛
法須菩提所言一切法者即非一切法是故
名一切法須菩提譬如人身長大須菩提言

BD07087號　金剛般若波羅蜜經　（4–3）

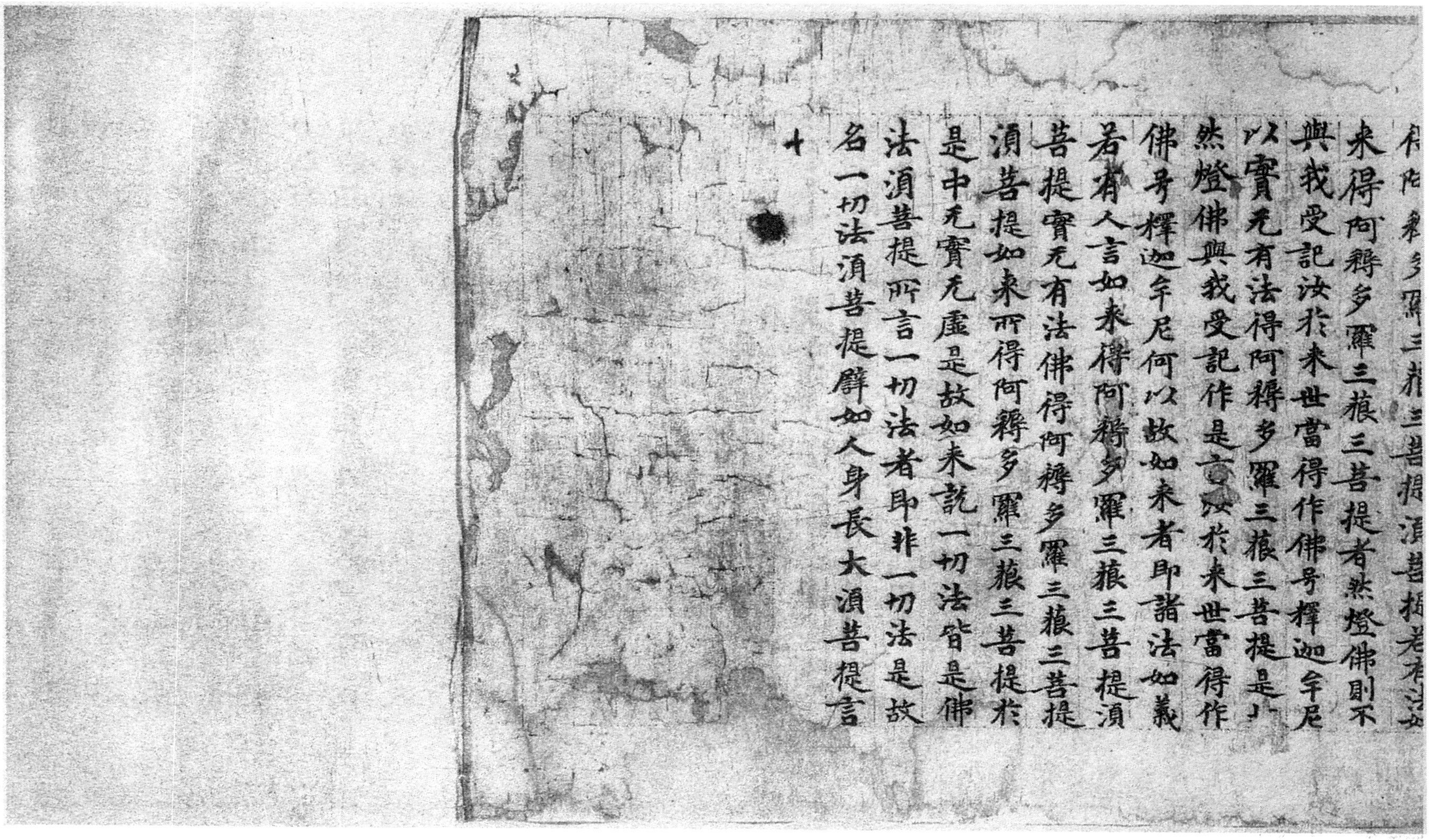
得阿耨多羅三藐三菩提須菩提若有法如
來得阿耨多羅三藐三菩提者然燈佛則不
與我受記汝於來世當得作佛号釋迦牟尼
以實无有法得阿耨多羅三藐三菩提是故
然燈佛與我受記作是言汝於來世當得作
佛号釋迦牟尼何以故如來者即諸法如義
若有人言如來得阿耨多羅三藐三菩提須
菩提實无有法佛得阿耨多羅三藐三菩提
須菩提如來所得阿耨多羅三藐三菩提於
是中无實无虛是故如來說一切法皆是佛
法須菩提所言一切法者即非一切法是故
名一切法須菩提譬如人身長大須菩提言
十

BD07087號　金剛般若波羅蜜經

（4–4）

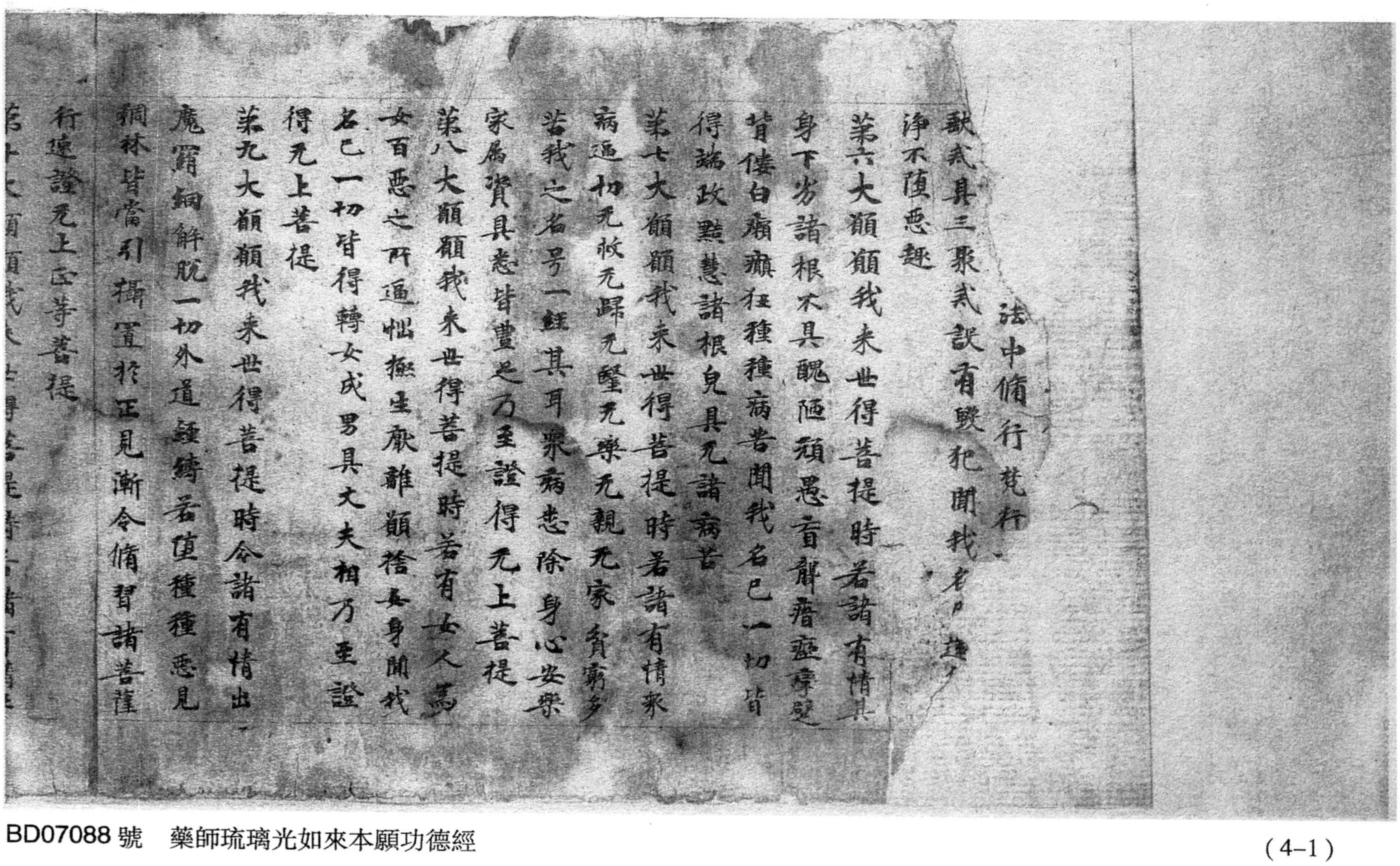
法中脩行梵行
缺戒具三聚戒設有毀犯聞我名已還
淨不墮惡趣
第六大願願我來世得菩提時若諸有情其
身下劣諸根不具醜陋頑愚盲聾瘖瘂攣躄
背僂白癩癲狂種種病苦聞我名已一切皆
得端政黠慧諸根完具无諸病苦
第七大願願我來世得菩提時若諸有情衆
病逼切无救无歸无醫无藥无親无家貧窮多
苦我之名号一經其耳衆病悉除身心安樂
家属資具悉皆豐足乃至證得无上菩提
第八大願願我來世得菩提時若有女人為
女百惡之所逼惱極生厭離願捨女身聞我
名已一切皆得轉女成男具丈夫相乃至證
得无上菩提
第九大願願我來世得菩提時令諸有情出
魔羂網解脫一切外道纏縛若墮種種惡見
稠林皆當引攝置於正見漸令脩習諸菩薩
行速證无上正等菩提
第十大願願我來世得菩提時若諸有

BD07088號　藥師琉璃光如來本願功德經

（4–1）

第九大願願我來世得菩提時令諸有情出
魔羂網解脫一切外道纏縛若墮種種惡見
稠林皆當引攝置於正見漸令脩習諸菩薩
行速證无上正等菩提
第十大願願我來世得菩提時若諸有情王
法所録縛錄鞭撻繫閉牢獄或當刑戮及餘
无量災難陵辱悲愁煎迫身心受苦若聞我
名以我福德威神力故皆得解脫一切憂苦
第十一大願願我來世得菩提時若諸有情
飢渴所惱為求食故造諸惡業得聞我名專
念受持我當先以上妙飲食飽足其身後以
法味畢竟安樂而建立之
第十二大願願我來世得菩提時若諸有情
貧无衣服蚊虻寒熱晝夜逼惱若聞我名專
念受持如其所好即得種種上妙衣服亦得
一切寶莊嚴具華鬘塗香鼓樂衆伎隨心所翫
皆令滿足
曼殊室利是為彼世尊藥師瑠璃光如來應
正等覺行菩薩道時所發十二微妙上願
復次曼殊室利彼世尊藥師瑠璃光如來行
菩薩道時所發大願及彼佛土功德莊嚴我
若一劫若一劫餘說不能盡然彼佛土一向清
淨无有女人亦无惡趣及苦音聲瑠璃為地
金繩界道城闕宮閣軒窓羅網皆七寶成
亦如西方極樂世界功德莊嚴等无差別於其
國中有二菩薩摩訶薩一名日光遍照二名

BD07088 號　藥師琉璃光如來本願功德經　（4–2）

若一劫若一劫餘說不能盡然彼佛土一向清
淨无有女人亦无惡趣及苦音聲瑠璃為地
金繩界道城闕宮閣軒窓羅網皆七寶成
亦如西方極樂世界功德莊嚴等无差別於其
國中有二菩薩摩訶薩一名日光遍照二名
月光遍照是彼无量无數菩薩衆之上首悉
能持彼世尊藥師瑠璃光如來正法寶藏是
故曼殊室利諸有信心善男子善女人等應
當願生彼佛世界
尒時世尊復告曼殊室利童子言曼殊室利
有諸衆生不識善惡唯懷貪悋不知布施及
施果報愚癡无智闕於信根多聚財寶勤加
守護見乞者來其心不喜設不獲已而行施
時如割身肉深生痛惜復有无量慳貪有情
積集資財於其自身尚不受用何況能與父
母妻子奴婢作使及來乞者彼諸有情從此
命終生餓鬼界或傍生趣由昔人間曾得暫
聞藥師瑠璃光如來名故今在惡趣暫得憶
念彼如來名即於念時從彼處沒還生人中
得宿命念畏惡趣苦不樂欲樂好行惠施讚歎
施者一切所有悉无貪惜漸次尚能以頭目
手足血肉身分施來求者況餘財物
復次曼殊室利若諸有情雖於如來受諸學
處而破尸羅有雖不破尸羅而破軌則有於
尸羅軌則雖得不壞然毀正見有雖不毀正
見而棄多聞於佛所說契經深義不能解了
有雖[illegible]聞而增上慢由增上慢[illegible]

BD07088 號　藥師琉璃光如來本願功德經　（4–3）

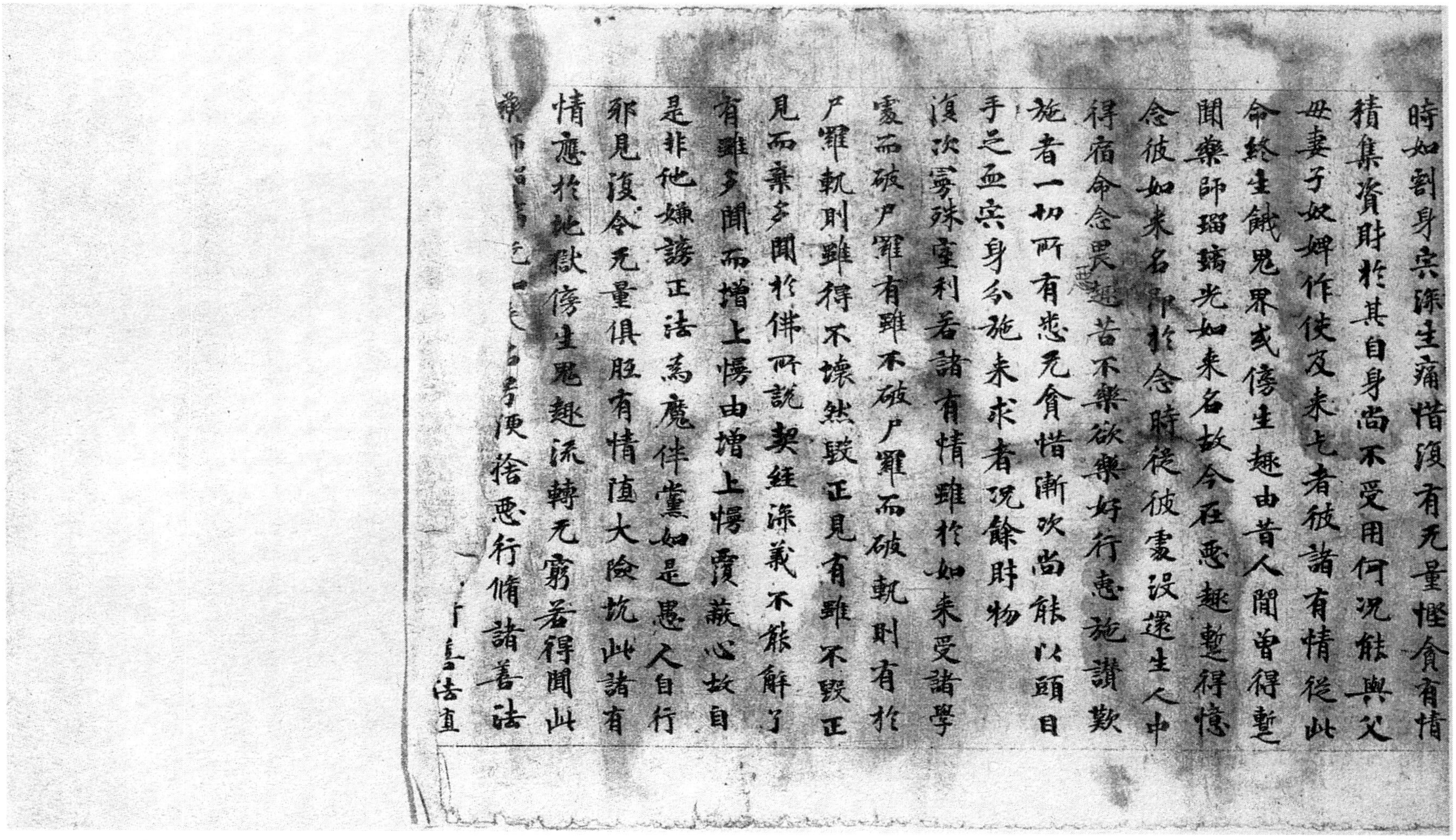
時如割身宍深生痛惜復有无量慳貪有情
積集資財於其自身尚不受用何況能與父
母妻子奴婢作使及来乞者彼諸有情從此
命終生餓鬼界或傍生趣由昔人間曾得蹔
聞藥師瑠璃光如来名故今在惡趣蹔得憶
念彼如来名即於念時從彼處沒還生人中
得宿命念畏惡趣苦不樂欲樂好行惠施讚歎
施者一切所有悉无貪惜漸次尚能以頭目
手足血宍身分施来求者況餘財物
復次曼殊室利若諸有情雖於如来受諸學
處而破尸羅有雖不破尸羅而破軌則有於
尸羅軌則雖得不壞然毀正見有雖不毀正
見而棄多聞於佛所說契經深義不能解了
有雖多聞而增上慢由增上慢覆蔽心故自
是非他嫌謗正法為魔伴黨如是愚人自行
邪見復令无量俱胝有情墮大險坑此諸有
情應於地獄傍生鬼趣流轉无窮若得聞此
藥師瑠璃光如来名号便捨惡行脩諸善法

BD07088 號　藥師琉璃光如來本願功德經　（4–4）

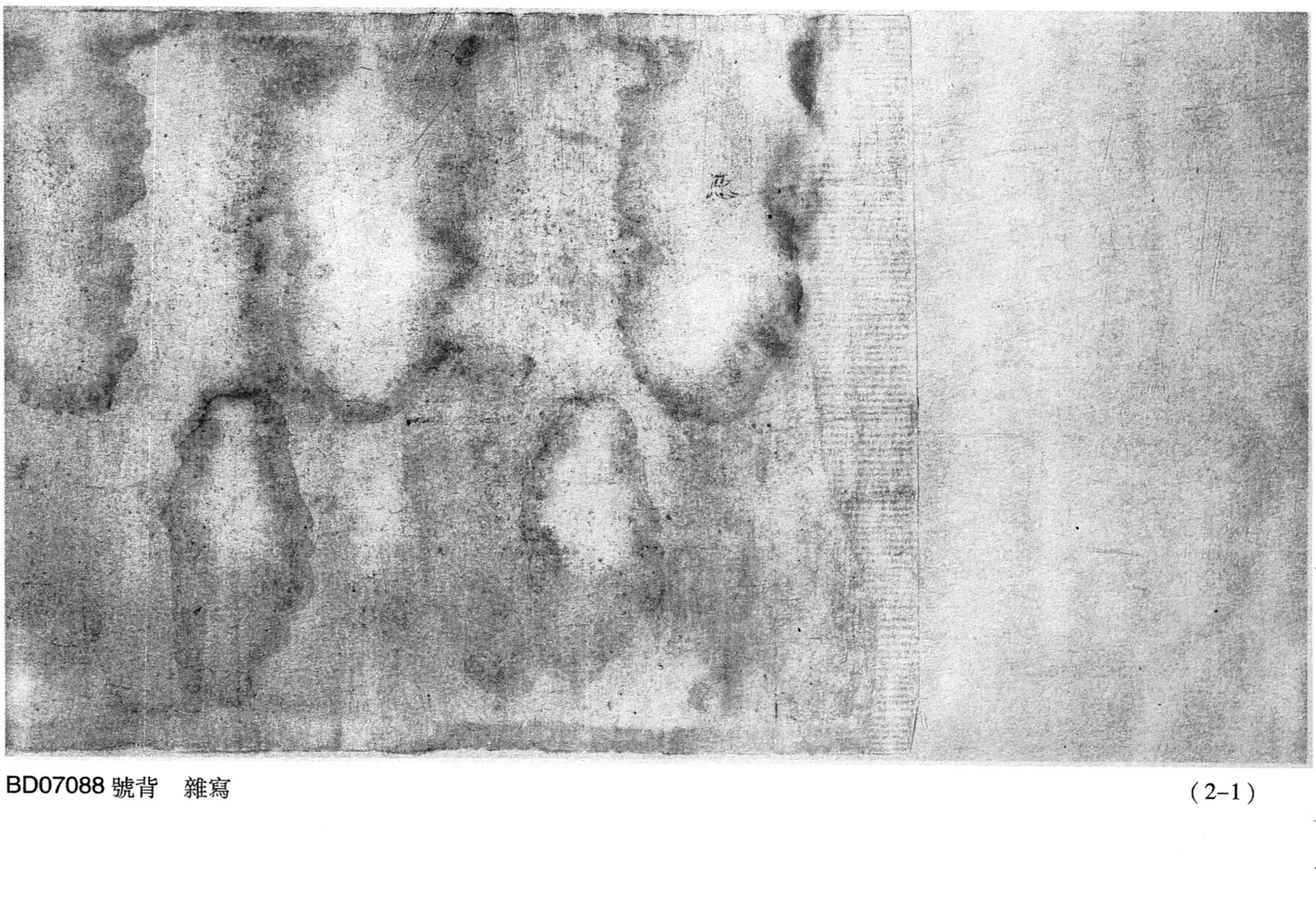

BD07088 號背　雜寫　（2–1）

BD07088號背　雜寫　（2–2）

无罪杻械枷鎖檢繫其身
名者皆悉斷壞即得解脫
中怨賊有一商主將諸商人賷持
嶮路其中一人作是唱言諸
怖汝等應當一心稱觀
薩能以无畏施於衆
怨賊當得解脫衆商人聞俱
世音菩薩稱其名故即得解脫无盡意
菩薩摩訶薩威神之力巍巍如是若有
衆生多於婬欲常念恭敬觀世音菩薩便得
離欲若多瞋恚常念恭敬觀世音菩薩便得離
瞋若多愚癡常念恭敬……離
癡无盡意觀世音菩薩……神力

BD07089號　妙法蓮華經卷七　（6–1）

衆生多於婬欲常念恭敬觀世音菩薩便得
離欲若多瞋恚常念恭敬觀世音菩薩便得離
瞋若多愚癡常念恭敬觀世音菩薩便得離
癡无盡意觀世音菩薩有如是等大威神力
多所饒益是故衆生常應心念若有女人設
欲求男禮拜供養觀世音菩薩便生福德智
慧之男設欲求女便生端正有相之女宿殖
德本衆人愛敬无盡意觀世音菩薩有如
是力若有衆生恭敬禮拜觀世音菩薩福不
唐捐是故衆生皆應受持觀世音菩薩名号无
盡意若有人受持六十二億恒河沙菩薩名
字復盡形供養飲食衣服臥具醫藥於汝意
云何是善男子善女人功德多不无盡意言
甚多世尊佛言若復有人受持觀世音菩薩
名号乃至一時禮拜供養是二人福正等无
異於百千万億劫不可窮盡无盡意受持觀
世音菩薩名号得如是无量无邊福德之利
无盡意菩薩白佛言世尊觀世音菩薩云何
遊此娑婆世界云何而為衆生說法方便之
力其事云何佛告无盡意菩薩善男子若有
國土衆生應以佛身得度者觀世音菩薩即
現佛身而為說法應以辟支佛身得度者
即現辟支佛身而為說法應以聲聞身得度者
即現聲聞身而為說法應以梵王身得度者
即現梵王身而為說法應以帝釋身得度者
即現帝釋身而為說法應以自在天身得度

BD07089號　妙法蓮華經卷七　（6–2）

即現辟支佛身而為說法應以聲聞身得度者
即現聲聞身而為說法應以梵王身得度者
即現梵王身而為說法應以帝釋身得度者
即現帝釋身而為說法應以自在天身得度
者即現自在天身而為說法應以大自在天
身得度者即現大自在天身而為說法應以
天大將軍身得度者即現天大將軍身而為
說法應以毗沙門身得度者即現毗沙門身
而為說法應以小王身得度者即現小王身
而為說法應以長者身得度者即現長者身
而為說法應以居士身得度者即現居士身
而為說法應以宰官身得度者即現宰官身
而為說法應以婆羅門身得度者即現婆羅
門身而為說法應以比丘比丘尼優婆塞優婆
夷身得度者即現比丘比丘尼優婆塞優婆
夷身而為說法應以長者居士宰官婆羅
門婦女身得度者即現婦女身而為說法應
以童男童女身得度者即現童男童女身而
為說法應以天龍夜叉乾闥婆阿修羅迦樓
羅緊那羅摩睺羅伽人非人等身得度者即
皆現之而為說法應以執金剛神得度者即
現金剛神而為說法无盡意是觀世音菩薩
成就如是功德以種種形遊諸國土度脫衆
生是故汝等應當一心供養觀世音菩薩是
觀世音菩薩摩訶薩於怖畏急難之中能
施无畏是故此娑婆世界[illegible]

BD07089號　妙法蓮華經卷七　（6–3）

生是故汝等應當一心供養觀世音菩薩是
觀世音菩薩摩訶薩於怖畏急難之中能
施无畏是故此娑婆世界皆號之為施无畏者
无盡意菩薩白佛言世尊我今當供養觀世
音菩薩即解頸眾寶珠瓔珞價直百千兩金
而以與之作是言仁者受此法施珍寶瓔珞
時觀世音菩薩不肯受之无盡意復白觀
世音菩薩言仁者愍我等故受此瓔珞爾時
佛告觀世音菩薩當愍此无盡意菩薩及四
眾天龍夜叉乾闥婆阿脩羅迦樓羅緊那羅
摩睺羅伽人非人等故受是瓔珞即時觀世音
菩薩愍諸四眾及於天龍人非人等受其瓔
珞分作二分一分奉釋迦牟尼佛一分奉多寶
佛塔无盡意觀世音菩薩有如是自在神力
遊於娑婆世界爾時无盡意菩薩以偈問曰
世尊妙相具　我今重問彼　佛子何因緣　名為觀世音
具足妙相尊　偈答无盡意　汝聽觀音行　善應諸方所
弘誓深如海　歷劫不思議　侍多千億佛　發大清淨願
我為汝略說　聞名及見身　心念不空過　能滅諸有苦
假使興害意　推落大火坑　念彼觀音力　火坑變成池
或漂流巨海　龍魚諸鬼難　念彼觀音力　波浪不能沒
或在須彌峰　為人所推墮　念彼觀音力　如日虛空住
或被惡人逐　墮落金剛山　念彼觀音力　不能損一毛
或值怨賊繞　各執刀加害　念彼觀音力　咸即起慈心
或遭王難苦　臨刑欲壽終　念彼觀音力　刀尋段段壞

BD07089 號　妙法蓮華經卷七　（6–4）

或漂流巨海　龍魚諸鬼難　念彼觀音力　波浪不能沒
或在須彌峰　為人所推墮　念彼觀音力　如日虛空住
或被惡人逐　墮落金剛山　念彼觀音力　不能損一毛
或值怨賊繞　各執刀加害　念彼觀音力　咸即起慈心
或遭王難苦　臨刑欲壽終　念彼觀音力　刀尋段段壞
或囚禁枷鎖　手足被杻械　念彼觀音力　釋然得解脫
呪詛諸毒藥　所欲害身者　念彼觀音力　還著於本人
或遇惡羅剎　毒龍諸鬼等　念彼觀音力　時悉不敢害
若惡獸圍繞　利牙爪可怖　念彼觀音力　疾走无邊方
蚖虵及蝮蠍　氣毒煙火然　念彼觀音力　尋聲自迴去
雲雷鼓掣電　降雹澍大雨　念彼觀音力　應時得消散
眾生被困厄　无量苦逼身　觀音妙智力　能救世間苦
具足神通力　廣修智方便　十方諸國土　无剎不現身
種種諸惡趣　地獄鬼畜生　生老病死苦　以漸悉令滅
真觀清淨觀　廣大智慧觀　悲觀及慈觀　常願常瞻仰
无垢清淨光　慧日破諸闇　能伏災風火　普明照世間
悲體戒雷震　慈意妙大雲　澍甘露法雨　滅除煩惱焰
諍訟經官處　怖畏軍陣中　念彼觀音力　眾怨悉退散
妙音觀世音　梵音海潮音　勝彼世間音　是故須常念
念念勿生疑　觀世音淨聖　於苦惱死厄　能為作依怙
具一切功德　慈眼視眾生　福聚海无量　是故應頂禮
尒時持地菩薩即從座起前白佛言世尊若
有眾生聞是觀世音菩薩品自在之業普門
示現神通力者當知是人功德不少佛說是

BD07089 號　妙法蓮華經卷七　（6–5）

眾生被困厄　无量苦逼身　觀音妙智力　能救世間苦
具足神通力　廣修智方便　十方諸國土　无剎不現身
種種諸惡趣　地獄鬼畜生　生老病死苦　以漸悉令滅
真觀清淨觀　廣大智慧觀　悲觀及慈觀　常願常瞻仰
无垢清淨光　慧日破諸闇　能伏災風火　普明照世間
悲體戒雷震　慈意妙大雲　澍甘露法雨　滅除煩惱焰
諍訟經官處　怖畏軍陣中　念彼觀音力　眾怨悉退散
妙音觀世音　梵音海潮音　勝彼世間音　是故須常念
念念勿生疑　觀世音淨聖　於苦惱死厄　能為作依怙
具一切功德　慈眼視眾生　福聚海无量　是故應頂禮
尒時持地菩薩即從座起前白佛言世尊若
有眾生聞是觀世音菩薩品自在之業普門
示現神通力者當知是人功德不少佛說是
普門品時眾中八万四千眾生皆發无等等
阿耨多羅三藐三菩提心

BD07089 號　妙法蓮華經卷七　（6–6）

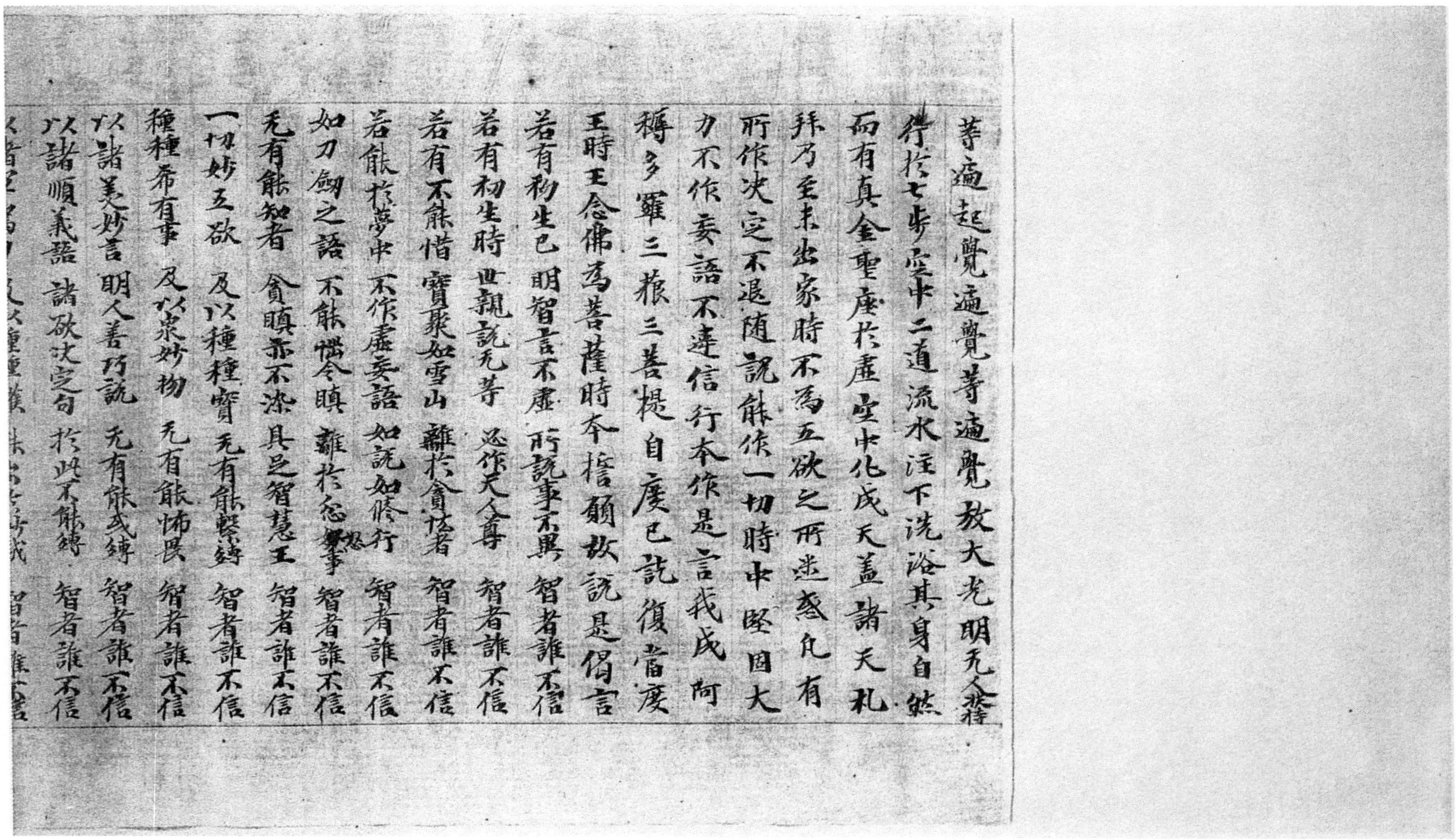

等遍起覺遍覺等遍覺放大光明无人等
行於七步空中二道流水注下洗浴其身自然
而有真金聖座於虛空中化成天蓋諸天礼
拜乃至未出家時不為五欲之所迷惑凡有
所作决定不退隨說能依一切時中堅固大
力不作妄語不違信行本作是言我成阿
耨多羅三藐三菩提自度已說復當度
王時王念佛為菩薩時本誓願故說是偈言
若有初生已　明智言不虛　所說事不異　智者誰不信
若有初生時　世親說无等　為作天人尊　智者誰不信
若有不能惜　寶聚如雪山　離於貪欲者　智者誰不信
若能於夢中　不作虛妄語　如說如修行　智者誰不信
如刀劍之語　不能惱令瞋　離於忿怒事　智者誰不信
无有能知者　貪瞋癡不染　具足智慧王　智者誰不信
一切妙五欲　及以種種寶　无有能繫縛　智者誰不信
種種希有事　及以衆妙物　无有能怖畏　智者誰不信
以諸美妙言　明人善巧說　无有能成縛　智者誰不信
以諸順義語　諸欲文字句　於此不能縛　智者誰不信

BD07090 號 A　大寶積經（兌廢稿）卷六一　（3–1）

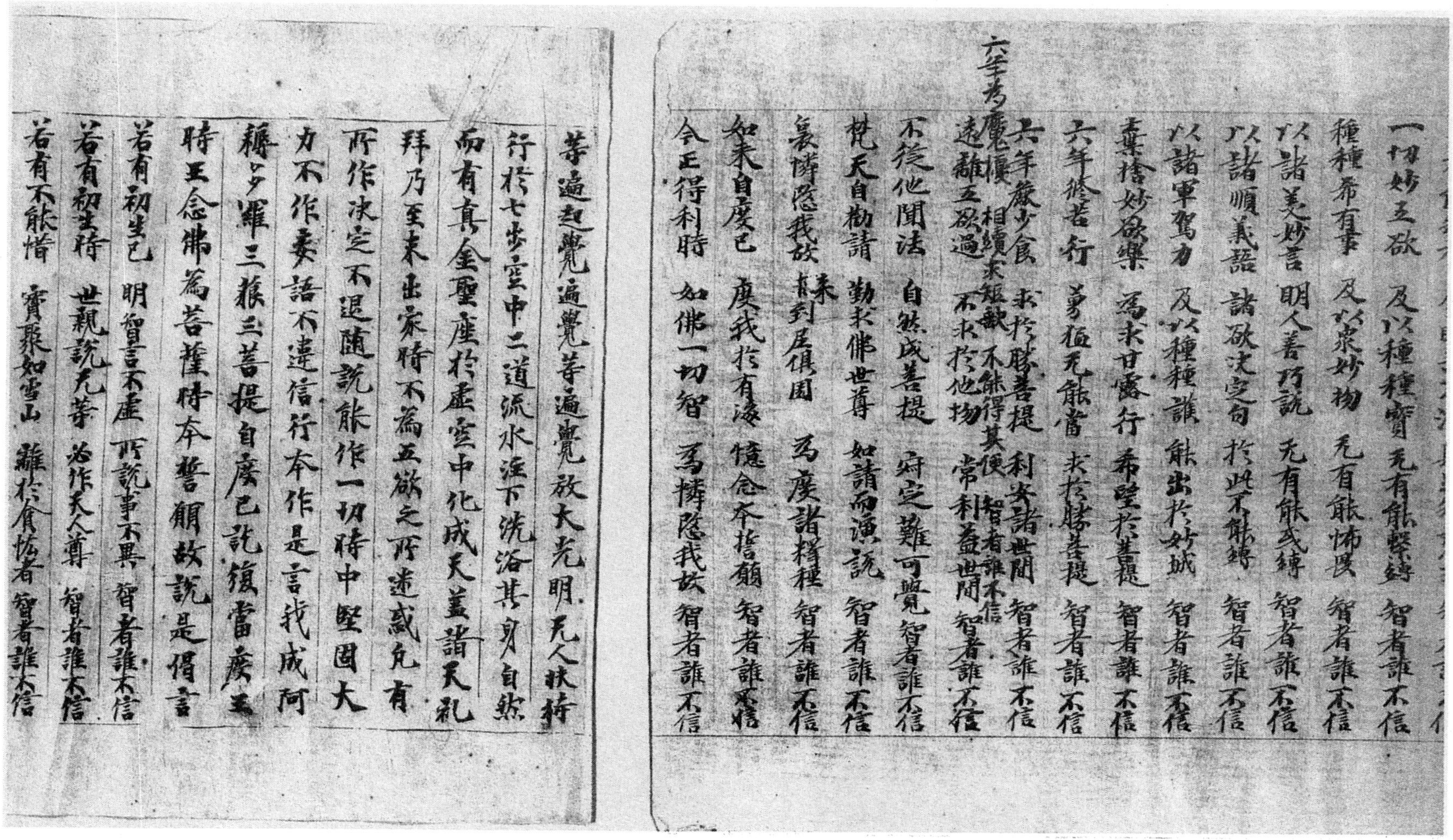

一切妙五欲　及以種種寶　无有能繫縛　智者誰不信
種種希有事　及以衆妙物　无有能怖畏　智者誰不信
以諸美妙言　明人善巧說　无有能惑縛　智者誰不信
以諸順義語　諸欲決定句　於此不能縛　智者誰不信
以諸軍衆力　及以種種讒　能出於妙城　智者誰不信
棄捨妙欲樂　為求甘露行　希望於菩提　智者誰不信
六年修苦行　勇猛无能當　求於勝菩提　智者誰不信
六年飯少食　求於勝菩提　利益諸世間　智者誰不信
（六年為魔擾　相續求短缺　不能得其便　智者誰不信）
遠離五欲過　不求於他物　常利益世間　智者誰不信
不從他聞法　自然成菩提　甚深難可覺　智者誰不信
梵天自勸請　勤求佛世尊　如請而演說　智者誰不信
哀愍憐我故　來到居俱園　為度諸精種　智者誰不信
如來自度已　度我於有海　憶念本誓願　智者誰不信
令正得利時　如佛一切智　為憐愍我故　智者誰不信

等遍起覺遍覺等遍覺放大光明天人扶持
行於七步虛空中二道流水從下洗浴其身自然
而有真金聖座於虛空中化成天蓋諸天亂
拜乃至未出家時不為五欲之所迷惑无有
所作決定不退隨說能作一切時中堅固大
力不作妄語不違信行本作是言我成阿
耨多羅三藐三菩提自度已說復當度王
時王念佛為菩薩時本誓願故說是偈言
若有初生已　明智言不虛　所說事不異　智者誰不信
若有初生時　世親說无等　為作天人尊　智者誰不信
若有不能惛　實聚如雪山　離於貪惱者　智者誰不信

BD07090號A　大寶積經（兌廢稿）卷六一　（3–2）
BD07090號B　大寶積經（兌廢稿）卷六一

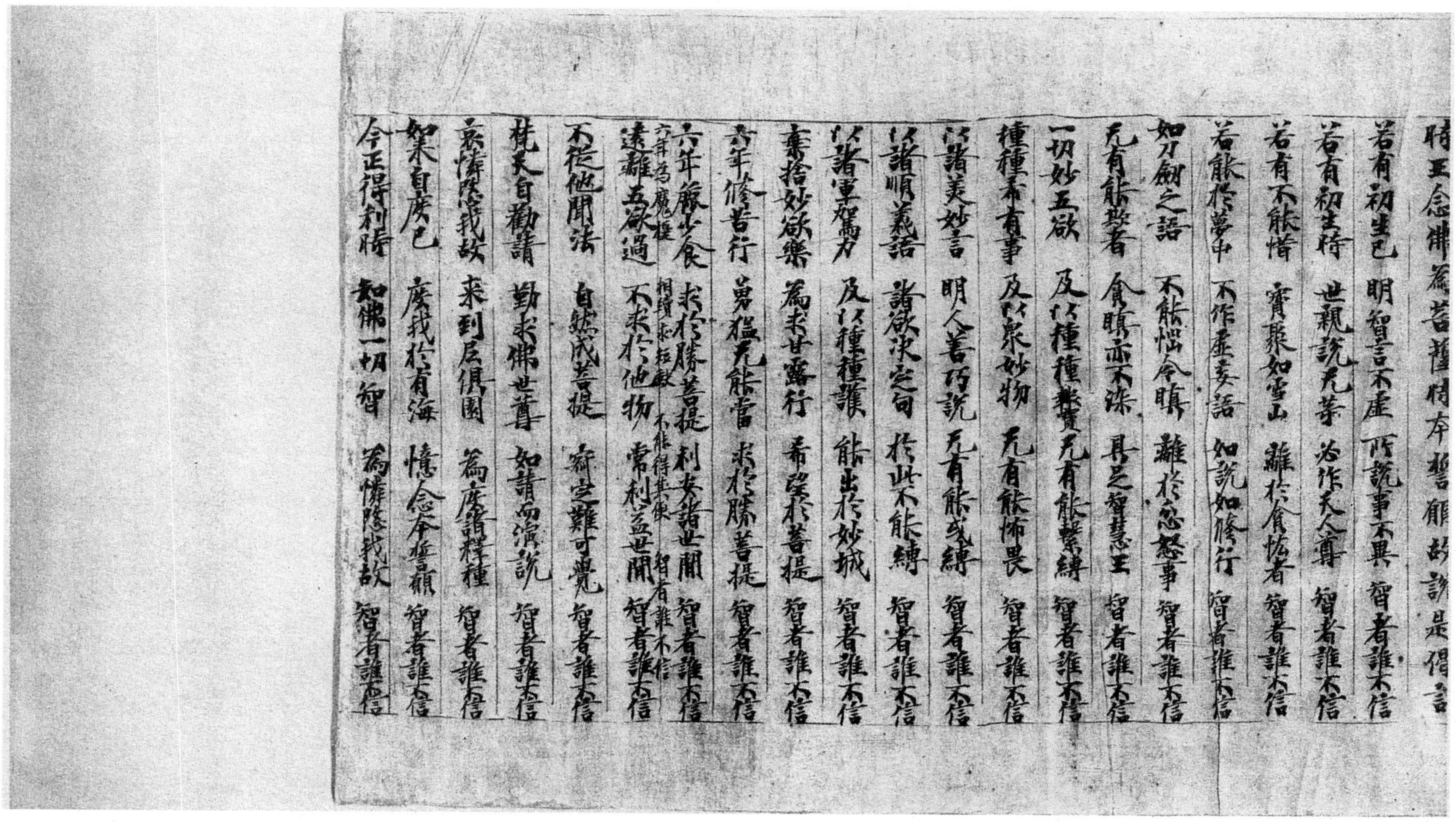

時王念佛為菩薩時本誓願故說是偈言
若有初生已　明智言不虛　所說事不異　智者誰不信
若有初生時　世親說无等　為作天人尊　智者誰不信
若有不能惛　實聚如雪山　離於貪惱者　智者誰不信
若能於夢中　不作虛妄語　如說如脩行　智者誰不信
如刀劍之語　不能惱令瞋　離於忿怒事　智者誰不信
无有能染者　貪瞋亦不染　具足智慧王　智者誰不信
一切妙五欲　及以種種寶　无有能繫縛　智者誰不信
種種希有事　及以衆妙物　无有能怖畏　智者誰不信
以諸美妙言　明人善巧說　无有能惑縛　智者誰不信
以諸順義語　諸欲決定句　於此不能縛　智者誰不信
以諸軍衆力　及以種種讒　能出於妙城　智者誰不信
棄捨妙欲樂　為求甘露行　希望於菩提　智者誰不信
六年修苦行　勇猛无能當　求於勝菩提　智者誰不信
六年飯少食　求於勝菩提　利益諸世間　智者誰不信
（六年為魔擾　相續求短缺　不能得其便　智者誰不信）
遠離五欲過　不求於他物　常利益世間　智者誰不信
不從他聞法　自然成菩提　甚深難可覺　智者誰不信
梵天自勸請　勤求佛世尊　如請而演說　智者誰不信
哀愍憐我故　來到居俱園　為度諸精種　智者誰不信
如來自度已　度我於有海　憶念本誓願　智者誰不信
令正得利時　如佛一切智　為憐愍我故　智者誰不信

BD07090號B　大寶積經（兌廢稿）卷六一　（3–3）

已信解堪任發阿耨多羅三藐三菩提心我
等為父已作佛事願母見聽於彼佛所出家
脩道 尒時二子欲重其意以偈白母
願母放我等 出家作沙門 諸佛甚難值 我等隨佛學
如優曇波羅 值佛復難是 脫諸難亦難 願聽我出家
母即告言聽汝出家所以者何佛難值故於
是二子白父母言善哉父母願時往詣雲雷
音宿王華智佛所親近供養所以者何佛難
得值如優曇波羅華又如一眼之龜值浮木
孔而我等宿福深厚生值佛法是故父母當
聽我等令得出家所以者何佛難值時亦
難遇彼時妙莊嚴王後宮八万四千人皆悉
堪任受持是法華經淨眼菩薩於法華三昧
久已通達淨藏菩薩已於无量百千万億劫
通達離諸惡趣三昧欲令一切衆生離諸惡

BD07091 號　妙法蓮華經卷七　（3–1）

聽我等令得出家所以者何佛難值時亦
難遇彼時妙莊嚴王後宮八万四千人皆悉
堪任受持是法華經淨眼菩薩於法華三昧
久已通達淨藏菩薩已於无量百千万億劫
通達離諸惡趣三昧欲令一切衆生離諸惡
趣故其王夫人得諸佛習三昧能知諸佛秘
密之藏二子如是以方便力善化其父令心信
解好樂佛法於是妙莊嚴王與群臣眷屬
俱淨德夫人與後宮婇女眷屬俱其王二子
與四万二千人俱一時共詣佛所到已頭面禮
足遶佛三匝却住一面尒時彼佛為王說
法示教利喜王大歡悅尒時妙莊嚴王及其
夫人解頸真珠瓔珞價直百千以散佛上於
虛空中化成四柱寶臺中有大寶床敷百
千万天衣其有佛結加趺坐放大光明尒
時妙莊嚴王作是念佛身希有端嚴殊特成
就第一微妙之色時雲雷音宿王華佛告
四衆言汝等見是妙莊嚴王於我前合掌立
不此王於我法中作比丘精勤脩習助佛道
法當得作佛号娑羅樹王國名大光劫名大
高王其娑羅樹王佛有无量菩薩衆及无
量聲聞其國平正功德如是其王即時以國付
弟與夫人二子并諸眷屬於佛法中出家脩
道王出家已於八万四千歲常勤精進脩行
妙法華經過是已後得一切淨功德莊嚴三
昧即昇虛空高七多羅樹而白佛言世尊
此我二子已作佛事以神通變化轉我邪心
令得安住於佛法中得見世尊此二子者是

BD07091 號　妙法蓮華經卷七　（3–2）

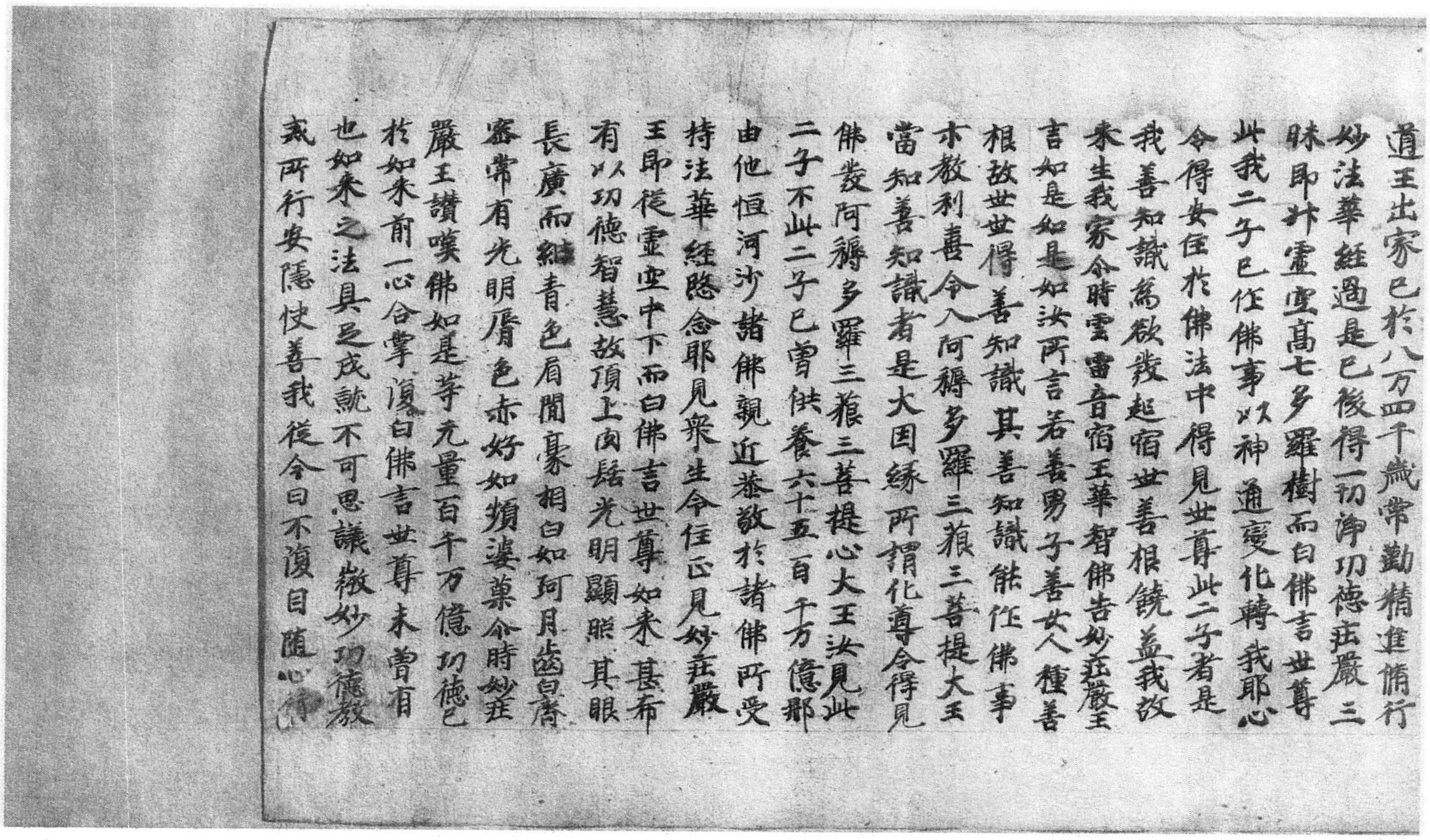
道王出家已於八万四千歲常勤精進脩行
妙法華經過是已後得一切淨功德莊嚴三
昧即升虛空高七多羅樹而白佛言世尊
此我二子已作佛事以神通變化轉我邪心
令得安住於佛法中得見世尊此二子者是
我善知識為欲發起宿世善根饒益我故
來生我家尒時雲雷音宿王華智佛告妙莊嚴王
言如是如是如汝所言若善男子善女人種善
根故世世得善知識其善知識能作佛事
示教利喜令入阿耨多羅三藐三菩提大王
當知善知識者是大因緣所謂化導令得見
佛發阿耨多羅三藐三菩提心大王汝見此
二子不此二子已曾供養六十五百千万億那
由他恒河沙諸佛親近恭敬於諸佛所受
持法華經愍念邪見衆生令住正見妙莊嚴
王即從虛空中下而白佛言世尊如來甚希
有以功德智慧故頂上肉髻光明顯照其眼
長廣而紺青色眉間毫相白如珂月齒白齊
密常有光明脣色赤好如頻婆菓尒時妙莊
嚴王讚歎佛如是等无量百千万億功德已
於如來前一心合掌復白佛言世尊未曾有
也如來之法具足成就不可思議微妙功德教
戒所行安隱快善我從今日不復自隨心行

BD07091 號　妙法蓮華經卷七

(3–3)

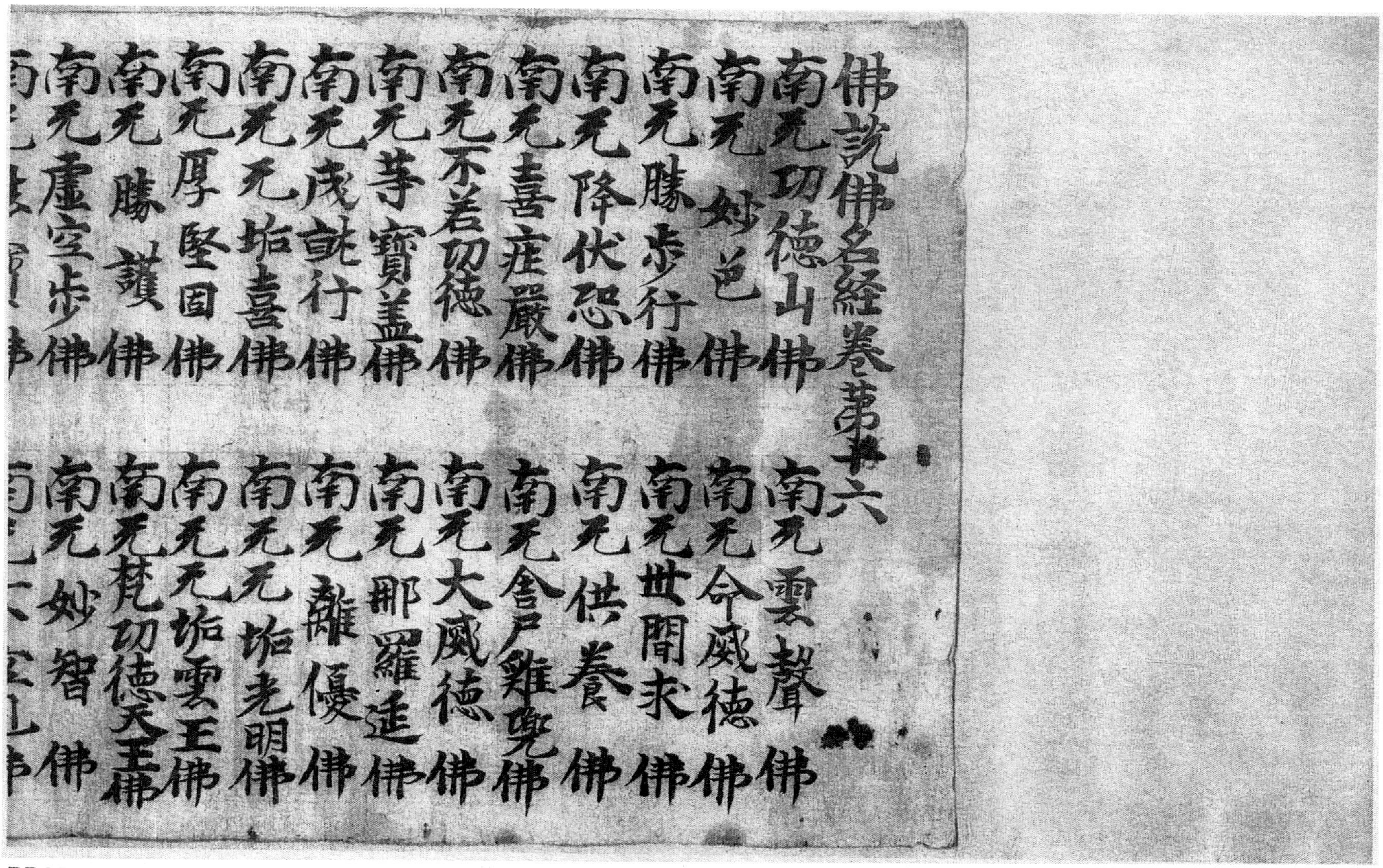
佛說佛名經卷第十六
南无功德山佛　南无雲聲佛
南无妙色佛　南无命威德佛
南无勝步行佛　南无世間求佛
南无降伏恐佛　南无供養佛
南无喜莊嚴佛　南无舍尸難兜佛
南无不著功德佛　南无大威德佛
南无等寶蓋佛　南无那羅延佛
南无成就行佛　南无離優佛
南无无垢喜佛　南无无垢光明佛
南无厚堅固佛　南无无垢雲王佛
南无勝護佛　南无梵功德天王佛
南无虛空步佛　南无妙智佛

BD07092 號　佛名經鈔(擬)

(2–1)

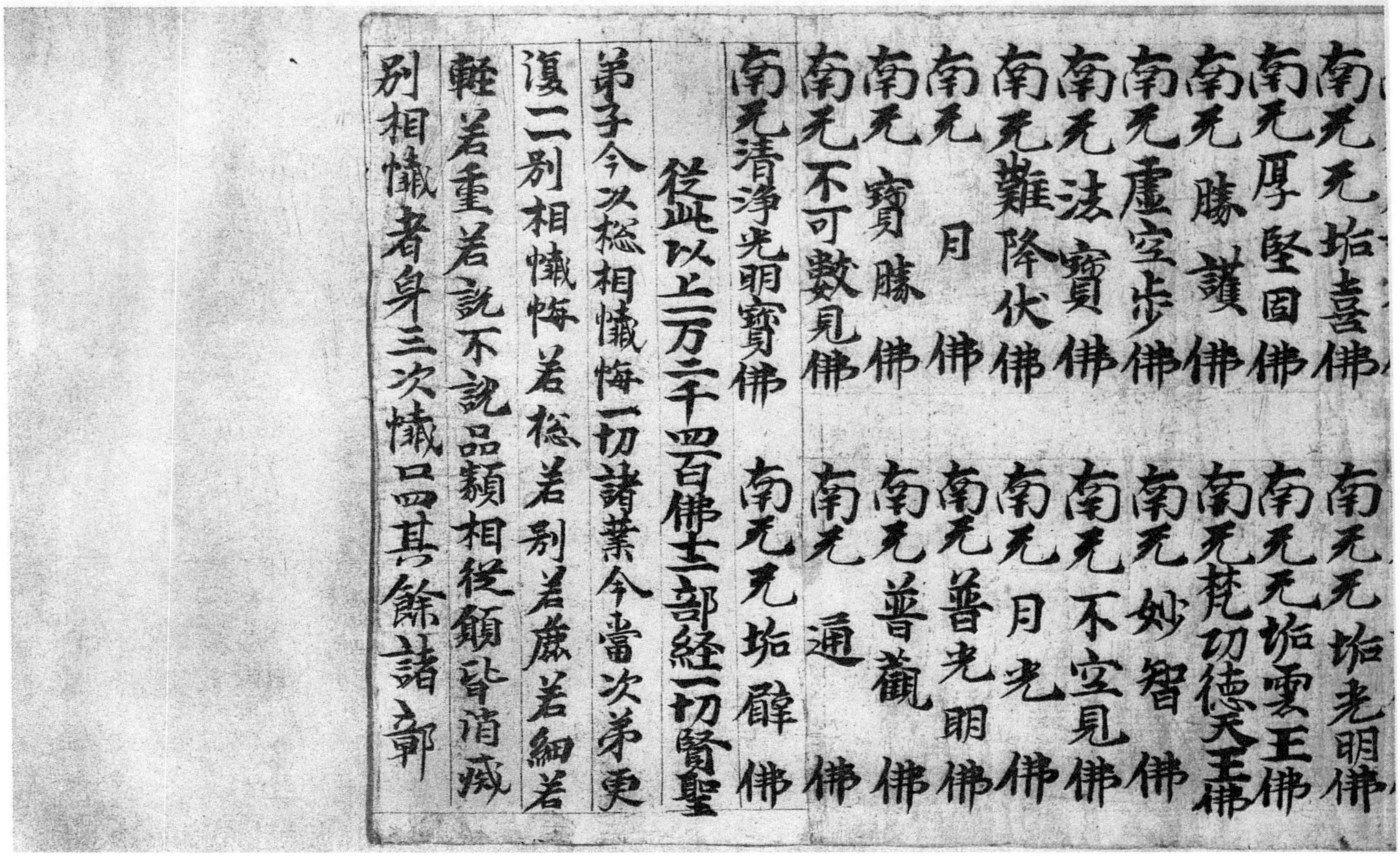

南无无垢喜佛　南无无垢光明佛
南无厚堅固佛　南无无垢雲王佛
南无勝護佛　南无梵切德天王佛
南无盧空步佛　南无妙智佛
南无法寶佛　南无不空見佛
南无難降伏佛　南无月光佛
南无月佛　南无普光明佛
南无寶勝佛　南无普觀佛
南无不可數見佛　南无通佛
南无清淨光明寶佛　南无无垢辟佛
從此以上二万二千四百佛十二部經一切賢聖
弟子今以惣相懺悔一切諸業今當次弟更
復二別相懺悔若惣若別若麁若細若
輕若重若說不說品類相從領皆消滅
別相懺者身三次懴口四其餘諸鄣

BD07092 號　佛名經鈔（擬）　　（2–2）

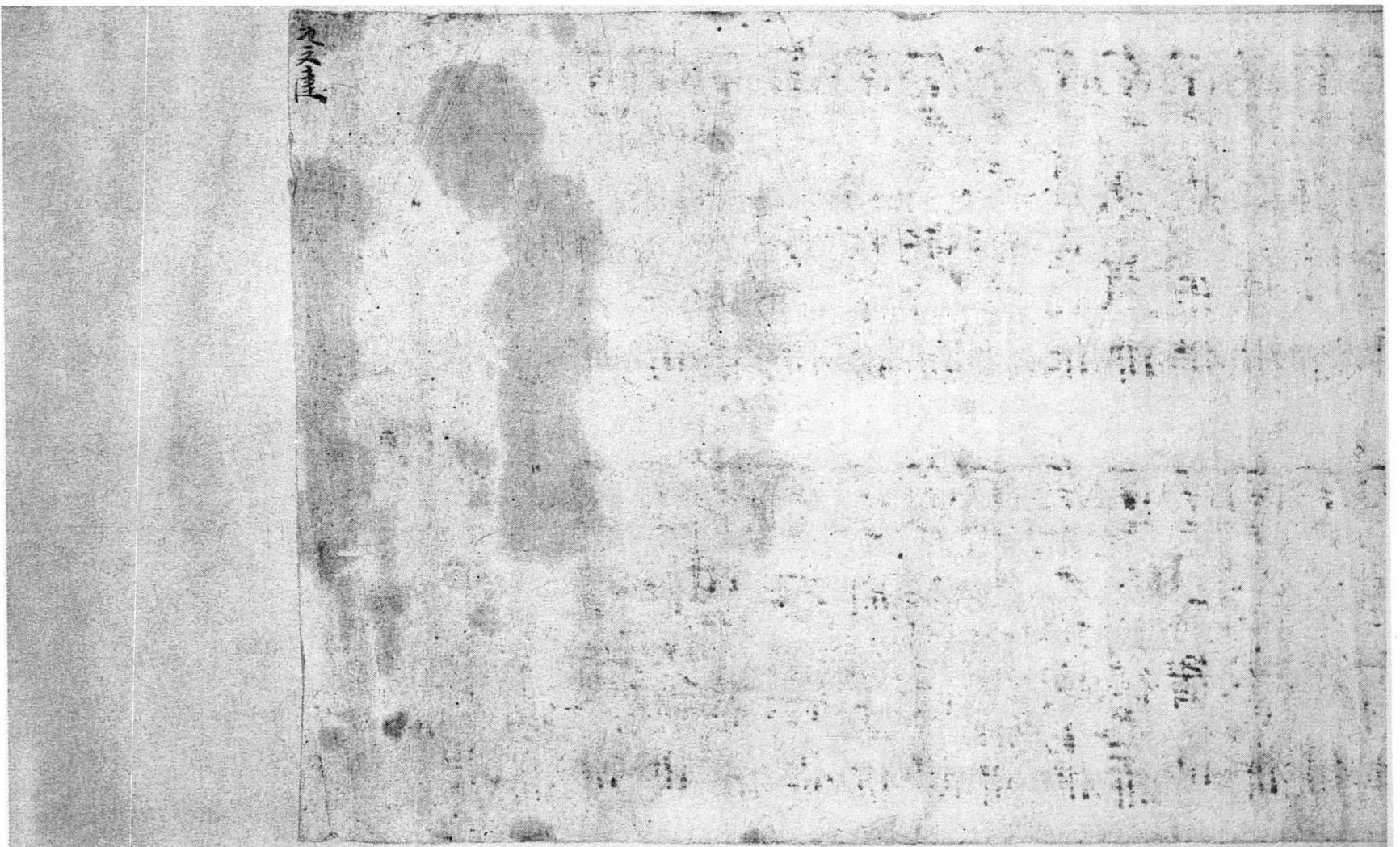

BD07092 號背　題名　　（1–1）

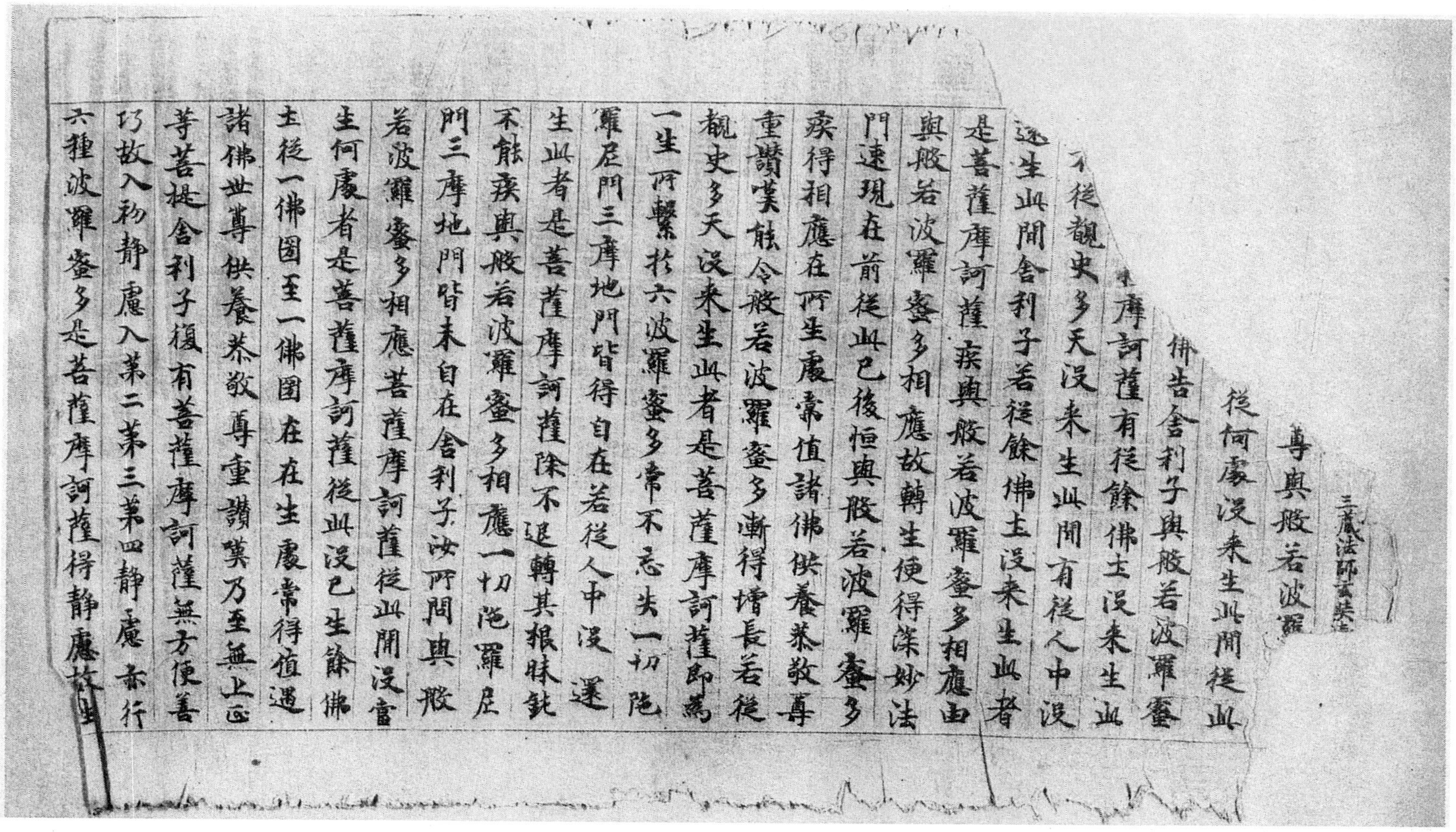
三藏法師玄奘
尊與般若波羅
從何處沒來生此間從此
佛告舍利子與般若波羅蜜
摩訶薩有從餘佛土沒來生此
不從覩史多天沒來生此間有從人中沒
還生此間舍利子若從餘佛土沒來生此者
是菩薩摩訶薩疾與般若波羅蜜多相應由
與般若波羅蜜多相應故轉生便得深妙法
門速現在前從此已後恒與般若波羅蜜多
疾得相應在所生處常值諸佛供養恭敬尊
重讚歎能令般若波羅蜜多漸得增長若從
覩史多天沒來生此者是菩薩摩訶薩即爲
一生所繫於六波羅蜜多常不忘失一切陀
羅尼門三摩地門皆得自在若從人中沒還
生此者是菩薩摩訶薩除不退轉其根昧鈍
不能疾與般若波羅蜜多相應一切陀羅尼
門三摩地門皆未自在舍利子汝所問與般
若波羅蜜多相應菩薩摩訶薩從此間沒當
生何處者是菩薩摩訶薩從此沒已生餘佛
土從一佛國至一佛國在在生處常得值遇
諸佛世尊供養恭敬尊重讚歎乃至無上正
等菩提舍利子復有菩薩摩訶薩無方便善
巧故入初靜慮入第二第三第四靜慮亦行
六種波羅蜜多是菩薩摩訶薩得靜慮故生

BD07093 號　大般若波羅蜜多經卷四〇四　　(1–1)

BD07093 號背　勘記　　(1–1)

說是為宣說真正靜
復次憍尸迦若善男子若女人等為發無上
菩提心者宣說靜慮波羅蜜多作如是言汝
善男子應脩靜慮波羅蜜多不應觀預流
向預流果若常若無常不應觀一來向一來果
不還向不還果阿羅漢向阿羅漢果若常若
無常何以故預流向預流果預流向預流果
自性空一來向一來果不還向不還果阿羅
漢向阿羅漢果一來向乃至阿羅漢果自性
空是預流向預流果自性即非自性是一來向
乃至阿羅漢果自性亦非自性若非自性
即是靜慮波羅蜜多於此靜慮波羅蜜多
預流向預流果不可得彼常無常亦不可得一
來向乃至阿羅漢果皆不可得彼常無常亦
不可得所以者何此中尚無預流向等可得
何況有彼常與無常汝若能脩如是靜慮
是脩靜慮波羅蜜多不應觀預流向預流果若
樂若苦不應觀一來向一來果不還向不還果
阿羅漢向阿羅漢果若樂若苦何以故預流
向預流果預流向預流果自性空一來向一
來果不還向不還果阿羅漢向阿羅漢果一

BD07094號　大般若波羅蜜多經卷一五二　（2–1）

向預流果預流向預流果自性空一來向一
來果不還向不還果阿羅漢向阿羅漢果一
來向乃至阿羅漢果自性空是預流向預流
果自性即非自性是一來向乃至阿羅漢果
自性亦非自性若非自性即是靜慮波羅蜜
多於此靜慮波羅蜜多預流向預流果不可
得彼樂與苦亦不可得一來向乃至阿羅漢
果皆不可得彼樂與苦亦不可得所以者何
此中尚无預流向等可得何況有彼樂之與
苦汝若能脩如是靜慮是脩靜慮波羅蜜
多復作是言汝善男子應脩靜慮波羅蜜多
善男子應脩靜慮波羅蜜多不應觀預流向
預流果若常若无常不應觀一來向一來果
不還向不還果阿羅漢向阿羅漢果若常若
无常何以故預流向預流果預流向預流果
自性空一來向一來果不還向不還果阿羅
漢向阿羅漢果一來向乃至阿羅漢果自性
空是預流向預流果自性即非自性是一來
向乃至阿羅漢果自性亦非自性若非自性
即是靜慮波羅蜜多於此靜慮波羅蜜多預
流向預流果不可得彼常无常亦不可得一
來向乃至阿羅漢果皆不可得彼常无常亦
不可得所以者何此中
何況有彼
脩

BD07094號　大般若波羅蜜多經卷一五二　（2–2）

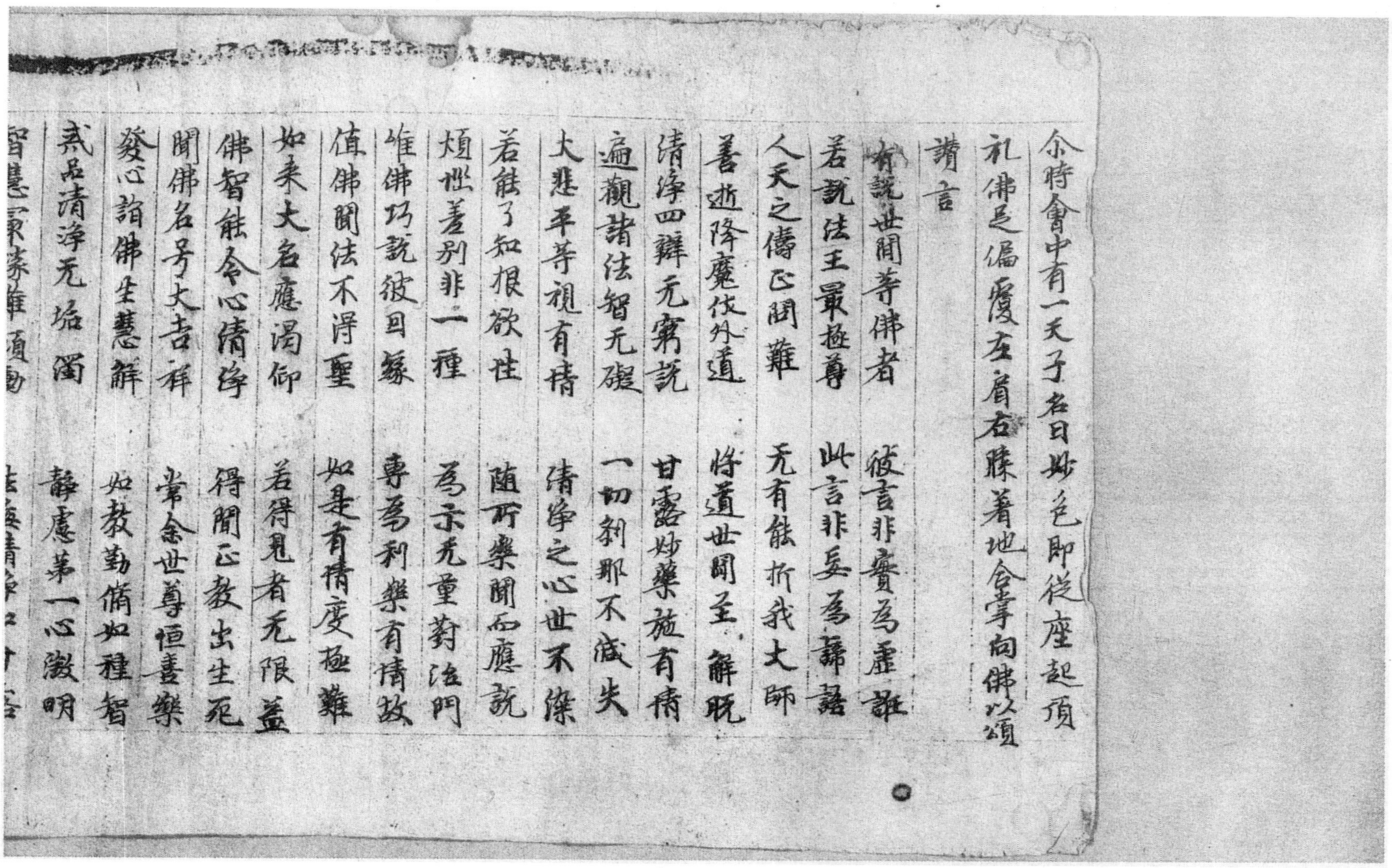
尒時會中有一天子名曰妙色即從座起頂
礼佛足偏覆左肩右膝着地合掌向佛以頌
讃言
有說世間等佛者　彼言非實為虛誑
若說法王最極尊　此言非妄為誠語
人天之儔正聞難　无有能折我大師
善逝降魔伏外道　將導世間至解脫
清淨四辯无窮說　甘露妙藥施有情
遍觀諸法智无礙　一切剎那不滅失
大悲平等視有情　清淨之心世不染
若能了知根欲性　隨所樂聞而應說
煩惱差別非一種　為示无量對治門
唯佛巧說彼因緣　專為利樂有情故
值佛聞法不得聖　如是有情度極難
如來大名應渴仰　若得見者无限益
佛智能令心清淨　得聞正教出生死
聞佛名号大吉祥　常念世尊恒喜樂
發心詣佛生慧解　如教勤脩如種智
戒品清淨无垢濁　靜慮第一心澂明
智慧冣勝難傾動　法海清淨如甘露

BD07095號　大般若波羅蜜多經（兑廢稿）卷五七三　（2–1）

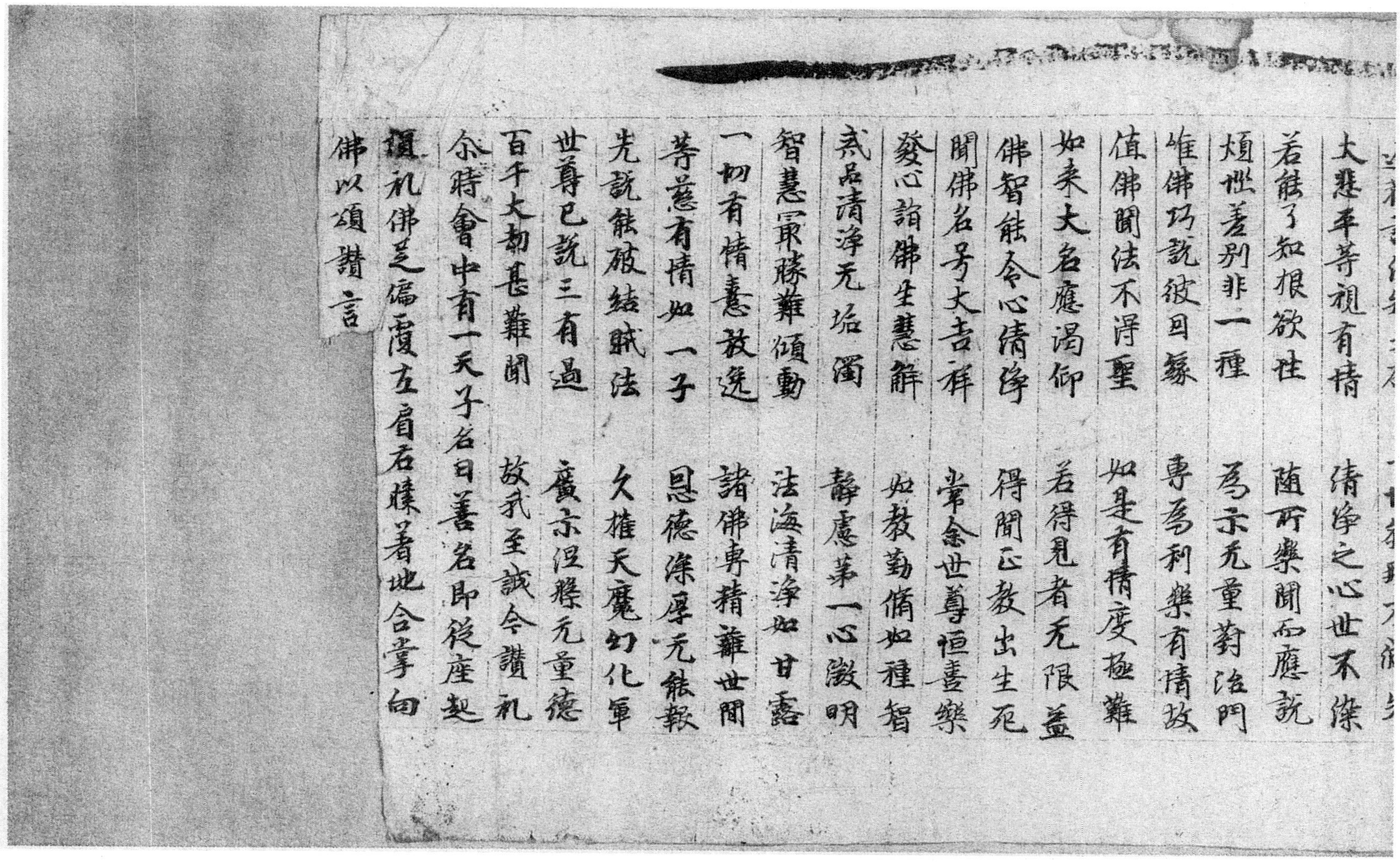
大悲平等視有情　清淨之心世不染
若能了知根欲性　隨所樂聞而應說
煩惱差別非一種　為示无量對治門
唯佛巧說彼因緣　專為利樂有情故
值佛聞法不得聖　如是有情度極難
如來大名應渴仰　若得見者无限益
佛智能令心清淨　得聞正教出生死
聞佛名号大吉祥　常念世尊恒喜樂
發心詣佛生慧解　如教勤脩如種智
戒品清淨无垢濁　靜慮第一心澂明
智慧冣勝難傾動　法海清淨如甘露
一切有情憙欲逸　諸佛專精離世間
等慈有情如一子　恩德深厚无能報
光說能破結賊法　久摧天魔幻化軍
世尊已說三有過　廣示涅槃无量德
百千大劫甚難聞　故我至誠今讚礼
尒時會中有一天子名曰善名即從座起
頂礼佛足偏覆左肩右膝着地合掌向
佛以頌讃言

BD07095號　大般若波羅蜜多經（兑廢稿）卷五七三　（2–2）

世衆聖賢尒如也至於弥勒尒如也若弥勒
得受記者一切衆生尒應受記所以者何夫
如者不二不異若弥勒得阿耨多羅三藐
三菩提者一切衆生皆尒應得所以者何一
切衆生即菩提相若弥勒得滅度者一切衆生
尒當滅度所以者何諸佛知一切衆生畢竟
寂滅即涅槃相不復更滅是故弥勒无以此
法誘諸天子實无發阿耨多羅三藐三菩
提心者尒无退者弥勒當令此諸天子捨於
分別菩提之見所以者何菩提者不可以身
得不可以心得寂滅是菩提滅諸相故不觀
是菩提離諸緣故不行是菩提无憶念故斷
是菩提捨諸見故離是菩提離諸妄相故
障是菩提鄣諸願故不入是菩提无貪著故
順是菩提順於如故住是菩提住法性故至是
菩提至實際故不二是菩提離意法故等是
菩提等虛空故无為是菩提无生住滅故智
是菩提了衆生心行故不會是菩提諸入不

BD07096號　維摩詰所說經卷上　（2–1）

寂滅即涅槃相不復更滅是故弥勒无以此
法誘諸天子實无發阿耨多羅三藐三菩
提心者尒无退者弥勒當令此諸天子捨於
分別菩提之見所以者何菩提者不可以身
得不可以心得寂滅是菩提滅諸相故不觀
是菩提離諸緣故不行是菩提无憶念故斷
是菩提捨諸見故離是菩提離諸妄相故
障是菩提鄣諸願故不入是菩提无貪著故
順是菩提順於如故住是菩提住法性故至是
菩提至實際故不二是菩提離意法故等是
菩提等虛空故无為是菩提无生住滅故智
是菩提了衆生心行故不會是菩提諸入不
會故不合是菩提離煩惱習故无處是菩提
无形色故假名是菩提名字空故如化是菩
提无取捨故无亂是菩提常自靜故善寂是
菩提性清淨故无取是菩提離攀緣故无異是
菩提諸法等故无比是菩提无可喻故微妙
菩提諸法難知故世尊維摩詰說是法時
子得无生法忍故我不任詣彼問疾

BD07096號　維摩詰所說經卷上　（2–2）

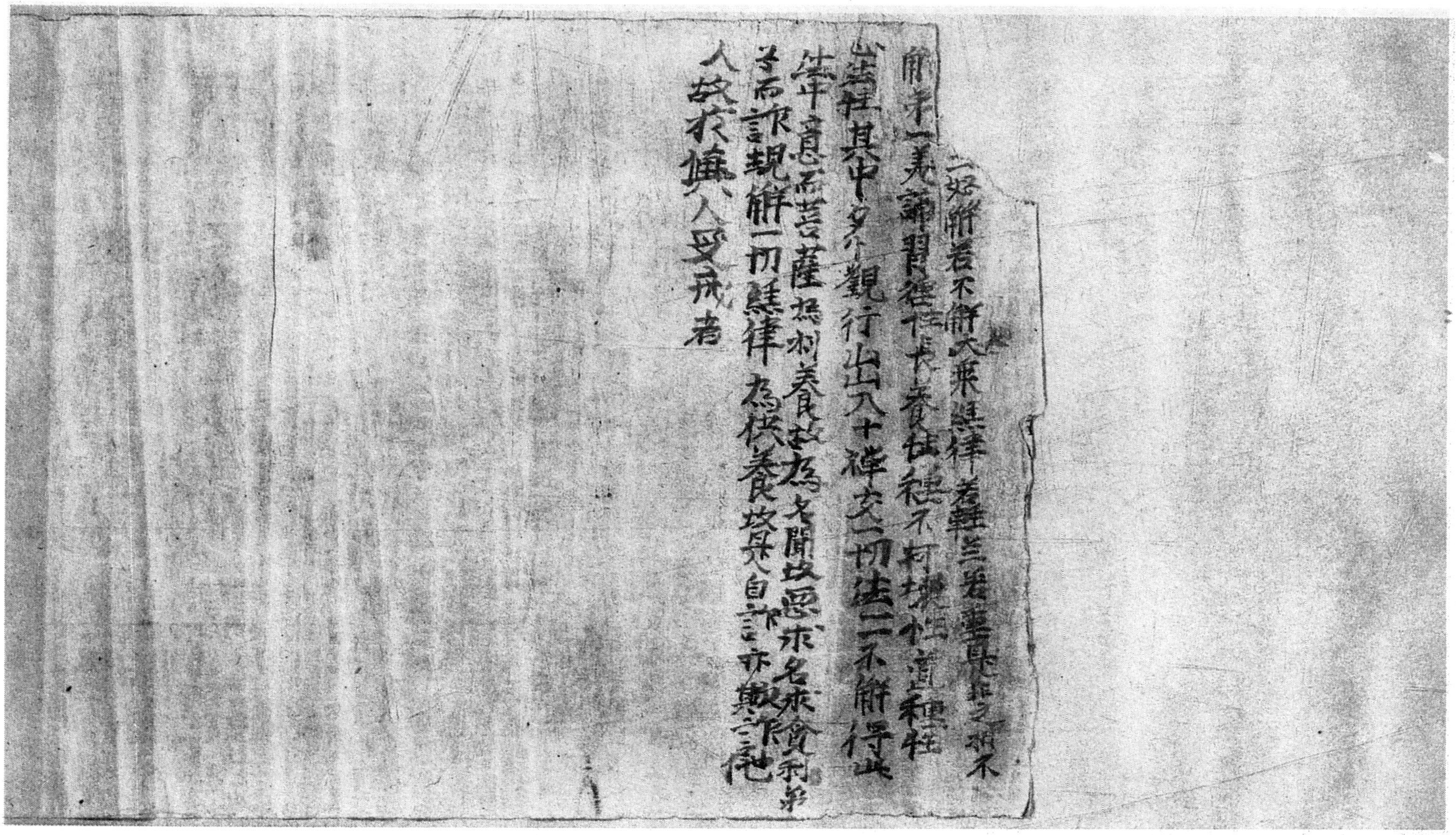
二好解若不解大乘經律若輕若重是非之相不
解第一義諦習種性長養性性種不可壞性道種性
正法性其中多少觀行出入十禪支一切法一一不解得此
法中意而菩薩為利養故為名聞故惡求多求貪利弟
子而詐現解一切經律為供養故是自欺詐亦欺詐他
人故與人受戒者

BD07096 號背　雜寫

(1–1)

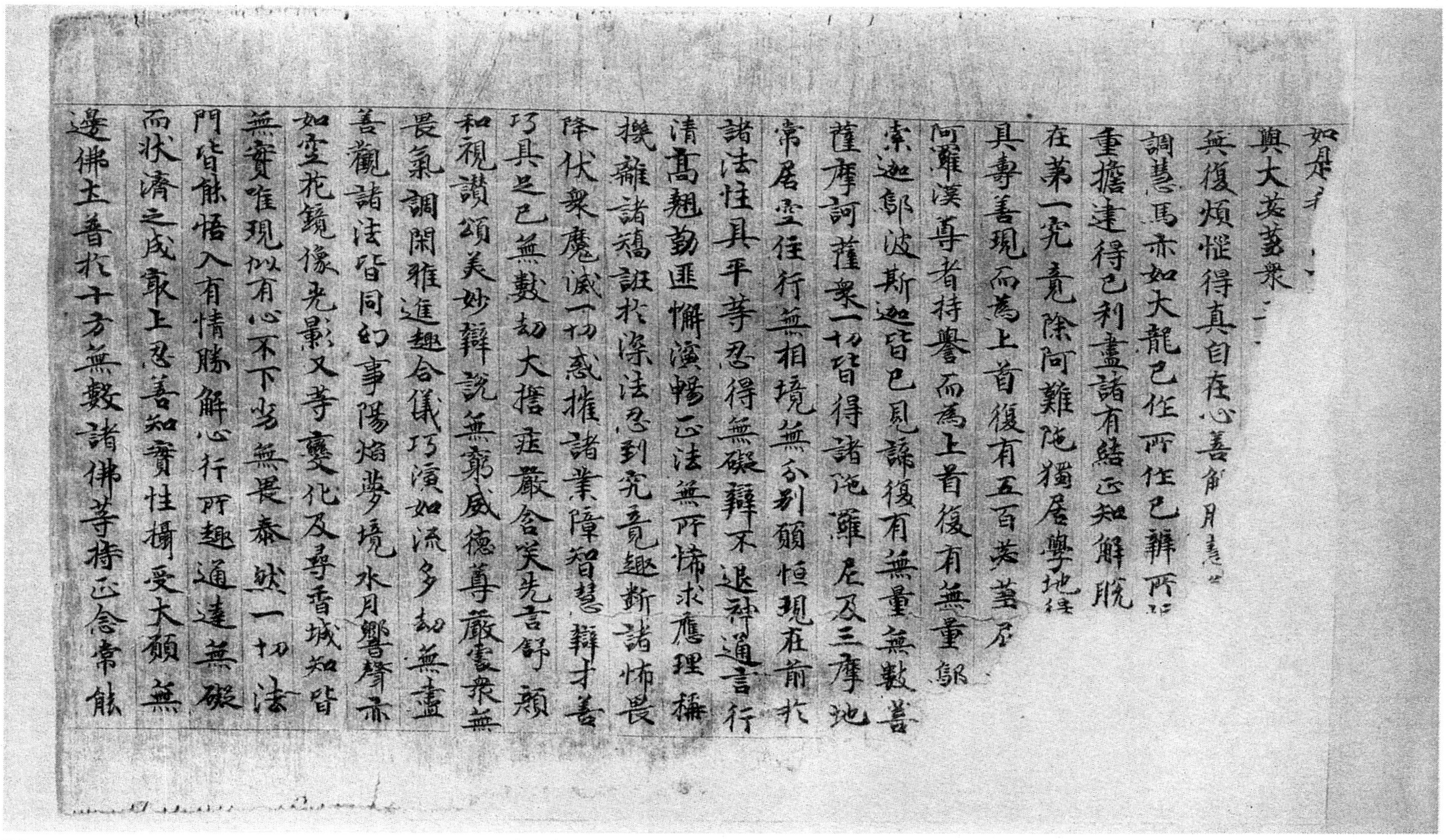
如是我……
與大苾芻衆……
無復煩惱得真自在心善解脫慧善……
調慧馬亦如大龍已作所作已辦所作……
重擔逮得己利盡諸有結正知解脫
在第一究竟除阿難陁獨居學地得
具壽善現而為上首復有五百苾芻尼
阿羅漢尊者持譽而為上首復有無量鄔
索迦鄔波斯迦皆已見諦復有無量無數菩
薩摩訶薩衆一切皆得諸陁羅尼及三摩地
常居空住行無相境無分別願恒現在前於
諸法性具平等忍得無礙辯不退神通言行
清高翹勤匪懈演暢正法無所悕求應理稱
機離諸矯誑於深法忍到究竟趣斷諸怖畏
降伏衆魔滅一切惑摧諸業障智慧辯才善
巧具足已無數劫大誓莊嚴含笑先言舒顏
和視讚頌美妙辯說無窮威德尊嚴處衆無
畏氣調閑雅進趣合儀巧演如流多劫無盡
善觀諸法皆同幻事陽焰夢境水月響聲亦
如空花鏡像光影又等變化及尋香城知皆
無實唯現似有心不下劣無畏泰然一切法
門皆能悟入有情勝解心行所趣通達無礙
而狀濟之成就上忍善知實性攝受大願無
邊佛土普於十方無數諸佛等持正念常能

BD07097 號　大般若波羅蜜多經卷四〇一

(1–1)

第四百一

BD07097 號背　勘記　（1–1）

羅衆皆應到此爲聽法故爾時無數千萬
億種衆生来至佛所而聽法如来于時觀是
衆生諸根利鈍精進懈怠隨其所堪而爲説
法種種無量皆令歡喜快得善利是諸衆生
聞是法已現世安隱後生善處以道受樂亦
得聞法既聞法已離諸障礙於諸法中任力
所能漸得入道如彼大雲雨於一切卉木叢
林及諸藥草如其種性具足蒙潤各得生長
如来説法一相一味所謂解脱相離相滅相
究竟至於一切種智其有衆生聞如来法若
持讀誦如説脩行所得功徳不自覺知所以
者何唯有如来知此衆生種相體性念何事
思何事脩何事云何念云何思云何脩以何
法念以何法思以何法脩以何法得何法衆
生住於種種之地唯有如来如實見之明了
無礙如彼卉木叢林諸藥草等而不自知上
中下性如来知是一相一味之法所謂解脱
相離相滅相究竟涅槃常寂滅相終歸於空
佛知是已觀衆生心欲而將護之是故不即

BD07098 號　妙法蓮華經卷三　（2–1）

者何唯有如來知此眾生種相體性念何事
思何事脩何事云何念云何思云何脩以何
法念以何法思以何法脩以何法得何法眾
生住於種種之地唯有如來如實見之明了
無礙如彼卉木叢林諸藥草等而不自知上
中下性如來知是一相一味之法所謂解脫
相離相滅相究竟涅槃常寂滅相終歸於空
佛知是已觀眾生心欲而將護之是故不即
為說一切種智汝等迦葉甚為希有能知
如來隨宜說法能信能受所以者何諸佛世
尊隨宜說法難解難知尒時世尊欲重宣此
義而說偈言
破有法王　出現世間　隨眾生欲　種種說法
如來尊重　智慧深遠　久默斯要　不務速說
有智若聞　則能信解　無智疑悔　則為永失
是故迦葉　隨力為說　以種種緣　令得正見
迦葉當知　譬如大雲　起於世間　遍覆一切
慧雲含潤　電光晃曜　雷聲遠震　令眾悅豫
掩蔽　地上清涼　靉靆垂布　如可承攬

BD07098 號　妙法蓮華經卷三　（2–2）

諸大德我今欲說波羅提木叉戒汝等諦聽善思念之若自知有犯
者即應自懺悔不犯者默然默然者知諸大德清淨若有他問
者亦如是答如是比丘在於眾中乃至三問憶念有罪不懺悔者
得故妄語罪故妄語者佛說障道法若彼比丘憶念有罪
欲求清淨者應懺悔懺悔得安樂諸大德我已說戒經序
今問諸大德是中清淨不如是至三諸大德是中清淨默然故是
事如是持　諸大德是四波羅夷法半月半月說戒經中來若
比丘共比丘同戒若不還戒戒羸不自悔犯不淨行乃至共畜生
是比丘波羅夷不共住　若比丘若在村閑靜處不與盜心取
隨不與取法若為王王大臣所捉若殺若縛若驅出國汝是賊汝
癡汝无所知是比丘波羅夷不共住　若比丘實無所知自
稱言我得上人法我已入聖智勝法我知是我見是彼於異
時若問若不問欲自清淨故作是說我實不知不見言知言見
虛誑妄語除增上慢是比丘波羅夷不共住　諸大德我已
說波羅夷法若比丘犯一一波羅夷法不得與諸比丘
共住如是是比丘共住如前後亦如是是比丘得波羅夷罪不應
共住今問諸大德是中清淨不（三說）諸大德是中清淨默然故是事如
是持　諸大德是十三僧伽婆尸沙法半月半月說戒經中來
若比丘故弄陰出精除夢中僧伽婆尸沙　若比丘婬欲意與女
人身相觸若捉手若捉髮若觸一一身分者僧伽婆尸沙若比丘婬
欲意與女人麤惡婬欲語隨麤惡婬欲語僧伽婆尸沙若比
丘婬欲意於女人前自歎身言大姊我修梵行持戒精進修

BD07099 號　四分律比丘戒本　（7–1）

住今問諸大德是中清淨不三說諸大德是中清淨默然故是事如
是持　諸大德是十三僧伽婆尸沙法半月半月說戒經中來
若比丘故弄陰出精除夢中僧伽婆尸沙　若比丘婬欲意與女
人身相觸若捉手若捉髮若觸一一身分者僧伽婆尸沙　若比丘婬
欲意與女人麁惡婬欲語隨麁惡婬欲語僧伽婆尸沙　若比
丘婬欲意於女人前自歎身言大妹我修梵行持戒精進修
善法可持是婬欲法供養我如是供養第一最僧伽婆尸沙
若比丘往來彼此媒嫁持男意語女持女意語男若為成婦事若
為私通事乃至須臾頃僧伽婆尸沙　若比丘自求作屋無主自為己
當應量作是中量者長佛十二磔手內廣七磔手當將餘比丘指
授處所彼比丘當指示處所無難處無妨處若比丘有難處
妨處自求作屋無主自為己不將餘比丘指授處所若過量作
者僧伽婆尸沙　若比丘欲作大房有主為己作當將餘比丘往看指
授處所彼比丘應指授處所無難無妨處若比丘有
難處妨處作大房有主為己作不將餘比丘指授處所者僧伽婆尸沙
若比丘瞋恚所覆故非波羅夷比丘以無根波羅夷法謗欲壞彼
清淨行彼於異時若問若不問知此事無根說我瞋恚故作是語若
比丘作是語者僧伽婆尸沙　若比丘以瞋恚故於異分事中取片非
波羅夷比丘以無根波羅夷法謗欲壞彼清淨行彼於異時若
問若不問知是異分事中取片是比丘自言我瞋恚故作是語
作是語者僧伽婆尸沙　若比丘欲壞和合僧方便受壞和合僧法
堅持不捨彼比丘應諫是比丘言大德莫壞和合僧莫方便壞
和合僧莫受壞僧法堅持不捨大德應與僧和合與僧和合歡
喜不諍同一師學如水乳合於佛法中有僧益安樂住是比丘如
是諫時堅持不捨彼比丘應三諫捨此事故乃至三諫捨者善不捨
者僧伽婆尸沙　若比丘有餘伴黨若一若二若三乃至無數彼比丘
語是比丘言大德莫諫此比丘此比丘是法語比丘律語比丘此比丘所
說我等喜樂此比丘所說我等忍可彼比丘言大德莫作是說言
此比丘是法語比丘律語比丘此比丘所說我
等忍可然此比丘非法語比丘非律語比丘大德莫破壞和合僧汝
等當樂欲和合僧大德應與僧和合歡喜不諍同一師學如

BD07099 號　四分律比丘戒本　　（7–2）

語是比丘言大德莫諫此比丘此比丘是法語比丘律語比丘此比丘所
說我等喜樂此比丘所說我等忍可彼比丘言大德莫作是說言
此比丘是法語比丘律語比丘此比丘所說我
等忍可然此比丘非法語比丘非律語比丘大德莫破壞和合僧汝
等當樂欲和合僧大德應與僧和合歡喜不諍同一師學如
水乳合於佛法中有僧益安樂住是比丘如是諫時堅持不捨
彼比丘應三諫捨此事故乃至三諫者善僧伽婆尸沙
若比丘依聚落若城邑住汙他家行惡行汙他家亦見亦聞
行惡行亦見亦聞諸比丘當語是比丘言大德汙他家行惡行汙他家
亦見亦聞行惡行亦見亦聞大德汝汙他家行惡行今可遠此
聚落去不須住此是比丘語彼比丘作是言大德諸比丘有愛
有恚有怖有癡有如是同罪比丘有驅者有不驅者諸比丘報言大
德莫作是語言僧有愛有恚有怖有癡有如是同罪比丘有驅
者有不驅者諸比丘報言大德莫作是語言僧有愛有恚
有怖有癡有如是同罪比丘有驅者有不驅者而諸比丘不愛
不恚不怖不癡大德汙他家亦見亦聞行惡行亦見亦聞
[illegible]是諫時堅持不捨彼比丘應三諫[illegible]
若比丘惡性不受人語於戒法中諸比丘如法諫已自身不受諫
言諸大德莫向我說若好若惡我亦不向諸大德說若好
若惡諸大德且止莫諫我彼比丘諫是比丘言大德莫自身不
受諫語大德自身當受諫語大德如法諫諸比丘諸比丘亦如法
諫大德如是佛弟子眾得增益展轉相諫展轉相教展
轉懺悔是比丘如是諫時堅持不捨彼比丘應三諫捨此事故乃
至三諫捨者善不捨者僧伽婆尸沙　諸大德我已說十三僧
伽婆尸沙法九初犯四乃至三諫若比丘犯一一法知而覆藏應
強與波利婆沙行波利婆沙竟增上與六夜摩那埵行
摩那埵已餘有出罪法應二十僧中出是比丘罪若少一人不滿
二十眾出是比丘罪是比丘罪不得除諸比丘亦可呵此是時今問諸

BD07099 號　四分律比丘戒本　　（7–3）

伽婆尸沙法九初犯四乃至三諫
強與波利婆沙行波利婆沙竟增上與六夜摩那埵行
摩那埵已餘有出罪法應二十僧中出是比丘罪若少一人不滿
二十衆出是比丘罪是比丘罪不得除諸比丘亦可呵此是時今問諸
大德是中清淨不第二第三諸大德是中清淨默然故是事如是持
諸大德是二不定法半月半月說戒經中來 若比丘共女人獨在
屏處覆處障處可作婬處坐說非法語有住信優婆私於三法
中一一法說若波羅夷若僧伽婆尸沙若波逸提是坐比丘自言
我犯是罪於三法中應一一治若波羅夷若僧伽婆尸沙若波
逸提如住信優婆私所說應如法治是比丘是名
若比丘共女人在露現處不可作婬處坐作麁惡語說非法語有住信優
婆私於二法中一一法說若僧伽婆尸沙若波逸提是坐比
丘自言我犯是事於二法中應一一法治若僧伽婆尸沙若
波逸提如住信優婆私所說應如法治是名不定法諸大德
我已說二不定法今問諸大德是中清淨不第二第三諸大德是中清淨
默然故是事如是持 諸大德是三十尼薩耆波逸提法半月說
戒經中來 若比丘衣已竟迦絺那衣已出畜長衣經十日不淨
施得畜若過十日尼薩耆波逸提 若比丘衣已竟迦絺
那衣已出畜長衣經十日不淨施得畜若過十日尼薩耆
波逸提 若比丘衣已竟迦絺那衣已出三衣中離一一衣異處
宿除僧羯磨尼薩耆波逸提 若比丘衣已竟迦絺那衣
已出若比丘得非時衣欲須便受受已疾疾成衣若足者善
若不足者得畜經一月為滿足故若過畜者尼薩耆波
逸提 若比丘從非親里比丘尼取衣除貿易尼薩耆波
逸提 若比丘令非親里比丘尼浣故衣若染若打尼薩耆
波逸提 若比丘從非親里居士若居士婦乞衣除餘時尼
薩耆波逸提是中餘時者若比丘奪衣失衣燒衣漂衣是為

BD07099號　四分律比丘戒本

（7–4）

已出若比丘得非時衣欲須便受受已疾疾成衣若足者善
若不足者得畜經一月為滿足故若過畜者尼薩耆波
逸提 若比丘從非親里比丘尼取衣除貿易尼薩耆波
逸提 若比丘令非親里比丘尼浣故衣若染若打尼薩耆
波逸提 若比丘從非親里居士若居士婦乞衣除餘時尼
薩耆波逸提餘時者若比丘奪衣失衣燒衣漂衣是為
餘時 若比丘失衣奪衣燒衣漂衣若非親里居士居士
婦自恣請多與衣是比丘當知足受衣若過受者尼薩耆波
逸提 若比丘居士居士婦為比丘辦衣價買如是衣與某甲比丘
是比丘先不受自恣請到居士家作如是說善哉居士為我
買如是如是衣與我為好故若得衣者尼薩耆波逸提
若比丘二居士居士婦與比丘辦衣價如是衣價買如是衣與
某甲比丘是比丘先不受居士自恣請到二居士家作是言善
哉居士辦如是衣價與我共作一衣為好故若得衣者尼薩
耆波逸提 若比丘若王若大臣若婆羅門若居士居士婦遣
使為比丘送衣價持如是衣價與某甲比丘彼使人至比丘
所語比丘言大德今為汝故送是衣價受取是比丘應語彼
使如是言我不應受此衣價我若須衣合時清淨當受
彼使語比丘言大德有執事人不須衣比丘應語言有若僧伽藍
民若優婆塞此是比丘執事人常為諸比丘執事時彼使
往執事人所與衣價已還至比丘所作如是言大德所示某
甲執事人我已與衣價大德知時往彼當得衣須衣比丘
當往執事所人若二反三反為作憶念應語言我須衣若
二反三反為作憶念若得衣者善若不得衣應四反五反六
反在前嘿然立若四反五反六反在前嘿然住得衣者善
若不得過是求得衣者尼薩耆波逸提若不得衣從所

BD07099號　四分律比丘戒本

（7–5）

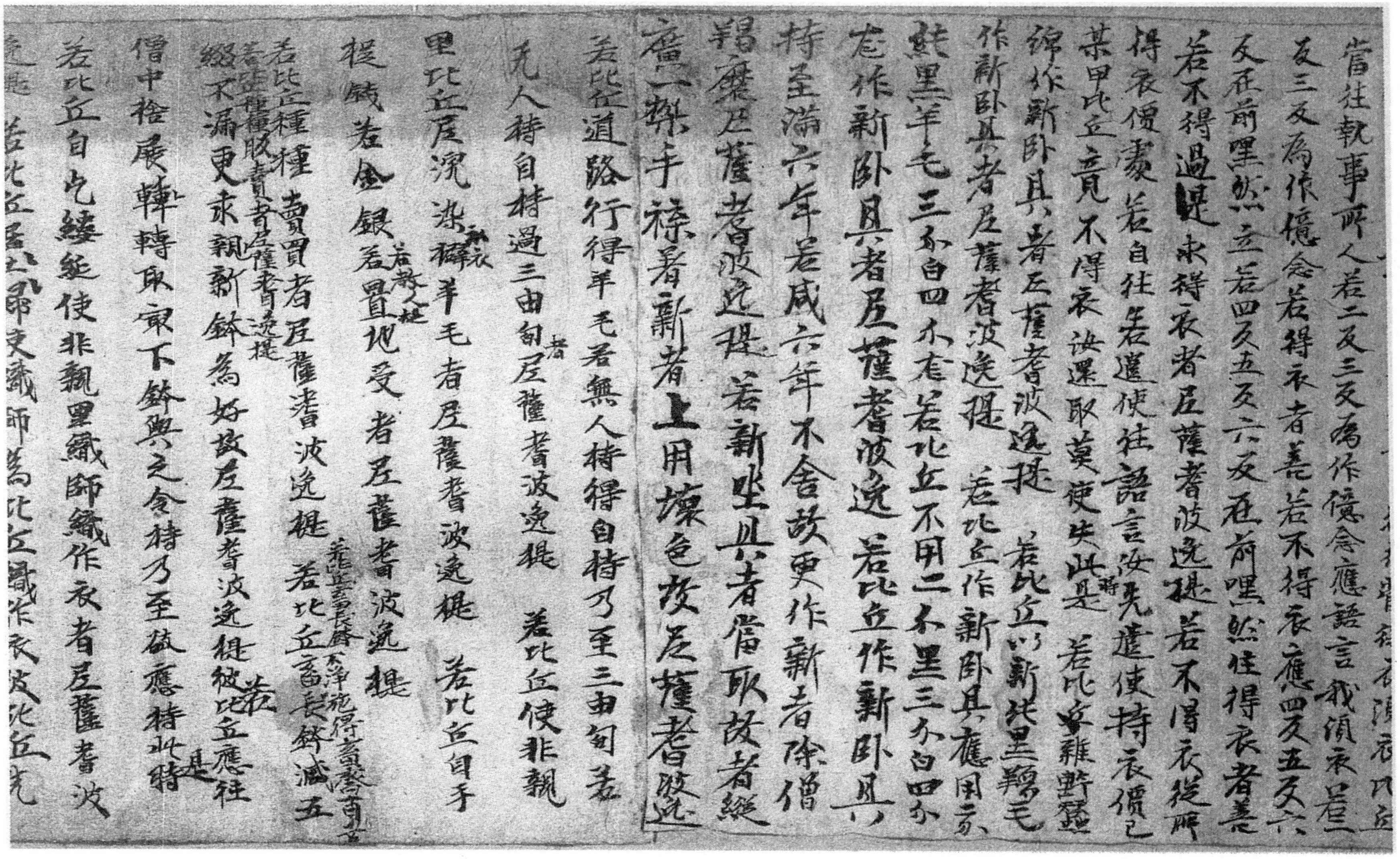

當往執事所人若二反三反為作憶念應語言我須衣若二
反三反為作憶念若得衣者善若不得衣應四反五反六
反在前嘿然立若四反五反六反在前嘿然住得衣者善
若不得過是求得衣者尼薩耆波逸提若不得衣從所
得衣價處若自往若遣使往語言汝先遣使持衣價與
某甲比丘竟不得衣汝還取莫使失此是時 若比丘雜野蠶
綿作新臥具者尼薩耆波逸提 若比丘以新純黑羺羊毛
作新臥具者尼薩耆波逸提 若比丘作新臥具應用二分
純黑羊毛三分白四分尨若比丘不用二分黑三分白四分
尨作新臥具者尼薩耆波逸 若比丘作新臥具
持至滿六年若減六年不捨故更作新者除僧
羯磨尼薩耆波逸提 若新坐具者當取故者縱
廣一磔手帖著新者上用壞色故尼薩耆波逸
若比丘道路行得羊毛若無人持得自持乃至三由旬若
无人持自持過三由旬者尼薩耆波逸提 若比丘使非親
里比丘尼浣染擘羊毛者尼薩耆波逸提 若比丘自手
捉錢若金銀若教人捉若置地受者尼薩耆波逸提
若比丘畜長鉢不淨施得畜齊十日若過……
若比丘種種賣買者尼薩耆波逸提 若比丘畜長鉢減五
若比丘種種販賣者尼薩耆波逸提
綴不漏更求新鉢為好故尼薩耆波逸提彼比丘應往
僧中捨展轉取最下鉢與之令持乃至破應持此是時
若比丘自乞縷線使非親里織師織作衣者尼薩耆波
逸提 若比丘居士居士婦使織師為比丘織作衣彼比丘先

BD07099號　四分律比丘戒本　（7–6）

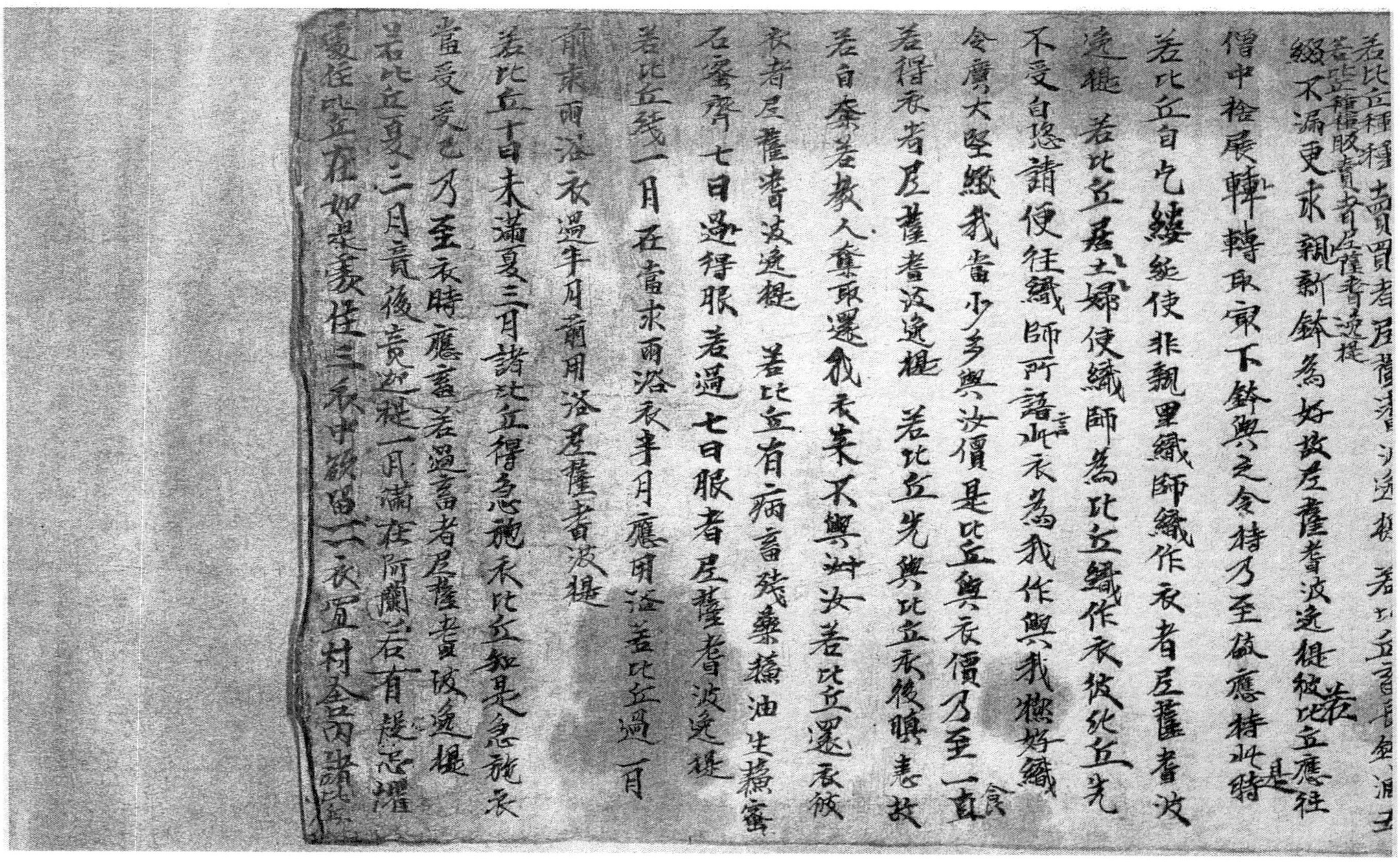

若比丘種種賣買者尼薩耆波逸提 若比丘畜長鉢減五
若比丘種種販賣者尼薩耆波逸提
綴不漏更求新鉢為好故尼薩耆波逸提彼比丘應往
僧中捨展轉取最下鉢與之令持乃至破應持此是時
若比丘自乞縷線使非親里織師織作衣者尼薩耆波
逸提 若比丘居士居士婦使織師為比丘織作衣彼比丘先
不受自恣請便往織師所語言此衣為我作與我極好織
令廣大堅緻我當少多與汝價是比丘與衣價乃至一食直
若得衣者尼薩耆波逸提 若比丘先與比丘衣後瞋恚故
若自奪若教人奪取還我衣來不與汝若比丘還衣彼
衣者尼薩耆波逸提 若比丘有病畜殘藥蘇油生蘇蜜
石蜜齊七日得服若過七日服者尼薩耆波逸提
若比丘春殘一月在當求雨浴衣半月應用浴若比丘過一月
前求雨浴衣過半月前用浴尼薩耆波逸提
若比丘十日未滿夏三月諸比丘得急施衣比丘知是急施衣
當受受已乃至衣時應畜若過畜者尼薩耆波逸提
若比丘夏三月竟後迦提一月滿在阿蘭若有疑恐懼
處住比丘在如是處住三衣中欲留一一衣置村舍內諸比丘

BD07099號　四分律比丘戒本　（7–7）

BD07099 號背　雜寫

（2–1）

BD07099 號背　雜寫

（2–2）

蜜多乃至般若波羅蜜多則應不能從一佛
國趣一佛國親近供養諸佛世尊若定不能
從一佛國趣一佛國親近供養諸佛世尊則
應不能於諸佛所種諸善根若定不能於諸
佛所種諸善根則應不能嚴淨佛土成熟有
情若定不能嚴淨佛土成熟有情則應不能
證得无上正等菩提轉正法輪度有情衆令
其永離惡趣生死佛告善現如汝所言若諸
異生及諸聖者并一切法平等之性无差別
者今一切法及諸有情相各異故性亦應異
是則法性亦應各異云何於諸異相法等可
得安立法性一相云何菩薩摩訶薩行深般
若波羅蜜多時不分別法及諸有情有種種
性乃至廣說善現於意云何諸色法性是空
性不諸受想行識法性是空性不如是乃至
一切有為无為法性是空性不善現對曰如
是如是一切法性皆是空性佛告善現於意
云何於空性中法等異相為可得不謂色異
相廣說乃至一切有為无為異相為可得不
善現對曰不也世尊於空性中一切異相皆
不可得佛告善現由此當知法平等性非即

BD07100號　大般若波羅蜜多經卷四七八　（2–1）

證得无上正等菩提轉正法輪度有情衆令
其永離惡趣生死佛告善現如汝所言若諸
異生及諸聖者并一切法平等之性无差別
者今一切法及諸有情相各異故性亦應異
是則法性亦應各異云何於諸異相法等可
得安立法性一相云何菩薩摩訶薩行深般
若波羅蜜多時不分別法及諸有情有種種
性乃至廣說善現於意云何諸色法性是空
性不諸受想行識法性是空性不如是乃至
一切有為无為法性是空性不善現對曰如
是如是一切法性皆是空性佛告善現於意
云何於空性中法等異相為可得不謂色異
相廣說乃至一切有為无為異相為可得不
善現對曰不也世尊於空性中一切異相皆
不可得佛告善現由此當知法平等性非即
一切愚夫異生非離一切愚夫異生如是乃
至非即如來應正等覺非離如來應正等覺
法平等性非即色非離色非即受想行識非
離受想行識如是乃至非即有為及无為法
非離有為及无為法具壽善現復白佛言法

BD07100號　大般若波羅蜜多經卷四七八　（2–2）

重罪陀羅尼曰 南謨薄伽勃底 阿波唎蜜多 阿喻紇硯那 須毗你悉指陀 囉佐耶 怛他揭
他耶 怛姪他唵 薩婆桑悉迦羅 波唎輸底 達磨底 伽伽那 莎訶其特迦底 薩婆婆毗輸底
摩訶那耶 波唎婆唎莎訶 若有自書寫教人書寫是无量壽宗要經受持讀誦設有重
罪猶如須彌盡能除滅 陀羅尼曰 南謨薄伽勃底 阿波唎蜜多 阿喻紇硯那 須毗你悉指陀
囉佐耶 怛他揭他耶 怛姪他唵 薩婆桑悉迦羅 波唎輸底 達磨底 伽伽那 莎訶其特迦
底 薩婆婆毗輸底 摩訶那耶 波唎婆唎莎訶 若有自書寫教人書寫是无量壽宗要經受
持讀誦 若魔魔之眷屬夜叉羅剎不得其便 終无枉死 陀羅尼曰 南謨薄伽勃底 阿[illegible]唎
蜜多 阿喻紇硯那 須毗你悉指陀 囉佐耶 怛他揭他耶 怛姪他唵 薩婆桑悉迦羅 波唎輸底
達磨底 伽伽那 莎訶其特迦底 薩婆婆毗輸底
若有自書寫教人書寫是无量壽宗要經受持讀誦 當命終時有九十九億佛現其人前
來千佛授手 遊一切佛剎 莫於此生於疑惑 陀羅尼曰
南謨薄伽勃底 阿波唎蜜多 阿喻紇硯那 須毗你悉指陀 囉佐耶 怛他揭他耶 怛姪他唵
薩婆桑悉迦羅 波唎輸底 達磨底 伽伽那 莎訶其特迦底 薩婆婆毗輸底
摩訶那耶 波唎婆唎莎訶 若有自書寫教人書寫是无量壽宗要經受持讀誦常
得四天大王隨其衛護 陀羅尼曰 南謨薄伽勃底 阿波唎蜜多 阿喻紇硯那 須毗你悉指陀
囉佐耶 怛他揭他耶 怛姪他唵 薩婆桑悉迦羅 波唎輸底 達磨底 伽伽那 莎訶
其特迦底 薩婆婆毗輸底 摩訶那耶 波唎婆唎莎訶
若有自書寫教人書寫是无量壽宗要經受持讀誦 當得往生西方極樂世界阿彌陀淨
土 陀羅尼曰 南謨薄伽勃底 阿波唎蜜多 阿喻紇硯那 須毗你悉指陀 囉佐耶 怛他揭他耶
怛姪他唵 薩婆桑悉迦羅 波唎輸底 達磨底 伽伽那 莎訶其特迦底 薩婆婆毗輸
底 摩訶那耶 波唎婆唎莎訶 若有方所自書寫使人書是无量壽經典之處
則為是塔 皆應恭敬作禮 若是一畜生或鳥獸得聞是經 如是等類皆當不久得成无
種智 陀羅尼曰 南謨薄伽勃底 阿波唎蜜多 阿喻紇硯那 須毗你悉指陀 囉佐耶 怛他揭他耶 怛
姪他唵 薩婆桑悉迦羅 波唎輸底 達磨底 伽伽那 莎訶其特迦底 薩婆婆毗輸

BD07101號　無量壽宗要經

（3–1）

土陀羅尼曰 南謨薄伽勃底 阿波唎蜜多 阿喻紇硯那 須毗你悉指陀 囉佐耶 怛他揭他耶
怛姪他唵 薩婆桑悉迦羅 波唎輸底 達磨底 伽伽那 莎訶其特迦底 薩婆婆毗輸
底 摩訶那耶 波唎婆唎莎訶 若有方所自書寫使人書是无量壽經典之處
則為是塔 皆應恭敬作禮 若是一畜生或鳥獸得聞是經 如是等類皆當不久得成无
種智 陀羅尼曰 南謨薄伽勃底 阿波唎蜜多 阿喻紇硯那 須毗你悉指陀 囉佐耶 怛他揭他耶 怛
姪他唵 薩婆桑悉迦羅 波唎輸底 達磨底 伽伽那 莎訶其特迦底 薩婆婆毗輸
底 摩訶那耶 波唎婆唎莎訶 若有於是无量壽經自書寫若使人書畢竟
不受女人之身 陀羅尼曰 南謨薄伽勃底 阿波唎蜜多 阿喻紇硯那 須毗你悉指陀 囉佐
耶 怛他揭他耶 怛姪他唵 薩婆桑悉迦羅 波唎輸底 達磨底 伽伽那 莎訶其特迦底 薩
婆婆毗輸底 摩訶那耶 波唎婆唎莎訶 若有能於是經少分施惠者 等於三千大千
世界滿中七寶布施 陀羅尼曰 南謨薄伽勃底 阿波唎蜜多 阿喻紇硯那 須毗你悉指陀 囉
佐耶 怛他揭他耶 怛姪他唵 薩婆桑悉迦羅 波唎輸底 達磨底 伽伽那 莎訶其特迦底
薩婆婆毗輸底 摩訶那耶 波唎婆唎莎訶 若有能供養是經者 則是供養一切諸經等
无有別要 陀羅尼曰 南謨薄伽勃底 阿波唎蜜多 阿喻紇硯那 須毗你悉指陀 囉佐耶 怛他揭他
耶 怛姪他唵 薩婆桑悉迦羅 波唎輸底 達磨底 伽伽那 莎訶其特迦底 薩婆婆毗輸底
摩訶那耶 波唎婆唎莎訶
如是毗婆尸佛 尸棄佛 毗舍浮佛 俱留孫佛 俱那含牟尼佛 迦葉佛 釋迦牟尼佛
若有人以七寶供養如是七佛 其福有限 書寫受持是无量壽經典所有功德不可限量
陀羅尼曰 南謨薄伽勃底 阿波唎蜜多 阿喻紇硯那 須毗你悉指陀 囉佐耶 怛他揭他耶
怛姪他唵 薩婆桑悉迦羅 波唎輸底 達磨底 伽伽那 莎訶其特迦底 薩婆婆毗輸底
摩訶那耶 波唎婆唎莎訶 若有七寶等於須彌山用布施 其福尚可知其限量 是无量壽
經典其福不可知數 陀羅尼曰 南謨薄伽勃底 阿波唎蜜多 阿喻紇硯那 須毗你悉指陀 囉
佐耶 怛他揭他耶 怛姪他唵 薩婆桑悉迦羅 波唎輸底 達磨底 伽伽那 莎訶其特迦底 薩婆婆毗
輸底 摩訶那耶 波唎婆唎莎訶 如是四大海可以知滴數 是无量壽經典所生果報不可數量 陀羅
尼曰 南謨薄伽勃底 阿波唎蜜多 阿喻紇硯那 須毗你悉指陀 囉佐耶 怛他揭他耶 怛姪他唵 薩婆桑悉迦羅
波唎輸底 達磨底 伽伽那 莎訶其特迦底 薩婆婆毗輸底 摩訶那耶 波唎婆唎莎訶
若有自書寫使人書寫是无量壽經典又能讀持供養 即如恭敬供養一切十方佛土如來无有別異 陀羅尼曰
南謨薄伽勃底 阿波唎蜜多 阿喻紇硯那 須毗你悉指陀 囉佐耶 怛他揭他耶 怛姪他唵 薩婆桑悉迦羅
波唎輸底 達磨底 伽伽那 莎訶其特迦底 薩婆婆毗輸底 摩訶那耶 波唎婆唎莎訶
布施力能成正覺 悟布施力人師子 布施力能聲普聞 慈悲力城中漸能入

BD07101號　無量壽宗要經

（3–2）

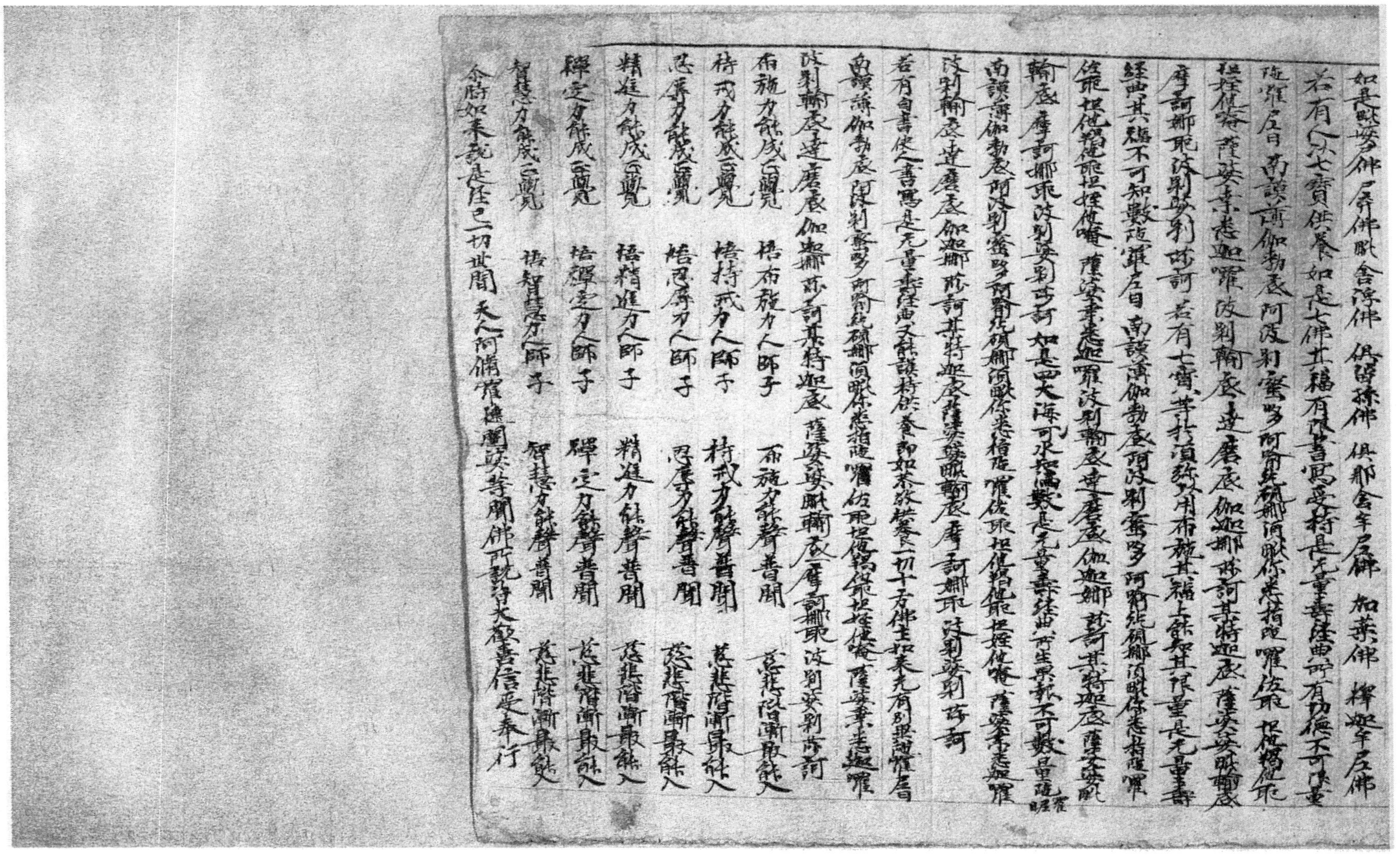

BD07101 號　無量壽宗要經　　（3–3）

BD07101 號背　題名　　（1–1）

……樂說辯才
……養无量百千諸佛於諸佛
……常為諸佛之所稱歎以慈脩身
善入佛慧通達大智到於彼岸名稱普聞
无量世界能度无數百千衆生其名曰文殊
師利菩薩觀世音菩薩得大勢菩薩常精
進菩薩不休息菩薩寶掌菩薩藥王菩薩
勇施菩薩寶月菩薩月光菩薩滿月菩薩
大力菩薩无量力菩薩越三界菩薩跋陀婆
羅菩薩弥勒菩薩寶積菩薩導師菩薩如
是等菩薩摩訶薩八万人俱尒時釋提桓因
與其眷屬二万天子俱復有名月天子普香天
子寶光天子四大天王與其眷屬万天子俱自
在天子大自在天子與其眷屬三万天子俱娑婆
世界主梵天王尸棄大梵光明大梵等與其眷
屬万二千天子俱有八龍王難陀龍王跋難陀
龍王娑伽羅龍王和脩吉龍王德叉迦龍王
阿那婆多龍王摩那斯龍王優鉢羅龍王等
等各與若干百千眷屬俱有四緊那羅王法

BD07102 號　妙法蓮華經卷一

（3–1）

世界主梵天王尸棄大梵光明大梵等與其眷
屬万二千天子俱有八龍王難陀龍王跋難陀
龍王娑伽羅龍王和脩吉龍王德叉迦龍王
阿那婆多龍王摩那斯龍王優鉢羅龍王等
等各與若干百千眷屬俱有四緊那羅王法
緊那羅王妙法緊那羅王大法緊那羅王
持法緊那羅王各與若干百千眷屬俱有四
乾闥婆王樂乾闥婆王樂音乾闥婆王美乾
闥婆王美音乾闥婆王各與若干百千眷屬
俱有四阿脩羅王婆稚阿脩羅王佉羅騫大
阿脩羅王毗摩質多羅阿脩羅王羅睺阿脩
羅王各與若干百千眷屬俱有四迦樓羅王
大威德迦樓羅王大身迦樓羅王大滿迦樓
羅王如意迦樓羅王各與若干百千眷屬俱
韋提希子阿闍世王與若干百千眷屬俱各
礼佛足退坐一面尒時世尊四衆圍繞供養
恭敬尊重讚歎為諸菩薩說大乘經名无
量義教菩薩法佛所護念佛說此經已結跏趺
坐入於无量義處三昧身心不動是時天雨
曼陀羅華摩訶曼陀羅華曼殊沙華摩訶
曼殊沙華而散佛上及諸大衆普佛世界六
種震動尒時會中比丘比丘尼優婆塞優婆
夷天龍夜叉乾闥婆阿脩羅迦樓羅緊那羅
摩睺羅伽人非人等及諸小王轉輪聖王是
諸大衆得未曾有歡喜合掌一心觀佛尒時
佛放眉間白豪相光照東方万八千世界靡不

BD07102 號　妙法蓮華經卷一

（3–2）

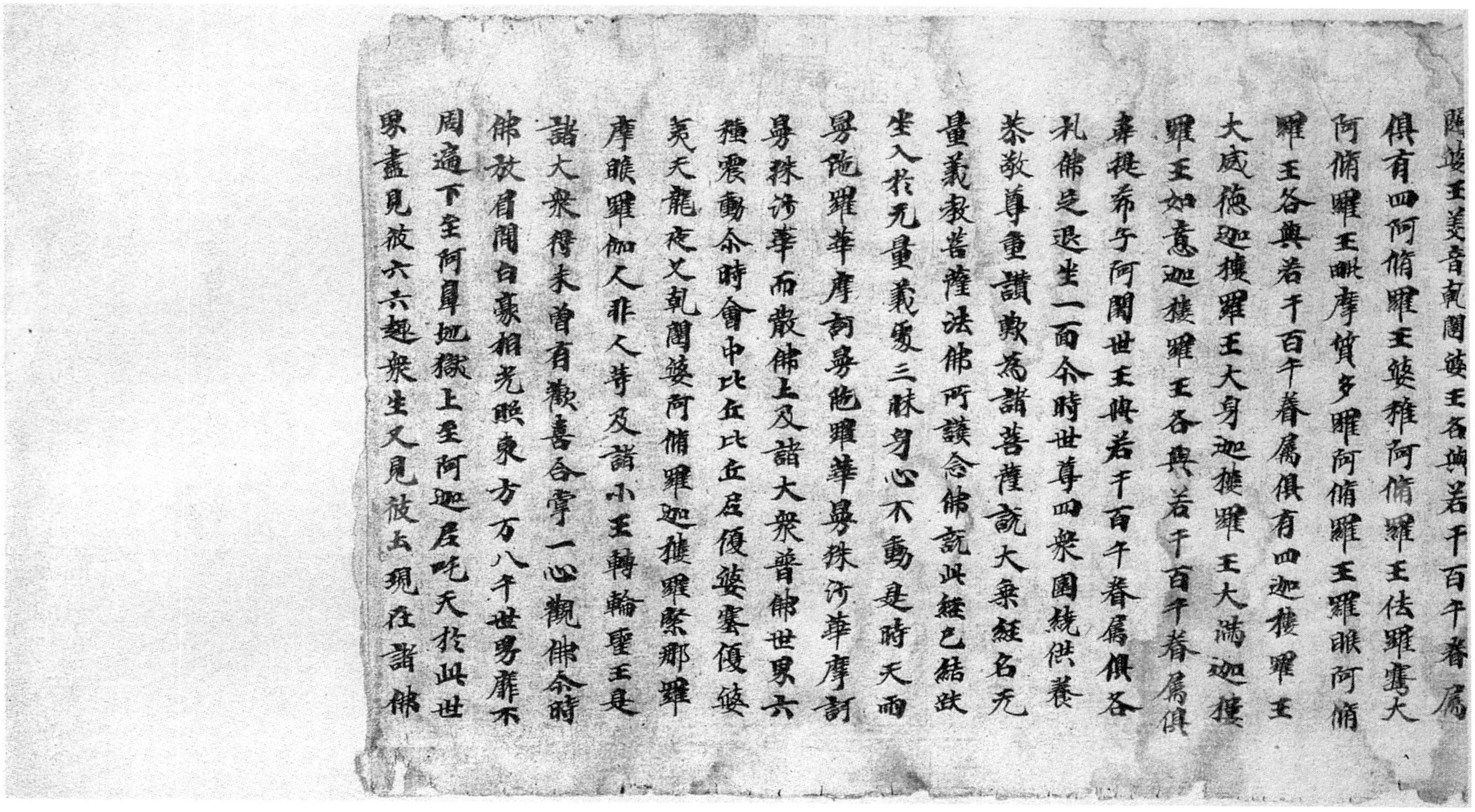
闥婆王美音乾闥婆王各與若干百千眷屬
俱有四阿修羅王婆稚阿修羅王佉羅騫馱
阿修羅王毗摩質多羅阿修羅王羅睺阿修
羅王各與若干百千眷屬俱有四迦樓羅王
大威德迦樓羅王大身迦樓羅王大滿迦樓
羅王如意迦樓羅王各與若干百千眷屬俱
韋提希子阿闍世王與若干百千眷屬俱各
禮佛足退坐一面尒時世尊四衆圍繞供養
恭敬尊重讚歎為諸菩薩說大乘經名无
量義教菩薩法佛所護念佛說此經已結跏趺
坐入於无量義處三昧身心不動是時天雨
曼陁羅華摩訶曼陁羅華曼殊沙華摩訶
曼殊沙華而散佛上及諸大衆普佛世界六
種震動尒時會中比丘比丘尼優婆塞優婆
夷天龍夜叉乾闥婆阿修羅迦樓羅緊那羅
摩睺羅伽人非人等及諸小王轉輪聖王是
諸大衆得未曾有歡喜合掌一心觀佛尒時
佛放眉間白毫相光照東方万八千世界靡不
周遍下至阿鼻地獄上至阿迦尼吒天於此世
界盡見彼土六趣衆生又見彼土現在諸佛

BD07102 號　妙法蓮華經卷一　（3–3）

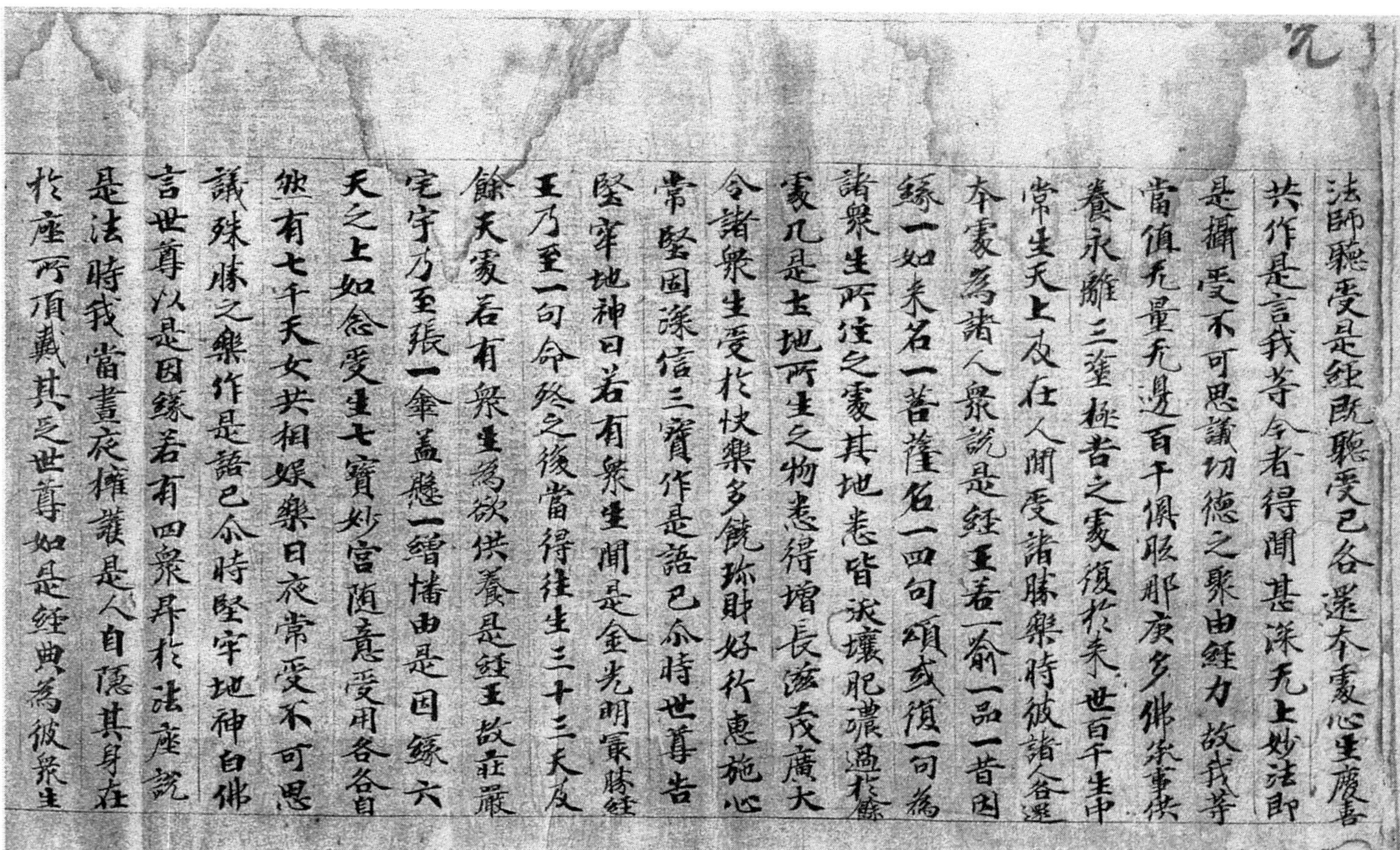
兊
法師聽受是經既聽受已各還本處心生慶喜
共作是言我等今者得聞甚深无上妙法即
是攝受不可思議功德之聚由經力故我等
當值无量无邊百千俱胝那庾多佛承事供
養永離三塗極苦之處復於未來世百千生中
常生天上及在人間受諸勝樂時彼諸人各還
本處為諸人衆說是經王若一喻一品一昔因
緣一如來名一菩薩名一四句頌或復一句為
諸衆生所住之處其地悉皆沃壤肥濃過於餘
處凡是土地所生之物悉得增長滋茂廣大
令諸衆生受於快樂多饒珍財好行惠施心
常堅固深信三寶作是語已尒時世尊告
堅牢地神曰若有衆生聞是金光明最勝經
王乃至一句命終之後當得往生三十三天及
餘天處若有衆生為欲供養是經王故莊嚴
宅宇乃至張一傘蓋懸一繒幡由是因緣六
天之上如念受生七寶妙宮隨意受用各各自
然有七千天女共相娛樂日夜常受不可思
議殊勝之樂作是語已尒時堅牢地神白佛
言世尊以是因緣若有四衆昇於法座說
是法時我當晝夜擁護是人自隱其身在
於座所頂戴其足世尊如是經典為彼衆生

BD07103 號　金光明最勝王經（兊廢稿）卷八　（2–1）

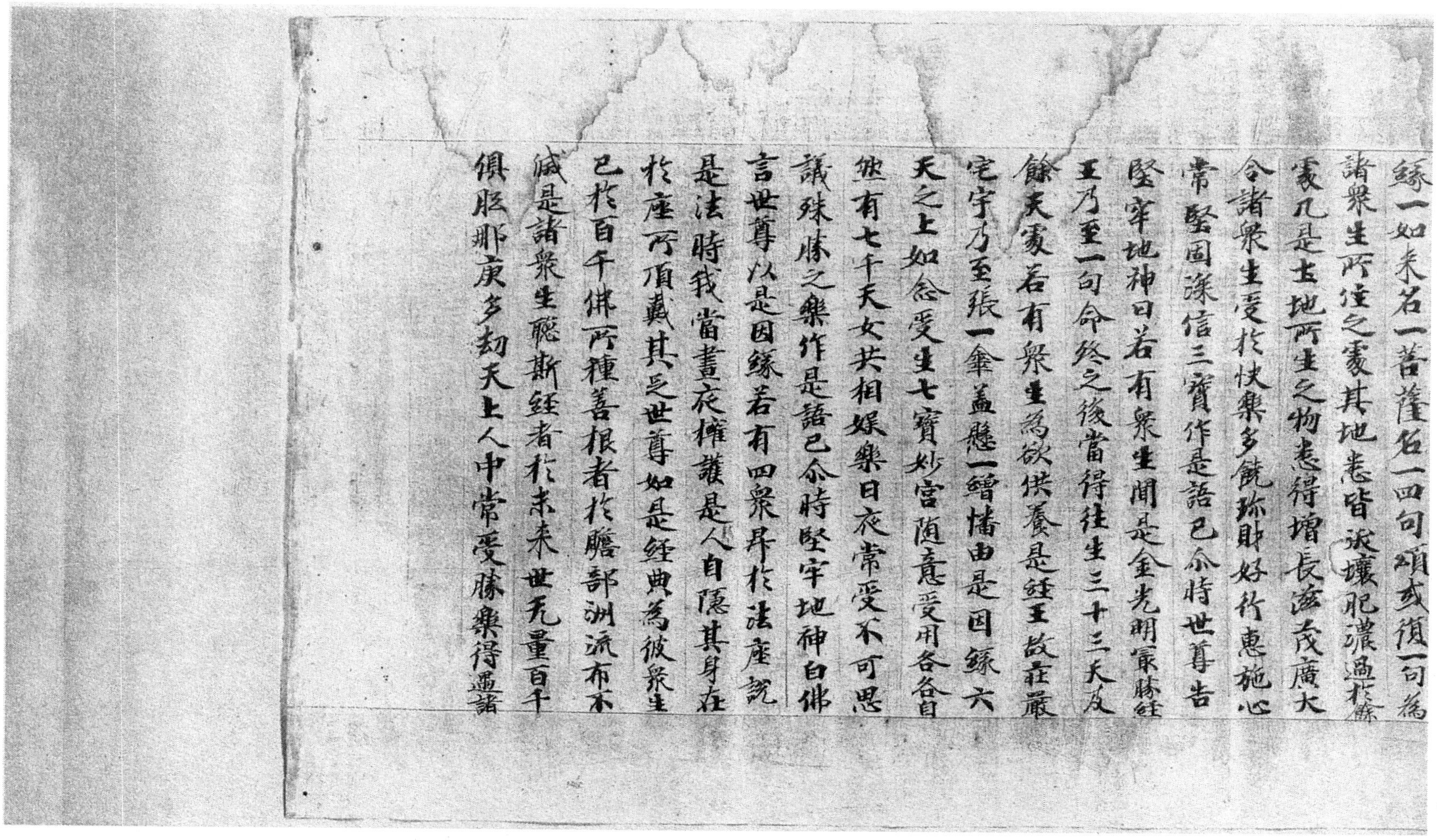

緣一如來名一菩薩名一四句頌或復一句為
諸衆生所住之處其地悉皆沃壤肥濃過於餘
處凡是土地所生之物悉得增長滋茂廣大
令諸衆生受於快樂多饒珎財好行惠施心
常堅固深信三寶作是語已尒時世尊告
堅牢地神曰若有衆生聞是金光明最勝經
王乃至一句命終之後當得往生三十三天及
餘天處若有衆生為欲供養是經王故莊嚴
宅宇乃至張一傘蓋懸一繒幡由是因緣六
天之上如念受生七寶妙宮隨意受用各各自
然有七千天女共相娛樂日夜常受不可思
議殊勝之樂作是語已尒時堅牢地神白佛
言世尊以是因緣若有四衆昇於法座說
是法時我當晝夜擁護是人自隱其身在
於座所頂戴其足世尊如是經典為彼衆生
已於百千佛所種善根者於贍部洲流布不
滅是諸衆生聽斯經者於未來世無量百千
俱胝那庾多劫天上人中常受勝樂得遇諸

BD07103 號　金光明最勝王經（兑廢稿）卷八　（2–2）

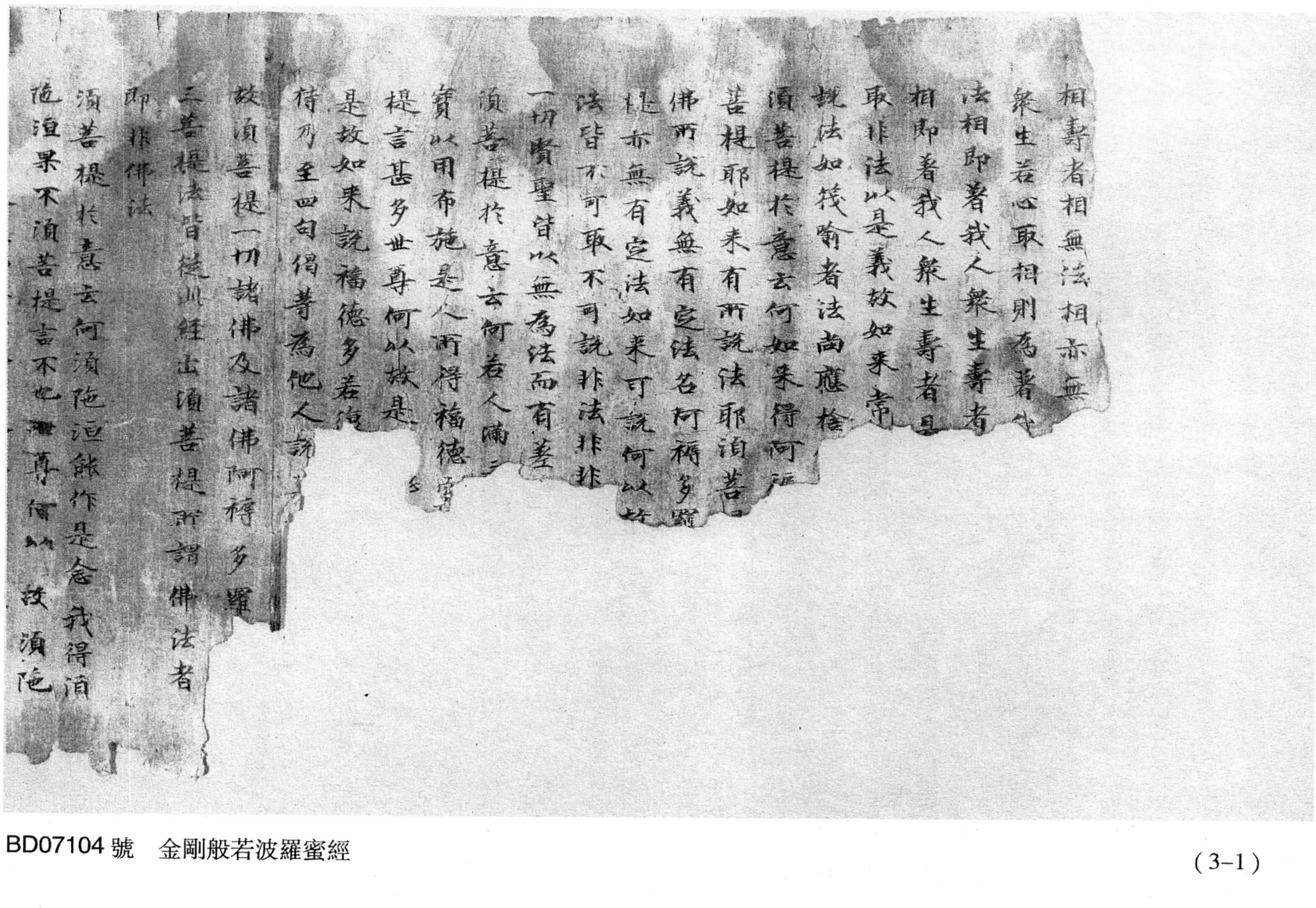

相壽者相無法相亦無
衆生若心取相則為著我
法相即著我人衆生壽者
相即著我人衆生壽者是
取非法以是義故如來常
說法如筏喻者法尚應捨
須菩提於意云何如來得阿
菩提耶如來有所說法耶須菩
佛所說義無有定法名阿耨多羅
提亦無有定法如來可說何以故
法皆不可取不可說非法非非
一切賢聖皆以無為法而有差
須菩提於意云何若人滿三
寶以用布施是人所得福德寧
提言甚多世尊何以故是
是故如來說福德多若復
持乃至四句偈等為他人說
故須菩提一切諸佛及諸佛阿耨多羅
三菩提法皆從此經出須菩提所謂佛法者
即非佛法
須菩提於意云何須陀洹能作是念我得須
陀洹果不須菩提言不也世尊何以故須陀

BD07104 號　金剛般若波羅蜜經　（3–1）

三菩提法皆從此經出須菩提所謂佛法者
即非佛法
須菩提於意云何須陁洹能作是念我得須
陁洹果不須菩提言不也世尊何以故須陁
洹名為入流而無所入不入色聲香味觸法
是名須陁洹須菩提於意云何斯陁含能作
是念我得斯陁含果不須菩提言不也世尊
何以故斯陁含名一往來而實無往來是名
斯陁含須菩提於意云何阿那含能作是念
我得阿那含果不須菩提言不也世尊何以
故阿那含名為不來而實無來是故名阿那
含須菩提於意云何阿羅漢能作是念我得
阿羅漢道不須菩提言不也世尊何以故實
無有法名阿羅漢世尊若阿羅漢作是念我
得阿羅漢道即為著我人衆生壽者世尊佛
說我得無諍三昧人中最為第一是第一離
欲阿羅漢我不作是念我是離欲阿羅漢世
尊我若作是念我得阿羅漢道世尊則不說
須菩提是樂阿蘭那行者以須菩提實無所
行而名須菩提是樂阿蘭那行
佛告須菩提於意云何如來昔在然燈佛所
於法有所得不世尊如來在然燈佛所於法
實無所得須菩提於意云何菩薩莊嚴佛土
不不也世尊何以故莊嚴佛土者即非莊嚴
是名莊嚴是故須菩提諸菩薩摩訶薩應如
是生清淨心不應住色生心不應住聲香味

BD07104號　金剛般若波羅蜜經　（3-2）

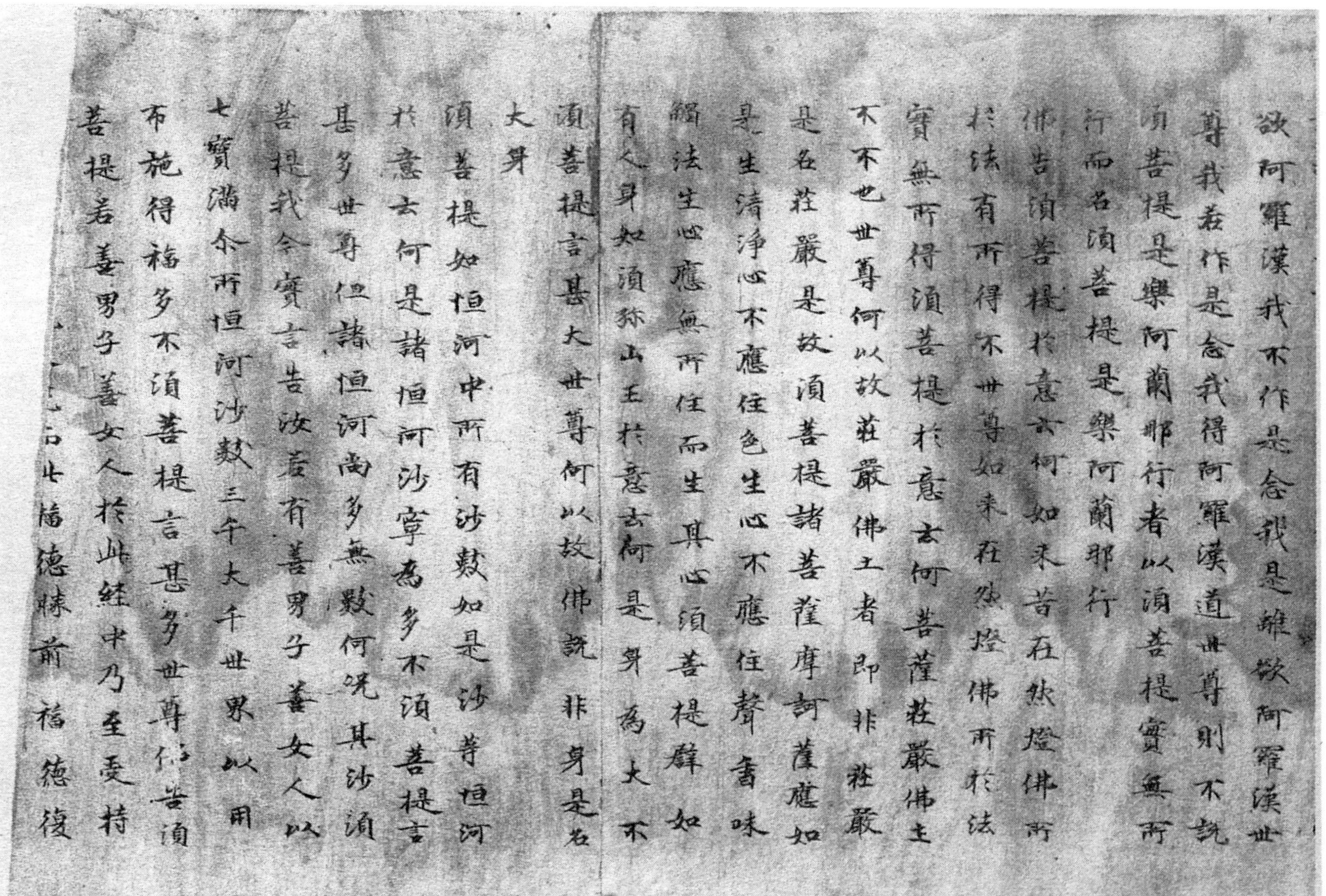
欲阿羅漢我不作是念我是離欲阿羅漢世
尊我若作是念我得阿羅漢道世尊則不說
須菩提是樂阿蘭那行者以須菩提實無所
行而名須菩提是樂阿蘭那行
佛告須菩提於意云何如來昔在然燈佛所
於法有所得不世尊如來在然燈佛所於法
實無所得須菩提於意云何菩薩莊嚴佛土
不不也世尊何以故莊嚴佛土者即非莊嚴
是名莊嚴是故須菩提諸菩薩摩訶薩應如
是生清淨心不應住色生心不應住聲香味
觸法生心應無所住而生其心須菩提譬如
有人身如須彌山王於意云何是身為大不
須菩提言甚大世尊何以故佛說非身是名
大身
須菩提如恒河中所有沙數如是沙等恒河
於意云何是諸恒河沙寧為多不須菩提言
甚多世尊但諸恒河尚多無數何況其沙須
菩提我今實言告汝若有善男子善女人以
七寶滿尒所恒河沙數三千大千世界以用
布施得福多不須菩提言甚多世尊佛告須
菩提若善男子善女人於此經中乃至受持
此福德勝前福德復

BD07104號　金剛般若波羅蜜經　（3-3）

兌

无相天子當知一切如來應正等覺於如是
等一切相皆能如實覺爲无相由此因緣
我說諸佛得无礙智无與等者
是諸佛母能示世間諸法實相是故如來應正
等覺依法而住供養恭敬尊重讚歎攝受護
持所依住法此法即是甚深般若波羅蜜多
一切如來應正等覺无不依止甚深般若波
羅蜜多供養恭敬尊重讚歎攝受護持所以
者何甚深般若波羅蜜多能生諸佛能與諸
佛作所依處能示世間諸法實相善現當知
一切如來應正等覺是知恩者能報恩者若
有問言誰是知恩能報恩者應正答言佛是
知恩能報恩者何以故一切世間知恩報恩无
過佛故具壽善現即白佛言一切如來應正
正等覺知恩報恩佛告善現一切如來應正
等覺乘如是乘行如是道來至无上正等菩
提得菩提已於一切時供養恭敬尊重讚歎
攝受護持是乘是道曾无暫廢此乘此道當
知即是甚深般若波羅蜜多是名如來應正
等覺知恩報恩復次善現一切如來應正等
覺无不皆依甚深般若波羅蜜多於諸有相
及无相法皆現等覺无實作用以能作者无
所有故一切如來應正等覺无不皆依甚深
般若波羅蜜多於諸有相及无相法皆現等

BD07105號　大般若波羅蜜多經（兌廢稿）卷五一〇　（2-1）

一切如來應正等覺无不依止甚深般若波
羅蜜多供養恭敬尊重讚歎攝受護持所以
者何甚深般若波羅蜜多能生諸佛能與諸
佛作所依處能示世間諸法實相善現當知
一切如來應正等覺是知恩者能報恩者若
有問言誰是知恩能報恩者應正答言佛是
知恩能報恩者何以故一切世間知恩報恩无
過佛故具壽善現即白佛言一切如來應正
正等覺知恩報恩佛告善現一切如來應正
等覺乘如是乘行如是道來至无上正等菩
提得菩提已於一切時供養恭敬尊重讚歎
攝受護持是乘是道曾无暫廢此乘此道當
知即是甚深般若波羅蜜多是名如來應正
等覺知恩報恩復次善現一切如來應正等
覺无不皆依甚深般若波羅蜜多於諸有相
及无相法皆現等覺无實作用以能作者无
所有故一切如來應正等覺无不皆依甚深
般若波羅蜜多於諸有相及无相法皆現等
覺无所成辦以諸形質不可得故善現當知
以諸如來應正等覺知依如是甚深般若波
羅蜜多能現等覺相无相法皆无作用无所

BD07105號　大般若波羅蜜多經（兌廢稿）卷五一〇　（2-2）

佛說佛名經卷第十
優波摩那比丘白佛言世尊未來幾
許佛佛告優波摩那比丘汝今諦聽當為
汝說比丘未來星宿劫中有三百佛出世同名
大雜兜
復有十千同名莊嚴王佛
華作劫中有一億百千万佛出世同名菩提覺
華八頻婆羅佛出世同名離愛佛
多盧波摩劫中有六十千佛出同名散華勝聲劫
中婆羅自在高幢世界十千佛出世同名清淨
優波羅雷山善華劫中有十千八百佛出世復
有十三百佛出世同名梵聲
復有劫中世億佛出世同名釋迦牟尼
復有劫八千同名然燈佛出世
復有劫中六十千同名歡喜佛出世
復有劫中三億佛出世同名佛沙
復有劫中十八千佛出世同名莎羅自在王
復有劫中三百佛出世同名波頭摩勝
復有劫中五百佛出世同名波多婆
復有劫中千佛出世同名閻浮檀
復有劫中十二八千万佛出世同名見一切義

BD07106 號　佛名經（十六卷本）卷一〇　　（2–1）

華八頻婆羅佛出世同名離愛佛
多盧波摩劫中有六十千佛出同名散華勝聲劫
中婆羅自在高幢世界十千佛出世同名清淨
優波羅雷山善華劫中有十千八百佛出世復
有十三百佛出世同名梵聲
復有劫中世億佛出世同名釋迦牟尼
復有劫八千同名然燈佛出世
復有劫中六十千同名歡喜佛出世
復有劫中三億佛出世同名佛沙
復有劫中十八千佛出世同名莎羅自在王
復有劫中三百佛出世同名波頭摩勝
復有劫中五百佛出世同名波多婆
復有劫中千佛出世同名閻浮檀
復有劫中十二八千万佛出世同名見一切義
復有劫中千佛出世同名俱隣
復有劫中九千佛出世同名迦葉
復有劫中十八佛出世同名日陁羅幢
復有劫中十五佛出世同名日佛
復有劫中六十億佛出世同名大莊嚴
復有劫中六十佛出世同名日陁幢

BD07106 號　佛名經（十六卷本）卷一〇　　（2–2）

大般若波羅蜜多經卷第三百七十九

BD07107 號背　護首　　（1–1）

大般若波羅蜜多經卷第三百七十九

初分無雜法義品第六十七之三　　三藏法師玄奘奉　詔譯

菩薩摩訶薩於眼觸爲緣所生諸受无行无

得无説无示於耳鼻舌身意觸爲緣所生諸

受无行无得无説无示何以故眼觸爲緣所

生諸受自性乃至意觸為緣所生諸受自性

皆不可行得説示故菩薩摩訶薩於地界无

行无得无説无示於水火風空識界无行无

BD07107 號　大般若波羅蜜多經卷三七九　　（2–1）

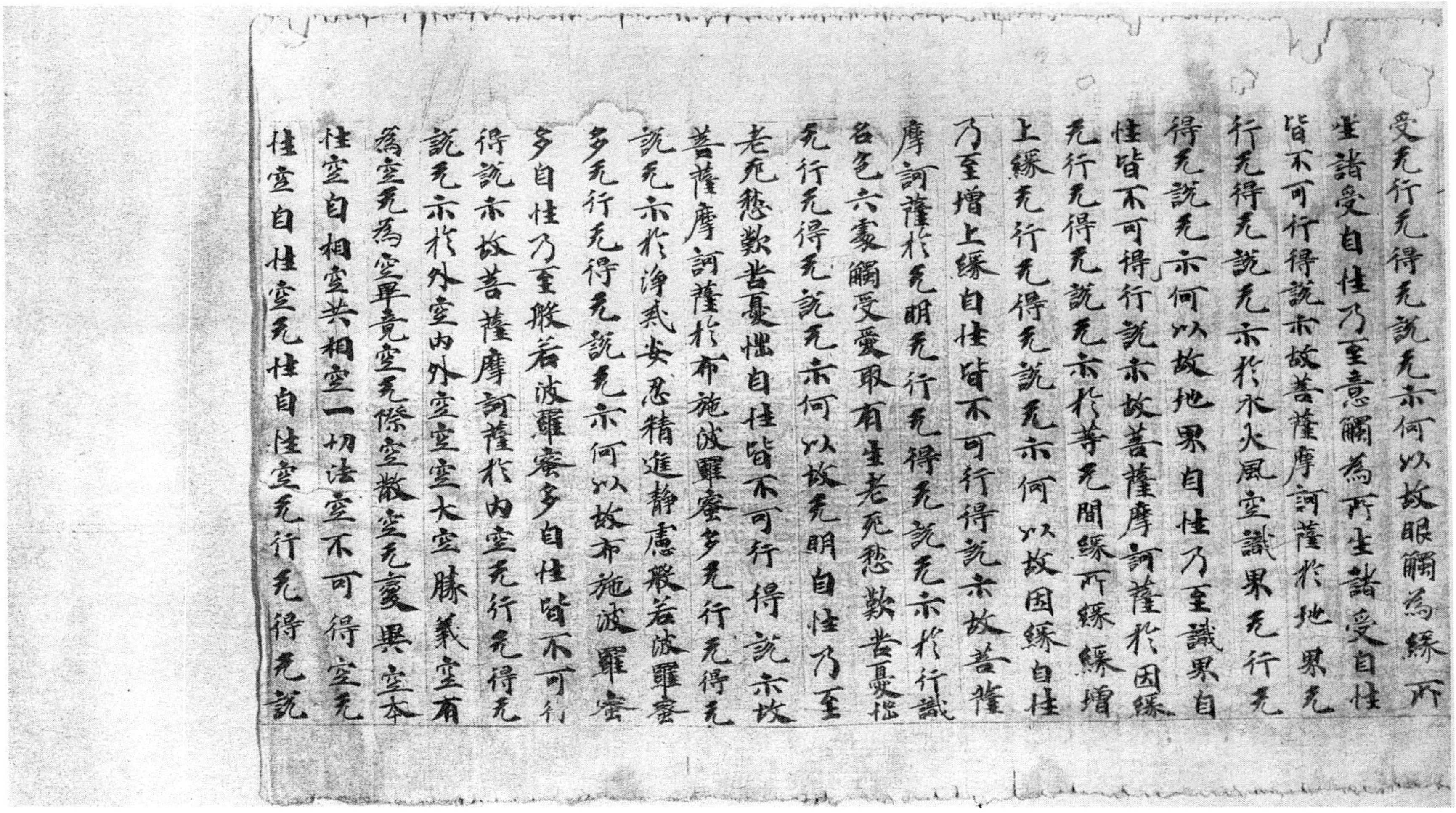

受无行无得无説无示何以故眼觸爲緣所
生諸受自性乃至意觸爲緣所生諸受自性
皆不可行得説示故菩薩摩訶薩於地界无
行无得无説无示於水火風空識界无行无
得无説无示何以故地界自性乃至識界自
性皆不可得行説示故菩薩摩訶薩於因緣
无行无得无説无示於等无間緣所緣緣增
上緣无行无得无説无示何以故因緣自性
乃至增上緣自性皆不可行得説示故菩薩
摩訶薩於无明无行无得无説无示於行識
名色六處觸受愛取有生老死愁歎苦憂惱
无行无得无説无示何以故无明自性乃至
老死愁歎苦憂惱自性皆不可行得説示故
菩薩摩訶薩於布施波羅蜜多无行无得无
説无示於淨戒安忍精進靜慮般若波羅蜜
多无行无得无説无示何以故布施波羅蜜
多自性乃至般若波羅蜜多自性皆不可行
得説示故菩薩摩訶薩於内空无行无得无
説无示於外空内外空空空大空勝義空有
爲空无爲空畢竟空无際空散空无變異空本
性空自相空共相空一切法空不可得空无
性空自性空无性自性空无行无得无説

BD07107 號　大般若波羅蜜多經卷三七九　（2–2）

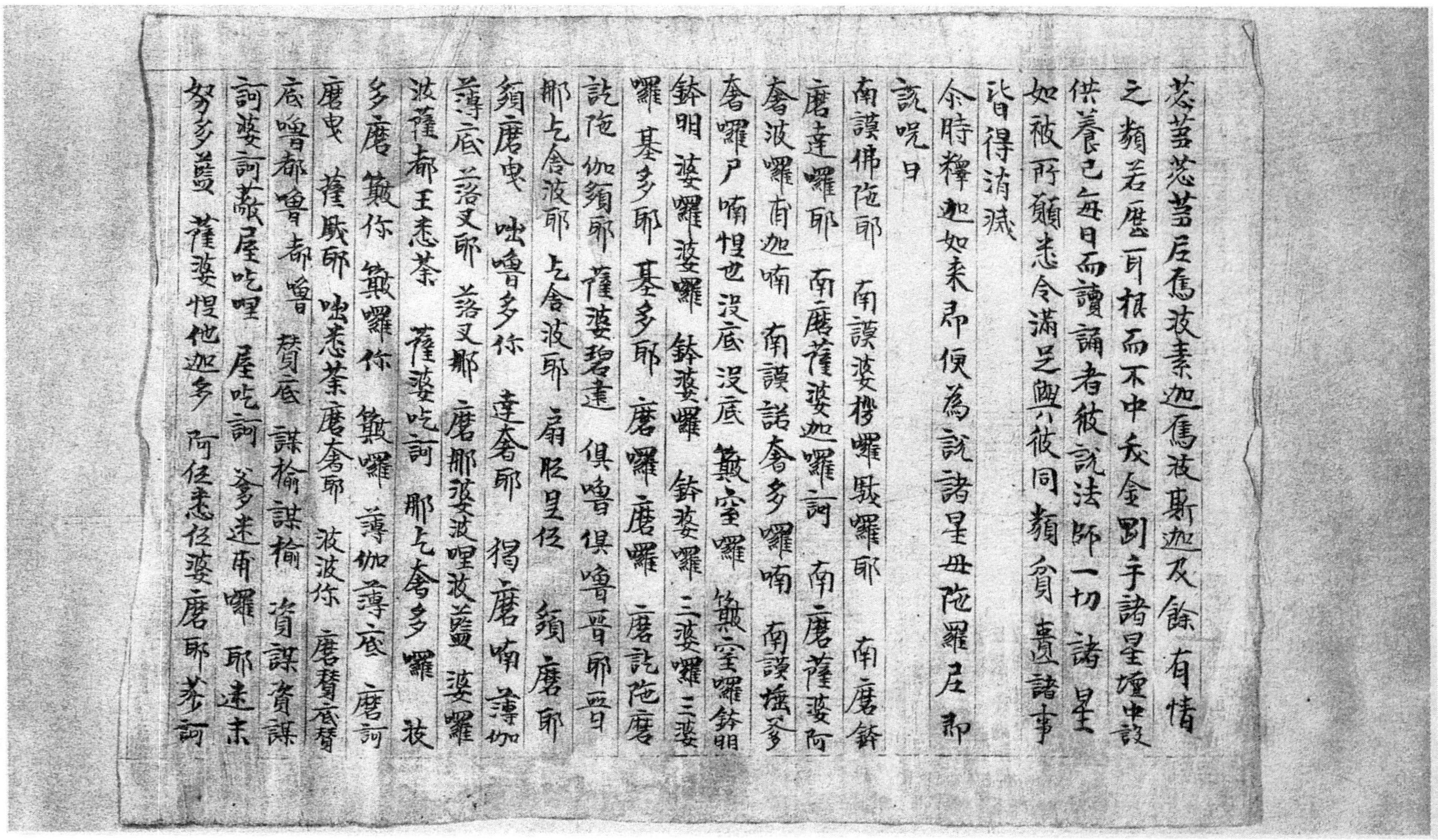

苾芻苾芻尼鄔波索迦鄔波斯迦及餘有情
之類若歷耳根而不中夭金剛手諸星壇中設
供養已每日而讀誦者彼説法師一切諸星
如彼所願悉令滿足與彼同類負諸事
皆得清淨
尒時釋迦如來即便爲説諸星母陁羅尼即
説呪曰
南謨佛陁耶　南謨婆樓羅馱耶　南麼鉢
麼達囉耶　南麼薩婆迦囉訶　南麼薩婆阿
奢波囉甫迦喃　南謨諾奢多囉喃　南謨播爹
奢囉尸喃怛也沒底沒底　簸室囉　簸室囉鉢囉
鉢明婆囉婆囉　鉢婆囉　鉢婆囉　三婆囉三婆
囉　基多耶　基多耶　麼囉麼囉　麼訖陁麼
訖陁　伽須耶　薩婆碧達　俱嚕俱嚕晉耶四日
耶乞舍波耶　乞舍波耶　扇貶呈伍　須麼耶
須麼曳　呲嚕多你　達奢耶　揭麼喃　薄伽
薄底　落叉耶　落叉耶　麼耶婆波哩波藍　婆囉
波薩都王悉荼　薩婆吃訶　耶乞奢多囉　波
多麼　簸你　簸囉你　簸囉　薄伽薄底　麼訶
麼曳　薩馱耶　呲悉荼麼奢耶　波波你　麼賛底賛
底嚕都嚕都嚕　賛底　誅榆誅榆　資誅資誅
訶婆訶藪屋吃哩　屋吃訶　爹迷甫囉　耶迷末
努爹藍　薩婆怛他迦多　阿任悉伍婆麼耶莎訶

BD07108 號　諸星母陀羅尼經　（1–1）

聞……或自書若使人書……
陀羅尼曰 南謨薄伽勃底 阿波利蜜多 阿……
……耶 怛他羯他耶 怛姪他唵 薩婆桑悉迦羅……
達磨底 伽伽娜 莎訶其持迦底 薩婆娑婆毗輸底 摩訶娜耶 波利婆利……
莎訶 世尊復告曼殊室利 如是經本一百八名號若有書……
是人持讀誦如其命盡復滿百年受經……身後得往生无量……
……薄伽勃底 阿波利蜜多 阿喻紇硯娜 須毗你悉指陀 羅佐耶
唵 薩婆桑悉迦羅 波利輸底 達磨底 伽伽娜 莎訶
輸底 摩訶娜耶 波利婆利莎訶
……九十九姟佛等一時同聲說是无量受宗要經陀羅尼曰 南謨薄伽……
阿波利蜜多 阿喻紇硯娜 須毗你悉指陀 羅佐耶 怛他羯他耶 怛姪他唵
婆桑悉迦羅 波利輸底 達磨底 伽伽娜 莎訶其持迦底 薩婆娑婆毗輸底
摩訶娜耶 波利婆利莎訶 尒時復有一百四姟佛一時同聲說是无量受宗要經
陀羅尼曰 南謨薄伽勃底 阿波利蜜多 阿喻紇硯娜 須毗你悉指陀 羅佐耶
怛他羯他耶 怛姪他唵 薩婆桑悉迦羅 波利輸底 達磨底 伽伽娜 莎
其持迦底 薩婆娑婆毗輸底 摩訶娜耶 波利婆利莎訶
尒時復有七姟佛一時同聲說是无量受宗要經陀羅尼曰 南謨薄伽勃底 阿
波利蜜多 阿喻紇硯娜 須毗你悉指陀 羅佐耶 怛他羯他耶 怛姪他唵 薩
婆桑悉迦羅 波利輸底 達磨底 伽伽娜 莎訶其持迦底 薩婆娑婆毗輸底
摩訶娜耶 波利婆利莎訶 尒時復有六十五姟佛一切同聲說是无量受
宗要經陀羅尼曰 南謨薄伽勃底 阿波利蜜多 阿喻紇硯娜 須毗你悉指陀
羅佐耶 怛他羯他耶 怛姪他唵 薩婆桑悉迦羅 波利輸底 達磨底 伽伽
娜 莎訶其持迦底 薩婆娑婆毗輸底 波利婆利莎訶 尒時復有五十五姟佛一
時同聲說是无量受宗要經陀羅尼曰 南謨薄伽勃底 阿波利蜜多
阿喻紇硯娜 須毗你悉指陀 羅佐耶 怛他羯他耶 怛姪他唵 薩婆桑
悉迦羅 波利輸底 達磨底 伽伽娜 莎訶其持迦底 薩婆娑婆毗輸底
摩訶娜耶 波利婆利莎訶 尒時復有四十五姟佛一時同聲說是无量受

BD07109 號　無量壽宗要經　(5–1)

羅佐耶 怛他羯他耶 怛姪他唵 薩婆桑悉迦羅 波利輸底 達磨底 伽伽
娜 莎訶其持迦底 薩婆娑婆毗輸底 波利婆利莎訶 尒時復有五十五姟佛一
時同聲說无量受宗要經陀羅尼曰 南謨薄伽勃底 阿波利蜜多
阿喻紇硯娜 須毗你悉指陀 羅佐耶 怛他羯他耶 怛姪他唵 薩婆桑
悉迦羅 波利輸底 達磨底 伽伽娜 莎訶其持迦底 薩婆娑婆毗輸底
摩訶娜耶 波利婆利莎訶 尒時復有四十五姟佛一時同聲說是无量受
宗要經陀羅尼曰 南謨薄伽勃底 阿波利蜜多 阿喻紇硯娜 須毗你悉指
陀 羅佐耶 怛他羯他耶 怛姪他唵 薩婆桑悉迦羅 波利輸底 達磨底 伽伽娜
莎訶其持迦底 薩婆娑婆毗輸底 摩訶娜耶 波利婆利莎訶 尒時復有三十
六姟佛一時同聲說是无量受宗要經陀羅尼曰 南謨薄伽勃底 阿波利蜜多
阿喻紇硯娜 須毗你悉指陀 羅佐耶 怛他羯他耶 怛姪他唵 薩婆桑悉迦羅
波利輸底 達磨底 伽伽娜 莎訶其持迦底 薩婆娑婆毗輸底 摩訶娜耶
波利婆利莎訶 尒時復有二十五姟佛一時聲說是无量受宗要經陀羅尼曰
南謨薄伽勃底 阿波利蜜多 阿喻紇硯娜 須毗你悉指陀 羅佐耶 怛他羯他
耶 怛姪他唵 薩婆桑悉迦羅 波利輸底 達磨底 伽伽娜 莎訶其持迦底
薩婆娑婆毗輸底 摩訶娜耶 波利婆利莎訶 尒時復有恒河沙姟佛一時
同聲說无量受宗要經陀羅尼曰 南謨薄伽勃底 阿波利蜜多 阿喻紇
硯娜 須毗你悉指陀 羅佐耶 怛他羯他耶 怛姪他唵 薩婆桑悉迦羅 波利
輸底 達磨底 伽伽娜 莎訶其持迦底 薩婆娑婆毗輸底 摩訶娜耶 波
利婆利莎訶 善男子若有自書寫教人書寫是无量受宗要經如其命盡復
得長受而滿百年 陀羅尼曰 南謨薄伽勃底 阿波利蜜多 阿喻紇硯娜 須毗你
悉指陀 羅佐耶 怛他羯他耶 怛姪他唵 薩婆桑悉迦羅 波利輸底 達磨底
伽伽娜 莎訶其持迦底 薩婆娑婆毗輸底 摩訶娜耶 波利婆利莎訶
若有自書寫教人書寫是无量受宗要經讀誦受持畢竟不墮地獄在所生得宿
命智 陀羅尼曰 南謨薄伽勃底 阿波利蜜多 阿喻紇硯娜 須毗你悉指陀
羅佐耶 怛他羯他耶 怛姪他唵 薩婆桑悉迦羅 波利輸底 達磨底 伽伽娜
莎訶其持迦底 薩婆娑婆毗輸底 摩訶娜耶 波利婆利莎訶 若有自書寫教
人書是无量受宗要經受持讀誦如同書寫八万四千一切經典 陀羅尼曰 南謨薄伽勃
底 阿波利蜜多 阿喻紇硯娜 須毗你悉指陀 羅佐耶 怛他羯他耶 怛姪他唵
薩婆桑悉迦羅 波利輸底 達磨底 伽伽娜 莎訶其持迦底 薩婆娑婆毗輸底
摩訶娜耶 波利婆利莎訶 若有自書寫教人書是无量受宗要經即是書寫八
方四千部建立塔廟 陀羅尼曰 南謨薄伽勃底 阿波利蜜多 阿喻紇硯娜 須
毗你悉指陀 羅佐耶 怛他羯他耶 怛姪他唵 薩婆桑悉迦羅 波利輸底 達
……底 伽伽娜 莎訶其持迦底 ……

BD07109 號　無量壽宗要經　(5–2)

[illegible]宗要經受持讀誦如同書寫八万四千一切經典陁羅尼曰 南謨薄伽勃
底 阿波利蜜多 阿喻紇硯那 須毗你悉持迦底 羅佐耶 怛他羯他耶 怛姪他唵
薩婆桑悉迦羅 波利輸底 達磨底 伽伽那 莎訶其持迦底 薩婆婆毗輸底
摩訶娜耶 波利婆利莎訶 若有自書寫教人書寫是无量受宗要經即是書寫八
万四千部建立塔廟陁羅尼曰 南謨薄伽勃底 阿波利蜜多 阿喻紇硯那 須
毗你悉指陁 羅佐耶 怛他羯他耶 怛姪他唵 薩婆桑悉迦羅 波利輸底 達
磨底 伽伽那 莎訶其持迦底 薩婆婆毗輸底 摩訶娜耶 波利婆利莎訶
若有自書寫教人書寫是无量受宗要經能請五无間等一切重罪陁羅尼曰
南謨薄伽勃底 阿波利蜜多 阿喻紇硯那 須毗你悉指陁 羅佐耶 怛他羯他
耶 怛姪他唵 薩婆桑悉迦羅 波利輸底 達磨底 伽伽那 莎訶其持迦底 薩
婆婆毗輸底 摩訶娜耶 波利婆利莎訶 若有自書寫教人書寫是无量受宗
要經受持讀誦設有重罪猶如須彌盡能除滅陁羅尼曰 南謨薄伽勃底 阿波
利蜜多 阿喻紇硯那 須毗你悉指陁 羅佐耶 怛他羯他耶 怛姪他唵 薩婆桑
悉迦羅 波利輸底 達磨底 伽伽那 莎訶其持迦底 薩婆婆毗輸底 摩訶
娜耶 波利婆利莎訶 若有自書寫教人書寫是无量受宗要經受持讀誦若魔
魔之眷屬夜叉羅剎不得其名終无枉死陁羅尼曰 南謨薄伽勃底 阿波利蜜多
阿喻紇硯那 須毗你悉指陁 羅佐耶 怛他羯他耶 怛姪他唵 薩婆桑悉迦羅 波利
輸底 達磨底 伽伽那 莎訶其持迦底 薩婆婆毗輸底 摩訶娜耶 波利婆利莎訶
若有自書寫教人書寫是无量受宗要經受持讀誦當命終時有九十九姟佛現其人
前慕千佛受手能遊一切佛剎莫於此經生於疑惑陁羅尼曰 南謨薄伽勃底
阿波利蜜多 阿喻紇硯那 須毗你悉指陁 羅佐耶 怛他羯他耶 怛姪他唵 薩
婆桑悉迦羅 波利輸底 達磨底 伽伽那 莎訶其持迦底 薩婆婆毗輸底
摩訶娜耶 波利婆利莎訶 若有自書寫教人書寫是无量受宗要經受持讀誦常
得四天大王隨其衛護陁羅尼曰 南謨薄伽勃底 阿波利蜜多 阿喻紇硯那 須
毗你悉指陁 羅佐耶 怛他羯他耶 怛姪他唵 薩婆桑悉迦羅 波利輸底 達磨底
伽伽那 莎訶其持迦底 薩婆婆毗輸底 摩訶娜耶 波利婆利莎訶 若有自
書寫教人書寫是无量受宗要經受持讀誦當往生西方極樂世界阿彌陁淨土
陁羅尼曰 南謨薄伽勃底 阿波利蜜多 阿喻紇硯那 須毗你悉指陁 羅佐耶 怛他
羯他耶 怛姪他唵 薩婆桑悉迦羅 波利輸底 達磨底 伽伽那 莎訶其持迦底
薩婆婆毗輸底 摩訶娜耶 波利婆利莎訶 若有方所自書寫使人書寫是无量
受經典之處則為是塔皆應恭敬作禮若是畜生或為鳥獸得聞是經如是等類
皆當不久得一切種智陁羅尼曰 南謨薄伽勃底 阿波利蜜多 阿喻紇硯那
須毗你悉指陁 羅佐耶 怛他羯他耶 怛姪他唵 薩婆桑悉迦羅 波利輸底 達

BD07109 號　無量壽宗要經

（5-3）

陁羅尼曰 南謨[illegible]
羯他耶 怛姪他唵 薩婆桑悉迦羅 波利輸底 達磨底 伽伽那 莎訶其持迦底
薩婆婆毗輸底 摩訶娜耶 波利婆利莎訶 若有方所自書寫使人書寫是无量
受經典之處則為是塔皆應恭敬作禮若是畜生或為鳥獸得聞是經如是等類
皆當不久得一切種智陁羅尼曰 南謨薄伽勃底 阿波利蜜多 阿喻紇硯那
須毗你悉指陁 羅佐耶 怛他羯他耶 怛姪他唵 薩婆桑悉迦羅 波利輸底 達
磨底 伽伽那 莎訶其持迦底 薩婆婆毗輸底 摩訶娜耶 波利婆利莎訶
若有於是无量受經自書寫若使人書寫畢竟不受女人之身陁羅尼曰 南謨薄
伽勃底 阿波利蜜多 阿喻紇硯那 須毗你悉指陁 羅佐耶 怛他羯他耶 怛姪他唵
薩婆桑悉迦羅 波利輸底 達磨底 伽伽那 莎訶其持迦底 薩婆婆毗輸底
摩訶娜耶 波利婆利莎訶 若有能是經少分能惠施者於三千大千世界滿
中七寶布施陁羅尼曰 南謨薄伽勃底 阿波利蜜多 阿喻紇硯那 須毗你悉指陁
羅佐耶 怛他羯他耶 怛姪他唵 薩婆桑悉迦羅 波利輸底 達磨底 伽伽那 莎訶
其持迦底 薩婆婆毗輸底 摩訶娜耶 波利婆利莎訶 若有供養是經者
則是供養一切諸經等无有別異陁羅尼曰 南謨薄伽勃底 阿波利蜜多 阿喻
紇硯那 須毗你悉指陁 羅佐耶 怛他羯他耶 怛姪他唵 薩婆桑悉迦羅 波利輸底
達磨底 伽伽那 莎訶其持迦底 薩婆婆毗輸底 摩訶娜耶 波利婆利莎訶
如是毗婆尸佛 尸棄佛 毗舍浮佛 俱留孫佛 俱那含牟尼佛 迦葉佛 釋迦牟尼佛
若有人以七寶供養如是七佛其福有限書寫受持是无量受經所有功德不可限量陁羅尼曰
南謨薄伽勃底 阿波利蜜多 阿喻紇硯那 須毗你悉指陁 羅佐耶 怛他羯他耶
怛姪他唵 薩婆桑悉迦羅 波利輸底 達磨底 伽伽那 莎訶其持迦底 薩婆
婆毗輸底 波利婆利莎訶 若有七寶等於須彌以用布施其福上能知其限量是
是无量受經典其福不可知數陁羅尼曰 南謨薄伽勃底 阿波利蜜多 阿喻紇硯
那 須毗你悉指陁 羅佐耶 怛他羯他耶 怛姪他唵 薩婆桑悉迦羅 波利輸底
達磨底 伽伽那 莎訶其持迦底 薩婆婆毗輸底 摩訶娜耶 波利婆利
莎訶 如是四大海水可知渧數是无量經典可生果報不可數量陁羅尼曰
南謨薄伽勃底 阿波利蜜多 阿喻紇硯那 須毗你悉指陁 羅佐耶 怛他羯他耶 怛
姪他唵 薩婆桑悉迦羅 波利輸底 達磨底 伽伽那 莎訶其持迦底 薩婆婆
毗輸底 摩訶娜耶 波利婆利莎訶
若有人自書寫使人書寫是无量受經典又能讀持供養即如恭敬供養一切十方佛土
如來无有別異陁羅 南謨薄伽勃底 阿波利蜜多 阿喻紇硯那 須毗你悉指陁
羅佐耶 怛他羯他耶 怛姪他唵 薩婆桑悉迦羅 波利輸底 達磨底 伽伽那
莎訶其持迦底 薩婆婆毗輸底 摩訶娜耶 波利婆利莎訶
布施力能成正覺 悟布施力人師子 布施力能聲聞 [illegible]

BD07109 號　無量壽宗要經

（5-4）

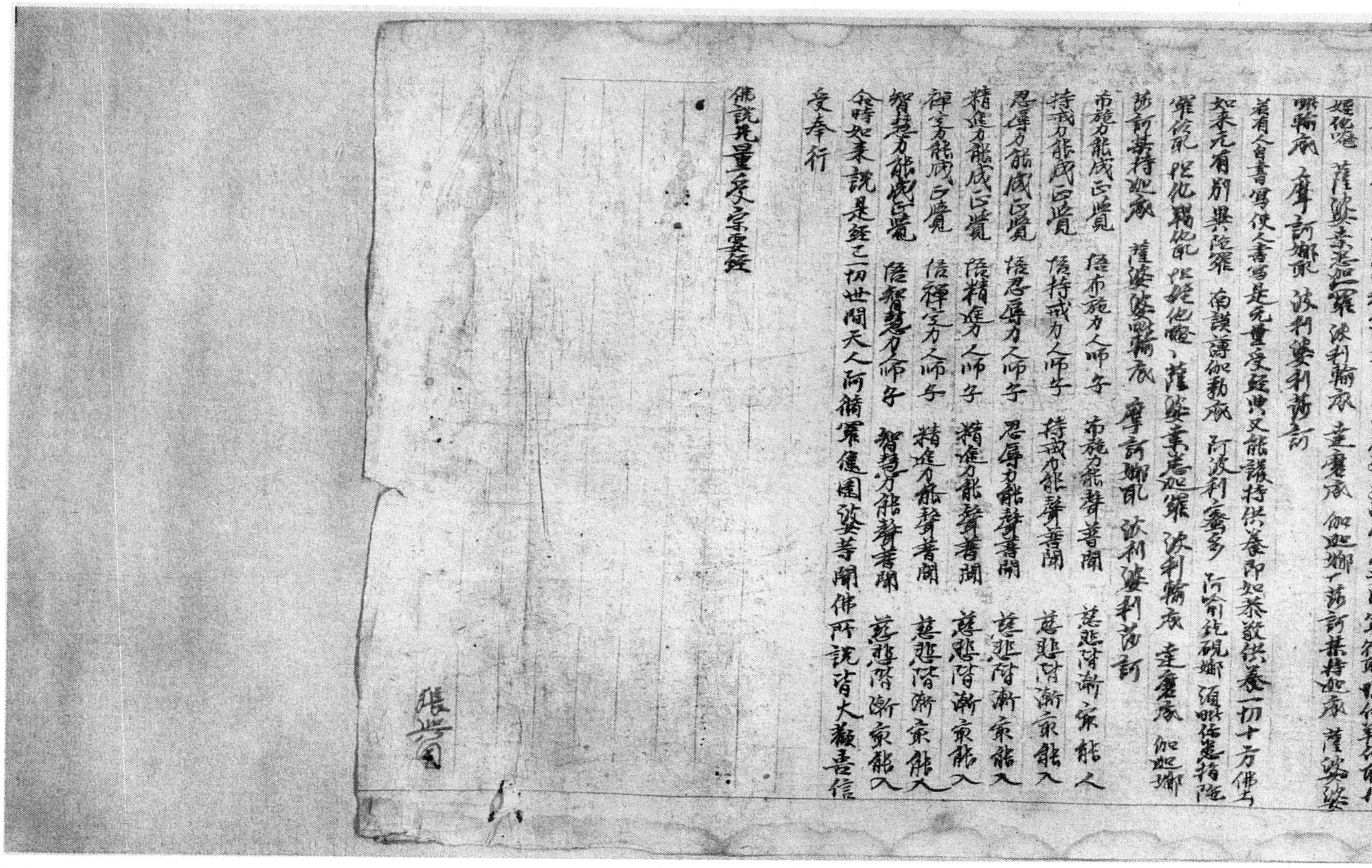

BD07109號　無量壽宗要經

(5-5)

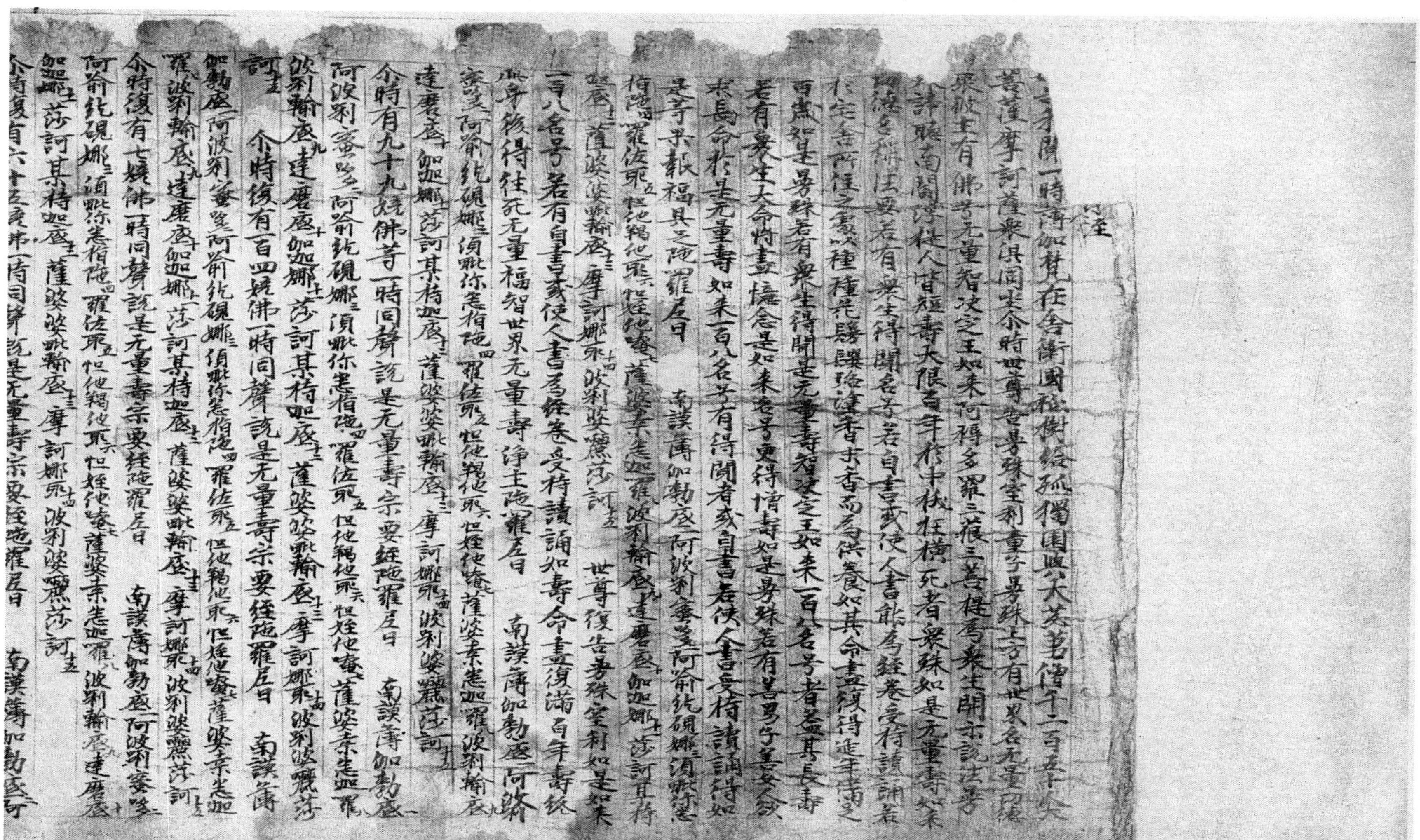

BD07110號　無量壽宗要經

(3-1)

訶十五
尒時復有一百四殑佛一時同聲說是无量壽宗要經陁羅尼曰　南謨薄
伽勒底一阿波唎蜜多二阿喻紇硯娜三須毗你悉指陁四囉佐耶五怛他羯他耶六怛姪他唵七薩婆桑悉迦
囉八波唎輸底九達磨底十伽伽娜十一莎訶某持伽底十二薩婆婆毗輸底十三摩訶娜耶十四波唎婆囉莎訶十五
尒時復有七殑佛一時同聲說是无量壽宗要經陁羅尼曰　南謨薄伽勒底一阿波唎蜜多二
阿喻紇硯娜三須毗你悉指陁四囉佐耶五怛他羯他耶六怛姪他唵七薩婆桑悉迦囉八波唎輸底九達磨底
伽伽娜十一莎訶某持伽底十二薩婆婆毗輸底十三摩訶娜耶十四波唎婆囉莎訶十五
尒時復有六十五殑佛一時同聲說是无量壽宗要經陁羅尼曰　南謨薄伽勒底一阿
波唎蜜多二阿喻紇硯娜三須毗你悉指陁四囉佐耶五怛他羯他耶六怛姪他唵七薩婆桑悉迦囉八波唎輸
底九達磨底十伽伽娜十一莎訶某持伽底十二薩婆婆毗輸底十三摩訶娜耶十四波唎婆囉莎訶十五
尒時復有五十五殑佛一時同聲說是无量壽宗要經陁羅尼曰　南謨薄伽勒底一阿波
唎蜜多二阿喻紇硯娜三須毗你悉指陁四囉佐耶五怛他羯他耶六怛姪他唵七薩婆桑悉迦囉八波唎輸底九
達磨底十伽伽娜十一莎訶某持伽底十二薩婆婆毗輸底十三摩訶娜耶十四波唎婆囉莎訶十五
尒時復有四十五殑佛一時同聲說是无量壽宗要經陁羅尼曰　南謨薄伽勒底一阿波唎蜜多二
阿喻紇硯娜三須毗你悉指陁四囉佐耶五怛他羯他耶六怛姪他唵七薩婆桑悉迦囉八波唎輸底九達磨底十
伽伽娜十一莎訶某持伽底十二薩婆婆毗輸底十三摩訶娜耶十四波唎婆囉莎訶十五
尒時復有三十六殑佛一時同聲說是无量壽宗要經陁羅尼曰　南謨薄伽勒底一阿波唎蜜
多二阿喻紇硯娜三須毗你悉指陁四囉佐耶五怛他羯他耶六怛姪他唵七薩婆桑悉迦囉八波唎輸底九達磨
底十伽伽娜十一莎訶某持伽底十二薩婆婆毗輸底十三摩訶娜耶十四波唎婆囉莎訶十五
尒時復有二十五殑佛一時同聲說是无量壽宗要經陁羅尼曰　南謨薄伽勒底一阿波唎
蜜多二阿喻紇硯娜三須毗你悉指陁四囉佐耶五怛他羯他耶六怛姪他唵七薩婆桑悉迦囉八波唎輸底九達磨
底十伽伽娜十一莎訶某持伽底十二薩婆婆毗輸底十三摩訶娜耶十四波唎婆囉莎訶十五
尒時復有恒河沙殑佛一時同聲說是无量壽宗要經陁羅尼曰　南謨薄伽勒底一阿波唎蜜多二
阿喻紇硯娜三須毗你悉指陁四囉佐耶五怛他羯他耶六怛姪他唵七薩婆桑悉迦囉八波唎輸底九達磨底十伽
娜十一薩訶某持伽底十二薩婆婆毗輸底十三摩訶娜耶十四波唎婆囉莎訶十五
若男子若有自書寫教人書寫是无量壽宗要經如其命盡復得長壽而滿百年陁
羅尼曰　南謨薄伽勒底一阿波唎蜜多二阿喻紇硯娜三須毗你悉指陁四囉佐耶五怛他羯他耶六
怛姪他唵七薩婆桑悉迦囉八波唎輸底九達磨底十伽伽娜十一莎訶某持伽底十二薩婆婆毗輸底十三摩
訶娜耶十四波唎婆囉莎訶十五　若有自書寫教人書寫是无量壽宗要經讀誦受持
畢竟不墮地獄在在所生得宿命智陁羅尼曰　南謨薄伽勒底一阿波唎蜜多二阿喻紇硯
娜三須毗你悉指陁四囉佐耶五怛他羯他耶六怛姪他唵七薩婆桑悉迦囉八波唎輸底九達磨底十伽
娜十一莎訶某持伽底十二薩婆婆毗輸底十三摩訶娜耶十四波唎婆囉莎訶十五
若有自書教人書寫是无量壽宗要經受持讀誦如同書寫八万四千一切經典陁羅
尼曰　南謨薄伽勒底一阿波唎蜜多二阿喻紇硯娜三須毗你悉指陁四囉佐耶五怛他羯他耶六

BD07110號　無量壽宗要經

（3–2）

娜十一莎訶某持伽底十二薩婆婆毗輸底十三摩訶娜耶十四波唎婆囉莎訶
若男子若有自書寫教人書寫是无量壽宗要經如其命盡復得長壽而滿百年陁
羅尼曰　南謨薄伽勒底一阿波唎蜜多二阿喻紇硯娜三須毗你悉指陁四囉佐耶五怛他羯他耶六
怛姪他唵七薩婆桑悉迦囉八波唎輸底九達磨底十伽伽娜十一莎訶某持伽底十二薩婆婆毗輸底十三摩
訶娜耶十四波唎婆囉莎訶十五　若有自書寫教人書寫是无量壽宗要經讀誦受持
畢竟不墮地獄在在所生得宿命智陁羅尼曰　南謨薄伽勒底一阿波唎蜜多二阿喻紇硯
娜三須毗你悉指陁四囉佐耶五怛他羯他耶六怛姪他唵七薩婆桑悉迦囉八波唎輸底九達磨底十伽
娜十一莎訶某持伽底十二薩婆婆毗輸底十三摩訶娜耶十四波唎婆囉莎訶十五
若有自書教人書寫是无量壽宗要經受持讀誦如同書寫八万四千一切經典陁羅
尼曰　南謨薄伽勒底一阿波唎蜜多二阿喻紇硯娜三須毗你悉指陁四囉佐耶五怛他羯他耶六
怛姪他唵七薩婆桑悉迦囉八波唎輸底九達磨底十伽伽娜十一莎訶某持伽底十二薩婆婆毗輸底十三摩
訶娜耶十四波唎婆囉莎訶十五　若有自書寫教人書寫是无量壽宗要經即是書寫
八万四千部建立塔廟陁羅尼曰　南謨薄伽勒底一阿波唎蜜多二阿喻紇硯娜三
須毗你悉指陁四囉佐耶五怛他羯他耶六怛姪他唵七薩婆桑悉迦囉八波唎輸底九達磨底十
伽伽娜十一莎訶某持伽底十二薩婆婆毗輸底十三摩訶娜耶十四波唎婆囉莎訶十五
若有自書寫教人書寫是无量壽宗要經能消五无間等一切重罪陁羅尼曰
南謨薄伽勒底一阿波唎蜜多二阿喻紇硯娜三須毗你悉指陁四囉佐耶五怛他羯他耶六
怛姪他唵七薩婆桑悉迦囉八波唎輸底九達磨底十伽伽娜十一莎訶某持伽底十二薩婆婆毗輸底十三
摩訶娜耶十四波唎婆囉莎訶十五　若有自書寫教人書寫是无量壽宗要經受
持讀誦設有重罪猶如須弥盡能除滅陁羅尼曰　南謨薄伽勒底一阿波唎蜜
多二阿喻紇硯娜三須毗你悉指陁四囉佐耶五怛他羯他耶六怛姪他唵七薩婆桑悉迦囉八波唎輸底
達磨底十伽伽娜十一莎訶某持伽底十二薩婆婆毗輸底十三摩訶娜耶十四波唎婆囉莎訶
若有自書寫教人書寫是无量壽宗要經受持讀誦若魔魔之眷屬夜叉羅
剎不得其便殀无枉死陁羅尼曰　南謨薄伽勒底一阿波唎蜜多二阿喻紇
硯娜三須毗你悉指陁四囉佐耶五怛他羯他耶六怛姪他唵七薩婆桑悉迦囉八波唎輸底九達磨

BD07110號　無量壽宗要經

（3–3）

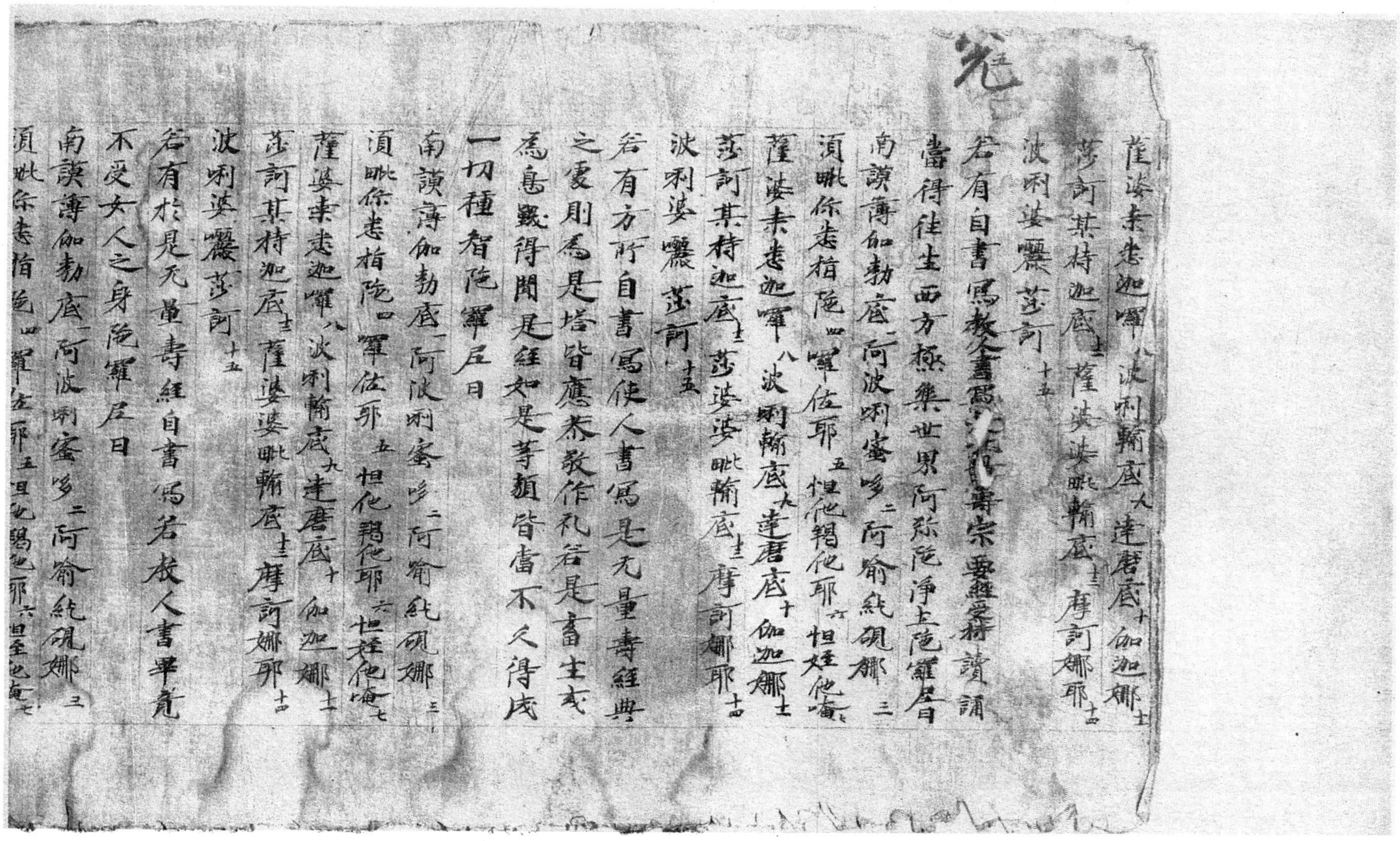

兑

薩婆桑悉迦囉八波唎輸底九達磨底十伽伽娜十一
莎訶其持迦底十二薩婆婆毗輸底十三摩訶娜耶十四
波唎婆囉莎訶十五
若有自書寫教人書寫是无量壽宗要經受持讀誦
當得往生西方極樂世界阿彌陁淨土陁羅尼曰
南謨薄伽勃底一阿波唎蜜多二阿喻紇硯娜三
須毗你悉指陁四囉佐耶五怛他羯他耶六怛姪他唵七
薩婆桑悉迦囉八波唎輸底九達磨底十伽伽娜十一
莎訶其持迦底十二莎婆婆毗輸底十三摩訶娜耶十四
波唎婆囉莎訶十五
若有方所自書寫使人書寫是无量壽經典
之處則為是塔皆應恭敬作禮若是畜生或
為鳥獸得聞是經如是等類皆當不久得成
一切種智陁羅尼曰
南謨薄伽勃底一阿波唎蜜多二阿喻紇硯娜三
須毗你悉指陁四囉佐耶五怛他羯他耶六怛姪他唵七
薩婆桑悉迦囉八波唎輸底九達磨底十伽伽娜十一
莎訶其持迦底十二薩婆婆毗輸底十三摩訶娜耶十四
波唎婆囉莎訶十五
若有於是无量壽經自書寫若教人書畢竟
不受女人之身陁羅尼曰
南謨薄伽勃底一阿波唎蜜多二阿喻紇硯娜三
須毗你悉指陁四囉佐耶五怛他羯他耶六怛姪他唵七

BD07111 號　無量壽宗要經（兑廢稿）

（2–1）

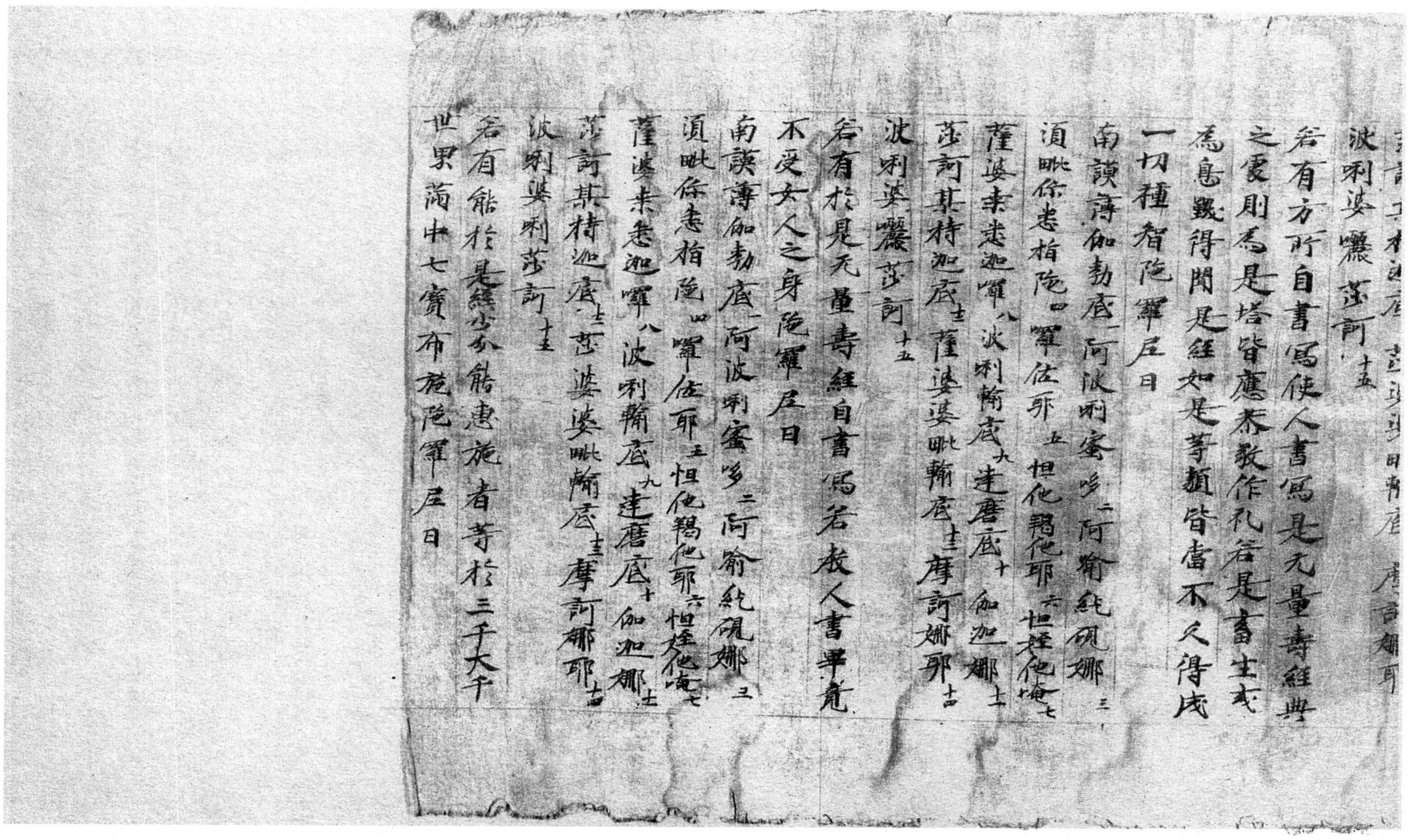

…訶其持迦底…婆婆毗輸底…摩訶娜耶…
波唎婆囉莎訶十五
若有方所自書寫使人書寫是无量壽經典
之處則為是塔皆應恭敬作禮若是畜生或
為鳥獸得聞是經如是等類皆當不久得成
一切種智陁羅尼曰
南謨薄伽勃底一阿波唎蜜多二阿喻紇硯娜三
須毗你悉指陁四囉佐耶五怛他羯他耶六怛姪他唵七
薩婆桑悉迦囉八波唎輸底九達磨底十伽伽娜十一
莎訶其持迦底十二薩婆婆毗輸底十三摩訶娜耶十四
波唎婆囉莎訶十五
若有於是无量壽經自書寫若教人書畢竟
不受女人之身陁羅尼曰
南謨薄伽勃底一阿波唎蜜多二阿喻紇硯娜三
須毗你悉指陁四囉佐耶五怛他羯他耶六怛姪他唵七
薩婆桑悉迦囉八波唎輸底九達磨底十伽伽娜十一
莎訶其持迦底十二莎婆婆毗輸底十三摩訶娜耶十四
波唎婆唎莎訶十五
若有能於是經少分能惠施者等於三千大千
世界滿中七寶布施陁羅尼曰

BD07111 號　無量壽宗要經（兑廢稿）

（2–2）

……衣者波逸提
……嚴身具除時因緣波逸提
若比丘尼著革屣持蓋行除時因緣波逸提
若比丘尼不著僧祇支入村者波逸提
若比丘尼向暮至白衣家先不被喚者波逸提
若比丘尼向暮開僧伽藍門不囑授餘比丘尼而
出者波逸提
若比丘尼日沒開僧伽藍門不囑受而出者波逸提
若比丘尼不前安居不後安居者波逸提
若比丘尼知女人常漏大小便涕唾常出者與受具
足戒者波逸提
若比丘尼知二形人與受具足戒者波逸提
若比丘尼知二道合者與受具足戒者波逸提
若比丘尼知有負債難者病難者與受具足戒波逸提
若比丘尼學世俗伎術以自活命者波逸提
若比丘尼以世俗伎術教授白衣者波逸提
若比丘尼被擯不去者波逸提
若比丘尼欲問比丘尼義先不求而問者波逸提
若比丘尼知先住處至後至先住欲惱彼故在前經行
若玄若坐小者波逸提
若比丘尼在比丘僧伽藍內起搭者波逸提
若比丘尼見新受戒比丘應起迎逆恭敬禮拜問
訊請與坐不者除因緣波逸提
若比丘尼為好故搖身趨行者波逸提

BD07112號　四分比丘尼戒本

(2–1)

足戒者波逸提
若比丘尼知二形人與受具足戒者波逸提
若比丘尼知二道合者與受具足戒者波逸提
若比丘尼知有負債難者病難者與受具足戒波逸提
若比丘尼學世俗伎術以自活命者波逸提
若比丘尼以世俗伎術教授白衣者波逸提
若比丘尼被擯不去者波逸提
若比丘尼欲問比丘尼義先不求而問者波逸提
若比丘尼知先住處至後至先住欲惱彼故在前經行
若玄若坐小者波逸提
若比丘尼在比丘僧伽藍內起搭者波逸提
若比丘尼見新受戒比丘應起迎逆恭敬禮拜問
訊請與坐不者除因緣波逸提
若比丘尼為好故搖身趨行者波逸提
若比丘尼作婦女莊嚴香塗摩身者波逸提
諸大姊我已說一百七十八波逸提法今問諸大姊是
中清淨不疑諸大姊是中清淨默然故是事如是持
諸大姊是八波羅提提舍尼法半月半月說戒經中來
若比丘尼無病乞蘇而食者犯應懺悔可呵法應向
餘比丘尼說言大姊我犯可呵法所不應為我今向
大姊懺悔是名悔過法
若比丘尼不病乞油而食者犯應懺悔可呵法所不
應向餘比丘尼說大姊我犯可呵法所不應為我今
向大姊懺悔是名悔過法

BD07112號　四分比丘尼戒本

(2–2)

清淨若一

故

善現無忘失法清淨故布施波羅蜜多清淨
布施波羅蜜多清淨故一切智智清淨何以
故若無忘失法清淨若布施波羅蜜多清淨
若一切智智清淨無二無二分無別無斷故無
忘失法清淨故淨戒安忍精進靜慮般若
波羅蜜多清淨淨戒乃至般若波羅蜜多
清淨故一切智智清淨何以故若無忘失法清
淨若淨戒乃至般若波羅蜜多清淨若一切
智智清淨無二無二分無別無斷故善現無忘
失法清淨故內空清淨內空清淨故一切
智智清淨何以故若無忘失法清淨若內空
清淨若一切智智清淨無二無二分無別無
斷故無忘失法清淨故外空內外空空空大
空勝義空有為空無為空畢竟空無際空散
空無變異空本性空自相空共相空一切法
空不可得空無性空自性空無性自性空清
淨外空乃至無性自性空清淨故一切智智
清淨何以故若無忘失法清淨若外空乃至
無性自性空清淨若一切智智清淨無二無二
分無別無斷故善現無忘失法清淨故真如

BD07113 號　大般若波羅蜜多經卷二三八

（3–1）

空不可得空無性空自性空無性自性空清
淨外空乃至無性自性空清淨故一切智智
清淨何以故若無忘失法清淨若外空乃至
無性自性空清淨若一切智智清淨無二無二
分無別無斷故善現無忘失法清淨故真如
清淨真如清淨故一切智智清淨何以故若
無忘失法清淨若真如清淨若一切智智清
淨無二無二分無別無斷故無忘失法清法淨
故法界法性不虛妄性不變異性平等性離
生性法定法住實際虛空界不思議界清
淨法界乃至不思議界清淨故一切智智清
淨何以故若無忘失法清淨若法界乃至不
思議界清淨若一切智智清淨無二無二分
無別無斷故善現無忘失法清淨故苦聖諦
清淨苦聖諦清淨故一切智智清淨何以故
若無忘失法清淨若苦聖諦清淨若一切智
智清淨無二無二分無別無斷故無忘失法
清淨故集滅道聖諦清淨集滅道聖諦清
淨故一切智智清淨何以故若無忘失法清淨
若集滅道聖諦清淨若一切智智清淨無二
無二分無別無斷故善現無忘失法清淨故
四靜慮清淨四靜慮清淨故一切智智清淨
何以故若無忘失法清淨若四靜慮清淨若
一切智智清淨無二無二分無別無斷故無忘
失法清淨故四無量四無色定清淨四無
量四無色定清淨故一切智智清淨何以故

BD07113 號　大般若波羅蜜多經卷二三八

（3–2）

若集滅道聖諦清淨若一切智智清淨無二
無二分無別無斷故善現無忘失法清淨故
四靜慮清淨四靜慮清淨故一切智智清淨
何以故若無忘失法清淨若四靜慮清淨若
一切智智清淨無二無二分無別無斷故無忘
失法清淨故四無量四無色定清淨四無
量四無色定清淨故一切智智清淨何以故
若無忘失法清淨若四無量四無色定清淨
若一切智智清淨無二無二分無別無斷故
善現無忘失法清淨故八解脫清淨八解脫
清淨故一切智智清淨何以故若無忘失法
清淨若八解脫清淨若一切智智清淨無二
無二分無別無斷故無忘失法清淨故八勝
處九次第定十遍處清淨八勝處九次第定
十遍處清淨故一切智智清淨何以故若無
忘失法清淨若八勝處九次第定十遍處清
淨若一切智智清淨無二無二分無別無斷故
善現無忘失法清淨故四念住清淨四念
住清淨故一切智智清淨何以故若無忘失
法清淨若四念住清淨若一切智智清淨無
二無二分無別無斷故無忘失法清淨故四

BD07113 號　大般若波羅蜜多經卷二三八　（3–3）

唵謨呼羅迦耶莎訶　唵尸儻奢薩莎訶
當伽俱麼囉也莎訶　唵鞞頞也鞞頞也莎訶唵
伽阿悉婆頞也莎訶　唵阿須囉薩多麼也莎訶
唵吒哩悉囊擻羅那也莎訶　唵阿蜜多畢哩耶
莎訶　唵蘖底羯多薩莎訶
金剛手此則是彼九星秘密心呪讀便戍辭當
作十二指一色香壇中安供養或[illegible]或銅金
銀等器奉獻供養二供養當誦一百八遍
金剛手此後誦此諸星母陁羅尼秘密言
辭滿足七遍一切諸星而作守護[illegible]命
窮盡得解脫命將欲盡而得長壽金剛手若
苾蒭苾蒭尼烏波索迦烏波斯迦及餘有情之
類若壓耳根而不中夭金剛手諸星壇中設
供養已每日而讀誦者彼說法師一切諸星
如彼所願悉令滿足與彼同類貪遺諸事
皆得消滅
尒時釋迦如來即便為說諸星母陁羅尼
即說呪曰
南謨佛陁耶　南謨婆摽囉馱羅耶　南麼鉢麼
達囉耶　南麼薩婆迦囉訶　南麼薩婆阿奢
波囉甫迦喃　南謨諸奢多囉喃　南謨堪奢奢
囉尸喃　怛也沒底沒底　散室囉擻室囉　鉢
明鉢明　婆囉婆囉　鉢婆囉婆囉　三婆囉
三婆囉　基多耶　基多耶　麼囉麼囉　麼訖
[illegible]

BD07114 號　諸星母陀羅尼經　（3–1）

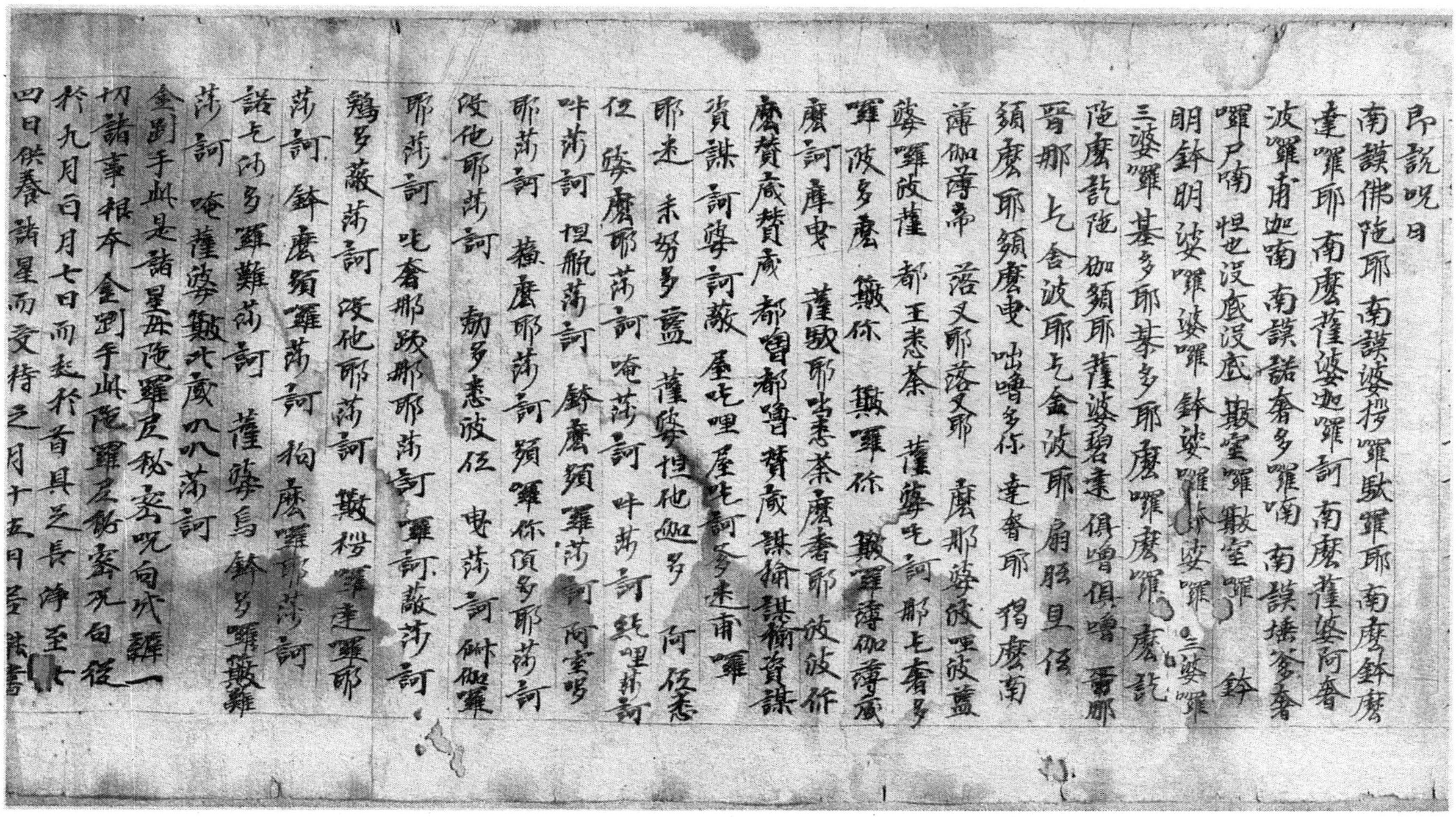

即說呪曰
南謨佛陀耶 南謨婆椤羅馱羅耶 南麽鉢麽
達囉耶 南麽薩婆迦囉訶 南麽薩婆阿奢
波囉甫迦喃 南謨諾奢多囉喃 南謨㨬㕘奢
囉尸喃 怛也沒底沒底 擻室囉擻室囉 鉢
明鉢明婆囉婆囉 鉢婆囉鉢婆囉 三婆囉
三婆囉 基多耶 棊多耶 麽囉麽囉 麽訖
陀麽訖陀 伽頞耶 薩婆碧達 俱嚕俱嚕 蕃耶
晉那 乞舍波耶 乞金波耶 扇脑旦伭
頞麽耶 頞麽曳 咄嚕多你 達奢耶 羯麽喃
薄伽薄帝 落叉耶落叉耶 麽耶薩波哩波薑
薩囉波薩 都王悉茶 薩婆吒訶 耶乞奢多
囉波多麽 籤你 擻囉你 擻囉薄伽薄底
麽訶摩曳 薩歇耶 咄悉茶麽奢耶 波波你
麽贊蔵贊蔵 都噜都噜 贊蔵 謀揄謀揄資謀
資謀 訶婆訶薮 壓吒哩 壓吒訶 㕘迷甫囉
耶迷 未努多薑 薩婆怛他伽多 阿伭悉
伭 婆麽耶莎訶 唵莎訶 吽莎訶 鈍哩莎訶
吽莎訶 怛航莎訶 鉢麽頞羅莎訶 阿室明
耶莎訶 稿麽耶莎訶 頞囉你頂多耶莎訶
沒他耶莎訶 勃多悉波伭 曳莎訶 𠹭伽囉
耶莎訶 吒奢那跋那耶莎訶 囉訶薮莎訶
雞多薮莎訶 沒佗耶莎訶 擻椤囉達囉耶
莎訶 鉢麽頞羅莎訶 枸麽囉耶莎訶
諸乞沙多羅難莎訶 薩婆烏鉢多囉擻難
莎訶 唵薩婆擻北蔵叭叭莎訶
金剛手此是諸星母陀羅尼秘密呪句戍羅一
切諸事根本 金剛手此陀羅尼能密死句從
於九月白月七日而起於首具足長淨至上
四日供養諸星而交待之月十五日若能書

BD07114 號 諸星母陀羅尼經 (3–2)

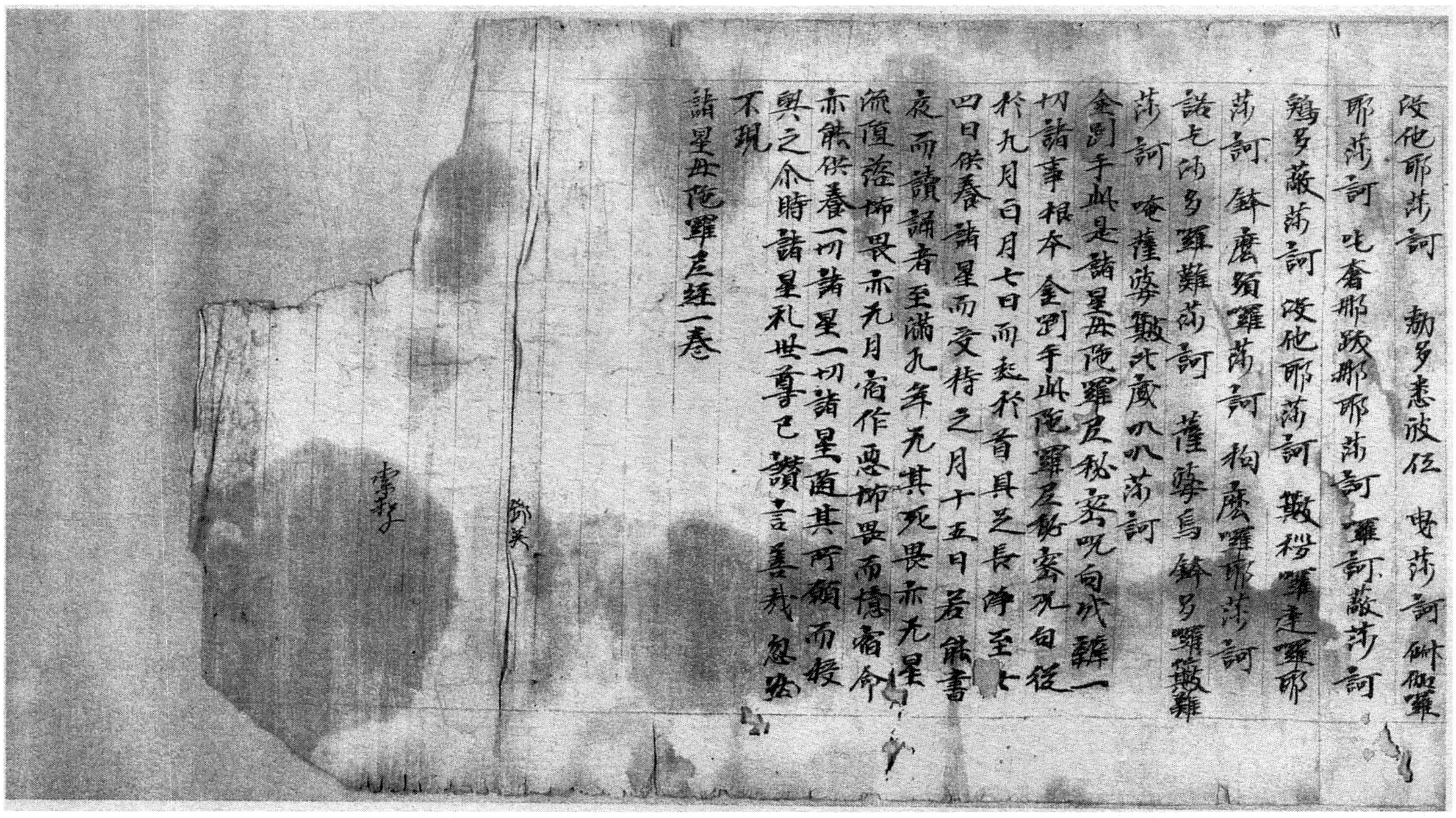

沒他耶莎訶 勃多悉波伭 曳莎訶 𠹭伽囉
耶莎訶 吒奢那跋那耶莎訶 囉訶薮莎訶
雞多薮莎訶 沒佗耶莎訶 擻椤囉達囉耶
莎訶 鉢麽頞羅莎訶 枸麽囉耶莎訶
諸乞沙多羅難莎訶 薩婆烏鉢多囉擻難
莎訶 唵薩婆擻北蔵叭叭莎訶
金剛手此是諸星母陀羅尼秘密呪句戍羅一
切諸事根本 金剛手此陀羅尼能密死句從
於九月白月七日而起於首具足長淨至上
四日供養諸星而交待之月十五日若能書
夜而讀誦者至滿九年无其死畏亦无星
流隕落怖畏亦无月宿作惡怖畏而憶宿命
亦能供養一切諸星一切諸星隨其所願而授
與之尒時諸星礼世尊已讚言善哉忽然
不現
諸星母陀羅尼經一卷

BD07114 號 諸星母陀羅尼經 (3–3)

音皆已成佛道
畫像　漸見无數佛
乃至舉一手　或復小低頭
佛　自成无上道　廣度无數衆
滅　若人散亂心　入於塔廟中
佛道　於諸過去佛　在世或滅後
道　未來諸世尊　其數无有量
切諸如來　以无量方便
有聞法者　无一不成佛
欲令衆生　亦同得此道
千億　无數諸法門　其實為一乘
法常无性　佛種從緣起　是故說一乘
法位　世間相常住　於道場知已　導師方便說
所供養　現在十方佛　其數如恒沙　出現於世間
安隱衆生故　亦說如是法　知第一寂滅　以方便力故
雖示種種道　其實為佛乘　知衆生諸行　深心之所念
過去所習業　欲性精進力　及諸根利鈍　以種種因緣
譬喻亦言辭　隨應方便說　今我亦如是　安隱衆生故
以種種法門　宣示於佛道　我以智慧力　知衆生性欲
方便說諸法　皆令得歡喜　舍利弗當知　我以佛眼觀
是六道衆生　貧窮无福慧　入生死嶮道　相續苦不斷
深著於五欲　如犛牛愛尾　以貪愛自蔽　盲瞑无所見

BD07115號　妙法蓮華經卷一

(3–1)

以種種法門　宣示於佛道　我以智慧力　知衆生性欲
方便說諸法　皆令得歡喜　舍利弗當知　我以佛眼觀
是六道衆生　貧窮无福慧　入生死嶮道　相續苦不斷
深著於五欲　如犛牛愛尾　以貪愛自蔽　盲瞑无所見
不求大勢佛　及與斷苦法　深入諸邪見　以苦欲捨苦
為是衆生故　而起大悲心　我始坐道場　觀樹亦經行
於三七日中　思惟如是事　我所得智慧　微妙最第一
衆生諸根鈍　著樂癡所盲　如斯之等類　云何而可度
尒時諸梵王　及諸天帝釋　護世四天王　及大自在天
并諸天衆　眷屬百千万　恭敬合掌礼　請我轉法輪
我即自思惟　若但讚佛乘　衆生沒在苦　不能信是法
破法不信故　墜於三惡道　我寧不說法　疾入於涅槃
尋念過去佛　所行方便力　我今所得道　亦應說三乘
作是思惟時　十方佛皆現　梵音慰喻我　善哉釋迦文
第一之導師　得是无上法　隨諸一切佛　而用方便力
我等亦皆得　最妙第一法　為諸衆生類　分別說三乘
少智樂小法　不自信作佛　是故以方便　分別說諸果
雖復說三乘　但為教菩薩　舍利弗當知　我聞聖師子
深淨微妙音　稱南无諸佛　復作如是念　我出濁惡世
如諸佛所說　我亦隨順行　思惟是事已　即趣波羅柰
諸法寂滅相　不可以言宣　以方便力故　為五比丘說
是名轉法輪　便有涅槃音　及以阿羅漢　法僧差別名
從久遠劫來　讚示涅槃法　生死苦永盡　我常如是說
舍利弗當知　我見佛子等　志求佛道者　无量千万億
咸以恭敬心　皆來至佛所　曾從諸佛聞　方便所說法
我即作是念　如來所以出　為說佛慧故　今正是其時

BD07115號　妙法蓮華經卷一

(3–2)

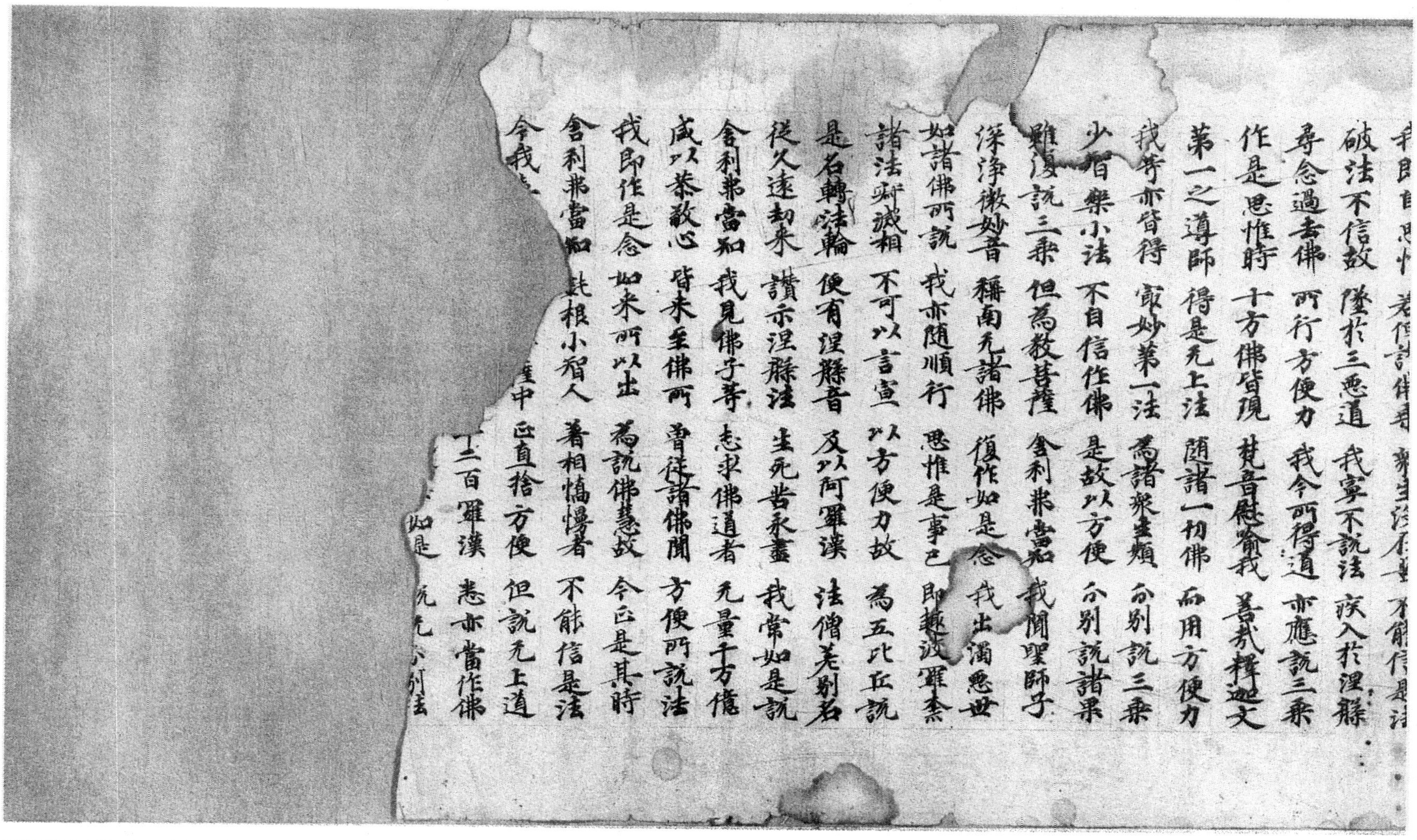
我即自思惟 若但讚佛乘 衆生沒在苦 不能信是法
破法不信故 墜於三惡道 我寧不說法 疾入於涅槃
尋念過去佛 所行方便力 我今所得道 亦應說三乘
作是思惟時 十方佛皆現 梵音慰喻我 善哉釋迦文
第一之導師 得是無上法 隨諸一切佛 而用方便力
我等亦皆得 最妙第一法 為諸衆生類 分別說三乘
少智樂小法 不自信作佛 是故以方便 分別說諸果
雖復說三乘 但為教菩薩 舍利弗當知 我聞聖師子
深淨微妙音 稱南無諸佛 復作如是念 我出濁惡世
如諸佛所說 我亦隨順行 思惟是事已 即趣波羅柰
諸法寂滅相 不可以言宣 以方便力故 為五比丘說
是名轉法輪 便有涅槃音 及以阿羅漢 法僧差別名
從久遠劫來 讚示涅槃法 生死苦永盡 我常如是說
舍利弗當知 我見佛子等 志求佛道者 無量千萬億
咸以恭敬心 皆來至佛所 曾從諸佛聞 方便所說法
我即作是念 如來所以出 為說佛慧故 今正是其時
舍利弗當知 鈍根小智人 著相憍慢者 不能信是法
今我……薩中 正直捨方便 但說無上道
……二百羅漢 悉亦當作佛
……如是 ……說無分別法

BD07115 號　妙法蓮華經卷一

（3–3）

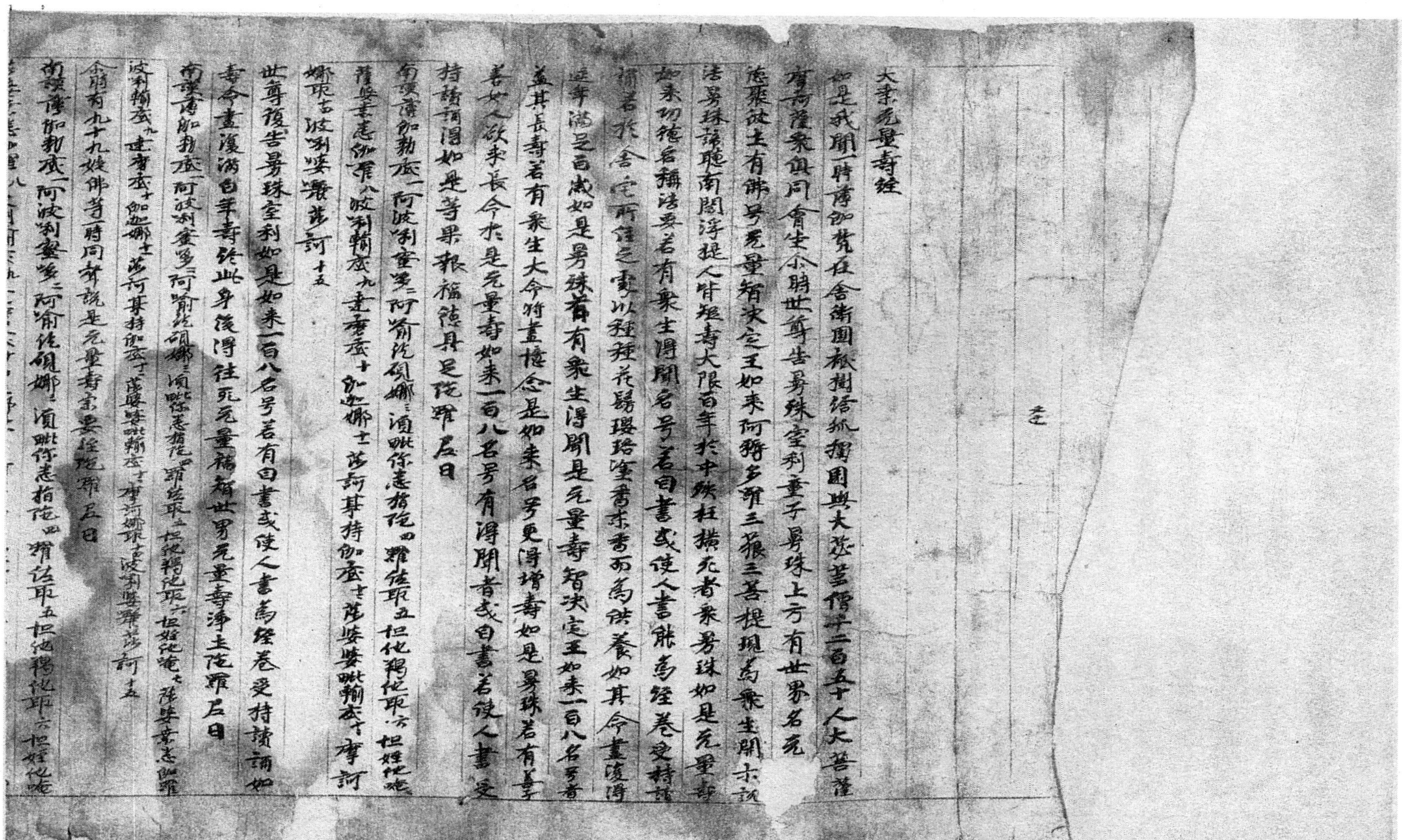
大乘無量壽經
如是我聞一時薄伽梵在舍衛國祇樹給孤獨園與大苾芻衆千二百五十人大菩薩
摩訶薩衆俱同會坐尒時世尊告曼殊室利童子曼殊上方有世界名無
量功德聚彼土有佛号無量智決定王如來阿羅訶三藐三菩提現為衆生開示說
法曼殊諦聽南閻浮提人皆短壽大限百年於中夭枉橫死者衆曼殊如是無量壽
如來功德名稱法要若有衆生得聞名号若自書或使人書能為經卷受持讀
誦若於舍宅所住之處以種種花鬘瓔珞塗香末香而為供養如其命盡復得
延年滿足百歲如是曼殊若有衆生得聞是無量壽智決定王如來一百八名号者
益其長壽若有衆生大命將盡憶念是如來名号更得增壽如是曼殊若有善
男子女人欲求長命於是無量壽如來一百八名号有得聞者或自書若使人書受
持讀誦得如是等果報福德具足陀羅尼曰
南謨薄伽勒底一阿波唎蜜多二阿喻紇硯娜三須毗你志指陀四囉佐耶五怛他羯他耶六怛姪他唵
薩婆桑悉迦羅八波唎輸底九達摩底十伽迦娜十一莎訶某持伽底十二莎婆婆毗輸底十三摩訶
娜耶十四波唎嚩囉莎訶十五
世尊復告曼殊室利如是如來一百八名号若有自書或使人書為經卷受持讀誦如
壽命盡復滿百年壽終此身後得往生無量福智世界無量壽淨土陀羅尼曰
……

BD07116 號 A　無量壽宗要經

（2–1）

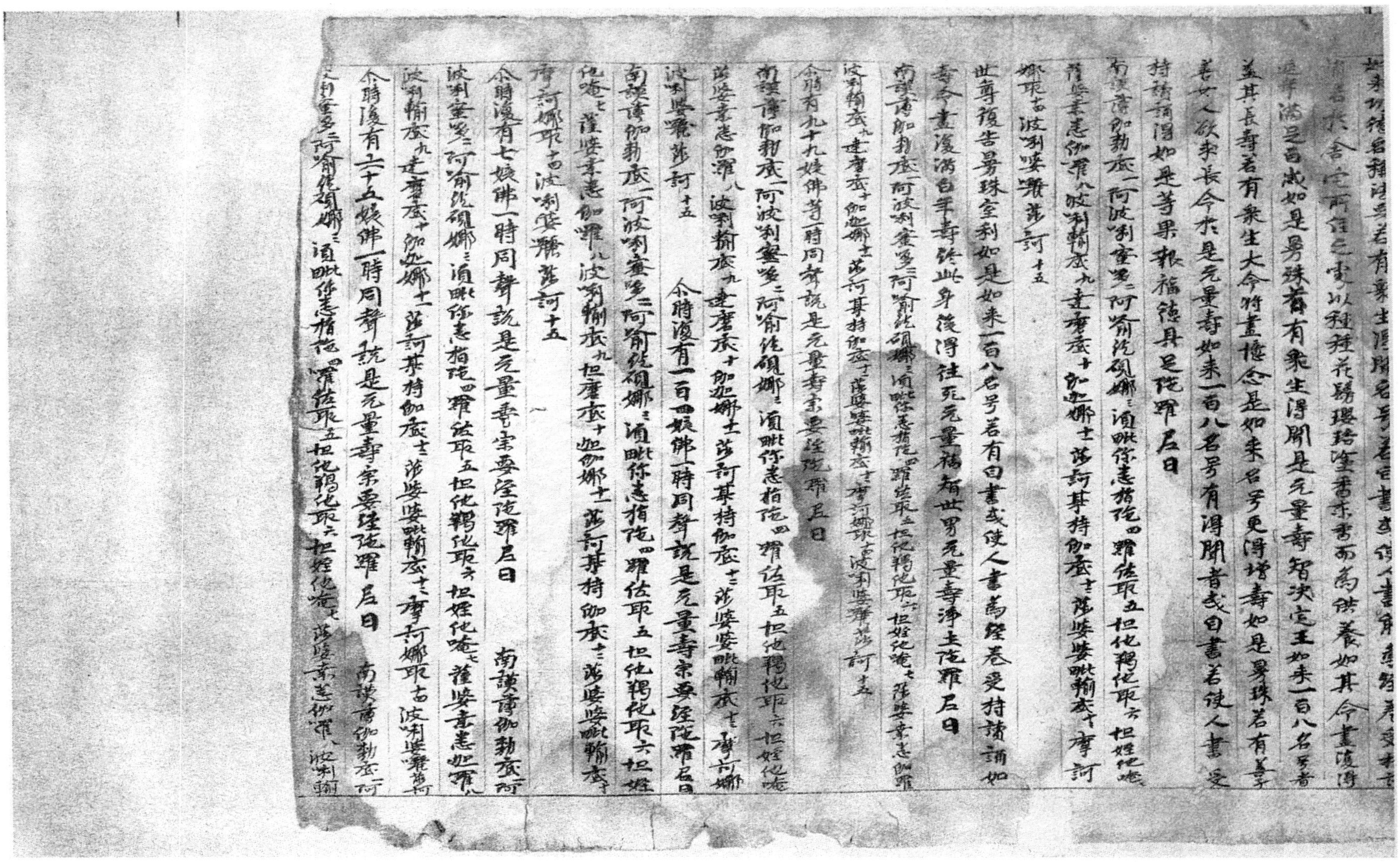

BD07116 號 A　無量壽宗要經　　（2–2）

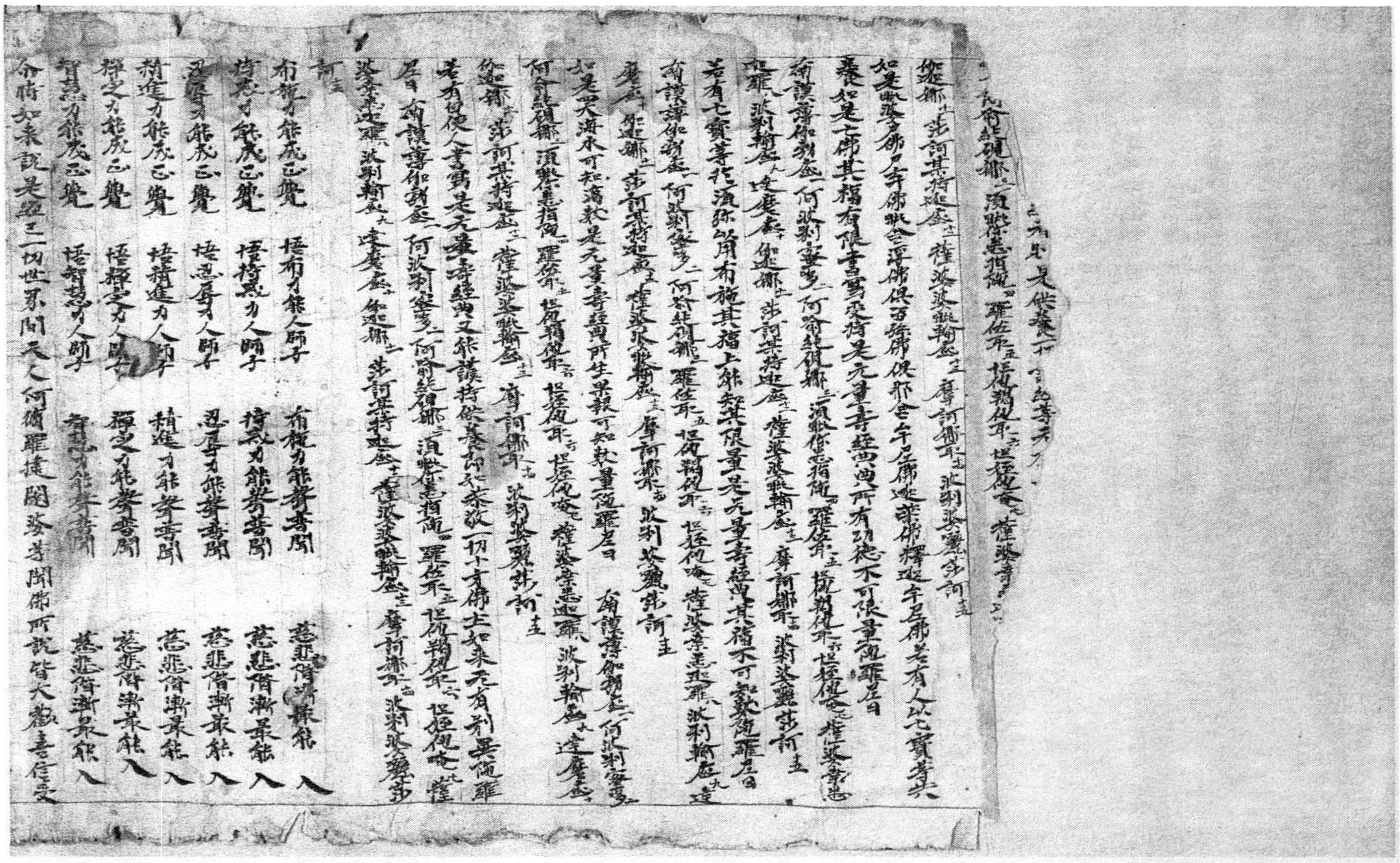

BD07116 號 B　無量壽宗要經　　（2–1）

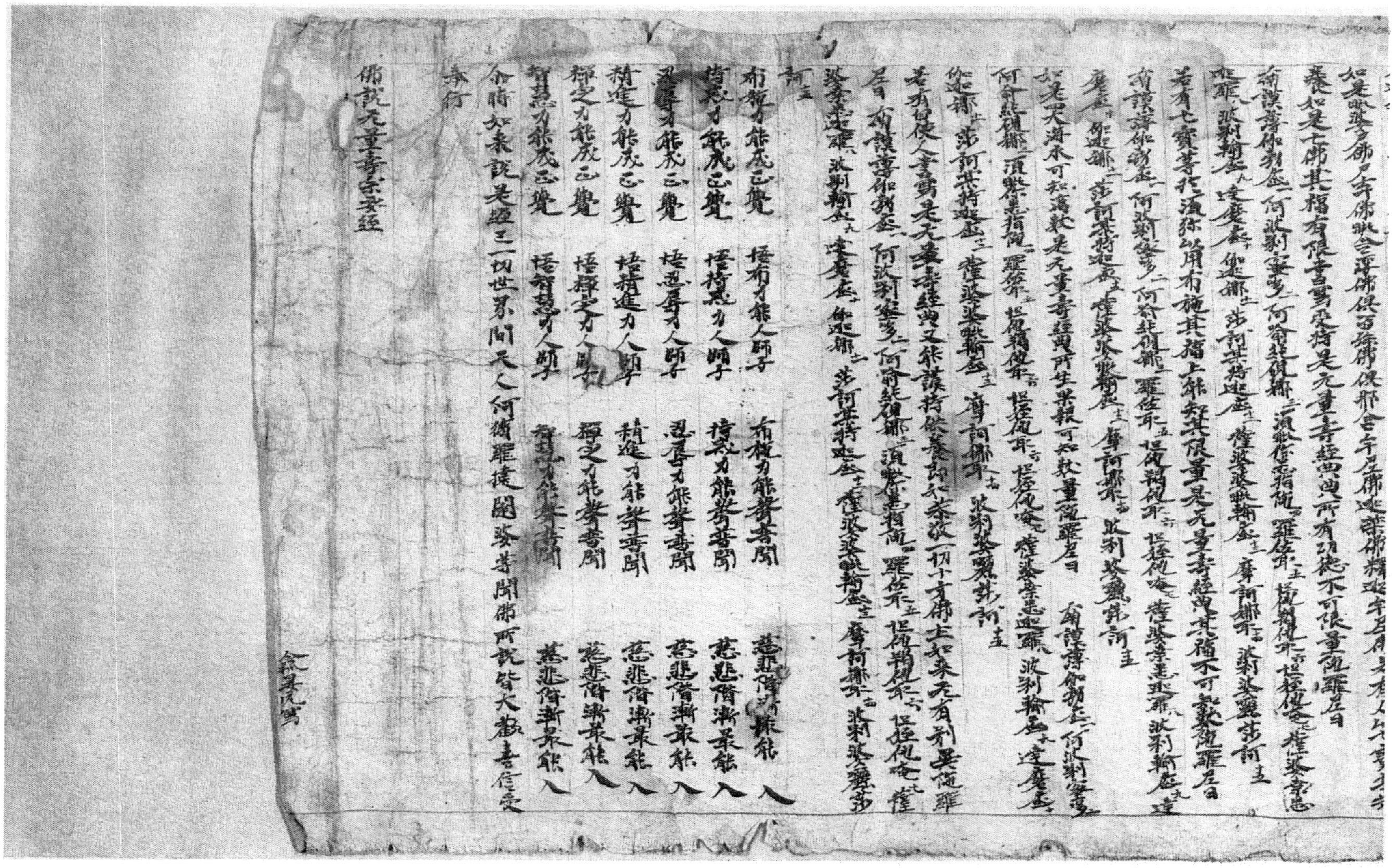

BD07116 號 B　無量壽宗要經　（2–2）

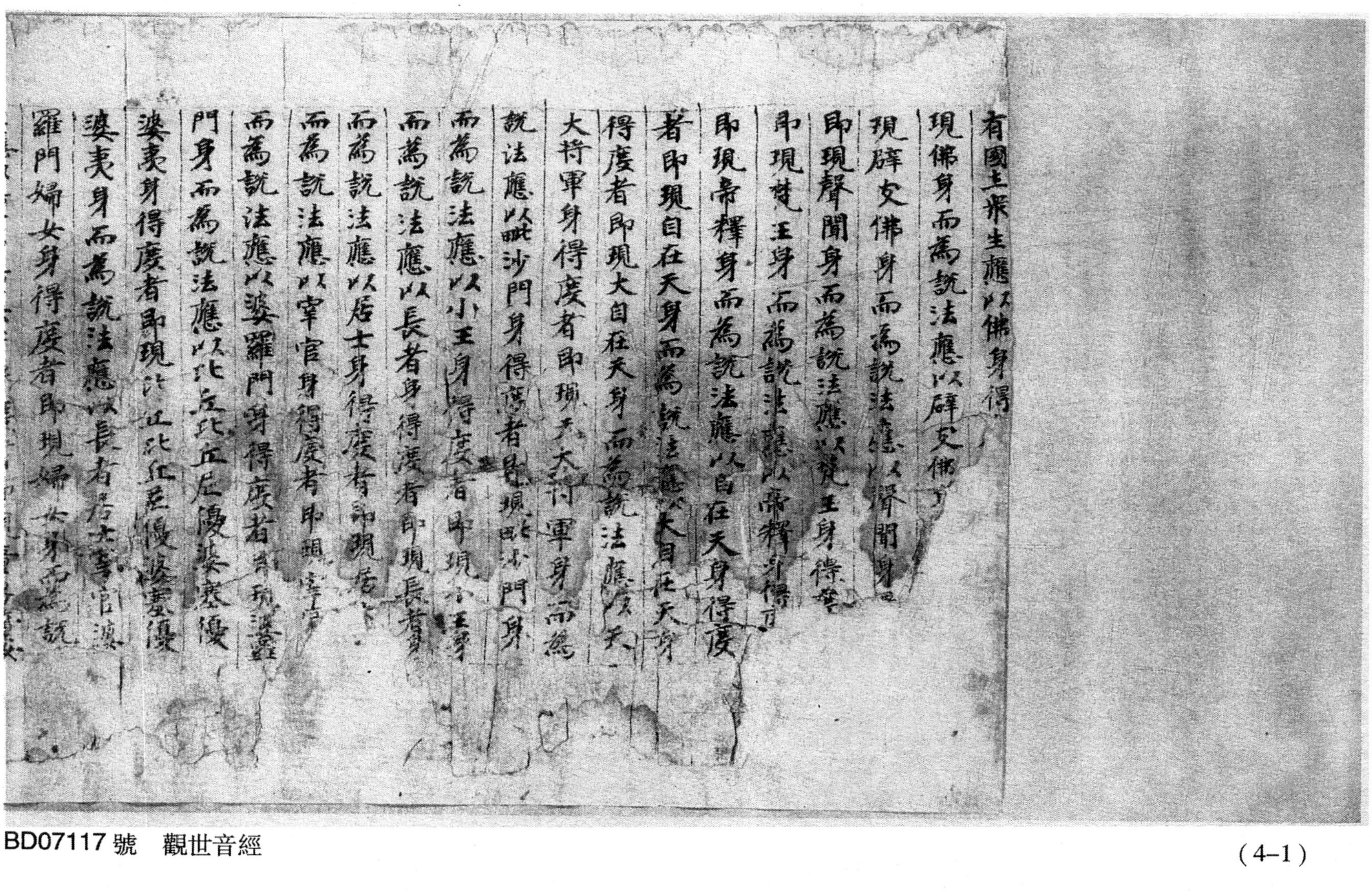

BD07117 號　觀世音經　（4–1）

而為說法應以婆羅門身得度者即現婆羅
門身而為說法應以比丘比丘尼優婆塞優
婆夷身得度者即現比丘比丘尼優婆塞優
婆夷身而為說法應以長者居士宰官婆
羅門婦女身得度者即現婦女身而為說
法應以童男童女身得度者即現童男童女
身而為說法應以天龍夜叉乾闥婆阿修
迦樓羅緊那羅摩睺羅伽人非人等得度者
即皆現之而為說法應以執金剛神得度者
現執金剛神而為說法无盡意是觀世音菩
薩成就如是功德以種種形遊諸國土度脫
眾生是故汝等應當一心供養觀世音菩薩
是觀世音菩薩摩訶薩於怖畏急難之中能
施无畏是故此娑婆世界皆號之為施无畏
者无盡意菩薩白佛言世尊我今當供養觀
世音菩薩即解頸寶珠瓔珞價直百千兩
金而以與之作是言仁者受此法施珎寶瓔
珞時觀世音菩薩不肯受之无盡意復白觀
世音菩薩言仁者愍我等故受此瓔珞爾時
佛告觀世音菩薩當愍此无盡意菩薩及四
眾天龍夜叉乾闥婆阿脩羅迦樓羅緊那
摩睺羅伽人非人等故受是瓔珞即時觀世
音菩薩愍諸四眾及於天龍人非人等受其
瓔珞分作二分一分奉釋迦牟尼佛一分奉
多寶佛塔无盡意觀世音菩薩有如是自在
神力遊於娑婆世界爾時无盡意菩薩以偈

BD07117 號　觀世音經

（4–2）

瓔珞分作二分一分奉釋迦牟尼佛一分奉
多寶佛塔无盡意觀世音菩薩有如是自在
神力遊於娑婆世界爾時无盡意菩薩以偈
問曰
世尊妙相具　我今重問彼　佛子何因緣　名為觀世音
具足妙相尊　偈答无盡意　汝聽觀音行　善應諸方所
弘誓深如海　歷劫不思議　侍多千億佛　發大清淨願
我為汝略說　聞名及見身　心念不空過　能滅諸有苦
假使興害意　推落大火坑　念彼觀音力　火坑變成池
或漂流巨海　龍魚諸鬼難　念彼觀音力　波浪不能沒
或在須彌峯　為人所推墮　念彼觀音力　如日虛空住
或被惡人逐　墮落金剛山　念彼觀音力　不能損一毛
或值怨賊遶　各執刀加害　念彼觀音力　咸即起慈心
或遭王難苦　臨刑欲壽終　念彼觀音力　刀尋段段壞
或囚禁枷鎖　手足被杻械　念彼觀音力　釋然得解脫
呪詛諸毒藥　所欲害身者　念彼觀音力　還著於本人
或遇惡羅剎　毒龍諸鬼等　念彼觀音力　時悉不敢害
若惡獸圍遶　利牙爪可怖　念彼觀音力　疾走无邊方
蚖蛇及蝮蠍　氣毒烟火燃　念彼觀音力　尋聲自迴去
雲雷鼓掣電　降雹澍大雨　念彼觀音力　應時得消散
眾生被困厄　无量苦逼身　觀音妙智力　能救世間苦
具足神通力　廣修智方便　十方諸國土　无剎不現身
種種諸惡趣　地獄鬼畜生　生老病死苦　以漸悉令滅
真觀清淨觀　廣大智慧觀　悲觀及慈觀　常願常瞻仰
无垢清淨光　慧日破諸闇　能伏災風火　普明照世間
悲體戒雷震　慈意妙大雲　澍甘露法雨　滅除煩惱焰

BD07117 號　觀世音經

（4–3）

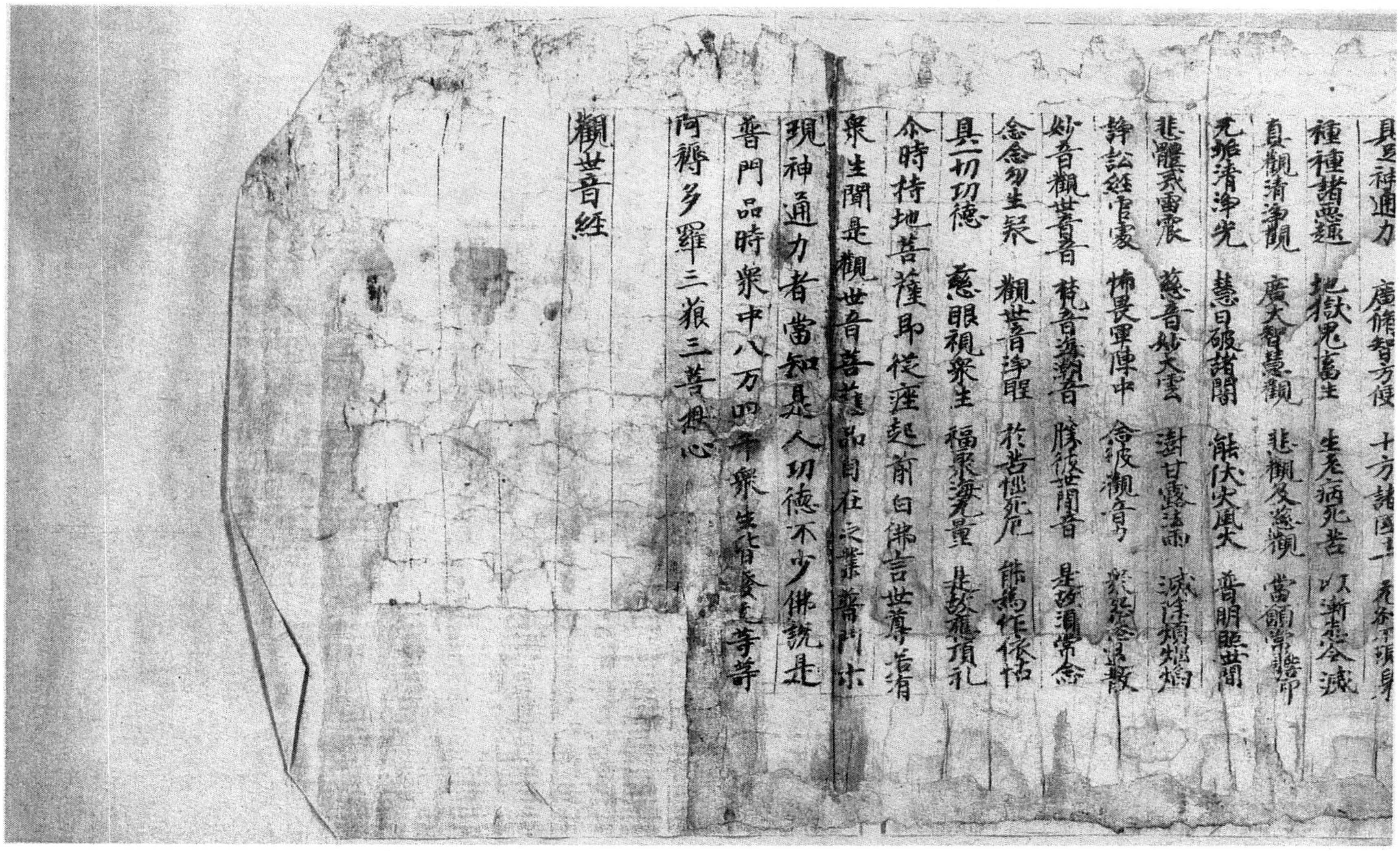
具足神通力 廣修智方便 十方諸國土 無刹不現身
種種諸惡趣 地獄鬼畜生 生老病死苦 以漸悉令滅
真觀清淨觀 廣大智慧觀 悲觀及慈觀 常願常瞻仰
無垢清淨光 慧日破諸闇 能伏災風火 普明照世間
悲體戒雷震 慈意妙大雲 澍甘露法雨 滅除煩惱焰
諍訟經官處 怖畏軍陣中 念彼觀音力 衆怨悉退散
妙音觀世音 梵音海潮音 勝彼世間音 是故須常念
念念勿生疑 觀世音淨聖 於苦惱死厄 能為作依怙
具一切功德 慈眼視衆生 福聚海無量 是故應頂礼
尒時持地菩薩即從座起前白佛言世尊若有
衆生聞是觀世音菩薩品自在之業普門示
現神通力者當知是人功德不少佛說是
普門品時衆中八万四千衆生皆發无等等
阿耨多羅三藐三菩提心
觀世音經

BD07117號　觀世音經　（4–4）

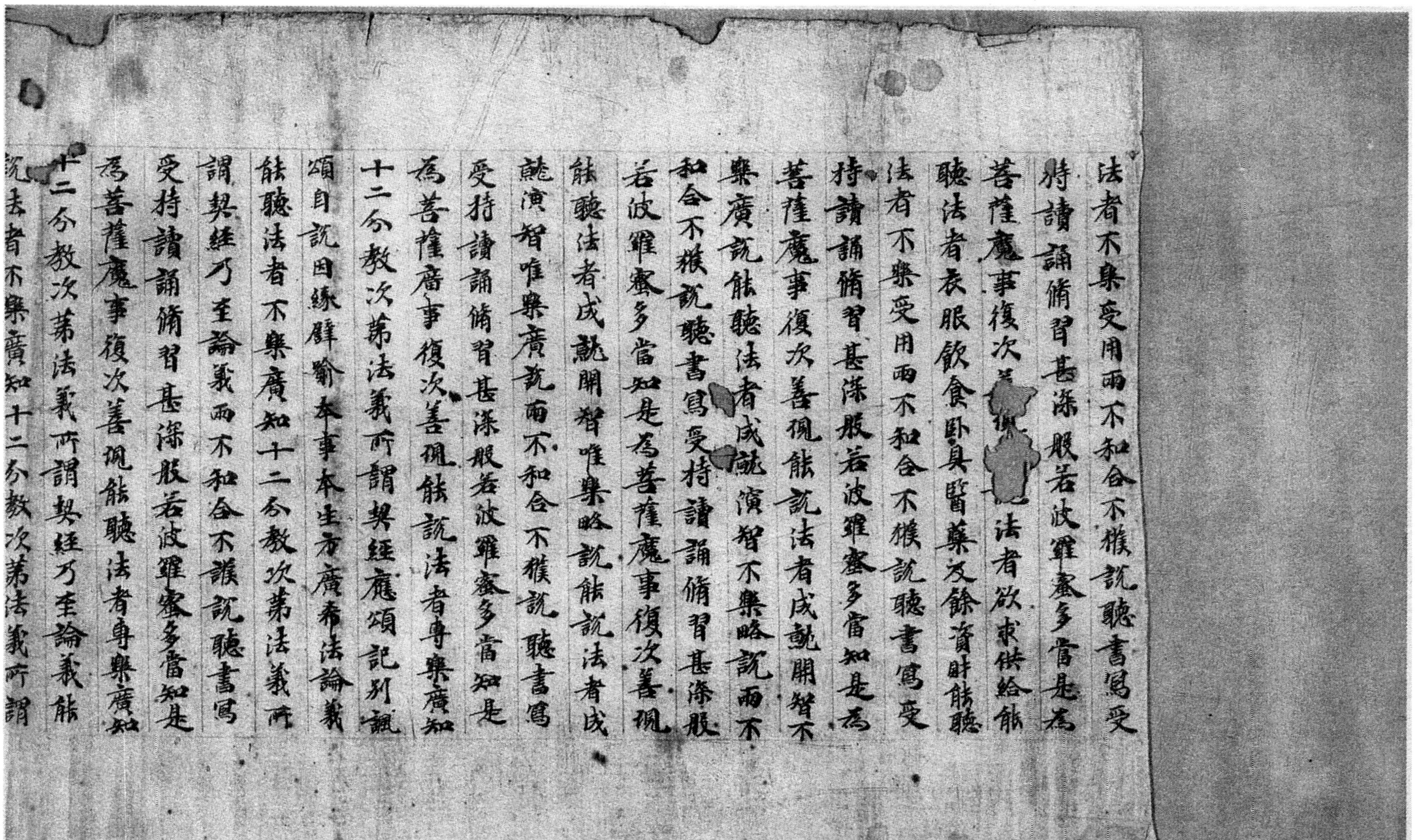
法者不樂受用而不和合不獲說聽書寫受
持讀誦脩習甚深般若波羅蜜多當知是為
菩薩魔事復次善[illegible]法者欲求供給能
聽法者衣服飲食卧具醫藥及餘資財能聽
法者不樂受用而不和合不獲說聽書寫受
持讀誦脩習甚深般若波羅蜜多當知是為
菩薩魔事復次善現能說法者成就聞智不
樂廣說能聽法者成就演智不樂略說而不
和合不獲說聽書寫受持讀誦脩習甚深般
若波羅蜜多當知是為菩薩魔事復次善現
能聽法者成就聞智唯樂略說能說法者成
就演智唯樂廣說而不和合不獲說聽書寫
受持讀誦脩習甚深般若波羅蜜多當知是
為菩薩魔事復次善現能說法者專樂廣知
十二分教次第法義所謂契經應頌記別諷
頌自說因緣譬喻本事本生方廣希法論義
能聽法者不樂廣知十二分教次第法義所
謂契經乃至論義而不和合不獲說聽書寫
受持讀誦脩習甚深般若波羅蜜多當知是
為菩薩魔事復次善現能聽法者專樂廣知
十二分教次第法義所謂契經乃至論義能
說法者不樂廣知十二分教次第法義所謂

BD07118號　大般若波羅蜜多經卷三〇三　（2–1）

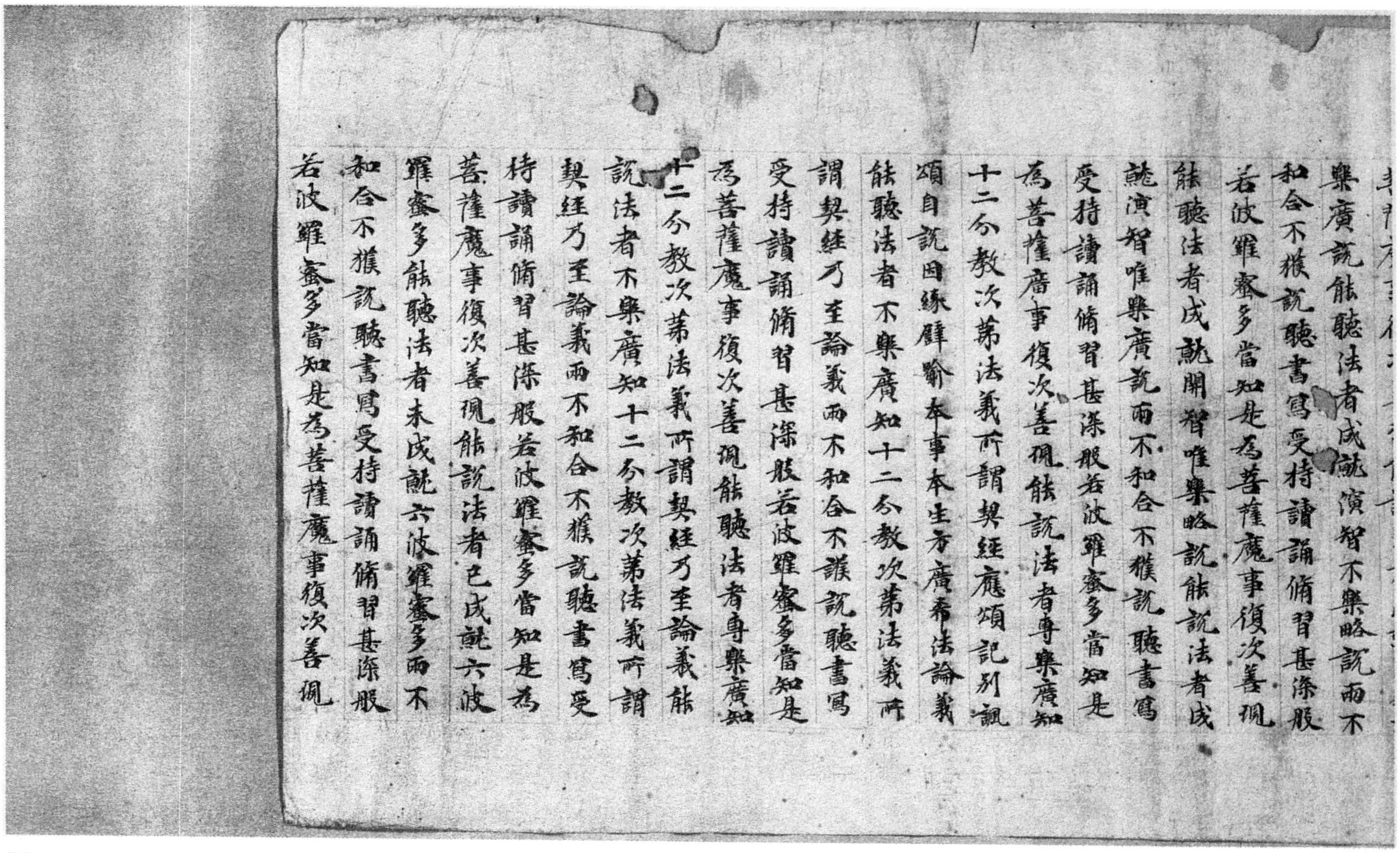

樂廣說能聽法者成熟演智不樂略說而不
和合不獲說聽書寫受持讀誦脩習甚深般
若波羅蜜多當知是為菩薩魔事復次善現
能聽法者成熟開智唯樂略說能說法者成
熟演智唯樂廣說而不和合不獲說聽書寫
受持讀誦脩習甚深般若波羅蜜多當知是
為菩薩魔事復次善現能說法者專樂廣知
十二分教次第法義所謂契經應頌記別諷
頌自說因緣譬喻本事本生方廣希法論義
能聽法者不樂廣知十二分教次第法義所
謂契經乃至論義而不和合不獲說聽書寫
受持讀誦脩習甚深般若波羅蜜多當知是
為菩薩魔事復次善現能聽法者專樂廣知
十二分教次第法義所謂契經乃至論義能
說法者不樂廣知十二分教次第法義所謂
契經乃至論義而不知和合不獲說聽書寫受
持讀誦脩習甚深般若波羅蜜多當知是為
菩薩魔事復次善現能說法者已成熟六波
羅蜜多能聽法者未成熟六波羅蜜多而不
和合不獲說聽書寫受持讀誦脩習甚深般
若波羅蜜多當知是為菩薩魔事復次善現

BD07118 號　大般若波羅蜜多經卷三〇三　　（2–2）

波羅

BD07118 號背　雜寫　　（1–1）

南……
南无釋迦……　三十五……
南无釋迦牟尼佛　南无金剛……
南无寶光佛　南无龍尊王……
南无精進運佛　南无精進喜佛
南无寶炎佛　南无寶同佛
南无寶月光佛　南无現无愚佛
南无寶月佛　南无无垢佛
南无離垢佛　南无勇施佛
南无清淨佛　南无清淨施佛
南无婆留那佛　南无水天佛
南无堅德佛　南无旃檀功德佛
南无无量掬光佛　南无光德佛
南无无優德佛　南无那羅延佛
南无功德華佛　南无蓮花光遊戲神通佛
南无財功德佛　南无德念佛
南无善名稱功德佛　南无紅炎幢王佛
南无善遊步功德佛　南无鬪戰勝佛
南无善遊步佛　南无同匝莊嚴功德佛
南无寶華遊步佛　南无寶蓮善住娑羅樹王佛
南无湅方向閦如来一万五千佛等一切諸佛
南无寶集如来二十五佛等一切諸佛
南无寶集佛　南无寶勝佛
南无戍馺盧舍那佛　南无盧舍那鏡像佛

BD07119 號　七階佛名經

（4–1）

南无善遊步功德佛　南无鬪戰勝佛
南无善遊步佛　南无同匝莊嚴功德佛
南无寶華遊步佛　南无寶蓮善住娑羅樹王佛
南无湅方向閦如来一万五千佛等一切諸佛
南无寶集如来二十五佛等一切諸佛
南无寶集佛　南无寶勝佛
南无戍馺盧舍那佛　南无盧舍那鏡像佛
南无盧舍光明佛　南无不動佛
南无大光明佛　南无不可聲佛
南无无量聲如来 三唱　南无阿弥陁劫沙佛
南无大稱佛　南无寶光明佛
南无德大无畏佛　南无燃燈火佛
南无寶聲佛　南无无邊无垢佛
南无月聲佛　南无无邊稱佛
南无日月光明世尊 三称　南无无垢光明佛
南无清淨光明佛　南无日光明佛
南无无邊寶佛　南无華勝佛
南无妙身佛　南无法光明清淨開敷蓮花佛
此卅五佛名出佛名經第八卷
南无虛空功德清淨微塵衆目端正德相光明
花波頭摩瑠璃光寶體香最上香供養訖種種
莊嚴頂髻无量无邊日月光明願力莊嚴變化
莊嚴法界出生无障㝵王如来
南无豪相日月光明華寶蓮花堅如金剛身
毗盧遮那无障礙眼圓滿十方放光照一切佛剎相
王如来　普為上界天仙龍鬼八部帝主
人王及為遍法界衆生悉願斷除諸障歸命
懺悔　至心懺悔 我等自從无量劫恒被
六賊欺於一相之中而強生分別眼根常愛色

BD07119 號　七階佛名經

（4–2）

毗盧遮那无障礙眼圓滿十方放光照一切佛剎相
王如來　普為上界天仙龍梵八部帝主
人王及為遍法界衆生悉願斷除諸障歸命
懺悔　至心懺悔我等自從无量劫恒被
六賊欺我一相之中而強生分別眼根常愛色
耳分別音聲鼻或臭餘香舌鎮貪諸味身
常樂愛觸意相轉攀緣猶恩顛倒心故沉淪生
无海懺已歸命礼三寶　至心發願我等從今
日乃至證菩提六賊被為成六通三毒為三解脫
同一真如平等性不捨生死證但涅槃恒於六趣濟
群生共登如來无上道發願已歸命礼三寶
衆罪皆懺悔諸福盡隨喜及諸佛功德願成无
上智去來現在佛於衆生最勝无量功德海歸
依合掌礼一切尊讚　處世界如虛空如蓮花不
著水心清淨超於彼稽首礼无上尊
說偈發願　願以此功德普及於一切我等与衆生
皆共成佛道　一切恭敬自歸依佛當願衆生
體解大道發无上意　自歸依法當願衆生深入經
藏智慧如海　自歸依僧當願衆生統理大衆一切
无㝵　願諸衆生諸惡莫作諸善奉行自淨其
意是諸佛教和南一切賢聖
白衆等聽說黃昏无常偈人間怱怱營衆務不
覺年命日夜去如燈風中滅難期忙忙六道無定趣
未得解脫出苦海云何安眠不驚懼各聞強健有
力時自策自勵求常住
白衆等聽說初夜无常偈煩惱深无底生死海
无邊渡苦船未至云何樂睡眠當覺悟勿令睡覆
心用勇猛精進菩提道自然

BD07119號　七階佛名經　（4–3）

未得解脫出苦海云何安眠不驚懼各聞強健有
力時自策自勵求常住
白衆等聽說初夜无常偈煩惱深无底生死海
无邊渡苦船未至云何樂睡眠當覺悟勿令睡覆
心用勇猛精進菩提道自然
白衆等聽說中夜無常偈汝等勿抱臭屍臥種種
不淨假名身如得重病箭入體衆苦痛逼集安
可眠　白衆等聽說後夜无常偈時光遷流轉
忽至五更初无常念念至恒已死王居云何自
恣於是業寬鄙勸諸行道衆勤學至无餘
白衆等聽說平旦時无常偈人生不精進喻若樹
无根擇花致日中能得幾時新花亦不久鮮色
亦非常好人命如剎那須臾難可保今勸諸衆
勤求无上道　十方礼
南无清淨法身毗盧遮那佛　南无滿寶身盧舍那佛
南无千百億化身同名釋迦牟尼佛　南无東方阿閦佛
南无東方持地佛　南无南方普滿佛
南无西南方那羅延佛　南无西方无量壽佛
南无西北方月光面佛　南无北方難勝佛
南无東北方舜諸根佛　南无上方无量勝佛
南无下方寶行　佛　南无當來下生彌勒尊佛
散蓮花樂散花林　散蓮花樂滿道場
稽首歸依三學滿散花樂天人大聖十方尊滿
道場昔在雪山求半偈散花樂不顧軀命舍
全身爲道[illegible]尋知識求善友散花樂

BD07119號　七階佛名經　（4–4）

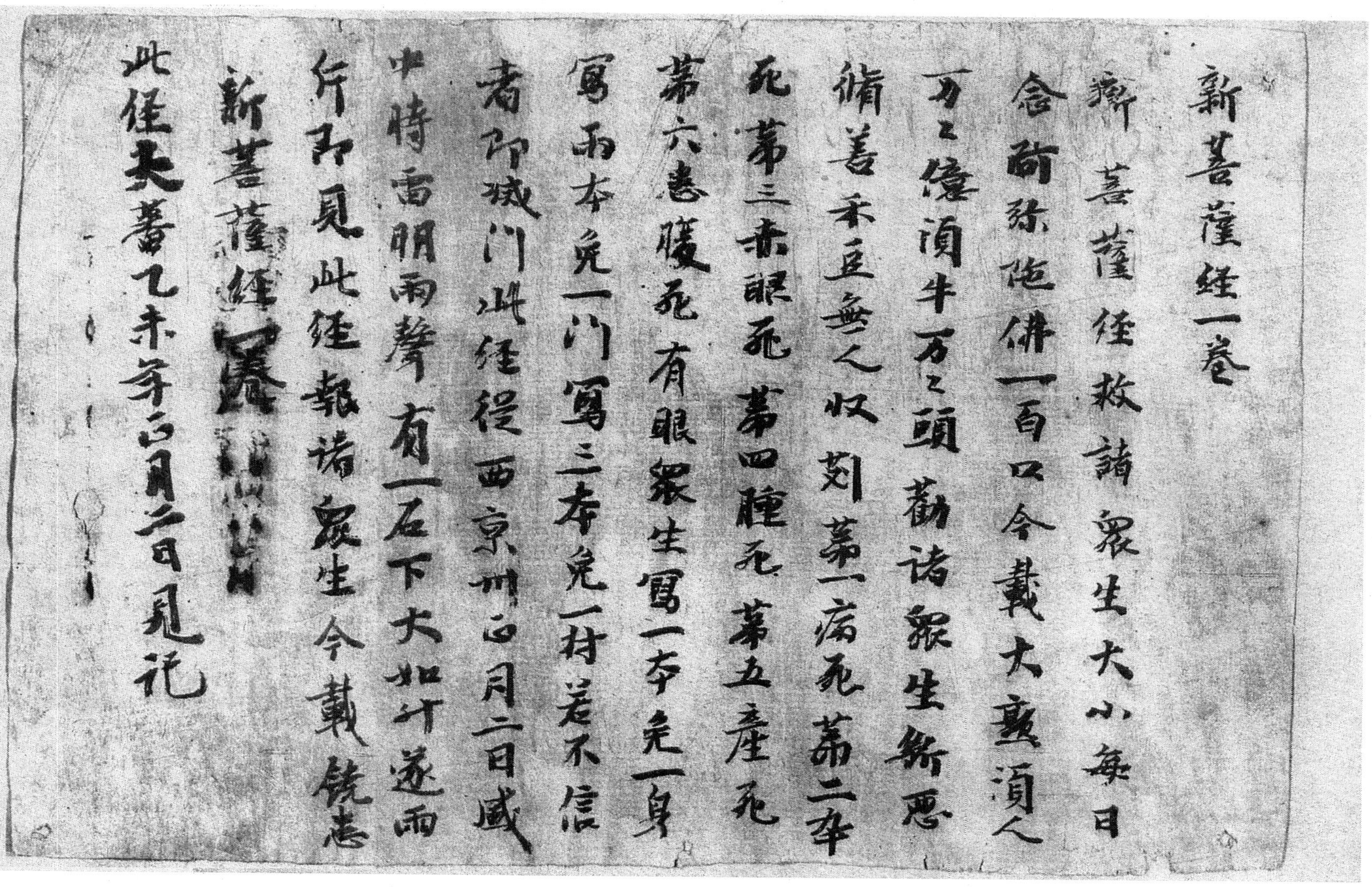
新菩薩經一卷
新菩薩經救諸衆生大小每日
念阿弥陁佛一百口令載大熟須人
万々億須牛万々頭 勸諸衆生断惡
脩善 禾豆無人收刈 第一病死 第二卒
死 第三赤眼死 第四腫死 第五産死
第六患腹死 有眼衆生寫一本免一身
寫兩本免一門 寫三本免一村 若不信
者即城門此經從西京州正月二日感
中時雷明雨聲 有一石下大如斗 遂雨
於下見此經 報諸衆生 今載饑患
新菩薩經
此經大蕃乙未年正月廿三日見記

BD07120號　新菩薩經

(1–1)

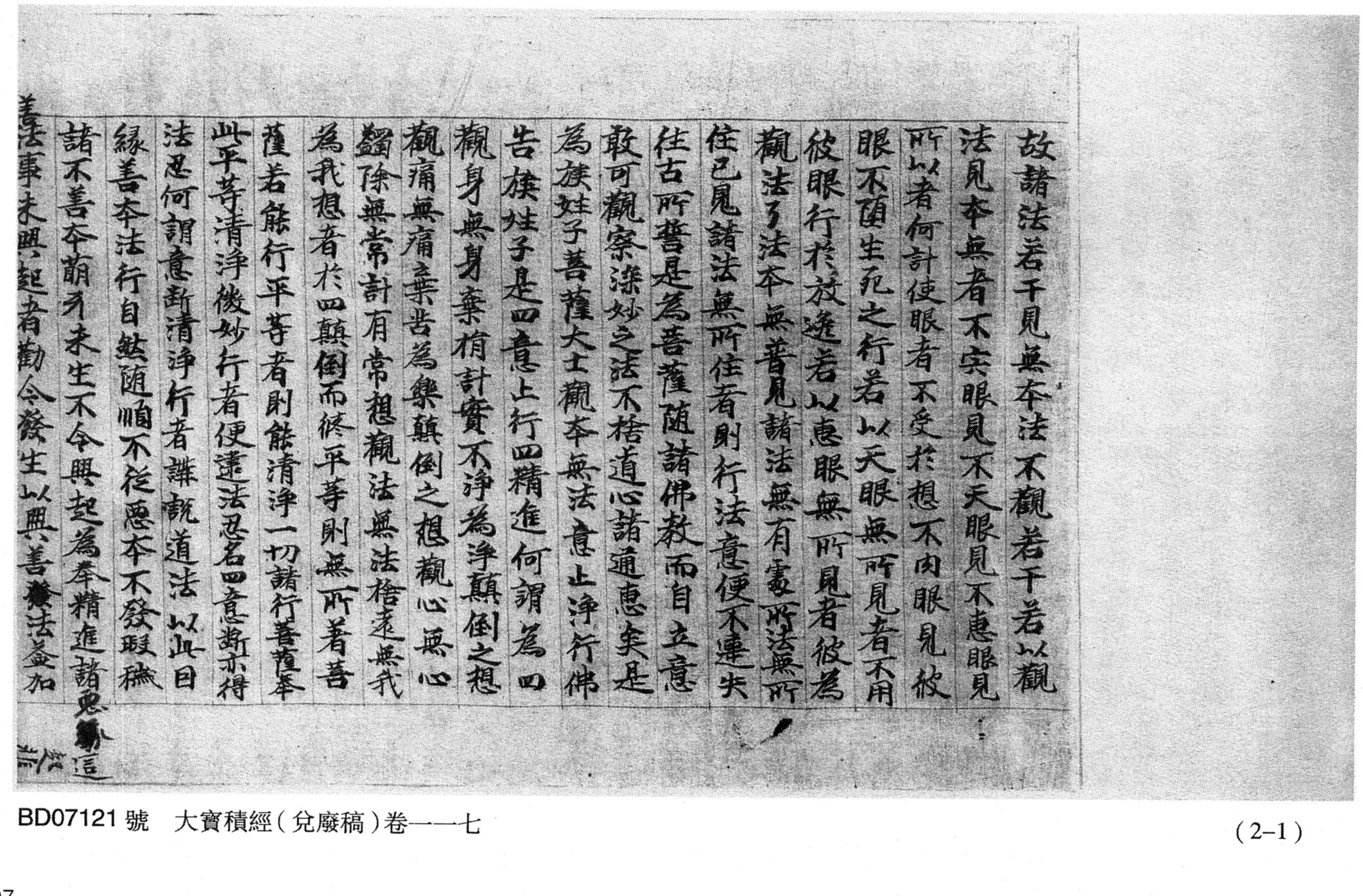
故諸法若干見無本法不觀若干若以觀
法見本無者不失眼見不天眼見不惠眼見
所以者何計使眼者不受於想不肉眼見彼
眼不墮生死之行若以天眼無所見者不用
彼眼行於放逸若以惠眼無所見者彼為
觀法了法本無普見諸法無有處所法無所
住已見諸法無所住者則行法意便不違失
住古所誓是為菩薩隨諸佛教而自立意
敢可觀察深妙之法不捨道心諸通惠矣是
為族姓子菩薩大士觀本無法意止淨行佛
告族姓子是四意止行四精進何謂為四
觀身無身棄捐計實不淨為淨顛倒之想
觀痛無痛棄苦為樂顛倒之想觀心無心
蠲除無常計有常想觀法無法捨遠無我
為我想者於四顛倒而將平等則無所著菩
薩若能行平等者則能清淨一切諸行菩薩奉
此平等清淨微妙行者便逮法忍名曰意斷亦得
法忍何謂意斷清淨行者講說道法以此曰
緣善本法行自然隨順不從惡本不發瑕穢
諸不善本萌牙未生不令興起為奉精進諸惡
善法事未興起者勸令發生以興善法益加

BD07121號　大寶積經（兌廢稿）卷一一七

(2–1)

住已慮諦法無所住者則[illegible]
住古所誓是為菩薩隨諸佛教而自立意
敢可觀察深妙之法不捨道心諸通恵矣是
為族姓子菩薩大士觀本無法意止淨行佛
告族姓子是四意止行四精進何謂為四
觀身無身棄捐計實不淨為淨顛倒之想
觀痛無痛棄苦為樂顛倒之想觀心無心
蠲除無常計有常想觀法無法捨遠無我
為我想者於四顛倒而修平等則無所著菩
薩若能行平等者則能清淨一切諸行菩薩奉
此平等清淨微妙行者便逮法忍名四意斷亦得
法忍何謂意斷清淨行者講說道法以此因
緣善本法行自然隨順不從惡本不發瑕穢
諸不善本萌牙未生不令興起為奉精進諸惡遠
善法事未興起者勸令發生以興善法益加
精進令其具足不使妄失為行精進又復菩薩
本行淨業能自制護不失善法得自在住漸
積長育顯揚善法善法已興不復忘失彼族
姓子如是行淨此四意斷其菩薩行心得自
在不亂精進其淨垢濁不興俱合清淨無垢
不違佛恵則從道教行于大哀心心相見觀其
所念不失精進已行平等日得意斷所以者

BD07121 號　大寶積經（兑廢稿）卷一一七　（2–2）

有得聞如是般若波羅蜜多深生信解當知
彼類即是菩薩定得無上正等菩提世尊假
使三千大千世界諸有情類一切皆成隨信
行隨法行第八預流一來不還阿羅漢獨覺
彼所成就若智若斷不如有人一日於此甚
深般若波羅蜜多忍樂思惟稱量觀察是人
於此甚深般若波羅蜜多所成就忍勝彼智
斷無量無邊何以故諸隨信行若智若斷乃
至獨覺若智若斷皆是已得無生法忍諸菩
薩摩訶薩忍少分故尒時佛告諸天衆言善
哉善哉如汝所說諸隨信行若隨法行第八
預流一來不還阿羅漢獨覺所有智斷皆是
已得無生法忍諸菩薩摩訶薩忍之少分天
衆當知若善男子善女人等暫聽如是甚深
般若波羅蜜多聞已信解書寫受持讀誦脩
習思惟演說是善男子善女人等速出生死
證得涅槃成就如來正等覺智勝求二乘諸
善男子善女人等遠離般若波羅蜜多學餘
經典若經一劫若一劫餘所以者何於此般

BD07122 號　大般若波羅蜜多經卷四四四　（2–1）

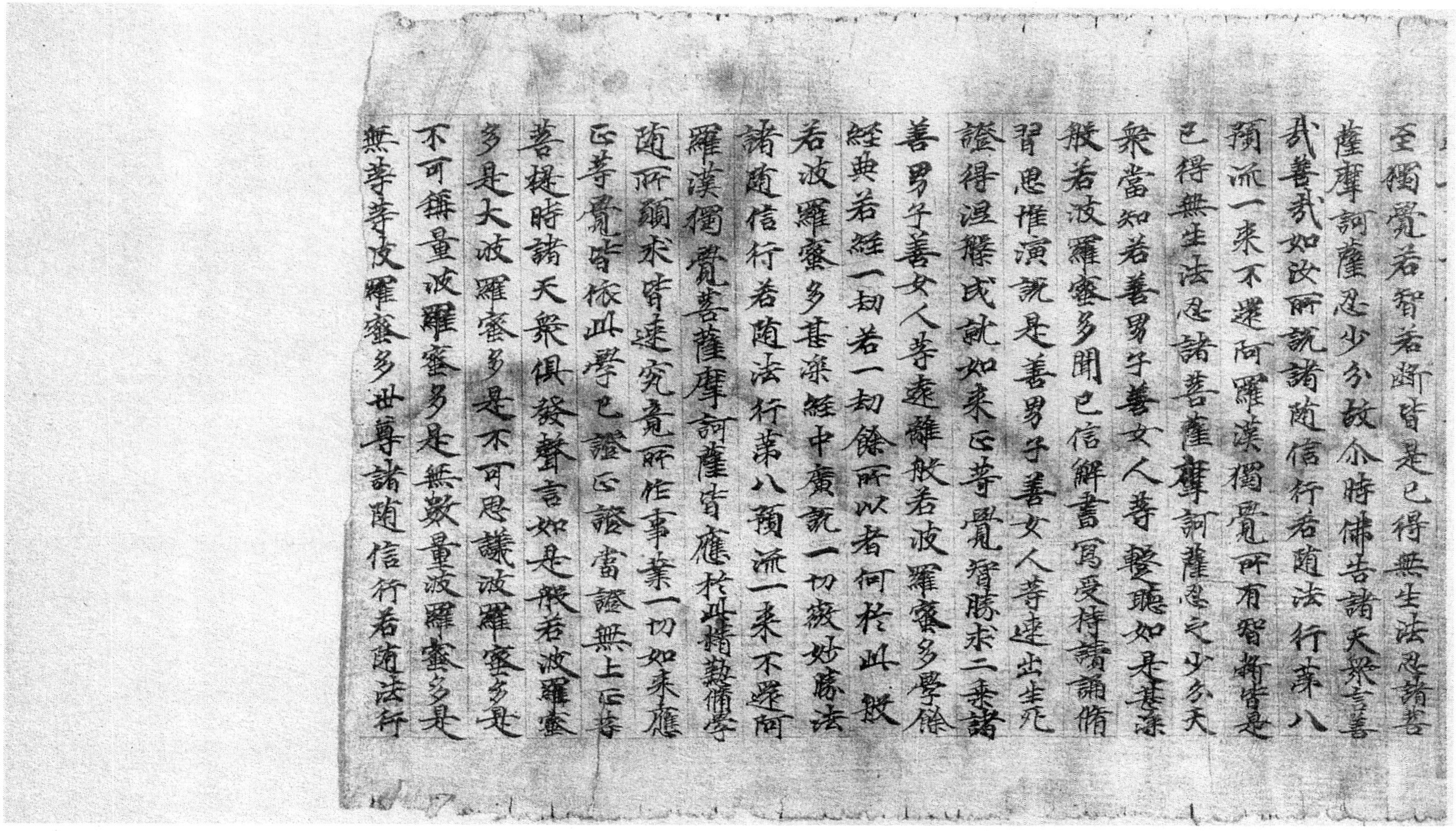
至獨覺若智若斷皆是已得無生法忍諸菩
薩摩訶薩忍少分故尒時佛告諸天衆言善
哉善哉如汝所說諸隨信行若隨法行第八
預流一來不還阿羅漢獨覺所有智斷皆是
已得無生法忍諸菩薩摩訶薩忍之少分天
衆當知若善男子善女人等暫聽如是甚深
般若波羅蜜多聞已信解書寫受持讀誦脩
習思惟演說是善男子善女人等速出生死
證得涅槃或就如來正等覺踰勝求二乘諸
善男子善女人等遠離般若波羅蜜多學餘
經典若經一劫若一劫餘所以者何於此般
若波羅蜜多甚深經中廣說一切殊妙勝法
諸隨信行若隨法行第八預流一來不還阿
羅漢獨覺菩薩摩訶薩皆應於此精懃脩學
隨所願求皆速究竟所作事業一切如來應
正等覺皆依此學已證正證當證無上正等
菩提時諸天衆俱發聲言如是般若波羅蜜
多是大波羅蜜多是不可思議波羅蜜多是
不可稱量波羅蜜多是無數量波羅蜜多是
無等等波羅蜜多世尊諸隨信行若隨法行

BD07122 號　大般若波羅蜜多經卷四四四　　　　（2–2）

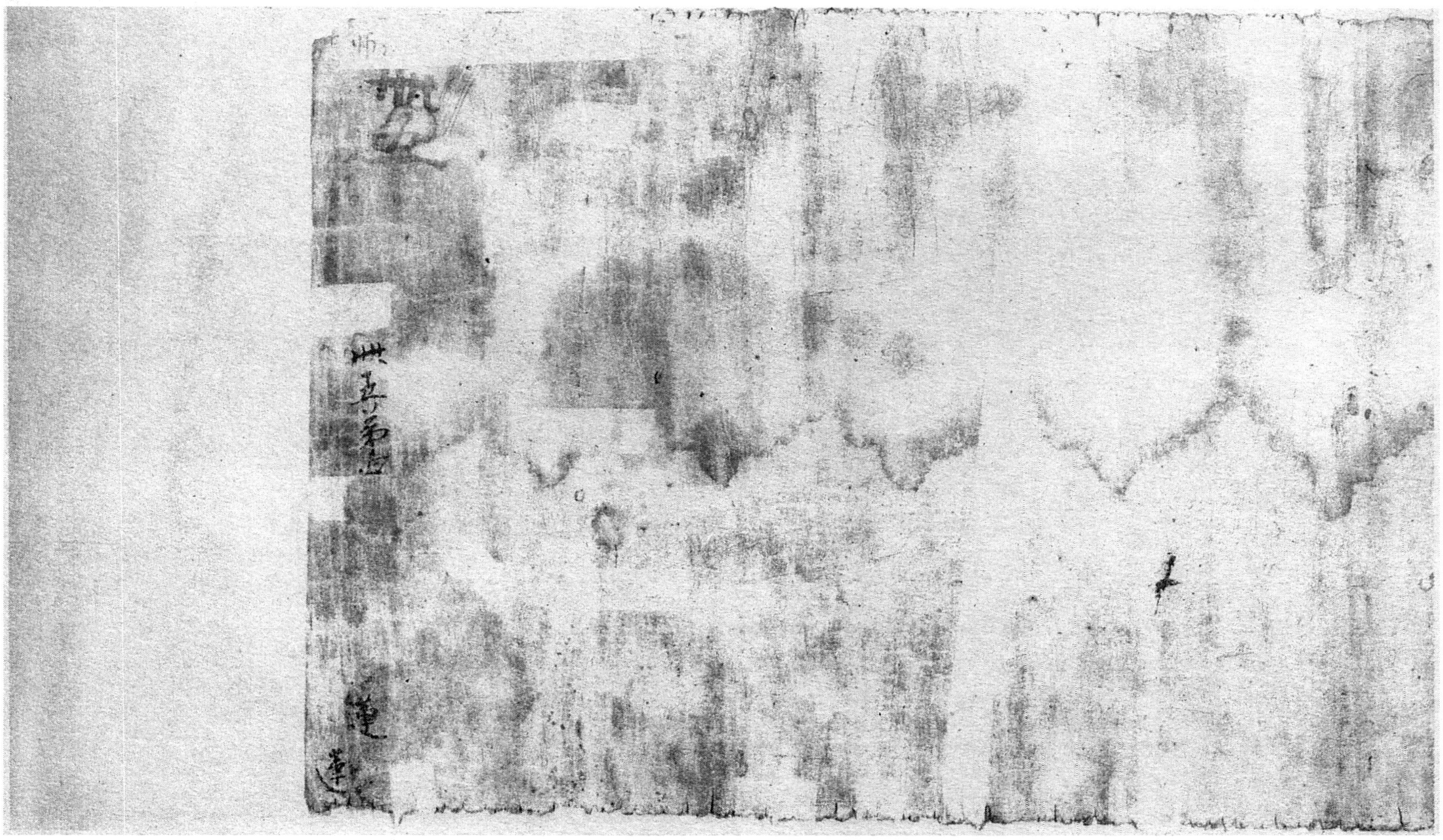

BD07122 號背　勘記　　　　（1–1）

者婆羅門法汝
父與共俱去淨藏淨眼合十指爪
掌白母我等是法王子而生此邪見家母告
子言汝等當憂念汝父為現神變若得見者
心必清淨或聽我等往至佛所於是二子念
其父故踊在虛空高七多羅樹現種種神變
於虛空中行住坐卧身上出水身下出火身
下出水身上出火或現大身滿虛空中而復
現小小復現大於空中滅忽然在地入地如
水履水如地現如是等種種神變令其父王
心淨信解時父見子神力如是心大歡喜得
未曾有合掌向子言汝等師為是誰誰之弟
子二子白言大王彼雲雷音宿王華智佛今
在七寶菩提樹下法座上坐於一切世間天
人衆中廣說法華經是我等師我是弟子父
語子言我今亦欲見汝等師可共俱往於是

BD07123號　妙法蓮華經卷七　（3–1）

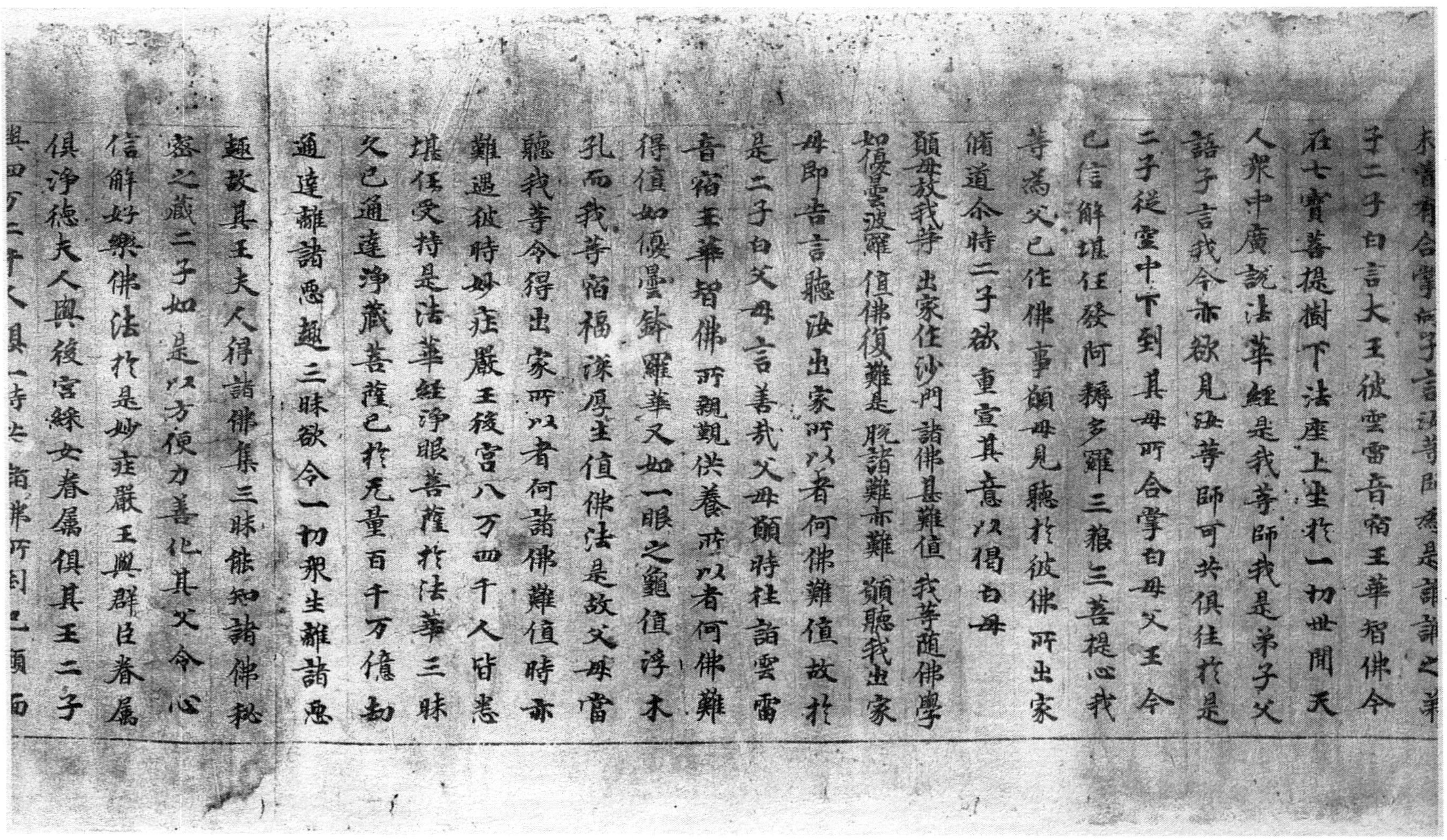

未曾有合掌向子言汝等師為是誰誰之弟
子二子白言大王彼雲雷音宿王華智佛今
在七寶菩提樹下法座上坐於一切世間天
人衆中廣說法華經是我等師我是弟子父
語子言我今亦欲見汝等師可共俱往於是
二子從空中下到其母所合掌白母父王今
已信解堪任發阿耨多羅三藐三菩提心我
等為父已作佛事願母見聽於彼佛所出家
脩道尒時二子欲重宣其意以偈白母
願母放我等　出家作沙門　諸佛甚難值　我等隨佛學
如優曇波羅　值佛復難是　脫諸難亦難　願聽我出家
母即告言聽汝出家所以者何佛難值故於
是二子白父母言善哉父母願時往詣雲雷
音宿王華智佛所親覲供養所以者何佛難
得值如優曇鉢羅華又如一眼之龜值浮木
孔而我等宿福深厚生值佛法是故父母當
聽我等令得出家所以者何諸佛難值時亦
難遇彼時妙莊嚴王後宮八万四千人皆悉
堪任受持是法華經淨眼菩薩於法華三昧
久已通達淨藏菩薩已於无量百千万億劫
通達離諸惡趣三昧欲令一切衆生離諸惡
趣故其王夫人得諸佛集三昧能知諸佛祕
密之藏二子如是以方便力善化其父令心
信解好樂佛法於是妙莊嚴王與群臣眷屬
俱淨德夫人與後宮婇女眷屬俱其王二子
與四万二千人俱一時共詣佛所到已頭面

BD07123號　妙法蓮華經卷七　（3–2）

趣故其王夫人得諸佛集三昧能知諸佛秘
密之藏二子如是以方便力善化其父令心
信解好樂佛法於是妙莊嚴王與群臣眷屬
俱淨德夫人與後宮婇女眷屬俱其王二子
與四万二千人俱一時共詣佛所到已頭面
礼足遶佛三帀却住一面尒時彼佛為王說
法示教利喜王大歡悅尒時妙莊嚴王及其
夫人解頸真珠瓔珞價直百千以散佛上
於虛空中化成四柱寶臺臺中有大寶牀敷
百千万天衣其上有佛結跏趺坐放大光明
尒時妙莊嚴王作是念佛身希有端嚴殊
成就第一微妙之色時雲雷音宿王華智佛告
四衆言汝等見是妙 我前合掌立
不此王於我法中作 佛道
法當得作佛号娑
高王其娑羅樹王
聲聞其國平正功
弟王與夫人二
脩道王出家
行妙法華經
三昧即昇虛空
此我二子已作佛
安住於佛法
知識

BD07123 號　妙法蓮華經卷七　（3–3）

男子具此十事是名菩薩方便具足發願
善男子菩薩復有十法名力具足何等為十
人不輕力不為他所伏力具福業力具智慧
力具徒衆力得神通力自在之力陀羅尼力
菩薩之持不可動力所言無二力云何名菩
薩人不輕力一切外道聲聞二乘無能過者
一切衆生亦無有與菩薩力等者是名菩薩
人不輕力云何名菩薩具福業力無有世間
出世間所脩之福功德莊嚴能與菩薩力齊
等者是名菩薩具福業力云何名菩薩具智
慧力菩薩智力有所舉動於前後際無有錯
謬是名菩薩具智慧力云何名菩薩具徒衆
力菩薩徒衆不壞正見無毀威儀常脩淨命
所攝大衆皆同菩薩正直之行是名菩薩具
徒衆力云何名菩薩具神通力菩薩以世俗
五通勝於聲聞二乘五通能以一塵容閻浮
提及四天下或千世界或二千世界或三千
大千世界乃至恒河沙等三千大千世界而
提及四天下或千世界或二千世界或三千
大千世界乃至恒河沙等三千大千世界而
微塵不增世界不減其中衆生亦不自覺無

BD07124 號　寶雲經卷二　（2–1）

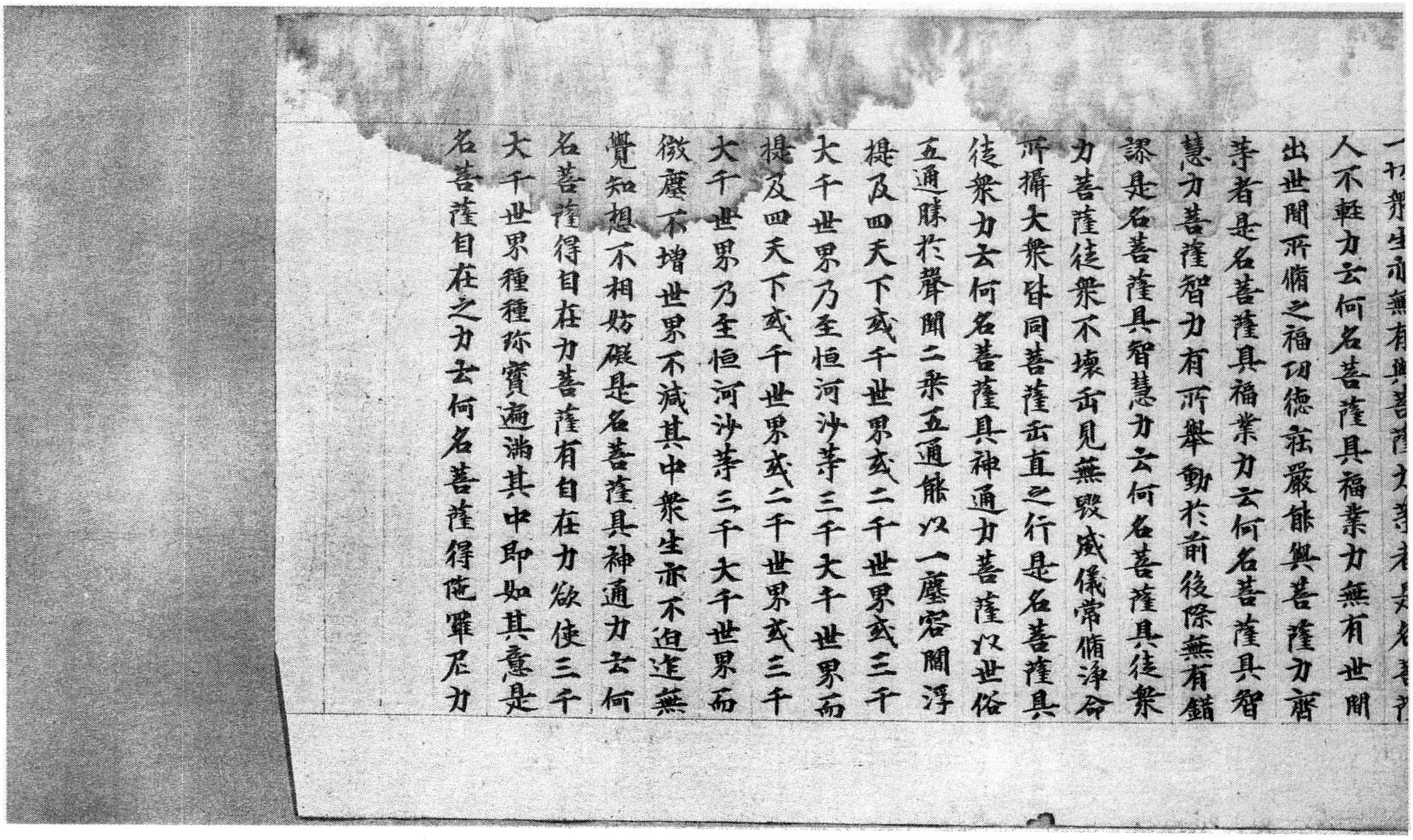
一切衆生亦無有與菩薩力等者是名菩薩
人不輕力云何名菩薩具福業力無有世間
出世間所脩之福功德莊嚴能與菩薩力齊
等者是名菩薩具福業力云何名菩薩具智
慧力菩薩智力有所舉動於前後際無有錯
謬是名菩薩具智慧力云何名菩薩具徒衆
力菩薩徒衆不壞亦見無毀威儀常脩淨命
所攝大衆皆同菩薩亦直之行是名菩薩具
徒衆力云何名菩薩具神通力菩薩以世俗
五通勝於聲聞二乘五通能以一塵容閻浮
提及四天下或千世界或二千世界或三千
大千世界乃至恒河沙等三千大千世界而
提及四天下或千世界或二千世界或三千
大千世界乃至恒河沙等三千大千世界而
微塵不增世界不減其中衆生亦不迫迮無
覺知想不相妨礙是名菩薩具神通力云何
名菩薩得自在力菩薩有自在力欲使三千
大千世界種種珎寶遍滿其中即如其意是
名菩薩自在之力云何名菩薩得陁羅尼力

BD07124 號　寶雲經卷二

（2–2）

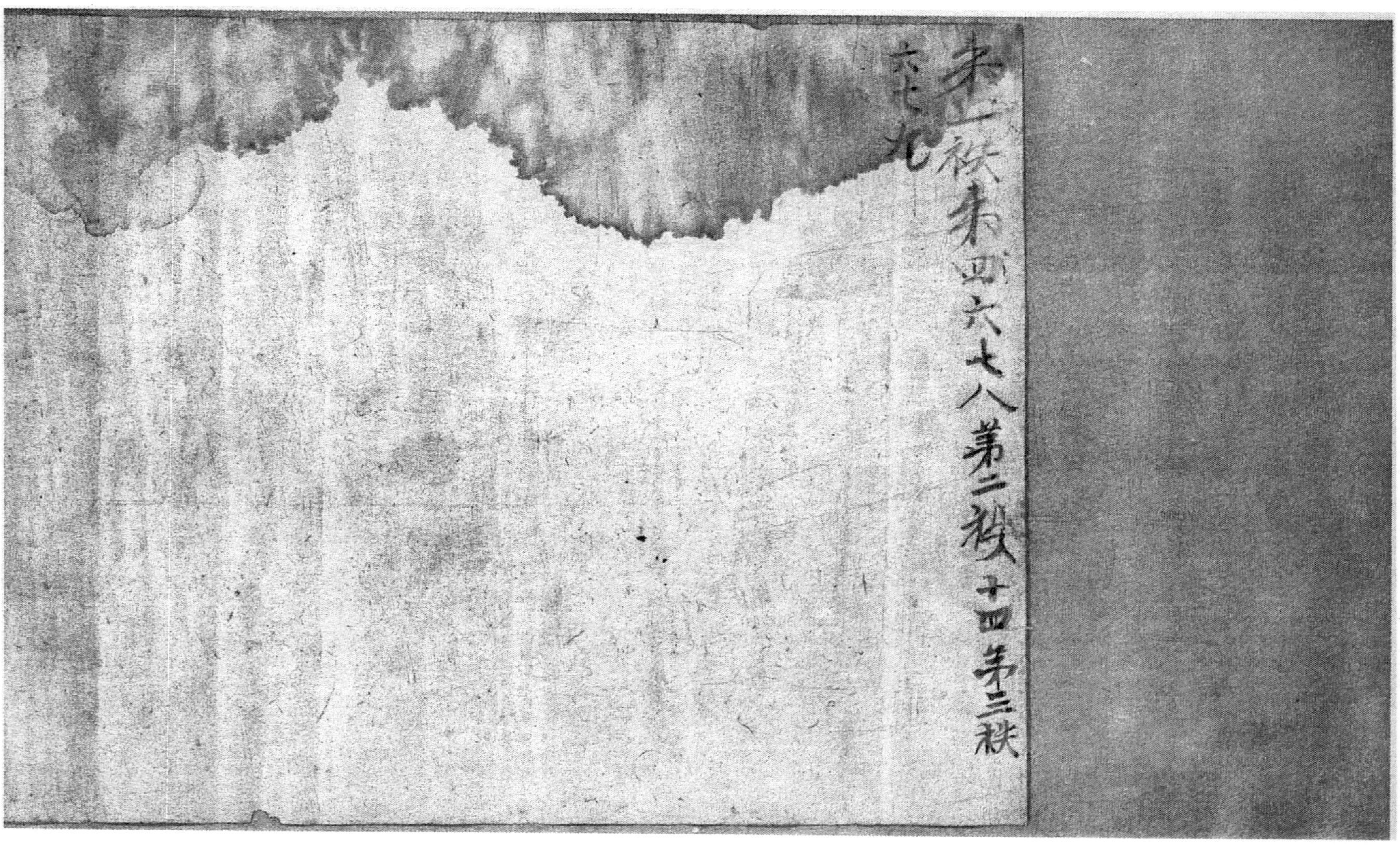
第一袟第四六七八第二袟十四第三袟
六七九

BD07124 號背　勘經錄（擬）

（1–1）

步明達中容之人去來之惠無所罣礙其聖
巍巍超喻世智悉見衆生志性所行形色變
異難解難達滐奧之義消化諸見離於衆
耶諸所住處罣礙之事入于聖惠普周衆生
入於法惠明解聖藏義之所歸了真所入其
明所照無所錯乱亦無所礙觀察時節所樂
無量所見諸事咸皆了了無所違失覺識
誠諦實不滅盡彼所觀察一切無拒以用一行而
無所行皆見衆生之所奉行威儀礼節世間人
民心志所趣菩薩悉見不離於世而習超度
諸世境界尚未成熟佛之土地皆越一切所
作因緣開化衆生過於諸 行而普究竟衆
德之行廣度一切因緣心行皆見衆生心之
所念護世間法莫不周遍不捨世俗所行信
入衆生之念計其智惠無有卒暴不犯巇
險諸根舜定未曾疲懈不以為乱永觀聖惠
常與德合詣於佛樹而坐道場降伏衆魔捨
於外道行有所受聖曜普徹亦無所取大聖所達得

BD07125 號　大寶積經（兌廢稿）卷一一七

（2–1）

無所行皆見衆生之所奉行威儀礼節世間人
民心志所趣菩薩悉見不離於世而習超度
諸世境界尚未成熟佛之土地皆越一切所
作因緣開化衆生過於諸 行而普究竟衆
德之行廣度一切因緣心行皆見衆生心之
所念護世間法莫不周遍不捨世俗所行信
入衆生之念計其智惠無有卒暴不犯巇
險諸根舜定未曾疲懈不以為乱永觀聖惠
常與德合詣於佛樹而坐道場降伏衆魔捨
於外道行有所受聖曜普徹亦無所取大聖所達得
義一切諸法皆為同味執權方便智度無極
趣於彼岸不可限量此乃名曰智度無極皆
能曉了一切因緣所興衆想瑞應姤變心行所
念令得過度是則名曰度於彼岸又計此惠
有二清淨一曰無礙惠想清淨之行二曰嚴淨
莫能有人當其惠相復有二淨一曰淨除顛
倒二曰淨去諸見又彼菩薩所行智惠靡
不普入聖明備悉曉了衆生違識經典其
菩薩者以此智惠解無所有皆入勞塵親
化變欲在諸所生處于諸界達立智惠遊諸境

BD07125 號　大寶積經（兌廢稿）卷一一七

（2–2）

兊

求色界乃至眼觸為緣所生諸受若樂若苦
應求眼界若我若無我應求色界乃至眼觸
為緣所生諸受若我若無我應求眼界若淨
若不淨應求色界乃至眼觸為緣所生諸受若
淨若不淨若有能求如是等法循行淨戒
是行淨戒波羅蜜多憍尸迦若善男子善女
人等如是求眼界若常若無常求色界乃至
眼觸為緣所生諸受若常若無常求眼界若
樂若苦求色界乃至眼觸為緣所生諸受若
樂若苦求眼界若我若無我求色界乃至眼
觸樂若苦求眼界若我若無我求色界乃至眼
觸緣所生諸受若我若無我求眼界若淨若不
淨求色界乃至眼觸為緣所生諸受若淨
若不淨依此等法行淨戒者我說名為行有
所得相似淨戒波羅蜜多憍尸迦如前所說
當知皆是說有所得相似淨戒波羅蜜多
復次憍尸迦若善男子善女人等為發無上善

BD07126 號　大般若波羅蜜多經（兌廢稿）卷一四二　（2–1）

樂若苦求色界乃至眼觸為緣所生諸受若
樂若苦求眼界若我若無我求色界乃至眼
觸樂若苦求眼界若我若無我求色界乃至眼
觸緣所生諸受若我若無我求眼界若淨若不
淨求色界乃至眼觸為緣所生諸受若淨
若不淨依此等法行淨戒者我說名為行有
所得相似淨戒波羅蜜多憍尸迦如前所說
當知皆是說有所得相似淨戒波羅蜜多
復次憍尸迦若善男子善女人等為發無上善
提心者說耳界若常若無常說聲界耳識
界及耳觸耳觸為緣所生諸受若常若無常
說耳界若樂若苦說聲界耳識界及耳觸耳
觸為緣所生諸受若樂若苦說耳界若我若
無我說聲界耳識界及耳觸耳觸為緣所生
諸受若我若無我說耳界若淨若不淨說聲
界耳識界及耳觸耳觸為緣所生諸受若淨
若不淨若有能依如是等法循行淨戒是行
淨戒波羅蜜多復作是說行淨戒者應求耳
界若常若無常應求聲界乃至耳觸為緣所
生諸受若常若無常應求耳界若樂若苦應

BD07126 號　大般若波羅蜜多經（兌廢稿）卷一四二　（2–2）

兌

生諸受於眼鼻舌身意觸為緣所生諸受亦
不可得鼻觸為緣所生諸受於鼻觸為緣所生
諸受不可得鼻觸為緣所生諸受於眼耳舌
身意觸為緣所生諸受亦不可得舌觸為緣
所生諸受於舌觸為緣所生諸受不可得舌
觸為緣所生諸受於眼耳鼻身意觸為緣所
生諸受亦不可得身觸為緣所生諸受於身
觸為緣所生諸受不可得身觸為緣所生諸
受於眼耳鼻舌意觸為緣所生諸受亦不可
得意觸為緣所生諸受於意觸為緣可生訶
受不可得意觸為緣所生諸受於眼耳鼻
舌身觸為緣所生諸受亦不可得舍利子地界
於地界不可得地界於水火風空識界亦不
可得水界於水界不可得水界於地火風空
識界亦不可得火界於火界不可得火界於
地水風空識界亦不可得風界於風界不可
得風界於地水火空識界亦不可得空界
於空界不可得空界於地水火風識界亦不
可得識界於識界不可得識界於地水火風
空界亦不可得舍利子因緣於因緣不可得

BD07127 號　大般若波羅蜜多經（兌廢稿）卷四九六　　（2–1）

觸為緣所生諸受不可得身觸為緣所生諸
受於眼耳鼻舌意觸為緣所生諸受亦不可
得意觸為緣所生諸受於意觸為緣可生訶
受不可得意觸為緣所生諸受於眼耳鼻
舌身觸為緣所生諸受亦不可得舍利子地界
於地界不可得地界於水火風空識界亦不
可得水界於水界不可得水界於地火風空
識界亦不可得火界於火界不可得火界於
地水風空識界亦不可得風界於風界不可
得風界於地水火空識界亦不可得空界
於空界不可得空界於地水火風識界亦不
可得識界於識界不可得識界於地水火風
空界亦不可得舍利子因緣於因緣不可得
因緣於等無間緣所緣緣增上緣亦不可得
等無間緣於等無間緣不可得等無間緣於
因緣所緣緣增上緣亦不可得所緣緣於所
緣緣不可得所緣緣於因緣等無間緣增
上緣於因緣等無間緣所緣緣亦不可得舍

BD07127 號　大般若波羅蜜多經（兌廢稿）卷四九六　　（2–2）

丘尼波羅夷
若比丘尼染污心知男子染污心受捉手捉衣入屏處共住
共語共行或自相倚或共期是比丘尼波羅夷不共住是犯八事
若比丘尼知比丘尼犯波羅夷不共住自發露不語衆
人不白大衆若於異時比丘尼命終或中擧或休道或
入外道衆後作是言我先知有如是如是罪是比丘尼
波羅夷不共住覆藏重罪故
若比丘尼知比丘僧爲作擧法如律如佛所教不順從不
懺悔未與作共住而順從諸比丘尼語言大姊此比丘尼
爲僧所擧如法如律如佛所教不順從不懺悔僧未與
作共住汝莫共從如是比丘尼諫彼比丘尼時是事堅持
不捨彼比丘尼應乃至第一第二第三諫令捨此故若乃
至三諫捨者善不捨者是比丘尼波羅夷不共住犯隨擧
諸大姊我已說八波羅夷法若比丘尼犯一一波羅夷法不
得與比丘尼共住如前後亦如是是比丘尼得波羅夷罪
不應共住問令諸大姊是中清淨不 如是至三
諸大姊是中清淨嘿然故是事如是持
諸大姊是十七僧伽婆沙法半月半月說戒經中來
若比丘尼媒嫁持男語女持女語男若爲成婦事若私
通乃至須臾是比丘尼犯初法應捨僧伽婆尸沙
若比丘尼瞋恚不喜以無根波羅夷法謗欲破彼清
淨行後於異時若問若不問知是事無根說我瞋

BD07128號　四分比丘尼戒本

（2–1）

不捨彼比丘尼應乃至第一第二第三諫令捨此故若乃
至三諫捨者善不捨者是比丘尼波羅夷不共住犯隨擧
諸大姊我已說八波羅夷法若比丘尼犯一一波羅夷法不
得與比丘尼共住如前後亦如是是比丘尼得波羅夷罪
不應共住問令諸大姊是中清淨不 如是至三
諸大姊是中清淨嘿然故是事如是持
諸大姊是十七僧伽婆沙法半月半月說戒經中來
若比丘尼媒嫁持男語女持女語男若爲成婦事若私
通乃至須臾是比丘尼犯初法應捨僧伽婆尸沙
若比丘尼瞋恚不喜以無根波羅夷法謗欲破彼清
淨行後於異時若問若不問知是事無根說我瞋
恚故知是語比丘尼犯初法應捨僧伽婆尸沙
若比丘尼瞋恚於異分事中取片非波羅夷比丘尼以
無根波羅夷法謗欲壞人梵行後於異時若問若不
問知是異分事中取片彼比丘尼住瞋恚法故作如
是說是比丘尼犯初法應捨僧伽婆尸沙
若比丘尼詣官居士兒若奴若客作人若晝若夜
若一念須若彈指須若須臾須是比丘尼犯初法應
捨僧伽婆尸沙
若比丘尼先知是賊女罪應死多人所知不問王大臣
不問種姓便度出家受具足戒是比丘尼犯初法應

BD07128號　四分比丘尼戒本

（2–2）

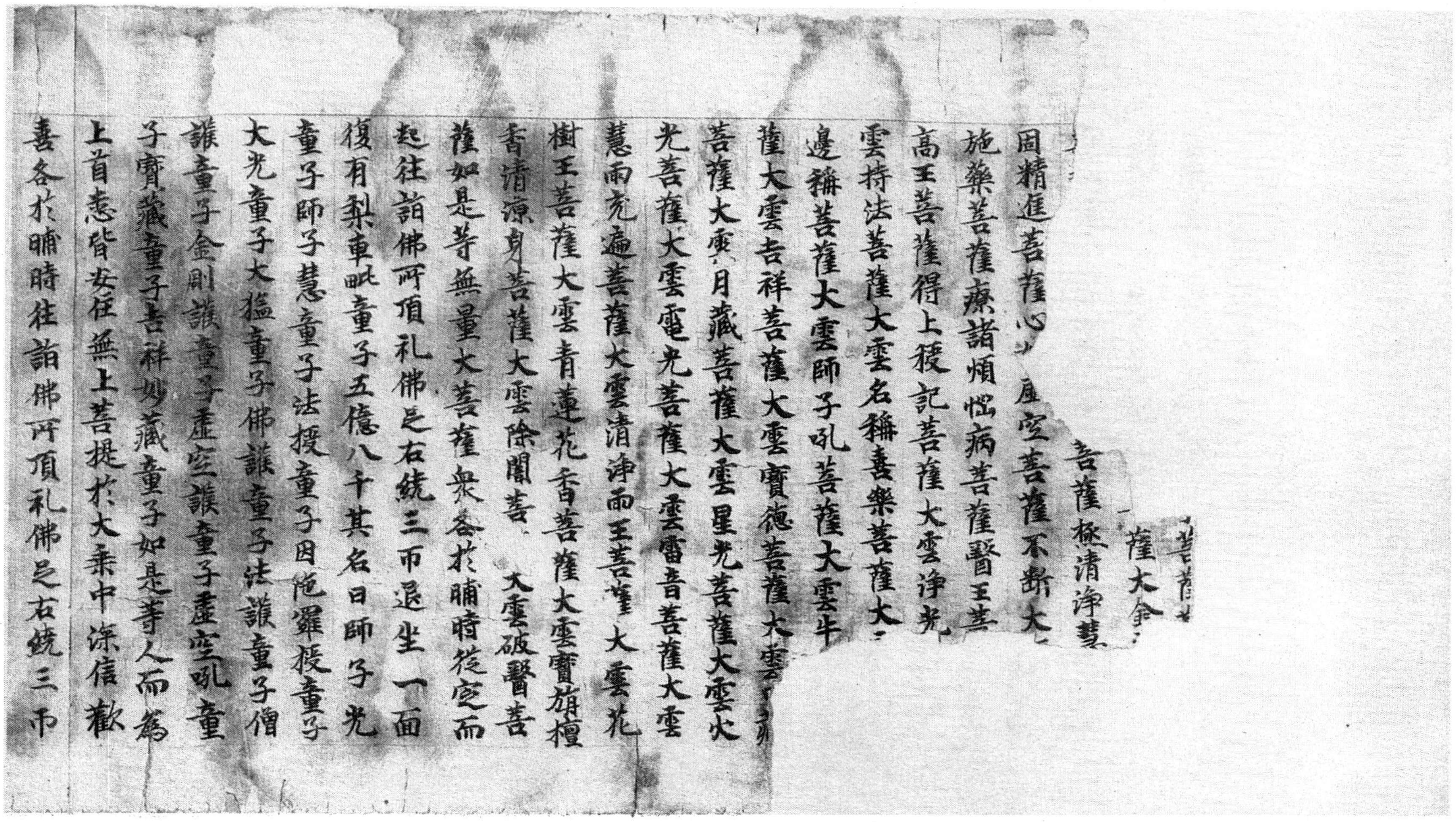

……菩薩……
……薩大金……
……菩薩極清淨慧
周精進菩薩心……虛空菩薩不斷大……
施藥菩薩療諸煩惱病菩薩醫王菩……
高王菩薩得上授記菩薩大雲淨光……
雲持法菩薩大雲名稱喜樂菩薩大……
邊稱菩薩大雲師子吼菩薩大雲牛……
薩大雲吉祥菩薩大雲寶德菩薩大雲……
菩薩大雲日月藏菩薩大雲星光菩薩大雲火
光菩薩大雲電光菩薩大雲雷音菩薩大雲
慧雨充遍菩薩大雲清淨雨王菩薩大雲花
樹王菩薩大雲青蓮花香菩薩大雲寶旃檀
香清涼身菩薩大雲除闇菩 大雲破醫菩
薩如是等無量大菩薩衆各於晡時從定而
起往詣佛所頂礼佛足右繞三帀退坐一面
復有梨車毗童子五億八千其名曰師子光
童子師子慧童子法授童子因陁羅授童子
大光童子大猛童子佛護童子法護童子僧
護童子金剛護童子虛空護童子虛空吼童
子寶藏童子吉祥妙藏童子如是等人而爲
上首悉皆安住無上菩提於大乘中深信歡
喜各於晡時往詣佛所頂礼佛足右繞三帀

BD07129 號　金光明最勝王經卷一　（3–1）

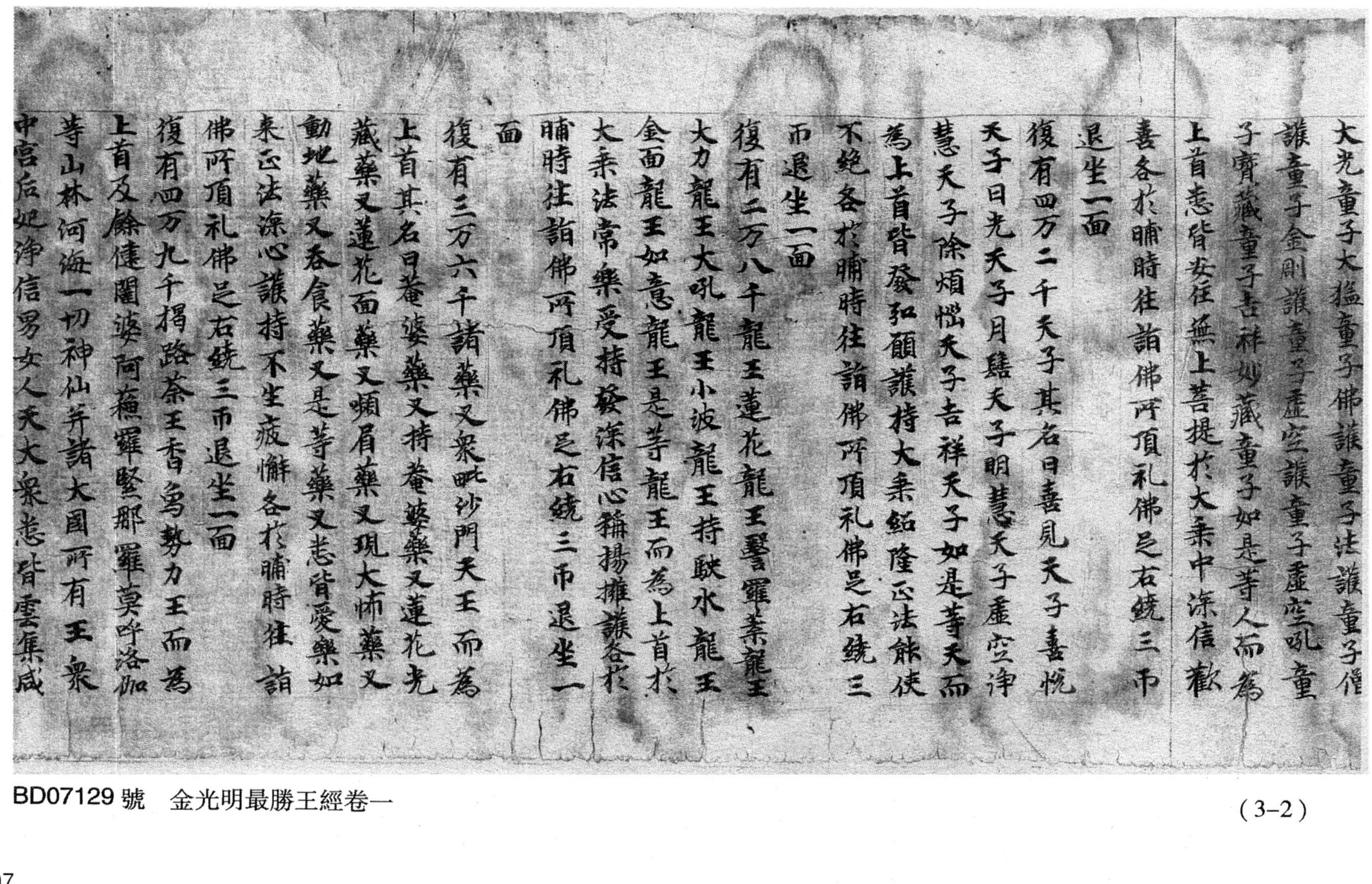

大光童子大猛童子佛護童子法護童子僧
護童子金剛護童子虛空護童子虛空吼童
子寶藏童子吉祥妙藏童子如是等人而爲
上首悉皆安住無上菩提於大乘中深信歡
喜各於晡時往詣佛所頂礼佛足右繞三帀
退坐一面
復有四万二千天子其名曰喜見天子喜悅
天子日光天子月髻天子明慧天子虛空淨
慧天子除煩惱天子吉祥天子如是等天而
爲上首皆發弘願護持大乘紹隆正法能使
不絶各於晡時往詣佛所頂礼佛足右繞三
帀退坐一面
復有二万八千龍王蓮花龍王翳羅葉龍王
大力龍王大吼龍王小波龍王持駃水龍王
金面龍王如意龍王是等龍王而爲上首於
大乘法常樂受持發深信心稱揚擁護各於
晡時往詣佛所頂礼佛足右繞三帀退坐一
面
復有三万六千諸藥叉衆毗沙門天王而爲
上首其名曰菴婆藥叉持菴婆藥叉蓮花光
藏藥叉蓮花面藥叉頻眉藥叉現大怖藥叉
動地藥叉吞食藥叉是等藥叉悉皆愛樂如
來正法深心護持不生疲懈各於晡時往詣
佛所頂礼佛足右繞三帀退坐一面
復有四万九千揭路荼王香象勢力王而爲
上首及餘健闥婆阿蘇羅緊那羅莫呼洛伽
等山林河海一切神仙并諸大國所有王衆
中宮后妃淨信男女人天大衆悉皆雲集咸

BD07129 號　金光明最勝王經卷一　（3–2）

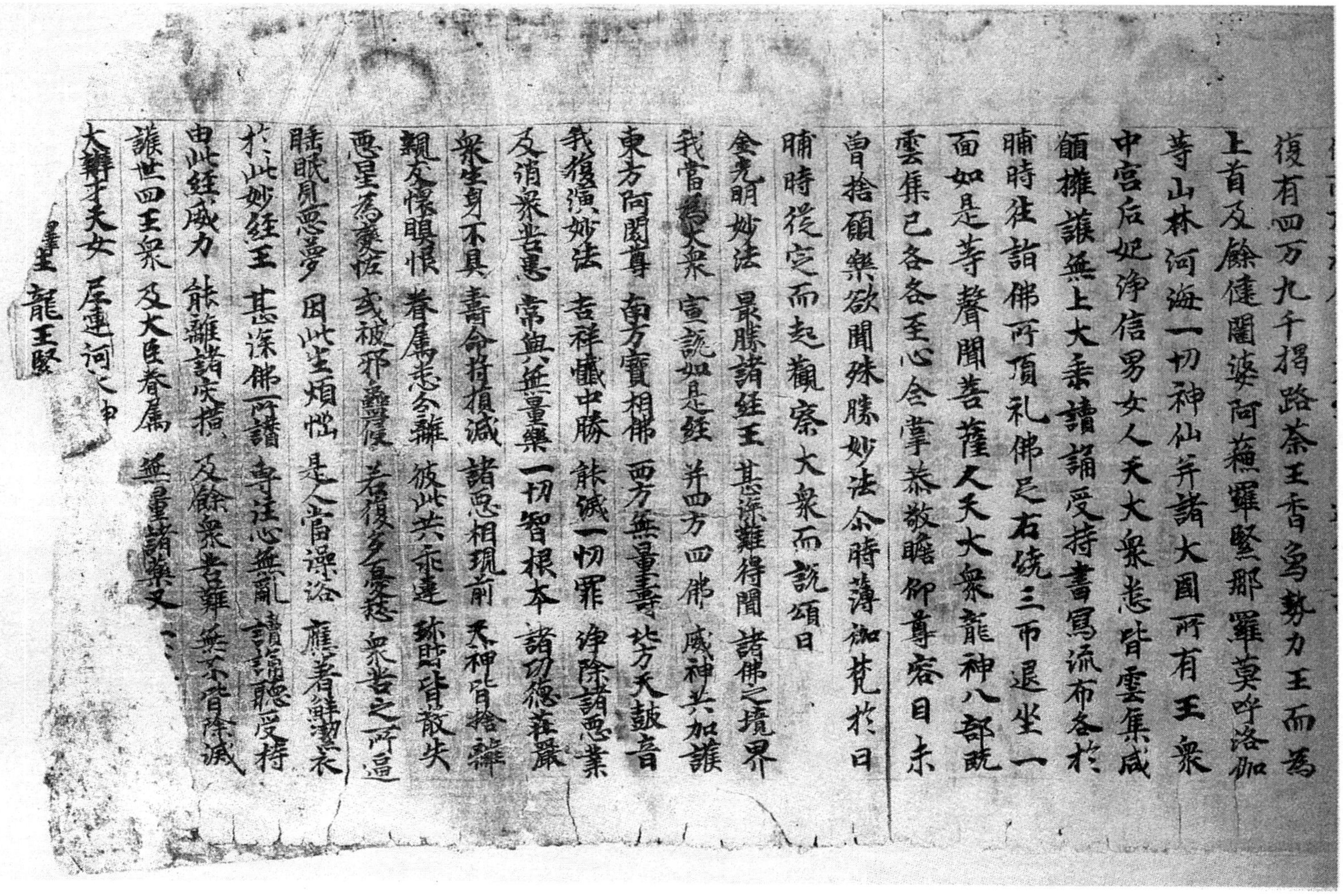
復有四万九千揭路荼王香象勢力王而為
上首及餘健闥婆阿蘇羅緊那羅莫呼洛伽
等山林河海一切神仙并諸大國所有王衆
中宮后妃淨信男女人天大衆悉皆雲集咸
願擁護無上大乘讀誦受持書寫流布各於
晡時往詣佛所頂礼佛足右繞三帀退坐一
面如是等聲聞菩薩人天大衆龍神八部既
雲集已各各至心合掌恭敬瞻仰尊容目未
曾捨願樂欲聞殊勝妙法尒時薄伽梵於日
晡時從定而起觀察大衆而說頌曰
金光明妙法　最勝諸經王　甚深難得聞　諸佛之境界
我當為大衆　宣說如是經　并四方四佛　威神共加護
東方阿閦尊　南方寶相佛　西方無量壽　北方天鼓音
我復演妙法　吉祥懺中勝　能滅一切罪　淨除諸惡業
及消衆苦患　常與無量樂　一切智根本　諸功德莊嚴
衆生身不具　壽命將損減　諸惡相現前　天神皆捨離
親友懷瞋恨　眷屬悉分離　彼此共乖違　珎財皆散失
惡星為變怪　或被邪蠱侵　若復多憂愁　衆苦之所逼
睡眠見惡夢　因此生煩惱　是人當澡浴　應著鮮潔衣
於此妙經王　甚深佛所讚　專注心無亂　讀誦聽受持
由此經威力　能離諸災橫　及餘衆苦難　無不皆除滅
護世四王衆　及大臣眷屬　無量諸藥叉　一
大辯才天女　尼連河水神
釋主　龍王緊

BD07129號　金光明最勝王經卷一　（3–3）

BD07129號背　納物歷（擬）　（1–1）

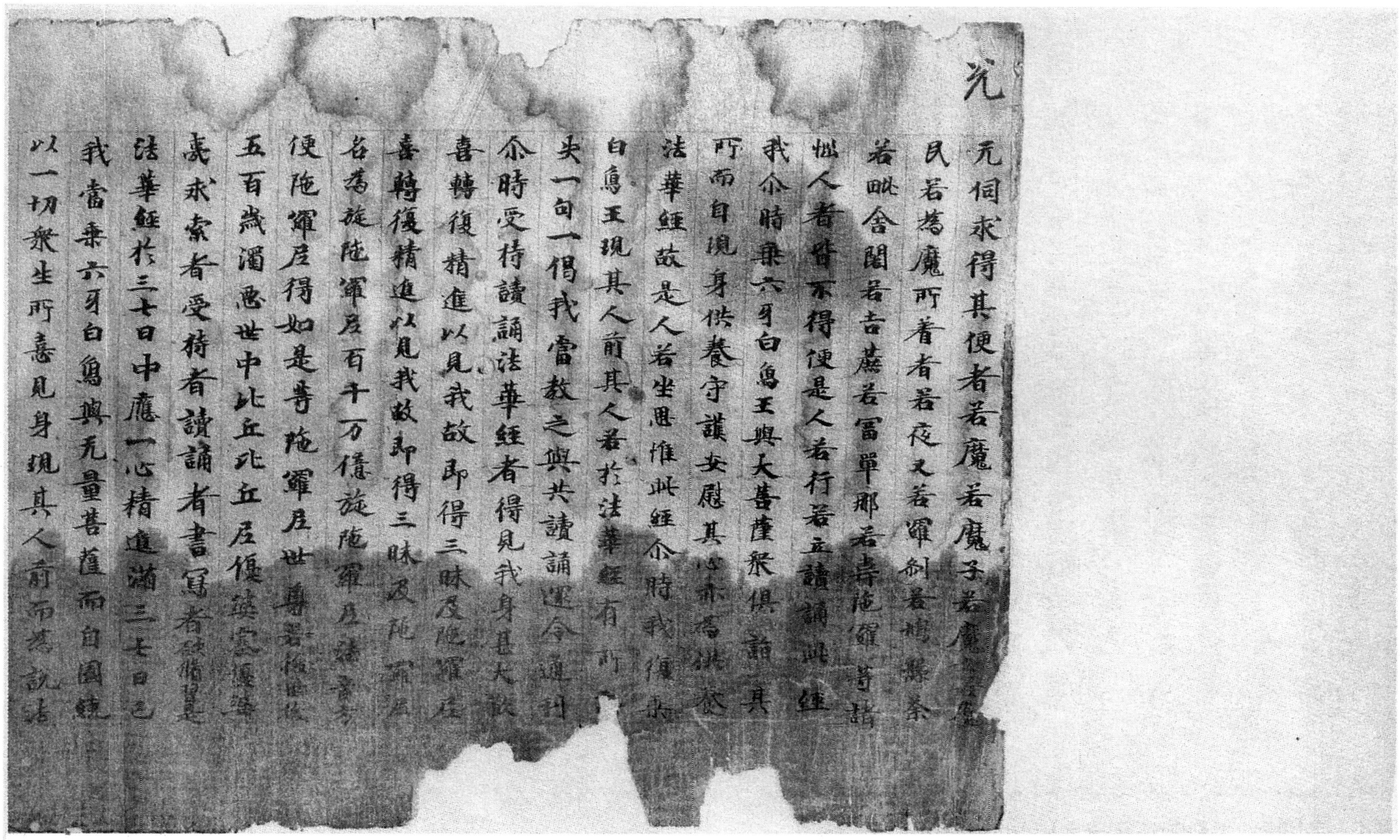
兑

无伺求得其便者若魔若魔子若魔女若魔
民若為魔所著者若夜叉若羅剎若鳩槃茶
若毗舍闍若吉蔗若富單那若韋陀羅等諸
惱人者皆不得便是人若行若立讀誦此經
我尒時乘六牙白象王與大菩薩眾俱詣其
所而自現身供養守護安慰其心亦為供養
法華經故是人若坐思惟此經尒時我復乘
白象王現其人前其人若於法華經有所
失一句一偈我當教之與共讀誦還令通利
尒時受持讀誦法華經者得見我身甚大歡
喜轉復精進以見我故即得三昧及陀羅尼
喜轉復精進以見我故即得三昧及陀羅尼
名為旋陀羅尼百千万億旋陀羅尼法音方
便陀羅尼得如是等陀羅尼世尊若後世後
五百歲濁惡世中比丘比丘尼優婆塞優婆
夷求索者受持者讀誦者書寫者欲修習是
法華經於三七日中應一心精進滿三七日已
我當乘六牙白象與无量菩薩而自圍遶
以一切眾生所喜見身現其人前而為說法

BD07130號　妙法蓮華經（兑廢稿）卷七　（2–1）

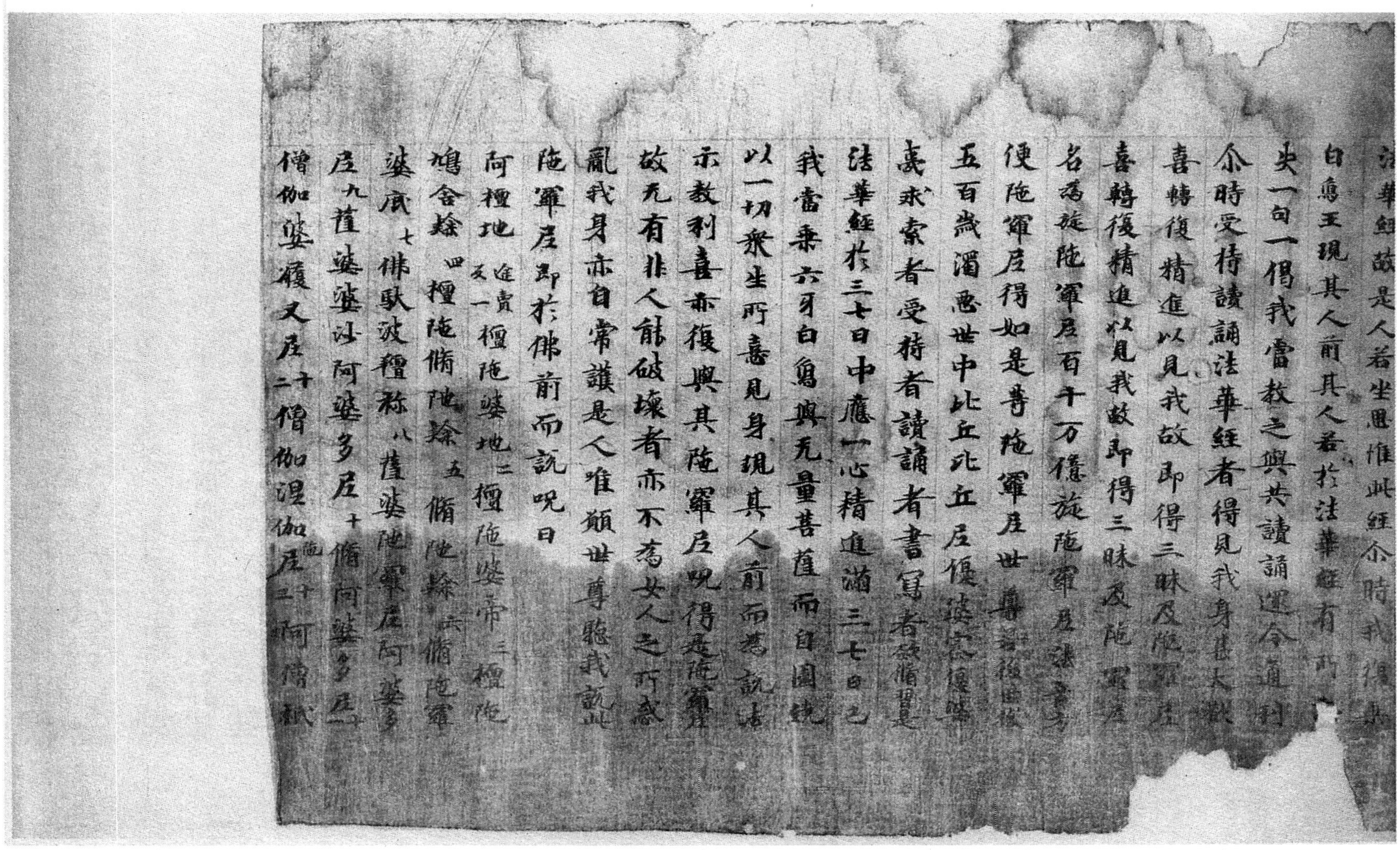
法華經故是人若坐思惟此經尒時我復乘
白象王現其人前其人若於法華經有所
失一句一偈我當教之與共讀誦還令通利
尒時受持讀誦法華經者得見我身甚大歡
喜轉復精進以見我故即得三昧及陀羅尼
名為旋陀羅尼百千万億旋陀羅尼法音方
便陀羅尼得如是等陀羅尼世尊若後世後
五百歲濁惡世中比丘比丘尼優婆塞優婆
夷求索者受持者讀誦者書寫者欲修習是
法華經於三七日中應一心精進滿三七日已
我當乘六牙白象與无量菩薩而自圍遶
以一切眾生所喜見身現其人前而為說法
示教利喜亦復與其陀羅尼呪得是陀羅尼
故无有非人能破壞者亦不為女人之所惑
亂我身亦自常護是人唯願世尊聽我說此
陀羅尼即於佛前而說呪曰
阿檀地一 檀陀婆地二 檀陀婆帝三 檀陀
鳩舍隸四 檀陀修陀隸五 修陀隸六 修陀羅
婆底七 佛馱波羶禰八 薩婆陀羅尼阿婆多
尼九 薩婆婆沙阿婆多尼十 修阿婆多尼十一
僧伽婆履叉尼十二 僧伽涅伽陀尼十三 阿僧祇

BD07130號　妙法蓮華經（兑廢稿）卷七　（2–2）

大般若波羅蜜多經卷第五百九十五
第十六般若波羅蜜多分之三　三藏法師玄奘奉　詔譯
復次善勇猛色蘊非色蘊所行受想行識蘊
亦非受想行識蘊所行善勇猛色蘊非色蘊
所行故无知无見若於色蘊無知無見是謂
般若波羅蜜多善勇猛受想行識蘊亦非受
想行識蘊所行故無知無見若於受想行識
蘊无知无見是謂般若波羅蜜多善勇猛眼
處非眼處所行耳鼻舌身意處亦非耳鼻
舌身意處所行善勇猛眼處非眼處所行故無
知无見若於眼處无知无見是謂般若波羅
蜜多善勇猛耳鼻舌身意處亦非耳鼻舌身
意處所行故无知无見若於耳鼻舌身意處
无知无見是謂般若波羅蜜多善勇猛色處
非色處所行聲香味觸法處亦非聲香味觸
法處所行善勇猛色處非色處所行故無知
无見若於色處无知无見是謂般若波羅蜜多

BD07131號　大般若波羅蜜多經卷五九五　（2–1）

想行識蘊所行故無知無見若於受想行識
蘊无知无見是謂般若波羅蜜多善勇猛眼
處非眼處所行耳鼻舌身意處亦非耳鼻
舌身意處所行善勇猛眼處非眼處所行故無
知无見若於眼處无知无見是謂般若波羅
蜜多善勇猛耳鼻舌身意處亦非耳鼻舌身
意處所行故无知无見若於耳鼻舌身意處
无知无見是謂般若波羅蜜多善勇猛色處
非色處所行聲香味觸法處亦非聲香味觸
法處所行善勇猛色處非色處所行故無知
无見若於色處无知无見是謂般若波羅蜜多
善勇猛聲香味觸法處亦非聲香味觸法
處所行故无知无見若於聲香味觸法處无
知无見是謂般若波羅蜜多善勇猛眼界非
眼界所行耳鼻舌身意界亦非耳鼻舌身
意界所行善勇猛眼界非眼界所行故无知
无見若於眼界无知无見是謂般若波羅蜜
多善勇猛耳鼻舌身意界亦非耳鼻舌身
意界所行故无知无見若於耳鼻舌身意界
无知无見是謂般若波羅蜜多善勇猛色界

BD07131號　大般若波羅蜜多經卷五九五　（2–2）

法蓮華經觀世音菩薩普門品弟二十五
尒時无盡意菩薩即從座起偏袒右肩合
掌向佛而作是言世尊觀世音菩薩以何因
緣名觀世音佛告无盡意菩薩善男子若有
无量百千万億衆生受諸苦惱聞是觀世音
菩薩一心稱名觀世音菩薩即時觀其音聲
皆得解脫
若有持是觀世音菩薩名者設入大火火不
能燒由是菩薩威神力故若爲大水所漂稱
其名号即得淺處若有百千万億衆生爲求
金銀琉璃車𤦲馬瑙珊瑚虎珀真珠等寶入
於大海假使黑風吹其船舫漂墮羅剎鬼國
其中若有乃至一人稱觀世音菩薩名者是
諸人等皆得解脫羅剎之難以是因緣名觀
世音 若復有人臨當被害稱觀世音菩薩者彼

BD07132號　觀世音經　（7–1）

金銀琉璃車𤦲馬瑙珊瑚虎珀真珠等寶入
於大海假使黑風吹其船舫漂墮羅剎鬼國
其中若有乃至一人稱觀世音菩薩名者是
諸人等皆得解脫羅剎之難以是因緣名觀
世音 若復有人臨當被害稱觀世音菩薩名者彼
所執刀杖尋段段壞而得解脫若三千大千
國土滿中夜叉羅剎欲來惱人聞其稱觀世
音菩薩名者是諸惡鬼尚不能以惡眼視
之況復加害
設復有人若有罪若无罪杻械枷鎖檢
繫其身稱觀世音菩薩名者皆悉斷壞
即得解脫若三千大千國土滿中怨賊有
一商主將諸商人賷持重寶經過險路其
中一人作是唱言諸善男子勿得恐怖汝
等應當一心稱觀世音菩薩名号是菩薩
能以无畏施於衆生汝等若稱名者於此
怨賊當得解脫衆商人聞俱發聲言南
无觀世音菩薩稱其名故即得解脫无
盡意觀世音菩薩摩訶薩威神之力巍
巍如是
若有衆生多於婬欲常念恭敬觀世音
菩薩便得離欲若多瞋恚常念恭敬觀世
音菩薩便得離瞋若多愚癡常念恭敬
觀世音菩薩便得離癡无盡意觀世音
菩薩有如是等大威神力多所饒益是

BD07132號　觀世音經　（7–2）

菩薩便得離欲若多瞋恚常念恭敬觀世
音菩薩便得離瞋若多愚癡常念恭敬
觀世音菩薩便得離癡无盡意觀世音
菩薩有如是等大威神力多所饒益是
故衆生常應心念
若有女人設欲求男礼拜供養觀世音菩
薩便生福德智慧之男設欲求女便生端正
有相之女宿殖德本衆人愛敬无盡意
觀世音菩薩有如是力若有衆生恭敬礼
拜觀世音菩薩福不唐捐是故衆生皆
應受持觀世音菩薩名号无盡意若有
人受持六十二億恒河沙菩薩名字復盡形
供養飲食衣服卧具醫藥於汝意云何
是善男子善女人功德多不无盡意言
甚多世尊佛言若復有人受持觀世音
菩薩名号乃至一時礼拜供養是二人福
正等无異於百千万億劫不可窮盡无
盡意受持觀世音菩薩名号得如是无
量无邊福德之利
无盡意菩薩白佛言世尊觀世音菩薩
云何遊此娑婆世界云何而為衆生說法方
便之力其事云何佛告无盡意菩薩善男子
若有國土衆生應以佛身得度者觀世音菩
薩即現佛身而為說法應以辟支佛身得
度者即現辟支佛身而為說法應以聲聞

BD07132號　觀世音經

（7–3）

若有國土衆生應以佛身得度者觀世音菩
薩即現佛身而為說法應以辟支佛身得
度者即現辟支佛身而為說法應以聲聞
身得度者即現聲聞身而為說法應以梵王
身得度者即現梵王身而為說法應以帝
釋身得度者即現帝釋身而為說法
應以自在天身得度者即現自在天身而為說
法應以大自在天身得度者即現大自在天身而
為說法應以天大將軍身得度者即現天大
將軍身而為說法應以毗沙門身得度者
即現毗沙門身而為說法應以小王身得度
者即現小王身而為說法應以長者身得度
者即現長者身而為說法應以居士身得度
者即現居士身而為說法應以宰官身得度
者即現宰官身而為說法應以婆羅門身得
度者即現婆羅門身而為說法應以比丘比丘
尼優婆塞優婆夷身得度者即現比丘比丘
尼優婆塞優婆夷身而為說法應以長者居
士宰官婆羅門婦女身得度者即現婦女身
而為說法應以童男童女身得度者即現童
男童女身而為說法應以天龍夜叉乾闥婆阿
脩羅迦樓羅緊那羅摩睺羅伽人非人等身得
度者即皆現之而為說法應以執金剛神得度
者即現執金剛神而為說法无盡意是觀世
音菩薩成就如是功德以種種形遊諸國土度

BD07132號　觀世音經

（7–4）

脩羅迦樓羅緊那羅摩睺羅伽人非人等身得
度者即皆現之而為說法應以執金剛神得度
者即現執金剛神而為說法无盡意是觀世
音菩薩成就如是功德以種種形遊諸國土度
脫衆生是故汝等應當一心供養觀世音菩薩
是觀世音菩薩摩訶薩於怖畏急難之中能
施无畏是故此娑婆世界皆号之為施无畏者
无盡意菩薩白佛言世尊我今當供養觀世
音菩薩即解頸衆寶珠瓔珞價直百千兩金
而以與之作是言仁者受此法施珎寶瓔珞時
觀世音菩薩不肯受之无盡意復白觀世音
菩薩言仁者愍我等故受此瓔珞尒時佛告
觀世音菩薩當愍此无盡意菩薩及四衆天
龍夜叉乾闥婆阿脩羅迦樓羅緊那羅摩
睺羅伽人非人等故受是瓔珞即時觀世音
菩薩愍諸四衆及於天龍人非人等受其瓔珞
分作二分一分奉釋迦牟尼佛一分奉多寶佛
塔无盡意觀世音菩薩有如是自在神力
遊於娑婆世界尒時无盡意菩薩以偈問曰
世尊妙相具　我今重問彼　佛子何因緣　名為觀世音
具足妙相尊　偈答无盡意　汝聽觀音行　善應諸方所
弘誓深如海　歷劫不思議　侍多千億佛　發大清淨願
我為汝略說　聞名及見身　心念不空過　能滅諸有苦
假使興害意　推落大火坑　念彼觀音力　火坑變成池
或漂流巨海　龍魚諸鬼難　念彼觀音力　波浪不能没

BD07132號　觀世音經　（7–5）

弘誓深如海　歷劫不思議　侍多千億佛　發大清淨願
我為汝略說　聞名及見身　心念不空過　能滅諸有苦
假使興害意　推落大火坑　念彼觀音力　火坑變成池
或漂流巨海　龍魚諸鬼難　念彼觀音力　波浪不能没
或在須彌峯　為人所推墮　念彼觀音力　如日虛空住
或被惡人逐　墮落金剛山　念彼觀音力　不能損一毛
或值怨賊遶　各執刀加害　念彼觀音力　咸即起慈心
或遭王難苦　臨刑欲壽終　念彼觀音力　刀尋段段壞
或囚禁枷鎖　手足被杻械　念彼觀音力　釋然得解脫
呪詛諸毒藥　所欲害身者　念彼觀音力　還著於本人
或遇惡羅刹　毒龍諸鬼等　念彼觀音力　時悉不敢害
若惡獸圍遶　利牙爪可怖　念彼觀音力　疾走无邊方
蚖蛇及蝮蠍　氣毒煙火然　念彼觀音力　尋聲自迴去
雲雷鼓掣電　降雹澍大雨　念彼觀音力　應時得消散
衆生被困厄　无量苦逼身　觀音妙智力　能救世間苦
具足神通力　廣脩智方便　十方諸國土　无剎不現身
種種諸惡趣　地獄鬼畜生　生老病死苦　以漸悉令滅
真觀清淨觀　廣大智慧觀　悲觀及慈觀　常願常瞻仰
无垢清淨光　慧日破諸闇　能伏災風火　普明照世間
悲體戒雷震　慈意妙大雲　澍甘露法雨　滅除煩惱焰
諍訟經官處　怖畏軍陣中　念彼觀音力　衆怨悉退散
妙音觀世音　梵音海潮音　勝彼世間音　是故須常念
念念勿生疑　觀世音淨聖　於苦惱死厄　能為作依怙
具一切功德　慈眼視衆生　福聚海无量　是故應頂禮
尒時持地菩薩即從座起前白佛言世尊若

BD07132號　觀世音經　（7–6）

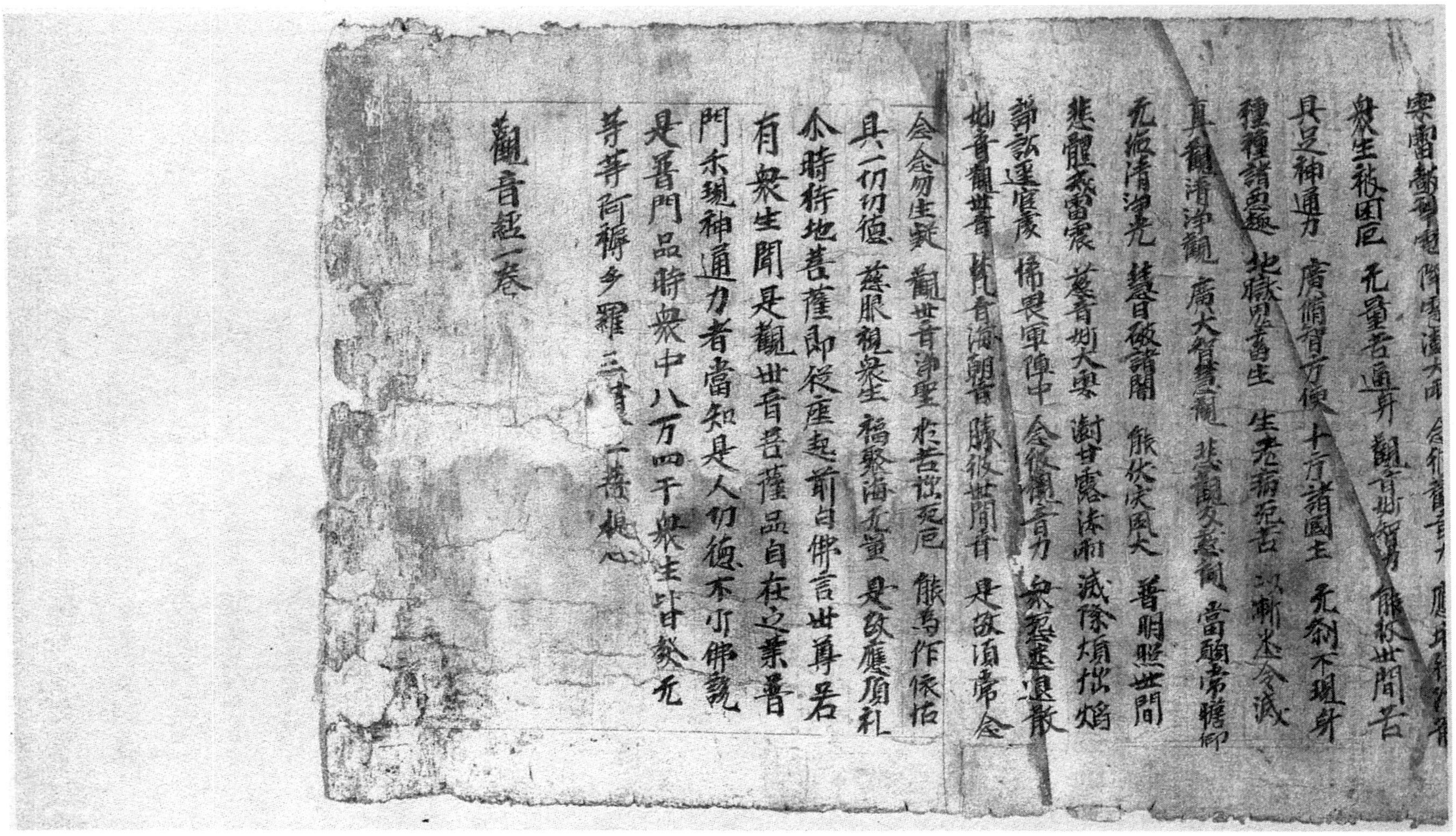

雷鼓掣電降雹澍大雨念彼觀音力應時得消散
衆生被困厄 无量苦逼身 觀音妙智力 能救世間苦
具足神通力 廣修智方便 十方諸國土 无刹不現身
種種諸惡趣 地獄鬼畜生 生老病死苦 以漸悉令滅
真觀清淨觀 廣大智慧觀 悲觀及慈觀 常願常瞻仰
无垢清淨光 慧日破諸闇 能伏災風火 普明照世間
悲體戒雷震 慈意妙大雲 澍甘露法雨 滅除煩惱焰
諍訟經官處 怖畏軍陣中 念彼觀音力 衆怨悉退散
妙音觀世音 梵音海潮音 勝彼世間音 是故須常念
念念勿生疑 觀世音淨聖 於苦惱死厄 能爲作依怙
具一切功德 慈眼視衆生 福聚海无量 是故應頂禮
尒時持地菩薩即從座起前白佛言世尊若
有衆生聞是觀世音菩薩品自在之業普
門示現神通力者當知是人功德不少佛說
是普門品時衆中八万四千衆生皆發无
等等阿耨多羅三藐三菩提心

觀音經一卷

BD07132 號　觀世音經　（7–7）

BD07132 號背 1　顯德六年（959）釋門法律沙門智果起居狀（擬）　（7–1）

BD07132 號背 1　顯德六年（959）釋門法律沙門智果起居狀（擬）　（7–2）

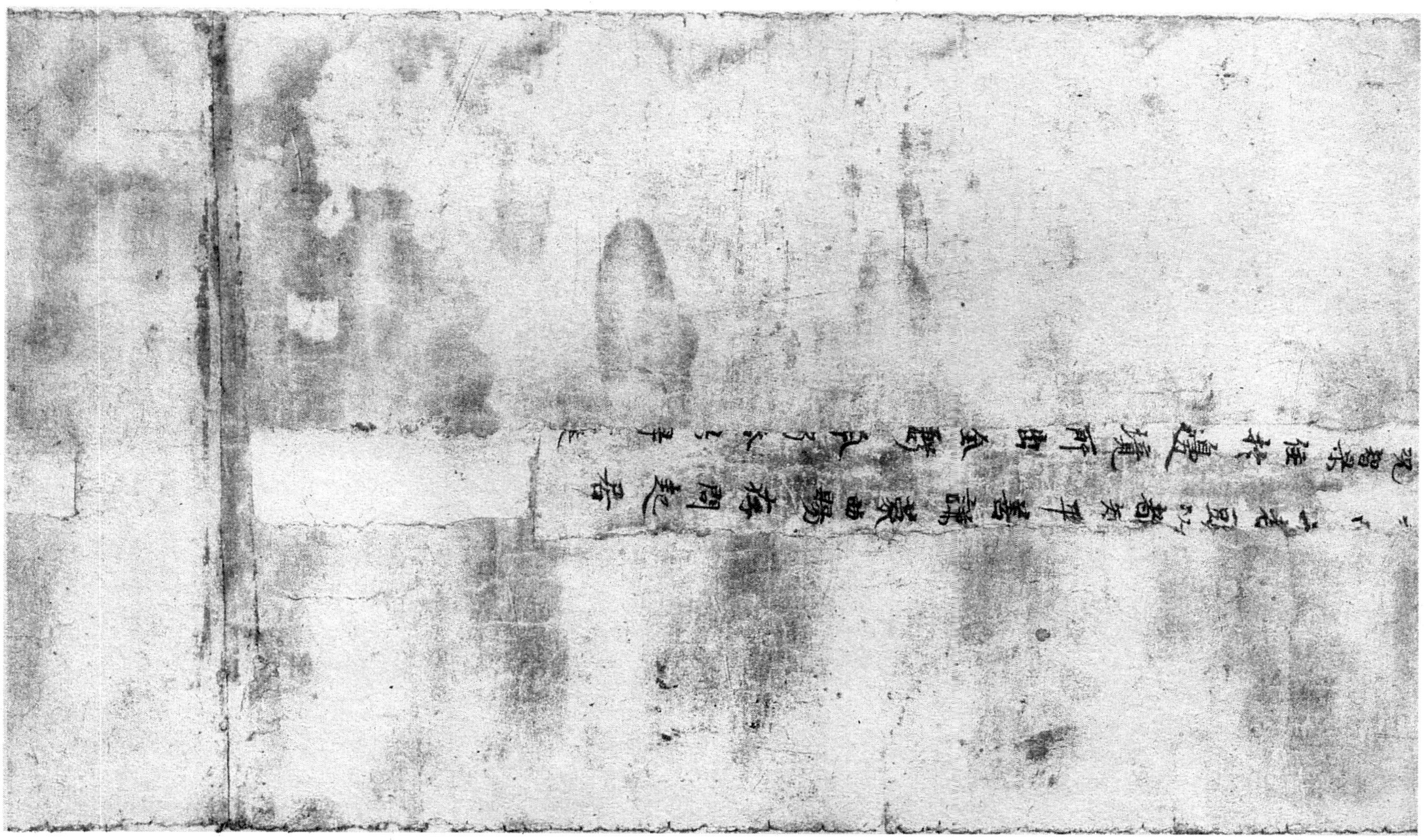

BD07132 號背 1　顯德六年（959）釋門法律沙門智果起居狀（擬）　（7–3）

BD07132 號背 1　顯德六年（959）釋門法律沙門智果起居狀（擬）　（7–4）

BD07132 號背 1　顯德六年（959）釋門法律沙門智果起居狀（擬）　（7–5）

BD07132 號背 1　顯德六年（959）釋門法律沙門智果起居狀（擬）　（7–6）
BD07132 號背 2　大般若波羅蜜多經卷四五

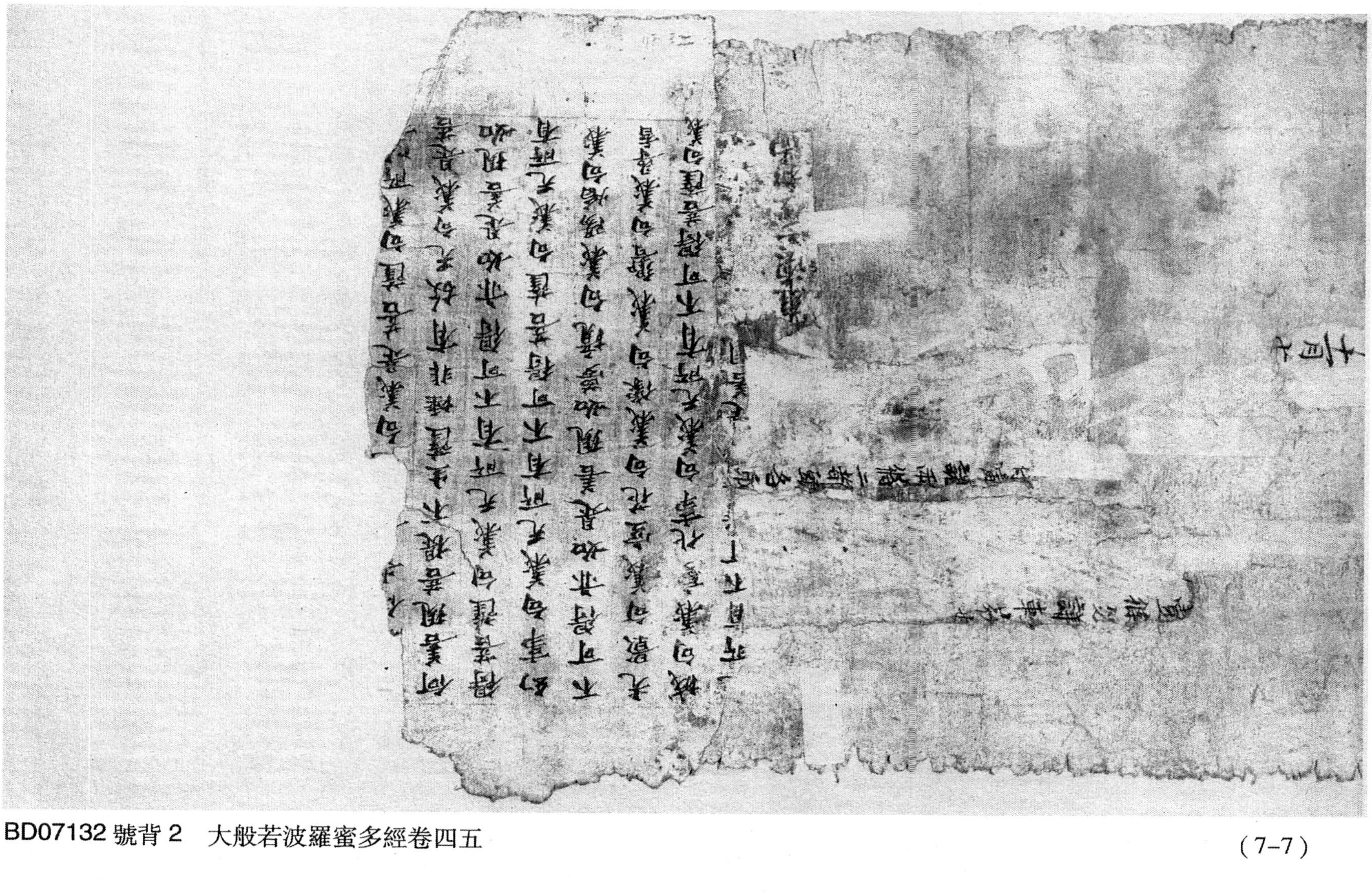

BD07132 號背 2　大般若波羅蜜多經卷四五　（7–7）

令諦聽善思念之我當說其惡星瞋怒破壞
之法及說供養行施念誦祕密之義
若行供養當供養　若作其惡當作惡
如是諸星形色等　云何而令生歡喜
諸天及與諸非天　緊那羅等及諸龍
諸藥叉等并羅剎　人及迦多冨多那
猛利威德諸大神　瞋怒云何而殄滅
祕密言辭供養法　今當次第而宣說
尒時釋迦如來從身心上而放慈心遊戲光
明入於諸星項髻之中尋時日月一切星神從
座而起以諸天供即以供養釋迦如來膝輪
著地合掌作礼而白佛言世尊如來應供正
真等覺剎盡我等唯願世尊宣說法門令
於我等而聚集已守衛旁護說法之師令得吉
慶遠離刀杖消滅毒藥及結果
尒時釋迦如來即便為說供養星法及以密言
陀羅尼曰
唵讓呼羅迦耶莎訶　唵尸儞奢薩莎訶　唵落
落當伽俱磨囉也莎訶　唵報須也莎訶　唵報
伽阿悉婆須也莎訶　唵阿湏囉薩多磨也莎
訶　唵叱哩悉橐皺囉那也莎訶　唵阿塞多畢
哩耶莎訶　唵藉底羯多薩莎訶
金剛手此印是被九星秘密心呪讀便成辨

BD07133號　諸星母陀羅尼經　（2–1）

諸藥叉等并羅剎　人及迦多冨多那
猛利威德諸大神　瞋怒云何而殄滅
祕密言辭供養法　今當次第而宣說
尒時釋迦如來從身心上而放慈心遊戲光
明入於諸星項髻之中尋時日月一切星神從
座而起以諸天供即以供養釋迦如來膝輪
著地合掌作礼而白佛言世尊如來應供正
真等覺剎盡我等唯願世尊宣說法門令
於我等而聚集已守衛旁護說法之師令得吉
慶遠離刀杖消滅毒藥及結果
尒時釋迦如來即便為說供養星法及以密言
陀羅尼曰
唵讓呼羅迦耶莎訶　唵尸儞奢薩莎訶　唵落
落當伽俱磨囉也莎訶　唵報須也莎訶　唵報
伽阿悉婆須也莎訶　唵阿湏囉薩多磨也莎
訶　唵叱哩悉橐皺囉那也莎訶　唵阿塞多畢
哩耶莎訶　唵藉底羯多薩莎訶
金剛手此印是被九星秘密心呪讀便成辨
當作十二楨一色香壇中安供養或凡或銅
金銀等器奉獻供養一供養當誦一百八遍
金剛手然後誦此諸星母陀羅尼秘密言辭
滿足七遍一切諸星而作守護所有貧窮悉
得解脫命將欲盡而得長壽金剛手若

BD07133號　諸星母陀羅尼經　（2–2）

者自住集聖諦教他住集聖諦讚說集聖諦
法歡喜讚歎住集聖諦者自住滅聖諦教他
住滅聖諦讚說滅聖諦法歡喜讚歎住滅聖
諦者自住道聖諦教他住道聖諦讚說道聖
諦法歡喜讚歎住道聖諦者
憍尸迦是菩薩摩訶薩自脩初靜慮教他脩
初靜慮讚說初靜慮法歡喜讚歎脩初靜慮
者自脩第二靜慮教他脩第二靜慮讚說第
二靜慮法歡喜讚歎脩第二靜慮者自脩第
三靜慮教他脩第三靜慮讚說第三靜慮法
歡喜讚歎脩第三靜慮者自脩第四靜慮教
他脩第四靜慮讚說第四靜慮法歡喜讚歎
脩第四靜慮者憍尸迦是菩薩摩訶薩自脩
慈無量教化脩慈無量讚說慈無量法歡喜讚
歎脩慈無量者自脩悲無量教他脩悲無量
讚說悲無量法歡喜讚歎脩悲無量者自脩
喜無量教他脩喜無量讚說喜無量法歡喜
讚歎脩喜無量者自脩捨無量教他脩捨無量
讚說捨無量法歡喜讚歎脩捨無量者
憍尸迦是菩薩摩訶薩自脩空無邊處定教

BD07134號　大般若波羅蜜多經卷一〇一　（2–1）

讚說[illegible]
喜無量教他脩喜無量讚說喜無量法歡喜
讚歎脩喜無量者自脩捨無量教他脩捨無量
讚說捨無量法歡喜讚歎脩捨無量者
憍尸迦是菩薩摩訶薩自脩空無邊處定教
他脩空無邊處定讚說空無邊處定法歡喜
讚歎脩空無邊處定者自脩識無邊處定教
他脩識無邊處定讚說識無邊處定法歡喜
讚歎脩識無邊處定者自脩無所有處定教
他脩無所有處定讚說無所有處定法歡喜
讚歎脩無所有處定者自脩非想非非想處
定教他脩非想非非想處定讚說非想非非
想處定法歡喜讚歎脩非想非非想處定者
憍尸迦是菩薩摩訶薩自脩八解脫教他脩
八解脫讚說八解脫法歡喜讚歎脩八解脫
者自脩八勝處教他脩八勝處讚說八勝處
法歡喜讚歎脩八勝處者自脩九次第定教
他脩九次第定讚說九次第定法歡喜讚歎
脩九次第定者[illegible]脩十遍處教他脩十遍處
讚說十遍處法歡喜讚歎脩十遍處者
憍尸迦是菩薩摩訶薩自脩四念住教他脩
四念住讚說四念住法歡喜讚歎脩四念住
者自脩四正斷教他脩四正斷讚說四正斷
法歡喜讚歎脩四正斷者自脩四神足教他
[illegible]脩四神

BD07134號　大般若波羅蜜多經卷一〇一　（2–2）

相言一切法與幻相似依言亦爾不依執着
種種幻相言一切法如幻大慧以一切法不
實速滅如電故說如幻大慧辟如電光見已
即滅世間凡愚悉皆現見一切諸法依自分
別自共相現亦復如是以不能觀察無所
有故而妄計著種種色相尒時世尊重說
頌言
非幻無相似　亦非有諸法　不實速如電　如幻應當知
尒時大慧菩薩摩訶薩復白佛言世尊如佛
先說一切諸法皆悉無生又言如幻將非所
說前後相違佛言大慧無有相違何以故我
了於生即是無生唯是自心之所見故若有
若無一切外法見其無性本不生故大慧為
離外道因生義故我說諸法皆悉不生大慧
外道群聚共興惡見言從有無生一切法非
自執着分別為緣大慧我說諸法非有無生
故名無生大慧說諸法者為令弟子知依諸
業攝受生死遮其無有斷滅見故大慧說

BD07135 號　大乘入楞伽經卷三

（3–1）

離外道因生義故我說諸法皆悉不生大慧
外道群聚共興惡見言從有無生一切法非
自執着分別為緣大慧我說諸法非有無生
故名無生大慧說諸法者為令弟子知依諸
業攝受生死遮其無有斷滅見故大慧說
諸法相猶如幻者令離諸法自性相故為諸
凡愚墮惡見欲不知諸法唯心所現為令遠
離執着因緣生起之相說一切法如幻如
夢彼諸愚夫執着惡見欺誑自他不能明
見一切諸法如實住處大慧見一切法如實
處者謂能了達唯心所現尒時世尊重
說頌言
無作故無生　有法攝生死　了達如幻等　於相不分別
復次大慧我當說名句文身相諸菩薩摩訶
薩善觀此相了達其義疾得阿耨多羅三
藐三菩提復能開悟一切衆生大慧名身者謂
依事立名名即是身是名名身句身者謂能
顯義決定究竟是名句身文身者謂由於此
能成名句是名文身復次大慧句身者謂句
事究竟名身者謂諸字名各各差別如從
阿字乃至呵字文身者謂長短高下復次句身
者如足跡如衢巷中人畜等跡名謂非色四蘊
以名說故文謂名之自相由文顯故是名名句
文身此名句文身相汝應修學尒時世尊重
說頌言
名身與句身　及文身差別　凡愚所計著　如象溺深泥

BD07135 號　大乘入楞伽經卷三

（3–2）

顯義決定究竟是名句身文身者謂由於此
能成名句是名文身復次大慧句身者謂句
事究竟名身者謂諸字名各各差別如從
阿字乃至呵字文身者謂長短高下復次句身
者如足跡如衢巷中人畜等跡名謂非色四蘊
以名說故文謂名之自相由文顯故是名名句
文身此名句文身相汝應修學尒時世尊重
說頌言
名身與句身　及文身差別　凡愚所計著　如象溺深泥
復次大慧未來世中有諸邪智惡見覺者離
如實法以見一異俱不俱相問諸智者彼即
答言此非正問謂色與無常為異為不異如
是涅槃諸行相所相依所依造所造見所見地
與微塵智與智者為異為不異如是等不可
記事次第而問世尊說此當止記答愚夫無
智非所能知佛欲令其離驚怖處不為記說
大慧不記說者欲令外道永得出離作者見
故大慧諸外道衆計有作者作如是說命
即是身命異身異如是等說名無記論大慧
外道癡惑說無記論非我教中大慧我教中
說離能所取不起分別云何可止大慧若有執

BD07135號　大乘入楞伽經卷三

（3–3）

受用豐饒福德具　隨彼衆生念使樂　衆妙音聲皆現前
念水即現清涼池　金色蓮花泛其上　隨彼衆生心所念
飲食衣服及牀敷　金銀珎寶妙琉璃　瓔珞莊嚴皆具足
勿令衆生聞惡響　亦復不見有相違　所受容貌悉端嚴
各各慈心相愛樂　世間資生諸樂具　隨心念時皆滿足
所得珎財无恡惜　分布施與諸衆生　燒香末香及塗香
衆妙雜花非一色　每日三時從樹墮　隨心受用生歡喜
普願衆生咸供養　十方一切最勝尊　三乘清淨妙法門
菩薩獨覺聲聞衆　常願勿處於卑賤　不墮无暇八難中
生在有暇人中尊　恒得親承十方佛　願得常生富貴家
財寶倉庫皆盈滿　顏貌名稱无與等　壽命延長經劫數
悉願女人變為男　勇健聰明多智慧　一切常行菩薩道
勤修六度到彼岸　常見十方无量佛　寶王樹下而安處
處妙琉璃師子座　恒得親承轉法輪　若於過去及現在
輪迴三有造諸業　能招可猒不善趣　願得消滅永无餘
一切衆生於有海　生死羂網堅牢縛　願以智劍為斷除
離苦速證菩提處　衆生於此贍部內　或於他方世界中
所作種種勝福因　我今皆悉生隨喜　以此隨喜福德事
及身語意造衆善　願此勝業常增長　速證无上大菩提
所有禮讚佛功德　深心清淨无瑕穢　迴向發願福无邊
當超惡趣六十劫　若有男子及女人　婆羅門等諸勝族

BD07136號　金光明最勝王經卷二

（2–1）

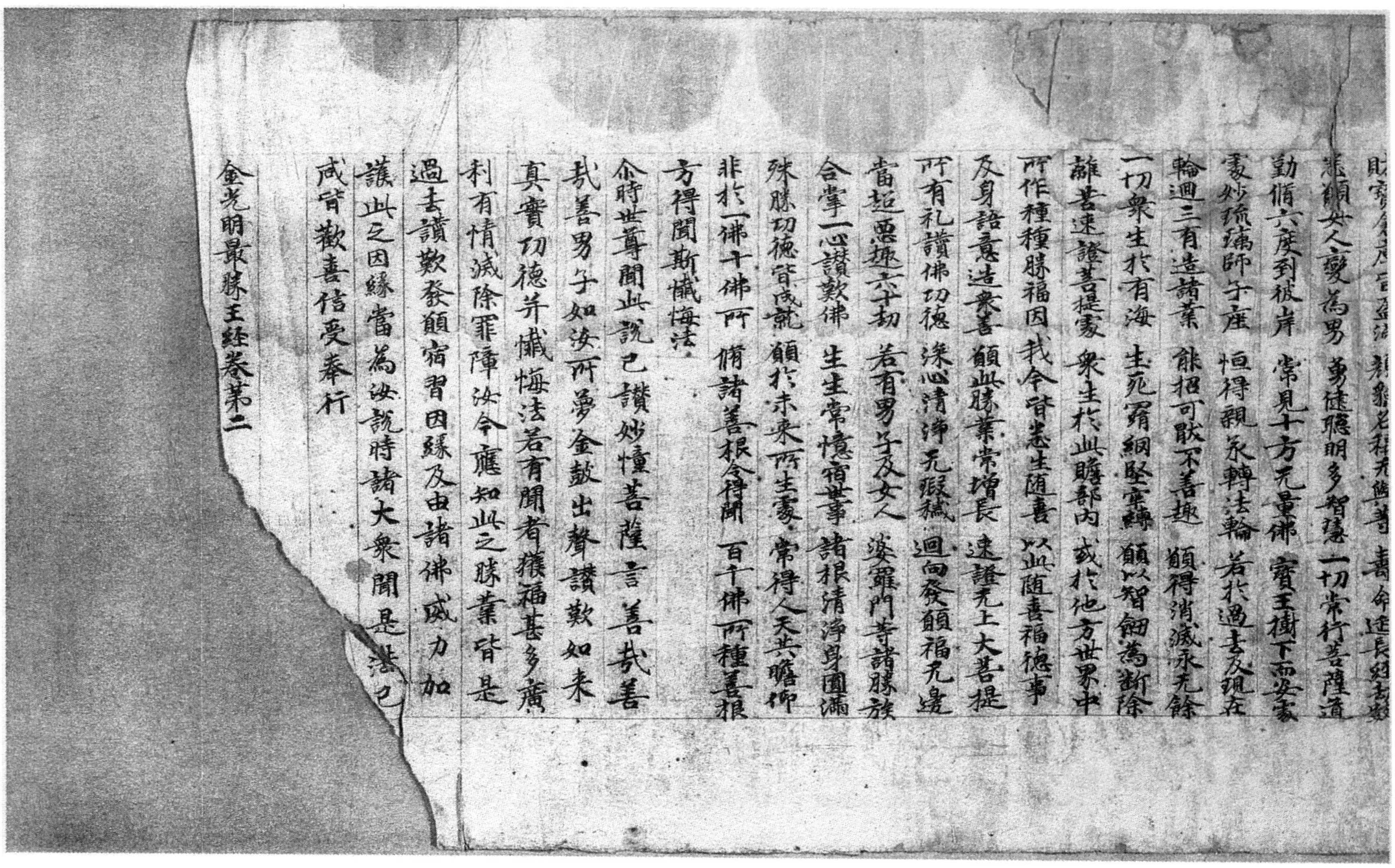

[illegible]
若願女人變為男 勇健聰明多智慧 一切常行菩薩道
勤脩六度到彼岸 常見十方无量佛 寶王樹下而安處
處妙琉璃師子座 恒得親承轉法輪 若於過去及現在
輪迴三有造諸業 能招可猒不善趣 願得消滅永无餘
一切衆生於有海 生死羂網堅牢縛 願以智劔為斷除
離苦速證菩提處 衆生於此贍部內 或於他方世界中
所作種種勝福因 我今皆悉生隨喜 以此隨喜福德事
及身語意造衆善 願此勝業常增長 速證无上大菩提
所有礼讚佛功德 深心清淨无瑕穢 迴向發願福无邊
當超惡趣六十劫 若有男子及女人 婆羅門等諸勝族
合掌一心讚歎佛 生生常憶宿世事 諸根清淨身圓滿
殊勝功德皆成就 願於未來所生處 常得人天共瞻仰
非於一佛十佛所 脩諸善根今得聞 百千佛所種善根
方得聞斯懺悔法
尒時世尊聞此說已讚妙幢菩薩言 善哉善
哉善男子如汝所夢金鼓出聲讚歎如來
真實功德并懺悔法若有聞者獲福甚多廣
利有情滅除罪障汝今應知此之勝業皆是
過去讚歎發願宿習因緣及由諸佛威力加
護此之因緣當為汝說時諸大衆聞是法已
咸皆歡喜信受奉行
金光明最勝王經卷第二

BD07136 號　金光明最勝王經卷二　（2–2）

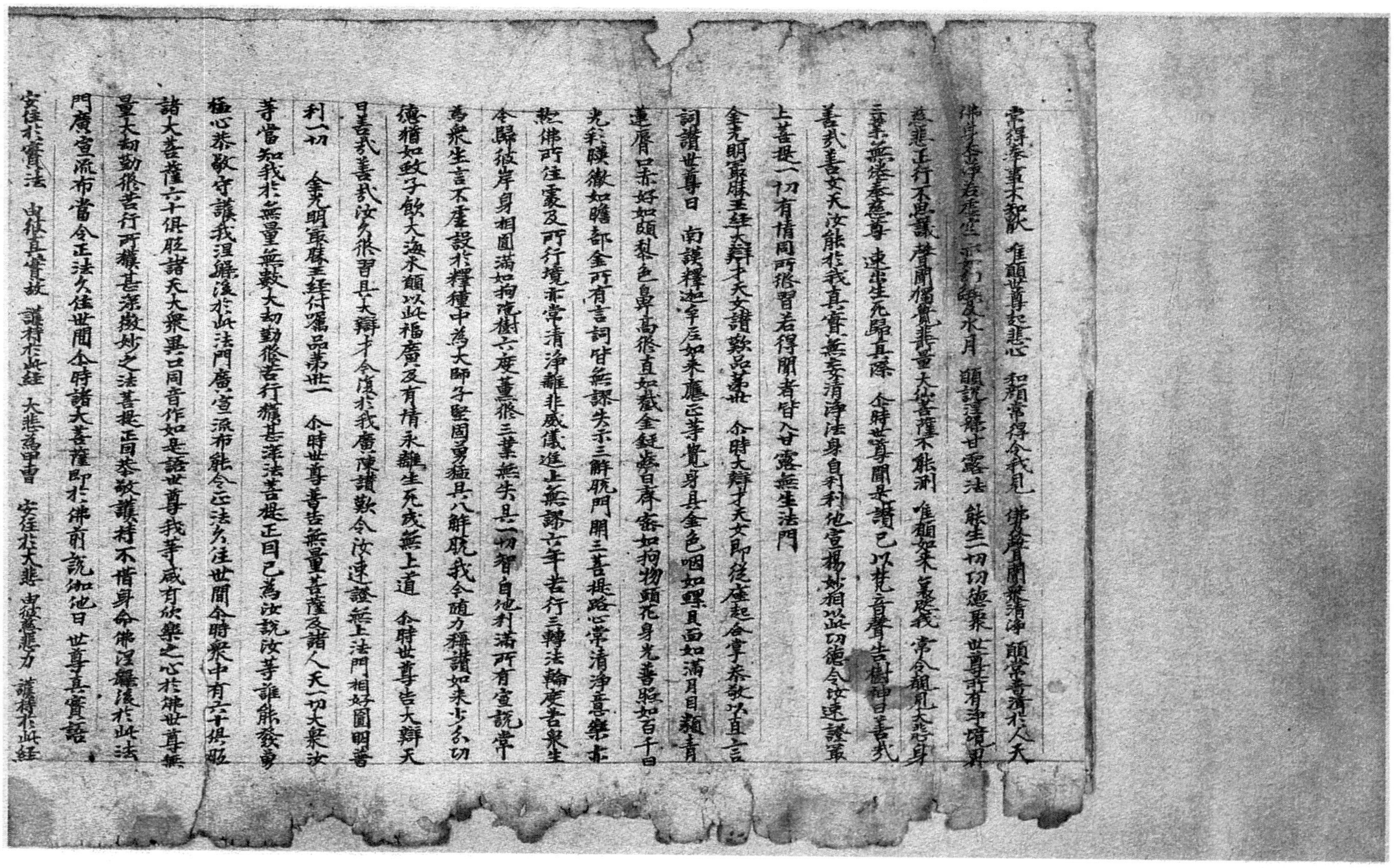

常得奉事未曾猒 唯願世尊起悲心 和顏常得令我見 佛身無量聲清淨 願常善清於人天
佛身清淨如虛空 亦如幻焰及水月 願說涅槃甘露法 能生一切功德聚 世尊所有淨境界
慈悲正行不思議 聲聞獨覺非量 大仙菩薩不能測 唯願如來哀愍我 常令覩見大悲身
三業無倦奉慈尊 速出生死歸真際 尒時世尊聞是讚已 以梵音聲告樹神曰 善哉
善哉善女天 汝能於我真實無妄清淨法身自利利他宣揚妙相 此功德令汝速證最
上菩提一切有情同所脩習若得聞者皆入甘露無生法門
金光明最勝王經大辯才天女讚歎品第卅 尒時大辯才天女即從座起合掌恭敬以直言
詞讚世尊曰 南謨釋迦牟尼如來應正等覺身具金色咽如螺貝面如滿月目類青
蓮脣口赤好如頗梨色鼻高脩直如截金鋌齒白齊密如拘物頭花身光普照如百千
光彩暎徹如贍部金所有言詞皆無謬失示三解脫門開三菩提路心常清淨意樂亦
然佛所住處及所行境亦常清淨離非威儀進止無謬六年苦行三轉法輪度苦衆生
令歸彼岸身相圓滿如拘陀樹六度薰脩三業無失具一切智自他利滿所有宣說常
為衆生言不虛設於釋種中為大師子堅固勇猛具八解脫我今隨力稱讚如來少分功
德猶如蚊子飲大海水願以此福廣及有情永離生死成無上道 尒時世尊告大辯天
曰善哉善哉汝久脩習具大辯才今復於我廣陳讚歎令汝速證無上法門相好圓明普
利一切
金光明最勝王經付囑品第卅一 尒時世尊普告無量菩薩及諸人天一切大衆汝
等當知我於無量無數大劫勤脩苦行獲甚深法菩提正因已為汝說汝等誰能發勇
猛心恭敬守護我涅槃後於此法門廣宣流布能令正法久住世間尒時衆中有六十俱胝
諸大菩薩六十俱胝諸天大衆異口同音作如是語世尊我等咸有欣樂之心於佛世尊無
量大劫勤脩苦行所獲甚深微妙之法菩提正因恭敬護持不惜身命佛涅槃後於此法
門廣宣流布當令正法久住世間尒時諸大菩薩即於佛前說伽他曰 世尊真實語
安住於實法 由彼真實故 護持於此經 大悲為甲冑 安住於大悲 由彼慈悲力 護持於此經

BD07137 號　金光明最勝王經卷一〇　（2–1）

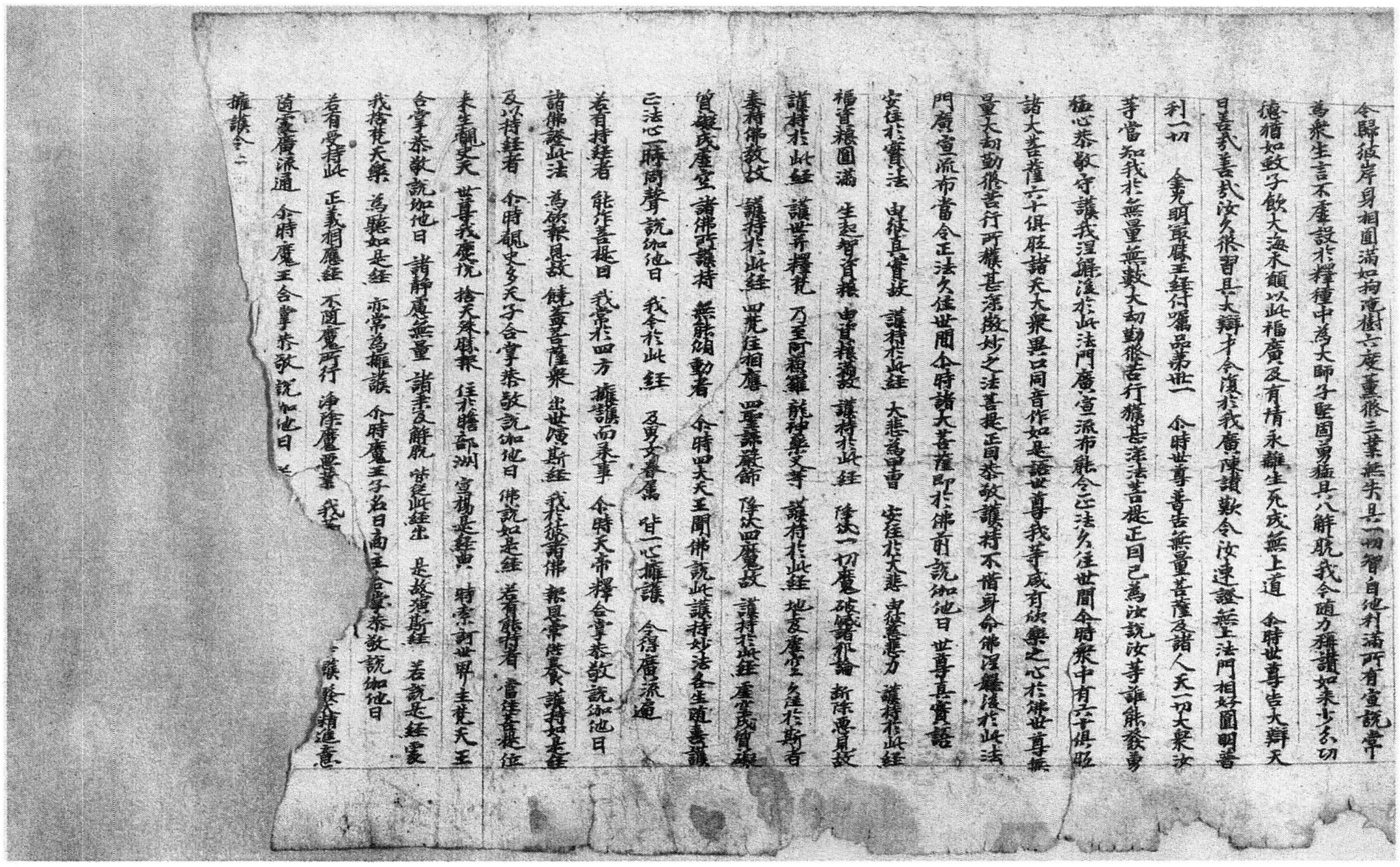
令歸彼岸身相圓滿如拘陀樹六度熏修三業無失具一切智自他利滿所有宣說常
為衆生言不虛設於釋種中為大師子堅固勇猛具八解脫我今隨力稱讚如來少分功
德猶如蚊子飲大海水願以此福廣及有情永離生死成無上道 爾時世尊告大辯天
日善哉善哉汝久修習具大辯才今復於我廣陳讚歎令汝速證無上法門相好圓明普
利一切
金光明最勝王經付囑品第卅一 爾時世尊普告無量菩薩及諸人天一切大衆汝
等當知我於無量無數大劫勤修苦行獲甚深法菩提正因已為汝說汝等誰能發勇
猛心恭敬守護我涅槃後於此法門廣宣流布能令正法久住世間爾時衆中有六十俱胝
諸大菩薩六十俱胝諸天大衆異口同音作如是語世尊我等咸有欣樂之心於佛世尊無
量大劫勤修苦行所獲甚深微妙之法菩提正因恭敬護持不惜身命佛涅槃後於此法
門廣宣流布當令正法久住世間爾時諸大菩薩即於佛前說伽他曰 世尊真實語
安住於實法 由彼真實故 護持於此經 大悲為甲冑 安住於大慈 由彼慈悲力 護持於此經
福資糧圓滿 生起智資糧 由彼資糧故 護持於此經 降伏一切魔 破滅諸邪論 斷除惡見故
護持於此經 護世及釋梵 乃至阿蘇羅 龍神藥叉等 護持於此經 地上及虛空 久住於斯者
奉持佛教故 護持於此經 四梵住相應 四聖諦嚴飾 降伏四魔故 護持於此經 虛空成質礙
質礙成虛空 諸佛所護持 無能傾動者 爾時四大天王聞佛說此護持妙法各生隨喜護
正法心一時同聲說伽他曰 我今於此經 及男女眷屬 皆一心擁護 令得廣流通
若有持經者 能作菩提因 我常於四方 擁護而承事 爾時天帝釋合掌恭敬說伽他曰
諸佛證此法 為欲報恩故 饒益菩薩衆 出世演斯經 我於彼諸佛 報恩常供養 護持如是經
及以持經者 爾時覩史多天子合掌恭敬說伽他曰 佛說如是經 若有能持者 當住菩提位
來生覩史天 世尊我慶幸 捨天殊勝樂 住於贍部洲 宣揚是經典 時索訶世界主梵天王
合掌恭敬說伽他曰 諸靜慮無量 諸乘及解脫 皆從此經出 是故演斯經 若說是經處
我捨梵天樂 為聽如是經 亦常為擁護 爾時魔王子名曰商主合掌恭敬說伽他曰
若有受持此 正義相應經 不隨魔所行 淨除魔惡業 我[illegible]護 發大精進意
隨處廣流通 爾時魔王合掌恭敬說伽他曰 若[illegible]
擁護令[illegible]

BD07137號　金光明最勝王經卷一〇　（2–2）

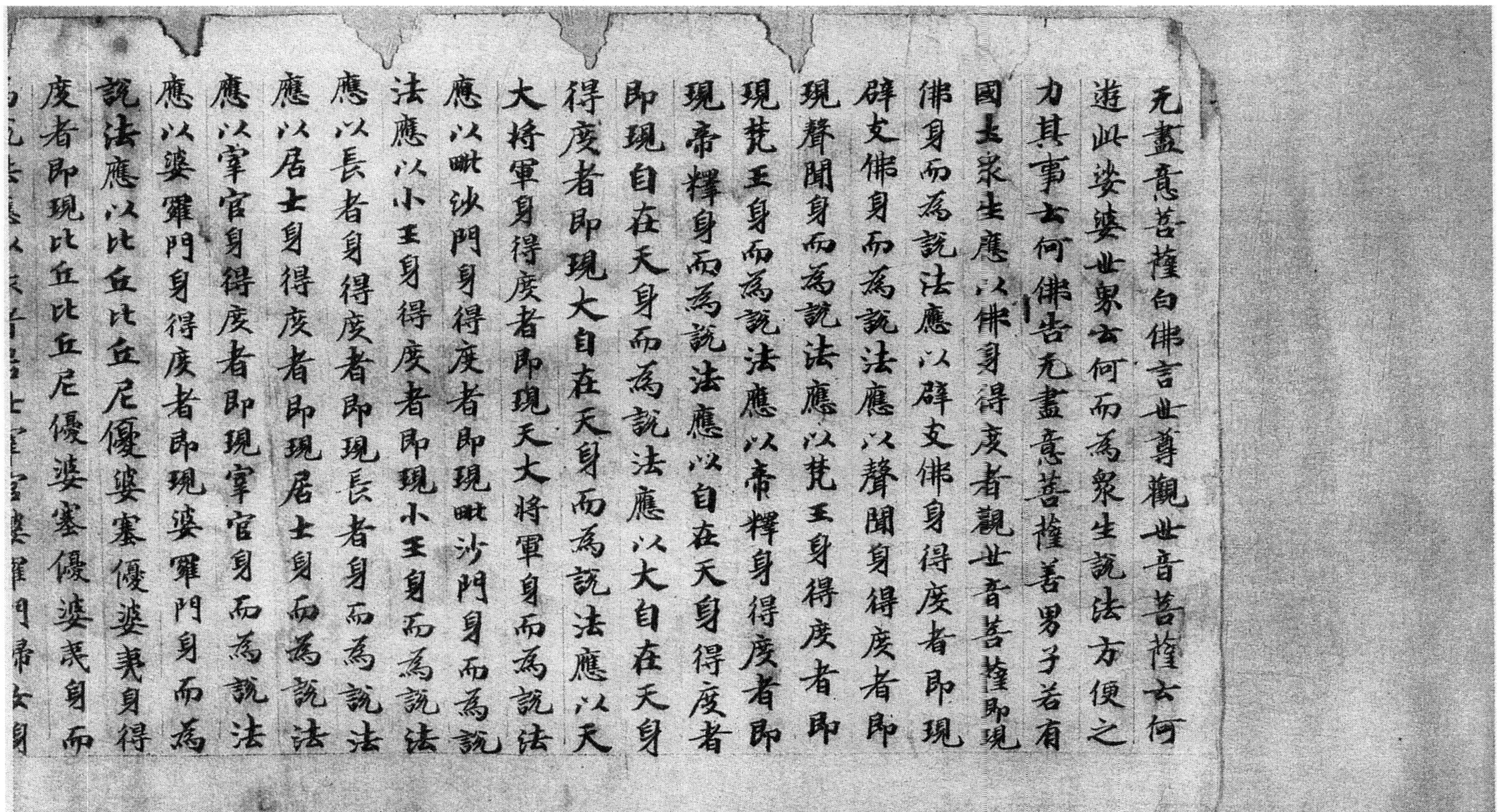
无盡意菩薩白佛言世尊觀世音菩薩云何
遊此娑婆世界云何而為衆生說法方便之
力其事云何佛告无盡意菩薩善男子若有
國土衆生應以佛身得度者觀世音菩薩即現
佛身而為說法應以辟支佛身得度者即現
辟支佛身而為說法應以聲聞身得度者即
現聲聞身而為說法應以梵王身得度者即
現梵王身而為說法應以帝釋身得度者即
現帝釋身而為說法應以自在天身得度者
即現自在天身而為說法應以大自在天身
得度者即現大自在天身而為說法應以天
大將軍身得度者即現天大將軍身而為說法
應以毗沙門身得度者即現毗沙門身而為說
法應以小王身得度者即現小王身而為說法
應以長者身得度者即現長者身而為說法
應以居士身得度者即現居士身而為說法
應以宰官身得度者即現宰官身而為說法
應以婆羅門身得度者即現婆羅門身而為
說法應以比丘比丘尼優婆塞優婆夷身得
度者即現比丘比丘尼優婆塞優婆夷身而
[illegible]

BD07138號　妙法蓮華經卷七　（3–1）

應以宰官身得度者即現宰官身而爲說法
應以婆羅門身得度者即現婆羅門身而爲
說法應以比丘比丘尼優婆塞優婆夷身得
度者即現比丘比丘尼優婆塞優婆夷身而
爲說法應以長者居士宰官婆羅門婦女身
得度者即現婦女身而爲說法應以童男童
女身得度者即現童男童女身而爲說法應
以天龍夜叉乾闥婆阿脩羅迦樓羅緊那羅
摩睺羅伽人非人等身得度者即皆現之而爲
說法應以執金剛神得度者即現執金剛神而
爲說法无盡意是觀世音菩薩成就如是功德
以種種形遊諸國土度脫衆生是故汝等應當
一心供養觀世音菩薩是觀世音菩薩摩訶
薩於怖畏急難之中能施无畏是故此娑婆世
界皆号之爲施无畏者尒時无盡意菩薩白
佛言世尊我今當供養觀世音菩薩即解頸
衆寶珠瓔珞價直百千兩金而以與之作是言
仁者受此法施珎寶瓔珞時觀世音菩薩不
肯受之无盡意復白觀世音菩薩言仁者愍
我等故受此瓔珞尒時佛告觀世音菩薩當
愍此无盡意菩薩及四衆天龍夜叉乾闥婆
阿脩羅迦樓羅緊那羅摩睺羅伽人非人等
故受是瓔珞即時觀世音菩薩愍諸四衆及
於天龍人非人等受其瓔珞分作二分一分奉
釋迦牟尼佛一分奉多寶佛塔无盡意觀世
音菩薩有如是自在神力遊於娑婆世界尒
時无盡意菩薩以偈問曰

BD07138號　妙法蓮華經卷七

（3–2）

薩於怖畏急難之中能施无畏是故此娑婆世
界皆号之爲施无畏者尒時无盡意菩薩白
佛言世尊我今當供養觀世音菩薩即解頸
衆寶珠瓔珞價直百千兩金而以與之作是言
仁者受此法施珎寶瓔珞時觀世音菩薩不
肯受之无盡意復白觀世音菩薩言仁者愍
我等故受此瓔珞尒時佛告觀世音菩薩當
愍此无盡意菩薩及四衆天龍夜叉乾闥婆
阿脩羅迦樓羅緊那羅摩睺羅伽人非人等
故受是瓔珞即時觀世音菩薩愍諸四衆及
於天龍人非人等受其瓔珞分作二分一分奉
釋迦牟尼佛一分奉多寶佛塔无盡意觀世
音菩薩有如是自在神力遊於娑婆世界尒
時无盡意菩薩以偈問曰
世尊妙相具　我今重問彼　佛子何因緣　名爲觀世音
具足妙相尊　偈荅无盡意　汝聽觀音行　善應諸方所
弘誓深如海　歷劫不思議　侍多千億佛　發大清淨願
我爲汝略說　聞名及見身　心念不空過　能滅諸有苦
假使興害意　推落大火坑　念彼觀音力　火坑變成池
或漂流巨海　龍魚諸鬼難　念彼觀音力　波浪不能沒
或在須弥峯　爲人所推墮　念彼觀音力　如日虛空住

BD07138號　妙法蓮華經卷七

（3–3）

色界繫學無學非學非無學見所斷脩所斷
非所斷在內在外在兩間法空故善不善無記
乃至在內在外在兩間法生成辨不可得舍
利子若菩薩摩訶薩作如是學般若波羅蜜
多便近一切相智是菩薩摩訶薩如如近一
切相智如是如是得身清淨得語清淨得意
清淨得相清淨是菩薩摩訶薩如如得身
清淨得語清淨得意清淨得相清淨如是如
是不生貪俱行心不生瞋俱行心不生癡俱
行心不生慢俱行心不生諂誑俱行心不生
慳貪俱行心不生一切見趣俱行心是菩薩
摩訶薩由不生貪俱行心乃至不生一切見
趣俱行心故畢竟不墮女人胎中常受化生
亦永不生諸險惡趣除爲利樂有情因緣從
一佛國至一佛國供養恭敬尊重讚歎諸佛
世尊成熟有情嚴淨佛土乃至證得阿耨多
羅三藐三菩提常不離佛舍利子若菩薩摩
訶薩欲得如上功德勝利當學般若波羅蜜
多不應捨離
尒時具壽善現白佛言世尊若菩薩摩訶薩

BD07139 號　大般若波羅蜜多經（兑廢稿）卷三八　（3–1）

一佛國至一
世尊成熟有情嚴淨佛土乃至證得阿耨多
羅三藐三菩提常不離佛舍利子若菩薩摩
訶薩欲得如上功德勝利當學般若波羅蜜
多不應捨離
尒時具壽善現白佛言世尊若菩薩摩訶薩
無方便善巧脩行般若波羅蜜多時若行色（若行色相非行般若波羅蜜多若行受相行）
識若行受想行識相非行般若波羅蜜多若
行色常無常若行色常無常相非行般若波
羅蜜多若行受想行識常無常若行受想行
識常無常相非行般若波羅蜜多若行色樂
（若）若行色（樂若）相非行般若波羅蜜多若行受想行
識若（樂若）行受想行識（樂若）相非行般若波羅蜜多若
行色常無常若行色常無常相非行般若波
羅蜜多若行受想行識常無常若行受想行
識常無常相非行般若波羅蜜多若行色樂
苦若行色樂苦相非行般若波羅蜜多若行
受想行識樂苦若行受想行識樂苦相非行
般若波羅蜜多若行色我無我若行色我無
我相非行般若波羅蜜多若行受想行識我
無我若行受想行識我無我相非行般若波
羅蜜多若行色淨不淨若行色淨不淨相非
行般若波羅蜜多若行受想行識淨不淨若
行受想行識淨不淨相非行般若波羅蜜多
若行色空不空若行色空不空相非行般若
波羅蜜多若行受想行識空不空若行受想
行識空不空相非行般若波羅蜜多若行色

BD07139 號　大般若波羅蜜多經（兑廢稿）卷三八　（3–2）

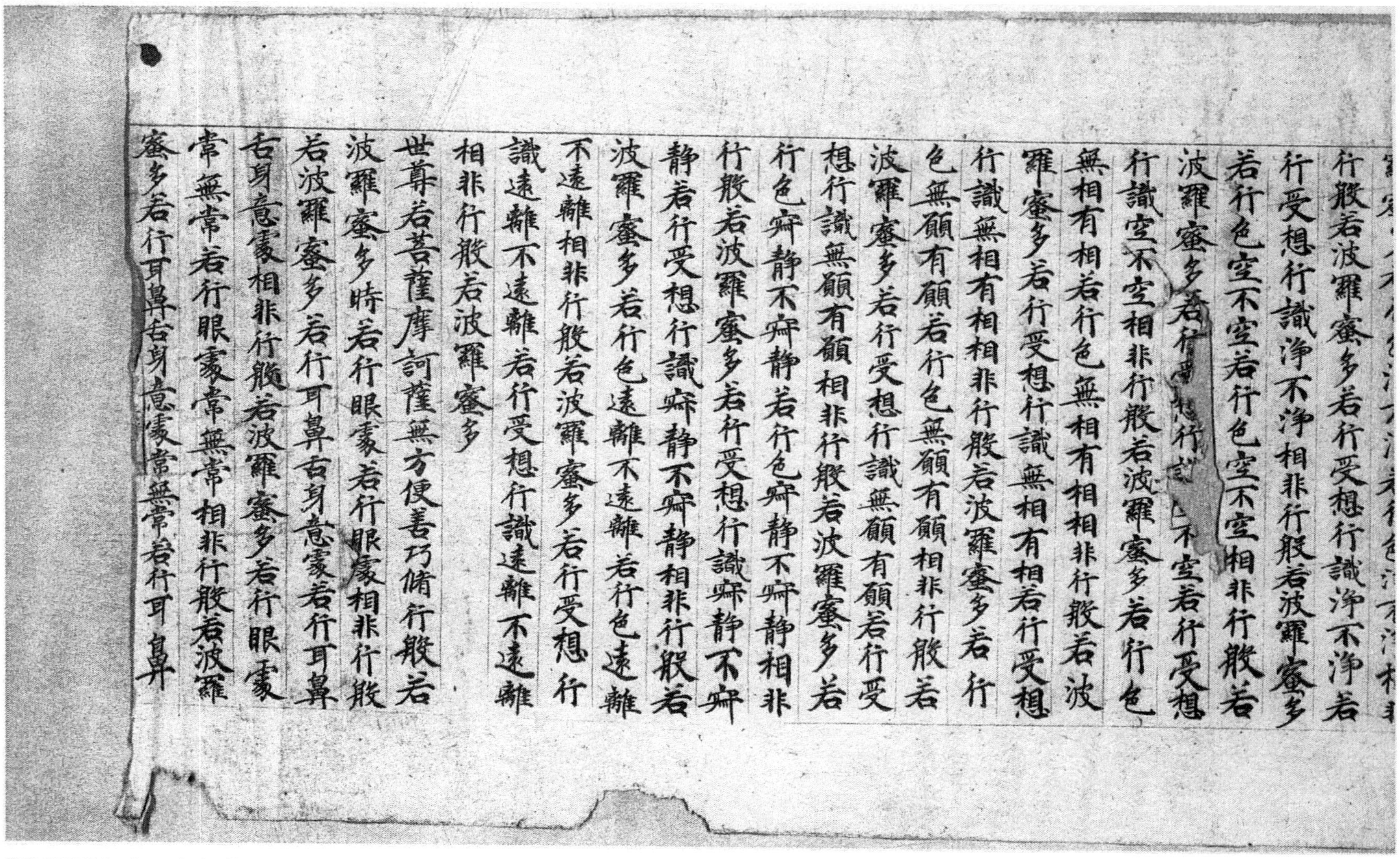
行般若波羅蜜多若行受想行識淨不淨若
行受想行識淨不淨相非行般若波羅蜜多
若行色空不空若行色空不空相非行般若
波羅蜜多若行受想行識空不空若行受想
行識空不空相非行般若波羅蜜多若行色
無相有相若行色無相有相相非行般若波
羅蜜多若行受想行識無相有相若行受想
行識無相有相相非行般若波羅蜜多若行
色無願有願若行色無願有願相非行般若
波羅蜜多若行受想行識無願有願若行受
想行識無願有願相非行般若波羅蜜多若
行色寂靜不寂靜若行色寂靜不寂靜相非
行般若波羅蜜多若行受想行識寂靜不寂
靜若行受想行識寂靜不寂靜相非行般若
波羅蜜多若行色遠離不遠離若行色遠離
不遠離相非行般若波羅蜜多若行受想行
識遠離不遠離若行受想行識遠離不遠離
相非行般若波羅蜜多
世尊若菩薩摩訶薩無方便善巧脩行般若
波羅蜜多時若行眼處若行眼處相非行般
若波羅蜜多若行耳鼻舌身意處若行耳鼻
舌身意處相非行般若波羅蜜多若行眼處
常無常若行眼處常無常相非行般若波羅
蜜多若行耳鼻舌身意處常無常若行耳鼻

BD07139 號　大般若波羅蜜多經（兑廢稿）卷三八　（3–3）

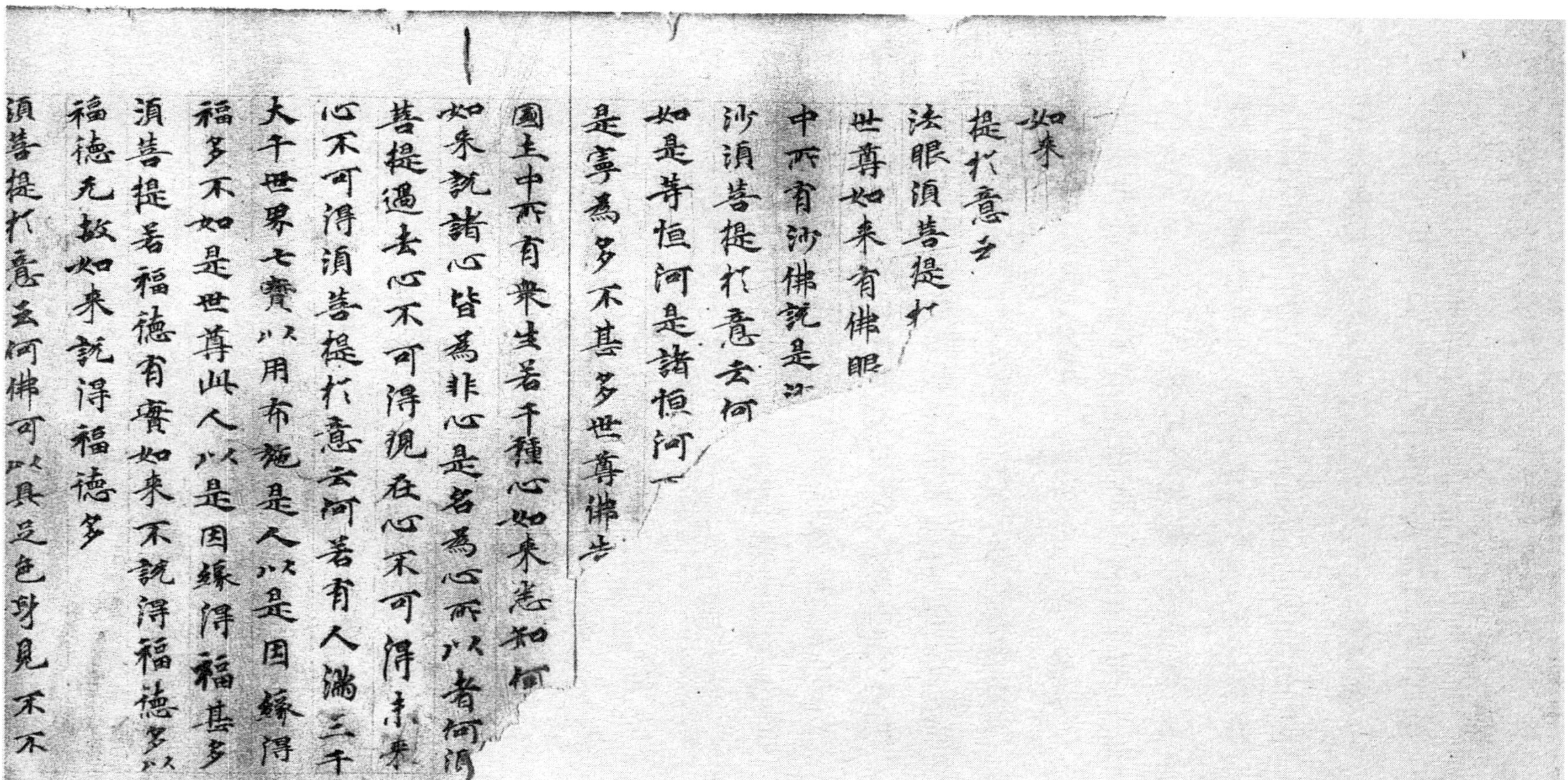
如來
提於意云
法眼須菩提於
世尊如來有佛眼
中所有沙佛說是沙
沙須菩提於意云何
如是等恒河是諸恒河
是寧為多不甚多世尊佛告
國土中所有衆生若干種心如來悉知何
如來說諸心皆爲非心是名爲心所以者何須
菩提過去心不可得現在心不可得未來
心不可得須菩提於意云何若有人滿三千
大千世界七寶以用布施是人以是因緣得
福多不如是世尊此人以是因緣得福甚多
須菩提若福德有實如來不說得福德多以
福德無故如來說得福德多
須菩提於意云何佛可以具足色身見不不

BD07140 號　金剛般若波羅蜜經　（3–1）

大千世界七寶以用布施是人以是因緣得
福多不如是世尊此人以是因緣得福甚多
須菩提若福德有實如來不說得福德多以
福德无故如來說得福德多
須菩提於意云何佛可以具足色身見不不
也世尊如來不應以具足色身見何以故如
來說具足色身即非具足色身是名具足色
身須菩提於意云何如來可以具足諸相見
不不也世尊如來不應以具足諸相見何以
故如來說諸相具足即非具足是名諸相具
足須菩提汝勿謂如來作是念我當有所說
法莫作是念何以故若人言如來有所說法
即為謗佛不能解我所說故須菩提說法者
无法可說是名說法
須菩提白佛言世尊佛得阿耨多羅三藐三
菩提為无所得耶如是如是須菩提我於阿
耨多羅三藐三菩提乃至无有少法可得是
名阿耨多羅三藐三菩提復次須菩提是法
平等无有高下是名阿耨多羅三藐三菩提
以无我无人无衆生无壽者脩一切善法則
得阿耨多羅三藐三菩提須菩提所言善
法者如來說非善法是名善法
須菩提若三千大千世界中所有諸須弥山
王如是等七寶聚有人持用布施若人以此
般若波羅蜜經乃至四句偈等受持為他人

BD07140號　金剛般若波羅蜜經　（3–2）

平等无有高下是名阿耨多羅三藐三菩提
以无我无人无衆生无壽者脩一切善法則
得阿耨多羅三藐三菩提須菩提所言善
法者如來說非善法是名善法
須菩提若三千大千世界中所有諸須弥山
王如是等七寶聚有人持用布施若人以此
般若波羅蜜經乃至四句偈等受持為他人
說於前福德百分不及一百千万億分乃至
筭數譬喻所不能及
須菩提於意云何汝等勿謂如來作是念我
當度衆生須菩提莫作是念何以故實无
有衆生如來度者若有衆生如來度者如來則
有我人衆生壽者須菩提如來說有我者則
非有我而凡夫之人以為有我須菩提凡夫
者如來說則非凡夫
須菩提於意云何可以卅二相觀如來不須
菩提言如是如是以卅二相觀如來佛言須
菩提若以卅二相觀如來者轉輪聖王則是
如來須菩提白佛言世尊如我解佛所說義
以卅二相觀如來尒時世尊而說偈言
聲求我　是人行邪道　不能見如來

BD07140號　金剛般若波羅蜜經　（3–3）

生是故汝等應當一心供養觀世音菩薩是
觀世音菩薩摩訶薩於怖畏急難之中能施
无畏是故此娑婆世界皆号之爲施无畏者尒
時无盡意菩薩白佛言世尊我今當供養
觀世音菩薩即解頸衆寶珠瓔珞價直百
千兩金而以與之作是言仁者受此法施珎寶
瓔珞時觀世音菩薩不肯受之无盡意復白
觀世音菩薩言仁者愍我等故受此瓔珞尒
時佛告觀世音菩薩當愍此无盡意菩薩及
四衆天龍夜叉乾闥婆阿脩羅迦樓羅緊那
羅摩睺羅伽人非人等故受是瓔珞即時觀
世音菩薩愍諸四衆及於天龍人非人等受
其瓔珞分作二分一分奉釋迦牟尼佛一分
奉多寶佛塔无盡意觀世音菩薩有如是
自在神力遊於娑婆世界
尒時无盡意菩薩以偈問曰
世尊妙相具 我今重問彼 佛子何因緣 名爲觀世音
具足妙相尊 偈答无盡意 汝聽觀音行 善應諸方所
弘誓深如海 歷劫不思議 侍多千億佛 發大清淨願
我爲汝略說 聞名及見身 心念不空過 能滅諸有苦
假使興害意 推落大火坑 念彼觀音力 火坑變成池

BD07141號　妙法蓮華經卷七　（2–1）

羅摩睺羅伽人非人等故受是瓔珞即時觀
世音菩薩愍諸四衆及於天龍人非人等受
其瓔珞分作二分一分奉釋迦牟尼佛一分
奉多寶佛塔无盡意觀世音菩薩有如是
自在神力遊於娑婆世界
尒時无盡意菩薩以偈問曰
世尊妙相具 我今重問彼 佛子何因緣 名爲觀世音
具足妙相尊 偈答无盡意 汝聽觀音行 善應諸方所
弘誓深如海 歷劫不思議 侍多千億佛 發大清淨願
我爲汝略說 聞名及見身 心念不空過 能滅諸有苦
假使興害意 推落大火坑 念彼觀音力 火坑變成池
或漂流巨海 龍魚諸鬼難 念彼觀音力 波浪不能沒
或在須彌峯 爲人所推墮 念彼觀音力 如日虛空住
或被惡人逐 墮落金剛山 念彼觀音力 不能損一毛
或值怨賊繞 各執刀加害 念彼觀音力 咸即起慈心
或遭王難苦 臨刑欲壽終 念彼觀音力 刀尋段段壞
或囚禁枷鎖 手足被杻械 念彼觀音力 釋然得解脫
呪詛諸毒藥 所欲害身者 念彼觀音力 還著於本人
或遇惡羅刹 毒龍諸鬼等 念彼觀音力 時悉不敢害
若惡獸圍遶 利牙爪可怖 念彼觀音力 疾走无邊方
蚖蛇及蝮蝎 氣毒煙火燃 念彼觀音力 尋聲自迴去
雲雷鼓掣電 降雹澍大雨 念彼觀音力 應時得消散 衆

BD07141號　妙法蓮華經卷七　（2–2）

智智殊勝境界金處而生非餘衆生善根處
生善男子譬如有樹名曰无根不從根生而枝
　果悉皆繁茂菩薩摩訶薩菩提心樹亦
復如是无根可得而能長養一切智智神通
大願枝葉華果扶踈蔭暎普覆世間善男
子譬如金剛非劣惡器及以破器所能容持
唯除全具上妙之器菩提心金剛亦復如是
非下劣衆生慳嫉破戒懈怠妄念无智器中
所能容持亦非退失殊勝志願散乱惡覺衆
生器中所能容持唯除菩薩深心寶器善男
子譬如金剛能穿衆寶菩提心金剛亦復如
是悉能穿徹一切法寶善男子譬如金剛能
壞衆生菩提心金剛亦復如是悉能摧壞
諸邪見山善男子譬如金剛雖不全一切衆
寶猶不能及菩提心金剛亦復如是雖復志
劣少有虧損猶勝一切二乘功德善男子
譬如金剛雖有損缺猶能除滅一切貧窮菩提
心金剛亦復如是雖有損缺不進諸行猶能
捨離一切生死善男子如小金剛悉能破壞
一切諸物菩提心金剛亦復如是入少境界
即破一切无知諸惑善男子譬如金剛非凡
人所得菩提心金剛亦復如是非劣意衆
生之所能得善男子譬如金剛不識寶之人不知

BD07142號　大方廣佛華嚴經（唐譯八十卷本）卷七八　（3–1）

心金剛亦復如是雖有損缺不進諸行猶能
捨離一切生死善男子如小金剛悉能破壞
一切諸物菩提心金剛亦復如是入少境界
即破一切无知諸惑善男子譬如金剛非凡
人所得菩提心金剛亦復如是非劣意衆
生之所能得善男子譬如金剛不識寶人不知
其能不得其用菩提心金剛亦復如是不知
法人不了其能不得其用善男子譬如金剛
无能銷滅菩提心金剛亦復如是一切諸法
无能銷滅善男子如金剛杵諸大力人皆不
能持唯除有大那羅延力菩提之心亦復如
是一切二乘皆不能持唯除菩薩廣大因緣
堅固善力善男子譬如金剛一切諸物无能
壞者而能普壞一切諸物然其體性无所損
減菩提之心亦復如是普於三世无數劫中
教化衆生脩行苦行聲聞緣覺所不能者咸
能作之然其畢竟无有疲猒亦无損壞善男
子譬如金剛餘不能持唯金剛地之所能持
菩提之心亦復如是聲聞緣覺皆不能持唯
除趣向薩婆若者善男子如金剛器无有瑕缺
用盛於水永不滲漏而入於地菩提心金
剛器亦復如是盛善根水永不滲漏令入諸
趣善男子如金剛際能持大地不令墜沒菩
提之心亦復如是能持菩薩一切行願不令墜
沒入於三界善男子譬如金剛久處水中不
爛不濕菩提之心亦復如是於一切劫處在
生死業惑水中无壞无變善男子譬如金剛
一切諸火不能燒然不能令熱菩提之心亦
復如是一切生死諸煩惱火不能燒然不

BD07142號　大方廣佛華嚴經（唐譯八十卷本）卷七八　（3–2）

滅菩提之心亦復如是菩於三世无數劫中
教化衆生脩行苦行聲聞緣覺所不能者咸
能作之然其畢竟无有疲猒亦无損壞善男
子譬如金剛餘不能持唯金剛地之所能持
菩提之心亦復如是聲聞緣覺皆不能持唯
除趣向薩婆若者善男子如金剛器无有瑕缺
用盛於水永不滲漏而入於地菩提心金
剛器亦復如是盛善根水永不滲漏令入諸
趣善男子如金剛際能持大地不令墮沒菩
提之心亦復如是能持菩薩一切行願不令墮
沒入於三界善男子譬如金剛久處水中不
爛不濕菩提之心亦復如是於一切劫處在
生死業惑水中无壞无變善男子譬如金剛
一切諸火不能燒然不能令熱菩提之心亦
復如是一切生死諸煩惱火不能燒然不
能令熱善男子譬如三千世界之中金剛座
上能持諸佛坐於道場降伏諸魔成等正覺
非是餘座之所能持菩提心座亦復如是能
持菩薩一切願行諸波羅蜜諸忍諸地迴
向受記修集菩提助道之法供養諸佛聞
法受行一切餘心所不能持善男子菩提心者
成就如是无量无邊乃至不可說不可說殊
勝功德若有衆生發阿耨多羅三藐三菩提

BD07142號　大方廣佛華嚴經（唐譯八十卷本）卷七八　（3–3）

大般若波羅蜜多經卷第三百廿七
初分[illegible]轉品第卌九之三　　三藏法師玄奘奉　詔譯
善現是菩薩摩訶薩於布施波羅蜜多想退
轉故名不退轉於淨戒安忍精進靜慮般若
波羅蜜多想退轉故名不退轉善現是菩
薩摩訶薩於內空想退轉故名不退轉於外空
內外空空空大空勝義空有為空無為空畢竟
空無際空散空無變異空本性空自相空共相
空一切法空不可得空無性空自性空無性
自性空想退轉故名不退轉善現是菩薩摩
訶薩於真如想退轉故名不退轉於法界法
性不虛妄性不變異性平等性離生性法
定法住實際虛空界不思議界想退轉故名
不退轉善現是菩薩摩訶薩於四念住想退
轉故名不退轉於四正斷四神足五根五力
七等覺支八聖道支想退轉故名不退轉善
現是菩薩摩訶薩於苦聖諦想退轉故名
不退轉於集滅道聖諦想退轉故名不退轉善
現是菩薩摩訶薩於四靜慮想退轉故名
不退轉於四無量無色定想退轉故名不

BD07143號　大般若波羅蜜多經卷三二七　（2–1）

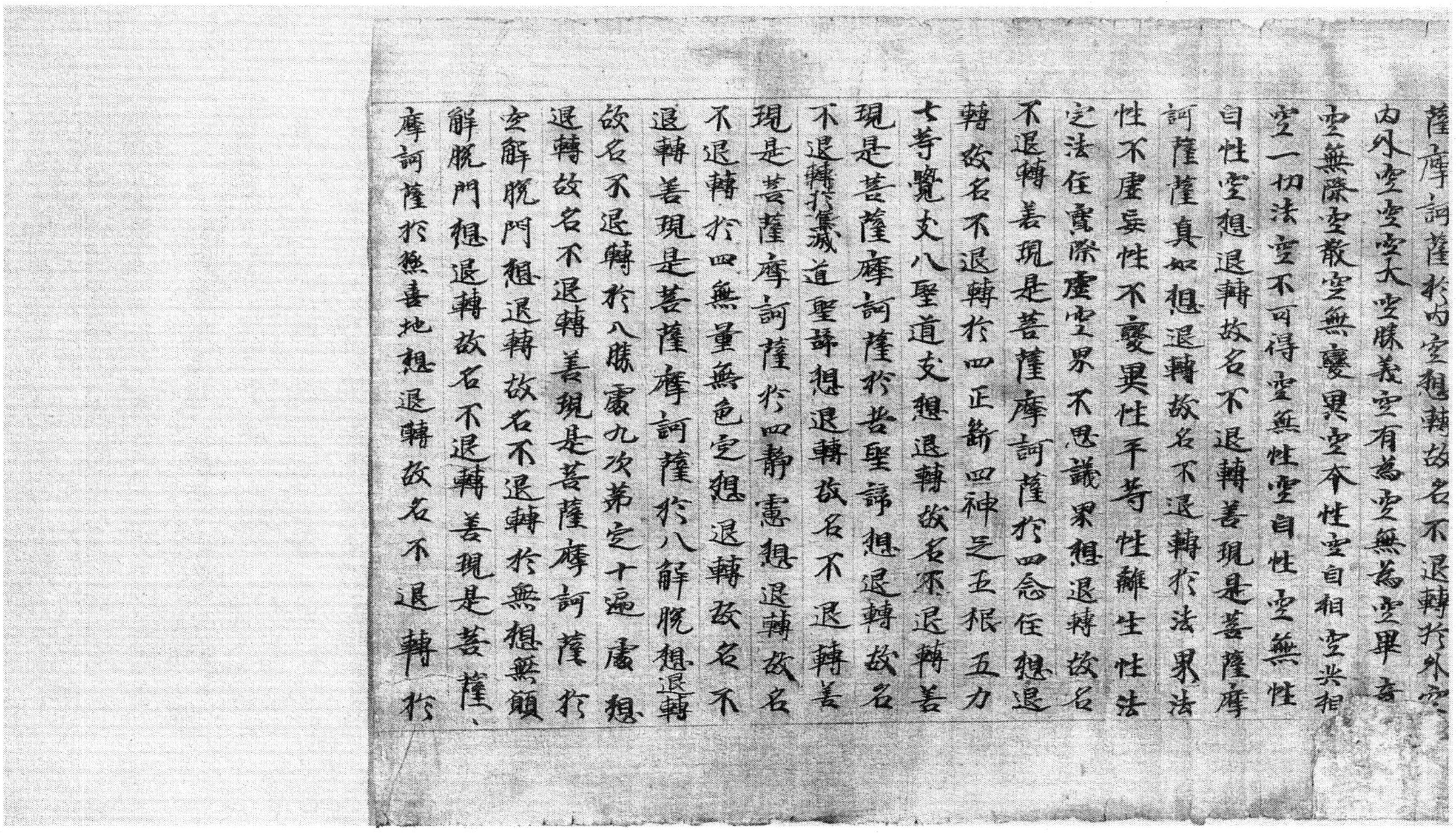

薩摩訶薩於內空想轉故名不退轉於外空
內外空空空大空勝義空有為空無為空畢竟
空無際空散空無變異空本性空自相空共相
空一切法空不可得空無性空自性空無性
自性空想退轉故名不退轉善現是菩薩摩
訶薩真如想退轉故名不退轉於法界法
性不虛妄性不變異性平等性離生性法
定法住實際虛空界不思議界想退轉故名
不退轉善現是菩薩摩訶薩於四念住想退
轉故名不退轉於四正斷四神足五根五力
七等覺支八聖道支想退轉故名不退轉善
現是菩薩摩訶薩於苦聖諦想退轉故名
不退轉於集滅道聖諦想退轉故名不退轉善
現是菩薩摩訶薩於四靜慮想退轉故名
不退轉於四無量四無色定想退轉故名不
退轉善現是菩薩摩訶薩於八解脫想退轉
故名不退轉於八勝處九次第定十遍處想
退轉故名不退轉善現是菩薩摩訶薩於
空解脫門想退轉故名不退轉於無相無願
解脫門想退轉故名不退轉善現是菩薩
摩訶薩於極喜地想退轉故名不退轉於

BD07143號　大般若波羅蜜多經卷三二七　（2–2）

BD07143號背　勘記　（1–1）

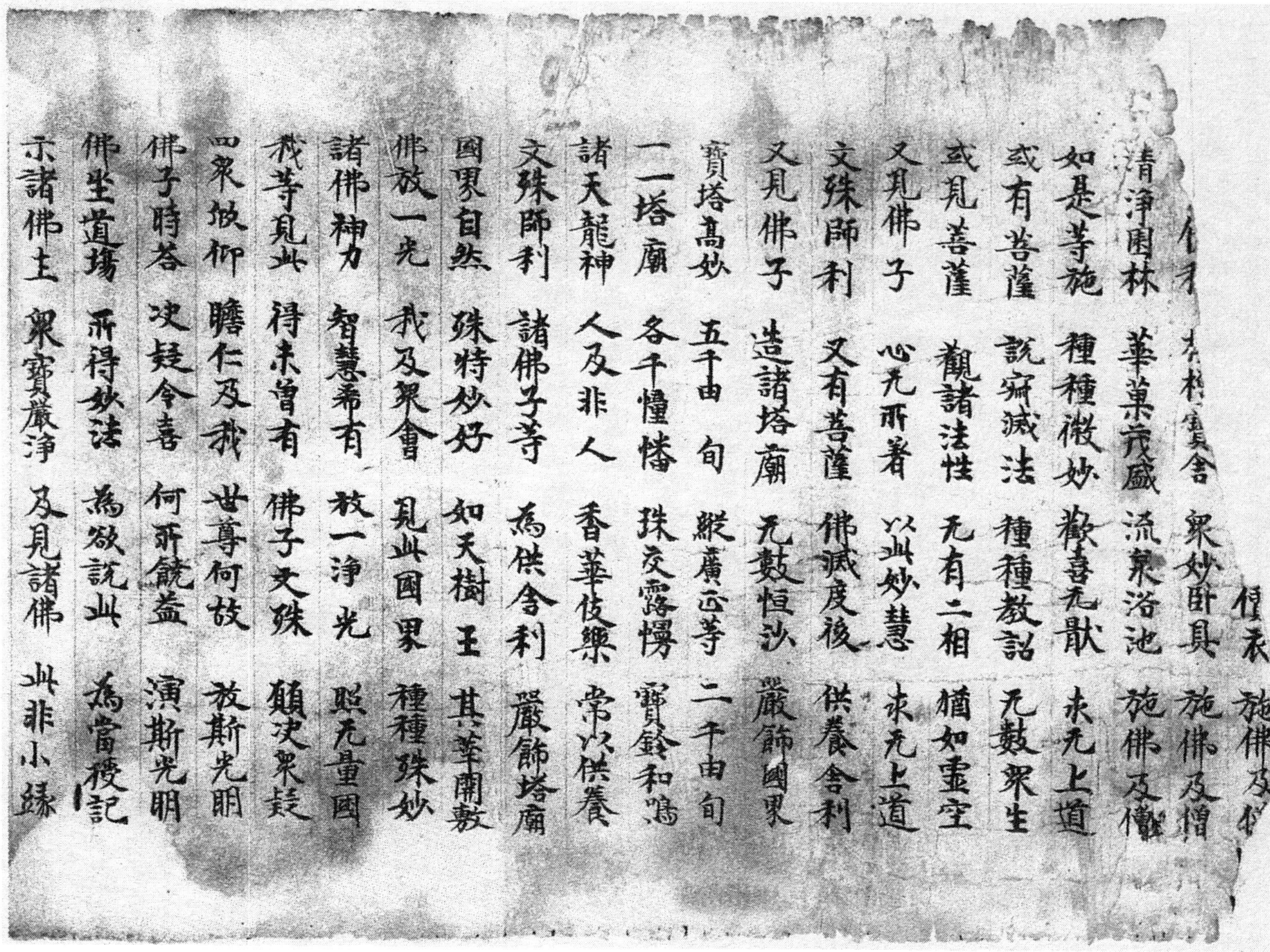
……衣 施佛及僧
……栴檀寶舍 眾妙卧具 施佛及僧
清淨園林 華菓茂盛 流泉浴池 施佛及僧
如是等施 種種微妙 歡喜无猒 求无上道
或有菩薩 說寂滅法 種種教詔 无數眾生
或見菩薩 觀諸法性 无有二相 猶如虛空
又見佛子 心无所著 以此妙慧 求无上道
文殊師利 又有菩薩 佛滅度後 供養舍利
又見佛子 造諸塔廟 无數恒沙 嚴飾國界
寶塔高妙 五千由旬 縱廣正等 二千由旬
一一塔廟 各千幢幡 珠交露幔 寶鈴和鳴
諸天龍神 人及非人 香華伎樂 常以供養
文殊師利 諸佛子等 為供舍利 嚴飾塔廟
國界自然 殊特妙好 如天樹王 其華開敷
佛放一光 我及眾會 見此國界 種種殊妙
諸佛神力 智慧希有 放一淨光 照无量國
我等見此 得未曾有 佛子文殊 願決眾疑
四眾欣仰 瞻仁及我 世尊何故 放斯光明
佛子時答 決疑令喜 何所饒益 演斯光明
佛坐道場 所得妙法 為欲說此 為當授記
示諸佛土 眾寶嚴淨 及見諸佛 此非小緣

BD07144 號　妙法蓮華經卷一　（4–1）

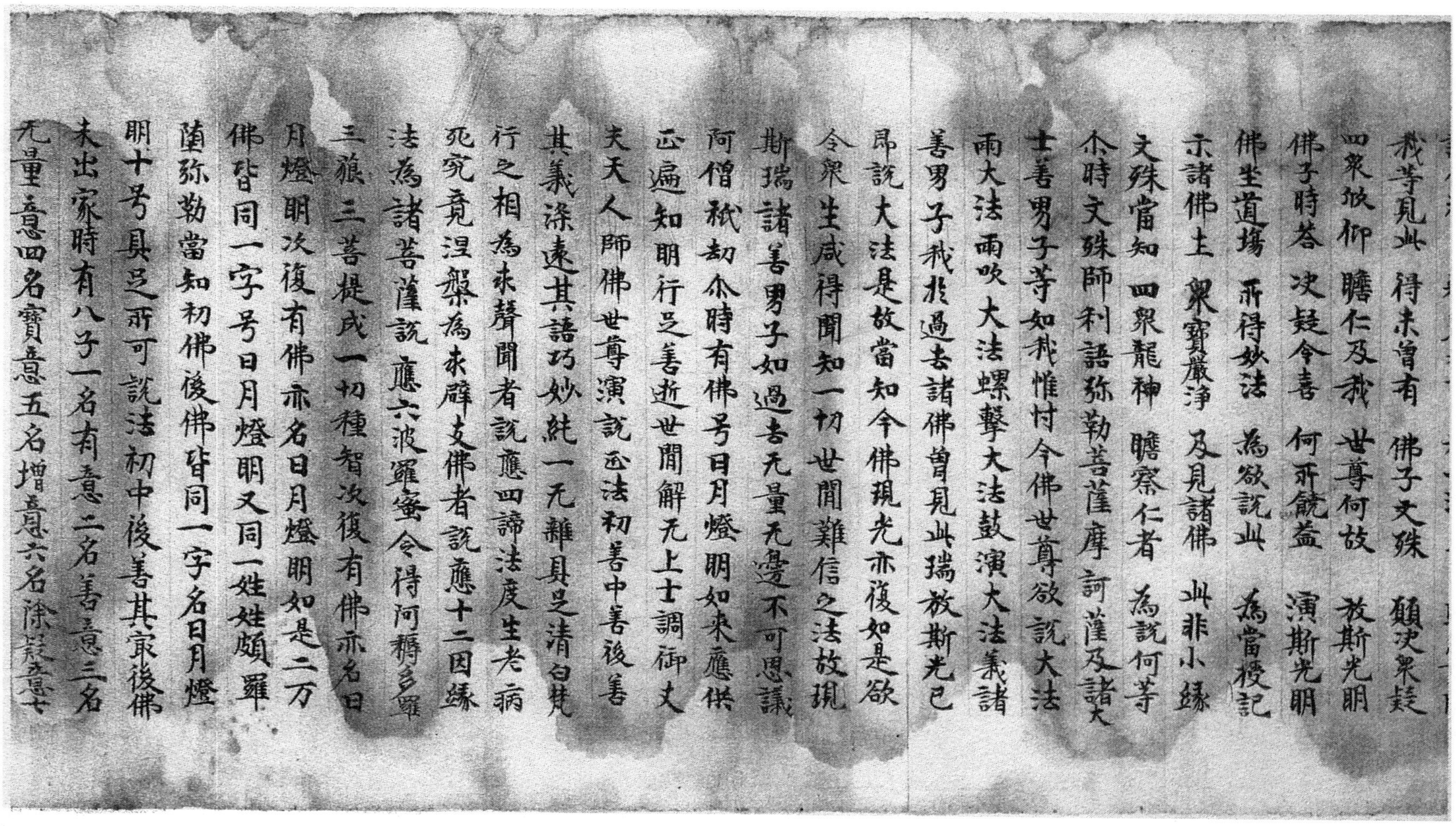
我等見此 得未曾有 佛子文殊 願決眾疑
四眾欣仰 瞻仁及我 世尊何故 放斯光明
佛子時答 決疑令喜 何所饒益 演斯光明
佛坐道場 所得妙法 為欲說此 為當授記
示諸佛土 眾寶嚴淨 及見諸佛 此非小緣
文殊當知 四眾龍神 瞻察仁者 為說何等
尒時文殊師利語弥勒菩薩摩訶薩及諸大
士善男子等如我惟忖今佛世尊欲說大法
雨大法雨吹大法螺擊大法鼓演大法義諸
善男子我於過去諸佛曾見此瑞放斯光已
即說大法是故當知今佛現光亦復如是欲
令眾生咸得聞知一切世間難信之法故現
斯瑞諸善男子如過去无量无邊不可思議
阿僧祇劫尒時有佛号日月燈明如來應供
正遍知明行足善逝世間解无上士調御丈
夫天人師佛世尊演說正法初善中善後善
其義深遠其語巧妙純一无雜具足清白梵
行之相為求聲聞者說應四諦法度生老病
死究竟涅槃為求辟支佛者說應十二因緣
法為諸菩薩說應六波羅蜜令得阿耨多羅
三藐三菩提成一切種智次復有佛亦名日
月燈明次復有佛亦名日月燈明如是二万
佛皆同一字号日月燈明又同一姓姓頗羅
墮弥勒當知初佛後佛皆同一字名日月燈
明十号具足所可說法初中後善其最後佛
未出家時有八子一名有意二名善意三名
无量意四名寶意五名增意六名除疑意七

BD07144 號　妙法蓮華經卷一　（4–2）

佛皆同一字号日月燈明又同一姓姓頗羅
墮弥勒當知初佛後佛皆同一字名日月燈
明十号具足所可說法初中後善其最後佛
未出家時有八子一名有意二名善意三名
无量意四名寶意五名增意六名除疑意七
名嚮意八名法意是八王子威德自在各領
四天下是諸王子聞父出家得阿耨多羅三
藐三菩提悉捨王位亦隨出家發大乘意常
脩梵行皆為法師已於千万佛所殖諸善本
是時日月燈明佛說大乘經名无量義教菩
薩法佛所護念說是經已即於大眾中結跏
趺坐入於无量義處三昧身心不動是時天
雨曼陁羅華摩訶曼陁羅華曼殊沙華摩訶
曼殊沙華而散佛上及諸大眾普佛世界六
種震動尒時會中比丘比丘尼優婆塞優婆
夷天龍夜叉乾闥婆阿脩羅迦樓羅緊那羅
摩睺羅伽人非人及諸小王轉輪聖王等是
諸大眾得未曾有歡喜合掌一心觀佛尒時
如來放眉間白豪相光照東方万八千佛土
靡不周遍如今所見是諸佛土弥勒當知尒
時會中有二十億菩薩樂欲聽法是諸菩薩
見此光明普照佛土得未曾有欲知此光所
為因緣時有菩薩名曰妙光有八百弟子是
時日月燈明佛從三昧起因妙光菩薩說大
乘經名妙法蓮華教菩薩法佛所護念六十
小劫不起于座時會聽者亦坐一處六十小
劫身心不動聽佛所說謂如食頃是時眾中

BD07144號　妙法蓮華經卷一　（4–3）

為因緣時有菩薩名曰妙光有八百弟子是
時日月燈明佛從三昧起因妙光菩薩說大
乘經名妙法蓮華教菩薩法佛所護念六十
小劫不起于座時會聽者亦坐一處六十小
劫身心不動聽佛所說謂如食頃是時眾中
无有一人若身若心而生懈惓日月燈明佛
於六十小劫說是經已即於梵魔沙門婆羅
門及天人阿脩羅眾中而宣此言如來於今
日中夜當入无餘涅槃時有菩薩名曰德藏
日月燈明佛即授其記告諸比丘是德藏菩
薩次當作佛号曰淨身多陁阿伽度阿羅
訶三藐三佛陁佛授記已便於中夜入无餘涅
槃佛滅度後妙光菩薩持妙法蓮華經滿八
十小劫為人演說日月燈明佛八子皆師妙光
妙光教化令其堅固阿耨多羅三藐三菩
提是諸王子供養无量百千万億佛已皆成
佛道其最後成佛者名曰然燈八百弟子中
有一人号曰求名貪著利養雖復讀誦眾經
而不通利多所忘失故号求名是人亦以種
諸善根因緣故得值无量百千万億諸佛供
養恭敬尊重讚歎弥勒當知尒時妙光菩薩
豈異人乎我身是也求名菩薩汝身是也今

BD07144號　妙法蓮華經卷一　（4–4）

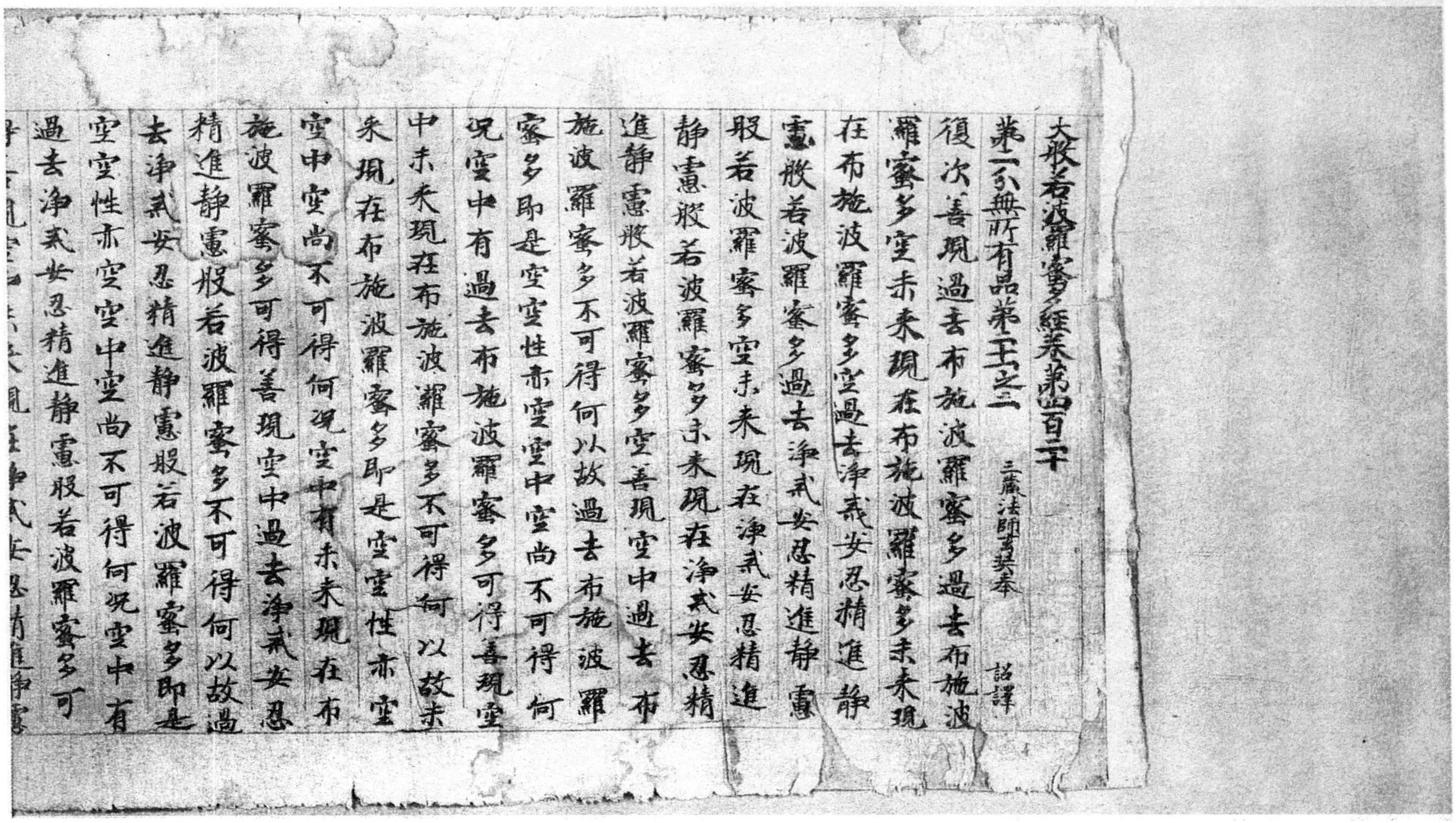

大般若波羅蜜多經卷第四百二十
第二分無所有品第十九之二　三藏法師玄奘奉　詔譯
復次善現過去布施波羅蜜多過去布施波
羅蜜多空未來現在布施波羅蜜多未來現
在布施波羅蜜多空過去淨戒安忍精進靜
慮般若波羅蜜多過去淨戒安忍精進靜慮
般若波羅蜜多空未來現在淨戒安忍精進
靜慮般若波羅蜜多未來現在淨戒安忍精
進靜慮般若波羅蜜多空善現空中過去布
施波羅蜜多不可得何以故過去布施波羅
蜜多即是空空性亦空空中空尚不可得何
况空中有過去布施波羅蜜多可得善現空
中未來現在布施波羅蜜多不可得何以故未
來現在布施波羅蜜多即是空空性亦空
空中空尚不可得何况空中有未來現在布
施波羅蜜多可得善現空中過去淨戒安忍
精進靜慮般若波羅蜜多不可得何以故過
去淨戒安忍精進靜慮般若波羅蜜多即是
空空性亦空空中空尚不可得何况空中有
過去淨戒安忍精進靜慮般若波羅蜜多可

BD07145號　大般若波羅蜜多經卷四二〇　（2–1）

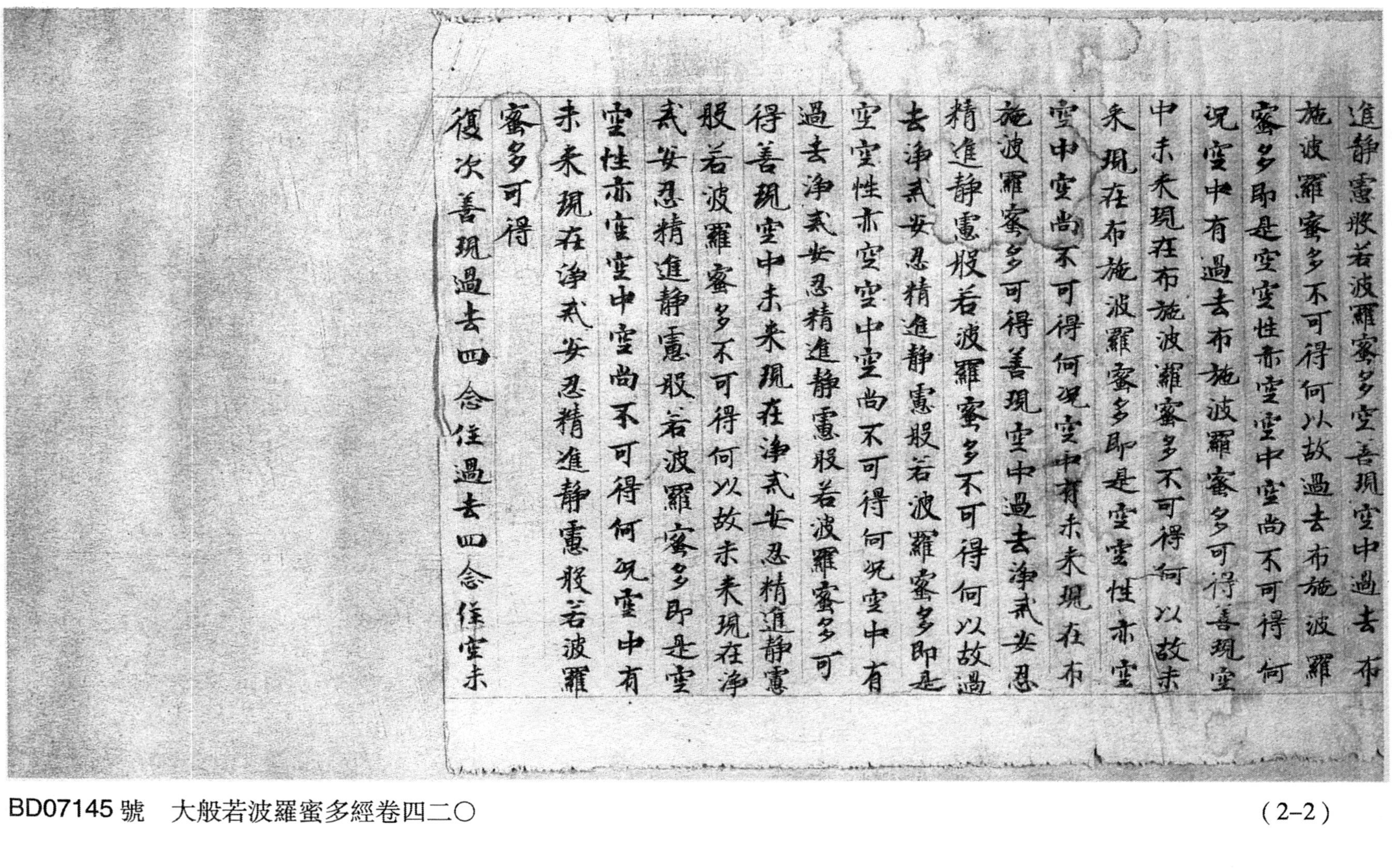

進靜慮般若波羅蜜多空善現空中過去布
施波羅蜜多不可得何以故過去布施波羅
蜜多即是空空性亦空空中空尚不可得何
况空中有過去布施波羅蜜多可得善現空
中未來現在布施波羅蜜多不可得何以故未
來現在布施波羅蜜多即是空空性亦空
空中空尚不可得何况空中有未來現在布
施波羅蜜多可得善現空中過去淨戒安忍
精進靜慮般若波羅蜜多不可得何以故過
去淨戒安忍精進靜慮般若波羅蜜多即是
空空性亦空空中空尚不可得何况空中有
過去淨戒安忍精進靜慮般若波羅蜜多可
得善現空中未來現在淨戒安忍精進靜慮
般若波羅蜜多不可得何以故未來現在淨
戒安忍精進靜慮般若波羅蜜多即是空
空性亦空空中空尚不可得何况空中有
未來現在淨戒安忍精進靜慮般若波羅
蜜多可得
復次善現過去四念住過去四念住空未

BD07145號　大般若波羅蜜多經卷四二〇　（2–2）

BD07145 號背　勘記　(1–1)

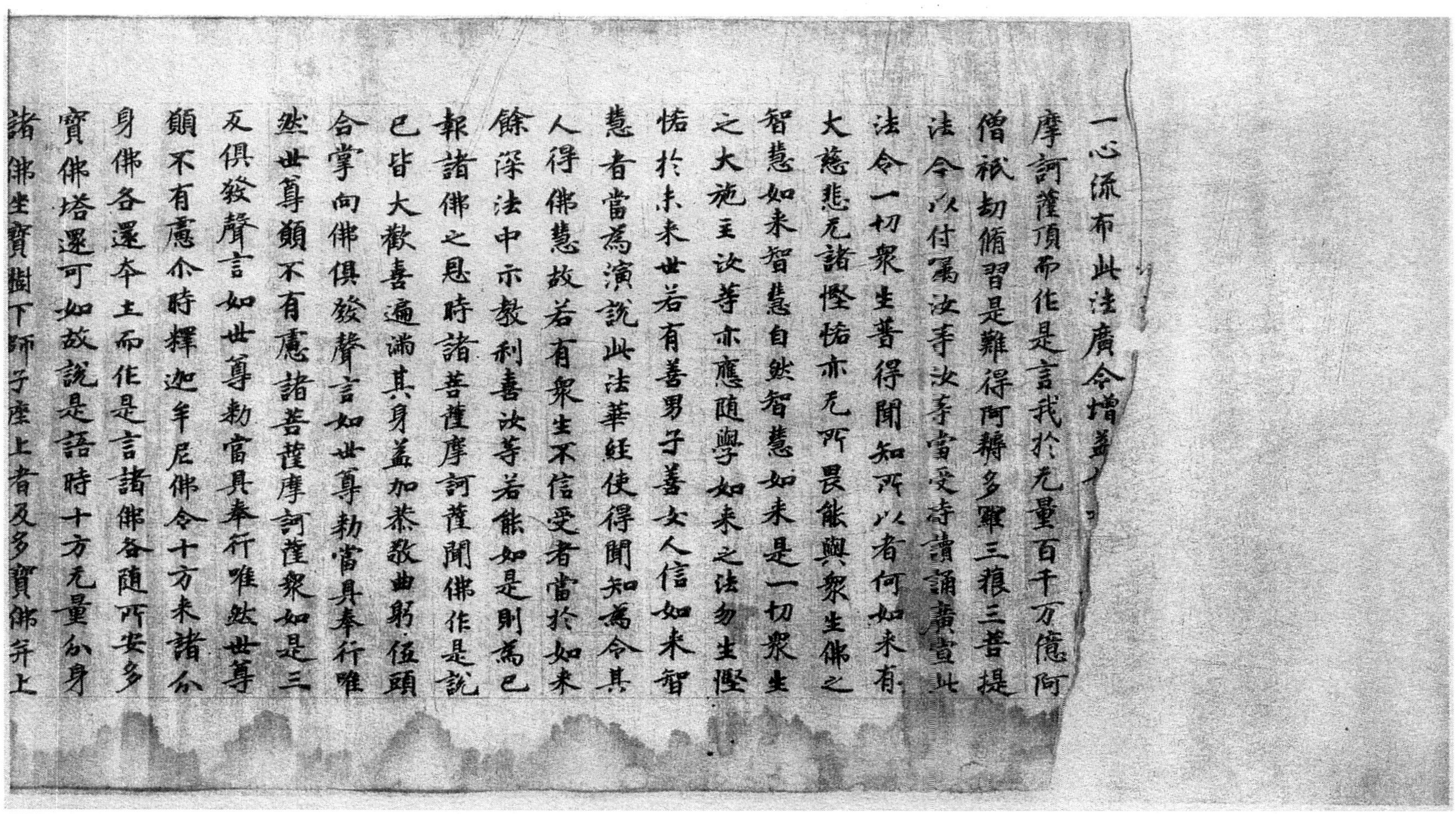

一心流布此法廣令增益
摩訶薩頂而作是言我於无量百千万億阿
僧祇劫修習是難得阿耨多羅三藐三菩提
法今以付屬汝等汝等當受持讀誦廣宣此
法令一切衆生普得聞知所以者何如來有
大慈悲无諸慳悋亦无所畏能與衆生佛之
智慧如來智慧自然智慧如來是一切衆生
之大施主汝等亦應隨學如來之法勿生慳
悋於未來世若有善男子善女人信如來智
慧者當為演說此法華經使得聞知為令其
人得佛慧故若有衆生不信受者當於如來
餘深法中示教利喜汝等若能如是則為已
報諸佛之恩時諸菩薩摩訶薩聞佛作是說
已皆大歡喜遍滿其身益加恭敬曲躬低頭
合掌向佛俱發聲言如世尊勑當具奉行唯
然世尊願不有慮諸菩薩摩訶薩衆如是三
反俱發聲言如世尊勑當具奉行唯然世尊
願不有慮尒時釋迦牟尼佛令十方來諸分
身佛各還本土而作是言諸佛各隨所安多
寶佛塔還可如故說是語時十方无量分身
諸佛坐寶樹下師子座上者及多寶佛并上

BD07146 號　妙法蓮華經卷六　(2–1)

慧者當為演說此法華經使得聞知為令其
人得佛慧故若有眾生不信受者當於如來
餘深法中示教利喜汝等若能如是則為已
報諸佛之恩時諸菩薩摩訶薩聞佛作是說
已皆大歡喜遍滿其身益加恭敬曲躬低頭
合掌向佛俱發聲言如世尊勅當具奉行唯
然世尊願不有慮諸菩薩摩訶薩眾如是三
反俱發聲言如世尊勅當具奉行唯然世尊
願不有慮尒時釋迦牟尼佛令十方來諸分
身佛各還本土而作是言諸佛各隨所安多
寶佛塔還可如故說是語時十方无量分身
諸佛坐寶樹下師子座上者及多寶佛并上
行等无邊阿僧祇菩薩大眾舍利弗等聲聞
四眾及一切世間天人阿脩羅等聞佛所說
皆大歡喜

妙法蓮華經藥王菩薩本事品第二十三

尒時宿王華菩薩白佛言世尊藥王菩薩云
何遊於娑婆世界世尊是藥王菩薩有若干
百千万億那由他難行苦行善哉世尊願少
解說諸天龍神夜叉乾闥婆阿脩羅迦樓羅
那羅摩睺羅伽

BD07146 號　妙法蓮華經卷六　（2–2）

大般若波羅蜜多經卷第二百一十三

初分歎信解品第卅四之卅二　三藏法師玄奘奉　詔譯

善現无變異空清淨故布施波羅蜜多清
布施波羅蜜多清淨故一切智智清淨何以
故若无變異空清淨若布施波羅蜜多清
淨若一切智智清淨无二无二分无別无斷故
无變異空清淨故淨戒安忍精進靜慮般若
波羅蜜多清淨淨戒乃至般若波羅蜜多清
淨故一切智智清淨何以故若无變異空清
淨若淨戒乃至般若波羅蜜多清淨若一切
智智清淨无二无二分无別无斷故善現无
變異空清淨故內空清淨內空清淨故一切
智智清淨何以故若无變異空清淨若內空
清淨若一切智智清淨无二无二分无別无斷
故无變異空清淨故外空內外空空空大空
勝義空有為空无為空畢竟空无際空散空
本性空自相空共相空一切法空不可得空无
性空自性空无性自性空清淨外空乃至无性
自性空清淨故一切智智清淨何以故若无
變異空清淨若外空乃至无性自性空清淨
若一切智智清淨无二无二分无別无斷故

BD07147 號　大般若波羅蜜多經卷二一三　（2–1）

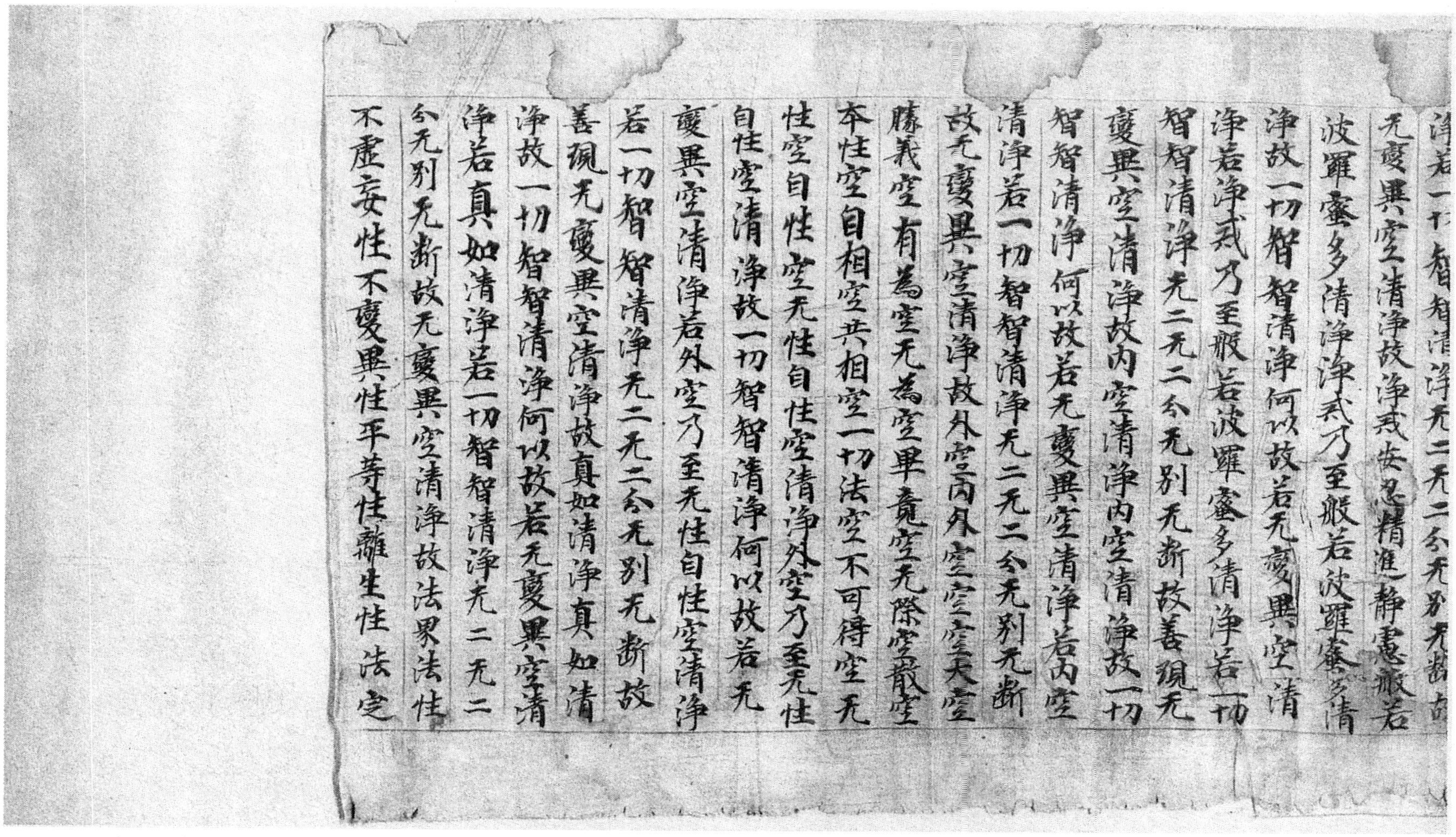

淨若一切智智清淨无二无二分无別无斷故
无變異空清淨故淨戒安忍精進靜慮般若
波羅蜜多清淨淨戒乃至般若波羅蜜多清
淨故一切智智清淨何以故若无變異空清
淨若淨戒乃至般若波羅蜜多清淨若一切
智智清淨无二无二分无別无斷故善現无
變異空清淨故內空清淨內空清淨故一切
智智清淨何以故若无變異空清淨若內空
清淨若一切智智清淨无二无二分无別无斷
故无變異空清淨故外空內外空空空大空
勝義空有為空无為空畢竟空无際空散空
本性空自相空共相空一切法空不可得空无
性空自性空无性自性空清淨外空乃至无性
自性空清淨故一切智智清淨何以故若无
變異空清淨若外空乃至无性自性空清淨
若一切智智清淨无二无二分无別无斷故
善現无變異空清淨故真如清淨真如清
淨故一切智智清淨何以故若无變異空清
淨若真如清淨若一切智智清淨无二无二
分无別无斷故无變異空清淨故法界法性
不虛妄性不變異性平等性離生性法定

BD07147號　大般若波羅蜜多經卷二一三　（2–2）

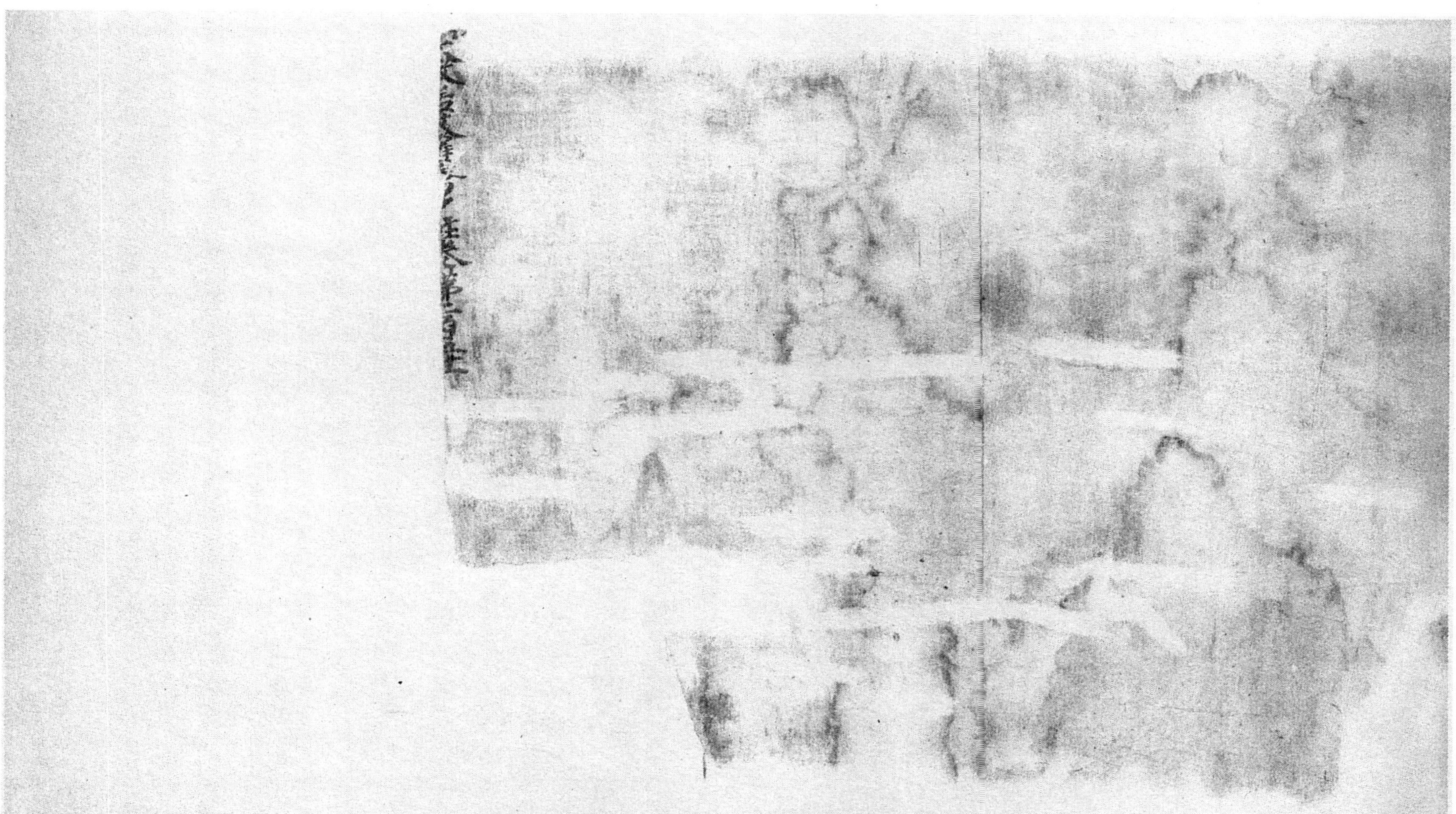

BD07148號背　護首　（1–1）

大般若波羅蜜多經卷第二百五十一
初分難信解品第卅四之七十　三藏法師玄奘奉　詔譯
善現一切智智清淨故地界清淨地界清淨
故有為空清淨何以故若一切智智清淨若
地界清淨若有為空清淨無二無二分無別
無斷故一切智智清淨故水火風空識界清
淨水火風空識界清淨故有為空清淨何以
故若一切智智清淨若水火風空識界清淨
若有為空清淨無二無二分無別無斷故善
現一切智智清淨故無明清淨無明清淨故

BD07148 號　大般若波羅蜜多經卷二五一　（3–1）

淨水火風空識界清淨故有為空清淨何以
故若一切智智清淨若水火風空識界清淨
若有為空清淨無二無二分無別無斷故善
現一切智智清淨故無明清淨無明清淨故
有為空清淨何以故若一切智智清淨若無
明清淨若有為空清淨無二無二分無別無
斷故一切智智清淨故行識名色六處觸受
愛取有生老死愁歎苦憂惱清淨行乃至老
死愁歎苦憂惱清淨故有為空清淨何以故
若一切智智清淨若行乃至老死愁歎苦憂
惱清淨若有為空清淨無二無二分無別無
斷故
善現一切智智清淨故布施波羅蜜多清淨
布施波羅蜜多清淨故有為空清淨何以故
若一切智智清淨若布施波羅蜜多清淨若
有為空清淨無二無二分無別無斷故一切智
智清淨故淨戒安忍精進靜慮般若波羅
蜜多清淨淨戒乃至般若波羅蜜多清淨故
有為空清淨何以故若一切智智清淨若淨
戒乃至般若波羅蜜多清淨若有為空清淨
無二無二分無別無斷故善現一切智智清
淨故內空清淨內空清淨故有為空清淨何
以故若一切智智清淨若內空清淨若有為
空清淨無二無二分無別無斷故一切智智
清淨故外空內空空空大空勝義空有為
[illegible]畢竟空無際空散空無變異空本

BD07148 號　大般若波羅蜜多經卷二五一　（3–2）

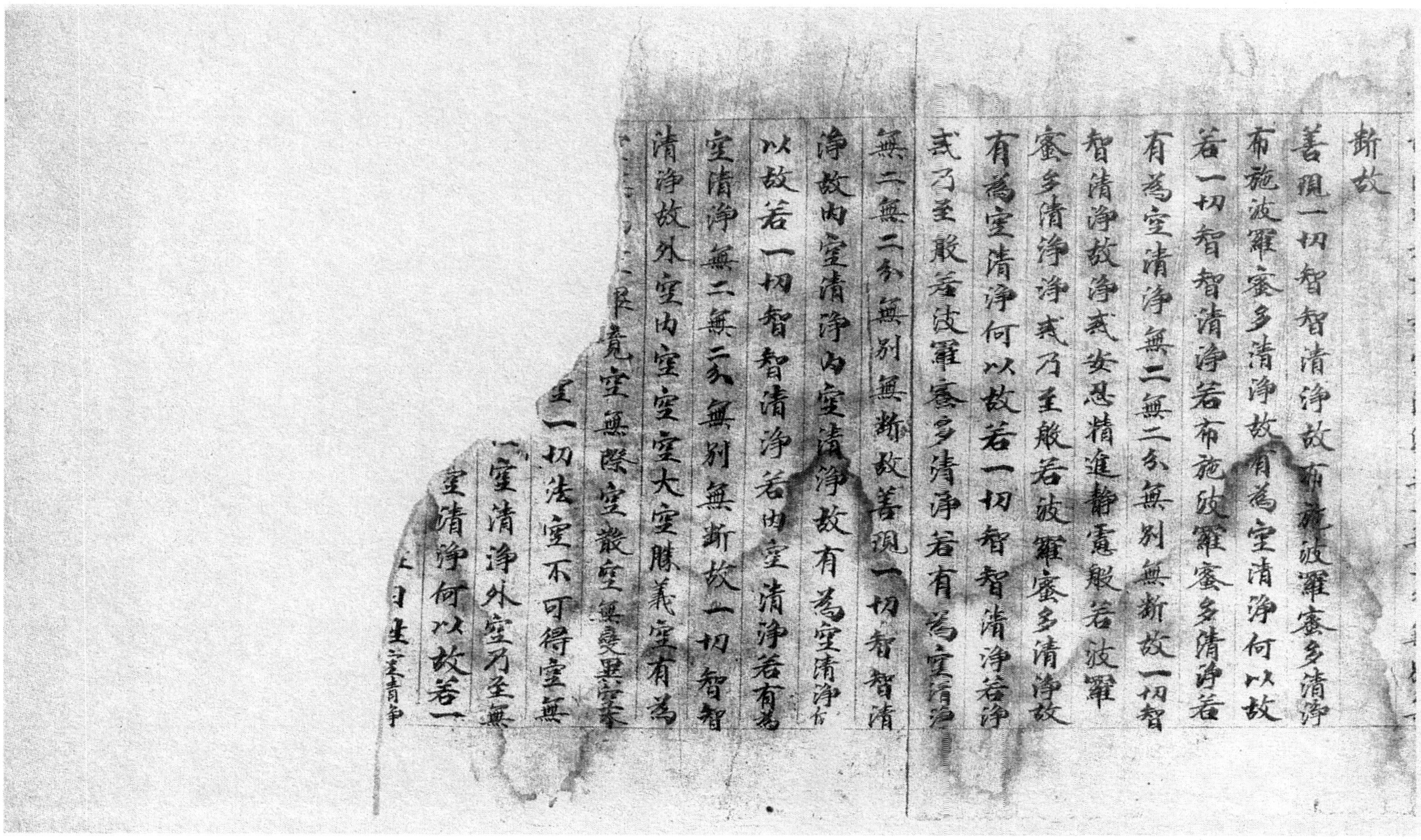

BD07148 號　大般若波羅蜜多經卷二五一　　（3–3）

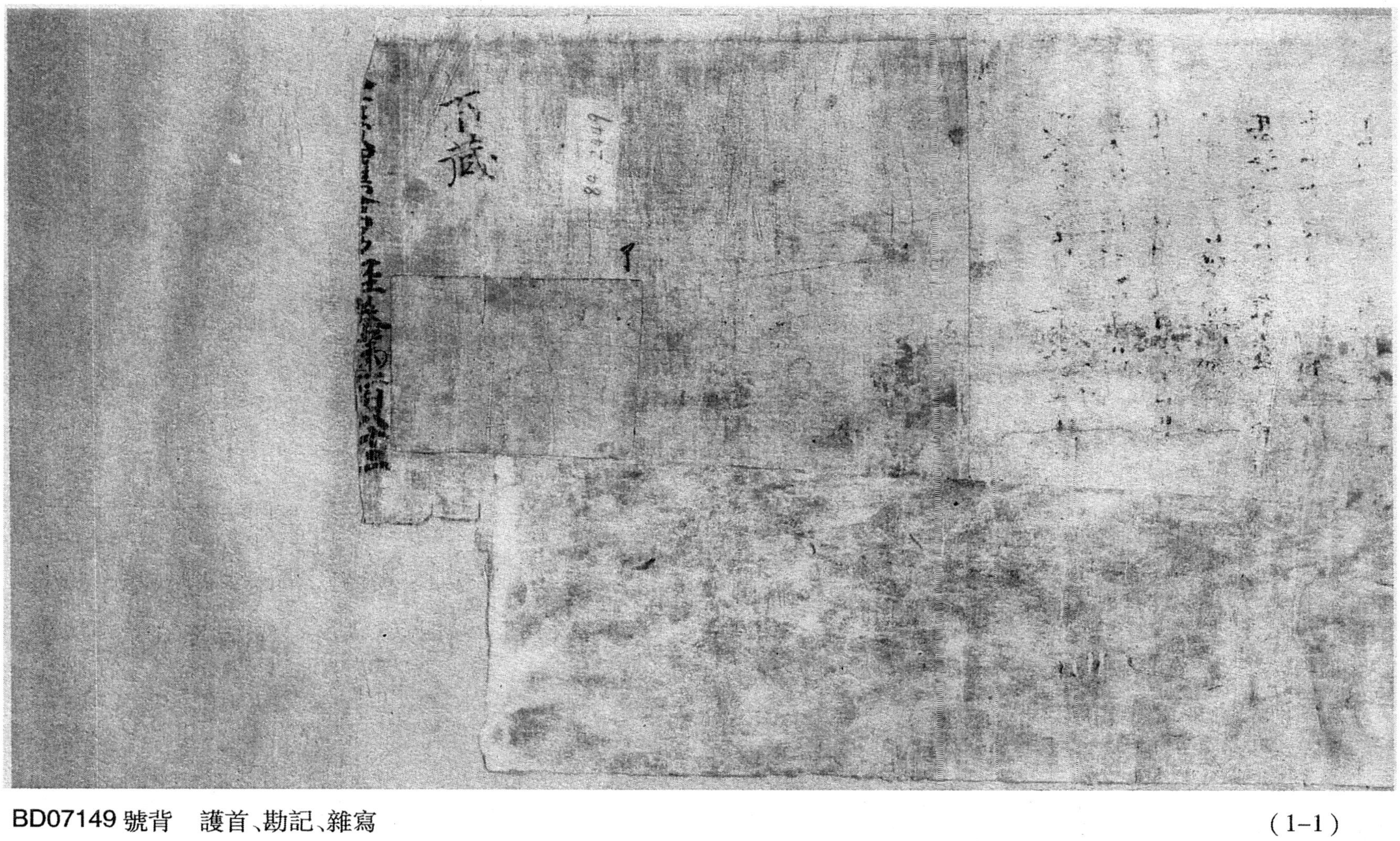

BD07149 號背　護首、勘記、雜寫　　（1–1）

大般若波羅蜜多經卷第一百八十二
初分難信解品第卅四之一　三藏法師玄奘奉　詔譯
具壽善現復白佛言世尊不勤精進未種善
根具不善根爲惡知識所攝受者於佛所說
甚深般若波羅蜜多實難信解佛言善現如
是如是如汝所說不勤精進未種善根具不

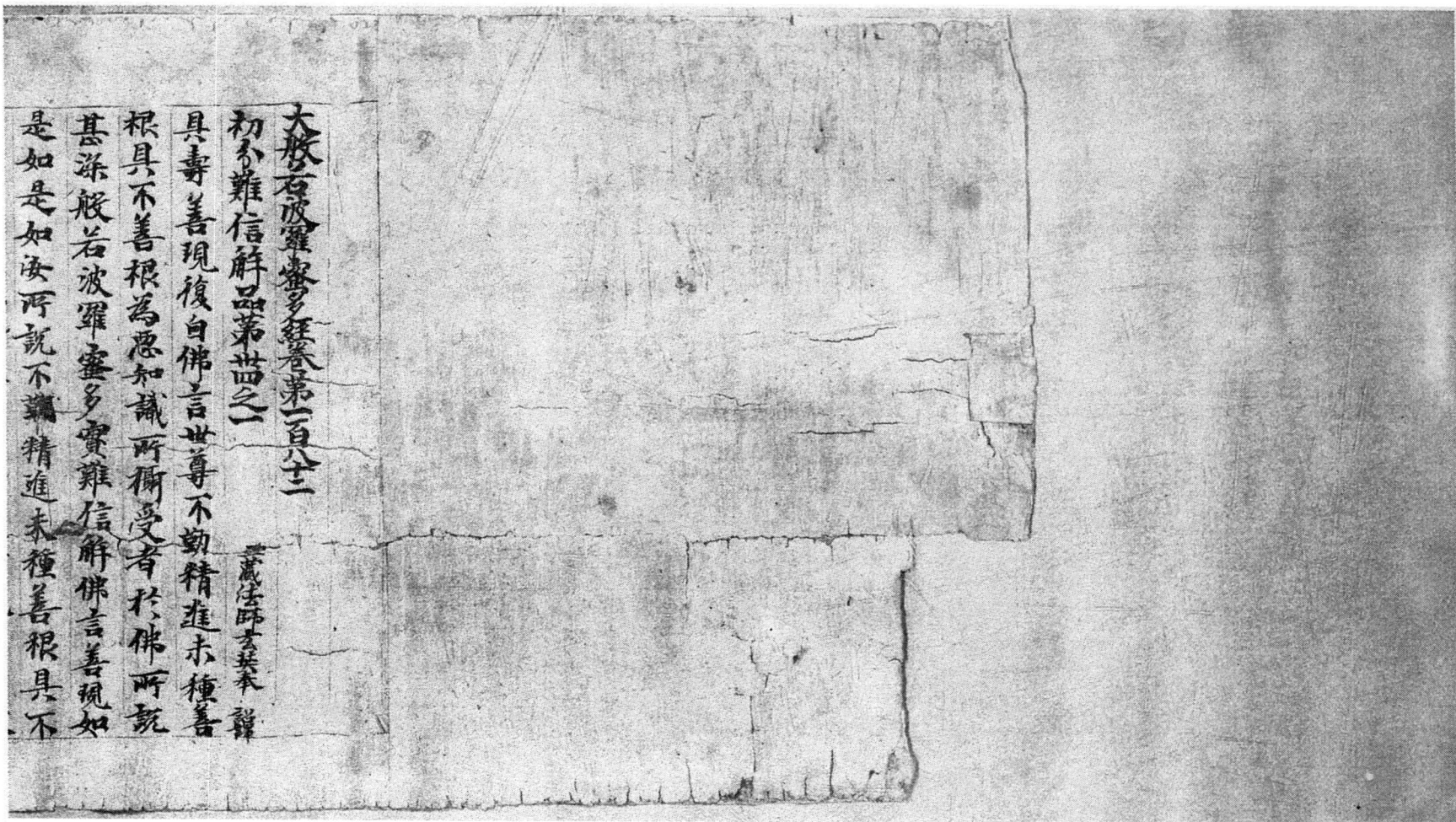

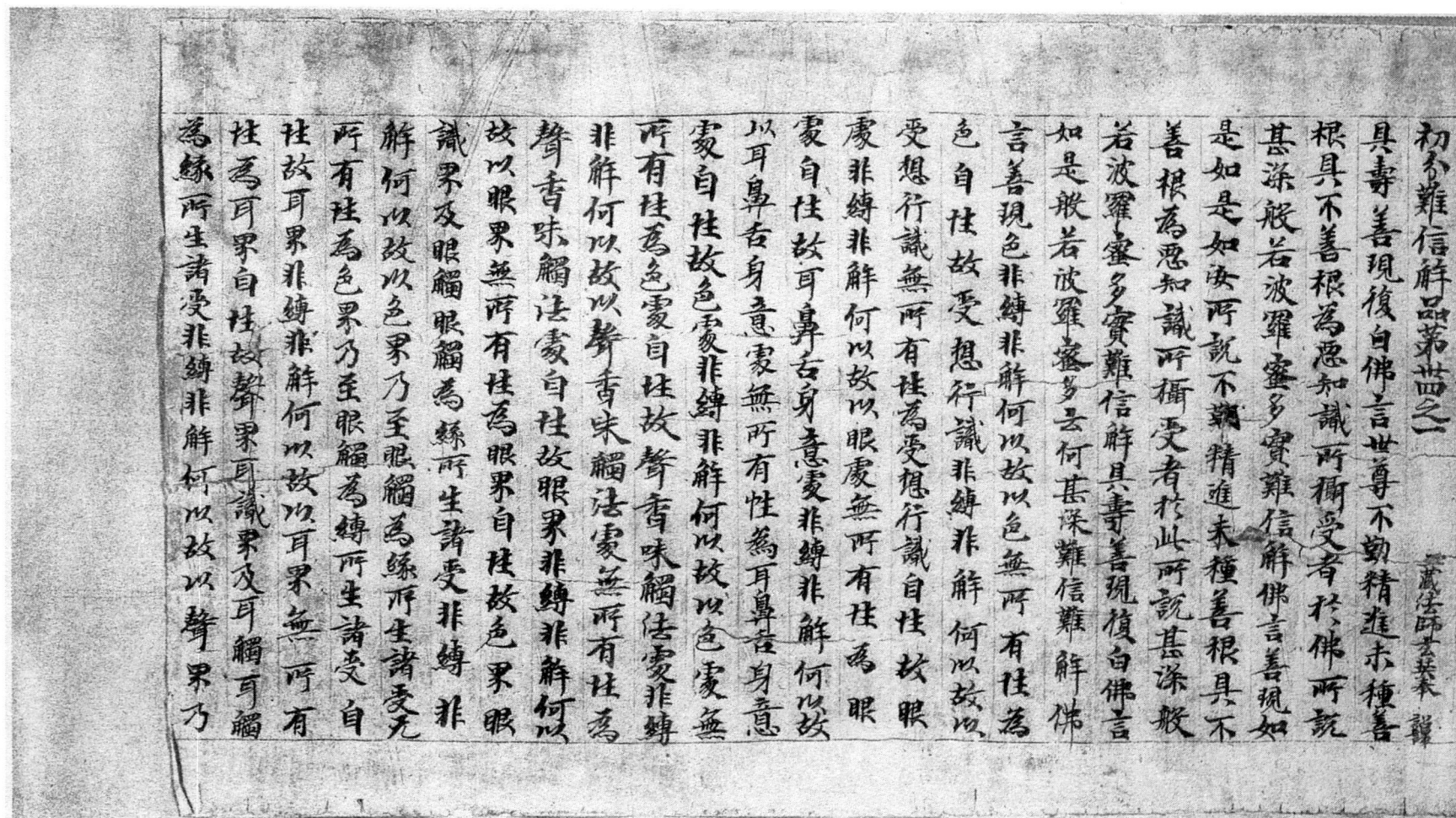

BD07149 號　大般若波羅蜜多經卷一八二　（2–1）

初分難信解品第卅四之一　三藏法師玄奘奉　詔譯
具壽善現復白佛言世尊不勤精進未種善
根具不善根爲惡知識所攝受者於佛所說
甚深般若波羅蜜多實難信解佛言善現如
是如是如汝所說不勤精進未種善根具不
善根爲惡知識所攝受者於此所說甚深般
若波羅蜜多實難信解具壽善現復白佛言
如是般若波羅蜜多云何甚深難信難解佛
言善現色非縛非解何以故以色無所有性爲
色自性故受想行識非縛非解何以故以
受想行識無所有性爲受想行識自性故眼
處非縛非解何以故以眼處無所有性爲眼
處自性故耳鼻舌身意處非縛非解何以故
以耳鼻舌身意處無所有性爲耳鼻舌身意
處自性故色處非縛非解何以故以色處無
所有性爲色處自性故聲香味觸法處非縛
非解何以故以聲香味觸法處無所有性爲
聲香味觸法處自性故眼界非縛非解何以
故以眼界無所有性爲眼界自性故色界眼
識界及眼觸眼觸爲緣所生諸受非縛非
解何以故以色界乃至眼觸爲緣所生諸受无
所有性爲色界乃至眼觸爲緣所生諸受自
性故耳界非縛非解何以故以耳界無所有
性爲耳界自性故聲界耳識界及耳觸耳觸
爲緣所生諸受非縛非解何以故以聲界乃

BD07149 號　大般若波羅蜜多經卷一八二　（2–2）

大般若波羅蜜多經卷第五百一十八
第三分巧便品第二十三之二　三藏法師玄奘奉　詔譯
復次善現若菩薩摩訶薩恒作是念諸有情
類於長夜中行有所得謂執有我乃至見者
或執有色蘊乃至識蘊或執有眼處乃至意
處或執有色處乃至法處或執有眼界乃至
意界或執有色界乃至法界或執有眼識界
乃至意識界或執有眼觸乃至意觸或執有
眼觸為緣所生諸受乃至意觸為緣所生諸
受或執有地界乃至識界或執有因緣乃至
增上緣或執有無明乃至老死或執有十善
業道或執有四靜慮四無量四無色定或執
有四攝事或執有餘諸勝善法我為如是諸
有情故應趣無上正等菩提脩諸菩薩摩訶
薩行證得無上正等覺時令諸有情永斷如是有
所得執善現當知是菩薩摩訶薩成就此念行
深般若波羅蜜多方便善巧所攝受故若未
圓滿如來十力乃至十八佛不共法及餘無
量無邊佛法終不證入諸佛勝定善現當知
是菩薩摩訶薩爾時雖學三解脫門入出自

BD07150號　大般若波羅蜜多經卷五一八　（2–1）

乃至意識界或執有眼觸乃至意觸或執有
眼觸為緣所生諸受乃至意觸為緣所生諸
受或執有地界乃至識界或執有因緣乃至
增上緣或執有無明乃至老死或執有十善
業道或執有四靜慮四無量四無色定或執
有四攝事或執有餘諸勝善法我為如是諸
有情故應趣無上正等菩提脩諸菩薩摩訶
薩行證得無上正等覺時令諸有情永斷如是有
所得執善現當知是菩薩摩訶薩成就此念行
深般若波羅蜜多方便善巧所攝受故若未
圓滿如來十力乃至十八佛不共法及餘無
量無邊佛法終不證入諸佛勝定善現當知
是菩薩摩訶薩爾時雖學三解脫門入出自
在而於實際未即作證乃至无上正等菩提
因行功德未善圓滿不證實際及餘功德若
得無上正等菩提乃可證得善現當知是菩
薩摩訶薩爾時雖於諸餘功德脩未圓滿而
但於空三摩地門脩已圓滿復次善現若菩薩
摩訶薩恒作是念諸有情類於長夜中常行

BD07150號　大般若波羅蜜多經卷五一八　（2–2）

BD07150 號背　勘記　　（1–1）

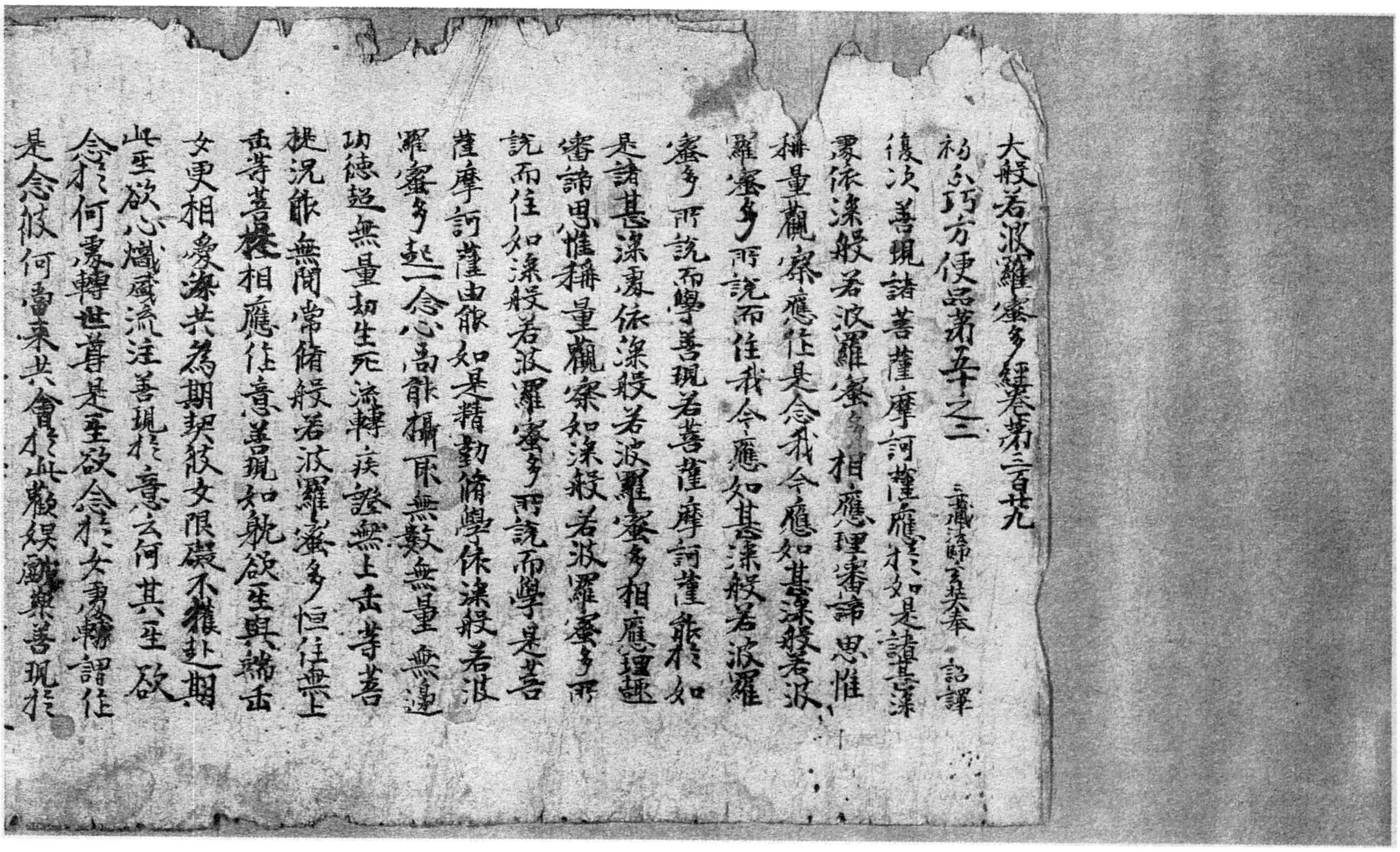
大般若波羅蜜多經卷第三百廿九
初分巧方便品第五十之三　三藏法師玄奘奉　詔譯
復次善現諸菩薩摩訶薩應於如是諸甚深
處依深般若波羅蜜多相應理審諦思惟
稱量觀察應住是念我今應如甚深般若波
羅蜜多所說而住我今應如甚深般若波羅
蜜多所說而學善現若菩薩摩訶薩能於如
是諸甚深處依深般若波羅蜜多相應理趣
審諦思惟稱量觀察如深般若波羅蜜多所
說而住如深般若波羅蜜多所說而學是菩
薩摩訶薩由能如是精勤修學依深般若波
羅蜜多起一念心尚能攝取無數無量無邊
功德超無量劫生死流轉疾證無上正等菩
提況能無間常修般若波羅蜜多恒住無上
正等菩提相應住意善現如耽欲人與端正
女更相愛染共為期契彼女限礙不獲赴期
此人欲心熾盛流注善現於意云何其人欲
念於何處轉世尊是人欲念於女處轉謂住
是念彼何當來共會於此歡娛戲樂善現於

BD07151 號　大般若波羅蜜多經卷三二九　　（2–1）

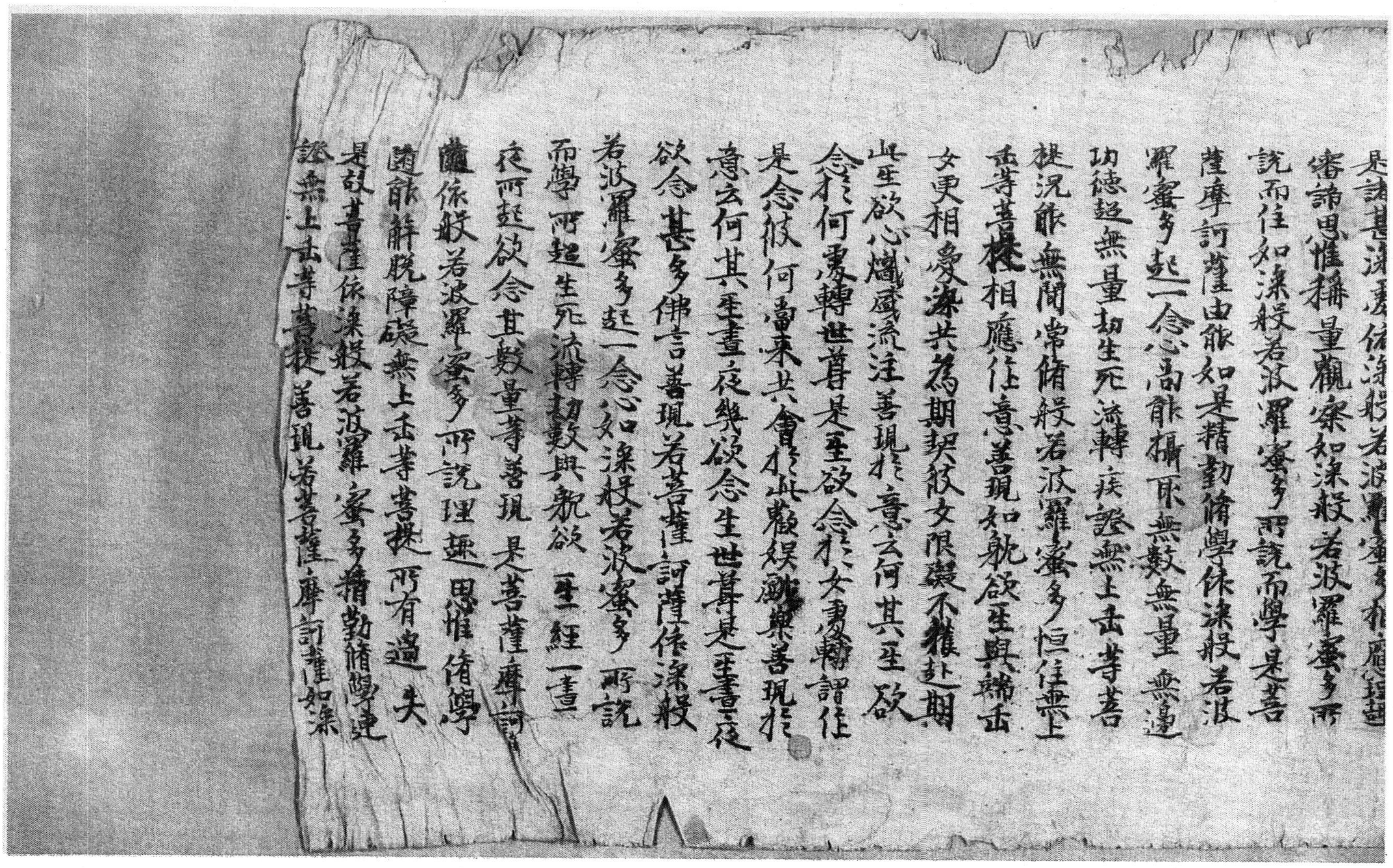

是諸甚深處依深般若波羅蜜多相應理趣
審諦思惟稱量觀察知深般若波羅蜜多所
說而住如深般若波羅蜜多所說而學是菩
薩摩訶薩由能如是精勤脩學依深般若波
羅蜜多起一念心尚能攝取無數無量無邊
功德超無量劫生死流轉疾證無上正等菩
提況能無間常脩般若波羅蜜多恒住無上
正等菩提相應作意善現如耽欲人與端正
女更相愛染共為期契彼女限礙不獲赴期
此人欲心熾盛流注善現於意云何其人欲
念於何處轉世尊是人欲念於女處轉謂作
是念彼何當來共會於此歡娛戲樂善現於
意云何其人晝夜幾欲念生世尊是人晝夜
欲念甚多佛言善現若菩薩摩訶薩依深般
若波羅蜜多起一念心如深般若波羅蜜多所說
而學所超生死流轉劫數與耽欲人經一晝
夜所起欲念其數量等善現是菩薩摩訶
薩依般若波羅蜜多所說理趣思惟脩學
隨能解脫障礙無上正等菩提所有過失
是故菩薩依深般若波羅蜜多精勤脩學速
證無上正等菩提善現若菩薩摩訶薩如深

BD07151 號　大般若波羅蜜多經卷三二九　（2–2）

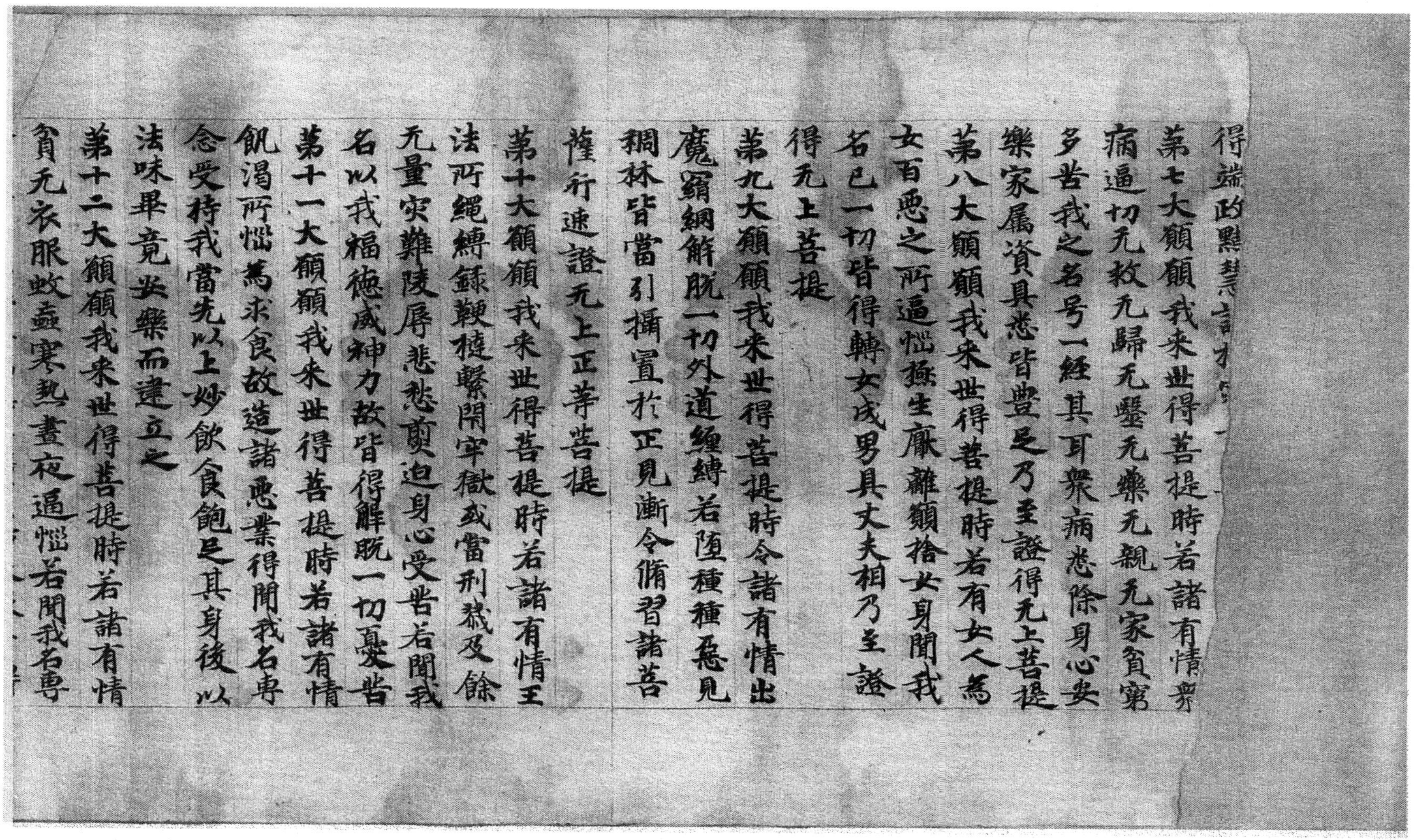

得端政黠慧諸根[illegible]
第七大願願我來世得菩提時若諸有情衆
病逼切无救无歸无醫无藥无親无家貧窮
多苦我之名号一經其耳衆病悉除身心安
樂家屬資具悉皆豐足乃至證得无上菩提
第八大願願我來世得菩提時若有女人為
女百惡之所逼惱極生厭離願捨女身聞我
名已一切皆得轉女成男具丈夫相乃至證
得无上菩提
第九大願願我來世得菩提時令諸有情出
魔羂網解脫一切外道纏縛若墮種種惡見
稠林皆當引攝置於正見漸令脩習諸菩
薩行速證无上正等菩提
第十大願願我來世得菩提時若諸有情王
法所縲縛錄鞭撻繫閉牢獄或當刑戮及餘
无量灾難陵辱悲愁煎迫身心受苦若聞我
名以我福德威神力故皆得解脫一切憂苦
第十一大願願我來世得菩提時若諸有情
飢渴所惱為求食故造諸惡業得聞我名專
念受持我當先以上妙飲食飽足其身後以
法味畢竟安樂而建立之
第十二大願願我來世得菩提時若諸有情
貧无衣服蚊䖟寒熱晝夜逼惱若聞我名專

BD07152 號　藥師琉璃光如來本願功德經　（2–1）

女百惡之所逼惱極生厭離願捨女身聞我
名已一切皆得轉女成男具丈夫相乃至證
得无上菩提
第九大願願我來世得菩提時令諸有情出
魔羂網解脫一切外道纏縛若墮種種惡見
稠林皆當引攝置於正見漸令脩習諸菩
薩行速證无上正等菩提
第十大願願我來世得菩提時若諸有情王
法所縄縛録鞭撻繫閉牢獄或當刑戮及餘
无量災難陵辱悲愁煎迫身心受苦若聞我
名以我福德威神力故皆得解脫一切憂苦
第十一大願願我來世得菩提時若諸有情
飢渴所惱為求食故造諸惡業得聞我名專
念受持我當先以上妙飲食飽足其身後以
法味畢竟安樂而建立之
第十二大願願我來世得菩提時若諸有情
貧无衣服蚊虻寒熱晝夜逼惱若聞我名專
念受持如其所好即得種種上妙衣服亦得
一切寶莊嚴具華鬘塗香鼓樂衆伎隨心
師琉璃光如來應

BD07152號　藥師琉璃光如來本願功德經　（2–2）

舍利浮圖碎身寶塔靡艷初轉四諦
樹後揚一乘輿興教行樹下福賢
山間得道羅漢上至非想非非想天
四空五淨俱等色界自在尸棄
曰六欲天子龍神八部護世四天
金剛密迹閻羅天子五道大神太山
命伺錄天曹地府善惡簿官左膊
福童子護齋護戒護法善神日
光明梵眾山空石室刹欲諸仙幽冥
道力神鬼阿鼻地獄羅刹夜叉十八泥犁牛
頭獄卒鳩槃荼鬼行病鬼王巡歷人間行諸
諸毒氣胎卵濕化蠢動含靈有形无形有
相无相有天眼者有天耳者他心通者悉
願知聞來就道場證明弟子今日今時請諸
賢聖作證明師我曰證明故得受八關戒
第二第三亦如是請啓請已竟次當懺悔
夫懺悔者改往脩來滅惡脩善之式

BD07153號　授三歸八戒文（擬）　（5–1）

願知聞來就道場證明弟子今日今時請諸
賢聖作證明師我曰證明汝得受八關戒
第二第三亦如是請啓請已竟次當懺悔
夫懺悔者改往脩來滅惡脩善之法
涅槃經云有二種法能救衆生皆何者為
二種法一者慚二者愧佛弟子等造諸惡
業盡生慚愧悔過自責其罪即滅若覆藏
不悔其名无慚无愧其罪不滅佛子等各
各虔恭合掌至心懺悔
弟子某甲等合道場人自從无始曠劫已來
至於今日无明所覆煩惱自纏不善因緣遇
惡知識生邪見家邪師教道受習邪法或殺
所殺斷大慈悲妄語无量欺誑一切衆生惡
口无量罵辱衆生綺語无量亂弄正法鬭
亂六親慳貪无量无慚无愧飲酒食宍破
破齋破戒汙泥伽藍侵損常住不孝父母
惱亂衆生如斯等罪无量无邊自作教他
見作隨喜不可知是今日今時對十方佛前
十二部經前聖衆前發露懺悔一懺
已後更不敢造永斷相續敬礼常住三寶
懺悔已竟身氣清淨次當受三歸依戒
且歸依佛者佛是衆生无上慈父能於三界拔
衆生苦究竟令得大涅槃　歸依法者法是
衆生甚提牙故　歸依僧者僧是衆生无上福
田次三歸依能拔三塗得出三界如麻三稱等

BD07153號　授三歸八戒文（擬）

（5–2）

懺悔已竟身氣清淨次當受三歸依戒
且歸依佛者佛是衆生无上慈父能於三界拔
衆生苦究竟令得大涅槃　歸依法者法是
衆生甚提牙故　歸依僧者僧是衆生无上福
田次三歸依能拔三塗得出三界如麻三稱等
免此難佛子等各各蹋跪合掌受三歸依
弟子某甲等合道場人　歸依佛兩足尊　歸依
法離欲尊　歸依僧衆中尊　如來至真等正覺
是我大師我今□□歸依敬礼常住三寶　三說三礼
三歸依已竟次當發露三寶　弟子某甲等合
道場人　歸依佛竟　歸依法竟　歸依僧竟從
已往稱佛為師更不歸邪魔外道唯願
三寶慈悲愍故敬礼常住三寶　三說三礼
受三歸依已竟次當受八戒　汝等善男子善
女人諦聽如經所明若有人以四大寶藏持用布
施不如有人一日一夜受持八戒功德无比如弥
勒下生之時百年持戒不如今時一日一夜何
以故如弥勒下生之時衆生根機純熟無有
惡緣戒即已持今五濁惡世人多弊惡不善增
長戒即難持故一日一夜勝彼百年佛子等當
知如是大須努力心莫散亂受持八戒佛子諦
能不能　汝等善男子善女人諦聽今於我
所求受八戒言八戒者　一不煞生　二不偷盜
三不婬慾　四不妄語　五不飲酒食宍　六不故往
觀聽歌儛作唱　七不坐高廣大床　八不非時食　汝
等善男子善女人戒各一日一夜從今時至明清

BD07153號　授三歸八戒文（擬）

（5–3）

能不能〻 汝等善男子善女人諦聽今於戒
所求受八戒言八戒者 一不煞生 二不偷盗
三不婬慾 四不妄語 五不飲酒食宍 六不故往
觀聽娼伎作唱 七不坐高廣大床 八不非時食 故
汝等善男子善女人戒各一日一夜從今時至明清
旦於其間中不得犯能持不一人能盡能答
言盡能礼佛一拜 三説三礼 此說戒相如阿含經說
第一不煞生者上至人命蠢動有情之類不得
故煞若犯者當来墮三惡道〻世常被人煞
若生人中得二種報一者多病二者短命
二不偷盗者無問父母親戚知友及一切
衆生有主无主及鬼神等物乃至草葉處總
已来不得懷盗心取若故作者當来墮三惡
道世〻常作鳥馬牛羊駝驢猪狗已償他債
若生人中得二種報一者貧窮二者財物不得
自在 三不婬慾者不問自妻他妻自夫他夫乃
至不得故犯若犯者當来墮三惡道若人中
得二種報一者短命二者所有妻妾皆不貞良
四者不妄語者不得欺誑一切衆生若故犯者
當来墮三惡道若生人中得二種報一者多被
人誹謗二者所說言教人不信受 五不飲酒
食宍者為持戒故乃至嚵水作酒不得故飲若
犯者當来墮三惡道若生人中得二種報一者
愚癡二者諸根闇昧 六不故往觀聽歌儛作唱
為供養三寶无犯如无故犯亦墮三惡道若生人
[illegible]

BD07153號 授三歸八戒文（擬） （5–4）

犯者當来墮三惡道若生人中得二種報一者
愚癡二者諸根闇昧 六不故往觀聽歌儛作唱
為供養三寶无犯如无故犯亦墮三惡道若生人
中得二種報一者身氣臊穢二者人所不喜見
七不坐高廣大床師僧父母一切尊人等床不得
故坐若故犯者當来墮三惡道若生人中得二
種報一者不得人尊貴二者為人卑賤 八不非時
食為持戒齋一日若故作者當来墮三惡道若
生人中得二種報一者飲食很難二者脣齒[illegible]
如是罪報若能堅持不犯一日一夜得生人天不墮
惡道顧已此功德成阿耨多羅三藐三菩提各〻
虔恭迴向發願
弟子某甲等合道場人向来所有啓請功德受戒
功德懺悔功德並將迴施法界衆生未離苦者
願令離苦未得樂者願皆得樂未發菩提心
者願早發心未成佛者願早成佛又弟子等
現在身中煩惱惡業念〻消除菩提善牙運
〻增長行住坐卧身心樂安當来世中證彌
勒佛除下閻浮龍花三會法佛說法〻戒衆
生一時成佛和南一切賢聖

BD07153號 授三歸八戒文（擬） （5–5）

有眾生得聞名号
往之處以種種花鬘瓔珞塗香末香而為供
□殊若有眾生得聞是无量壽智决定
眾生大命將盡憶念是如來名号更得
衣長壽於是无量壽如來一百八名号有四
菩果報福德具足陀羅尼日　南謨薄伽勃底
悉指陀四　囉佐耶五　怛他羯他耶六　怛姪他唵七　薩婆桑悉迦囉八　波
莎訶某特迦底十二　薩婆婆毗輸底十三　摩訶娜耶十四　波唎婆嚟莎訶十五　世尊復告曼殊室
唎如是如來一百八名号若有自書或使人書為經卷受持讀誦如壽命盡復滿百年壽
終此身後得往生无量福智世界无量壽淨土陀羅尼日　南謨薄伽勃底一　阿波唎蜜
多二　阿喻紇硯娜三　須毗你悉指陀四　囉佐耶五　怛他羯他耶六　怛姪他唵七　薩婆桑悉迦囉八　波唎輸
底九　達磨底十　伽伽娜十一　莎訶某特迦底十二　薩婆婆毗輸底十三　摩訶娜耶十四　波唎婆嚟莎訶十五
尒時有九十九姟佛一時同聲說是无量壽宗要經陀羅尼日　南謨薄伽勃底一　阿波唎蜜
阿喻紇硯娜三　須毗你悉指陀四　囉佐耶五　怛他羯他耶六　怛姪他唵七　薩婆桑悉迦囉八　波唎輸底九
達磨底十　伽伽娜十一　莎訶某特迦底十二　薩婆婆毗輸底十三　摩訶娜耶十四　波唎婆嚟莎訶十五
阿喻紇硯娜三　須毗你悉指陀四　囉佐耶五　怛他羯他耶六　怛姪他唵七　薩婆桑悉迦囉八　波唎輸底九
達磨底十　伽伽娜十一　莎訶某特迦底十二　薩婆婆毗輸底十三　摩訶娜耶十四　波唎婆嚟莎訶十五
尒時復有百四姟佛一時同聲說是无量壽宗要經陀羅尼日　南謨薄伽勃底一　阿波唎蜜
多二　阿喻紇硯娜三　須毗你悉指陀四　囉佐耶五　怛他羯他耶六　怛姪他唵七　薩婆桑悉迦囉八　波唎輸
底九　達磨底十　伽伽娜十一　莎訶某特迦底十二　薩婆婆毗輸底十三　摩訶娜耶十四　波唎婆嚟莎訶十五
尒時復有七姟佛一時同聲說是无量壽宗要經陀羅尼日　南謨薄伽勃底一　阿波唎蜜
多二　阿喻紇硯娜三　須毗你悉指陀四　囉佐耶五　怛他羯他耶六　怛姪他唵七　薩婆桑悉迦囉八　波唎輸
底九　達磨底十　伽伽娜十一　莎訶某特迦底十二　薩婆婆毗輸底十三　摩訶娜耶十四　波唎婆嚟莎訶
尒時復有六十五姟佛一時同聲說是无量壽宗要經陀羅尼日　南謨薄伽勃底一　阿波唎蜜多
阿喻紇硯娜三　須毗你悉指陀四　囉佐耶五　怛他羯他耶六　怛姪他唵七　薩婆桑悉迦囉八　波唎輸底九

BD07154 號　無量壽宗要經

（5–1）

尒時復有七姟佛一時同聲說是无量壽宗要經陀羅尼日　南謨薄伽勃底一　阿波唎蜜
多二　阿喻紇硯娜三　須毗你悉指陀四　囉佐耶五　怛他羯他耶六　怛姪他唵七　薩婆桑悉迦囉八　波唎輸
底九　達磨底十　伽伽娜十一　莎訶某特迦底十二　薩婆婆毗輸底十三　摩訶娜耶十四　波唎婆嚟莎訶
尒時復有六十五姟佛一時同聲說是无量壽宗要經陀羅尼日　南謨薄伽勃底一　阿波唎蜜多
阿喻紇硯娜三　須毗你悉指陀四　囉佐耶五　怛他羯他耶六　怛姪他唵七　薩婆桑悉迦囉八　波唎輸底九
達磨底十　伽伽娜十一　莎訶某特迦底十二　薩婆婆毗輸底十三　摩訶娜耶十四　波唎婆嚟莎訶十五
尒時復有五十五姟佛一時同聲說是无量壽宗要經陀羅尼日　南謨薄伽勃底一　阿波唎蜜
多二　阿喻紇硯娜三　須毗你悉指陀四　囉佐耶五　怛他羯他耶六　怛姪他唵七　薩婆桑悉迦囉八　波唎輸底
達磨底十　伽伽娜十一　莎訶某特迦底十二　薩婆婆毗輸底十三　摩訶娜耶十四　波唎婆嚟莎訶十五
尒時復有四十五姟佛一時同聲說是无量壽宗要經陀羅尼日　南謨薄伽勃底一　阿波唎蜜
多二　阿喻紇硯娜三　須毗你悉指陀四　囉佐耶五　怛他羯他耶六　怛姪他唵七　薩婆桑悉迦囉八　波唎輸底
達磨底十　伽伽娜十一　莎訶某特迦底十二　薩婆婆毗輸底十三　摩訶娜耶十四　波唎婆嚟莎訶十五
尒時復有三十六姟佛一時同聲說是无量壽宗要經陀羅尼日　南謨薄伽勃底一　阿波唎
蜜多二　阿喻紇硯娜三　須毗你悉指陀四　囉佐耶五　怛他羯他耶六　怛姪他唵七　薩婆桑悉迦囉八　波唎輸
底九　達磨底十　伽伽娜十一　莎訶某特迦底十二　薩婆婆毗輸底十三　摩訶娜耶十四　波唎婆嚟莎訶
尒時復有二十五姟佛一時同聲說是无量壽宗要經陀羅尼日　南謨薄伽勃底一　阿波唎蜜
多二　阿喻紇硯娜三　須毗你悉指陀四　囉佐耶五　怛他羯他耶六　怛姪他唵七　薩婆桑悉迦囉八　波唎輸底
達磨底十　伽伽娜十一　莎訶某特迦底十二　薩婆婆毗輸底十三　摩訶娜耶十四　波唎婆嚟莎訶
尒時復有恒河沙姟佛一時同聲說是无量壽宗要經陀羅尼日　南謨薄伽勃底一　阿波唎
蜜多二　阿喻紇硯娜三　須毗你悉指陀四　囉佐耶五　怛他羯他耶六　怛姪他唵七　薩婆桑悉迦囉八　波唎輸
底九　達磨底十　伽伽娜十一　莎訶某特迦底十二　薩婆婆毗輸底十三　摩訶娜耶十四　波唎婆嚟莎訶
善男子若有自書寫教人書寫是无量壽宗要經如其命盡復得長壽而滿百年陀羅尼日
南謨薄伽勃底一　阿唎波蜜多二　阿喻紇硯娜三　須毗你悉指陀四　囉佐耶五　怛他羯他耶六　怛姪他
唵七　薩婆桑悉迦囉八　波唎輸底九　達磨底十　伽伽娜十一　莎訶某特迦底十二　薩婆婆毗輸底十三　摩
訶娜耶十四　波唎婆嚟莎訶十五　若有自書寫教人書寫是无量壽宗要經讀誦受持畢
竟不墮地獄在在所生得宿命智陀羅尼日　南謨薄伽勃底一　阿波唎蜜多二　阿喻紇
硯娜三　須毗你悉指陀四　囉佐耶五　怛他羯他耶六　怛姪他唵七　薩婆桑悉迦囉八　波唎輸底九　達磨
底十　伽伽娜十一　莎訶某特迦底十二　薩婆婆毗輸底十三　摩訶娜耶十四　波唎婆嚟莎訶十五
若有自書教人書寫是无量壽宗要經受持讀誦如同書寫八万四千一切經典陀羅尼日
南謨薄伽勃底一　阿波唎蜜多二　阿喻紇硯娜三　須毗你悉指陀四　囉佐耶五　怛他羯他耶六　怛姪他唵七　薩婆
桑悉迦囉八　波唎輸底九　達磨底十　伽伽娜十一　莎訶某特迦底十二　薩婆婆毗輸底十三　摩訶娜耶十四　波

BD07154 號　無量壽宗要經

（5–2）

者不墮地獄稱在所生得宿命智陀羅尼曰 南謨薄伽勃底一 阿波唎蜜多二 阿喻紇
硯娜三 須毗你悉指陀四 囉佐耶五 怛他羯他耶六 怛姪他唵七 薩婆桑悉迦囉八 波唎輸底九 達磨
底十 伽伽娜十一 莎訶某特迦底十二 薩婆婆毗輸底十三 摩訶娜耶十四 波唎婆囉莎訶十五
若有自書教人書寫是無量壽宗要經受持讀誦，如同書寫八万四千一切經典陀羅尼曰
南謨薄伽勃底一 阿波唎蜜多二 阿喻紇硯娜三 須毗你悉指陀四 囉佐耶五 怛他羯他耶六 怛姪他唵七 薩婆
桑悉迦囉八 波唎輸底九 達磨底十 伽伽娜十一 莎訶某特迦底十二 薩婆婆毗輸底十三 摩訶娜耶十四 波
唎婆囉莎訶十五 若有自書寫教人書寫是無量壽宗要經，即是書寫八万四千部建立塔
廟陀羅尼曰 南謨薄伽勃底一 阿波唎蜜多二 阿喻紇硯娜三 須毗你悉指陀四 囉佐耶五 怛
他羯他耶六 怛姪他唵七 薩婆桑悉迦囉八 波唎輸底九 達磨底十 伽伽娜十一 莎訶某特迦底十二 薩
婆婆毗輸底十三 摩訶娜耶十四 波唎婆囉莎訶十五 若有自書寫教人書寫是無量壽宗要經，能
消五無間等一切重罪陀羅尼曰 南謨薄伽勃底一 阿波唎蜜多二 阿喻紇硯娜三 須毗你悉指陀四 囉佐耶
怛他羯他耶六 怛姪他唵七 薩婆桑悉迦囉八 波唎輸底九 達磨底十 伽伽娜十一 莎訶某特迦底十二 薩婆婆毗輸底
摩訶娜耶十四 波唎婆囉莎訶十五 若有自書寫教人書寫是無量壽宗要經受持讀誦，設有重罪
猶如須弥，盡能除滅陀羅尼曰 南謨薄伽勃底一 阿波唎蜜多二 阿喻紇硯娜三 須毗你悉指陀四 囉佐耶
怛他羯他耶六 怛姪他唵七 薩婆桑悉迦囉八 波唎輸底九 達磨底十 伽伽娜十一 莎訶某特迦底十二 薩婆婆毗輸底
摩訶娜耶十四 波唎婆囉莎訶十五 若有自書寫教人書寫是無量壽宗要經受持讀誦，若魔魔
之眷屬夜叉羅剎不得其便，終無枉生陀羅尼曰 南謨薄伽勃底一 阿波唎蜜多二 阿喻紇硯娜三 須
毗你悉指陀四 囉佐耶五 怛他羯他耶六 怛姪他唵七 薩婆桑悉迦囉八 波唎輸底九 達磨底十 伽伽娜十一 莎
訶某特迦底十二 薩婆婆毗輸底十三 摩訶娜耶十四 波唎婆囉莎訶十五 若有自書寫教人書寫是無
量壽宗要經受持讀誦，當命終時有九十九姟佛現其人前，廣千佛授手能遊一切佛剎，莫於此
經生疑惑陀羅尼曰 南謨薄伽勃底一 阿波唎蜜多二 阿喻紇硯娜三 須毗你悉指陀四 囉佐耶五 怛他羯
他耶六 怛姪他唵七 薩婆桑悉迦囉八 波唎輸底九 達磨底十 伽伽娜十一 莎訶某特迦底十二 薩婆婆毗輸底
摩訶娜耶十四 波唎婆囉莎訶十五 若有自書教人書寫是無量壽宗要經受持讀誦，當得四
天大王隨其衛護陀羅尼曰 南謨薄伽勃底一 阿波唎蜜多二 阿喻紇硯娜三 須毗你悉指陀四 囉佐耶
怛他羯他耶六 怛姪他唵七 薩婆桑悉迦囉八 波唎輸底九 達磨底十 伽伽娜十一 莎訶某特迦底十二 薩婆婆毗
輸底十三 摩訶娜耶十四 波唎婆囉莎訶十五 若有自書教人書寫是無量壽宗要經受持讀誦，當得
往生西方極樂世界阿弥陀淨土陀羅尼曰 南謨薄伽勃底一 阿波唎蜜多二 阿喻紇硯娜三 須毗你悉
指陀四 囉佐耶五 怛他羯他耶六 怛姪他唵七 薩婆桑悉迦囉八 波唎輸底九 達磨底十 伽伽娜十一 莎訶某
特迦底十二 薩婆婆毗輸底十三 摩訶娜耶十四 波唎婆囉莎訶十五 若有方所自書寫教人書寫是無量壽
經典之處，則為是塔，皆應恭敬作禮。若是畜生或為鳥獸得聞是經，如是等類皆當不久
得一切種智陀羅尼曰 南謨薄伽勃底一 阿波唎蜜多二 阿喻紇硯娜三 須毗你悉指陀四 囉佐耶五 怛他羯他耶

BD07154 號　無量壽宗要經

（5-3）

指陀四 囉佐耶五 怛他羯他耶六 怛姪他唵七 薩婆桑悉迦囉八 波唎輸底九 達磨底十 伽伽娜十一 莎訶某
特迦底十二 薩婆婆毗輸底十三 摩訶娜耶十四 波唎婆囉莎訶十五 若有方所自書寫使人書寫是無量壽
經典之處，則為是塔，皆應恭敬作禮。若是畜生或為鳥獸得聞是經，如是等類皆當不久
得一切種智陀羅尼曰 南謨薄伽勃底一 阿波唎蜜多二 阿喻紇硯娜三 須毗你悉指陀四 囉佐耶五 怛他羯他耶
怛姪他唵七 薩婆桑悉迦囉八 波唎輸底九 達磨底十 伽伽娜十一 莎訶某特迦底十二 薩婆婆毗輸底十三 摩訶
娜耶十四 波唎婆囉莎訶十五 若有行是無量壽經自書寫若使人書，畢竟不受女人之身陀羅尼
曰 南謨薄伽勃底一 阿波唎蜜多二 阿喻紇硯娜三 須毗你悉指陀四 囉佐耶五 怛他羯他耶六 怛姪他唵七 薩婆桑
悉迦囉八 波唎輸底九 達磨底十 伽伽娜十一 莎訶某特迦底十二 薩婆婆毗輸底十三 摩訶娜耶十四 波唎婆
囉莎訶十五 若有能行是經少分能惠施者，等於三千大千世界滿中七寶布施陀羅尼曰
南謨薄伽勃底一 阿波唎蜜多二 阿喻紇硯娜三 須毗你悉指陀四 囉佐耶五 怛他羯他耶六 怛姪他唵七 薩婆桑
悉迦囉八 波唎輸底九 達磨底十 伽伽娜十一 莎訶某特迦底十二 薩婆婆毗輸底十三 摩訶娜耶十四 波唎婆囉
莎訶十五 若有能供養是經者，則是供養一切諸經等無有異陀羅尼曰 南謨薄伽勃底一 阿波唎
蜜多二 阿喻紇硯娜三 須毗你悉指陀四 囉佐耶五 怛他羯他耶六 怛姪他唵七 薩婆桑悉迦囉八 波唎輸底
達磨底十 伽伽娜十一 莎訶某特迦底十二 薩婆婆毗輸底十三 摩訶娜耶十四 波唎婆囉莎訶十五
如是毗婆尸佛、尸棄佛、毗舍浮佛、俱留孫佛、俱舍那牟尼佛、迦葉佛、釋迦牟尼佛，若有
人以七寶供養，知是七佛其福有限；書寫受持是無量壽經典，所有功德不可限量陀羅尼曰
南謨薄伽勃底一 阿波唎蜜多二 阿喻紇硯娜三 須毗你悉指陀四 囉佐耶五 怛他羯他耶六 怛姪他唵七 薩婆
桑悉迦囉八 波唎輸底九 達磨底十 伽伽娜十一 莎訶某特迦底十二 薩婆婆毗輸底十三 摩訶娜耶十四 波唎婆
囉莎訶十五 若有七寶等於須弥以用布施，其福上能知其限量；是無量壽經典其福不可知數
陀羅尼曰 南謨薄伽勃底一 阿波唎蜜多二 阿喻紇硯娜三 須毗你悉指陀四 囉佐耶五 怛他羯他耶六
怛姪他唵七 薩婆桑悉迦囉八 波唎輸底九 達磨底十 伽伽娜十一 莎訶某特迦底十二 薩婆婆毗輸底十三
摩訶娜耶十四 波唎婆囉莎訶十五 知是四大海水可知滴數，是無量壽經典所生果報不可數
量陀羅尼曰 南謨薄伽勃底一 阿波唎蜜多二 阿喻紇硯娜三 須毗你悉指陀四 囉佐耶五 怛他羯他
耶六 怛姪他唵七 薩婆桑悉迦囉八 波唎輸底九 達磨底十 伽伽娜十一 莎訶某特迦底十二 薩婆婆毗輸底
摩訶娜耶十四 波唎婆囉莎訶十五 若有自書使人書寫是無量壽經典，又能讚持供養，即如恭
敬供養一切十方佛土如來無有異別陀羅尼曰 南謨薄伽勃底一 阿波唎蜜多二 阿喻紇硯娜
須毗你悉指陀四 囉佐耶五 怛他羯他耶六 怛姪他唵七 薩婆桑悉迦囉八 波唎輸底九 達磨底十 伽
伽娜十一 莎訶某特迦底十二 薩婆婆毗輸底十三 摩訶娜耶十四 波唎婆囉莎訶十五

布施力能成正覺　悟布施力人師子　布施力能聲普聞　慈悲階漸最能入
持戒力能成正覺　悟持戒力人師子　持戒力能聲普聞　慈悲階漸最能入
忍辱力能成正覺　悟忍辱力人師子　忍辱力能聲普聞　慈悲階漸最能入

BD07154 號　無量壽宗要經

（5-4）

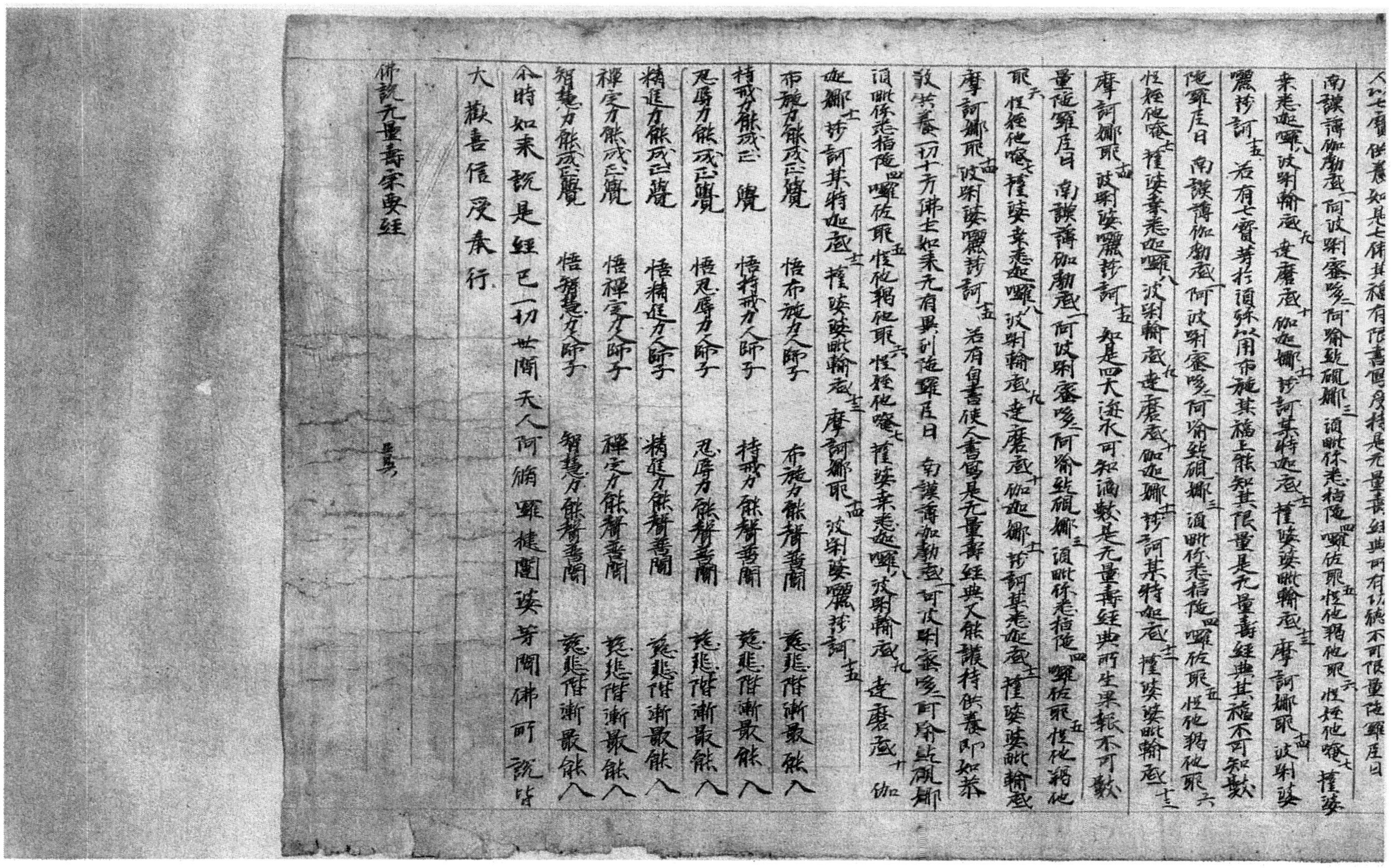
人以七寶供養如是七佛其福有限書寫受持是无量壽經典所有功德不可限量陁羅尼曰
南謨薄伽勃底一阿波唎蜜哆二阿喻紇硯娜三 須毗你悉指陁四囉佐耶五怛他羯他耶六怛姪他唵七 薩婆
桑悉迦囉八波唎輸底九 達磨底十伽迦娜十一 莎訶莎特迦底十二 薩婆婆毗輸底十三 摩訶娜耶十四 波唎婆
曬莎訶十五 若有七寶等於須彌山用布施其福上能知其限量是无量壽經典其福不可知數
陁羅尼曰 南謨薄伽勃底一阿波唎蜜哆二阿喻紇硯娜三 須毗你悉指陁四囉佐耶五怛他羯他耶六
怛姪他唵七 薩婆桑悉迦囉八波唎輸底九 達磨底十伽迦娜十一 莎訶莎特迦底十二 薩婆婆毗輸底十三
摩訶娜耶十四 波唎婆曬莎訶十五 如是四大海水可知滴數是无量壽經典所生果報不可數
量陁羅尼曰 南謨薄伽勃底一阿波唎蜜哆二阿喻紇硯娜三 須毗你悉指陁四囉佐耶五怛他羯他
耶六 怛姪他唵七 薩婆桑悉迦囉八波唎輸底九 達磨底十伽迦娜十一 莎訶莎悉迦底十二 薩婆婆毗輸底
摩訶娜耶十四 波唎婆曬莎訶十五 若有自書使人書寫是无量壽經典又能護持供養即如恭
敬供養一切十方佛土如來无有異 陁羅尼曰 南謨薄伽勃底一阿波唎蜜哆二阿喻紇硯娜
須毗你悉指陁四囉佐耶五怛他羯他耶六 怛姪他唵七 薩婆桑悉迦囉八波唎輸底九 達磨底十 伽
迦娜十一 莎訶莎特迦底十二 薩婆婆毗輸底十三 摩訶娜耶十四 波唎婆曬莎訶十五
布施力能成正覺 悟布施力入師子 布施力能聲善聞 慈悲階漸最能入
持戒力能成正覺 悟持戒力入師子 持戒力能聲善聞 慈悲階漸最能入
忍辱力能成正覺 悟忍辱力入師子 忍辱力能聲善聞 慈悲階漸最能入
精進力能成正覺 悟精進力入師子 精進力能聲善聞 慈悲階漸最能入
禪定力能成正覺 悟禪定力入師子 禪定力能聲善聞 慈悲階漸最能入
智慧力能成正覺 悟智慧力入師子 智慧力能聲善聞 慈悲階漸最能入
尒時如來說是經已一切世間天人阿脩羅揵闥婆等聞佛所說皆
大歡喜信受奉行
佛說无量壽宗要經 吳

BD07154 號　無量壽宗要經　（5–5）

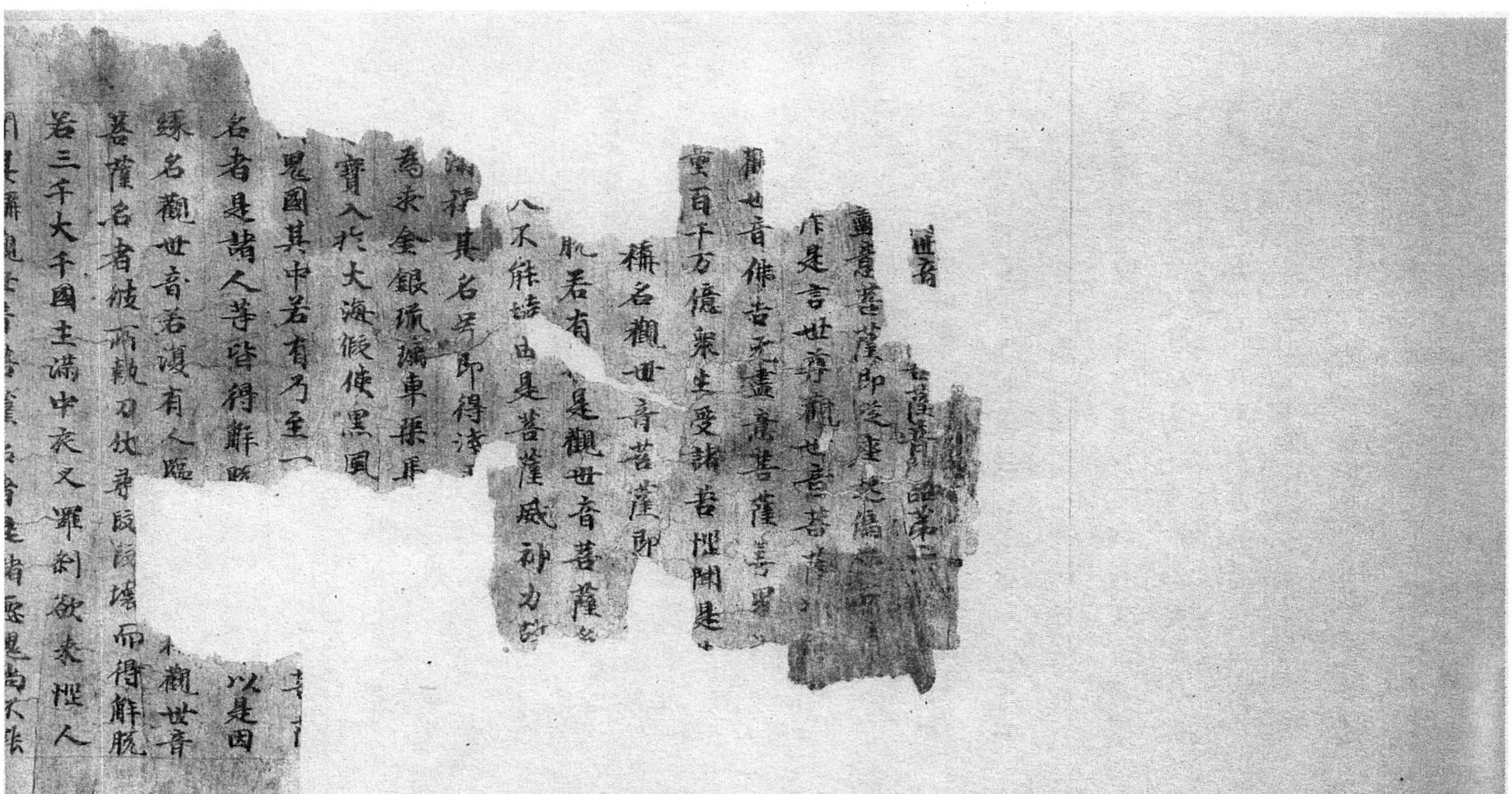
世音
菩薩普門品第二
盡意菩薩即從座起偏
作是言世尊觀世音菩薩
觀世音 佛告无盡意菩薩善男
量百千万億衆生受諸苦惱聞是
稱名觀世音菩薩即
脫 若有 是觀世音菩薩
不能燒由是菩薩威神力故
漂 其名號即得淺
為求金銀琉璃車𤦲
寶入於大海假使黑風
鬼國其中若有乃至一
名者是諸人等皆得解脫
緣名觀世音 若復有人臨
菩薩名者彼所執刀杖尋段段壞而得解脫
若三千大千國土滿中夜叉羅剎欲來惱人
聞其稱觀世音菩薩名者是諸惡鬼尚不能
以是因
觀世音

BD07155 號　觀世音經　（6–1）

國其中若有乃至一[illegible]
名者是諸人等皆得解脫[illegible]以是因
緣名觀世音若復有人臨[illegible]觀世音
菩薩名者彼所執刀杖尋段段壞而得解脫
若三千大千國土滿中夜叉羅刹欲來惱人
聞其稱觀世音菩薩名者是諸惡鬼尚不能
以惡眼視之况復加害設復有人若有罪若
无罪杻械枷鎖撿繫其身稱觀世音菩薩名
者皆悉斷壞即得解脫若三千大千國土滿
中怨賊有一商主將諸商人賫持重寶逕過
嶮路其中一人作是唱言諸善男子勿得恐
怖汝等應當一心稱觀世音菩薩名号是菩
薩能以无畏施於衆生汝等若稱名者於此
怨賊當得解脫衆商人聞俱發聲言南无觀
世音菩薩稱其名故即得解脫无盡意觀世
音菩薩摩訶薩威神之力巍巍如是若有衆
生多於婬欲常念恭敬觀世音菩薩便得離
欲若多瞋恚常念恭敬觀世音菩薩便得離
瞋若多愚癡常念恭敬觀世音菩薩便得離
癡无盡意觀世音菩薩有如是等大威神力
多所饒益是故衆生常應心念若有女人設
欲求男礼拜供養觀世音菩薩便生福德智
慧之男設欲求女便生端正有相之女宿殖
德本衆人愛敬无盡意觀世音菩薩有如
是力若有衆生恭敬礼拜觀世音菩薩福不唐
捐是故衆生皆應受持觀世音菩薩名号无
盡意若有人受持六十二億恒河沙菩薩名

BD07155號　觀世音經　（6–2）

慧之男設欲求女便生端正有相之女宿殖
德本衆人愛敬无盡意觀世音菩薩有如
是力若有衆生恭敬礼拜觀世音菩薩福不唐
捐是故衆生皆應受持觀世音菩薩名号无
盡意若有人受持六十二億恒河沙菩薩名
字復盡形供養飲食衣服卧具醫藥於汝意
云何是善男子善女人功德多不无盡意言
甚多世尊佛言若復有人受持觀世音菩薩
名号乃至一時礼拜供養是二人福正等无異
於百千万億劫不可窮盡无盡意受持觀
世音菩薩名号得如是无量无邊福德之利
无盡意菩薩白佛言世尊觀世音菩薩云何
遊此娑婆世界云何而為衆生說法方便之
力其事云何佛告无盡意菩薩善男子若有
國土衆生應以佛身得度者觀世音菩薩即
現佛身而為說法應以辟支佛身得度者即
現辟支佛身而為說法應以聲聞身得度者
即現聲聞身而為說法應以梵王身得度者
即現梵王身而為說法應以帝釋身得度者
即現帝釋身而為說法應以自在天身得度
者即現自在天身而為說法應以大自在天
身得度者即現大自在天身而為說法應以
天大將軍身得度者即現天大將軍身而為
說法應以毗沙門身得度者即現毗沙門身
而為說法應以小王身得度者即現小王身
而為說法應以長者身得度者即現長者身

BD07155號　觀世音經　（6–3）

天大將軍身得度者即現天大將軍身而為
說法應以毗沙門身得度者即現毗沙門身
而為說法應以小王身得度者即現小王身
而為說法應以長者身得度者即現長者身
而為說法應以居士身得度者即現居士身
而為說法應以宰官身得度者即現宰官身
而為說法應以婆羅門身得度者即現婆羅
門身而為說法應以比丘比丘尼優婆塞優
婆夷身得度者即現比丘比丘尼優婆塞優
婆夷身而為說法應以長者居士宰官婆羅
門婦女身得度者即現婦女身而為說法應
以童男童女身得度者即現童男童女身而
為說法應以天龍夜叉乾闥婆阿脩羅迦樓
羅緊那羅摩睺羅伽人非人等身得度者即
皆現之而為說法應以執金剛神得度者即
現執金剛神而為說法无盡意是觀世音菩
薩成就如是功德以種種形遊諸國土度脫眾
生是故汝等應當一心供養觀世音菩薩是
觀世音菩薩摩訶薩於怖畏急難之中能施
无畏是故此娑婆世界皆号之為施无畏者
无盡意菩薩白佛言世尊我今當供養觀世
音菩薩即解頸眾寶珠瓔珞價直百千兩金
而以與之作是言仁者受此法施珎寶瓔珞
時觀世音菩薩不肯受之无盡意復白觀世
音菩薩言仁者愍我等故受此瓔珞尒時佛

BD07155 號　觀世音經　（6–4）

音菩薩即解頸眾寶珠瓔珞價直百千兩金
而以與之作是言仁者受此法施珎寶瓔珞
時觀世音菩薩不肯受之无盡意復白觀世
音菩薩言仁者愍我等故受此瓔珞尒時佛
告觀世音菩薩當愍此无盡意菩薩及四眾
天龍夜叉乾闥婆阿脩羅迦樓羅緊那羅摩
睺羅伽人非人等故受是瓔珞即時觀世音
菩薩愍諸四眾及於天龍人非人等受其瓔
珞分作二分一分奉釋迦牟尼佛一分奉多
寶佛塔无盡意觀世音菩薩有如是自在神
力遊於娑婆世界尒時无盡意菩薩以偈問曰
世尊妙相具　我今重問彼　佛子何因緣　名為觀世音
具足妙相尊　偈答无盡意　汝聽觀音行　善應諸方所
弘誓深如海　歷劫不思議　侍多千億佛　發大清淨願
我為汝略說　聞名及見身　心念不空過　能滅諸有苦
假使興害意　推落大火坑　念彼觀音力　火坑變成池
或漂流巨海　龍魚諸鬼難　念彼觀音力　波浪不能沒
或在須弥峯　為人所推墮　念彼觀音力　如日虛空住
或被惡人逐　墮落金剛山　念彼觀音力　不能損一毛
或值怨賊遶　各執刀加害　念彼觀音力　咸即起慈心
或遭王難苦　臨刑欲壽終　念彼觀音力　刀尋段段壞
或囚禁枷鎖　手足被杻械　念彼觀音力　釋然得解脫
呪詛諸毒藥　所欲害身者　念彼觀音力　還著於本人
或遇惡羅剎　毒龍諸鬼等　念彼觀音力　時悉不敢害
若惡獸圍遶　利牙爪可怖　念彼觀音力　疾走无邊方
蚖蛇及蝮蝎　氣毒煙火然　念彼觀音力　尋聲自迴去

BD07155 號　觀世音經　（6–5）

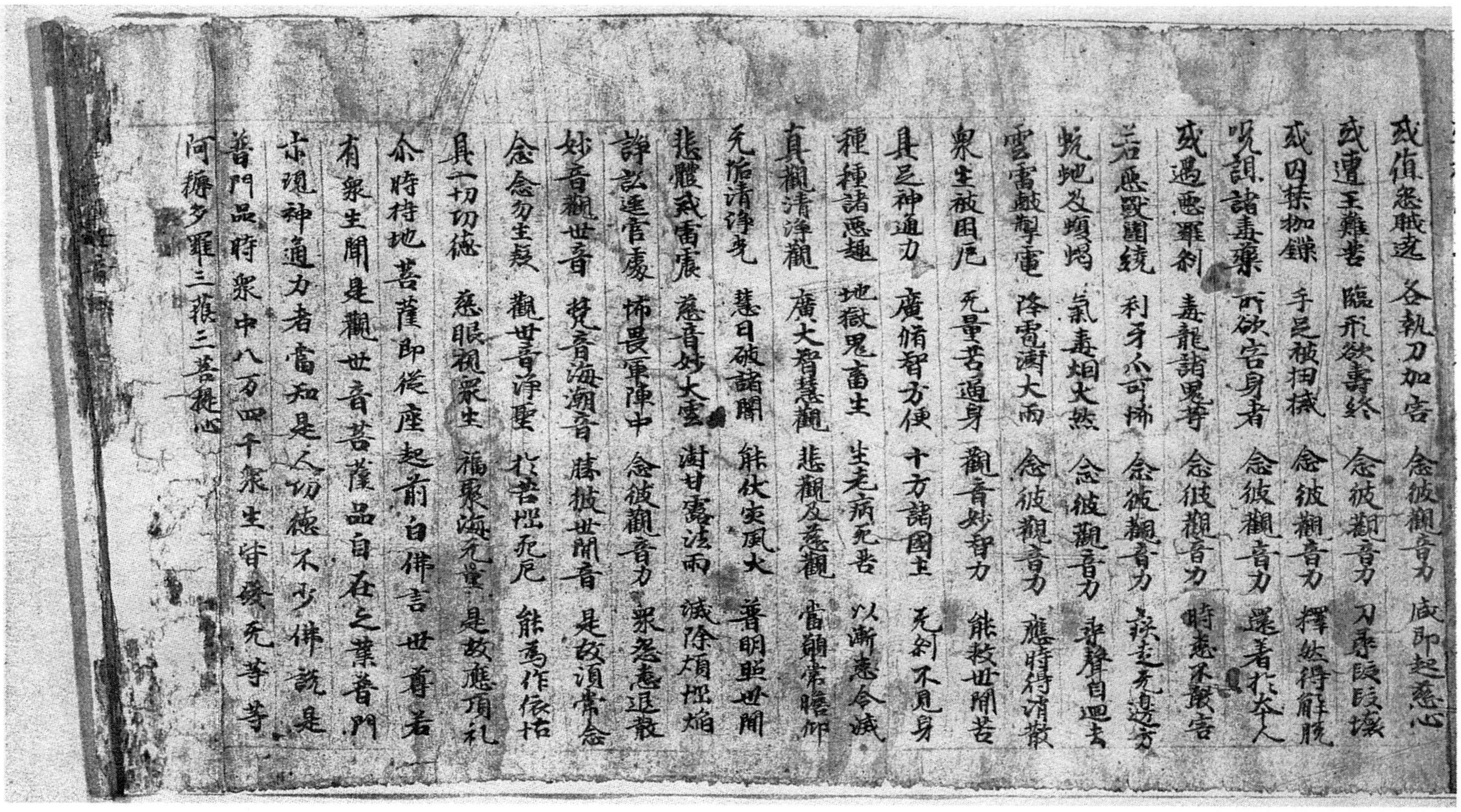
或值怨賊遶 各執刀加害 念彼觀音力 咸即起慈心
或遭王難苦 臨刑欲壽終 念彼觀音力 刀尋段段壞
或囚禁枷鎖 手足被杻械 念彼觀音力 釋然得解脫
呪詛諸毒藥 所欲害身者 念彼觀音力 還著於本人
或遇惡羅刹 毒龍諸鬼等 念彼觀音力 時悉不敢害
若惡獸圍遶 利牙爪可怖 念彼觀音力 疾走無邊方
蚖蛇及蝮蝎 氣毒煙火然 念彼觀音力 尋聲自迴去
雲雷鼓掣電 降雹澍大雨 念彼觀音力 應時得消散
衆生被困厄 無量苦逼身 觀音妙智力 能救世間苦
具足神通力 廣修智方便 十方諸國土 無刹不現身
種種諸惡趣 地獄鬼畜生 生老病死苦 以漸悉令滅
真觀清淨觀 廣大智慧觀 悲觀及慈觀 常願常瞻仰
無垢清淨光 慧日破諸闇 能伏灾風火 普明照世間
悲體戒雷震 慈意妙大雲 澍甘露法雨 滅除煩惱焰
諍訟經官處 怖畏軍陣中 念彼觀音力 衆怨悉退散
妙音觀世音 梵音海潮音 勝彼世間音 是故須常念
念念勿生疑 觀世音淨聖 於苦惱死厄 能為作依怙
具一切功德 慈眼視衆生 福聚海無量 是故應頂礼
尒時持地菩薩即從座起 前白佛言 世尊若
有衆生聞是觀世音菩薩品自在之業普門
示現神通力者 當知是人功德不少 佛說是
普門品時 衆中八万四千衆生 皆發無等等
阿耨多羅三藐三菩提心

BD07155 號　觀世音經　（6–6）

BD07156 號　無量壽宗要經　（4–1）

爾時復有俱胝佛一時同聲說是无量壽宗要經陁羅尼曰 南謨薄伽勃帝一 阿波唎蜜多二
阿喻紇硯那三 須毗你悉指陁四 囉佐耶五 怛他羯他耶六 怛姪他唵七 薩婆桑悉迦囉八 波唎輸底九 達
磨底十 伽伽那十一 娑摩訶娑帝十二 薩婆婆毗輸底十三 摩訶那耶十四 波唎婆嚟莎訶十五
若有自書寫教人書寫是无量壽宗要經壽命欲盡復得長壽滿一百歲陁羅尼曰 南謨薄伽勃底一
阿波唎蜜多二 阿喻紇硯那三 須毗你悉指陁四 囉佐耶五 怛他羯他耶六 怛姪他唵七 薩婆桑悉迦囉八 波唎輸底九
達磨底十 伽伽那十一 娑摩訶娑帝十二 薩婆婆毗輸底十三 摩訶那耶十四 波唎婆嚟莎訶十五
南謨薄伽勃帝一 阿波唎蜜多二 阿喻紇硯那三 須毗你悉指陁四 囉佐耶五 怛他羯他耶六 怛姪他唵七 薩婆桑悉迦囉八
波唎輸底九 達磨底十 伽伽那十一 娑摩訶娑帝十二 薩婆婆毗輸底十三 摩訶那耶十四 波唎婆嚟莎訶十五
若有自書寫教人書寫是无量壽宗要經即同書寫八萬四千部建立塔廟陁羅尼曰 南謨薄伽勃帝一
阿波唎蜜多二 阿喻紇硯那三 須毗你悉指陁四 囉佐耶五 怛他羯他耶六 怛姪他唵七 薩婆桑悉迦囉八 波唎輸底九
達磨底十 伽伽那十一 娑摩訶娑帝十二 薩婆婆毗輸底十三 摩訶那耶十四 波唎婆嚟莎訶十五
若有自書寫教人書寫是无量壽宗要經能消无間等一切重罪陁羅尼曰 南謨薄伽勃底一 阿波唎蜜多二
阿喻紇硯那三 須毗你悉指陁四 囉佐耶五 怛他羯他耶六 怛姪他唵七 薩婆桑悉迦囉八 波唎輸底九 達磨底十 伽伽那十一
娑摩訶娑帝十二 薩婆婆毗輸底十三 摩訶那耶十四 波唎婆嚟莎訶十五
若有自書寫教人書寫是无量壽宗要經受持讀誦者魔王及魔眷屬不得其便陁羅尼曰 南謨薄伽勃帝一
阿波唎蜜多二 阿喻紇硯那三 須毗你悉指陁四 囉佐耶五 怛他羯他耶六 怛姪他唵七 薩婆桑悉迦囉八 波唎輸底九 達磨底十
伽伽那十一 娑摩訶娑帝十二 薩婆婆毗輸底十三 摩訶那耶十四 波唎婆嚟莎訶十五
若有自書寫教人書寫是无量壽宗要經受持讀誦者魔之眷屬及夜叉羅剎不得其便終无枉死陁羅尼曰
南謨薄伽勃底一 阿波唎蜜多二 阿喻紇硯那三 須毗你悉指陁四 囉佐耶五 怛他羯他耶六 怛姪他唵七 薩婆桑悉迦囉八
波唎輸底九 達磨底十 伽伽那十一 娑摩訶娑帝十二 薩婆婆毗輸底十三 摩訶那耶十四 波唎婆嚟莎訶十五
若有自書寫教人書寫是无量壽宗要經受持讀誦者有九十九俱胝佛現其人前千佛授手接
一切佛剎莫於此經生疑惑陁羅尼曰
南謨薄伽勃帝一 阿波唎蜜多二 阿喻紇硯那三 須毗你悉指陁四 囉佐耶五 怛他羯他耶六 怛姪他唵七 薩婆桑悉迦囉八
波唎輸底九 達磨底十 伽伽那十一 娑摩訶娑帝十二 薩婆婆毗輸底十三 摩訶那耶十四 波唎婆嚟莎訶十五
若有自書寫教人書寫是无量壽宗要經受持讀誦當得四大天王衛護陁羅尼曰 南謨薄伽勃底一 阿波唎蜜多二
阿喻紇硯那三 須毗你悉指陁四 囉佐耶五 怛他羯他耶六 怛姪他唵七 薩婆桑悉迦囉八 波唎輸底九 達磨底十
伽伽那十一 娑摩訶娑帝十二 薩婆婆毗輸底十三 摩訶那耶十四 波唎婆嚟莎訶十五
若有自書寫教人書寫是无量壽經

南謨薄伽勃帝一 阿波唎蜜多二 阿喻紇硯那三 須毗你悉指陁四 囉佐耶五 怛他羯他耶六 怛姪他唵七 薩婆桑悉迦囉八
波唎輸底九 達磨底十 伽伽那十一 娑摩訶娑帝十二 薩婆婆毗輸底十三 摩訶那耶十四 波唎婆嚟莎訶十五
若有自書寫教人書寫是无量壽宗要經受持讀誦當得四大天王衛護陁羅尼曰 南謨薄伽勃底一 阿波唎蜜多二
阿喻紇硯那三 須毗你悉指陁四 囉佐耶五 怛他羯他耶六 怛姪他唵七 薩婆桑悉迦囉八 波唎輸底九 達磨底十
伽伽那十一 娑摩訶娑帝十二 薩婆婆毗輸底十三 摩訶那耶十四 波唎婆嚟莎訶十五 若有自書寫教人書寫是无量壽經
受持讀誦者得往生西方極樂世界阿彌陁淨土陁羅尼曰 南謨薄伽勃底一 阿波唎蜜多二
阿喻紇硯那三 須毗你悉指陁四 囉佐耶五 怛他羯他耶六 怛姪他唵七 薩婆桑悉迦囉八 波唎
輸底九 達磨底十 伽伽那十一 娑摩訶娑帝十二 薩婆婆毗輸底十三 摩訶那耶十四 波唎婆嚟莎訶十五
若有自書寫是无量壽宗要經所在之處即是塔廟皆應作禮若畜生禽獸耳聞
是經者皆當得成无上菩提陁羅尼曰 南謨薄伽勃底一 阿波唎蜜多二
阿喻紇硯那三 須毗你悉指陁四 囉佐耶五 怛他羯他耶六 怛姪他唵七 薩婆桑悉迦囉八 波唎輸底九
達磨底十 伽伽那十一 娑摩訶娑帝十二 薩婆婆毗輸底十三 摩訶那耶十四 波唎婆嚟莎訶十五
若有自書寫教人書寫是无量壽宗要經永不受女人之身陁羅尼曰
南謨薄伽勃底一 阿波唎蜜多二 阿喻紇硯那三 須毗你悉指陁四 囉佐耶五 怛他羯他耶六 怛姪他唵七 薩婆桑悉迦囉八
波唎輸底九 達磨底十 伽伽那十一 娑摩訶娑帝十二 薩婆婆毗輸底十三 摩訶那耶十四 波唎婆嚟莎訶十五
若有能於是經少分布施者等於三千大千世界滿中七寶布施陁羅尼曰 南謨薄伽勃底一
阿波唎蜜多二 阿喻紇硯那三 須毗你悉指陁四 囉佐耶五 怛他羯他耶六 怛姪他唵七 薩婆桑悉迦囉八 波唎輸底九
達磨底十 伽伽那十一 娑摩訶娑帝十二 薩婆婆毗輸底十三 摩訶那耶十四 波唎婆嚟莎訶十五
若有供養是經者則是供養一切諸經等无有異陁羅尼曰 南謨薄伽勃底一 阿波唎蜜多二
阿喻紇硯那三 須毗你悉指陁四 囉佐耶五 怛他羯他耶六 怛姪他唵七 薩婆桑悉迦囉八 波唎輸底九
達磨底十 伽伽那十一 娑摩訶娑帝十二 薩婆婆毗輸底十三 摩訶那耶十四 波唎婆嚟莎訶十五
如毗婆尸佛 尸棄佛 毗舍浮佛 俱留孫佛 俱那含牟尼佛 迦葉佛 釋迦牟尼佛 若有
人以七寶供養是七佛其福有限書寫受持是无量壽經所有功德不可限量陁羅尼曰
南謨薄伽勃底一 阿波唎蜜多二 阿喻紇硯那三 須毗你悉指陁四 囉佐耶五 怛他羯他耶六 怛姪他唵七
薩婆桑悉迦囉八 波唎輸底九 達磨底十 伽伽那十一 娑摩訶娑帝十二 薩婆婆毗輸底十三
摩訶那耶十四 波唎婆嚟莎訶十五 若有七寶等須彌山王布施其福猶有限量是
无量壽宗要經其福不可知數陁羅尼曰 南謨薄伽勃底一 阿波唎蜜多二 阿喻紇硯那三
須毗你悉指陁四 囉佐耶五 怛他羯他耶六 怛姪他唵七 薩婆桑悉迦囉八 波唎輸底九 達磨底十
伽伽那十一 娑摩訶娑帝十二 薩婆婆毗輸底十三 摩訶那耶十四 波唎婆嚟莎訶十五
如四大海水可知滴數是无量壽宗要經所生果報不可數量陁羅尼曰 南謨薄伽勃底一
阿波唎蜜多二 阿喻紇硯那三 須毗你悉指陁四 囉佐耶五 怛他羯他耶六 怛姪他唵七 薩婆桑悉迦囉八

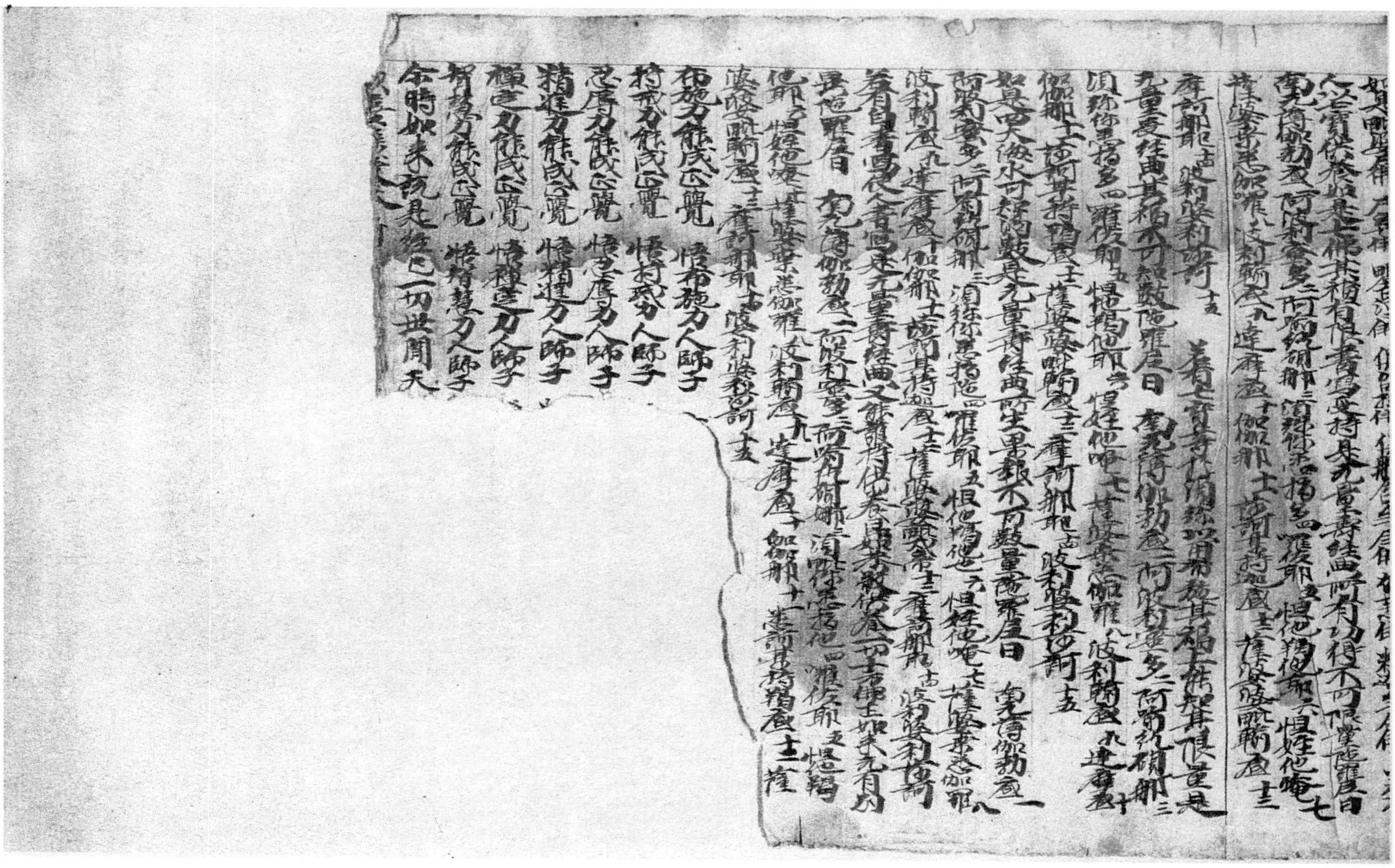

BD07156號　無量壽宗要經

（4–4）

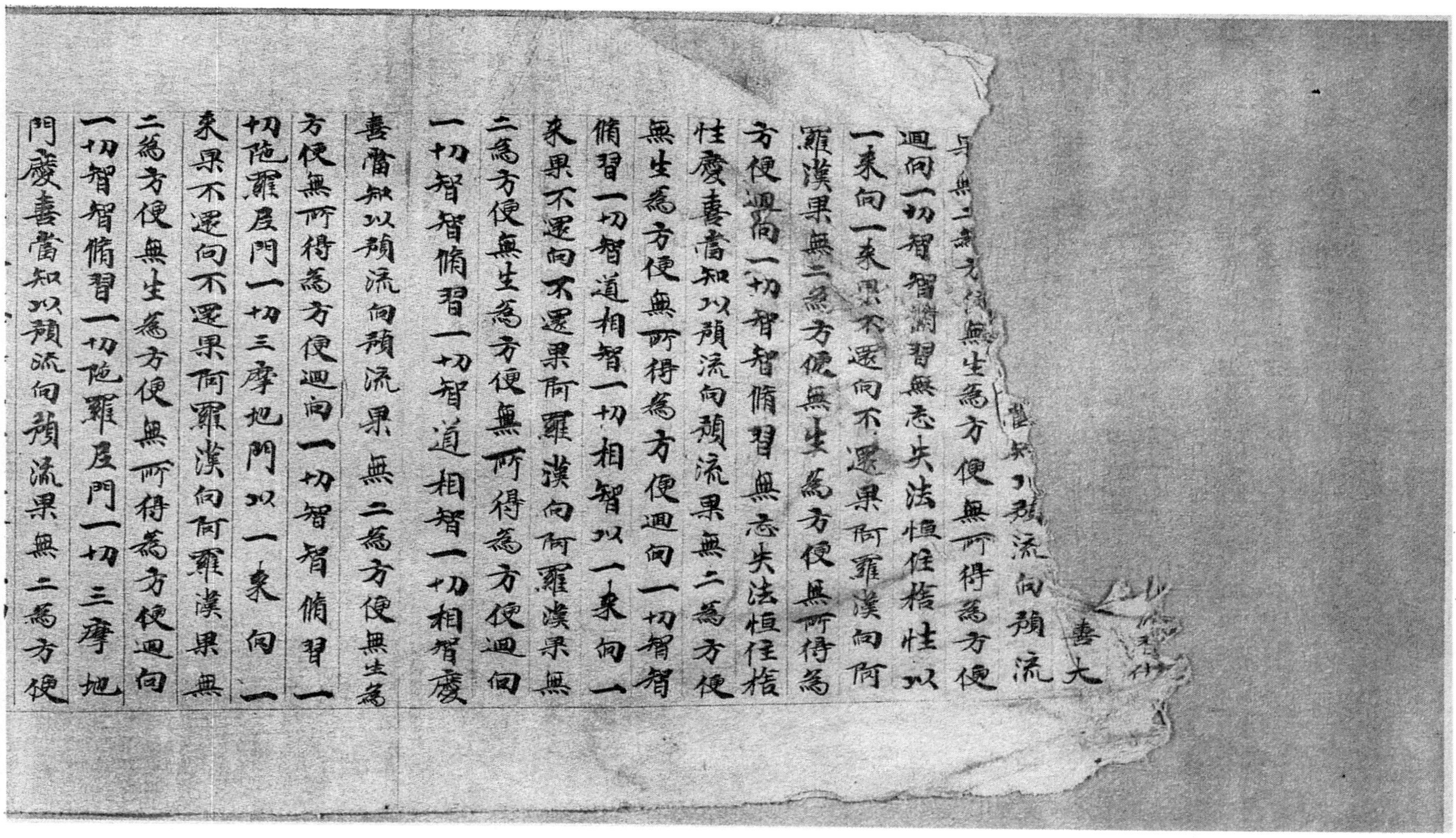

…知以預流向預流
…無二為…無生為方便無所得為方便
迴向一切智智脩習無忘失法恒住捨性以
一來向一來果不還向不還果阿羅漢向阿
羅漢果無二為方便無生為方便無所得為
方便迴向一切智智脩習無忘失法恒住捨
性慶喜當知以預流向預流果無二為方便
無生為方便無所得為方便迴向一切智智
脩習一切智道相智一切相智以一來向一
來果不還向不還果阿羅漢向阿羅漢果無
二為方便無生為方便無所得為方便迴向
一切智智脩習一切智道相智一切相智慶
喜當知以預流向預流果無二為方便無生為
方便無所得為方便迴向一切智智脩習一
切陁羅尼門一切三摩地門以一來向一
來果不還向不還果阿羅漢向阿羅漢果無
二為方便無生為方便無所得為方便迴向
一切智智脩習一切陁羅尼門一切三摩地
門慶喜當知以預流向預流果無二為方便

BD07157號　大般若波羅蜜多經卷一一一

（2–1）

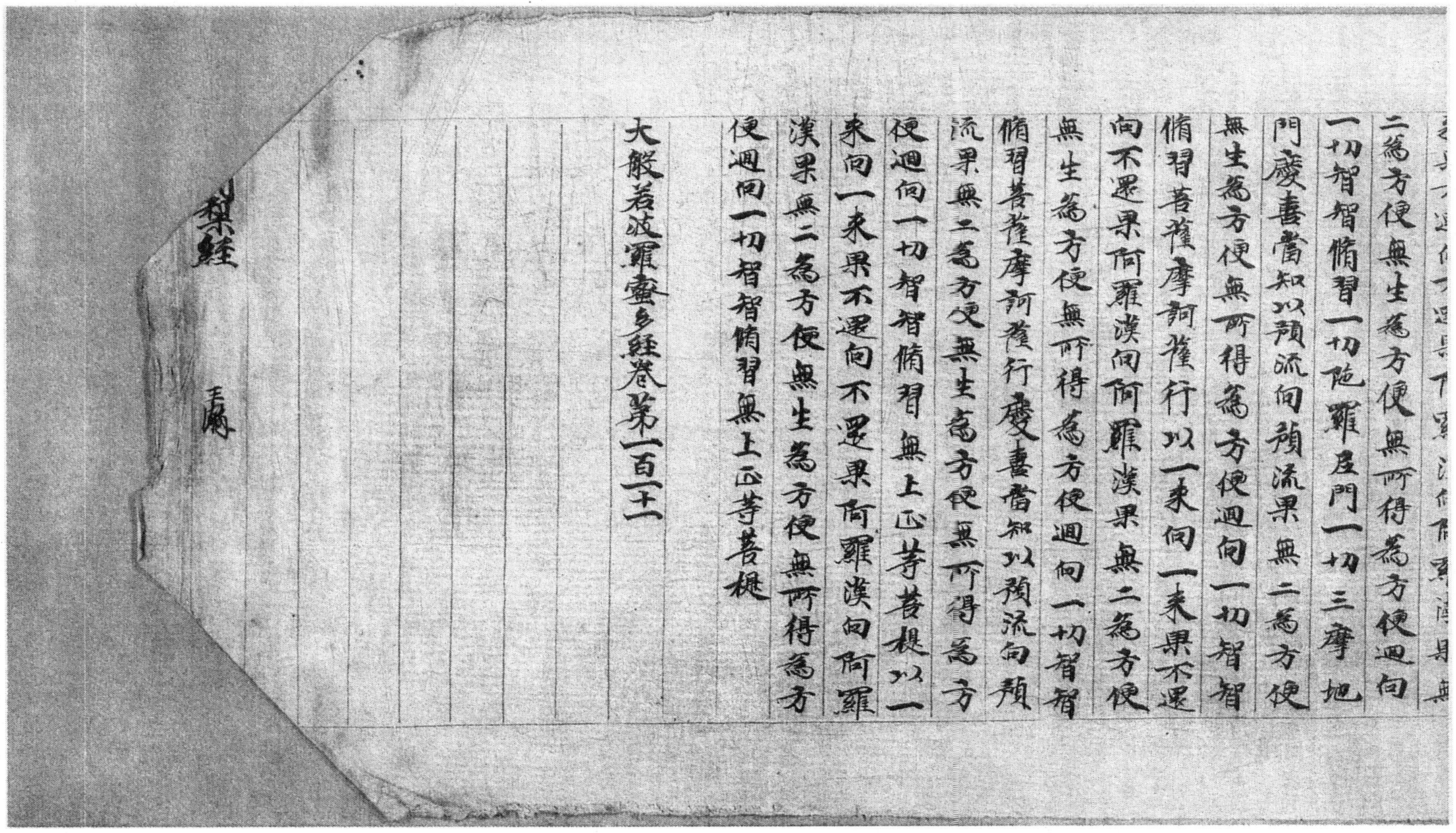

二為方便無生為方便無所得為方便迴向
一切智智脩習一切陁羅尼門一切三摩地
門慶喜當知以預流向預流果無二為方便
無生為方便無所得為方便迴向一切智智
脩習菩薩摩訶薩行以一來向一來果不還
向不還果阿羅漢向阿羅漢果無二為方便
無生為方便無所得為方便迴向一切智智
脩習菩薩摩訶薩行慶喜當知以預流向預
流果無二為方便無生為方便無所得為方
便迴向一切智智脩習無上正等菩提以一
來向一來果不還向不還果阿羅漢向阿羅
漢果無二為方便無生為方便無所得為方
便迴向一切智智脩習無上正等菩提

大般若波羅蜜多經卷第一百一十一

BD07157 號　大般若波羅蜜多經卷一一一　　（2–2）

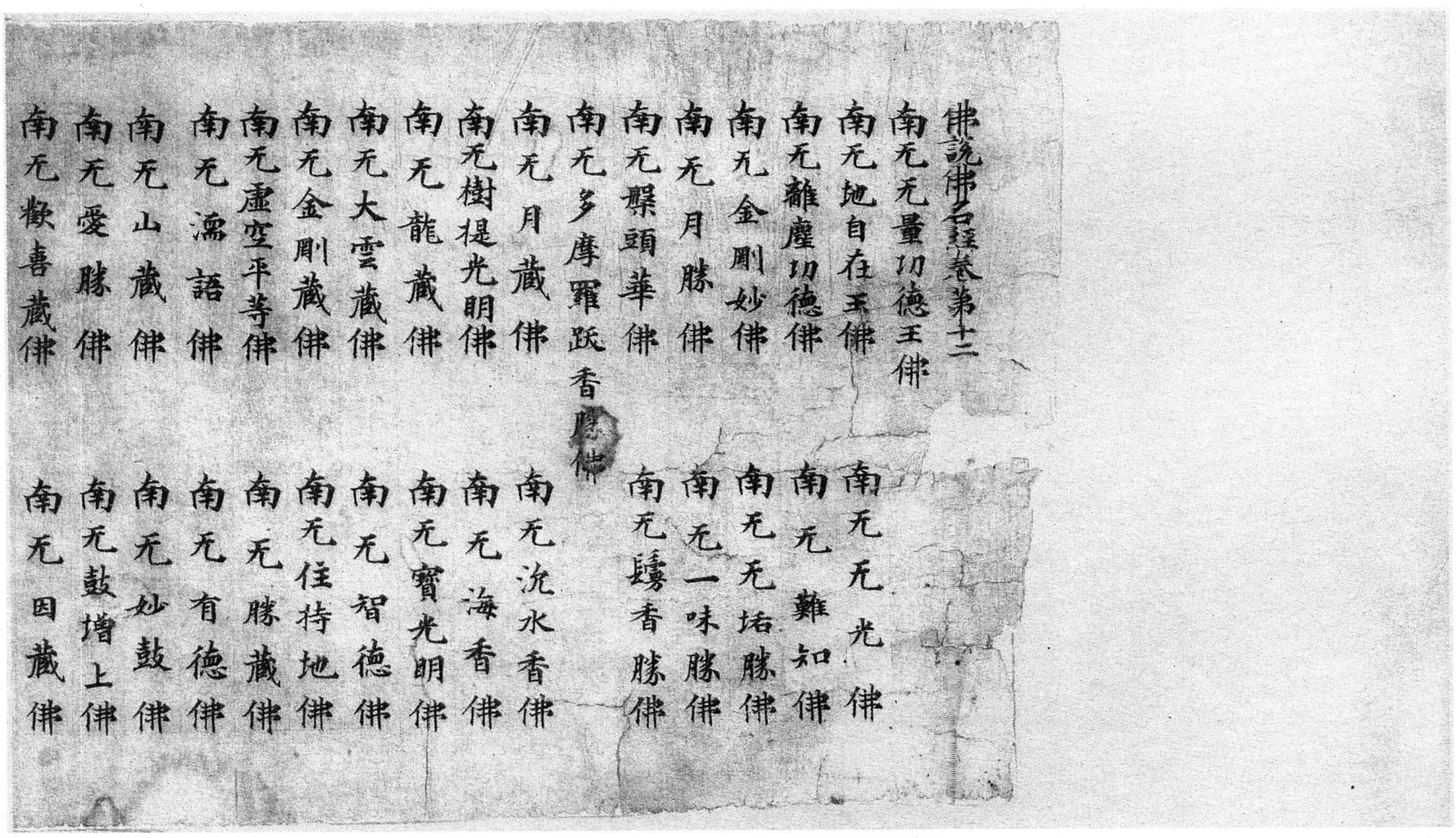

佛說佛名經卷第十二
南无无量功德王佛
南无地自在王佛　南无无光佛
南无離塵功德佛　南无難知佛
南无金剛妙佛　南无无垢勝佛
南无月勝佛　南无一味勝佛
南无髮頭華佛　南无鑄香勝佛
南无多摩羅跋香勝佛
南无月藏佛　南无沈水香佛
南无樹提光明佛　南无海香佛
南无龍藏佛　南无寶光明佛
南无大雲藏佛　南无智德佛
南无金剛藏佛　南无住持地佛
南无虛空平等佛　南无勝藏佛
南无濡語佛　南无有德佛
南无山藏佛　南无妙鼓佛
南无愛勝佛　南无鼓增上佛
南无歡喜藏佛　南无因藏佛

BD07158 號　佛名經（十六卷本）卷一二　　（3–1）

南无虚空平等佛
南无勝藏佛
南无濡語佛
南无有德佛
南无山藏佛
南无妙鼓佛
南无愛勝佛
南无鼓增上佛
南无歡喜藏佛
南无因藏佛
南无行勝佛
南无寶語佛
南无智勝佛
南无妙聲佛
南无不自勝佛
南无勝妙勝佛
南无佛寶幢佛
南无随順戒佛
南无寶勝佛
南无无垢琉璃佛
南无满足金剛住持佛
南无甘露幢佛
南无成就切德佛
南无香山佛
南无根本勝藏佛
南无不可知佛
南无无邊知佛
南无无量佛
南无无量自在佛
南无火光明佛
南无德藏佛
南无根本莊嚴奮迅佛
南无根本光佛
南无一切衆生見愛奮迅莊嚴王佛
從此以上八千九百佛十二部經一切賢聖
南无忍王佛
南无離一切煩惱佛
南无寶色勝佛
南无香勝王佛
南无憶藏佛
南无見一切佛
南无見愛佛
南无不可見佛
南无甘露切德稱佛
南无一切畏差別能斷疑佛
南无師子吼佛
南无散華佛

BD07158號　佛名經（十六卷本）卷一二　（3–2）

南无寶色勝佛
南无香勝王佛
南无憶藏佛
南无見一切佛
南无見愛佛
南无不可見佛
南无甘露切德稱佛
南无一切畏差別能斷疑佛
南无師子吼佛
南无散華佛
南无勝佛
南无无㝵智住佛
南无一切住樂佛
南无尊勝佛
南无吉王佛
南无一切世間道自在王佛
南无須弥劫佛
南无勝須弥佛
南无解勝佛
南无世間聲佛
南无堅奮迅佛
南无堅自在佛
南无旃檀勝佛
南无不差別佛
南无息切德佛
南无善思惟佛
南无能斷一切業佛
南无相佛
南无寶勝佛
南无寶輪佛
南无大寶佛
南无无垢光明佛
南无樂說莊嚴稱佛
南无无垢月幢稱佛
南无華嚴光明佛
南无出火佛
南无畏觀佛
南无師子奮迅佛
南无寶精進日月光明莊嚴切德智聲王佛

BD07158號　佛名經（十六卷本）卷一二　（3–3）

薩行有大
衆如是一切功德之□□悉至心隨喜讃歎
過去未來一切菩薩所有功德隨喜讃歎亦
復如是復於現在十方世界一切諸佛應正
遍知證妙菩提為度无邊諸衆□轉无上
法輪行无礙法施擊法鼓吹法螺建法幢雨法
雨哀愍勸化一切衆生咸令信受皆蒙法施
悉得充足无盡安樂又復所有菩薩聲聞獨
覺功德積集善根若有衆生未具如是諸
功德者悉令具足我皆隨喜如是過去未來
諸佛菩薩聲聞獨覺所有功德亦皆至心隨
喜讃歎善男子如是隨喜當得无量功德之
聚如恒河沙三千大千世界所有衆生皆斷
煩惱成阿羅漢若有善男子善女人盡其
形壽常以上妙衣服飲食卧具醫藥而為供
養如是功德不及如前隨喜功德千分之一何
以故供養功德有數有量不攝一切諸功德故
隨喜功德无量无數能攝三世一切功德是故若
人欲求增長勝善根者應修如是隨喜功德若
有女人願轉女身為男子者亦應修習隨喜

BD07159號　金光明最勝王經卷三　（3–1）

以故供養功德有數有量不攝一切諸功德故
隨喜功德无量无數能攝三世一切功德是故若
人欲求增長勝善根者應修如是隨喜功德若
有女人願轉女身為男子者亦應修習隨喜
功德必得隨心現成男子尒時天帝釋白佛
言世尊已知隨喜功德勸請功德唯願為說
欲令未來一切菩薩當轉法輪現在菩薩正
修行故佛告帝釋若有善男子善女人願求
阿耨多羅三藐三菩提者應當修行聲聞獨
覺大乘之道是人當於晝夜六時如前威儀
一心專念作如是言我今歸依十方一切諸
佛世尊已得阿耨多羅三藐三菩提未轉无
上法輪欲捨報身入涅槃者我皆至誠頂禮
勸請轉大法輪雨大法雨然大法燈照明理
趣施无礙法莫般涅槃久住於世度脫安
樂一切衆生如前所說乃至无盡安樂我今
以此勸請功德迴向阿耨多羅三藐三菩提
如過去未來現在諸大菩薩勸請功德迴
向菩提我亦如是勸請功德迴向无上正等菩
提善男子假使有人以三千大千世界滿中七
寶供養如來若復有人勸請如來轉大法輪
所得功德其福勝彼何以故彼是財施此是
法施善男子且置三千大千世界七寶布施
若人以滿恒河沙數大千世界七寶供養一
切諸佛勸請功德亦勝於彼由其法施有五

BD07159號　金光明最勝王經卷三　（3–2）

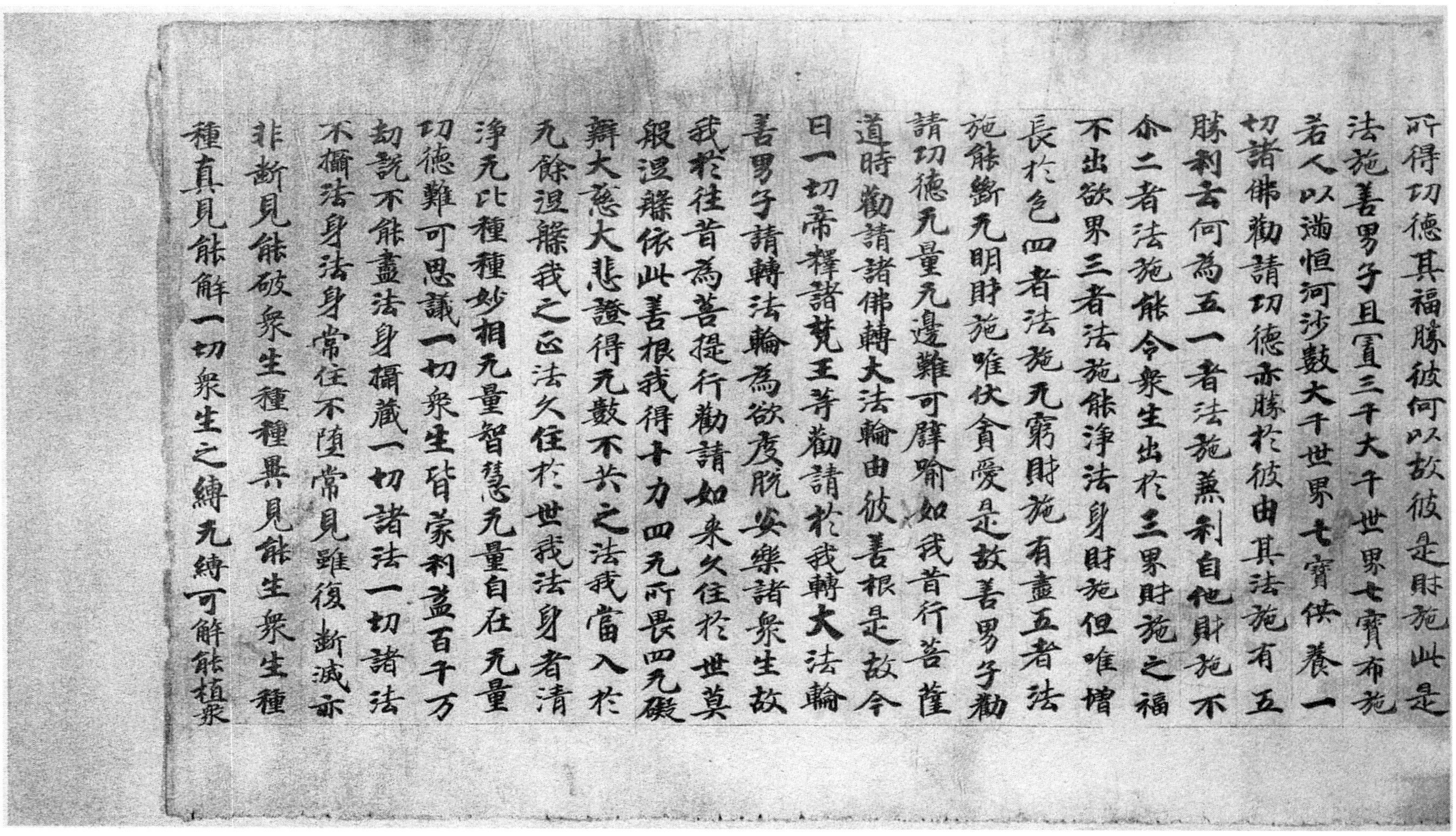

所得功德其福勝彼何以故彼是財施此是
法施善男子且置三千大千世界七寶布施
若人以滿恒河沙數大千世界七寶供養一
切諸佛勸請功德亦勝於彼由其法施有五
勝利云何為五一者法施兼利自他財施不
尒二者法施能令衆生出於三界財施之福
不出欲界三者法施能淨法身財施但唯增
長於色四者法施无窮財施有盡五者法
施能斷无明財施唯伏貪愛是故善男子勸
請功德无量无邊難可譬喻如我昔行菩薩
道時勸請諸佛轉大法輪由彼善根是故今
日一切帝釋諸梵王等勸請於我轉大法輪
善男子請轉法輪為欲度脫安樂諸衆生故
我於往昔為菩提行勸請如來久住於世莫
般涅槃依此善根我得十力四无所畏四无礙
辯大慈大悲證得无數不共之法我當入於
无餘涅槃我之正法久住於世我法身者清
淨无比種種妙相无量智慧无量自在无量
功德難可思議一切衆生皆蒙利益百千万
劫說不能盡法身攝藏一切諸法一切諸法
不攝法身法身常住不墮常見雖復斷滅亦
非斷見能破衆生種種異見能生衆生種
種真見能解一切衆生之縛无縛可解能植衆

BD07159 號　金光明最勝王經卷三　（3–3）

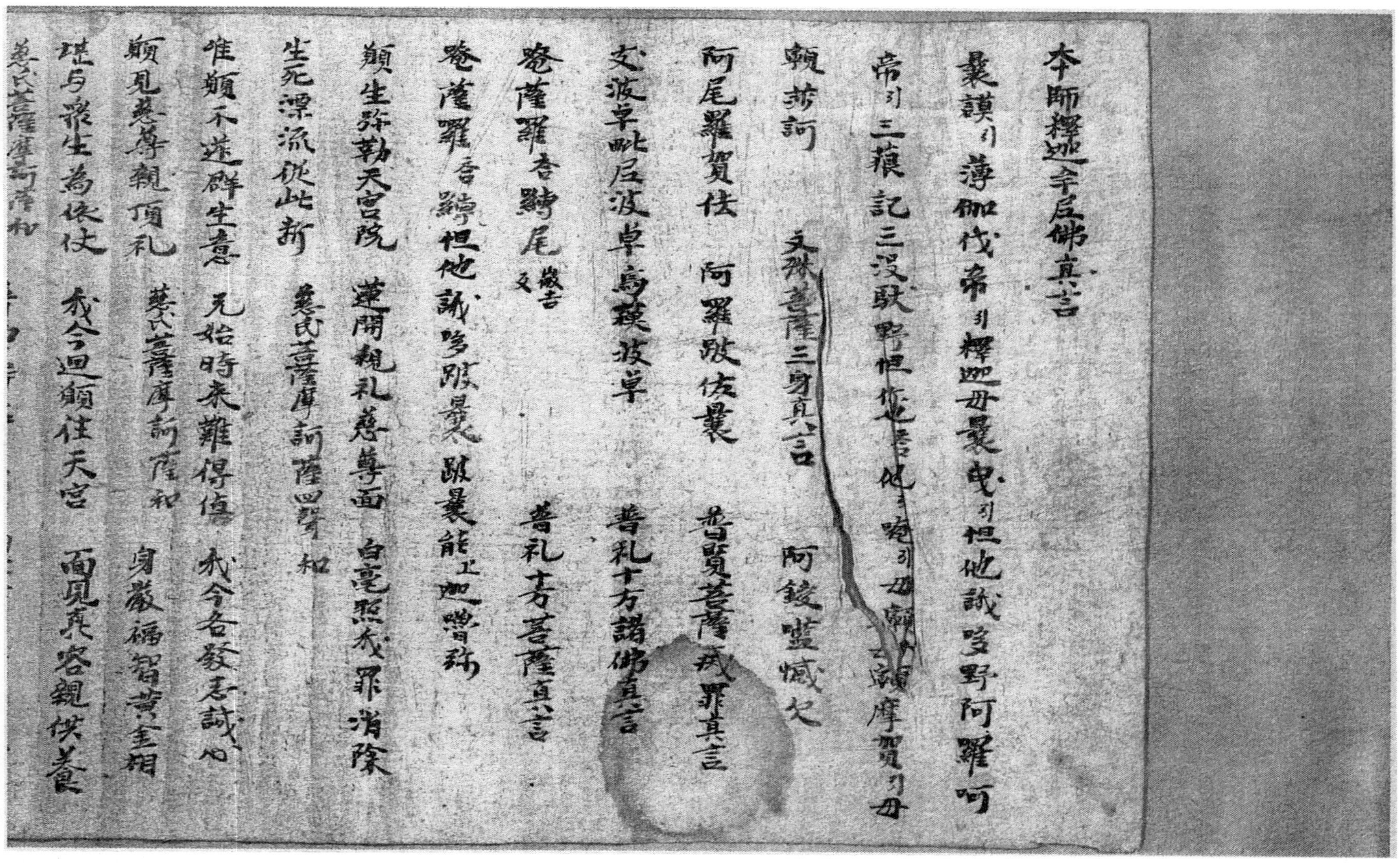

本師釋迦牟尼佛真言
曩謨引 薄伽伐帝引 釋迦母曩曳引 怛他誐哆野 阿羅呵
帝引 三藐 三沒䭾野 怛你也他 唵引 母𩕳 母𩕳 摩賀引 母
頓莎訶　文殊菩薩三身真言　阿鉢囉熾文
阿尾羅賀佉　阿羅跛佐曩　普賢菩薩戒罪真言
文波卑毗丘波卑烏穰波卑　普礼十方諸佛真言
唵薩羅吉驃尾文 嚩吉　普礼十方菩薩真言
唵薩羅吉縛怛他誐哆跛曩　畔曩能上迦嚕弭
願生弥勒天宮院　蓮開親礼慈尊面　白毫照我罪消除
生死漂流從此新　慈氏菩薩摩訶薩四聲 和
唯願不遂群生意　无始時來難得值　我今各發志誠心
願見慈尊親頂礼　慈氏菩薩摩訶薩 和　身嚴福智黃金相
堪与衆生為依仗　我今迴願往天宮　面見尊容親供養
慈氏菩薩摩訶薩 和

BD07160 號　求生兜率内院念誦文（擬）　（2–1）

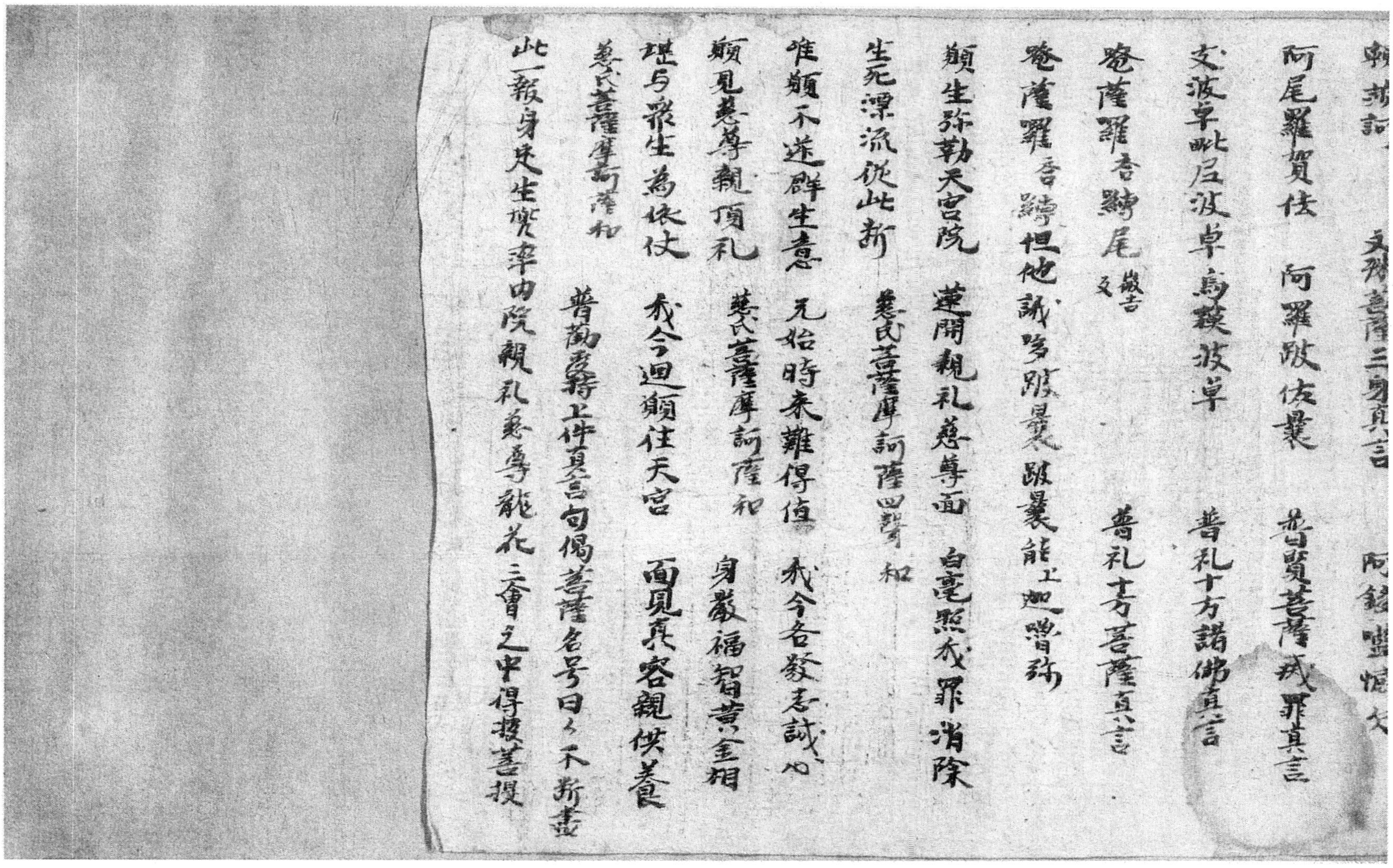

……訶
文殊菩薩三字真言　阿鍐嚂憾文
阿尾羅賀佉　阿羅跛佐曩　普賢菩薩滅罪真言
文波羊呲尼波卓烏模波草　普礼十方諸佛真言
唵薩羅香騎尾嚴吉文　普礼十方菩薩真言
唵薩羅香騎怛他誐哆跛曩跋曩能上迦嚕弥
願生弥勒天宮院　蓮開親礼慈尊面　白毫照我罪消除
生死漂流從此斷　慈氏菩薩摩訶薩四聲和
唯願不違群生意　无始時來難得值　我今各發志誠心
願見慈尊親頂礼　慈氏菩薩摩訶薩和　身嚴福智黃金相
理与衆生為依仗　我今迴願往天宮　面見真容親供養
慈氏菩薩摩訶薩和　普勸善特上件真言句偈菩薩名号日々不斷盡
此一報身决生兜率內院親礼慈尊龍花三會之中得授菩提

BD07160號　求生兜率內院念誦文（擬）　（2–2）

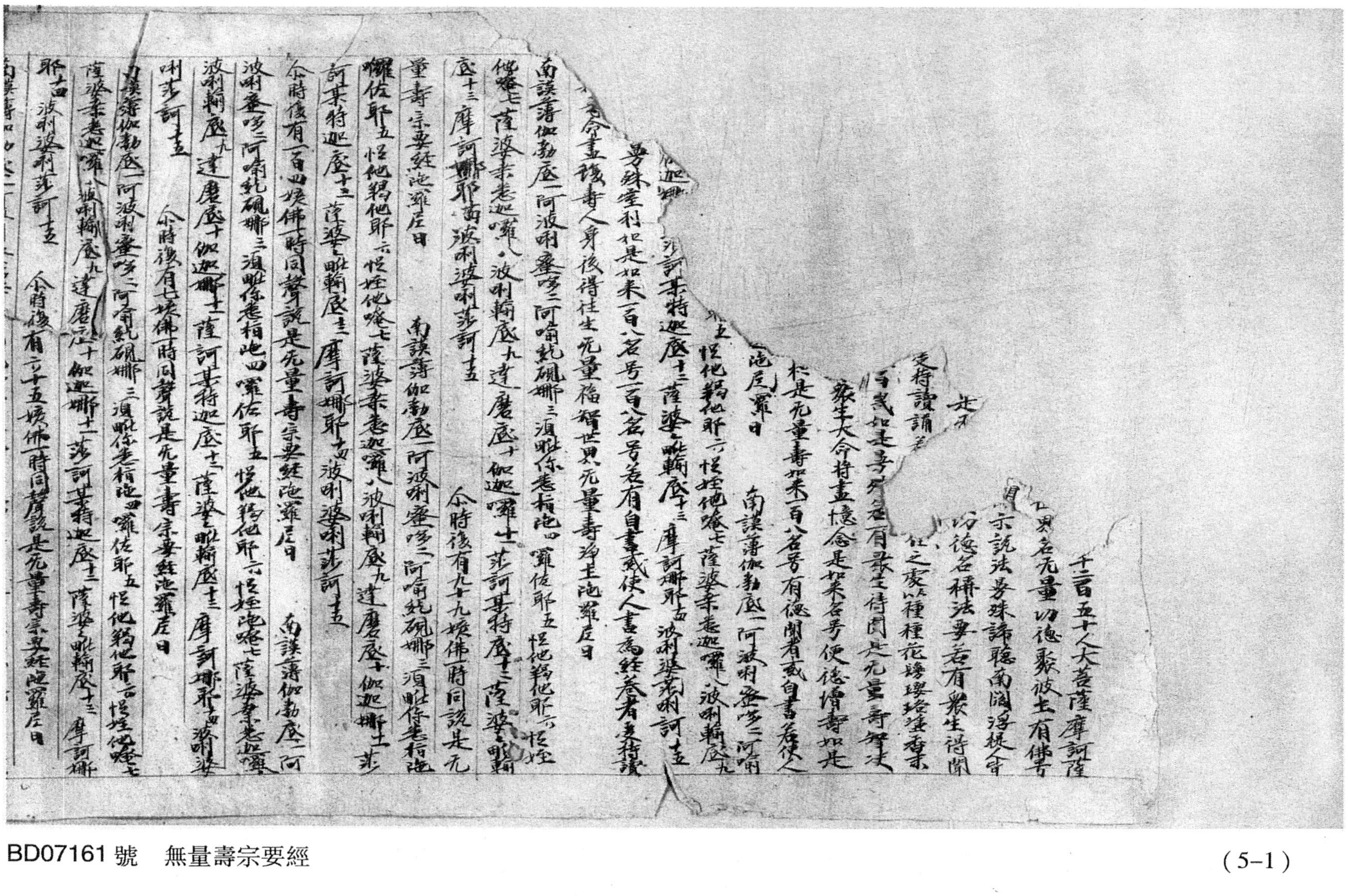

BD07161號　無量壽宗要經　（5–1）

……阿喻紇硯娜三 須毗你悉指陁四 囉佐耶五 怛他羯他耶六 怛姪他唵七 薩婆桑悉迦囉
波唎輸底九 達磨底十 伽迦娜十一 薩訶莘特迦底十二 薩婆毗輸底十三 摩訶娜耶十四 波唎婆
唎莎訶十五 尒時復有七十七姟佛一時同聲說是无量壽宗要經陁羅尼曰
南謨薄伽勃底一 阿波唎蜜哆二 阿喻紇硯娜三 須毗你悉指陁四 囉佐耶五 怛他羯他耶六 怛姪他唵七
薩婆桑悉迦囉八 波唎輸底九 達磨底十 伽迦娜十一 莎訶莘特迦底十二 薩婆毗輸底十三 摩訶娜
耶十四 波唎婆唎莎訶十五 尒時復有六十五姟佛一時同聲說是无量壽宗要經陁羅尼曰
南謨薄伽勃底一 阿波唎蜜哆二 阿喻紇硯娜三 須毗你悉指陁四 囉佐耶五 怛他羯他耶六 怛姪他唵七
薩婆桑悉迦囉八 波唎輸底九 達摩底十 伽迦娜十一 莎訶莘特迦底十二 薩婆毗輸底十三 摩訶娜
耶十四 波唎婆唎莎訶十五 尒時復有五十五姟佛一時同聲說是无量壽宗要經陁羅尼曰
南謨薄伽勃底一 阿波唎蜜哆二 阿喻紇硯娜三 須毗你悉指陁四 囉佐耶五 怛他羯他耶六 怛姪他唵七
薩婆桑悉迦囉八 波唎輸底九 達摩底十 伽迦娜十一 莎訶莘特迦底十二 薩婆毗輸底十三 摩訶
娜耶十四 波唎婆唎莎訶十五 尒時復有四十五姟佛一時同聲說是无量壽宗要經陁羅尼曰
南謨薄伽勃底一 阿波唎蜜哆二 阿喻紇硯娜三 須毗你悉指陁四 囉佐耶五 怛他羯他耶六 怛姪他唵七 薩婆
桑悉迦囉八 波唎輸底九 達磨底十 伽迦娜十一 莎訶莘特迦底十二 薩婆毗輸底十三 摩訶娜耶十四
波唎婆唎莎訶十五 尒時復有三十六姟佛一時同聲說是无量壽宗要經陁羅尼曰
南謨薄伽勃底一 阿波唎蜜哆二 阿喻紇硯娜三 須毗你悉指陁四 囉佐耶五 怛他羯他耶六 怛姪他唵七
薩婆桑悉迦囉八 波唎輸底九 達磨底十 伽迦娜十一 莎訶莘特迦底十二 薩婆毗輸底十三 摩
訶娜耶十四 波唎婆唎莎訶十五 尒時復有二十五姟佛一時同聲說是无量壽宗要經陁羅尼曰
南謨薄伽勃底一 阿波唎蜜哆二 阿喻紇硯娜三 須毗你悉指陁四 囉佐耶五 怛他羯他耶六 怛姪他唵七
薩婆桑悉迦囉八 波唎輸底九 達磨底十 伽迦娜十一 莎訶莘特迦底十二 薩婆毗輸底十三 摩訶娜耶十四
波唎婆唎莎訶十五 尒時復有恒河沙佛一時同聲說是无量壽宗要經陁羅尼曰
南謨薄伽勃底一 阿波唎蜜哆二 阿喻紇硯娜三 須毗你悉指陁四 囉佐耶五 怛他羯他耶六 怛姪他唵七 薩婆
桑悉迦囉八 波唎輸底九 達磨底十 伽迦娜十一 莎訶莘特迦底十二 薩婆毗輸底十三 摩訶娜耶十四
波唎婆唎莎訶十五 善男子若有自書寫教人書寫是无量壽宗要經畢其命盡後德長壽
而滿百年陁羅尼曰 南謨薄伽勃底一 阿波唎蜜哆二 阿喻紇硯娜三 須毗你悉指陁四 囉佐
耶五 怛他羯他耶六 怛姪他唵七 薩婆桑悉迦囉八 波唎輸底九 達磨底十 伽迦娜十一 莎訶莘特
迦底十二 薩婆毗輸底十三 摩訶娜耶十四 波唎婆唎莎訶十五 若自書寫教人書寫是无壽
宗要經讀誦受持畢竟不墮地獄在在所生得宿命智陁羅尼曰 南謨薄伽勃底一 阿波唎
蜜哆二 阿喻紇硯娜三 須毗你悉指陁四 囉佐耶五 怛他羯他耶六 怛姪他唵七 薩婆桑悉迦囉八
波唎輸底九 達磨底十 伽迦娜十一 薩訶莘特迦底十二 薩婆毗輸底十三 摩訶娜耶十四 波唎婆唎
莎訶十五 若有自書寫教人書寫是无量壽宗要經受持讀誦如同書寫八万四千一

BD07161 號　無量壽宗要經　（5–2）

耶五 怛他羯他耶六 怛姪他唵七 薩婆桑悉迦囉八 波唎輸底九 達磨底十 伽迦娜十一 莎訶莘特
迦底十二 薩婆毗輸底十三 摩訶娜耶十四 波唎婆唎莎訶十五 若自書寫教人書寫是无壽
宗要經讀誦受持畢竟不墮地獄在在所生得宿命智陁羅尼曰 南謨薄伽勃底一 阿波唎
蜜哆二 阿喻紇硯娜三 須毗你悉指陁四 囉佐耶五 怛他羯他耶六 怛姪他唵七 薩婆桑悉迦囉八
波唎輸底九 達磨底十 伽迦娜十一 薩訶莘特迦底十二 薩婆毗輸底十三 摩訶娜耶十四 波唎婆唎
莎訶十五 若有自書寫教人書寫是无量壽宗要經受持讀誦如同書寫八万四千一
切經典陁羅尼曰 南謨薄伽勃底一 阿波唎蜜哆二 阿喻紇硯娜三 須毗你悉指陁四 囉
佐耶五 怛他羯他耶六 怛姪他唵七 薩婆桑悉迦囉八 波唎輸底九 達磨底十 伽迦娜十一 莎訶莘特迦底十二
薩婆毗輸底十三 摩訶娜耶十四 波唎婆唎莎訶十五 若有自書寫教人書寫是无量
壽宗要經讀誦受持如同書寫八万四千部建立塔廟陁羅尼曰
南謨薄伽勃底一 阿波唎蜜哆二 阿喻紇硯娜三 須毗你悉指陁四 囉佐耶五 怛他羯他耶六 怛
姪他唵七 薩婆桑悉迦囉八 波唎輸底九 達磨底十 伽迦囉十一 莎訶莘特迦底十二 薩婆
毗輸底十三 摩訶娜耶十四 波唎婆羅莎訶十五 若有自書寫教人書寫是无量壽
宗要經能消五无間等一切重罪陁羅尼曰 南謨薄伽勃底一 阿波唎蜜哆二 阿喻紇硯
娜三 須毗你悉指陁四 囉佐耶五 怛他羯他耶六 怛姪他唵七 薩婆桑悉迦囉八 波唎輸底九 達磨
底十 伽迦娜十一 莎訶莘特迦底十二 薩婆毗輸底十三 摩訶娜耶十四 波唎婆唎莎訶十五
若有自書寫教人書寫是无量壽宗要經受持讀誦設有重罪猶如須弥盡能除滅陁羅尼曰
南謨薄伽勃底一 阿波唎蜜哆二 阿喻紇硯娜三 須毗你悉指陁四 囉佐耶五 怛他羯他耶六 怛
姪他唵七 薩婆桑悉迦囉八 波唎輸底九 達磨底十 伽迦娜十一 莎訶莘特迦底十二 薩婆毗輸
底十三 摩訶娜耶十四 波唎婆唎莎訶十五 若有自書寫教人書寫是无量壽宗要經受持
讀誦者魔魔之眷屬夜叉羅刹不得其便終无枉死陁羅尼曰 南謨薄伽勃底一 阿波唎
蜜哆二 阿喻紇硯娜三 須毗你悉指陁四 囉佐耶五 怛他羯他耶六 怛姪他唵七 薩婆桑悉迦囉八
波唎輸底九 達磨底十 伽迦娜十一 莎訶莘特迦底十二 薩婆毗輸底十三 摩訶娜耶十四 波唎婆
唎莎訶十五 若有自書寫教人書寫是无量壽宗要經受持讀誦者終之命時有九十九姟佛
現其人前千佛授手能遊一切佛刹莫於此經生於疑惑陁羅尼曰 南謨薄伽勃底一 阿
波唎蜜哆二 阿紇喻硯娜三 須毗你悉指陁四 囉佐耶五 怛他羯他耶六 怛姪他唵七 薩婆桑悉迦
囉八 波唎喻底九 達磨底十 伽迦娜十一 莎訶莘特迦底十二 薩婆毗輸底十三 摩訶娜耶十四
若有自書寫教人書寫是无量壽宗要經受持讀誦常得四天大王隨其衛護陁羅尼曰
南謨薄伽勃底一 阿波唎蜜哆二 阿喻紇硯娜三 須毗你悉指陁四 囉佐耶五 怛他羯他耶六 怛姪他
唵七 薩婆桑悉迦囉八 波唎輸底九 達磨底十 伽迦娜十一 莎訶莘特迦底十二 薩婆毗輸底十三
波唎婆唎莎訶十五 若有自書寫教人書寫是无量壽宗要經 [illegible]

BD07161 號　無量壽宗要經　（5–3）

囉八 波唎輸底九 達磨底十 伽迦娜十一 莎訶莫特迦底十二 薩婆毗輸底十三 摩訶娜耶十四
若有自書寫教人書寫是无量壽宗要經受持讀誦，當得四天大王隨其衛護陁羅尼曰
南謨薄伽勃底一 阿波唎蜜哆二 阿喻紇硯娜三 須毗你悉指陁四 囉佐耶五 怛他羯他耶六 怛姪他
唵七 薩婆桒悉迦羅八 波唎輸底九 達磨底十 伽迦娜十一 莎訶莫特迦底十二 薩婆毗輸底十三
波唎婆唎莎訶十五　若有自書寫教人書寫是无量壽宗要經受持讀誦，當得往生西
方極樂世界阿彌陁淨土陁羅尼曰　南謨薄伽勃底一 阿波唎蜜哆二 阿喻紇硯娜三
須毗你悉指陁四 囉佐耶五 怛他羯他耶六 怛姪他唵七 薩婆桒悉迦囉八 波唎輸底九 達磨底十
伽迦娜十一 莎訶莫特迦底十二 薩婆毗輸底十三 摩訶娜耶十四 波唎婆唎莎訶十五
若有自書寫教人書寫是无量壽經典之處，則為是塔，皆應供養作禮。若是畜生為
鳥獸得聞是經，如是等類不久得成一切種智陁羅尼曰　南謨薄伽勃底一
阿波唎蜜哆二 阿喻紇硯娜三 須毗你悉指陁四 囉佐耶五 怛他羯他耶六 怛姪他唵七 薩婆桒
悉迦羅八 波唎輸底九 達磨底十 伽迦娜十一 莎訶莫特迦底十二 薩婆毗輸底十三 摩訶娜
耶十四 波唎婆唎莎訶十五　若有於是无量壽經若自書教人書寫，畢竟不受女人之
身陁羅尼曰　南謨薄伽勃底一 阿波唎蜜哆二 阿喻紇硯娜三 須毗你悉指陁四 囉佐
耶五 怛他羯他耶六 怛姪他唵七 薩婆桒悉迦羅八 波唎輸底九 達磨底十 伽迦娜十一 莎訶莫特迦
底十二 薩婆毗輸底十三 摩訶娜耶十四 波唎婆唎莎訶十五　若有能於是經少分捨惠施
者，等於三千大千世界滿中七寶布施陁羅尼曰　南謨薄伽勃底一 阿波唎蜜哆二 阿
喻紇硯娜三 須毗你悉指陁四 囉佐耶五 怛他羯他耶六 怛姪他唵七 薩婆桒悉迦羅八 波唎
輸底九 達磨底十 伽迦娜十一 莎訶莫特迦底十二 薩婆毗輸底十三 摩訶娜耶十四 波唎婆唎莎
訶十五　若有能供養是經者，即是供養一切諸經等无有異陁羅尼曰
南謨薄伽勃底一 阿波唎蜜哆二 阿喻紇硯娜三 須毗你悉指陁四 囉佐耶五 怛他羯他耶六
怛姪他唵七 薩婆桒悉迦羅八 波唎輸底九 達磨底十 伽迦娜十一 莎訶莫特迦底十二
薩婆毗輸底十三 摩訶娜耶十四 波唎波唎莎訶十五　若有人以七寶供養如是
七佛，其福有限；書寫受持是无量壽經典，所有功德不可限量陁羅尼曰
南謨薄伽勃底一 阿波唎蜜哆二 阿喻紇硯娜三 須毗你悉指陁四 囉佐耶五 怛他羯他耶六
怛姪他唵七 薩婆桒悉迦羅八 波唎輸底九 達磨底十 伽迦娜十一 莎訶莫特迦底十二 薩
婆毗輸底十三 摩訶娜耶十四 波唎婆唎莎訶十五　若有七寶等於須彌山布
施，其福上能知其限量；是无量壽經典，其福不可知數陁羅尼曰
南謨薄伽勃底一 阿波唎蜜哆二 阿喻紇硯娜三 須毗你悉指陁四 囉佐耶五 怛他羯他耶六
怛姪他唵七 薩婆桒悉迦羅八 波唎輸底九 達磨底十 伽迦娜十一 莎訶莫特迦底十二 薩婆

薩婆毗輸底十三 摩訶娜耶十四 波唎波唎莎訶十五　若有人以七寶供養如是
七佛，其福有限；書寫受持是无量壽經典，所有功德不可限量陁羅尼曰
南謨薄伽勃底一 阿波唎蜜哆二 阿喻紇硯娜三 須毗你悉指陁四 囉佐耶五 怛他羯他耶六
怛姪他唵七 薩婆桒悉迦羅八 波唎輸底九 達磨底十 伽迦娜十一 莎訶莫特迦底十二 薩
婆毗輸底十三 摩訶娜耶十四 波唎婆唎莎訶十五　若有七寶等於須彌山布
施，其福上能知其限量；是无量壽經典，其福不可知數陁羅尼曰
南謨薄伽勃底一 阿波唎蜜哆二 阿喻紇硯娜三 須毗你悉指陁四 囉佐耶五 怛他羯他耶六
怛姪他唵七 薩婆桒悉迦羅八 波唎輸底九 達磨底十 伽迦娜十一 莎訶莫特迦底十二 薩婆
毗輸底十三 摩訶娜耶十四 波唎婆唎莎訶十五　如四大海水可知滴數，是无
量壽經典，其福報不可數量陁羅尼曰　南謨薄伽勃底一 阿波唎蜜哆二 阿
喻紇硯娜三 須毗你悉指陁四 囉佐耶五 怛他羯他耶六 怛姪他唵七 薩婆桒悉迦羅八
波唎輸底九 達磨底十 伽迦娜十一 莎訶莫特迦底十二 薩婆毗輸底十三 摩訶娜
耶十四 波唎波唎莎訶十五　若有自書寫教人書寫是无量壽經典，又能讀持供養，即
如來教供養一切十方佛土如來无有別異陁羅尼曰　南謨薄伽勃底一 阿波唎蜜
哆二 阿喻紇硯娜三 須毗你悉指陁四 囉佐耶五 怛他羯他耶六 怛姪他唵七 薩婆桒悉
迦囉八 波唎輸底九 達摩底十 伽迦娜十一 莎訶莫特迦底十二
薩婆毗輸底十三 摩訶娜耶十四 波唎婆唎莎訶十五
布施力能成正覺　悟布施力人師子　布施力能聲普聞　慈悲寧衛家能入　持戒力能成正覺　悟持
戒力人師子　持戒力能聲普聞　慈悲寧衛家能入　忍辱力能成正覺　悟忍辱力人師子　忍辱力能聲普聞
慈悲寧衛家能入　精進力能成正覺　悟精進力人師子　精進力能聲普聞　慈悲寧衛家能入　禪定力能
成正覺　悟禪定力人師子　禪定力能聲普聞　慈悲寧衛家能入　智惠力能成正覺　悟智惠力人師子　智惠力能聲普
聞　慈悲寧衛家能入　佛說是經已，一切世間天人阿脩羅乾闥婆等，聞佛所說，歡喜信受奉行

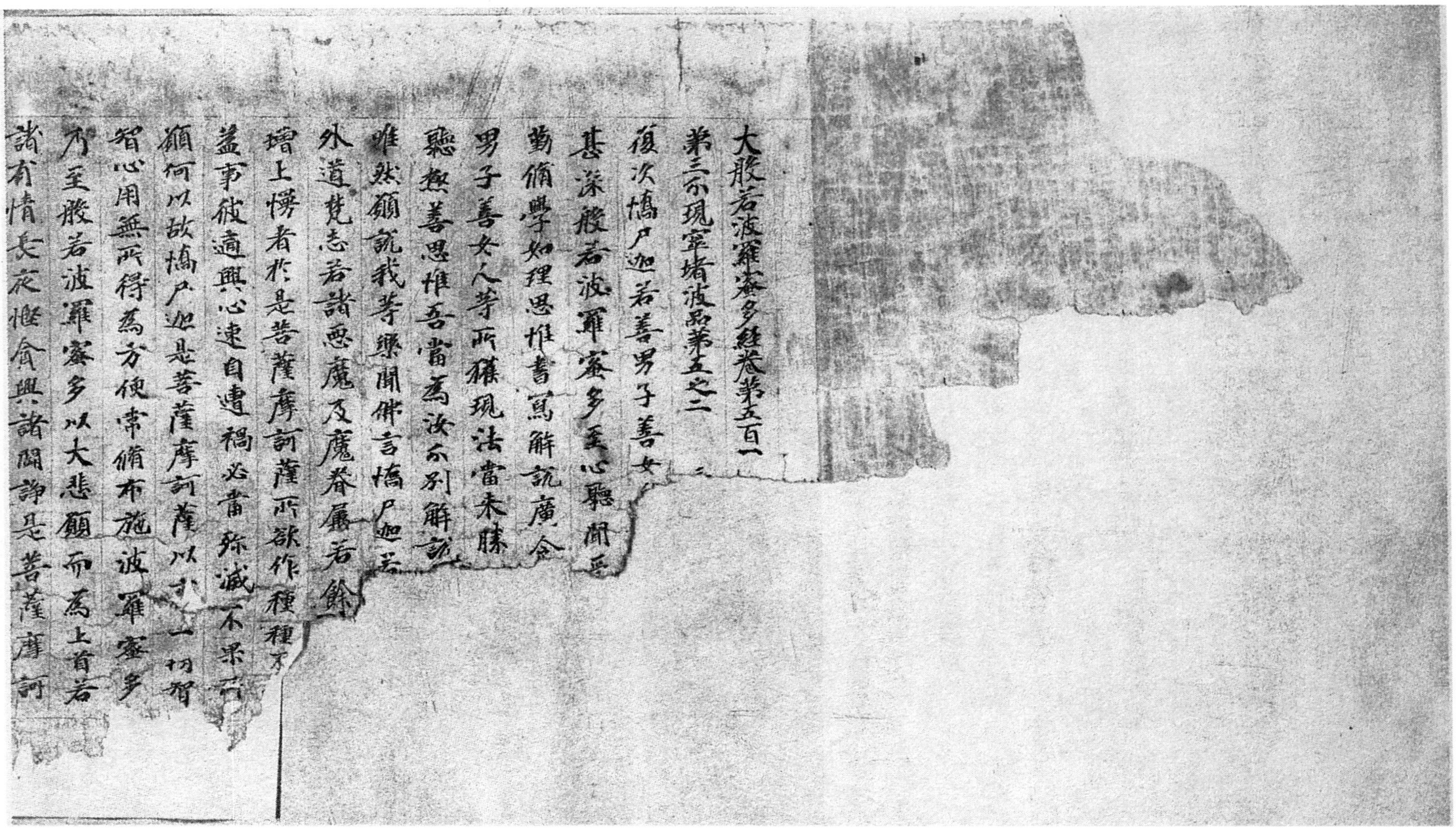

大般若波羅蜜多經卷第五百一
第三分現窣堵波品第五之二
復次憍尸迦若善男子善女
甚深般若波羅蜜多至心聽聞受
勤循學如理思惟書寫解說廣令
男子善女人等所獲現法當來勝
聽敬善思惟吾當為汝分別解說
唯然願說我等樂聞佛言憍尸迦若
外道梵志若諸惡魔及魔眷屬若餘
增上慢者於是菩薩摩訶薩所欲作種種不
益事彼適興心速自遭禍必當殄滅不果所
願何以故憍尸迦是菩薩摩訶薩以於一切智
智心用無所得為方便常脩布施波羅蜜多
乃至般若波羅蜜多以大悲願而為上首若
諸有情長夜慳貪興諸鬪諍是菩薩摩訶

BD07162號　大般若波羅蜜多經卷五〇一　（3–1）

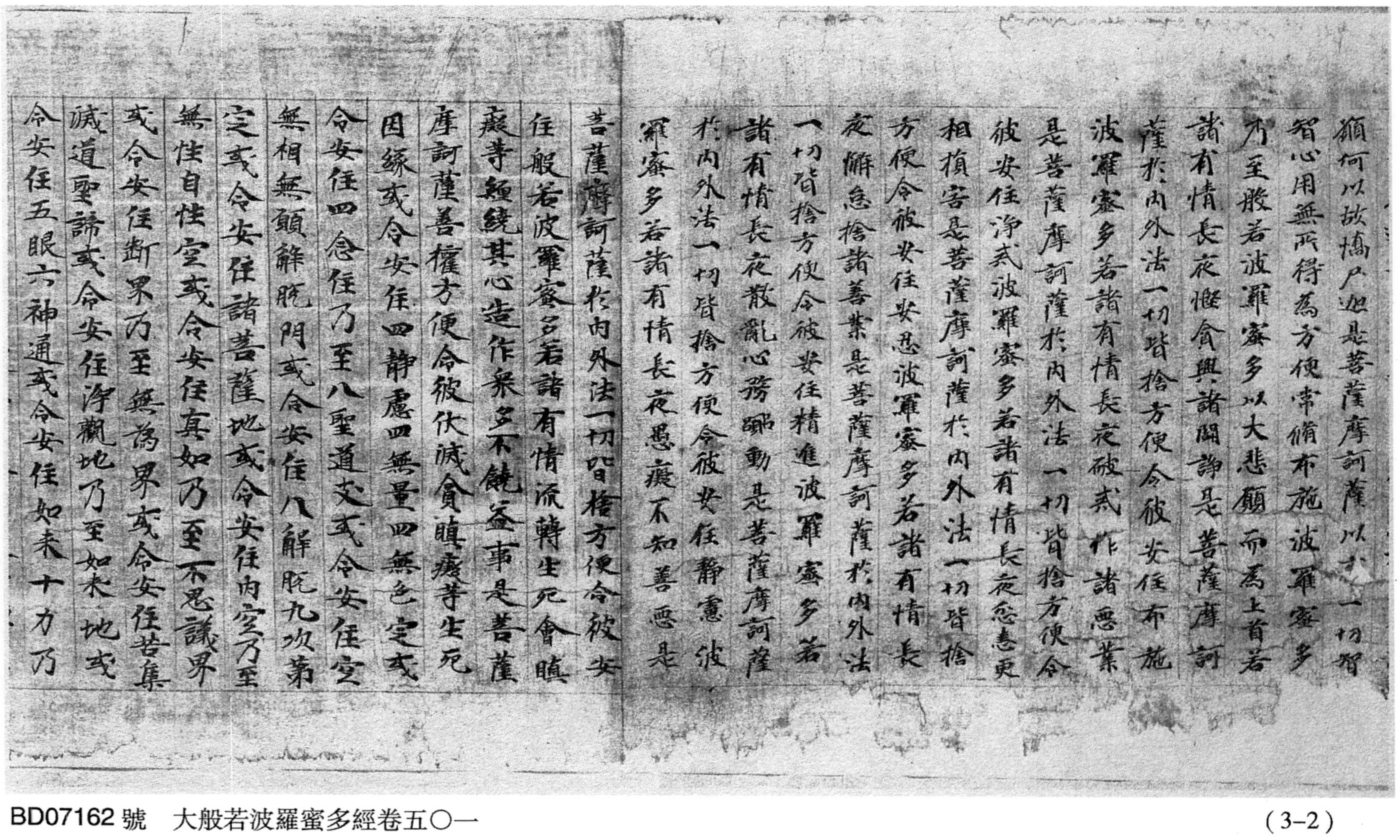

願何以故憍尸迦是菩薩摩訶薩以於一切智
智心用無所得為方便常脩布施波羅蜜多
乃至般若波羅蜜多以大悲願而為上首若
諸有情長夜慳貪興諸鬪諍是菩薩摩訶
薩於內外法一切皆捨方便令彼安住布施
波羅蜜多若諸有情長夜破戒作諸惡業
是菩薩摩訶薩於內外法一切皆捨方便令
彼安住淨戒波羅蜜多若諸有情長夜忿恚更
相損害是菩薩摩訶薩於內外法一切皆捨
方便令彼安住安忍波羅蜜多若諸有情長
夜懈怠捨諸善業是菩薩摩訶薩於內外法
一切皆捨方便令彼安住精進波羅蜜多若
諸有情長夜散亂心務馳動是菩薩摩訶薩
於內外法一切皆捨方便令彼安住靜慮波
羅蜜多若諸有情長夜愚癡不知善惡是
菩薩摩訶薩於內外法一切皆捨方便令彼安
住般若波羅蜜多若諸有情流轉生死貪瞋
癡等纏繞其心造作衆多不饒益事是菩薩
摩訶薩善權方便令彼伏滅貪瞋癡等生死
因緣或令安住四靜慮四無量四無色定或
令安住四念住乃至八聖道支或令安住空
無相無願解脫門或令安住八解脫九次第
定或令安住諸菩薩地或令安住真如乃至
無性自性空或令安住內空乃至不思議界
或令安住斷界乃至無為界或令安住苦集
滅道聖諦或令安住淨觀地乃至如來地或
令安住五眼六神通或令安住如來十力乃

BD07162號　大般若波羅蜜多經卷五〇一　（3–2）

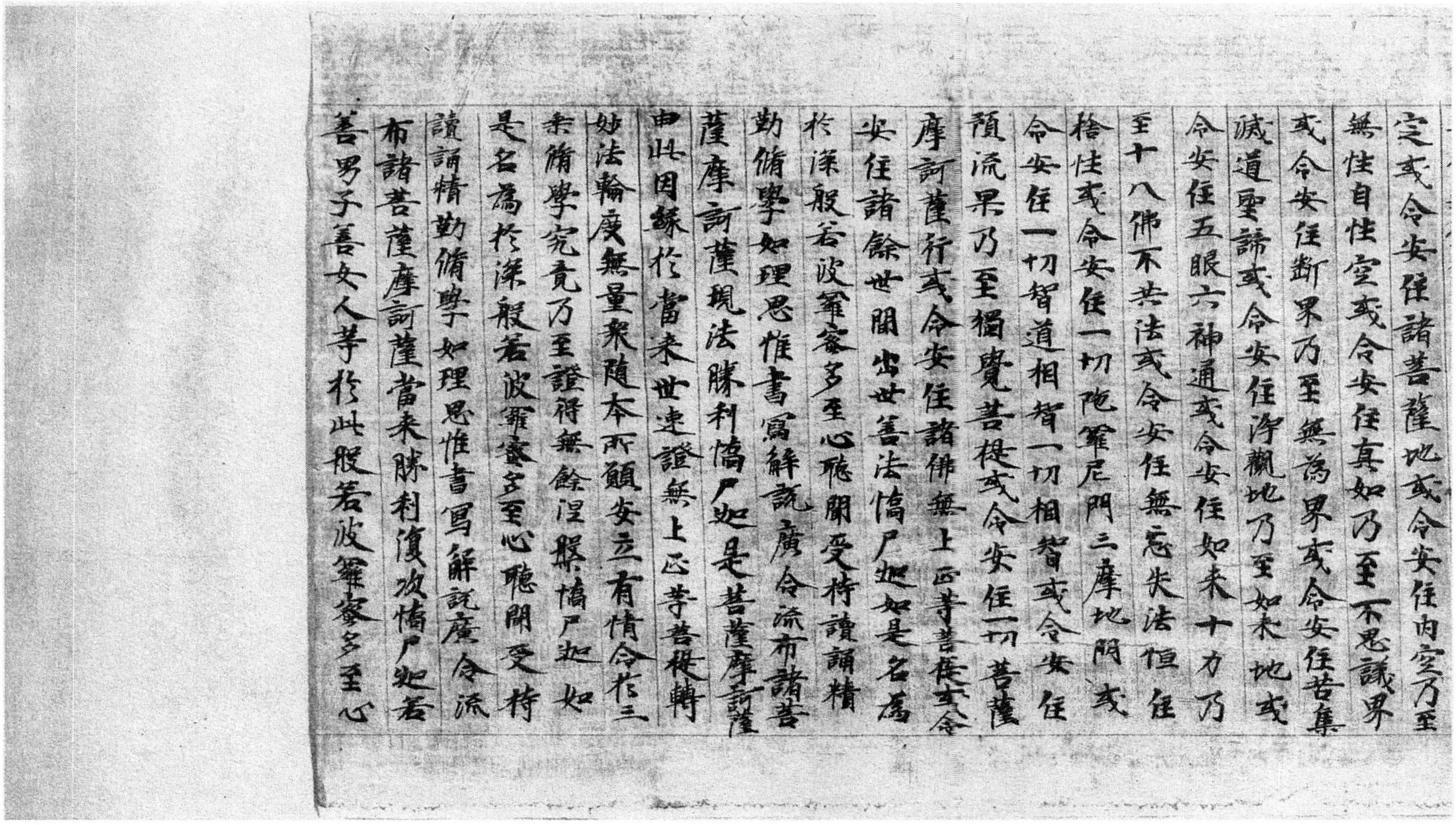
空或令安住諸菩薩地或令安住內空乃至
無性自性空或令安住真如乃至不思議界
或令安住斷界乃至無為界或令安住苦集
滅道聖諦或令安住淨觀地乃至如來地或
令安住五眼六神通或令安住如來十力乃
至十八佛不共法或令安住無忘失法恒住
捨性或令安住一切陀羅尼門三摩地門或
令安住一切智道相智一切相智或令安住
預流果乃至獨覺菩提或令安住一切菩薩
摩訶薩行或令安住諸佛無上正等菩提或令
安住諸餘世間出世善法憍尸迦如是名為
於深般若波羅蜜多至心聽聞受持讀誦精
勤修學如理思惟書寫解說廣令流布諸菩
薩摩訶薩現法勝利憍尸迦如是菩薩摩訶薩
由此因緣於當來世速證無上正等菩提轉
妙法輪度無量眾隨本所願安立有情令於三
乘脩學究竟乃至證得無餘涅槃憍尸迦如
是名為於深般若波羅蜜多至心聽聞受持
讀誦精勤脩學如理思惟書寫解說廣令流
布諸菩薩摩訶薩當來勝利復次憍尸迦若
善男子善女人等於此般若波羅蜜多至心

BD07162 號　大般若波羅蜜多經卷五〇一　（3–3）

BD07162 號背　勘記　（1–1）

寶各起無量百千俱胝那庾多數大窣堵波
復於一一窣堵波所各以無量上妙花鬘塗
散等香衣服瓔珞寶幢幡蓋眾妙珍奇伎樂
燈明經無量劫供養恭敬尊重讚歎憍尸迦
是善男子善女人等見如是類諸善夢相
若睡若覺身心安樂諸天神等益其精氣令彼
自覺身體輕便由此因緣不多貪著飲食醫
藥衣服臥具於四供養其心輕微如瑜伽師
入勝妙定由彼定力滋潤身心從定出已雖
遇美饍而心輕微此亦如是何以故憍尸迦
是善男子善女人等由此三千大千國土及
餘十方無邊世界一切如來應正等覺聲聞
菩薩天龍藥叉阿素洛等具大神力勝威德
者慈悲護念以妙精氣冥注身心令其志勇
體充盛故憍尸迦若善男子善女人等欲得
如是現在種種功德勝利應發一切智智心
以無所得為方便於此般若波羅蜜多甚深
經典至心聽聞受持讀誦精勤修覺如理思
惟書寫解說廣令流布憍尸迦若善男子善
女人等雖於般若波羅蜜多甚深經典不能
聽聞受持讀誦精勤修學如理思惟廣為

BD07163號　大般若波羅蜜多經卷五〇三　（2–1）

藥衣服臥具於四供養其心輕微如瑜伽師
入勝妙定由彼定力滋潤身心從定出已雖
遇美饍而心輕微此亦如是何以故憍尸迦
是善男子善女人等由此三千大千國土及
餘十方無邊世界一切如來應正等覺聲聞
菩薩天龍藥叉阿素洛等具大神力勝威德
者慈悲護念以妙精氣冥注身心令其志勇
體充盛故憍尸迦若善男子善女人等欲得
如是現在種種功德勝利應發一切智智心
以無所得為方便於此般若波羅蜜多甚深
經典至心聽聞受持讀誦精勤修覺如理思
惟書寫解說廣令流布憍尸迦若善男子善
女人等雖於般若波羅蜜多甚深經典不能
聽聞受持讀誦精勤修學如理思惟廣為
有情宣說流布而但書寫眾寶嚴飾復持
無量上妙花鬘乃至燈明供養恭敬尊重讚歎
亦得如前所說種種功德勝利何以故憍尸迦
是善男子善女人等能廣利樂無量無邊諸
有情故復次憍尸迦若善男子善女人等以
應一切智智心用無所得為方便於此般若
波羅蜜多甚深經典至心聽聞受持讀誦精

BD07163號　大般若波羅蜜多經卷五〇三　（2–2）

BD07163 號背　勘記　（1–1）

BD07164 號　無量壽宗要經　（3–1）

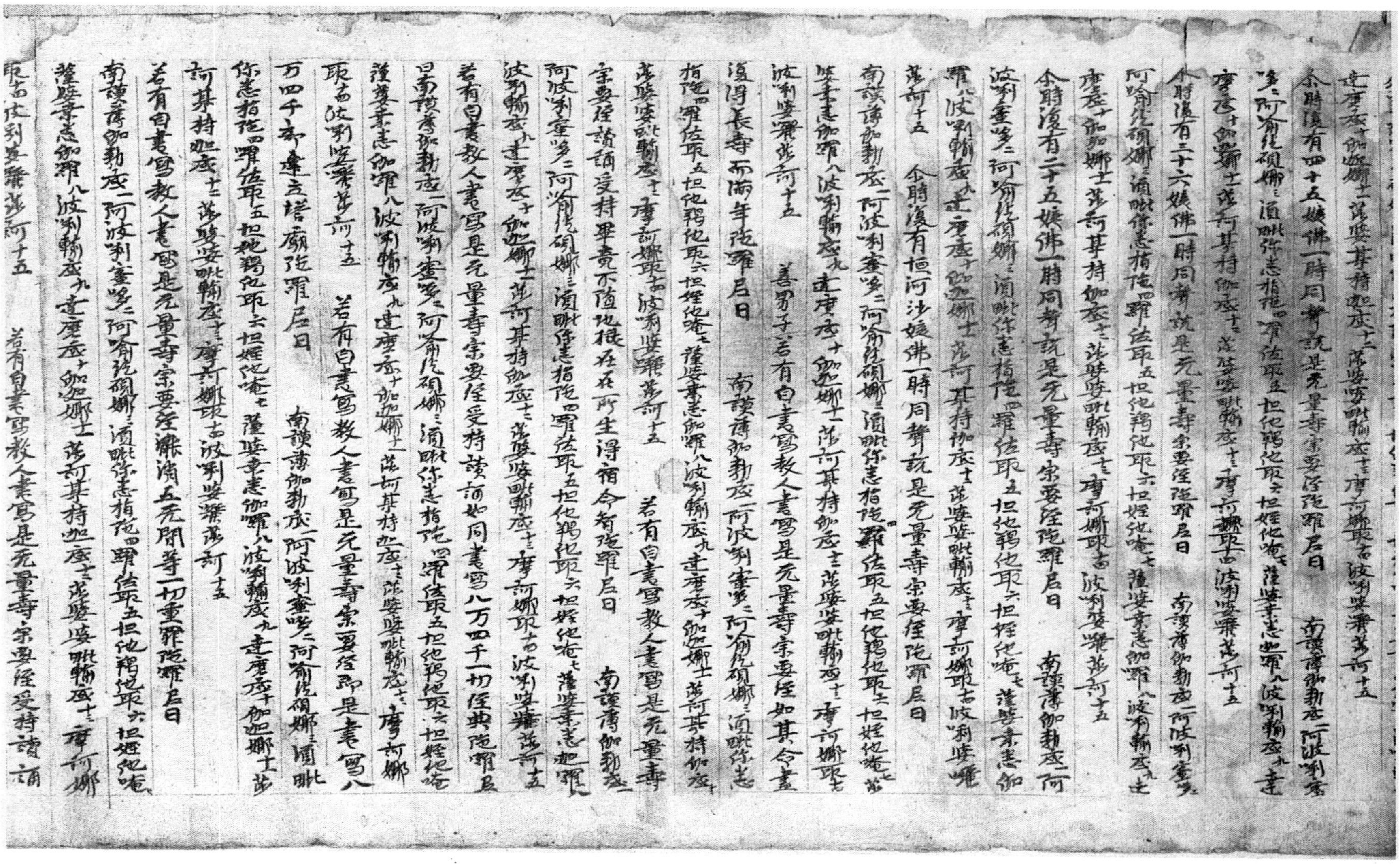

達摩底十伽迦娜十一莎訶其持伽底十二莎婆嚩毗輸底十三摩訶娜耶十四波唎婆嚩莎訶十五
尒時復有四十五姟佛一時同聲說是无量壽宗要經陁羅尼曰　南謨薄伽勃底一阿波唎蜜
多二阿喻紇硯娜三須毗你失志指陀四囉佐耶五怛他羯他耶六怛姪他唵七薩婆桑塞迦囉八波唎輸底九達
摩底十伽迦娜十一莎訶其持伽底十二莎婆嚩毗輸底十三摩訶娜耶十四波唎婆嚩莎訶十五
尒時復有三十六姟佛一時同聲說是无量壽宗要經陁羅尼曰　南謨薄伽勃底一阿波唎蜜多二
阿喻紇硯娜三須毗你失志指陀四囉佐耶五怛他羯他耶六怛姪他唵七薩婆桑塞迦囉八波唎輸底九達
摩底十伽迦娜十一莎訶其持伽底十二莎婆嚩毗輸底十三摩訶娜耶十四波唎婆嚩莎訶十五
尒時復有二十五姟佛一時同聲說是无量壽宗要經陁羅尼曰　南謨薄伽勃底一阿
波唎蜜多二阿喻紇硯娜三須毗你失志指陀四囉佐耶五怛他羯他耶六怛姪他唵七薩婆桑塞迦
囉八波唎輸底九達摩底十伽迦娜十一莎訶其持伽底十二莎婆嚩毗輸底十三摩訶娜耶十四波唎婆嚩
莎訶十五　尒時復有恒河沙姟佛一時同聲說是无量壽宗要經陁羅尼曰
南謨薄伽勃底一阿波唎蜜多二阿喻紇硯娜三須毗你失志指陀四囉佐耶五怛他羯他耶六怛姪他唵七薩
婆桑塞迦囉八波唎輸底九達摩底十伽迦娜十一莎訶其持伽底十二莎婆嚩毗輸底十三摩訶娜耶十四
波唎婆嚩莎訶十五　善男子若有自書寫教人書寫是无量壽宗要經如其命盡
復得長壽而滿年陁羅尼曰　南謨薄伽勃底一阿波唎蜜多二阿喻紇硯娜三須毗你失志
指陀四囉佐耶五怛他羯他耶六怛姪他唵七薩婆桑塞迦囉八波唎輸底九達摩底十伽迦娜十一莎訶其持伽底十二
莎婆嚩毗輸底十三摩訶娜耶十四波唎婆嚩莎訶十五　若有自書寫教人書寫是无量壽
宗要經讀誦受持畢竟不墮地獄在在所生得宿命智陁羅尼曰　南謨薄伽勃底一
阿波唎蜜多二阿喻紇硯娜三須毗你失志指陀四囉佐耶五怛他羯他耶六怛姪他唵七薩婆桑塞迦囉八
波唎輸底九達摩底十伽迦娜十一莎訶其持伽底十二莎婆嚩毗輸底十三摩訶娜耶十四波唎婆嚩莎訶十五
若有自書教人書寫是无量壽宗要經受持讀誦如同書寫八万四千一切經典陁羅尼
曰　南謨薄伽勃底一阿波唎蜜多二阿喻紇硯娜三須毗你失志指陀四囉佐耶五怛他羯他耶六怛姪他唵七
薩婆桑塞迦囉八波唎輸底九達摩底十伽迦娜十一莎訶其持伽底十二莎婆嚩毗輸底十三摩訶娜
耶十四波唎婆嚩莎訶十五　若有自書寫教人書寫是无量壽宗要經即是書寫八
万四千部建立塔廟陁羅尼曰　南謨薄伽勃底一阿波唎蜜多二阿喻紇硯娜三須毗
你失志指陀四囉佐耶五怛他羯他耶六怛姪他唵七薩婆桑塞迦囉八波唎輸底九達摩底十伽迦娜十一莎
訶其持伽底十二莎婆嚩毗輸底十三摩訶娜耶十四波唎婆嚩莎訶十五
若有自書寫教人書寫是无量壽宗要經消滅五无間等一切重罪陁羅尼曰
南謨薄伽勃底一阿波唎蜜多二阿喻紇硯娜三須毗你失志指陀四囉佐耶五怛他羯他耶六怛姪他唵七
薩婆桑塞迦囉八波唎輸底九達摩底十伽迦娜十一莎訶其持伽底十二莎婆嚩毗輸底十三摩訶娜
耶十四波唎婆嚩莎訶十五　若有自書寫教人書寫是无量壽宗要經受持讀誦

BD07164 號　無量壽宗要經　　（3–2）

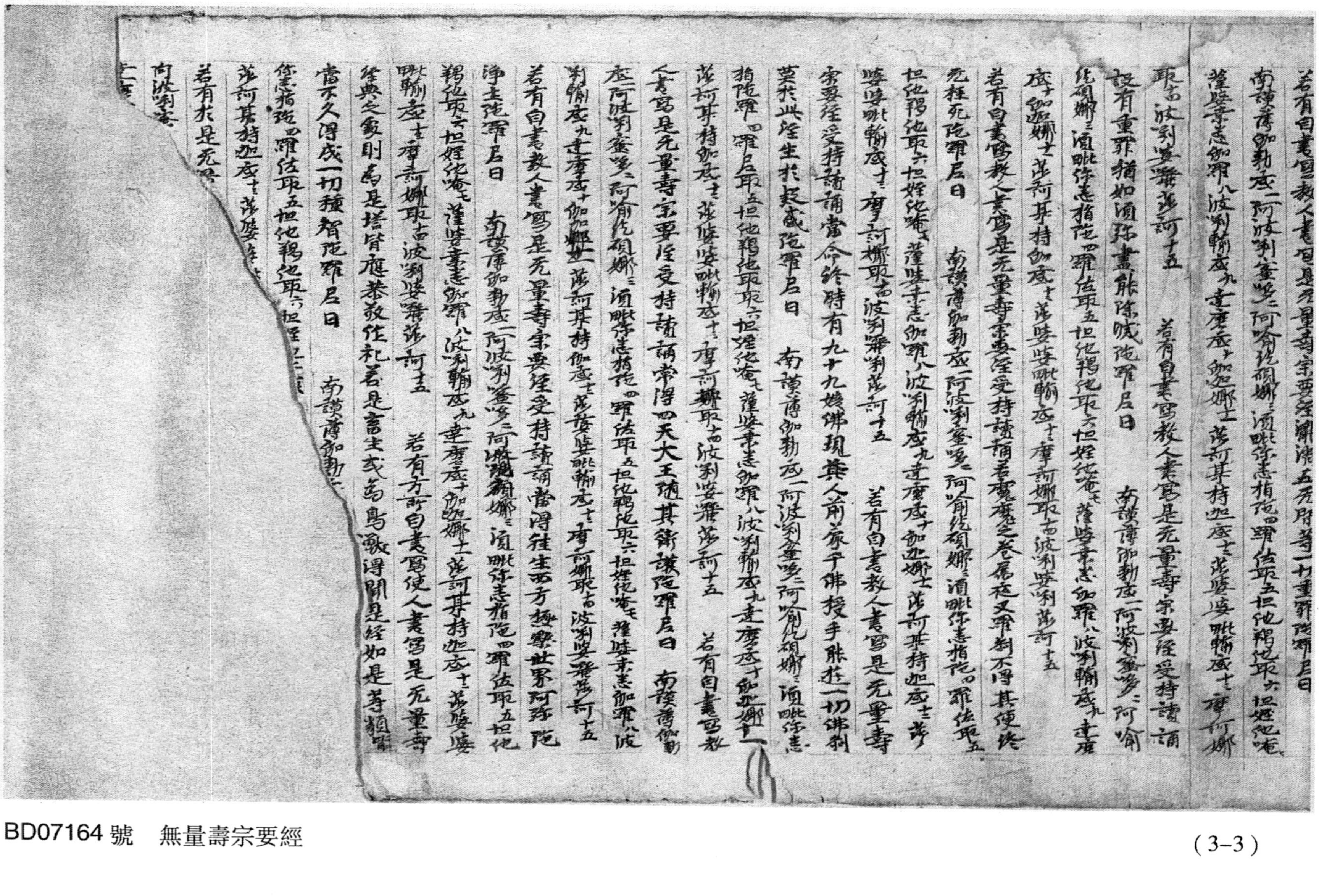

若有自書寫教人書寫是无量壽宗要經消滅五无間等一切重罪陁羅尼曰
南謨薄伽勃底一阿波唎蜜多二阿喻紇硯娜三須毗你失志指陀四囉佐耶五怛他羯他耶六怛姪他唵七
薩婆桑塞迦囉八波唎輸底九達摩底十伽迦娜十一莎訶其持伽底十二莎婆嚩毗輸底十三摩訶娜
耶十四波唎婆嚩莎訶十五　若有自書寫教人書寫是无量壽宗要經受持讀誦
設有重罪猶如須弥盡能除滅陁羅尼曰　南謨薄伽勃底一阿波唎蜜多二阿喻
紇硯娜三須毗你失志指陀四囉佐耶五怛他羯他耶六怛姪他唵七薩婆桑塞迦囉八波唎輸底九達摩
底十伽迦娜十一莎訶其持伽底十二莎婆嚩毗輸底十三摩訶娜耶十四波唎婆嚩莎訶十五
若有自書寫教人書寫是无量壽宗要經受持讀誦若魔魔之眷屬夜叉羅剎不得其便終
无枉死陁羅尼曰　南謨薄伽勃底一阿波唎蜜多二阿喻紇硯娜三須毗你失志指陀四囉佐耶五
怛他羯他耶六怛姪他唵七薩婆桑塞迦囉八波唎輸底九達摩底十伽迦娜十一莎訶其持伽底十二莎
婆嚩毗輸底十三摩訶娜耶十四波唎婆嚩莎訶十五　若有自書教人書寫是无量壽
宗要經受持讀誦當命終時有九十九姟佛現其人前來授手能迭一切佛剎
莫於此經生於疑惑陁羅尼曰　南謨薄伽勃底一阿波唎蜜多二阿喻紇硯娜三須毗你失志
指陀四囉佐耶五怛他羯他耶六怛姪他唵七薩婆桑塞迦囉八波唎輸底九達摩底十伽迦娜十一
莎訶其持伽底十二莎婆嚩毗輸底十三摩訶娜耶十四波唎婆嚩莎訶十五　若有自書寫教
人書寫是无量壽宗要經受持讀誦常得四天大王隨其衛護陁羅尼曰　南謨薄伽勃
底一阿波唎蜜多二阿喻紇硯娜三須毗你失志指陀四囉佐耶五怛他羯他耶六怛姪他唵七薩婆桑塞迦囉八波
唎輸底九達摩底十伽迦娜十一莎訶其持伽底十二莎婆嚩毗輸底十三摩訶娜耶十四波唎婆嚩莎訶十五
若有自書教人書寫是无量壽宗要經受持讀誦當得往生西方極樂世界阿弥陀
淨土陁羅尼曰　南謨薄伽勃底一阿波唎蜜多二阿喻紇硯娜三須毗你失志指陀四囉佐耶五怛他
羯他耶六怛姪他唵七薩婆桑塞迦囉八波唎輸底九達摩底十伽迦娜十一莎訶其持伽底十二莎婆嚩
毗輸底十三摩訶娜耶十四波唎婆嚩莎訶十五　若有方所自書寫使人書寫是无量壽
經典之處則為是塔皆應恭敬作禮若是畜生或為鳥獸得聞是經如是等類皆
當不久得成一切種智陁羅尼曰　南謨薄伽勃底
你失志指陀四囉佐耶五怛他羯他耶六怛姪他唵七
莎訶其持伽底十二莎婆
若有於是无量
阿波唎蜜

BD07164 號　無量壽宗要經　　（3–3）

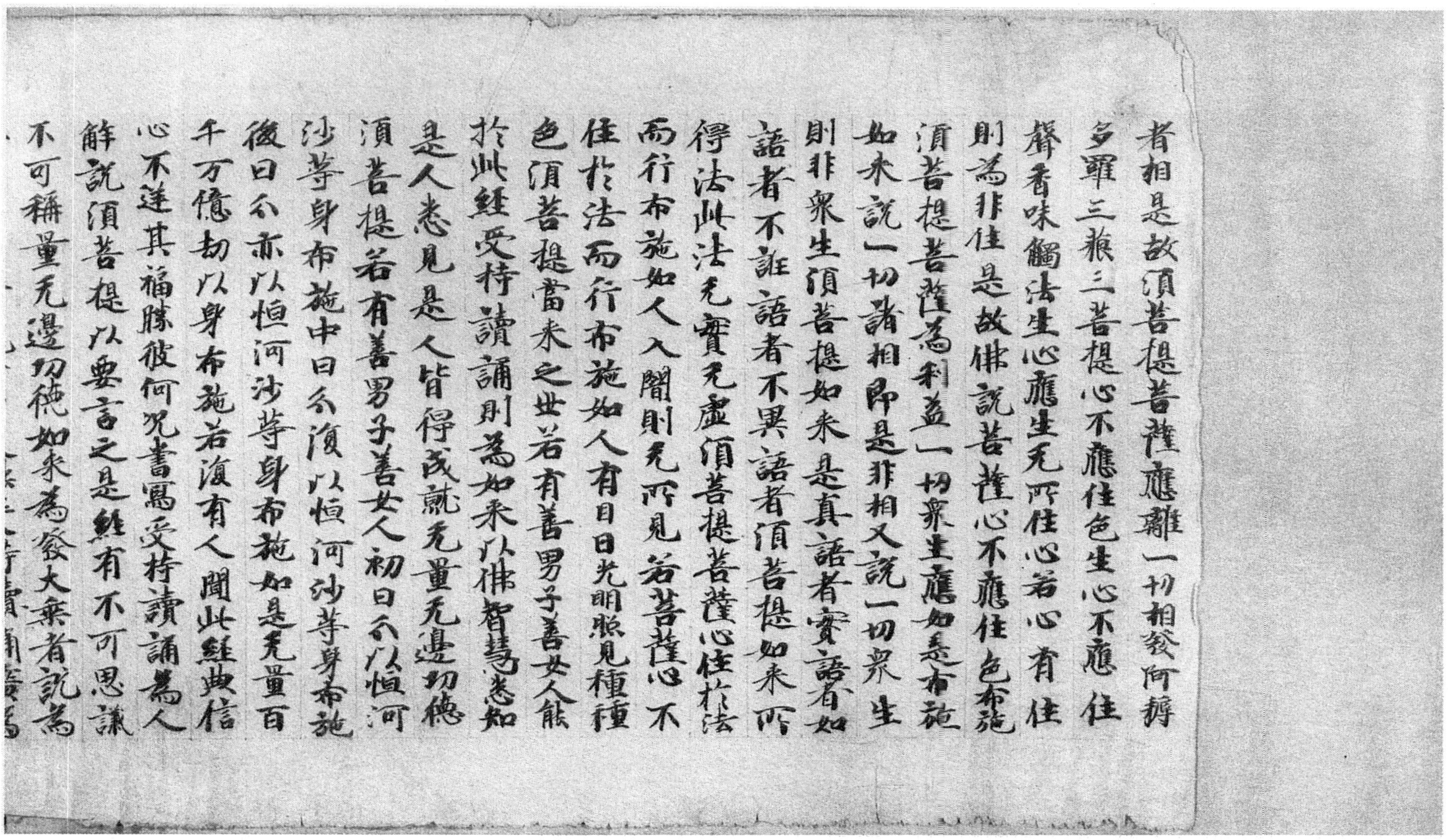

者相是故須菩提菩薩應離一切相發阿耨
多羅三藐三菩提心不應住色生心不應住
聲香味觸法生心應生无所住心若心有住
則為非住是故佛說菩薩心不應住色布施
須菩提菩薩為利益一切衆生應如是布施
如來說一切諸相即是非相又說一切衆生
則非衆生須菩提如來是真語者實語者如
語者不誑語者不異語者須菩提如來所
得法此法无實无虛須菩提若菩薩心住於法
而行布施如人入闇則无所見若菩薩心不
住於法而行布施如人有目日光明照見種種
色須菩提當來之世若有善男子善女人能
於此經受持讀誦則為如來以佛智慧悉知
是人悉見是人皆得成就无量无邊功德
須菩提若有善男子善女人初日分以恒河
沙等身布施中日分復以恒河沙等身布施
後日分亦以恒河沙等身布施如是无量百
千万億劫以身布施若復有人聞此經典信
心不逆其福勝彼何况書寫受持讀誦為人
解說須菩提以要言之是經有不可思議
不可稱量无邊功德如來為發大乘者說為

BD07165 號　金剛般若波羅蜜經　（2–1）

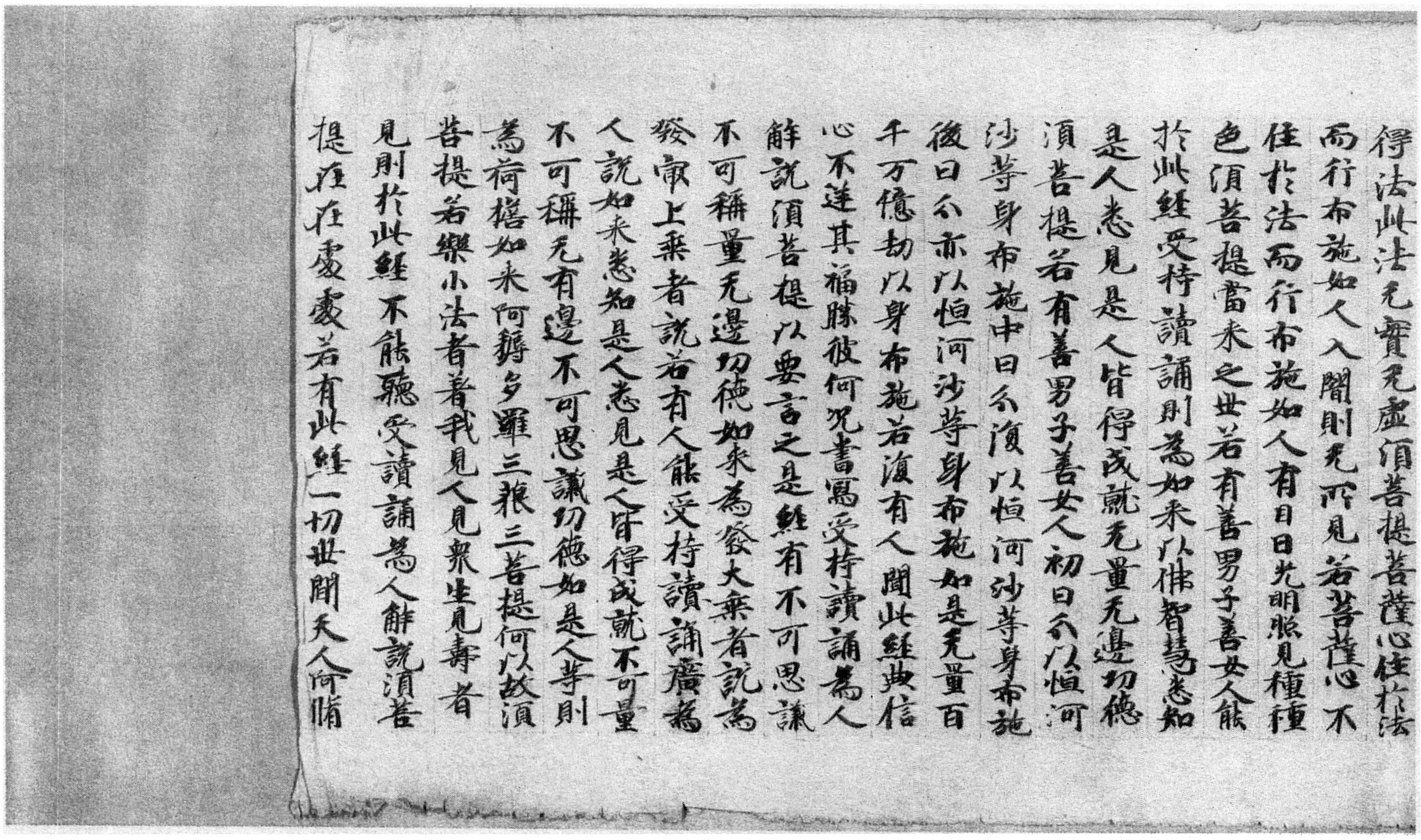

得法此法无實无虛須菩提若菩薩心住於法
而行布施如人入闇則无所見若菩薩心不
住於法而行布施如人有目日光明照見種種
色須菩提當來之世若有善男子善女人能
於此經受持讀誦則為如來以佛智慧悉知
是人悉見是人皆得成就无量无邊功德
須菩提若有善男子善女人初日分以恒河
沙等身布施中日分復以恒河沙等身布施
後日分亦以恒河沙等身布施如是无量百
千万億劫以身布施若復有人聞此經典信
心不逆其福勝彼何况書寫受持讀誦為人
解說須菩提以要言之是經有不可思議
不可稱量无邊功德如來為發大乘者說為
發最上乘者說若有人能受持讀誦廣為
人說如來悉知是人悉見是人皆得成就不可量
不可稱无有邊不可思議功德如是人等則
為荷擔如來阿耨多羅三藐三菩提何以故須
菩提若樂小法者著我見人見衆生見壽者
見則於此經不能聽受讀誦為人解說須菩
提在在處處若有此經一切世間天人阿脩

BD07165 號　金剛般若波羅蜜經　（2–2）

喜功德我今說之
万億阿僧祇世界六趣四
衆生卵生胎生濕生化生若有形无形有
想无想非有想非无想无足二足四足多足
如是等在衆生數者有人求福隨其所欲娛
樂之具皆給與之一一衆生與滿閻浮提金銀
琉璃車𤦲馬瑙珊瑚虎珀諸妙珎寶及象
馬車乘七寶所成宮殿樓閣等是大施主如
是布施滿八十年已而作是念我已施衆生
娛樂之具隨意所欲然此衆生皆已衰老年
過八十髮白面皺將死不久我當以佛法而訓
導之即集此衆生宣布法化示教利喜一
時皆得須陁洹道斯陁含道阿那含道阿羅
漢道盡諸有漏於深禪定皆得自在具八解
脫於汝意云何是大施主所得功德寧為多
不弥勒白佛言世尊是人功德甚多无量无
邊若是施主但施衆生一切樂具功德无量
何況令得阿羅漢果佛告弥勒我今分明語
汝是人以一切樂具施於四百万億阿僧祇
世界六趣衆生又令得阿羅漢果所得功德
不如是第五十人聞法華經一偈隨喜功德

BD07166號　妙法蓮華經卷六　（3–1）

邊若是施主但施衆生一切樂具功德无量
何況令得阿羅漢果佛告弥勒我今分明語
汝是人以一切樂具施於四百万億阿僧祇
世界六趣衆生又令得阿羅漢果所得功德
不如是第五十人聞法華經一偈隨喜功德
百分千分百千万億分不及其一乃至筭數
譬喻所不能知阿逸多如是第五十人展轉
聞法華經隨喜功德尚无量无邊阿僧祇何
況最初於會中聞而隨喜者其福復勝无量
无邊阿僧祇不可得比又阿逸多若人為是
經故往詣僧房若坐若立須臾聽受緣是功
德轉身所生得好上妙象馬車乘珎寶輦轝
及乘天宮若復有人於講法處坐更有人來
勸令坐聽若分座令坐是人功德轉身得帝
釋坐處若梵王坐處若轉輪聖王所坐之處
阿逸多若復有人語餘人言有經名法華可
共往聽即受其教乃至須臾間聞是人功德
轉身得與陁羅尼菩薩共生一處利根智慧
百千万世終不瘖瘂口氣不臭舌常无病口
亦无病齒不垢黑不黄不踈亦不缺落不差
不曲脣不下垂亦不褰縮不麤澁不瘡胗亦
不缺壞亦不喎斜不厚不大亦不黧黑无諸可
惡鼻不匾𠐊亦不曲戾面色不黑亦不狹長
亦不窊曲无有一切不可喜相脣舌牙齒悉
皆嚴好鼻脩高直面貌圓滿眉高而長額

BD07166號　妙法蓮華經卷六　（3–2）

无邊阿僧祇不可得比又阿逸多若人為是
經故往詣僧房若坐若立須臾聽受縁是功
德轉身所生得好上妙象馬車乘珎寶輦轝
及乘天宮若復有人於講法處坐更有人來
勸令坐聽若分座令坐是人功德轉身得帝
釋坐處若梵王坐處若轉輪聖王所坐之處
阿逸多若復有人語餘人言有經名法華可
共往聽即受其教乃至須臾間聞是人功德
轉身得與陁羅尼菩薩共生一處利根智慧
百千万世終不瘖瘂口氣不臭舌常无病口
亦无病齒不垢黑不黄不踈亦不缺落不差
不曲脣不下垂亦不褰縮不麁澁不瘡緊亦
不缺壞亦不喎斜不厚不大亦不黎黑无諸可
惡鼻不匾㔸亦不曲戾面色不黑亦不狭長
亦不窪曲无有一切不可喜相脣舌牙齒悉
皆嚴好鼻脩高直面貌圓滿眉高而長額
廣平正人相具足世世所生見佛聞法信受
教誨阿逸多汝且觀是勸於一人令往聽法

BD07166號　妙法蓮華經卷六　（3–3）

金光明最勝王經無染著陁羅尼品第十三　三藏法師義淨奉　制譯
尒時世尊告具壽舍利子今有法門
著陁羅尼是諸菩薩所脩行法過去菩薩之
受持是菩薩母說是語已具壽舍利子白
世尊陁羅尼者是何句義世尊陁羅尼
方處非非方處作是語已佛告舍利子
利子汝於大乘已能發趣信解
說陁羅尼者非方處
非過去非未來非現
事非緣非非緣非行非非行无
亦無法滅然為利益諸菩薩故作如
此陁羅尼功用無道理趣勢力安立
諸佛功德諸佛禁戒諸佛所學諸佛密
諸佛生處故名無染著陁羅尼最妙法門
說是語已舍利子白佛言世尊唯願善逝為
陁羅尼法若諸菩薩能安住者於无
是轉成就无願得無所依自性
事安住聖道皆由得此陁羅尼
哉善哉如是如是如汝所
此陁羅尼者應知是人與佛
尊重承事供給此菩薩者應
佛舍利子若有餘人聞此陁
生信解者亦應如是恭敬供

BD07167號　金光明最勝王經卷七　（5–1）

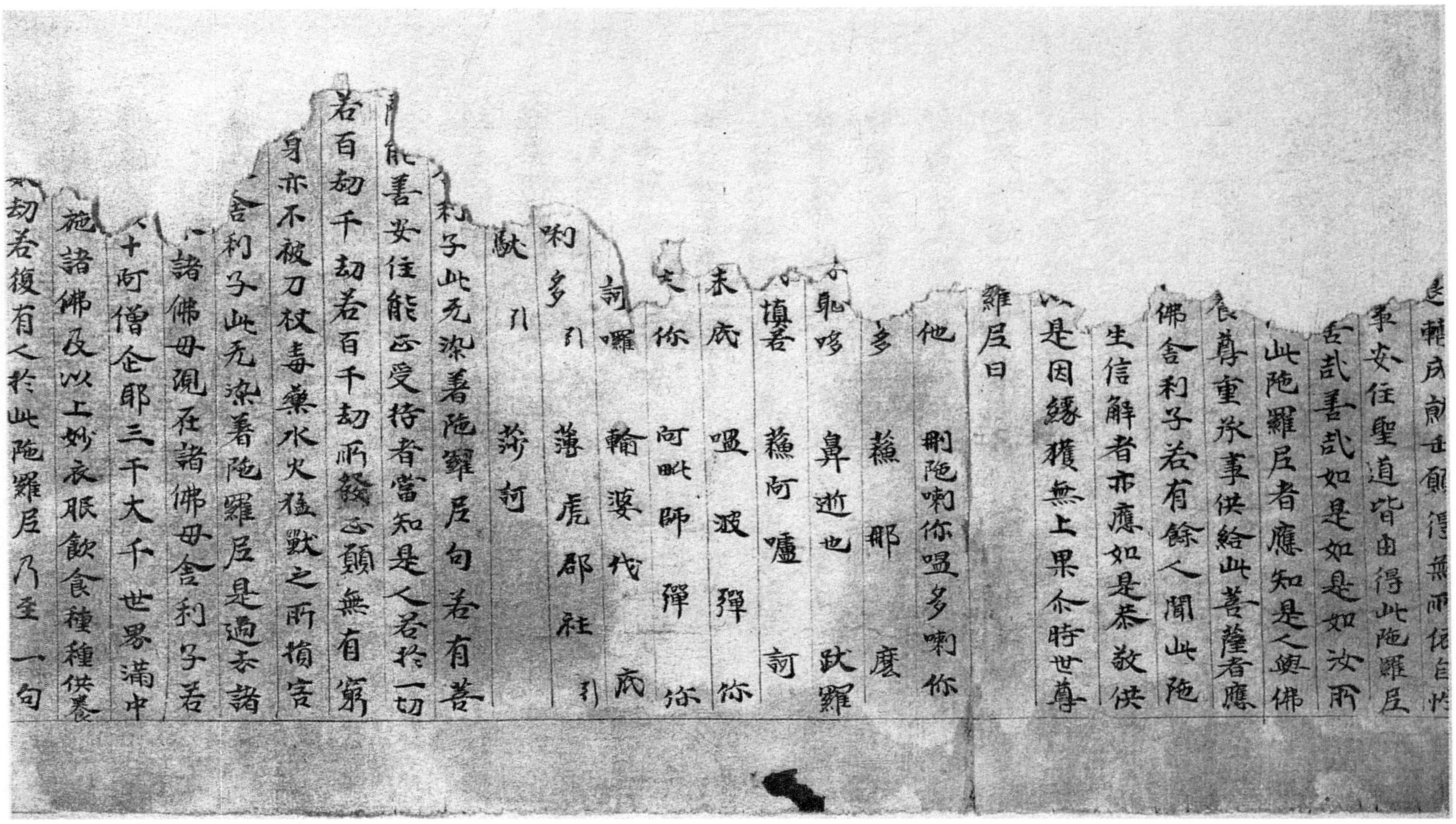
是轉成就無所依怙
事安住聖道皆由得此陁羅尼
善哉善哉如是如是如汝所
此陁羅尼者應知是人與佛
世尊重承事供給此菩薩者應
佛舍利子若有餘人聞此陁
生信解者亦應如是恭敬供
以是因緣獲無上果尒時世尊
羅尼曰
他 删陁喇你嗢多喇你
多 蘊 耶 麼
毗哆 鼻 逝 也 跋羅
塡者 蘊阿 嚧 訶
末 底 嗢 波 弾 你
你 阿毗 師 弾 你
訶 囉 輸 婆 伐 底
喇多 引 薄 虎 郡 社 引
馱 引 莎訶
利子此无染著陁羅尼句若有善
能善安住能正受持者當知是人若於一切
若百劫千劫若百千劫所發正願無有窮
身亦不被刀杖毒藥水火猛獸之所損害
舍利子此无染著陁羅尼是過去諸
諸佛母現在諸佛母舍利子若
十阿僧企耶三千大千世界滿中
施諸佛及以上妙衣服飲食種種供養
劫若復有人於此陁羅尼乃至一句

BD07167 號　金光明最勝王經卷七　（5–2）

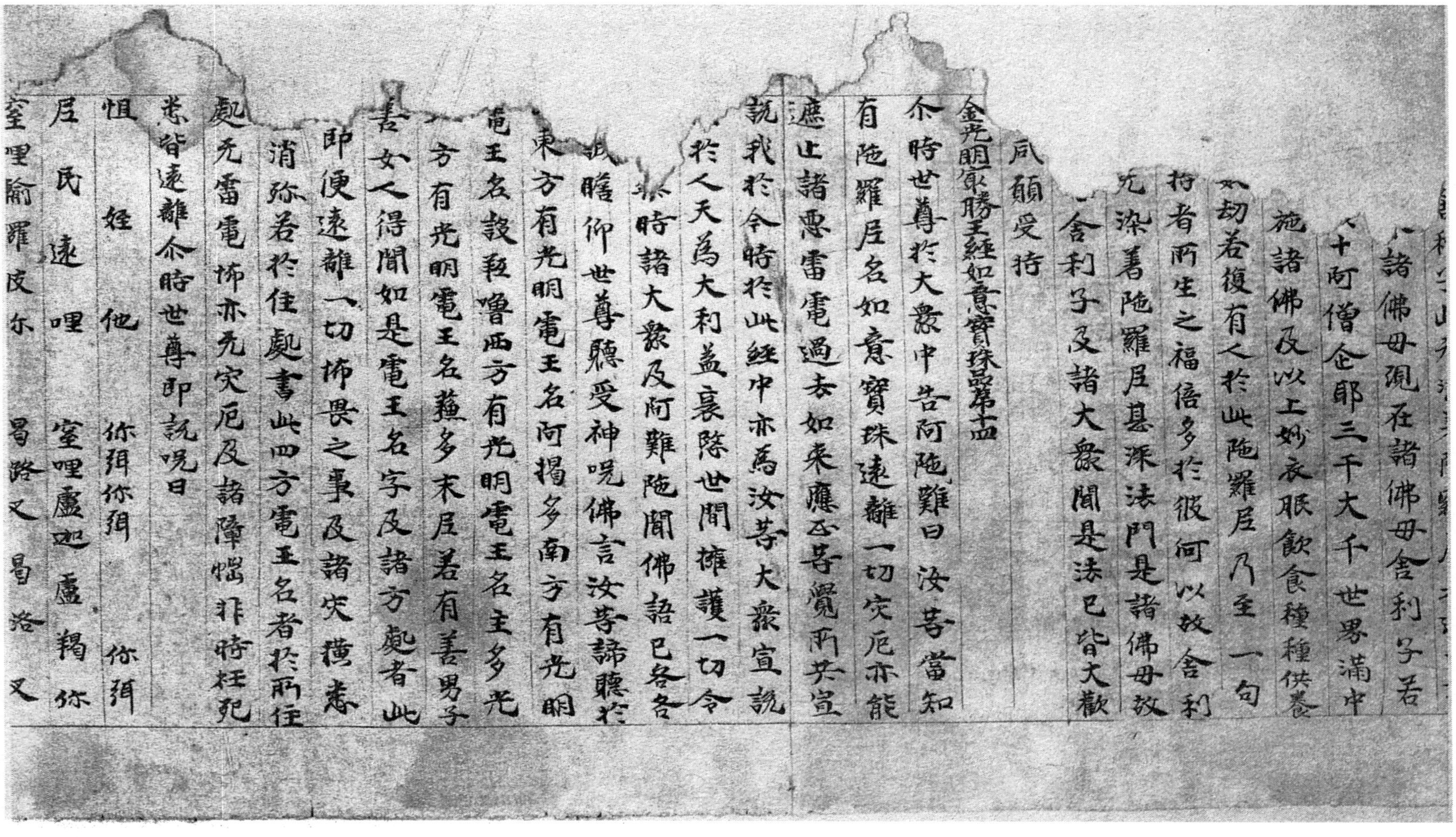
諸佛母現在諸佛母舍利子若
十阿僧企耶三千大千世界滿中
施諸佛及以上妙衣服飲食種種供養
劫若復有人於此陁羅尼乃至一句
持者所生之福倍多於彼何以故舍利
无染著陁羅尼甚深法門是諸佛母故
舍利子及諸大衆聞是法已皆大歡
喜頂受持
金光明最勝王經如意寶珠品第十四
尒時世尊於大衆中告阿難陁曰汝等當知
有陁羅尼名如意寶珠遠離一切災厄亦能
遮止諸惡雷電過去如來應正等覺所共宣
說我於今時於此經中亦為汝等大衆宣說
於人天為大利益哀愍世間擁護一切令
時諸大衆及阿難陁聞佛語已各各
瞻仰世尊聽受神呪佛言汝等諦聽於
東方有光明電王名阿揭多南方有光明
電王名設羝嚕西方有光明電王名主多光
方有光明電王名蘇多末尼若有善男子
善女人得聞如是電王名字及諸方處者此
即便遠離一切怖畏之事及諸災橫悉
消殄若於住處書此四方電王名者於所住
處无雷電怖亦无災厄及諸障惱非時枉死
悉皆遠離尒時世尊即說呪曰
怛 姪 他 你弭你弭 你弭
尼 民 達 哩 室哩盧迦 盧羯 你
室哩蔚羅 皮尒 曷路叉 曷路叉

BD07167 號　金光明最勝王經卷七　（5–3）

殃无雷電怖亦无灾厄及諸障惱非時枉死
悉皆遠離尒時世尊即說呪曰
怛 姪 他 你弭你弭 你弭
尼 民 遠 哩 室哩盧迦盧 羯 你
室哩輸擺波你 曷 喏 又 曷 喏 又
我某甲及此住處一切恐怖所有苦惱雷電
霹靂乃至枉死悉皆遠離莎訶
尒時觀自在菩薩摩訶薩在大衆中即從座
起偏袒右肩合掌恭敬白佛言世尊我今亦
於佛前略說如意寶珠神呪於諸人天為大
利益哀愍世間擁護一切令得安樂有大威
力所求如願即說呪曰
怛 姪 他 喝 帝 毗喝帝 你 喝 帝
鉢 喇 室 體 難 鉢喇底耶丁 蜜 室 囇
戍 提 目 羝 毗 末 麗 鉢 喇 婆 莎蘇活 囇
安 荼入聲 囉 般 荼 囉 稅平聲 帝
般 荼 囉 婆 死 你 喝 囉 羯 荼引 麗
劫 畢 麗 氷 揭 羅 悉 綺
達 地 目 企 曷 喏 又 曷 喏 又
我某甲及此住處一切恐怖所有苦惱乃
至枉死悉皆遠離願我莫見罪惡之事常
蒙聖觀自在菩薩大悲威光之所護念莎訶
尒時執金剛秘密主菩薩即從座起合掌恭
敬白佛言世尊我今亦說陁羅尼呪名曰无
勝於諸人天為大利益哀愍世間擁護一切
有大威力所求如願即說呪曰
怛姪他毋你毋 你 毋尼 囇 末 底 末 底

BD07167號　金光明最勝王經卷七　（5–4）

至枉死悉皆遠離
蒙聖觀自在菩薩大悲威光之所護念莎訶
尒時執金剛秘密主菩薩即從座起合掌恭
敬白佛言世尊我今亦說陁羅尼呪名曰无
勝於諸人天為大利益哀愍世間擁護一切
有大威力所求如願即說呪曰
怛姪他毋你毋 你 毋尼 囇 末 底 末 底
蘓末底莫訶末底 呵 呵 呵 摩 婆 以
那悉底帝引 波 跋 跋 折 擺 波 你
惡鉗火含 姪 嘌 荼上 莎 訶
世尊我此神呪名曰無勝擁護若有男女一
心受持書寫讀誦憶念不忘我於晝夜常
護是人於一切恐怖乃至枉死悉皆遠離
尒時索訶世界主梵天王即從座起合掌恭
敬白佛言世尊我亦有陁羅尼微妙法門於
諸人天為大利益哀愍世間擁護一切有大
威力所求如願即說呪曰
怛 姪 他 醞里弭里地里 莎訶
跋 羅 鉗 魔 布 囇 跋 囉 鉗 末 泜
跋 囉 鉗 魔 揭 鞞 補 澀 跛 僧 悉 怛 囇 莎訶
世尊我此神呪名曰梵治悉能擁護持是呪
者令離憂惱及諸罪業乃至枉死悉皆遠離

BD07167號　金光明最勝王經卷七　（5–5）

切衆生所有欲解當知菩薩摩訶薩亦有尒
所慧觀察智如是乃至一切衆生所有諸煩
惱門當知菩薩摩訶薩亦有尒所廣大慧門
如是乃至一切聲聞獨覺及正等覺所有遍
智當知菩薩摩訶薩亦有尒所慧所行處舍
利子如是等一切慧處諸菩薩摩訶薩皆於
其中精勤修學是則名爲菩薩妙慧
復次舍利子云何名爲菩薩摩訶薩到彼岸
義舍利子如是乃至一切所知諸妙善法能
到彼岸者當知皆是到彼岸義又舍利子
如上廣說一切慧句應知皆是到彼岸義又
諸菩薩修行差別圓滿之義當知皆是到彼
岸義於諸一切爲无爲法无執著義當知皆
如是一切智智圓滿之義當知皆是到彼岸義
是到彼岸義能善覺悟无量生死大過失義
當知皆是到彼岸義一切諸法有能開悟不
覺者義當知皆是到彼岸義有能開示无窮
盡法寶藏義者當知是爲到彼岸義无障解
脫圓滿義者當知是爲到彼岸義覺悟布施
持戒忍辱精進靜慮慧平等義當知是爲到
彼岸義審諦決擇善巧義者當知是爲到彼
岸義遍行一切衆生界義是則名爲到彼岸
義无生法忍圓滿之義是則名爲到彼岸義
不退轉地究竟滿義是則名爲到彼岸義清

BD07168號　大寶積經卷五三

（2–1）

諸菩薩修行差別圓滿之義當知皆是到彼
岸義於諸一切爲无爲法无執著義當知皆
如是一切智智圓滿之義當知皆是到彼岸義
是到彼岸義能善覺悟无量生死大過失義
當知皆是到彼岸義一切諸法有能開悟不
覺者義當知皆是到彼岸義有能開示无窮
盡法寶藏義者當知是爲到彼岸義无障解
脫圓滿義者當知是爲到彼岸義覺悟布施
持戒忍辱精進靜慮慧平等義當知是爲到
彼岸義審諦決擇善巧義者當知是爲到彼
岸義遍行一切衆生界義是則名爲到彼岸
義无生法忍圓滿之義是則名爲到彼岸義
不退轉地究竟滿義是則名爲到彼岸義清
淨修治諸佛土義是則名爲到彼岸義成熟
一切衆生義者是則名爲到彼岸義往詣道
場昇菩提座義是則名爲到彼岸義畢竟摧
伏諸魔軍義是則名爲到彼岸義一切佛法
皆圓滿義是則名爲到彼岸義於菩薩藏差

BD07168號　大寶積經卷五三

（2–2）

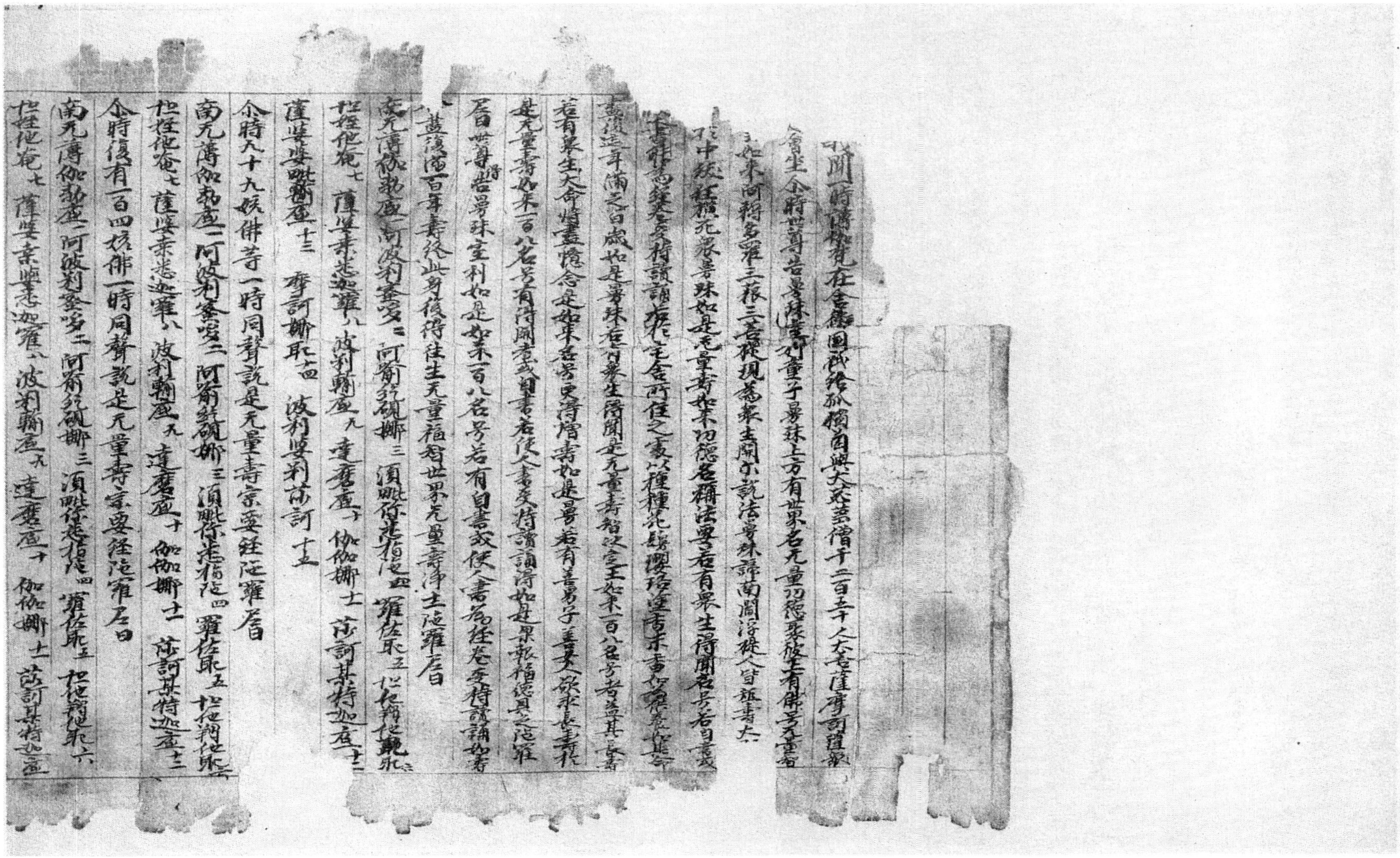

如是我聞一時薄伽梵在舍衛國祇樹給孤獨園與大苾芻僧千二百五十人大菩薩摩訶薩衆
俱爾時世尊告曼殊室利童子曼殊上方有世界名无量功德聚彼土有佛名无量智
決定王如來阿耨多羅三藐三菩提現為衆生開示說法曼殊室利南閻浮提人皆短壽大
限百年於中夭枉横死者衆曼殊若有衆生得聞是无量壽如來功德名稱法要若有衆生自書若
使人書成為經卷受持讀誦於舍宅之內以種種花鬘瓔珞塗香末香而為供養如其命盡復得延
年滿百歲如是曼殊室利若有衆生得聞是无量壽智決定王如來一百八名号者益其壽命若有
衆生大命將盡憶念是如來名号便得增壽如是曼殊室利若有善男子善女人欲求長壽於
是无量壽如來一百八名号若有聞者若自書若使人書受持讀誦得如是果報福德具足陀羅
尼曰世尊曼殊室利如是如來一百八名号若有自書或使人書為經卷受持讀誦如其
壽盡復滿百年壽終此身後得往生无量福智世界无量壽淨土陀羅尼曰
南无薄伽勃底一阿波唎蜜多二阿喻紇硯娜三須毗你悉指陀四囉佐耶五怛他羯他耶六
怛姪他唵七薩婆桑悉迦囉八波唎輸底九達磨底十伽伽娜十一莎訶某特迦底十二
薩婆婆毗輸底十三摩訶娜耶十四波唎婆唎莎訶十五
爾時九十九殑伽沙佛一時同聲說是无量壽宗要經陀羅尼曰
南无薄伽勃底一阿波唎蜜多二阿喻紇硯娜三須毗你悉指陀四囉佐耶五怛他羯他耶六
怛姪他唵七薩婆桑悉迦囉八波唎輸底九達磨底十伽伽娜十一莎訶某特迦底十二
爾時復有一百四殑伽沙佛一時同聲說是无量壽宗要經陀羅尼曰
南无薄伽勃底一阿波唎蜜多二阿喻紇硯娜三須毗你悉指陀四囉佐耶五怛他羯他耶六
怛姪他唵七薩婆桑悉迦囉八波唎輸底九達磨底十伽伽娜十一莎訶某特迦底十二

BD07169 號　無量壽宗要經　（6–1）

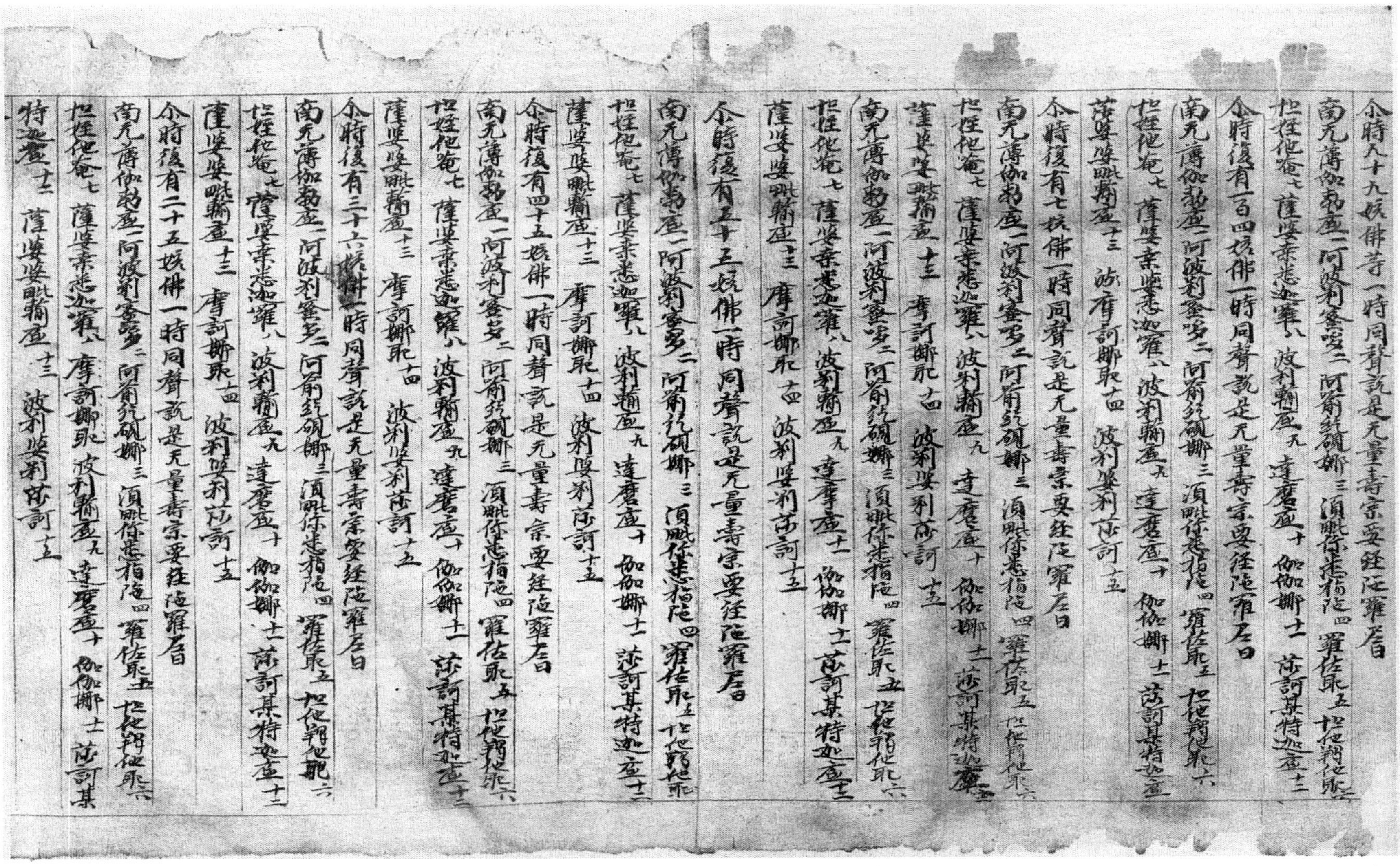

爾時九十九殑伽沙佛一時同聲說是无量壽宗要經陀羅尼曰
南无薄伽勃底一阿波唎蜜多二阿喻紇硯娜三須毗你悉指陀四囉佐耶五怛他羯他耶六
怛姪他唵七薩婆桑悉迦囉八波唎輸底九達磨底十伽伽娜十一莎訶某特迦底十二
爾時復有一百四殑伽沙佛一時同聲說是无量壽宗要經陀羅尼曰
南无薄伽勃底一阿波唎蜜多二阿喻紇硯娜三須毗你悉指陀四囉佐耶五怛他羯他耶六
怛姪他唵七薩婆桑悉迦囉八波唎輸底九達磨底十伽伽娜十一莎訶某特迦底十二
薩婆婆毗輸底十三摩訶娜耶十四波唎婆唎莎訶十五
爾時復有七殑伽沙佛一時同聲說是无量壽宗要經陀羅尼曰
南无薄伽勃底一阿波唎蜜多二阿喻紇硯娜三須毗你悉指陀四囉佐耶五怛他羯他耶六
怛姪他唵七薩婆桑悉迦囉八波唎輸底九達磨底十伽伽娜十一莎訶某特迦底十二
薩婆婆毗輸底十三摩訶娜耶十四波唎婆唎莎訶十五
爾時復有五十五殑伽沙佛一時同聲說是无量壽宗要經陀羅尼曰
南无薄伽勃底一阿波唎蜜多二阿喻紇硯娜三須毗你悉指陀四囉佐耶五怛他羯他耶六
怛姪他唵七薩婆桑悉迦囉八波唎輸底九達磨底十伽伽娜十一莎訶某特迦底十二
薩婆婆毗輸底十三摩訶娜耶十四波唎婆唎莎訶十五
爾時復有四十五殑伽沙佛一時同聲說是无量壽宗要經陀羅尼曰
南无薄伽勃底一阿波唎蜜多二阿喻紇硯娜三須毗你悉指陀四囉佐耶五怛他羯他耶六
怛姪他唵七薩婆桑悉迦囉八波唎輸底九達磨底十伽伽娜十一莎訶某特迦底十二
薩婆婆毗輸底十三摩訶娜耶十四波唎婆唎莎訶十五
爾時復有三十六殑伽沙佛一時同聲說是无量壽宗要經陀羅尼曰
南无薄伽勃底一阿波唎蜜多二阿喻紇硯娜三須毗你悉指陀四囉佐耶五怛他羯他耶六
怛姪他唵七薩婆桑悉迦囉八波唎輸底九達磨底十伽伽娜十一莎訶某特迦底十二
薩婆婆毗輸底十三摩訶娜耶十四波唎婆唎莎訶十五
爾時復有二十五殑伽沙佛一時同聲說是无量壽宗要經陀羅尼曰
南无薄伽勃底一阿波唎蜜多二阿喻紇硯娜三須毗你悉指陀四囉佐耶五怛他羯他耶六
怛姪他唵七薩婆桑悉迦囉八摩訶娜耶波唎輸底九達磨底十伽伽娜十一莎訶某
特迦底十二薩婆婆毗輸底十三波唎婆唎莎訶十五

BD07169 號　無量壽宗要經　（6–2）

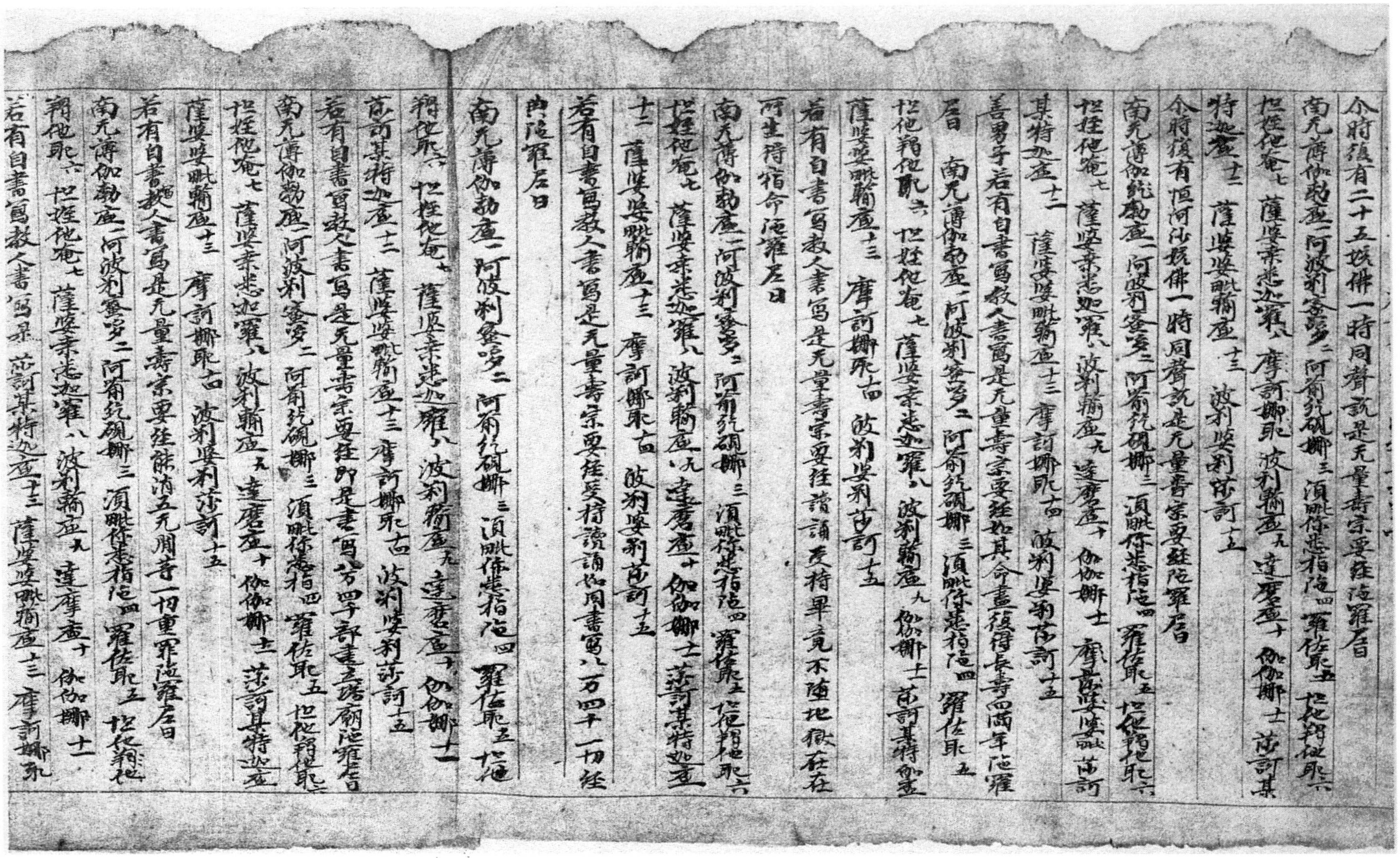
爾時復有二十五殑伽佛一時同聲說是无量壽宗要經陀羅尼曰
南无薄伽勃底一 阿波唎蜜多二 阿喻紇硯那三 須毗你悉指陀四 囉佐耶五 怛他羯他耶六
怛姪他唵七 薩婆桑悉迦囉八 摩訶娜耶 波唎輸底九 達磨底十 伽伽娜十一 莎訶某
特迦底十二 薩婆婆毗輸底十三 波唎婆唎莎訶十五
爾時復有恒河沙殑佛一時同聲說是无量壽宗要經陀羅尼曰
南无薄伽勃底一 阿波唎蜜多二 阿喻紇硯那三 須毗你悉指陀四 囉佐耶五 怛他羯他耶六
怛姪他唵七 薩婆桑悉迦囉八 波唎輸底九 達磨底十 伽伽娜十一 摩訶婆婆毗輸莎訶
某特迦底十二 薩婆婆毗輸底十三 摩訶娜耶十四 波唎婆唎莎訶十五
善男子若有自書寫教人書寫是无量壽宗要經如其命盡復得長壽滿百年陀羅
尼曰 南无薄伽勃底一 阿波唎蜜多二 阿喻紇硯那三 須毗你悉指陀四 囉佐耶五
怛他羯他耶六 怛姪他唵七 薩婆桑悉迦囉八 波唎輸底九 伽伽娜十一 莎訶某特伽底
薩婆婆毗輸底十三 摩訶娜耶十四 波唎婆唎莎訶十五
若有自書寫教人書寫是无量壽宗要經讀誦受持畢竟不墮地獄在在
所生得宿命陀羅尼曰
南无薄伽勃底一 阿波唎蜜多二 阿喻紇硯那三 須毗你悉指陀四 囉佐耶五 怛他羯他耶六
怛姪他唵七 薩婆桑悉迦囉八 波唎輸底九 達磨底十 伽伽娜十一 莎訶某特迦底
十二 薩婆婆毗輸底十三 摩訶娜耶十四 波唎婆唎莎訶十五
若有自書寫教人書寫是无量壽宗要經受持讀誦如同書寫八万四千一切經
典陀羅尼曰
南无薄伽勃底一 阿波唎蜜多二 阿喻紇硯那三 須毗你悉指陀四 囉佐耶五 怛他
羯他耶六 怛姪他唵七 薩婆桑悉迦囉八 波唎輸底九 達磨底十 伽伽娜十一
莎訶某特迦底十二 薩婆婆毗輸底十三 摩訶娜耶十四 波唎婆唎莎訶十五
若有自書寫教人書寫是无量壽宗要經即是書寫八万四千部建立塔廟陀羅尼曰
南无薄伽勃底一 阿波唎蜜多二 阿喻紇硯那三 須毗你悉指陀四 囉佐耶五 怛他羯他耶六
怛姪他唵七 薩婆桑悉迦囉八 波唎輸底九 達磨底十 伽伽娜十一 莎訶某特迦底
薩婆婆毗輸底十三 摩訶娜耶十四 波唎婆唎莎訶十五
若有自書寫教人書寫是无量壽宗要經能消五无間等一切重罪陀羅尼曰
南无薄伽勃底一 阿波唎蜜多二 阿喻紇硯那三 須毗你悉指陀四 囉佐耶五 怛他羯他
耶六 怛姪他唵七 薩婆桑悉迦囉八 波唎輸底九 達磨底十 伽伽娜十一
若有自書寫教人書寫是 莎訶某特迦底十二 薩婆婆毗輸底十三 摩訶娜耶

BD07169 號　無量壽宗要經　（6–3）

薩婆婆毗輸底十三 摩訶娜耶十四 波唎婆唎莎訶十五
若有自書寫教人書寫是无量壽宗要經能消五无間等一切重罪陀羅尼曰
南无薄伽勃底一 阿波唎蜜多二 阿喻紇硯那三 須毗你悉指陀四 囉佐耶五 怛他羯他
耶六 怛姪他唵七 薩婆桑悉迦囉八 波唎輸底九 達磨底十 伽伽娜十一
若有自書寫教人書寫是 莎訶某特迦底十二 薩婆婆毗輸底十三 摩訶娜耶
十四 波唎婆唎莎訶十五
若有自書寫教人書寫是无量壽宗要經受持讀誦設有重罪猶如須彌盡
能滅陀羅尼曰 南无薄伽勃底一 阿波唎蜜多二 阿喻紇硯那三 須毗你悉指陀四
囉佐耶五 怛他羯他耶六 怛姪他唵七 薩婆桑悉迦囉八 波唎輸底九 達磨底十
伽伽娜十一 莎訶某特迦底十二 薩婆婆毗輸底十三 摩訶娜耶十四 波唎婆唎莎訶十五
若有自書寫教人書寫是无量壽宗要經受持讀誦若魔魔之眷屬夜叉羅剎不得其
便終无枉死陀羅尼曰
南无薄伽勃底一 阿波唎蜜多二 阿喻紇硯那三 須毗你悉指陀四 囉佐耶五 怛他羯他耶六
怛姪他唵七 薩婆桑悉迦囉八 波唎輸底九 達磨底十 伽伽娜十一 莎訶某特迦底
薩婆婆毗輸底十三 摩訶娜耶十四 波唎婆唎莎訶十五
若有自書寫教人書寫是无量壽宗要經受持讀誦者命中時有九十九億佛現
其人前蒙千佛授手能遊一切佛剎莫於此經生於疑惑陀羅尼曰
南无薄伽勃底一 阿波唎蜜多二 阿喻紇硯那三 須毗你悉指陀四 囉佐耶五 怛他羯
他耶六 怛姪他唵七 薩婆桑悉迦囉八 波唎輸底九 達磨底十 伽伽娜十一 莎訶
某特迦底十二 薩婆婆毗輸底十三 摩訶娜耶十四 波唎婆唎莎訶十五
若有自書寫教人書寫是无量壽宗要經受持讀誦當得四天大王隨其衛護陀
羅尼曰 南无薄伽勃底一 阿喻紇硯那二 阿喻紇硯那三 須毗你悉指陀四 囉佐耶五 怛他
羯他耶六 怛姪他唵七 薩婆桑悉迦囉八 波唎輸底 達磨底十 伽伽娜十一 莎訶某特迦底十二
薩婆婆毗輸底十三 摩訶娜耶十四 波唎婆唎莎訶十五
若有自書寫教人書寫是无量壽宗要經受持讀誦當得往生西方極樂世界阿彌陀
佛土陀羅尼曰 南无薄伽勃底一 阿波唎蜜多二 阿喻紇硯那三 須毗你悉指陀四 囉佐耶
怛他羯他耶六 怛姪他唵七 薩婆桑悉迦囉八 波唎輸底九 達磨底十 伽伽娜十一
莎訶某特迦底十二 薩婆婆毗輸底十三 摩訶娜耶十四 波唎婆唎莎訶十五
若有方所自書寫使人書寫是无量壽經典之處則為是塔皆應恭敬作禮若是畜
生或為鳥獸得聞是經如是等類當不久得成一切種智陀羅尼曰

BD07169 號　無量壽宗要經　（6–4）

佛土陀羅尼曰 南无薄伽勒底一阿波利蜜多二阿翁紇硯那三須毗你指陀四囉佐耶
怛他羯他耶六 怛姪他唵七 薩婆桑悉迦羅八波利輸底九 達磨底十伽伽那十一
莎訶某持迦底十二 薩婆婆毗輸底十三 摩訶娜耶十四 波利婆利莎訶十五
若有方所自書寫使人書寫是无量壽經典之處則爲是塔皆應恭敬作礼若是畜
生或爲鳥獸得聞是經如是等類皆當不久得成一切種智陀羅尼曰
南无薄伽勒底一阿波利蜜多二阿翁紇硯那三須毗你悉指陀四囉佐耶五怛他羯他耶六
怛姪他唵七 薩婆桑悉迦羅八波利輸底九達磨底十伽伽那十一 莎訶某持迦底十二 薩婆婆
毗輸底十三 摩訶娜耶十四 波利婆利莎訶十五
若有於是无量壽經自書寫若使人書寫畢竟不受女人之身陀羅尼曰
南无薄伽勒底一阿波利蜜多二阿翁紇硯那三須毗你悉指陀四囉佐耶五怛他羯他耶六
怛姪他唵七 薩婆桑悉迦羅八波利輸底九達磨底十伽伽那十一 莎訶某持迦底十二
薩婆婆毗輸底十三 摩訶娜耶十四 波利婆利莎訶十五
若有能於是經少分布施者於三千大千世界滿中七寶布施陀羅尼曰
南无薄伽勒底一阿波利蜜多二阿翁紇硯那三須毗你悉指陀四囉佐耶五怛他羯他耶
怛姪他唵七 薩婆桑悉迦羅八波利輸底九、達磨底十伽伽那十一 莎訶某持迦底
薩婆婆毗輸底十三 摩訶娜耶十四 波利婆利莎訶十五
若有能供養是經者則是供養一切諸經无有異陀羅尼曰
南无薄伽勒底一阿波利蜜多二阿翁紇硯那三須毗你悉指陀四囉佐耶五怛他羯他耶
怛姪他唵七 薩婆桑悉迦羅八波利輸底九達磨底十伽伽那十一 莎訶某持迦底十二
薩婆婆毗輸底十三 摩訶娜耶十四 波利婆利莎訶十五
如毗婆尸佛尸棄佛毗舍浮佛俱留孫佛俱那含牟尼佛迦葉佛釋迦牟尼佛
若有人以七寶供養如是七佛其福有限書寫受持是无量壽經典所有功德不可限量
陀羅尼曰 南无薄伽勒底一阿波利蜜多二阿翁紇硯那三須毗你悉指陀四囉佐耶五
怛他羯他耶六 怛姪他唵七 薩婆桑悉迦羅八波利輸底九達磨底十伽伽那十一 薩訶
某持迦底十二 薩婆婆毗輸底十三 摩訶娜耶十四 波利婆利莎訶十五
若有七寶等於須彌以用布施其福上能知其限量是无量壽經典其福不可知數陀
羅尼曰 南无薄伽勒底一阿波利蜜多二阿翁紇硯那三須毗你悉指陀四囉佐耶五怛他羯
他耶六 怛姪他唵七 薩婆桑悉迦羅八波利輸底九達磨底十伽伽那十一莎訶某持迦底
莎訶婆婆毗輸底十三 摩訶娜耶十四 波利婆利莎訶十五
如是四大海水可知滴數是无量壽經典所生果報不可數量陀羅尼曰

BD07169號　無量壽宗要經　（6–5）

羅尼曰 南无薄伽勒底一阿波利蜜多二阿翁紇硯那三須毗你悉指陀四囉佐耶五怛他羯
他耶六 怛姪他唵七 薩婆桑悉迦羅八波利輸底九達磨底十伽伽那十一莎訶某持迦底
莎訶婆婆毗輸底十三 摩訶娜耶十四 波利婆利莎訶十五
如是四大海水可知滴數是无量壽經典所生果報不可數量陀羅尼曰
南无薄伽勒底一阿波利蜜多二阿翁紇硯那三須毗你悉指陀四囉佐耶五怛他羯他耶
怛姪他唵七 薩婆桑悉迦羅八波利輸底九達磨底十伽伽那十一 莎訶某持迦底
薩婆婆毗輸底十三 摩訶娜耶十四 波利婆利莎訶十五
若有自書寫使人書寫是无量壽經典人能讃持供養即如恭敬供養一切十方佛土也
末无有別異陀羅尼曰 南无薄伽勒底一阿波利蜜多二阿翁紇硯那三須毗你悉指陀
囉佐耶五 怛他羯他耶六 怛姪他唵七 薩婆桑悉迦羅八波利輸底九達磨底十
伽伽那十一 薩訶某持迦底十二 薩婆婆毗輸底十三 摩訶娜耶十四 波利婆利莎訶十五
布施力能成正覺 悟布施力人師子 布施力能聲普聞 慈悲消滅最能入
持戒力能成正覺 悟持戒力人師子 持戒力能聲普聞 慈悲消滅最能入
忍辱力能成正覺 悟忍辱力人師子 忍辱力能聲普聞 慈悲消滅最能入
精進力能成正覺 悟精進力人師子 精進力能聲普聞 慈悲消滅最能入
禪定力能成正覺 悟禪定力人師子 禪定力能聲普聞 慈悲消滅最能入
智慧力能成正覺 悟智慧力人師子 智慧力能聲普聞 慈悲消滅最能入
介時如來說是經已一切世間天人阿脩羅揵闥婆等聞佛所說皆大歡喜信受奉行
佛說无量壽宗要經

BD07169號　無量壽宗要經　（6–6）

化十方一切世界諸有情類皆住預流一
來不還阿羅漢果所獲福聚不如有人教一
有情令其安住獨覺菩提何以故憍尸迦獨
覺菩提所有功德勝預流等百千倍故憍尸
迦若善男子善女人等教化十方一切世界
諸有情類皆令安住獨覺菩提所獲福聚不
如有人教一有情令趣无上正等菩提何以
故憍尸迦若教有情令趣无上正等菩提則
令世間佛眼不斷所以者何由有菩薩摩訶
薩故便有預流一來不還阿羅漢果獨覺菩
提由有菩薩摩訶薩故便有如來應正等覺
證得无上正等菩提由有菩薩摩訶薩故便
有佛寶法寶僧寶一切世間歸依供養以是
故憍尸迦一切世間若天若魔若梵若沙門
若婆羅門及阿素洛人非人等應以無量上
妙花鬘塗散等香衣服瓔珞寶幢幡蓋衆妙
珎奇伎樂燈明盡諸所有供養恭敬尊重讚
歎菩薩摩訶薩憍尸迦由此當知若善男子
善女人等書寫如是甚深般若波羅蜜多施
他讀誦若轉書寫廣令流布所獲福聚勝前
福聚無量無邊何以故如是般若波羅蜜多
秘密藏中廣說一切世出世間勝善法故由

BD07170 號　大般若波羅蜜多經卷一三五　（2–1）

薩故便有預流一來不還阿羅漢果獨覺菩
提由有菩薩摩訶薩故便有如來應正等覺
證得无上正等菩提由有菩薩摩訶薩故便
有佛寶法寶僧寶一切世間歸依供養以是
故憍尸迦一切世間若天若魔若梵若沙門
若婆羅門及阿素洛人非人等應以無量上
妙花鬘塗散等香衣服瓔珞寶幢幡蓋衆妙
珎奇伎樂燈明盡諸所有供養恭敬尊重讚
歎菩薩摩訶薩憍尸迦由此當知若善男子
善女人等書寫如是甚深般若波羅蜜多施
他讀誦若轉書寫廣令流布所獲福聚勝前
福聚無量無邊何以故如是般若波羅蜜多
秘密藏中廣說一切世出世間勝善法故由
此般若波羅蜜多秘密藏中所說法故世間
便有剎帝利大族婆羅門大族長者大族居
士大族施設可得由此般若波羅蜜多秘密
藏中所說法故世間便有四大王衆天三十
三天夜摩天覩史多天樂變化天他化自在
天施設可得由此般若波羅蜜多秘密藏中
所說法故世間便有梵衆天梵輔天梵會天
大梵天施設可得由此般若波羅蜜多秘密
藏中所說法故世間便有光天少光天無量

BD07170 號　大般若波羅蜜多經卷一三五　（2–2）

眾弥勒白佛言世尊是人功德甚多无量无
邊若是施主但施衆生一切樂具功德无量
何況令得阿羅漢果佛告弥勒我今分明語
汝是人以一切樂具施於四百万億阿僧祇
世界六趣衆生又令得阿羅漢果所得功德
不如是第五十人聞法華經一偈隨喜功德
百分千分百千万億分不及其一乃至筭數
譬喻所不能知阿逸多如是第五十人展轉
聞法華經隨喜功德尚无量无邊阿僧祇何
況最初於會中聞而隨喜者其福復勝无量
无邊阿僧祇不可得比又阿逸多若人為是
經故往詣僧坊若坐若立須臾聽受緣是功
德轉身所生得好上妙象馬車乘珎寶輦輿
及乘天宮若復有人於講法處坐更有人來
勸令坐聽若分座令坐是人功德轉身得帝
釋坐處若梵王坐處若轉輪聖王所坐之處阿
逸多若復有人語餘人言有經名法華可共
往聽即受其教乃至須臾間聞是人功德轉身

BD07171 號　妙法蓮華經卷六　（3–1）

及乘天宮若復有人於講法處坐更有人來
勸令坐聽若分座令坐是人功德轉身得帝
釋坐處若梵王坐處若轉輪聖王所坐之處阿
逸多若復有人語餘人言有經名法華可共
往聽即受其教乃至須臾間聞是人功德轉身
得与陁羅尼菩薩共生一處利根智慧百千
万世終不瘖瘂口氣不臭舌常无病口亦无
病齒不垢黑不黄不踈亦不缺落不差
不曲脣不下垂亦不褰縮不麁澁不瘡胗亦
不缺壞亦不喎斜不厚不大亦不黧黑无諸
可惡鼻不匾㔸亦不曲戾面色不黑亦不狹
長亦不窊曲无有一切不可喜相脣舌牙齒
悉皆嚴好鼻脩高直面貌圓滿眉高而長額
廣平正人相具足世世所生見佛聞法信受教
誨阿逸多汝且觀是勸於一人令往聽法功德
如此何況一心聽說讀誦而於大衆為人分別如
說脩行尒時世尊欲重宣此義而說偈言
若人於法會　得聞是經典　乃至於一偈　隨喜為他說
如是展轉教　至于第五十　最後人獲福　今當分別之
如有大施主　供給无量衆　具滿八十歲　隨意之所欲
見彼衰老相　髮白而面皺　齒踈形枯竭　念其死不久
我今應當教　令得於道果　即為方便說　涅槃真實法
世皆不牢固　如水沫泡焰　汝等咸應當　疾生猒離心
諸人聞是法　皆得阿羅漢　具足六神通　三明八解脫
最後第五十　聞一偈隨喜　是人福勝彼　不可為譬喻

BD07171 號　妙法蓮華經卷六　（3–2）

悉皆嚴好　鼻脩高直　面貌圓滿　眉高而長　額
廣平正　人相具足　世世所生　見佛聞法　信受教
誨　阿逸多　汝且觀是　勸於一人　令往聽法　功德
如此　何況一心聽　說讀誦　而於大眾　為人分別　如
說脩行　尒時世尊　欲重宣此義　而說偈言
若人於法會　得聞是經典　乃至於一偈　隨喜為他說
如是展轉教　至于第五十　最後人獲福　今當分別之
如有大施主　供給无量眾　具滿八十歲　隨意之所欲
見彼衰老相　髮白而面皺　齒踈形枯竭　念其死不久
我今應當教　令得於道果　即為方便說　涅槃真實法
世皆不牢固　如水沫泡炎　汝等咸應當　疾生猒離心
諸人聞是法　皆得阿羅漢　具足六神通　三明八解脫
最後第五十　聞一偈隨喜　是人福勝彼　不可為譬喻
如是展轉聞　其福尚无量　何況於法會　初聞隨喜者
若有勸一人　將引聽法華　言此經深妙　千万劫難遇
即受教往聽　乃至須臾聞　斯人之福報　今當分別說
世世无口患　齒不踈黃黑　脣不厚褰缺　无有可惡相
舌不乾黑短　鼻高脩且直　……額
為人……

BD07171 號　妙法蓮華經卷六　（3–3）

……語綺語……
……過四无……
罪臨終之
受无量苦　其八子即為讀斯經典七遍　父母即
離地獄　而生天上　見佛聞法　悟无生忍　而證
菩提
佛告无导菩薩　毗婆尸佛時　有優婆塞優婆
夷　心不信邪　敬崇佛法　書寫此經　受持讀誦
隨作即作　一无所問　以正信故　兼行布施　平
等供養　得无漏身　成菩薩道　號曰普光如來
應正等覺　劫名大滿　國號无邊　一切人民　皆
行菩薩　无上正法
復次善男子　此八陽經　行在閻浮提　在在處
處　有八菩薩　諸梵天王　一切明靈　圍繞此經
香華供養　如佛无異　若善男子善女人等　為
諸眾生　講說此經　深解實相　得甚深理　即知
身心　佛身法心　所以能知　即知慧眼　見常種
種无盡色　色即是空　空即是色　受想行識　亦
空　即是妙色身如來　耳常聞種種无盡聲　聲
即是空　空即是聲　是妙音聲如來　鼻常嗅種
種无盡香　香即是空　空即是香　是香積如
來　舌常了種種无盡味　味即是空　空即是味
是法喜如來　常覺種種无盡觸　觸即是空

BD07172 號　天地八陽神咒經　（2–1）

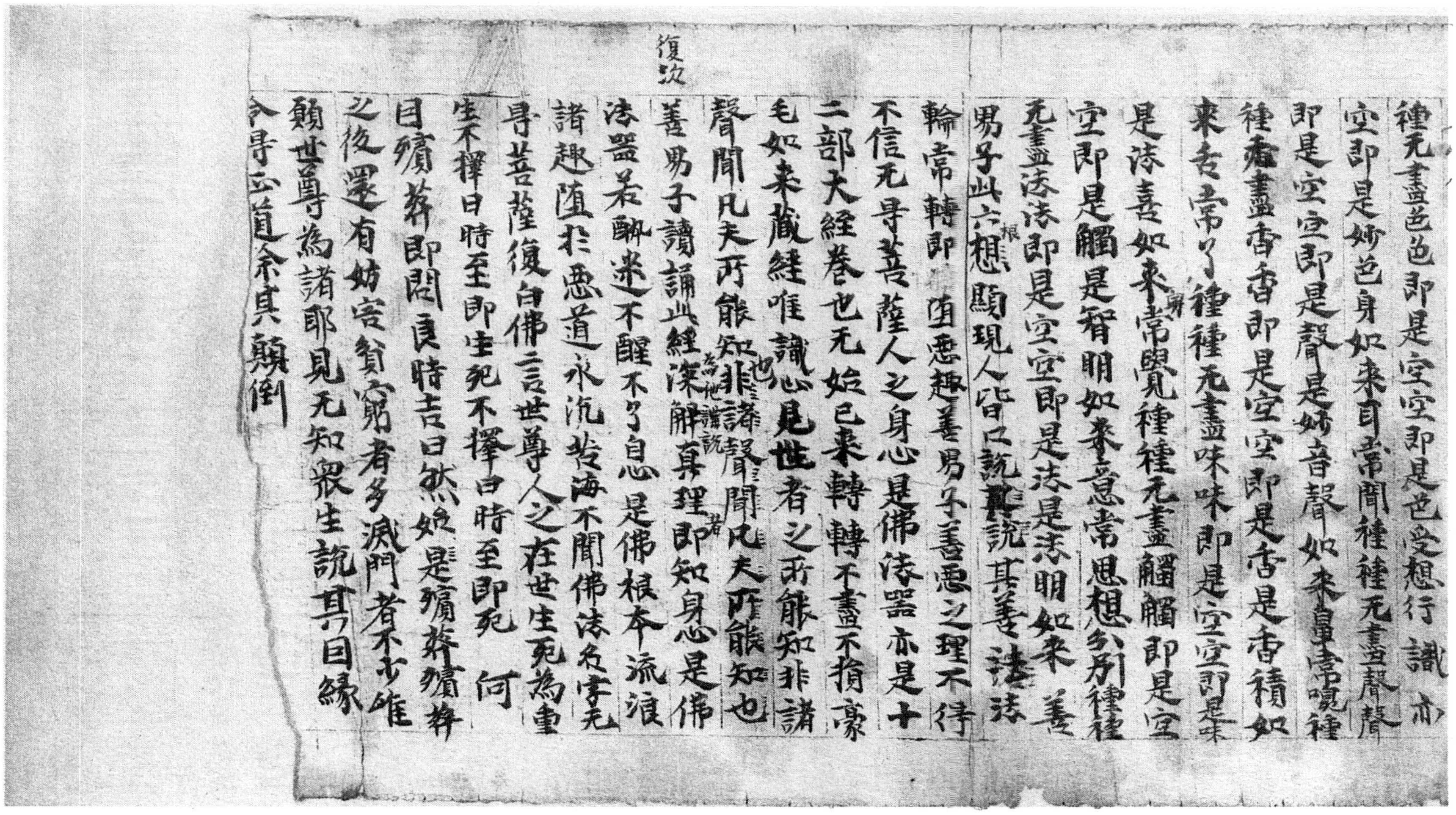

種无盡色色即是空空即是色受想行識亦
空即是妙色身如來耳常聞種種无盡聲聲
即是空空即是聲是妙音聲如來鼻常嗅種
種无盡香香即是空空即是香是香積如
來舌常了種種无盡味味即是空空即是味
是法喜如來身常覺種種无盡觸觸即是空
空即是觸是智明如來意常思想分別種種
无盡法法即是空空即是法是法明如來 善
男子此六根顯現人皆口說常說善語法
輪常轉即墮惡趣善男子善惡之理不得
不信无量菩薩人之身心是佛法器亦是十
二部大經卷也无始已來轉轉不盡不損豪
毛如來藏經唯識心見性者之所能知非諸
聲聞凡夫所能知非諸聲聞凡夫所能知也
善男子讀誦此經深解真理即知身心是佛
法器若醉迷不醒不了自心是佛根本流浪
諸趣墮於惡道永沉苦海不聞佛法名字无
量菩薩復白佛言世尊人之在世生死為重
生不擇日時至即生死不擇日時至即死 何
因殯葬即問良時吉日然始殯葬殯葬
之後還有妨害貧窮者多滅門者不少唯
願世尊為諸邪見无知眾生說其因緣
令其正道除其顛倒

BD07172 號　天地八陽神咒經

（2–2）

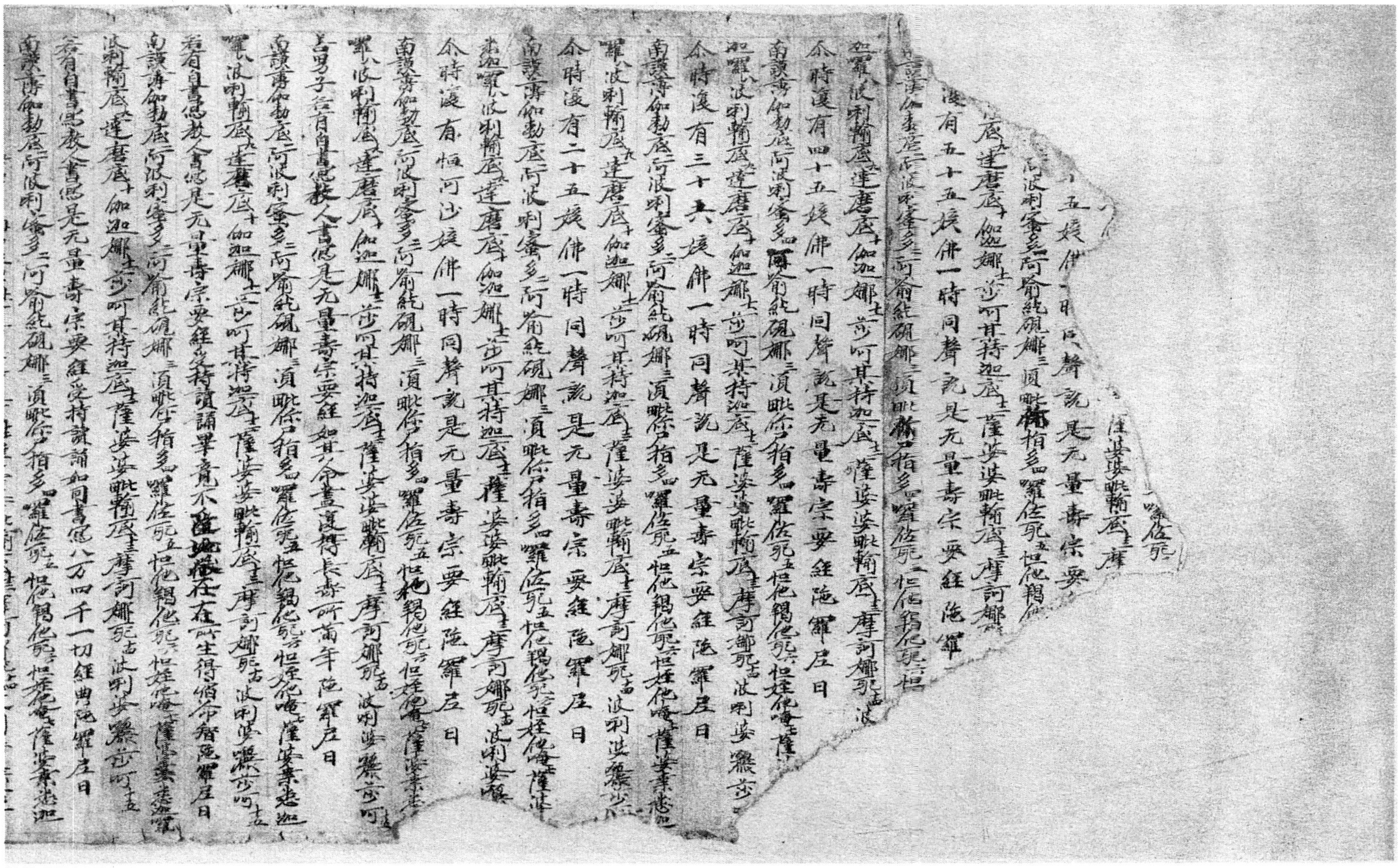

爾時復有四十五姟佛一時同聲說是无量壽宗要經陁羅尼曰
爾時復有三十六姟佛一時同聲說是无量壽宗要經陁羅尼曰
爾時復有二十五姟佛一時同聲說是无量壽宗要經陁羅尼曰
爾時復有恒河沙姟佛一時同聲說是无量壽宗要經陁羅尼曰

BD07173 號　無量壽宗要經

（4–1）

南謨薄伽勃底一阿波唎蜜多二阿喻紇硯娜三須毗你尸指多四囉佐耶五怛他羯他耶六怛姪他唵七薩婆桑悉迦
囉八波唎輸底九達磨底十伽迦娜十一莎呵其持迦底十二薩婆婆毗輸底十三摩訶娜耶十四波唎婆嚂莎呵十五
若有自書寫教人書寫是无量壽宗要經受持讀誦畢竟不墮地獄在在所生得宿命智陁羅尼曰
南謨薄伽勃底一阿波唎蜜多二阿喻紇硯娜三須毗你尸指多四囉佐耶五怛他羯他耶六怛姪他唵七薩婆桑悉迦囉
波唎輸底八達磨底九伽迦娜十莎呵其持迦底十一薩婆婆毗輸底十二摩訶娜耶十三波唎婆嚂莎呵十四
若有自書寫教人書寫是无量壽宗要經受持讀誦如同書寫八万四千一切經典陁羅尼曰
南謨薄伽勃底一阿波唎蜜多二阿喻紇硯娜三須毗你尸指多四囉佐耶五怛他羯他耶六怛姪他唵七薩婆桑悉迦
囉八波利輸底九達磨底十伽迦娜十一莎呵其持迦底十二薩婆婆毗輸底十三摩訶娜耶十四波唎婆嚂莎呵十五
若有自書寫教人書寫是无量壽宗要經受持讀誦此是書寫八万四千部建立塔廟陁羅尼曰
南謨薄伽勃底一阿波唎蜜多二阿喻紇硯娜三須毗你尸指多四囉佐耶五怛他羯他耶六怛姪他唵七薩婆桑悉迦
囉八波唎輸底九達磨底十伽迦娜十一莎呵其持迦底十二薩婆婆毗輸底十三摩訶娜耶十四波唎婆嚂莎呵十五
若有自書寫教人書寫是无量壽宗要經受持讀誦設有重罪猶如須弥盡能除滅陁羅尼曰
南謨薄伽勃底一阿波唎蜜多二阿喻紇硯娜三須毗你尸指多四羅佐耶五怛他羯他耶六怛姪他唵七薩婆桑悉迦囉八波唎輸
底九達磨底十伽迦娜十一莎呵其持迦底十二薩婆婆毗輸底十三摩訶娜耶十四波唎婆嚂莎呵十五
若有自書寫教人書寫是无量壽宗要經受持讀誦若魔魔之眷屬夜叉羅剎不得其便終无枉死陁羅
尼曰
南謨薄伽勃底一阿波唎蜜多二阿喻紇硯娜三須毗你尸指多四囉佐耶五怛他羯他耶六怛姪他唵七薩婆桑悉
迦囉八波唎輸底九達磨底十伽迦娜十一莎呵其持迦底十二薩婆婆毗輸底十三摩訶娜耶十四波唎婆嚂莎呵十五
若有自書寫教人書寫是无量壽宗要經受持讀誦當命終時有九十九佛現其人
前爲千佛授手能遊一切佛剎莫於此經生疑惑陁羅尼曰
南謨薄伽勃底一阿波唎蜜多二阿喻紇硯娜三須毗你尸指多四囉佐耶五怛他羯他耶六怛姪他唵七薩婆桑悉
迦囉八波唎輸底九達磨底十伽迦娜十一莎呵其持迦底十二薩婆婆毗輸底十三摩訶娜耶十四波唎婆嚂莎呵十五
若有自書寫教人書寫是无量壽宗要經受持讀誦常得四天大王隨其衛護陁羅尼曰
南謨薄伽勃底一阿波唎蜜多二阿喻紇硯娜三須毗你尸指多四囉佐耶五怛他羯他耶六怛姪他唵七薩婆桑悉迦囉
波唎輸底八達磨底九伽迦娜十莎呵其持迦底十一薩婆婆毗輸底十二摩訶娜耶十三波唎婆嚂莎呵十四
若有自書寫教人書寫是无量壽宗要經受持讀誦當得往生西方極樂世界阿弥陁淨土陁羅尼曰
南謨薄伽勃底一阿波唎蜜多二阿喻紇硯娜三須毗你尸指多四囉佐耶五怛他羯他耶六怛姪他唵七薩婆桑悉迦
囉八波唎輸底九達磨底十伽迦娜十一莎呵其持迦底十二薩婆婆毗輸底十三摩訶娜耶十四波唎婆嚂莎呵十五
若有方所自書寫教人書寫是无量壽宗要經之處則爲塔皆應恭敬作禮若是畜生或
爲息鷇得聞是經如是等類皆當不久得成種智陁羅尼曰
南謨薄伽勃底一阿波唎蜜多二阿喻紇硯娜三須毗你尸指多四囉佐耶五怛他羯他耶六怛姪他唵七薩婆桑悉
迦囉八波唎輸底九達磨底十伽迦娜十一莎呵其持迦底十二薩婆婆毗輸底十三摩訶娜耶十四波唎婆嚂莎呵十五
若有於是无量壽經自書寫使人書寫畢竟不受女人之身陁羅尼曰
南謨薄伽勃底一阿波唎蜜多二阿喻紇硯娜三須毗你尸指多四囉佐耶五怛他羯他耶六怛姪他唵七薩婆桑悉迦囉

BD07173號　無量壽宗要經

（4–2）

南謨薄伽勃底一阿波唎蜜多二阿喻紇硯娜三須毗你尸指多四囉佐耶五怛他羯他耶六怛姪他唵七薩婆桑
悉迦囉八波唎輸底九達磨底十伽迦娜十一莎呵其持迦底十二薩婆婆毗輸底十三摩訶娜耶十四波唎婆嚂莎呵十五
若有於是无量壽經自書寫使人書寫畢竟不受女人之身陁羅尼曰
南謨薄伽勃底一阿波唎蜜多二阿喻紇硯娜三須毗你尸指多四囉佐耶五怛他羯他耶六怛姪他唵七薩婆桑悉迦囉
波唎輸底八達磨底九伽迦娜十莎呵其持迦底十一薩婆婆毗輸底十二摩訶娜耶十三波唎婆嚂莎呵十四
若有能於是經少分能惠施者等於三千大千世界滿中七寶布施陁羅尼曰
南謨薄伽勃底一阿波唎蜜多二阿喻紇硯娜三須毗你尸指多四囉佐耶五怛他羯他耶六怛姪他唵七薩婆桑悉迦
囉八波唎輸底九達磨底十伽迦娜十一莎呵其持迦底十二薩婆婆毗輸底十三摩訶娜耶十四波唎婆嚂莎呵十五
若有能供養是經者則是供養一切諸經等无有異陁羅尼曰
南謨薄伽勃底一阿波唎蜜多二阿喻紇硯娜三須毗你尸指多四囉佐耶五怛他羯他耶六怛姪他唵七薩婆桑悉
迦囉八波唎輸底九達磨底十伽迦娜十一莎呵其持迦底十二薩婆婆毗輸底十三摩訶娜耶十四波唎婆嚂莎呵十五
如是毗婆尸佛　尸弃佛　毗舍浮佛　俱留孫佛　俱那含牟尼佛　迦葉佛　釋迦牟尼佛
若有人以七寶供養如是七佛其福有限書寫受持是无量壽經典所有功德不可數量陁羅尼曰
南謨薄伽勃底一阿波唎蜜多二阿喻紇硯娜三須毗你尸指多四囉佐耶五怛他羯他耶六怛姪他唵七薩婆桑悉迦
囉八波唎輸底九達磨底十伽迦娜十一莎呵其持迦底十二薩婆婆毗輸底十三摩訶娜耶十四波唎婆嚂莎呵十五
若有七寶等於須弥以用布施其福上能知其限量是无量壽經典其福不可數量陁羅尼曰
南謨薄伽勃底一阿波唎蜜多二阿喻紇硯娜三須毗你尸指多四囉佐耶五怛他羯他耶六怛姪他唵七薩婆桑悉迦囉八
波唎輸底九達磨底十伽迦娜十一莎呵其持迦底十二薩婆婆毗輸底十三摩訶娜耶十四波唎婆嚂莎呵十五
如是四大海水可知滴數是无量壽經典所生果報不可數量陁羅尼曰
南謨薄伽勃底一阿波唎蜜多二阿喻紇硯娜三須毗你尸指多四囉佐耶五怛他羯他耶六怛姪他唵七薩婆桑悉迦囉八
波唎輸底九達磨底十伽迦娜十一莎呵其持迦底十二薩婆婆毗輸底十三摩訶娜耶十四波唎婆嚂莎呵十五
若有自書寫使人書寫是无量壽宗要經典又能讓持供養即如恭敬供養一切十方佛土如來
无有別異陁羅尼曰
南謨薄伽勃底一阿波唎蜜多二阿喻紇硯娜三須毗你尸指多四囉佐耶五
怛他羯他耶六怛姪他唵七薩婆桑悉迦囉八波唎輸底九達磨底十伽迦娜十一莎呵其持迦底十二薩婆婆毗輸底
摩訶娜耶十四波唎婆嚂莎呵十五

布施力能成正覺　悟布施力人師子　布施力能聲普聞　慈悲階漸最能入
持戒力能成正覺　悟持戒力人師子　持戒力能聲普聞　慈悲階漸最能入
忍辱力能成正覺　悟忍辱力人師子　忍辱力能聲普聞　慈悲階漸最能入
精進力能成正覺　悟精進力人師子　精進力能聲普聞　慈悲階漸最能入
禪定力能成正覺　悟禪定力人師子　禪定力能聲普聞　慈悲階漸最能入
智慧力能成正覺　悟智慧力人師子　智慧力能聲普聞　慈悲階漸最能入
尒時如來說是經已一切世間天人阿脩羅揵闥婆等聞佛所說皆大歡喜信受奉行

BD07173號　無量壽宗要經

（4–3）

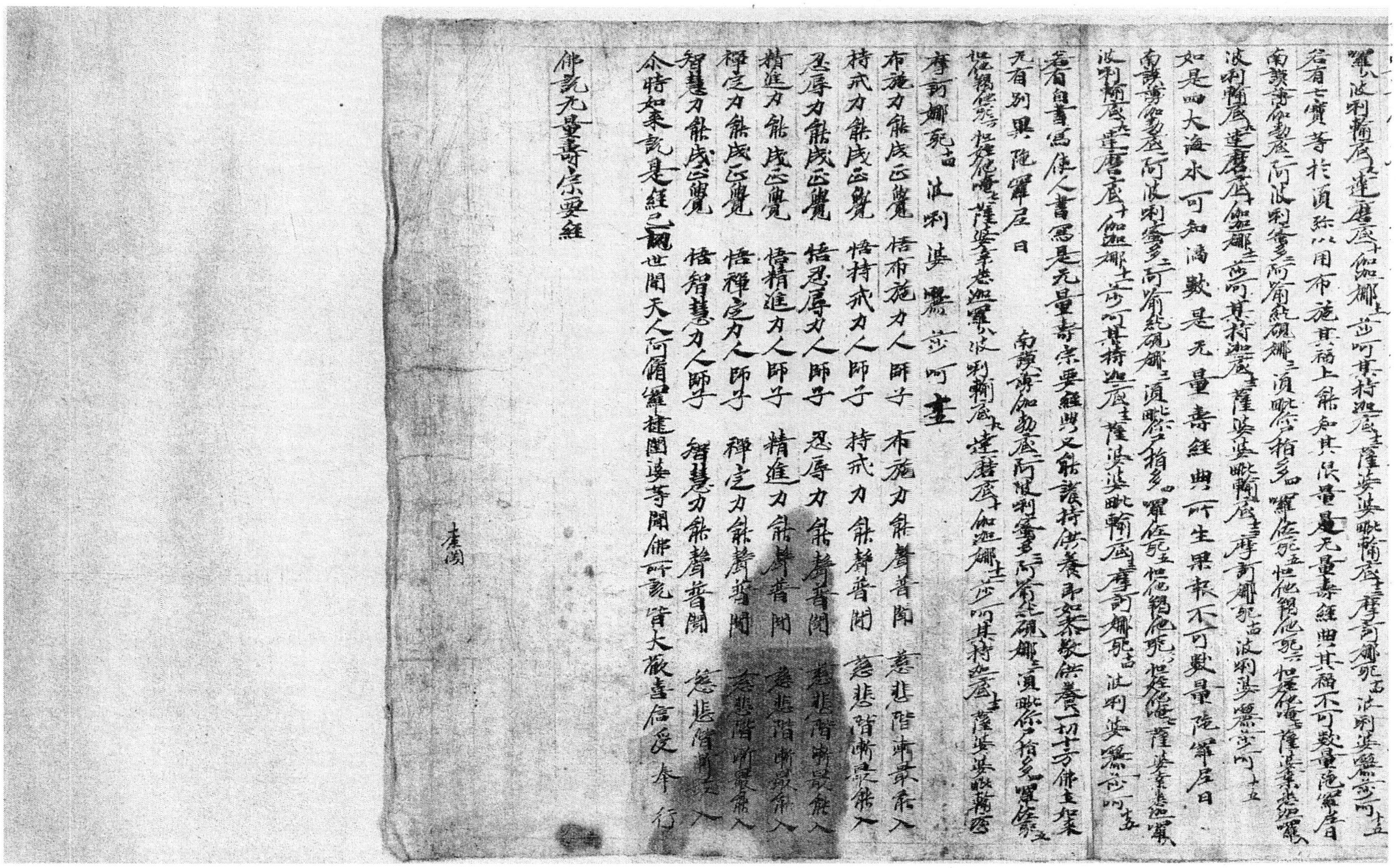
囉八波唎輸底九達磨底十伽伽娜十一莎訶其持迦底十二薩婆婆毗輸底十三摩訶娜耶十四波唎婆嚟莎訶十五
若有七寶等於須弥以用布施其福上能知其限量是无量壽經典其福不可數量陀羅尼曰
南謨薄伽勃底一阿波唎蜜多二阿喻紇硯娜三須毗你指多四囉佐耶五怛他羯他耶六怛姪他唵七薩婆桑悉迦囉八
波唎輸底九達磨底十伽伽娜十一莎訶其持迦底十二薩婆婆毗輸底十三摩訶娜耶十四波唎婆嚟莎訶十五
如是四大海水可知滴數是无量壽經典所生果報不可數量陀羅尼曰
南謨薄伽勃底一阿波唎蜜多二阿喻紇硯娜三須毗你指多四囉佐耶五怛他羯他耶六怛姪他七唵薩婆桑悉迦囉
波唎輸底八達磨底九伽伽娜十莎訶其持迦底十一薩婆婆毗輸底十二摩訶娜耶十三波唎婆嚟莎訶十四
若有自書寫使人書寫是无量壽宗要經典又能護持供養即如恭敬供養一切十方佛土如來
无有別異陀羅尼曰　南謨薄伽勃底一阿波唎蜜多二阿喻紇硯娜三須毗你指多四囉佐耶五
怛他羯他耶六怛姪他七唵薩婆桑悉迦囉八波唎輸底九達磨底十伽伽娜十一莎訶其持迦底十二薩婆婆毗輸底
摩訶娜耶十三波唎婆嚟莎訶　盡
布施力能成正覺　悟布施力人師子　布施力能聲普聞　慈悲階中聲響入
持戒力能成正覺　悟持戒力人師子　持戒力能聲普聞　慈悲階中聲響入
忍辱力能成正覺　悟忍辱力人師子　忍辱力能聲普聞　慈悲階中聲響入
精進力能成正覺　悟精進力人師子　精進力能聲普聞　慈悲階中聲響入
禪定力能成正覺　悟禪定力人師子　禪定力能聲普聞　慈悲階中聲響入
智慧力能成正覺　悟智慧力人師子　智慧力能聲普聞　慈悲階中聲響入
尒時如來說是經已一切世間天人阿脩羅揵闥婆等聞佛所說皆大歡喜信受奉行
佛說无量壽宗要經
李闍

BD07173 號　無量壽宗要經　（4–4）

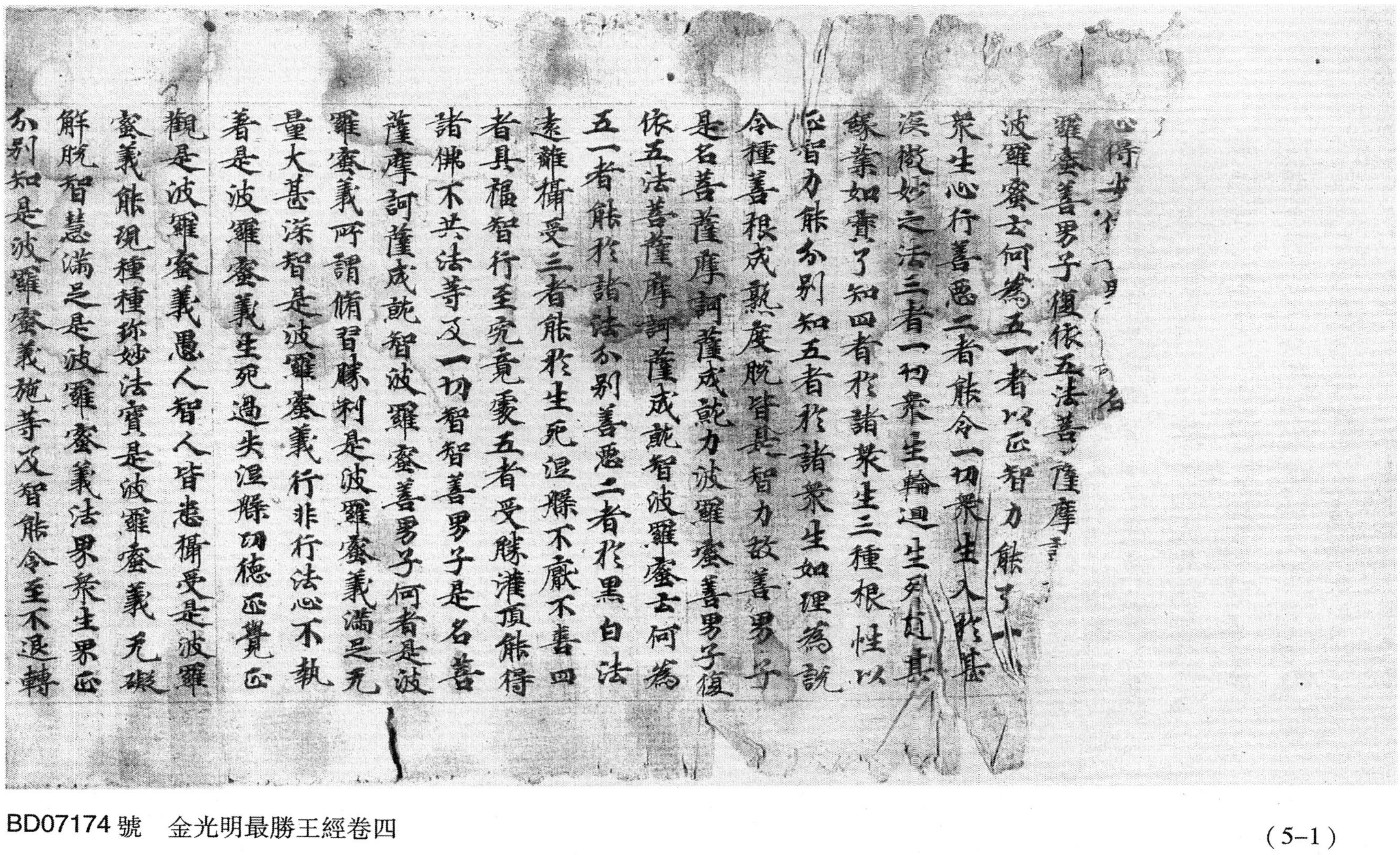
心行……
羅蜜善男子復依五法菩薩摩訶
波羅蜜成就云何為五一者以正智力能了一
衆生心行善惡二者能令一切衆生入於甚
深微妙之法三者一切衆生輪迴生死隨其
緣業如實了知四者於諸衆生三種根性以
正智力能分別知五者於諸衆生如理為說
令種善根成熟度脫皆是智力故善男子
是名菩薩摩訶薩成就力波羅蜜善男子復
依五法菩薩摩訶薩成就智波羅蜜云何為
五一者能於諸法分別善惡二者於黑白法
遠離攝受三者能於生死涅槃不厭不喜四
者具福智行至究竟處五者受勝灌頂能得
諸佛不共法等及一切智智善男子是名菩
薩摩訶薩成就智波羅蜜善男子何者是波
羅蜜義所謂脩習勝利是波羅蜜義滿足无
量大甚深智是波羅蜜義行非行法心不執
著是波羅蜜義生死過失涅槃功德正覺正
觀是波羅蜜義愚人智人皆悉攝受是波羅
蜜義能現種種珎妙法寶是波羅蜜義无礙
解脫智慧滿足是波羅蜜義法界衆生界正
分別知是波羅蜜義施等及智能令至不退轉

BD07174 號　金光明最勝王經卷四　（5–1）

觀是波羅蜜義愚人智人皆悉攝受是波羅
蜜義能現種種珎妙法寶是波羅蜜義无礙
解脫智慧滿足是波羅蜜義法界衆生界正
分別知是波羅蜜義施等及智能令至不退轉
是波羅蜜義无生法忍能令滿足是波羅蜜
義一切衆生功德善根能令成熟是波羅蜜
義能於菩提成佛十力四无所畏不共法等皆
悉成就是波羅蜜義生死涅槃了无二相是
波羅蜜義濟度一切是波羅蜜義一切外道
來相詰難善能解釋令其降伏是波羅蜜
義能轉十二妙行法轉是波羅蜜義无所著
无所見无患累是波羅蜜多義
善男子初地菩薩是相先現三千大千世界
无量无邊種種寶藏无不盈滿菩薩悉見善
男子二地菩薩是相先現三千大千世界地
平如掌无量无邊種種妙色清淨珎寶莊嚴
之具菩薩悉見善男子三地菩薩是相先現
自身勇健甲伏莊嚴一切怨賊皆能摧伏菩
薩悉見善男子四地菩薩是相先現四方風
輪種種妙花悉皆散灑充布地上菩薩悉見
善男子五地菩薩是相先現有妙寶女衆寶
瓔珞周遍嚴身首冠名花以為其飾菩薩悉
見善男子六地菩薩是相先現七寶花池有
四階道金砂遍布清淨无穢八功德水皆悉
盈滿嗢鉢羅花拘物頭花分陁利花隨處莊
嚴於花池所遊戲快樂清涼无比菩薩悉見

BD07174 號　金光明最勝王經卷四　（5–2）

見善男子六地菩薩是相先現七寶花池有
四階道金砂遍布清淨无穢八功德水皆悉
盈滿嗢鉢羅花拘物頭花分陁利花隨處莊
嚴於花池所遊戲快樂清涼无比菩薩悉見
善男子七地菩薩是相先現於菩薩前有諸
衆生應墮地獄以菩薩力便得不墮无有損
傷亦无恐怖菩薩悉見善男子八地菩薩是
相先現於身兩邊有師子王以為衛護一切
衆獸悉皆怖畏菩薩悉見善男子九地菩薩
是相先現轉輪聖王无量億衆圍繞供養頂
上白蓋无量衆寶之所莊嚴菩薩悉見善男
子十地菩薩是相先現如來之身金色晃耀无
量淨光悉皆圓滿有无量億梵王圍繞恭敬
供養轉於无上微妙法輪菩薩悉見
善男子云何初地名為歡喜謂初證得出世
之心昔所未得而今始得於大事用如其所願
悉皆成就生極喜樂是故最初名為歡喜諸
微細垢犯戒過失皆得清淨是故二地名為
无垢无量智慧三昧光明不可傾動无能摧
伏聞持陁羅尼以為根本是故三地名為
明地以智慧火燒諸煩惱增長光明修行覺
品是故四地名為燄地修行方便勝智自在
極難得故見脩煩惱難伏能伏是故五地名為
難勝行法相續了了顯現无相思惟皆悉
現前是故六地名為現前无漏无間无相思
惟解脫三昧遠脩行故是地清淨无有障礙

BD07174 號　金光明最勝王經卷四　（5–3）

極難得故見脩煩惱難伏能伏是故五地名為
難勝行法相續了了顯現无相思惟皆悉
現前是故六地名為現前无漏无間无相思
惟解脫三昧遠脩行故是地清淨无有障㝵
是故七地名為遠行无相思惟脩得自在諸
煩惱行不能令動是故八地名為不動說一
切法種種差別皆得自在无患无累增長智
慧自在无㝵是故九地名為善慧法身如虛
空智慧如大雲皆能遍滿覆一切故是故第
十名為法雲
善男子執著有相我法无明怖畏生死惡趣无
明此二无明障於初地微細學處誤犯无明發
起種種業行无明此二无明障於二地未得
令得愛著无明能障殊勝總持无明此二
无明障於三地味著等至喜悅无明微妙淨
法愛樂无明此二无明障於四地欲背生死无
明希趣涅槃无明此二无明障於五地觀行
流轉无明麁相現前无明此二无明障於
六地微細諸相現行无明作意欣樂无相无
明此二无明障於七地於无相觀功用无明執
相自在无明此二无明障於八地於所說義
及名句文此二无量未善巧无明於詞辯才
不隨意无明此二无明障於九地於大神通
未得自在變現无明微細祕密未能悟解事
業无明此二无明障於十地於一切境微細
所知障㝵无明極細煩惱麁重无明此二无明
障於佛地

BD07174號　金光明最勝王經卷四　（5–4）

明此二无明障於七地於无相觀功用无明執
相自在无明此二无明障於八地於所說義
及名句文此二无量未善巧无明於詞辯才
不隨意无明此二无明障於九地於大神通
未得自在變現无明微細祕密未能悟解事
業无明此二无明障於十地於一切境微細
所知障㝵无明極細煩惱麁重无明此二无明
障於佛地
善男子菩……初地中行施波羅蜜
於第二地行……地行忍波羅
蜜於第四地……於第五地行定波
羅蜜於第六地……於第七地行方
便勝智波羅蜜於第八地行願波羅蜜於第
九地行力波羅蜜於第十地行智波羅蜜善
男子菩薩摩訶薩最初發心攝受能生妙寶
三摩地第二發心攝受能生可愛樂三摩地
第三發心攝受能生難動三摩地第四發心
攝受能生不退轉三摩地第五發心……
生寶花三摩地第六……
勝三摩地……

BD07174號　金光明最勝王經卷四　（5–5）

門清淨一十一
何以故若一切智智清淨若一
淨若自相空清淨無二
故
善現一切智智清淨故預流果清淨預流果
清淨故自相空清淨何以故若一切智智清
淨若預流果清淨若自相空清淨無二無二
分無別無斷故一切智智清淨故一來不還
阿羅漢果清淨一來不還阿羅漢果清淨
自相空清淨何以故若一切智智清淨若一
來不還阿羅漢果清淨若自相空清淨無二
無二分無別無斷故善現一切智智清淨故
獨覺菩提清淨獨覺菩提清淨故自相空清
淨何以故若一切智智清淨若獨覺菩提清
淨若自相空清淨無二無二分無別無斷故
善現一切智智清淨故一切菩薩摩訶薩
行清淨一切菩薩摩訶薩行清淨故自相
空清淨何以故若一切智智清淨若一切菩薩
摩訶薩行清淨若自相空清淨無二無二分無
別無斷故善現一切智智清淨故諸佛無上

BD07175 號　大般若波羅蜜多經卷二五四　（3–1）

淨若自相空清淨無二無二分無別無斷故
善現一切智智清淨故一切菩薩摩訶薩
行清淨一切菩薩摩訶薩行清淨故自相
空清淨何以故若一切智智清淨若一切菩薩
摩訶薩行清淨若自相空清淨無二無二分無
別無斷故善現一切智智清淨故諸佛無上
正等菩提清淨諸佛無上正等菩提清淨故
自相空清淨何以故若一切智智清淨若諸
佛無上正等菩提清淨若自相空清淨無二無
二分無別無斷故
復次善現一切智智清淨故色清淨色清淨
故共相空清淨何以故若一切智智清淨若
色清淨若共相空清淨無二無二分無別無
斷故一切智智清淨故受想行識清淨受想
行識清淨故共相空清淨何以故若一切智
智清淨若受想行識清淨若共相空清淨無
二無二分無別無斷故善現一切智智清淨
故眼處清淨眼處清淨故共相空清淨何以
故若一切智智清淨若眼處清淨若共相空
清淨無二無二分無別無斷故一切智智清
淨故耳鼻舌身意處清淨耳鼻舌身意處
清淨故共相空清淨何以故若一切智智清淨
若耳鼻舌身意處清淨若共相空清淨無二
無二分無別無斷故善現一切智智清淨故
色處清淨色處清淨故共相空清淨何以故
若一切智智清淨若色處清淨若共相空清
淨無二無二分無別無斷故一切智智清淨

BD07175 號　大般若波羅蜜多經卷二五四　（3–2）

若耳鼻舌身意處清淨故若共相空清淨無二
無二分無別無斷故善現一切智智清淨故
色處清淨色處清淨故共相空清淨何以故
若一切智智清淨若色處清淨若共相空清
淨無二無二分無別無斷故一切智智清淨
故聲香味觸法處清淨聲香味觸法處
清淨故共相空清淨何以故若一切智智清淨若
聲香味觸法處清淨若共相空清淨無二無二
分無別無斷故善現一切智智清淨故眼界
清淨眼界清淨故共相空清淨何以故若一
切智智清淨若眼界清淨若共相空清淨無
二無二分無別無斷故一切智智清淨故
色界眼識界乃至眼觸眼觸為緣所生諸受清
淨色界乃至眼觸為緣所生諸受清淨故共
相空清淨何以故若一切智智清淨若色界
乃至眼觸為緣所生諸受清淨若共相空清
淨無二無二分無別無斷故善現一切智智
清淨故耳界清淨耳界清淨故共相空清
淨何以故若一切智智清淨若耳界清淨若共
相空清淨無二無二分無別無斷故一切智
智清淨故聲界耳識界及耳觸耳觸為緣所
生諸受清淨聲界乃至耳觸為緣所生諸受
清淨故共相空清淨何以故若一切智智清

BD07175 號　大般若波羅蜜多經卷二五四　（3–3）

瑜伽師地論卷第廿二　彌勒菩薩說　沙門玄奘奉　詔譯
本地分中聲聞地第十三初瑜伽處出離地第三之一
如是已說趣入地云何出離地嗢拕南曰
若世間離欲　如是出世間　及此二資糧　是名出離地
謂若由世間道而趣離欲若由出世道而趣
離欲若此二道所有資糧揔略為一名出離
地
云何名為由世間道而趣離欲謂如有一於
下欲界觀為麁相於初靜慮離生喜樂若定
若生觀為靜相彼由多住如是觀時便於欲
界而得離欲亦能證入最初靜慮如是復於
初靜慮上漸次如應一切下地觀為麁相一
切上地觀為靜相彼由多住如是觀時便於
乃至無所有處而得離欲亦能證入乃至非
想非非想處如是名為由世間道而趣離欲除
此更無若過若增
云何名為由出世道而趣離欲謂如有一親
近善士於聖法中已成聰慧於聖法中已得
調順於苦聖諦如實知苦於集聖諦如實知
集於滅聖諦如實知滅於道聖諦如實知道
既得成就有學智見從此已後漸循聖道
遍於三界見修所斷一切法中自能離繫
自得解脫如是便能超過三界如是名為由

BD07176 號　瑜伽師地論卷二二　（2–1）

若世間離欲如是出世間及此二資糧是名出離地
謂若由世間道而趣離欲若由出世道而趣
離欲若此二道所有資糧總略為一名出離
地
云何名為由世間道而趣離欲謂如有一於
下欲界觀為麁相於初靜慮離生喜樂若定
若生觀為靜相彼由多住如是觀時便於欲
界而得離欲亦能證入最初靜慮如是復於
初靜慮上漸次如應一切下地觀為麁相一
切上地觀為靜相彼由多住如是觀時便於
乃至无所有處而得離欲亦能證入乃至非
想非非想處如是名為由世間道而趣離欲除
此更无若過若增
云何名為由出世道而趣離欲謂如有一親
近善士於聖法中已成聰慧於聖法中已得
調順於苦聖諦如實知苦於集聖諦如實知
集於滅聖諦如實知滅於道聖諦如實知道
既得成就有學智見從此已後漸修聖道
遍於三界見修所斷一切法中自能離繫
自得解脫如是便能超過三界如是名為由
出世道而趣離欲
云何名為二道資糧嗢柁南曰

BD07176 號　瑜伽師地論卷二二　（2–2）

瑜伽論卷廿二

三

開

BD07176 號背　勘記　（1–1）

前也又解色陰爲形四陰爲相共四陰爲相或以名爲相如虛空者前也虛空之中
无云黄可得法无戲論者非謂一等四執爲戲論欲明有相雖除空病未
遣是故名字空之病爲戲論也法无我而者又解向者已結陰相二來
生陰二法又解之可幸我爲明所空也從法分別以下次就十八界廣明法空所
以說廣法空實生空者高由生空易解法空難識是以廣明法空先
明六根是空以相等能了色嚴字爲分別故或實云不同句今明根空
法中无有分別之相離諸識者以識无釋根空法无有此者根空故无有可相
此返以无相待者以塵空或根亦欲明既无待相之塵那得有此塵之根法
不屬因之不在緣者或根大无故无因可屬大因之虛故无緣可在因緣義
者大於根近以之爲緣塵望根遠以爲緣因緣故稱屬緣弱之故言在緣合
緣生故不屬不在又云之可遠用結諸爲因緣法同法性入諸法者上句明
有因於无下句明无同於有欲明有本不可有何得不同无也无之无那得不入有
又解根大他諸法之數諸法既空六根之法何獨不空无所隨者彿上隨如語向
言法隨於如空謂有一如句隨今明根空即句所隨諸不動者諸有无之邊空
故不動法性如真實際有何等異解云遠邊爲法性中間爲真如現前分明
爲實際也從法不同動搖以下次明六識空此六識攀緣不高名動搖也不
依六塵者以塵或識空欲明所緣既能緣安在法无去來者耳識遍眼識爲
來二俱空故名无去來也法常住不動者現在邊識之空故常不更住現在
邊中法須空者以三空結也從法離好醜以下次明六塵空法无好醜等者由界
文前有美惡之別增者從微至著損者從著至微生滅者既无增損何有生

BD07177 號　維摩詰所說經疏（擬）　（3–1）

為實際也從法不同動搖以下次明六諸〻空此六諸攀緣不亭名動搖也不
依六塵者以塵〻成識〻空故明所緣既能緣在法无去來者耳識遍眼識為
來二俱空故名无去來也法常住不動者現在這識之空故常不更住現在
導中法煩空者以三空結也從法離好醜以下次明六塵〻空法无好醜等者由彼
故猶有美惡之別增者從微至著損者從著至微生滅者既无增損何有生
滅无所歸者〻塵〻空故為根識所歸法遍眼耳等者以塵空故緣不能得名為
過法无高下者欲界為下色界為高常住不動者〻空故不同動法離觀
行者塵〻空无觀行可以及也豈〻可說者豈〻作有法說于後无說法以次後教也
向來所者今離着今次教者為令生解无說是者非无能說但无所說可示
无聞无得者无說聽无聞无所示故无得也為幻人說者以幻人如幻不實
无心幻於也當立此意而為說者故事來為說也從嘗了以下弟二次呵說小也
前有之時為呵以為教今者說小權其教為呵文一解若真亦知也又一解空是曰
連以達理應以為說為示為說故持須也大乘本非目連以解縱令不說抵過
處輕故但教也善于知見者向明知根此一句次明知法也以大悲者應同大悲
之心不說大也念報佛恩者念本以知法為恩今弘亦傳化未聖本意名報
恩也不斷三寶者即出報恩之事百八百之徒皆發心者欲明我悲慕
歎於抑人之善但存大益呵嘖也
迦葉所以彼呵者正由行慈不等浚彼呵也又云乞食之時有三不如法故
被呵中有三不如法一者乞時不如法二者呵食時不如法三者呵食後不
如法就初之中復有四義弟一呵慈悲不等弟二呵情期慶近弟三呵慈
願不深弟四呵期福田而不能普者光明〻慈不等迦葉以富貴之人
類因深厚今得樂報貧者過因淺薄現為交苦所惱以根與貧者當時
之慶故偏造其舍而從乞也所以然者迦葉自知得識盡之人如此人者宿
舍能使人得現世樂報故造其舍乞也須名可為富无現善來世知致
總更豈受樂何有異也若爾何為獨略貧人而遺富也里者廿五家為里
住平等法應以乞食法一解應以平等方於有中起慈以行乞又解住於
心平等者方應以乞食未能設然一朝何應乞也從為不食以下弟四之

BD07177號　維摩詰所說經疏（擬）

（3–2）

无慢无染无執无依无得无行故无得也為幼人說者以幼人知幼不實
无心幼於也常立此意而為說者故菩薩為說也從當了以下第二次呵說小也
前有之時為呵為教今者說小維其教為呵文一解若真不知也又一解室是目
連以達理應為說為不為說故特須也大乘本非目連所解縱令不說猶過
處輕故但教也善于知見者自明知根此一句次明知法也又大悲者應同大悲
之心不說大也念歎念愚者今以知法為恩今能亦傳化述聖本意名教
恩也不斷三寶者即出教恩之事耳八百之徒皆發心者欲明我悲慕
歎於抑人之善但存大益呵嘖也
迦葉所以彼呵者正由行慈不等復彼呵也又云乞食之時有三不如法故
被呵中又有三不如法一者乞時不如法二者呵食時不如法三者呵食後不
如法就初之中復有四義第一呵慈悲不等第二呵請期慶近第三呵慈
系不涤第四呵期福田而不能普者光明此又慈不等迦葉以富貴之人
積因厚今得樂歎貧者過因淺薄現次為交貴所撫敘与貧者當時
之慶故偏造其舍而從乞也所以然一者迦葉自知得滅盡定之人如此人者舍
舍能使人得現世樂報故造其慈乞也浄名呵為富无現善素悲知致
總更光迷樂何有異也若爾何為獨照貧人而貴富也里者廿五家為里
住平等也法應以乞食妹一解應以平等方於有中起慈以行乞又解住於
心平等者方應以乞法食未能涯然一暗何應乞也從為不食以下第句之
中第二明情期優近迦葉為意但与世業為異之不存出世為貴是以冬

世尊其主平正頗梨為地寶樹莊
為繩以界道側妙華覆地周遍清淨
見者歡喜无四惡道地獄餓鬼畜生阿脩羅道
有天人諸聲聞衆及諸菩薩无量万億莊嚴
其國佛壽十二小劫正法住世二十小劫像法
亦住二十小劫尒時世尊欲重宣此義而說偈言
諸比丘衆 皆一心聽 如我所說 真實无異
當以種種 妙好供具 供養諸佛
起七寶塔 亦以華香 供養舍利
身 得佛智慧 成等正覺 國主清淨
度脫无量 萬億衆生 皆為十方 之所供養
佛之光明 无能勝者 其佛號曰 閻浮金光
菩薩聲聞 斷一切有 无量无數 莊嚴其國
尒時世尊復告大衆我今語汝是大目揵連當
以種種供具供養八千諸佛恭敬尊重諸佛
塔廟高千由旬縱廣正等五百由
琉璃車璖馬瑙真珠玫瑰七寶合

BD07178號　妙法蓮華經卷三　（4–1）

尒時世尊復告大衆我今語汝是大目揵連當
以種種供具供養八千諸佛恭敬尊重諸佛
塔廟高千由旬縱廣正等五百由
琉璃車璖馬瑙真珠玫瑰七寶合
瓔珞塗香末香燒香繒蓋幢幡以用
供養過是已後當復供養二百万億諸佛
亦復如是當得成佛号曰多摩羅跋栴檀香
如來應供正遍知明行足善逝世間解无上
士調御丈夫天人師佛世尊劫名喜滿國名
其主平正頗梨為地寶樹莊嚴散真珠
淨見者歡喜多諸天人菩薩聲聞
量佛壽二十四小劫正法住世四十
小劫像法亦住四十小劫尒時世尊欲重宣
此義而說偈言
我此弟子 大目揵連 捨是身已 得見八千
二百万億 諸佛世尊 為佛道故 供養恭敬
於諸佛所 常脩梵行 於无量劫 奉持佛法
諸佛滅後 起七寶塔 長表金剎 華香伎樂
諸佛塔廟 漸漸具足 菩薩道已
國 而得作佛 号多摩羅 栴檀之香
其佛壽命 二十四劫 常為天人 演說佛道
聲聞无量 如恒河沙 三明六通 有大威德
菩薩无數 志固精進 於佛智慧 皆不退轉
佛滅度後 正法當住 四十小劫 像法亦尒
我諸弟子 威德具足 其數五百 皆當授記
世 咸得成佛 我及汝等 宿世因緣

BD07178號　妙法蓮華經卷三　（4–2）

聲聞无量 如恒河沙 三明六通 有大威德
菩薩无數 志固精進 於佛智慧 皆不退轉
佛滅度後 正法當住 四十小劫 像法亦尒
我諸弟子 威德具足 其數五百 皆當授記
於未來世 咸得成佛 我及汝等 宿世因緣
吾今當說 汝等善聽
妙法蓮華經化城喻品第七
佛告諸比丘乃往過去无量无邊不可思議
阿僧祇劫尒時有佛名大通智勝如來應供
正遍知明行足善逝世間解无上士調御丈
夫天人師佛世尊其國名好成劫名大相諸
比丘彼佛滅度已來大久遠譬如三千大千
世界所有地種假使有人磨以為墨過於東
方千國土乃下一點大如微塵又過千國土
復下一點如是展轉盡地種墨於汝等意云
何是諸國土若筭師若筭師弟子能得邊際
知其數不不也世尊諸比丘是人所經國土
若點不點盡末為塵一塵一劫彼佛滅度已
來復過是數无量无邊百千萬億阿僧祇
劫我以如來知見力故觀彼久遠猶若今日
尒時世尊欲重宣此義而說偈言
我念過去世 无量无邊劫 有佛兩足尊 名大通智勝
如人以力磨 三千大千土 盡此諸地種 皆悉以為墨
過於千國土 乃下一塵點 如是展轉點 盡此諸塵墨
如是諸國土 點與不點等 復盡末為塵 一塵為一劫
此諸微塵數 其劫復過是 彼佛滅度來 如是无量劫

BD07178號　妙法蓮華經卷三　（4–3）

知其數不不也世尊諸比丘是人所經國土
若點不點盡末為塵一塵一劫彼佛滅度已
來復過是數无量无邊百千萬億阿僧祇
劫我以如來知見力故觀彼久遠猶若今日
尒時世尊欲重宣此義而說偈言
我念過去世 无量无邊劫 有佛兩足尊 名大通智勝
如人以力磨 三千大千土 盡此諸地種 皆悉以為墨
過於千國土 乃下一塵點 如是展轉點 盡此諸塵墨
如是諸國土 點與不點等 復盡末為塵 一塵為一劫
此諸微塵數 其劫復過是 彼佛滅度來 如是无量劫
如來无礙智 知彼佛滅度 及聲聞菩薩 如見今滅度
諸比丘當知 佛智淨微妙 无漏无所礙 通達无量劫
佛告諸比丘大通智勝佛壽五百四十萬億那
由他劫其佛本坐道場破魔軍已垂得阿耨
多羅三藐三菩提而諸佛法不現在前如是
一小劫乃至十小劫結加趺坐身心不動而
諸佛法猶不在前尒時忉利諸天先為彼佛
於菩提樹下敷師子座高一由旬佛於此坐
當得阿耨多羅三藐三菩提

BD07178號　妙法蓮華經卷三　（4–4）

南无[illegible]勝佛　南无波頭摩華佛　南无手脚柔濡觸身佛　南无闍滿足佛　南无勝威德佛　南无波頭[illegible]身佛　南无[illegible]大精進究竟佛　南无大海佛　南无大藥王佛　南无无量香佛　南无无量行佛　南无寶生佛　南无法作佛　南无勝作佛　南无[illegible]佛

南[illegible]　南无[illegible]　南无[illegible]　南[illegible]　南[illegible]　南无[illegible]　南无无邊功德寶佛　南无无邊功德寶佛　南无金色作佛　南无自在作佛　南无无量功德佛　南无光作佛　南[illegible]

BD07179 號　佛名經（十六卷本）卷二

（3–1）

南无[illegible]佛　南无勝作佛　南[illegible]佛　南无火作佛　南无樂作佛　南无賢作佛　南无華作佛　南无俱蘇摩勝藏佛　南无波頭摩勝藏佛　南无快勝藏佛　南无天勝藏佛　南无大雲藏佛　[illegible]佛　南无[illegible]藏佛　南无金剛藏佛　南无勢羅藏佛　南无波頭摩藏佛

從此以上一千佛十二部經一切賢聖

南无香藏佛　南无賢藏佛　南无月无垢藏佛　南无照藏佛　[illegible]佛

南无[illegible]佛　南无自在作佛　南无无量功德佛　南无光作佛　南无[illegible]作佛　南无[illegible]　南无[illegible]　南[illegible]　南无憂波[illegible]　南无功德勝藏佛　南无福德勝藏佛　南无那羅延藏佛　南无香勝藏佛　南无功德藏佛　南无如意藏佛　南无德藏佛　南无山藏　南无俱藏　南无摩尼藏佛　南无普藏佛　南无白藏佛　南无光明幢佛　南无功德幢佛

BD07179 號　佛名經（十六卷本）卷二

（3–2）

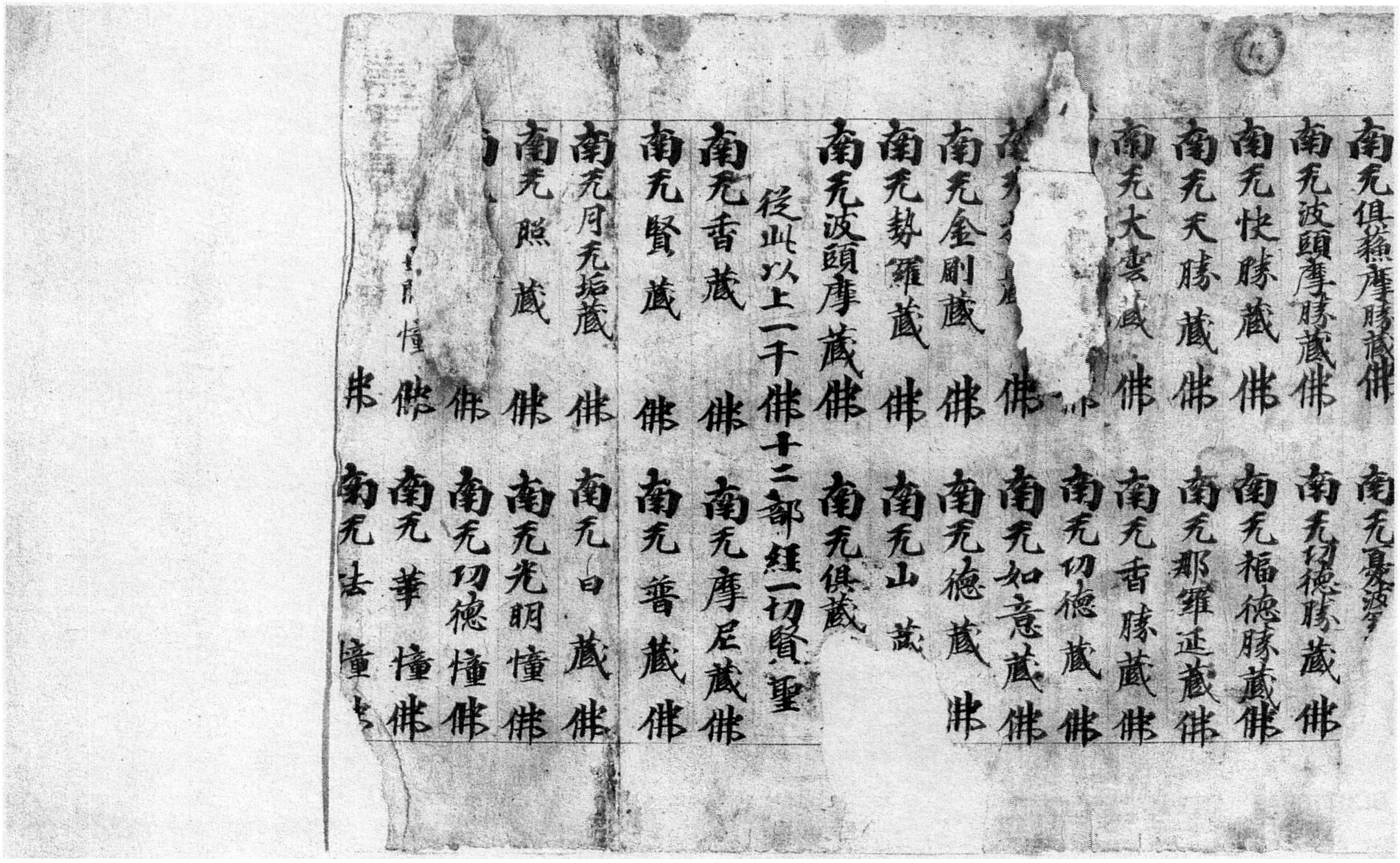
南无俱蘇摩勝藏佛　南无憂波[illegible]
南无波頭摩勝藏佛　南无功德勝藏佛
南无快勝藏佛　南无福德勝藏佛
南无天勝藏佛　南无那羅延藏佛
南无大雲藏佛　南无香勝藏佛
南[illegible]佛　南无功德藏佛
南无[illegible]藏佛　南无如意藏佛
南无金剛藏佛　南无德藏佛
南无勢羅藏佛　南无山[illegible]藏
南无波頭摩藏佛　南无俱藏[illegible]
從此以上一千佛十二部經一切賢聖
南无香藏佛　南无摩尼藏佛
南无賢藏佛　南无普藏佛
南无月无垢藏佛　南无白藏佛
南无照藏佛　南无光明幢佛
南[illegible]佛　南无功德幢佛
[illegible]幢佛　南无華幢佛
[illegible]佛　南无法幢[illegible]

BD07179 號　佛名經（十六卷本）卷二　（3–3）

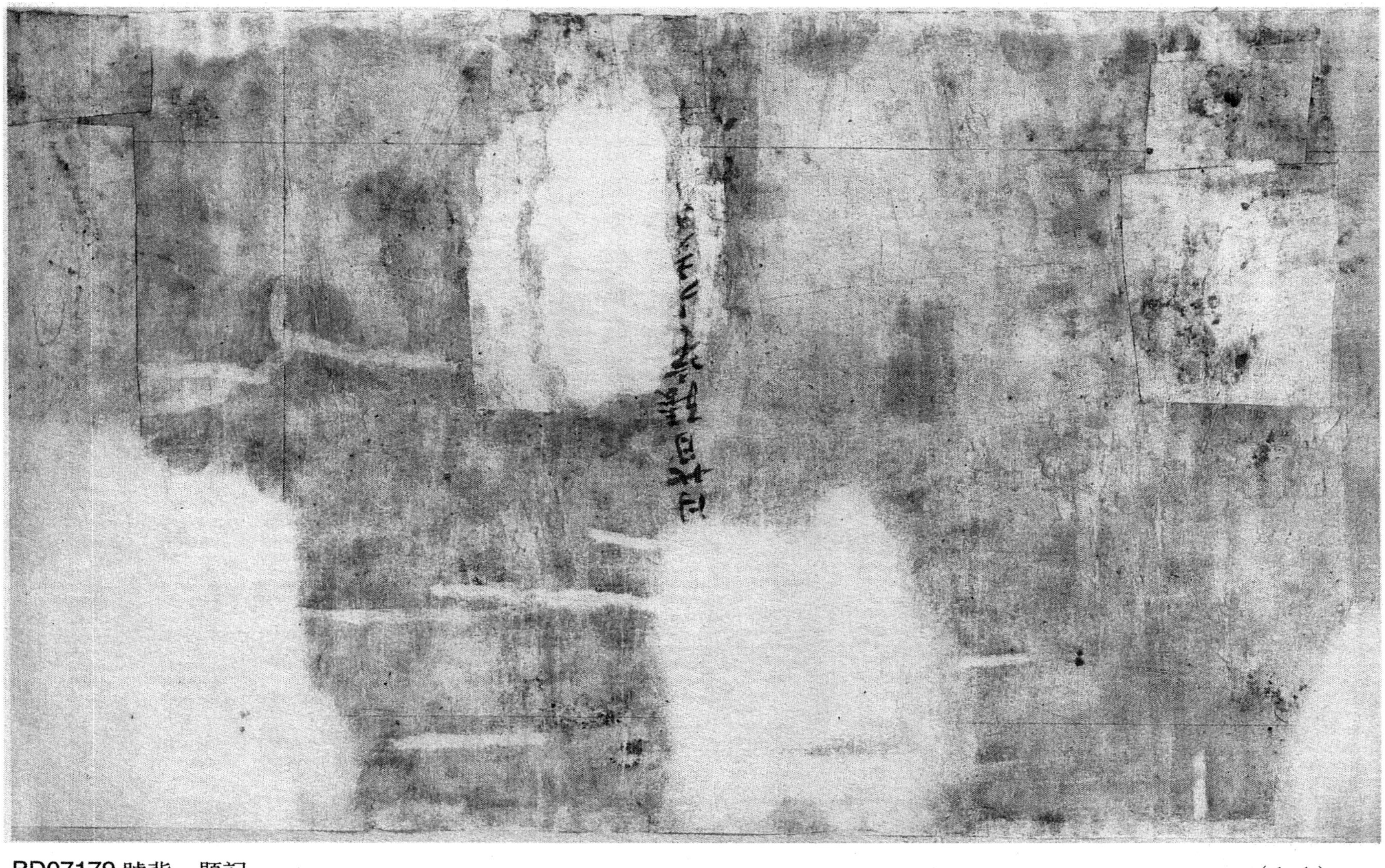

BD07179 號背　題記　（1–1）

亦教利喜具足解釋佛之正法而大饒益
梵行者自捨如來无能盡其言論之辯汝等
勿謂富樓那但能護持助宣我法亦於過去
九十億諸佛所護持助宣佛之正法於彼說
法人中亦最第一又於諸佛所說空法明了
通達得四无礙智常能審諦清淨說法无有
疑惑具足菩薩神通之力隨其壽命常脩梵
行彼佛世人咸皆謂之實是聲聞而富樓那
以斯方便饒益无量百千衆生又化无量阿
僧祇人令立阿耨多羅三藐三菩提為淨佛
土故常作佛事教化衆生諸比丘富樓那亦
於七佛說法人中而得第一今於我所說法
人中亦為第一於賢劫中當來諸佛說法人
中亦復第一而皆護持助宣佛法亦於未來
護持助宣无量无邊諸佛之法教化饒益无
量衆生令立阿耨多羅三藐三菩提為淨佛
土故常勤精進教化衆生漸漸具足菩薩之
道過无量阿僧祇劫當於此土得阿耨多羅
三藐三菩提号曰法明如來應供正遍知明

BD07180號　妙法蓮華經卷四　（3–1）

中亦復第一而皆護持助宣佛法亦於未來
護持助宣无量无邊諸佛之法教化饒益无
量衆生令立阿耨多羅三藐三菩提為淨佛
土故常勤精進教化衆生漸漸具足菩薩之
道過无量阿僧祇劫當於此土得阿耨多羅
三藐三菩提号曰法明如來應供正遍知明
行足善逝世間解无上士調御丈夫天人師
佛世尊其佛以恒河沙等三千大千世界為
一佛土七寶為地地平如掌无有山陵谿澗
溝壑七寶臺觀充滿其中諸天宮殿近處虛
空人天交接兩得相見无諸惡道亦无女人
一切衆生皆以化生无有婬欲得大神通身
出光明飛行自在志念堅固精進智慧普皆
金色三十二相而自莊嚴其國衆生常以二食
一者法喜食二者禪悅食有无量阿僧祇千
万億那由他諸菩薩衆得大神通四无礙
智善能教化衆生之類其聲聞衆筭數校計
所不能知皆得具足六通三明及八解脫其
佛國土有如是等无量功德莊嚴成就劫名
寶明國名善淨其佛壽命无量阿僧祇劫法
住甚久佛滅度後起七寶塔遍滿其國尒時
世尊欲重宣此義而說偈言
諸比丘諦聽　佛子所行道　善學方便故　不可得思議
知衆樂小法　而畏於大智　是故諸菩薩　作聲聞緣覺
以无數方便　化諸衆生類　自說是聲聞　去佛道甚遠
度脫无量衆　皆悉得成就　雖小欲懈怠　漸當令作佛
內祕菩薩行　外現是聲聞　少欲厭生死　實自淨佛土
示衆有三毒　又現邪見相　我弟子如是　方便度衆生

BD07180號　妙法蓮華經卷四　（3–2）

佛國土有如是等无量功德莊嚴成就劫名
寶明國名善淨其佛壽命无量阿僧祇劫法
住甚久佛滅度後起七寶塔遍滿其國尒時
世尊欲重宣此義而說偈言
諸比丘諦聽　佛子所行道　善學方便故　不可得思議
知衆樂小法　而畏於大智　是故諸菩薩　作聲聞緣覺
以无數方便　化諸衆生類　自說是聲聞　去佛道甚遠
度脫无量衆　皆悉得成就　雖小欲懈怠　漸當令作佛
內祕菩薩行　外現是聲聞　少欲猒生死　實自淨佛土
示衆有三毒　又現邪見相　我弟子如是　方便度衆生
若我具足說　種種現化事　衆生聞是者　心則懷疑惑
今此富樓那　於昔千億佛　勤修所行道　宣護諸佛法
爲求无上慧　而於諸佛所　現居弟子上　多聞有智慧
所說无所畏　能令衆歡喜　未曾有疲惓　而以助佛事
已度大神通　具四无礙智　知諸根利鈍　常說清淨法
演暢如是義　教諸千億衆　令住大乘法　而自淨佛土
未來亦供養　无量无數佛　護助宣正法　亦自淨佛土
自方便　說法无所畏　度不可計衆　成就一切智
來　護持法寶藏　其後得成佛　號名曰法明
七寶所合成　劫名爲寶明　菩薩衆甚多
充滿其國土

BD07180號　妙法蓮華經卷四　（3–3）

大般若波羅蜜多經卷第二百六十七
三藏法師玄奘奉　詔譯
初分難信解品第卅四之八十六
復次善現一切智智清淨故色清淨色清
淨故八勝處清淨何以故若一切智智清淨若
色清淨若八勝處清淨無二無二分無別無
斷故一切智智清淨故受想行識清淨受想
行識清淨故八勝處清淨何以故若一切智
智清淨若受想行識清淨若八勝處清淨無
二無二分無別無斷故善現一切智智清淨
故眼處清淨眼處清淨故八勝處清淨何以
故若一切智智清淨若眼處清淨若八勝處
清淨無二無二分無別無斷故一切智智清
淨故耳鼻舌身意處清淨耳鼻舌身意處清
淨故八勝處清淨何以故若一切智智清淨
若耳鼻舌身意處清淨若八勝處清淨無二
無二分無別無斷故善現一切智智清淨故
色處清淨色處清淨故八勝處清淨何以故
若一切智智清淨若色處清淨若八勝處清
淨無二無二分無別無斷故一切智智清淨

BD07181號　大般若波羅蜜多經卷二六七　（2–1）

行識清淨故八勝處清淨何以故若一切智
智清淨若受想行識清淨若八勝處清淨無
二無二分無別無斷故善現一切智智清淨
故眼處清淨眼處清淨故八勝處清淨何以
故若一切智智清淨若眼處清淨若八勝處
清淨無二無二分無別無斷故一切智智清
淨故耳鼻舌身意處清淨耳鼻舌身意處清
淨故八勝處清淨何以故若一切智智清淨
若耳鼻舌身意處清淨若八勝處清淨無二
無二分無別無斷故善現一切智智清淨故
色處清淨色處清淨故八勝處清淨何以故
若一切智智清淨若色處清淨若八勝處清
淨無二無二分無別無斷故一切智智清淨
故聲香味觸法處清淨聲香味觸法處清
淨故八勝處清淨何以故若一切智智清淨若
聲香味觸法處清淨若八勝處清淨無二無
二分無別無斷故善現一切智智清淨故眼
界清淨眼界清淨故八勝處清淨何以故若
一切智智清淨若眼界清淨若八勝處清淨
無二無二分無別無斷故一切智智清淨故

BD07181號　大般若波羅蜜多經卷二六七

（2–2）

宿罪生處貧窮遺福
深自咎悔便行乞丐
錢持詣油家欲
油油家問曰一錢買油少無所逮用作
何　具以所懷語之油主憐愍增倍與
油得已歡喜足作一燈擔向精舍奉上世尊
置於佛前眾燈之中自立誓願我今貧窮用
是小燈供養於佛以此功德令我來世得智
慧照滅除一切眾生垢闇作是誓已禮佛而去
乃至夜竟諸燈盡滅唯此獨然是時目連
次當日直察天已曉收燈并當見此一燈獨
然明好膏炷未損如新然燈心便生念白日
然燈無益時用欲取滅之暮規還然即時舉
手扇滅此燈燈焰如故無有虧滅復以衣扇
燈明不損佛見目連欲滅此燈語目連曰今
此燈者非汝聲聞所能傾動正使汝注四大
海水以用灌之隨嵐風吹亦不能滅所以爾
者此是廣濟發大心人所施之物佛說是已
難陀女人復來詣佛頭面作禮於時世尊即

BD07182號　賢愚經卷三

（3–1）

燈明不損佛見目連欲滅此燈語目連[illegible]
此燈者非汝聲聞所能傾動正使汝注四大
海水以用灌之隨嵐風吹亦不能滅所以尒
者此是廣濟發大心人所施之物佛說是已
難陁女人復來詣佛頭面作礼於時世尊即
授其記汝於来世二阿僧祇百劫之中當得
作佛名曰燈光十号具足於是難陁得記歡
喜長跪白佛求索出家佛即聽之作比丘尼
尊者阿難目連見貧女人得免苦厄出家受
記長跪合掌前白佛言難陁女人宿有何行
經尒許時貧乞自活復因何行值佛出家四
輩欽仰諍求供養佛言阿難過去有佛名曰
迦葉尒時世中有居士婦躬往請佛及比丘
僧然佛先已可一貧女受其供養此女已得
阿那含道時長者婦自以財富輕忽貧者嫌
佛世尊先受其請便復言曰世尊云何不受
我供乃先應彼乞人請也以其惡言輕忽賢
聖從是已来五百世中恒生貧賤乞匃之家
由其彼日供養如来及於衆僧敬心歡喜今
值佛世出家受記合國欽仰尒時衆會聞佛
說已皆大歡喜國王臣世聞此貧女奉上一
燈受記作佛皆發欽仰並各施與上妙衣服
四供無乏合國男女尊畢大小競共設作諸
香油燈持詣祇桓供養於佛衆人猥多燈滿
祇桓諸樹林中四帀弥滿猶如衆星列在空

BD07182號　賢愚經卷三

（3–2）

聖從是已来五百世中恒生貧賤乞匃之家
由其彼日供養如来及於衆僧敬心歡喜今
值佛世出家受記合國欽仰尒時衆會聞佛
說已皆大歡喜國王臣世聞此貧女奉上一
燈受記作佛皆發欽仰並各施與上妙衣服
四供無乏合國男女尊畢大小競共設作諸
香油燈持詣祇桓供養於佛衆人猥多燈滿
祇桓諸樹林中四帀弥滿猶如衆星列在空
中日日如是經於七夜尒時阿難甚用歡喜
嗟歎如来若干德行前白佛言不審世尊
過去世中作何善根致斯無極燈供果報佛
告阿難過去久遠二阿僧祇九十一劫此閻浮
提有大國王名波塞奇王此世界八萬四千
諸小國土王大夫人生一太子身紫金色卅
二相八十種好當其頂上有自然寶衆相晃
朗光曜人目即召相師占相吉凶因為作字
相師披看見其奇妙舉手唱言善哉善哉
令此太子於諸世間天人之中無與等者若
在家作轉輪聖王若其出家成自然佛

BD07182號　賢愚經卷三

（3–3）

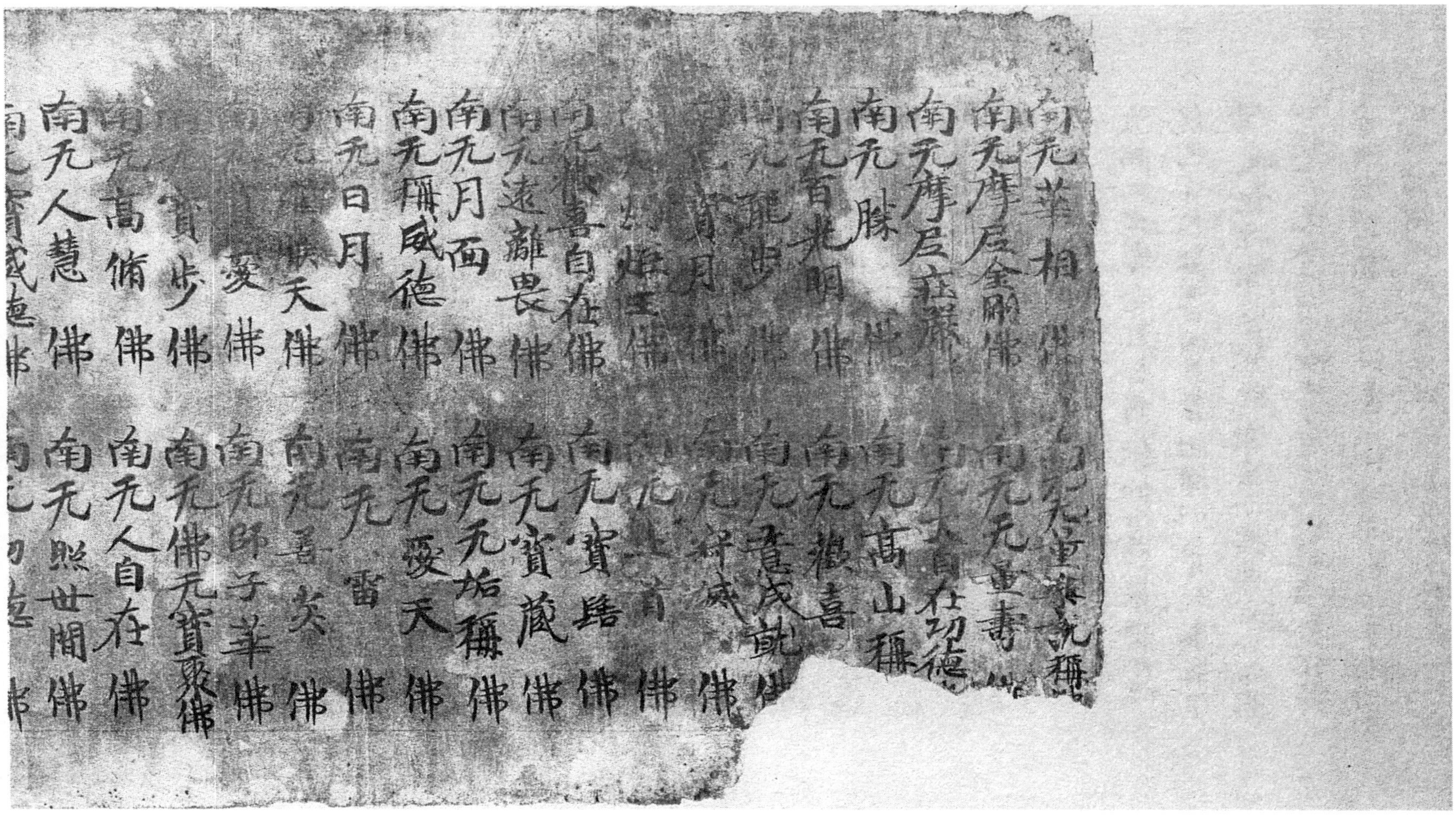
南无華相佛
南无摩尼金剛佛
南无摩尼莊嚴佛
南无勝佛
南无香光明佛
南无[illegible]步佛
南无寶月佛
南无[illegible]燈佛
南无歡喜自在佛
南无遠離畏佛
南无月面佛
南无稱威德佛
南无日月佛
南无[illegible]天佛
南无[illegible]愛佛
南无寶步佛
南无高脩佛
南无人慧佛
南无寶威德佛
南无[illegible]稱[illegible]
南无无量壽佛
南无人自在功德佛
南无高山稱佛
南无歡喜佛
南无意成就佛
南无[illegible]威佛
南无[illegible]佛
南无寶路佛
南无寶藏佛
南无无垢稱佛
南无愛天佛
南无雷佛
南无善炎佛
南无師子華佛
南无佛无寶聚佛
南无人自在佛
南无照世間佛
南无功德佛

BD07183 號　佛名經（二十卷本）卷五　　（2–1）

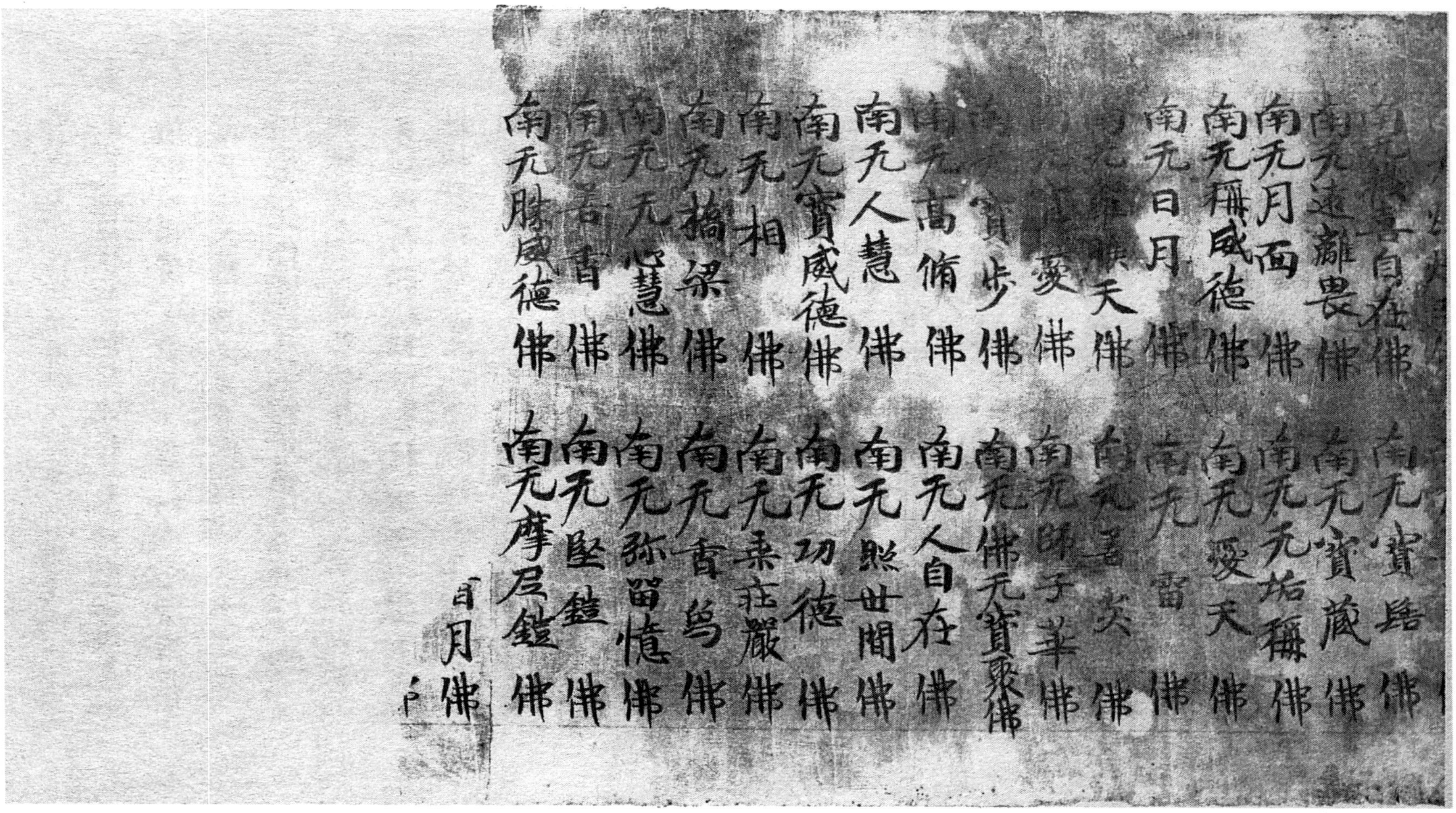
南无歡喜自在佛
南无遠離畏佛
南无月面佛
南无稱威德佛
南无日月佛
南无[illegible]天佛
南无[illegible]愛佛
南无寶步佛
南无高脩佛
南无人慧佛
南无寶威德佛
南无相佛
南无摘梁佛
南无无心慧佛
南无香香佛
南无勝威德佛
南无寶路佛
南无寶藏佛
南无无垢稱佛
南无愛天佛
南无雷佛
南无善炎佛
南无師子華佛
南无佛无寶聚佛
南无人自在佛
南无照世間佛
南无功德佛
南无柔莊嚴佛
南无香鳥佛
南无弥留憶佛
南无堅鎧佛
南无摩尼鎧佛
日月佛

BD07183 號　佛名經（二十卷本）卷五　　（2–2）

世尊不可…
說身相即非身…
是虛妄若見諸相非…
須菩提白佛言世尊頗
說章句生實信不佛告
來滅後後五百歲有持戒
能生信心以此為實當知是人不於
三四五佛而種善根已於无量千万佛
諸善根聞是章句乃至一念生淨信者
提如來悉知悉見是諸眾生得如是…
福德何以故是諸眾生无復我相人相…
相壽者相无法相亦无非法相何以故是…
生若心取相則為著我人眾生壽者若取
法相即著我人眾生壽者何以故若取非法
相即著我人眾生壽者是故不應取法不應
取非法以是義故如來常說汝等比丘知我
說法如筏喻者法尚應捨何況非法
須菩提於意云何如來得阿耨多羅三藐三
菩提耶如來有所說法耶須菩提言如我解
佛所說義无有定法名阿耨多羅三藐三菩
提亦无有定法如來可說何以故如來所說

BD07184號　金剛般若波羅蜜經　（4–1）

…壽者是故不應取法不應
取非法以是義故如來常說汝等比丘知我
說法如筏喻者法尚應捨何況非法
須菩提於意云何如來得阿耨多羅三藐三
菩提耶如來有所說法耶須菩提言如我解
佛所說義无有定法名阿耨多羅三藐三菩
提亦无有定法如來可說何以故如來所說
法皆不可取不可說非法非非法所以者何
一切賢聖皆以无為法而有差別
須菩提於意云何若人滿三千大千世界七
寶以用布施是人所得福德寧為多不須菩
提言甚多世尊何以故是福德即非福德性
是故如來說福德多若復有人於此經中受
持乃至四句偈等為他人說其福勝彼何以
故須菩提一切諸佛及諸佛阿耨多羅三藐
三菩提法皆從此經出須菩提所謂佛法者即非
佛法須菩提於意云何須陁洹能作是念我得須
陁洹果不須菩提言不也世尊何以故須陁洹
名為入流而无所入不入色聲香味觸法
是名須陁洹須菩提於意云何斯陁含能作
是念我得斯陁含果不須菩提言不也世尊
何以故斯陁含名一往來而實无往來是名
斯陁含須菩提於意云何阿那含能作是念
我得阿那含果不須菩提言不也世尊何以
故阿那含名為不來而實无來是故名阿那
含須菩提於意云何阿羅漢能作是念我得
阿羅漢道不須菩提言不也世尊何以故實
无有法名阿羅漢世尊若阿羅漢作是念

BD07184號　金剛般若波羅蜜經　（4–2）

我得阿那含果不須菩提言不也世尊何以
故阿那含名為不來而實无來是故名阿那
含須菩提於意云何阿羅漢能作是念我得
阿羅漢道不須菩提言不也世尊何以故實
无有法名阿羅漢世尊若阿羅漢作是念
我得阿羅漢道即為著我人衆生壽者世尊
佛說我得无諍三昧人中最為第一是第一離
欲阿羅漢我不作是念我是離欲阿羅漢世
尊我若作是念我得阿羅漢道世尊則不說
須菩提是樂阿蘭那行者以須菩提實无
所行而名須菩提是樂阿蘭那行
佛告須菩提於意云何如來昔在然燈佛所
於法有所得不世尊如來在然燈佛所於法
實无所得須菩提於意云何菩薩莊嚴佛土
不也世尊何以故莊嚴佛土者則非莊嚴
是名莊嚴是故須菩提諸菩薩摩訶薩應如
是生清淨心不應住色生心不應住聲香味
觸法生心應无所住而生其心須菩提譬如
有人身如須弥山王於意云何是身為大不
須菩提言甚大世尊何以故佛說非身是名大身
須菩提如恒河中所有沙數如是沙等恒河
於意云何是諸恒河沙寧為多不須菩提言
甚多世尊但諸恒河尚多无數何況其沙須
菩提我今實言告汝若有善男子善女人以
七寶滿尒所恒河沙數三千大千世界以用
布施得福多不須菩提言甚多世尊佛告須
菩提若善男子善女人於此經中乃至受持四

BD07184 號　金剛般若波羅蜜經

（4–3）

甚多世尊但諸恒河尚多无數何況其沙須
菩提我今實言告汝若有善男子善女人以
七寶滿尒所恒河沙數三千大千世界以用
布施得福多不須菩提言甚多世尊佛告須
菩提若善男子善女人於此經中乃至受持四
偈等為他人說而此福德勝前福德復次
須菩提隨說是經乃至四句偈等當知此
切世間天人阿脩羅皆應供養
況有人盡能受持讀誦須菩提
就最上第一希有之法若是經
則為有佛若尊重弟子尒時須
世尊當何名此經我等云何奉
提是經名為金剛般若波羅蜜
當奉持所以者何須菩提佛說般
則非般若波羅蜜須菩提於意
所說法不須菩提白佛言世尊
須菩提於意云何三千大千世
是為多不須菩提言甚多世
塵如來說非微塵是名微塵
世界是名世界須菩提於意云何
如來不不世世尊不可以三十二相

BD07184 號　金剛般若波羅蜜經

（4–4）

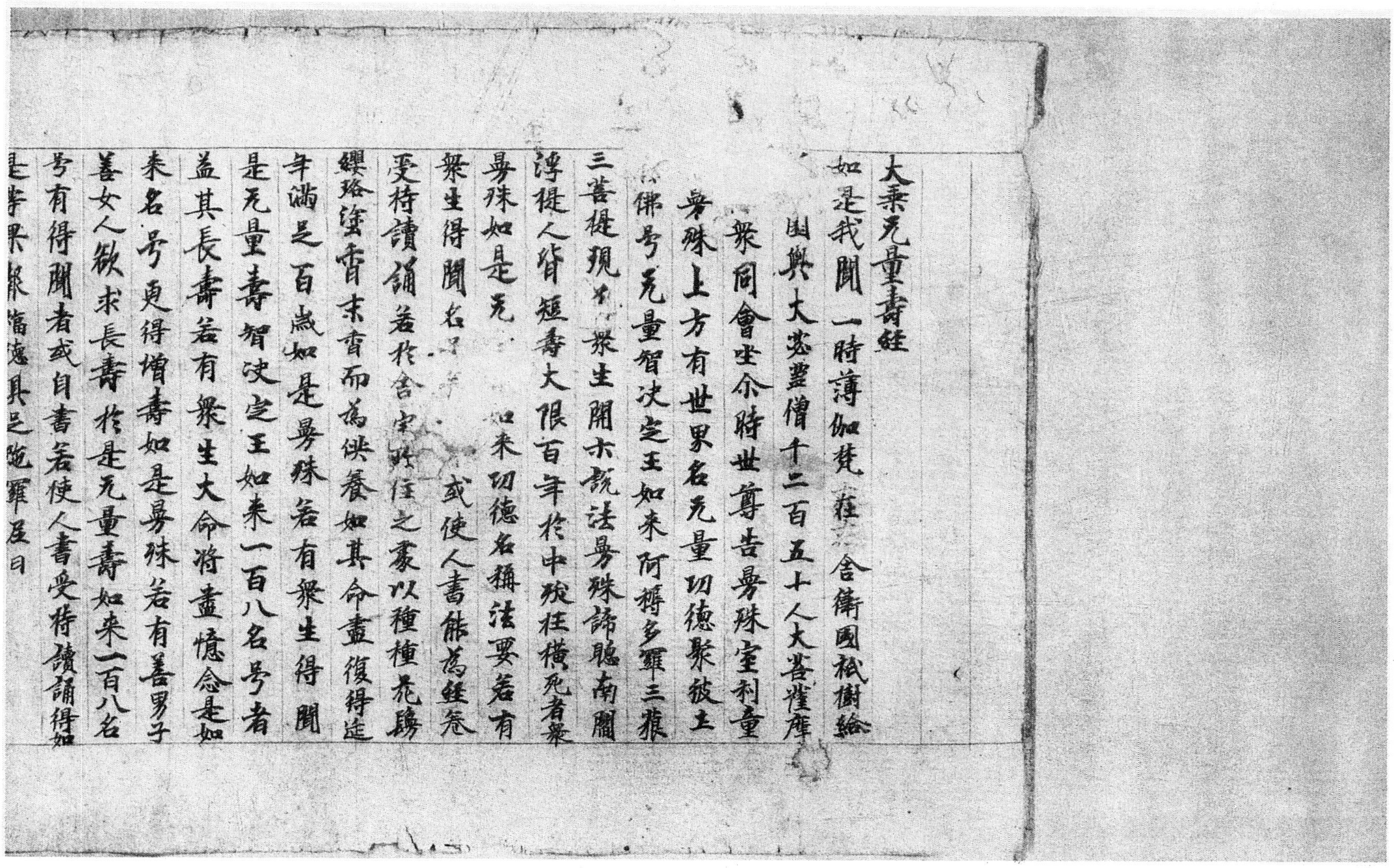
大乘无量壽經
如是我聞一時薄伽梵在舍衛國祇樹給
孤獨園與大苾芻僧千二百五十人大菩薩摩
訶薩衆同會坐尒時世尊告曼殊室利童
子曼殊上方有世界名无量功德聚彼土
有佛号无量智決定王如來阿耨多羅三藐
三菩提現在爲衆生開示說法曼殊諦聽南閻
浮提人皆短壽大限百年於中殀枉横死者衆
曼殊如是无量壽如来功德名稱法要若有
衆生得聞名号若自書或使人書能爲經卷
受持讀誦於舍宅所住之處以種種花鬘
瓔珞塗香末香而爲供養如其命盡復得延
年滿足百歲如是曼殊若有衆生得聞
是无量壽智決定王如來一百八名号者
益其長壽若有衆生大命將盡憶念是如
來名号更得增壽如是曼殊若有善男子
善女人欲求長壽於是无量壽如來一百八名
号有得聞者或自書若使人書受持讀誦得如
是等果報福德具足陀羅尼曰

BD07185號　無量壽宗要經　（2–1）

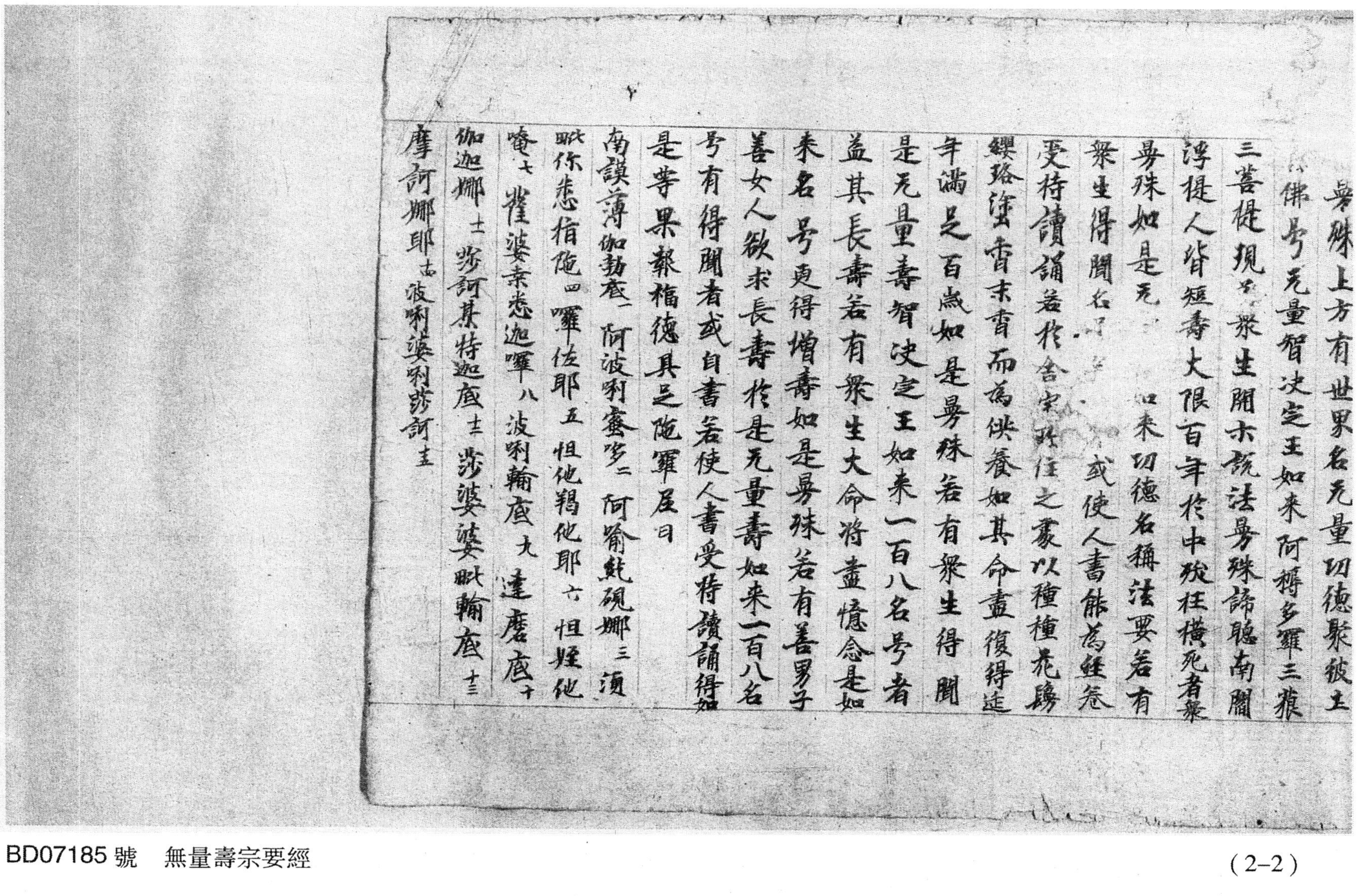
子曼殊上方有世界名无量功德聚彼土
有佛号无量智決定王如來阿耨多羅三藐
三菩提現在爲衆生開示說法曼殊諦聽南閻
浮提人皆短壽大限百年於中殀枉横死者衆
曼殊如是无量壽如来功德名稱法要若有
衆生得聞名号若自書或使人書能爲經卷
受持讀誦於舍宅所住之處以種種花鬘
瓔珞塗香末香而爲供養如其命盡復得延
年滿足百歲如是曼殊若有衆生得聞
是无量壽智決定王如來一百八名号者
益其長壽若有衆生大命將盡憶念是如
來名号更得增壽如是曼殊若有善男子
善女人欲求長壽於是无量壽如來一百八名
号有得聞者或自書若使人書受持讀誦得如
是等果報福德具足陀羅尼曰
南謨薄伽勃底一 阿波唎蜜多二 阿瑜紇硯娜三 須
毗你悉指陁四 囉佐耶五 怛他羯他耶六 怛姪他
唵七 薩婆桒悉迦囉八 波唎輸底九 達磨底十
伽迦娜十一 莎訶某特迦底十二 莎婆婆毗輸底十三
摩訶娜耶十四 波唎婆唎莎訶十五

BD07185號　無量壽宗要經　（2–2）

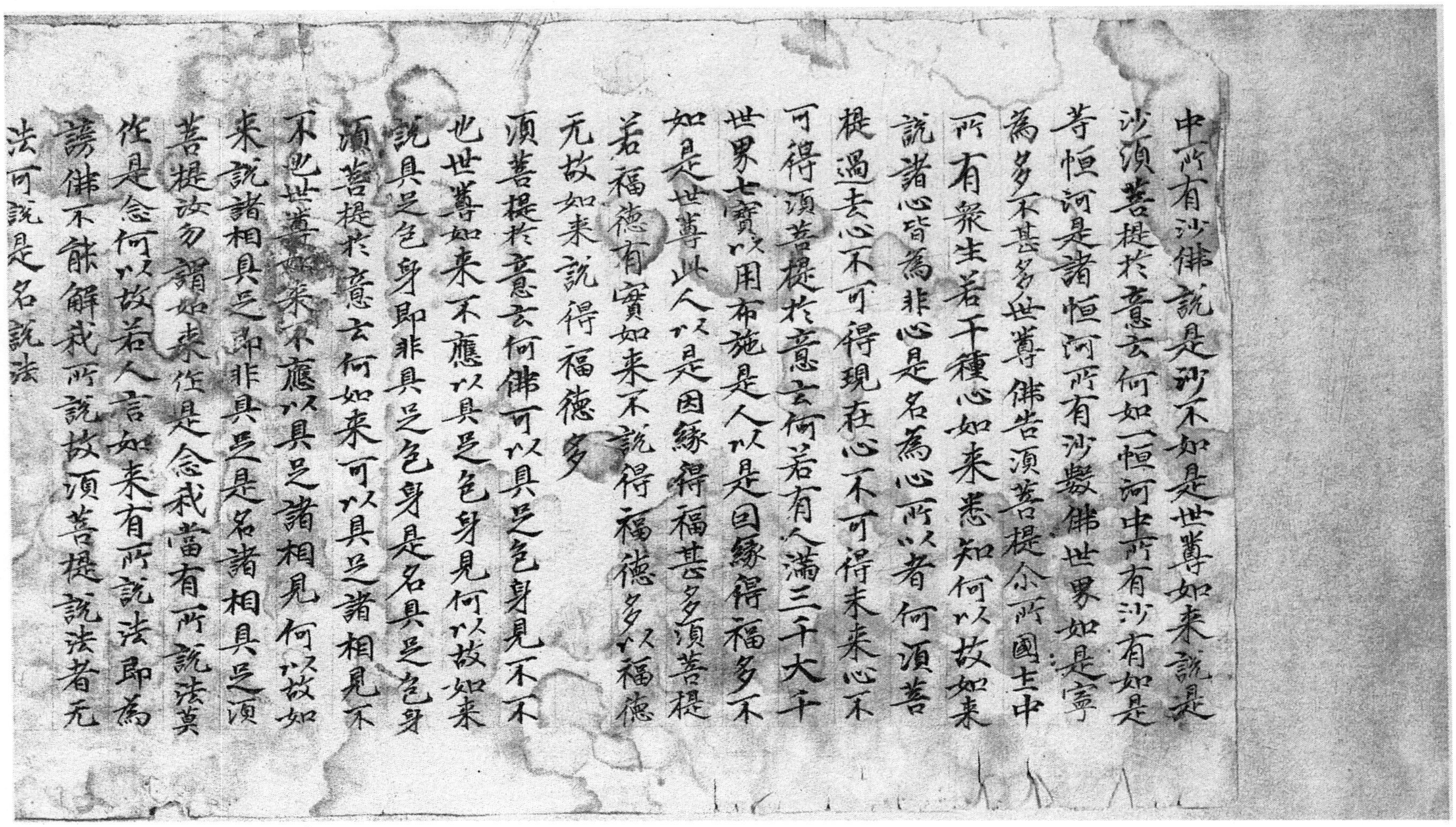

中所有沙佛說是沙不如是世尊如來說是沙
沙須菩提於意云何如一恒河中所有沙有如是
等恒河是諸恒河所有沙數佛世界如是寧
為多不甚多世尊佛告須菩提尒所國土中
所有衆生若干種心如來悉知何以故如來
說諸心皆為非心是名為心所以者何須菩
提過去心不可得現在心不可得未来心不
可得須菩提於意云何若有人滿三千大千
世界七寶以用布施是人以是因緣得福多不
如是世尊此人以是因緣得福甚多須菩提
若福德有實如来不說得福德多以福德
无故如來說得福德多
須菩提於意云何佛可以具足色身見不不
也世尊如来不應以具足色身見何以故如来
說具足色身即非具足色身是名具足色身
須菩提於意云何如來可以具足諸相見不
不也世尊如來不應以具足諸相見何以故如
來說諸相具足即非具足是名諸相具足須
菩提汝勿謂如來作是念我當有所說法莫
作是念何以故若人言如來有所說法即為
謗佛不能解我所說故須菩提說法者无
法可說是名說法

BD07186 號　金剛般若波羅蜜經　（3–1）

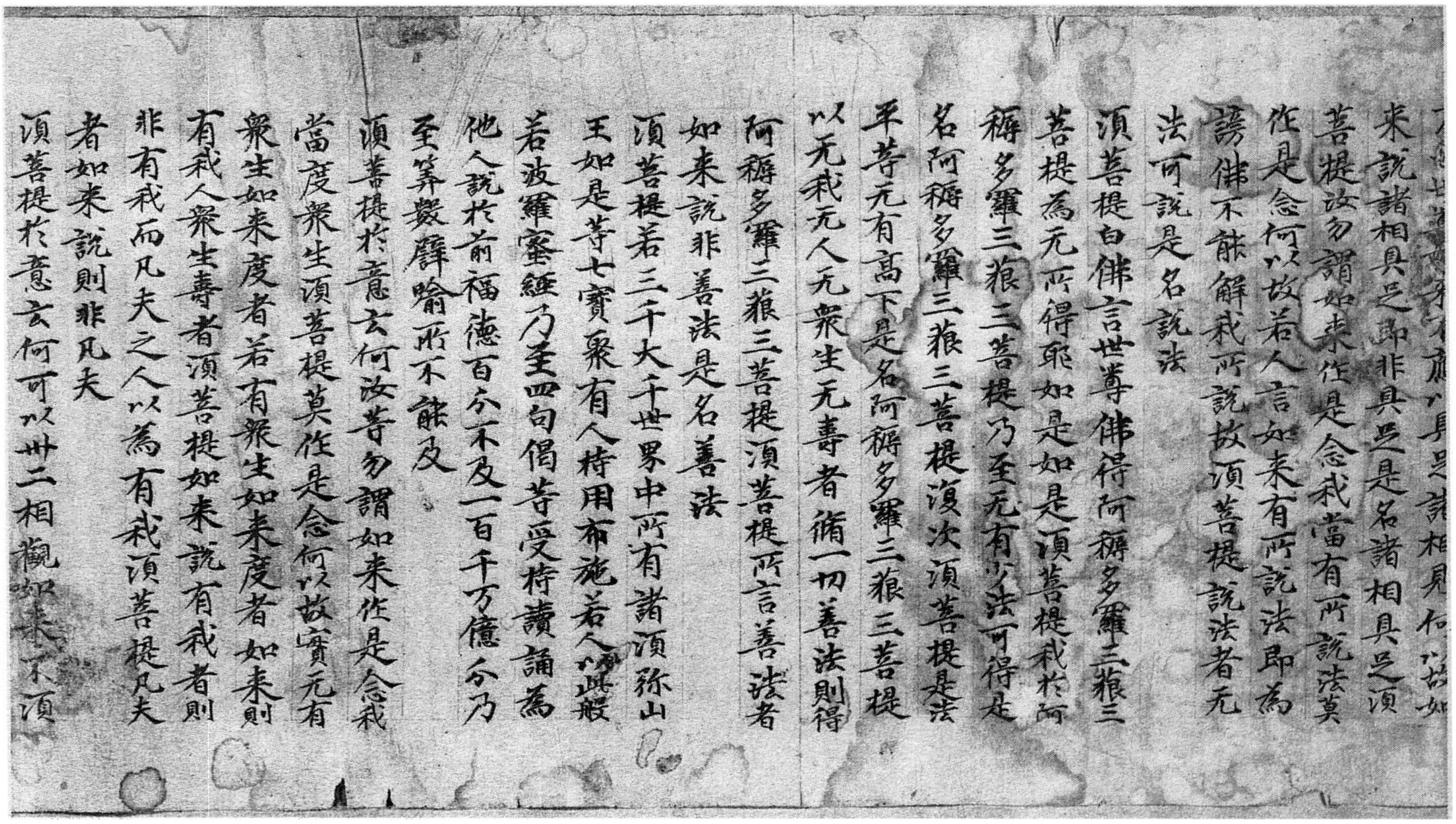

不也世尊如來不應以具足諸相見何以故如
來說諸相具足即非具足是名諸相具足須
菩提汝勿謂如來作是念我當有所說法莫
作是念何以故若人言如來有所說法即為
謗佛不能解我所說故須菩提說法者无
法可說是名說法
須菩提白佛言世尊佛得阿耨多羅三藐三
菩提為无所得耶如是如是須菩提我於阿
耨多羅三藐三菩提乃至无有少法可得是
名阿耨多羅三藐三菩提復次須菩提是法
平等无有高下是名阿耨多羅三藐三菩提
以无我无人无衆生无壽者脩一切善法則得
阿耨多羅三藐三菩提須菩提所言善法者
如来說非善法是名善法
須菩提若三千大千世界中所有諸須弥山
王如是等七寶聚有人持用布施若人以此般
若波羅蜜經乃至四句偈等受持讀誦為
他人說於前福德百分不及一百千万億分乃
至筭數譬喻所不能及
須菩提於意云何汝等勿謂如來作是念我
當度衆生須菩提莫作是念何以故實无有
衆生如来度者若有衆生如來度者如來則
有我人衆生壽者須菩提如來說有我者則
非有我而凡夫之人以為有我須菩提凡夫
者如來說則非凡夫
須菩提於意云何可以卅二相觀如來不須

BD07186 號　金剛般若波羅蜜經　（3–2）

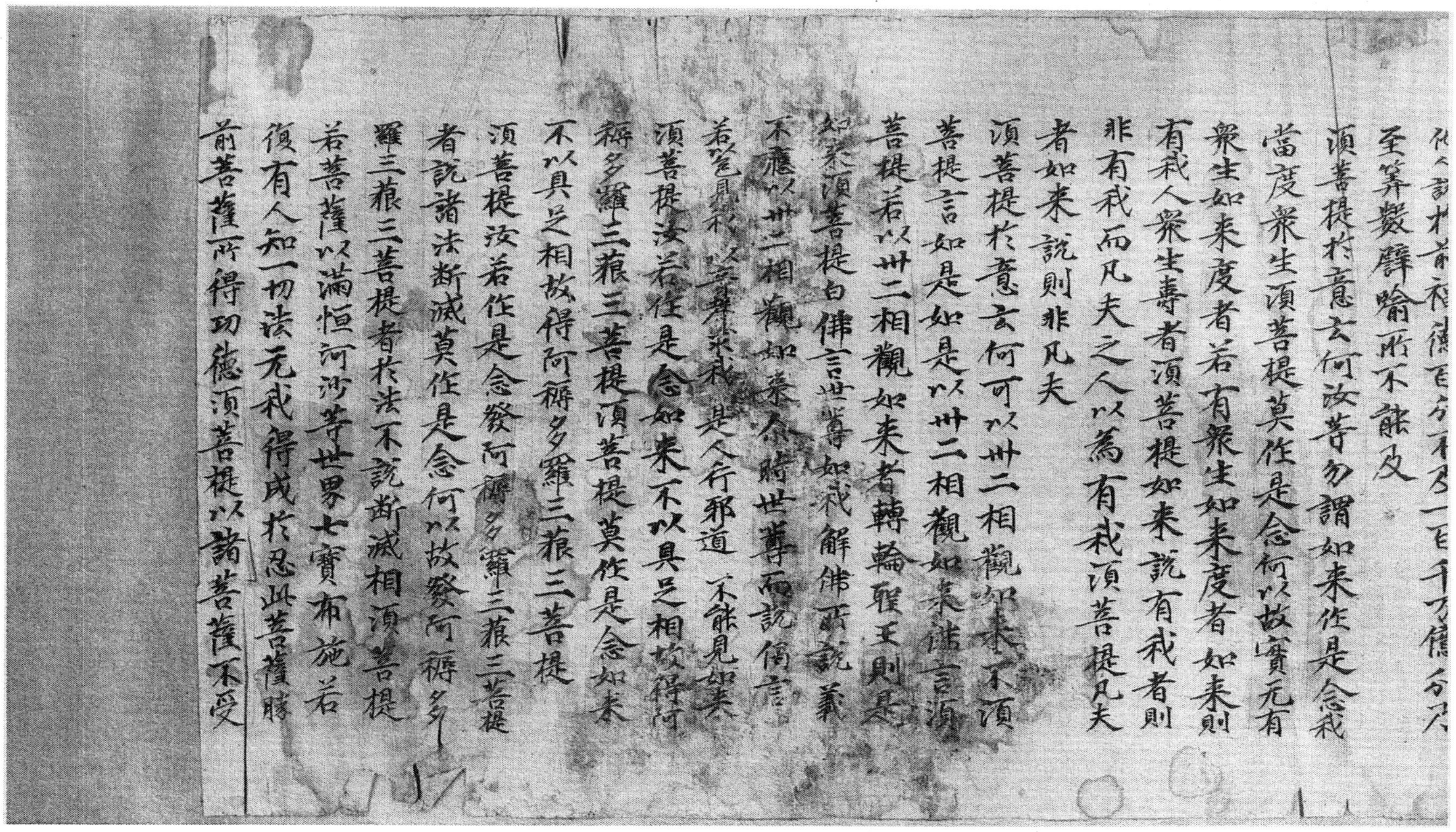

他人說於前福德百分不及一百千万億分乃
至筭數譬喻所不能及
須菩提於意云何汝等勿謂如來作是念我
當度衆生須菩提莫作是念何以故實无有
衆生如來度者若有衆生如來度者如來則
有我人衆生壽者須菩提如來說有我者則
非有我而凡夫之人以為有我須菩提凡夫
者如來說則非凡夫
須菩提於意云何可以卅二相觀如來不須
菩提言如是如是以卅二相觀如來佛言須
菩提若以卅二相觀如來者轉輪聖王則是
如來須菩提白佛言世尊如我解佛所說義
不應以卅二相觀如來尒時世尊而說偈言
若以色見我以音聲求我是人行邪道不能見如來
須菩提汝若作是念如來不以具足相故得阿
耨多羅三藐三菩提須菩提莫作是念如來
不以具足相故得阿耨多羅三藐三菩提
須菩提汝若作是念發阿耨多羅三藐三菩提
者說諸法斷滅莫作是念何以故發阿耨多
羅三藐三菩提者於法不說斷滅相須菩提
若菩薩以滿恒河沙等世界七寶布施若
復有人知一切法无我得成於忍此菩薩勝
前菩薩所得功德須菩提以諸菩薩不受

BD07186號　金剛般若波羅蜜經　（3–3）

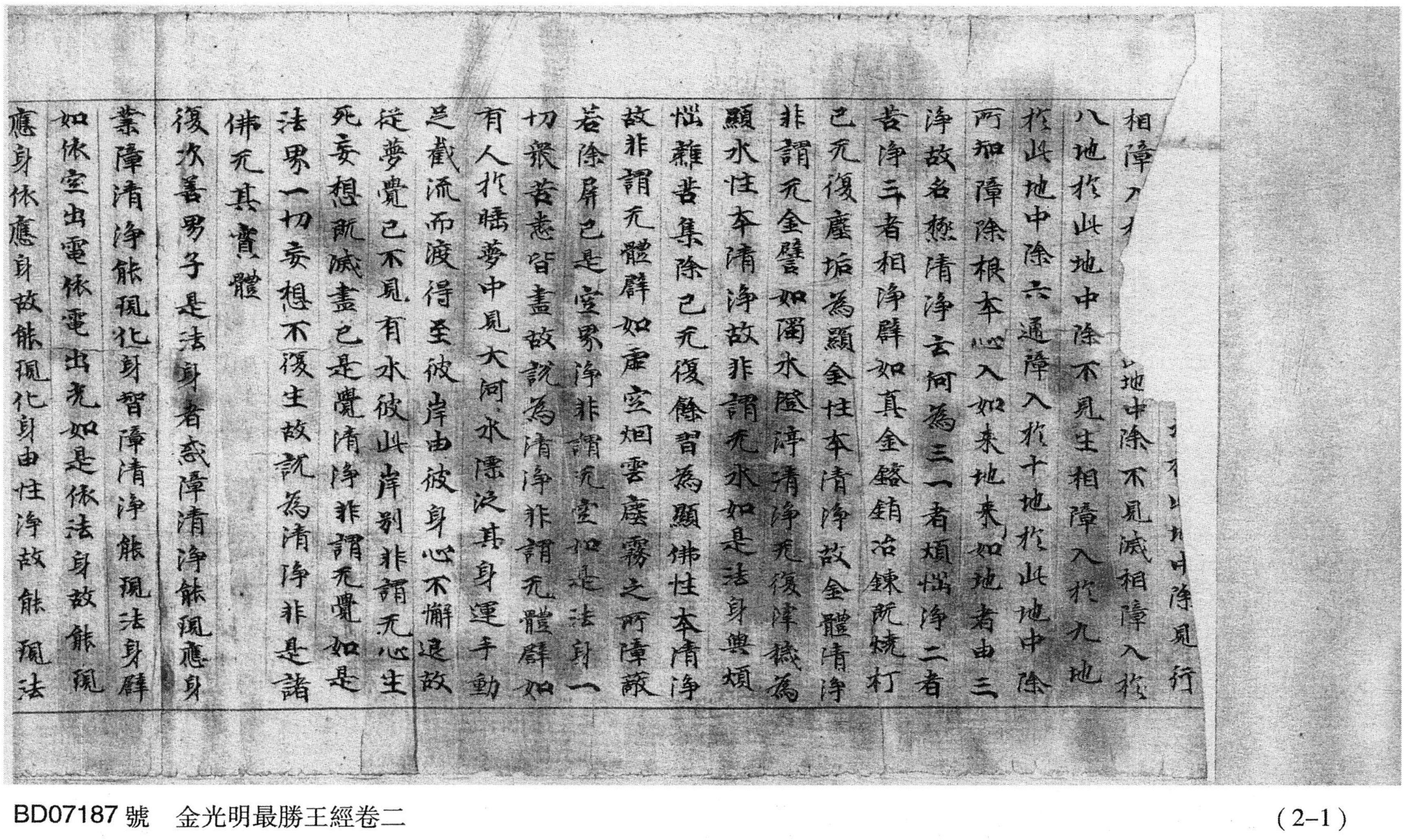

[…]於此地中除見行
相障入於[…]地中除不見滅相障入於
八地於此地中除不見生相障入於九地
於此地中除六通障入於十地於此地中除
所知障除根本心入如來地如來地者由三
淨故名極清淨云何為三一者煩惱淨二者
苦淨三者相淨譬如真金鎔銷冶鍊既燒打
已无復塵垢為顯金性本清淨故金體清淨
非謂无金譬如濁水澄渟清淨无復滓穢為
顯水性本清淨故非謂无水如是法身與煩
惱雜苦集除已无復餘習為顯佛性本清淨
故非謂无體譬如虛空烟雲塵霧之所障蔽
若除屏已是空界淨非謂无空如是法身一
切衆苦悉皆盡故說為清淨非謂无體譬如
有人於睡夢中見大河水漂泛其身運手動
足截流而渡得至彼岸由彼身心不懈退故
從夢覺已不見有水彼此岸別非謂无心生
死妄想既滅盡已是覺清淨非謂无覺如是
法界一切妄想不復生故說為清淨非是諸
佛无其實體
復次善男子是法身者惑障清淨能現應身
業障清淨能現化身智障清淨能現法身譬
如依空出電依電出光如是依法身故能現
應身依應身故能現化身由性淨故能現法

BD07187號　金光明最勝王經卷二　（2–1）

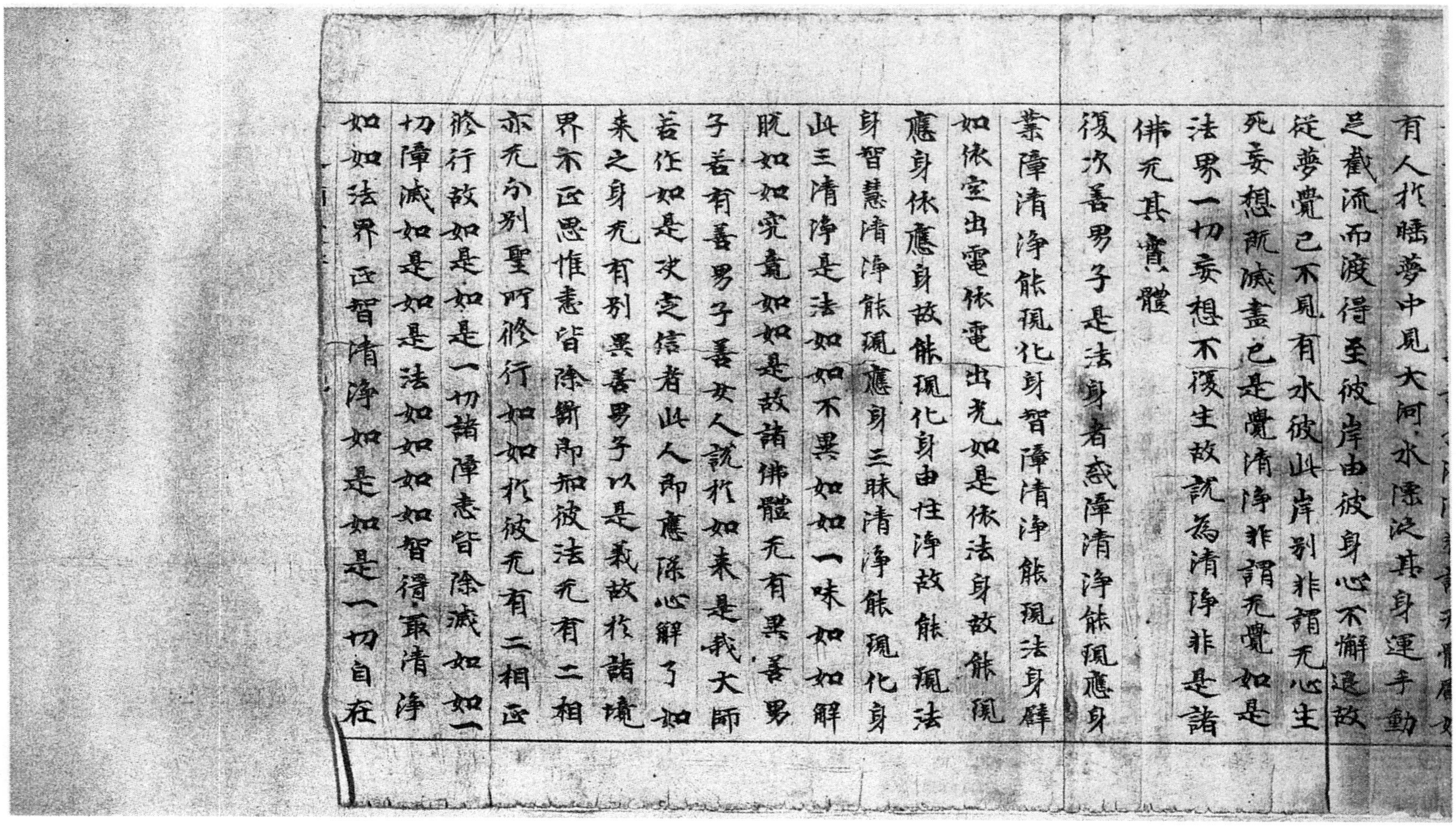
有人於睡夢中見大河水漂没其身運手動
足截流而渡得至彼岸由彼身心不懈退故
從夢覺已不見有水彼此岸别非謂无心生
死妄想所滅盡已是覺清淨非謂无覺如是
法界一切妄想不復生故説為清淨非是諸
佛无其實體
復次善男子是法身者惑障清淨能現應身
業障清淨能現化身智障清淨能現法身譬
如依空出電依電出光如是依法身故能現
應身依應身故能現化身由性淨故能現法
身智慧清淨能現應身三昧清淨能現化身
此三清淨是法如如不異如如一味如如解
脱如如究竟如如是故諸佛體无有異善男
子若有善男子善女人説於如來是我大師
若作如是決定信者此人即應深心解了如
來之身无有别異善男子以是義故於諸境
界不正思惟悉皆除斷即知彼法无有二相
亦无分别聖所修行如如於彼无有二相正
修行故如是如是一切諸障悉皆除滅如如一
切障滅如是如是法如如如如智得最清淨
如如法界正智清淨如是如是一切自在

BD07187 號　金光明最勝王經卷二　　（2–2）

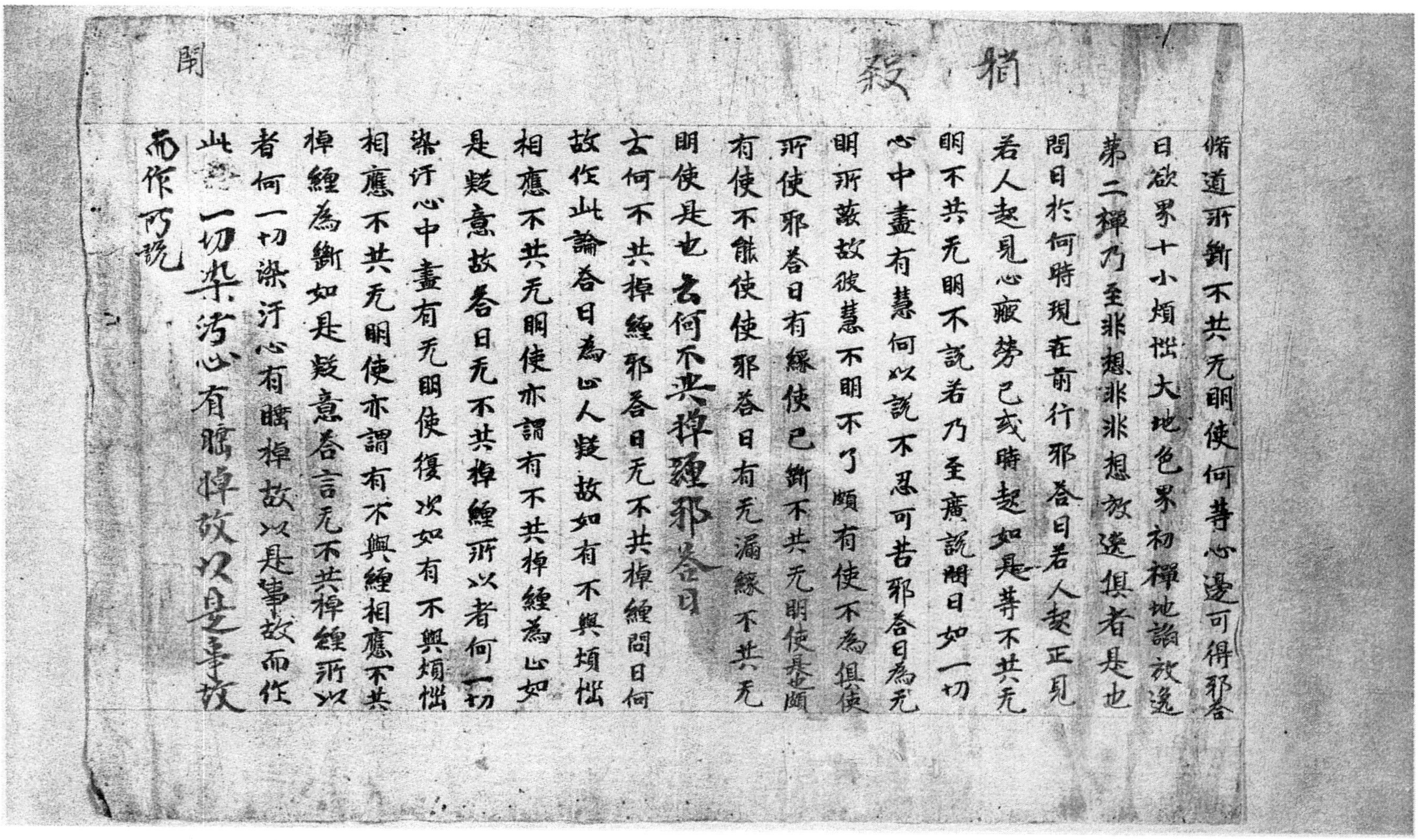
猶　殺　聞
脩道所斷不共无明使何等心邊可得邪荅
曰欲界十小煩惱大地色界初禪地諂誑逸
第二禪乃至非想非非想放逸俱者是也
問曰於何時現在前行邪荅曰若人起正見
若人起見心疲勞已或時起如是等不共无
明不共无明不説若乃至廣説問曰如一切
心中盡有慧何以説不忍可苦邪荅曰為无
明所蔽故彼慧不明不了頗有使不為俱使
所使邪荅曰有緣使已斷不共无明使是也頗
有使不能使使邪荅曰有无漏緣不共无
明使是也 云何不共掉纏邪荅曰
云何不共掉纏邪荅曰无不共掉纏問曰何
故作此論荅曰為止人疑故如有不與煩惱
相應不共无明使亦謂有不共掉纏為心如
是疑意故荅曰无不共掉纏所以者何一切
染汙心中盡有无明使復次如有不與煩惱
相應不共无明使亦謂有不與纏相應不共
掉纏為斷如是疑意荅言无不共掉纏所以
者何一切染汙心有睡掉故以是事故而作
此 一切染汙心有睡掉故以是事故
而作所説

BD07188 號　阿毗曇毗婆沙論（兑廢稿）卷二〇　　（1–1）

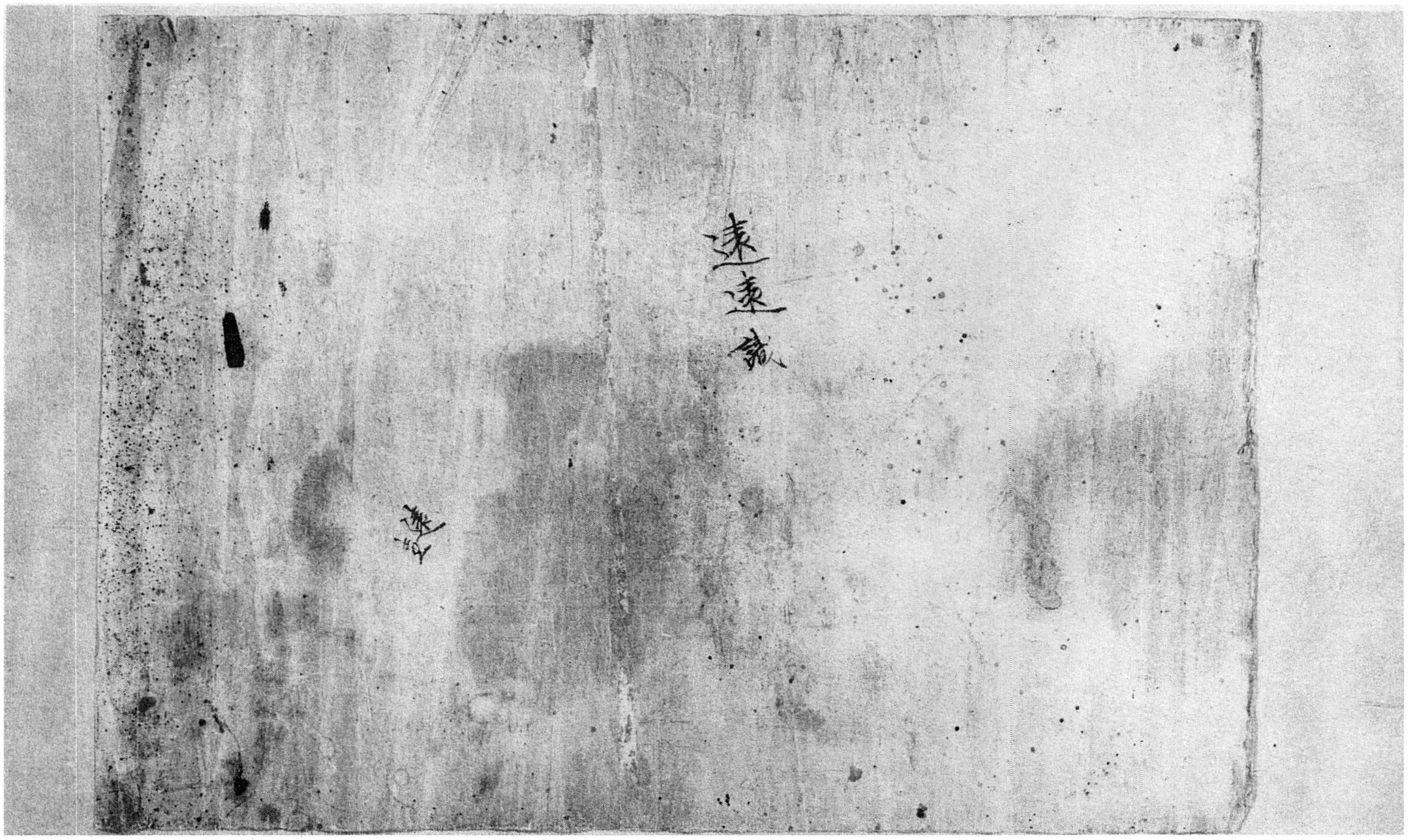

BD07188 號背　雜寫　（1–1）

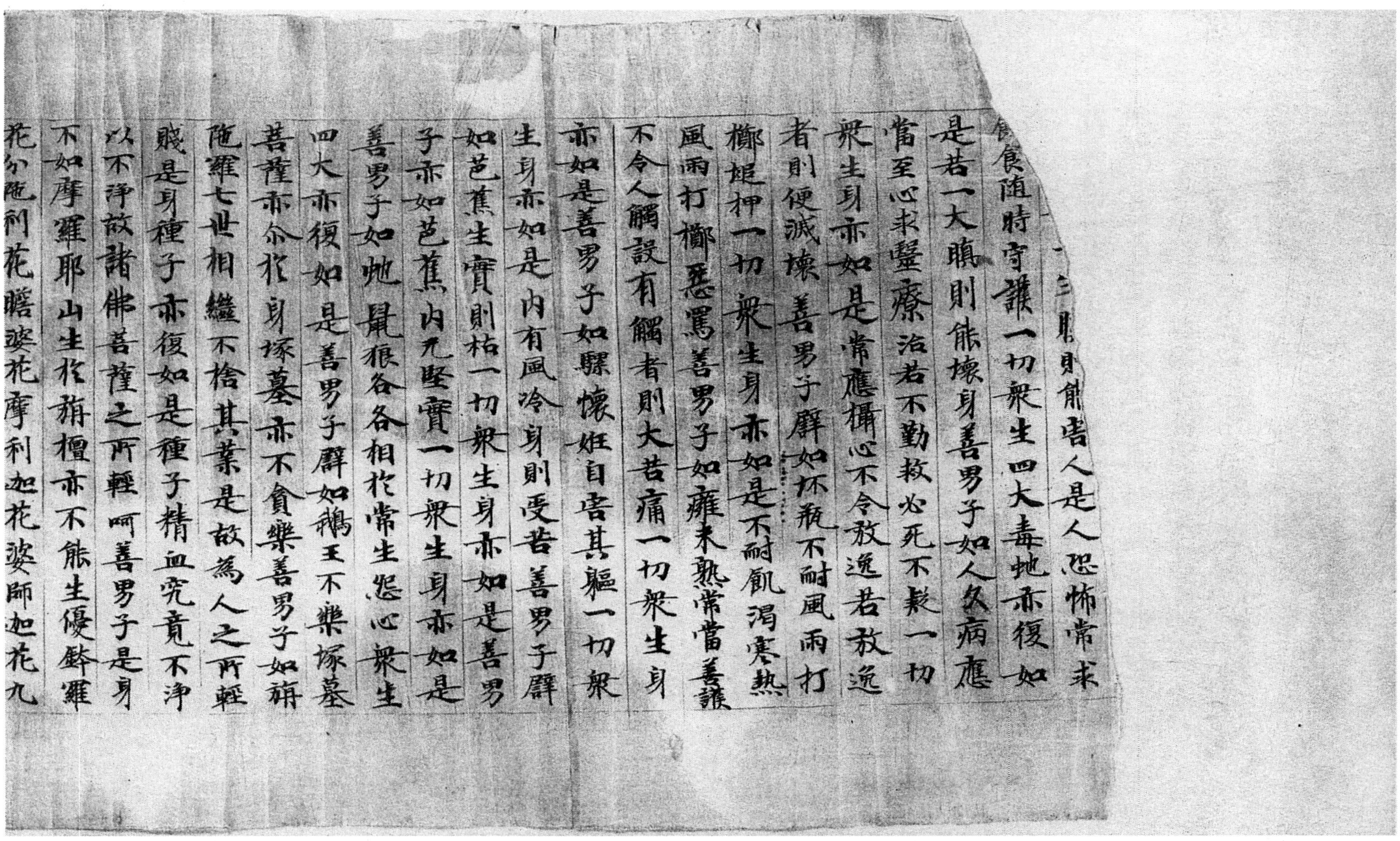
…則能害人是人恐怖常求
飲食隨時守護一切衆生四大毒虵亦復如
是若一大瞋則能壞身善男子如人久病應
當至心求醫療治若不勤救必死不疑一切
衆生身亦如是常應攝心不令放逸若放逸
者則便滅壞善男子譬如坏瓶不耐風雨打
擲踶押一切衆生身亦如是不耐飢渴寒熱
風雨打擲惡罵善男子如癰未熟常當善護
不令人觸設有觸者則大苦痛一切衆生身
亦如是善男子如騾懷妊自害其軀一切衆
生身亦如是內有風冷身則受苦善男子譬
如芭蕉生實則枯一切衆生身亦如是善男
子亦如芭蕉內无堅實一切衆生身亦如是
善男子如虵鼠狼各各相於常生怨心衆生
四大亦復如是善男子譬如鵝王不樂塚墓
菩薩亦尒於身塚墓亦不貪樂善男子如旃
陁羅七世相繼不捨其業是故為人之所輕
賤是身種子亦復如是種子精血究竟不淨
以不淨故諸佛菩薩之所輕呵善男子是身
不如摩羅耶山生於旃檀亦不能生優鉢羅
花分陁利花瞻婆花摩利迦花婆師迦花九

BD07189 號　大般涅槃經（北本）卷三一　（2–1）

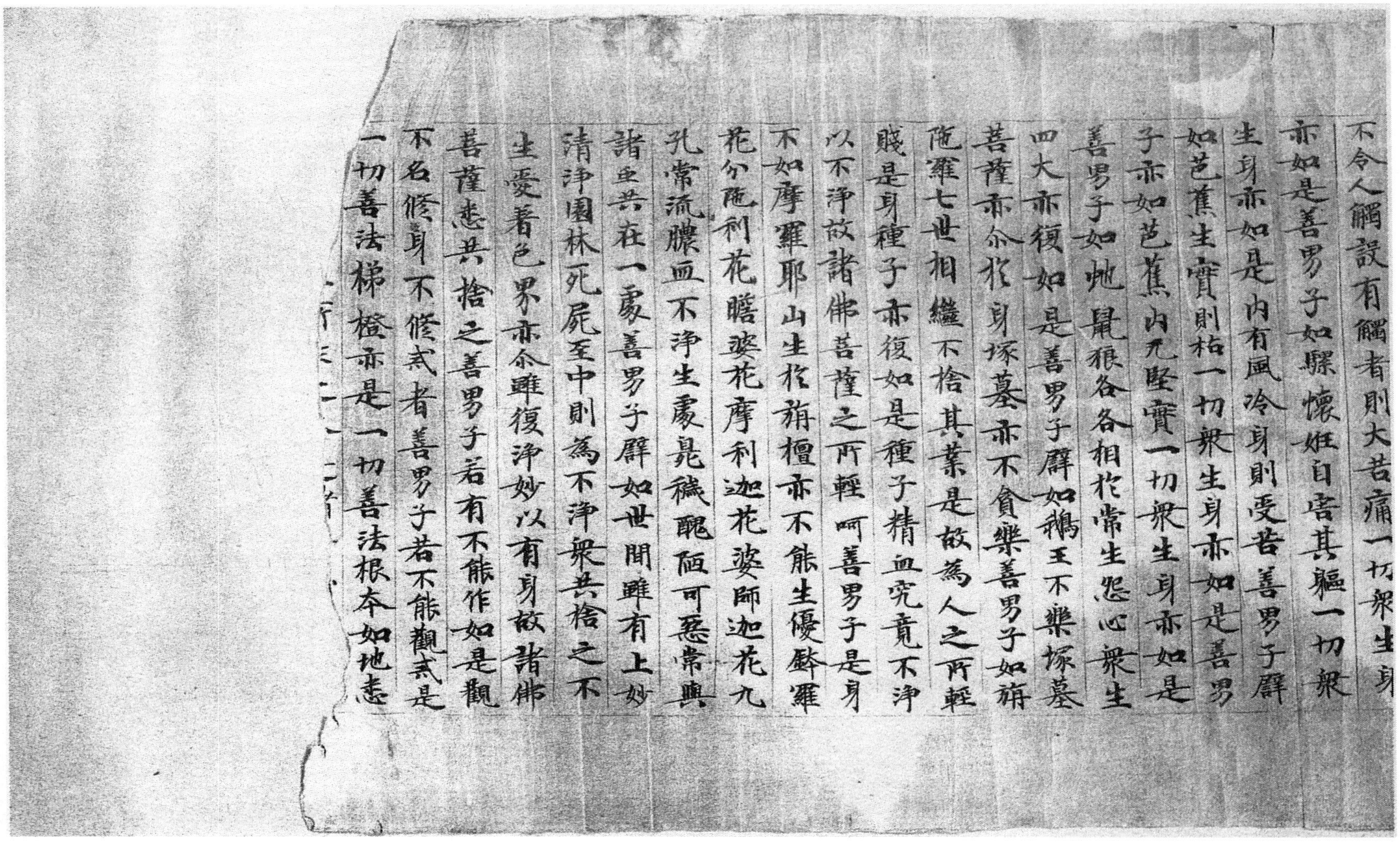
不令人觸設有觸者則大苦痛一切衆生身
亦如是善男子如騾懷妊自害其軀一切衆
生身亦如是內有風冷身則受苦善男子辟
如芭蕉生實則枯一切衆生身亦如是善男
子亦如芭蕉內无堅實一切衆生身亦如是
善男子如虵鼠狼各各相怨常生怨心衆生
四大亦復如是善男子辟如鵝王不樂塚墓
菩薩亦尒於身塚墓亦不貪樂善男子如旃
陁羅七世相繼不捨其業是故為人之所輕
賤是身種子亦復如是種子精血究竟不淨
以不淨故諸佛菩薩之所輕呵善男子是身
不如摩羅耶山生於旃檀亦不能生優鉢羅
花分陁利花瞻婆花摩利迦花婆師迦花九
孔常流膿血不淨生處臭穢醜陋可惡常與
諸虫共在一處善男子辟如世間雖有上妙
清淨園林死屍至中則為不淨衆共捨之不
生愛著色界亦尒雖復淨妙以有身故諸佛
菩薩悉共捨之善男子若有不能作如是觀
不名修身不修戒者善男子若不能觀戒是
一切善法梯橙亦是一切善法根本如地悉

BD07189號　大般涅槃經（北本）卷三一　（2–2）

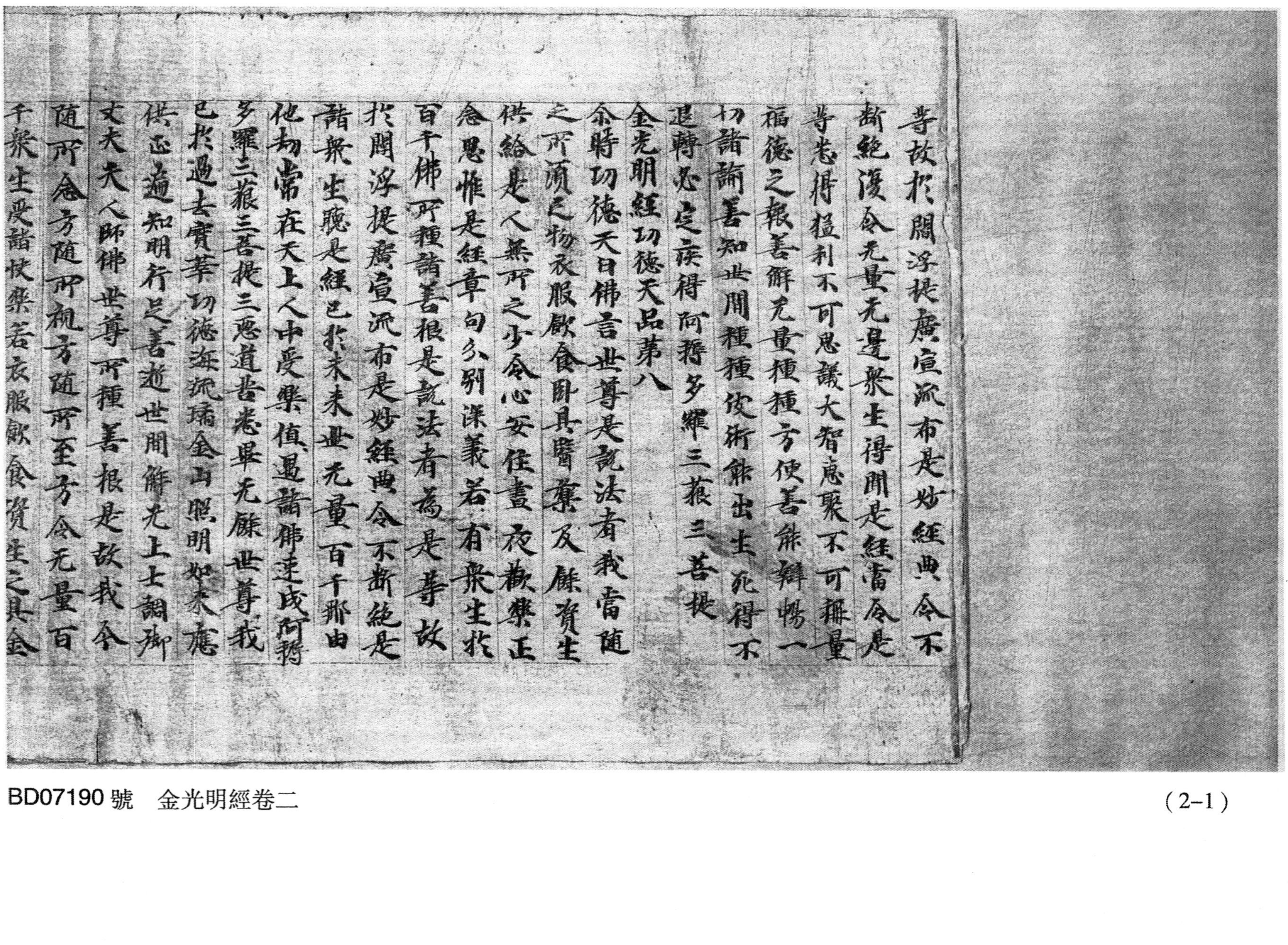
等故於閻浮提廣宣流布是妙經典令不
斷絕復令无量无邊衆生得聞是經當令是
等悉得極利不可思議大智慧聚不可稱量
福德之報善解无量種種方便善能辯暢一
切諸論善知世間種種伎術能出生死得不
退轉必定疾得阿耨多羅三藐三菩提
金光明經功德天品第八
尒時功德天白佛言世尊是說法者我當隨
其所須之物衣服飲食卧具醫藥及餘資生
供給是人无所乏少令心安住晝夜歡樂正
念思惟是經章句分別深義若有衆生於
百千佛所種諸善根是說法者為是等故
於閻浮提廣宣流布是妙經典令不斷絕是
諸衆生聽是經已於未來世无量百千那由
他劫常在天上人中受樂值遇諸佛速成阿耨
多羅三藐三菩提三惡道苦悉畢无餘世尊我
已於過去寶華功德海琉璃金山照明如來應
供正遍知明行足善逝世間解无上士調御
丈夫天人師佛世尊所種善根是故我今
隨所念方隨所視方隨所至方令无量百
千衆生受諸快樂若衣服飲食資生之具金

BD07190號　金光明經卷二　（2–1）

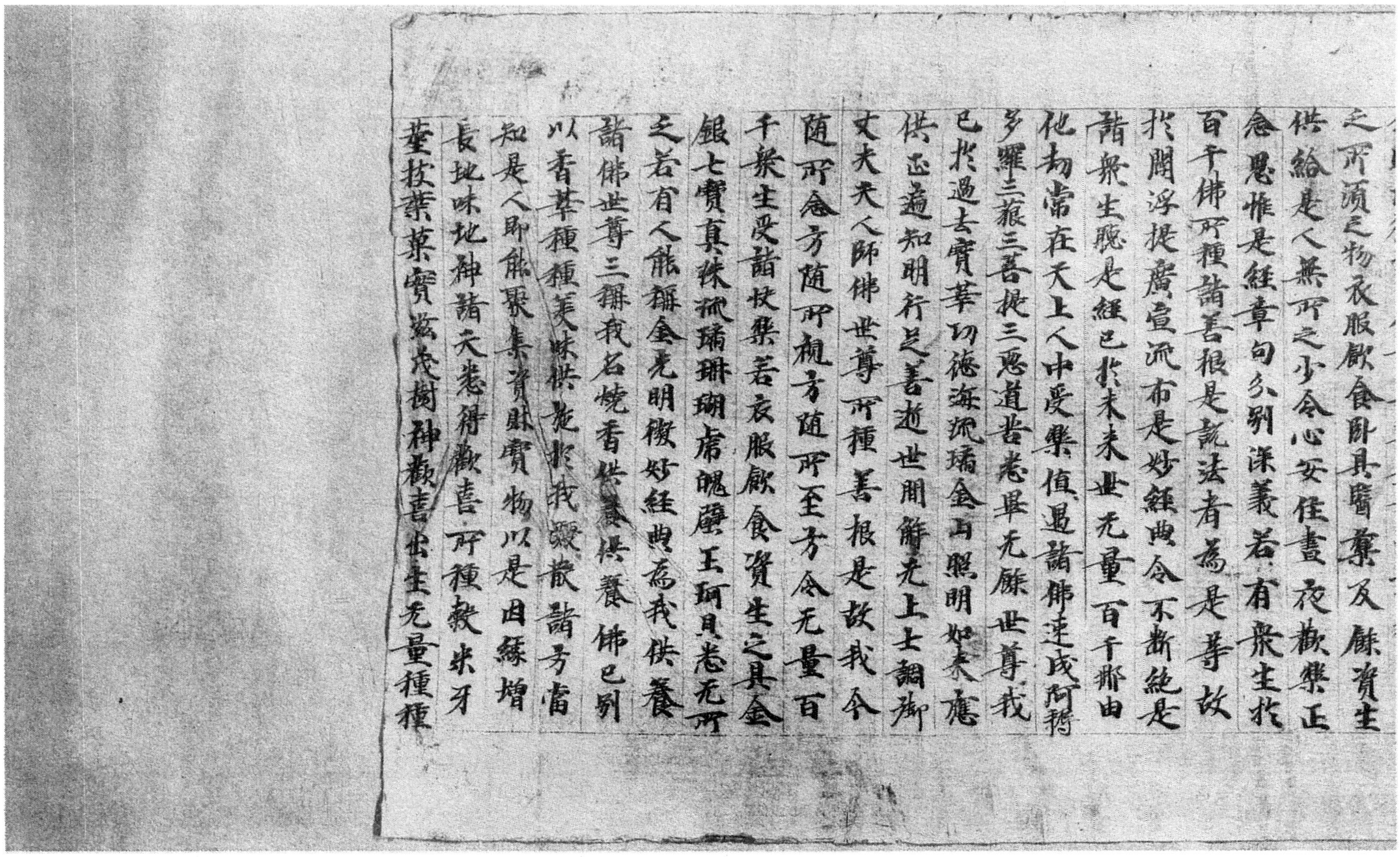

之所須之物衣服飲食卧具醫藥及餘資生
供給是人無所乏少令心安住晝夜歡樂正
念思惟是經章句分別深義若有衆生於
百千佛所種諸善根是說法者爲是等故
於閻浮提廣宣流布是妙經典令不斷絶是
諸衆生聽是經已於未來世無量百千那由
他劫常在天上人中受樂值遇諸佛速成阿耨
多羅三藐三菩提三惡道苦悉畢無餘世尊我
已於過去寶華功德海琉璃金山照明如來應
供正遍知明行足善逝世間解無上士調御
丈夫天人師佛世尊所種善根是故我今
隨所念方隨所觀方隨所至方令無量百
千衆生受諸快樂若衣服飲食資生之具金
銀七寶真珠琉璃珊瑚虎珀璧玉珂貝悉無所
乏若有人能稱金光明微妙經典爲我供養
諸佛世尊三稱我名燒香供養供養佛已別
以香華種種美味供施於我灑散諸方當
知是人即能聚集資財寶物以是因緣增
長地味地神諸天悉得歡喜所種穀米芽
莖枝葉菓實滋茂樹神歡喜出生無量種種

BD07190 號　金光明經卷二　（2–2）

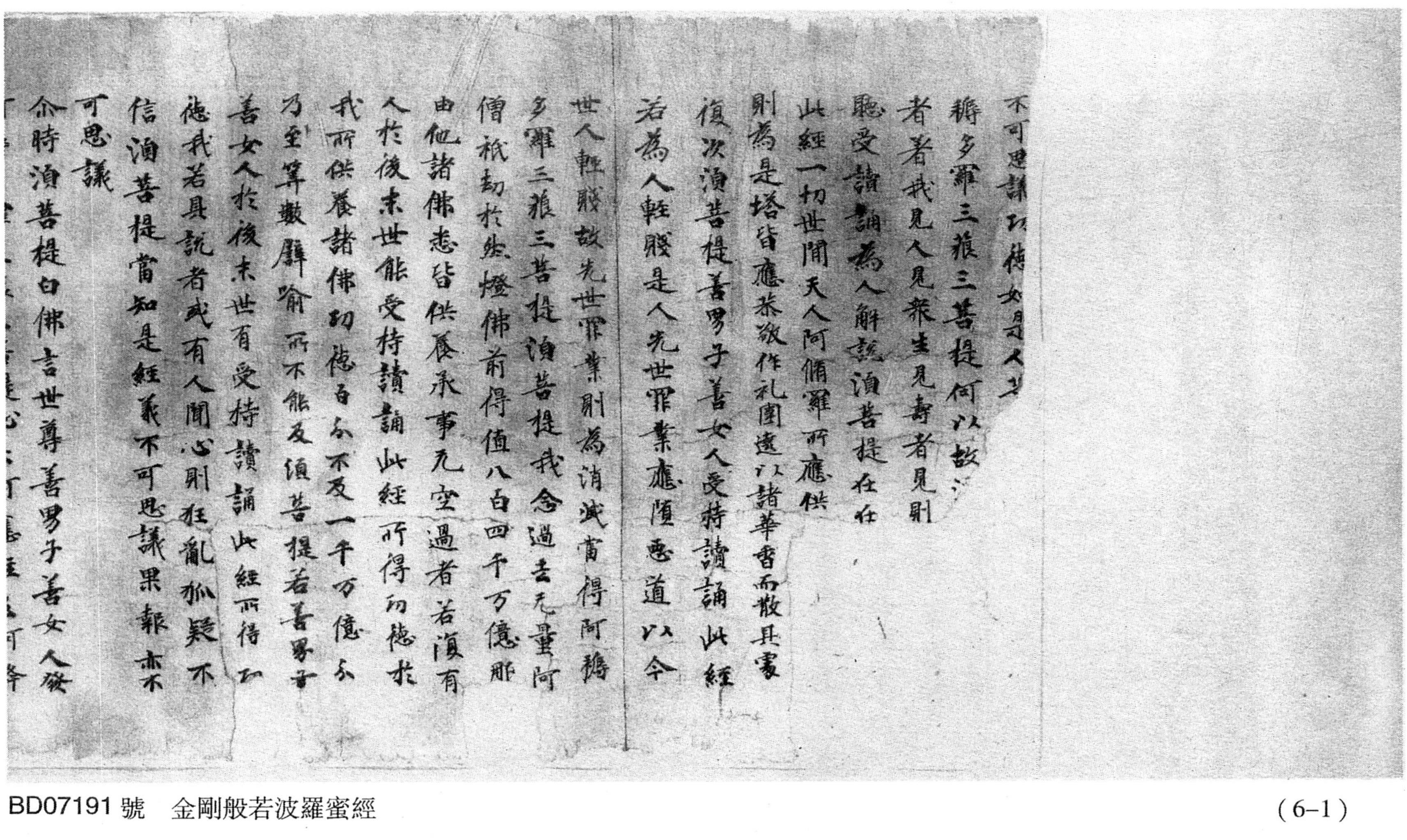

不可思議功德如是人
耨多羅三藐三菩提何以故
者著我見人見衆生見壽者見則
聽受讀誦爲人解說須菩提在在
此經一切世間天人阿修羅所應供
則爲是塔皆應恭敬作禮圍遶以諸華香而散其處
復次須菩提善男子善女人受持讀誦此經
若爲人輕賤是人先世罪業應墮惡道以今
世人輕賤故先世罪業則爲消滅當得阿耨
多羅三藐三菩提須菩提我念過去無量阿
僧祇劫於然燈佛前得值八百四千万億那
由他諸佛悉皆供養承事无空過者若復有
人於後末世能受持讀誦此經所得功德於
我所供養諸佛功德百分不及一千万億分
乃至筭數譬喻所不能及須菩提若善男子
善女人於後末世有受持讀誦此經所得功
德我若具說者或有人聞心則狂亂狐疑不
信須菩提當知是經義不可思議果報亦不
可思議
尒時須菩提白佛言世尊善男子善女人發

BD07191 號　金剛般若波羅蜜經　（6–1）

德我若具說者或有人聞心則狂亂狐疑不
信須菩提當知是經義不可思議果報亦不
可思議
尒時須菩提白佛言世尊善男子善女人發
阿耨多羅三藐三菩提心云何應住云何降
伏其心佛告須菩提善男子善女人發阿耨
多羅三藐三菩提者當生如是心我應滅度
一切衆生滅度一切衆生已而无有一衆生實
滅度者何以故若菩薩有我相人相衆生
相壽者相則非菩薩所以者何須菩提實无
有法發阿耨多羅三藐三菩提者
須菩提於意云何如來於然燈佛所有法得
阿耨多羅三藐三菩提不不也世尊如我解佛
所說義佛於然燈佛所无有法得阿耨多羅
三藐三菩提佛言如是如是須菩提實无有
法如來得阿耨多羅三藐三菩提須菩提若
有法如來得阿耨多羅三藐三菩提者然燈
佛則不與我受記汝於來世當得作佛号釋
迦牟尼以實无有法得阿耨多羅三藐三菩
提是故然燈佛與我受記作是言汝於來世
當得作佛号釋迦牟尼何以故如來者即諸
法如義若有人言如來得阿耨多羅三藐三
菩提須菩提實无有法佛得阿耨多羅三藐
三菩提須菩提如來所得阿耨多羅三藐三
菩提於是中无實无虛是故如來說一切法
皆是佛法須菩提所言一切法者即非一切
法是故名一切法

BD07191 號　金剛般若波羅蜜經　（6–2）

三菩提須菩提如來所得阿耨多羅三藐三
菩提於是中无實无虛是故如來說一切法
皆是佛法須菩提所言一切法者即非一切
法是故名一切法
須菩提譬如人身長大須菩提言世尊如來
說人身長大則為非大身是名大身
須菩提菩薩亦如是若作是言我當滅度无
量衆生則不名菩薩何以故須菩提實无有
法名為菩薩是故佛說一切法无我无人无
衆生无壽者須菩提若菩薩作是言我當莊
嚴佛土是不名菩薩何以故如來說莊嚴佛
土者即非莊嚴是名莊嚴須菩提若菩薩通
達无我法者如來說名真是菩薩
須菩提於意云何如來有肉眼不如是世尊
如來有肉眼須菩提於意云何如來有天眼
不如是世尊如來有天眼須菩提於意云何
如來有慧眼不如是世尊如來有慧眼須菩
提於意云何如來有法眼不如是世尊如來
有法眼須菩提於意云何如來有佛眼不如
是世尊如來有佛眼須菩提於意云何恒河
中所有沙佛說是沙不如是世尊如來說是
沙須菩提於意云何如一恒河中所有沙有
如是等恒河是諸恒河所有沙數佛世界如
是寧為多不甚多世尊佛告須菩提尒所國
土中所有衆生若干種心如來悉知何以故
如來說諸心皆為非心是名為心所以者何
須菩提過去心不可得現在心不可得未來

BD07191 號　金剛般若波羅蜜經　（6–3）

是實為多不甚多世尊佛告須菩提尒所國
土中所有衆生若干種心如来悉知何以故
如来說諸心皆為非心是名為心所以者何
須菩提過去心不可得現在心不可得未来
心不可得須菩提於意云何若有人滿三千
大千世界七寶以用布施是人以是因緣得
福多不如是世尊此人以是因緣得福甚多
須菩提若福德有實如来不說得福德多以
福德无故如来說得福德多
須菩提於意云何佛可以具足色身見不不
世世尊如来不應以具足色身見何以故如
来說具足色身即非具足色身是名具足色
身須菩提於意云何如来可以具足諸相見
不不也世尊如来不應以具足諸相見何以
故如来說諸相具足即非具足是名諸相具足
須菩提汝勿謂如来作是念我當有所說法
莫作是念何以故若人言如来有所說法即
為謗佛不能解我所說故須菩提說法者无
法可說是名說法
須菩提白佛言世尊佛得阿耨多羅三藐三
菩提為无所得耶如是如是須菩提我於阿
耨多羅三藐三菩提乃至无有少法可得是
名阿耨多羅三藐三菩提復次須菩提是法
平等无有高下是名阿耨多羅三藐三菩提
以无我无人无衆生无壽者脩一切善法則得阿
耨多羅三藐三菩提須菩提所言善法者
如来說非善法是名善法
須菩提若三千大千世界中所有諸須弥山王

BD07191 號　金剛般若波羅蜜經　（6–4）

以无我无人无衆生无壽者脩一切善法則得阿
耨多羅三藐三菩提須菩提所言善法者
如来說非善法是名善法
須菩提若三千大千世界中所有諸須弥山王
如是等七寶聚有人持用布施若人以此般若
波羅蜜經乃至四句偈等受持讀誦為他人說
於前福德百分不及一百千万億分乃至筭數譬
喻所不能及
須菩提於意云何汝等勿謂如来作是念我
當度衆生須菩提莫作是念何以故實无有衆
生如来度者若有衆生如来度者如来[illegible]我
人衆生壽者須菩提如来說有我者則非有我而
凡夫之人以為有我須菩提凡夫者如来說則非凡夫
須菩提於意云何可以卅二相觀如来不須菩提言如
是如是以卅二相觀如来佛言須菩提若以卅二相
觀如来者轉輪聖王則是如来須菩提白佛言
世尊如我解佛所說義不應以卅二相觀如来
尒時世尊而說偈言
若以色見我　以音聲求我　是人行邪道　不能見如来
須菩提汝若作是念如来不以具足相故得阿耨
多羅三藐三菩提須菩提莫作是念如来不以
具足相故得阿耨多羅三藐三菩提須菩提汝若
作是念發阿耨多羅三藐三菩提者說諸法斷滅莫
作是念何以故發阿耨多羅三藐三菩提者於法不
說斷滅相須菩提若菩薩以滿恒河沙等世界七
寶布施若復有人知一切法无我得成於忍此菩薩
勝前菩薩所得功德須菩提以諸菩薩不受福

BD07191 號　金剛般若波羅蜜經　（6–5）

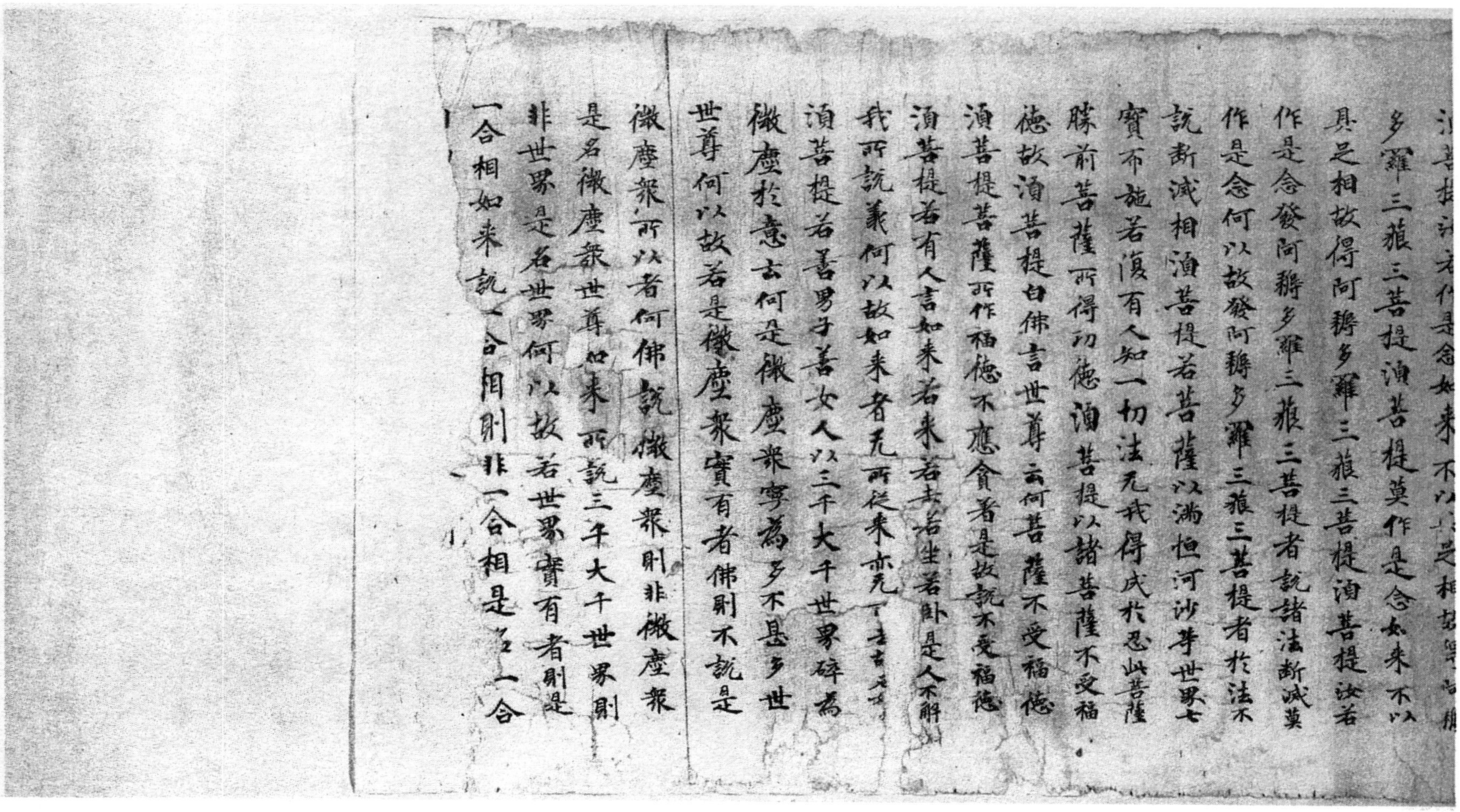

須菩提汝若作是念如来不以具足相故得
多羅三藐三菩提須菩提莫作是念如来不以
具足相故得阿耨多羅三藐三菩提須菩提汝若
作是念發阿耨多羅三藐三菩提者說諸法斷滅莫
作是念何以故發阿耨多羅三藐三菩提者於法不
說斷滅相須菩提若菩薩以滿恒河沙等世界七
寶布施若復有人知一切法无我得成於忍此菩薩
勝前菩薩所得功德須菩提以諸菩薩不受福
德故須菩提白佛言世尊云何菩薩不受福德
須菩提菩薩所作福德不應貪著是故說不受福德
須菩提若有人言如来若来若去若坐若卧是人不解
我所說義何以故如来者无所從来亦无[illegible]
須菩提若善男子善女人以三千大千世界碎為
微塵於意云何是微塵衆寧為多不甚多世
尊何以故若是微塵衆實有者佛則不說是
微塵衆所以者何佛說微塵衆則非微塵衆
是名微塵衆世尊如来所說三千大千世界則
非世界是名世界何以故若世界實有者則是
一合相如来說一合相則非一合相是名一合

BD07191 號　金剛般若波羅蜜經　（6–6）

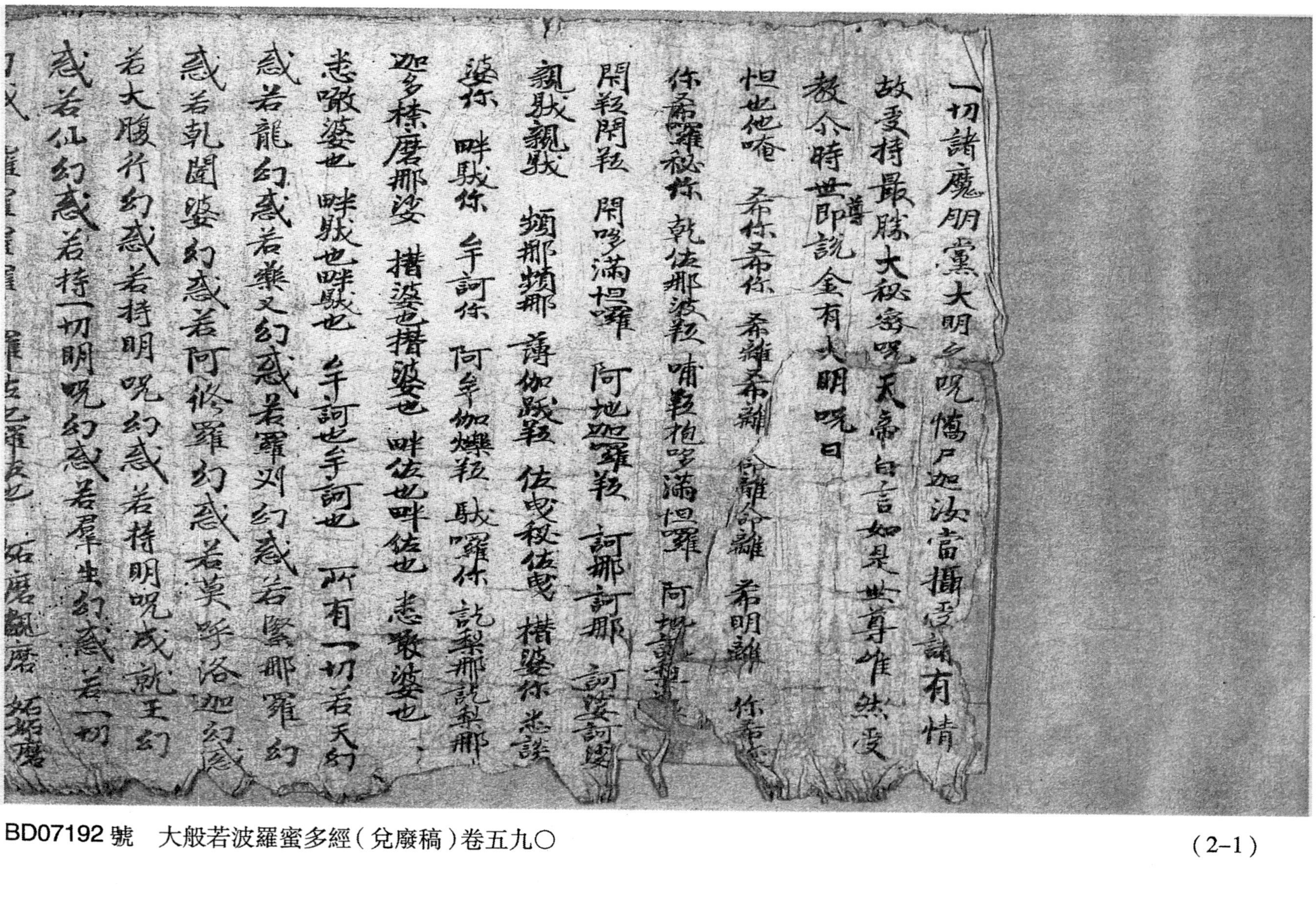

一切諸魔明黨大明呪憍尸迦汝當攝受讀誦有情
故受持最勝大秘密呪　天帝白言如是世尊唯然受
教尒時世尊即說金有大明呪曰
怛他唵　希你希你　希離希離　希離希離　希明離　你希
你希羅秘你　乾佉那婆羅　哺羅抱哆滿怛羅　阿
閇羅閇羅　閇哆滿怛羅　阿地迦羅羅　訶那訶那　訶婆訶婆
飄馱飄馱　頻那頻那　薄伽䟦羅　佉叱叔佉叱　摧婆你　悉諾
娑你　畔馱你　牟訶你　阿牟伽爍羅　馱囉你　訖梨那訖梨那
迦多榛磨那娑　摧婆也摧婆也　畔佉也畔佉也　悉嚕婆也
悉嚩婆也　畔馱也畔馱也　牟訶也牟訶也　所有一切若天幻
惑若龍幻惑若藥叉幻惑若羅刹幻惑若緊那羅幻
惑若乾闥婆幻惑若阿修羅幻惑若莫呼洛伽幻惑
若大腹行幻惑若持明呪幻惑若持明呪成就王幻
惑若仙幻惑若持一切明呪幻惑若羣生幻惑若一切

BD07192 號　大般若波羅蜜多經（兌廢稿）卷五九〇　（2–1）

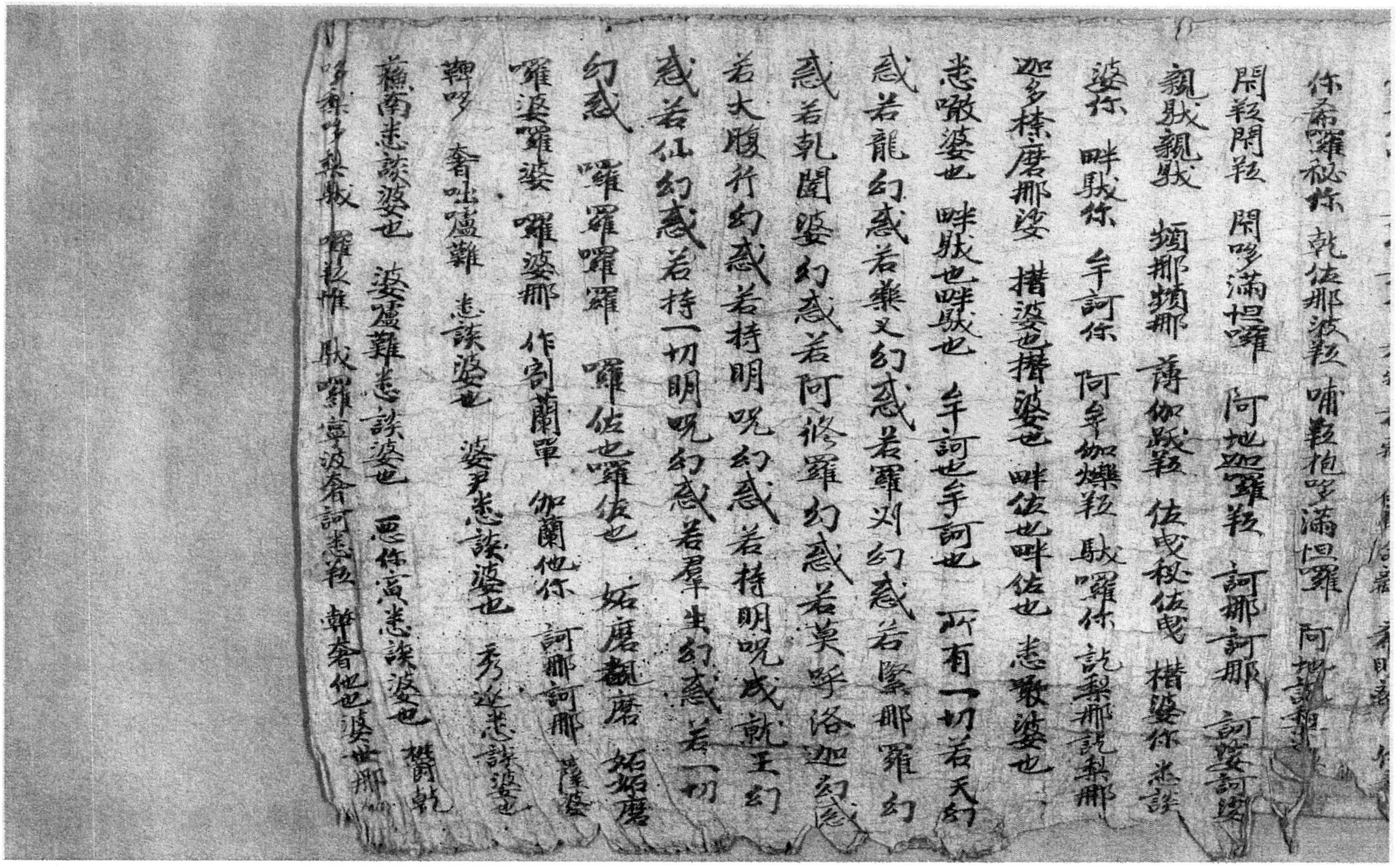

BD07192號　大般若波羅蜜多經（兌廢稿）卷五九〇　（2–2）

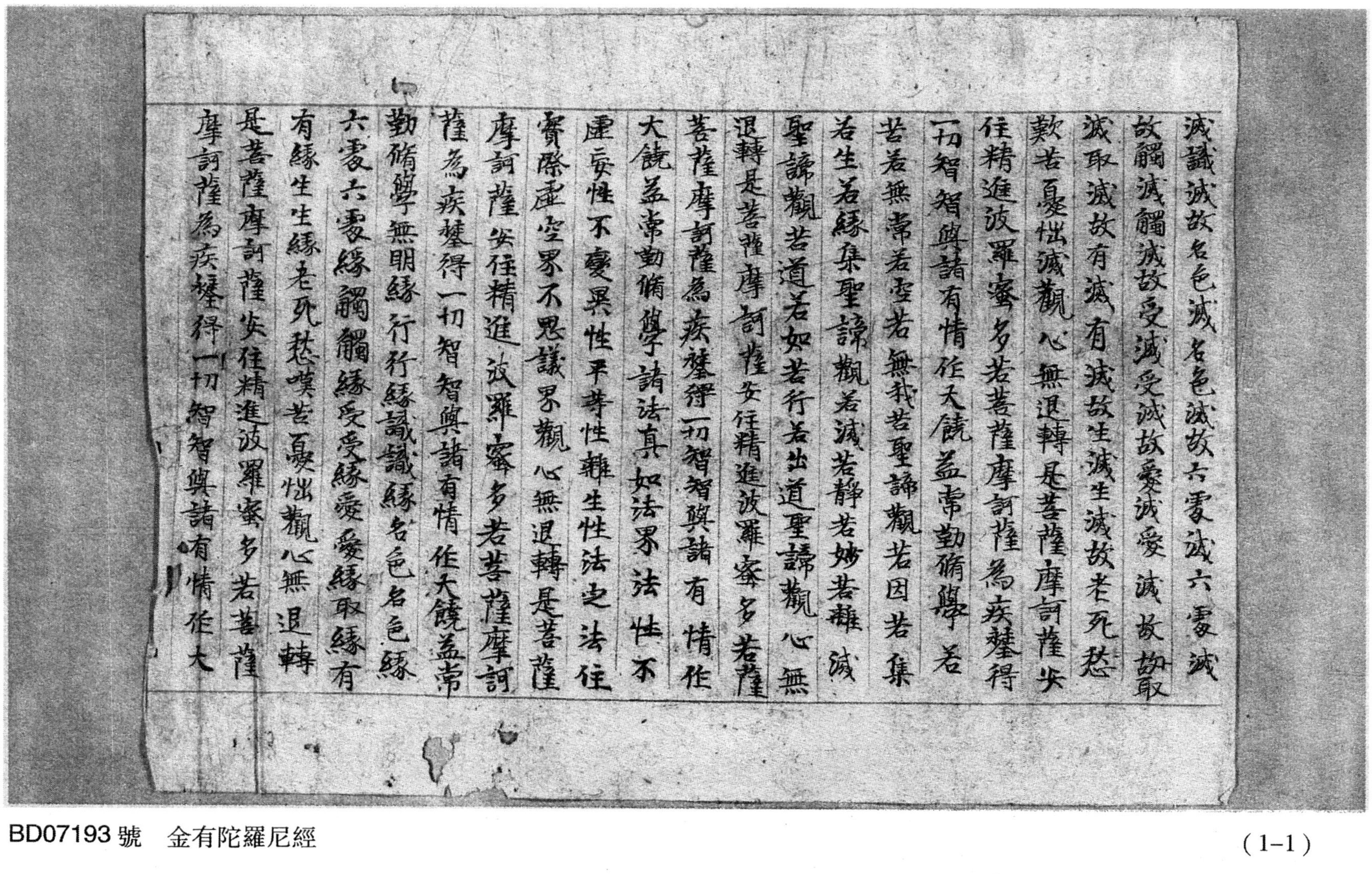
滅識滅故名色滅名色滅故六處滅六處滅
故觸滅觸滅故受滅受滅故愛滅愛滅故取
滅取滅故有滅有滅故生滅生滅故老死愁
歎苦憂惱滅觀心無退轉是菩薩摩訶薩安
住精進波羅蜜多若菩薩摩訶薩爲疾證得
一切智智與諸有情作大饒益常勤脩學若
苦若無常若空若無我若聖諦觀若因若集
若生若緣集聖諦觀若滅若靜若妙若離滅
聖諦觀若道若如若行若出道聖諦觀心無
退轉是菩薩摩訶薩安住精進波羅蜜多若薩
菩薩摩訶薩爲疾證得一切智智與諸有情作
大饒益常勤脩學諸法真如法界法性不
虛妄性不變異性平等性離生性法定法住
實際虛空界不思議界觀心無退轉是菩薩
摩訶薩安住精進波羅蜜多若菩薩摩訶
薩爲疾證得一切智智與諸有情作大饒益常
勤脩學無明緣行行緣識識緣名色名色緣
六處六處緣觸觸緣受受緣愛愛緣取取緣有
有緣生生緣老死愁歎苦憂惱觀心無退轉
是菩薩摩訶薩安住精進波羅蜜多若菩薩
摩訶薩爲疾證得一切智智與諸有情作大

BD07193號　金有陀羅尼經　（1–1）

大般若波羅蜜多經
第二分甚深義品第
爾時具壽善現復
甚深云何受想行
何一切菩薩摩訶薩
無上正等菩提亦
甚深故色亦名甚
想行識亦名甚深
訶薩行真如甚深
名甚深諸佛無上正
佛無上正等菩提真
佛言云何色真如甚
甚深如是乃至云何一切菩薩摩訶薩行真
如甚深云何諸佛無上正等菩提真如甚深
佛告善現色真如非即色非離色是故甚深
受想行識真如非即受想行識非離受想行
識是故甚深如是乃至一切菩薩摩訶薩行
真如非即一切菩薩摩訶薩行非離一切菩薩
摩訶薩行是故甚深諸佛無上正等菩提真

BD07194號　大般若波羅蜜多經卷四五〇　（3–1）

受想行識真如非即受想行識非離受想行
識是故甚深如是乃至一切菩薩摩訶薩行
真如非即一切菩薩摩訶薩行非離一切菩薩
摩訶薩行是故甚深諸佛無上正等菩提真
如非即諸佛無上正等菩提非離諸佛無上
正等菩提是故甚深具壽善現復白佛言如
來甚深奇微妙方便為不退轉地菩薩摩訶薩
遮遣諸色顯示涅槃遮遣受想行識顯示涅
槃如是乃至遮遣一切菩薩摩訶薩行顯示
涅槃遮遣諸佛無上正等菩提顯示涅槃世
尊甚奇微妙方便為不退轉地菩薩摩訶薩
遮遣一切若色若非色若有見若無見若有
對若無對若世間若出世間若共若不共若
有漏若無漏若有為若無為法顯示涅槃佛
告善現如是如是如汝所說如來甚奇微妙
方便為不退轉地菩薩摩訶薩遮遣諸色顯
示涅槃遮遣受想行識顯示涅槃乃至世尊
甚奇微妙方便為不退轉地菩薩摩訶薩遮
遣一切若色若非色若有見若無見若有對
若無對若世間若出世間若共若不共若有
漏若無漏若有為若無為法顯示涅槃復次善
現諸菩薩摩訶薩應於如是諸甚深處依止
般若波羅蜜多相應理趣審諦思惟稱量觀
察應住是念我今應如甚深般若波羅蜜多
所教而住我今應如甚深般若波羅蜜多所
說而學善現若菩薩摩訶薩能於如是諸甚

BD07194號　大般若波羅蜜多經卷四五〇　（3–2）

若無對若世間若出世間若共若不共若有
漏若無漏若有為若無為法顯示涅槃復次善
現諸菩薩摩訶薩應於如是諸甚深處依止
般若波羅蜜多相應理趣審諦思惟稱量觀
察應住是念我今應如甚深般若波羅蜜多
所教而住我今應如甚深般若波羅蜜多所
說而學善現若菩薩摩訶薩能於如是諸甚
深處依止般若波羅蜜多相應理趣審諦思
惟稱量觀察如深般若波羅蜜多所教而住如
深般若波羅蜜多所說而學是菩薩摩訶薩由
能如是精進修學依深般若波羅蜜多起一
念心尚能攝取無數無量無邊善根超無量
劫生死流轉疾趣無上正等菩提况能無間
常修般若波羅蜜多恒住菩提相應住意善
現如多欲人與端嚴女更相愛染共為期契
彼女限礙不獲赴期此人欲心熾盛流注善
現於意云何其人欲念於何處轉世尊此人
欲念於女處轉謂作是念彼何當來共會於
此歡娛戲樂善現於意云何其人晝夜然欲
心生世尊是人晝夜欲念甚多佛告善現若

BD07194 號　大般若波羅蜜多經卷四五〇　（3–3）

深般若波羅蜜多則為行一
地門亦為行一切三摩地門善現若
菩薩摩訶薩行深般若波羅蜜多則為行一
切智亦為行道相智一切相智
復次善現甚深般若波羅蜜多隨所行處所
有一切波羅蜜多及餘一切菩提分法皆悉
隨從甚深般若波羅蜜多隨所至處所有一
切波羅蜜多及餘一切菩提分法皆悉隨至
善現如轉輪聖王有四支勇軍隨彼輪王所
善現如轉輪聖王有四支勇軍隨彼輪王所
行之處是四勇軍皆悉隨從隨彼輪王所至
之處是四勇軍皆悉隨至甚深般若波羅蜜
多亦復如是隨有所行及有所至所有一切
波羅蜜多及餘一切菩提分法皆悉隨逐究
竟至於一切智智善現如善御者駕四馬車
令避險路行於正道隨本意欲能往所至甚
深般若波羅蜜多亦復如是善御一切波羅
蜜多及餘一切菩提分法令避生死涅槃險
路行於自利利他正道至本所求一切智智
時具壽善現白佛言世尊菩薩摩訶薩云何
為道云何非道佛言善現諸異生道非諸菩

BD07195 號　大般若波羅蜜多經（兑廢稿）卷三五五　（2–1）

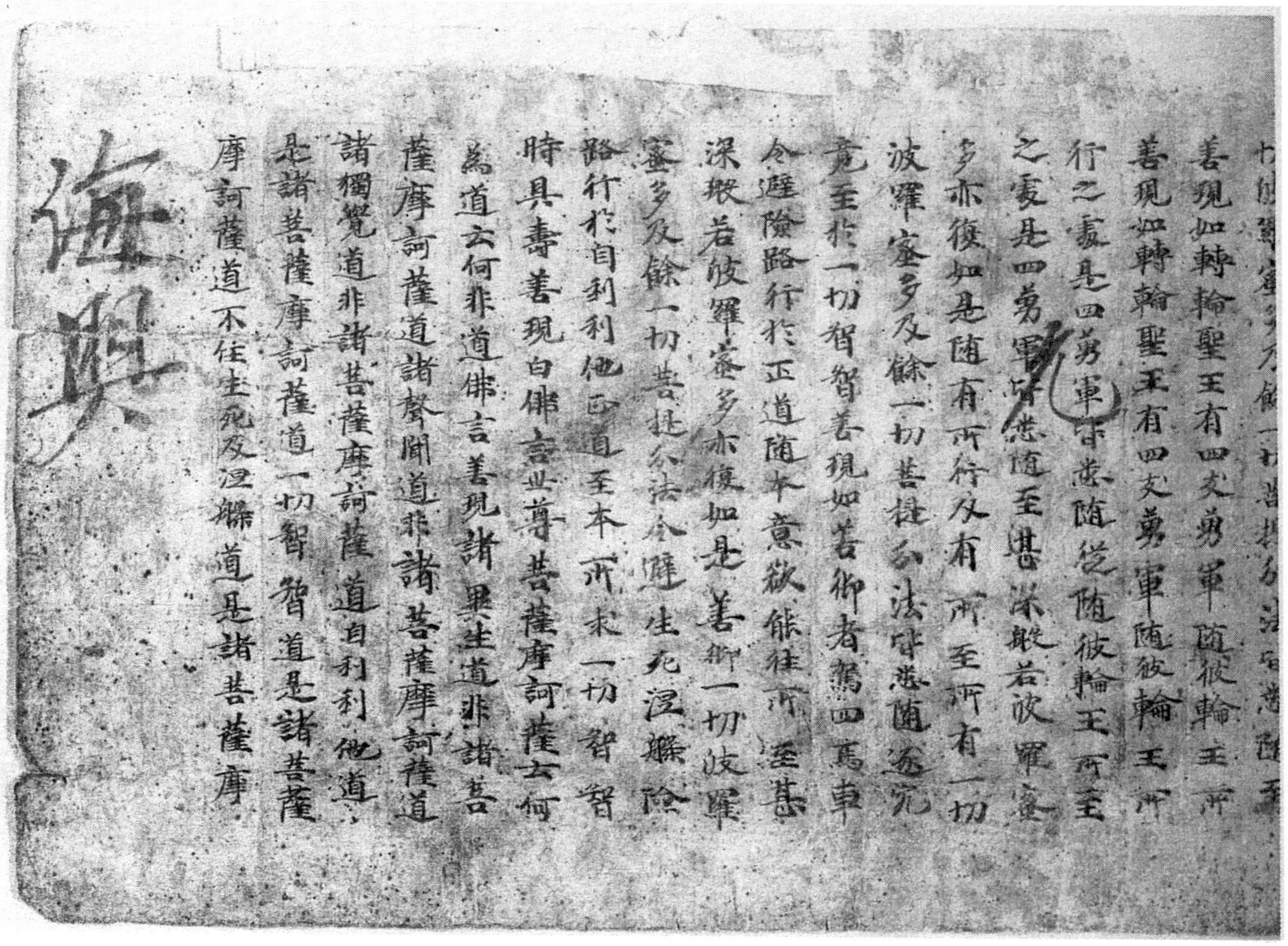
善現如轉輪聖王有四支勇軍隨彼輪王所
善現如轉輪聖王有四支勇軍隨彼輪王所
行之處是四勇軍亦悉隨從隨彼輪王所至
之處是四勇軍皆悉隨至甚深般若波羅蜜
多亦復如是隨有所行及有所至所有一切
波羅蜜多及餘一切菩提分法皆悉隨逐究
竟至於一切智智善現如善御者駕四馬車
令避險路行於正道隨本意欲能往所至甚
深般若波羅蜜多亦復如是善御一切波羅
蜜多及餘一切菩提分法令避生死涅槃險
路行於自利利他正道至本所求一切智智
時具壽善現白佛言世尊菩薩摩訶薩云何
為道云何非道佛言善現諸異生道非諸菩
薩摩訶薩道諸聲聞道非諸菩薩摩訶薩道
諸獨覺道非諸菩薩摩訶薩道自利利他道
是諸菩薩摩訶薩道一切智智道是諸菩薩
摩訶薩道不住生死及涅槃道是諸菩薩摩
海興

BD07195號　大般若波羅蜜多經（兌廢稿）卷三五五　（2–2）

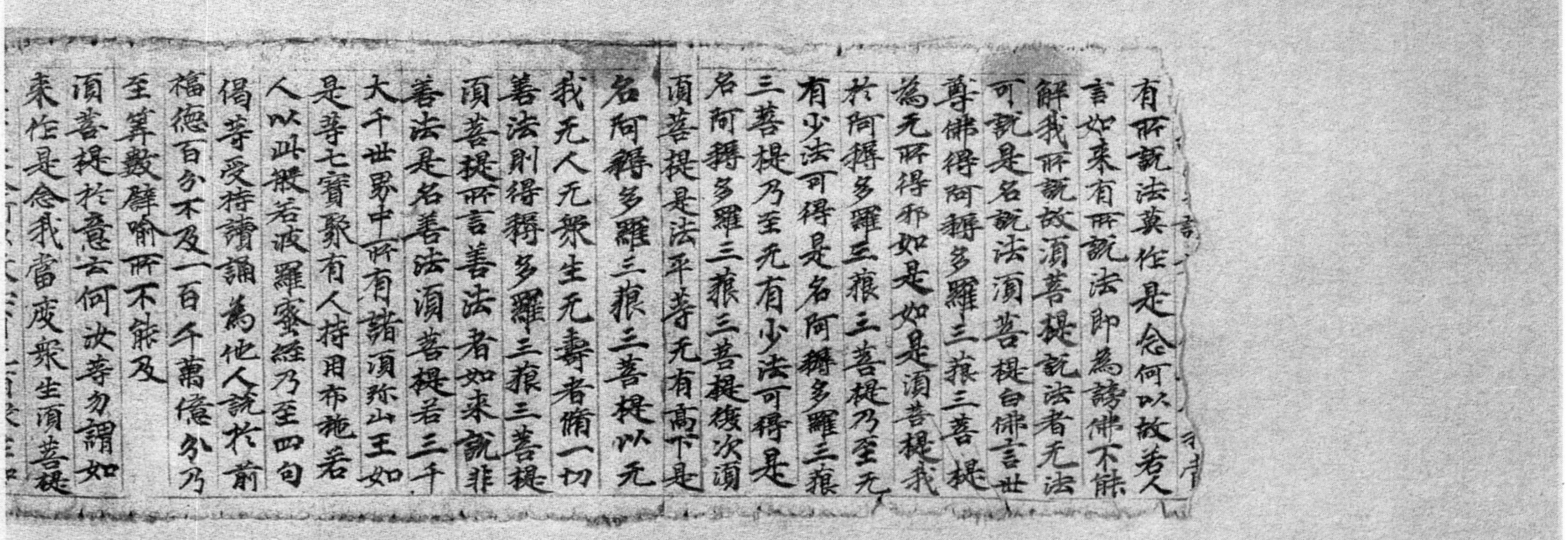
有所說法莫作是念何以故若人
言如來有所說法即為謗佛不能
解我所說故須菩提說法者无法
可說是名說法須菩提白佛言世
尊佛得阿耨多羅三藐三菩提
為无所得耶如是如是須菩提我
於阿耨多羅三藐三菩提乃至无
有少法可得是名阿耨多羅三藐
三菩提乃至无有少法可得是
名阿耨多羅三藐三菩提復次須
菩提是法平等无有高下是
名阿耨多羅三藐三菩提以无
我无人无眾生无壽者脩一切
善法則得阿耨多羅三藐三菩提
須菩提所言善法者如來說非
善法是名善法須菩提若三千
大千世界中所有諸須弥山王如
是等七寶聚有人持用布施若
人以此般若波羅蜜經乃至四句
偈等受持讀誦為他人說於前
福德百分不及一百千萬億分乃
至算數譬喻所不能及
須菩提於意云何汝等勿謂如
來作是念我當度眾生須菩提

BD07196號　金剛般若波羅蜜經　（4–1）

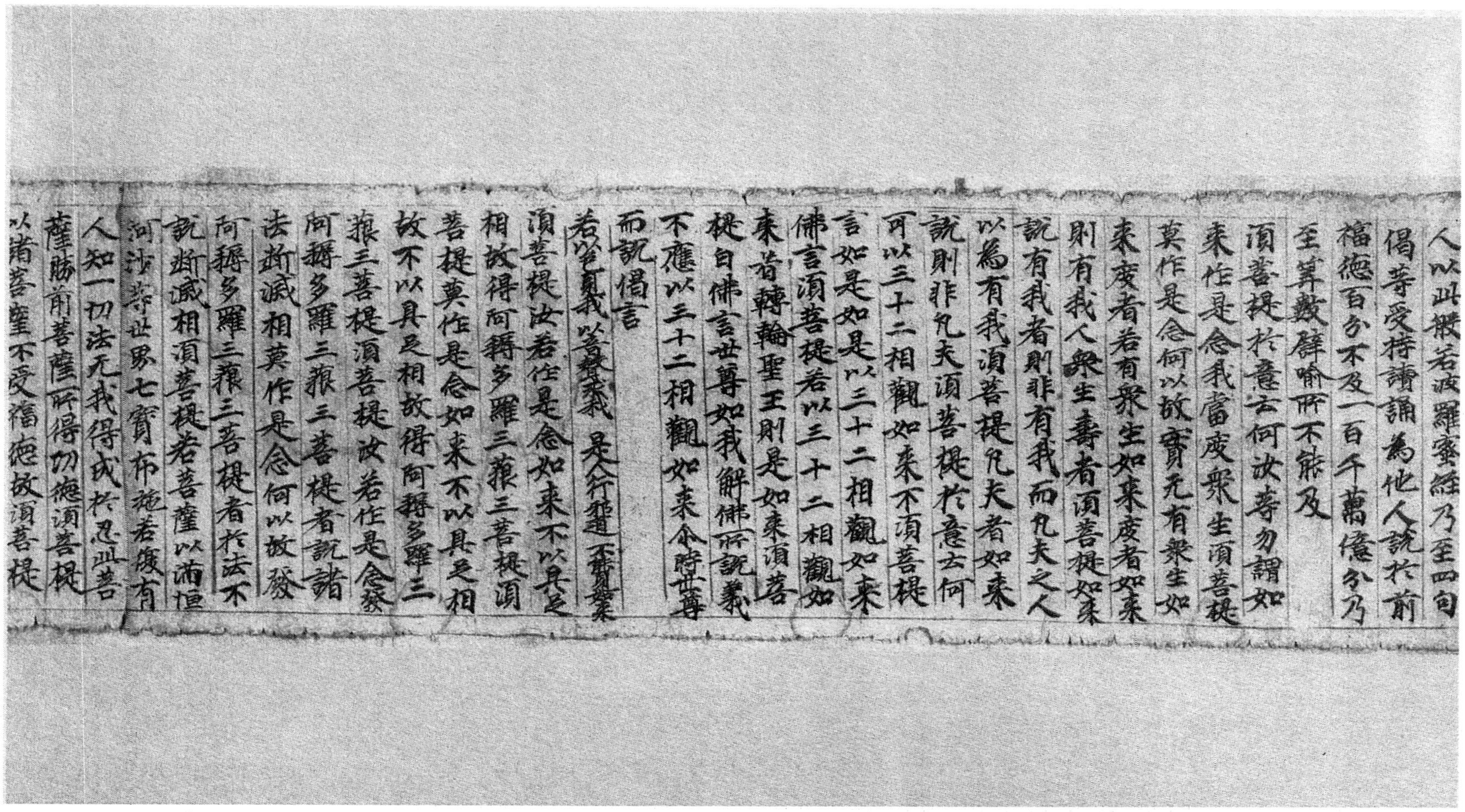

人以此般若波羅蜜經乃至四句
偈等受持讀誦為他人說於前
福德百分不及一百千萬億分乃
至算數譬喻所不能及
須菩提於意云何汝等勿謂如
來作是念我當度眾生須菩提
莫作是念何以故實无有眾生如
來度者若有眾生如來度者如來
則有我人眾生壽者須菩提如來
說有我者則非有我而凡夫之人
以為有我須菩提凡夫者如來
說則非凡夫須菩提於意云何
可以三十二相觀如來不須菩提
言如是如是以三十二相觀如來
佛言須菩提若以三十二相觀如
來者轉輪聖王則是如來須菩
提白佛言世尊如我解佛所說義
不應以三十二相觀如來尒時世尊
而說偈言
若以色見我 以音聲求我 是人行邪道 不能見如來
須菩提汝若作是念如來不以具足
相故得阿耨多羅三藐三菩提須
菩提莫作是念如來不以具足相
故不以具足相故得阿耨多羅三
藐三菩提須菩提汝若作是念發
阿耨多羅三藐三菩提者說諸
法斷滅相莫作是念何以故發
阿耨多羅三藐三菩提者於法不
說斷滅相須菩提若菩薩以滿恒
河沙等世界七寶布施若復有
人知一切法无我得成於忍此菩
薩勝前菩薩所得功德須菩提
以諸菩薩不受福德故須菩提

BD07196 號　金剛般若波羅蜜經　（4–2）

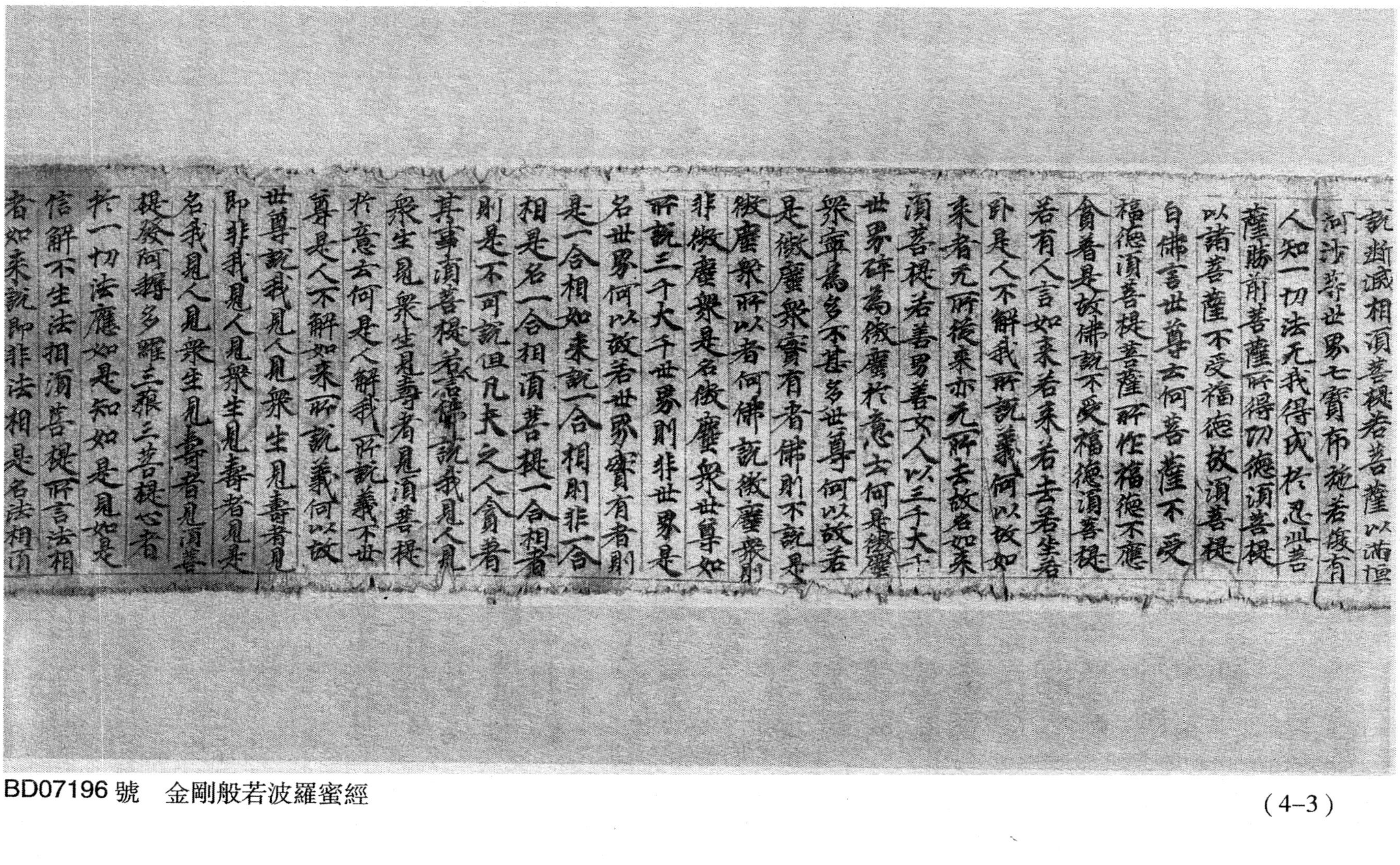

說斷滅相須菩提若菩薩以滿恒
河沙等世界七寶布施若復有
人知一切法无我得成於忍此菩
薩勝前菩薩所得功德須菩提
以諸菩薩不受福德故須菩提
白佛言世尊云何菩薩不受
福德須菩提菩薩所作福德不應
貪著是故說不受福德須菩提
若有人言如來若來若去若坐若
臥是人不解我所說義何以故如
來者无所從來亦无所去故名如來
須菩提若善男子善女人以三千大千
世界碎為微塵於意云何是微塵
眾寧為多不甚多世尊何以故若
是微塵眾實有者佛則不說是
微塵眾所以者何佛說微塵眾則
非微塵眾是名微塵眾世尊如
來所說三千大千世界則非世界是
名世界何以故若世界實有者則
是一合相如來說一合相則非一合
相是名一合相須菩提一合相者
則是不可說但凡夫之人貪著
其事須菩提若人言佛說我見人見
眾生見壽者見須菩提
於意云何是人解我所說義不世
尊是人不解如來所說義何以故
世尊說我見人見眾生見壽者見
即非我見人見眾生見壽者見是
名我見人見眾生見壽者見須菩
提發阿耨多羅三藐三菩提心者
於一切法應如是知如是見如是
信解不生法相須菩提所言法相
者如來說即非法相是名法相須

BD07196 號　金剛般若波羅蜜經　（4–3）

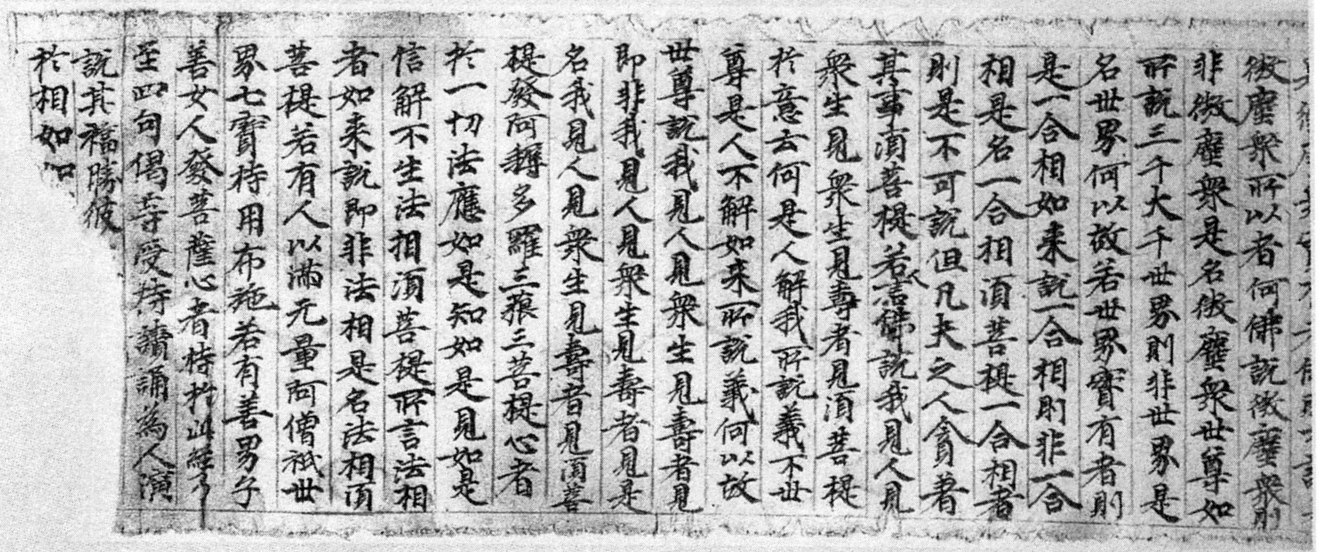

BD07196 號　金剛般若波羅蜜經　（4–4）

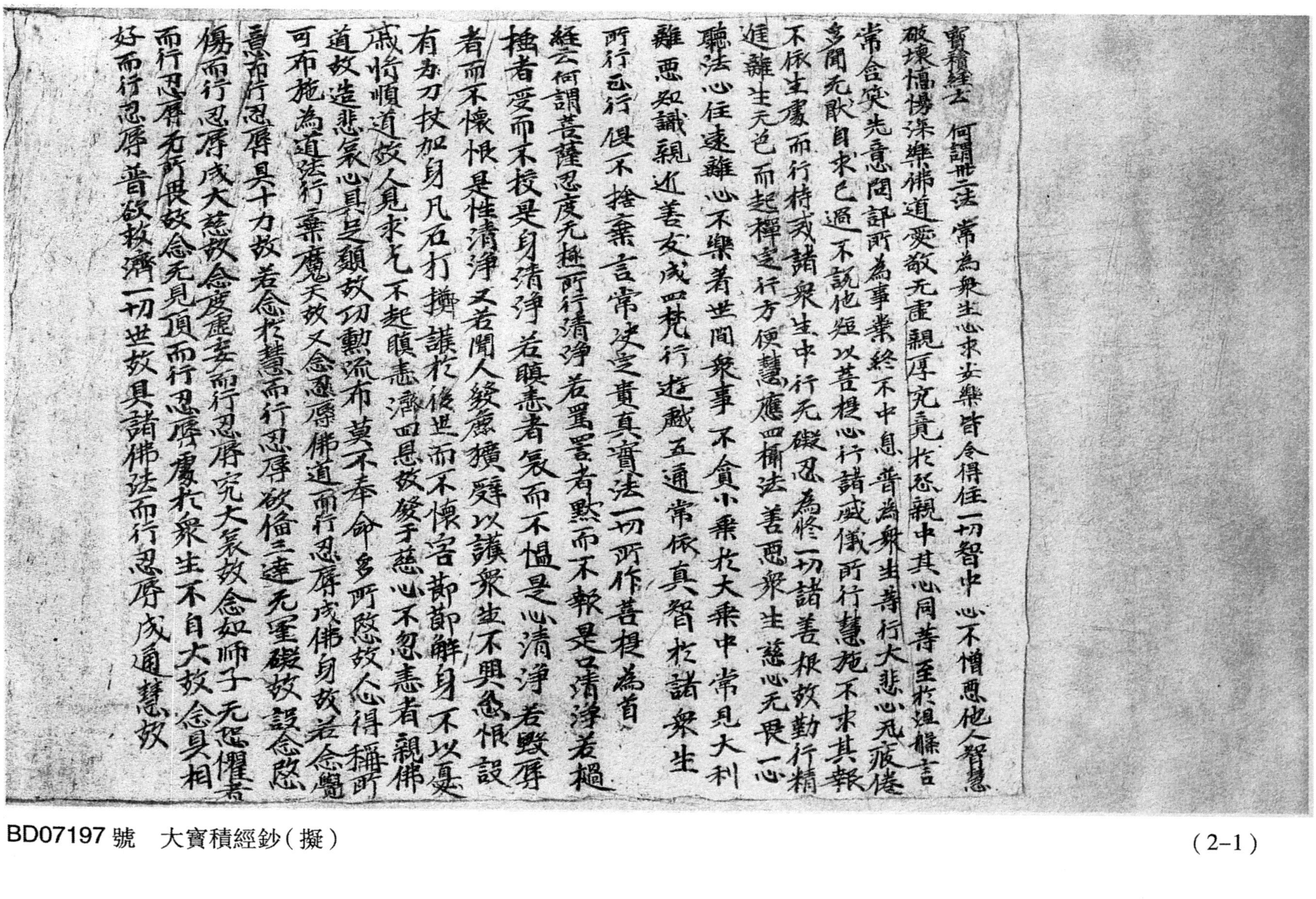

寶積經云　何謂卌二法　常為衆生心求安樂皆令得住一切智中　心不憎惡他人智慧
破壞憍慢深樂佛道愛敬无虛親厚究竟於怨親中其心同等至於涅槃言
常含笑先意問訊所為事業終不中息普為衆生等行大悲心无疲倦
多聞无猒自求己過不說他短以菩提心行諸威儀所行慧施不求其報
不依生處而行持戒諸衆生中行无礙忍為修一切諸善根故勤行精
進離生无色而起禪定行方便慧應四攝法　善惡衆生慈心无畏一心
聽法心住遠離　心不樂著世間衆事　不貪小乘於大乘中常見大利
離惡知識親近善友成四梵行遊戲五通常依真智於諸衆生
所行正行俱不捨棄言常決定貴真實法一切所作菩提為首
經云何謂菩薩忍度无極所行清淨若罵詈者默而不報是口清淨若撾
撾者受而不校是身清淨若瞋恚者忍而不惱是心清淨若毀辱
者而不懷恨是性清淨又若聞人發麤獷辭以譏衆生不興忿恨設
有刀杖加身凡石打擲讓於後世而不懷害節節解身不以憂
慼恃順道故人見求乞不起瞋恚濟四恩故發于慈心不忽恚者親佛
道故造悲衆心具足願故功勳流布莫不奉命多所愍故心得稱所
可布施為道法行棄魔天故又念忍辱佛道而行忍辱成佛身故若念覺
意而行忍辱具十力故若念於慧而行忍辱欲備三達无罣礙故設念愍
傷而行忍辱成大慈故念度妻而行忍辱究竟大哀故念如師子无恐懼者
而行忍辱无所畏故念无見頂而行忍辱處於衆生不自大故念具相
好而行忍辱普欲救濟一切世故具諸佛法而行忍辱成通慧故

BD07197 號　大寶積經鈔（擬）　（2–1）

[illegible]
經云何謂菩薩忍度无極所行清淨若罵詈者默而不報是口清淨若撾
捶者受而不校是身清淨若瞋恚者衰而不愠是心清淨若毀辱
者而不懷恨是性清淨又若聞人發麁獷辭以讓衆生不興忿恨設
有刀杖加身凡石打擲讓於後世而不懷害節節解身不以憂
戚將順道故人見求乞不起瞋恚濟四恩故發于慈心不忽恚者親佛
道故造悲衆心具足願故功勳流布莫不奉命多所慜故人心得稱所
可布施為道法行棄魔天故又念忍辱佛道而行忍辱成佛身故若念變
意而行忍辱具十力故若念於慧而行忍辱欲備三達无罣礙故設念慜
傷而行忍辱成大慈故念度虛妄而行忍辱究大衆故念如師子无怒懼者
而行忍辱无所畏故念无見頂而行忍辱處於衆生不自大故念具相
好而行忍辱普欲救濟一切世故具諸佛法而行忍辱成通慧故

BD07197 號　大寶積經鈔（擬）　（2–2）

如來法身非少福衆生之所能具除佛神
力隨其所應而不現身佛子是為菩薩摩訶
薩第十勝行知見如來菩薩摩訶薩具足成
就无量淨心无滿十方際入法界住真實際
无生无滅三世平等悉能除滅一切虛妄入
如來際正法无滿一切世閒一切法界一切
无量莊嚴不時普顯普薩摩訶薩欲
重明此義以偈頌曰
盡空性　无處而不至　十方世界中　一切諸佛刹
非色處　一切衆生類　去來今現在　非至非不至
殊勝　清淨妙法身　无處而不至　充滿諸法界
最勝妙法身　一切諸賢　教化衆生故　莫示為不現
譬如虛空性　无能執持者　普令諸群生　无量造衆業
虛空无是念　我今何所作　本何而造作　為誰而造作
如是諸最勝　因此淨身業　普令群生類　成就清淨法
如來淨法身　饒益无量衆　法身亦无念　我利諸群萌
譬如明淨日　出現閻浮提　除滅一切闇　普照悉无餘
一切衆寶山　大地諸花池　隨事而長養　饒益一切衆
最勝日如是　饒益一切衆　悉令群生類　長養諸善根
慧光明　除滅一切闇　觀見諸導師　具足一切樂
日出時　先照大山王　又復次第照　一切諸大山
次照諸小山　及餘高顯處　然後乃普照　世界諸大地

BD07198 號　大方廣佛華嚴經（晉譯六十卷本）卷三四　（2–1）

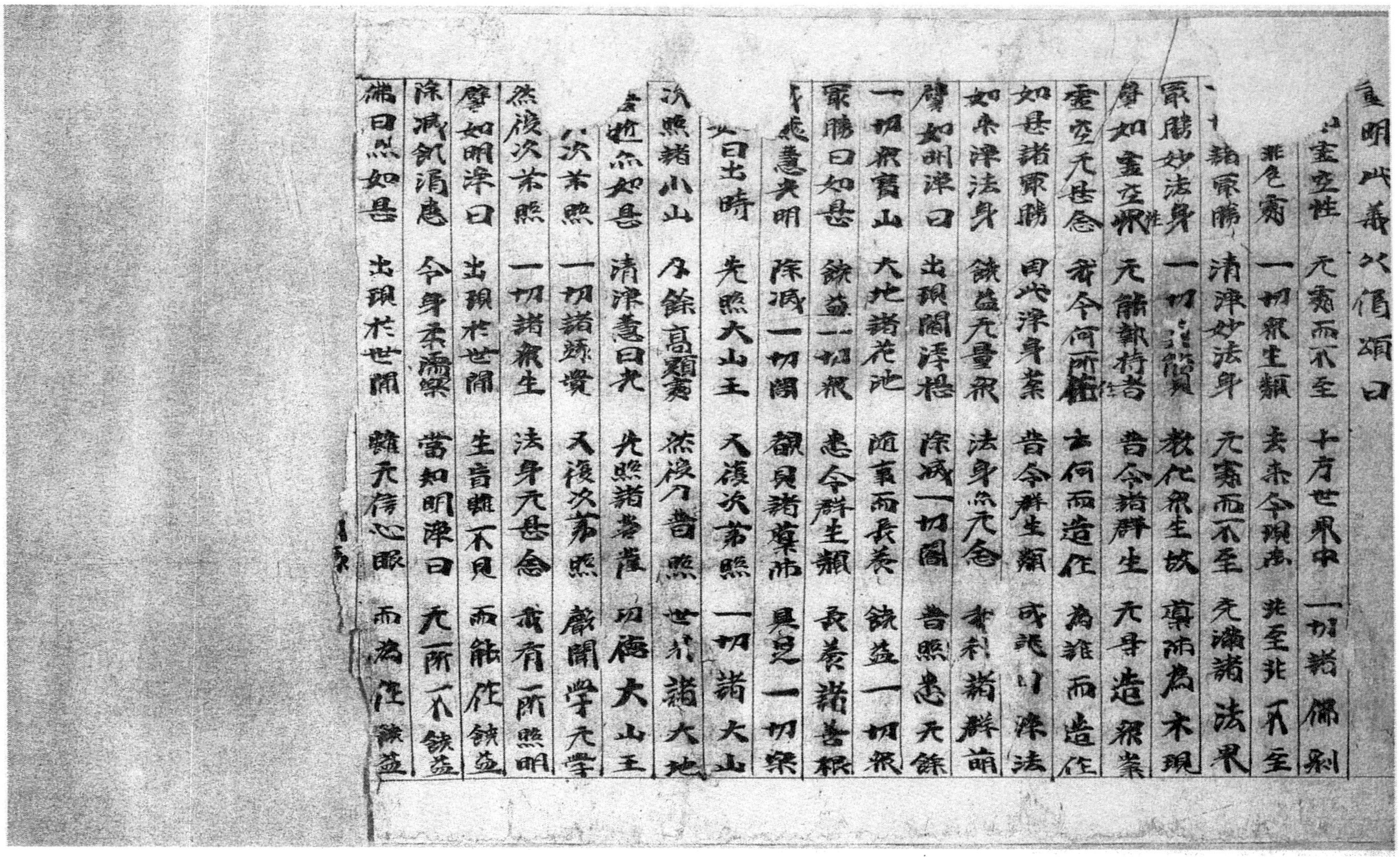

重明此義以偈頌曰
如虛空性　無處而不至　十方世界中　一切諸佛剎
非色處　一切眾生類　去來今現在　非至非不至
諸眾勝　清淨妙法身　無處而不至　充滿諸法界
眾勝妙法身　一切諸佛眾　教化眾生故　莫不為示現
譬如虛空性　無能執持者　普令諸群生　無身造眾業
虛空無思念　者今何所作　云何而造作　為誰而造作
如是諸眾勝　因此淨身業　普令群生類　成就於淨法
如來淨法身　饒益無量眾　法身亦無念　普利諸群萌
譬如明淨日　出現閻浮提　除滅一切闇　普照悉無餘
一切眾寶山　大地諸花池　隨事而長養　饒益一切眾
眾勝日如是　饒益一切眾　悉令群生類　長養諸善根
永滅惠無明　除滅一切闇　觀見諸導師　具足一切樂
如日出時　先照大山王　又復次第照　一切諸大山
次照諸小山　及餘高顯處　然後乃普照　世界諸大地
菩薩亦如是　清淨慧日光　先照諸菩薩　功德大山王
又次第照　一切諸緣覺　又復次第照　聲聞學無學
然後次第照　一切諸眾生　法身無思念　誰有所照明
譬如明淨日　出現於世間　生盲雖不見　而能作饒益
除滅飢渴患　令身柔而樂　當知明淨日　無一所不饒益
佛日亦如是　出現於世間　雖無信心眼　而為作饒益

BD07198號　大方廣佛華嚴經（晉譯六十卷本）卷三四　（2–2）

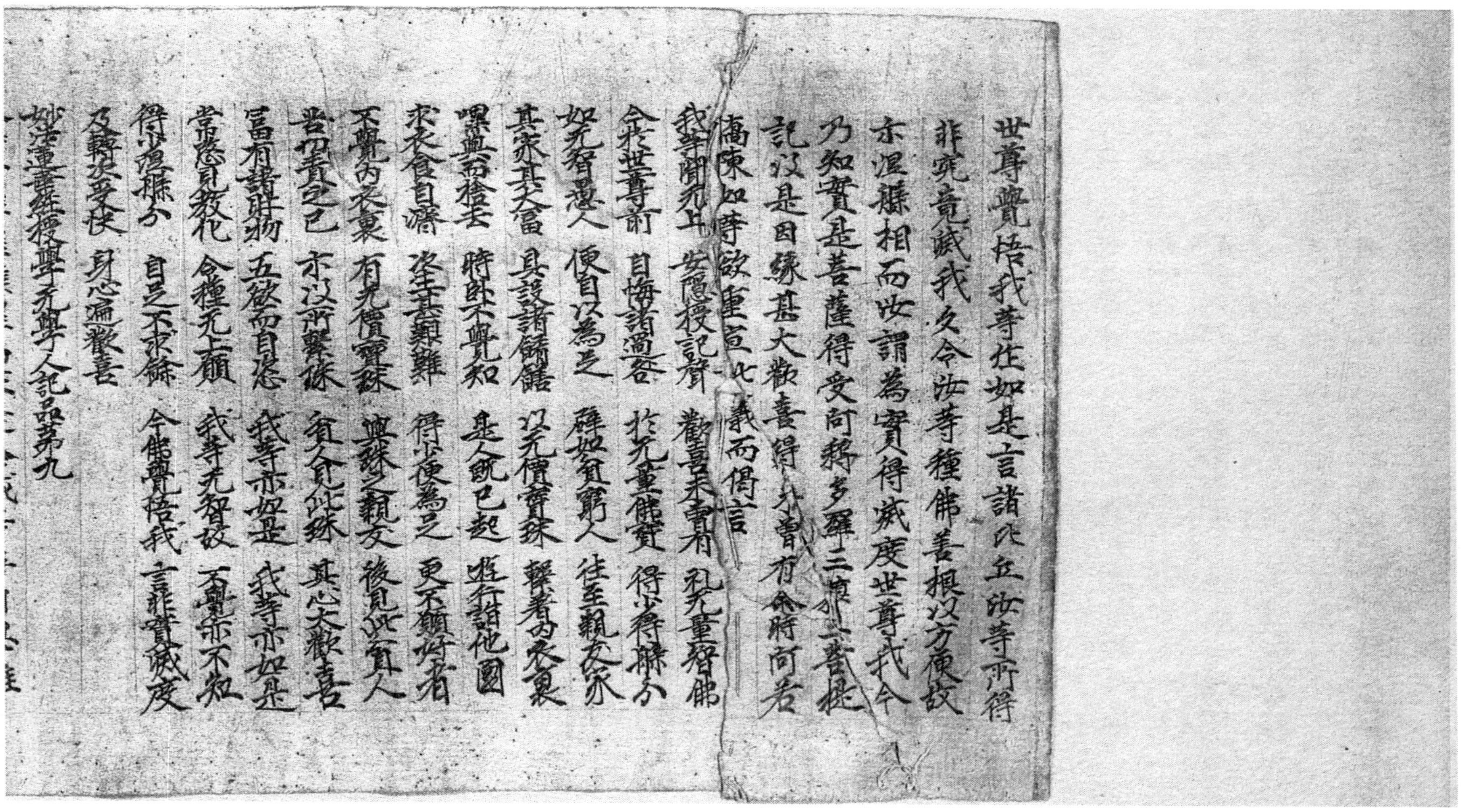

世尊覺悟我等作如是言諸比丘汝等所得
非究竟滅我久令汝等種佛善根以方便故
示涅槃相而汝謂為實得滅度世尊我今
乃知實是菩薩得受阿耨多羅三藐三菩提
記以是因緣甚大歡喜得未曾有尒時阿若
憍陳如等欲重宣此義而說偈言
我等聞無上　安隱授記聲　歡喜未曾有　禮無量智佛
今於世尊前　自悔諸過咎　於無量佛寶　得少涅槃分
如無智愚人　便自以為足　譬如貧窮人　往至親友家
其家甚大富　具設諸餚饍　以無價寶珠　繫著內衣裏
嘿與而捨去　時臥不覺知　是人既已起　遊行詣他國
求衣食自濟　資生甚艱難　得少便為足　更不願好者
不覺內衣裏　有無價寶珠　與珠之親友　後見此貧人
苦切責之已　示以所繫珠　貧人見此珠　其心大歡喜
富有諸財物　五欲而自恣　我等亦如是　我等亦如是
常愍見教化　令種無上願　我等無智故　不覺亦不知
得少涅槃分　自足不求餘　今佛覺悟我　言非實滅度
及轉次受決　身心遍歡喜
妙法蓮華經授學無學人記品第九

BD07199號　妙法蓮華經卷四　（2–1）

甚亦其大富 具設諸餚饍 以无價寶珠 繫著內衣裏
嘿與而捨去 時臥不覺知 是人既已起 遊行詣他國
求衣食自濟 資生甚艱難 得少便為足 更不願好者
不覺內衣裏 有无價寶珠 與珠之親友 後見此貧人
苦切責之已 示以所繫珠 貧人見此珠 其心大歡喜
富有諸財物 五欲而自恣 我等亦如是 我等亦如是
常愍見教化 令種无上願 我等无智故 不覺亦不知
得少涅槃分 自足不求餘 今佛覺悟我 言非實滅度
及轉次受決 身心遍歡喜

妙法蓮華經授學无學人記品第九
爾時阿難羅睺羅而作是念我等每自思惟
設得受記不亦快乎即從座起到於佛前頭
面禮足俱白佛言世尊我等於此亦應有分
唯有如來我等所歸又我等為一切世間天

BD07199號　妙法蓮華經卷四　　（2–2）

聞不千和
生處處貪
世尊能知
汝等見是
不我常稱其於說法人中最
其種種功德精勤護持助宣我法能於四眾
示教利喜具足解釋佛之正法而大饒益同
梵行者自捨如來无能盡其言論之辯汝等
勿謂富樓那但能護持助宣我法亦於過去
九十億諸佛所護持助宣佛之正法於彼說
法人中亦最第一又於諸佛所說空法明了
通達得四无礙智常能審諦清淨說法无有
疑惑具足菩薩神通之力隨其壽命常脩梵
行彼佛世人咸皆謂之實是聲聞而富樓那
以斯方便饒益无量百千眾生又化无量阿
僧祇人令立阿耨多羅三藐三菩提為淨佛
土故常作佛事教化眾生諸比丘富樓那亦
於七佛說法人中而得第一今於我所說法
人中亦為第一於賢劫中當來諸佛說法人
中亦復第一而皆護持助宣佛法亦於未來

BD07200號　妙法蓮華經卷四　　（3–1）

土故常作佛事教化衆生諸比丘富樓那亦
於七佛説法人中而得第一今於我所説法
人中亦爲第一於賢劫中當來諸佛説法人
中亦復第一而皆護持助宣佛法亦於未來
護持助宣无量无邊諸佛之法教化饒益无
量衆生令立阿耨多羅三藐三菩提爲淨佛
土故常勤精進教化衆生漸漸具足菩薩之
道過无量阿僧祇劫當於此土得阿耨多羅
三藐三菩提號曰法明如來應供正遍知明
行足善逝世間解无上士調御丈夫天人師
佛世尊其佛以恒河沙等三千大千世界爲
一佛土七寶爲地地平如掌无有山陵谿㵎
溝壑七寶臺觀充滿其中諸天宮殿近處虚
空人天交接兩得相見无諸惡道亦无女人
一切衆生皆以化生无有婬欲得大神通身
出光明飛行自在志念堅固精進智慧普
金色三十二相而自莊嚴其國衆生常
食一者法喜食二者禪悦食有无
千万億那由他諸菩薩衆得
智善能教化衆生之類
所不能知皆得具足六通三明
佛國土有如是等无量功德莊嚴成就劫名
寶明國名善淨其佛壽命无量阿僧祇劫法
住甚久佛滅度後起七寶塔遍滿其國尒時
世尊欲重宣此義而説偈言

BD07200號　妙法蓮華經卷四

（3–2）

溝壑七寶臺觀充滿其中諸天宮殿近處虚
空人天交接兩得相見无諸惡道亦无女人
一切衆生皆以化生无有婬欲得大神通身
出光明飛行自在志念堅固精進智慧普
金色三十二相而自莊嚴其國衆生常
食一者法喜食二者禪悦食有无
千万億那由他諸菩薩衆得
智善能教化衆生之類
所不能知皆得具足六通三明
佛國土有如是等无量功德莊嚴成就劫名
寶明國名善淨其佛壽命无量阿僧祇劫法
住甚久佛滅度後起七寶塔遍滿其國尒時
世尊欲重宣此義而説偈言
諸比丘諦聽　佛子所行道　善學方便故　不可得思議
知衆樂小法　而畏於大智　是故諸菩薩　作聲聞緣覺
以无數方便　化諸衆生類　自説是聲聞　去佛道甚遠
度脱无量衆　皆悉得成就　雖小欲懈怠　漸當令作佛
内祕菩薩行　外現是聲聞　少欲猒生死　實自淨佛土
示衆有三毒　又現邪見相　我弟子如是　方便度衆生

BD07200號　妙法蓮華經卷四

（3–3）

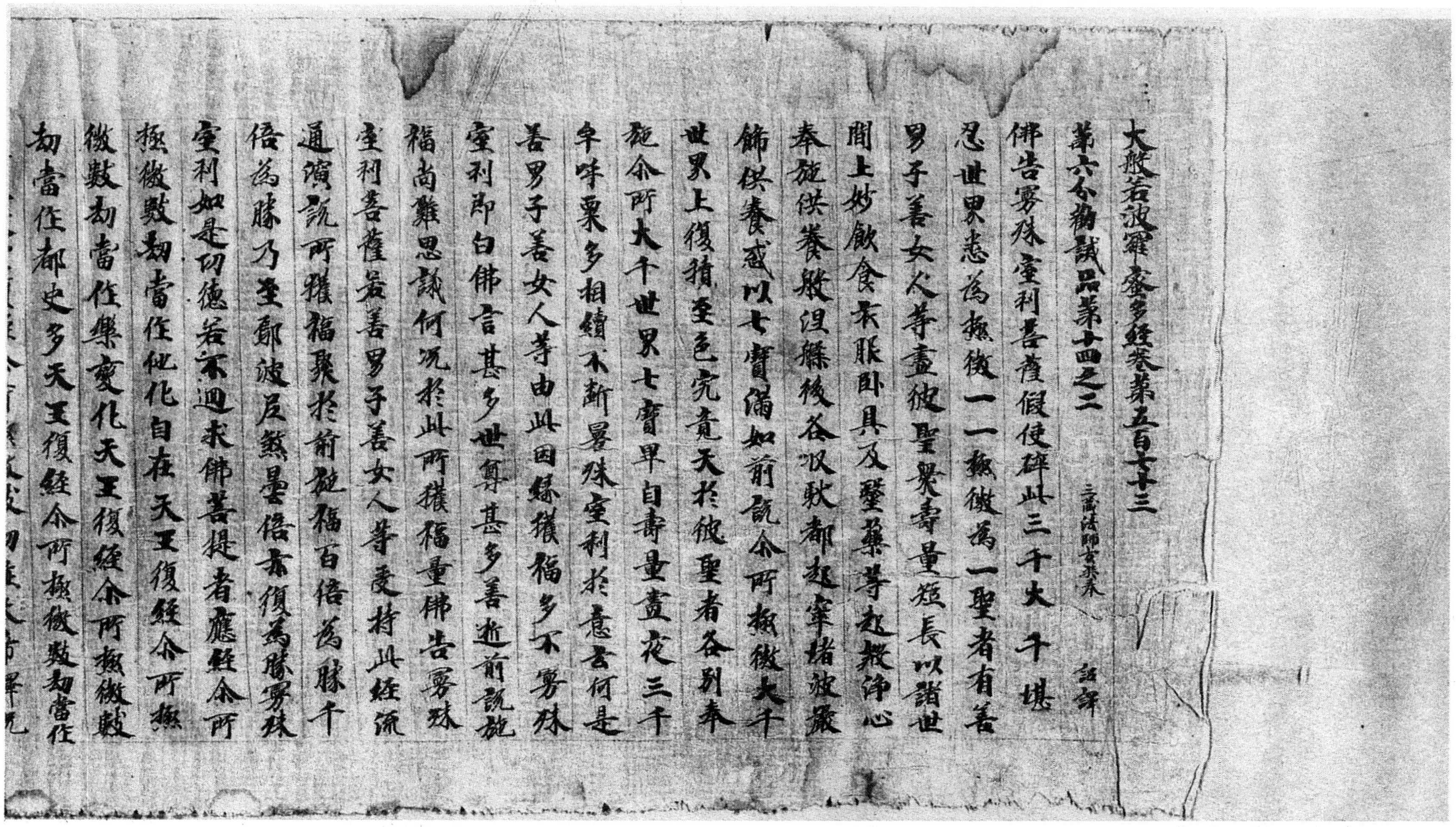
大般若波羅蜜多經卷第五百七十三
第六分勸誡品第十四之二　三藏法師玄奘奉　詔譯
佛告曼殊室利菩薩假使碎此三千大千堪
忍世界悉為極微一一極微為一聖者有善
男子善女人等盡彼聖衆壽量短長以諸世
間上妙飲食衣服卧具及醫藥等起殷淨心
奉施供養般涅槃後各收馱都起窣堵波嚴
飾供養或以七寶滿如前說尒所極微大千
世界上復積至色究竟天於彼聖者各別奉
施尒所大千世界七寶畢自壽量晝夜三千
年時衆多相續不斷曼殊室利於意云何是
善男子善女人等由此因緣獲福多不曼殊
室利即白佛言甚多世尊甚多善逝前說施
福尚難思議何況於此所獲福量佛告曼殊
室利菩薩若善男子善女人等受持此經流
通演說所獲福聚於前施福百倍為勝千
倍為勝乃至鄔波尼殺曇倍亦復為勝曼殊
室利如是功德若不迴求佛菩提者應經尒所
極微數劫當作他化自在天王復經尒所極
微數劫當作樂變化天王復經尒所極微數
劫當作都史多天王復經尒所極微數劫當作

BD07201號　大般若波羅蜜多經卷五七三　（2–1）

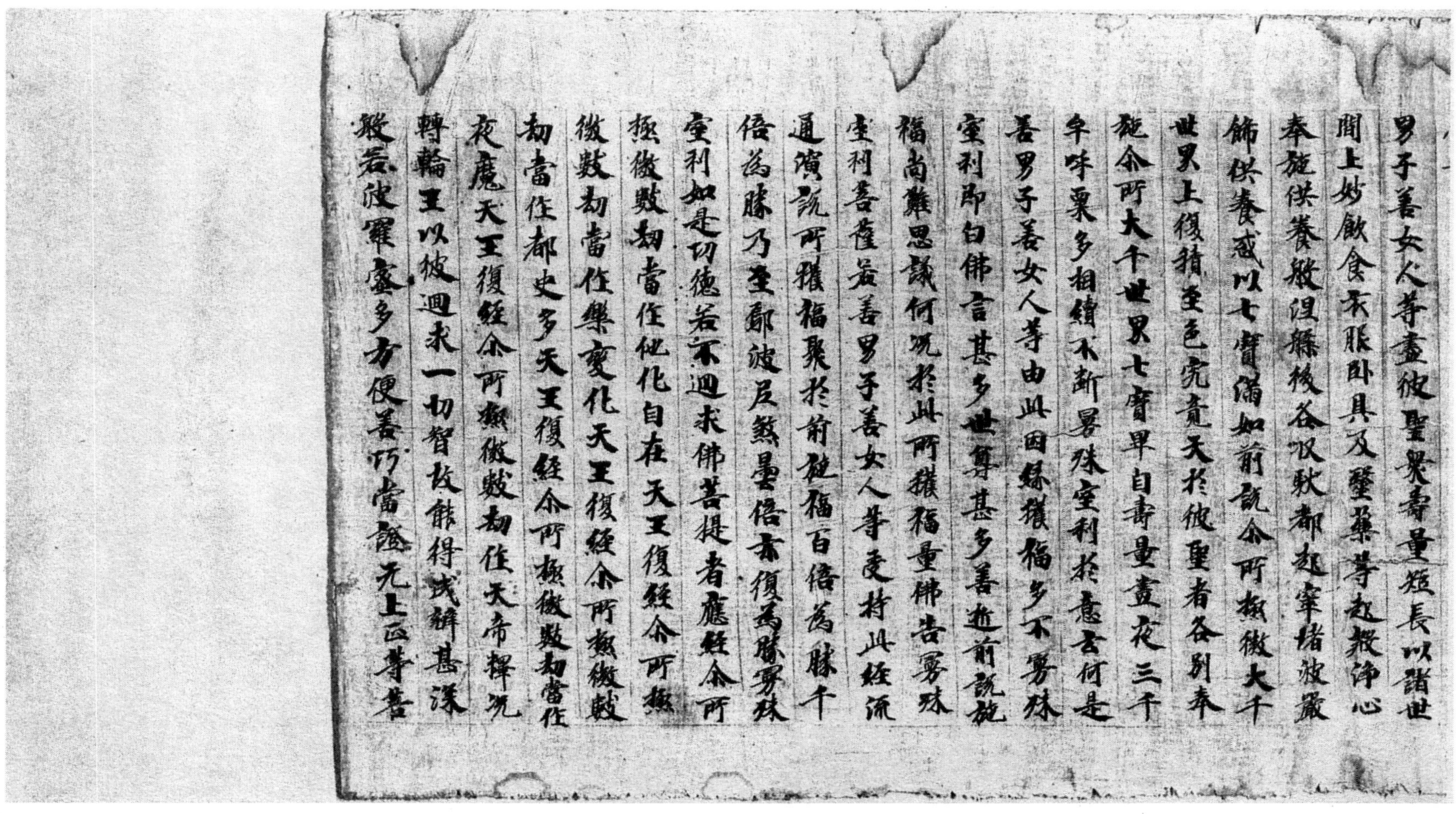
男子善女人等盡彼聖衆壽量短長以諸世
間上妙飲食衣服卧具及醫藥等起殷淨心
奉施供養般涅槃後各收馱都起窣堵波嚴
飾供養或以七寶滿如前說尒所極微大千
世界上復積至色究竟天於彼聖者各別奉
施尒所大千世界七寶畢自壽量晝夜三千
年時衆多相續不斷曼殊室利於意云何是
善男子善女人等由此因緣獲福多不曼殊
室利即白佛言甚多世尊甚多善逝前說施
福尚難思議何況於此所獲福量佛告曼殊
室利菩薩若善男子善女人等受持此經流
通演說所獲福聚於前施福百倍為勝千
倍為勝乃至鄔波尼殺曇倍亦復為勝曼殊
室利如是功德若不迴求佛菩提者應經尒所
極微數劫當作他化自在天王復經尒所極
微數劫當作樂變化天王復經尒所極微數
劫當作都史多天王復經尒所極微數劫當作
夜魔天王復經尒所極微數劫作天帝釋況
轉輪王以彼迴求一切智故能得成辦甚深
般若波羅蜜多方便善巧當證无上正等菩

BD07201號　大般若波羅蜜多經卷五七三　（2–2）

南方
南无[illegible]
南无寶[illegible]
南无現無愚佛
南无無垢佛
南无勇施佛　南无[illegible]佛
南无清淨施佛　南无娑留那佛
南无水天佛　南无堅德佛
南无栴檀功德佛　南无無量掬光佛
南无光德佛　南无無憂德佛
南无那羅延佛　南无功德華佛
南无蓮華光遊戲神通佛　南无財功德佛
南无德念佛　南无善名稱功德佛
南无紅炎幢王佛　南无善遊步功德佛
南无鬪戰勝佛　南无善遊步佛
南无周匝莊嚴功德佛　南无寶華遊步佛
南无寶蓮華善住娑羅樹王佛
南无東方阿閦如來十方無量佛等一切諸佛
南无寶集如來二十五佛等一切諸佛

BD07202號　七階佛名經　（5–1）

南无周匝莊嚴功德佛　南无寶華遊步佛
南无寶蓮華善住娑羅樹王佛
南无東方阿閦如來十方無量佛等一切諸佛
南无寶集如來二十五佛等一切諸佛
南无寶集佛　南无寶勝佛
南无成就盧舍那佛　南无盧舍那鏡像佛
南无盧舍那光明佛　南无不動佛
南无大光明佛　南无無量聲如來三說
南无阿弥陁佛　南无大稱佛
南无寶光明佛　南无得大無畏佛
南无照燈火佛　南无寶聲佛
南无無邊无垢佛　南无月聲佛
南无無邊稱佛　南无日月光世尊三說
南无無垢光明佛　南无清淨光明佛
南无日光明佛　南无無邊寶佛
南无華勝佛　南无妙身佛
南无法光明清淨開敷蓮華佛
南无虛空功德清淨微塵等目端政功德相光明華波頭摩琉璃光寶體香最上香供養訖種種莊嚴頂髻無量无邊日月光明願力莊嚴變化莊嚴法界出生無鄣㝵王如來
南无豪相日月光明華寶蓮華堅如金剛身毗盧遮那無鄣㝵眼圓滿十方放光照一切佛剎相王如來
今諸佛世尊當證知我當憶念我復於諸佛世尊前作如是言若我此生若於餘生曾
行布施或守淨戒乃至施與畜生一摶之食或

BD07202號　七階佛名經　（5–2）

身毗盧遮那無鄣㝵眼圓滿十方放
光照一切佛剎相王如来
今諸佛世尊當證知我當憶念我復於諸
佛世尊前作如是言若我此生至生若於餘生曾
行布施或守淨戒乃至施與畜生一摶之食或
脩淨行所有善根成就衆生所有善根脩行
菩提所有善根及無上智所有善根一切合集
計校籌量皆悉迴向阿耨多羅三藐三菩提
如過去未来現在諸佛所作迴向我亦如
是迴向
衆罪皆懺悔　諸福盡隨喜　及請佛功德　願成無上智
去来現在佛　於衆生最勝　無量功德海　歸依合掌禮
當
一切誦
如来妙色身　世間無與等　無比不思議　是故今敬禮
如来色無盡　智慧亦復然　一切法常住　是故我歸依
降伏心過惡　及與身四種　已到難伏地　是故礼法王
知一切尒炎　智慧身自在　攝持一切法　是故今敬礼
敬礼過稱量　敬礼無譬類　敬礼无邊法　敬礼難思議
哀愍覆護我　令法種增長　此世及後生　願佛常攝受
南无摩訶般若波羅蜜　是大明呪　无上明呪
无等等明呪　吒枳　吒吒羅吒枳　盧訶捺
摩訶盧訶捺　阿羅遮羅　多羅莎呵
處世界　如虛空　如蓮花　不著水　心清淨
超於彼　稽首礼　無上尊
佛眼明朗照世間　悲能破壞生死闇
衆生累劫重罪　須礼懺悔願滅除

BD07202 號　七階佛名經　（5–3）

超於彼　稽首礼　無上尊
佛眼明朗照世間　悲能破壞生死闇
衆生累劫重罪　須礼懺悔願滅除
偈誦文　願以此功德　普及於一切　我等與衆生
皆共成佛道　一切恭敬
自歸依佛　當願衆生　體解大道　發无上意
自歸依法　當願衆生　深入經藏　智慧如海
自歸依僧　當願衆生　充理大衆　一切無㝵
願諸衆生　諸惡莫作　諸善奉行　自淨其意
是諸佛教　和南一切賢聖
無常偈文
諸行无常　是生滅法　生滅滅已　寂滅為樂
如来證涅槃　永斷於生死　若能至心聽　常得無量樂
晝夜六時發願法
十方三世諸佛當證知弟子某甲等為一切
衆生櫬一切三寶為一切衆生礼一切三寶為一
切衆生供養一切三寶為一切衆生於一切三
寶前行道為一切衆生於一切三寶前懺悔
為一切衆生作佛像轉經供養衆僧供養
一切衆生行六波羅蜜四攝四无量等一切行已
集當集現集一切善根以此善根願令一切
塗衆生一切貧窮衆生一切生老病死衆生
一切獄囚繫閉衆生一切破巨流徒衆生一切不
自在衆生一切邪見顛倒衆生等悉得離苦
解脫捨邪歸正發菩提心永除三鄣見一切諸
佛菩薩又善知識恒聞正法福智具足一時

BD07202 號　七階佛名經　（5–4）

塗眾生一切貧窮眾生一切生老病死眾生
一切獄囚繫閉眾生一切破巨流徒眾生一切不
自在眾生一切邪見顛倒眾生等悉得離苦
解脫捨邪歸正發菩提心永除三鄣見一切諸
佛菩薩又善知識恒聞正法福智具足一時
作佛又以善根願令一切眾生皆志上品往
生一切淨土先證無生忍然後度眾生
又以此善根願令一切三寶一切國土常得安隱
不破不壞四方寧靜兵甲休息龍王歡喜
風調雨順五穀熟成民安樂六時礼拜佛法
大經盡三夜三各嚴持香華入塔攬像供養
行道礼佛平旦及與午時並別唱五十三佛
餘階惣唱日暮初夜並別唱三十五佛餘階惣
唱半夜後夜並別唱二十五佛餘階惣唱攬此
七階佛如在目前思惟如來所有功德應
作如是清淨懺悔

BD07202號　七階佛名經

（5–5）

知一切法即心自性成就慧身不由他悟
大方廣佛花嚴經初發心功德品第十七
尒時天帝釋白法慧菩薩言佛子菩薩初發
菩提之心所得功德其量幾何法慧菩薩言
此義甚深難說難知難分別難信解難證難
行難通達難思惟難度量難趣入雖然我當
承佛威神之力而為汝說佛子假使有人以
一切樂具供養東方阿僧祇世界所有眾生
經於一劫然後教令淨持五戒南西北方四
維上下亦復如是佛子於汝意云何此人功
德寧為多不天帝言佛子此人功德唯佛能
知其餘一切無能量者法慧菩薩言佛子此
人功德比菩薩初發心功德百分不及一千分
不及一百千分不及一如是億分百億分千
億分百千億分那由他億分百那由他億分
千那由他億分百千那由他億分數分歌羅
分算分喻分優波尼沙陁分亦不及一佛子
且置此喻假使有人以一切樂具供養十方
十阿僧祇世界所有眾生經於百劫然後
教令修十善道如是供養經於千劫教住四
禪經於百千劫教住四無量心經於億劫教
住四無色定經於百億劫教住須陁洹果經
於千億劫教住斯陁含果經於百千億劫教

BD07203號　大方廣佛華嚴經（唐譯八十卷本）卷一七

（2–1）

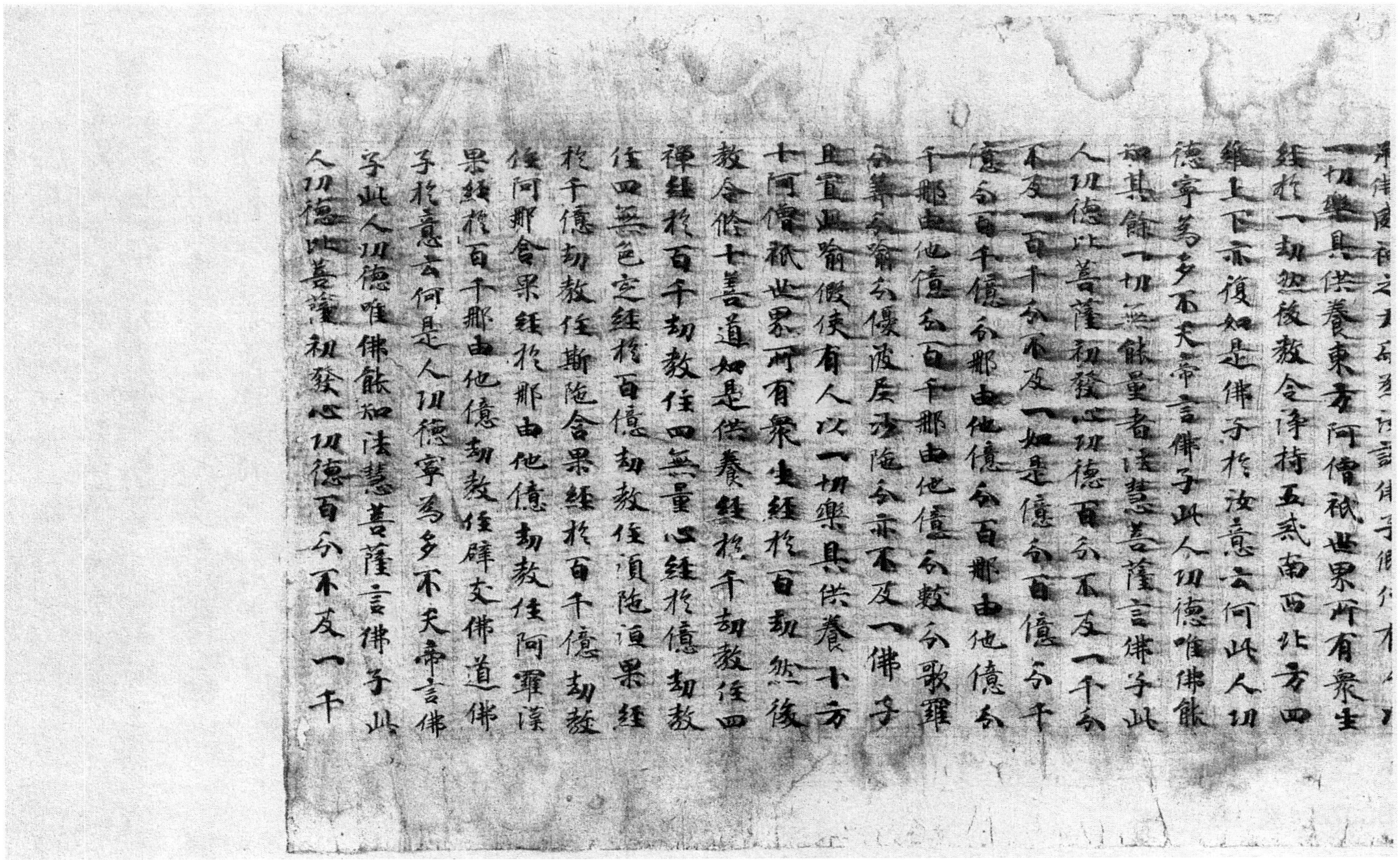

一切樂具供養東方阿僧祇世界所有衆生
經於一劫然後教令淨持五戒南西北方四
維上下亦復如是佛子於汝意云何此人功
德寧為多不天帝言佛子此人功德唯佛能
知其餘一切無能量者法慧菩薩言佛子此
人功德比菩薩初發心功德百分不及一千分
不及一百千分不及一如是億分百億分千
億分百千億分那由他億分百那由他億分
千那由他億分百千那由他億分數分歌羅
分算分喻分優波尼沙陁分亦不及一佛子
且置此喻假使有人以一切樂具供養十方
十阿僧祇世界所有衆生經於百劫然後
教令修十善道如是供養經於千劫教住四
禪經於百千劫教住四無量心經於億劫教
住四無色定經於百億劫教住須陁洹果經
於千億劫教住斯陁含果經於百千億劫教
住阿那含果經於那由他億劫教住阿羅漢
果經於百千那由他億劫教住辟支佛道佛
子於意云何是人功德寧為多不天帝言佛
子此人功德唯佛能知法慧菩薩言佛子此
人功德比菩薩初發心功德百分不及一千

BD07203號　大方廣佛華嚴經（唐譯八十卷本）卷一七　　（2–2）

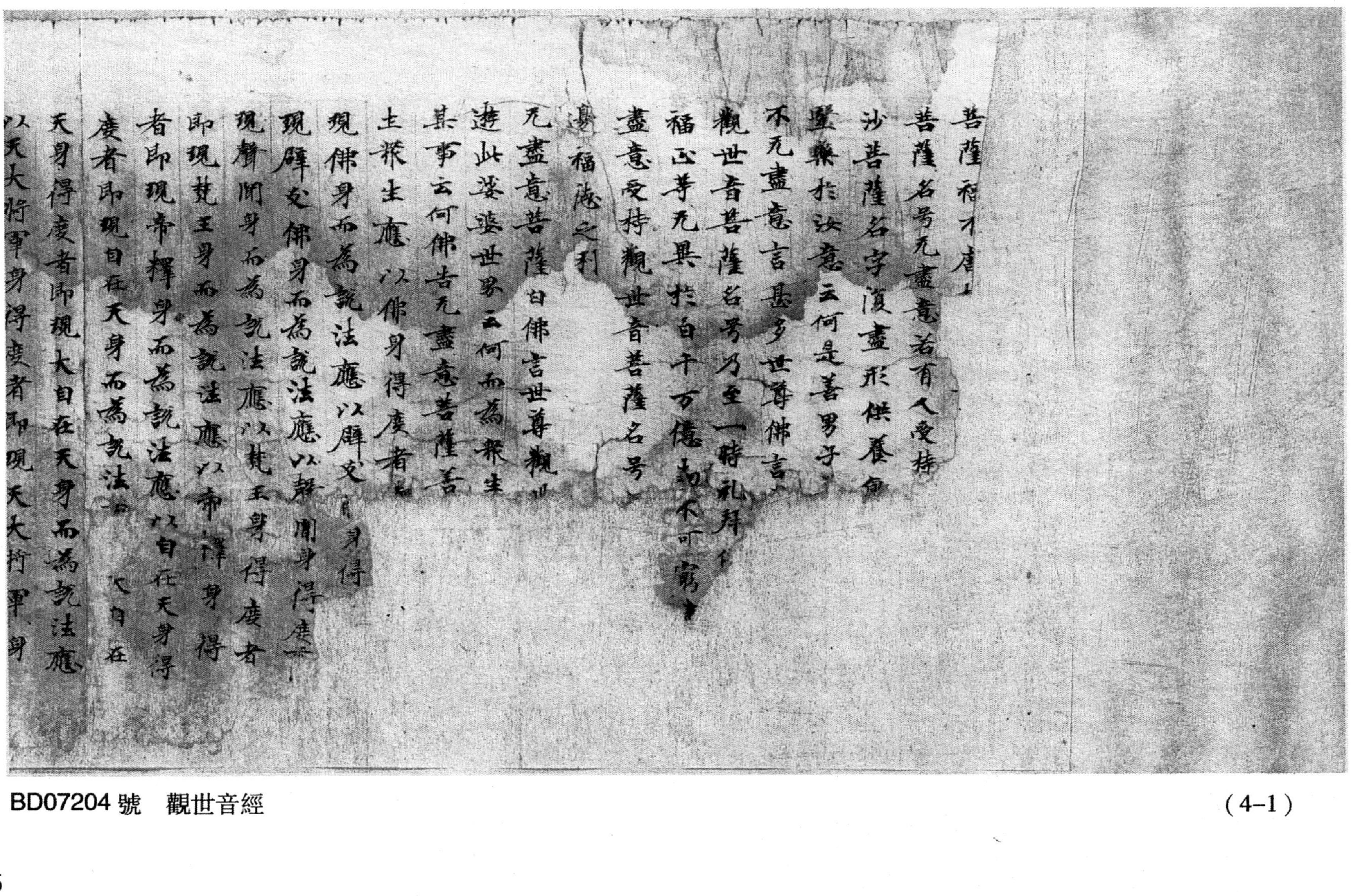

菩薩福不唐
菩薩名号无盡意若有人受持
沙菩薩名字復盡形供養飲
醫藥於汝意云何是善男子
不无盡意言甚多世尊佛言
觀世音菩薩名号乃至一時礼拜
福正等无異於百千万億劫不可窮盡
盡意受持觀世音菩薩名号
身福德之利
无盡意菩薩白佛言世尊觀世
遊此娑婆世界云何而為衆生
其事云何佛告无盡意菩薩善
土衆生應以佛身得度者
現佛身而為說法應以辟支佛身得
現辟支佛身而為說法應以聲聞身得度者
現聲聞身而為說法應以梵王身得度者
即現梵王身而為說法應以帝釋身得
者即現帝釋身而為說法應以自在天身得
度者即現自在天身而為說法應以大自在
天身得度者即現大自在天身而為說法應
以天大將軍身得度者即現天大將軍身

BD07204號　觀世音經　　（4–1）

現聲聞身而為說法應以梵王身得度者
即現梵王身而為說法應以帝釋身得
度者即現帝釋身而為說法應以自在天身得
度者即現自在天身而為說法應以大自在
天身得度者即現大自在天身而為說法應
以天大將軍身得度者即現天大將軍身
而為說法應以毗沙門身得度者即現毗
沙門身而為說法應以小王身得度者
即現小王身而為說法應以長者身得度
者即現長者身而為說法應以居士身得度
者即現居士身而為說法應以宰官身得度
者即現宰官身而為說法應以婆羅門身得
度者即現婆羅門身而為說法應以比丘比丘尼
優婆塞優婆夷身得度者即現比丘比丘尼
優婆塞優婆夷身而為說法應以長者居士
宰官婆羅門婦女身得度者即現婦女身而
為說法應以童男童女身得度者即現童男
童女身而為說法應以天龍夜叉乾闥婆阿
脩羅迦樓羅緊那羅摩睺羅伽人非人等身
得度者即皆現之而為說法應以執金剛神得
度者即現執金剛神而為說法无盡意是觀
世音菩薩成就如是功德以種種形遊諸國土
度脫衆生是故汝等應當一心供養觀世音
菩薩是觀世音菩薩摩訶薩於怖畏急難
之中能施无畏是故此娑婆世界皆号之為
施无畏者无盡意菩薩白佛言世尊我今當供
養觀世音菩薩即解頸衆寶珠瓔珞價直百
千兩金而以與之作是言仁者受此法施珎寶瓔
珞時觀世音菩薩不肯受之无盡意復白觀

BD07204號　觀世音經

（4–2）

施无畏者无盡意菩薩白佛言世尊我今當供
養觀世音菩薩即解頸衆寶珠瓔珞價直百
千兩金而以與之作是言仁者受此法施珎寶瓔
珞時觀世音菩薩不肯受之无盡意復白觀
世音菩薩言仁者愍我等故受此瓔珞
尒時佛告觀世音菩薩當愍此无盡意菩薩
及諸四衆天龍夜叉乾闥婆阿脩羅迦樓羅
緊那羅摩睺羅伽人非人等故受是瓔珞即
時觀世音菩薩愍諸四衆及於天龍人非人等
受其瓔珞分作二分一分奉釋迦牟尼佛一
分奉多寶佛塔无盡意觀世音菩薩有如
是自在神力遊於娑婆世界
尒時无盡意菩薩以偈問曰
世尊妙相具　我今重問彼　佛子何因緣　名為觀世音
具足妙相尊　偈答无盡意　汝聽觀音行　善應諸方所
弘誓深如海　歷劫不思議　侍多千億佛　發大清淨願
我為汝略說　聞名及見身　心念不空過　能滅諸有苦
假使興害意　推落大火坑　念彼觀音力　火坑變成池
或漂流巨海　龍魚諸鬼難　念彼觀音力　波浪不能沒
或在須彌峯　為人所推墮　念彼觀音力　如日虛空住
或被惡人逐　墮落金剛山　念彼觀音力　不能損一毛
或值怨賊遶　各執刀加害　念彼觀音力　咸即起慈心
或遭王難苦　臨刑欲壽終　念彼觀音力　刀尋段段壞
或囚禁枷鎖　手足被杻械　念彼觀音力　釋然得解脫
呪詛諸毒藥　所欲害身者　念彼觀音力　還著於本人
或遇惡羅剎　毒龍諸鬼等　念彼觀音力　時悉不敢害
若惡獸圍遶　利牙爪可怖　念彼觀音力　疾走无邊方
蚖虵及蝮蠍　氣毒煙火然　念彼觀音力　尋聲自迴去

BD07204號　觀世音經

（4–3）

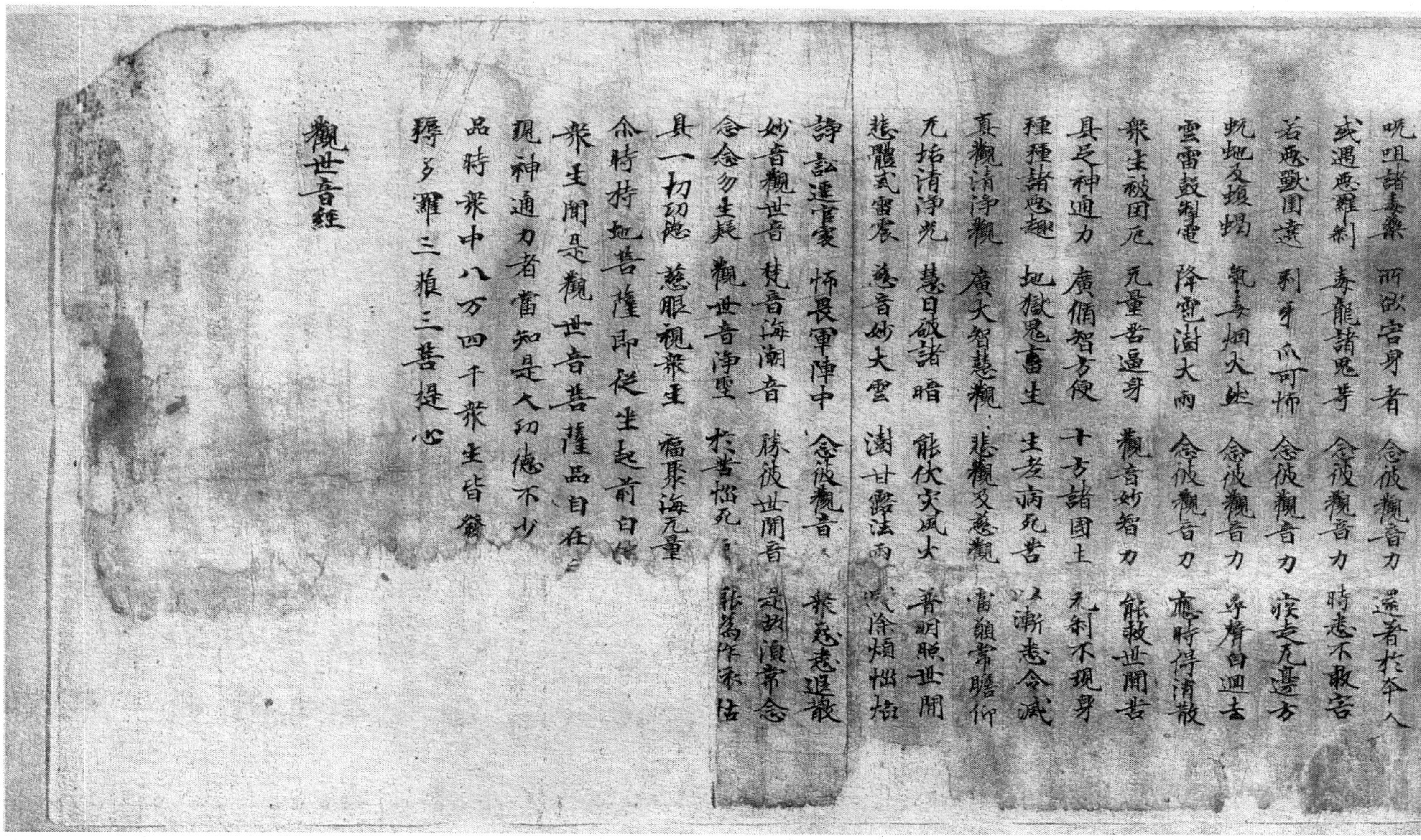

呪咀諸毒藥　所欲害身者　念彼觀音力　還著於本人
或遇惡羅剎　毒龍諸鬼等　念彼觀音力　時悉不敢害
若惡獸圍遶　利牙爪可怖　念彼觀音力　疾走无邊方
蚖蛇及蝮蝎　氣毒烟火然　念彼觀音力　尋聲自迴去
雲雷鼓掣電　降雹澍大雨　念彼觀音力　應時得消散
衆生被困厄　无量苦逼身　觀音妙智力　能救世間苦
具足神通力　廣脩智方便　十方諸國土　无剎不現身
種種諸惡趣　地獄鬼畜生　生老病死苦　以漸悉令滅
真觀清淨觀　廣大智慧觀　悲觀及慈觀　常願常瞻仰
无垢清淨光　慧日破諸闇　能伏災風火　普明照世間
悲體戒雷震　慈意妙大雲　澍甘露法雨　滅除煩惱焰
諍訟經官處　怖畏軍陣中　念彼觀音力　衆怨悉退散
妙音觀世音　梵音海潮音　勝彼世間音　是故須常念
念念勿生疑　觀世音淨聖　於苦惱死厄　能為作依怙
具一切功德　慈眼視衆生　福聚海无量
尒時持地菩薩即從坐起前白佛
衆生聞是觀世音菩薩品自在之
現神通力者當知是人功德不少
品時衆中八万四千衆生皆發
耨多羅三藐三菩提心
觀世音經

BD07204 號　觀世音經　（4–4）

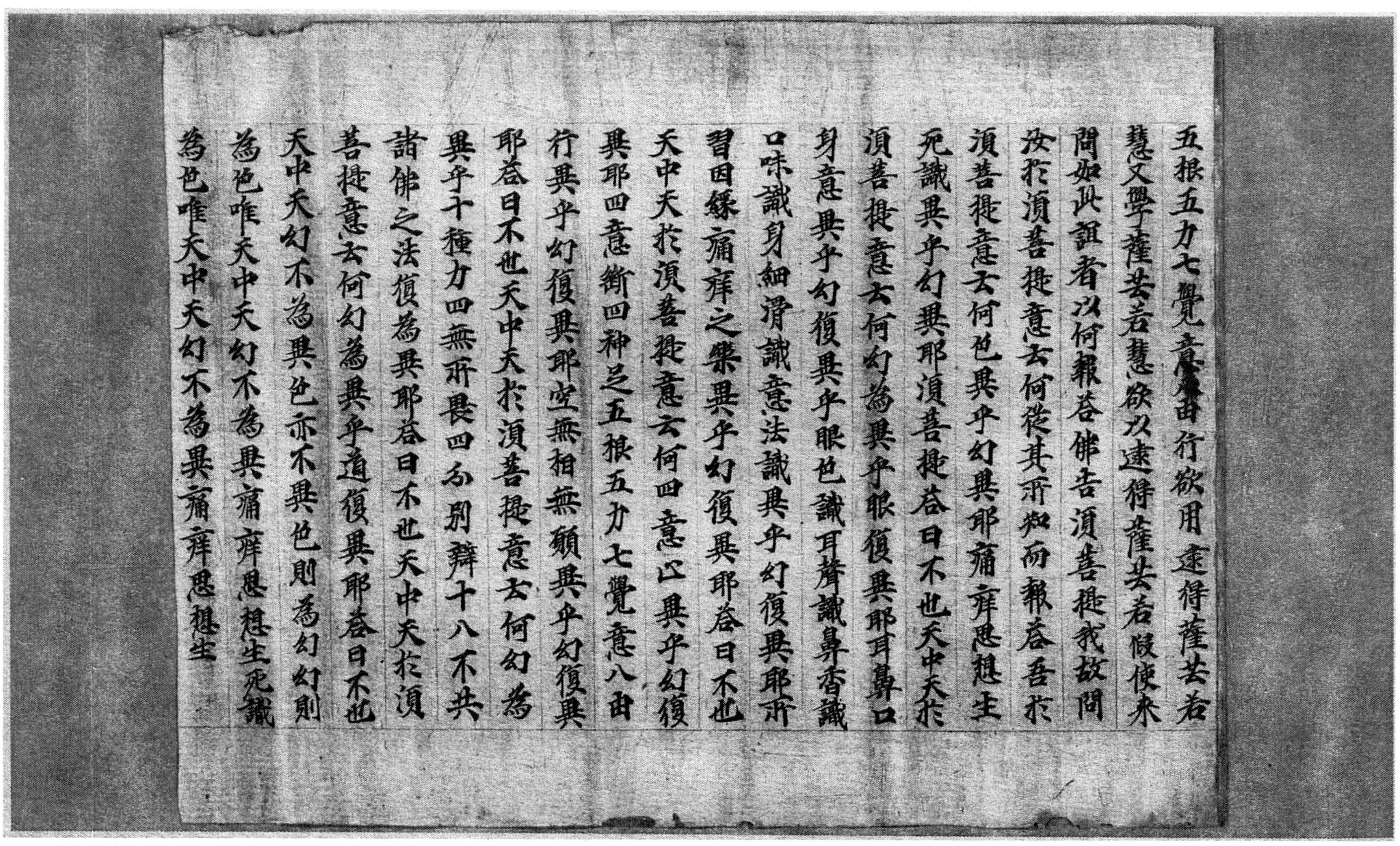

五根五力七覺意八由行欲用逮得薩芸若
慧又學薩芸若慧欲以逮得薩芸若假使來
問如此誼者以何報荅佛告須菩提我故問
汝於須菩提意云何從其所知而報荅吾於
須菩提意云何色異乎幻異耶痛痒思想生
死識異乎幻異耶須菩提荅曰不也天中天於
須菩提意云何幻為異乎眼復異耶耳鼻口
身意異乎幻復異乎眼色識耳聲識鼻香識
口味識身細滑識意法識異乎幻復異耶所
習因緣痛痒之樂異乎幻復異耶荅曰不也
天中天於須菩提意云何四意止異乎幻復
異耶四意斷四神足五根五力七覺意八由
行異乎幻復異耶空無相無願異乎幻復異
耶荅曰不也天中天於須菩提意云何幻為
異乎十種力四無所畏四分別辯十八不共
諸佛之法復為異耶荅曰不也天中天於須
菩提意云何幻為異乎道復異耶荅曰不也
天中天幻不為異色亦不異色則為幻幻則
為色唯天中天幻不為異痛痒思想生死識
為色唯天中天幻不為異痛痒思想生

BD07205 號　光讚般若波羅蜜經卷四　（1–1）

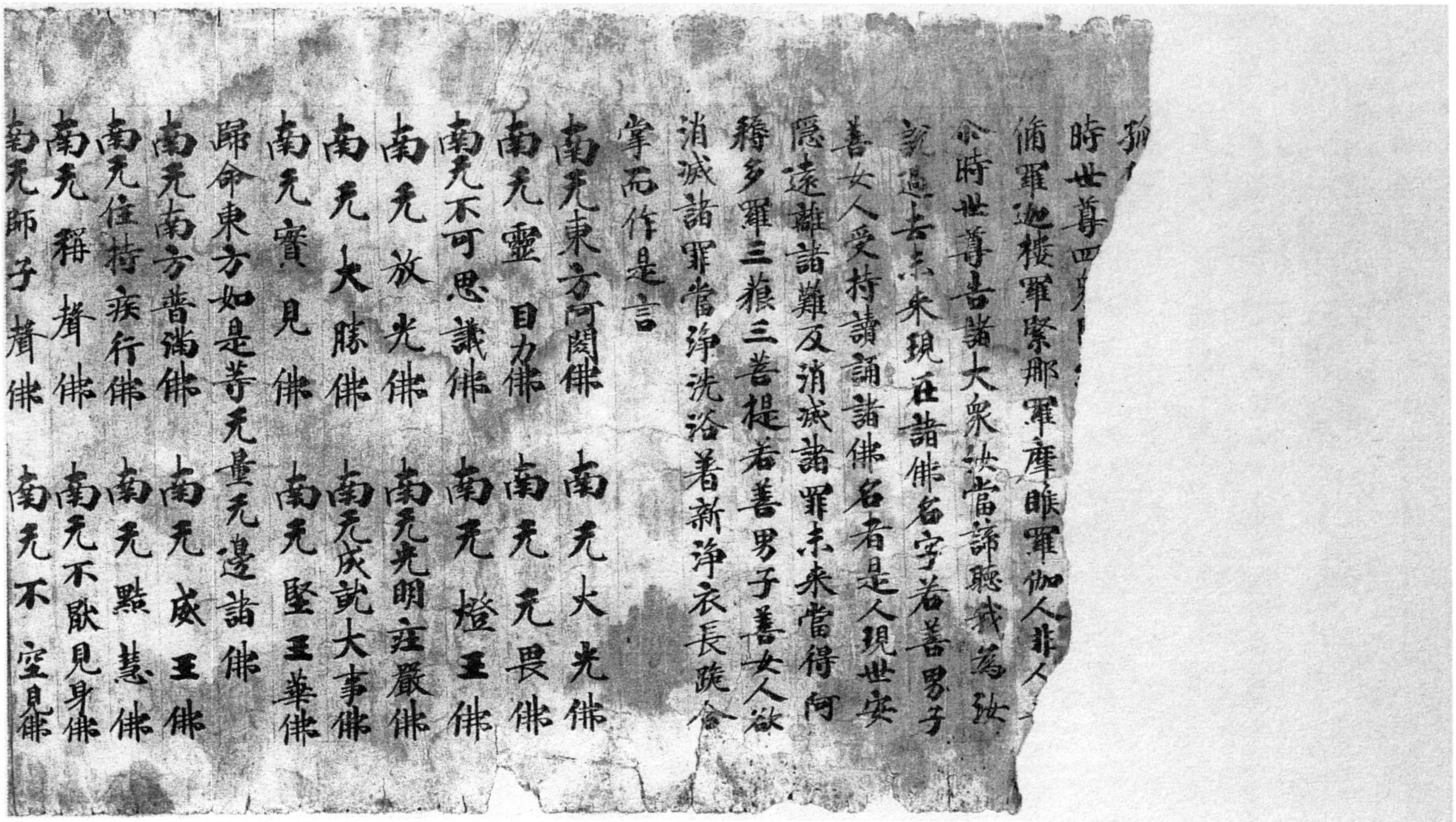

獅□
時世尊四衆□
脩羅迦樓羅緊那羅摩睺羅伽人非人
尒時世尊告諸大衆汝當諦聽我爲汝
說過去未來現在諸佛名字若善男子
善女人受持讀誦諸佛名者是人現世安
隱遠離諸難及消滅諸罪未來當得阿
耨多羅三藐三菩提若善男子善女人欲
消滅諸罪當淨洗浴著新淨衣長跪合
掌而作是言
南无東方阿閦佛　南无大光佛
南无靈目力佛　南无无畏佛
南无不可思議佛　南无燈王佛
南无放光佛　南无光明莊嚴佛
南无大勝佛　南无成就大事佛
南无寶見佛　南无堅王華佛
歸命東方如是等无量无邊諸佛
南无南方普滿佛　南无威王佛
南无住持疾行佛　南无點慧佛
南无稱聲佛　南无不厭見身佛
南无師子聲佛　南无不空見佛

BD07206號　佛名經（十六卷本）卷一　（4–1）

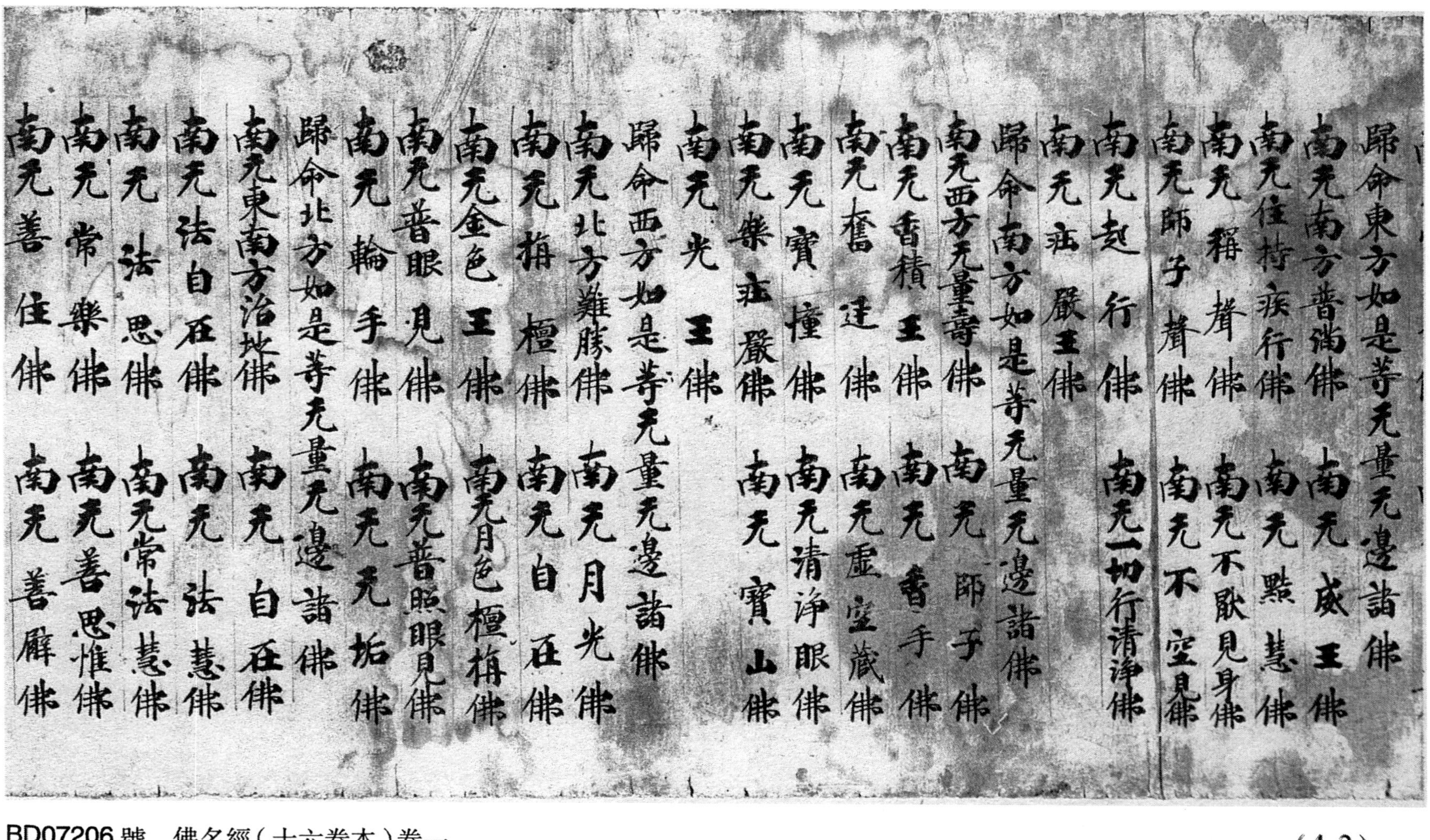

歸命東方如是等无量无邊諸佛
南无南方普滿佛　南无威王佛
南无住持疾行佛　南无點慧佛
南无稱聲佛　南无不厭見身佛
南无師子聲佛　南无不空見佛
南无起行佛　南无一切行清淨佛
南无莊嚴王佛
歸命南方如是等无量无邊諸佛
南无西方无量壽佛　南无師子佛
南无香積王佛　南无香手佛
南无奮迅佛　南无虛空藏佛
南无寶幢佛　南无清淨眼佛
南无樂莊嚴佛　南无寶山佛
南无光王佛
歸命西方如是等无量无邊諸佛
南无北方難勝佛　南无月光佛
南无栴檀佛　南无自在佛
南无金色王佛　南无月色栴檀佛
南无普眼見佛　南无普照眼見佛
南无輪手佛　南无无垢佛
歸命北方如是等无量无邊諸佛
南无東南方治地佛　南无自在佛
南无法自在佛　南无法慧佛
南无法思佛　南无常法慧佛
南无常樂佛　南无善思惟佛
南无善住佛　南无善廦佛

BD07206號　佛名經（十六卷本）卷一　（4–2）

南无法自在佛　南无法慧佛
南无法思佛　南无常法慧佛
南无常樂佛　南无善思惟佛
南无善住佛　南无善辟佛
歸命東南方如是等无量无邊諸佛
南无西南方那羅延佛　南无龍王德佛
南无寶聲佛　南无地自在佛
南无人王佛　南无妙聲佛
南无點慧佛　南无妙香華佛
南无天王佛　南无常清淨眼佛
歸命西南方如是等无量无邊諸佛
南无西北方月光面佛　南无月光佛
南无月幢佛　南无勇猛佛
南无日光面佛　南无日藏佛
南无日光莊嚴佛　南无華身佛
南无波頭摩藏佛　南无波頭摩勝佛
南无師子聲王佛
歸命西北方如是等无量无邊諸佛
南无東北方寂諸根佛　南无寂滅佛
南无大將佛　南无淨勝佛
南无淨妙聲佛　南无淨天供養佛
南无善化佛　南无化佛
南无善意佛　南无善意住持佛
歸命東北方如是等无量无邊諸佛
南无下方寶行佛　南无疾行佛
南无點慧佛　南无堅固王佛

南无日光莊嚴佛　南无華身佛
南无波頭摩藏佛　南无波頭摩勝佛
南无師子聲王佛
歸命西北方如是等无量无邊諸佛
南无東北方寂諸根佛　南无寂滅佛
南无大將佛　南无淨勝佛
南无淨妙聲佛　南无淨天供養佛
南无善化佛　南无化佛
南无善意佛　南无善意住持佛
歸命東北方如是等无量无邊諸佛
南无下方寶行佛　南无疾行佛
南无點慧佛　南无堅固王佛
南无金剛齊佛　南无師子佛
南无奮迅佛
從此以上一百佛
南无如實住佛　南无成功德佛
南无功德得佛　南无善安樂佛

BD07206 號背　雜寫　　　　（1–1）

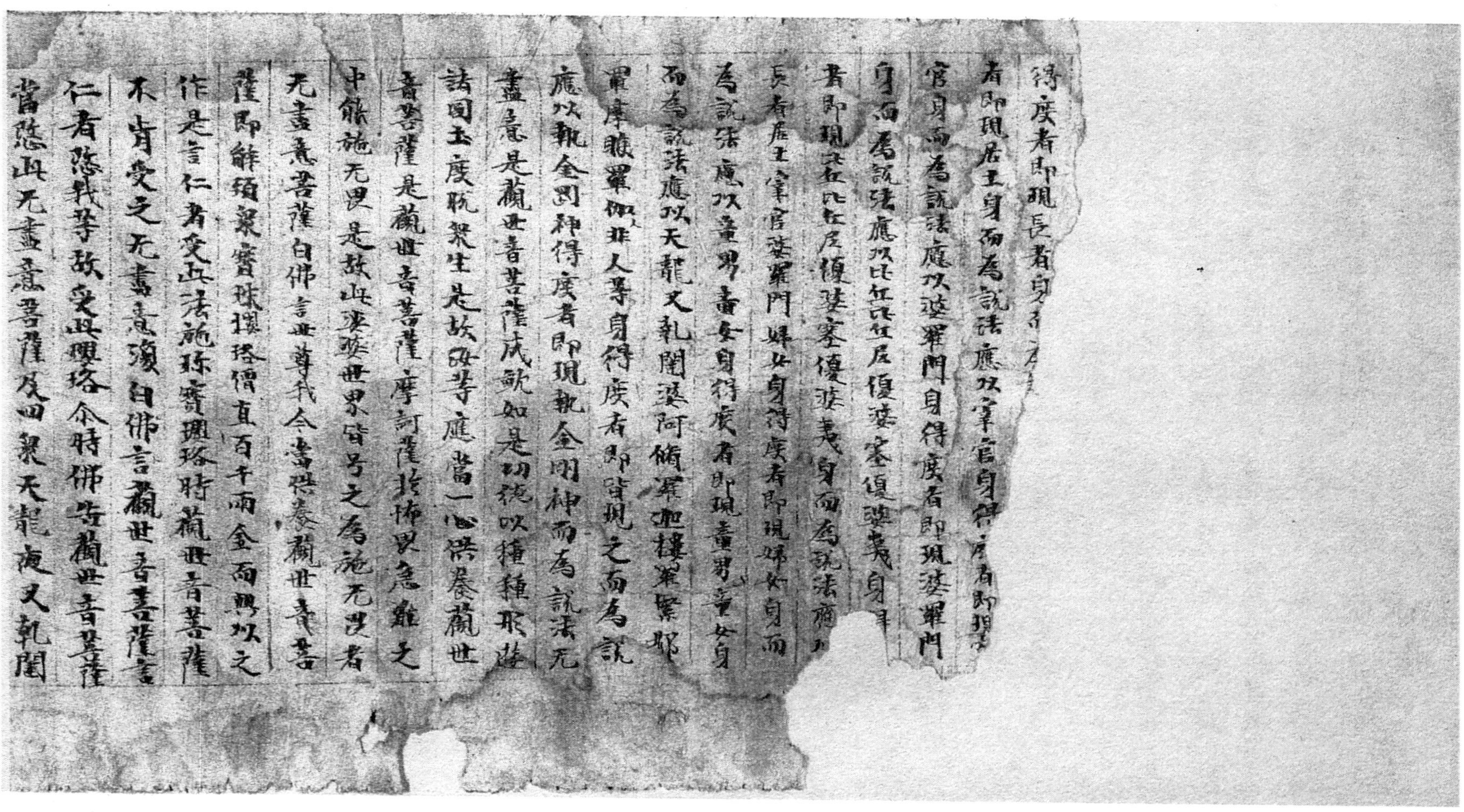
得度者即現長者身而爲
者即現居士身而爲說法應以宰官身得度者即現
官身而爲說法應以婆羅門身得度者即現婆羅門
身而爲說法應以比丘比丘尼優婆塞優婆夷身
者即現比丘比丘尼優婆塞優婆夷身而爲說法應
長者居士宰官婆羅門婦女身得度者即現婦女身而
爲說法應以童男童女身得度者即現童男童女身
而爲說法應以天龍夜叉乾闥婆阿脩羅迦樓羅緊那
羅摩睺羅伽人非人等身得度者即皆現之而爲說
應以執金剛神得度者即現執金剛神而爲說法无
盡意是觀世音菩薩成就如是功德以種種形遊
諸國土度脫衆生是故汝等應當一心供養觀世
音菩薩是觀世音菩薩摩訶薩於怖畏急難之
中能施无畏是故此娑婆世界皆号之爲施无畏者
无盡意菩薩白佛言世尊我今當供養觀世音菩
薩即解頸衆寶珠瓔珞價直百千兩金而以與之
作是言仁者受此法施珍寶瓔珞時觀世音菩薩
不肯受之无盡意復白觀世音菩薩言
仁者愍我等故受此瓔珞尒時佛告觀世音菩薩
當愍此无盡意菩薩及四衆天龍夜叉乾闥

BD07207 號　觀世音經　　　　（3–1）

即解頸眾寶珠瓔珞價直百千兩金而以與之
作是言仁者受此法施珎寶瓔珞時觀世音菩薩
不肯受之无盡意復白佛言觀世音菩薩言
仁者愍我等故受此瓔珞尒時佛告觀世音菩薩
當愍此无盡意菩薩及四眾天龍夜叉乾闥
婆阿脩羅迦樓羅緊那羅摩睺羅伽人非人等
故受是瓔珞即時觀世音菩薩愍諸四眾及
於天龍人非人等受其瓔珞分作二分一分奉
釋迦牟尼佛一分奉多寶佛塔无盡意觀世音
菩薩有如是自在神力遊於娑婆世界尒无盡
意菩薩以偈問曰
世尊妙相具　我今重問彼　佛子何因緣　名為觀世音
具足妙相尊　偈荅无盡意　汝聽觀音行　善應諸方所
弘誓深如海　歷劫不思議　侍多千億佛　發大清淨願
我為汝略說　聞名及見身　心念不空過　能滅諸有苦
假使興害意　推落大火坑　念彼觀音力　火坑變成池
或漂流巨海　龍魚諸鬼難　念彼觀音力　波浪不能沒
或在須彌峯　為人所推墮　念彼觀音力　如日虛空住
或被惡人逐　墮落金剛山　念彼觀音力　不能損一毛
或值怨賊遶　各執刀加害　念彼觀音力　咸即起慈心
或遭王難苦　臨刑欲壽終　念彼觀音力　刀尋段段壞
或囚禁枷鎖　手足被杻械　念彼觀音力　釋然得解脫
呪詛諸毒藥　所欲害身者　念彼觀音力　還著於本人
或遇惡羅剎　毒龍諸鬼等　念彼觀音力　時悉不敢害
若惡獸圍遶　利牙爪可怖　念彼觀音力　疾走无邊方
蚖蛇及蝮蠍　氣毒煙火然　念彼觀音力　尋聲自迴去
雲雷鼓掣電　降雹澍大雨　念彼觀音力　應時得消散
眾生被困厄　无量苦逼身　觀音妙智力　能救世間苦

BD07207 號　觀世音經　（3–2）

或遇惡羅剎　毒龍諸鬼等　念彼觀音力　時悉不敢害
若惡獸圍遶　利牙爪可怖　念彼觀音力　疾走无邊方
蚖蛇及蝮蠍　氣毒煙火然　念彼觀音力　尋聲自迴去
雲雷鼓掣電　降雹澍大雨　念彼觀音力　應時得消散
眾生被困厄　无量苦逼身　觀音妙智力　能救世間苦
具足神通力　廣脩智方便　十方諸國土　无剎不現身
種種諸惡趣　地獄鬼畜生　生老病死苦　以漸悉令滅
真觀清淨觀　廣大智慧觀　悲觀及慈觀　常願常瞻仰
无垢清淨光　慧日破諸闇　能伏災風火　普明照世間
悲體戒雷震　慈意妙大雲　澍甘露法雨　滅除煩惱焰
諍訟經官處　怖畏軍陣中　念彼觀音力　眾怨悉退散
妙音觀世音　梵音海潮音　勝彼世間音　是故須常念
念念勿生疑　觀世音淨聖　於苦惱死厄　能為作依怙
具一切功德　慈眼視眾生　福聚海无量　是故應頂禮
尒時持地菩薩即從座起前白佛言世尊若有眾
生聞是觀世音菩薩品自在之業普門示現神
通力者當知是人功德不少佛說是普門品時眾
中八万四千眾生皆發无等等阿耨多羅三藐三菩提心

觀世音經一卷

BD07207 號　觀世音經　（3–3）

慧莊嚴於是妙音菩薩不起于座身不動
搖而入三昧以三昧力於耆闍崛山去法座
不遠化作八萬四千衆寶蓮華閻浮檀金為
莖白銀為葉金剛為鬚甄叔迦寶以為其臺
尒時文殊師利法王子見是蓮華而白佛言
世尊是何因緣先現此瑞有若干千萬蓮華
閻浮檀金為莖白銀為葉金剛為鬚甄叔迦
寶以為其臺尒時釋迦牟尼佛告文殊師利
是妙音菩薩摩訶薩欲從淨華宿王智佛國
與八萬四千菩薩圍繞而來至此娑婆世界
供養親近礼拜於我亦欲供養聽法華經文
殊師利白佛言世尊是菩薩種何善本脩何
功德而能有是大神通力行何三昧願為我
等說是三昧名字我等亦欲懃脩行之行此
三昧乃能見是菩薩色相大小威儀進止唯
願世尊以神通力彼菩薩來令我得見尒時
釋迦牟尼佛告文殊師利此久滅度多寶如
來當為汝等而現其相時多寶佛告彼菩薩
善男子來文殊師利法王子欲見汝身于時

BD07208號　妙法蓮華經卷七　（6–1）

三昧乃能見是菩薩色相大小威儀進止唯
願世尊以神通力彼菩薩來令我得見尒時
釋迦牟尼佛告文殊師利此久滅度多寶如
來當為汝等而現其相時多寶佛告彼菩薩
善男子來文殊師利法王子欲見汝身于時
妙音菩薩於彼國沒與八萬四千菩薩俱共
發來所經諸國六種震動皆悉雨於七寶蓮
華百千天樂不鼓自鳴是菩薩目如廣大青
蓮華葉正使和合百千万月其面貌端正復
過於此身真金色無量百千功德莊嚴威德
熾盛光明照曜諸相具足如那羅延堅固之
身入七寶臺上昇虛空去地七多羅樹諸菩
薩衆恭敬圍繞而來詣此娑婆世界耆闍崛
山到已下七寶臺以價直百千瓔珞持至釋
迦牟尼佛所頭面礼足奉上瓔珞而白佛言
世尊淨華宿王智佛問訊世尊少病少惱起
居輕利安樂行不四大調和不世事可忍不
衆生易度不無多貪欲瞋恚愚癡嫉妬慳慢
不無不孝父母不敬沙門邪見不善心不攝
五情不世尊衆生能降伏諸魔怨不久滅度
多寶如來在七寶塔中來聽法不又問訊多
寶如來安隱少惱堪忍久住不世尊我今欲
見多寶佛身唯願世尊示我令見尒時釋迦
牟尼佛語多寶佛是妙音菩薩欲得相見時
多寶佛告妙音言善哉善哉汝能為供養釋
迦牟尼佛及聽法華經并見文殊師利等故

BD07208號　妙法蓮華經卷七　（6–2）

見多寶佛身唯願世尊示我令見尒時釋迦
牟尼佛語多寶佛是妙音菩薩欲得相見時
多寶佛告妙音言善哉善哉汝能為供養釋
迦牟尼佛及聽法華經并見文殊師利等故
來至此尒時華德菩薩白佛言世尊是妙音
菩薩種何善根脩何功德有是神力佛告華
德菩薩過去有佛名雲雷音王多陁阿伽度
阿羅訶三藐三佛陁國名現一切世間劫名
憙見妙音菩薩於万二千歲以十万種伎樂
供養雲雷音王佛并奉上八萬四千七寶鉢
以是因緣果報今生淨華宿王智佛國有是
神力華德於汝意云何尒時雲雷音王佛所
妙音菩薩伎樂供養奉上寶器者豈異人乎
今此妙音菩薩摩訶薩是華德是妙音菩薩
已曾供養親近无量諸佛久殖德本又值恒
河沙等百千万億那由他佛華德汝但見妙
音菩薩其身在此而是菩薩現種種身處處
為諸衆生說是經典或現梵王身或現帝釋
身或現自在天身或現大自在天身或現天大
將軍身或現毗沙門天王身或現轉輪聖王身
或現諸小王身或現長者身或現居士身或
現宰官身或現婆羅門身或現比丘比丘尼
優婆塞優婆夷身或現長者居士婦女身或
現宰官婦女身或現婆羅門婦女身或現童
男童女身或現天龍夜叉乾闥婆阿脩羅迦
樓羅緊那羅摩睺羅伽人非人等身而說
是經諸有地獄餓鬼畜生及衆難處皆能救

BD07208號　妙法蓮華經卷七　（6-3）

優婆塞優婆夷身或現長者居士婦女身或
現宰官婦女身或現婆羅門婦女身或現童
男童女身或現天龍夜叉乾闥婆阿脩羅迦
樓羅緊那羅摩睺羅伽人非人等身而說
是經諸有地獄餓鬼畜生及衆難處皆能救
濟乃至於王後宮變為女身而說是經華德是
妙音菩薩能救護娑婆世界諸衆生者是妙
音菩薩如是種種變化現身在此娑婆國土
為諸衆生說是經典於神通變化智慧無所
損減是菩薩以若干智慧明照娑婆世界令
一切衆生各得所知於十方恒河沙世界中
亦復如是若應以聲聞形得度者現聲聞形
而為說法應以辟支佛形得度者現辟支佛
形而為說法應以菩薩形得度者現菩薩形
而為說法應以佛形得度者即現佛形而為
說法如是種種隨所應度而為現形乃至應
以滅度而得度者示現滅度華德妙音菩薩
摩訶薩成就大神通智慧之力其事如是尒
時華德菩薩白佛言世尊是妙音菩薩深種
善根世尊是菩薩住何三昧而能如是在所
變現度脫衆生佛告華德菩薩善男子其
三昧名現一切色身妙音菩薩住是三昧中能
如是饒益無量衆生說是妙音菩薩品時與
妙音菩薩俱來者八万四千人皆得現一切
色身三昧此娑婆世界無量菩薩亦得是三
昧及陁羅尼尒時妙音菩薩摩訶薩供養釋
迦牟尼佛及多寶佛塔已

BD07208號　妙法蓮華經卷七　（6-4）

妙音菩薩俱來者八万四千人皆得現一切
色身三昧此娑婆世界無量菩薩亦得是三
昧及陁羅尼尒時妙音菩薩摩訶薩供養釋
迦牟尼佛及多寶佛塔已還歸本土所經諸
國六種震動雨寶蓮華作百千万億種種伎
樂既到本國與八万四千菩薩圍繞至淨華
宿王智佛所白佛言世尊我到娑婆世界饒
益衆生見釋迦牟尼佛及見多寶佛塔礼拜
供養又見文殊師利法王子菩薩及見藥王
菩薩得勤精進力菩薩勇施菩薩等亦令是
八万四千菩薩得現一切色身三昧說是妙
音菩薩來往品時四万二千天子得無生法
忍華德菩薩得法華三昧
妙法蓮華經觀世音菩薩普門品第廿五
尒時無盡意菩薩即從座起偏袒右肩合掌
向佛而作是言世尊觀世音菩薩以何因緣
名觀世音佛告無盡意菩薩善男子若有無
量百千万億衆生受諸苦惱聞是觀世音菩
薩一心稱名觀世音菩薩即時觀其音聲皆
得解脫若有持是觀世音菩薩名者設入大
火火不能燒由是菩薩威神力故若為大水
所漂稱其名号即得淺處若有百千万億衆
生為求金銀琉璃車𤦲馬瑙珊瑚虎珀真珠
等寶入於大海假使黑風吹其船舫飄墮羅
剎鬼國其中若有乃至一人稱觀世音菩薩
名者是諸人等皆得解脫羅剎之難以是因

BD07208 號　妙法蓮華經卷七　（6–5）

音菩薩來往品時四万二千天子得無生法
忍華德菩薩得法華三昧
妙法蓮華經觀世音菩薩普門品第廿五
尒時無盡意菩薩即從座起偏袒右肩合掌
向佛而作是言世尊觀世音菩薩以何因緣
名觀世音佛告無盡意菩薩善男子若有無
量百千万億衆生受諸苦惱聞是觀世音菩
薩一心稱名觀世音菩薩即時觀其音聲皆
得解脫若有持是觀世音菩薩名者設入大
火火不能燒由是菩薩威神力故若為大水
所漂稱其名号即得淺處若有百千万億衆
生為求金銀琉璃車𤦲馬瑙珊瑚虎珀真珠
等寶入於大海假使黑風吹其船舫飄墮羅
剎鬼國其中若有乃至一人稱觀世音菩薩
名者是諸人等皆得解脫羅剎之難以是因

BD07208 號　妙法蓮華經卷七　（6–6）

又……山林中 脩習善法 證……
深入禪定 見十方佛
諸佛身金色 百福相莊嚴 聞法爲人說 常有是好夢
又夢作國王 捨宮殿眷屬 及上妙五欲 行詣於道場
在菩提樹下 而處師子座 求道過七日 得諸佛之智
成无上道已 起而轉法輪 爲四衆說法 經千万億劫
說无漏妙法 度无量衆生 後當入涅槃 如烟盡燈滅
若後惡世中 說是第一法 是人得大利 如上諸功德

妙法蓮華經從地踊出品第十五

尒時他方國土諸來菩薩摩訶薩過八恒河
沙數於大衆中起立合掌作礼而白佛言世
尊若聽我等於佛滅後在此娑婆世界勤加
精進護持讀誦書寫供養是經典者當於
此土而廣說之尒時佛告諸菩薩摩訶薩衆止
善男子不須汝等護持此經所以者何我娑
婆世界自有六万恒河沙等菩薩摩訶薩一
一菩薩各有六万恒河眷屬是諸人等能於我
滅後護持讀誦廣說此經佛說是時娑婆
世界三千大千國土地皆震裂而於其中有
无量千万億菩薩摩訶薩同時踊出是諸
菩薩身皆金色三十二相无量光明先盡在

BD07209號　妙法蓮華經卷五　（2–1）

婆世界自有六万恒河沙等菩薩摩訶薩一
一菩薩各有六万恒河眷屬是諸人等能於我
滅後護持讀誦廣說此經佛說是時娑婆
世界三千大千國土地皆震裂而於其中有
无量千万億菩薩摩訶薩同時踊出是諸
菩薩身皆金色三十二相无量光明先盡在
此娑婆世界之下此界虛空中住是諸菩薩
聞釋迦牟尼佛所說音聲從下發來一一菩
薩皆是大衆唱導之首各將六万恒河沙眷
屬況將五万四万三万二万一万恒河沙等
眷屬者況復乃至一恒河沙半恒河沙四分之
一乃至千万億那由他分之一況復千万億那
由他眷屬況復億万眷屬況復千万百万
乃至一万況復一千一百乃至一十況復將五
四三二一弟子者況復單己樂遠離行如
是等比无量无邊算數譬喻所不能知是諸
菩薩從地出已各詣虛空七寶妙塔多寶如
來釋迦牟尼佛所到已向二世尊頭面礼足
及至諸寶樹下師子座上佛所亦皆作礼右
繞三匝合掌恭敬以諸菩薩種種讚法而以
……面欣樂瞻仰於二世尊是諸菩

BD07209號　妙法蓮華經卷五　（2–2）

可說佛授記持一脩多羅乃至不可說不可
說脩多羅持一衆會乃至不可說不可說衆
會持演一法乃至演不可說不可說法持一
根无量種種性乃至不可說不可說根无量
種種性持一煩惱種種性乃至不可說不可
說煩惱種種性持一三昧種種性乃至不可
說不可說三昧種種性佛子此持藏无邊難
滿難至其底難得親近无能制伏无量无盡
具大威力是佛境界唯佛能了是名菩薩摩
訶薩第九持藏
佛子何等為菩薩摩訶薩辯藏此菩薩有深
智慧了知實相廣為衆生演說諸法不違一
切諸佛經典說一品法乃至不可說不可說
品法說一佛名号乃至不可說不可說佛名
号如是說一世界說一佛授記說一脩多羅
說一衆會說演一法說一根无量種種性說
一煩惱无量種種性說一三昧无量種種性
乃至說不可說不可說三昧无量種種性或
一日說或半月一月說或百年千年百千年
說或一切百劫千劫百千劫說或百千億那

BD07210號　大方廣佛華嚴經（唐譯八十卷本）卷二一

（2–1）

訶薩第九持藏
佛子何等為菩薩摩訶薩辯藏此菩薩有深
智慧了知實相廣為衆生演說諸法不違一
切諸佛經典說一品法乃至不可說不可說
品法說一佛名号乃至不可說不可說佛名
号如是說一世界說一佛授記說一脩多羅
說一衆會說演一法說一根无量種種性說
一煩惱无量種種性說一三昧无量種種性
乃至說不可說不可說三昧无量種種性或
一日說或半月一月說或百年千年百千年
說或一切百劫千劫百千劫說或百千億那
由他劫說或无數无量乃至不可說不可說
劫說劫數可盡一文一句義理難盡何以故
此菩薩成就十種无盡藏故成就此藏得攝
一切法陁羅尼門現在前百万阿僧祇陁羅
尼以為眷屬得此陁羅尼已以法光明廣為
衆生演說於法其說法時以廣長舌出妙音
聲充滿十方一切世界隨其根性悉令滿足
心得歡喜滅除一切煩惱垢善入一切音

BD07210號　大方廣佛華嚴經（唐譯八十卷本）卷二一

（2–2）

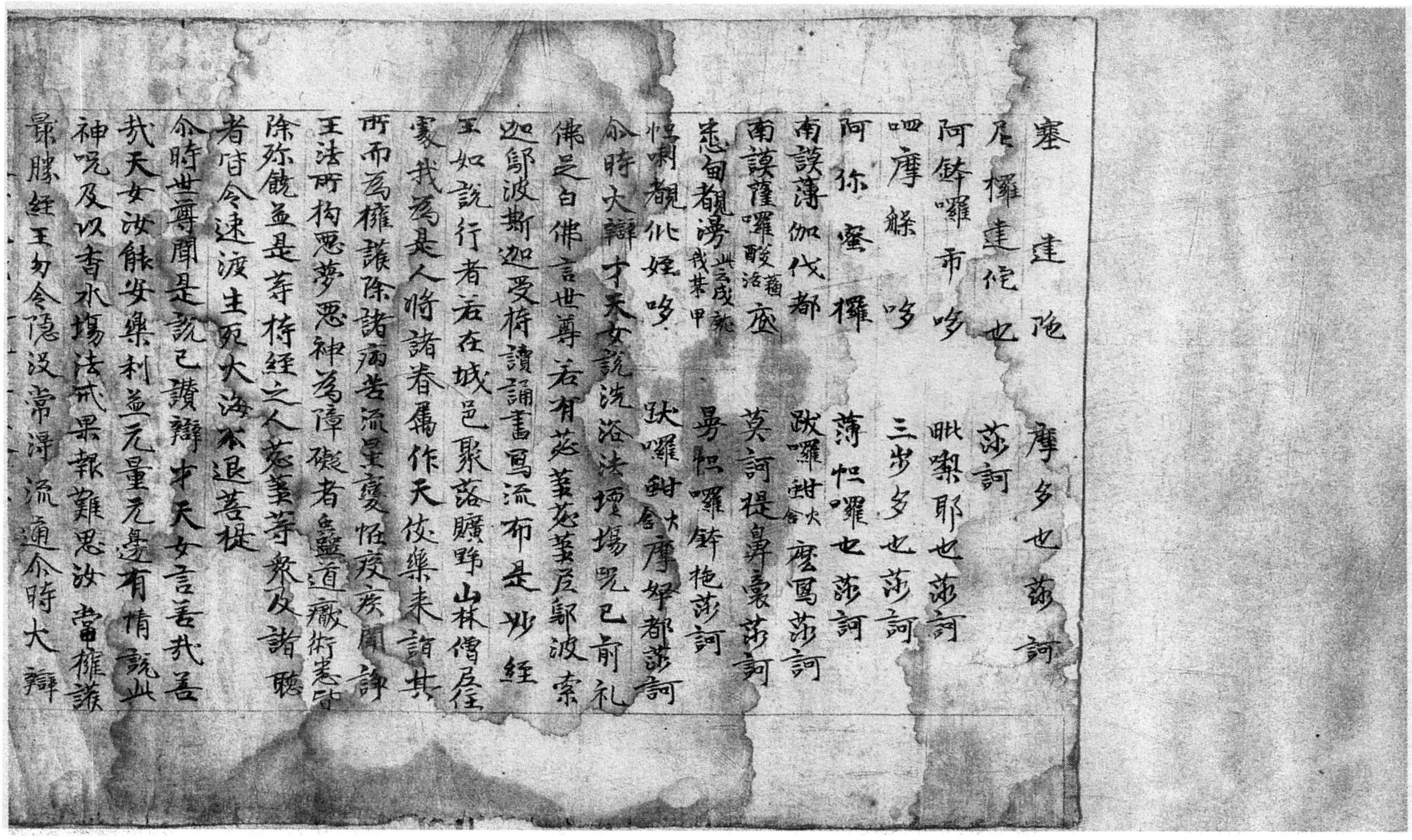

塞建陁摩多也莎訶
尼攞建佗也莎訶
阿鉢囉帝哆　眦喇耶也莎訶
呬摩槃哆　三步多也莎訶
阿你蜜攞　薄怛囉也莎訶
南謨薄伽伐都　跋囉甜大摩寫莎訶
南謨薩囉酸蘇活反底　莫訶提鼻裔莎訶
悉甸覩漫此云成就我某甲　曷怛囉鉢杝莎訶
怛喇覩仳姪哆　跋囉甜含大摩奴都莎訶
尒時大辯才天女說洗浴法壇場呪已前礼
佛足白佛言世尊若有苾芻苾芻尼鄔波索
迦鄔波斯迦受持讀誦書寫流布是妙經
王如說行者若在城邑聚落曠野山林僧尼
處我為是人將諸眷屬作天伎樂来詣其
所而為擁護除諸病苦流星變怪疾疫鬪諍
王法所拘惡夢惡神為障礙者蠱道厭術悉皆
除殄饒益是等持經之人苾芻等衆及諸聽
者皆令速渡生死大海不退菩提
尒時世尊聞是說已讚辯才天女言善哉善
哉天女汝能安樂利益无量无邊有情說此
神呪及以香水壇場法式果報難思汝當擁護
最勝經王勿令隱沒常得流通尒時大辯

BD07211號　金光明最勝王經卷七　（2–1）

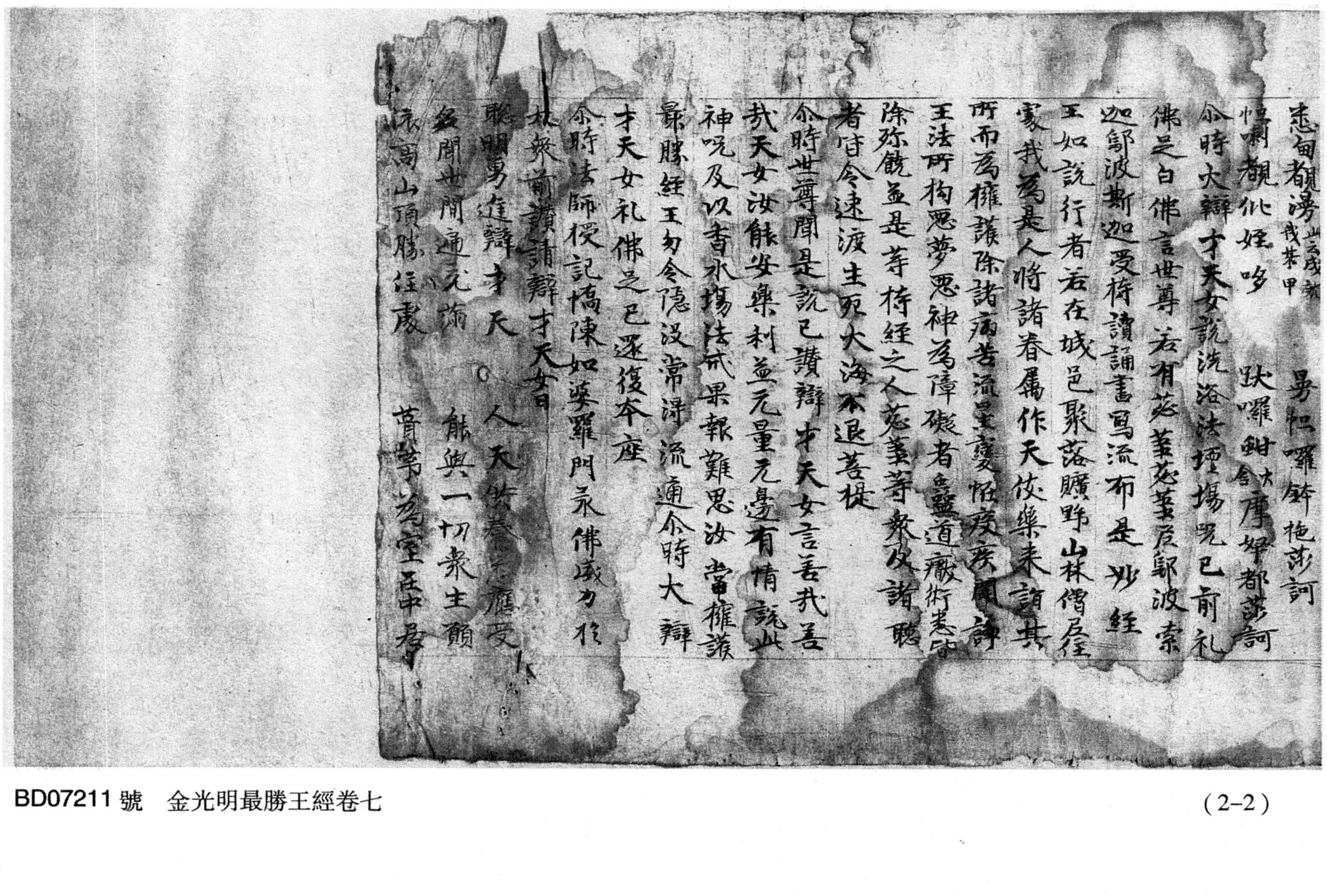

悉甸覩漫此云成就我某甲　曷怛囉鉢杝莎訶
怛喇覩仳姪哆　跋囉甜含大摩奴都莎訶
尒時大辯才天女說洗浴法壇場呪已前礼
佛足白佛言世尊若有苾芻苾芻尼鄔波索
迦鄔波斯迦受持讀誦書寫流布是妙經
王如說行者若在城邑聚落曠野山林僧尼
處我為是人將諸眷屬作天伎樂来詣其
所而為擁護除諸病苦流星變怪疾疫鬪諍
王法所拘惡夢惡神為障礙者蠱道厭術悉皆
除殄饒益是等持經之人苾芻等衆及諸聽
者皆令速渡生死大海不退菩提
尒時世尊聞是說已讚辯才天女言善哉善
哉天女汝能安樂利益无量无邊有情說此
神呪及以香水壇場法式果報難思汝當擁護
最勝經王勿令隱沒常得流通尒時大辯
才天女礼佛足已還復本座
尒時法師授記憍陳如婆羅門承佛威力於
大衆前讚請辯才天女曰
聰明勇進辯才天　人天供養悉應受
名聞世間遍充滿　能與一切衆生願
依高山頂勝住處　葺茅為室在中居

BD07211號　金光明最勝王經卷七　（2–2）

意觸為緣所生諸受常不著耳鼻舌身意觸
為緣所生諸受無常不著眼觸為緣所生諸
受樂不著眼觸為緣所生諸受苦不著耳鼻
舌身意觸為緣所生諸受樂不著耳鼻舌身
意觸為緣所生諸受苦不著眼觸為緣所生諸
受我不著眼觸為緣所生諸受無我不著
耳鼻舌身意觸為緣所生諸受我不著耳鼻
舌身意觸為緣所生諸受無我不著眼觸為
緣所生諸受寂靜不著眼觸為緣所生諸受
寂靜不著耳鼻舌身意觸為緣所生諸受不
寂靜不著眼觸為緣所生諸受空不著眼觸
為緣所生諸受不空不著耳鼻舌身意觸
為緣所生諸受空不著耳鼻舌身意觸為緣
所生諸受不空不著眼觸為緣所生諸受無相
不著眼觸為緣所生諸受有相不著耳鼻舌
身意觸為緣所生諸受無相不著耳鼻舌身
意觸為緣所生諸受有相不著眼觸為緣所
生諸受無願不著眼觸為緣所生諸受有願
不著耳鼻舌身意觸為緣所生諸受無願不
著耳鼻舌身意觸為緣所生諸受有願舍利
子諸菩薩摩訶薩修行般若波羅蜜多與

BD07212號　大般若波羅蜜多經（兌廢稿）卷六　（2–1）

舌身意觸為緣所生諸受無我不著眼觸為
緣所生諸受寂靜不著眼觸為緣所生諸受
寂靜不著耳鼻舌身意觸為緣所生諸受不
寂靜不著眼觸為緣所生諸受空不著眼觸
為緣所生諸受不空不著耳鼻舌身意觸
為緣所生諸受空不著耳鼻舌身意觸為緣
所生諸受不空不著眼觸為緣所生諸受無相
不著眼觸為緣所生諸受有相不著耳鼻舌
身意觸為緣所生諸受無相不著耳鼻舌身
意觸為緣所生諸受有相不著眼觸為緣所
生諸受無願不著眼觸為緣所生諸受有願
不著耳鼻舌身意觸為緣所生諸受無願不
著耳鼻舌身意觸為緣所生諸受有願舍利
子諸菩薩摩訶薩修行般若波羅蜜多與
如是法相應故當言與般若波羅蜜多相應
復次舍利子諸菩薩摩訶薩修行般若波羅
蜜多不著地界有不著地界非有不著水火
風空識界有不著水火風空識界非有不著

BD07212號　大般若波羅蜜多經（兌廢稿）卷六　（2–2）

□若□□應□

重恭敬讚歎盡形壽不應違 三尼

法中若比丘應尼問經律毗曇然後得問不得

僧祇云尼入僧寺應頭面一一禮比丘足若老病不堪隨力多少

總禮口云我尼某甲頭面禮一切僧足不得云此是犯戒是輕呵尼

羅无所知及盡癡羅比丘得說尼癡羅尼若掩場不敬起

者若犯八敬法正法則不久住當結罪

四分律云 尼入僧有五法 一者應以慈心 二者應自卑下如拭塵

三者善知坐起次第若見上座不應安坐若見下座不應起立

四者往至僧中不得高聲雜亂說世俗事无无記言語須自說法若令

五者若見僧不可事心不善忍應自默然式叉摩那尼六法文某甲諦

无所著等正覺說六法 一不得犯不淨行行婬欲法若式叉摩那行淫

式叉摩那非釋種女若與染汙心男子身相觸毀戒應更與戒是中盡形壽不

能持不 答云能 二不得偷盜乃至草葉若式叉摩那取人五錢過五錢若自取教

人取若自斫教人斫若燒若埋若壞色非式叉摩那非釋種女若取減五錢毀

戒應更與戒是中盡形壽不得犯能持不 答云能 三不得故斷衆生命乃至

蟻子若式叉摩那故自手斷人命求刀與人教死讚死若與非藥若作

墮胎厭禱呪術自作教人作非式叉摩那非釋種女若斷畜生命不能變

毀戒應更與戒是中盡形壽不得犯能持不 答云能 四不得妄語乃

[illegible]

BD07213號　比丘尼式叉摩那沙彌尼威儀鈔（擬）　　（3–1）

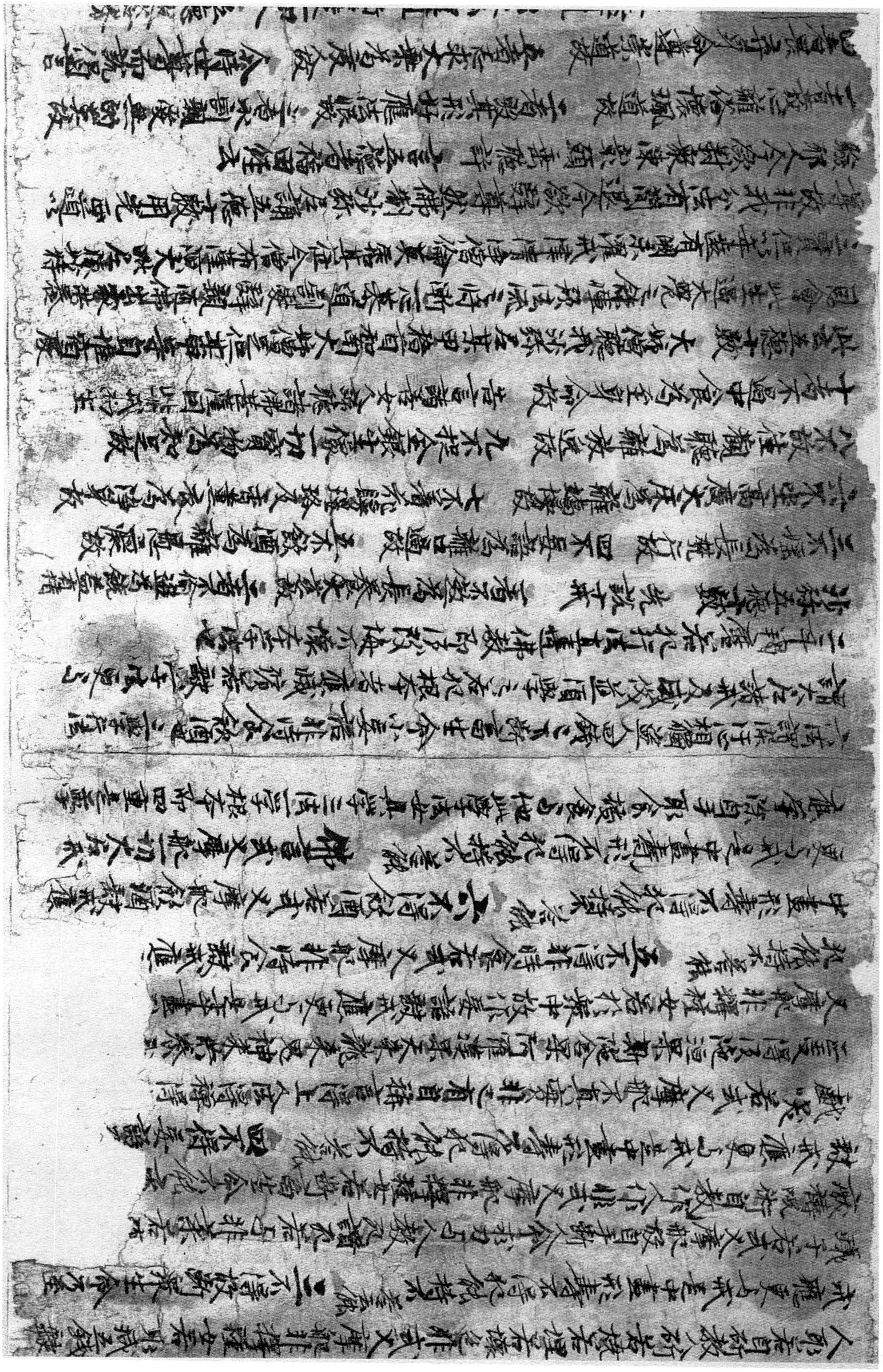

BD07213號　比丘尼式叉摩那沙彌尼威儀鈔（擬）　　（3–2）

六不坐高廣大床爲離憍慢故　七不著香華瓔珞及香熏衣爲離染故
八不故往觀聽爲離放逸故　九不捉金銀生像一切寶物爲知足故
十者不過中食爲至身命故　告言諸善女人諦聽諸佛菩薩同此十戒和合
此名五德十數　大姊僧聽我沙彌尼某甲稽首和南大姊僧足但某甲等自惟宿慶
同會此生遇大覺之餘運預法流之時斷恩愛道割愛辭親值佛出家供養
三寶但以年甚有隅未閑戒律清淨僧倫莫能其位今僧布薩洒大姊尼應特
尊故非我分法有譴退今欲辭尊然佛制沙彌尼誦五德十數用光函道以
驗邪人今欲對衆陳敢頭垂聽許　言五德者福田經云
一者發心離俗懷佩道故　二者毀其形好應法服故　三者永割親愛無適莫故
四者委棄身命遵崇道故　五者志求大乘爲度人故　尒時世尊而說偈言
毀形守志節　割愛無所親　出家弘聖道　誓度一切人　五德超俗務
名爲最福田　供養獲永安　其福最第一　言十數者僧祇律云
一者一切衆生皆依飲食而存　二者名色　三者三受　四者四聖諦
五者五受陰　六者六入觸　七者七覺分　八者八聖道　九者九衆生居
十者十一切入　已說五德十數竟唯願三寶久住世間弘濟有情四恩
盡用資蔽業普濟群生同發勝因成無上道清淨威重應潤
塵沙伏願慈悲布施歡喜

永盡

如是法音 疑悔悉已除 初

魔作佛 惱亂我心耶 佛以種種

心安如海 我聞疑網斷 佛說過去世 无量

住方便中 亦皆說是法 現在未來佛 其

以諸方便 演說如是法 如今者世尊 從

轉法輪 亦以方便說 世尊說實道 波旬

以定我定知 非是魔作佛 我墮疑網故 謂是

聞佛柔軟音 深遠甚微妙 演暢清淨法 我

疑悔永已盡 安住實智中 我定當作佛 為天人所敬

轉无上法輪 教化諸菩薩

尒時佛告舍利弗 吾今於天人沙門婆羅門

等大眾中說 我昔曾於二万億佛所 為无上

道故 常教化汝 汝亦長夜隨我受學 我以方

便引導汝故 生我法中 舍利弗 我昔教汝志

願佛道 汝今悉忘 而便自謂已得滅度 我今

還欲令汝憶念本願所行道故 為諸聲聞說是

大乘經 名妙法蓮華 教菩薩法 佛所護念

舍利弗 汝於未來世 過无量无邊不可思議

劫 供養若干千万億佛 奉持正法 具足菩薩

所行之道 當得作佛 号曰華光如來 應供正

遍知 明行足 善逝 世間解 无上士 調御丈夫

天人師 佛世尊 國名離垢 其土平正 清淨嚴

BD07214號　妙法蓮華經卷二　（3–1）

劫供養若干千万億佛奉持正法具足菩薩

所行之道當得作佛号曰華光如來應供正

遍知明行足善逝世間解无上士調御丈夫

天人師佛世尊國名離垢其土平正清淨嚴

飾安隱豐樂天人熾盛琉璃為地有八交道

黃金為繩以界其側其傍各有七寶行樹常

有華菓華光如來亦以三乘教化眾生舍利

弗彼佛出時雖非惡世以本願故說三乘法

其劫名大寶莊嚴何故名曰大寶莊嚴其國

中以菩薩為大寶故彼諸菩薩无量无邊不可

思議筭數譬喻所不能及非佛智力无能知

者若欲行時寶華承足此諸菩薩非初發意

皆久殖德本於无量百千万億佛所淨脩梵

行恒為諸佛之所稱歎常脩佛慧具大神通

善知一切諸法之門質直无偽志念堅固如

是菩薩充滿其國舍利弗華光佛壽十二小

劫除為王子未作佛時其國人民壽八小劫

華光如來過十二小劫授堅滿菩薩阿耨多

羅三藐三菩提記告諸比丘是堅滿菩薩次

當作佛号曰華足安行多陀阿伽度阿羅訶

三藐三佛陀其佛國土亦復如是舍利弗是華

光佛滅度之後正法住世卅二小劫像法住

世亦卅二小劫尒時世尊欲重宣此義而說

偈言

舍利弗來世 成佛普智尊 号名曰華光 當度无量眾

供養无數佛 具足菩薩行 十力等功德 證於无上道

BD07214號　妙法蓮華經卷二　（3–2）

是菩薩充滿其國舍利弗華光佛壽十二小
劫除為王子未作佛時其國人民壽八小劫
華光如來過十二小劫授堅滿菩薩阿耨多
羅三藐三菩提記告諸比丘是堅滿菩薩次
當作佛号曰華足安行多陁阿伽度阿羅訶
三藐三佛陁其佛國土亦復如是舍利弗是華
光佛滅度之後正法住世卅二小劫像法住
世亦卅二小劫尒時世尊欲重宣此義而說
偈言
舍利弗來世　成佛普智尊　号名曰華光　當度无量衆
供養无數佛　具足菩薩行　十力等功德　證於无上道
過无量劫已　劫名大寶嚴　世界名離垢　清淨无瑕穢
以瑠璃為地　金繩界其道　七寶雜色樹　常有華菓實
彼國諸菩薩　志念常堅固　神通波羅蜜　皆已悉具足
於无數佛所　善學菩薩道　如是等大士　華光佛所化
佛為王子時　棄國捨世榮　於最末後身　出家成佛道
華光佛住世　壽十二小劫　其國人民衆　壽命八小劫
佛滅度之後　正法住於世　三十二小劫　廣度諸衆生
正法滅盡已　像法三十二　舍利廣流布　天人普供養

BD07214號　妙法蓮華經卷二　（3–3）

與人子今華德菩薩是其淨德夫人今佛前
光照莊嚴相菩薩是哀愍妙莊嚴王及諸眷
屬故於彼中生其二子者今藥王菩薩藥上
菩薩是是藥王藥上菩薩成就如此諸大功
德已於无量百千万億諸佛所植衆德本成
就不可思議諸善功德若有人識是二菩薩
名字者一切世間諸天人民亦應礼拜佛說
是妙莊嚴王本事品時八万四千人遠塵
離垢於諸法中得法眼淨
妙法蓮華經普賢菩薩勸發品第二十八
尒時普賢菩薩以自在神通威德名聞與大菩
薩无量无邊不可稱數從東方來所經諸
國普皆震動雨寶蓮華作无量百千万億種
種伎樂又與无數諸天龍夜叉乾闥婆阿
脩羅迦樓羅緊那羅摩睺羅伽人非人等大衆
圍繞各現威德神通之力到娑婆世界耆闍
崛山中頭面礼釋迦牟尼佛右繞七帀白佛
言世尊我於寶威德上王佛國遙聞此娑婆
世界說法華經與无量无邊百千万億諸菩
薩衆共來聽受唯願世尊當為說之若善男

BD07215號　妙法蓮華經卷七　（2–1）

是妙莊嚴王本事品時八万四千人遠塵
離垢於諸法中得法眼淨
妙法蓮華經普賢菩薩勸發品第二十八
尒時普賢菩薩以自在神通威德名聞與大菩
薩无量无邊不可稱數從東方來所經諸
國普皆震動雨寶蓮華作无量百千万億種
種伎樂又與无數諸天龍夜叉乾闥婆阿
脩羅迦樓羅緊那羅摩睺羅伽人非人等大衆
圍繞各現威德神通之力到娑婆世界耆闍
崛山中頭面礼釋迦牟尼佛右繞七帀白佛
言世尊我於寶威德上王佛國遙聞此娑婆
世界說法華經與无量无邊百千万億諸菩
薩衆共來聽受唯願世尊當為說之若善男
子善女人於如來滅後云何能得是法華經
佛告普賢菩薩若善男子善女人成就四法
於如來滅後當得是法華經一者為諸佛護
念二者植衆德本三者入正定聚四者發救
一切衆生之心善男子善女人如是成就四法
於如來滅後必得是經尒時普賢菩薩白
佛言世尊於後五百歲濁惡世中其有受持
是經典者我當守護除其衰患令得安隱使

BD07215 號　妙法蓮華經卷七　　（2–2）

於來世當得作佛號釋迦牟尼
以實无有法得阿耨多羅三藐三
菩提是故然燈佛與我受記作是
言汝於來世當得作佛號釋迦牟
尼何以故如來者即諸法如義若
有人言如來得阿耨多羅三藐三
菩提須菩提實无有法佛得阿耨多羅
三藐三菩提須菩提如來所得
阿耨多羅三藐三菩提於是中
无實无虛是故如來說一切法
皆是佛法須菩提所言一切法者
即非一切法是故名一切法須菩
提譬如人身長大須菩提言世
尊如來說人身長大則為非大身
是名大身須菩提菩薩亦如是
若作是言我當滅度无量衆生
則不名菩薩何以故須菩提實
无有法名為菩薩是故佛說
一切法无我无人无衆生无壽者
須菩提若菩薩作是言我當莊
嚴佛土是不名菩薩何以故如來
說莊嚴佛土者即非莊嚴是名
莊嚴須菩提若菩薩通達无我

BD07216 號　金剛般若波羅蜜經　　（3–1）

无有法名爲菩薩是故佛說
一切法无我无人无衆生无壽者
須菩提若菩薩作是言我當莊
嚴佛土是不名菩薩何以故如來
說莊嚴佛土者即非莊嚴是名
莊嚴須菩提若菩薩通達无我
法者如來說名真是菩薩
須菩提於意云何如來有肉眼不
如是世尊如來有肉眼須菩提
於意云何如來有天眼不如是世
尊如來有天眼須菩提於意云何
如來有慧眼不如是世尊如來有
慧眼須菩提於意云何如來有法
眼不如是世尊如來有法眼須菩
提於意云何如來有佛眼不如
是世尊如來有佛眼須菩提於
意云何如恒河中所有沙佛說是
沙不如是世尊如來說是沙須菩
提於意云何如一恒河中所有沙有
如是等恒河是諸恒河所有沙數
佛世界如是寧爲多不甚多世尊
佛告須菩提尒所國土中所有衆
生若干種心如來悉知何以故如來
說諸心皆爲非心是名爲心所以者
何須菩提過去心不可得現在心不
可得未來心不可得須菩提於意
云何若有人滿三千大千世界七
寶以用布施是人以是因緣得福
多不如是世尊此人以是因緣得
福甚多須菩提若福德有實如來
福德多以福德无故如來

眼不如是世尊如來有法眼須菩
提於意云何如來有佛眼不如
是世尊如來有佛眼須菩提於
意云何如恒河中所有沙佛說是
沙不如是世尊如來說是沙須菩
提於意云何如一恒河中所有沙有
如是等恒河是諸恒河所有沙數
佛世界如是寧爲多不甚多世尊
佛告須菩提尒所國土中所有衆
生若干種心如來悉知何以故如來
說諸心皆爲非心是名爲心所以者
何須菩提過去心不可得現在心不
可得未來心不可得須菩提於意
云何若有人滿三千大千世界七
寶以用布施是人以是因緣得福
多不如是世尊此人以是因緣得
福甚多須菩提若福德有實如來
福德多以福德无故如來

BD07217 號 1　大乘莊嚴經論鈔（擬）

（2–1）

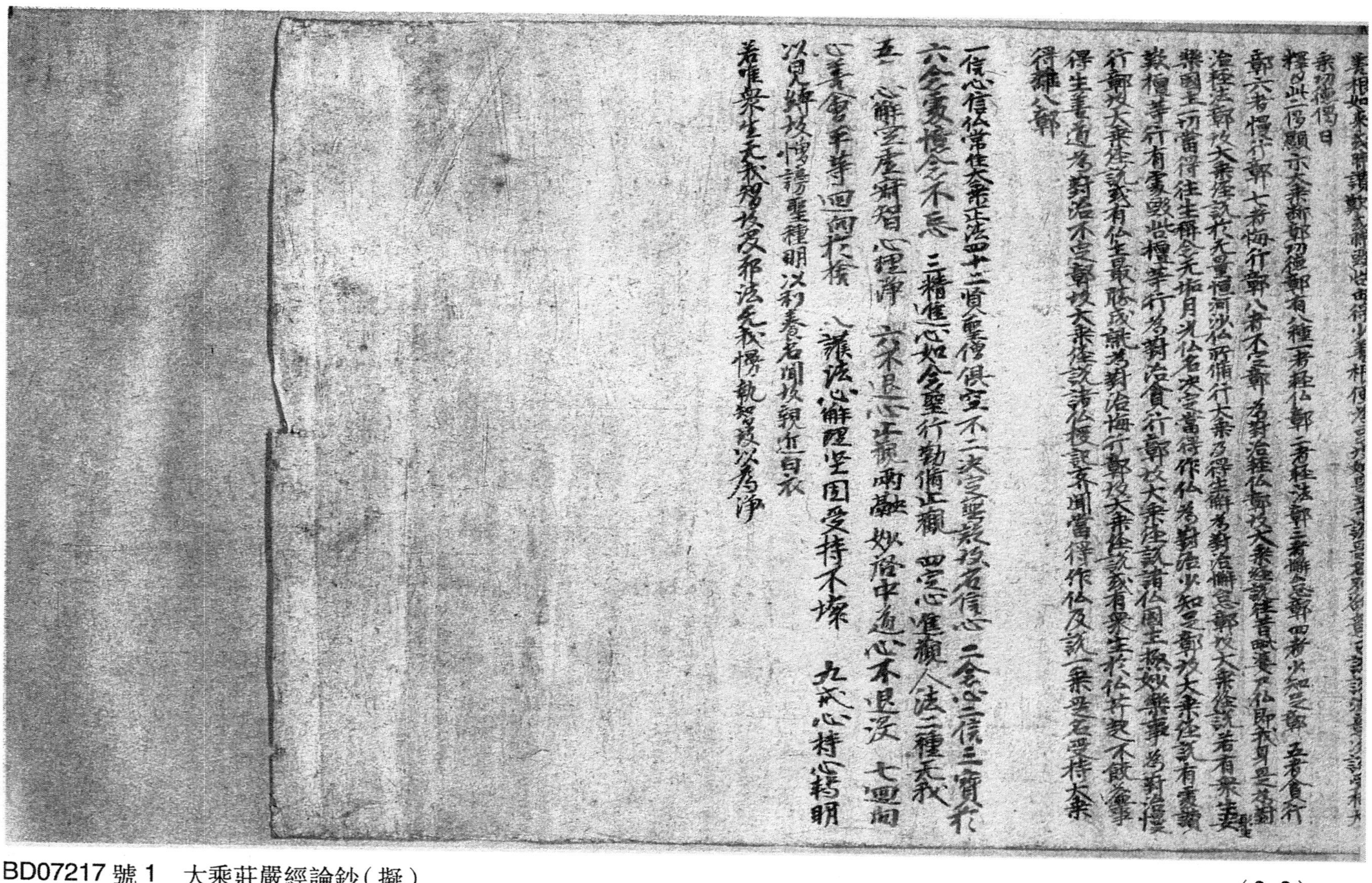

BD07217 號 1　大乘莊嚴經論鈔（擬）
BD07217 號 2　十信心雜鈔（擬）

（2–2）

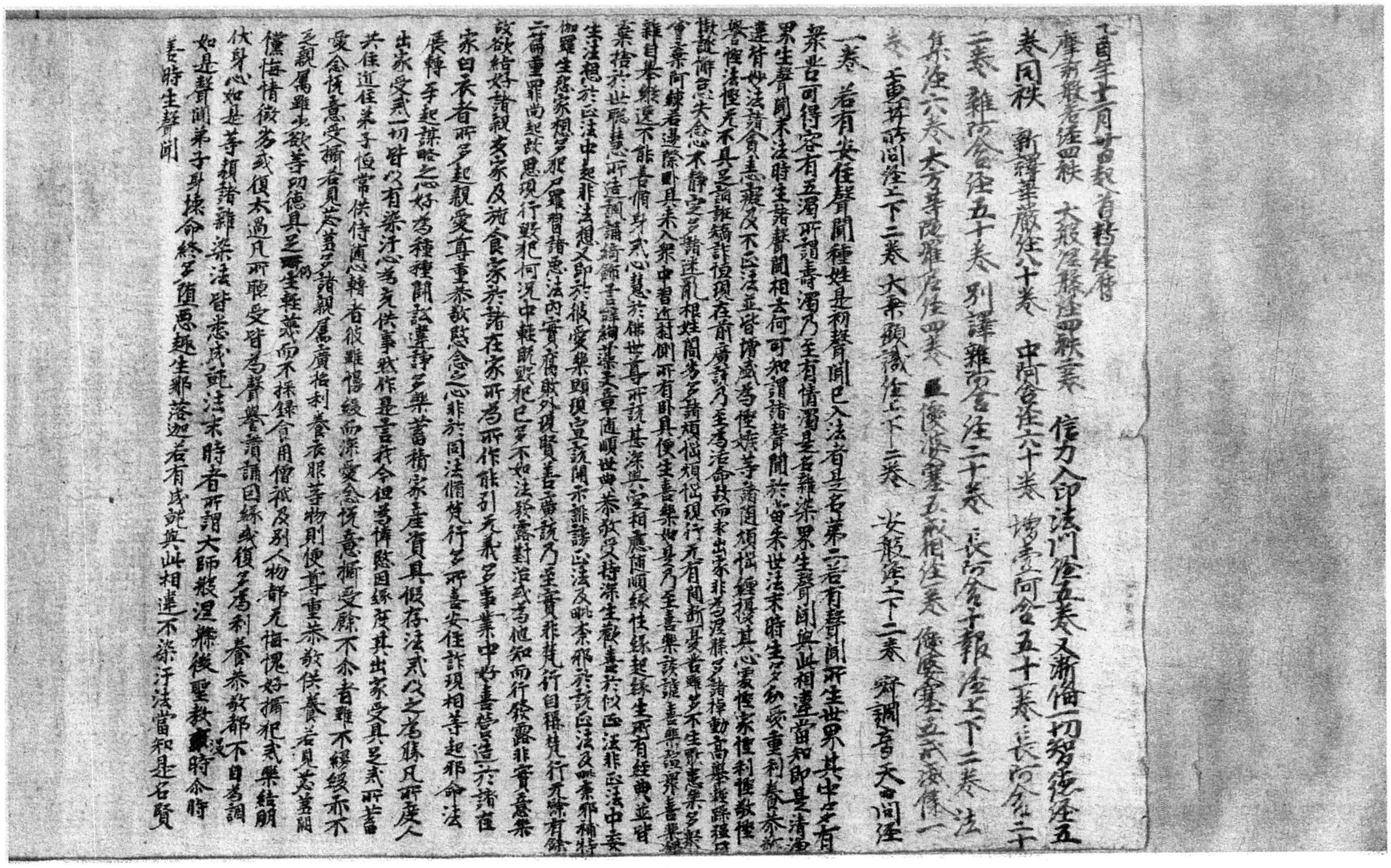

BD07217 號背 1　乙酉年（865）十二月二十日起首轉經歷　（1–1）
BD07217 號背 2　瑜伽師地論鈔（擬）

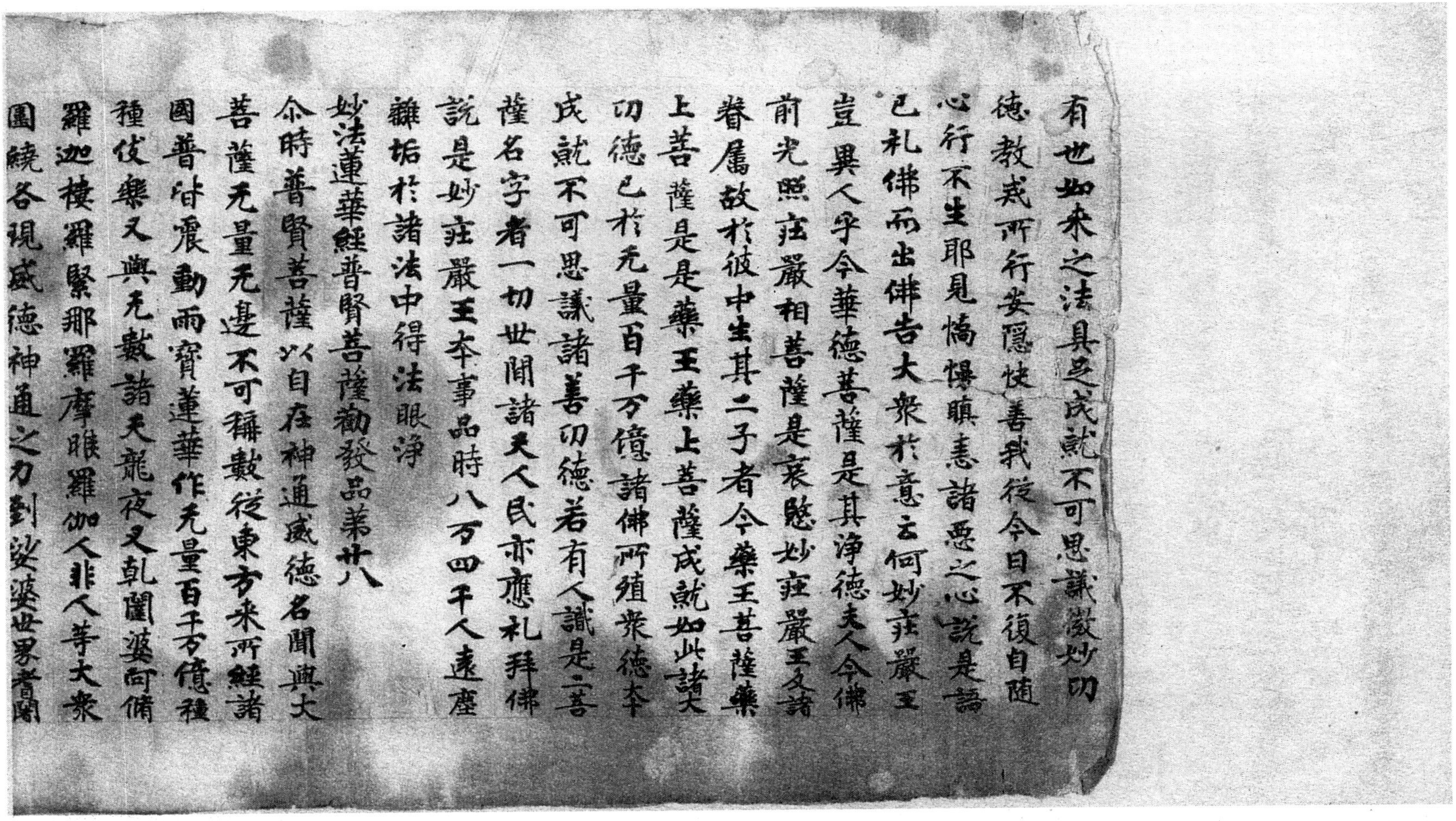

有世如来之法具足成就不可思議微妙功
德教戒所行安隱快善我從今日不復自隨
心行不生耶見憍慢瞋恚諸惡之心說是語
已礼佛而出佛告大衆於意云何妙莊嚴王
豈異人乎今華德菩薩是其淨德夫人今佛
前光照莊嚴相菩薩是哀愍妙莊嚴王及諸
眷屬故於彼中生其二子者今藥王菩薩藥
上菩薩是是藥王藥上菩薩成就如此諸大
功德已於无量百千万億諸佛所殖衆德本
成就不可思議諸善功德若有人識是二菩
薩名字者一切世間諸天人民亦應礼拜佛
說是妙莊嚴王本事品時八万四千人遠塵
離垢於諸法中得法眼淨
妙法蓮華經普賢菩薩勸發品第廿八
介時普賢菩薩以自在神通威德名聞與大
菩薩无量无邊不可稱數從東方來所經諸
國普皆震動雨寶蓮華作无量百千万億種
種伎樂又與无數諸天龍夜叉乾闥婆阿脩
羅迦樓羅緊那羅摩睺羅伽人非人等大衆
圍繞各現威德神通之力到娑婆世界耆闍

BD07218 號　妙法蓮華經卷七　（5–1）

尒時普賢菩薩以自在神通威德名聞與大
菩薩无量无邊不可稱數從東方来所經諸
國普皆震動雨寶蓮華作无量百千万億種
種伎樂又與无數諸天龍夜叉乾闥婆阿脩
羅迦樓羅緊那羅摩睺羅伽人非人等大衆
圍繞各現威德神通之力到娑婆世界耆闍
崛山中頭面礼釋迦牟尼佛右繞七匝白佛
言世尊我於寶威德上王佛國遥聞此娑婆
世界說法華經與无量无邊百千万億諸菩
薩衆共来聽受唯願世尊當爲說之若善男
子善女人於如来滅後云何能得是法華經
佛告普賢菩薩若善男子善女人成就四法
於如来滅後當得是法華經一者爲諸佛護
念二者殖諸德本三者入正定聚四者發救
一切衆生之心善男子善女人如是成就四
法於如来滅後必得是經尒時普賢菩薩白
佛言世尊於後五百歳濁惡世中其有受持
是經典者我當守護除其衰患令得安隱使
无伺求得其便者若魔若魔子若魔女若魔
民若爲魔所著者若夜叉若羅刹若鳩槃茶
若毗舍闍若吉遮若冨單那若韋陁羅等諸
惱人者皆不得便是人若行若立讀誦此經
我尒時乘六牙白象王與大菩薩衆俱詣其
所而自現身供養守護安慰其心亦爲供養
法華經故是人若坐思惟此經尒時我復乘
白象王現其人前其人若於法華經有所忘

BD07218號　妙法蓮華經卷七　（5–2）

惱人者皆不得便是人若行若立讀誦此經
我尒時乘六牙白象王與大菩薩衆俱詣其
所而自現身供養守護安慰其心亦爲供養
法華經故是人若坐思惟此經尒時我復乘
白象王現其人前其人若於法華經有所忘
失一句一偈我當教之與共讀誦還令通利
尒時受持讀誦法華經者得見我身甚大歡
喜轉復精進以見我故即得三昧及陁羅尼
名爲旋陁羅尼百千万億旋陁羅尼法音方
便陁羅尼得如是等陁羅尼世尊若後世後
五百歳濁惡世中比丘比丘尼優婆塞優婆
夷求索者受持者讀誦者書冩者欲脩習是
法華經於三七日中應一心精進滿三七日
已我當乘六牙白象與无量菩薩而自圍繞
以一切衆生所喜見身現其人前而爲說法
示教利喜亦復與其陁羅尼呪得是陁羅尼
故无有非人能破壞者亦不爲女人之所惑
亂我身亦自常護是人唯願世尊聽我說此
陁羅尼呪即於佛前而說呪曰
阿檀地一 檀陁婆地二 檀陁婆帝三 檀陁鳩舍隸四
檀陁脩陁隸五 脩陁隸六 脩陁羅婆底七 佛䭾波羶祢八
薩婆陁羅尼阿婆多尼九 薩婆婆沙阿婆多尼十
脩阿婆多尼十一 僧伽婆履叉尼十二 僧伽涅伽陁尼十三
阿僧祇十四 僧伽波伽地十五 帝隸阿惰僧伽兜略波羅帝
十六 薩婆僧伽三摩地伽蘭地十七 薩婆達磨脩波利刹帝
十八 薩婆薩埵樓䭾憍舍略阿㝹伽地十九

BD07218號　妙法蓮華經卷七　（5–3）

薩婆陁羅尼阿婆多尼九　薩婆婆沙阿婆多尼十
脩阿婆多尼一十　僧伽婆履叉尼二十　僧伽涅伽陁尼三十
阿僧祇四十　僧伽波伽地五十　帝隸阿惰僧伽兜略波羅帝
十六　薩婆僧伽三摩地伽蘭地七十　薩婆達摩脩波利剎帝
八十　薩婆薩埵樓駄憍舍略阿㝹伽地九十
辛阿毗吉利地帝二十
世尊若有菩薩得聞是陁羅尼者當知普賢
神通之力若法華經行閻浮提有受持者應
作此念皆是普賢威神之力若有受持讀誦
正憶念解其義趣如說脩行當知是人行普
賢行於无量无邊諸佛所深種善根為諸如
來手摩其頭若但書寫是人命終當生忉利
天上是時八万四千天女作衆伎樂而來迎
之其人即着七寶冠於婇女中娛樂快樂何
況受持讀誦正憶念解其義趣如說脩行若
有人受持讀誦解其義趣是人命終為千佛
授手令不恐怖不墮惡趣即往兜率天上弥
勒菩薩所弥勒菩薩有卅二相大菩薩衆所
共圍繞有百千万億天女眷屬而於中生有
如是等功德利益是故智者應當一心自書
若使人書受持讀誦正憶念如說脩行世尊
我今以神通力守護是經於如來滅後閻浮
提內廣令流布使不斷絕尒時釋迦牟尼佛
讚言善哉善哉普賢汝能護助是經令多所
衆生安樂利益汝已成就不可思議功德深
大慈悲從久遠來發阿耨多羅三藐三菩提

[illegible]
來手摩其頭若但書寫是人命終當生忉利
天上是時八万四千天女作衆伎樂而來迎
之其人即着七寶冠於婇女中娛樂快樂何
況受持讀誦正憶念解其義趣如說脩行若
有人受持讀誦解其義趣是人命終為千佛
授手令不恐怖不墮惡趣即往兜率天上弥
勒菩薩所弥勒菩薩有卅二相大菩薩衆所
共圍繞有百千万億天女眷屬而於中生有
如是等功德利益是故智者應當一心自書
若使人書受持讀誦正憶念如說脩行世尊
我今以神通力守護是經於如來滅後閻浮
提內廣令流布使不斷絕尒時釋迦牟尼佛
讚言善哉善哉普賢汝能護助是經令多所
衆生安樂利益汝已成就不可思議功德深
大慈悲從久遠來發阿耨多羅三藐三菩提
意而能作是神通之願守護是經我當以神
白者普賢若有

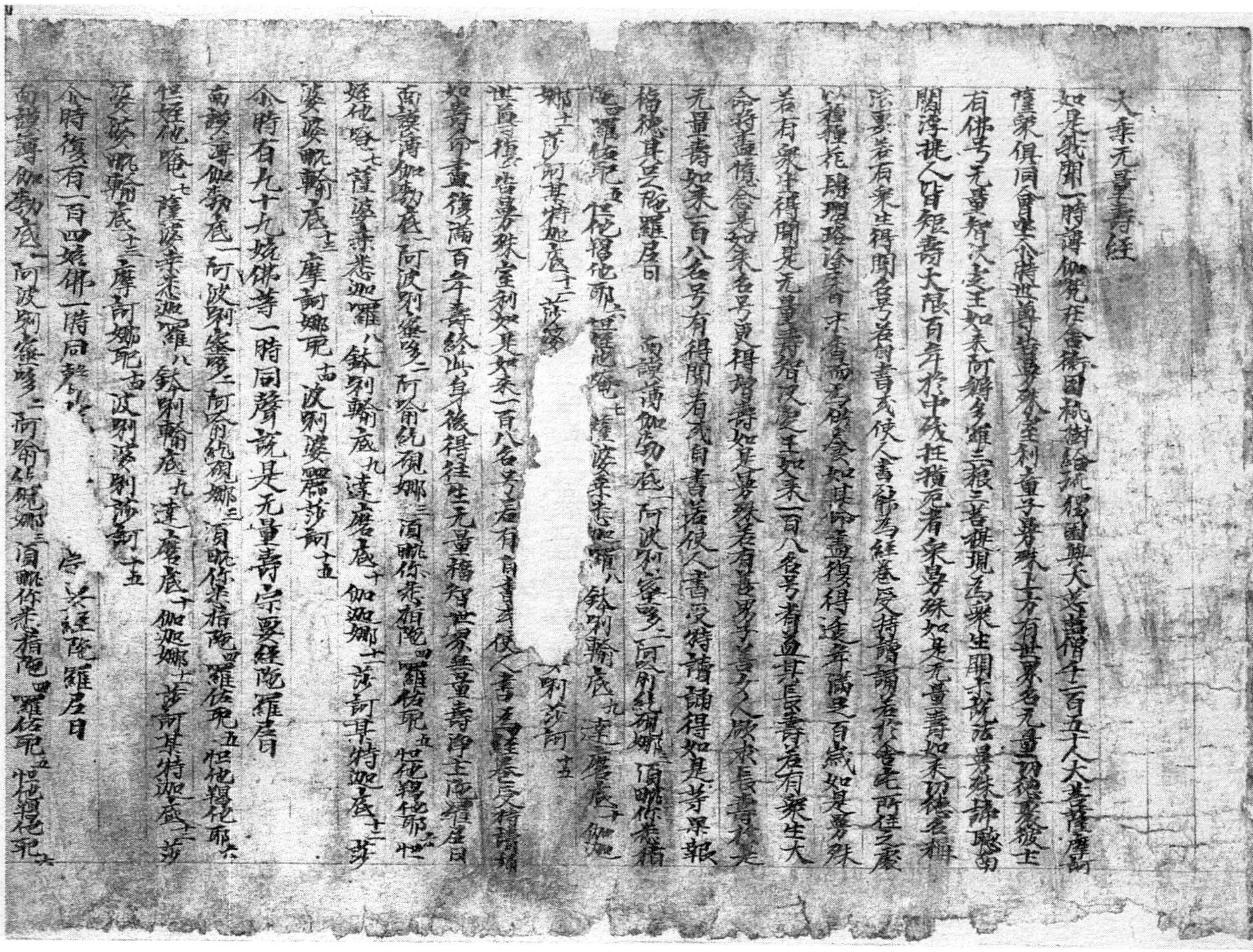

BD07219號　無量壽宗要經　（6–1）

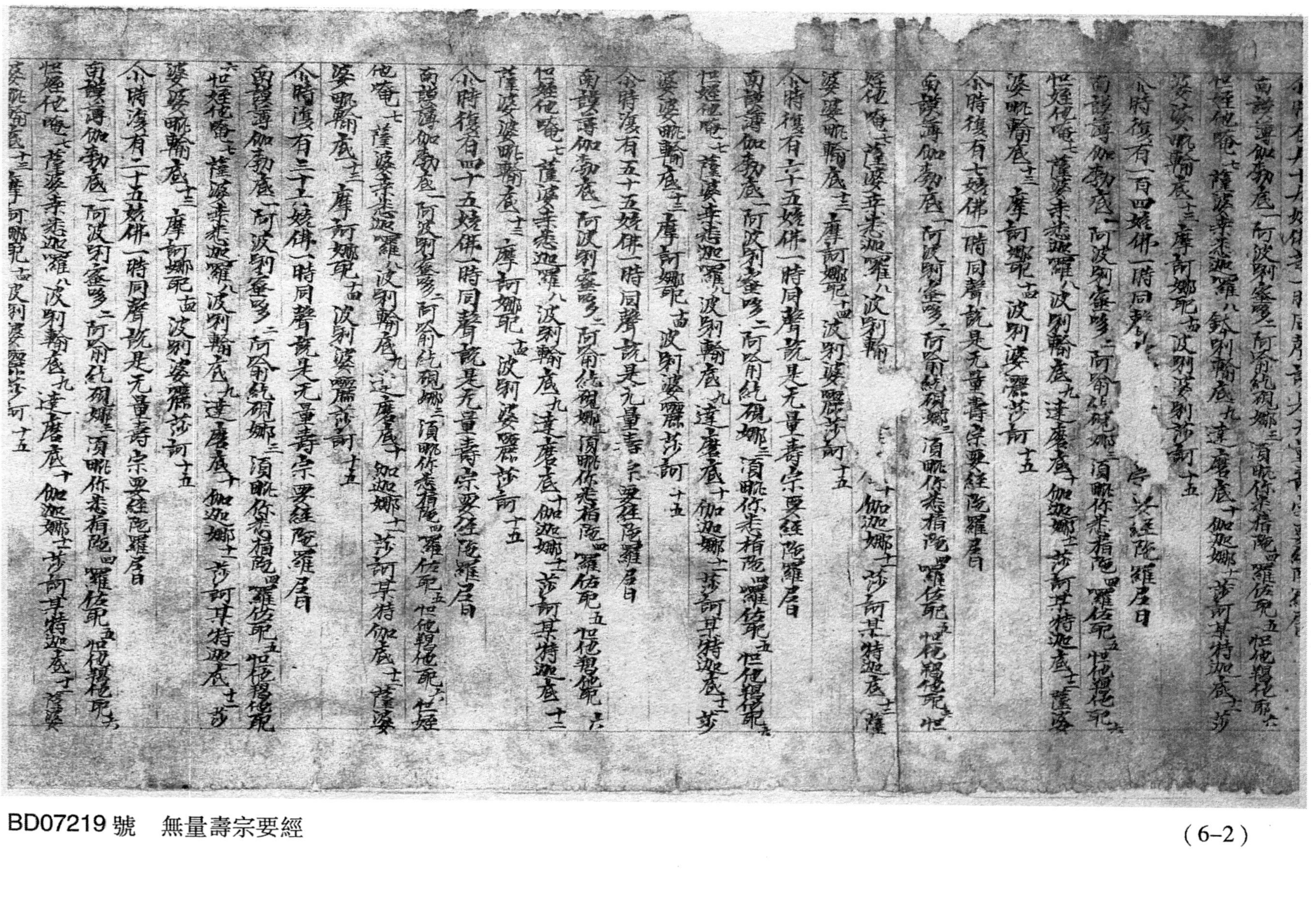

BD07219號　無量壽宗要經　（6–2）

婆婆毗輸底十三 摩訶娜耶十四 波唎婆囉莎訶十五
尒時復有二十五殑佛一時同聲說是无量壽宗要經陀羅尼曰
南謨薄伽勃底一 阿波唎蜜哆二 阿喻紇硯娜三 須毗你悉指陀四 囉佐耶五 怛他羯他耶六
怛姪他唵七 薩婆桑悉迦囉八 波唎輸底九 達磨底十 伽迦娜十一 莎訶某特迦底十二 薩婆
婆毗輸底十三 摩訶娜耶十四 波唎婆囉莎訶十五
尒時復有恒河沙數佛一時同聲說是无量壽宗要經陀羅尼曰
南謨薄伽勃底一 阿波唎蜜哆二 阿喻紇硯娜三 須毗你悉指陀四 囉佐耶五 怛他羯他耶六
怛姪他唵七 薩婆桑悉迦囉八 波唎輸底九 達磨底十 伽迦娜十一 莎訶某特迦底十二 薩婆
婆毗輸底十三 摩訶娜耶十四 波唎婆囉莎訶十五
善男子若有自書寫教人書寫是无量壽宗要經如其命盡還得長壽而滿百年陀
羅尼曰 南謨薄伽勃底一 阿波唎蜜哆二 阿喻紇硯娜三 須毗你悉指陀四 囉佐耶五 怛他
羯他耶六 怛姪他唵七 薩婆桑悉迦囉八 波唎輸底九 達磨底十 伽迦娜十一 莎訶某特迦底十二
薩婆婆毗輸底十三 摩訶娜耶十四 波唎婆囉莎訶十五 若有自書寫教人書寫是无量
壽宗要經讀誦受持畢竟不墮地獄在在所生得宿命智陀羅尼曰
南謨薄伽勃底一 阿波唎蜜哆二 阿喻紇硯娜三 須毗你悉指陀四 囉佐耶五 怛他羯他耶六 怛姪
他唵七 薩婆桑悉迦囉八 波唎輸底九 達磨底十 伽迦娜十一 莎訶某特迦底十二 薩婆婆
毗輸底十三 摩訶娜耶十四 波唎婆囉莎訶十五 若有自書寫教人書寫
是无量壽宗要經受持讀誦如同書寫八万四千一切經典陀羅尼曰
南謨薄伽勃底一 阿波唎蜜哆二 阿喻紇硯娜三 須毗你悉指陀四 囉佐耶五 怛他羯他耶六
怛姪他唵七 薩婆桑悉迦囉八 波唎輸底九 達磨底十 伽迦娜十一 莎訶某特迦底十二 薩
婆婆毗輸底十三 摩訶娜耶十四 波唎婆囉莎訶十五
若有自書寫教人書寫是无量壽宗要經即是書寫八万四千部建立塔廟陀羅尼曰
南謨薄伽勃底一 阿波唎蜜哆二 阿喻紇硯娜三 須毗你悉指陀四 囉佐耶五 怛他羯他耶六 怛姪
他唵七 薩婆桑悉迦囉八 波唎輸底九 達磨底十 伽迦娜十一 莎訶某特迦底十二 薩婆婆
毗輸底十三 摩訶娜耶十四 波唎婆囉莎訶十五
若有自書寫教人書寫是无量壽宗要經能消五无間等一切重罪陀羅尼曰
南謨薄伽勃底一 阿波唎蜜哆二 阿喻紇硯娜三 須毗你悉指陀四 囉佐耶五 怛他羯他耶六
怛姪他唵七 薩婆桑悉迦囉八 波唎輸底九 達磨底十 伽迦娜十一 莎訶某特迦底十二 薩婆
婆毗輸底十三 摩訶娜耶十四 波唎婆囉莎訶十五 若有自書寫教人書寫
是无量壽宗要經受持讀誦設有重罪猶如須弥盡能除滅陀羅尼曰
南謨薄伽勃底一 阿波唎蜜哆二 阿喻紇硯娜三 須毗你悉指陀四 囉佐耶五 怛他羯他耶六 怛姪

BD07219 號　無量壽宗要經　（6–3）

南謨薄伽勃底一 阿波唎蜜哆二 阿喻紇硯娜三 須毗你悉指陀四 囉佐耶五 怛他羯他耶六
怛姪他唵七 薩婆桑悉迦囉八 波唎輸底九 達磨底十 伽迦娜十一 莎訶某特迦底十二 薩婆
婆毗輸底十三 摩訶娜耶十四 波唎婆囉莎訶十五 若有自書寫教人書寫
是无量壽宗要經受持讀誦設有重罪猶如須弥盡能除滅陀羅尼曰
南謨薄伽勃底一 阿波唎蜜哆二 阿喻紇硯娜三 須毗你悉指陀四 囉佐耶五 怛他羯他耶六 怛姪
他唵七 薩婆桑悉迦囉八 波唎輸底九 達磨底十 伽迦娜十一 莎訶某特迦底十二 薩婆婆毗
輸底十三 摩訶娜耶十四 波唎婆囉莎訶十五
若有自書寫教人書寫是无量壽宗要經受持讀誦若魔鬼之眷屬夜叉羅刹
不得其便終无枉死陀羅尼曰 南謨薄伽勃底一 阿波唎蜜哆二 阿喻紇硯娜三 須毗你
悉指陀四 囉佐耶五 怛他羯他耶六 怛姪他唵七 薩婆桑悉迦囉八 波唎輸底九 達磨底十 伽
娜十一 莎訶某特迦底十二 薩婆婆毗輸底十三 摩訶娜耶十四 波唎婆囉莎訶十五
若有自書寫教人書寫是无量壽宗要經受持讀誦當命終時有九十九殑佛現其
人前來千佛授手遊一切佛剎莫於此經生於疑惑陀羅尼曰
南謨薄伽勃底一 阿波唎蜜哆二 阿喻紇硯娜三 須毗你悉指陀四 囉佐耶五 怛他羯他耶六 怛
姪他唵七 薩婆桑悉迦囉八 波唎輸底九 達磨底十 伽迦娜十一 莎訶某特迦底十二 薩婆婆
毗輸底十三 摩訶娜耶十四 波唎婆囉莎訶十五
若有自書寫教人書寫是无量壽宗要經受持讀誦常得四天大王隨其衛護陀羅尼曰
南謨薄伽勃底一 阿波唎蜜哆二 阿喻紇硯娜三 須毗你悉指陀四 囉佐耶五 怛他羯他耶六 怛姪他
唵七 薩婆桑悉迦囉八 波唎輸底九 達磨底十 伽迦娜十一 莎訶某特迦底十二 薩婆婆毗
輸底十三 摩訶娜耶十四 波唎婆囉莎訶十五
若有自書寫教人書寫是无量壽宗要經受持讀誦當得往生西方極樂世界阿弥陀
淨土陀羅尼曰 南謨薄伽勃底一 阿波唎蜜哆二 阿喻紇硯娜三 須毗你悉指陀四 囉佐耶五
怛他羯他耶六 怛姪他唵七 薩婆桑悉迦囉八 波唎輸底九 達磨底十 伽迦娜十一 莎訶某特迦底十二
薩婆婆毗輸底十三 摩訶娜耶十四 波唎婆囉莎訶十五
若有方自書寫教人書寫是无量壽經典之處則為是塔皆應恭敬作禮若是畜生
或為鳥獸得聞是經如是等類皆當不久得成一切種智陀羅尼曰
南謨薄伽勃底一 阿波唎蜜哆二 阿喻紇硯娜三 須毗你悉指陀四 囉佐耶五 怛他羯他耶六 怛
姪他唵七 薩婆桑悉迦囉八 波唎輸底九 達磨底十 伽迦娜十一 莎訶某特迦底十二 薩婆
婆毗輸底十三 摩訶娜耶十四 波唎婆囉莎訶十五
若有人是无量壽經自書寫若使人書畢竟不受女人之身陀羅尼曰
南謨薄伽勃底一 阿波唎蜜哆二 阿喻紇硯娜三 須毗你悉指陀四 囉佐耶五 怛他羯他耶六 怛

BD07219 號　無量壽宗要經　（6–4）

南謨薄伽勃底一阿波唎蜜多二阿喻紇硯娜三須毗你悉指陁四囉佐耶五怛他羯他耶六怛
姪他唵七薩婆桑悉迦囉八波唎輸底九達磨底十伽伽娜十一莎訶娑擊特迦底十二薩婆
婆毗輸底十三摩訶娜耶十四波唎婆囉莎訶十五
若有人於是无量壽經自書寫若使人書畢竟不受女人之身陁羅尼曰
南謨薄伽勃底一阿波唎蜜多二阿喻紇硯娜三須毗你悉指陁四囉佐耶五怛他羯他耶六怛
姪他唵七薩婆桑悉迦囉八波唎輸底九達磨底十伽伽娜十一莎訶娑擊特迦底十二薩婆
婆毗輸底十三摩訶娜耶十四波唎婆囉莎訶十五
若有能於是經少分能惠施者其於三千大千世界滿中七寶布施陁羅尼曰
南謨薄伽勃底一阿波唎蜜多二阿喻紇硯娜三須毗你悉指陁四囉佐耶五怛他羯他耶六怛姪
他唵七薩婆桑悉迦囉八波唎輸底九達磨底十伽伽娜十一莎訶娑擊特迦底十二薩婆婆
毗輸底十三摩訶娜耶十四波唎婆囉莎訶十五
若有能供養是經者則是供養一切諸經等无有異陁羅尼曰
南謨薄伽勃底一阿波唎蜜多二阿喻紇硯娜三須毗你悉指陁四囉佐耶五怛他羯他耶六怛
姪他唵七薩婆桑悉迦囉八波唎輸底九達磨底十伽伽娜十一莎訶娑擊特迦底十二薩婆
婆毗輸底十三摩訶娜耶十四波唎婆囉莎訶十五
如是毗婆尸佛尸弃佛毗舍浮佛俱留孫佛俱那含牟尼佛迦葉佛釋迦牟尼佛
若有人以七寶供養如是七佛其福有限書寫受持是无量壽經典所有功德不可限量
陁羅尼曰
南謨薄伽勃底一阿波唎蜜多二阿喻紇硯娜三須毗你悉指陁四囉佐耶五怛他羯他
他唵七薩婆桑悉迦囉八波唎輸底九達磨底十伽伽娜十一莎訶娑擊特迦底十二薩婆
薩婆婆毗輸底十三摩訶娜耶十四波唎婆囉莎訶十五
若有七寶等於須弥以用布施其福上能知其限量是无量壽經典其福不可知數量陁羅
尼曰　南謨薄伽勃底一阿波唎蜜多二阿喻紇硯娜三須毗你悉指陁四囉佐耶五怛他羯他耶六
怛姪他唵七薩婆桑悉迦囉八波唎輸底九達磨底十伽伽娜十一莎訶娑擊特迦底十二薩婆
婆毗輸底十三摩訶娜耶十四波唎婆囉莎訶十五
如是四大海水可知滴數是无量壽經典所生果報不可數量陁羅尼曰
南謨薄伽勃底一阿波唎蜜多二阿喻紇硯娜三須毗你悉指陁四囉佐耶五怛他羯他耶六怛姪
他唵七薩婆桑悉迦囉八波唎輸底九達磨底十伽伽娜十一莎訶娑擊特迦底十二薩婆婆
毗輸底十三摩訶娜耶十四波唎婆囉莎訶十五
若有自書使人書寫是无量壽經典又能讀持供養礼拜如來恭敬供養一切十方佛土如來
无有別異陁羅尼曰　南謨薄伽勃底一阿波唎蜜多二阿喻紇硯娜三須毗你悉指陁四
囉佐耶五怛他羯他耶六怛姪他唵七薩婆桑悉迦囉八波唎輸底九達磨底十伽伽娜十一

BD07219號　無量壽宗要經　（6–5）

毗輸底十三摩訶娜耶十四波唎婆囉莎訶十五
若有自書使人書寫是无量壽經典又能讀持供養礼拜如來恭敬供養一切十方佛土如來
无有別異陁羅尼曰　南謨薄伽勃底一阿波唎蜜多二阿喻紇硯娜三須毗你悉指陁四
囉佐耶五怛他羯他耶六怛姪他唵七薩婆桑悉迦囉八波唎輸底九達磨底十伽伽娜十一
莎訶娑擊特迦底十二薩婆婆毗輸底十三摩訶娜耶十四波唎婆囉莎訶十五
布施力能成正覺　悟布施力人師子　布施力能聲普聞　慈悲階漸最能入
持戒力能成正覺　悟持戒力人師子　持戒力能聲普聞　慈悲階漸最能入
忍辱力能成正覺　悟忍辱力人師子　忍辱力能聲普聞　慈悲階漸最能入
精進力能成正覺　悟精進力人師子　精進力能聲普聞　慈悲階漸最能入
禪定力能成正覺　悟禪定力人師子　禪定力能聲普聞　慈悲階漸最能入
智慧力能成正覺　悟智慧力人師子　智慧力能聲普聞　慈悲階漸最能入
尒時世尊說是經已一切世間天人阿脩羅揵闥婆等聞佛所說皆大歡喜信受奉行
佛說无量壽宗要經

張晏寫

BD07219號　無量壽宗要經　（6–6）

BD07219 號背　勘記　（1–1）

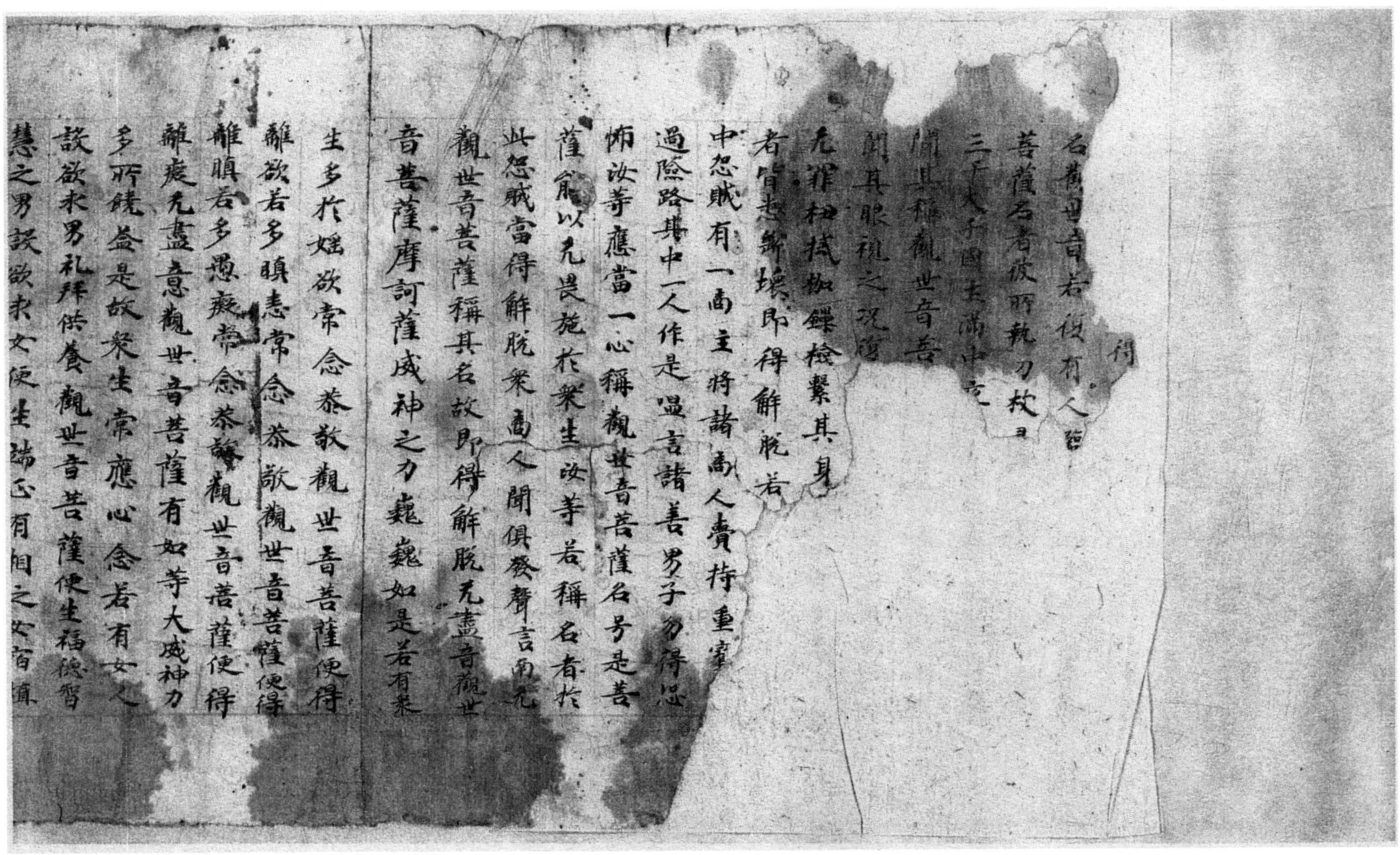

名觀世音若復有人臨　得
菩薩名者彼所執刀杖尋
三千大千國土滿中夜
聞其稱觀世音菩
[illegible]其眼視之況復
无罪杻械枷鎖檢繫其身
者皆悉斷壞即得解脫若
中怨賊有一商主將諸商人賷持重寶
過險路其中一人作是唱言諸善男子勿得恐
怖汝等應當一心稱觀世音菩薩名号是菩
薩能以无畏施於衆生汝等若稱名者於
此怨賊當得解脫衆商人聞俱發聲言南无
觀世音菩薩稱其名故即得解脫无盡意觀世
音菩薩摩訶薩威神之力巍巍如是若有衆
生多於婬欲常念恭敬觀世音菩薩便得
離欲若多瞋恚常念恭敬觀世音菩薩便得
離瞋若多愚癡常念恭敬觀世音菩薩便得
離癡无盡意觀世音菩薩有如等大威神力
多所饒益是故衆生常應心念若有女人
設欲求男礼拜供養觀世音菩薩便生福德智
慧之男設欲求女便生端正有相之女宿殖

BD07220 號　觀世音經　（5–1）

離瞋若多愚癡常念恭敬觀世音菩薩便得
離癡无盡意觀世音菩薩有如是等大威神力
多所饒益是故衆生常應心念若有女人
設欲求男礼拜供養觀世音菩薩便生福德智
慧之男設欲求女便生端正有相之女宿植
德本衆人愛敬无盡意觀世音菩薩有如是
力若有衆生恭敬礼拜觀世音菩薩福不
唐捐是故衆生皆應受持觀世音菩薩名号无
盡意若有人受持六十二億恒河沙菩薩名
字復盡形供養飲食衣服卧具醫藥於汝意
云何是善男子善女人功德多不无盡意
言甚多世尊佛言若復有人受持觀世音菩薩
名号乃至一時礼拜供養是二人福正等无
異於百千万億劫不可窮盡无盡意受持觀
世音菩薩名号得如是无量无邊福德之利
无盡意菩薩白佛言世尊觀世音菩薩云
何遊此娑婆世界云何而為衆生說法方便之
力其事云何佛告无盡意菩薩善男子若有
國土衆生應以佛身得度者觀世音菩薩即
現佛身而為說法應以辟支佛身得度者即
現辟支佛身而為說法應以聲聞身得度者
即現聲聞身而為說法應以梵王身得度者
即現梵王身而為說法應以帝釋身得度者
即現帝釋身而為說法應以自在天身得度
者即現自在天身而為說法應以大自在天身
得度者即現大自在天身而為說法應以天
大将軍身得度者即現天大将軍身而為

BD07220 號　觀世音經

（5–2）

即現帝釋身而為說法應以自在天身得度
者即現自在天身而為說法應以大自在天身
得度者即現大自在天身而為說法應以天
大将軍身得度者即現天大将軍身而為
說法應以毗沙門身得度者即現毗沙門身
而為說法應以小王身得度者即現小王身
而為說法應以長者身得度者即現長者身而
為說法應以居士身得度者即現居士身 而
為說法應以宰官身得度者即現即現宰官
身而為說法應以婆羅門身得度者即現婆羅
門身而為說法應以比丘比丘尼優婆塞優
婆夷身得度者即現比丘比丘尼優婆塞優
婆夷身而為說法應以長者居士宰官婆羅
門婦女身得度者即現婦女身而為說法應以
童男童女身得度者即現童男童女身而為
說法應以天龍夜叉乾闥婆阿脩羅迦樓羅
緊那羅摩睺羅伽人非人等身得度者即皆
現之而為說法應以執金剛神得度者即現
執金剛神而為說法无盡意觀世音菩薩
成就如是功德以種種形遊諸國土度脫衆生
是故汝等應當一心供養觀世音菩薩是
觀世音菩薩摩訶薩於怖畏急難之中能施
无畏是故此娑婆世界皆号之為施无畏者
无盡意菩薩白佛言世尊我今當供養觀
世音菩薩即解頸衆寶珠瓔珞價直百千兩
金而以與之作是言仁者受此法施珎寶瓔
珞時觀世音菩薩不肯受之无盡意復白觀

BD07220 號　觀世音經

（5–3）

无畏是故此娑婆世界皆号之爲施无畏者
无盡意菩薩白佛言世尊我今當供養觀
世音菩薩即解頸衆寶珠瓔珞價直百千兩
金而以與之作是言仁者受此法施珎寶瓔
珞時觀世音菩薩不肯受之无盡意復白觀
世音菩薩言仁者愍我等故受此瓔珞尒
時佛告觀世音菩薩當愍此无盡意菩薩
及四衆天龍夜叉乾闥婆阿脩羅迦樓羅緊那羅
摩睺羅伽人非人等故受是瓔珞即時觀世
音菩薩愍諸四衆及於天龍人非人等受其瓔
珞分作二分一分奉釋迦牟尼佛一分奉多
寶佛塔无盡意觀世音菩薩有如是自在神
力遊於娑婆世界尒時无盡意菩薩以偈問曰
世尊妙相具 我今重問彼 佛子何因緣 名爲觀世音
具足妙相尊 偈荅无盡意 汝聽觀音行 善應諸方所
弘誓深如海 歷劫不思議 侍多千億佛 發大清淨願
我爲汝略說 聞名及見身 心念不空過 能滅諸有苦
假使興害意 推落大火坑 念彼觀音力 火坑變成池
或漂流巨海 龍魚諸鬼難 念彼觀音力 波浪不能沒
或在須弥峯 爲人所推墮 念彼觀音力 如日虛空住
或被惡人逐 墮落金剛山 念彼觀音力 不能損一毛
或值怨賊遶 各執刀加害 念彼觀音力 咸即起慈心
或遭王難苦 臨刑欲受終 念彼觀音力 刀尋段段壞
或囚禁枷鎖 手足被杻械 念彼觀音力 釋然得解脫
呪咀諸毒藥 所欲害身者 念彼觀音力 還着於本人
或遇惡羅刹 毒龍諸鬼等 念彼觀音力 時悉不敢害
若惡獸圍遶 利牙爪可怖 念彼觀音力 疾走无邊方

BD07220號　觀世音經　(5–4)

或遭王難苦 臨刑欲受終 念彼觀音力 刀尋段段壞
或囚禁枷鎖 手足被杻械 念彼觀音力 釋然得解脫
呪咀諸毒藥 所欲害身者 念彼觀音力 還着於本人
或遇惡羅刹 毒龍諸鬼等 念彼觀音力 時悉不敢害
若惡獸圍遶 利牙爪可怖 念彼觀音力 疾走无邊方
蚖蛇及蝮蝎 氣毒煙火然 念彼觀音力 尋聲自迴去
雲雷鼓掣電 降雹澍大雨 念彼觀音力 應時得消散
衆生被困厄 无量苦逼身 觀音妙智力 能救世間苦
具足神通力 廣修智方便 十方諸國土 无刹不現身
種種諸惡趣 地獄鬼畜生 生老病死苦 以漸悉令滅
真觀清淨觀 廣大智慧觀 悲觀及慈觀 常願常瞻仰
无垢清淨光 慧日破諸闇 能伏災風火 普明照世間
悲體戒雷震 慈意妙大雲 澍甘露法雨 滅除煩惱焰
諍訟經官處 怖畏軍陣中 念彼觀音力 衆怨悉退散
妙音觀世音 梵音海潮音 勝彼世間音 是故須常念
念念勿生疑 觀世音淨聖 於苦惱死厄 能爲作依怙
具一切功德 慈眼視衆生 福聚海无量 是故應頂礼
尒時持地菩薩即從座起前白佛言世尊若
有衆生聞是觀世音菩薩品自在之業普門
示現神通力者當知是人功德不少佛說是
普門品時衆中八万四千衆生皆發无等等
阿耨多羅三藐三菩提心

觀世音經

BD07220號　觀世音經　(5–5)

BD07221 號背　護首

(1–1)

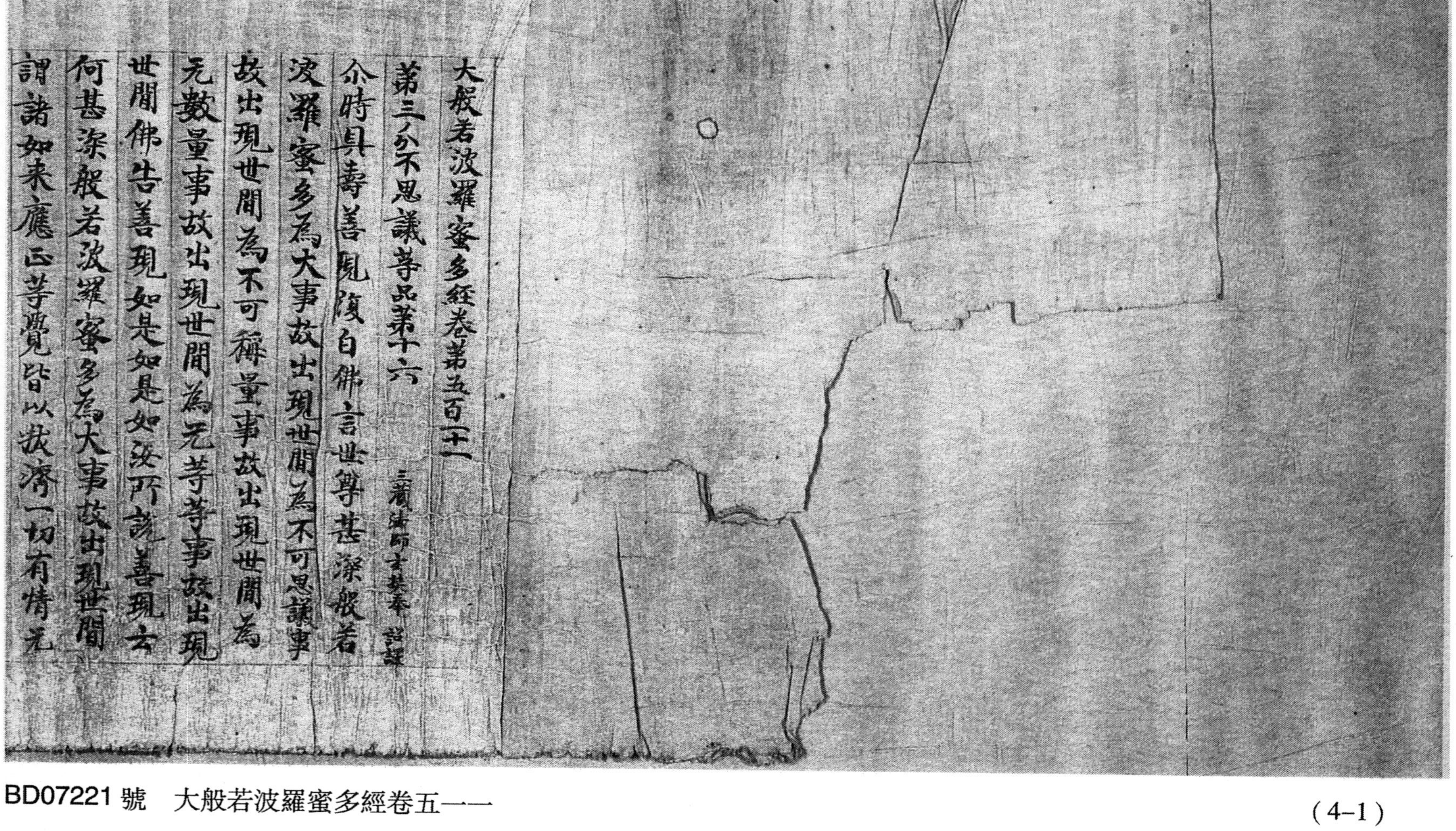

大般若波羅蜜多經卷第五百一十一
第三分不思議等品第十六　三藏法師玄奘奉　詔譯
尒時具壽善現復白佛言世尊甚深般若
波羅蜜多為大事故出現世間為不可思議事
故出現世間為不可稱量事故出現世間為
无數量事故出現世間為无等等事故出現
世間佛告善現如是如是如汝所說善現云
何甚深般若波羅蜜多為大事故出現世間
謂諸如來應正等覺皆以拔濟一切有情无

BD07221 號　大般若波羅蜜多經卷五一一

(4–1)

波羅蜜多為大事故出現世間為不可思議事
故出現世間為不可稱量事故出現世間為
无數量事故出現世間為无等等事故出現
世間佛告善現如是如是如汝所說善現云
何甚深般若波羅蜜多為大事故出現世間
謂諸如來應正等覺皆以救濟一切有情无
時蹔捨而為大事甚般若波羅蜜多為此
事故出現世間善現云何甚深般若波羅蜜
多為不可思議事故出現世間謂諸如來應正
等覺所有佛性如來性自然覺性一切智性
皆不可思議甚深般若波羅蜜多為此事故
出現世間善現云何甚深般若波羅蜜多
為不可稱量事故出現世間謂諸如來應正
等覺所有佛性如來性自然覺性一切智性
无有情類能稱量者甚深般若波羅蜜多為
此事故出現世間善現云何甚深般若波羅
蜜多為无數量事故出現世間謂諸如來應
正等覺所有佛性如來性自然覺性一切智
性无有如實知數量者甚深般若波羅蜜多
為此事故出現世間善現云何甚深般若波羅
蜜多為无等等事故出現世間謂諸如來應
正等覺所有佛性如來性自然覺性一切智
性无與等者況有能過甚深般若波羅蜜多
為此事故出現世間具壽善現復白佛言
為但如來應正等覺所有佛性如來性自然覺
性一切智性不可思議不可稱量无數量无
等等為更有餘法耶佛告善現非但如來
應正等覺所有佛性如來性自然覺性一切

性一切智性不可思議不可稱量无數量无
等等為更有餘法耶佛告善現非但如來
應正等覺所有佛性如來性自然覺性一切
智性不可思議不可稱量无數量无等等亦
有餘法不可思議不可稱量无數量无等等
謂色受想行識廣說乃至一切相智亦不可
思議不可稱量无數量无等等如是等一切
法亦不可思議不可稱量无數量无等等於
一切法真實性中心及心所皆不可得所以者
何色乃至識不可思議不可施設故不可
稱量无數量无等等廣說乃至一切相智
不可施設故不可思議不可稱量无數量
无等等具壽善現即白佛言復何曰緣乃
至識廣說乃至一切相智皆不可施設故不可
思議不可稱量无數量无等等佛告善現色
乃至識廣說乃至一切相智无自性故不可施
設由不可施設故不可思議不可稱量无數量
无等等具壽善現復白佛言何曰緣故色
乃至識廣說乃至一切相智皆无自性佛告
善現色乃至識廣說乃至一切相智思識稱
量數量平等不平等性不可得故具壽善
現復白佛言何曰緣故色乃至識廣說乃至
一切相智思議稱量數量平等不平等性皆不
可得佛告善現色乃至識廣說乃至一切相
智自性不可思議不可稱量无數量无等等
自性空故復次善現色乃至識廣說乃至一切

謂色受想行識廣説乃至一切相智亦不可
思議不可思議不可稱量无數量无等等如是等一切
法亦不可思議不可稱量无數量无等等於
一切法真實性中心及心所皆不可得所以者
何色乃至識不可施設故不可思議不可
稱量无數量无等等廣説乃至一切相智
不可施設故不可思議不可稱量无數量
无等等具壽善現即白佛言復何因緣色乃
至識廣説乃至一切相智皆不可施設故不可
思議不可稱量无數量无等等佛告善現色
乃至識廣説乃至一切相智无自性故不可施
設由不可施設故不可思議不可稱量无數量
无等等具壽善現復白佛言何因緣故色
乃至識廣説乃至一切相智皆无自性佛告
善現色乃至識廣説乃至一切相智思議稱
量數量平等不平等性不可得故具壽善
現復白佛言何因緣故色乃至識廣説乃至
一切相智思議稱量數量平等不平等性皆不
可得佛告善現色乃至識廣説乃至一切相
智自性不可思議不可稱量无數量无等等
自性空故復次善現色乃至識廣説乃至一切

BD07221號　大般若波羅蜜多經卷五一一　（4–4）

幢幡衣服伎樂合掌恭敬是人一切世間所
應瞻奉應以如來供養而供養之當知此人
是大菩薩成就阿耨多羅三藐三菩提哀愍
衆生願生此間廣演分別妙法華經何況盡
能受持種種供養者藥王當知是人自捨清
淨業報於我滅度後愍衆生故生於惡世廣
演此經若是善男子善女人我滅度後能竊
為一人説法華經乃至一句當知是人則如
來使如來所遣行如來事何況於大衆中廣
為人説藥王若有惡人以不善心於一劫中
現於佛前常毀罵佛其罪尚輕若人以一惡
言毀呰在家出家讀誦法華經者其罪甚重
藥王其有讀誦法華經者當知是人以佛莊
嚴而自莊嚴則為如來肩所荷擔其所至方
應隨向礼一心合掌恭敬供養尊重讚歎華
香瓔珞末香塗香燒香繒蓋幢幡衣服餚饌
作諸伎樂人中上供而供養之應持天寶而
以散之天上寶聚應以奉獻所以者何是人
歡喜説法須臾聞之即得究竟阿耨多羅三
藐三菩提故尒時世尊欲重宣此義而説偈言
若欲住佛道　成就自然智　常當勤供養　受持法華者

BD07222號　妙法蓮華經卷四　（2–1）

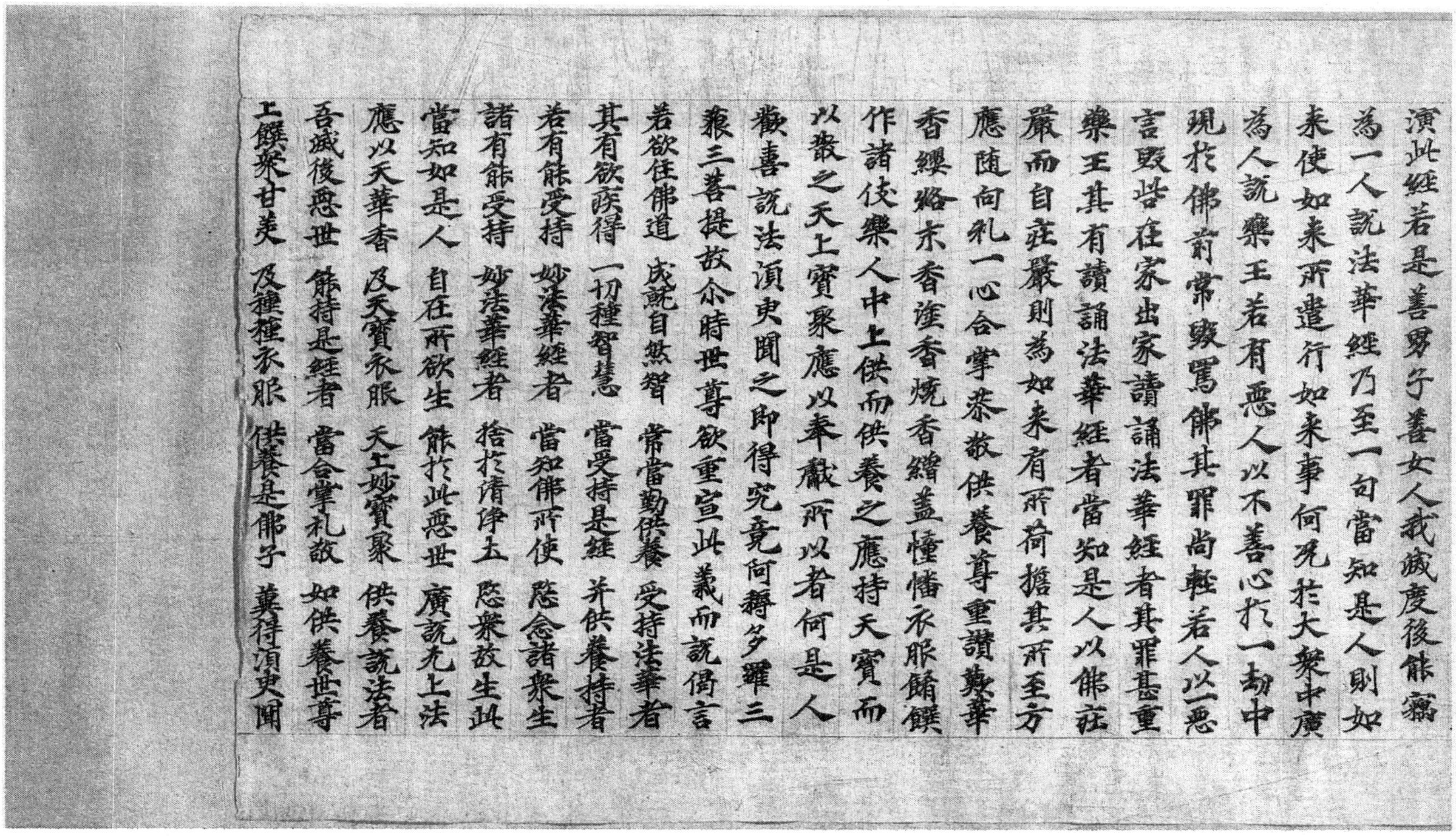

演此經若是善男子善女人我滅度後能竊
為一人說法華經乃至一句當知是人則如
來使如來所遣行如來事何況於大衆中廣
為人說藥王若有惡人以不善心於一劫中
現於佛前常毀罵佛其罪尚輕若人以一惡
言毀呰在家出家讀誦法華經者其罪甚重
藥王其有讀誦法華經者當知是人以佛莊
嚴而自莊嚴則為如來肩所荷擔其所至方
應隨向礼一心合掌恭敬供養尊重讚歎華
香瓔珞末香塗香燒香繒蓋幢幡衣服餚饌
作諸伎樂人中上供而供養之應持天寶而
以散之天上寶聚應以奉獻所以者何是人
歡喜說法須臾聞之即得究竟阿耨多羅三
藐三菩提故尒時世尊欲重宣此義而說偈言
若欲住佛道　成就自然智　常當勤供養　受持法華者
其有欲疾得　一切種智慧　當受持是經　并供養持者
若有能受持　妙法華經者　當知佛所使　愍念諸衆生
諸有能受持　妙法華經者　捨於清淨土　愍衆故生此
當知如是人　自在所欲生　能於此惡世　廣說无上法
應以天華香　及天寶衣服　天上妙寶聚　供養說法者
吾滅後惡世　能持是經者　當合掌礼敬　如供養世尊
上饌衆甘美　及種種衣服　供養是佛子　兾得須臾聞

BD07222 號　妙法蓮華經卷四　（2–2）

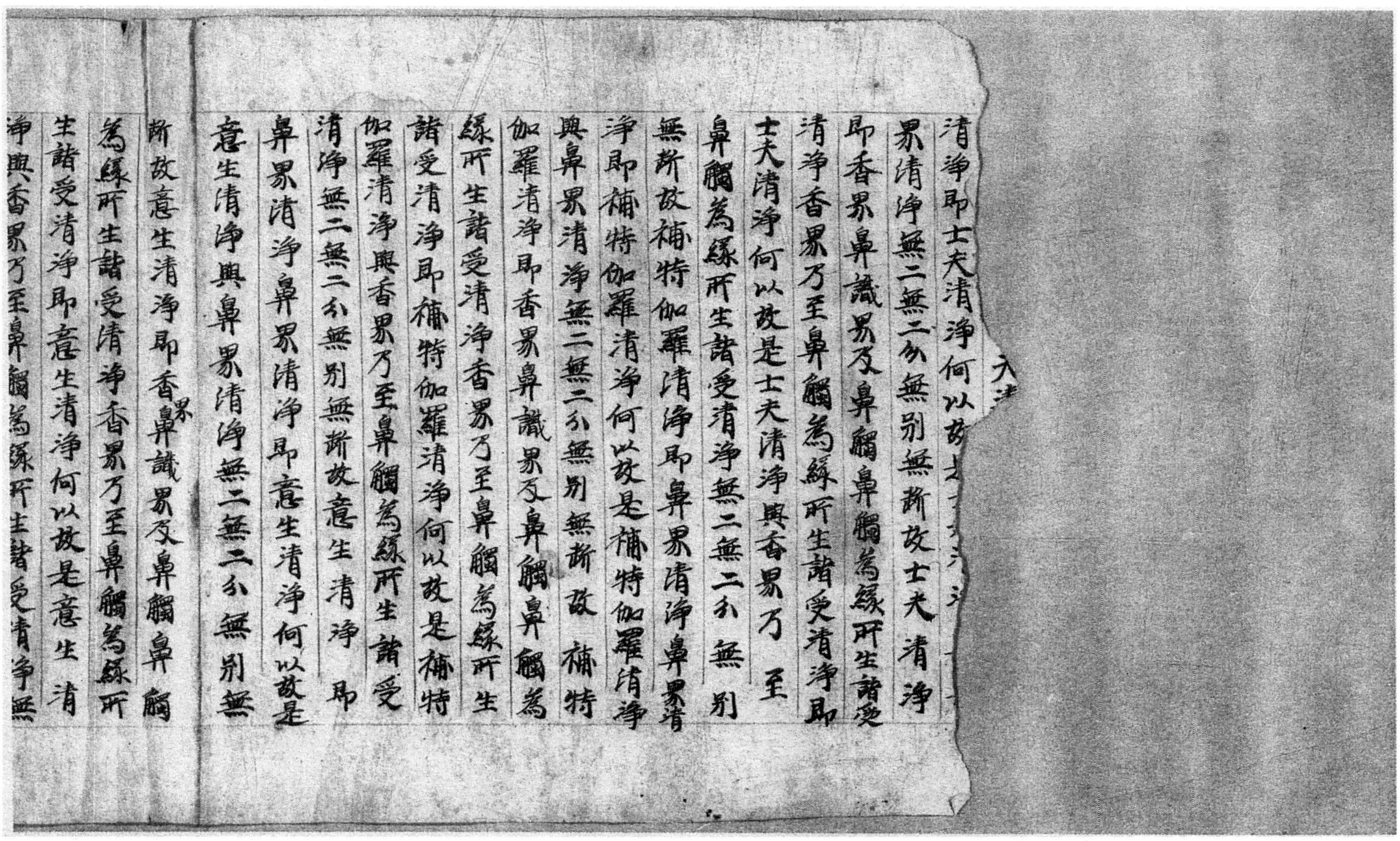

清淨即士夫清淨何以故
界清淨無二無二分無別無斷故士夫清淨
即香界鼻識界及鼻觸鼻觸為緣所生諸受
清淨香界乃至鼻觸為緣所生諸受清淨即
士夫清淨何以故是士夫清淨與香界乃至
鼻觸為緣所生諸受清淨無二無二分無別
無斷故補特伽羅清淨即鼻界清淨鼻界清
淨即補特伽羅清淨何以故是補特伽羅清淨
與鼻界清淨無二無二分無別無斷故補特
伽羅清淨即香界鼻識界及鼻觸鼻觸為
緣所生諸受清淨香界乃至鼻觸為緣所生
諸受清淨即補特伽羅清淨何以故是補特
伽羅清淨與香界乃至鼻觸為緣所生諸受
清淨無二無二分無別無斷故意生清淨即
鼻界清淨鼻界清淨即意生清淨何以故是
意生清淨與鼻界清淨無二無二分無別無
斷故意生清淨即香界鼻識界及鼻觸鼻觸
為緣所生諸受清淨香界乃至鼻觸為緣所
生諸受清淨即意生清淨何以故是意生清
淨與香界乃至鼻觸為緣所生諸受清淨無

BD07223 號　大般若波羅蜜多經卷一八五　（2–1）

淨即補特伽羅清淨何以故是補特伽羅清淨
與鼻界清淨無二無二分無別無斷故補特
伽羅清淨即香界鼻識界及鼻觸鼻觸爲
緣所生諸受清淨香界乃至鼻觸爲緣所生
諸受清淨即補特伽羅清淨何以故是補特
伽羅清淨與香界乃至鼻觸爲緣所生諸受
清淨無二無二分無別無斷故意生清淨即
鼻界清淨鼻界清淨即意生清淨何以故是
意生清淨與鼻界清淨無二無二分無別無
斷故意生清淨即香界鼻識界及鼻觸鼻觸
爲緣所生諸受清淨香界乃至鼻觸爲緣所
生諸受清淨即意生清淨何以故是意生清
淨與香界乃至鼻觸爲緣所生諸受清淨無
二無二分無別無斷故儒童清淨即鼻界清
淨鼻界清淨即儒童清淨何以故是儒童清
淨與鼻界清淨無二無二分無別無斷故儒
童清淨即香界鼻識界及鼻觸鼻觸爲緣所
生諸受清淨香界乃至鼻觸爲緣所生諸受
清淨即儒童清淨何以故是儒童清淨與香
界乃至鼻觸爲緣所生諸受清淨無二無二
分無別無斷故作者清淨即鼻界清淨鼻界
清淨即作者清淨何以故是作者清淨與鼻
界清淨無二無二分無別無斷故作者清淨
即香界鼻識界及鼻觸鼻觸爲緣所生諸
受清淨香界乃至鼻觸爲緣所生諸受清淨即

BD07223 號　大般若波羅蜜多經卷一八五　（2–2）

著我煩惱迷於三世執斷常煩惱明押惡法起
見取煩惱擗康邪師造戒取煩惱乃至等四執
横計煩惱今日至誠皆悉懺悔
願弟子等承是懺悔貪瞋癡等一切煩惱生
世世折憍慢幢竭愛欲水滅瞋恚火破愚癡
猶如牢獄四大毒蛇五陰怨賊六入空聚愛詐
親善脩八聖道斷无明源正向涅槃不休不
息卅七品心心相應十波羅蜜常現在前 作礼一拜
已懺地獄報竟今當次復懺悔三惡道報餘中
佛說多欲之人多求利故煩惱亦多知足之人雖
卧地上猶以爲樂不知足者雖處天堂猶不稱意
世間人忽有急難便能捨財不討多少而不知此
身臨於三塗深坑之上一息不還便應隨落忽有

BD07224 號　佛名經禮懺文（擬）　（2–1）

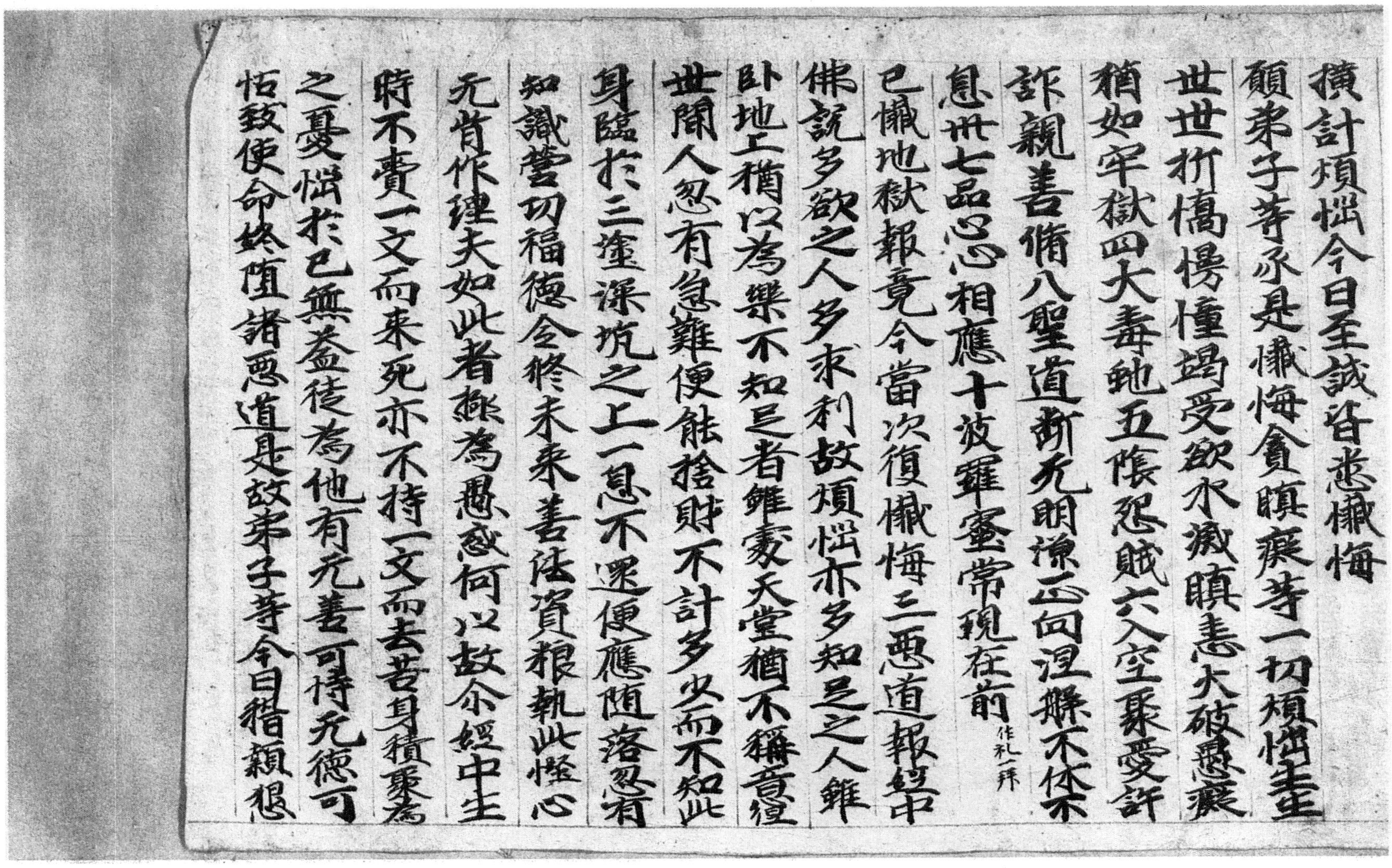
積訃煩惱今日至誠皆悉懺悔
願弟子等承是懺悔貪瞋癡等一切煩惱生生
世世析憍慢幢竭愛欲水滅瞋恚火破愚癡
猶如牢獄四大毒蛇五陰怨賊六入空聚愛詐
許親善脩八聖道斷无明源正向涅槃不休不
息卅七品心心相應十波羅蜜常現在前 作礼一拜
已懺地獄報竟今當次復懺悔三惡道報經中
佛說多欲之人多求利故煩惱亦多知足之人雖
卧地上猶以為樂不知足者雖處天堂猶不稱意
世間人忽有急難便能捨財不計多少而不知此
身臨於三塗深坑之上一息不還便應隨落忽有
知識營功福德今修未來善法資粮執此慳心
无肯作理夫如此者極為愚惑何以故佘經中生
時不賫一文而來死亦不持一文而去苦身積聚為
之憂惱於己無益徒為他有无善可恃无德可
怙致使命終墮諸惡道是故弟子等今日稽顙懇

BD07224 號　佛名經禮懺文（擬）　（2–2）

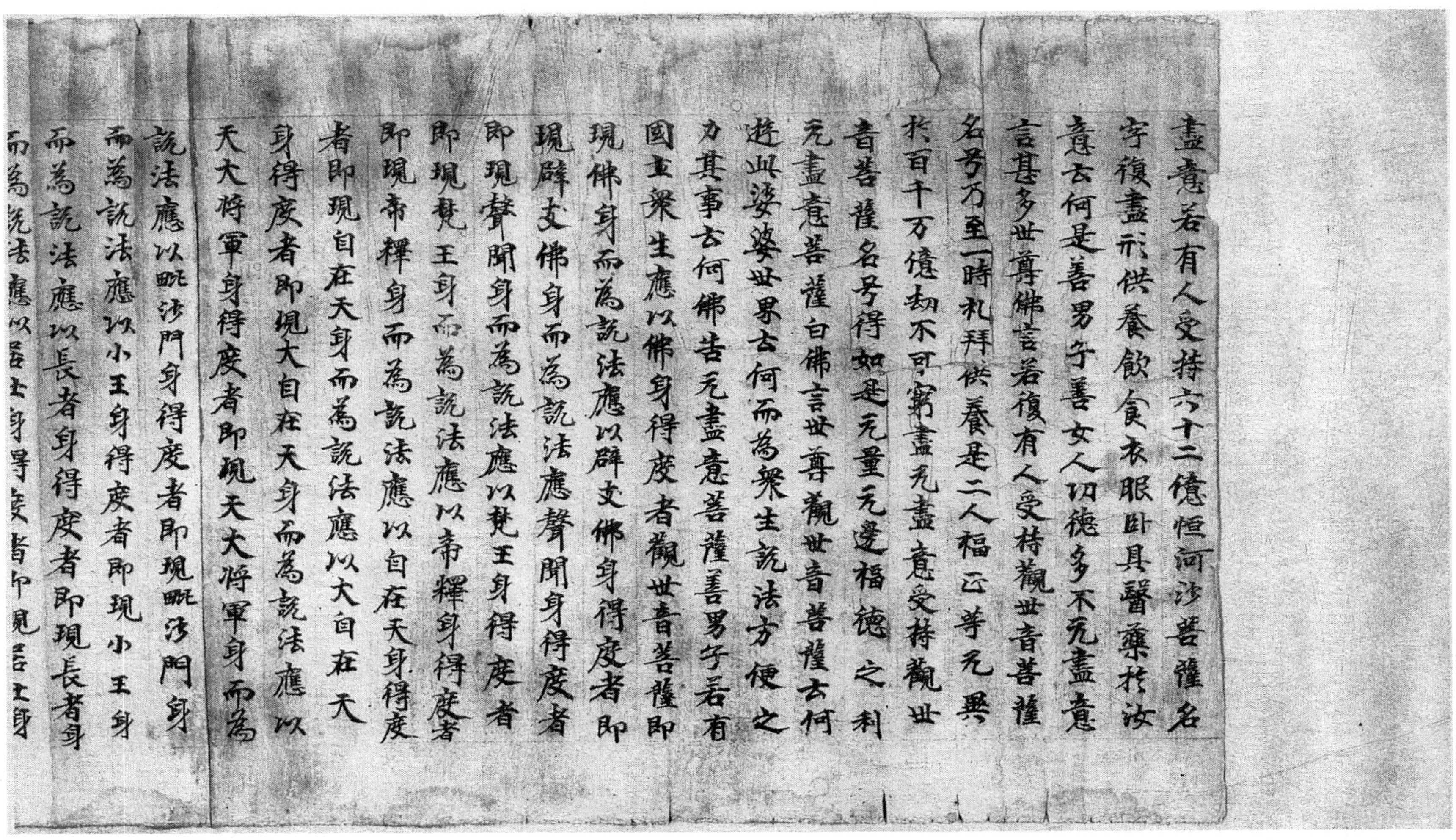
盡意若有人受持六十二億恒河沙菩薩名
字復盡形供養飲食衣服卧具醫藥於汝
意云何是善男子善女人功德多不无盡意
言甚多世尊佛言若復有人受持觀世音菩薩
名号乃至一時礼拜供養是二人福正等无異
於百千万億劫不可窮盡无盡意受持觀世
音菩薩名号得如是无量无邊福德之利
无盡意菩薩白佛言世尊觀世音菩薩云何
遊此娑婆世界云何而為衆生說法方便之
力其事云何佛告无盡意菩薩善男子若有
國土衆生應以佛身得度者觀世音菩薩即
現佛身而為說法應以辟支佛身得度者即
現辟支佛身而為說法應以聲聞身得度者
即現聲聞身而為說法應以梵王身得度者
即現梵王身而為說法應以帝釋身得度者
即現帝釋身而為說法應以自在天身得度
者即現自在天身而為說法應以大自在天
身得度者即現大自在天身而為說法應以
天大將軍身得度者即現天大將軍身而為
說法應以毗沙門身得度者即現毗沙門身
而為說法應以小王身得度者即現小王身
而為說法應以長者身得度者即現長者身
而為說法應以居士身得度者即現居士身

BD07225 號　觀世音經　（4–1）

身得度者即現大自在天身而為説法應以
天大將軍身得度者即現天大將軍身而為
説法應以毗沙門身得度者即現毗沙門身
而為説法應以小王身得度者即現小王身
而為説法應以長者身得度者即現長者身
而為説法應以居士身得度者即現居士身
而為説法應以宰官身得度者即現宰官身
而為説法應以婆羅門身得度者即現婆羅
門身而為説法應以比丘比丘尼優婆塞優
婆夷身得度者即現比丘比丘尼優婆塞優
婆夷身而為説法應以長者居士宰官婆羅
門婦女身得度者即現婦女身而為説法
應以童男童女身得度者即現童男童女身
而為説法應以天龍夜叉乾闥婆阿脩羅迦樓
羅緊那羅摩睺羅伽人非人等身得度者即
皆現之而為説法應以執金剛神得度者即現
執金剛神而為説法无盡意是觀世音菩薩
成就如是功德以種種形遊諸國土度脱衆
生是故汝等應當一心供養觀世音菩薩是
觀世音菩薩摩訶薩於怖畏急難之中能施
无畏是故此娑婆世界皆号之為施无畏者
无盡意菩薩白佛言世尊我今當供養觀世音
菩薩即解頸衆寶珠瓔珞價直百千兩金而
以與之作是言仁者受此法施珎寶瓔珞時
觀世音菩薩不肯受之无盡意復白觀世
音菩薩言仁者愍我等故受此瓔珞尒時佛
告觀世音菩薩當愍此无盡意菩薩及四衆

BD07225號　觀世音經

(4–2)

菩薩即解頸衆寶珠瓔珞價直百千兩金而
以與之作是言仁者受此法施珎寶瓔珞時
觀世音菩薩不肯受之无盡意復白觀世
音菩薩言仁者愍我等故受此瓔珞尒時佛
告觀世音菩薩當愍此无盡意菩薩及四衆
天龍夜叉乾闥婆阿脩羅迦樓羅緊那羅摩
睺羅伽人非人等故受是瓔珞即時觀世音
菩薩愍諸四衆及於天龍人非人等受其瓔
珞分作二分一分奉釋迦牟尼佛一分奉多寶
佛塔无盡意觀世音菩薩有如是自在神力
遊於娑婆世界尒時无盡意菩薩以偈問曰
世尊妙相具　我今重問彼　佛子何因緣　名為觀世音
具足妙相尊　偈荅无盡意　汝聽觀音行　善應諸方所
弘誓深如海　歷劫不思議　侍多千億佛　發大清淨願
我為汝略説　聞名及見身　心念不空過　能滅諸有苦
假使興害意　推落大火坑　念彼觀音力　火坑變成池
或漂流巨海　龍魚諸鬼難　念彼觀音力　波浪不能沒
或在須弥峯　為人所推墮　念彼觀音力　如日虚空住
或被惡人逐　墮落金剛山　念彼觀音力　不能損一毛
或值怨賊繞　各執刀加害　念彼觀音力　咸即起慈心
或遭王難苦　臨刑欲壽終　念彼觀音力　刀尋段段壞
或囚禁枷鎖　手足被杻械　念彼觀音力　釋然得解脫
呪詛諸毒藥　所欲害身者　念彼觀音力　還著於本人
或遇惡羅刹　毒龍諸鬼等　念彼觀音力　時悉不敢害
若惡獸圍遶　利牙爪可怖　念彼觀音力　疾走无邊方
蚖蛇及蝮蝎　氣毒烟火然　念彼觀音力　尋聲自迴去
雲雷鼓掣電　降雹澍大雨　念彼觀音力　應時得消散

BD07225　觀世音經

(4–3)

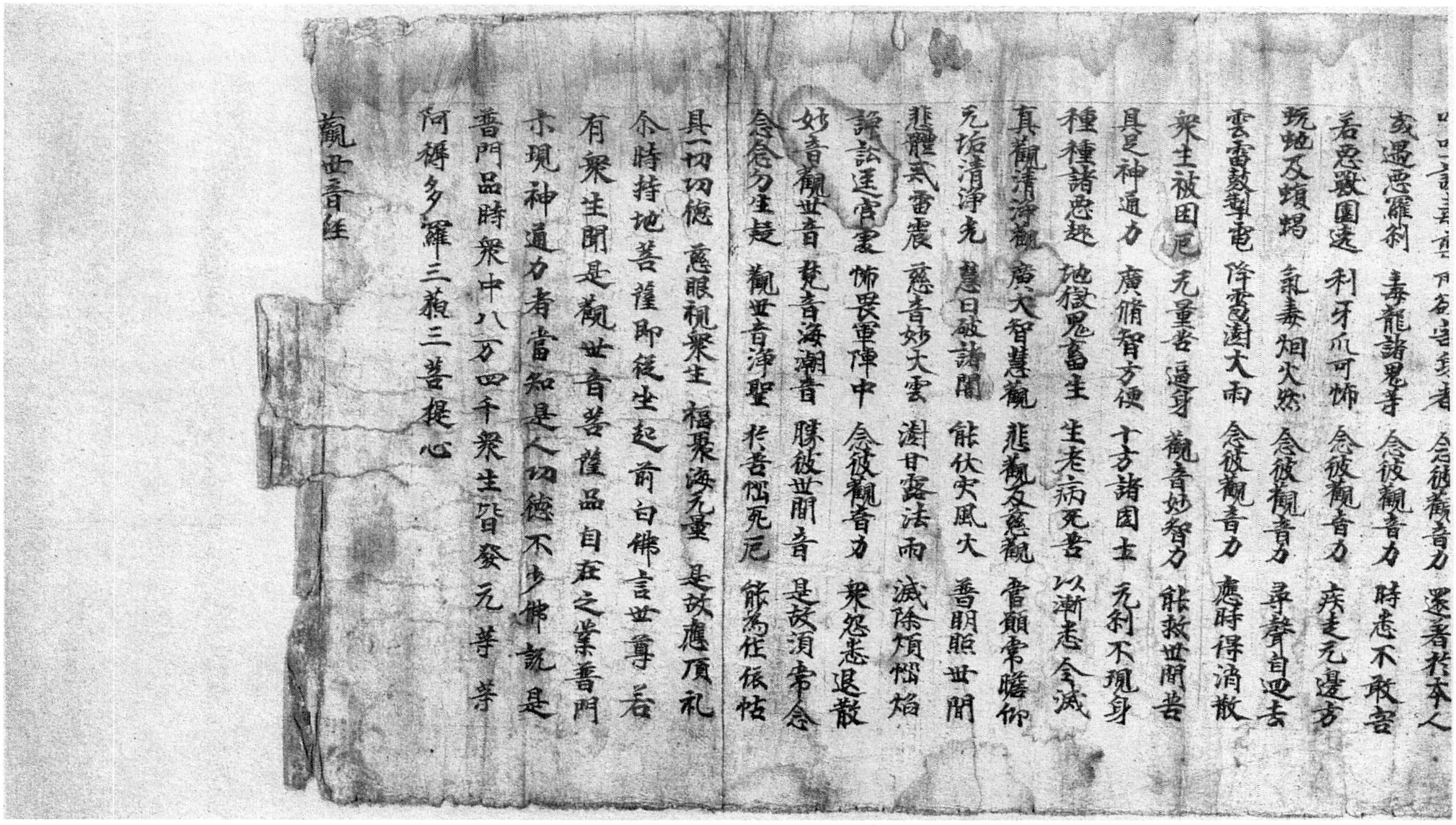

呪詛諸毒藥 所欲害身者 念彼觀音力 還著於本人
或遇惡羅刹 毒龍諸鬼等 念彼觀音力 時悉不敢害
若惡獸圍遶 利牙爪可怖 念彼觀音力 疾走无邊方
蚖蛇及蝮蝎 氣毒烟火然 念彼觀音力 尋聲自迴去
雲雷鼓掣電 降雹澍大雨 念彼觀音力 應時得消散
衆生被困厄 无量苦逼身 觀音妙智力 能救世間苦
具足神通力 廣脩智方便 十方諸國土 无刹不現身
種種諸惡趣 地獄鬼畜生 生老病死苦 以漸悉令滅
真觀清淨觀 廣大智慧觀 悲觀及慈觀 常願常瞻仰
无垢清淨光 慧日破諸闇 能伏灾風火 普明照世間
悲體戒雷震 慈意妙大雲 澍甘露法雨 滅除煩惱焰
諍訟經官處 怖畏軍陣中 念彼觀音力 衆怨悉退散
妙音觀世音 梵音海潮音 勝彼世間音 是故須常念
念念勿生疑 觀世音淨聖 於苦惱死厄 能為作依怙
具一切功德 慈眼視衆生 福聚海无量 是故應頂禮
尒時持地菩薩即從座起前白佛言世尊若
有衆生聞是觀世音菩薩品自在之業普門
示現神通力者當知是人功德不少佛說是
普門品時衆中八万四千衆生皆發无等等
阿耨多羅三藐三菩提心
觀世音經

BD07225 號　觀世音經　（4–4）

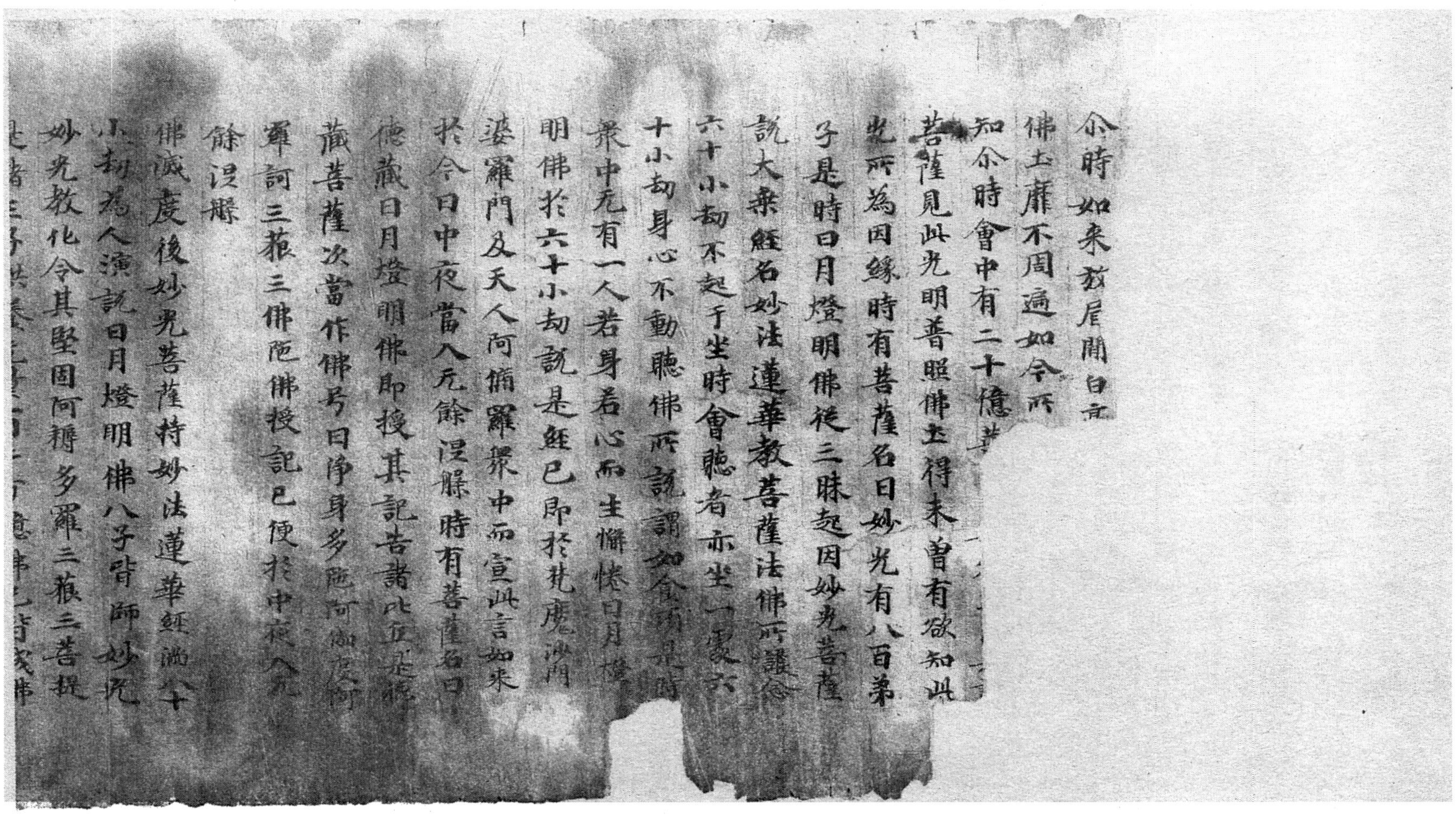

尒時如來放眉間白毫
佛土靡不周遍如今所
知尒時會中有二十億菩
菩薩見此光明普照佛土得未曾有欲知此
光所為因緣時有菩薩名曰妙光有八百弟
子是時日月燈明佛從三昧起因妙光菩薩
說大乘經名妙法蓮華教菩薩法佛所護念
六十小劫不起于座時會聽者亦坐一處六
十小劫身心不動聽佛所說謂如食頃是時
衆中无有一人若身若心而生懈惓日月燈
明佛於六十小劫說是經已即於梵魔沙門
婆羅門及天人阿脩羅衆中而宣此言如來
於今日中夜當入无餘涅槃時有菩薩名曰
德藏日月燈明佛即授其記告諸比丘是德
藏菩薩次當作佛号曰淨身多陁阿伽度阿
羅訶三藐三佛陁佛授記已便於中夜入无
餘涅槃
佛滅度後妙光菩薩持妙法蓮華經滿八十
小劫為人演說日月燈明佛八子皆師妙光
妙光教化令其堅固阿耨多羅三藐三菩提
是諸王子供養无量百千万億佛已皆成佛

BD07226 號　妙法蓮華經卷一　（4–1）

[illegible]
餘涅槃
佛滅度後妙光菩薩持妙法蓮華經滿八十
小劫為人演說日月燈明佛八子皆師妙光
妙光教化令其堅固阿耨多羅三藐三菩提
是諸王子供養无量百千万億佛已皆成佛
道其最後成佛者名曰然燈八百弟子中有
一人号曰求名貪著利養雖復讀誦衆經而
不通利多所忘失故号求名是人亦以種諸
善根因緣故得值无量百千万億諸佛供
養恭敬尊重讚嘆弥勒當知尒時妙光菩薩
豈異人乎我身是也求名菩薩汝身是也今見
此瑞與本无異是故惟忖今日如來當說大
乘經名妙法蓮華教菩薩法佛所護念尒時
文殊師利於大衆中欲重宣此義而說偈言
我念過去世 无量无數劫 有佛人中尊 号日月燈明
世尊演說法 度无量衆生 无數億菩薩 令入佛智慧
佛未出家時 所生八王子 見大聖出家 亦隨脩梵行
時佛說大乘 經名无量義 於諸大衆中 而為廣分別
佛說此經已 即於法坐上 跏趺坐三昧 名无量義處
天雨曼陁華 天鼓自然鳴 諸天龍鬼神 供養人中尊
一切諸佛土 即時大震動 佛放眉間光 現諸希有事
此光照東方 万八千佛土 示一切衆生 生死業報處
有見諸佛土 以衆寶莊嚴 琉璃頗梨色 斯由佛光照
及見諸天人 龍神夜叉衆 乾闥婆那羅 各供養其佛
又見諸如來 自然成佛道 身色如金山 端嚴甚微妙
如淨琉璃中 內現真金像 世尊在大衆 敷演深法義

BD07226 號　妙法蓮華經卷一

（4–2）

有見諸佛土 以衆寶莊嚴 琉璃頗梨色 斯由佛光照
及見諸天人 龍神夜叉衆 乾闥婆那羅 各供養其佛
又見諸如來 自然成佛道 身色如金山 端嚴甚微妙
如淨琉璃中 內現真金像 世尊在大衆 敷演深法義
一一諸佛土 聲聞衆无數 因佛光所照 悉見彼大衆
或有諸比丘 在於山林中 精進持淨戒 猶如護明珠
又見諸菩薩 行施忍辱等 其數如恒沙 斯由佛光照
又見諸菩薩 深入諸禪定 身心寂不動 以求无上道
又見諸菩薩 知法寂滅相 各於其國土 說法求佛道
尒時四部衆 見日月燈佛 現大神通力 其心皆歡喜
各各自相問 是事何因緣
天人所奉尊 適從三昧起 讚妙光菩薩 汝為世間眼
一切所歸信 能奉持法藏 如我所說法 唯汝能證知
世尊既讚嘆 令妙光歡喜 說是法華經 滿六十小劫
不起於此坐 所說上妙法 是妙光法師 悉皆能受持
佛說是法華 令衆歡喜已 尋即於是日 告於天人衆
諸法實相義 已為汝等說 我今於中夜 當入於涅槃
汝一心精進 當離於放逸 諸佛甚難值 億劫時一遇
世尊諸子等 聞佛入涅槃 各各懷悲惱 佛滅一何速
聖主法之王 安慰无量衆 我若滅度時 汝等勿憂怖
是德藏菩薩 於无漏實相 心已得通達 其次當作佛
号曰為淨身 亦度无量衆
佛此夜滅度 如薪盡火滅 分布諸舍利 而起无量塔
比丘比丘尼 其數如恒沙 倍復加精進 以求无上道
是妙光法師 奉持佛法藏 八十小劫中 廣宣法華經
是諸八王子 妙光所開化 堅固无上道 當見无數佛

BD07226 號　妙法蓮華經卷一

（4–3）

汝一心精進 當離於放逸 諸佛甚難值 億劫時一遇
世尊諸子等 聞佛入涅槃 各各懷悲惱 佛滅一何速
聖主法之王 安慰无量衆 我若滅度時 汝等勿憂怖
是德藏菩薩 於无漏實相 心已得通達 其次當作佛
号曰爲淨身 亦度无量衆
佛此夜滅度 如薪盡火滅 分布諸舍利 而起无量塔
比丘比丘尼 其數如恒沙 倍復加精進 以求无上道
是妙光法師 奉持佛法藏 八十小劫中 廣宣法華經
是諸八王子 妙光所開化 堅固无上道 當見无數佛
供養諸佛已 隨順行大道 相繼得成佛 轉次而授記
最後天中天 号曰燃燈佛 諸仙之道師 度脫无量衆
是妙光法師 時有一弟子 心常懷懈怠 貪著於名利
求名利无猒 多遊族姓家 棄捨所習誦 廢忘不通利
以是因緣故 号之爲求名 亦行衆善業 得見无數佛
供養於諸佛 隨順行大道 具六波羅蜜 今見釋師子
其後當作佛 号名曰弥勒 廣度諸衆生 其數无有量
彼佛滅度後 懈怠者汝是 妙光法師者 今則我身是
我見燈明佛 本光瑞如此 以是知今佛 欲說法華經
今相如本瑞 是諸佛方便 今佛放光明 助發實相義
諸人今當知 合掌一心待 佛當雨法雨 充足求道者
諸求三乘人 若有疑悔者 佛當爲除斷 令盡无有餘

BD07226 號　妙法蓮華經卷一　（4–4）

爲度衆生故 方便現涅槃 而實不滅度 常住此說法
我常住於此 以諸神通力 令顛倒衆生 雖近而不見
衆見我滅度 廣供養舍利 咸皆懷戀慕 而生渴仰心
衆生既信伏 質直意柔軟 一心欲見佛 不自惜身命
時我及衆僧 俱出靈鷲山 我時語衆生 常在此不滅
以方便力故 現有滅不滅 餘國有衆生 恭敬信樂者
我復於彼中 爲說无上法 汝等不聞此 但謂我滅度
我見諸衆生 沒在於苦惱 故不爲現身 令其生渴仰
因其心戀慕 乃出爲說法 神通力如是 於阿僧祇劫
常在靈鷲山 及餘諸住處 衆生見劫盡 大火所燒時
我此土安隱 天人常充滿 園林諸堂閣 種種寶莊嚴
寶樹多華菓 衆生所遊樂 諸天擊天鼓 常作衆伎樂
雨曼陀羅華 散佛及大衆 我淨土不毀 而衆見燒盡
憂怖諸苦惱 如是悉充滿 是諸罪衆生 以惡業因緣
過阿僧祇劫 不聞三寶名 諸有修功德 柔和質直者
則皆見我身 在此而說法 或時爲此衆 說佛壽无量
久乃見佛者 爲說佛難值 我智力如是 慧光照无量
壽命无數劫 久修業所得 汝等有智者 勿於此生疑
當斷令永盡 佛語實不虛 如醫善方便 爲治狂子故
實在而言死 无能說虛妄 我亦爲世父 救諸苦患者
爲凡夫顛倒 實在而言滅 以常見我故 而生憍恣心
放逸著五欲 墮於惡道中 我常知衆生 行道不行道

BD07227 號　妙法蓮華經卷五　（3–1）

壽命无數劫　久脩業所得　汝等有智者　勿於此生疑
當斷令永盡　佛語實不虛　如醫善方便　為治狂子故
實在而言死　无能說虛妄　我亦為世父　救諸苦患者
為凡夫顛倒　實在而言滅　以常見我故　而生憍恣心
放逸著五欲　墮於惡道中　我常知眾生　行道不行道
隨應所可度　為說種種法　每自作是意　以何令眾生
得入无上道　速成就佛身
妙法蓮華經分別功德品第十七
尒時大會聞佛說壽命劫數長遠如是无量
无邊阿僧祇眾生得大饒益於時世尊告彌
勒菩薩摩訶薩阿逸多我說是如來壽命長
遠時六百八十万億那由他恒河沙眾生得
无生法忍復有千倍菩薩摩訶薩得聞持陀
羅尼門復有一世界微塵數菩薩摩訶薩得
樂說无礙辯才復有一世界微塵數菩薩摩
訶薩得百千万億无量旋陀羅尼復有三千大
千世界微塵數菩薩摩訶薩能轉不退法輪復
有二千中國土微塵數菩薩摩訶薩能轉清
淨法輪復有小千國土微塵數菩薩摩訶薩
八生當得阿耨多羅三藐三菩提復有四四天
下微塵數菩薩摩訶薩四生當得阿耨多羅
三藐三菩提復有三四天下微塵數菩薩摩
訶薩三生當得阿耨多羅三藐三菩提復有
二四天下微塵數菩薩摩訶薩二生當得阿
耨多羅三藐三菩提復有一四天下微塵數
菩薩摩訶薩一生當得阿耨多羅三藐三菩
提復有八世界微塵數眾生皆發阿耨多羅

BD07227 號　妙法蓮華經卷五　(3–2)

淨法輪復有小千國土微塵數菩薩摩訶薩
八生當得阿耨多羅三藐三菩提復有四四天
下微塵數菩薩摩訶薩四生當得阿耨多羅
三藐三菩提復有三四天下微塵數菩薩摩
訶薩三生當得阿耨多羅三藐三菩提復有
二四天下微塵數菩薩摩訶薩二生當得阿
耨多羅三藐三菩提復有一四天下微塵數
菩薩摩訶薩一生當得阿耨多羅三藐三菩
提復有八世界微塵數眾生皆發阿耨多羅
三藐三菩提心佛說是諸菩薩摩訶薩得大
法利時於虛空中雨曼陀羅華摩訶曼陀羅
華以散无量百千万億寶樹下師子座上諸
佛并散七寶塔中師子座上釋迦牟尼佛及
久滅度多寶如來亦散一切諸大菩薩及四
部眾又雨細末栴檀沉水香等於虛空中天
鼓自鳴妙聲深遠又雨千種天衣垂諸瓔珞
真珠瓔珞摩尼珠瓔珞如意珠瓔珞遍於九
方眾寶香爐燒无價香自然周至供養大會
一一佛上有諸菩薩執持幡蓋次第而上至
于梵天是諸菩薩以妙音聲歌无量頌讚歎
諸佛尒時彌勒菩薩從座而起偏袒右肩合

BD07227 號　妙法蓮華經卷五　(3–3)

著 録 凡 例

本目録採用條目式著録法。諸條目意義如下：

1.1、著録編號。用漢語拼音首字“BD”表示，意為“北京圖書館藏敦煌遺書”，簡稱“北敦號”。文獻寫在背面者，標註為“背”。一件遺書上抄有多個文獻者，用數字 1、2、3 等標示小號。一號中包括幾件遺書，且遺書形態各自獨立者，用字母 A、B、C 等區別。

1.2　著録分類號。本條記目録暫不分類，該項空缺。

1.3　著録文獻的名稱、卷本、卷次。

1.4　著録千字文編號。

1.5　著録縮微膠卷號。

2.1　著録遺書的總體數據。包括長度、寬度、紙數、正面抄寫總行數與每行字數、背面抄寫總行數與每行字數。如該遺書首尾有殘破，則對殘破部分單獨度量，用加號加在總長度上。凡屬這種情況，長度用括弧標註。

2.2　著録每紙數據。包括每紙長度及抄寫行數或界欄數。

2.3　著録遺書的外觀。包括：（1）裝幀形式。（2）首尾存況。（3）護首、軸、軸頭、天竿、縹帶，經名是書寫還是貼簽，有無經名號，扉頁、扉畫。（4）卷面殘破情況及其位置。（5）尾部情況。（6）有無附加物（蟲繭、油污、線繩及其他）。（7）有無裱補及其年代。（8）界欄。（9）修整。（10）其他需要交待的問題。

2.4　著録一件遺書抄寫多個文獻的情況。

3.1　著録文獻首部文字與對照本核對的結果。

3.2　著録文獻尾部文字與對照本核對的結果。

3.3　著録録文。

3.4　著録對文獻的説明。

4.1　著録文獻首題。

4.2　著録文獻尾題。

5　　著録本文獻與對照本的不同之處。

6.1　著録本遺書首部可與另一遺書綴接的編號。

6.2　著録本遺書尾部可與另一遺書綴接的編號。

7.1　著録題記、題名、勘記等。

7.2　著録印章。

7.3　著録雜寫。

7.4　著録護首及扉頁的內容。

8　　著録年代。

9.1　著録字體。如有武周新字、合體字、避諱字等，予以説明。

9.2　著録卷面二次加工的情況。包括句讀、點標、科分、間隔號、行間加行、行間加字、硃筆、墨塗、倒乙、刪除、兑廢等。

10　 著録敦煌遺書發現後，近現代人所加內容，裝裱、題記、印章等。

11　 備註。著録揭裱互見、圖版本出處及其他需要説明的問題。

上述諸條，有則著録，無則空缺。

為避文繁，上述著録中出現的各種參考、對照文獻，暫且不列版本説明。全目結束時，將統一編制本條記目録出現的各種參考書目。

本條記目録為農曆年份標註其公曆紀年時，未進行歲頭年末之換算，請讀者使用時注意自行換算。

條　記　目　錄

BD07001—BD07227

1.1　BD07001 號
1.3　無量壽宗要經
1.4　龍 001
1.5　275:7938
2.1　(22 +65.5) ×31 厘米；2 紙；58 行，行 30 餘字。
2.2　01：22 +22，29；　　02：43.5，29。
2.3　卷軸裝。首全尾脫。卷首上下殘缺。有烏絲欄。已修整。
3.1　首 14 行下殘→大正 0936，19/0082A03 ~ B01。
3.2　尾殘→19/0083B11。
4.1　大乘無量壽經（首）。
8　8 ~9 世紀。吐蕃統治時期寫本。
9.1　行楷。
11　圖版：《敦煌寶藏》，108/336B ~337B。

1.1　BD07002 號
1.3　勝鬘師子吼一乘大方便方廣經
1.4　龍 002
1.5　378:8500
2.1　(3 +66.8 +4) ×24.7 厘米；3 紙；36 行，行 17 字。
2.2　01：3 +14.3，08；　02：42.5，21；　03：10 +4，07。
2.3　卷軸裝。首尾均殘。通卷下部殘缺。有折疊欄。
3.1　首 1 行下殘→大正 0353，12/0220A17 ~18。
3.2　尾 2 行上殘→12/0220B23 ~25。
8　9 ~10 世紀。歸義軍時期寫本。
9.1　楷書。
11　圖版：《敦煌寶藏》，110/461B ~462B。

1.1　BD07003 號
1.3　金剛般若波羅蜜經（兌廢稿）
1.4　龍 003
1.5　094:3538
2.1　49 ×27.5 厘米；1 紙；18 行，行 17 字。
2.3　卷軸裝。首全尾脫。上部有殘缺。尾有餘空。有烏絲欄。
3.1　首全→大正 0235，08/0748C17。
3.2　尾缺→08/0749A08。
4.1　金剛般若波羅蜜經（首）。
8　9 ~10 世紀。歸義軍時期寫本。
9.1　楷書。
11　圖版：《敦煌寶藏》，78/463A。

1.1　BD07004 號
1.3　大般若波羅蜜多經卷一九六
1.4　龍 004
1.5　084:2492
2.1　(45.5 +1.7) ×25.5 厘米；1 紙；27 行，行 17 字。
2.3　卷軸裝。首全尾殘。卷面有油污，下邊有殘破。背有古代裱補。有烏絲欄。
3.1　首全→大正 0220，05/1048C11。
3.2　尾行上殘→05/1049A10 ~11。
4.1　大般若波羅蜜多經卷第一百九十六，/初分難信解品第卅四之十五，三藏法師玄奘奉詔譯/（首）。
8　8 ~9 世紀。吐蕃統治時期寫本。
9.1　楷書。
11　圖版：《敦煌寶藏》，73/474A。

1.1　BD07005 號
1.3　妙法蓮華經卷三
1.4　龍 005
1.5　105:5118
2.1　42.5 ×26.3 厘米；1 紙；24 行，行 17 字。
2.3　卷軸裝。首尾均脫。有烏絲欄。
3.1　首殘→大正 0262，09/0021B14。
3.2　尾殘→09/0021C12。
8　7 ~8 世紀。唐寫本。
9.1　楷書。
11　圖版：《敦煌寶藏》，89/49B。

1.1 BD07006 號
1.3 大般若波羅蜜多經卷一二七
1.4 龍 006
1.5 084:2344
2.1 (18+63+1.7)×25.9 厘米;2 紙;44 行,行 17 字。
2.2 01:18+18.5,16; 02:44.5+1.7,28。
2.3 卷軸裝。首尾均殘。全卷黴爛嚴重。卷背有鳥糞。有烏絲欄。已修整。
3.1 首 11 行上下殘→大正 0220,05/0694A15~24。
3.2 尾行下殘→05/0694B29。
8 8~9 世紀。吐蕃統治時期寫本。
9.1 楷書。
9.2 有行間校加字。
11 圖版:《敦煌寶藏》,73/41。

1.1 BD07007 號
1.3 金光明最勝王經卷二
1.4 龍 007
1.5 083:1564
2.1 (25+126.3)×22 厘米;5 紙;99 行,行 20 字(偈頌)。
2.2 01:19.0,12; 02:6+27.8,22; 03:34.0,22; 04:34.0,22; 05:30.5+1.5,21。
2.3 卷軸裝。首脫尾殘。卷端脫落 1 塊殘片,已綴接。卷面有殘洞,上下殘缺嚴重。有烏絲欄。已修整。
3.1 首 16 行下殘→大正 0665,16/0411C17~412A19。
3.2 尾 43 行上殘→16/0412C17~0413B2。
8 8 世紀。唐寫本。
9.1 楷書。
11 圖版:《敦煌寶藏》,68/396B~398B。

1.1 BD07008 號
1.3 妙法蓮華經卷二
1.4 龍 008
1.5 105:4826
2.1 (15.4+74.8+1.5)×25.5 厘米;3 紙;54 行,行 17 字。
2.2 01:15.4+5.4,12; 02:47.5,28; 03:21.9+1.5,14。
2.3 卷軸裝。首尾均殘。經黄打紙;研光上蠟。卷面多水漬,下方有破裂。有烏絲欄。已修整。
3.1 首 9 行下殘→大正 0262,09/0010C14~0011A02。
3.2 尾行下殘→09/0011C07~08。
8 7~8 世紀。唐寫本。
9.1 楷書。
11 圖版:《敦煌寶藏》,87/30A~31A。

1.1 BD07009 號
1.3 觀世音經
1.4 龍 009
1.5 105:6036
2.1 (5+154.5)×27.5 厘米;5 紙;86 行,行 16~19 字。
2.2 01:5+18,14; 02:42.0,26; 03:42.5,24; 04:42.0,22; 05:10.0,拖尾。
2.3 卷軸裝。首殘尾全。通卷殘破嚴重。卷面脫落 1 塊殘片,已綴接。背有古代裱補。有烏絲欄。已修整。
3.1 首 4 行中下殘→大正 0262,09/0057A04~09。
3.2 尾全→09/0058B07。
7.3 背有雜寫多處:"官五目五目天中。""三十三天。""天福拾肆年(949)九月廿六日靈圖寺僧戒昌《妙法蓮花經》□…□。""法蓮經,妙法。"
8 9~10 世紀。歸義軍時期寫本。
9.1 楷書。
11 圖版:《敦煌寶藏》,96/364B~366B。

1.1 BD07010 號
1.3 金剛般若波羅蜜經
1.4 龍 010
1.5 094:3568
2.1 (1.5+104.5)×27 厘米;3 紙;60 行,行 17 字。
2.2 01:1.5+20,12; 02:42.5,24; 03:42.0,24。
2.3 卷軸裝。首殘尾脫。首紙橫裂,卷面多水漬。有烏絲欄。已修整。
3.1 首行上下殘→大正 0235,08/0749A01~02。
3.2 尾殘→08/0749C07。
6.2 尾→BD07011 號。
8 8 世紀。唐寫本。
9.1 楷書。
11 圖版:《敦煌寶藏》,78/579B~580B。

1.1 BD07011 號
1.3 金剛般若波羅蜜經
1.4 龍 011
1.5 094:3890
2.1 83×27.5 厘米;2 紙;47 行,行 17 字。
2.2 01:42.5,24; 02:40.5,23。
2.3 卷軸裝。首尾均脫。首紙橫裂。有烏絲欄。
3.1 首殘→大正 0235,08/0749C07。
3.2 尾殘→08/0750A29。
6.1 首→BD07010 號。
8 8 世紀。唐寫本。
9.1 楷書。
11 圖版:《敦煌寶藏》,81/80A~81A。

1.1 BD07012 號

1.3　大般若波羅蜜多經卷三二六
1.4　龍 012
1.5　084:2887
2.1　45×27 厘米；1 紙；23 行，行 17 字。
2.3　卷軸裝。首脱尾全。下邊剪缺。有烏絲欄。
3.1　首殘→大正 0220，06/0671A27。
3.2　尾殘→06/0671B22。
4.2　大般若波羅蜜多經卷第三百廿六（尾）。
8　8～9 世紀。吐蕃統治時期寫本。
9.1　楷書。
11　圖版：《敦煌寶藏》，75/356B。

1.1　BD07013 號
1.3　大般若波羅蜜多經卷三二二
1.4　龍 013
1.5　084:2874
2.1　42.5×25.7 厘米；1 紙；26 行，行 17 字。
2.3　卷軸裝。首全尾脱。卷下邊殘破。背有古代裱補。有烏絲欄。
3.1　首全→大正 0220，06/0642C09。
3.2　尾殘→06/0643A09。
4.1　大般若波羅蜜多經卷第三百廿二，/初分真如品第卌七之五，三藏法師玄奘奉詔譯/（首）。
8　8～9 世紀。吐蕃統治時期寫本。
9.1　楷書。
9.2　有行間校加字。
11　圖版：《敦煌寶藏》，75/316A。

1.1　BD07014 號
1.3　四分律比丘戒本
1.4　龍 014
1.5　156:6827
2.1　（7+160）×25 厘米；4 紙；112 行，行 21 字。
2.2　01：7+31，27；　02：42.0，30；　03：46.0，30；　04：41.0，25。
2.3　卷軸裝。首殘尾脱。卷首上下殘碎横裂，卷上下有破裂。卷背面污穢。尾有餘空。有烏絲欄。已修整。
3.1　首 5 行上殘→大正 1429，22/1015A21。
3.2　尾殘→22/1017A16。
7.3　卷背有經文雜寫多處，所抄大抵為本文獻，不錄文。
8　9～10 世紀。歸義軍時期寫本。
9.1　楷書。
9.2　有行間校加字。
11　圖版：《敦煌寶藏》，102/118B～122A。

1.1　BD07015 號
1.3　無量壽宗要經
1.4　龍 015
1.5　275:8071
2.1　（3.5+90）×32 厘米；2 紙；53 行，行 30 餘字。
2.2　01：3.5+43.5，32；　02：46.5，21。
2.3　卷軸裝。首脱尾全。卷首上下殘缺，接縫處下部開裂，第 2 紙下邊破裂。有烏絲欄。
3.1　首 2 行下殘→大正 0936，19/0083B26～C01。
3.2　尾全→19/0084C29。
4.2　佛説無量壽宗要經（尾）。
8　8～9 世紀。吐蕃統治時期寫本。
9.1　行楷。
11　圖版：《敦煌寶藏》，108/665B～666B。

1.1　BD07016 號 1
1.3　般若波羅蜜多心經
1.4　龍 016
1.5　102:4485
2.1　（7+70.5+1.5）×21.5 厘米；3 紙；33 行，行 17 字。
2.2　01：04.0，護首；　02：3+44.5，18；　03：26+1.5，15。
2.3　卷軸裝。首全尾殘。有護首，已殘破。各紙均有破裂殘損，下邊有殘缺，卷面有殘洞。有烏絲欄。
2.4　本遺書包括 2 個文獻：（一）《般若波羅蜜多心經》，18 行，今編為 BD07016 號 1。（二）《般若波羅蜜多心經》，15 行，今編為 BD07016 號 2。
3.1、首全→大正 0251，08/0848C04。
3.2　尾全→08/0848C24。
4.1　般若波羅蜜多心經（首）。
4.2　般若波羅蜜多心經（尾）。
8　9～10 世紀。歸義軍時期寫本。
9.1　楷書。
11　圖版：《敦煌寶藏》，83/314B～315B。

1.1　BD07016 號 2
1.3　般若波羅蜜多心經
1.4　龍 016
1.5　102:4485
2.4　本遺書由 2 個文獻組成，本號為第 2 個，15 行。餘參見 BD07016 號 1 之第 2 項、第 11 項。
3.1　首全→大正 0251，08/0848C04。
3.2　尾行下殘→08/0848C20。
4.1　般若波羅蜜多心經（首）。
8　9～10 世紀。歸義軍時期寫本。
9.1　楷書。

1.1　BD07017 號
1.3　無量壽宗要經
1.4　龍 017

1. 5　275: 7939
2. 1　(42. 5 +2) ×31 厘米；1 紙；29 行，行 30 餘字。
2. 3　卷軸裝。首全尾殘。上下邊有破裂，中間有殘洞。卷面有紅色污染。有烏絲欄。
3. 1　首全→大正 0936，19/0082A03。
3. 2　尾行中下殘→19/0082C10。
4. 1　大乘無量壽經（首）。
8　8 ~9 世紀。吐蕃統治時期寫本。
9. 1　行楷。
11　圖版：《敦煌寶藏》，108/338A。

1. 1　BD07018 號
1. 3　大般若波羅蜜多經卷一一三
1. 4　龍 018
1. 5　084: 2309
2. 1　(5 +38. 6 +3. 5) ×26. 1 厘米；1 紙；28 行，行 17 字。
2. 3　卷軸装。首尾均殘。卷面有殘洞，上邊殘缺。有烏絲欄。已修整。
3. 1　首 3 行上殘→大正 0220，05/0624C24 ~26。
3. 2　尾 2 行下殘→05/0625A21 ~22。
8　8 ~9 世紀。吐蕃統治時期寫本。
9. 1　楷書。
11　圖版：《敦煌寶藏》，72/606B ~607A。

1. 1　BD07019 號
1. 3　佛名經（十六卷本）卷五
1. 4　龍 019
1. 5　063: 0646
2. 1　(8. 5 +109. 5) ×26. 5 厘米；3 紙；65 行，行 16 字。
2. 2　01：8. 5 +22，17；　02：44. 0，24；　03：43. 5，24。
2. 3　卷軸裝。首殘尾脱。通卷下部有等距離火燒殘缺。有烏絲欄。已修整。
3. 1　首 5 行中下殘→《七寺古逸經典研究叢書》，3/242 頁第 313 ~317 行。
3. 2　尾殘→《七寺古逸經典研究叢書》，3/267 頁第 645 行。
8　7 ~8 世紀。唐寫本。
9. 1　楷書。
9. 2　有行間校加字。
11　圖版：《敦煌寶藏》，60/644A ~645B。

1. 1　BD07020 號
1. 3　金光明最勝王經卷四
1. 4　龍 020
1. 5　083: 1706
2. 1　77. 5 ×25. 4 厘米；2 紙；35 行，行 17 字。
2. 2　01：46. 5，28；　02：31. 0，07。
2. 3　卷軸裝。首脱尾全。卷端殘破嚴重，脱落 1 塊殘片，已綴接。有烏絲欄。已修整。
3. 1　首殘→大正 0665，16/0422A14。
3. 2　尾全→16/0422B21。
4. 2　金光明最勝王經卷第四（尾）。
5　與《大正藏》本對照，文字略有不同。
尾附音義。
8　8 ~9 世紀。吐蕃統治時期寫本。
9. 1　楷書。
9. 2　有行間校加字。
11　圖版：《敦煌寶藏》，69/332。

1. 1　BD07021 號
1. 3　大般若波羅蜜多經卷五〇四
1. 4　龍 021
1. 5　084: 3259
2. 1　44. 5 ×25. 5 厘米；1 紙；29 行，行 17 字。
2. 3　卷軸裝。首尾均脱。卷面有水漬，上邊殘缺，有殘洞。有烏絲欄。
3. 1　首行上殘→大正 0220，07/0571A19。
3. 2　尾殘→07/0571B19。
8　8 世紀。唐寫本。
9. 1　楷書。
11　圖版：《敦煌寶藏》，77/62A。

1. 1　BD07022 號
1. 3　大佛頂如來密因修證了義諸菩薩萬行首楞嚴經卷五
1. 4　龍 022
1. 5　237: 7406
2. 1　(9. 4 +76. 2 +8) ×25. 4 厘米；2 紙；52 行，行 17 字。
2. 2　01：9. 4 +39. 2，27；　02：37 +8，25。
2. 3　卷軸裝。首全尾殘。卷首上下殘缺，有油污及殘洞，卷上下有破裂殘損。有烏絲欄。已修整。
3. 1　首 4 行上下殘→大正 0945，19/0124B09 ~16。
3. 2　尾 3 行上殘→19/0125A12 ~15。
4. 1　□…□了義諸菩薩萬□…□，/一名中印度那蘭陀大道場經於灌□…□/（首）。
8　8 世紀。唐寫本。
9. 1　楷書。
11　圖版：《敦煌寶藏》，106/99B ~100B。

1. 1　BD07023 號
1. 3　無量壽宗要經
1. 4　龍 023
1. 5　275: 8072
2. 1　(5. 5 +128. 5) ×31 厘米；3 紙；87 行，行 30 餘字。
2. 2　01：5. 5 +39，31；　02：44. 5：31；　03：45. 0，25。
2. 3　卷軸裝。首脱尾全。上部有等距離油污及殘破。有烏絲欄。

已修整。
3.1 首3行上殘→大正0936，19/0082C14～18。
3.2 尾全→19/0084C29。
4.2 □…□壽宗要經（尾）。
7.1 尾紙有題名“呂日興”。
8 8～9世紀。吐蕃統治時期寫本。
9.1 行楷。
11 圖版：《敦煌寶藏》，108/667A～668B。

1.1 BD07024號
1.3 妙法蓮華經卷二
1.4 龍024
1.5 105:4881
2.1 （14.8+65.6）×25.9厘米；2紙；33行，行16～18字。
2.2 01：14.8+22.7，09； 02：42.9，24。
2.3 卷軸裝。首殘尾脫。卷首上下殘缺，卷面變色，下邊油污。有烏絲欄。已修整。
3.1 首9行上下殘→大正0262，09/0012B19～28。
3.2 尾殘→09/0013A09。
8 7～8世紀。唐寫本。
9.1 楷書。
11 圖版：《敦煌寶藏》，87/155B～156B。

1.1 BD07025號
1.3 妙法蓮華經卷七
1.4 龍025
1.5 105:6139
2.1 （1.5+46.5）×25.5厘米；1紙；28行，行17字。
2.3 卷軸裝。首殘尾脫。經黄打紙。卷上下油污，中部有横破裂。脱落1塊殘片，已綴接。有烏絲欄。已修整。
3.1 首行中殘→0262，09/0060B19～20。
3.2 尾殘→09/0060C20。
8 7～8世紀。唐寫本。
9.1 楷書。
11 圖版：《敦煌寶藏》，97/113A～B。

1.1 BD07026號
1.3 妙法蓮華經卷二
1.4 龍026
1.5 105:4855
2.1 （6.3+38.5+14.5）×25.8厘米；3紙；33行，行17字。
2.2 01：02.8，01； 02：3.5+38.5+5.7，28；
03：08.8，04。
2.3 卷軸裝。首尾均殘。卷面有水漬及黴點。有烏絲欄。
3.1 首3行下殘→大正0262，09/0011B21～24。
3.2 尾7行上殘→09/0011C25～12A08。
8 8世紀。唐寫本。
9.1 楷書。
11 圖版：《敦煌寶藏》，87/97A～B。

1.1 BD07027號
1.3 無量壽宗要經
1.4 龍027
1.5 275:7940
2.1 45×31厘米；1紙；33行，行30餘字。
2.3 卷軸裝。首全尾脫。卷面污穢，有油污及殘洞，上下邊有殘損。有烏絲欄。
3.1 首全→大正0936，19/0082A03。
3.2 尾殘→19/0084C19。
4.1 大乘無量壽經（首）。
8 8～9世紀。吐蕃統治時期寫本。
9.1 楷書。
11 圖版：《敦煌寶藏》，108/338B。

1.1 BD07028號
1.3 無量壽宗要經（兑廢稿）
1.4 龍028
1.5 275:7941
2.1 48×26厘米；1紙；27行，行17字。
2.3 卷軸裝。首全尾脫。上下邊有殘缺。有烏絲欄。
3.1 首全→大正0936，19/0082A03。
3.2 尾殘→19/0082B03。
4.1 大乘無量壽經（首）。
7.1 上邊有“兑”字。
7.3 背面有雜寫“馬鳴擅美於瓊偏（編），龍樹騰芳於寶偈”（此句出《大唐中興三藏聖教序》），“破煩惱之賊，奇◇干戈”2行。又有《無量壽宗要經》經名、經文雜寫3行，不錄文。
8 8～9世紀。吐蕃統治時期寫本。
9.1 楷書。
9.2 有刮改。
11 圖版：《敦煌寶藏》，108/339A～340A。

1.1 BD07029號
1.3 大般涅槃經（北本）卷五
1.4 龍029
1.5 412:8568
2.1 （2.2+40）×26.2厘米；2紙；27行，行17字。
2.2 01：2.2+8.3，06； 02：31.7+3.2，21。
2.3 卷軸裝。首尾均殘。第2紙下有破裂，上邊下邊殘破。有烏絲欄。有劃界欄針孔。
3.1 首行上殘→大正0374，12/0392C01。
3.2 尾2行中殘→12/0392C25～27。
8 5～6世紀。南北朝寫本。
9.1 隸書。

11　圖版：《敦煌寶藏》，110/605A～B。

1.1　BD07030號
1.3　大般若波羅蜜多經卷一二一
1.4　龍030
1.5　084：2330
2.1　（24+75.5）×25.2厘米；3紙；54行，行17字。
2.2　01：08.0，護首；　02：16+28，26；　03：47.5，28。
2.3　卷軸裝。首全尾脱。有護首，上下殘缺。卷下邊殘缺，第3紙有殘洞。背有古代裱補。有烏絲欄。已修整。
3.1　首全→大正0220，05/0661B09。
3.2　尾殘→05/0662A07。
4.1　大般若波羅蜜多經卷第一百廿一，/初分校量功德品第卌之十九，三藏法師玄奘奉□□/（首）。
8　8～9世紀。吐蕃統治時期寫本。
9.1　楷書。
11　圖版：《敦煌寶藏》，72/658A～659A。

1.1　BD07031號
1.3　妙法蓮華經卷二
1.4　龍031
1.5　105：4830
2.1　44.1×27.7厘米；1紙；26行，行17字。
2.3　卷軸裝。首斷尾脱。有烏絲欄。
3.1　首殘→大正0262，09/0011A08。
3.2　尾殘→09/0011B18。
8　8世紀。唐寫本。
9.1　楷書。
11　圖版：《敦煌寶藏》，87/35A～B。

1.1　BD07032號
1.3　無量壽宗要經
1.4　龍032
1.5　275：8173
2.1　84×30厘米；2紙；62行，行30餘字。
2.2　01：42.0，31；　02：42.0，31。
2.3　卷軸裝。首脱尾斷。首紙上邊有破裂，下邊有殘缺，中間有殘洞。卷面有油污及水漬。有烏絲欄。已修整。
3.1　首殘→大正0936，19/0082C26。
3.2　尾殘→19/0084A26。
8　8～9世紀。吐蕃統治時期寫本。
9.1　行楷。
11　圖版：《敦煌寶藏》，109/179A～180A。

1.1　BD07033號
1.3　金剛般若波羅蜜經
1.4　龍033
1.5　094：4405
2.1　47.3×26.6厘米；1紙；17行，行17字。
2.3　卷軸裝。首脱尾全。卷背有鳥糞。有燕尾。有烏絲欄。
3.1　首殘→大正0235，08/0752B15。
3.2　尾全→08/0752C03。
4.2　金剛般若波羅蜜經（尾）。
8　8世紀。唐寫本。
9.1　楷書。
11　圖版：《敦煌寶藏》，83/107B。

1.1　BD07034號
1.3　金剛般若波羅蜜經
1.4　龍034
1.5　094：3750
2.1　73×25.5厘米；2紙；44行，行17字。
2.2　01：26.5，16；　02：46.5，28。
2.3　卷軸裝。首斷尾脱。經黄紙。首紙有横裂，接縫處有開裂，卷面多水漬。有烏絲欄。已修整。
3.1　首殘→大正0235，08/0749B03。
3.2　尾殘→08/0749C20。
8　7～8世紀。唐寫本。
9.1　楷書。
11　圖版：《敦煌寶藏》，80/160B～161B。

1.1　BD07035號
1.3　出曜經（二十卷本）卷一九
1.4　龍035
1.5　225：7319
2.1　45.5×25.6厘米；1紙；29行，行17字。
2.3　卷軸裝。首尾均脱。有烏絲欄。
3.1　首殘→大正0212，04/0764B12。
3.2　尾殘→04/0764C21。
5　與《大正藏》本對照，分卷不同，品序不同。與《思溪藏》、《普寧藏》、《嘉興藏》本相同，屬於二十卷本。
8　8世紀。唐寫本。
9.1　楷書。
9.2　有行間加行。
11　圖版：《敦煌寶藏》，105/459A～B。

1.1　BD07036號
1.3　四分律比丘戒本
1.4　龍036
1.5　156：6868
2.1　（57+2.5）×29.5厘米；2紙；正面47行，行27字；背面9行，行字不等。
2.2　01：40.0，31；　02：17+2.5，16。
2.3　卷軸裝。首脱尾殘。卷面破裂並有殘洞。有烏絲欄。已修

整。
2.4 本遺書包括2個文獻：（一）《四分律比丘戒本》，47行，今編為BD07036號。（二）《千字文》，抄寫在背面，9行，今編為BD07036號背。
3.1 首殘→大正1429，22/1017C23。
3.2 尾2行上殘→22/1018C20～23。
8 9～10世紀。歸義軍時期寫本。
9.1 楷書。
9.2 有行間校加字。
11 圖版：《敦煌寶藏》，102/329B～331A。

1.1 BD07036號背
1.3 千字文
1.4 龍036
1.5 156:6868
2.4 本遺書由2個文獻組成，本號為第2個，9行。餘參見BD07036號之第2項、第11項。
3.3 錄文：
千字文，勅員外散騎待郎周興嗣次韻/
天地玄黄，宇宙洪［荒］，日月盈昃，辰宿列張，寒來/
暑往，秋收冬藏，閏余成歲，律吕調陽，雲/
騰致［雨］，露結爲霜，金生麗/
（錄文完）
4.1 千字文，勅員外散騎待郎周興嗣次韻（首）。
7.3 有雜寫5行，錄文如下："從十方一切至諸公等隨◇皆具足現/無一衆生受苦惱◇◇隨受用生取/皆滿歡喜衆分布施與（?）夫以受◇/界若電皆現前音聲其上飲食◇/如來一◇一切衆生念。/"
8 9～10世紀。歸義軍時期寫本。
9.1 楷書。

1.1 BD07037號
1.3 觀世音經
1.4 龍037
1.5 111:6278
2.1 （26+29.5）×25.5厘米；2紙；30行，行17字。
2.2 01：26+8.5，20； 02：21.0，10。
2.3 卷軸裝。首殘尾全。卷首右下殘缺，卷面多水漬，有黴斑。有烏絲欄。已修整。
3.1 首15行下殘→大正0262，09/0057C13～0058A13。
3.2 尾全→09/0058B07。
4.2 觀音經（尾）。
8 9～10世紀。歸義軍時期寫本。
9.1 楷書。
11 圖版：《敦煌寶藏》，97/517A～B。

1.1 BD07038號
1.3 金有陀羅尼經
1.4 龍038
1.5 254:7602
2.1 89.3×26.5厘米；2紙；54行，行16～17字。
2.2 01：44.8，28； 02：44.5，26。
2.3 卷軸裝。首脱尾全。卷背有鳥糞。有烏絲欄。
3.1 首殘→大正2910，85/1456A13。
3.2 尾全→85/1456C10。
4.2 金有陀羅尼經一卷（尾）。
7.1 卷尾寫藏文題記"Lav? n－dze－hwan－bris（魯才安寫）"。
8 8～9世紀。吐蕃統治時期寫本。
9.1 楷書。
11 圖版：《敦煌寶藏》，107/78A～79A。

1.1 BD07039號
1.3 大乘入楞伽經卷四
1.4 龍039
1.5 038:0367
2.1 （9.5+71.7）×26.5厘米；2紙；44行，行17字。
2.2 01：9.5+24，18； 02：47.7，26。
2.3 卷軸裝。首殘尾脱。通卷有水漬。有烏絲欄。
3.1 首5行中上殘→大正0672，16/0607B29～C04。
3.2 尾脱→16/0608A21。
8 9～10世紀。歸義軍時期寫本。
9.1 楷書。
11 圖版：《敦煌寶藏》，58/389A～390A。

1.1 BD07040號
1.3 佛教咒語（擬）
1.4 龍040
1.5 461:8731
2.1 43×30.5厘米；1紙；10行，行10餘字。
2.3 卷軸裝。首尾均全。卷面有油污。
3.3 錄文：
南無囉那多多耶。親多婆。治律多。/
那你那多。孤你多。乞囉乞多婆。孤你多。/
徒令摩何。摩何突令。沙囉沙囉。/
摩何沙囉。徒令突令。摩何突令。/
闍門尕阿那攝。/
摩何八部。甫步遇甫。至至毗。一拙珠/
磨。謁雨多。全見不何。/
不悉波。棒攝心婆。心婆真甫。/
不悉波。念不囉春尕。竭波囉卻/
悉雨。/
（錄文完）
8 9～10世紀。歸義軍時期寫本。
9.1 行書。

9.2　有斷句。有行間校加字。
11　圖版：《敦煌寶藏》，111/327B。

1.1　BD07041 號
1.3　觀世音經
1.4　龍 041
1.5　111:6245
2.1　128.3×26.4 厘米；4 紙；76 行，行 17 字。
2.2　01：39.4，24；　02：39.5，24；　03：39.4，24；
　　04：10.0，04。
2.3　卷軸裝。首脫尾全。卷面多水漬。背有古代裱補。有烏絲欄。已修整。
3.1　首殘→大正 0262，09/0057A20。
3.2　尾全→09/0058B07。
4.2　觀世音經（尾）。
8　9～10 世紀。歸義軍時期寫本。
9.1　楷書。
11　圖版：《敦煌寶藏》，97/457B～459A。

1.1　BD07042 號
1.3　金剛般若波羅蜜經
1.4　龍 042
1.5　094:4147
2.1　(5.2+79.4)×25 厘米；3 紙；51 行，行 17 字。
2.2　01：5.2+26.4，19；　02：46.0，28；　03：07.0，04。
2.3　卷軸裝。首尾均殘。經黄打紙。首紙有豎裂，上下邊有殘缺。背有古代裱補。有烏絲欄。
3.1　首 3 行下殘→大正 0235，08/0750C04～08。
3.2　尾殘→08/0751B01。
8　7～8 世紀。唐寫本。
9.1　楷書。
11　圖版：《敦煌寶藏》，82/231A～232A。

1.1　BD07043 號
1.3　無常三啓經
1.4　龍 043
1.5　139:6678
2.1　66.5×26.3 厘米；3 紙；36 行，行 17 字。
2.2　01：19.0，10；　02：30.5，17；　03：17.0，09。
2.3　卷軸裝。首全尾斷。經黄打紙。卷面有殘洞。背有古代及現代裱補。有烏絲欄。
3.1　首全→大正 0801，17/0745B07。
3.2　尾殘→17/745C25。
4.1　佛說無常經，亦名三稽經（首）。
8　7～8 世紀。唐寫本。
9.1　楷書。
11　圖版：《敦煌寶藏》，101/133A～B。

1.1　BD07044 號
1.3　金剛般若波羅蜜經
1.4　龍 044
1.5　094:4132
2.1　(3.5+212.2)×26 厘米；5 紙；123 行，行 17 字。
2.2　01：3.5+28，18；　02：48.5，27；　03：45.2，27；
　　04：43.5，26；　05：47.0，25。
2.3　卷軸裝。首殘尾脫。前 2 紙有等距離黴爛，接縫處有開裂，通卷多水漬。有烏絲欄。已修整。
3.1　首 2 行上殘→大正 0235，08/0750A27～29。
3.2　尾殘→08/0751C11。
8　8 世紀。唐寫本。
9.1　楷書。
11　圖版：《敦煌寶藏》，82/195A～197B。

1.1　BD07045 號
1.3　天地八陽神咒經
1.4　龍 045
1.5　256:7643
2.1　(5.5+234.5)×23.6 厘米；6 紙；126 行，行 17～18 字。
2.2　01：5.5+28.5，18；　02：40.0，22；　03：43.0，24；
　　04：43.0，25；　05：42.0，22；　06：38.0，15。
2.3　卷軸裝。首殘尾全。前 2 紙有殘洞，卷面有等距離油污及破裂，通卷上下邊殘破。有烏絲欄。已修整。
3.1　首 3 行中上殘→大正 2897，85/1423B12～15。
3.2　尾全→85/1425B03。
4.2　佛說八陽神咒經一卷（尾）。
5　與《大正藏》本對照，文字略有參差。
7.3　背有雜寫 3 字，不錄文。
8　9～10 世紀。歸義軍時期寫本。
9.1　楷書。
9.2　有行間校加字。
11　圖版：《敦煌寶藏》，107/204A～207A。

1.1　BD07046 號 1
1.3　阿彌陀經
1.4　龍 046
1.5　014:0194
2.1　(4.7+73+61.5)×26 厘米；5 紙；74 行，行 17 字。
2.2　01：02.7，01；　02：2+45，28；　03：28+22.5，28；
　　04：31.5，17；　05：07.5，拖尾。
2.3　卷軸裝。首尾均殘。經黄打紙；砑光上蠟。通卷殘損，下邊黴爛嚴重，後半卷下部殘缺。有燕尾。有烏絲欄。後配趙城金藏軸。已修整。
2.4　本遺書包括 2 個文獻：（一）《阿彌陀經》，64 行，今編為 BD07046 號 1。（二）《阿彌陀佛說咒》，10 行，今編為 BD07046 號 2。

3.1　首2行上中殘→大正0366，12/0347B08～09。
3.2　尾19行下殘→12/0348A28。
5　與《大正藏》本對照，文字略有不同。
8　7～8世紀。唐寫本。
9.1　楷書。
11　圖版：《敦煌寶藏》，57/89A～91A。

1.1　BD07046號2
1.3　阿彌陀佛說咒
1.4　龍046
1.5　014:0194
2.4　本遺書由2個文獻組成，本號為第2個，10行。餘參見BD07046號1之第2項、第11項。
3.1　首全→大正0369，12/0352A23。
3.2　尾全→12/0352B03。
4.1　佛說阿彌陀經咒曰（首）。
5　與《大正藏》本對照，末多說明一句，"咒中諸口傍字皆依本音轉舌言之。無［口者］/依字讀。/"
8　7～8世紀。唐寫本。
9.1　楷書。

1.1　BD07047號
1.3　般若波羅蜜多心經
1.4　龍047
1.5　102:4453
2.1　42×30.6厘米；1紙；18行，行18字。
2.3　卷軸裝。首尾均全。卷面有墨污。有折疊欄。
3.1　首全→大正0251，08/0848C04。
3.2　尾全→8/848C24。
4.1　般若波羅蜜多心經（首），
4.2　多心經一卷（尾）。
8　9～10世紀。歸義軍時期寫本。
9.1　楷書。
9.2　有墨筆斷句。
11　圖版：《敦煌寶藏》，83/292A。

1.1　BD07048號
1.3　金光明最勝王經卷三
1.4　龍048
1.5　083:1638
2.1　（3+41.5）×26厘米；1紙；26行，行17字。
2.3　卷軸裝。首殘尾脫。卷面有油污。有烏絲欄。
3.1　首行下殘→大正0665，16/0416C07～08。
3.2　尾殘→16/0417A05。
8　8～9世紀。吐蕃統治時期寫本。
9.1　楷書。
11　圖版：《敦煌寶藏》，69/60A。

1.1　BD07049號
1.3　觀世音經
1.4　龍049
1.5　105:6023
2.1　（30.5+138.5）×26厘米；3紙；96行，行17字。
2.2　01：30.5+45.5，45；　02：77.0，45；　03：16.0，06。
2.3　卷軸裝。首脫尾殘。卷首右下殘缺，通卷殘碎嚴重。背有古代裱補。尾有餘空。有烏絲欄。已修整。
3.1　首18行中下殘→大正0262，09/0056C29～0057A18。
3.2　尾缺→09/0058B08。
7.3　經文後有品題雜寫"妙法蓮華經陀羅尼品第二十六"。察其形態，似原計劃從《妙法蓮華經》大本中抄出其第二十五品，作《觀世音經》單本。《觀世音經》抄完後，順手抄寫第二十六品之品題，隨即停止。
8　9～10世紀。歸義軍時期寫本。
9.1　楷書。
11　圖版：《敦煌寶藏》，96/339A～341A。

1.1　BD07050號
1.3　天地八陽神咒經
1.4　龍050
1.5　256:7615
2.1　（6.3+66+1.2）×24.4厘米；3紙；40行，行15～17字。
2.2　01：06.3，護首；　02：40.5，23；　03：25.5+1.2，17。
2.3　卷軸裝。首全尾殘。有護首，已殘缺。首紙有殘洞，通卷上下邊殘破。背有古代裱補。第2紙與第3紙紙質不同。有烏絲欄。已修整。
3.1　首全→大正2897，85/1422B14。
3.2　尾行上下殘→85/1422C29～1423A01。
4.1　佛說八陽神咒經（首）。
8　9～10世紀。歸義軍時期寫本。
9.1　楷書。
9.2　有校改。有行間校加字。
11　圖版：《敦煌寶藏》，107/103B～104A。

1.1　BD07051號
1.3　金有陀羅尼經
1.4　龍051
1.5　254:7590
2.1　（6.5+86.8）×26.1厘米；2紙；55行，行16～17字。
2.2　01：6.5+40，27；　02：46.8，28。
2.3　卷軸裝。首全尾脫。卷首右下殘缺。有烏絲欄。已修整。
3.1　首3行下殘→大正2910，85/1455C16。
3.2　尾殘→85/1456B16。
4.1　金有陀羅尼經（首）。
8　9～10世紀。歸義軍時期寫本。
9.1　楷書。

9.2　有行間校加字。
11　圖版：《敦煌寶藏》，107/61B～62B。

1.1　BD07052號
1.3　釋僧戒初篇四波羅夷義決
1.4　龍052
1.5　170:7072
2.1　(12+94.5+12.5)×29厘米；4紙；63行，行24字。
2.2　01：12+5.5，09；　02：43.0，22；　03：42.5，23；
04：3.5+12.5，09。
2.3　卷軸裝。首尾均殘。前3紙下部有殘破，通卷中部有等距離鼠嚙殘洞。有折疊欄。
3.4　説明：
本文獻首7行上中殘，尾7行上殘。論述比丘四大戒。未為歷代大藏經所收。
8　9～10世紀。歸義軍時期寫本。
9.1　楷書。
9.2　有重文號。有行間校加字。
11　圖版：《敦煌寶藏》，104/80B～82A。

1.1　BD07053號
1.3　正法念處經（兑廢稿）卷二七
1.4　龍053
1.5　420:8586
2.1　47.8×26.9厘米；1紙；24行，行17字。
2.3　卷軸裝。首尾均脱。卷面有殘洞，上下邊殘破。尾有餘空。有烏絲欄。
3.1　首殘→大正0721，17/0157B09。
3.2　尾缺→17/0157C05。
7.1　背面有勘記“第六袟，惠辯”。該勘記並非本文獻所有，故知本遺書曾被移作其他文獻之袟皮使用。
8　8世紀。唐寫本。
9.1　楷書。
11　圖版：《敦煌寶藏》，110/633B～634B。

1.1　BD07054號
1.3　大般若波羅蜜多經卷一三三
1.4　龍054
1.5　084:2361
2.1　39×27.1厘米；1紙；24行，行17字。
2.3　卷軸裝。首斷尾脱。有烏絲欄。
3.1　首殘→大正0220，05/0725B13。
3.2　尾殘→05/0725C09。
8　8～9世紀。吐蕃統治時期寫本。
9.1　楷書。
11　圖版：《敦煌寶藏》，73/79B。

1.1　BD07055號
1.3　大般若波羅蜜多經卷五八二
1.4　龍055
1.5　084:3380
2.1　41.6×25.3厘米；1紙；25行，行17字。
2.3　卷軸裝。首全尾殘。此卷前後有横裂。有烏絲欄。
3.1　首全→大正0220，07/1008B02。
3.2　尾行殘→07/1008B29。
4.1　大般若波羅蜜多經第五百八十二，/第十一布施波羅蜜多分之四，三藏法師玄奘奉詔譯/（首）。
8　8～9世紀。吐蕃統治時期寫本。
9.1　楷書。
11　圖版：《敦煌寶藏》，77/455B～。

1.1　BD07056號
1.3　妙法蓮華經卷五
1.4　龍056
1.5　105:5559
2.1　(1.7+44.7+1.6)×25.4厘米；2紙；29行，行17字。
2.2　01：1.7+44.7，28；　02：01.6，01。
2.3　卷軸裝。首尾均殘。經黄打紙；砑光上蠟。首紙有破裂，卷面有油污。有烏絲欄。
3.1　首行上殘→大正0262，09/0039A01。
3.2　尾行下殘→09/0039B05。
7.1　背面有勘記“弟（第）五，欠五張”。
8　7～8世紀。唐寫本。
9.1　楷書。
11　圖版：《敦煌寶藏》，93/21B～22A。

1.1　BD07057號
1.3　妙法蓮華經卷二
1.4　龍057
1.5　105:4817
2.1　(3.6+31.2+2.1)×26.4厘米；2紙；27行，行17字。
2.2　01：3.6+9.1，13；　02：22.1+2.1，14。
2.3　卷軸裝。首尾均殘。首紙有破裂，尾紙前部有殘片脱落，已綴接。背有古代裱補。有烏絲欄。已修整。
3.1　首2行下殘→大正0262，09/0010C08～10。
3.2　尾行下殘→09/0011A26。
8　8世紀。唐寫本。
9.1　楷書。
11　圖版：《敦煌寶藏》，87/3A～B。

1.1　BD07058號
1.3　妙法蓮華經卷四
1.4　龍058
1.5　105:6172

2.1 （12 +104 +4.5）×24.5 厘米；3 紙；78 行，行 17 字。
2.2 01：12 +17，18； 02：46.0，30； 03：41 +4.5，30。
2.3 卷軸裝。首尾均殘。經黄打紙；研光上蠟。通卷下邊殘缺，上邊有殘裂。有烏絲欄。
3.1 首 7 行下殘→大正 0262，09/0028B23 ~ C01。
3.2 尾 3 行下殘→09/0029C09 ~ 11。
8 7 ~ 8 世紀。唐寫本。
9.1 楷書。
11 圖版：《敦煌寶藏》，97/187B ~ 189A。

1.1 BD07059 號
1.3 大般若波羅蜜多經卷四一六
1.4 龍 059
1.5 084:3087
2.1 48.6 ×27.4 厘米；1 紙；28 行，行 17 字。
2.3 卷軸裝。首尾均脱。有烏絲欄。
3.1 首殘→大正 0220，07/0088B04。
3.2 尾殘→07/0088C03。
8 8 ~ 9 世紀。吐蕃統治時期寫本。
9.1 楷書。
11 圖版：《敦煌寶藏》，76/364B ~ 365A。

1.1 BD07060 號
1.3 大般若波羅蜜多經卷一五八
1.4 龍 060
1.5 084:2414
2.1 （6.5 +87.5）×25.7 厘米；2 紙；56 行，行 17 字。
2.2 01：6.5 +40.5，28； 02：47.0，28。
2.3 卷軸裝。首尾均脱。首紙有横向破裂，下邊有殘缺。有烏絲欄。
3.1 首 4 行下殘→大正 0220，05/0851C01 ~ 05。
3.2 尾殘→05/0852A28。
7.1 首紙背面有勘記“一百五十八”。
8 8 ~ 9 世紀。吐蕃統治時期寫本。
9.1 楷書。
11 圖版：《敦煌寶藏》，73/219B ~ 220B。

1.1 BD07061 號
1.3 大般若波羅蜜多經（兑廢稿）卷一一一
1.4 龍 061
1.5 084:2298
2.1 （42.2 +3.5）×25.8 厘米；1 紙；26 行，行 17 字。
2.3 卷軸裝。首脱尾殘。卷面多有殘洞。卷背有鳥糞。尾有餘空。有烏絲欄。已修整。
3.1 首殘→大正 0220，05/0614C21。
3.2 尾缺→05/0615A19。
7.1 上邊有 2 個“兑”字。
8 8 ~ 9 世紀。吐蕃統治時期寫本。
9.1 楷書。
11 圖版：《敦煌寶藏》，72/587B。

1.1 BD07062 號
1.3 阿彌陀經
1.4 龍 062
1.5 014:0186
2.1 51 ×25.8 厘米；1 紙；28 行，行 17 字。
2.3 卷軸裝。首尾均脱。經黄打紙。卷下有 1 個小殘洞。有烏絲欄。
3.1 首殘→大正 0366，12/0347C10。
3.2 尾殘→12/0348A24。
8 7 ~ 8 世紀。唐寫本。
9.1 楷書。
11 圖版：《敦煌寶藏》，57/78B ~ 79A。

1.1 BD07063 號
1.3 大寶積經卷九一
1.4 龍 063
1.5 377:8494
2.1 48 ×26.2 厘米；1 紙；28 行，行 17 字。
2.3 卷軸裝。首尾均脱。有烏絲欄。
3.1 首殘→大正 310，11/522C9。
3.2 尾殘→11/523A8。
8 8 ~ 9 世紀。吐蕃統治時期寫本。
9.1 楷書。
9.2 有行間加行，加寫在下邊。有刮改。
11 圖版：《敦煌寶藏》，110/455B ~ 456A。

1.1 BD07064 號
1.3 觀世音經
1.4 龍 064
1.5 111:6262
2.1 104.5 ×25.2 厘米；3 紙；56 行，行 17 字。
2.2 01：19.0，10； 02：73.0，40； 03：12.5，06。
2.3 卷軸裝。首殘尾全。第 1、2 紙接縫處脱開，卷面殘裂，有油污。有烏絲欄。已修整。
3.1 首行下殘→大正 0262，09/0057B11 ~ 12。
3.2 尾全→09/0058B07。
4.2 觀音經（尾）。
8 7 ~ 8 世紀。唐寫本。
9.1 楷書。
11 圖版：《敦煌寶藏》，97/492B ~ 493B。

1.1 BD07065 號
1.3 大寶積經卷二七

1.4　龍 065
1.5　377:8483
2.1　47.5×26.1 厘米；1 紙；28 行，行 17 字。
2.3　卷軸裝。首尾均脫。卷面有一個火灼小洞。有烏絲欄。
3.1　首殘→大正 0310，11/0148C27。
3.2　尾殘→11/0149A26。
8　8 世紀。唐寫本。
9.1　楷書。
9.2　有行間校加字。
11　圖版：《敦煌寶藏》，110/443A～B。

1.1　BD07066 號
1.3　大般若波羅蜜多經卷一一一
1.4　龍 066
1.5　084:2296
2.1　（16.5+45）×26 厘米；2 紙；26 行，行 17 字。
2.2　01：16.5，護首；　02：45.0，26。
2.3　卷軸裝。首全尾脫。有護首，已殘破。有烏絲欄。已修整。
3.1　首全→大正 0220，05/0610B02。
3.2　尾殘→05/0610C01。
4.1　大般若波羅蜜多經卷第一百一十一，/初分校量功德品第卌之九，三藏法師玄奘奉詔譯/（首）。
8　8～9 世紀。吐蕃統治時期寫本。
9.1　楷書。
11　圖版：《敦煌寶藏》，72/576B～577A。

1.1　BD07067 號
1.3　無量壽宗要經
1.4　龍 067
1.5　275:8073
2.1　（7+114.5）×31.5 厘米；3 紙；87 行，行 30 餘字。
2.2　01：7+26.5，24；　02：44.0，32；　03：44.0，31。
2.3　卷軸裝。首殘尾全。卷面多水漬，通卷上下邊有破裂殘缺。有烏絲欄。已修整。
3.1　首 5 行下殘→大正 0936，19/0082C26～83A08。
3.2　尾全→19/0084C29。
4.2　佛說無量壽宗要經（尾）。
7.1　尾紙末有題記“張略沒藏寫”。
8　8～9 世紀。吐蕃統治時期寫本。
9.1　行楷。
11　圖版：《敦煌寶藏》，109/1A～2B。

1.1　BD07068 號 1
1.3　沙洲敦煌縣金光明寺僧伽藍巳年十二月十五日布薩文（擬）
1.4　龍 068
1.5　150:6786
2.1　（6.5+169.1）×22.5 厘米；4 紙；96 行，行字不等。
2.2　01：6.5+27.5，18；　02：47.2，24；　03：47.2，26；
04：47.2，28。
2.3　卷軸裝。首尾均脫。卷首破碎嚴重。有烏絲欄。已修整。
2.4　本遺書包括 2 個文獻：（一）《沙洲敦煌縣金光明寺僧伽藍巳年十二月十五日布薩文》（擬），49 行，今編為 BD07068 號 1。（二）《金光明最勝王經咒語鈔》（擬），47 行，今編為 BD07068 號 2。
3.4　說明：

本文獻為敦煌金光明寺於巳年十二月十五日作布薩時使用的實用文獻。文獻主體由兩部分組成。

第一部分，從第 1 行到第 23 行，爲《人布薩堂說偈文等》，行文可依次參見《大正藏》第 2852 號，85/1301A04～16；85/1301A26～B02；85/1301A17～25 等。

第二部分，從第 28 行到第 49 行，借用《天台菩薩戒疏》卷下所載布薩文之相關文字，填入“沙洲敦煌縣金光明寺”名稱，進行布薩。行文參見《大正藏》第 1812 號，40/0597A20～B07。

兩部分中間的第 24 行到第 27 行，是對主持布薩的維那的具體要求，及該維那的行爲儀軌。

本文獻對了解敦煌僧團的布薩活動具有重要意義。

8　9～10 世紀。歸義軍時期寫本。
9.1　楷書。
9.2　有行間校加字。有偈頌唱法標誌。有刪除號。
11　圖版：《敦煌寶藏》，101/592B～594B。

1.1　BD07068 號 2
1.3　金光明最勝王經咒語鈔（擬）
1.4　龍 068
1.5　150:6786
2.4　本遺書由 2 個文獻組成，本號為第 2 個，47 行。餘參見 BD07068 號 1 之第 2 項、第 11 項。
3.4　說明：

本文獻所抄乃《金光明最勝王經》卷四的咒語。詳情如下：
第 50 行～第 54 行：大正 665，16/0420B01～04。
第 55 行～第 57 行：大正 665，16/0420B12～14。
第 58 行～第 59 行：大正 665，16/0420B22～23。
第 60 行～第 63 行：大正 665，16/0420C01～03。
第 64 行～第 67 行：大正 665，16/0420C11～13。
第 68 行～第 73 行：大正 665，16/0420C21～0421A03。
第 74 行～第 79 行：大正 665，16/0421A11～15。
第 80 行～第 82 行：大正 665，16/0421A23～25。
第 83 行～第 86 行：大正 665，16/0421B04～07。
第 87 行～第 96 行：大正 665，16/0421B15～22。

8　8～9 世紀。吐蕃統治時期寫本。
9.1　楷書。
9.2　有倒乙。

1.1 BD07069 號
1.3 大般涅槃經（北本）卷一五
1.4 龍 069
1.5 117:6573
2.1 （4+41）×25.5 厘米；1 紙；19 行，行 17 字。
2.3 卷軸裝。首殘尾脱。經黄打紙。有烏絲欄。
3.1 首 2 行下殘→大正 0374，12/0451B19～21。
3.2 尾殘→12/0451C13。
7.1 背有勘記“十五”。
7.3 背有雜寫“不”。
8 7～8 世紀。唐寫本。
9.1 楷書。
11 圖版：《敦煌寶藏》，100/378A。

1.1 BD07070 號
1.3 觀世音經
1.4 龍 070
1.5 111:6213
2.1 198.8×25.7 厘米；5 紙；118 行，行 17 字。
2.2 01：33.0，21； 02：42.8，27； 03：42.5，27；
04：37.7，24； 05：42.8，19。
2.3 卷軸裝。首尾均全。上下邊有殘損，卷面有殘破，通卷下邊油污。背有古代裱補。有燕尾。有烏絲欄。
3.1 首全→大正 0262，09/0056C02。
3.2 尾全→09/0058B07。
4.1 妙法蓮華經觀世音菩薩普門品弟（第）二十五（首）。
4.2 觀音經一卷（尾）。
7.3 首題前有經名雜寫“妙法蓮華”。
8 9～10 世紀。歸義軍時期寫本。
9.1 楷書。
9.2 有行間校加字。有倒乙。
11 圖版：《敦煌寶藏》，97/367A～369B。
從該遺書背面揭下古代裱補紙 1 塊，今編爲 BD16173 號。

1.1 BD07071 號 1
1.3 阿彌陀經
1.4 龍 071
1.5 014:0141
2.1 （186.4+3）×26 厘米；5 紙；113 行，行 17 字。
2.2 01：30.0，18； 02：48.0，29； 03：48.0，29；
04：47.5，29； 05：12.9+3，08。
2.3 卷軸裝。首尾均殘。卷首尾有破裂，卷面有污漬及水漬，有火燒殘洞，接縫處有開裂。有上下邊欄。已修整。
2.4 本遺書包括 2 個文獻：（一）《阿彌陀經》，103 行，今編為 BD07071 號 1。（二）《阿彌陀佛說咒》，10 行，今編為 BD07071 號 2。
3.1 首殘→大正 0366，12/0346C08。
3.2 尾全→12/0348A28。
5 與《大正藏》本對照，本號尾缺“作禮而去”4 字。
8 8 世紀。唐寫本。
9.1 楷書。
11 圖版：《敦煌寶藏》，56/629A～632A。

1.1 BD07071 號 2
1.3 阿彌陀佛說咒
1.4 龍 071
1.5 014:0141
2.4 本遺書由 2 個文獻組成，本號為第 2 個，10 行。餘參見 BD07071 號 1 之第 2 項、第 11 項。
3.1 首全→大正 0369，12/0352A20。
3.2 尾全→12/0352B03。
4.1 阿彌陀佛說咒曰（首）。
5 與《大正藏》本對照，末多說明一句：“咒中諸口傍字皆依本音轉舌言之，無口者/依字讀。/”
8 8 世紀。唐寫本。
9.1 楷書。

1.1 BD07072 號
1.3 無量壽宗要經
1.4 龍 072
1.5 275:8174
2.1 （28+147.5+2.5）×31.5 厘米；5 紙；121 行，行 30 餘字。
2.2 01：28+5.5，23； 02：42.5，29； 03：42.5，29；
04：42.5，29； 05：14.5+2.5，11。
2.3 卷軸裝。首尾均殘。前 2 紙上下邊有破裂殘缺，脱落 1 塊殘片，已綴接。卷面有殘洞及蟲繭。有烏絲欄。已修整。
3.1 首 19 行中下殘→大正 0936，19/0082A12～B15。
3.2 尾行上下殘→19/0084C04～06。
8 8～9 世紀。吐蕃統治時期寫本。
9.1 楷書。
9.2 有行間校加字。
11 圖版：《敦煌寶藏》，109/180B～182B。

1.1 BD07073 號
1.3 金剛般若波羅蜜經
1.4 龍 073
1.5 094:4330
2.1 160.5×25.2 厘米；5 紙；79 行，行 17 字。
2.2 01：38.0，17； 02：38.7，20； 03：37.0，19；
04：37.0，18； 05：09.8，05。
2.3 卷軸裝。首尾均殘。卷首右下殘缺一塊，通卷從中部橫向斷開，已綴接。有折疊欄。已修整。
3.1 首 13 行下殘→大正 0235，08/0751B15～C01。

3.2　尾行上殘→08/0752B22。
5　與《大正藏》本相比，本卷經文無冥司偈，參見《大正藏》，8/751C16～19。
8　7～8世紀。唐寫本。
9.1　楷書。
11　圖版：《敦煌寶藏》，82/666B～668B。

1.1　BD07074號
1.3　妙法蓮華經卷七
1.4　龍074
1.5　105:6034
2.1　(2+45.5)×25厘米；2紙；29行，行17字。
2.2　01：02.0，01；　　02：45.5，28。
2.3　卷軸裝。首殘尾脱。經黄紙。卷面有油污及殘洞。有烏絲欄。
3.1　首行下殘→大正0262，09/0057B01～02。
3.2　尾殘→09/0057C04。
8　7～8世紀。唐寫本。
9.1　楷書。
11　圖版：《敦煌寶藏》，96/361A～B。

1.1　BD07075號
1.3　摩訶般若波羅蜜經卷一八
1.4　龍075
1.5　407:8559
2.1　(46+1.8)×26.8厘米；1紙；28行，行17字。
2.3　卷軸裝。首尾均脱。經黄打紙。卷面多水漬，上下邊殘破。卷背有鳥糞。有烏絲欄。
3.1　首殘→大正0223，08/0353A10。
3.2　尾行中殘→08/0353B11。
8　7～8世紀。唐寫本。
9.1　楷書。
11　圖版：《敦煌寶藏》，110/576A～B。

1.1　BD07076號A
1.3　灌頂摩尼羅亶大神咒經（兑廢稿）
1.4　龍076
1.5　084:2329
2.1　26×25.3厘米；2紙；正面12行，行17字；背面3行，行5～6字。
2.2　01：08.0，01；　　02：18.0，11。
2.3　卷軸裝。首尾均殘。下邊殘缺。上邊有古代裱補。有烏絲欄。已修整。
2.4　本遺書包括2個文獻：（一）《灌頂摩尼羅亶大神咒經》（兑廢稿），12行，今編為BD07076號A。（二）《乙丑年六月十五日夜月食條記》（擬），3行，今編為BD07076號A背。
3.1　首殘→大正1331，21/0520B03。
3.2　尾缺→21/0520B24。
5　與《大正藏》對照，相當於《灌頂摩尼羅亶大神咒經》卷八後部，但第4行與第5行之間缺21/520B8～17。
6.2　尾→BD07076號B。
7.3　卷首有歸義軍時期雜寫“吳押芽（牙）兑”。卷尾有雜寫“氾繼受、氾繼受”。
8　8世紀。唐寫本。
9.1　楷書。有武周新字“臣”、“人”。
11　圖版：《敦煌寶藏》，72/657。

1.1　BD07076號A背
1.3　乙丑年六月十五日夜月食條記（擬）
1.4　龍076
1.5　084:2329
2.4　本遺書由2個文獻組成，本號為第2個，3行。餘參見BD07076號A之第2項、第11項。
3.3　録文：
乙丑年六月/
十五日夜月石（食）。/
（録文完）
從左向右書寫。
7.3　有雜録“木板廿二條”。
8　9～10世紀。歸義軍時期寫本。
9.1　楷書。

1.1　BD07076號B1
1.3　大般若波羅蜜多經（兑廢稿）卷四二〇
1.4　龍076
1.5　084:3098
2.1　38.7×25.5厘米；2紙；22行，行17字。
2.2　01：32.0，19；　　02：06.7，03。
2.3　卷軸裝。首尾均殘。卷面有殘洞和破裂。有烏絲欄。已修整。
2.4　本遺書包括2個文獻：（一）《大般若波羅蜜多經》（兑廢稿）卷四二〇，18行，今編為BD07076號B1。（二）《大般若波羅蜜多經》（兑廢稿）卷一二〇，3行，今編為BD07076號B2。
3.1　首殘→大正0220，07/0110B10。
3.2　尾殘→07/0110B29。
6.1　首→BD07076號A。
7.1　首紙末有勘記“氾祐主用□兑”。首紙有1個“兑”字。
8　8～9世紀。吐蕃統治時期寫本。
9.1　楷書。
11　圖版：《敦煌寶藏》，76/385A。
BD07676號原屬兑廢綴稿，後從兩篇文獻中間斷開成爲兩截，但後一截殘留前一截若干殘紙。故現在A、B兩號紙張可以綴接，文獻不能綴接。

1.1　BD07076 號 B2
1.3　大般若波羅蜜多經（兌廢稿）卷一二〇
1.4　龍 076
1.5　084:3098
2.4　本遺書由 2 個文獻組成，本號為第 2 個，3 行。餘參見 BD07076 號 B1 之第 2 項、第 11 項。
3.1　首殘→大正 0220，05/0657B05。
3.2　尾殘→05/0657B08。
8　8～9 世紀。吐蕃統治時期寫本。
9.1　楷書。

1.1　BD07077 號
1.3　大般若波羅蜜多經（兌廢稿）卷四一九
1.4　龍 077
1.5　084:3095
2.1　49.8×26.6 厘米；1 紙；25 行，行 17 字。
2.3　卷軸裝。首尾均脫。卷下邊有等距離殘缺。背有鳥糞。尾有餘空。有烏絲欄。
3.1　首殘→大正 0220，07/0105A10。
3.2　尾殘→07/0105B05。
8　8～9 世紀。吐蕃統治時期寫本。
9.1　楷書。
11　圖版：《敦煌寶藏》，76/382B。

1.1　BD07078 號
1.3　大般若波羅蜜多經卷四一四
1.4　龍 078
1.5　084:3085
2.1　（32.1＋15.6）×25.9 厘米；1 紙；28 行，行 17 字。
2.3　卷軸裝。首殘尾脫。卷首右下殘缺，卷面有 2 個殘洞。有烏絲欄。已修整。
3.1　首 19 行下殘→大正 0220，07/0077A20～B11。
3.2　尾殘→07/0077B18。
8　8～9 世紀。吐蕃統治時期寫本。
9.1　楷書。
11　圖版：《敦煌寶藏》，76/353B。

1.1　BD07079 號
1.3　大般若波羅蜜多經卷三七六
1.4　龍 079
1.5　084:3027
2.1　（4.3＋51.4）×26.2 厘米；2 紙；33 行，行 17 字。
2.2　01：4.3＋5.2，05；　02：46.2，28。
2.3　卷軸裝。首殘尾脫。上邊有油污，上下邊殘破，下邊有殘缺。有烏絲欄。
3.1　首 2 行上殘→大正 0220，06/0940B24～25。
3.2　尾殘→06/0940C27。
6.2　尾→BD06520 號。
8　8～9 世紀。吐蕃統治時期寫本。
9.1　楷書。
11　圖版：《敦煌寶藏》，76/127A～B。

1.1　BD07080 號
1.3　大般若波羅蜜多經卷三五八
1.4　龍 080
1.5　084:2983
2.1　（2＋46.7）×26.1 厘米；2 紙；26 行，行 17 字。
2.2　01：02.0，護首；　02：46.7，26。
2.3　卷軸裝。首全尾脫。卷首殘缺，上下邊殘破。有烏絲欄。
3.1　首殘→大正 0220，06/0842A17。
3.2　尾殘→06/0842B16。
4.1　大般若波羅蜜多經卷第三百五十八，/初分多問不二品第六十一之八，三藏法師玄奘奉詔譯/（首）。
8　8～9 世紀。吐蕃統治時期寫本。
9.1　楷書。
11　圖版：《敦煌寶藏》，76/23B～24A。

1.1　BD07081 號
1.3　妙法蓮華經卷七
1.4　龍 081
1.5　105:5992
2.1　（10＋89.5＋11）×25.5 厘米；3 紙；64 行，行 17 字。
2.2　01：10＋16，15；　02：48.0，28；　03：25.5＋11，21。
2.3　卷軸裝。首斷尾殘。首紙中間有 1 處殘洞，上下邊有破裂。有烏絲欄。已修整。
3.1　首 6 行中下殘→大正 0262，09/0056C13～20。
3.2　尾 6 行下殘→09/0057B17～23。
8　9～10 世紀。歸義軍時期寫本。
9.1　楷書。
11　圖版：《敦煌寶藏》，96/280B～282A。

1.1　BD07082 號
1.3　小乘三科
1.4　龍 082
1.5　342:8397
2.1　（40＋2）×30.5 厘米；1 紙；19 行，行 20 餘字。
2.3　卷軸裝。首全尾殘。上邊殘破。背有近代裱補。有折疊欄。已修整。
3.4　說明：
本文獻首全，尾行下殘。為敦煌僧人學習佛教的基礎教材。未為歷代大藏經所收。
4.1　小乘三科（首）。
8　8～9 世紀。吐蕃統治時期寫本。
9.1　楷書。

9.2　有行間校加字。
11　圖版:《敦煌寶藏》，110/190A。

1.1　BD07083 號
1.3　大般若波羅蜜多經卷五三六
1.4　龍 083
1.5　084:3307
2.1　37.8×25 厘米；1 紙；22 行，行 17 字。
2.3　卷軸裝。首尾均脱。卷内有横裂。有烏絲欄。已修整。
3.1　首殘→大正 0220，07/0751B08。
3.2　尾殘→07/0751B29。
8　8~9 世紀。吐蕃統治時期寫本。
9.1　楷書。有武周新字“正”。
9.2　有刮改。
11　圖版:《敦煌寶藏》，77/181B。

1.1　BD07084 號
1.3　大般若波羅蜜多經卷一五二
1.4　龍 084
1.5　084:2401
2.1　(2.2+38.6)×27.8 厘米；2 紙；28 行，行 17 字。
2.2　01：2.2+17.3，11；　02：21.3+8.3，17。
2.3　卷軸裝。首尾均殘。卷面有油污。有烏絲欄。已修整。
3.1　首行上下殘→大正 0220，05/0824A19。
3.2　尾 4 行上下殘→05/0824B13~17。
8　8~9 世紀。吐蕃統治時期寫本。
9.1　楷書。
11　圖版:《敦煌寶藏》，73/168B~169A。

1.1　BD07085 號
1.3　大乘入楞伽經卷四
1.4　龍 085
1.5　038:0368
2.1　48.5×26.5 厘米；1 紙；26 行，行 17 字。
2.3　卷軸裝。首尾均脱。有烏絲欄。
3.1　首脱→大正 0672，16/0609A27。
3.2　尾斷→16/0609B29。
8　9~10 世紀。歸義軍時期寫本。
9.1　楷書。
11　圖版:《敦煌寶藏》，58/390B~391A。

1.1　BD07086 號
1.3　大般若波羅蜜多經卷五九四
1.4　龍 086
1.5　405:8555
2.1　(6.1+37.2+4.1)×26.2 厘米；2 紙；28 行，行 17 字。
2.2　01：06.1，03；　02：37.2+4.1，25。
2.3　卷軸裝。首尾均殘。下有縱向破裂，上下邊殘破。背有古代裱補。有烏絲欄。
3.1　首 3 行上下殘→大正 0220，07/1072C18~20。
3.2　尾 2 行下殘→07/1073A16~17。
7.1　首紙背面有勘記“五百九十四（本文獻卷次），六十袟（所屬袟次），四（袟内卷次）”。
8　8~9 世紀。吐蕃統治時期寫本。
9.1　楷書。
11　圖版:《敦煌寶藏》，110/572A~573A。

1.1　BD07087 號
1.3　金剛般若波羅蜜經
1.4　龍 087
1.5　094:4120
2.1　(102.9+11)×26 厘米；3 紙；64 行，行 17 字。
2.2　01：33.7，21；　02：40.7，25；　03：28.5+11，18。
2.3　卷軸裝。首斷尾殘。第 2、3 紙有等距離小殘洞。尾有餘空。有烏絲欄。
3.1　首殘→大正 0235，08/0750B24。
3.2　尾闕→08/0751B04。
8　7~8 世紀。唐寫本。
9.1　楷書。
11　圖版:《敦煌寶藏》，82/164B~165B。

1.1　BD07088 號
1.3　藥師琉璃光如來本願功德經
1.4　龍 088
1.5　030:0278
2.1　(4.5+109.5+2)×26.2 厘米；3 紙；68 行，行 17 字。
2.2　01：4.5+26.5，18；　02：48.0，28；　03：35+2，22。
2.3　卷軸裝。首尾均殘。卷面多水漬，下邊略有破損。有上下邊欄。已修整。
3.1　首 2 行上下殘→大正 0450，14/0405A22~24。
3.2　尾 2 行上中殘→14/0406A04~06。
7.3　背有雜寫“恶”、“五”等。
8　8 世紀。唐寫本。
9.1　楷書。
9.2　有行間校加字。
11　圖版:《敦煌寶藏》，57/582A~583B。

1.1　BD07089 號
1.3　妙法蓮華經卷七
1.4　龍 089
1.5　105:6027
2.1　(26.5+153.2+2)×26 厘米；5 紙；101 行，行 17 字。
2.2　01：17.5+，09；　02：9+40.5，28；　03：49.7，28；　04：49.0，27；　05：14+2，09。

2.3　卷軸裝。首尾均殘。通卷殘破，有等距離殘洞，卷面有油污，變色、變脆。卷面脱落 2 塊殘片，已綴接。背有古代裱補。已修整。
3.1　首 14 行中下殘→大正 0262，09/0056C21 ~ 0057A7。
3.2　尾行下殘→09/0058B08。
7.3　第 4 紙上邊有雜寫"上大夫七十"。
8　9 ~ 10 世紀。歸義軍時期寫本。
9.1　楷書。
11　圖版：《敦煌寶藏》，96/347B ~ 349B。

1.1　BD07090 號 A
1.3　大寶積經（兑廢稿）卷六一
1.4　龍 090
1.5　377:8486
2.1　47.5 ×25.5 厘米；1 紙；28 行，行 17 字。
2.3　卷軸裝。首尾均脱。有烏絲欄。
3.1　首殘→大正 0310，11/0354C12。
3.2　尾殘→11/0355B04。
8　8 ~ 9 世紀。吐蕃統治時期寫本。
9.1　楷書。
9.2　有行間加行及行間校加字。
11　圖版：《敦煌寶藏》，110/446A ~ 447A。

1.1　BD07090 號 B
1.3　大寶積經（兑廢稿）卷六一
1.4　龍 090
1.5　377:8486
2.1　47.8 ×25.5 厘米；1 紙；28 行，行 17 字。
2.3　卷軸裝。首尾均脱。有烏絲欄。
3.1　首殘→大正 0310，11/0354C12。
3.2　尾殘→11/0355B04。
8　8 ~ 9 世紀。吐蕃統治時期寫本。
9.1　楷書。
9.2　有行間加行。
11　圖版：《敦煌寶藏》，110/446A ~ 447A。

1.1　BD07091 號
1.3　妙法蓮華經卷七
1.4　龍 091
1.5　105:6136
2.1　90.8 ×26.5 厘米；2 紙；56 行，行 17 ~ 19 字。
2.2　01：45.5，28；　02：45.3，28。
2.3　卷軸裝。首尾均脱。經黄紙。卷面多水漬。有烏絲欄。
3.1　首殘→大正 0262，09/0060A18。
3.2　尾殘→09/0060C22。
8　7 ~ 8 世紀。唐寫本。
9.1　楷書。
11　圖版：《敦煌寶藏》，97/109A ~ 110A。

1.1　BD07092 號
1.3　佛名經鈔（擬）
1.4　龍 092
1.5　063:0828
2.1　54.5 ×30 厘米；2 紙；24 行，行 17 字。
2.2　01：40.5，18；　02：14.0，06。
2.3　卷軸裝。首全尾脱。第 1 紙有折疊欄及刻劃欄，第 2 紙有烏絲欄。
3.4　説明：

本文獻為《佛名經》（十六卷本）卷一六節鈔，詳情如下：

第 02 ~ 20 行：《七寺古逸經典研究叢書》，3/第 798 頁第 061 行 ~ 第 800 頁第 078 行；

第 21 ~ 24 行：《七寺古逸經典研究叢書》，3/第 813 頁第 250 行 ~ 第 253 行。

4.1　佛說佛名經卷第十六（首）。
7.1　首紙背上部有題名"汜文達"。
8　9 ~ 10 世紀。歸義軍時期寫本。
9.1　楷書。
11　圖版：《敦煌寶藏》，62/586。

1.1　BD07093 號
1.3　大般若波羅蜜多經卷四〇四
1.4　龍 093
1.5　084:3069
2.1　（13.1 +29.3）×25.2 厘米；1 紙；25 行，行 17 字。
2.3　卷軸裝。首殘尾脱。有烏絲欄。
3.1　首 7 行上下殘→大正 0220，07/0018A04 ~ 10。
3.2　尾殘→07/0018B01。
4.1　□…□三藏法師玄奘□…□（首）。
7.1　卷背面有勘記"四百四"。
8　8 ~ 9 世紀。吐蕃統治時期寫本。
9.1　楷書。硬筆書寫。
11　圖版：《敦煌寶藏》，76/295B。

1.1　BD07094 號
1.3　大般若波羅蜜多經卷一五二
1.4　龍 094
1.5　084:2399
2.1　（2 +67.1 +8）×26 厘米；3 紙；43 行，行 17 字。
2.2　01：2 +3.4，03；　02：46.5，27；　03：17.2 +8，13。
2.3　卷軸裝。首尾均殘。首紙有殘洞及横向破裂、下邊殘缺，第 1、2 紙接縫處有開裂，第 2 紙有縱向破裂。有烏絲欄。
3.1　首行下殘→大正 0220，05/0820C09。
3.2　尾 3 行下殘→05/0821A20 ~ 22。
5　與《大正藏》本對照，第 17 行有漏抄。參見：05/0820C25

"復"～C26"多"；第2紙27行至第3紙第1行經文重複；第3紙第2行至第10行，經文有誤抄，"若我若無我"誤為"若常若無常"。
8　8～9世紀。吐蕃統治時期寫本。
9.1　楷書。
11　圖版：《敦煌寶藏》，73/166A～167A。

1.1　BD07095號
1.3　大般若波羅蜜多經（兌廢稿）卷五七三
1.4　龍095
1.5　405:8556
2.1　(2+48)×27.4厘米；1紙；28行，行17字。
2.3　卷軸裝。首脫尾殘。有殘洞。有烏絲欄。
3.1　首殘→大正0220，07/0962A01。
3.2　尾行下殘→07/0962A28。
8　8～9世紀。吐蕃統治時期寫本。
9.1　楷書。
9.2　有刮改。上邊有墨筆塗抹。
11　圖版：《敦煌寶藏》，110/573B～574A。

1.1　BD07096號
1.3　維摩詰所說經卷上
1.4　龍096
1.5　070:1050
2.1　(49.5+3)×25.5厘米；1紙；正面25行，行17字；背面6行，行20餘字。
2.3　卷軸裝。首脫尾殘。有烏絲欄。
3.1　首殘→大正0475，14/0542B12。
3.2　尾2行中上殘→14/0542C07～09。
6.1　首→BD05552號。
7.3　背面有雜寫，錄文如下：
□…□好解。若不解大乘經律，若輕若<蘭>重，是非之相，不/
解弟（第）一義諦，習種性，長養性種，不可壞性道種性/
心法性其中多小觀行出入十禪交一切法一一不解得此/
法中意而菩薩爲利養故爲名聞故惡求名求貪利弟/
子而詐現解一切經律，為供養故是自詐亦欺詐他/
人故於與（?）人受戒者/
（錄文完）
8　8～9世紀。吐蕃統治時期寫本。
9.1　楷書。
9.2　有行間校加字。
11　圖版：《敦煌寶藏》，64/470。

1.1　BD07097號
1.3　大般若波羅蜜多經卷四〇一
1.4　龍097
1.5　084:3067
2.1　(13.5+27.4)×25.4厘米；1紙；24行，行17字。
2.3　卷軸裝。首殘尾脫。打紙。卷首右下殘缺，卷下部有破裂。有烏絲欄。已修整。
3.1　首8行下殘→大正0220，07/0001B06～13。
3.2　尾殘→07/0001B29。
7.1　卷背有勘記"第四百一"。
8　8～9世紀。吐蕃統治時期寫本。
9.1　楷書。
11　圖版：《敦煌寶藏》，76/285A。

1.1　BD07098號
1.3　妙法蓮華經卷三
1.4　龍098
1.5　105:5069
2.1　(3.4+49.1+2.1)×25厘米；3紙；30行，行17字。
2.2　01：03.4，01；　02：49.1，28；　03：02.1，01。
2.3　卷軸裝。首尾均殘。經黃打紙。卷面有等距離黴爛。有烏絲欄。已修整。
3.1　首行中殘→大正0262，09/0019B15～16。
3.2　尾行上殘→09/0019C18～19。
8　7～8世紀。唐寫本。
9.1　楷書。
11　圖版：《敦煌寶藏》，88/424A～B。

1.1　BD07099號
1.3　四分律比丘戒本
1.4　龍099
1.5　156:6833
2.1　247×28.8厘米；6紙；144行，行21字。
2.2　01：45.0，28；　02：45.0，31；　03：44.0，24；
04：41.0，24；　05：27.0，15；　06：45.0，22。
2.3　卷軸裝。首尾均脫。首紙上方殘破，第2、3紙接縫上方開裂，卷面有油污。有折疊欄，無上下邊欄。
3.1　首殘→大正1429，22/1015B22。
3.2　尾殘→22/1018A29。
7.3　第3紙背有雜寫"此是法廣"、"若"，另有本文獻經文雜寫一行，不錄文。
8　9～10世紀。歸義軍時期寫本。
9.1　楷書。
9.2　有刪除、刮改、塗抹、倒乙及重文號。有行間加行及行間校加字。
11　圖版：《敦煌寶藏》，102/146B～149B。

1.1　BD07100號
1.3　大般若波羅蜜多經卷四七八
1.4　龍100

1.5　084:3194
2.1　43.2×27.8 厘米；1 紙；26 行，行 17 字。
2.3　卷軸裝。首尾均脫。有烏絲欄。
3.1　首殘→大正 0220，07/0425A02。
3.2　尾殘→07/0425A28。
8　8～9 世紀。吐蕃統治時期寫本。
9.1　楷書。
11　圖版：《敦煌寶藏》，76/603A。

1.1　BD07101 號
1.3　無量壽宗要經
1.4　師 001
1.5　275:8074
2.1　82×31 厘米；2 紙；54 行，行 30 餘字。
2.2　01：41.5，27；　02：40.5，27。
2.3　卷軸裝。首尾均脫。有烏絲欄。
3.1　首殘→大正 0936，19/0083B19。
3.2　尾全→19/0084C28。
7.1　卷尾背有題名“張涓”。
8　8～9 世紀。吐蕃統治時期寫本。
9.1　行楷。
11　圖版：《敦煌寶藏》，109/3A～4B。

1.1　BD07102 號
1.3　妙法蓮華經卷一
1.4　師 002
1.5　105:4612
2.1　(5.1+56.8+)×24.6 厘米；2 紙；42 行，行 16～19 字。
2.2　01：5.1+8.4，14；　02：48.4，28。
2.3　卷軸裝。首殘尾脫。首紙下有殘損，卷面有水漬。有烏絲欄。已修整。
3.1　首 3 行上殘→大正 0262，09/0002A03～05。
3.2　尾殘→09/0002B19。
8　9～10 世紀。歸義軍時期寫本。
9.1　楷書。
11　圖版：《敦煌寶藏》，85/91B～92A。

1.1　BD07103 號
1.3　金光明最勝王經（兑廢稿）卷八
1.4　師 003
1.5　083:1889
2.1　48.5×26 厘米；1 紙；25 行，行 17 字。
2.3　卷軸裝。首尾均脫。卷面有等距離水漬。有烏絲欄。尾有餘空。
3.1　首殘→大正 0665，16/0440B20。
3.2　尾缺→16/0440C18。
7.1　上邊有“兑”字。
8　8～9 世紀。吐蕃統治時期寫本。
9.1　楷書。
11　圖版：《敦煌寶藏》，70/494B～495A。

1.1　BD07104 號
1.3　金剛般若波羅蜜經
1.4　師 004
1.5　094:3845
2.1　(30.5+60.5+2)×27.5 厘米；3 紙；56 行，行 17 字。
2.2　01：27.5，17；　02：3+46，29；　03：14.5+2，10。
2.3　卷軸裝。首殘尾斷。卷面多水漬。有烏絲欄。第 2 紙脫落 3 塊殘片，已綴接。已修整。
3.1　首 18 行下殘→大正 0235，08/0749B05～24。
3.2　尾 1 行上殘→08/0750A04～06。
8　9～10 世紀。歸義軍時期寫本。
9.1　楷書。
11　圖版：《敦煌寶藏》，80/560B～561B。

1.1　BD07105 號
1.3　大般若波羅蜜多經（兑廢稿）卷五一〇
1.4　師 005
1.5　084:3264
2.1　44.6×26.5 厘米；1 紙；27 行，行 17 字。
2.3　卷軸裝。首尾均脫。卷面有小殘洞，下邊殘破。有烏絲欄。尾有餘空。
3.1　首殘→大正 0220，07/0605B23。
3.2　尾缺→07/0605C22。
7.1　卷首上邊有 1 個“兑”字。
8　8～9 世紀。吐蕃統治時期寫本。
9.1　楷書。有武周新字“正”。
9.2　有刮改。
11　圖版：《敦煌寶藏》，77/72B。

1.1　BD07106 號
1.3　佛名經（十六卷本）卷一〇
1.4　師 006
1.5　063:0699
2.1　45.5×26.4 厘米；1 紙；27 行，行 17 字。
2.3　卷軸裝。首全尾脫。經黄打紙。卷面有等距離油污，卷首横向破裂，下方殘破。有烏絲欄。已修整。
3.1　首全→《七寺古逸經典研究叢書》，3/482 頁第 001 行。
3.2　尾殘→《七寺古逸經典研究叢書》，3/484 頁第 028 行。
4.1　佛說佛名經卷第十（首）。
8　7～8 世紀。唐寫本。
9.1　楷書。
11　圖版：《敦煌寶藏》，61/382B～382B。

1.1　BD07107 號
1.3　大般若波羅蜜多經卷三七九
1.4　師 007
1.5　084: 3032
2.1　62.4×25.2 厘米；2 紙；26 行，行 17 字。
2.3　卷軸裝。首全尾脫。有護首，上下有破裂，有竹質天竿，有護首經名。通卷上下邊殘破，上邊有等距離殘洞。有烏絲欄。扉頁畫有烏絲欄。
3.1　首全→大正 0220，06/0956A09。
3.2　尾殘→06/0956B08。
4.1　大般若波羅蜜多經卷第三百七十九，/初分無雜法義品第六十七之二，三藏法師玄奘奉詔譯/（首）。
7.4　護首有經名"大般若波羅蜜多經卷第三百七十九"，上有經名號。
8　8~9 世紀。吐蕃統治時期寫本。
9.1　楷書。
11　圖版：《敦煌寶藏》，76/147A~B。

1.1　BD07108 號
1.3　諸星母陀羅尼經
1.4　師 008
1.5　253: 7554
2.1　36×26.3 厘米；1 紙；23 行，行 16~18 字。
2.3　卷軸裝。首脫尾斷。有烏絲欄。
3.1　首殘→大正 1302，21/0420C01。
3.2　尾殘→21/0420C25。
8　9~10 世紀。歸義軍時期寫本。
9.1　楷書。
11　圖版：《敦煌寶藏》，106/652A。

1.1　BD07109 號
1.3　無量壽宗要經
1.4　師 009
1.5　275: 8075
2.1　(14.5+157.5)×31.5 厘米；4 紙；118 行，行 30 餘字。
2.2　01：14.5+18，24；　02：46.5，34；　03：46.5，34；
04：46.5，26。
2.3　卷軸裝。首殘尾全。上下殘缺嚴重，中間有殘洞。有烏絲欄。已修整。
3.1　首 11 行上下殘→大正 0936，19/0082A21。
3.2　尾全→19/0084C29。
4.2　佛說無量受宗要經（尾）。
7.1　尾紙有題名"張興國"。
8　8~9 世紀。吐蕃統治時期寫本。
9.1　行楷。
11　圖版：《敦煌寶藏》，109/5A~7A。

1.1　BD07110 號
1.3　無量壽宗要經
1.4　師 010
1.5　275: 8175
2.1　(3.5+89.5)×30.5 厘米；2 紙；68 行，行 30 餘字。
2.2　01：3.5+43，34；　02：46.5，34。
2.3　卷軸裝。首全尾脫。卷首右上殘缺，通卷上邊破裂殘損，第 1、2 紙脫開。有烏絲欄。已修整、綴接。
3.1　首 2 行上殘→大正 0936，19/0082A03~05。
3.2　尾殘→19/0083C10。
4.1　□…□經（首）。
8　8~9 世紀。吐蕃統治時期寫本。
9.1　行楷。
11　圖版：《敦煌寶藏》，109/183A~184A。

1.1　BD07111 號
1.3　無量壽宗要經（兌廢稿）
1.4　師 011
1.5　275: 8176
2.1　46.5×27 厘米；1 紙；28 行，行 17~19 字。
2.3　卷軸裝。首尾均脫。紙首有破裂，上下邊有殘損，中間有殘洞。有烏絲欄。
3.1　首殘→大正 0936，19/0083C27。
3.2　尾殘→19/0084A26。
7.1　上邊有"兌"字。
7.3　上邊有"五"字。
8　8~9 世紀。吐蕃統治時期寫本。
9.1　楷書。
11　圖版：《敦煌寶藏》，109/184B~185A。

1.1　BD07112 號
1.3　四分比丘尼戒本
1.4　師 012
1.5　157: 6981
2.1　(3.5+48.5)×25.4 厘米；2 紙；34 行，行 17 字。
2.2　01：3.5+3.5，04；　02：45.0，30。
2.3　卷軸裝。首殘尾脫。卷面有油污，第 2 紙下部破裂。卷背有鳥糞。有烏絲欄。
3.1　首 2 行上殘→大正 1431，22/1038A26~27。
3.2　尾殘→22/1038C11。
8　8~9 世紀。吐蕃統治時期寫本。
9.1　楷書。
11　圖版：《敦煌寶藏》，103/243A~B。

1.1　BD07113 號
1.3　大般若波羅蜜多經卷二三八
1.4　師 013

1.5　084:2616
2.1　(2+95.5)×27.7厘米；3紙；57行，行17字。
2.2　01：02.0，01；　02：48.0，28；　03：47.5，28。
2.3　卷軸裝。首殘尾脱。上下邊有殘破，第2、3紙接縫處上開裂。有烏絲欄。
3.1　首行下殘→大正0220，06/0200A16～17。
3.2　尾殘→06/0200C15。
8　8～9世紀。吐蕃統治時期寫本。
9.1　楷書。
11　圖版：《敦煌寶藏》，74/244A～245A。

1.1　BD07114號
1.3　諸星母陀羅尼經
1.4　師014
1.5　253:7552
2.1　(2+93.4)×24.9厘米；4紙；53行，行17～18字。
2.2　01：2+15.7，11；　02：42.2，28；　03：25.5，14；
　　04：10.0，拖尾。
2.3　卷軸裝。首殘尾全。卷面多水漬，有殘破及殘洞，接縫處有開裂。有燕尾。有烏絲欄。
3.1　首行下殘→大正1302，21/0420B18。
3.2　尾全→21/0421A14。
4.2　諸星母陀羅尼經一卷（尾）。
7.1　尾題後第3、4紙接縫處有題名“鄧英”。拖尾有題名“索和子”。
8　8～9世紀。吐蕃統治時期寫本。
9.1　楷書。
11　圖版：《敦煌寶藏》，106/649A～650A。

1.1　BD07115號
1.3　妙法蓮華經卷一
1.4　師015
1.5　105:4696
2.1　(23.4+51.2+5.5)×26.5厘米；2紙；48行，行20字(偈)。
2.2　01：23.4+23.7，28；　02：27.5+5.5，20。
2.3　卷軸裝。首尾均殘。麻紙；未入潢。卷首右上殘缺一塊，卷面有水漬，上邊有殘缺破損。有烏絲欄。
3.1　首14行上殘→大正0262，09/0009A16～B12。
3.2　尾4行殘→09/0010A16～23。
8　7～8世紀。唐寫本。
9.1　楷書。
11　圖版：《敦煌寶藏》，85/298A～299A。

1.1　BD07116號A
1.3　無量壽宗要經
1.4　師016
1.5　275:7942
2.1　(7.5+43)×31.5厘米；2紙；31行，行30餘字。
2.2　01：07.5，01；　02：43.0，30。
2.3　卷軸裝。首全尾脱。卷面多水漬，有殘洞，上下邊有破裂殘缺。有烏絲欄。已修整。
3.1　首全→大正0936，19/0082A03。
3.2　尾殘→19/0082C06。
4.1　大乘無量壽經（首）。
7.1　首紙前部有題名“文達”。
8　8～9世紀。吐蕃統治時期寫本。
9.1　行楷。
11　圖版：《敦煌寶藏》，108/340B～341A。

1.1　BD07116號B
1.3　無量壽宗要經
1.4　師016
1.5　275:8076
2.1　(3.5+39)×31.5厘米；2紙；27行，行30餘字。
2.2　01：03.5，02；　02：39.0，25。
2.3　卷軸裝。首殘尾全。卷面多水漬，第2紙上下邊有殘損，中間有殘洞。有烏絲欄。
3.1　首2行上下殘→大正0936，19/0084B03。
3.2　尾全→19/0084C29。
4.2　佛說無量壽宗要經（尾）。
7.1　第2紙末有題記“令狐晏兒寫”。
8　8～9世紀。吐蕃統治時期寫本。
9.1　行楷。
11　圖版：《敦煌寶藏》，109/7B。

1.1　BD07117號
1.3　觀世音經
1.4　師017
1.5　111:6250
2.1　(8.5+128.2)×25厘米；4紙；73行，行17字。
2.2　01：8.5+27.6，21；　02：41.5，24；　03：40.6，24；
　　04：18.5，04。
2.3　卷軸裝。首殘尾全。通卷下邊黴爛。有燕尾。背有古代裱補。有烏絲欄。已修整。
3.1　首5行下殘→大正0262，09/0057A23～28。
3.2　尾全→09/0058B07。
4.2　觀世音經（尾）。
8　7～8世紀。唐寫本。
9.1　楷書。
11　圖版：《敦煌寶藏》，97/467A～469A。
　　從該號背面揭下古代裱補紙7塊，今編爲BD16175號。

1.1　BD07118號

1.3　大般若波羅蜜多經卷三〇三
1.4　師 018
1.5　084∶2838
2.1　47.3×27.5 厘米；1 紙；28 行，行 17 字。
2.3　卷軸裝。首尾均脱。上邊殘破，有殘洞。有烏絲欄。
3.1　首殘→大正 0220，06/0547A13。
3.2　尾殘→06/0547B16。
7.3　背有經文雜寫“波羅”。
8　8～9 世紀。吐蕃統治時期寫本。
9.1　楷書。
11　圖版：《敦煌寶藏》，75/222B～223A。

1.1　BD07119 號
1.3　七階佛名經
1.4　師 019
1.5　305∶8328
2.1　（6.3＋137.3）×29 厘米；4 紙；89 行，行 18 字。
2.2　01：6.3＋26.3，21；　02：43.0，27；　03：43.0，25；
04：25.0，16。
2.3　卷軸裝。首尾均殘。卷首上下殘破，上邊有油污。背有近代裱補。有烏絲欄。
3.4　説明：
本號首 4 行下殘，尾 1 行上下殘。原為三階教典籍，在敦煌地區甚爲流行。本文獻形態複雜，尚需進一步研究整理。
8　9～10 世紀。歸義軍時期寫本。
9.1　楷書。
11　圖版：《敦煌寶藏》，110/2B～4A。

1.1　BD07120 號
1.3　新菩薩經
1.4　師 020
1.5　296∶8286
2.1　40.5×28 厘米；1 紙；13 行，行 15 字。
2.3　卷軸裝。首尾均全。有折疊欄。
3.4　説明：
本文獻為晚唐時期出現的疑偽經，在敦煌地區頗爲流行，形態複雜，異本較多。
4.1　新菩薩經一卷（首），
4.2　新菩薩經一卷（尾）。
7.1　卷尾有題記“此經大蕃乙未年（815）正月二日見記”。
8　815 年。吐蕃統治時期寫本。
9.1　楷書。
11　圖版：《敦煌寶藏》，109/522A。

1.1　BD07121 號
1.3　大寶積經（兑廢稿）卷一一七
1.4　師 021
1.5　377∶8498
2.1　47.8×26.3 厘米；1 紙；28 行，行 16～19 字。
2.3　卷軸裝。首尾均脱。有烏絲欄。
3.1　首殘→大正 0310，11/0663C22。
3.2　尾殘→11/0664A22。
8　8 世紀。唐寫本。
9.1　楷書。
9.2　有行間加行，寫到下邊。有點去。
11　圖版：《敦煌寶藏》，110/460A～B。

1.1　BD07122 號
1.3　大般若波羅蜜多經卷四四四
1.4　師 022
1.5　084∶3139
2.1　47.8×25.6 厘米；1 紙；28 行，行 17 字。
2.3　卷軸裝。首尾均脱。有數處横豎破裂。有烏絲欄。
3.1　首殘→大正 0220，07/0238C26。
3.2　尾殘→07/0239A25。
7.1　卷端背面有勘記“卌五（本文獻所屬袟次），卌五第四（袟内卷次），蓮（所屬寺院簡稱），蓮”。
8　8～9 世紀。吐蕃統治時期寫本。
9.1　楷書。
11　圖版：《敦煌寶藏》，76/474A。

1.1　BD07123 號
1.3　妙法蓮華經卷七
1.4　師 023
1.5　105∶6133
2.1　（3.5＋65＋30）×26.5 厘米；3 紙；56 行，行 17 字。
2.2　01：3.5＋11.5，08；　02：42.5，24；　03：11＋30，24。
2.3　卷軸裝。首尾均殘。前 2 紙有破裂，尾紙殘缺破損嚴重。有烏絲欄。已修整。
3.1　首 2 行上殘→大正 0262，09/0059C18～0060A01。
3.2　尾 12 行上下殘→09/0060B21～C03。
8　9～10 世紀。歸義軍時期寫本。
9.1　楷書。
11　圖版：《敦煌寶藏》，97/104A～105A。

1.1　BD07124 號
1.3　寶雲經卷二
1.4　師 024
1.5　392∶8523
2.1　47×27 厘米；1 紙；正面 25 行，行 17 字；背面 2 行，行字不等。
2.3　卷軸裝。首尾均脱。上邊有紅色污染。有烏絲欄。尾有餘空。
2.4　本遺書包括 2 個文獻：（一）《寶雲經》卷二，25 行，今編

為 BD07124 號。（二）《勘經錄》（擬），抄寫在背面，2 行，今編為 BD07124 號背。
3.1 首殘→大正 0658，16/0218C16。
3.2 尾殘→16/0219A10。
8 8 世紀。唐寫本。
9.1 楷書。
11 圖版：《敦煌寶藏》，110/506A～507A。

1.1 BD07124 號背
1.3 勘經錄（擬）
1.4 師 024
1.5 392:8523
2.4 本遺書由 2 個文獻組成，本號為第 2 個，抄寫在背面，2 行。餘參見 BD07124 號之第 2 項、第 11 項。
3.3 錄文：
第一袟，第四、六、七、八。第二袟，十四。第三袟，/
六、七、九。/
（錄文完）
8 8～9 世紀。吐蕃統治時期寫本。
9.1 楷書。

1.1 BD07125 號
1.3 大寶積經（兌廢稿）卷一一七
1.4 師 025
1.5 461:8682
2.1 49.8×26.3 厘米；1 紙；28 行，行 17 字。
2.3 卷軸裝。首尾均脫。有烏絲欄。
3.1 首殘→大正 0310，11/0660C29。
3.2 尾殘→11/0661A29。
8 9～10 世紀。歸義軍時期寫本。
9.1 楷書。
9.2 有刮改。有行間加行，寫在下邊。
11 圖版：《敦煌寶藏》，111/164A～B。

1.1 BD07126 號
1.3 大般若波羅蜜多經（兌廢稿）卷一四二
1.4 師 026
1.5 084:2375
2.1 48.5×27.4 厘米；1 紙；28 行，行 17 字。
2.3 卷軸裝。首尾均脫。有烏絲欄。
3.1 首殘→大正 0220，05/0772A22。
3.2 尾殘→05/0772B21。
7.1 上邊有 1 個“兌”字。
8 8 世紀。唐寫本。
9.1 楷書。
11 圖版：《敦煌寶藏》，73/106。

1.1 BD07127 號
1.3 大般若波羅蜜多經（兌廢稿）卷四九六
1.4 師 027
1.5 084:3240
2.1 47.7×25.9 厘米；1 紙；25 行，行 17 字。
2.3 卷軸裝。首尾均脫。上邊有殘缺，有水漬及紅色污痕。尾有餘空。有烏絲欄。
3.1 首殘→大正 0220，07/0525A18。
3.2 尾缺→07/0525B14。
5 與《大正藏》本對照，尾行有漏抄文字。參見大正 07/0525B12“亦”～13 第 3 個“緣”字。
7.1 卷首上邊有 1 個“兌”字。
8 8～9 世紀。吐蕃統治時期寫本。
9.1 楷書。
11 圖版：《敦煌寶藏》，77/31B。

1.1 BD07128 號
1.3 四分比丘尼戒本
1.4 師 028
1.5 157:6958
2.1 （3+51.5）×26 厘米；2 紙；32 行，行 22 字。
2.2 01：3+13，09； 02：38.5，23。
2.3 卷軸裝。首殘尾斷。首紙下部破裂。背有古代裱補。有烏絲欄。
3.1 首 1 行上中殘→大正 1431，22/1031C04～05。
3.2 尾殘→22/1032A26。
8 8 世紀。唐寫本。
9.1 楷書。
11 圖版：《敦煌寶藏》，103/124B～125A。

1.1 BD07129 號
1.3 金光明最勝王經卷一
1.4 師 029
1.5 083:1470
2.1 （3.5+83.9+7）×25.7 厘米；3 紙；正面 66 行，行 17 字；背面 5 行，行字不等。
2.2 01：3.5+21.2，22； 02：45.2，28； 03：17.5+7，16。
2.3 卷軸裝。首尾均殘。通卷殘碎嚴重，多水漬。背有古代裱補，上面有字。有烏絲欄。
2.4 本遺書包括 2 個文獻：（一）《金光明最勝王經》卷一，66 行，今編為 BD07129 號。（二）《納物歷》（擬），抄寫在背面裱補紙上，5 行，今編為 BD07129 號背。
3.1 首 8 行下殘→大正 0665，16/0403B13～20。
3.2 尾 4 行上下殘→16/0404A29～B05。
8 8～9 世紀。吐蕃統治時期寫本。
9.1 楷書。
11 圖版：《敦煌寶藏》，68/27A～28A。

1.1　BD07129 號背
1.3　納物歷（擬）
1.4　師 029
1.5　083:1470
2.4　本遺書由 2 個文獻組成，本號為第 2 個，抄寫在背面褙補紙上，5 行。餘參見 BD07129 號之第 2 項、第 11 項。
3.4　説明：
背面有 2 塊古代褙補紙。其中 A 塊有文字三行，錄文如下：
處分□…□/
納物□…□/
程保（?）□…□/
（錄文完）
B 塊有文字兩行，錄文如下：
□…□係（?）◇主□…□/
□…□孟醜奴□…□/
（錄文完）
A、B 兩塊褙補紙的關係尚需進一步考訂。
8　9 ~ 10 世紀。歸義軍時期寫本。
9.1　楷書。

1.1　BD07130 號
1.3　妙法蓮華經（兑廢稿）卷七
1.4　師 030
1.5　105:6148
2.1　47 × 27 厘米；1 紙；28 行，行 17 字。
2.3　卷軸裝。首尾均脱。上邊有殘缺，下部殘破，並油污嚴重。有烏絲欄。
3.1　首殘→大正 0262，09/0061A25。
3.2　尾殘→09/0061B23。
7.1　卷首上邊有“兑”字。
8　8 ~ 9 世紀。吐蕃統治時期寫本。
9.1　楷書。
11　圖版：《敦煌寶藏》，97/132A ~ B。

1.1　BD07131 號
1.3　大般若波羅蜜多經卷五九五
1.4　師 031
1.5　084:3405
2.1　45.8 × 25.5 厘米；1 紙；26 行，行 17 字。
2.3　卷軸裝。首全尾脱。尾部有多處裂損。背有古代褙補，褙補紙正面有歸義軍時期補寫經文。原卷有烏絲欄。
3.1　首全→大正 0220，07/1076C18。
3.2　尾殘→07/1077A18。
4.1　大般若波羅蜜多經卷第五百九十五，/第十六般若波羅蜜多分之三，三藏法師玄奘奉詔譯/（首）。
8　8 ~ 9 世紀。吐蕃統治時期寫本。
9.1　楷書。
9.2　有行間校加字。
11　圖版：《敦煌寶藏》，77/486B。

1.1　BD07132 號
1.3　觀世音經
1.4　師 032
1.5　105:5976
2.1　（5 + 220）× 26 厘米；6 紙；正面 125 行，行 17 字；背面 20 行，行約 17 字。
2.2　01：5 + 35，22；　02：42.5，24；　03：42.0，24；
04：40.0，23；　05：42.0，24；　06：18.5，08。
2.3　卷軸裝。首尾均全。卷面多水漬，有豎向污痕，卷前部中間横破裂，背有古代褙補。有烏絲欄。
2.4　本遺書包括 3 個文獻：（一）《觀世音經》，125 行，今編為 BD07132 號。（二）《顯德六年（959）釋門法律沙門智果起居狀》（擬），抄寫在背面褙補紙上，12 行，今編為 BD07132 號背 1。（三）《大般若波羅蜜多經》卷四五，抄寫在背面褙補紙上，8 行，今編為 BD07132 號背 2。
3.1　首全→大正 0262，09/0056C02。
3.2　尾全→09/0058B07。
4.1　［妙］法蓮華經觀世音菩薩普門品第二十五（首）。
4.2　觀音經一卷（尾）。
8　9 ~ 10 世紀。歸義軍時期寫本。
9.1　楷書。
11　圖版：《敦煌寶藏》，97/248A ~ 251B。

1.1　BD07132 號背 1
1.3　顯德六年（959）釋門法律沙門智果起居狀（擬）
1.4　師 032
1.5　105:5976
2.4　本遺書由 3 個文獻組成，本號為第 2 個，抄寫在背面褙補紙上，12 行。餘參見 BD07132 號之第 2 項、第 11 項。
3.3　錄文：
智果啓：仲冬嚴寒，伏唯/
——
僧政和尚、二都頭、都知尊體起居萬福。即日智果‖蒙恩，未/
——
審近日/
法體何似。伏惟順時順節，倍□［加］/
——
保重，下情懇望。近者征人屆及，具聞/
和尚‖二都頭以都知平善，謙蒙曲賜。存問起居。/
況智果住於邊境，所出全虧。今‖乃略具得黃礬/
——
壹戚子，表和尚信。今因人往，空付書起居。不宣。謹狀。/

——

和尚香案前/

——

付（附）演諾兩條，二都頭各取壹條。恐謙（嫌）輕微也。/

——

顯德六年（959）十一月十‖一日釋門法律沙門智果啓上。/

（錄文完）

3.4　說明：

背面共有古代裱補紙 14 塊。其中一塊抄寫《大般若波羅蜜多經》卷四五，12 塊抄寫《顯德六年（959）釋門法律沙門智果起居狀》（擬），還有一塊上有"羅◇上座和尚"六字，是否亦屬《顯德六年（959）釋門法律沙門智果起居狀》，待考。

屬於《顯德六年（959）釋門法律沙門智果起居狀》的 12 塊裱補紙可以綴接。錄文項中錄文為綴接後的結果。"——"、"‖"分別表示左右及上下斷開。

8　959 年。歸義軍時期寫本。

9.1　楷書。

9.2　有行間校加字。

1.1　BD07132 號背 2

1.3　大般若波羅蜜多經卷四五

1.4　師 032

1.5　105:5976

2.4　本遺書由 3 個文獻組成，本號為第 3 個，抄寫在背面裱補紙上，8 行。餘參見 BD07132 號之第 2 項、第 11 項。

3.1　首殘→大正 0220，05/0255C21。

3.2　尾殘→05/0256A01。

5　與《大正藏》本對照，有缺文。參見 05/0255C23"薩"～24 第 1 個"可"。

8　8～9 世紀。吐蕃統治時期寫本。

9.1　楷書。

1.1　BD07133 號

1.3　諸星母陀羅尼經

1.4　師 033

1.5　253:7549

2.1　44.9×28.2 厘米；1 紙；28 行，行 16～18 字。

2.3　卷軸裝。首尾均脫。卷面有水漬。有烏絲欄。

3.1　首殘→大正 1302，21/0420B01。

3.2　尾殘→21/0420B29。

8　9～10 世紀。歸義軍時期寫本。

9.1　楷書。

11　圖版：《敦煌寶藏》，106/644B～645A。

1.1　BD07134 號

1.3　大般若波羅蜜多經卷一〇一

1.4　師 034

1.5　084:2271

2.1　（65.8+2.5）×26.1 厘米；2 紙；40 行，行 17 字。

2.2　01：48.5，28；　　02：17.3+2.8，12。

2.3　卷軸裝。首脫尾殘。第 2 紙有殘洞。卷背有鳥糞。有烏絲欄。

3.1　首殘→大正 0220，05/0563A21。

3.2　尾 2 行上殘→05/0563C02～03。

8　8～9 世紀。吐蕃統治時期寫本。

9.1　楷書。

11　圖版：《敦煌寶藏》，72/501A～501B。

1.1　BD07135 號

1.3　大乘入楞伽經卷三

1.4　師 035

1.5　038:0365

2.1　87.5×26.5 厘米；2 紙；51 行，行 17 字。

2.2　01：39.5，23；　　02：48.0，28。

2.3　卷軸裝。首殘尾脫。有烏絲欄。

3.1　首斷→大正 0672，16/0603C25。

3.2　尾脫→16/0604B21。

8　8 世紀。唐寫本。

9.1　楷書。

11　圖版：《敦煌寶藏》，58/384A～385A。

1.1　BD07136 號

1.3　金光明最勝王經卷二

1.4　師 036

1.5　083:1576

2.1　（50.5+5）×28.6 厘米；2 紙；33 行，行 17 字。

2.2　01：47.2，29；　　02：3.3+5，04。

2.3　卷軸裝。首斷尾全。卷面有油污，上邊有等距離殘缺，卷尾殘缺。有烏絲欄。

3.1　首殘→大正 0665，16/0413A20。

3.2　尾全→16/0413C06。

4.2　金光明最勝王經卷第二（尾）。

8　8 世紀。唐寫本。

9.1　楷書。

11　圖版：《敦煌寶藏》，68/414B～415A。

1.1　BD07137 號

1.3　金光明最勝王經卷一〇

1.4　師 037

1.5　083:1999

2.1　（51.7+4.5）×30.2 厘米；2 紙；36 行，行 32～33 字。

2.2　01：47.5，30；　　02：4.2+4.5，06。

2.3 卷軸裝。首脱尾殘。上下邊有殘缺。有烏絲欄。已修整。
3.1 首闕→大正 0665，16/0455B07。
3.2 尾 3 行中殘→16/0456B11 ~ 15。
8 9 ~ 10 世紀。歸義軍時期寫本。
9.1 楷書。
9.2 有刮改。
11 圖版：《敦煌寶藏》，71/303B ~ 304A。

1.1 BD07138 號
1.3 妙法蓮華經卷七
1.4 師 038
1.5 105:6025
2.1 85.5 × 26 厘米；3 紙；50 行，行 17 字。
2.2 01：41.0，23； 02：39.0，24； 03：05.5，03。
2.3 卷軸裝。首斷尾殘。卷面有水漬，上邊有等距離殘缺及破裂。有烏絲欄。
3.1 首殘→大正 0262，09/0057A20。
3.2 尾殘→09/0057C22。
8 7 ~ 8 世紀。唐寫本。
9.1 楷書。
11 圖版：《敦煌寶藏》，96/343B ~ 344B。

1.1 BD07139 號
1.3 大般若波羅蜜多經（兌廢稿）卷三八
1.4 師 039
1.5 084:2103
2.1 101.2 × 27.7 厘米；2 紙；60 行，行 17 字。
2.2 01：42.8，25； 02：58.4，35。
2.3 卷軸裝。首尾均脱。第 2 紙有殘洞。有烏絲欄。
3.1 首殘→大正 0220，05/0212C09。
3.2 尾殘→05/0213B06。
7.1 上邊有 2 個“兌”字。第 2 紙“兌”下有勘記“取本寫”。
8 7 ~ 8 世紀。唐寫本。
9.1 楷書。
9.2 有行間校加字及行間加行。
11 圖版：《敦煌寶藏》，71/657A ~ 658A。

1.1 BD07140 號
1.3 金剛般若波羅蜜經
1.4 師 040
1.5 094:4323
2.1 （20.2 + 69.3 + 4.3）× 25.5 厘米；3 紙；51 行，行 17 字。
2.2 01：16.5，08； 02：3.7 + 46.3，28； 03：23 + 4.3，15。
2.3 卷軸裝。首尾均殘。經黃紙。卷面有黴爛及蟲繭。有烏絲欄。已修整。
3.1 首 10 行下殘→大正 0235，08/0751B16 ~ B27。
3.2 尾 2 行上殘→08/0752A15 ~ A18。
5 與《大正藏》本相比，本卷經文無冥司偈，參見《大正藏》，8/751C16 ~ 19。
8 7 ~ 8 世紀。唐寫本。
9.1 楷書。
11 圖版：《敦煌寶藏》，82/653A ~ 654A。

1.1 BD07141 號
1.3 妙法蓮華經卷七
1.4 師 041
1.5 105:6048
2.1 33.8 × 25.5 厘米；2 紙；32 行，行 17 字。
2.2 01：12.3，07； 02：21.5，25。
2.3 卷軸裝。首尾均殘。經黃打紙。卷面有水漬，上下邊有殘破，接縫處有開裂。背有古代裱補。有烏絲欄。
3.1 首殘→大正 0262，09/0057B21。
3.2 尾殘→09/0058A11。
8 7 ~ 8 世紀。唐寫本。
9.1 楷書。
11 圖版：《敦煌寶藏》，96/382B ~ 383A。

1.1 BD07142 號
1.3 大方廣佛華嚴經（唐譯八十卷本）卷七八
1.4 師 042
1.5 376:8478
2.1 85.5 × 28.2 厘米；2 紙；54 行，行約 17 字。
2.2 01：43.0，27； 02：42.5，27。
2.3 卷軸裝。首尾均脱。首紙上邊有殘缺破損。有烏絲欄。已修整。
3.1 首殘→大正 0279，10/0434A18。
3.2 尾殘→10/0434C15。
8 8 世紀。唐寫本。
9.1 楷書。
11 圖版：《敦煌寶藏》，110/436A ~ 437A。

1.1 BD07143 號
1.3 大般若波羅蜜多經卷三二七
1.4 師 043
1.5 084:2888
2.1 43.5 × 25.5 厘米；1 紙；26 行，行 17 字。
2.3 卷軸裝。首全尾脱。上下邊有殘缺，有殘洞。背有古代裱補。有烏絲欄。
3.1 首全→大正 0220，06/0671C02。
3.2 尾殘→06/0672A01。
4.1 大般若波羅蜜多經卷第三百廿七，/初分［不退轉］品第卌九之三，三藏法師玄奘奉詔譯/（首）。
7.1 背端有勘記“下藏”。
8 8 ~ 9 世紀。吐蕃統治時期寫本。

9.1　楷書。
9.2　有刮改。
11　圖版：《敦煌寶藏》，75/357A。

1.1　BD07144 號
1.3　妙法蓮華經卷一
1.4　師 044
1.5　105：4642
2.1　(2.7 +131.2) ×25.5 厘米；3 紙；82 行，行 17 字。
2.2　01：2.7 +39.2，26；　02：46.0，28；　03：46.0，28。
2.3　卷軸裝。首殘尾脫。經黄紙。首紙上下有破裂殘損，卷面多水漬，下邊有殘缺。卷面有蟲繭。有烏絲欄。已修整。
3.1　首 2 行上殘→大正 0262，09/0003B11 ~13。
3.2　尾殘→09/0004B16。
8　7 ~8 世紀。唐寫本。
9.1　楷書。
11　圖版：《敦煌寶藏》，85/148B ~150A。

1.1　BD07145 號
1.3　大般若波羅蜜多經卷四二〇
1.4　師 045
1.5　084：3096
2.1　46.4 ×25.1 厘米；1 紙；27 行，行 17 字。
2.3　卷軸裝。首全尾脫。卷面多水漬。背有古代裱補。有烏絲欄。
3.1　首全→大正 0220，07/0107A18。
3.2　尾殘→07/0107B17。
4.1　大般若波羅蜜多經卷第四百二十，/第二分無所有品第二十一之三，三藏法師玄奘奉詔譯/（首）。
7.1　背有勘記“卌二”（本文獻袟次）。
8　8 ~9 世紀。吐蕃統治時期寫本。
9.1　楷書。
11　圖版：《敦煌寶藏》，76/383A。

1.1　BD07146 號
1.3　妙法蓮華經卷六
1.4　師 046
1.5　105：5837
2.1　(2 +47.5 +2) ×25 厘米；2 紙；30 行，行 17 字。
2.2　01：2 +39，24；　02：8.5 +2，06。
2.3　卷軸裝。首尾均殘。經黄打紙。卷面有水漬，接縫處下部開裂。有烏絲欄。
3.1　首行下殘→大正 0262，09/0052C08。
3.2　尾行上下殘→09/0053A09。
8　7 ~8 世紀。唐寫本。
9.1　楷書。
11　圖版：《敦煌寶藏》，95/328A ~B。

1.1　BD07147 號
1.3　大般若波羅蜜多經卷二一三
1.4　師 047
1.5　084：2540
2.1　(6 +38.5) ×25.2 厘米；1 紙；26 行，行 17 字。
2.3　卷軸裝。首全尾脫。卷面多水漬，下邊有殘破。卷首脫落 1 塊殘片，可以綴接。背有古代裱補。有烏絲欄。
3.1　首全→大正 0220，06/0065B19。
3.2　尾殘→06/0065C18。
4.1　大般若波羅蜜多經卷第二百一十三，/初分難信解品第卅四之卅二，三藏法師玄奘奉詔譯/（首）。
8　8 ~9 世紀。吐蕃統治時期寫本。
9.1　楷書。
11　圖版：《敦煌寶藏》，74/22B。

1.1　BD07148 號
1.3　大般若波羅蜜多經卷二五一
1.4　師 048
1.5　084：2660
2.1　(7 +64 +7.5) ×25.7 厘米；3 紙；35 行，行 17 字。
2.2　01：7 +10，護首；　02：45.0，26；　03：9 +7.5，09。
2.3　卷軸裝。首全尾殘。有護首，已殘破，下邊殘缺。卷面多水漬，有横向破裂及下邊殘缺。有烏絲欄。已修整。
3.1　首全→大正 0220，06/0267A02。
3.2　尾 4 行上殘→06/0267B06 ~10。
4.1　大般若波羅蜜多經卷第二百五十一，/初分難信解品第卅四之七十，三藏法師玄奘奉詔譯/（首）。
7.4　護首有經名“大般若波羅蜜多經卷第二百五十一”，已殘缺，上有經名號。
8　9 ~10 世紀。歸義軍時期寫本。
9.1　楷書。
11　圖版：《敦煌寶藏》，74/372B ~373B。

1.1　BD07149 號
1.3　大般若波羅蜜多經卷一八二
1.4　師 049
1.5　084：2449
2.1　(3 +58) ×25 厘米；2 紙；26 行，行 17 字。
2.2　01：3 +16，護首；　02：42.0，26。
2.3　卷軸裝。首全尾脫。有護首，已殘缺。第 2 紙有横向破裂。背有古代裱補。有烏絲欄。已修整。
3.1　首全→大正 0220，05/0979A13。
3.2　尾殘→05/0979B13。
4.1　大般若波羅蜜多經卷第一百八十二，/初分難信解品第卅四之一，三藏法師玄奘奉詔譯/（首）。
7.1　護首上有勘記“下藏”。
7.3　護首上有雜寫“了”。

7.4　護首有經名"□□□□□□□經卷第二百八十二"。
8　8～9世紀。吐蕃統治時期寫本。
9.1　楷書。
11　圖版：《敦煌寶藏》，73/349B～350A。

1.1　BD07150號
1.3　大般若波羅蜜多經卷五一八
1.4　師050
1.5　084：3279
2.1　41.5×25.2厘米；1紙；26行，行17字。
2.3　卷軸裝。首全尾脱。卷面殘破。背有古代裱補。有烏絲欄。
3.1　首全→大正0220，07/0647C14。
3.2　尾殘→07/0648A14。
4.1　大般若波羅蜜多經卷第五百一十八，/第三分巧便品第廿三之二，三藏法師玄奘奉詔譯/（首）。
7.1　卷背面裱補紙上有勘記"下藏"。
8　8～9世紀。吐蕃統治時期寫本。
9.1　楷書。
11　圖版：《敦煌寶藏》，77/104B。

1.1　BD07151號
1.3　大般若波羅蜜多經卷三二九
1.4　師051
1.5　084：2893
2.1　49×27.2厘米；1紙；28行，行17字。
2.3　卷軸裝。首全尾脱。上邊殘缺，下邊殘破。有烏絲欄。
3.1　首全→大正0220，06/0683A09。
3.2　尾殘→06/0683B10。
4.1　大般若波羅蜜多經卷第三百廿九，/初分巧方便品第五十之二，三藏法師玄奘奉詔譯/（首）。
8　8世紀。唐寫本。
9.1　楷書。有武周新字"正"、"人"，使用周遍。
9.2　有刮改及校改。
11　圖版：《敦煌寶藏》，75/381B～382A。

1.1　BD07152號
1.3　藥師琉璃光如來本願功德經
1.4　師052
1.5　030：0279
2.1　（2+36+8）×26.8厘米；2紙；26行，行17字。
2.2　01：2+18.5，12；　02：17.5+8，14。
2.3　卷軸裝。首尾均殘。麻紙；未入潢。卷面有水漬。有烏絲欄。已修整。
3.1　首行下殘→大正0450，14/0405A28。
3.2　尾3行上殘→14/0405B24～27。
8　7～8世紀。唐寫本。
9.1　楷書。
11　圖版：《敦煌寶藏》，57/584A～584B。

1.1　BD07153號
1.3　授三歸八戒文（擬）
1.4　師053
1.5　316：8357
2.1　（16+153）×25厘米；4紙；96行，行18字。
2.2　01：16+28，25；　02：44.0，26；　03：43.0，25；
04：38.0，20。
2.3　卷軸裝。首殘尾全。卷面有油污，多裂損。尾有原軸，兩端塗黑漆，頂端點硃漆。背有古代裱補。有烏絲欄。已修整。
3.4　説明：
本文獻首9行下殘，尾全。為敦煌地區授三歸、八戒時的實用宗教文獻。存文包括啓請、懺悔、授三歸、授八戒、迴向等，内容基本完整。
8　9～10世紀。歸義軍時期寫本。
9.1　楷書。
9.2　有重文號。有倒乙。
11　圖版：《敦煌寶藏》，110/67B～69B。

1.1　BD07154號
1.3　無量壽宗要經
1.4　師054
1.5　275：8077
2.1　（11+149）×31厘米；4紙；107行，行30餘字。
2.2　01：11+23，23；　02：42.0，29；　03：42.0，29；
04：42.0，26。
2.3　卷軸裝。首殘尾全。前2紙有横向破裂及殘洞。有烏絲欄。已修整。
3.1　首7行上下殘→3.1、首全→大正0936，19/0082A13～26。
3.2　尾全→19/0084C29。
4.2　佛説無量壽宗要經（尾）。
7.1　尾紙有題名"呂日興"。
8　8～9世紀。吐蕃統治時期寫本。
9.1　楷書。
11　圖版：《敦煌寶藏》，109/8A～10A。

1.1　BD07155號
1.3　觀世音經
1.4　師055
1.5　105：5994
2.1　（24+179.5）×24厘米；6紙；118行，行17字。
2.2　01：24+13，23；　02：41.0，24；　03：41.5，24；
04：41.5，24；　05：37.5，22；　06：05.0，01。
2.3　卷軸裝。首尾均全。卷首上下殘缺，首2紙殘破嚴重，尾2紙有殘洞。尾有原軸。背有古代裱補。有烏絲欄。
3.1　首17行上下殘→大正0262，09/0056C02～18。

3.2　尾全→09/0058B07。
4.1　□…□世音菩薩普門品第二十五（首）。
4.2　佛說觀世音經（尾）。
8　9～10世紀。歸義軍時期寫本。
9.1　楷書。
11　圖版：《敦煌寶藏》，96/285B～288A。
從本號背面揭下古代裱補紙4塊，今編為BD16465號。

1.1　BD07156號
1.3　無量壽宗要經
1.4　師056
1.5　275:8177
2.1　（7+110+11.5）×31.5厘米；4紙；85行，行30餘字。
2.2　01：7+3.5，07；　02：45.0，30；　03：45.0，30；
04：16.5+11.5，18。
2.3　卷軸裝。首尾均殘。卷面多水漬，前2紙上下邊有殘損。有烏絲欄。
3.1　首4行上下殘→大正0936，19/0082B25～C06。
3.2　尾7行中下殘→19/0084C16～27。
8　8～9世紀。吐蕃統治時期寫本。
9.1　行楷。
9.2　有行間校加字。
11　圖版：《敦煌寶藏》，109/185B～187A。

1.1　BD07157號
1.3　大般若波羅蜜多經卷一一一
1.4　師057
1.5　084:2299
2.1　（7.5+63.3）×25.9厘米；2紙；33行，行17字。
2.2　01：7.5+16.8，14；　02：46.5，19。
2.3　卷軸裝。首殘尾全。卷面水浸皺蹙。有燕尾。有烏絲欄。
3.1　首5行上殘→大正0220，05/0615A07～10。
3.2　尾全→05/0615B09。
4.2　大般若波羅蜜多經卷第一百一十一（尾）。
7.1　燕尾處有題記"□…□闍梨經，王瀚"。
8　8～9世紀。吐蕃統治時期寫本。
9.1　楷書。
11　圖版：《敦煌寶藏》，72/588。

1.1　BD07158號
1.3　佛名經（十六卷本）卷一二
1.4　師058
1.5　063:0728
2.1　（92+1.3）×25.2厘米；2紙；54行，行字不等。
2.2　01：46.0，26；　02：46+1.3，28。
2.3　卷軸裝。首全尾脫。經黄打紙。卷面有水漬，首紙下部破裂。背有近代裱補。有烏絲欄。已修整。
3.1　首全→《七寺古逸經典研究叢書》，3/586頁第001行。
3.2　尾殘→《七寺古逸經典研究叢書》，3/590頁第052行。
4.1　佛說佛名經卷第十二（首）。
8　7～8世紀。唐寫本。
9.1　楷書。
11　圖版：《敦煌寶藏》，61/577A～578A。

1.1　BD07159號
1.3　金光明最勝王經卷三
1.4　師059
1.5　083:1625
2.1　（3.5+102.3）×26.3厘米；3紙；60行，行17字。
2.2　01：3.5+14.5，10；　02：44.0，25；　03：43.8，25。
2.3　卷軸裝。首殘尾脫。經黄打紙。第2、3紙接縫處破裂。卷面有鳥糞。有烏絲欄。已修整。
3.1　首2行下殘→大正0665，16/0415A14～16。
3.2　尾殘→16/0415C20。
8　7～8世紀。唐寫本。
9.1　楷書。
11　圖版：《敦煌寶藏》，69/18B～19B。

1.1　BD07160號
1.3　求生兜率内院念誦文（擬）
1.4　師060
1.5　266:7673
2.1　42.3×39厘米；1紙；15行，行字不等。
2.3　卷軸裝。首尾均全。卷面有紅色污痕及殘洞，有縱向破裂。有折疊欄。
3.4　說明：
本文獻首尾均全。為敦煌地區流行的求生兜率内院念誦文。内容包括本師釋迦牟尼佛真言、文殊菩薩三身真言、普賢菩薩滅罪真言、普禮十方諸佛真言、普禮十方菩薩真言、願生彌勒天宫院偈頌三首、持誦功德文。反映了當時彌勒信仰的表現形態。
8　9～10世紀。歸義軍時期寫本。
9.1　楷書。
11　圖版：《敦煌寶藏》，107/287B。

1.1　BD07161號
1.3　無量壽宗要經
1.4　師061
1.5　275:8078
2.1　（20+149）×31.5厘米；4紙；116行，行30餘字。
2.2　01：20+22，28；　02：42.5，29；　03：42.5，29；
04：42.5，30。
2.3　卷軸裝。首殘尾脫。卷首右上殘缺，上下邊有破裂，接縫處有開裂，卷面有殘洞。有烏絲欄。
3.1　首13行中上殘→大正0936，19/0082A06～B02。

3.2　尾全→19/0084C28。
7.1　尾紙有題名“呂賓”。
8　8～9世紀。吐蕃統治時期寫本。
9.1　行楷。
9.2　有刮改。有行間校加字及行間加行。
11　圖版：《敦煌寶藏》，109/10B～12B。

1.1　BD07162號
1.3　大般若波羅蜜多經卷五〇一
1.4　師062
1.5　084:3252
2.1　(35.5+69.4)×25厘米；3紙；54行，行17字。
2.2　01：15.0，護首；　02：20.5+23，26；　03：46.4，28。
2.3　卷軸裝。首殘尾脫。有護首，右下殘缺。第2紙下邊殘損。有烏絲欄。已修整。
3.1　首12行下殘→大正0220，07/0549A02～15。
3.2　尾殘→07/0549B28。
4.1　大般若波羅蜜多經卷第五百一，/第三分現窣堵波品第五之二，三［藏法師玄奘奉詔譯］/（首）。
7.1　護首有勘記“五百一”兩處。
8　8～9世紀。吐蕃統治時期寫本。
9.1　楷書。
11　圖版：《敦煌寶藏》，77/45B～46B。

1.1　BD07163號
1.3　大般若波羅蜜多經卷五〇三
1.4　師063
1.5　084:3257
2.1　47.5×25.3厘米；1紙；28行，行17字。
2.3　卷軸裝。首尾均脫。卷上方有破裂。有烏絲欄。
3.1　首殘→大正0220，07/0560C19。
3.2　尾殘→07/0561A18。
7.1　卷背有勘記“五百三”。
8　8～9世紀。吐蕃統治時期寫本。
9.1　楷書。
11　圖版：《敦煌寶藏》，77/60A。

1.1　BD07164號
1.3　無量壽宗要經
1.4　師064
1.5　275:8178
2.1　(2.5+96.5+10)×31厘米；3紙；75行，行30餘字。
2.2　01：2.5+22，17；　02：46.0，32；　03：28.5+10，26。
2.3　卷軸裝。首尾均殘。首紙上邊殘缺，中間有殘洞，卷面有油污，上邊有破裂。有烏絲欄。
3.1　首7行上下殘→大正0936，19/0082A27～B15。
3.2　尾6行中下殘→19/0084A13～20。
8　8～9世紀。吐蕃統治時期寫本。
9.1　行楷。
9.2　有校改。
11　圖版：《敦煌寶藏》，109/187B～188B。

1.1　BD07165號
1.3　金剛般若波羅蜜經
1.4　師065
1.5　094:4097
2.1　49×26厘米；1紙；28行，行17字。
2.3　卷軸裝。首尾均脫。經黃打紙。有烏絲欄。
3.1　首殘→大正0235，08/0750B20。
3.2　尾殘→08/0750C21。
8　8世紀。唐寫本。
9.1　楷書。
11　圖版：《敦煌寶藏》，82/115B～116A。

1.1　BD07166號
1.3　妙法蓮華經卷六
1.4　師066
1.5　105:5718
2.1　(6.5+62.5)×26厘米；2紙；43行，行17字。
2.2　01：6.5+12，15；　02：50.5，28。
2.3　卷軸裝。首殘尾脫。經黃打紙。卷面有水漬。有烏絲欄。
3.1　首3行上殘→大正0262，09/0046C05～07。
3.2　尾殘→09/0047A21。
8　7～8世紀。唐寫本。
9.1　楷書。
11　圖版：《敦煌寶藏》，94/381B～382B。

1.1　BD07167號
1.3　金光明最勝王經卷七
1.4　師067
1.5　083:1834
2.1　172.2×26.5厘米；4紙；103行，行17字。
2.2　01：42.2，25；　02：43.5，26；　03：43.4，26；　04：43.1，26。
2.3　卷軸裝。首全尾脫。卷首前部殘缺嚴重。有烏絲欄。已修整。
3.1　首全→大正0665，16/0432C13。
3.2　尾殘→16/0434A12。
4.1　金光明最勝王經無染著陀羅尼品第十三，七，三藏法師義淨奉□□（首）。
8　9～10世紀。歸義軍時期寫本。
9.1　楷書。
11　圖版：《敦煌寶藏》，70/274B～276B。

1.1　BD07168 號
1.3　大寶積經卷五三
1.4　師 068
1.5　006:0084
2.1　46.8×26.1 厘米；1 紙；28 行，行 17 字。
2.3　卷軸裝。首尾均脱。背有古代裱補。有烏絲欄。已修整。
3.1　首殘→大正 0310，11/0314B19。
3.2　尾殘→11/0314C19。
8　8 世紀。唐寫本。
9.1　楷書。
9.2　有行間加行。有刮改。
11　圖版：《敦煌寶藏》，56/347B～348A。

1.1　BD07169 號
1.3　無量壽宗要經
1.4　師 069
1.5　275:7897
2.1　（15＋199）×30 厘米；5 紙；134 行，行 30 餘字。
2.2　01：15＋31，28；　02：46.0，31；　03：46.0，31；
04：46.0，31；　05：30.0，13。
2.3　卷軸裝。首尾均全。卷首右上殘缺，上邊有等距離殘缺。有烏絲欄。已修整。
3.1　首 7 行上下殘→大正 0936，19/0082A05～13。
3.2　尾全→19/0084C29。
4.2　佛説無量壽宗要經（尾）。
8　8～9 世紀。吐蕃統治時期寫本。
9.1　楷書。
9.2　有行間校加字。
11　圖版：《敦煌寶藏》，108/251B～254A。

1.1　BD07170 號
1.3　大般若波羅蜜多經卷一三五
1.4　師 070
1.5　084:2365
2.1　（1.8＋48.8）×26 厘米；2 紙；31 行，行 17 字。
2.2　01：1.8＋45.6，28；　02：3.2＋1，3。
2.3　卷軸裝。首斷尾殘。卷面有等距離油污。有烏絲欄。
3.1　首行上殘→大正 0220，05/0735A11。
3.2　尾殘→05/0735B13。
8　8～9 世紀。吐蕃統治時期寫本。
9.1　楷書。
11　圖版：《敦煌寶藏》，73/86。

1.1　BD07171 號
1.3　妙法蓮華經卷六
1.4　師 071
1.5　105:5722
2.1　（73＋5）×26.5 厘米；2 紙；44 行，行 17 字。
2.2　01：50.0，28；　02：23＋5，16。
2.3　卷軸裝。首脱尾殘。經黄紙。卷面多水漬。卷背多鳥糞。有烏絲欄。
3.1　首殘→大正 0262，09/0046C20。
3.2　尾 3 行下中殘→09/0047B18～21。
8　7～8 世紀。唐寫本。
9.1　楷書。
11　圖版：《敦煌寶藏》，94/386A～387A。

1.1　BD07172 號
1.3　天地八陽神咒經
1.4　師 072
1.5　256:7635
2.1　（7＋55.9＋1.6）×25 厘米；2 紙；40 行，行 17 字。
2.2　01：7＋35，26；　02：20.9＋1.6，14。
2.3　卷軸裝。首尾均殘。卷面有破裂，上下邊殘破。背有古代裱補。有烏絲欄。已修整。
3.1　首 4 行下殘→大正 2897，85/1423A15～20。
3.2　尾行→85/1423C04。
8　9～10 世紀。歸義軍時期寫本。
9.1　楷書。
9.2　有行間校加字。有刪除號。
11　圖版：《敦煌寶藏》，107/183A～B。

1.1　BD07173 號
1.3　無量壽宗要經
1.4　師 073
1.5　275:7898
2.1　（15.5＋103.5）×29.5 厘米；4 紙；84 行，行 30 餘字。
2.2　01：10.0，07；　02：5.5＋37.5，32；　03：43.5，32；
04：22.5，13。
2.3　卷軸裝。首殘尾全。卷面有油污，第 2 紙下邊有殘缺。有烏絲欄。
3.1　首 11 行上下殘→大正 0936，19/0082B27～C22。
3.2　尾全→19/0084C29。
4.2　佛説無量壽宗要經（尾）。
7.1　第 4 紙尾題後有題名“索閏”。
8　8～9 世紀。吐蕃統治時期寫本。
9.1　楷書。
9.2　有校改。
11　圖版：《敦煌寶藏》，108/245B～255B。

1.1　BD07174 號
1.3　金光明最勝王經卷四
1.4　師 074
1.5　083:1686

2.1　(6+160+6.4)×26 厘米；4 紙；101 行，行 17 字。
2.2　01：6+25.2，18；　02：47.3，28；　03：47.5，28；
　04：40+6.4，27。
2.3　卷軸裝。首尾均殘。卷面多水漬，第 4 紙中間有殘洞。有烏絲欄。
3.1　首 3 行下殘→大正 0665，16/0419A04～07。
3.2　尾 3 行下殘→16/0420A22～23。
8　8 世紀。唐寫本。
9.1　楷書。
11　圖版：《敦煌寶藏》，69/277A～279A。

1.1　BD07175 號
1.3　大般若波羅蜜多經卷二五四
1.4　師 075
1.5　084：2671
2.1　(6+94.7)×25.8 厘米；3 紙；59 行，行 17 字。
2.2　01：06.0，3；　02：47.5，28；　03：47.2，28。
2.3　卷軸裝。首殘尾脫。第 2 紙有破裂、上下邊殘破，第 3 紙有殘洞、破裂，下邊殘破。有烏絲欄。已修整。
3.1　首 3 行下殘→大正 0220，06/0285C26～29。
3.2　尾殘→06/0286B27。
6.1　首→BD05039 號。
8　8～9 世紀。吐蕃統治時期寫本。
9.1　楷書。
11　圖版：《敦煌寶藏》，74/404B～405B。

1.1　BD07176 號
1.3　瑜伽師地論卷二二
1.4　師 076
1.5　201：7194
2.1　41×25.8 厘米；1 紙；25 行，行 17 字。
2.3　卷軸裝。首全尾脫。上邊有破裂殘損，卷面有殘洞。有烏絲欄。
3.1　首全→大正 1579，30/0401C010。
3.2　尾殘→30/0402A10。
4.1　瑜伽師地論卷第廿二，彌勒菩薩說，沙門玄奘奉詔譯（首）。
7.1　卷端背面有勘記“瑜伽論第廿二，三（本文獻所屬袟次），開（所屬寺院簡稱）”。書寫勘記時，特意避開破洞。
8　9～10 世紀。歸義軍時期寫本。
9.1　楷書。
9.2　有硃筆點標及斷句。
11　圖版：《敦煌寶藏》，104/454B。

1.1　BD07177 號
1.3　維摩詰所說經疏（擬）
1.4　師 077
1.5　073：1317
2.1　73.8×25.2 厘米；2 紙；43 行，行 29～32 字。
2.2　01：37.0，21；　02：36.8，22。
2.3　卷軸裝。首尾脫。首紙有殘洞，上下有破裂殘損，接縫處下開裂，卷面有水漬，尾紙有殘洞。有烏絲欄。
3.4　說明：
　本文獻首尾均殘。為對《維摩詰所說經》的疏釋，所疏為“弟子品第三”。
6.2　尾→BD07241 號。
8　5～6 世紀。南北朝寫本。
9.1　隸書。
9.2　有刪除號及倒乙。有行間校加字。
11　圖版：《敦煌寶藏》，66/512B～513A。

1.1　BD07178 號
1.3　妙法蓮華經卷三
1.4　師 078
1.5　105：6173
2.1　(3.5+116+3.5)×26.5 厘米；3 紙；70 行，行 17 字。
2.2　01：3.5+39.5，24；　02：43.5，25；　03：33+3.5，21。
2.3　卷軸裝。首尾均殘。通卷上下邊有等距離殘缺。
3.1　首 2 行上殘→大正 0262，09/0021B26～27。
3.2　尾 2 行上下殘→09/0022B25～26。
8　9～10 世紀。歸義軍時期寫本。
9.1　楷書。
11　圖版：《敦煌寶藏》，97/189B～191A。

1.1　BD07179 號
1.3　佛名經（十六卷本）卷二
1.4　師 079
1.5　063：0609
2.1　(22.5+48.5+5)×29.5，3 紙；40 行，行字不等。
2.2　01：22.5，12；　02：44.5，23；　03：4+5，05。
2.3　卷軸裝。首尾均殘。上下有等距離殘洞。卷面有鳥糞。背有古代裱補。有烏絲欄。已修整。
3.1　首 12 行中下殘→《七寺古逸經典研究叢書》，3/064 頁第 009 行。
3.2　尾 3 行上中殘→《七寺古逸經典研究叢書》，3/067 頁第 048～051 行。
5　與《七寺古逸經典研究叢書》本對照，佛名計數之數位不同。
7.1　卷背有題記“□月廿日張家□…□”。
8　9～10 世紀。歸義軍時期寫本。
9.1　楷書。
11　圖版：《敦煌寶藏》，60/329B～330A。
　從該號上揭下古代裱補紙 1 塊，今編爲 BD16028 號。

1.1　BD07180 號
1.3　妙法蓮華經卷四
1.4　師 080
1.5　105:5297
2.1　(1.5 +72.5 +7.5) ×25.3 厘米；3 紙；52 行，行 17 字。
2.2　01：2 +16.5，13；　02：46.0，28；　03：10 +7.5，11。
2.3　卷軸裝。首尾均殘。通卷油污，第 2 紙有破裂。背有古代裱補。有烏絲欄。
3.1　首 1 行下殘→大正 0262，09/0027B26 ~ C01。
3.2　尾 5 行上下殘→09/0028B04 ~ 13。
8　9 ~ 10 世紀。歸義軍時期寫本。
9.1　楷書。
11　圖版：《敦煌寶藏》，90/495A ~ 496A。

1.1　BD07181 號
1.3　大般若波羅蜜多經卷二六七
1.4　師 081
1.5　084:2719
2.1　45 ×25.3 厘米；1 紙；26 行，行 17 字。
2.3　卷軸裝。首全尾脱。卷面有横向破裂，上下邊略有殘破。背有古代裱補。有烏絲欄。已修整。
3.1　首全→大正 0220，06/0350C11。
3.2　尾殘→06/0351A10。
4.1　大般若波羅蜜多經卷第二百六十七，/初分難信解品第卅四之八十六，三藏法師玄奘奉詔譯/（首）。
8　8 ~ 9 世紀。吐蕃統治時期寫本。
9.1　楷書。
11　圖版：《敦煌寶藏》，74/518A。

1.1　BD07182 號
1.3　賢愚經卷三
1.4　師 082
1.5　422:8598
2.1　(11 +77.5 +1.5) ×25 厘米；2 紙；50 行，行 17 字。
2.2　01：11 +28.5，22；　02：49 +1.5，28。
2.3　卷軸裝。首尾均殘。經黄打紙。首紙下邊破損。有烏絲欄。已修整。
3.1　首 5 行上中殘→大正 0202，04/0370C26 ~ 0371A01。
3.2　尾 1 行上中殘→04/0371B20 ~ 21。
8　7 ~ 8 世紀。唐寫本。
9.1　楷書。
11　圖版：《敦煌寶藏》，110/658B ~ 659B。

1.1　BD07183 號
1.3　佛名經（二十卷本）卷五
1.4　師 083
1.5　062:0573
2.1　(11 +33 +2.5) ×25.5 厘米；2 紙；25 行，行 11 字。
2.2　01：11 +33，24；　02：02.5，01。
2.3　卷軸裝。首尾均殘。卷面有油污及污穢。有上下邊欄。
3.4　説明：
本文獻首 6 行下殘，尾 1 行上中殘。為中國人所撰佛經，未為歷代大藏經所收。
《佛名經》（十六卷本）卷四，《七寺古逸經典研究叢書》，3/197 頁第 409 行 ~ 199 頁第 433 行亦有相同内容。
8　5 ~ 6 世紀。南北朝寫本。
9.1　楷書。
11　圖版：《敦煌寶藏》，60/110A ~ 110A。

1.1　BD07184 號
1.3　金剛般若波羅蜜經
1.4　師 084
1.5　094:3759
2.1　(91.5 +24) ×25.5 厘米；3 紙；80 行，行 17 字。
2.2　01：20.5，23；　02：48.0，29；　03：23 +24，28。
2.3　卷軸裝。首尾均殘。尾紙殘破嚴重。背有古代裱補。前 2 紙係歸義軍時期後補。有烏絲欄。已修整。
3.1　首 12 行下殘→大正 0235，08/0749A22 ~ B06。
3.2　尾 16 行下殘→08/0750A04 ~ 22。
8　7 ~ 8 世紀。唐寫本。
9.1　楷書。
11　圖版：《敦煌寶藏》，80/211A ~ 213A。
從該遺書背面揭下古代裱補紙 2 塊，今編爲 BD16137 號。

1.1　BD07185 號
1.3　無量壽宗要經
1.4　師 085
1.5　275:7943
2.1　42 ×27 厘米；1 紙；24 行，行 16 ~ 17 字。
2.3　卷軸裝。首全尾脱。卷上邊殘缺，中間有殘洞。有烏絲欄。
3.1　首全→大正 0936，19/0082A03。
3.2　尾殘→19/0082A28。
4.1　大乘無量壽經（首）。
8　8 ~ 9 世紀。吐蕃統治時期寫本。
9.1　楷書。
11　圖版：《敦煌寶藏》，108/341B。

1.1　BD07186 號
1.3　金剛般若波羅蜜經
1.4　師 086
1.5　094:4300
2.1　98.2 ×25.5 厘米；2 紙；56 行，行 17 字。
2.2　01：49.4，28；　02：48.8，28。
2.3　卷軸裝。首斷尾脱。經黄紙。卷面有破裂，卷面、卷背多

鳥糞。有烏絲欄。
3.1 首殘→大正 0235，08/0751B20。
3.2 尾殘→08/0752A28。
5 與《大正藏》本相比，本卷經文無冥司偈，參見《大正藏》，8/751C16～19。
8 7～8 世紀。唐寫本。
9.1 楷書。
11 圖版：《敦煌寶藏》，82/612A～613A。

1.1 BD07187 號
1.3 金光明最勝王經卷二
1.4 師 087
1.5 083:1550
2.1 （2.7+53.5）×25.4 厘米；2 紙；35 行，行 17 字。
2.2 01：2.7+31，21； 02：22.5，14。
2.3 卷軸裝。首尾均殘。卷面有油污。背有古代裱補。有烏絲欄。已修整。
3.1 首 2 行上中殘→大正 0665，16/0410A15～16。
3.2 尾殘→16/0410B22。
8 8～9 世紀。吐蕃統治時期寫本。
9.1 楷書。
11 圖版：《敦煌寶藏》，68/372B～373A。

1.1 BD07188 號
1.3 阿毗曇毗婆沙論（兌廢稿）卷二〇
1.4 師 088
1.5 436:8632
2.1 37.3×27 厘米；1 紙；21 行，行 17 字。
2.3 卷軸裝。首斷尾脫。尾有餘空。有烏絲欄。
3.1 首殘→1546，28/0147C19。
3.2 尾闕→28/0148A09。
7.3 上邊有雜寫“躺（?）”、“殺”、“閉”。卷面空白處有經文雜寫 2 處。卷背有雜寫“遠”、“識”等。
8 8 世紀。唐寫本。
9.1 楷書。
11 圖版：《敦煌寶藏》，111/56A～B。

1.1 BD07189 號
1.3 大般涅槃經（北本）卷三一
1.4 師 089
1.5 461:8701
2.1 （3.8+46.4）×26.8 厘米；1 紙；28 行，行 17 字。
2.3 卷軸裝。首尾均殘。打紙。卷面油污。有烏絲欄。
3.1 首 2 行上殘→大正 0374，12/0552C07。
3.2 尾殘→12/0553A06。
8 8 世紀。唐寫本。
9.1 楷書。
11 圖版：《敦煌寶藏》，111/230A～B。

1.1 BD07190 號
1.3 金光明經卷二
1.4 師 090
1.5 081:1397
2.1 45.3×27 厘米；1 紙；28 行，行 17 字。
2.3 卷軸裝。首尾均脫。有烏絲欄。
3.1 首殘→大正 0663，16/0344C26。
3.2 尾殘→16/0345A26。
8 8～9 世紀。吐蕃統治時期寫本。
9.1 楷書。
11 圖版：《敦煌寶藏》，67/332A。

1.1 BD07191 號
1.3 金剛般若波羅蜜經
1.4 師 091
1.5 094:4190
2.1 202.5×25 厘米；6 紙；124 行，行 17 字。
2.2 01：13.5，08； 02：45.5，28； 03：45.5，28；
04：45.5，28； 05：45.5，28； 06：07.0，04。
2.3 卷軸裝。首尾均殘。首紙下方殘損，脫落 1 塊殘片，已綴接。卷面多水漬，有破損及殘洞。有烏絲欄。已修整。
3.1 首 5 行下殘→大正 0235，08/0750C16～22。
3.2 尾殘→08/0752B13。
5 與《大正藏》本相比，本卷經文無冥司偈，參見《大正藏》，8/751C16～19。
8 7～8 世紀。唐寫本。
9.1 楷書。
11 圖版：《敦煌寶藏》，82/354B～357A。

1.1 BD07192 號
1.3 大般若波羅蜜多經（兌廢稿）卷五九〇
1.4 師 092
1.5 084:3396
2.1 36.9×26.7 厘米；1 紙；21 行，行 17 字。
2.3 卷軸裝。首脫尾斷。卷後部有多處殘洞。尾有餘空。有烏絲欄。
3.4 説明：
本號首殘尾缺，經文順序顛倒。
從首行到第 11 行上部，相當於大正 0220，07/1050C19～1051A01。第 11 行下部到卷尾，相當於大正 0220，07/1050C08～18。
8 8～9 世紀。吐蕃統治時期寫本。
9.1 楷書。
11 圖版：《敦煌寶藏》，77/471B。

1.1 BD07193 號
1.3 金有陀羅尼經
1.4 師 093
1.5 254:7600
2.1 44.6×30.4 厘米；1 紙；19 行，行 20 字。
2.3 卷軸裝。首殘尾脫。下邊殘破。背有古代裱補。有折疊欄。
3.1 首殘→大正 2910，85/1456A05。
3.2 尾殘→85/1456B02。
8 9～10 世紀。歸義軍時期寫本。
9.1 楷書。
11 圖版：《敦煌寶藏》，107/76B～。

1.1 BD07194 號
1.3 大般若波羅蜜多經卷四五〇
1.4 師 094
1.5 084:3147
2.1 （24.4+68.9）×25.9 厘米；2 紙；54 行，行 17 字。
2.2 01：24.2+20.9，26；　02：48.0，28。
2.3 卷軸裝。首全尾脫。卷首右下殘缺一塊，尾紙有破裂殘損。有烏絲欄。已修整。
3.1 首 14 行下殘→大正 0220，07/0269B05～20。
3.2 尾殘→07/0270A04。
4.1 大般若波羅蜜多經□…□，/第二分甚深義品第□…□/（首）。
8 8～9 世紀。吐蕃統治時期寫本。
9.1 楷書。
11 圖版：《敦煌寶藏》，76/485B～486B。

1.1 BD07195 號
1.3 大般若波羅蜜多經（兌廢稿）卷三五五
1.4 師 095
1.5 084:2966
2.1 （3.5+46.5）×25.5 厘米；1 紙；25 行，行 17 字。
2.3 卷軸裝。首脫尾殘。卷面多污穢，上邊殘缺。上邊粘有古紙。有烏絲欄。尾有餘空。
3.1 首 2 行上殘→大正 0220，06/0827C03～04。
3.2 尾殘→06/0827C26。
7.1 第 12 行處有 1 個“兌”字。
7.3 尾空行處有雜寫“海興”。
8 8～9 世紀。吐蕃統治時期寫本。
9.1 楷書。
11 圖版：《敦煌寶藏》，75/652B～653A。

1.1 BD07196 號
1.3 金剛般若波羅蜜經
1.4 師 096
1.5 094:4348
2.1 （115.6+2.9）×14.5 厘米；3 紙；85 行，行 12～20 字。
2.2 01：16.0，11；　02：51.6，37；　03：48+2.9，37。
2.3 卷軸裝。首尾均殘。袖珍本。有烏絲欄。
3.1 首殘→大正 0235，08/0751C12。
3.2 尾 2 行中下殘→08/0752B26～27。
5 與《大正藏》本相比，本卷經文無冥司偈，參見《大正藏》，8/751C16～19。
8 9～10 世紀。歸義軍時期寫本。
9.1 楷書。
9.2 有行間校加字。
11 圖版：《敦煌寶藏》，83/31B～34A。

1.1 BD07197 號
1.3 大寶積經鈔（擬）
1.4 師 097
1.5 377:8499
2.1 42.8×29.7 厘米；1 紙；20 行，行 24～29 字。
2.3 卷軸裝。首脫尾缺。尾有餘空。
3.4 說明：

本卷為《大寶積經鈔》（擬），所抄為卷一一二、卷一一七之經文，詳情如下：

第 1 行至第 9 行：大正 0310，11/0633A01～15，卷一一二；

第 10 行至第 20 行：大正 0310，11/0659C01～18，卷一一七。

8 9～10 世紀。歸義軍時期寫本。
9.1 楷書。
11 圖版：《敦煌寶藏》，110/461A。

1.1 BD07198 號
1.3 大方廣佛華嚴經（晉譯六十卷本）卷三四
1.4 師 098
1.5 001:0024
2.1 （7.2+37.5）×27 厘米；1 紙；28 行，行 17 字。
2.3 卷軸裝。首脫尾殘。卷面殘破嚴重。有烏絲欄。已修整。
3.1 首 1 行上殘→大正 0278，09/0617C11。
3.2 尾 1 行下殘→09/0618A29。
8 5 世紀。東晉寫本。
9.1 隸書。
9.2 有行間校加字。
11 圖版：《敦煌寶藏》，56/115A。

1.1 BD07199 號
1.3 妙法蓮華經卷四
1.4 師 099
1.5 105:5281
2.1 46×25.5 厘米；1 紙；23 行，行 17 字。
2.3 卷軸裝。首尾均脫。卷面有殘洞，有破裂，並以麻線綴連。

周邊有等距針眼。有烏絲欄。尾有餘空。已修整。
3.1　首殘→大正 0262，09/0029A19。
3.2　尾殘→09/0029B27。
8　9～10 世紀。歸義軍時期寫本。
9.1　楷書。
11　圖版：《敦煌寶藏》，90/468A～B。

1.1　BD07200 號
1.3　妙法蓮華經卷四
1.4　師 100
1.5　105:5292
2.1　(9＋70)×24.8 厘米；2 紙；46 行，行 17 字。
2.2　01：9＋22，18；　02：48.0，28。
2.3　卷軸裝。首殘尾脫。經黄打紙。卷面多水漬，有殘洞及破裂，中下部有殘缺。背有古代裱補。有烏絲欄。已修整。
3.1　首 5 行上下殘→大正 0262，09/0027B24～28。
3.2　尾殘→09/0028A20。
8　7～8 世紀。唐寫本。
9.1　楷書。
11　圖版：《敦煌寶藏》，90/487B～488B。

1.1　BD07201 號
1.3　大般若波羅蜜多經卷五七三
1.4　帝 001
1.5　084:3369
2.1　43.6×25.1 厘米；1 紙；24 行，行 17 字。
2.3　卷軸裝。首全尾脫。卷首有殘破。有烏絲欄。
3.1　首全→大正 0220，07/0958B02。
3.2　尾殘→07/0958B29。
4.1　大般若波羅蜜多經卷第五百七十三，/第六分勸誡品第十四之二，三藏法師玄奘奉詔譯/（首）。
8　8～9 世紀。吐蕃統治時期寫本。
9.1　楷書。
11　圖版：《敦煌寶藏》，77/425B。

1.1　BD07202 號
1.3　七階佛名經
1.4　帝 002
1.5　305:8329
2.1　(10＋158.8)×27.5 厘米；5 紙；98 行，行 17 字。
2.2　01：10＋4，08；　02：48.5，30；　03：50.2，29；
04：49.5，30；　05：06.6，01。
2.3　卷軸裝。首殘尾全。背有近代裱補。有烏絲欄。
3.4　説明：
本文獻首 6 行下殘，尾全。原為三階教經典，在敦煌地區甚爲流行，為日常禮懺用經典。本文獻形態複雜，異本較多，尚需進一步研究。
8　9～10 世紀。歸義軍時期寫本。
9.1　楷書。
11　圖版：《敦煌寶藏》，110/4B～6B。

1.1　BD07203 號
1.3　大方廣佛華嚴經（唐譯八十卷本）卷一七
1.4　帝 003
1.5　002:0041
2.1　47×27.7 厘米；1 紙；28 行，行 17 字。
2.3　卷軸裝。首尾均脫。上下邊有破損，卷面有殘洞若干。經文宿墨書寫，洇化流散。有烏絲欄。已修整。
3.1　首殘→大正 0279，10/0089A02。
3.2　尾殘→10/0089B02。
8　8～9 世紀。吐蕃統治時期寫本。
9.1　楷書。
11　圖版：《敦煌寶藏》，56/206A～206B。

1.1　BD07204 號
1.3　觀世音經
1.4　帝 004
1.5　111:6253
2.1　(23.5＋121)×25.4 厘米；4 紙；85 行，行 17 字。
2.2　01：23.5＋6.5，19；　02：45.0，28；　03：45.0，28；
04：24.5，10。
2.3　卷軸裝。首尾均殘。經黄打紙。卷首右下殘缺，卷面有水漬，多黴爛，卷尾下部殘破。有烏絲欄。
3.1　首 14 行下殘→大正 0262，09/0057A11～25。
3.2　尾 8 行下殘→09/0058A29～B07。
4.2　觀世音經（尾）。
8　7～8 世紀。唐寫本。
9.1　楷書。
11　圖版：《敦煌寶藏》，97/474A～476A。

1.1　BD07205 號
1.3　光讚般若波羅蜜經卷四
1.4　帝 005
1.5　406:8558
2.1　34×26.8 厘米；1 紙；20 行，行 17 字。
2.3　卷軸裝。首脫尾斷。有烏絲欄。
3.1　首殘→大正 0222，08/0174B17。
3.2　尾殘→08/0174C07。
8　8 世紀。唐寫本。
9.1　楷書。
11　圖版：《敦煌寶藏》，110/575B。

1.1　BD07206 號
1.3　佛名經（十六卷本）卷一

1.4　帝006
1.5　061:0514
2.1　（4+113.5）×25.7厘米；3紙；68行，行15字。
2.2　01：4+31，20；　02：41.5，24；　03：41.0，24。
2.3　卷軸裝。首殘尾脫。首紙下部破裂，卷面多水漬。有烏絲欄。已修整。
3.1　首3行中下殘→《七寺古逸經典研究叢書》，3/006頁第001～004行。
3.2　尾殘→《七寺古逸經典研究叢書》，3/011頁第068行。
5　與《七寺古逸經典研究叢書》對照，諸佛計數之數位不同。
7.3　背有雜寫"大寶積經"。
8　7～8世紀。唐寫本。
9.1　楷書。
11　圖版：《敦煌寶藏》，59/482B～484A。

1.1　BD07207號
1.3　觀世音經
1.4　帝007
1.5　111:6263
2.1　（7+88.2）×25厘米；3紙；57行，行19～20字。
2.2　01：7+27.3，21；　02：44.4，27；　03：16.5，09。
2.3　卷軸裝。首殘尾全。卷下邊有殘缺。有烏絲欄。
3.1　首殘→大正0262，09/0057B06。
3.2　尾全→09/0058B07。
4.2　觀世音經一卷（尾）。
8　9～10世紀。歸義軍時期寫本。
9.1　楷書。
11　圖版：《敦煌寶藏》，97/494A～495A。

1.1　BD07208號
1.3　妙法蓮華經卷七
1.4　帝008
1.5　105:5889
2.1　（2.5+175.1）×26厘米；4紙；107行，行17字。
2.2　01：2.5+42，26；　02：47.7，28；　03：42.7，28；
　　04：42.7，25。
2.3　卷軸裝。首尾均殘。卷首殘破嚴重，第2紙有破裂和2處殘洞，接縫處多有開裂，尾紙上下邊有破裂。有烏絲欄。
3.1　首行中下殘→大正0262，09/0055B16～17。
3.2　尾行中殘→09/0056C15。
8　9～10世紀。歸義軍時期寫本。
9.1　楷書。
11　圖版：《敦煌寶藏》，95/635A～637B。

1.1　BD07209號
1.3　妙法蓮華經卷五
1.4　帝009
1.5　105:5505
2.1　（3.3+54.5+2）×25.3厘米；3紙；36行，行16～18字。
2.2　01：3.3+9.5，07；　02：45.0，28；　03：02.0，01。
2.3　卷軸裝。首尾均殘。經黃打紙。卷面多水漬。有烏絲欄。
3.1　首2行上下殘→大正0262，09/0039C04～05。
3.2　尾行殘→09/0040A17。
8　7～8世紀。唐寫本。
9.1　楷書。
11　圖版：《敦煌寶藏》，92/592B～593A。

1.1　BD07210號
1.3　大方廣佛華嚴經（唐譯八十卷本）卷二一
1.4　帝010
1.5　002:0044
2.1　48×25.3厘米；1紙；28行，行17字。
2.3　卷軸裝。首尾均脫。經黃紙。卷面油污，尾有殘缺。有烏絲欄。已修整。
3.1　首殘→大正0279，10/0114B22。
3.2　尾殘→10/0114C21。
8　7～8世紀。唐寫本。
9.1　楷書。
11　圖版：《敦煌寶藏》，56/216B～217A。

1.1　BD07211號
1.3　金光明最勝王經卷七
1.4　帝011
1.5　083:1848
2.1　43.5×26.8厘米；1紙；28行，行16～17字。
2.3　卷軸裝。首尾均脫。卷面多水漬，有蟲繭，尾有殘破。有烏絲欄。
3.1　首殘→大正0665，16/0435B26。
3.2　尾殘→16/0436A07。
8　8～9世紀。吐蕃統治時期寫本。
9.1　楷書。
11　圖版：《敦煌寶藏》，70/322B。

1.1　BD07212號
1.3　大般若波羅蜜多經（兌廢稿）卷六
1.4　帝012
1.5　084:2018
2.1　48.5×27.5厘米；1紙；25行，行17字。
2.3　卷軸裝。首尾均脫。有烏絲欄。尾有餘空。
3.1　首殘→大正0220，05/0028B19。
3.2　尾缺→05/0028C15。
5　與《大正藏》本相比，文有錯亂、脫漏。
8　9～10世紀。歸義軍時期寫本。
9.1　楷書。

11　圖版：《敦煌寶藏》，71/366B～367A。

1.1　BD07213 號
1.3　比丘尼式叉摩那沙彌尼威儀鈔（擬）
1.4　帝 013
1.5　192:7141
2.1　（38.5＋44）×28 厘米；3 紙；48 行，行 31 字。
2.2　01：01.5，01；　02：37＋4，25；　03：40.0，22。
2.3　卷軸裝。首殘尾全。卷面有油污，前 2 紙多破裂，下部殘缺嚴重，第 3 紙上方破裂。脫落 1 塊殘片，已綴接。已修整。
3.4　說明：

本文獻首 24 行上中下殘，尾全。所抄內容為出家女衆諸威儀。存文包括比丘尼入僧寺、比丘尼入僧五法、式叉摩那六法文、沙彌五德十數。其沙彌五德十數，其實是為沙彌尼所寫，前部並加有十戒。

在敦煌遺書中，有式叉摩那六法文、沙彌五德十數等文獻單獨流傳。但本文獻將有關出家女衆的戒律抄寫為一卷，應有其實際用途。

8　9～10 世紀。歸義軍時期寫本。
9.1　楷書。
9.2　有硃筆點標及斷句。
11　圖版：《敦煌寶藏》，104/287A～288A。

1.1　BD07214 號
1.3　妙法蓮華經卷二
1.4　帝 014
1.5　105:4841
2.1　（14.7＋75.1）×26.3 厘米；2 紙；53 行，行 17 字。
2.2　01：14.7＋27.6，25；　02：47.5，28。
2.3　卷軸裝。首殘尾脫。經黃打紙；研光上蠟。通卷殘損破裂嚴重，上下有殘缺。有烏絲欄。已修整。
3.1　首 9 行上下殘→大正 0262，09/0011A17～B05。
3.2　尾殘→09/0012A03。
8　7～8 世紀。唐寫本。
9.1　楷書。
11　圖版：《敦煌寶藏》，87/65B～66B。

1.1　BD07215 號
1.3　妙法蓮華經卷七
1.4　帝 015
1.5　105:6126
2.1　50×24.5 厘米；1 紙；28 行，行 17 字。
2.3　卷軸裝。首尾均脫。經黃打紙。卷面油污。有烏絲欄。
3.1　首殘→大正 0262，09/0060C24。
3.2　尾殘→09/0061A24。
8　7～8 世紀。唐寫本。
9.1　楷書。
11　圖版：《敦煌寶藏》，97/87A～B。

1.1　BD07216 號
1.3　金剛般若波羅蜜經
1.4　帝 016
1.5　094:4254
2.1　（1.3＋64.4＋2.3）×14 厘米；2 紙；48 行，行 12～13 字。
2.2　01：1.3＋46.5，34；　02：17.9＋2.3，14。
2.3　卷軸裝。首尾均殘。袖珍本。有烏絲欄。
3.1　首行上殘→大正 0235，08/0751A23。
3.2　尾行上殘→08/0751C04。
8　9～10 世紀。歸義軍時期寫本。
9.1　楷書。
11　圖版：《敦煌寶藏》，82/521A～522B。

1.1　BD07217 號 1
1.3　大乘莊嚴經論鈔（擬）
1.4　帝 017
1.5　428:8615
2.1　47.5×31.7 厘米；1 紙；正面 26 行，行 41 字；背面 30 行，行字不等。
2.3　卷軸裝。首尾均全。尾有餘空。
2.4　本遺書包括 4 個文獻：（一）《大乘莊嚴經論鈔》（擬），20 行，今編為 BD07217 號 1。（二）《十信心雜鈔》（擬），6 行，今編為 BD07217 號 2。（三）《乙酉年（865）十二月二十日起首轉經歷》，抄寫在背面，7 行，今編為 BD07217 號背 1。（四）《瑜伽師地論鈔》（擬），抄寫在背面，23 行，今編為 BD07217 號背 2。
3.1　首殘→大正 1604，31/0620B28。
3.2　尾殘→31/0621A20。
5　所抄為《大乘莊嚴經論》卷六。與《大正藏》本相比，本文獻衹抄長行，未抄偈頌。
8　865 年。歸義軍時期寫本。
9.1　行楷。
9.2　有行間校加字及塗抹。
11　圖版：《敦煌寶藏》，111/16B～17B。

1.1　BD07217 號 2
1.3　十信心雜鈔（擬）
1.4　帝 017
1.5　428:8615
2.4　本遺書由 4 個文獻組成，本號為第 2 個，6 行。餘參見 BD07217 號 1 之第 2 項、第 11 項。
3.4　說明：

本文獻第 1～4 行所抄為“十信心”，但僅抄到“九戒心”，沒有抄完。該“十信心”可見日本安澄撰《中論疏記》卷三（載《大正藏》第 65 卷，第 2255 號）。

第5行：《大寶積經論》卷四，大正1523，26/0225A19～20。

第6行：《大寶積經論》卷三，大正1523，26/0220B02～03。

8 865年。歸義軍時期寫本。

9.1 行楷。

1.1 BD07217號背1

1.3 乙酉年（865）十二月二十日起首轉經歷

1.4 帝017

1.5 428:8615

2.4 本遺書由4個文獻組成，本號為第3個，抄寫在背面，7行。餘參見BD07217號1之第2項、第11項。

3.3 錄文：

乙酉年（865）十二月二十日起首轉經歷/

《摩訶般若經》，四袟。

《大般涅槃經》，四袟，二卷。

《信力入印法門經》，五卷。

又，《漸備一切智德經》五/卷。

同袟。

《新譯華嚴經》，八十卷。

《中阿含經》，六十卷。

《增一阿含》，五十一卷。

《長阿含》，二十/二卷。

《雜阿含》，五十卷。

《別譯雜阿含經》，二十卷。

《長阿含十報經》，上、下二卷。

《法/集經》，六卷。

《大方等陀羅尼經》，四卷。

《優婆塞五戒相經》，一卷。

《優婆塞五戒威儀》，一/卷。

《上惠菩薩所問經》，上、下二卷。

《大乘顯識經》，上、下二卷。

《安般經》，上、下二卷。

《寂調音天問經》/，一卷。/

（錄文完）

8 865年。歸義軍時期寫本。

9.1 行草。

9.2 有塗抹。

1.1 BD07217號背2

1.3 瑜伽師地論鈔（擬）

1.4 帝017

1.5 428:8615

2.4 本遺書由4個文獻組成，本號為第4個，抄寫在背面，23行。餘參見BD07217號1之第2項、第11項。

3.1 首殘→大正1579，30/0670A25。

3.2 尾殘→30/0670C17。

3.4 說明：

所抄為《瑜伽師地論》卷六七。

8 865年。歸義軍時期寫本。

9.1 行楷。

9.2 有塗抹及行間校加字。

1.1 BD07218號

1.3 妙法蓮華經卷七

1.4 帝018

1.5 105:6125

2.1 （146+2）×25.5厘米；3紙；84行，行17字。

2.2 01：49.5，28；　02：49.5，28；　03：47+2，28。

2.3 卷軸裝。首脫尾殘。經黄打紙。卷首殘缺，卷面油污，各紙間的接縫有開裂。有烏絲欄。

3.1 首殘→大正0262，09/060C20～21。

3.2 尾行上殘→09/061C21～22。

8 7～8世紀。唐寫本。

9.1 楷書。

11 圖版：《敦煌寶藏》，97/84B～86B。

1.1 BD07219號

1.3 無量壽宗要經

1.4 帝019

1.5 275:8079

2.1 215×30.5厘米；5紙；138行，行30餘字。

2.2 01：43.0，28；　02：43.0，30；　03：43.0，30；
04：43.0，30；　05：43.0，20。

2.3 卷軸裝。首尾均全。卷面多水漬，下邊有破裂殘缺，前2紙有等距離殘洞，接縫處有開裂。有烏絲欄。已修整。

3.1 首全→大正0936，19/0082A03。

3.2 尾全→19/0084C29。

4.1 大乘無量壽經（首）。

4.2 佛說無量壽宗要經（尾）。

7.1 尾紙末有題記“張要要寫”。卷首背有寺院勘記“恩”。

8 8～9世紀。吐蕃統治時期寫本。

9.1 楷書。

11 圖版：《敦煌寶藏》，109/13A～15B。

1.1 BD07220號

1.3 觀世音經

1.4 帝020

1.5 105:6001

2.1 （13.5+168）×26.5厘米；5紙；106行，行17字。

2.2 01：13.5+10.5，14；　02：46.5，28；　03：47.0，28；
04：47.0，28；　05：17.0，08。

2.3 卷軸裝。首殘尾全。卷面有油污，第1、2紙中間各有1處

殘洞，卷首脫落1塊殘片，已綴接。有烏絲欄。已修整。
3.1　首8行中下殘→大正0262，09/0056C15～24。
3.2　尾全→09/0058B07。
4.2　觀世音經（尾）。
8　8世紀。唐寫本。
9.1　楷書。
11　圖版：《敦煌寶藏》，96/298B～300B。

1.1　BD07221號
1.3　大般若波羅蜜多經卷五一一
1.4　帝021
1.5　084:3268
2.1　（13.1+99.1）×25.4厘米；3紙；54行，行17字。
2.2　01：13.1+9，護首；　02：43.0，26；　03：47.1，28。
2.3　卷軸裝。首全尾脫。有護首，已殘缺。尾紙下有破損。背有古代裱補。有烏絲欄。
3.1　首全→大正0220，07/0607A20。
3.2　尾殘→07/0607C19。
4.1　大般若波羅蜜多經卷第五百一十一，/第三分不思議等品第十六，三藏法師玄奘奉詔譯/（首）。
7.4　護首有經名"大般若波羅蜜多經卷第□…□"，半殘，上有經名號。
8　8～9世紀。吐蕃統治時期寫本。
9.1　楷書。
11　圖版：《敦煌寶藏》，77/76A～77A。

1.1　BD07222號
1.3　妙法蓮華經卷四
1.4　帝022
1.5　105:5354
2.1　48.5×25.6厘米；1紙；28行，行17字。
2.3　卷軸裝。首尾均脫。有烏絲欄。
3.1　首殘→大正0262，09/0030C19。
3.2　尾殘→09/0031A28。
8　8世紀。唐寫本。
9.1　楷書。
11　圖版：《敦煌寶藏》，91/121B～122A。

1.1　BD07223號
1.3　大般若波羅蜜多經卷一八五
1.4　帝023
1.5　084:2461
2.1　（2.5+47.2+1.5）×26.8厘米；2紙；32行，行17字。
2.2　01：2.5+23.9，16；　02：23.3+1.5，16。
2.3　卷軸裝。首尾均殘。有烏絲欄。
3.1　首行下殘→大正0220，05/0997A05～06。
3.2　尾行中殘→05/0997B08。
8　8～9世紀。吐蕃統治時期寫本。
9.1　楷書。
11　圖版：《敦煌寶藏》，73/379。

1.1　BD07224號
1.3　佛名經禮懺文（擬）
1.4　帝024
1.5　316:8358
2.1　45.8×31.5厘米；1紙；18行，行18～19字。
2.3　卷軸裝。首尾均脫。有烏絲欄。
3.4　説明：
　　本文獻首尾均脫，從內容看，所抄為《佛名經》中的禮懺文。故擬此名。共抄禮懺文三段，情況如下：
　　第1～3行：大正0441，14/0255C14～16（卷一七）；
　　第4～8行：大正0441，14/0195A13～19（卷二）；
　　第9～17行：大正0441，14/0232B01～12（卷一二）。
　　在十六卷本《佛名經》中，亦有上述禮懺文。第一段可見卷一、卷八、卷十四；第二段可見卷一、卷八、卷十四。兩段雖在同卷，文字並不連貫。第三段可見卷六、卷十二、卷十三。因此，本文獻應為雜抄《佛名經》中禮懺文撰成。
5　與《大正藏》本對照，第二段有缺文。
8　9～10世紀。歸義軍時期寫本。
9.1　楷書。
11　圖版：《敦煌寶藏》，110/70A。

1.1　BD07225號
1.3　觀世音經
1.4　帝025
1.5　105:6017
2.1　141×26厘米；4紙；82行，行17字。
2.2　01：32.0，19；　02：47.0，28；　03：47.0，28；　04：15.0，07。
2.3　卷軸裝。首斷尾全。卷面多水漬，前2紙上下邊有破裂，卷尾有殘破。背有古代裱補。有烏絲欄。
3.1　首殘→大正0262，09/0057A12。
3.2　尾全→09/0058B07。
4.2　觀世音經（尾）。
8　8～9世紀。吐蕃統治時期寫本。
9.1　楷書。
11　圖版：《敦煌寶藏》，96/326B～328A。

1.1　BD07226號
1.3　妙法蓮華經卷一
1.4　帝026
1.5　105:4649
2.1　（5.5+124.4）×25.6厘米；3紙；76行，行17字。
2.2　01：5.5+34.1，23；　02：48.1，28；　03：42.2，25。

2.3 卷軸裝。首殘尾斷。經黃紙。卷面多水漬，紙張變色，卷下邊有殘損，接縫處下方有開裂。有烏絲欄。已修整。
3.1 首3行下殘→大正0262，09/0004A18～21。
3.2 尾殘→09/0005B23。
8 7～8世紀。唐寫本。
9.1 楷書。
11 圖版：《敦煌寶藏》，85/159A～160B。

1.1 BD07227號
1.3 妙法蓮華經卷五
1.4 帝027
1.5 105:5612
2.1 90.7×25.6厘米；2紙；56行，行17字。
2.2 01：45.5，28； 02：45.2，28。
2.3 卷軸裝。首尾均脱。上下邊殘破，接縫處上開裂。有烏絲欄。
3.1 首殘→大正0262，09/0043B16。
3.2 尾殘→09/0044B08。
8 7～8世紀。唐寫本。
9.1 楷書。
11 圖版：《敦煌寶藏》，93/375A～376A。

新舊編號對照表

一、千字文號與北敦號、縮微膠卷號對照表

千字文號	北敦號	縮微膠卷號
龍 001	BD07001 號	275：7938
龍 002	BD07002 號	378：8500
龍 003	BD07003 號	094：3538
龍 004	BD07004 號	084：2492
龍 005	BD07005 號	105：5118
龍 006	BD07006 號	084：2344
龍 007	BD07007 號	083：1564
龍 008	BD07008 號	105：4826
龍 009	BD07009 號	105：6036
龍 010	BD07010 號	094：3568
龍 011	BD07011 號	094：3890
龍 012	BD07012 號	084：2887
龍 013	BD07013 號	084：2874
龍 014	BD07014 號	156：6827
龍 015	BD07015 號	275：8071
龍 016	BD07016 號 1	102：4485
龍 016	BD07016 號 2	102：4485
龍 017	BD07017 號	275：7939
龍 018	BD07018 號	084：2309
龍 019	BD07019 號	063：0646
龍 020	BD07020 號	083：1706
龍 021	BD07021 號	084：3259
龍 022	BD07022 號	237：7406
龍 023	BD07023 號	275：8072
龍 024	BD07024 號	105：4881
龍 025	BD07025 號	105：6139
龍 026	BD07026 號	105：4855
龍 027	BD07027 號	275：7940
龍 028	BD07028 號	275：7941
龍 029	BD07029 號	412：8568
龍 030	BD07030 號	084：2330
龍 031	BD07031 號	105：4830
龍 032	BD07032 號	275：8173
龍 033	BD07033 號	094：4405
龍 034	BD07034 號	094：3750
龍 035	BD07035 號	225：7319
龍 036	BD07036 號	156：6868
龍 036	BD07036 號背	156：6868
龍 037	BD07037 號	111：6278
龍 038	BD07038 號	254：7602
龍 039	BD07039 號	038：0367
龍 040	BD07040 號	461：8731
龍 041	BD07041 號	111：6245
龍 042	BD07042 號	094：4147
龍 043	BD07043 號	139：6678
龍 044	BD07044 號	094：4132
龍 045	BD07045 號	256：7643
龍 046	BD07046 號 1	014：0194
龍 046	BD07046 號 2	014：0194
龍 047	BD07047 號	102：4453
龍 048	BD07048 號	083：1638
龍 049	BD07049 號	105：6023
龍 050	BD07050 號	256：7615
龍 051	BD07051 號	254：7590
龍 052	BD07052 號	170：7072
龍 053	BD07053 號	420：8586
龍 054	BD07054 號	084：2361
龍 055	BD07055 號	084：3380
龍 056	BD07056 號	105：5559
龍 057	BD07057 號	105：4817
龍 058	BD07058 號	105：6172
龍 059	BD07059 號	084：3087
龍 060	BD07060 號	084：2414
龍 061	BD07061 號	084：2298
龍 062	BD07062 號	014：0186
龍 063	BD07063 號	377：8494
龍 064	BD07064 號	111：6262
龍 065	BD07065 號	377：8483

龍 066	BD07066 號	084：2296
龍 067	BD07067 號	275：8073
龍 068	BD07068 號 1	150：6786
龍 068	BD07068 號 2	150：6786
龍 069	BD07069 號	117：6573
龍 070	BD07070 號	111：6213
龍 071	BD07071 號 1	014：0141
龍 071	BD07071 號 2	014：0141
龍 072	BD07072 號	275：8174
龍 073	BD07073 號	094：4330
龍 074	BD07074 號	105：6034
龍 075	BD07075 號	407：8559
龍 076	BD07076 號 A	084：2329
龍 076	BD07076 號 A 背	084：2329
龍 076	BD07076 號 B1	084：3098
龍 076	BD07076 號 B2	084：3098
龍 077	BD07077 號	084：3095
龍 078	BD07078 號	084：3085
龍 079	BD07079 號	084：3027
龍 080	BD07080 號	084：2983
龍 081	BD07081 號	105：5992
龍 082	BD07082 號	342：8397
龍 083	BD07083 號	084：3307
龍 084	BD07084 號	084：2401
龍 085	BD07085 號	038：0368
龍 086	BD07086 號	405：8555
龍 087	BD07087 號	094：4120
龍 088	BD07088 號	030：0278
龍 089	BD07089 號	105：6027
龍 090	BD07090 號 A	377：8486
龍 090	BD07090 號 B	377：8486
龍 091	BD07091 號	105：6136
龍 092	BD07092 號	063：0828
龍 093	BD07093 號	084：3069
龍 094	BD07094 號	084：2399
龍 095	BD07095 號	405：8556
龍 096	BD07096 號	070：1050
龍 097	BD07097 號	084：3067
龍 098	BD07098 號	105：5069
龍 099	BD07099 號	156：6833
龍 100	BD07100 號	084：3194
師 001	BD07101 號	275：8074
師 002	BD07102 號	105：4612
師 003	BD07103 號	083：1889
師 004	BD07104 號	094：3845
師 005	BD07105 號	084：3264
師 006	BD07106 號	063：0699
師 007	BD07107 號	084：3032
師 008	BD07108 號	253：7554
師 009	BD07109 號	275：8075
師 010	BD07110 號	275：8175
師 011	BD07111 號	275：8176
師 012	BD07112 號	157：6981
師 013	BD07113 號	084：2616
師 014	BD07114 號	253：7552
師 015	BD07115 號	105：4696
師 016	BD07116 號 A	275：7942
師 016	BD07116 號 B	275：8076
師 017	BD07117 號	111：6250
師 018	BD07118 號	084：2838
師 019	BD07119 號	305：8328
師 020	BD07120 號	296：8286
師 021	BD07121 號	377：8498
師 022	BD07122 號	084：3139
師 023	BD07123 號	105：6133
師 024	BD07124 號	392：8523
師 024	BD07124 號背	392：8523
師 025	BD07125 號	461：8682
師 026	BD07126 號	084：2375
師 027	BD07127 號	084：3240
師 028	BD07128 號	157：6958
師 029	BD07129 號	083：1470
師 029	BD07129 號背	083：1470
師 030	BD07130 號	105：6148
師 031	BD07131 號	084：3405
師 032	BD07132 號	105：5976
師 032	BD07132 號背 1	105：5976
師 032	BD07132 號背 2	105：5976
師 033	BD07133 號	253：7549
師 034	BD07134 號	084：2271
師 035	BD07135 號	038：0365
師 036	BD07136 號	083：1576
師 037	BD07137 號	083：1999
師 038	BD07138 號	105：6025
師 039	BD07139 號	084：2103
師 040	BD07140 號	094：4323
師 041	BD07141 號	105：6048
師 042	BD07142 號	376：8478
師 043	BD07143 號	084：2888
師 044	BD07144 號	105：4642
師 045	BD07145 號	084：3096
師 046	BD07146 號	105：5837
師 047	BD07147 號	084：2540
師 048	BD07148 號	084：2660

師 049	BD07149 號	084：2449	師 090	BD07190 號	081：1397
師 050	BD07150 號	084：3279	師 091	BD07191 號	094：4190
師 051	BD07151 號	084：2893	師 092	BD07192 號	084：3396
師 052	BD07152 號	030：0279	師 093	BD07193 號	254：7600
師 053	BD07153 號	316：8357	師 094	BD07194 號	084：3147
師 054	BD07154 號	275：8077	師 095	BD07195 號	084：2966
師 055	BD07155 號	105：5994	師 096	BD07196 號	094：4348
師 056	BD07156 號	275：8177	師 097	BD07197 號	377：8499
師 057	BD07157 號	084：2299	師 098	BD07198 號	001：0024
師 058	BD07158 號	063：0728	師 099	BD07199 號	105：5281
師 059	BD07159 號	083：1625	師 100	BD07200 號	105：5292
師 060	BD07160 號	266：7673	帝 001	BD07201 號	084：3369
師 061	BD07161 號	275：8078	帝 002	BD07202 號	305：8329
師 062	BD07162 號	084：3252	帝 003	BD07203 號	002：0041
師 063	BD07163 號	084：3257	帝 004	BD07204 號	111：6253
師 064	BD07164 號	275：8178	帝 005	BD07205 號	406：8558
師 065	BD07165 號	094：4097	帝 006	BD07206 號	061：0514
師 066	BD07166 號	105：5718	帝 007	BD07207 號	111：6263
師 067	BD07167 號	083：1834	帝 008	BD07208 號	105：5889
師 068	BD07168 號	006：0084	帝 009	BD07209 號	105：5505
師 069	BD07169 號	275：7897	帝 010	BD07210 號	002：0044
師 070	BD07170 號	084：2365	帝 011	BD07211 號	083：1848
師 071	BD07171 號	105：5722	帝 012	BD07212 號	084：2018
師 072	BD07172 號	256：7635	帝 013	BD07213 號	192：7141
師 073	BD07173 號	275：7898	帝 014	BD07214 號	105：4841
師 074	BD07174 號	083：1686	帝 015	BD07215 號	105：6126
師 075	BD07175 號	084：2671	帝 016	BD07216 號	094：4254
師 076	BD07176 號	201：7194	帝 017	BD07217 號 1	428：8615
師 077	BD07177 號	073：1317	帝 017	BD07217 號 2	428：8615
師 078	BD07178 號	105：6173	帝 017	BD07217 號背 1	428：8615
師 079	BD07179 號	063：0609	帝 017	BD07217 號背 2	428：8615
師 080	BD07180 號	105：5297	帝 018	BD07218 號	105：6125
師 081	BD07181 號	084：2719	帝 019	BD07219 號	275：8079
師 082	BD07182 號	422：8598	帝 020	BD07220 號	105：6001
師 083	BD07183 號	062：0573	帝 021	BD07221 號	084：3268
師 084	BD07184 號	094：3759	帝 022	BD07222 號	105：5354
師 085	BD07185 號	275：7943	帝 023	BD07223 號	084：2461
師 086	BD07186 號	094：4300	帝 024	BD07224 號	316：8358
師 087	BD07187 號	083：1550	帝 025	BD07225 號	105：6017
師 088	BD07188 號	436：8632	帝 026	BD07226 號	105：4649
師 089	BD07189 號	461：8701	帝 027	BD07227 號	105：5612

二、縮微膠卷號與北敦號、千字文號對照表

縮微膠卷號	北敦號	千字文號
001：0024	BD07198 號	師 098
002：0041	BD07203 號	帝 003
002：0044	BD07210 號	帝 010
006：0084	BD07168 號	師 068
014：0141	BD07071 號 1	龍 071
014：0141	BD07071 號 2	龍 071
014：0186	BD07062 號	龍 062
014：0194	BD07046 號 1	龍 046
014：0194	BD07046 號 2	龍 046
030：0278	BD07088 號	龍 088
030：0279	BD07152 號	師 052
038：0365	BD07135 號	師 035
038：0367	BD07039 號	龍 039
038：0368	BD07085 號	龍 085
061：0514	BD07206 號	帝 006
062：0573	BD07183 號	師 083
063：0609	BD07179 號	師 079
063：0646	BD07019 號	龍 019
063：0699	BD07106 號	師 006
063：0728	BD07158 號	師 058
063：0828	BD07092 號	龍 092
070：1050	BD07096 號	龍 096
073：1317	BD07177 號	師 077
081：1397	BD07190 號	師 090
083：1470	BD07129 號	師 029
083：1470	BD07129 號背	師 029
083：1550	BD07187 號	師 087
083：1564	BD07007 號	龍 007
083：1576	BD07136 號	師 036
083：1625	BD07159 號	師 059
083：1638	BD07048 號	龍 048
083：1686	BD07174 號	師 074
083：1706	BD07020 號	龍 020
083：1834	BD07167 號	師 067
083：1848	BD07211 號	帝 011
083：1889	BD07103 號	師 003
083：1999	BD07137 號	師 037
084：2018	BD07212 號	帝 012
084：2103	BD07139 號	師 039
084：2271	BD07134 號	師 034
084：2296	BD07066 號	龍 066
084：2298	BD07061 號	龍 061
084：2299	BD07157 號	師 057
084：2309	BD07018 號	龍 018
084：2329	BD07076 號 A	龍 076
084：2329	BD07076 號 A 背	龍 076
084：2330	BD07030 號	龍 030
084：2344	BD07006 號	龍 006
084：2361	BD07054 號	龍 054
084：2365	BD07170 號	師 070
084：2375	BD07126 號	師 026
084：2399	BD07094 號	龍 094
084：2401	BD07084 號	龍 084
084：2414	BD07060 號	龍 060
084：2449	BD07149 號	師 049
084：2461	BD07223 號	帝 023
084：2492	BD07004 號	龍 004
084：2540	BD07147 號	師 047
084：2616	BD07113 號	師 013
084：2660	BD07148 號	師 048
084：2671	BD07175 號	師 075
084：2719	BD07181 號	師 081
084：2838	BD07118 號	師 018
084：2874	BD07013 號	龍 013
084：2887	BD07012 號	龍 012
084：2888	BD07143 號	師 043
084：2893	BD07151 號	師 051
084：2966	BD07195 號	師 095
084：2983	BD07080 號	龍 080
084：3027	BD07079 號	龍 079
084：3032	BD07107 號	師 007
084：3067	BD07097 號	龍 097
084：3069	BD07093 號	龍 093
084：3085	BD07078 號	龍 078
084：3087	BD07059 號	龍 059
084：3095	BD07077 號	龍 077
084：3096	BD07145 號	師 045
084：3098	BD07076 號 B1	龍 076
084：3098	BD07076 號 B2	龍 076
084：3139	BD07122 號	師 022
084：3147	BD07194 號	師 094
084：3194	BD07100 號	龍 100
084：3240	BD07127 號	師 027
084：3252	BD07162 號	師 062

084：3257	BD07163 號	師 063
084：3259	BD07021 號	龍 021
084：3264	BD07105 號	師 005
084：3268	BD07221 號	帝 021
084：3279	BD07150 號	師 050
084：3307	BD07083 號	龍 083
084：3369	BD07201 號	帝 001
084：3380	BD07055 號	龍 055
084：3396	BD07192 號	師 092
084：3405	BD07131 號	師 031
094：3538	BD07003 號	龍 003
094：3568	BD07010 號	龍 010
094：3750	BD07034 號	龍 034
094：3759	BD07184 號	師 084
094：3845	BD07104 號	師 004
094：3890	BD07011 號	龍 011
094：4097	BD07165 號	師 065
094：4120	BD07087 號	龍 087
094：4132	BD07044 號	龍 044
094：4147	BD07042 號	龍 042
094：4190	BD07191 號	師 091
094：4254	BD07216 號	帝 016
094：4300	BD07186 號	師 086
094：4323	BD07140 號	師 040
094：4330	BD07073 號	龍 073
094：4348	BD07196 號	師 096
094：4405	BD07033 號	龍 033
102：4453	BD07047 號	龍 047
102：4485	BD07016 號 1	龍 016
102：4485	BD07016 號 2	龍 016
105：4612	BD07102 號	師 002
105：4642	BD07144 號	師 044
105：4649	BD07226 號	帝 026
105：4696	BD07115 號	師 015
105：4817	BD07057 號	龍 057
105：4826	BD07008 號	龍 008
105：4830	BD07031 號	龍 031
105：4841	BD07214 號	帝 014
105：4855	BD07026 號	龍 026
105：4881	BD07024 號	龍 024
105：5069	BD07098 號	龍 098
105：5118	BD07005 號	龍 005
105：5281	BD07199 號	師 099
105：5292	BD07200 號	師 100
105：5297	BD07180 號	師 080
105：5354	BD07222 號	帝 022
105：5505	BD07209 號	帝 009

105：5559	BD07056 號	龍 056
105：5612	BD07227 號	帝 027
105：5718	BD07166 號	師 066
105：5722	BD07171 號	師 071
105：5837	BD07146 號	師 046
105：5889	BD07208 號	帝 008
105：5976	BD07132 號	師 032
105：5976	BD07132 號背 1	師 032
105：5976	BD07132 號背 2	師 032
105：5992	BD07081 號	龍 081
105：5994	BD07155 號	師 055
105：6001	BD07220 號	帝 020
105：6017	BD07225 號	帝 025
105：6023	BD07049 號	龍 049
105：6025	BD07138 號	師 038
105：6027	BD07089 號	龍 089
105：6034	BD07074 號	龍 074
105：6036	BD07009 號	龍 009
105：6048	BD07141 號	師 041
105：6125	BD07218 號	帝 018
105：6126	BD07215 號	帝 015
105：6133	BD07123 號	師 023
105：6136	BD07091 號	龍 091
105：6139	BD07025 號	龍 025
105：6148	BD07130 號	師 030
105：6172	BD07058 號	龍 058
105：6173	BD07178 號	師 078
111：6213	BD07070 號	龍 070
111：6245	BD07041 號	龍 041
111：6250	BD07117 號	師 017
111：6253	BD07204 號	帝 004
111：6262	BD07064 號	龍 064
111：6263	BD07207 號	帝 007
111：6278	BD07037 號	龍 037
117：6573	BD07069 號	龍 069
139：6678	BD07043 號	龍 043
150：6786	BD07068 號 1	龍 068
150：6786	BD07068 號 2	龍 068
156：6827	BD07014 號	龍 014
156：6833	BD07099 號	龍 099
156：6868	BD07036 號	龍 036
156：6868	BD07036 號背	龍 036
157：6958	BD07128 號	師 028
157：6981	BD07112 號	師 012
170：7072	BD07052 號	龍 052
192：7141	BD07213 號	帝 013
201：7194	BD07176 號	師 076

225：7319	BD07035 號	龍 035
237：7406	BD07022 號	龍 022
253：7549	BD07133 號	師 033
253：7552	BD07114 號	師 014
253：7554	BD07108 號	師 008
254：7590	BD07051 號	龍 051
254：7600	BD07193 號	師 093
254：7602	BD07038 號	龍 038
256：7615	BD07050 號	龍 050
256：7635	BD07172 號	師 072
256：7643	BD07045 號	龍 045
266：7673	BD07160 號	師 060
275：7897	BD07169 號	師 069
275：7898	BD07173 號	師 073
275：7938	BD07001 號	龍 001
275：7939	BD07017 號	龍 017
275：7940	BD07027 號	龍 027
275：7941	BD07028 號	龍 028
275：7942	BD07116 號 A	師 016
275：7943	BD07185 號	師 085
275：8071	BD07015 號	龍 015
275：8072	BD07023 號	龍 023
275：8073	BD07067 號	龍 067
275：8074	BD07101 號	師 001
275：8075	BD07109 號	師 009
275：8076	BD07116 號 B	師 016
275：8077	BD07154 號	師 054
275：8078	BD07161 號	師 061
275：8079	BD07219 號	帝 019
275：8173	BD07032 號	龍 032
275：8174	BD07072 號	龍 072
275：8175	BD07110 號	師 010
275：8176	BD07111 號	師 011
275：8177	BD07156 號	師 056
275：8178	BD07164 號	師 064
296：8286	BD07120 號	師 020
305：8328	BD07119 號	師 019
305：8329	BD07202 號	帝 002
316：8357	BD07153 號	師 053
316：8358	BD07224 號	帝 024
342：8397	BD07082 號	龍 082
376：8478	BD07142 號	師 042
377：8483	BD07065 號	龍 065
377：8486	BD07090 號 A	龍 090
377：8486	BD07090 號 B	龍 090
377：8494	BD07063 號	龍 063
377：8498	BD07121 號	師 021
377：8499	BD07197 號	師 097
378：8500	BD07002 號	龍 002
392：8523	BD07124 號	師 024
392：8523	BD07124 號背	師 024
405：8555	BD07086 號	龍 086
405：8556	BD07095 號	龍 095
406：8558	BD07205 號	帝 005
407：8559	BD07075 號	龍 075
412：8568	BD07029 號	龍 029
420：8586	BD07053 號	龍 053
422：8598	BD07182 號	師 082
428：8615	BD07217 號 1	帝 017
428：8615	BD07217 號 2	帝 017
428：8615	BD07217 號背 1	帝 017
428：8615	BD07217 號背 2	帝 017
436：8632	BD07188 號	師 088
461：8682	BD07125 號	師 025
461：8701	BD07189 號	師 089
461：8731	BD07040 號	龍 040